D1727465

Wortprofi

Wörterbuch **⊥** Deutsch
für Schweizer Schulen

verfasst von Josef Greil

für die Schweiz bearbeitet
von Silvia Hess

sabe
Oldenbourg

Die Verlage danken Herrn Dr. Klaus Heller vom Institut für deutsche Sprache, Mannheim, für Rat bei der Anwendung der neuen Rechtschreibregeln in diesem Wörterbuch.

Berücksichtigt neue Rechtschreibregeln

© deutsche Originalausgabe: 1996 R. Oldenbourg Verlag GmbH, München
© Ausgabe Schweiz: 1997 sabe Verlag AG, Zürich/R. Oldenbourg Verlag GmbH, München

1. Auflage 1997

Unveränderter Nachdruck 02 01 00 99
Die letzte Zahl bezeichnet das Jahr des Drucks.

Lektorat deutsche Originalausgabe: Rolf Schäferhoff, München
Lektorat Ausgabe Schweiz: Barbara Leu, Zürich
Verlagsassistenz: Simone Meissner, Simone Riedel, Sabine Schuster, alle München
Herstellung: Johannes Schmidt-Thomé, München
Umschlaggestaltung: Kraxenberger KommunikationsHaus, München
Umschlagkonzept: Mendell & Oberer, München

ISBN 3-252-02214-1

Inhalt

Hinweise für die Benutzerin und den Benutzer

Vor dem Gebrauch eines Wörterbuches sollte sich die Benutzerin bzw. der Benutzer informieren, wie das Wörterverzeichnis aufgebaut ist, welche Informationen darin stehen und wie diese möglichst rasch gefunden werden können.

Aufbau des Wörterverzeichnisses

Leitwort
Zur raschen Orientierung sind auf jeder Doppelseite auf der Kopfleiste das jeweils erste und letzte Stichwort angegeben.

Hauptstichwort
Am Anfang einer Wortlegende steht ein Hauptstichwort. Es ist im Druck besonders hervorgehoben.

Die Hauptstichwörter sind alphabetisch geordnet.

Als **Wortlegende** bezeichnet man alle weiteren Angaben, Hinweise und Erklärungen zu einem Hauptstichwort.

Dossier   84

A B C D E F

Dos·si·er *franz. [dossie]*, das: -s, -s (alle zu einer Sache bestimmten Akten); ein Dossier anlegen
Dot·ter, das/der: -s, - (Eigelb); die **Dotterblume; dottergelb; dotterweich**
Doub·le (Dou·ble) *franz. [dubel]*, das: -s, -s (Ersatzperson für einen Darsteller); **doubeln**
down *engl. [daun]*; down (erschöpft, niedergeschlagen) sein
Do·zent *lat.*, der: -en, -en (Hochschullehrer); die **Dozentin; dozieren** (vortragen, lehren)
dpa = Deutsche Presse-Agentur
Dr. = Doktor (akademischer Grad); → Doktor
Dra·che, der: -n, -n (Märchen- bzw. Sagentier); der **Drachen** (Kinderspielzeug, Fluggerät); das **Drachenfliegen**
Dra·gee *franz. [drasche]*, das: -s, -s (überzuckerte Süssigkeit, Arzneipille); auch: das **Dragée**
Draht, der: -(e)s, Drähte; einen Draht spannen – auf Draht (flink und umsichtig) sein; **drahten** (telegrafieren); **drahthaarig; drahtig** (forsch, gut trainiert, sehnig); **drahtlos** (durch Funk); die **Drahtschere; die Drahtseilbahn;** die **Drahtzange;** der **Drahtzieher** (Anstifter)
Drai·na·ge *franz. [dränasche]*, die: -, -n; → Dränage
Drall, der: -(e)s, -e (Drehung, Windung, Richtung); **drall** (derb, stramm)
Dra·lon, das: -(s) (synthetisches Gewebe)
Dra·ma *griech.*, das: -s, Dramen (Schauspiel, trauriger Vorfall); die **Dramatik; dramatisch** (erregend, spannend); **dramatisieren:** einen Vorfall dramatisieren (als besonders aufgeregt darstellen, aufbauschen); die **Dramaturgie**
dran: → daran; drauf und dran; aber: das Drum und Dran – *dran* (an der Reihe) sein; **dranbleiben; drankommen**
Drä·na·ge *franz. [dränasche]*, die: -, -n (Entwässerung des Bodens); auch: die **Drainage**
Drang, der: -(e)s (Bedürfnis, Neigung); die **Drängelei; drängen:** zum Ausgang drängen (schieben) – jemanden zu einer Tat drängen (zu bewegen suchen) – gedrängt voll; **drängeln;** die **Drangsal** (grosse Not); **drangsalieren:** jemanden drangsalieren (plagen, quälen); **drangvoll:** eine drangvolle (drückende) Enge

dras·tisch *griech.*: eine drastische (deutlich wirksame) Preiserhöhung
drauf: → darauf; drauf und dran (nahe dara sein – gut drauf sein; der **Draufgänge draufgängerisch; draufgehen** (sterben, v braucht werden); **draufhaben** (verstehen können); **drauflegen** (dazubezahlen); **drau los:** er fährt einfach drauflos; **drauflos hen; drauflosreden; drauflosschiesse draufloswirtschaften; draufschlagen** (de Preis erhöhen); **draufzahlen**
draus: → daraus
draus·sen: draussen sein, bleiben
drech·seln: ich drechs(e)le einen Leucht der **Drechsler**
Dreck, der: -(e)s; *etwas in den Dreck zieh* (verächtlich reden) – die Karre aus de Dreck ziehen (etwas in Ordnung bringen sich um jeden Dreck (jede Kleinigke kümmern – jemanden wie den letzt Dreck (entwürdigend) behandeln; d **Dreckfink; dreckig:** ein dreckiges (schmu ziges) Hemd – es geht ihm dreck (schlecht) – ein dreckiges (gemeines, f ches) Lachen; die **Dreck(s)arbeit;** d **Dreckschwein;** der **Dreckspatz**
dre·hen: das Rad drehen – sich im Kreise d hen – mit dem Auto drehen; es dreht (handelt) sich darum – einen Fi drehen – sich drehen und wenden (strä ben); der **Dreh** (Kunstgriff, Trick): den ri tigen Dreh herausbekommen (wissen, wie m etwas machen muss); die **Drehbank; dre bar;** das **Drehbuch;** der **Dreher;** die **Dreh rin;** die **Drehorgel;** die **Drehscheibe; Drehstrom;** der **Drehstuhl;** die **Drehung**
drei: drei Minuten – wir drei – nun komm die drei – niemand von uns dreien – drei viertel acht; aber: drei Viertel davo nicht bis drei zählen können (sehr dum sein) – aller guten Dinge sind drei; **Drei:** eine Drei würfeln – im Prüfu eine Drei schreiben – die Note „Dre **dreiarmig; dreiblätt(e)rig;** das **Dreie dreieckig; dreieinhalb;** die **Dreieinigke dreierlei; dreifach;** auch: 3fach; das **Dr fache;** die **Dreifaltigkeit; dreihundert; d jährig;** auch: 3-jährig; der **Dreikäseho der Dreiklang; dreimal:** dreimal komm auch: 3-mal; aber: die ersten drei Ma **dreimalig;** der **Dreimaster;** das **Dreir**

der **Dreisatz;** der **Dreisprung;** der **dreissig:** eine dreissigjährige Frau; aber: der Dreissigjährige Krieg; **dreistellig; dreistimmig; dreistöckig; dreitausend; dreiteilig;** die **Dreiviertelliterflasche;** die **Dreiviertelstunde;** der **Dreivierteltakt; dreizehn;** die **Dreizimmerwohnung;** auch: die **3-Zimmer-Wohnung**

drein: → darein; **dreinblicken:** finster dreinblicken; **dreinfahren** (dazwischenfahren); die **Dreingabe** (Zugabe); **dreinschlagen**

dreist: (frech, anmassend); die **Dreistigkeit**

dre·schen: du drischst, er drosch, sie hat gedroschen, drisch!; den Ball ins Aus dreschen – Korn dreschen – Phrasen dreschen (Nichtsagendes äussern) – *leeres Stroh dreschen* (unnützes Zeug reden); die **Dresche:** Dresche (Prügel) bekommen; der **Drescher;** der **Dreschflegel;** die **Dreschmaschine**

Dress *engl.,* der: -es, -e (Sportkleidung); der **Dressman** *[...män]* (Fotomodell für Herrenkleidung)

dres·sie·ren *franz.:* (abrichten, zähmen); die **Dressur;** die **Dressurnummer**

Dres·sing *engl.,* das: -s, -s (Salatsosse)

drib·beln *engl.:* ich dribb(e)le mit dem Ball; das **Dribbling** # trippeln

Drift, die: -, -en (Meeresströmung); **driften** (treiben) # Trift

dril·len (einüben, exerzieren, schinden); der **Drill;** der **Drilling**

Dril·lich, der: -s, -e (festes Gewebe); die **Drillichhose;** das **Drillichzeug**

drin: → darin; drin sein (möglich sein); **drinsitzen; drinstecken**

drin·gen: du dringst, er drang, sie hat gedrungen, dring(e)!; Wasser dringt in das Haus – auf Neuerungen dringen (hartnäckig bestehen); **dringend:** eine dringende (unaufschiebbare) Arbeit; aber: auf das (aufs) Dringendste; auch: auf das (aufs) dringenste; **dringlich;** die **Dringlichkeit**

Drink *engl.,* der: -s, -s (alkoholisches Mischgetränk) # trinken

drin·nen: → darinnen

dritt: zu dritt sein – jede dritte Seite – der dritte Mann von rechts – zum dritten Male – aus dritter Hand – in dritter Gebot; aber: der, die, das Dritte – der Dritte im Bunde – der lachende Dritte – ein Dritter – jeder Dritte – das Dritte Reich – die Dritte Welt – *wenn sich zwei streiten, freut sich der Dritte;* **drittel;** das **Drittel; drittens;** der **Drittklässler;** die **Drittklässlerin;** der **Drittletzte;** die **Drittperson**

dro·ben: droben (da oben) auf dem Berg

Dro·ge *franz.,* die: -, -n (Rauschgift, Medikament); **drogenabhängig;** der **Drogenmissbrauch; drogensüchtig;** die **Drogerie;** der **Drogist;** die **Drogistin**

dro·hen: mit dem Finger drohen – drohende Gefahren; der **Drohbrief;** die **Drohung**

Droh·ne, die: -, -n (männliche Biene)

dröh·nen: mir dröhnt der Kopf

drol·lig: (spassig, lustig); die **Drolligkeit**

Dro·me·dar *griech.,* das: -s, -e (einhöckeriges Kamel)

Drops *engl.,* der/das: -, - (säuerlich schmeckendes Fruchtbonbon)

Drosch·ke *russ.,* die: -, -n (Mietfahrzeug); der **Droschkengaul;** der **Droschkenkutscher**

Dros·sel, die: -, -n (Singvogel)

dros·seln: ich drossele den Motor (verringere seine Leistung) – die Einfuhr drosseln (herabsetzen); die **Dross(e)lung**

DRS: Radio DRS – SF DRS (... der deutschen und der rätoromanischen Schweiz)

drü·ben: (auf der anderen Seite, jenseits); dort drüben – hüben und drüben

drü·ber: → darüber; *drunter und drüber gehen* (in grösster Unordnung sein); aber: ein/das Drunter und Drüber; **drüberfahren**

Druck, der: -(e)s, -e/Drücke; Druck auf jemanden ausüben – jemanden unter Druck setzen – in Druck (Bedrängnis) geraten – etwas in Druck geben (drucken lassen); der **Druckbuchstabe;** der **Drückeberger;** die **Drückebergerin; druckempfindlich; drucken:** Bücher drucken; **drücken:** jemanden zur Seite drücken – die Sorgen drücken – sich vor der Arbeit drücken; **drückend:** ein drückend heisses Wetter; der **Drucker;** der **Drücker:** *am Drücker sein/sitzen* (die Entscheidung in der Hand haben) – *auf den letzten Drücker* (fast zu spät); die **Druckerei;** der **Druckfehler; druckfrisch;** der **Druckknopf;** das **Druckmittel; druckreif;** die **Drucksache;** die **Druckschrift**

druck·sen: er druckste lange herum (zögerte)

drum: → darum; drum streiten; aber: das Drum und Dran; **drumherum;** aber: das **Drumherum**

A
B
C
D
E
F

—Suchhilfe
Am Seitenrand ist zum schnelleren Auffinden des gesuchten Stichwortes der aktuelle Buchstabe mit der dazugehörigen Buchstabengruppe angegeben.

weiteres Stichwort
Zu den meisten Hauptstichwörtern werden in alphabetischer Reihenfolge weitere verwandte Wörter (Ableitungen, Zusammensetzungen, ...) aufgeführt.

Angaben zu den Hauptstichwörtern

Bei Hauptstichwörtern stehen wichtige sprachliche bzw. grammatische Hinweise:

Fremdwörter werden durch die Angabe der Herkunftssprache gekennzeichnet.

Nomen (Substantiv)
Hinter den Nomen stehen:

Artikel (Begleiter):
der Bazar

Genitiv-Endung (2. Fall):
des Bazars

Plural-Endung (Mehrzahl):
die Bazare

Ba·zar *pers.,* der: -s, -e; → Basar

Manchmal sind verschiedene Artikel gebräuchlich.

Skon·to *ital.,* das / der …

Ein Strich bedeutet, dass Nominativ (1. Fall) und Genitiv (2. Fall) bzw. Singular und Plural gleich gleich lauten.

Hum·mel, die: ⁻, -n …
Hum·mer, der: -s, ⁻ …

Verb (Zeitwort)
Wichtige unregelmässige Zeitformen werden angegeben:

Präsens (Gegenwart):
du fliegst

Präteritum (Vergangenheit):
er flog

Perfekt (vollendete Gegenwart):
sie ist geflogen

Imperativ (Befehlsform):
flieg(e)!

flie·gen: du fliegst, er flog, sie ist geflogen, flieg(e)!; durch die Luft fliegen – auf den Boden fliegen (fallen)…

Adjektiv (Eigenschaftswort)
Steigerungsformen sind angeführt, wenn es sich um eine unregelmässige Steigerung handelt.

warm: wärmer, am wärmsten; es ist sehr warm – ein warmer Nachmittag – ein warmes Essen – das Essen warm halten…

Bedeutung und Gebrauch von Wörtern

Die verschiedenen Angaben zur Bedeutung und zum Gebrauch von Wörtern erweitern das Sprachwissen und verhelfen zu einem genaueren Wortgebrauch sowie zu einem abwechslungsreichen Ausdruck.

Hinter einem Stichwort werden **typische Wortverwendungen** aufgeführt. Sie zeigen, in welchen Zusammenhängen ein Wort gebraucht werden kann.

In Klammern stehen **Erklärungen** und **Hinweise** zur Bedeutung eines Wortes.

Zu verschiedenen Stichwörtern sind in Kursivschrift aufgeführt:

– häufig gebrauchte **Redensarten** bzw. **Redewendungen** (Sie werden in Klammern erklärt.)

– geläufige **Sprichwörter**

ei·gen: jemandem eigen sein (ihm gehören) – ein eigenes Heim – mein eigen Fleisch und Blut – sie ist sehr eigen (gewissenhaft, eigensinnig) – *eigener Herd ist Goldes wert*; aber: das ist mein Eigen – etwas sein Eigen nennen – *sich etwas zu Eigen machen* (sich etwas aneignen); die **Eigenart; eigenartig;** der **Eigenbrötler** (Sonderling); **eigenhändig;** das **Eigenheim;** die **Eigenheit;** das **Eigenlob;** …

Aussprache und Betonung von Wörtern

Manche Wörter sind nicht nur schwer zu schreiben, sondern oft auch nicht leicht auszusprechen. Dies trifft vor allem für Wörter zu, die aus einer fremden Sprache stammen. Auch die Betonung von Wörtern ist manchmal unklar.

Aussprachehilfe

In Zweifelsfällen ist in eckigen Klammern die richtige Aussprache angegeben:

∼̃ Dieses Zeichen muss eigens eingeprägt werden: Der Vokal wird durch die Nase gesprochen, wie z. B. bei dem Wort **Bonbon.**

Brom·bee·re, die: -, -n (Strauchfrucht)
Bron·chie griech. [brọnchje], die: -, -n (Hauptast der Luftröhre); **bronchial;** der **Bronchialkatarrh;** die **Bronchitis** (Entzündung der Bronchien)
Bron·ze ital. [brọsse], die: -, -n (Kupfer-Zinn-Legierung); **bronzefarben;** die **Bronzemedaille; bronzen;** die **Bronzezeit; bronzieren**

Bei einer abweichenden Betonung zum Hauptstichwort werden auch bei den weiteren Stichwörtern Betonungshilfen angegeben.

Betonungshilfe

Zu jedem Hauptstichwort werden Betonungshilfen gegeben:

○̲ Der Vokal wird betont und lang gesprochen.

○̣ Der Vokal wird betont und kurz gesprochen.

Bro·sa·me, die: -, -n (Brotkrümel); die **Brösel** Mz.; **brös(e)lig; bröseln** (krümeln)
Bro·sche franz., die: -, -n (Spange, Anstecknadel)

Aus dem Französischen übernommene Wörter

Im Gegensatz zur Endbetonung in Deutschland können in der Schweiz aus dem Französischen übernommene Wörter „schwebend", d. h. mit ausgeglichenem Druckakzent gesprochen werden. Diese Wörter sind in der Regel mit zwei Betonungshilfen versehen.

A·te·lier franz. [atelje], das: -s, -s (Arbeitsraum für Künstler oder Fotografen, Modegeschäft) …

Ein Betonungszeichen ist manchmal sehr wichtig, denn mit der Betonung kann sich auch der Sinn eines Wortes ändern:

ü·ber·zie·hen: ein Kleidungsstück überziehen (anziehen) – jemandem eins überziehen (ihm einen Schlag, Hieb versetzen); aber: sein Konto überziehen (zu viel abheben) – die Betten frisch überziehen – die Zeit überziehen (überschreiten) …

Zeichenerklärung

Die im Wörterverzeichnis verwendeten Zeichen dienen vor allem der raschen Information.

Drei Punkte zeigen an, dass etwas (z. B. ein Wortteil) gedanklich ergänzt werden muss.

Ka·ram·bo·la·ge *franz. [. . . lasche]*, die: -, -n (Zusammenstoss)

In eckigen Klammern stehen in Kursivschrift Hilfen zur **Aussprache** eines Wortes.

Ket·schup (Ketsch·up) *engl. [kätschap]*, der/das: -(s), -s...

In runden Klammern stehen **Worterklärungen** und **Verständnishilfen.**

Zu allen Hauptstichwörtern wird mindestens eine **Trennungsmöglichkeit** angegeben.

De·mons·tra·ti·on **(De·mon·stra·ti·on, De·monst·ra·ti·on)** *lat.*, die: -, -en (Massenkundgebung, Beweisführung); die **Demo** (Protestkundgebung); der **Demonstrant ...**

Eingeklammerte Buchstaben können beim Sprechen und Schreiben weggelassen werden.

Ab·bild, das: -(e)s, -er...

...die **Zeitläuf(t)e**...

Pfeile dienen als Verweiszeichen („Sieh dort nach!").

Schwur, der: -(e)s, Schwüre; einen Schwur (Eid) auf die Verfassung leisten; das **Schwurgericht;** → schwören

Verweis auf ein **verwandtes Wort,** das an einer anderen Stelle im Wörterverzeichnis steht

Re·cor·der *engl.*, der: -s, -; → Rekorder

Verweis auf eine **ebenfalls mögliche Schreibweise** eines Wortes (die bevorzugte Schreibweise)

Re·kor·der *engl.*, der: -s, - (Gerät zur Aufzeichnung und Wiedergabe von Tonaufnahmen); auch: der **Recorder**

Abkürzungen stehen hinter dem Stichwort in spitzen Klammern.

Sep·tem·ber ⟨Sept.⟩...

Hier wird darauf aufmerksam gemacht, dass es ein gleich oder ähnlich gesprochenes Wort gibt, das verschieden geschrieben wird.

Lid, das: -(e)s, -er (Augendeckel); der **Lidschatten;** der **Lidstrich** # Lied

A

A, das: -, - (erster Buchstabe des Alphabets); von A bis Z – das A und O (der Anfang und das Ende)

A = Autobahn, z. B. A 8; Ampere

à *franz*.: 10 Stück à (zu) 10 Franken

AA = Auswärtiges Amt

Aal, der: -(e)s, -e (schlangenähnlicher Fisch); *glatt wie ein Aal* (listig, raffiniert) *sein – sich winden wie ein Aal* (einer Schwierigkeit zu entkommen versuchen); sich **aalen:** er aalt sich in der Sonne (streckt sich behaglich aus); der **Aalfang; aalglatt**

a. a. O. = am angegebenen, angeführten Ort

Aar, der: -(e)s, -e (dichterisch für Adler) # Ar

Aar·rau: (Hauptort des Kantons Aargau)

Aar·gau: (Kanton); der **Aargauer;** die **Aargauerin; aargauisch**

Aas, das: -es, -e (Tierkadaver); *kein Aas* (niemand); **aasen** (verschwenderisch umgehen); der **Aasfresser;** der **Aasgeier; aasig** (gemein, ekelhaft) # Ass

ab: ab Januar – ab Hamburg – Preis ab Werk – ab Fabrik liefern – ab sofort – ab (fort, weg) mit dir! – auf und ab – ab und zu (manchmal) – ab und an (von Zeit zu Zeit) – ab sein – *ab durch die Mitte* (schnell fort)!

ab·än·dern: sein Testament abändern; **abänderbar; abänderlich;** die **Abänderung**

Ab·art, die: -, -en (abweichende Form, Spielart); **abartig** (aus der Art geschlagen); die **Abartigkeit**

Abb. = Abbildung

ab·bau·en: das Zelt abbauen – Kohle abbauen – der Sportler baut ab (lässt in seiner Leistung nach) – Vorurteile abbauen – Personal abbauen (verringern); der **Abbau**

ab·be·stel·len: sie bestellt die Zeitung ab; die **Abbestellung**

ab·bie·gen: das Auto biegt ab – ein Blech abbiegen – etwas gerade noch abbiegen (verhindern); der **Abbieger;** die **Abbiegespur;** die **Abbiegung**

Ab·bild, das: -(e)s, -er (getreue Wiedergabe, Spiegelbild); **abbilden:** einen Gegenstand abbilden (bildlich darstellen); die **Abbildung** ⟨Abb.⟩; der **Abbildungsmassstab**

Ab·bit·te, die: -, -n; öffentlich Abbitte leisten, tun (um Verzeihung bitten); **abbitten:** er hat ihm vieles abzubitten

ab·bla·sen: die Veranstaltung abblasen (absagen)

ab·blen·den: die Scheinwerfer abblenden; das **Abblendlicht;** die **Abblendung**

ab·blit·zen: bei jemandem abblitzen (keinen Erfolg haben) – jemanden abblitzen lassen (abweisen)

ab·bre·chen: einen Zweig abbrechen – die Verhandlungen abbrechen (beenden) – eine Reise abbrechen – *sich einen abbrechen* (übertrieben vornehm tun, sich ungeschickt anstellen); der **Abbruch,** die Abbrüche; die **Abbruchfirma; abbruchreif**

Abc, das: -, - (deutsches Alphabet); das **Abece**; das Abc aufsagen; das **Abc-Buch;** der **Abc-Schütze** (Schulanfänger); die **ABC-Waffen** *Mz.* (atomare, biologische, chemische Waffen); **ABC-Waffen-frei**

ab·dan·ken: der König dankte ab (trat zurück); die **Abdankung** (Beerdigung, Trauerfeier)

ab·de·cken: den Tisch abdecken – das Beet vor dem Frost abdecken – eine Grube abdecken – den gegnerischen Spieler abdecken; die **Abdeckplane;** die **Abdeckung**

ab·dre·hen: einen Draht abdrehen – das Flugzeug dreht ab (entfernt sich)

Ab·druck, der: -(e)s, -e; von Bildern und Texten Abdrucke machen; aber: Abdrücke (Spuren) im Sand – Fingerabdrücke; **abdrucken:** einen neuen Roman abdrucken (veröffentlichen); **abdrücken:** jemandem die Luft abdrücken – ein Gewehr abdrücken (einen Schuss abfeuern) – einen Schlüssel in Wachs abdrücken

A·bend, der: -s, -e; gestern, heute, morgen Abend – am Abend – eines Abends – gegen Abend – guten Abend wünschen; auch: Guten Abend – es wird Abend – der bunte Abend – Abend für Abend – jeden Abend – der Heilige Abend – zu Abend speisen – *es ist noch nicht aller Tage Abend* – *man soll den Tag nicht vor dem Abend loben* – *je später der Abend, desto schöner die Gäste*; das **Abendblatt;** das **Abendbrot;** die **Abenddämmerung;** das **Abendessen;** das **Abendgebet;** das **Abendkleid;** der **Abendkurs;** das **Abendland; abendländisch; abendlich;** das **Abendmahl;** das **Abendrot; abends:** von morgens bis abends – um neun

Uhr abends; aber: sonntagabends (jeden Sonntag am Abend) ausgehen; auch: sonntags abends – spätabends ist er müde – *abends wird der Faule fleissig*; der **Abendstern**; der **Abendverkauf**; die **Abendzeitung**

A·ben·teu·er, das: -s, -; ein Abenteuer bestehen – sich in ein Abenteuer stürzen; **abenteuerlich**; die **Abenteuerlust**; der **Abenteuerurlaub**; der **Abenteurer**; der **Abenteu(r)erfilm**; die **Abenteu(r)erin**; der **Abenteu(r)erroman**

a·ber: er ist streng, aber (doch) gerecht – aber ja! – das war aber schön! – ich nicht, aber du! – aber und abermals; das **Aber**: das Wenn und Aber (Zweifel, Einwände) – die Sache hat ein Aber; **aberhundert**; auch: **Aberhundert**; **abermalig**; **abermals**; **abertausend**; auch: **Abertausend**: tausend und abertausend; auch: Tausend und Abertausend – tausende und abertausende; auch: Tausende und Abertausende

A·ber·glau·be, der: -ns (verkehrter, irriger Glaube); auch: der **Aberglauben**; **abergläubig**; **abergläubisch**

A·ber·witz, der: -es (Unverstand); **aberwitzig**

Abf. = Abfahrt

ab·fah·ren: der Besuch fährt (reist) ab – das Holz wurde abgefahren (abtransportiert) – eine Strecke abfahren (prüfen) – jemandem ein Bein abfahren – die Reifen sind abgefahren – *jemanden abfahren lassen* (abweisen) – *auf etwas abfahren* (davon sehr angetan sein); die **Abfahrt** ⟨Abf.⟩; **abfahr(t)bereit**; der **Abfahrtslauf**; die **Abfahrtspiste**; das **Abfahrtsrennen**; das **Abfahrt(s)signal**; die **Abfahrtsstrecke**; die **Abfahrt(s)zeit**

Ab·fall, der: -(e)s, Abfälle; der Abfall vom Gemüse – der Abfall (die Abkehr) vom Glauben; die **Abfallbeseitigung**; der **Abfalleimer**; **abfallen**: die Blätter fallen ab – das Gelände fällt ab (wird niedriger) – für uns fällt nichts ab (bleibt nichts übrig) – die Kunden fallen ab (werden untreu); **abfällig**: abfällig (abwertend) über jemanden reden; das **Abfallprodukt**; die **Abfallverwertung**

ab·fer·ti·gen: einen Kunden abfertigen (bedienen) – er hat den Gast kurz abgefertigt (unfreundlich behandelt) – das Gepäck abfertigen (befördern); die **Abfertigung**; der **Abfertigungsschalter**

ab·fin·den: seine Geschwister mit Geld abfinden (entschädigen) – sich mit seinem Schicksal abfinden (zufrieden geben); die **Abfindung**; die **Abfindungssumme**

ab·flau·en: der Wind flaut ab (wird schwächer) – sein Interesse flaute ab

ab·flie·gen: nach Berlin abfliegen; der **Abflug**; **abflugbereit**; die **Abflugschneise**; die **Abflugzeit**

ab·flies·sen: Wasser fliesst (läuft) ab; der **Abfluss**; das **Abflussrohr**

Ab·fuhr, die: -, -en; die Abfuhr (der Abtransport) des Holzes – *jemandem eine Abfuhr erteilen* (jemanden abweisen); **abführen**: er wird von der Polizei abgeführt (festgenommen) – das führt (lenkt) vom Thema ab; das **Abführmittel**; die **Abführung**

Abg. = Abgeordnete(r)

Ab·gas, das: -es, -e; Abgase einatmen; **abgasarm**; **abgasfrei**

ab·ge·ben: einen Brief abgeben (abliefern) – jemandem etwas von seinem Gewinn abgeben (überlassen) – der Spieler gibt den Ball ab (spielt ihn einem Mitspieler zu) – seine Stimme abgeben (wählen) – sich viel mit Kindern abgeben (beschäftigen) – einen guten Soldaten abgeben (geeignet dafür sein) – etwas gegen Geld abgeben (verkaufen); die **Abgabe**: hohe Abgaben (Steuern) entrichten – er wartet auf die Abgabe (das Zuspiel) des Balles; **abgabe(n)frei**; **abgabe(n)pflichtig**; der **Abgabetermin**

ab·ge·brannt: ein abgebrannter Wald – wieder einmal abgebrannt (ohne Geld, mittellos) sein

ab·ge·brüht: ein abgebrühter (kaltschnäuziger) Mensch; die **Abgebrühtheit**

ab·ge·dro·schen: eine abgedroschene (oft gebrauchte, inhaltlich leere) Redensart

ab·ge·feimt: ein abgefeimter (niederträchtiger) Kerl; die **Abgefeimtheit**

ab·ge·fuckt *[... fakt]*: ein abgefuckter (heruntergekommener) Mensch

ab·ge·hen: der Zug geht ab – von der Schule abgehen – vom rechten Weg abgehen (abweichen) – nicht von seiner Meinung abgehen – der Weg geht nach rechts ab – er lässt sich nichts abgehen (lebt gut) – das ist noch einmal gut abgegangen (es ist nichts passiert) – einen Platz abgehen (abschreiten) – du gehst mir sehr ab (fehlst mir); der **Abgang,**

die Abgänge: *sich einen guten Abgang verschaffen* (beim Weggehen einen guten Eindruck hinterlassen); der **Abgänger; abgängig** (unauffindbar); das **Abgangszeugnis**

ạb·ge·kar·tet: ein abgekartetes (vorher heimlich besprochenes) Spiel

ạb·ge·klärt: ein abgeklärter (besonnener, gereifter) Mensch; die **Abgeklärtheit**

ạb·ge·le·gen: ein abgelegenes (abseits gelegenes) Haus; die **Abgelegenheit**

ạb·ge·neigt: einer Sache nicht abgeneigt sein (sie nicht ablehnen, sie ganz gern tun wollen); die **Abgeneigtheit**

Ạb·ge·ord·ne·te ⟨Abg.⟩, der/die: -n, -n (Mitglied eines Parlaments, Volksvertreter(in)); das **Abgeordnetenhaus;** ein **Abgeordneter; abordnen:** jemanden abordnen (mit etwas beauftragen) – für eine Aufgabe abgeordnet sein; die **Abordnung**

Ạb·ge·sand·te, der/die: -n, -n (Beauftragte(r)); **abgesandt;** auch: abgesendet

ạb·ge·schie·den: ein abgeschiedener (abseits gelegener, einsamer) Ort; die **Abgeschiedenheit**

ạb·ge·schlafft: (müde, erschöpft)

ạb·ge·schla·gen: sie macht einen abgeschlagenen (erschöpften) Eindruck; die **Abgeschlagenheit**

ạb·ge·schmackt: eine abgeschmackte (taktlose, törichte) Bemerkung machen; die **Abgeschmacktheit**

ạb·ge·se·hen: abgesehen von – abgesehen davon, dass... (wenn man das beiseite lässt, nicht berücksichtigt) – *es auf jemanden abgesehen haben*

ạb·ge·spannt: er macht einen abgespannten (müden, erschöpften) Eindruck; die **Abgespanntheit**

ạb·ge·stan·den: ein abgestandenes (nicht mehr frisches) Bier – abgestandene Luft – eine abgestandene Redensart

ạb·ge·tra·gen: ein abgetragenes Kleid

ạb·ge·wirt·schaf·tet: ein abgewirtschafteter (heruntergekommener) Betrieb

ạb·ge·zehrt: ein abgezehrtes (abgemagertes, verfallenes) Gesicht haben

ạb·gies·sen: Wasser abgiessen; der **Abguss**

Ạb·gott, der: -(e)s, Abgötter (falscher Gott); **abgöttisch:** jemanden abgöttisch (übertrieben) lieben

ạb·gren·zen: den Garten vom Nachbargrundstück abgrenzen – Rechte und Pflichten genau abgrenzen; die **Abgrenzung**

Ạb·grund, der: -(e)s, Abgründe; am Rande des Abgrundes stehen – Abgründe tun sich auf; **abgründig** (tief, rätselhaft); **abgrundtief**

ạb·ha·ken: eine Liste abhaken (bei Vergleich, Nachprüfung, Auftragserledigung)

ạb·hal·ten: jemanden von der Arbeit abhalten (daran hindern) – eine Versammlung abhalten (durchführen) – der Mantel hält die Kälte ab; die **Abhaltung**

ạb·han·deln: jemandem eine Ware abhandeln (abkaufen) – ein Thema abhandeln (erörtern); die **Abhandlung** (wissenschaftliche Arbeit)

ạb·han·den: abhanden kommen (verloren gehen) – das ist ihm abhanden gekommen; aber: das **Abhandenkommen**

Ạb·hang, der: -(e)s, Abhänge; der schroffe Abhang eines Berges

ạb·hän·gen: einen Wagen abhängen – es hängt ganz von den Umständen ab – seine Verfolger abhängen (abschütteln, ihnen entkommen); **abhängig:** von jemandem abhängig sein (auf jemanden angewiesen sein); die **Abhängigkeit;** das **Abhängigkeitsverhältnis**

ạb·här·ten: seinen Körper abhärten (widerstandsfähig machen) – sich abhärten; die **Abhärtung**

ạb·hau·en: einen Baum abhauen (abschlagen) – von zu Hause abhauen (fortlaufen) – hau ab!

ạb·he·ben: Geld von der Bank abheben – Karten abheben – das Dach abheben (abdecken) – sich von jemandem durch sein Können abheben (unterscheiden) – das Flugzeug hebt ab; die **Abhebung**

Ạb·hil·fe, die: -; für Abhilfe sorgen – auf Abhilfe dringen; **abhelfen**

ạb·ho·len: etwas oder jemanden abholen; die **Abholung**

A·bi·tur (Ab·i·tur), das: -s, -e (Reifeprüfung); der **Abiturient;** die **Abiturientin;** das **Abiturzeugnis;** → Matur, Maturität

Abk. = Abkürzung

ạb·kan·zeln: jemanden abkanzeln (zurechtweisen, scharf tadeln); die **Abkanz(e)lung**

ạb·kap·seln: sich von der Umwelt abkapseln (zurückziehen, abschliessen); die **Abkaps(e)lung**

ạb·keh·ren: das Fensterbrett abkehren – sich von jemandem abkehren (abwenden); die **Abkehr:** die Abkehr vom Glauben

ạb·klä·ren: einen schwierigen Fall abklären; die **Abklärung**

Ạb·klatsch, der: -(e)s, -e (Abdruck, minderwertige Nachahmung); **abklatschen**

ạb·klem·men: eine Unterredung abklemmen (abbrechen, abrupt beenden)

Ạb·kom·me, der: -n, -n (Nachfahre); **abkommen:** vom rechten Weg abkommen (sich verirren) – beim Start richtig abkommen – von seinem Plan abkommen (ihn aufgeben); die **Abkommenschaft; abkömmlich:** abkömmlich sein (überflüssig sein); der **Abkömmling**

Ạb·kom·men, das: -s, -; ein Abkommen (einen Vertrag, eine Übereinkunft) treffen, schliessen

Ạb·kunft, die: -; von niederer Abkunft (Abstammung, Herkunft) sein; → Abkomme

ạb·kür·zen: den Weg abkürzen – ein Wort abkürzen; die **Abkürzung** ⟨Abk.⟩; das **Abkürzungsverzeichnis**

ạb·la·den: Ware abladen; die **Abladung**

ạb·la·gern: Schutt ablagern – abgelagertes Holz verarbeiten; die **Ablagerung**

Ạb·lass, der: -es, Ablässe (Nachlass der Sündenstrafen); der **Ablassbrief; ablassen:** den Dampf ablassen – von etwas ablassen (mit etwas aufhören) – einen Teich ablassen (leeren)

ạb·lau·fen: alle Geschäfte ablaufen – das Wasser läuft ab – etwas läuft gut ab (endet günstig) – Schuhe ablaufen (abnützen) – die Frist läuft ab – jemandem den Rang ablaufen (jemanden übertreffen); der **Ablauf:** der Ablauf des Wassers – nach Ablauf der Frist

ạb·le·gen: den Mantel ablegen – eine Prüfung ablegen (machen) – Rechenschaft ablegen – das Schiff hat abgelegt – seine Scheu ablegen – ein abgelegtes (nicht mehr getragenes) Kleid – ein Gelübde ablegen; die **Ablage;** der **Ableger** (Pflanzentrieb)

ạb·leh·nen: einen Vorschlag ablehnen (zurückweisen); die **Ablehnung**

ạb·lei·ten: das Wasser ableiten – ein Wort ableiten (auf ein anderes zurückführen); die **Ableitung**

ạb·len·ken: jemanden von der Arbeit ablenken – vom Thema ablenken; die **Ablenkung;** das **Ablenkungsmanöver**

ạb·lich·ten: (fotokopieren); die **Ablichtung**

ạb·lie·fern: Waren abliefern; die **Ablieferung;** der **Ablieferungstermin**

ạb·lö·sen: eine Briefmarke ablösen – die Wache wird abgelöst – die Kücheneinrichtung ablösen (beim Mieten einer Wohnung übernehmen und bezahlen); die **Ablöse** (für eine Ablösung zu zahlende Summe); die **Ablösesumme;** die **Ablösung**

ạb·luch·sen: jemandem Geld abluchsen (mit List abnehmen)

ạb·ma·chen: die Tapeten abmachen (entfernen) – wir haben das so abgemacht (vereinbart) – abgemacht!; die **Abmachung:** eine Abmachung treffen

ạb·ma·gern: er ist bis auf die Knochen abgemagert; die **Abmagerung;** die **Abmagerungskur**

ạb·murk·sen: er murkst (würgt) das Schloss ab

ạb·neh·men: ein Plakat abnehmen – er hat abgenommen (Gewicht verloren) – den Hörer abnehmen – jemandem ein Versprechen abnehmen – dem Vater eine Arbeit abnehmen (ihn entlasten) – *jemandem etwas nicht abnehmen* (nicht glauben); die **Abnahme; abnehmbar;** der **Abnehmer** (Kunde, Käufer)

Ạb·nei·gung, die: -, -en; gegen etwas eine Abneigung (einen Widerwillen) haben; **abgeneigt**

ạb·norm: (vom Üblichen abweichend, nicht normal, krankhaft); **ạbnormal;** die **Abnormität**

ạb·nut·zen: ein abgenutztes Kleid tragen – das Leder hat sich schnell abgenutzt; auch: **abnützen;** die **Abnutzung;** auch: die **Abnützung**

A·bon·ne·ment *franz.* [abonemã̱], das: -s, -s (Dauerbezug von Zeitungen, Mittagessen o. Ä.); das **Ạbo** (Kurzwort für Abonnement); der **Abonnẹnt;** die **Abonnẹntin; abonnie·ren:** eine Zeitschrift abonnieren

ạb·ord·nen: zum Wachdienst abordnen; die **Abordnung**

Ạ·bort, der: -(e)s, -e (WC)

Ạ·bọrt *lat.,* der: -s, -e (Fehlgeburt)

ạb·pas·sen: sie passt ihm/ihn ab (fängt ihn ab)

ạb·pfei·fen: ein Spiel abpfeifen; der **Abpfiff**

ạb·pral·len: die Kugel prallt von der Wand ab; der **Abprall;** der **Abpraller**

ab·ra·ckern, sich: er rackert sich im Garten ab (plagt sich)

ab·räu·men: er räumt den Tisch ab

ab·rech·nen: die Kasse abrechnen – mit seinem Feind abrechnen (ihn zur Rechenschaft ziehen, sich rächen); die **Abrechnung**

Ab·re·de, die: etwas in Abrede stellen (abstreiten)

Ab·rei·se, die: -, -n; seine Abreise verschieben; **abreisen:** bald abreisen

ab·reis·sen: ein Kalenderblatt abreissen – eine Brücke abreissen – die Arbeit reisst nicht ab (hört nicht auf) – abgerissene Kleidung tragen; der **Abreissblock;** der **Abreisskalender;** der **Abriss**

ab·ru·fen: von der Arbeit abrufen (wegholen) – Informationen abrufen (sich geben lassen); der **Abruf:** auf Abruf; **abrufbereit**

ab·run·den: eine Zahl auf- oder abrunden – seine Bildung abrunden (ergänzen) – eine Kante abrunden; die **Abrundung**

ab·rupt *lat.*: abrupt (jäh, plötzlich) aufhören

ab·rüs·ten: die **Abrüstung;** die **Abrüstungskonferenz**

ABS = Antiblockiersystem

Abs. = Absender; Absatz

ab·sa·cken: das Flugzeug ist abgesackt – in seinen Leistungen absacken (nachlassen)

ab·sa·gen: einen Termin absagen; die **Absage:** jemandem eine Absage erteilen

ab·sä·gen: *mit abgesägten Hosen dastehen* (abgefertigt und blossgestellt sein)

Ab·satz, der: -es, Absätze; der Absatz eines Stiefels – ein neuer Absatz ⟨Abs.⟩ (Abschnitt) in einem Text – der Absatz (Verkauf) einer Ware – der Absatz einer Treppe; **absatzfähig** (gut verkäuflich); die **Absatzflaute;** das **Absatzgebiet; absatzweise**

ab·schaf·fen: einen alten Brauch abschaffen; die **Abschaffung**

ab·schal·ten: das Licht abschalten – er hat einfach abgeschaltet (war nicht aufmerksam, hat nicht mehr mitgemacht); die **Abschaltung**

ab·schät·zen: den Wert einer Ware abschätzen; **abschätzig:** von jemandem abschätzig (abwertend, abfällig) reden

Ab·schaum, der: -(e)s; der Abschaum der Menschheit (schlechte, moralisch minderwertige Menschen)

Ab·scheu, der/die: -(e)s; Abscheu (Abneigung) gegen jemanden empfinden – jemandem Abscheu einflössen – Abscheu erregend; **abscheulich:** eine abscheuliche (gemeine) Tat – abscheulich (ekelhaft) stinken; die **Abscheulichkeit**

Ab·schied, der: -(e)s, -e; Abschied von den Eltern nehmen – den Abschied (die Entlassung) erhalten; der **Abschiedsbrief;** die **Abschiedsfeier;** die **Abschiedsstunde;** die **Abschiedsszene;** das **Abschiedswort**

ab·schies·sen: ein Flugzeug abschiessen – *den Vogel abschiessen* (alle anderen übertreffen) → Abschuss

ab·schla·gen: einen Ast abschlagen – jemandem eine Bitte abschlagen (nicht erfüllen) – einen Angriff abschlagen (abwehren) – der Zucker schlägt ab; der **Abschlag,** die Abschläge: der Abschlag des Torwarts; **abschlägig:** eine abschlägige (ablehnende) Antwort

ab·schlep·pen: sich mit einer schweren Last abschleppen (abmühen) – einen Wagen abschleppen (mittels eines Fahrzeugs wegbringen); der **Abschleppdienst;** das **Abschleppseil;** der **Abschleppwagen**

ab·schlies·sen: die Türe abschliessen – einen Vertrag abschliessen (vereinbaren) – mit der Vergangenheit abschliessen – eine Untersuchung abschliessen (beenden); **abschliessend;** der **Abschluss,** die Abschlüsse; das **Abschlussexamen;** die **Abschlussfeier;** die **Abschlussprüfung;** das **Abschlusstraining;** das **Abschlusszeugnis,** die ...zeugnisse

ab·schmir·geln: er schmirgelt die raue Stelle ab (glättet ... mit Schmirgelpapier)

ab·schnei·den: eine Scheibe Brot abschneiden – den Weg abschneiden (abkürzen) – *bei etwas gut abschneiden* (eine gute Leistung erzielen) – *jemandem das Wort abschneiden* (ihn nicht ausreden lassen) – *jemandem die Ehre abschneiden* (jemanden verleumden); der **Abschnitt; abschnitt(s)weise**

ab·schre·cken: vom Rauchen abschrecken; **abschreckend:** er ist abschreckend hässlich; das **Abschreckmittel;** die **Abschreckung;** die **Abschreckungsstrategie**

ab·schrei·ben: einen Text abschreiben – von seinem Banknachbarn abschreiben – ich

muss dir leider abschreiben (absagen); die **Abschreibung; die Abschrift; abschriftlich**
Ạb·schuss, der: -es, Abschüsse; der Abschuss einer Rakete; **abschiessen; die Abschussbasis; abschüssig:** eine abschüssige (stark abfallende, steile) Strasse; die **Abschussliste:** auf der Abschussliste stehen; die **Abschussrampe;** → abschiessen
ạb·schwä·chen: seine Behauptung abschwächen (abmildern) – das Tief über Deutschland hat sich abgeschwächt (verringert); die **Abschwächung**
ạb·se·hen: jemandem etwas absehen (nachmachen) – von etwas absehen (auf etwas verzichten) – das Ende nicht absehen (erkennen) können – abgesehen von – *es auf etwas abgesehen haben* (als Ziel im Auge haben); **absehbar:** in absehbarer Zeit (bald)
ạb·seits: abseits der Strasse – das Dorf liegt abseits – abseits stehen; **abseitig** (ausgefallen); das **Abseits:** der Spieler steht im Abseits; die **Abseitsregel;** das **Abseitstor; abseitsverdächtig**
ạb·sen·den: einen Brief absenden; der **Absender** ⟨Abs.⟩; die **Absenderin; die Absendung**
Ab·sẹnz *lat.,* die: -, -en (Abwesenheit, Störung des Bewusstseins)
ạb·ser·beln: (dahinsiechen, langsam absterben)
ạb·set·zen: das Gepäck absetzen – einen König absetzen (ablösen, entlassen) – sich rechtzeitig absetzen (entfernen) – Waren absetzen (verkaufen) – ein Theaterstück absetzen (aus dem Spielplan nehmen) – beim Reden absetzen (eine Pause machen); **absetzbar; die Absetzung**
Ạb·sicht, die: -, -en; ohne böse Absicht – ernste Absichten haben (heiraten wollen); **absichtlich; absichtslos; absichtsvoll**
ạb·sit·zen: (sich setzen)
ab·so·lụt *lat.:* ein absoluter (unumschränkter) Herrscher – absolute (vollständige) Ruhe – die absolute Mehrheit – absolut (überhaupt) nichts arbeiten wollen – ein absolutes Gehör haben; die **Absolutheit; die Absolution** (Freisprechung von Sünden); der **Absolutịsmus** (Alleinherrschaft); **absolutịstisch**
ab·sol·viẹ·ren *lat.:* die Schule absolvieren (mit Erfolg abschliessen) – einen Besuch absolvieren (hinter sich bringen); der **Ab**solvẹnt; die **Absolvẹntin; die Absolvierung**
ạb·son·dern: er sondert sich von der Gruppe ab – der Baum hat Saft abgesondert; **absọnderlich:** ein absonderlicher (merkwürdiger) Mensch; die **Absọnderlichkeit; die Absonderung**
ab·sor·biẹ·ren *lat.:* (aufsaugen); der Stoff absorbiert Wasser – die Sonnenbrille absorbiert das Sonnenlicht; die **Absorptịon**
ạb·spal·ten: ein Stück Holz abspalten; die **Abspaltung**
ạb·spei·sen: er speist (wimmelt) jemanden mit einer Ausrede ab
ạb·spens·tig: *jemanden abspenstig machen* (abwerben, weglocken)
ạb·sper·ren: das Haus absperren (abschliessen) – die Strasse ist abgesperrt (unzugänglich gemacht); die **Absperrkette;** das **Absperrkommando; die Absperrung**
Ạb·spra·che, die: -, -n (Vereinbarung, Verabredung); **absprechen:** sich mit einem Freund absprechen (etwas vereinbaren) – jemandem eine Fähigkeit absprechen (aberkennen)
ạb·sprin·gen: vom Zug abspringen – von einem Plan abspringen (zurücktreten); der **Absprung,** die Absprünge
ạb·stam·men: er stammt von einer bekannten Familie ab – das Wort stammt vom Englischen ab; die **Abstammung**
Ạb·stand, der: -(e)s, Abstände; die Autos halten einen grossen Abstand – die Läufer starten in Abständen von 10 Minuten – mit Abstand (bei weitem) der Beste sein – *von etwas Abstand nehmen* (etwas nicht tun); die **Abstandssumme**
ạb·stat·ten: seinen Dank abstatten – jemandem einen Besuch abstatten (ihn besuchen); die **Abstattung**
ạb·stau·ben: die Möbel abstauben (abwischen, säubern) – etwas heimlich abstauben (wegnehmen, stehlen); auch: **abstäuben; der Abstauber; das Abstaubertor**
Ạb·ste·cher, der: -s, -; einen Abstecher (kurzen Ausflug) nach Italien machen
ạb·stei·gen: vom Pferd absteigen – im Gasthof absteigen (übernachten) – die Mannschaft ist abgestiegen (in eine niedrigere Klasse); die **Absteige** (billige Übernachtungsmöglichkeit); der **Absteiger;** der **Abstieg; abstiegsgefährdet**

ab·stel·len: das Radio abstellen (ausmachen) – sein Auto abstellen (parken) – Missstände abstellen (unterbinden); der **Abstellbahnhof;** die **Abstellfläche;** das **Abstellgleis;** die **Abstellkammer;** der **Abstellraum;** die **Abstellung**

ab·stim·men: über ein Gesetz abstimmen – die Farben aufeinander abstimmen (in Einklang bringen) – sich mit jemandem abstimmen (absprechen); die **Abstimmung;** das **Abstimmungsergebnis**

abs·ti·nent *lat.*: (enthaltsam); die **Abstinenz;** der **Abstinenzler;** die **Abstinenzlerin**

Ab·stoss, der: -es, Abstösse; der Abstoss des Torwartes; **abstossen:** das Boot vom Ufer abstossen – den Ball vom Tor abstossen – eine Ware billig abstossen (verkaufen) – die Ecken abstossen – *sich die Hörner abstossen* (den jugendlichen Übermut ablegen); **abstossend:** ein abstossendes (widerliches) Verhalten; die **Abstossung**

abs·trakt (ab·strakt, abst·rakt) *lat.*: das ist mir zu abstrakt (nicht anschaulich genug) – die abstrakte (gegenstandslose) Kunst; **abstrahieren** (verallgemeinern); die **Abstraktheit;** die **Abstraktion**

ab·strei·ten: sie streiten die Schuld ab

ab·stump·fen: durch den Krieg abstumpfen (gleichgültig, unempfindlich werden); die **Abstumpfung**

Ab·sturz, der: -es, Abstürze; der Absturz eines Flugzeugs; **abstürzen**

ab·surd *lat.*: ein absurder (unsinniger, unvernünftiger) Gedanke; die **Absurdität**

Abs·zess (Ab·szess) *lat.*, der: -es, -e (Geschwür)

Abs·zis·se (Ab·szis·se) *lat.*, die: -, -n (mathematischer Begriff); die **Abszissenachse**

Abt, der: -(e)s, Äbte (Vorsteher eines Klosters); die **Abtei;** die **Äbtissin**

Abt. = Abteilung

Ab·teil, das: -(e)s, -e; das Abteil erster Klasse; **abteilen;** die **Abteilung** ⟨Abt.⟩; der **Abteilungsleiter;** die **Abteilungsleiterin**

ab·tra·gen: die Speisen abtragen – ein Gelände abtragen – eine Schuld abtragen (bezahlen) – Kleidungsstücke abtragen (abnutzen); **abträglich:** einer Sache abträglich (schädlich, nachteilig) sein; die **Abträglichkeit;** die **Abtragung**

ab·trei·ben: der Wind treibt das Boot ab – ein Kind abtreiben (eine Schwangerschaft abbrechen); die **Abtreibung;** der **Abtrieb** (Viehabtrieb von der Weide)

ab·tren·nen: (loslösen, ablösen, abteilen); **abtrennbar;** die **Abtrennung**

ab·tre·ten: abgetretene Absätze – von der Bühne abtreten – jemandem die Wohnung abtreten (überlassen) – abtreten! (wegtreten!); der **Abtreter** (Fussmatte); die **Abtretung;** der **Abtritt** (Toilette)

ab·trün·nig: ein abtrünniger (treuloser) Verbündeter; der/die **Abtrünnige;** die **Abtrünnigkeit**

ab·tun: einen Einwand einfach abtun (als unwichtig ansehen) – damit ist es nicht abgetan (nicht erledigt)!

ab·ver·die·nen: er hat den Korporal abverdient

ab·wä·gen: Vorzüge und Nachteile abwägen (prüfen); die **Abwägung**

ab·wan·deln: ein Thema abwandeln (abändern); die **Abwand(e)lung**

Ab·wart, der: -s, -e (Hausmeister); die **Abwartin**

ab·wärts: einen Weg abwärts (hinunter, bergab) gehen – abwärts fahren – abwärts führen – mit seiner Gesundheit wird es ständig abwärts gehen (schlechter werden); die **Abwärtsbewegung;** der **Abwärtstrend**

Ab·was·ser, das: -s, Abwässer (verschmutztes Wasser); die **Abwasserreinigung**

ab·wech·seln: sich bei der Arbeit abwechseln (ablösen); **abwechselnd;** die **Abwechs(e)lung:** *Abwechslung macht Appetit;* **abwechslungsreich**

ab·we·gig: ein abwegiger (irriger, ausgefallener) Gedanke; der **Abweg:** auf Abwege geraten; die **Abwegigkeit**

ab·weh·ren: seine Feinde abwehren – einen Schlag abwehren; die **Abwehr;** der **Abwehrdienst;** der **Abwehrkampf;** die **Abwehrreaktion;** der **Abwehrspieler;** der **Abwehrstoff**

ab·wei·chen: vom rechten Kurs abweichen (sich davon entfernen); der **Abweichler;** die **Abweichung**

ab·wer·ten: das Geld wurde abgewertet (in seinem Wert herabgesetzt) – eine abwertende (herabsetzende) Bemerkung machen; die **Abwertung**

ab·we·send: der abwesende Schüler – er war ganz abwesend (abgelenkt, geistesabwesend); der/die **Abwesende;** die **Abwesen-heit:** in Abwesenheit – *durch Abwesenheit glänzen* (durch Fehlen auffallen)

ạb·wi·ckeln: Garn abwickeln – ein Geschäft ordnungsgemäss abwickeln (erledigen); die **Abwick(e)lung**

ạb·wie·geln: (beschwichtigen); die **Abwieg(e)-lung**

ạb·wim·meln: jemanden abwimmeln (abweisen)

ạb·zah·len: seine Schuld abzahlen; die **Abzahlung**

ạb·zäh·len: die anwesenden Schüler abzählen – das Geld passend abzählen – *sich etwas an den Fingern abzählen* (ausrechnen) *können;* der **Abzählreim;** die **Abzählung;** der **Abzählvers**

Ạb·zei·chen, das: -s, -; ein Abzeichen tragen; **abzeichnen:** einen Gegenstand abzeichnen – eine Entwicklung zeichnet sich ab (wird erkennbar); die **Abzeichnung**

ạb·zie·hen: die Betten abziehen (die Bezüge abnehmen) – die Feinde ziehen ab (gehen weg) – drei Franken abziehen – Wein vom Fass abziehen – Bilder abziehen (kopieren); das **Abziehbild;** der **Abzug,** die Abzüge; **abzüglich** ⟨abzgl.⟩: abzüglich aller Unkosten; **abzugsfähig; abzugsfrei;** der **Abzugsschacht**

ạb·zwei·gen: die Strasse zweigt (biegt) ab – er hat von seinem Gehalt etwas abgezweigt (weggelegt, gespart); die **Abzweigung**

ạch!: ach ja! – ach Gott! – ach so! – ach je! – ach und weh schreien (laut jammern); das **Ach:** Ach und Weh (Kummer, Klagen) – *mit Ach und Krach* (mit Mühe, gerade noch); der **Achlaut;** auch: der **Ach-Laut**

A·chat *griech.,* der: -(e)s, -e (Halbedelstein)

Ạch·se, die: -, -n; der Wagen hat zwei Achsen – die Nord-Süd-Achse – *auf Achse* (unterwegs) *sein;* der **Achsbruch;** der **Achsdruck;** **...achsig:** vierachsig; das **Achslager;** die **Achslast;** der **Achsschenkel**

Ạch·sel, die: -, -n; er zuckt mit den Achseln – *jemanden über die Achsel* (geringschätzig) *ansehen;* die **Achselhöhle;** die **Achselklappe;** das **Achselzucken; achselzuckend**

ạcht: acht Personen – um acht Uhr – in acht Wochen – acht zu sechs (8:6) – es schlägt acht Uhr – bis acht rechnen – es schlägt acht – acht mal drei – sie ist schon über

acht (Jahre alt) – sie sind zu acht – acht und zwei sind zehn – gegen acht – ein Viertel vor acht – Punkt acht; aber: der, die, das Achte – Heinrich der Achte; die **Acht:** die Zahl Acht – eine Acht schreiben – mit der Acht (Linie 8) fahren; **achtarmig;** auch: **8-armig; achtblättrig;** auch: **8-blättrig;** das **Achteck; achteckig;** auch: **8-eckig; achteinhalb; achtel:** ein achtel Pfund; das **Achtel:** ein Achtel Zucker – zwei Achtel des Ganzen; das **Achtelfinale;** der **Achtelliter; achtens;** der **Achter;** die **Achterbahn; achterlei; achtfach;** auch: **8fach;** das **Achtfache;** auch: das **8fache; achthundert; achtjährig;** auch: **8-jährig;** der/die **Achtjährige;** auch: der/die **8-Jährige;** der **Achtklässler;** die **Achtklässlerin; achtmal;** auch: **8-mal; achtprozentig;** auch: **8-prozentig; 8%ig; achtseitig;** auch: **8-seitig; achtstellig;** auch: **8-stellig; achtstündig;** auch: **8-stündig; achttägig;** auch: **8-tägig; achttausend;** der **Achttausender;** der **Achtuhrzug; achtzehn;** die **Achtzehn; achtzig:** in den achtziger Jahren – Mitte (der) achtzig – mit achtzig – ein Mensch über achtzig – in die achtzig kommen; die **Achtzig;** der **Achtziger;** die **Achtzigerin;** die **Achtzigerjahre;** auch: die **80er Jahre; achtzigjährig; achtzigstel**

Ạcht, die: -; mit der Acht belegen (ächten) – *jemanden in Acht und Bann tun* (in die Verbannung schicken); **ächten:** geächtet sein – die Kranken wurden geächtet (aus der Gemeinschaft ausgestossen); die **Ächtung**

ạch·ten: er achtet seine Eltern – er hat nicht auf den Verkehr geachtet – jemanden achten lernen – *was man hat, das achtet man nicht;* die **Acht** (Aufmerksamkeit, Fürsorge): Acht geben, haben – ausser Acht lassen – sich in Acht nehmen; **achtbar:** er kommt aus einer achtbaren Familie – sie erzielte achtbare Leistungen; die **Achtbarkeit; achtenswert; achtlos;** die **Achtlosigkeit; achtsam;** die **Achtsamkeit;** die **Achtung:** ein Achtung gebietender Mann; der **Achtungserfolg;** die **Achtungstellung; achtungsvoll**

ạch·ter: (hinter); das **Achterdeck; achtern** (hinten): nach achtern

ạch·zen: er ächzt (stöhnt, seufzt) laut vor Schmerzen; der **Ächzer**

Ạ·cker, der: -s, Äcker; *wer den Acker sät, der mäht – wie der Acker, so die Frucht;* der

Ackerbau: Ackerbau treibend; der **Ackerboden;** der **Ackergaul;** die **Ackerkrume;** das **Ackerland; ackern;** der **Acker(s)mann**
ACS = Automobil-Club der Schweiz
Ac·tion engl. [ä̲kschn], die: - (spannende Handlung) # Aktion
a. d. = an der: a. d. Donau
a. D. = ausser Dienst
A. D. = Anno Domini (im Jahre des Herrn)
a·da·gio ital. [ada̲dscho]: (langsam, sanft); das **Adagio** (Musikstück in langsamem Tempo)
Ad·ap·ter (A·da̲p·ter) engl., der: -s, - (Verbindungsstück); **adaptie̲ren** (anpassen); die **Adaption**
ad·ä·quat (a·dä·qua̲t) lat.: (entsprechend, angemessen); die **Adäquatheit**
ad·die·ren lat.: eine Zahlenreihe addieren (zusammenzählen); die **Additio̲n; additi̲v** (hinzufügend)
a·de: Winter ade (lebe wohl)! das **Ade:** ein Ade zurufen – Ade sagen; auch: ade sagen
A·del, der: -s; er ist von altem Adel – Tugend ist der beste Adel; **ad(e)lig;** der/die **Ad(e)lige; adeln;** der **Adelsstand;** der **Adelstitel**
A·der, die: -, -n (Blutgefäss); das **Äderchen; ad(e)rig;** auch: **äd(e)rig;** der **Aderlass**
a·dieu franz. [adjö̲]: (lebe wohl); das **Adieu:** jemandem Adieu sagen; auch: adieu sagen
A̲d·jek·tiv lat., das: -s, -e (Eigenschaftswort); **adjektivisch**
Ad·junkt lat., der: -en, -en (einem höheren Beamten zugeordneter Mitarbeiter)
Ad·ju·ta̲nt lat., der: -en, -en (beigeordneter Offizier)
A̲d·ler, der: -s, - (Greifvogel); das **Adlerauge;** der **Adlerblick;** die **Adlernase**
Ad·mi·nis·tra·ti·o̲n (Ad·mi·nist·ra·ti·o̲n) lat., die: -, -en (Verwaltung); **administrati̲v** (zur Verwaltung gehörend)
Ad·mi·ra̲l franz., der: -s, -e/Admiräle (Seeoffizier, Schmetterling); die **Admiralität;** der **Admiralsrang;** der **Admiralsstab**
ad·op·tie·ren (a·dop·tie·ren) lat.: er hat ein Kind adoptiert (an Kindes statt angenommen); die **Adoptio̲n;** die **Adopti̲veltern;** das **Adoptivkind**
A·dre̲s·se (Ad·re̲s·se) ⟨Adr.⟩ lat., die: -, -n (Anschrift); sich an die richtige Adresse (zuständige Stelle) wenden – bei jemandem an die unrechte Adresse (an den Unrechten) kommen; der **Adressa̲t** (Empfänger); die

Adressa̲tin; das **Adressbuch;** das **Adressenverzeichnis; adressie̲ren**
a·dre̲tt (ad·re̲tt) franz.: (sauber, hübsch, geschmackvoll)
A̲·dria (Ad·ria), die: - (Adriatisches Meer)
A̲-Dur, das: - (Tonart); die **A-Dur-Tonleiter**
Ad·vent lat. [adve̲nt], der: -(e)s, -e (Zeit vor Weihnachten); **adventlich;** der **Advent(s)kalender;** die **Advent(s)kerze;** der **Advent(s)kranz;** der **Advent(s)stern;** die **Advent(s)zeit**
Ad·verb lat. [adve̲rb], das: -s, Adverbien (Umstandswort); **adverbia̲l:** die adverbiale Bestimmung; der **Adverbia̲lsatz**
Ad·vo·kat lat. [adwoka̲t], der: -en, -en (Anwalt, Rechtsbeistand); Wahrheit ist der beste Advokat
Af·fä·re franz., die: -, -n (Streitsache, peinlicher Vorfall); sich aus der Affäre ziehen (sich aus einer unangenehmen Situation herauswinden)
A̲f·fe, der: -n, -n; einen Affen haben (betrunken sein) – seinem Affen Zucker geben (seinen Schwächen nachgeben); **affenartig;** die **Affenhitze** (sehr grosse Hitze); die **Affenliebe;** die **Affenschande;** das **Affentempo;** das **Affentheater;** der **Affenzahn** (hohe Geschwindigkeit); **affig** (eitel, geziert); die **Äffin**
Af·fe̲kt lat., der: -(e)s, -e; im Affekt (in heftiger Erregung) handeln; die **Affekthandlung; affektie̲rt:** ein affektiertes (gekünsteltes, geziertes) Benehmen; die **Affektie̲rtheit; affekti̲v** (gefühlsbetont)
Af·fi·ni·tät lat., die: -, -en (Ähnlichkeit, Verwandtschaft)
AFP = Agence France-Presse (französische Nachrichtenagentur)
A̲·fri·ka (A̲f·ri·ka): -s (Erdteil); der **Afrika̲ner;** die **Afrika̲nerin; afrika̲nisch**
A̲f·ter, der: -s, - (Ausgang des Mastdarms)
Af·ter·shave engl. [a̲ftersche̲f], das: -(s), -s (Gesichtswasser nach der Rasur)
AG = Aktiengesellschaft; Arbeitsgemeinschaft
AG = Kanton Aargau
A·ga·ve griech., die: -, -n (südländische Pflanze)
A·ge̲n·da lat., die: -, Agenden (Notizkalender)
A·ge̲nt lat., der: -en, -en (Spion, Vermittler); die **Agentin;** die **Agentu̲r** (Geschäftsstelle, Vermittlungsbüro); **agie̲ren** (handeln)

Ag·glo·me·ra·ti·on die: -, en (Anhäufung, Zusammenstellung, Ballungsraum); sie wohnt in der Agglomeration Zürich

Ag·gre·gat (Agg·re·gat) *lat.*, das: -(e)s, -e (Maschinensatz, Koppelung zusammenarbeitender Maschinen); der **Aggregatzustand** (Erscheinungsform eines Stoffes: fest, flüssig, gasförmig)

Ag·gres·si·on (Agg·res·si·on) *lat.*, die: -, -en (Angriff, Feindseligkeit); **aggressiv** (streitsüchtig, angriffslustig); die **Aggressivität**; der **Aggressor**

a·gil *lat.*: (wendig, beweglich); **agieren** (handeln, tätig sein)

A·gi·ta·ti·on *lat.*, die: -, -en (politische Hetze, Werbung); **agitieren**; der **Agitator**; **agitatorisch**

A·go·nie *griech.*, die: -, Agonien (Todeskampf)

A·grar... (Ag·rar...) *lat.*: die **Agrarbevölkerung**; der **Agrarier** (Landwirt); **agrarisch** (landwirtschaftlich); das **Agrarland**; der **Agrarmarkt**; die **Agrarpolitik**; die **Agrarreform**; der **Agrarstaat**; die **Agrarwirtschaft** (Landwirtschaft)

A·gree·ment (Ag·ree·ment) *engl. [ägriment]*, das: -s, -s (Übereinkommen)

Ä·gyp·ten: -s (Land in Afrika); der **Ägypter**; die **Ägypterin**; **ägyptisch**; der **Ägyptologe**; die **Ägyptologin**

ah!: ah so! – ah, so war das!; das **Ah** (Ausruf der Verwunderung)

a·ha!: aha, also so ist das!; das **Aha-Erlebnis**

Ah·le, die: -, -n (Werkzeug zum Bohren von Löchern)

Ahn, der: -(e)s/-en, -en (Vorfahr); der/die **Ahne**; das **Ahnenbild**; der **Ahnenkult**; die **Ahnenreihe**; die **Ahnentafel**; die **Ahnfrau**; der **Ahnherr**; die **Ahnin**

ahn·den: ein Vergehen ahnden (bestrafen); die **Ahndung**

ah·nen: er hat nichts Gutes geahnt (vermutet); die **Ahnung**; **ahnungslos**; die **Ahnungslosigkeit**; **ahnungsvoll**

ähn·lich: sie sehen sich ähnlich; aber: und/oder Ähnliches ⟨u. Ä./o. Ä.⟩ – etwas/nichts Ähnliches (Gleichartiges); **ähneln:** sie ähnelt ihrer Schwester – beide Brüder ähneln einander; die **Ähnlichkeit**

a·hoi!: ahoi, wir stechen in See! – Schiff ahoi!

A·horn, der: -s, -e (Laubbaum)

Äh·re, die: -, -n (Blütenstand des Getreides); das **Ährenfeld**; der **Ährenkranz** # Ehre

AHV = Alters- und Hinterlassenen-Versicherung

AI = Appenzell Innerrhoden (Halbkanton)

Aids (AIDS) *engl. [eds]*, das: - (Krankheit, die zu schweren Störungen im Abwehrsystem des Körpers führt); **aidskrank;** der **Aidstest**

Air·bag *engl. [ärbäg]*, der: -s, -s (Luftsack im Auto, der sich bei einem Aufprall automatisch aufbläst)

Air·bus *engl. [ärbus]*, der: ...busses, ...busse (europäischer Flugzeugtyp)

Air·port *engl. [ärport]*, der: -s, -s (Flughafen)

à jour *franz. [aschur]*: à jour (auf dem Laufenden) *sein*

A·ka·de·mie *griech.*, die: -, Akademien (Hochschule, gelehrte Gesellschaft); der **Akademiker;** die **Akademikerin; akademisch**

A·ka·zie *griech. [akazje]*, die: -, -n (tropischer Laubbaum)

ak·kli·ma·ti·sie·ren, sich *lat.:* (sich an veränderte Klima-, Umwelt- oder Lebensbedingungen anpassen); die **Akklimatisation;** auch: die **Akklimatisierung**

Ak·kord *lat.*, der: -(e)s, -e; einen Akkord spielen (Zusammenklang verschiedener Töne) – im Akkord arbeiten (Leistungslohn); der **Akkordarbeiter;** die **Akkordarbeiterin;** der **Akkordlohn**

Ak·kor·de·on *lat.*, das: -s, -s (Handharmonika); der **Akkordeonspieler**

Ak·ku *lat.*, der: -s, -s (Kurzwort für Akkumulator); der **Akkumulator** (Stromspeicher); **akkumulieren** (speichern, anhäufen)

ak·ku·rat *lat.*: (sorgfältig, genau); die **Akkuratesse**

Ak·ku·sa·tiv *lat.*, der: -s, -e (Sprachlehre: 4. Fall, Wenfall); das **Akkusativobjekt**

Ak·ne *griech.*, die: -, -n (Hautkrankheit)

A·kri·bie (Ak·ri·bie) *griech.*, die: - (Sorgfalt, grösste Genauigkeit); **akribisch**

A·kro·bat (Ak·ro·bat) *griech.*, der: -en, -en (Seiltänzer, Turnkünstler); die **Akrobatik;** die **Akrobatin; akrobatisch**

Akt *lat.*, der: -(e)s, -e; ein feierlicher Akt (Vorgang) – ein Akt (eine Tat) der Menschlichkeit – die Szene im 3. Akt (Aufzug in einem Schauspiel) – einen Akt malen (Darstellung des nackten menschlichen Körpers)

Ak·te *lat.*, die: -, -n (Schriftstück, Urkunde); *etwas zu den Akten legen* (als erledigt betrachten); auch: der **Akt;** der **Aktendeckel; aktenkundig:** als Dieb aktenkundig (bekannt) sein; die **Aktenmappe;** die **Aktennotiz;** der **Aktenordner;** die **Aktentasche;** das **Aktenzeichen**

Ak·tie *niederl. [ạkzje],* die: -, -n; sein Vermögen in Aktien (Wertpapiere) anlegen – *wie stehen die Aktien* (wie geht's)?; die **Aktiengesellschaft** ⟨AG⟩; das **Aktienkapital;** der **Aktionär** (Besitzer von Aktien); die **Aktionärin**

Ak·ti·on *lat.,* die: -, -en (Handlung, Unternehmung; auch: Sonderangebot); eine Aktion planen – eine Aktion abblasen – in Aktion treten – von der Aktion profitieren; der **Aktionịsmus; aktionsfähig;** der **Aktionsradius** # Action

ak·tiv *lat.:* (tätig, eifrig); er ist im Verein sehr aktiv – sich aktiv für den Umweltschutz einsetzen; das **Ạktiv** (Sprachlehre: Tatform, Gegensatz von Passiv); der **Aktivdienst** (Dienstleistung der Truppen im Ernstfall); der/die **Aktive** (jemand, der aktiv in einem Sportverein ist); **aktivieren:** die Schüler zur Mitarbeit aktivieren (anregen); der **Aktivịst** (aktiver, zielstrebig handelnder Mensch); die **Aktivität** (Tätigkeit); der **Aktivurlaub**

ak·tu·ẹll *franz.:* (zeitgemäss, zeitnah); **aktualisieren;** die **Aktualität** (Zeitnähe)

A·ku·punk·tur *lat.,* die: -, -en (chinesische Heilmethode durch Stiche in bestimmte Körperstellen); **akupunktieren**

A·kụs·tik *griech.,* die: - (Lehre vom Schall, Klangwirkung); die Akustik eines Raumes; **akustisch**

a·kut *lat.:* (dringend, heftig, plötzlich auftretend); ein akutes Problem – eine akute Krankheit – eine akute Frage; der/die **Akutkranke**

AKW = Atomkraftwerk(e); die **AKW-Gegner**

Ak·zẹnt *lat.,* der: -(e)s, -e (Tonfall, Betonungszeichen); mit fremdem Akzent sprechen – den Akzent auf etwas setzen (etwas besonders herausheben); **akzentfrei; akzentlos; akzentuieren;** die **Akzentuierung**

ak·zep·tie·ren *lat.:* (annehmen, billigen); den Vorschlag akzeptieren; **akzeptạbel;** die **Akzeptạnz** (Bereitschaft etwas anzunehmen); **akzeptierbar**

A·la·bạs·ter *griech.,* der: -s (Gipsart); **alabastern**

A·lạrm *ital.,* der: -(e)s, -e; Alarm schlagen (die Aufmerksamkeit auf etwas lenken) – blinder Alarm (grundlose Aufregung); die **Alarmanlage; alarmbereit;** die **Alarmglocke; alarmieren;** die **Alarmierung;** das **Alarmsignal;** das **Alarmzeichen;** der **Alarmzustand**

Ạlb, der: -(e)s, -e (Elfe, gespenstisches Wesen, beklemmendes Gefühl); *wie ein Alb auf der Brust liegen* (bedrücken); der **Albdruck;** auch: der Alpdruck; der **Albtraum;** auch: der Alptraum # Alp

Ạlb, die: - (Gebirge); die Schwäbische Alb

Al·ba·ni·en: -s (Staat auf dem Balkan); der **Albaner;** die **Albanerin; albanisch**

al·bern: ein albernes (kindisches, einfältiges) Betragen – sei nicht so albern! – albern daherreden – albere nicht herum!; die **Albernheit**

Al·bi·no *span.,* der: -s, -s (Mensch, Tier oder Pflanze mit fehlender Farbstoffbildung)

Ạl·bum *lat.,* das: -s, Alben (Sammelbuch)

A·le·mạn·ne, der: -n, -n (Angehöriger eines germanischen Volksstammes); **alemannisch;** das **Alemannische**

Ạl·ge *lat.,* die: -, -n (Wasserpflanze); die **Algenpest**

Al·ge·bra (Ạl·geb·ra) *arab.,* die: - (Buchstabenrechnung, Lehre von den mathematischen Gleichungen); **algebraisch**

a·li·as *lat.:* Meier alias (auch genannt) Müller

A·li·bi *lat.,* das: -s, -s (Nachweis der Abwesenheit vom Tatort); kein Alibi für die Tatzeit haben

A·li·mẹn·te *Mz. lat.,* die: -; Alimente (Unterhaltsbeitrag) zahlen

Ạl·ko·hol *arab.,* der: -s, -e; Alkohol trinken; **alkoholarm; alkoholfrei; alkoholhaltig;** die **Alkoholika** *Mz.* (alkoholische Getränke); der **Alkoholiker;** die **Alkoholikerin; alkoholisch; alkoholisieren;** der **Alkoholịsmus;** der **Alkoholmissbrauch;** der **Alkoholspiegel; alkoholsüchtig;** der **Alkoholtest**

ạll, ạl·le, ạl·les: all das Schöne – all mein Geld – alle Welt – alle neun – alle auf einmal – alle beide – alle paar Monate – alle anwesenden Personen – vor allem – trotz allem – in aller Frühe – allerorten (überall) – ist das alles? – alles Gute – alles Mögliche (alle Möglichkeiten, viel, allerlei) – alles in allem – alles Übrige – alles Beliebige – alles Einzelne – wer alles? – ein Mädchen für alles – da hört sich doch alles auf! – alles andere – *es ist nicht alles Gold, was glänzt; aber:* mein Ein und Alles – Alles und Jedes; **allabendlich; alldieweil; allemal; allenfalls; allenthalben** (überall); der, die, das **Allerbeste;** am **allerbesten; allerdings; allerhand;** das **Allerheiligen; allerhöchst; allerlei;** das **Allerlei; allerletzt;** der, die, das **Allerletzte; allerliebst; allermeist; allermindestens; allerorten; allerorts; allerschlimmstenfalls;** das **Allerseelen;** all(er)seits; **allerspätestens;** am **allerwenigsten; allesamt;** der **Alleskleber;** der **Alleskönner; alle(r)weil; all(e)zeit; allfällig** (etwaig, allenfalls, eventuell); **alljährlich; allmonatlich; allseitig;** der **Alltag; alltäglich; allumfassend; allwissend**

All, das: -s (Weltall, Weltraum)

Al·lah *arab.*: -s (arabischer Name für Gott)

Al·lee *franz.*, die: -, Alleen (mit Bäumen eingefasste Strasse)

Al·le·go·rie *griech.*, die: -, Allegorien (Gleichnis, Sinnbild); **allegorisch**

al·le·gro (al·leg·ro) *ital.*: (schnell, lebhaft); das **Allegro** (Musikstück in lebhaftem Tempo)

al·lein: allein sein; *aber:* das Alleinsein – allein stehen – eine allein stehende Frau – die allein Stehende; *auch:* die Alleinstehende – der/die allein Erziehende; *auch:* der/die Alleinerziehende – jemanden allein lassen – allein mit etwas fertig werden – allein du bist schuld – die Kirche allein ist schon sehenswert – allein selig machend – ich bin oft so allein (einsam)! – von alleine – ganz allein – *der Mensch lebt nicht vom Brot allein* – *ein Unglück kommt selten allein;* der **Alleinerbe;** der **Alleingang;** der **Alleinherrscher; alleinig;** die **Alleinschuld;** das **Alleinsein;** der **Alleinunterhalter**

Al·ler·gie (All·er·gie) *griech.*, die: -, Allergien (besondere Empfindlichkeit gegenüber bestimmten Stoffen); eine Allergie haben; der **Allergiker;** die **Allergikerin; allergisch:** ich bin gegen Erdbeeren allergisch

Al·ler·hei·li·gen, das: - (katholisches Fest); das **Allerheiligste;** das **Allerseelen**

allg. = allgemein

all·ge·mein ⟨allg.⟩: eine allgemein bildende Schule – er ist allgemein bekannt – die allgemeine Meinung – diese Regel ist allge-

mein (stets) gültig – allgemein verständlich; *aber:* das Allgemeine – im Allgemeinen; das **Allgemeinbefinden;** die **Allgemeinbildung;** das **Allgemeingut;** die **Allgemeinheit;** der **Allgemeinplatz** (nichts sagende Redensart); das **Allgemeinwohl**

All·heil·mit·tel, das: -s, -; sie verwendet ein Allheilmittel gegen Schmerzen

Al·li·anz *franz.*, die: -, -en (Bündnis); sich **alliieren** (verbünden); der/die **Alliierte;** die **Alliierten** (gegen Deutschland im 1. und 2. Weltkrieg Verbündete)

Al·li·ga·tor *lat.*, der: -s, Alligatoren (Reptil)

All·macht, die: -; die Allmacht Gottes; **allmächtig:** der allmächtige Herrscher; der **Allmächtige:** Gott, der Allmächtige

all·mäh·lich: allmählich verstehe ich es – ein allmählicher (langsam erfolgender) Anstieg

All·mend, die: -, -en (Gemeindeland, öffentlicher Boden)

Al·lo·tria (Al·lot·ria) *griech.*, das: -(s); Allotria (Unfug) treiben

All·tag, der: -(e)s, -e (Werktag, ereignislose Zeit); **alltäglich:** die alltägliche Arbeit; *aber:* nichts Alltägliches; die **Alltäglichkeit; alltags;** die **Alltagsbeschäftigung;** die **Alltagssorgen** *Mz.;* die **Alltagssprache**

Al·lü·re *franz.*, die: -, -n (ein aus dem Rahmen fallendes Benehmen)

all·zu: die Last ist allzu schwer – allzu viele (viel zu viele) Fehler machen – allzu bald – allzu früh – allzu gern – allzu lange – allzu oft – allzu sehr – allzu selten – allzu weit – das ist allzu menschlich; *aber:* **allzumal**

Alm, die: -, -en (Bergweide); der **Almenrausch;** die **Almhütte;** die **Almwirtschaft**

Al·ma·nach *niederl.*, der: -s, -e (Kalender, Jahrbuch)

Al·mo·sen *griech.*, das: -s, - (mildtätige Gabe); um Almosen betteln; der **Almosenempfänger;** der **Almosenstock**

Alp, die: -, -en (Alm, Hochweide); *auch:* die **Alpe;** die **Alpen;** das **Alpenglühen;** der **Alpenjäger;** der **Alpenpass;** das **Alpenrot;** das **Alpenvorland;** das **Alphorn; alpin:** ein alpines Klima – das alpine Rettungswesen; der **Alpinismus** (Bergsteigen im Hochgebirge); **der Alpinist** ≠ Alb

Al·pha·bet *griech.*, das: -(e)s, -e (Abc); **alphabetisch:** Wörter alphabetisch ordnen; **alphabetisieren**

A̲lp·druck, der: -(e)s, Alpdrücke; → Albdruck; der **Alptraum** → Albtraum

a̲ls: als die Polizei eintraf – er ist grösser als sein Freund – das ist alles andere als schön – sie tat, als wäre er nicht anwesend – sowohl als auch – als Zeuge vor Gericht – ich empfinde es als unhöflich – als dass; **alsbald; alsbaldig; alsdann**

a̲l·so: das ist also dein Dank? – na also! – du kommst also mit?; **alsobald; alsogleich**

a̲lt: älter, am ältesten; ein altes Haus – altes Brot essen – ein zwei Monate altes Kind – *man ist so alt, wie man sich fühlt* – *alte Bäume biegt man nicht;* aber: das Alte Testament – die Alte Welt (Afrika, Asien, Europa) – Alt und Jung (jedermann) – ganz der Alte sein – beim Alten bleiben – es beim Alten lassen – am Alten hängen – Alte und Junge – Altes und Neues – ihr Ältester; **altbacken** (nicht mehr frisch); die **Alt(bau)wohnung; altbekannt; altbewährt; altdeutsch;** der/die/das **Alte; alteingesessen;** das **Alteisen;** die **Alten:** *wie die Alten sungen, so zwitschern die Jungen;* das **Altenheim;** die **Altenpflege;** das **Altenteil;** das **Altenwohnheim;** das **Alter:** *Alter schützt vor Torheit nicht;* **altern; alterprobt; alters:** von alters her – seit alters; die **Altersgrenze;** das **Altersheim;** das **Altersjahr** (Lebensjahr); **altersmässig;** die **Altersrente; altersschwach;** die **Altersschwäche;** die **Alterssiedlung;** der **Alterssitz;** das **Altertum;** die **Altertümer** *Mz.* (Gegenstände aus dem Altertum); **altertümlich; altgedient; altgewohnt; althergebracht; altklug** (naseweis, frühreif); **ältlich;** das **Altmaterial; altmodisch;** das **Altpapier;** die **Altstadt;** die **Altstadtsanierung; altvertraut;** das **Altwasser** (Flussarm mit stehendem Wasser); der **Altweibersommer** (sonnige, warme Nachsommertage)

A̲lt *lat.,* der: -s, -e (tiefe Frauen- oder Knabenstimme)

Al·tar *lat.,* der: -(e)s, Altäre; *jemanden zum Altar führen* (eine Frau heiraten); das **Altarbild;** das **Altar(s)sakrament**

Alt·dorf: (Hauptort des Kantons Uri)

Al·ter·na·ti·ve *lat.,* die: -, -n; nach einer Alternative (anderen Möglichkeit) suchen; **alternativ** (wahlweise); der/die **Alternative** (jemand, der einer Alternativbewegung angehört); das **Alternativprogramm; alternieren** (wechseln, abwechseln)

A·lu·mi·ni·um *lat.,* das: -s (Leichtmetall); das **Alu** (Kurzform für Aluminium); die **Alufolie**

a̲m: (an dem); am nächsten Samstag – am Fusse des Berges – am besten – das ist am schönsten – am Ersten des Monats

A·ma·teur *franz. [amatör̲],* der: -s, -e (Nichtfachmann; jemand, der eine Tätigkeit nicht berufsmässig, sondern aus Liebhaberei ausübt); der **Amateurfotograf;** der **Amateurfussball; amateurhaft;** der **Amateursportler**

Am·bi·ance *franz. [ãbiãs],* die: - (Umgebung, Atmosphäre)

Am·bi·en·te *ital.,* das: - (Umwelt, Atmosphäre)

am·bi·va·lent *lat.:* (doppelwertig); die **Ambivalenz**

A̲m·boss, der: -es, -e (Unterlage beim Hämmern); *ein guter Amboss fürchtet keinen Hammer*

am·bu·lant *lat.:* (herumziehend, ohne festen Sitz); sich ambulant behandeln lassen (sich vom Arzt in der Sprechstunde behandeln lassen, ohne im Krankenhaus zu bleiben) – ein ambulantes Gewerbe (Wandergewerbe); die **Ambulanz** (Krankenwagen, bewegliches Lazarett)

A̲·mei·se, die: -, -n (Insekt, das Staaten bildet); der **Ameisenhaufen;** die **Ameisensäure**

a·men *hebr.:* ja und amen sagen; auch: Ja und Amen sagen; das **Amen:** *zu allem Ja und Amen sagen* (mit allem einverstanden sein) – *sein Amen* (Einverständnis) *geben* – *das ist so sicher wie das Amen in der Kirche* (ganz gewiss)

A·me·ri·ka: -s (Erdteil); der **Amerikaner;** die **Amerikanerin; amerikanisch**

A·me·thyst *griech.,* der: -(e)s, -e (Halbedelstein)

A·mi·no·säu·re, die: - (wichtiger Bestandteil der Eiweisse)

A̲m·mann, der: -(e)s, Ammänner (Amtsperson); der **Gemeindeammann** (Gemeindepräsident); der **Landammann**

A̲m·me, die: -, -n (Frau, die ein fremdes Kind stillt); das **Ammenmärchen** (eine erfundene, nicht glaubhafte Geschichte)

Am·mo·ni·ak *ägypt.,* das: -s (gasförmige Verbindung von Stickstoff und Wasserstoff)

Am·nes·tie *griech.,* die: -, Amnestien (Straferlass, Begnadigung); das **Amnestiegesetz; amnestieren**

A·mö·be *griech.*, die: -, -n (Wechseltierchen, Einzeller)

A·mok *malai.*, der: -s; Amok laufen (in krankhafter Verwirrung herumlaufen und blindwütig töten); die **Amokfahrt;** der **Amokläufer;** der **Amokschütze**

a-Moll, das: - (Tonart); die **a-Moll-Tonleiter**

a·mor·ti·sie·ren, sich *lat.*: (eine Schuld tilgen, bezahlt machen); die **Amortisation; amortisierbar**

Am·pel, die: -, -n (Verkehrssignal, Hängelampe)

Am·pere ⟨A⟩ *franz. [ampär]*, das: -(s), - (Masseinheit der elektrischen Stromstärke); das **Amperemeter**

Am·phi·bie *griech. [amfibje]*, die: -, -n (Tier, das im Wasser und auf dem Land leben kann); das **Amphibienfahrzeug; amphibisch**

Am·pul·le *griech.*, die: -, -n (Glasröhrchen für Flüssigkeiten)

am·pu·tie·ren *lat.*: einen Arm amputieren (abnehmen, operativ entfernen); die **Amputation**

Am·sel, die: -, -n (Singvogel); der **Amselschlag**

Amt, das: -(e)s, Ämter; ein Amt (einen Beruf, Posten) ausüben – ein Amt (eine Behörde) aufsuchen – in Amt und Würden sein – von Amts wegen – das Amt (Fernamt) anrufen – das öffentliche Amt; aber: das Auswärtige Amt; die **Amtfrau; amtieren; amtlich** ⟨amtl.⟩; **amtlicherseits;** der **Amtmann;** die **Amtmännin;** die **Amtsanmassung;** der **Amtsarzt;** der **Amtsbezirk** (Verwaltungsbezirk); das **Amtsblatt;** der **Amtsbote;** der **Amtsdiener;** der **Amtseid;** das **Amtsgebäude;** das **Amtsgeheimnis;** das **Amtsgeschäft; amtshalber;** die **Amtshandlung;** die **Amtsmiene; amtsmüde;** die **Amtsperson;** der **Amtsrat;** der **Amtsrichter;** die **Amtsrichterin;** der **Amtsschimmel** (übertriebene Einhaltung amtlicher Vorschriften); der **Amtssitz;** der **Amtsstatthalter;** die **Amtstracht;** der **Amtsweg**

A·mu·lett *lat.*, das: -(e)s, -e (am Körper getragenes Zaubermittel, Glücksbringer)

a·mü·sie·ren *franz.*: sich am Abend köstlich amüsieren (vergnügen) – das amüsiert mich; **amüsant;** das **Amüsement** *[amüsemä]*

an: an der Wand lehnen – an die Wand stellen – an einem Mittwoch – an einer Krankheit leiden – an die Arbeit gehen – an sein – an die 50 Franken (nahezu, ungefähr) – ab und an – an und für sich – arm an Geld – jung an Jahren – es liegt an euch; **anbei**

a·na·log *griech.*: (entsprechend, ähnlich); die **Analogie;** der **Analogieschluss**

An·al·pha·bet *griech.*, der: -en, -en (jemand, der nicht schreiben und lesen kann); **analphabetisch;** der **Analphabetismus**

A·na·ly·se *griech.*, die: -, -n (Zerlegung, Zergliederung); **analysieren:** einen Text analysieren (genau untersuchen, prüfen); der **Analytiker; analytisch**

A·na·nas *ind.*, die: -, -/-se (tropische Frucht)

A·nar·chie (An·ar·chie) *griech.*, die: -, Anarchien (Unordnung, Gesetzlosigkeit); **anarchisch;** der **Anarchismus;** der **Anarchist** (Staatsfeind); die **Anarchistin; anarchistisch**

An·äs·the·sie *griech.*, die: -, Anästhesien (Schmerzbetäubung bei Operationen); **anästhesieren;** der **Anästhesist;** die **Anästhesistin**

A·na·to·mie *griech.*, die: -, Anatomien (Lehre von der Form und dem Aufbau des Körpers von Lebewesen); **anatomisch**

an·bah·nen, sich: ein Unheil bahnt sich an; die **Anbahnung**

an·bän·deln, sich: einen Streit anbändeln (anfangen) – mit jemandem anbändeln (eine Liebesbeziehung anknüpfen); die **Anbändelei**

An·be·tracht: in Anbetracht (angesichts) dessen, dass . . .

an·bie·dern, sich: er biedert sich ihm an (will sich beliebt machen); die **Anbiederung**

An·blick, der: -(e)s, -e; beim Anblick des Feindes; **anblicken**

An·dacht, die: -, -en; in stiller Andacht (Versenkung) – etwas mit Andacht (Ehrfurcht) betrachten – eine Andacht (einen kurzen Gottesdienst) halten; **andächtig; andachtsvoll**

an·dan·te *ital.*: (mässig langsam); das **Andante** (Musikstück in ruhigem Tempo)

an·dau·ernd: der Wind weht andauernd (unaufhörlich)

An·den·ken, das: -s, -; dem Toten ein ehrendes Andenken bewahren – ein Andenken (Geschenk zur Erinnerung) mitbringen

A B C D E F

an·der ...: der, die, das andere – alles andere – und vieles andere mehr – ein Wort gab das andere – ich finde das alles andere als gut – der eine kommt, der andere geht – eine andere Meinung haben – *andere Länder, andere Sitten* – *eine Hand wäscht die andere* – er redet von etwas anderem – unter anderem – von einem Tag zum anderen – es kommt eins zum anderen – eins nach dem anderen (immer der Reihe nach) – sich eines anderen besinnen – *wer anderen eine Grube gräbt, fällt selbst hinein* – kein anderer – nichts anderes – ein anderes Mal bleibe ich da – etwas anderes; aber: sie strebte etwas ganz Anderes (völlig Neues) an; **ander(e)nfalls; ander(e)norts; ander(e)ntags; ander(e)nteils; ander(er)seits;** ein **andermal;** aber: ein anderes Mal – andere Male; **anders:** jemand anders – anders denkend; aber: der/die anders Denkende; auch: der/die Andersdenkende – anders geartet – anders sein – anders als du – wo anders (wo sonst)?; aber: woanders (irgendwo sonst) ist es schöner; **andersartig; andersfarbig; andersgläubig; anders(he)rum; anderswie; anderswo; anderswoher; anderswohin; anderwärts; anderweitig**

än·dern: er änderte seine Meinung – das Wetter ändert (wandelt) sich; die **Änderung;** der **Änderungsvorschlag**

an·dert·halb: anderthalb Zentner – in anderthalb Stunden; **anderthalbfach;** das **Anderthalbfache**

an·deu·ten: mit ein paar Worten andeuten (erwähnen) – eine Besserung deutet (kündigt) sich an; die **Andeutung; andeutungsweise**

An·drang, der: -(e)s; vor dem Geschäft war ein grosser Andrang (grosses Gedränge); **andrängen**

an·dro·hen: Strafe androhen; die **Androhung**

an·eig·nen: er eignete sich fremdes Gut an (nahm es weg) – sich gute Kenntnisse aneignen; die **Aneignung**

an·ei·nan·der (an·ein·an·der): aneinander vorbeireden – stets aneinander denken – aneinander fügen – aneinander geraten (streiten) – aneinander grenzen – aneinander legen – aneinander stossen

A·nek·do·te (An·ek·do·te) *griech.,* die: -, -n (kurze, meist witzige Geschichte); **anekdotenhaft; anekdotisch**

A·ne·mo·ne, die: -, -n (Windröschen)

An·er·bie·ten, das: -s, -; ein Anerbieten (Angebot) dankend ablehnen

an·er·ken·nen: die Leistung anerkennen (loben, würdigen); **anerkannt:** ein anerkannter (angesehener) Fachmann; **anerkanntermassen; anerkennenswert;** die **Anerkennung**

an·fa·chen: die Glut anfachen (entzünden) – er hat den Aufstand angefacht (angezettelt)

an·fah·ren: der Zug fährt an – der Betrunkene fuhr die Fussgängerin an – jemanden barsch anfahren (grob anreden, zurechtweisen); die **Anfahrt;** der **Anfahrtsweg;** die **Anfahrtszeit;** die **Anfuhr**

An·fall, der: -(e)s, Anfälle; einen Anfall bekommen; **anfallartig; anfallen:** die anfallenden (auftretenden) Arbeiten; **anfällig:** für eine Krankheit anfällig (empfindlich) sein; die **Anfälligkeit**

An·fang, der: -(e)s, Anfänge; von Anfang an – von Anfang bis Ende (vollständig) – *aller Anfang ist schwer* – *Müssiggang ist aller Laster Anfang;* **anfangen:** was soll ich anfangen (machen)? – mit der Arbeit anfangen (beginnen); der **Anfänger;** die **Anfängerin; anfänglich; anfangs;** der **Anfangsbuchstabe;** das **Anfangsstadium**

an·fas·sen: einen Stoff anfassen – jemanden richtig/falsch anfassen (behandeln)

an·fech·ten: das Testament anfechten; **anfechtbar;** die **Anfechtbarkeit;** die **Anfechtung**

an·fer·ti·gen: einen Plan anfertigen (herstellen); die **Anfertigung**

an·feu·ern: die Spieler anfeuern (ermuntern); die **Anfeuerung;** der **Anfeuerungsruf**

an·for·dern: ein Gutachten anfordern (bestellen); die **Anforderung**

An·fra·ge, die: -, -n; eine Anfrage an jemanden richten – eine telefonische Anfrage; **anfragen**

an·füh·ren: eine Bande anführen (leiten) – ein Buch anführen (zitieren) – jemanden anführen (irreführen); der **Anführer;** die **Anführerin;** die **Anführung;** das **Anführungszeichen**

an·ge·ben: mit seinem Reichtum angeben (prahlen) – er hat seinen Namen angegeben (mitgeteilt) – den Ton angeben (bestimmen) – *wer angibt, hat mehr vom Leben;*

die **Angabe;** der **Angeber;** die **Angeberei; angeberisch; angeblich**

An·ge·bot, das: -(e)s, -e; ein Angebot machen, annehmen, ablehnen – Angebot und Nachfrage; **anbieten**

an·ge·hen: die Sendung geht (fängt) an – er geht seinen Freund um Geld an (bittet ihn darum) – das geht mich nichts an – das Licht ist angegangen – gegen ein Urteil angehen (kämpfen) – das kann nicht angehen (ist nicht möglich) – eine Arbeit angehen (beginnen); **angehend:** ein angehender (künftiger) Arzt

An·ge·hö·ri·ge, der/die: -n, -n; seine Angehörigen benachrichtigen; **angehören:** einem Verein angehören; **angehörig**

An·ge·klag·te, der/die: n, -n; den Angeklagten vernehmen; **anklagen**

An·gel, die: -, -n; *etwas aus den Angeln heben* (grundlegend verändern); der **Angelhaken; angeln:** ich ang(e)le; der **Angelpunkt;** die **Angelrute;** der **Angler**

An·ge·le·gen·heit, die: -, -en; eine schwierige Angelegenheit; **angelegen:** ich lasse mir etwas angelegen sein (kümmere mich darum); **angelegentlich:** sich angelegentlich (nachdrücklich) erkundigen

an·ge·mes·sen: eine angemessene Bezahlung – in angemessener (passender) Weise; die **Angemessenheit**

an·ge·nehm: eine angenehme Reise – angenehme Ruhe! – ein angenehmes Äusseres; aber: auf das Angenehmste – auch: auf das angenehmste – nur Angenehmes

an·ge·nom·men: angenommen, du kannst nicht kommen

an·ge·regt: sich angeregt (munter, lebhaft) unterhalten

an·ge·se·hen: ein angesehener (geachteter) Bürger

An·ge·sicht, das: -(e)s, -e/-er; im Angesicht (Anblick) der Gefahr; **angesichts:** angesichts des Todes

An·ge·stell·te, der/die: -n, -n; er ist Angestellter in unserer Firma; **angestellt:** bei einer Behörde angestellt sein

an·ge·trun·ken: in angetrunkenem Zustand Auto fahren

an·ge·wie·sen: aufeinander angewiesen sein

an·ge·wöh·nen: sich das Rauchen angewöhnen; die **Angewohnheit;** die **Angewöhnung**

An·gi·na *lat.,* die: -, Anginen (Mandel- und Rachenentzündung); die **Angina pectoris** (Erkrankung des Herzens mit Angstzuständen)

an·grei·fen: den Feind angreifen – die Vorräte angreifen (anbrechen) – eine Sache angreifen (beginnen) – fremde Gelder angreifen (veruntreuen) – die Säure greift den Stoff an – angegriffene (geschwächte) Nerven; **angreifbar;** der **Angreifer;** die **Angreiferin;** der **Angriff:** *etwas in Angriff nehmen* (beginnen); **angriffig** (draufgängerisch, kämpferisch, streitbar); der **Angriffskrieg; angriffslustig;** der **Angriffsspieler**

an·gren·zen: der Garten grenzt an die Strasse an; der **Angrenzer**

Angst, die: -, Ängste; Angst haben – in Angst sein – Angst einflössen – jemandem Angst (und Bange) machen (ihn in Angst versetzen) – *wer Angst hat, ist leicht zu fangen;* aber: mir wird angst – angst und bange sein; **angsterfüllt;** das **Angstgefühl;** der **Angsthase;** sich **ängstigen; ängstlich;** die **Ängstlichkeit;** der **Angstschweiss; angstvoll**

an·hal·ten: ein Auto anhalten (zum Stillstand bringen) – den Atem anhalten – das schöne Wetter hält (dauert) an – jemanden zur Arbeit anhalten (ermahnen, anleiten) – um ein Mädchen anhalten (werben); der **Anhalt; anhaltend:** eine anhaltende (dauernde) Hitze; der **Anhalter:** per Anhalter reisen; die **Anhalterin;** der **Anhaltspunkt**

an·hand: anhand (mithilfe) der Unterlagen

An·hang ⟨Anh.⟩, der: -(e)s, Anhänge; der Anhang (Nachtrag) zu einem Buch – keinen Anhang (keine Familie) haben; **anhängen:** einen Wagen anhängen – *jemandem etwas anhängen* (jemanden beschuldigen, verleumden); der **Anhänger;** die **Anhängerin;** die **Anhängerschaft; anhängig:** ein anhängiges (zur Entscheidung anstehendes) Verfahren; **anhänglich;** die **Anhänglichkeit;** das **Anhängsel**

an·heim: anheim fallen – das Vermögen fiel den Verwandten anheim – anheim geben (anvertrauen) – anheim stellen

an·hei·schig: ich mache mich anheischig (biete mich an)

an·heu·ern: einen Seemann anheuern (einstellen)

An·hieb: es klappte alles auf Anhieb (beim ersten Versuch, sofort) an·hin: bis anhin (jetzt)

an·hö·ren: einen Zeugen anhören – das hört sich gut an (klingt gut); die **Anhörung;** das **Anhörverfahren**

A·ni·lin *arab.*, das: -s (Ausgangsstoff für Farb- und Kunststoffe sowie Arzneimittel); die **Anilinfarbe**

a·ni·ma·lisch *lat.*: (tierisch)

a·ni·mie·ren *lat.*: jemanden zu etwas animieren (ermuntern, anregen); die **Animation;** das **Animierlokal**

A·nis *griech.*, der: -es, -e (Heil- und Gewürzpflanze); das **Anisbrötchen;** der **Anisschnaps**

Ank. = Ankunft

An·ken, der: -s (Butter)

An·ker, der: -s, -; den Anker lichten – *vor Anker gehen* – *den Anker werfen* (Rast machen, sesshaft werden); die **Ankerkette; ankern;** der **Ankerplatz**

An·kla·ge, die: -, -n; unter Anklage stehen; die **Anklagebank; anklagen:** jemanden vor Gericht anklagen; der **Ankläger;** die **Anklägerin;** die **Anklageschrift**

An·klang, der: -(e)s, Anklänge; seine Rede fand bei allen Anklang (Zustimmung); **anklingen**

an·knüp·fen: er konnte nicht mehr an seine früheren Erfolge anknüpfen; die **Anknüpfung;** der **Anknüpfungspunkt**

an·kom·men: in Berlin ankommen (eintreffen) – der Zug kommt um 8 Uhr an – es kommt ganz auf seine Gesundheit an (hängt davon ab) – *es drauf ankommen lassen* (etwas wagen) – *mit etwas gut ankommen* (grossen Erfolg haben) – *wer langsam geht, kommt auch an*; der **Ankömmling**

an·krei·den: *jemandem etwas ankreiden* (übel nehmen)

an·kreu·zen: (mit einem Kreuz markieren)

An·kün·di·gung, die: -, -en (Bekanntmachung, Voraussage); **ankünden; ankündigen:** seinen Besuch ankündigen (anmelden) – der Herbst kündigt sich an

An·kunft, die: ⟨Ank.⟩, die: -; die Ankunft des Zuges; die **Ankunftszeit**

An·la·ge, die: -, -n; die Anlage eines Rasenplatzes – die Anlagen im Park – das Kind hat gute Anlagen (ist begabt) – die elektrischen Anlagen – etwas als Anlage (Beilage) mitsenden – die Anlage des Geldes; das **Anlagevermögen; anlegen**

An·lass, der: -es, Anlässe; ohne jeden Anlass – aus Anlass des Festes – ein Anlass zur Freude; **anlässlich:** anlässlich seines Geburtstages

an·las·sen: das Auto anlassen (starten) – das lässt sich gut an (erweist sich als gut); der **Anlasser** (Startvorrichtung beim Auto)

An·lauf, der: -(e)s, Anläufe; einen Anlauf nehmen – sein erster Anlauf (Versuch) – *ein guter Anlauf ist der halbe Sprung;* **anlaufen:** das Silber läuft an (wird dunkel, verfärbt sich) – den Hafen anlaufen (ansteuern) – der Motor läuft an – ein neuer Film ist angelaufen; die **Anlaufstelle;** die **Anlaufzeit**

an·läu·ten: ich läute dich/dir an (rufe dich telefonisch an)

an·le·gen: ein Schiff legt im Hafen an (ankert) – einen strengen Massstab anlegen – Hand anlegen (mitarbeiten) – sein Geld auf der Bank, in Papieren anlegen – einen Verband anlegen – einen Garten anlegen (gestalten) – ein Kleid anlegen (anziehen) – das Gewehr anlegen (zielen) – *sich mit jemandem anlegen* (Streit suchen) – *es auf etwas anlegen* (ein bestimmtes Ziel verfolgen); die **Anlage;** der **Anlegeplatz;** der **Anleger;** die **Anlegestelle**

an·leh·nen: die Türe anlehnen; die **Anlehnung;** das **Anlehnungsbedürfnis; anlehnungsbedürftig**

An·leh·re, die: -, -n (Einführung in einen Beruf ohne Fachausbildung)

An·lei·he, die: -, -n; bei jemandem eine Anleihe machen (Geld aufnehmen, sich von ihm Geld leihen)

an·lei·ten: zur Arbeit anleiten (anhalten); die **Anleitung**

an·ler·nen: sie hat sich das angelernt

An·lie·gen, das: -s, -; ein Anliegen (einen Wunsch) haben

An·lie·ger, der: -s, - (Anwohner einer Strasse); **anliegend;** der **Anliegerstaat** (angrenzender Staat); **der Anliegerverkehr**

Anm. = Anmerkung

an·mas·sen, sich: sich ein Urteil über jemanden anmassen; **anmassend:** ein anmassender (überheblicher) Mensch – anmassend auftreten; die **Anmassung**

an·mel·den: sein Kommen anmelden (ankündigen) – Bedenken anmelden (vorbringen) – ein Kind zur Schule anmelden; das **An-**

meldeformular; die **Anmeldefrist; anmel-depflichtig;** die **Anmeldung**

An·mer·kung ⟨Anm.⟩, die: -, -en; eine kurze Anmerkung (Bemerkung) machen; **anmer-ken:** sich seine Enttäuschung nicht anmerken lassen – etwas anmerken (anführen) wollen – etwas im Kalender anmerken (anstreichen)

An·mut, die: - (Liebreiz); **anmuten:** das mutet mich seltsam an (kommt mir seltsam vor); **anmutig; anmut(s)voll**

an·nä·hern, sich: sich einem Vorbild annähern; **annähernd:** annähernd (fast, ungefähr) hundert Meter; die **Annäherung;** der **Annäherungsversuch**

an·neh·men: einen Antrag annehmen (billigen) – ich nehme an (vermute, meine), dass... – sich um etwas annehmen (kümmern); die **Annahme:** in der Annahme, dass – die Annahme verweigern – die Annahme an Kindes statt; die **Annahmestelle; annehmbar**

an·nehm·lich: (angenehm, zufrieden stellend); die **Annehmlichkeit**

an·nek·tie·ren lat.: ein fremdes Land annektieren (es sich gewaltsam aneignen); die **Annexion**

an·no lat.: (im Jahre); auch: **Anno:** Anno dazumal – Anno Domini ⟨A.D.⟩ (im Jahre des Herrn)

An·non·ce franz. [anõse], die: -, -n (Zeitungsanzeige, Inserat); **annoncieren:** in der Zeitung annoncieren

an·nul·lie·ren lat.: ein Gesetz annullieren (für ungültig erklären); die **Annullierung,** auch: die **Annulation**

A·no·de (An·o·de) griech., die: -, -n (Pluspol, Gegensatz zur Kathode)

a·no·mal (an·o·mal) griech.: (abweichend, regelwidrig); die **Anomalie**

a·no·nym (an·o·nym) griech.: (unbekannt, ungenannt); ein anonymer Brief (Brief mit ungenanntem Absender); die **Anonymität**

A·no·rak eskim., der: -s, -s (Windjacke)

an·ord·nen: eine Untersuchung anordnen (befehlen, veranlassen) – Gegenstände anordnen (gruppieren); die **Anordnung**

an·pas·sen: sich der Zeit anpassen (sich angleichen) – ein Kleid anpassen; **angepasst;** die **Anpassung; anpassungsfähig;** die **Anpassungsfähigkeit**

an·pfei·fen: ein Spiel anpfeifen – angepfiffen (gescholten) werden; der **Anpfiff**

an·pflan·zen: Sträucher im Garten anpflanzen; die **Anpflanzung**

an·pran·gern: Missstände anprangern (öffentlich tadeln)

An·pro·be, die: -, -n; zur Anprobe kommen; **anprobieren:** einen Mantel anprobieren

An·rai·ner, der: -s, - (Anlieger); der **Anrainerstaat**

an·ra·ten: (raten, empfehlen); das **Anraten:** auf Anraten des Arztes

An·re·de, die: -, -n; eine höfliche Anrede; **anreden**

an·re·gen: zum Arbeiten anregen (ermuntern) – den Appetit anregen; **anregend;** die **Anregung;** das **Anregungsmittel**

An·rich·te, die: -, -n (halbhoher Geschirrschrank); **anrichten:** das Essen anrichten (servieren) – etwas Dummes anrichten (anstellen, machen)

an·rü·chig: ein anrüchiges (verrufenes) Stadtviertel; die **Anrüchigkeit**

an·ru·fen: per Telefon anrufen – ein Gericht anrufen; der **Anruf;** der **Anrufbeantworter;** der **Anrufer;** die **Anruferin;** die **Anrufung**

ans: (an das); ans Essen denken – ans Bett gefesselt sein

An·sa·ge, die: -, -n; die Ansage des Programms; **ansagen** (ankündigen, anmelden); der **Ansager;** die **Ansagerin**

an·säs·sig: in Rom ansässig (wohnhaft) sein – sich ansässig machen; die **Ansässigkeit**

An·satz, der: -es, Ansätze; ein Ansatz zur Besserung; der **Ansatzpunkt**

an·schaf·fen: viel anschaffen (erwerben, kaufen) – jemandem eine Arbeit anschaffen (befehlen); die **Anschaffung;** die **Anschaffungskosten** Mz.

an·schau·en: sich die Stadt anschauen; **anschaulich:** etwas anschaulich (verständlich, bildlich) erzählen; die **Anschaulichkeit;** die **Anschauung;** das **Anschauungsmaterial**

An·schein, der: -(e)s; es hat/macht den Anschein – allem Anschein nach; **anscheinend** (offenbar, offensichtlich)

An·schlag, der: -(e)s, Anschläge; der Anschlag am schwarzen Brett – der Anschlag (die verbrecherische Tat) ist misslungen – der Anschlag einer Schreibmaschine; **an-**

A
B
C
D
E
F

A
B
C
D
E
F

schlagen: sich das Knie anschlagen (verletzen) – einen Ton anschlagen (anstimmen) – das Plakat anschlagen (befestigen) – das Essen schlägt an (macht dick) – die Hunde schlagen an (bellen) – Geschirr anschlagen (beschädigen); die **Anschlagsäule**

an·schlies·sen: ein Kabel anschliessen – sich einer Reisegruppe anschliessen – ich schliesse mich deiner Meinung an; **anschliessend;** der **Anschluss,** die Anschlüsse: keinen Anschluss (Anschlusszug) haben – Anschluss (Bekanntschaft) suchen – der Anschluss des Wassers; der **Anschlusstreffer**

An·schrift, die: -, -en (Adresse); deine Anschrift ist mir nicht bekannt; **anschreiben:** ein Amt anschreiben – anschreiben lassen (Schulden machen) – beim Vorgesetzten gut angeschrieben sein (Wohlwollen geniessen); die **Anschriftenliste**

an·schul·di·gen: jemanden vor Gericht anschuldigen; die **Anschuldigung**

an·schwel·len: der Fluss schwillt (steigt) an – der Lärm schwoll immer mehr an (wurde stärker) – die Hand ist angeschwollen (hat sich verdickt); die **Anschwellung**

an·se·hen: ein Bauwerk ansehen – einem sein Alter nicht ansehen – etwas als seine Pflicht ansehen – jemanden von oben herab (herablassend) ansehen – sich einen Patienten ansehen (ihn untersuchen) – Ansehen kostet nichts; das **Ansehen:** Ansehen in der Bevölkerung geniessen – jemanden nur vom Ansehen kennen – ohne Ansehen der Person; **ansehnlich:** ein ansehnliches (grosses) Vermögen haben; die **Ansicht; ansichtig:** ich werde seiner ansichtig (erblicke ihn); die **Ansichtskarte;** die **Ansichtssache;** die **Ansichtssendung**

An·sied·lung, die: -, -en (Niederlassung); auch: die **Ansiedelung; ansiedeln;** der **Ansiedler;** die **Ansiedlerin**

An·sin·nen, das: -s, -; ein unverschämtes Ansinnen (eine Zumutung) – das Ansinnen ablehnen

an·sons·ten: (anderenfalls, im Übrigen)

an·span·nen: die Pferde anspannen – seine Kräfte anspannen – eine angespannte (schwierige) Situation; die **Anspannung** (Anstrengung, Konzentration)

an·spie·len: er spielte auf ihre Vergangenheit an (wies darauf versteckt hin) – den Verti-

diger anspielen; das **Anspiel; anspielbar;** die **Anspielung** (versteckter Hinweis)

An·sporn, der: -(e)s (Antrieb, Anreiz); **anspornen;** die **Anspornung**

An·spra·che, die: -, -n; eine Ansprache (kurze Rede) halten; **ansprechbar; ansprechen:** jemanden auf der Strasse ansprechen (anreden) – ein Thema ansprechen (zur Sprache bringen) – das Medikament spricht an (zeigt Wirkung); **ansprechend:** ein ansprechendes (angenehmes) Wesen haben; der **Ansprechpartner;** die **Ansprechpartnerin**

An·spruch, der: -(e)s, Ansprüche; auf etwas Anspruch (ein Anrecht) erheben – etwas in Anspruch nehmen (benutzen, gebrauchen); **anspruchslos;** die **Anspruchslosigkeit; anspruchsvoll**

An·stalt, die: -, -en; eine Anstalt (ein Heim) für schwer erziehbare Kinder – keine Anstalten (Vorbereitungen) machen, treffen; der **Anstaltsleiter;** die **Anstaltsleiterin**

An·stand, der: -(e)s, Anstände; keinen Anstand (kein Benehmen) haben – Anstände (Schwierigkeiten) bekommen – auf dem Anstand (Hochsitz des Jägers) sitzen – Anstand ziert und kostet nichts; **anständig;** die **Anständigkeit; anstandshalber; anstandslos** (ohne weiteres, widerspruchslos); die **Anstandsregel**

an·statt: du solltest dich freuen anstatt zu jammern – anstatt dass; aber: an Kindes statt

an·ste·chen: eine Kartoffel anstechen – ein Fass anstechen (öffnen); der **Anstich**

an·ste·cken: sich einen Ring anstecken – er steckt (zündet) sich eine Zigarette an – eine Krankheit steckt an (überträgt sich auf andere) – ein Haus anstecken (in Brand setzen) – Lachen steckt an; **ansteckend;** die **Anstecknadel;** die **Ansteckung;** die **Ansteckungsgefahr**

an·ste·hen: sie standen an (standen Schlange)

an·stei·gen: der Weg steigt an (führt aufwärts) – die Preise steigen ständig an (werden höher); der **Anstieg**

an·stel·le: anstelle des Bruders (stellvertretend für); auch: **an Stelle**

an·stel·len: eine Leiter anstellen (anlehnen) – eine Verkäuferin anstellen (einstellen) – eine Dummheit anstellen – Überlegungen anstellen – das Radio anstellen (einschalten) – sich vor dem Geschäft anstellen (in einer Reihe warten) – stell dich nicht so an (sei nicht so zimperlich, so empfindlich)!; **anstellig** (geschickt); die **Anstelligkeit;** die **Anstellung;** der **Anstellungsvertrag**

an·stif·ten: zu einem Verbrechen anstiften (verleiten); der **Anstifter;** die **Anstifterin;** die **Anstiftung**

an·stos·sen: jemanden anstossen (anrempeln) – auf gute Zusammenarbeit anstossen (trinken) – mit der Zunge anstossen; der **Anstoss,** die Anstösse: Anstoss (Unwillen) erregen – den Anstoss (beim Fussball) ausführen; der **Anstösser** (Grundstücksnachbar); **anstössig:** sich anstössig benehmen; die **Anstössigkeit**

an·strei·chen: einen Fehler im Aufsatz anstreichen (anmerken) – Fenster anstreichen (anmalen); der **Anstreicher** (Tüncher); der **Anstrich**

an·stren·gen: sich in der Schule anstrengen (Mühe geben) – einen Prozess anstrengen (veranlassen); **anstrengend;** die **Anstrengung**

Ant·ark·tis griech., die: - (Gebiet um den Südpol); **antarktisch**

An·teil, der: -(e)s, -e; seinen Anteil von der Erbschaft bekommen – Anteil an einem Todesfall nehmen; **anteilig;** die **Anteilnahme;** anteil(s)mässig

An·ten·ne lat., die: -, -n; eine Antenne auf dem Dach anbringen; der **Antennenmast**

An·thra·zit (Anth·ra·zit) griech., der: -s, -e (glänzende Steinkohle); **anthrazitfarben**

An·thro·po·lo·gie (Anth·ro·po·lo·gie) griech., die: - (Wissenschaft vom Menschen)

an·ti... griech.: (gegen); der **Antialkoholiker** (Alkoholgegner); die **Antibabypille** [...bebi...]; das **Antibiotikum** (Wirkstoff gegen Krankheitserreger); der **Antichrist** (Gegner des Christentums); der **Antifaschist;** die **Antipathie** (Abneigung)

an·tik lat.: (altertümlich); die **Antike** (das klassische Altertum und seine Kultur)

An·ti·lo·pe franz., die: -, -n (dem Reh ähnliches Horntier)

An·ti·quar lat., der: -s, -e (Händler mit alten bzw. gebrauchten Büchern); das **Antiquariat; antiquarisch** (gebraucht, alt); **antiquiert** (altmodisch, überholt); die **Antiquität** (wertvoller altertümlicher Gegenstand); der **Antiquitätenhändler**

an·ti·sep·tisch griech.: ein antiseptisches (keimtötendes) Mittel; das **Antiseptikum**

Ant·litz, das: -es, -e (Angesicht, Gesicht)

an·tö·nen: (andeuten)

An·trag, der: -(e)s, Anträge: einen Antrag stellen, ablehnen – einem Mädchen einen Antrag machen; **antragen:** einem das Du antragen (anbieten); **antragsgemäss;** der **Antragsteller;** die **Antragstellerin**

an·trei·ben: jemanden zur Arbeit antreiben – die Mühle wird vom Wind angetrieben (in Gang gesetzt); der **Antrieb;** die **Antriebskraft**

an·tre·ten: eine Reise antreten – seinen Dienst pünktlich antreten – den Beweis antreten – zu etwas antreten (erscheinen) – der Grösse nach antreten; der **Antritt;** der **Antrittsbesuch;** die **Antrittsrede;** das **Antrittsverlesen**

Ant·wort, die: -, -en; eine richtige Antwort geben – jemandem Rede und Antwort stehen (sich ihm gegenüber rechtfertigen) – keine Antwort ist auch eine Antwort; **antworten;** die **Antwortkarte**

An·walt, der: -(e)s, Anwälte (Rechtsanwalt, Fürsprecher); die **Anwältin;** das **Anwaltsbüro;** die **Anwaltschaft;** das **Anwaltspatent**

An·wand·lung, die: -, -en; eine Anwandlung haben (ein plötzlich auftretendes Gefühl); auch: die **Anwandelung; anwandeln:** Lust wandelte mich an (kam über mich)

An·wär·ter, der: -s, -; er ist ein Anwärter auf den Thron; die **Anwärterin;** die **Anwartschaft**

an·wei·sen: jemanden anweisen (beauftragen) – den Lehrling anweisen (anleiten) – Geld anweisen (überweisen) – einen Platz anweisen; die **Anweisung**

an·wen·den: eine Liste anwenden; **anwendbar;** die **Anwendbarkeit;** die **Anwendung**

An·we·sen, das: -s, - (Grundstück mit Gebäude)

an·we·send: er ist heute nicht anwesend; der/die **Anwesende;** die **Anwesenheit;** die **Anwesenheitsliste**

an·wi·dern: dein Benehmen widert (ekelt) mich an – angewidert sein

An·zahl ⟨Anz.⟩, die: - ; eine grosse Anzahl Kinder; **anzahlen;** die **Anzahlung;** die **Anzahlungssumme**

A·n·zei·chen, das: -s, -; die ersten Anzeichen von Erschöpfung – die Anzeichen (Vorzeichen) eines Gewitters

A·n·zei·ge, die: -, -n; Anzeige erstatten – die Anzeige (Annonce) in der Zeitung; **anzeigen; anzeigepflichtig;** der **Anzeiger;** die **Anzeigetafel**

an·zet·teln: eine Schlägerei anzetteln – eine Verschwörung anzetteln; die **Anzett(e)lung**

an·zie·hen: einen Mantel anziehen – die Ausstellung zieht (lockt) viele Besucher an – ein Seil anziehen (straffen) – die Pferde ziehen an – die Preise ziehen kräftig an (steigen) – *wem der Schuh passt, der zieht ihn sich an;* **anziehend;** die **Anziehung;** die **Anziehungskraft;** der **Anzug,** die Anzüge; die **Anzugskraft**

an·züg·lich: er führt anzügliche (zweideutige, spöttische) Reden; die **Anzüglichkeit**

an·zün·den: das Licht anzünden – das Feuer anzünden

AP = Associated Press (amerikanische Nachrichtenagentur)

A·pa·che *[apache, apatsche],* der: -n, -n (Angehöriger eines Indianerstammes)

a·part *franz.:* eine aparte (reizvolle) Erscheinung – ein apartes (geschmackvolles) Kleid tragen; das **Aparte;** aber: die **Apartheit** (Rassentrennung)

A·part·ment *engl. [apartment],* das: -s, -s (Kleinwohnung); das **Apartmenthaus** # Apartement

a·pa·thisch *griech.:* (teilnahmslos, abgestumpft); die **Apathie**

A·pen·nin, der: -s (Gebirge in Italien); die **Apenninhalbinsel**

a·per: (schneefrei); apere Wiesen

A·pe·ri·tif *franz.,* der: -s, -s/-e (alkoholisches Getränk, das den Appetit anregt)

A·p·fel, der: -s, Äpfel; *in den sauren Apfel beissen* (etwas Unbequemes notgedrungen tun) – *der Apfel fällt nicht weit vom Stamm – wenn der Apfel reif ist, fällt er ab;* der **Apfelbaum;** das **Apfelmus;** der **Apfelschimmel** (Schimmel mit grauen Flecken); die **Apfelsine**

A·po·ka·lyp·se *griech.,* die: -, -n (Offenbarung über das Ende der Welt); **apokalyptisch**

A·pos·tel *griech.,* der: -s, - (Jünger Jesu, Glaubensbote); die **Apostelgeschichte; apostolisch:** der apostolische Segen

A·pos·troph (A·po·stroph) *griech.,* der: -s,- e (Auslassungszeichen); **apostrophieren** (erklären, ansprechen, bezeichnen)

A·po·the·ke *griech.,* die: -, -n (Geschäft für Arzneien); **apothekenpflichtig;** der **Apotheker;** die **Apothekerin**

Ap·pa·rat *lat.,* der: -(e)s, -e (Vorrichtung technischer Art); die **Apparatur**

Ap·par·te·ment *franz. [apartemã],* das: -s, -s (komfortable Kleinwohnung); das **Appartementhaus** # Apartment

Ap·pell *franz.,* der: -s, -e (Aufruf, Aufforderung); die **Appellation; appellieren:** an jemandes Freigebigkeit appellieren

Ap·pen·zell: Ausserrhoden und Innerrhoden (Halbkantone, Hauptort von Appenzell Innerrhoden); der **Appenzeller;** die **Appenzellerin; appenzellisch**

Ap·pe·tit *lat.,* der: -(e)s, -e; *der Appetit kommt beim Essen;* **appetitanregend; appetitlich; appetitlos;** die **Appetitlosigkeit;** der **Appetitzügler**

ap·plau·die·ren *lat.:* (Beifall spenden); der **Applaus**

Ap·pli·ka·ti·on *lat.,* die: -, -en (Anwendung, aufgenähte Verzierung)

ap·por·tie·ren *franz.:* der Hund apportiert (bringt) den Hasen – apport (bring her)!; der **Apport;** der **Apportierhund**

Ap·po·si·ti·on *lat.,* die: -, -en (Beisatz)

Ap·pre·tur *franz.,* die: -, -en (besondere Bearbeitung von Geweben); **appretieren**

A·pri·ko·se (Ap·ri·ko·se) *lat.,* die: -, -n (Steinobst); der **Aprikosenbaum**

A·pril (Ap·ril) *lat.* ⟨Apr.⟩, der: -(s), -e; *jemanden in den April schicken* (am 1. April zum Narren halten); der **Aprilscherz;** das **Aprilwetter**

a·pro·pos (ap·ro·pos) *franz. [apropo]:* (übrigens, nebenbei bemerkt)

A·quä·dukt *lat.,* der: -(e)s, -e (altrömische Wasserleitung)

A·qua·pla·ning *engl.,* das: -s (Rutschen der Reifen auf nasser Strasse, Wasserglätte)

A·qua·rell *ital.,* das: -s, -e (mit Wasserfarben gemaltes Bild); die **Aquarellfarbe; aquarellieren;** die **Aquarelltechnik**

A·qua·ri·um *lat.,* das: -s, Aquarien (Glasbehälter für Wassertiere und -pflanzen)

Ä·qua·tor *lat.,* der: -s (grösster Breitengrad der Erde)

A̲r ⟨a⟩ *lat.*, das/der: -s, -e (Flächenmass; 1 a = 100 m²) # Aar

AR = Appenzell Ausserrhoden (Halbkanton)

Ä̲·ra *lat.*, die: -, Ären (Zeitalter); die Ära Napoleon

A̲·ra·ber, der: -s, - (Bewohner von Arabien, Pferderasse); die **Araberin; Arabien; arabisch;** das **Arabische:** auf Arabisch

A̲r·beit, die: -, -en; *Arbeit ernährt, Müssiggang verzehrt – Arbeit schändet nicht – wie die Arbeit, so der Lohn;* **arbeiten;** der **Arbeiter;** die **Arbeiterin;** die **Arbeiterschaft;** das **Arbeiterviertel;** der **Arbeitgeber;** die **Arbeitgeberin;** der **Arbeitnehmer;** die **Arbeitnehmerin;** **arbeitsam;** das **Arbeitsamt;** die **Arbeitsbeschaffungsmassnahme; arbeitsfähig; arbeitsfrei;** die **Arbeitsgemeinschaft** ⟨AG⟩; die **Arbeitskleidung;** das **Arbeitsklima;** die **Arbeitskraft;** der **Arbeitslohn; arbeitslos;** der/die **Arbeitslose;** die **Arbeitslosigkeit;** der **Arbeitsmarkt;** der **Arbeitsplatz;** die **Arbeitsstelle; arbeitssuchend;** aber: Arbeit suchend; der/die Arbeit Suchende; auch: der/die **Arbeit(s)suchende;** die **Arbeitsteilung; arbeitsunfähig; arbeitswillig;** die **Arbeitszeit;** das **Arbeitszimmer**

Ar·chä·o·lo̲·ge *griech.*, der: -n, -n (Altertumsforscher); die **Archäologie;** die **Archäologin; archäologisch**

A̲r·che *lat.*, die: -, -n; die Arche Noah

Ar·chi·te̲kt *griech.*, der: -en, -en (Baumeister); die **Architektin; architektonisch** (baulich); die **Architektu̲r** (Baustil, Baukunst)

A̲r·chiv *lat.*, das: -s, -e (Sammlung von Dokumenten, Urkunden); der **Archiva̲r;** die **Archiva̲rin;** das **Archivbild; archivie̲ren**

ARD = Arbeitsgemeinschaft der öffentlich-rechtlichen Rundfunkanstalten der Bundesrepublik Deutschland

A̲·re·a̲l, das: -s, -e (Fläche, Bezirk, Gebiet)

A̲·re·na *lat.*, die: -, Arenen (Zirkusmanege, Kampfplatz)

a̲rg: ärger, am ärgsten; eine arge (schlimme) Enttäuschung erleben – das ist arg (sehr) teuer – jemandem arg mitspielen; aber: sich nichts Arges denken – das Ärgste verhüten – vor dem Ärgsten bewahren – Arges, das Ärgste befürchten – *im Argen liegen* (in Unordnung sein); das **Arg:** ohne Arg (Hinterlist); die **Arglist; arglistig; arglos;** die

Arglosigkeit; der **Argwohn** (Misstrauen): *Argwohn ist ein böser Nachbar;* **argwöhnen; argwöhnisch**

Ar·gen·ti̲·ni·en: -s (Staat in Südamerika); der **Argentinier;** die **Argentinierin; argentinisch**

Ä̲r·ger, der: -s; seinen Ärger (Zorn, Unmut) verbergen – seinem Ärger Luft machen; **ärgerlich; ärgern:** *wer krank ist, den ärgert die Fliege an der Wand;* das **Ärgernis,** die Ärgernisse

Ar·gu·me̲nt *lat.*, das: -(e)s, -e (Grund, Beweisgrund); die **Argumentatio̲n; argumentie̲ren** (Beweise anführen)

A̲·rie *ital.*, die: -, -n (von Instrumenten begleitetes Sologesangstück)

A̲·ris·to·krat (A·ris·tok·ra̲t) *griech.*, der: -en, -en (Angehöriger des Adels, vornehmer Mensch); die **Aristokratie̲** (der Adelsstand); die **Aristokratin; aristokratisch**

A̲·rith·me·tik *griech.*, die: - (Zahlenlehre); **arithmetisch:** das arithmetische Mittel (Durchschnittswert)

Ar·ka̲·de *franz.*, die: -, -n (Bogengang)

A̲rk·tis *griech.*, die: - (Nordpolgebiet); **arktisch:** der arktische Winter

a̲rm: ärmer, am ärmsten; arm sein – ein armer Kerl – arm an irdischen Gütern; aber: der Arme und der Reiche – Arm und Reich (jedermann) – Arme und Reiche – wir Armen – der Ärmste ist krank – du Arme(r)! – *dem Armen fehlt das Brot, dem Reichen der Appetit;* der **Armesünder; ärmlich;** die **Ärmlichkeit; armselig;** die **Armut:** *Armut schändet nicht;* das **Armutszeugnis**

A̲rm, der: -(e)s, -e; Arm in Arm gehen – ein Arm voll Holz – *jemanden auf den Arm nehmen* (necken, zum Narren halten) – *jemandem unter die Arme greifen* (ihn unterstützen) – *einen langen Arm haben* (einflussreich sein); das **Armband;** die **Armbinde;** die **Armbrust; armdick;** der **Ärmel:** *etwas aus dem Ärmel schütteln* (mit Leichtigkeit schaffen); **...ärmelig:** kurzärmelig; **ärmellos; ...armig:** dreiarmig; **armlang:** ein armlanger Stock; aber: der Stock ist einen Arm lang; der **Armleuchter;** der **Armreif; armstark**

Ar·ma·tu̲r *lat.*, die: -, -en (Kontroll- und Messgerät); das **Armaturenbrett**

Ar·me̲e *franz.*, die: -, Armeen (Heer); eine Armee (eine grosse Menge) von Reportern;

die **Armeeeinheit**; das **Armeefahrzeug;** das **Armeekorps** *[armekor]*

Ar·ni·ka *griech.*, die: -, -s (Heilpflanze)

A·ro·ma *griech.*, das: -s, -s/Aromen/Aromata (Duft, Wohlgeruch); **aromatisch**

ar·ran·gie·ren *franz. [aräschiren]*: (verständigen, eine Lösung finden); etwas geschickt arrangieren – sich mit den Nachbarn arrangieren; das **Arrangement** *[aräschemä]*

Ar·rest *lat.*: -(e)s, -e (Haft); der **Arrestant;** die **Arrestzelle; arretieren:** einen Dieb arretieren (festnehmen); die **Arretierung**

ar·ro·gant *lat.*: (anmassend, überheblich); die **Arroganz**

Ar·sen *griech.*, das: -s (chemischer Grundstoff, Gift)

Ar·se·nal *arab.*, das: -s, -e (Lager für Waffen und Geräte)

Art, die: -, -en; seine Art gefällt mir – die Art und Weise – diese Art Leute – das ist keine Art (das ist unverschämt, dreist)! – Gemüse aller Art – *aus der Art schlagen* (anders sein); aber: sie ist derart (so) böse, dass . . .; **arten:** nach seiner Mutter arten (geraten); die **Artenvielfalt; artfremd;** der **Artgenosse; . . . artig:** neuartig, fremdartig; **artverwandt**

Ar·te·rie *griech. [arterje]*, die: -, -n (Schlagader); die **Arterienverkalkung**

ar·te·sisch: ein artesischer Brunnen (Brunnen, bei dem das Wasser durch Überdruck des Grundwassers selbstständig aufsteigt)

ar·tig: (brav, gesittet); die **Artigkeit**

Ar·ti·kel ⟨Art.⟩ *lat.*, der: -s, -; einen Artikel (Beitrag) für die Zeitung schreiben – ein Artikel (Abschnitt) eines Textes – viele Artikel (Waren) im Geschäft führen – einen Artikel (ein Geschlechtswort) vor ein Namenwort setzen

ar·ti·ku·lie·ren *lat.*: (deutlich aussprechen); die **Artikulation** (Aussprache)

Ar·til·le·rie *franz.*, die: -, Artillerien (mit Geschützen bewaffnete Truppe); der **Artillerist**

Ar·ti·scho·cke *ital.*, die: -, -n (Zier- und Gemüsepflanze)

Ar·tist *franz.*, der: -en, -en (Zirkuskünstler); die **Artistik;** die **Artistin; artistisch**

Arz·nei, die: -, -en (Medizin, Heilmittel); das **Arzneimittel;** der **Arzt:** *die Zeit ist der beste*

Arzt; die **Arzthelferin;** die **Ärztin,** die Ärztinnen; **ärztlich;** die **Arztpraxis**

As·best *griech.*, der: -(e)s, -e (hitzefestes Material); der **Asbestanzug;** der **Asbeststaub**

A·sche, die: -, -n (Verbrennungsreste); **aschblond;** die **Aschenbahn;** der **Aschenbecher;** das **Aschenbrödel;** das **Aschenputtel;** der **Ascher** (Kurzwort für: Aschenbecher); der **Aschermittwoch; aschfahl; aschgrau; aschig**

ä·sen: das Reh äst (nimmt Nahrung auf); die **Äsung**

a·sep·tisch *griech.*: (keimfrei)

A·si·en: -s (Erdteil); der **Asiat;** die **Asiatin; asiatisch**

As·ke·se *griech.*, die: - (enthaltsame Lebensweise); der **Asket; asketisch:** asketisch leben

a·so·zi·al *lat.*: (gemeinschaftsschädigend)

As·pekt (A·spekt) *lat.*, der: -(e)s, -e (Gesichtspunkt, Betrachtungsweise); etwas unter einem bestimmten Aspekt betrachten

As·phalt *griech.*, der: -(e)s, -e (Strassenbelag); **asphaltieren:** eine Strasse asphaltieren

As·pik *franz.*, der: -s, -e (Fleisch- oder Fischsülze)

As·pi·rant (A·spi·rant) *lat.*, der: -en, -en (Anwärter); die **Aspirantin**

Ass *franz.*, das: -es, -e; ein Ass (Spielkarte) ausspielen – *ein grosses Ass* (hervorragend) *sein* # Aas

As·sel, die: -, -n (Krebstier)

As·ses·sor *lat.*, der: -s, Assessoren (Anwärter, Beisitzer); die **Assessorin**

As·si·mi·la·ti·on *lat.*, die: -, -en (Angleichung); **assimilieren;** die **Assimilierung**

As·sis·tent *lat.*, der: -en, -en (Helfer, Mitarbeiter); die **Assistentin;** die **Assistenz;** der **Assistenzarzt;** die **Assistenzärztin; assistieren** (zur Hand gehen)

As·so·zia·ti·on *lat.*, die: -, -en (Vereinigung, Zusammenschluss); sich **assoziieren;** die **Assoziierung**

Ast, der: -e(s), Äste (stärkerer Zweig); *sich einen Ast lachen* (heftig lachen) – *sich auf einem absteigenden Ast befinden* (in seinen Fähigkeiten nachlassen) – *den Ast absägen, auf dem man sitzt* (sich selbst seiner Lebensgrundlage berauben); das **Ästchen;** das **Ästlein; astrein** (einwandfrei)

As·ter, die: -, -n (Zierpflanze)

Äs·thet *griech.*, der: -en, -en (Freund alles

Schönen); die **Ästhetik;** der **Ästhetiker;** **äs-thetisch** (schön, geschmackvoll)

A̱sth·ma *griech.,* das: -s (Atemnot, Kurzatmig-keit); der **Asthma̱tiker;** die **Asthma̱tikerin;** **asthma̱tisch**

As·tro·lo̱·ge (Ast·ro·lo̱·ge) *griech.,* der: -n, -n (Sterndeuter); die **Astrologi̱e;** die **Astrolo-gin;** **astrologisch;** der **Astrona̱ut** (Weltraum-fahrer); die **Astronautin;** der **Astrono̱m** (Stern-, Himmelsforscher); die **Astronomi̱e;** die **Astrono̱min; astrono̱misch:** astronomi-sche Bücher – eine astronomische (riesen-hafte, sehr hohe) Summe

A·sy̱l *griech.,* das: -s, -e (Heim, Zuflucht-stätte); er bittet um Asyl (Schutz vor politi-scher Verfolgung) – das politische Asyl; der **Asyla̱nt;** die **Asyla̱ntin;** der **Asylantrag;** der **Asylbewerber;** das **Asylrecht**

A.T. = Altes Testament

A·te·lier *franz. [ateljee],* das: -s, -s (Arbeitsraum für Künstler oder Fotografen, Modege-schäft); die **Atelieraufnahme**

A·the·i̱st *griech.,* der: -en, -en (Gottesleug-ner); der **Atheismus; atheistisch**

Ä̱·ther *griech.,* der: -s (Himmel, Betäubungs-mittel); **ätherisch:** eine ätherische (engel-hafte, vergeistigte) Erscheinung – ätherische (gut riechende, leicht verdunstende) Öle; die **Ätherwellen** (Radiowellen)

Ath·le̱t *griech.,* der: -en, -en (Kraftmensch, Wettkämpfer); die **Athletin; athletisch**

At·la̱n·tik *griech.,* der: -s (der Atlantische Ozean); der **Atlantikpakt** (NATO); **atlan-tisch:** die atlantischen Gewässer

A̱t·las, der: -/-ses, -se / Atlanten (Kartenwerk)

a̱t·men: tief atmen (Luft holen); der **Atem:** Atem holen – er ist ausser Atem – in einem Atem (schnell, ohne Pause) – *das verschlägt jemandem den Atem* (macht ihn sprachlos) – *einen langen Atem haben* (ausdauernd sein); **atemberaubend;** das **Atemholen; atem-los;** die **Atemnot;** die **Atempause; atem-raubend;** der **Atemschutz;** der **Atemzug;** die **Atmung**

At·mo·sphä̱·re (At·mos·phä̱·re) *griech.,* die: -, -n; die Atmosphäre (Gashülle) der Erde – eine angenehme Atmosphäre (Stim-mung) schaffen – 2 Atmosphären (Druck-mass); **atmosphärisch**

A·to̱ll, das: -s, -e (ringförmige Koralleninsel)

A·to̱m *griech.,* das: -s, -e (Urstoffteilchen,

kleinster Teil eines chemischen Grundstof-fes); **atoma̱r;** die **Atombombe;** die **Atom-energie;** die **Atomerzeugung;** die **Atom-explosion; atomisi̱eren** (in kleine Teilchen zertrümmern); die **Atomisi̱erung;** der **Atom-kern;** die **Atomkraft;** das **Atomkraftwerk** ⟨AKW⟩; der **Atommüll;** der **Atomreaktor;** die **Atomwaffe;** das **Atomzeitalter**

At·ta̱·cke *franz.,* die: -, -n (Angriff, heftige Kri-tik); *gegen jemanden eine Attacke reiten* (scharf vorgehen); **attacki̱eren**

At·ten·ta̱t *franz.,* das: -(e)s, -e (Anschlag, poli-tischer Mordanschlag); der **Attentäter;** die **Attentäterin**

At·te̱st *lat.,* das: -(e)s, -e (Zeugnis, Gutachten); ein ärztliches Attest; **attesti̱eren** (bescheini-gen)

At·trak·ti·o̱n *lat.,* die: -, -en (Sehenswürdig-keit); **attrakti̱v:** eine attraktive (anziehende) Frau; die **Attraktivitä̱t** (Anziehungskraft)

At·tra̱p·pe *franz.,* die: -, -n (Nachbildung, Nachahmung)

At·tri·bu̱t *lat.,* das: -(e)s, -e (Eigenschaft, Kennzeichen, Beifügung); **attributi̱v;** der **Attributsatz**

a̱t·zen: die Meise atzt (füttert) ihre Jungen; die **Atzung**

ä̱t·zen: (mit scharfer Flüssigkeit behandeln); **ätzend:** ätzender (beissender, verletzender) Spott – ätzende (unangenehme) Hausauf-gaben (Jugendsprache); die **Ätzung**

au!: auweh! – au Ba̱cke – au ja̱!

Au, die: -, -en (Wiesengrund, feuchte Niede-rung); auch: die **Aue;** die **Auenlandschaft**

Au·ber·gi·ne *franz. [oberschine],* die: -, -n (Eierpflanze)

auch: ich bin auch (ebenfalls) müde – das war auch (ausserdem) daran schuld – auch (so-gar) der geringste Hinweis ist nützlich – stimmt das auch (wirklich, tatsächlich)? – warum auch (schliesslich) nicht? – wenn auch

Au·di·e̱nz *lat.,* die: -, -en (feierlicher Empfang, Unterredung); eine Audienz gewähren

au·di·o·vi·su·e̱ll *lat.:* (hör- und sichtbar); au-diovisuelle Medien – ein audiovisueller Unterricht

Au·er·hahn, der: -(e)s, Auerhähne (grosses Waldhuhn); die **Auerhenne;** der **Auerochse**

auf: auf der Bank sitzen – auf ein Jahr verrei-sen – auf Raten kaufen – auf Seiten; auch:

aufseiten – *auf Regen folgt Sonnenschein* – auf der Stelle – auf einmal – aufs Äusserste; auch: aufs äusserste – aufs Neue; auch: aufs neue – aufs Beste; auch: aufs beste – aufs Genaueste; auch: aufs genaueste – auf Grund; auch: aufgrund – auf und davon – auf und ab gehen – auf sein – auf und nieder – von klein auf – auf Wiedersehen – auf Zeit (vorübergehend) – auf dass; aber: das Auf und Ab des Lebens – das Auf und Nieder

auf·bah·ren: einen Toten aufbahren; die **Aufbahrung**

auf·bau·en: ein Haus wieder aufbauen – sich eine neue Existenz aufbauen (schaffen) – sich vor jemandem aufbauen (drohend hinstellen); der **Aufbau;** die **Aufbauten** *Mz.* (z. B. bei Gebäuden)

auf·bäu·men: sich gegen sein Schicksal aufbäumen (auflehnen, wehren) – das Pferd bäumt sich auf

auf·bau·schen: etwas aufbauschen (übertrieben darstellen)

auf·bei·gen: (aufschichten, stapeln)

auf·be·rei·ten: Wasser aufbereiten (reinigen); die **Aufbereitung**

auf·bes·sern: das Gehalt aufbessern; die **Aufbesserung**

auf·be·wah·ren: (aufheben, verwahren); die **Aufbewahrung**

auf·bie·ten: all sein Können aufbieten (aufwenden); die **Aufbietung:** unter Aufbietung aller Kräfte

auf·bin·den: eine Pflanze aufbinden – *jemandem einen Bären aufbinden* (jemandem etwas vormachen)

auf·bla·sen: einen Ballon aufblasen; **aufgeblasen:** ein aufgeblasener (eingebildeter) Mensch

auf·bre·chen: eine Tür aufbrechen – schon sehr früh aufbrechen (fortgehen); der **Aufbruch**

auf·brin·gen: Verständnis aufbringen – ein Gerücht aufbringen (erfinden) – er war sehr aufgebracht (zornig) – ich bringe die Tür nicht auf (kann sie nicht öffnen)

auf·dring·lich: ein aufdringlicher Vertreter; **aufdrängen:** jemandem etwas aufdrängen (aufnötigen) – sich jemandem aufdrängen (jemandem lästig fallen); die **Aufdringlichkeit**

auf·ei·nan·der (auf·ein·an·der): aufeinander folgen – aufeinander legen – aufeinander liegen – aufeinander passen – aufeinander stossen – aufeinander treffen – aufeinander warten; die **Aufeinanderfolge**

Auf·ent·halt, der: -(e)s, -e; ohne Aufenthalt fährt er weiter; der **Aufenthalter;** die **Aufenthaltserlaubnis;** der **Aufenthaltsort;** der **Aufenthaltsraum;** sich **aufhalten**

auf·er·ste·hen: von den Toten auferstehen; die **Auferstehung;** die **Auferstehungsfeier**

auf·fah·ren: auf ein Auto auffahren – aus dem Schlaf auffahren – er fährt immer gleich auf (wird zornig); die **Auffahrkollision;** die **Auffahrt;** der **Auffahrunfall**

auf·fal·len: durch seinen Fleiss auffallen; **auffallend:** ein auffallend grosser Mann – ein auffallendes Betragen; **auffällig;** die **Auffälligkeit**

auf·fas·sen: etwas schnell auffassen (verstehen); die **Auffassung;** die **Auffassungsgabe; Auffassungssache:** das ist Auffassungssache

auf·for·dern: jemanden auffordern zu bleiben; die **Aufforderung;** der **Aufforderungssatz**

auf·fors·ten: einen Wald aufforsten; die **Aufforstung**

auf·fri·schen: sein Gedächtnis auffrischen – der Wind frischt auf (wird stärker) – alte Bekanntschaften auffrischen (erneuern); die **Auffrischung**

auf·füh·ren: sich ordentlich aufführen (benehmen) – ein Schauspiel aufführen; **aufführbar;** die **Aufführung**

auf·ge·ben: ein Rätsel aufgeben (stellen) – einen Eilbrief aufgeben – die Hoffnung aufgeben – eine Bestellung aufgeben – den Geist aufgeben (sterben); die **Aufgabe;** die **Aufgabenstellung**

auf·ge·bläht: ein aufgeblähtes Segel – ein aufgeblähter Verwaltungsapparat

Auf·ge·bot, das: -(e)s, -e; das Aufgebot bestellen (die beabsichtigte Eheschliessung öffentlich bekannt geben) – mit dem Aufgebot aller Kräfte – das Aufgebot an Menschen

auf·ge·dun·sen: ein aufgedunsenes (geschwollenes) Gesicht

auf·ge·hen: die Sonne geht auf – die Saat geht auf – ihm geht ein Licht auf – die Aufgabe geht nicht auf (lässt sich nicht lösen) – er geht in seinem Beruf auf; der **Aufgang**

auf·ge·kratzt: er ist heute aufgekratzt (gut gelaunt)

auf·ge·schlos·sen: er ist für Anregungen aufgeschlossen; die **Aufgeschlossenheit**

auf·ge·weckt: ein aufgeweckter (kluger, geistig wacher) Schüler; die **Aufgewecktheit; aufwecken**

auf·gies·sen: (mit heisser Flüssigkeit übergiessen); der **Aufguss,** die Aufgüsse

auf·glie·dern: (gliedern, einteilen); die **Aufgliederung**

auf·grund: aufgrund der Zeugenaussagen – aufgrund des schlechten Wetters; auch: auf Grund

auf·ha·ben: einen Hut aufhaben – Aufgaben aufhaben

auf·hän·gen: die Wäsche aufhängen; der **Aufhänger;** die **Aufhängung**

auf·he·ben: einen Stein aufheben – ein Urteil aufheben (rückgängig machen) – die Tafel aufheben (das Mahl beenden) – sich etwas für später aufheben (zurücklegen) – gut bei jemandem aufgehoben (in guten Händen) sein; das **Aufheben:** *von etwas viel Aufhebens machen* (etwas sehr gewichtig nehmen); die **Aufhebung**

auf·klä·ren: jemanden aufklären (belehren) – die Sache hat sich aufgeklärt – das Wetter klärt sich auf (wird klar); **aufklaren** (klar werden, sich aufklären); der **Aufklärer; aufklärerisch;** die **Aufklärung;** der **Aufklärungsfilm;** die **Aufklärungskampagne;** die **Aufklärungsschrift**

auf·kle·ben: er klebt ein Plakat auf; der **Aufkleber**

auf·kom·men: eine neue Mode kommt auf – gegen jemanden nicht aufkommen – für den Schaden aufkommen – keine Zweifel aufkommen lassen; das **Aufkommen**

Aufl. = Auflage

auf·le·gen: eine neue Platte auflegen – ein Buch neu auflegen (veröffentlichen) – jemandem die Hand (zur Segnung) auflegen; die **Auflage** ⟨Aufl.⟩

auf·leh·nen: die Arme auflehnen – sich gegen jemanden auflehnen (empören); die **Auflehnung**

auf·lö·sen: die Tablette in Wasser auflösen – einen Verein auflösen – ein Rätsel auflösen; **auflösbar;** die **Auflösung;** der **Auflösungsprozess**

auf·ma·chen: ein Fenster aufmachen – ein Geschäft aufmachen (eröffnen) – sich frühzeitig aufmachen (aufbrechen) – sich auf und davon machen (fliehen, davonlaufen); der **Aufmacher** (Titelüberschrift in der Zeitung); die **Aufmachung**

auf·mer·ken: gut aufmerken (aufpassen); **aufmerksam;** die **Aufmerksamkeit**

auf·mun·tern: jemanden zum Weitermachen aufmuntern (ihm Mut machen); die **Aufmunterung**

auf·müp·fig: (aufsässig, trotzig)

Auf·nah·me, die: -, -n; die Aufnahme von Nahrung – die Aufnahme in einen Verein – die Aufnahme eines Musikstücks auf Schallplatte; **aufnahmebereit; aufnahmefähig;** die **Aufnahmefähigkeit;** die **Aufnahmeprüfung; aufnehmen:** *es mit jemandem aufnehmen* (sich jemandem gewachsen fühlen)

äuf·nen: ein Vermögen äufnen (ansammeln); die **Äufnung**

auf·pas·sen: du musst im Unterricht besser aufpassen – aufgepasst!; der **Aufpasser;** die **Aufpasserin**

auf·pral·len: das Auto ist auf die Wand aufgeprallt; der **Aufprall**

auf·raf·fen: sich mühsam aufraffen (erheben) – sich zu einer Arbeit aufraffen

auf·räu·men: das Zimmer aufräumen – mit den Zuständen aufräumen (Ordnung schaffen) – in aufgeräumter (heiterer) Stimmung sein; die **Aufräumung;** die **Aufräumungsarbeiten** *Mz.*

auf·recht: er hat einen aufrechten Gang – ein aufrechter Mensch – aufrecht gehen, sitzen, stehen – sich aufrecht halten; aber: aufrechterhalten: seine Behauptung aufrechterhalten (bestehen lassen); die **Aufrechterhaltung**

auf·re·gen: jemanden aufregen – sich über etwas aufregen (empören); **aufregend:** ein aufregendes Erlebnis; die **Aufregung**

auf·rei·zen: zum Widerstand aufreizen; **aufreizend;** die **Aufreizung**

auf·rich·ten: einen Unglücklichen wieder aufrichten (trösten) – sich langsam aufrichten (erheben) – ein Gebäude aufrichten; **aufrichtig** (ehrlich, offen); die **Aufrichtigkeit;** die **Aufrichtung**

Auf·riss, der: -es, -e (Bauzeichnung)

Auf·ruf, der: -(e)s, -e (Aufforderung, Mahnung); **aufrufen**

Auf·ruhr, der: -(e)s, -e; in Aufruhr (Empörung) geraten; **aufrühren;** der **Aufrührer; aufrührerisch**

auf·run·den: eine Zahl, Summe aufrunden; die **Aufrundung**

aufs: (auf das); aufs Beste; auch: aufs beste – aufs Neue (wieder, erneut)

auf·säs·sig: (trotzig, widerspenstig); die **Aufsässigkeit**

Auf·satz, der: -es, Aufsätze; das **Aufsatzthema; aufsetzen**

auf·schie·ben: ein Tor aufschieben (öffnen) – eine wichtige Arbeit aufschieben (verschieben) – *aufgeschoben ist nicht aufgehoben;* die **Aufschiebung;** der **Aufschub,** die Aufschübe

auf·schla·gen: hart am Boden aufschlagen – eine Nuss aufschlagen – der Kaufmann hat aufgeschlagen (den Preis erhöht) – im Tennis aufschlagen – eine Seite aufschlagen (aufblättern) – ein Zelt aufschlagen (aufrichten); der **Aufschlag,** die Aufschläge; der **Aufschläger;** die **Aufschlägerin**

auf·schlies·sen: die Tür aufschliessen – in der Reihe aufschliessen (aufrücken); der **Aufschluss,** die Aufschlüsse: Aufschluss geben – Aufschluss erhalten; **aufschlüsseln** (nach einem System einteilen); die **Aufschlüsselung; aufschlussreich**

auf·schnau·fen: (aufatmen)

auf·schnei·den: den Verband aufschneiden – mächtig aufschneiden (prahlen); der **Aufschneider;** die **Aufschneiderei;** der **Aufschnitt**

auf·schrei·ben: sich etwas aufschreiben (notieren); die **Aufschrift**

auf·schrei·en: vor Schmerz aufschreien; der **Aufschrei**

Auf·schub, der: -(e)s, Aufschübe; um Aufschub (Verschiebung) bitten

auf·schüt·ten: Erde aufschütten; die **Aufschüttung**

Auf·schwung, der: -(e)s, Aufschwünge; die Wirtschaft erlebte einen Aufschwung; sich **aufschwingen**

Auf·se·hen, das: -s (Beachtung); öffentliches Aufsehen erregen – ein Aufsehen erregender Film – etwas Aufsehen Erregendes; **aufsehen;** der **Aufseher;** die **Aufseherin;** die

Aufsicht: der Aufsicht führende Lehrer; das **Aufsichtspersonal;** die **Aufsichtspflicht;** der **Aufsichtsrat**

auf·sei·ten: aufseiten der Feinde kämpfen; auch: auf Seiten

auf·ste·hen: vom Boden aufstehen – gegen jemanden aufstehen (sich erheben) – *wer früh aufsteht, kann viel erfahren;* der **Aufstand:** ein Aufstand (eine Erhebung) droht; **aufständisch;** der/die **Aufständische**

auf·stei·gen: Rauch steigt auf – auf das Rad aufsteigen – zum Vorgesetzten aufsteigen (befördert werden) – die Mannschaft steigt auf; der **Aufsteiger;** der **Aufstieg;** die **Aufstiegsmöglichkeit;** das **Aufstiegsspiel**

auf·stel·len: ein Zelt aufstellen – einen Kandidaten aufstellen (vorschlagen) – eine Behauptung aufstellen; die **Aufstellung**

auf·stö·bern: ein Tier aufstöbern – einen alten Brief aufstöbern (aufspüren)

auf·ta·keln: ein Schiff auftakeln (Segel setzen) – sich auftakeln (herausputzen); **aufgetakelt** (auffallend und geschmacklos gekleidet und frisiert); die **Auftak(e)lung**

Auf·takt, der: -(e)s, -e; der Auftakt (Beginn) des Festes

auf·tra·gen: das Essen auftragen (auf den Tisch bringen) – Farbe auftragen (aufstreichen) – das Kleid trägt auf (macht dick) – dick auftragen (übertreiben, angeben) – jemandem etwas auftragen (jemanden mit etwas beauftragen) – die Kleidung auftragen (abnutzen) – jemandem Grüsse auftragen; der **Auftrag** ⟨Auftr.⟩, die Aufträge; der **Auftraggeber; auftragsgemäss**

auf·tre·ten: mit dem Fuss auftreten – energisch auftreten – Schwierigkeiten treten auf (ergeben sich) – im Zirkus auftreten – gegen jemanden auftreten; das **Auftreten;** der **Auftritt**

auf·trump·fen: er trumpft (spielt sich) wieder auf

Auf·wand, der: -(e)s; der Aufwand an Geld – Aufwand mit etwas treiben (viel Geld für etwas ausgeben); **aufwändig:** aufwändig (kostspielig) leben; → aufwendig; die **Aufwandsentschädigung**

auf·war·ten: den Gästen aufwarten (die Gäste bewirten); die **Aufwartefrau;** die **Aufwartung:** jemandem seine Aufwartung machen (einen Höflichkeitsbesuch abstatten)

auf·wärts: aufwärts fahren – auf- und abwärts – aufwärts (nach oben) gehen – es wird mit mir schon wieder aufwärts gehen (besser gehen); der **Aufwärtstrend**

Auf·wasch, der: -(e)s; *etwas in einem Aufwasch* (alles zusammen, gleichzeitig) *erledigen*; **aufwaschen**

auf·wen·den: viel Mühe aufwenden (aufbieten); **aufwendig:** aufwendig (kostspielig) leben; → aufwändig; die **Aufwendungen** *Mz.* (Kosten); → Aufwand

auf·wer·fen: einen Wall aufwerfen – eine Frage aufwerfen

auf·wer·ten: die Währung wird aufgewertet (im Wert erhöht); die **Aufwertung**

auf·wie·geln: die Arbeiter aufwiegeln (aufhetzen); die **Aufwieg(e)lung;** der **Aufwiegler; aufwieglerisch**

auf·zäh·len: er zählt seine Freunde auf; die **Aufzählung**

auf·zeich·nen: seine Gedanken aufzeichnen (schriftlich festhalten); die **Aufzeichnung**

auf·zie·hen: eine Fahne aufziehen – den Vorhang aufziehen (öffnen) – eine Uhr aufziehen – jemanden aufziehen (necken, hänseln) – das Gewitter zieht auf (nähert sich) – ein Kind aufziehen – ein grosses Fest aufziehen (veranstalten); der **Aufzug;** der **Aufzugführer;** der **Aufzug(s)schacht**

Au·ge, das: -s, -n; *ein Auge zudrücken* (etwas nachsichtig beurteilen) – *mit einem blauen Auge davonkommen* (nur geringfügigen Schaden nehmen) – *ein Auge riskieren* (heimlich schauen) – *ein Auge auf jemanden werfen* (an jemandem Gefallen finden) – *wie die Faust aufs Auge passen* (nicht zueinander passen); der **Augapfel; äugen;** der **Augenarzt;** die **Augenärztin;** der **Augenblick; augenblicklich; augenblicks;** die **Augenbraue; augenfällig;** das **Augenlicht;** das **Augenlid;** das **Augenmass;** das **Augenmerk;** der **Augenschein:** etwas in Augenschein nehmen (prüfen); **augenscheinlich** (offenbar, offensichtlich); die **Augenweide** (etwas, das schön aussieht); der **Augenzeuge;** ...**äugig:** blauäugig; das **Äuglein**

Au·gust ⟨Aug.⟩ *lat.,* der: -/-(e)s, -e (Monatsname); die **Augustfeier** (Bundesfeier); das **Augustfeuer;** die **Augustrede**

Auk·ti·on *lat.,* die: -, -en (Versteigerung); der **Auktionator** (Versteigerer)

Au·la *lat.,* die: -, -s/Aulen (Festsaal)

Au·ra *lat.,* die: - (besondere Ausstrahlung)

aus: aus dem Hause gehen – aus Polen stammen – ein Kleid aus Seide – aus Kummer trinken – weder aus noch ein wissen – von mir aus (meinetwegen) – er geht bei uns aus und ein (ist oft bei uns) – das Fest ist aus – aus sein – von Bern aus; das **Aus:** der Ball liegt im Aus (Raum ausserhalb des Spielfeldes)

aus·ar·bei·ten: einen Vertrag ausarbeiten (in die endgültige Form bringen); die **Ausarbeitung**

aus·bau·en: den Motor ausbauen (herausnehmen) – ein Geschäft ausbauen (vergrössern); der **Ausbau; ausbaufähig;** die **Ausbauwohnung**

aus·bes·sern: den Schaden ausbessern (reparieren); die **Ausbesserung;** die **Ausbesserungsarbeit; ausbesserungsbedürftig**

aus·beu·ten: jemanden ausbeuten (ausnutzen); die **Ausbeute;** der **Ausbeuter;** die **Ausbeutung**

aus·bil·den: einen Lehrling ausbilden; der **Ausbild(n)er;** die **Ausbild(n)erin;** die **Ausbildung;** der **Ausbildungsplatz;** die **Ausbildungsstätte;** der **Ausbildungsvertrag;** der / die **Auszubildende** ⟨Azubi⟩

aus·bre·chen: aus dem Gefängnis ausbrechen (fliehen) – Panik bricht aus (entsteht) – der Schweiss bricht aus – in Lachen ausbrechen – der Vulkan ist ausgebrochen; der **Ausbrecher;** der **Ausbruch,** die Ausbrüche; der **Ausbruchsversuch**

aus·brei·ten: die Zeitung ausbreiten (entfalten) – eine Krankheit hat sich ausgebreitet – eine Ebene breitete sich vor uns aus (lag vor uns); die **Ausbreitung**

Aus·bund, der: -(e)s (Muster); ein Ausbund an Fleiss

aus·bür·gern: jemanden ausbürgern (jemandem die Staatsangehörigkeit entziehen); die **Ausbürgerung**

Aus·dau·er, die: -; mit Ausdauer (zäher Geduld) arbeiten; **ausdauern; ausdauernd:** ausdauernd (beharrlich, geduldig) arbeiten; das **Ausdauertraining**

aus·deh·nen: Eisen dehnt (weitet) sich beim Erhitzen aus – die Feier dehnte sich bis zum Morgen aus; **ausdehnbar;** die **Ausdehnung**

Aus·druck, der: -(e)s, Ausdrücke; ein treffender Ausdruck (Begriff) – der Ausdruck im

Gesicht – etwas zum Ausdruck bringen; aber: die Ausdrucke (beim Computer); **ausdrücken; ausdrücklich; ausdruckslos;** das **Ausdrucksmittel; ausdrucksstark; ausdrucksvoll;** die **Ausdrucksweise**

aus·ei·nan·der (**aus·ein·an·der**): das Wort musst du auseinander schreiben – auseinander bringen – auseinander gehen – auseinander halten – sich auseinander leben – auseinander reissen – sich auseinander setzen; die **Auseinandersetzung**

aus·er·ko·ren: (auserwählt); **auserlesen; ausersehen**

aus·fah·ren: mit dem Boot ausfahren – die Post ausfahren (liefern) – das Fahrgestell ausfahren – eine Kurve ausfahren (am äusseren Rand fahren) – ein ausgefahrener (beschädigter) Weg; **ausfahrbar;** der **Ausfahrer;** die **Ausfahrt;** das **Ausfahrtsschild**

aus·fal·len: die Haare fallen aus – der Arbeiter fällt aus (fehlt, bleibt weg) – eine Feier ausfallen lassen – das Zeugnis ist gut ausgefallen; der **Ausfall,** die Ausfälle; **ausfallend:** eine ausfallende (grobe, unangebrachte) Bemerkung machen – ausfallend werden; **ausfällig** (verletzend); die **Ausfall(s)erscheinung;** die **Ausfallstrasse**

aus·fer·ti·gen: ein Schriftstück ausfertigen; die **Ausfertigung**

aus·fin·dig: ein Lokal ausfindig machen (auskundschaften, finden)

aus·flip·pen: (die Beherrschung verlieren, sich durch Rauschgift süchtig machen)

Aus·flucht, die: -, Ausflüchte; Ausflüchte (Vorwände, Ausreden) erfinden

Aus·flug, der: -(e)s, Ausflüge; der Ausflug ins Grüne; der **Ausflügler;** der **Ausflugsort;** der **Ausflugsverkehr;** das **Ausflugsziel**

Aus·fluss, der: -es, Ausflüsse; der Ausfluss eines Sees – ein eitriger Ausfluss

Aus·fuhr, die: -, -en (Warenverkauf ins Ausland); **ausführbar;** die **Ausführbarkeit; ausführen:** Waren ausführen – einen Hund ausführen – seine Gedanken ausführen (darstellen) – Reparaturen ausführen (erledigen); das **Ausfuhrland;** die **Ausführung;** das **Ausfuhrverbot**

aus·führ·lich: (eingehend, breit, langatmig); die **Ausführlichkeit**

Aus·ga·be ⟨Ausg.⟩, die: -, -n; die Ausgabe des Essens – die Ausgabe (der Druck) eines Bu-

ches – grosse Ausgaben (Zahlungen) haben; **ausgeben:** Geld ausgeben; aber: *Ausgeben ist leicht, Einnehmen ist schwer*

Aus·gang, der: -(e)s, Ausgänge; der Ausgang ins Freie – der Ausgang (das Ergebnis) der Wahl – keinen Ausgang (keine Erlaubnis zum Ausgehen) bekommen; **ausgangs:** ausgangs (am Ende) der Achtzigerjahre; der **Ausgangspunkt;** die **Ausgangssperre;** die **Ausgangsstellung; ausgehen:** aus- und eingehen

aus·ge·fal·len: ausgefallene (merkwürdige, ungewöhnliche) Ansichten haben; aber: etwas Ausgefallenes

aus·ge·kocht: ein ausgekochter (durchtriebener, alle Tricks kennender) Bursche

aus·ge·las·sen: ein ausgelassenes (übermütiges, lebhaftes) Kind; die **Ausgelassenheit**

aus·ge·macht: eine ausgemachte (vereinbarte) Sache – eine ausgemachte (sehr grosse) Frechheit

aus·ge·nom·men: (ausser, bis auf); Anwesende ausgenommen – davon ausgenommen

aus·ge·prägt: ein ausgeprägtes (sehr gutes) Gedächtnis – ausgeprägte Gesichtszüge

aus·ge·rech·net: ausgerechnet (gerade) ich habe immer Pech! – musst du ausgerechnet jetzt kommen?

aus·ge·schlos·sen: etwas für ausgeschlossen (nicht möglich) halten – ausgeschlossen (das kommt nicht in Frage)!

aus·ge·zeich·net: ausgezeichnete (hervorragende) Leistungen; **auszeichnen;** die **Auszeichnung**

aus·gie·big: ein ausgiebiges (reichliches) Essen; die **Ausgiebigkeit**

aus·gies·sen: Wasser ausgiessen – er goss aus; der **Ausguss**

Aus·gleich, der: -(e)s, -e; einen Ausgleich (eine Einigung) suchen – im Spiel einen Ausgleich (Gleichstand an Toren) erzielen – einen Ausgleich (eine Entschädigung) bekommen; **ausgeglichen:** ein ausgeglichenes Wesen haben; **ausgleichen;** der **Ausgleichssport;** die **Ausgleichung**

aus·gra·ben: einen Stein ausgraben; die **Ausgrabung;** die **Ausgrabungsstätte**

Aus·guss, der: -es, Ausgüsse (Becken mit Ablauf in der Küche); **ausgiessen;** das **Ausgussbecken**

aus·hal·ten: Schmerzen aushalten (ertragen); aber: es ist nicht zum Aushalten – jemanden aushalten (ihn ernähren, seinen Unterhalt bestreiten)

aus·hän·di·gen: eine Urkunde aushändigen (übergeben); die **Aushändigung**

Aus·hang, der: -(e)s, Aushänge; der Aushang (öffentliche Bekanntmachung) am schwarzen Brett; **aushängen:** Waren im Schaufenster aushängen – eine Türe aushängen – der Anzug hängt sich aus (glättet sich wieder); das **Aushängeschild**

aus·he·ben: einen Graben ausheben – ein Diebesnest ausheben; die **Aushebung**

Aus·hil·fe, die: -, -n (Vertretung, Ersatz); **aushelfen;** die **Aushilfskraft; aushilfsweise**

Aus·klang, der: -(e)s, Ausklänge; der Ausklang (Abschluss) der Feier; **ausklingen**

aus·klü·geln: ein gut ausgeklügelter Plan

aus·kom·men: gut mit seinem Nachbarn auskommen (sich gut vertragen) – mit seinem Gehalt auskommen – sich nichts auskommen (entgehen) lassen; das **Auskommen:** ein gutes Auskommen haben

Aus·kunft, die: -, Auskünfte (Antwort, Information); die **Auskunftei** (Auskunftsbüro); der **Auskunftsbeamte; die Auskunftsstelle**

Aus·la·ge, die: -, -n, die Auslagen (Kosten) für Essen und Trinken – die Auslagen (die ausgestellten Waren im Schaufenster) eines Geschäftes; **auslegen:** in der Wohnung einen Teppich auslegen – Geld auslegen (für jemanden bezahlen) – Worte falsch auslegen (deuten); die **Auslegung** (Deutung)

Aus·land, das: -(e)s; ins Ausland reisen; der **Ausländer; ausländerfeindlich;** die **Ausländerfeindlichkeit; ausländerfreundlich;** die **Ausländerfreundlichkeit;** die **Ausländerin; ausländisch;** der **Auslandskorrespondent;** die **Auslandsreise**

aus·las·sen: einen Buchstaben auslassen – seinen Zorn an jemandem auslassen – Butter auslassen (zerlassen) – den Saum eines Kleides auslassen (herunterlassen); **ausgelassen:** ein ausgelassener (übermütiger) Junge; der **Auslass,** die Auslässe; die **Auslassung;** das **Auslassungszeichen**

aus·lau·fen: das Wasser läuft aus – Schiffe laufen aus (verlassen den Hafen) – der Vertrag läuft aus (hört auf zu gelten) – die Farben sind beim Waschen ausgelaufen (aus-

gegangen); der **Auslauf,** die Ausläufe; der **Ausläufer:** die Ausläufer eines Hochdruckgebietes – die Ausläufer eines Gebirges; das **Auslaufmodell**

aus·lei·hen: sich Geld ausleihen; die **Ausleihe** (von Büchern)

Aus·le·se, die: -, -n (Auswahl der Besten); **auserlesen** (von besonderer Güte); **auslesen:** einen Roman auslesen (zu Ende lesen) – faules Obst auslesen (aussortieren)

aus·lie·fern: Brot ausliefern – einen Dieb der Polizei ausliefern (überlassen) – dem Unwetter völlig ausgeliefert (überlassen) sein; die **Auslieferung;** der **Auslieferungsvertrag**

aus·lo·sen: (durch das Los bestimmen); die **Auslosung**

aus·lö·sen: jemanden auslösen (loskaufen) – grossen Beifall auslösen (hervorrufen) – einen Mechanismus auslösen (in Gang setzen); der **Auslöser;** die **Auslösung**

aus·mar·chen: Rechte gegeneinander ausmarchen (abgrenzen, aushandeln); die **Ausmarchung**

Aus·mass, das: -es, -e; ein grosses Ausmass (einen grossen Umfang) annehmen; **ausmessen**

aus·mer·zen: einen Fehler ausmerzen (beseitigen) – Ungeziefer ausmerzen (ausrotten, vertilgen); die **Ausmerzung**

Aus·nah·me, die: -, -n; eine Ausnahme machen – mit Ausnahme von dir – *Ausnahmen bestätigen die Regel;* der **Ausnahmefall;** die **Ausnahmegenehmigung;** der **Ausnahmezustand; ausnahmslos; ausnahmsweise; ausnehmen; ausnehmend:** ausnehmend (überaus) nett sein

aus·nut·zen: er nutzt sie aus; auch: **ausnützen;** die **Ausnutzung;** auch: die **Ausnützung**

Aus·puff, der: -(e)s, -e (Vorrichtung zum Ablassen von Gasen); die **Auspuffgase;** das **Auspuffrohr**

Aus·re·de, die: -, -n; eine Ausrede erfinden; **ausreden:** jemanden ausreden (zu Ende reden) lassen – er wollte ihm den Plan ausreden (ihn von dem Plan abbringen)

aus·rei·chen: das Geld reicht nicht aus (genügt nicht); **ausreichend:** ausreichende Kenntnisse haben – eine Prüfung mit „ausreichend" bestehen

Aus·rei·se, die: -, -n (Reise ins Ausland, Grenzübertritt); die **Ausreisegenehmigung; ausreisen**

A
B
C
D
E
F

aus·reis·sen: Unkraut ausreissen – von zu Hause ausreissen (fortlaufen); der **Ausreisser;** die **Ausreisserin;** der **Ausreissversuch**

aus·rich·ten: Grüsse ausrichten (mitteilen) – ein Fest ausrichten (veranstalten) – nichts ausrichten (erreichen) können; der **Ausrichter;** die **Ausrichtung**

aus·rot·ten: eine Pflanzenart ausrotten (vernichten); die **Ausrottung**

Aus·ruf, der: -(e)s, -e (Ruf, Schrei); **ausrufen;** der **Ausrufer;** der **Ausrufesatz;** das **Ausrufezeichen;** die **Ausrufung**

aus·rüs·ten: gut ausgerüstet (ausgestattet) sein; die **Ausrüstung;** der **Ausrüstungsgegenstand**

aus·rut·schen: auf dem Eis ausrutschen (ausgleiten); der **Ausrutscher:** seine Bemerkung war ein peinlicher Ausrutscher

Aus·saat, die: -, -en (Saat, das Säen); **aussäen:** Saatgut aussäen

aus·sa·gen: vor Gericht aussagen; die **Aussage; aussagekräftig;** der **Aussagesatz;** die **Aussageweise**

Aus·satz, der: -es (Hautkrankheit); **aussätzig;** der/die **Aussätzige**

aus·schau·en: er schaut lustig aus – nach einer passenden Gelegenheit ausschauen; die **Ausschau:** Ausschau halten

aus·schei·den: einen Duftstoff ausscheiden (von sich geben, aussondern) – aus einem Wettkampf ausscheiden – diese Möglichkeit scheidet aus (entfällt); die **Ausscheidung;** der **Ausscheidungskampf;** das **Ausscheidungsspiel**

aus·schen·ken: Bier ausschenken; auch: ausschänken; der **Ausschank**

aus·schla·gen: das Pferd schlägt aus – jemandem einen Zahn ausschlagen – die Bäume schlagen aus (treiben Knospen) – ein Angebot ausschlagen (ablehnen) – der Zeiger schlägt aus – den Schrank mit Papier ausschlagen (auslegen); der **Ausschlag:** der Ausschlag des Pendels – den Ausschlag (krankhafte Veränderung der Haut) behandeln – den Ausschlag geben (entscheidend sein); **ausschlaggebend;** das **Ausschlaggebende**

aus·schlies·sen: jemanden aus der Mannschaft ausschliessen (entfernen) – diese Möglichkeit können wir nicht ausschliessen (ausklammern); **ausschliesslich;** die **Ausschliesslichkeit;** der **Ausschluss**

Aus·schnitt, der: -(e)s, -e; ein Ausschnitt aus einem Film; der Ausschnitt (eines Kleides); **ausschneiden; ausschnittweise**

aus·schrei·ben: seinen Vornamen ausschreiben – eine Rechnung ausschreiben (ausstellen) – eine freie Stelle (zur Bewerbung) ausschreiben; die **Ausschreibung**

Aus·schrei·tung, die: -, -en; gegen Ausschreitungen (Gewalttätigkeiten) vorgehen

Aus·schuss, der: -es, Ausschüsse; der Ausschuss (eine gewählte Gruppe von Personen) tagt – Ausschuss (fehlerhafte Ware) herstellen; das **Ausschussmitglied;** die **Ausschusssitzung;** die **Ausschussware**

aus·schüt·ten: einen Sack ausschütten – jemandem sein Herz ausschütten – den Gewinn ausschütten (verteilen) – *man soll das Kind nicht mit dem Bade ausschütten* (nicht mit etwas Schlechtem auch das Gute beseitigen); die **Ausschüttung**

aus·schwei·fend: eine ausschweifende (das normale Mass überschreitende) Fantasie – eine ausschweifende (weit ausholende) Bemerkung machen; die **Ausschweifung**

Aus·se·hen, das: -s; das Aussehen (Äussere, Erscheinungsbild) eines Menschen – dem Aussehen nach; **aussehen**

aus·sen: innen und aussen – nach aussen hin ist ihm nichts anzumerken; der **Aussenbezirk;** der **Aussendienst;** der **Aussenhandel;** der **Aussenminister;** die **Aussenpolitik;** das **Aussenquartier;** die **Aussenseite;** der **Aussenseiter;** die **Aussenseiterin;** der/die **Aussenstehende;** auch: der/die aussen Stehende; der **Aussenstürmer;** die **Aussenwelt;** die **Aussenwirtschaft;** das **Äussere:** auf sein Äusseres achten; aber: der äussere Eindruck; **äusserlich;** die **Äusserlichkeit**

aus·ser: niemand ausser mir – ausser Rand und Band sein – ausser Haus sein – ausser Dienst ⟨a. D.⟩ – ausser Atem sein – ausser dass – ausser Betrieb – ausser Gefahr – ausser der Reihe – ausser sich (in grosse Erregung) geraten – ausser Zweifel stehen – ich bin ausser mir (sehr zornig, empört) – etwas ausser Acht lassen – er geht ausser Landes – ausser sich vor Freude sein (sich unbändig freuen) – die äussere Wand; **ausserdem; aussergewöhnlich; ausserhalb; ausserkantonal; ausserordentlich; ausserorts; ausserplanmässig; Ausserrhoden** (Kanton Appenzell Ausserrhoden); **ausserstạnd(e):** er war ausserstande (nicht fähig) zu helfen; auch: ausser Stand(e)

äus·sern: seine Meinung frei äussern; die **Äusserung**

äus·serst: äusserst zornig sein – er lebt äusserst einfach – aufs äusserste (sehr, äusserst) erschrocken sein; auch: aufs Äusserste; aufs äusserste gefasst sein; auch: aufs Äusserste; aber: das Äusserste (das Schlimmste) befürchten – bis zum Äussersten gehen; **äusserstenfalls**

aus·set·zen: eine Verhandlung aussetzen (aufschieben) – eine Belohnung aussetzen (in Aussicht stellen) – sich einer Gefahr aussetzen (sich in Gefahr begeben) – ein Tier aussetzen (hilflos im Freien zurücklassen); die **Aussetzung**

Aus·sicht, die: -, -en; eine gute Aussicht auf die Berge haben – etwas in Aussicht stellen (versprechen) – etwas in Aussicht haben (damit rechnen); **aussichtslos;** die **Aussichtslosigkeit; aussichtsreich;** der **Aussichtsturm**

Aus·sied·ler, der: -s, - (jemand, der ein Land für immer verlässt); **aussiedeln;** die **Aussied(e)lung;** der **Aussiedlerhof;** die **Aussiedlerin**

aus·söh·nen: sich mit seinem Feind aussöhnen; die **Aussöhnung**

aus·son·dern: schlechte Ware aussondern; die **Aussonderung**

aus·sper·ren: jemanden aussperren (die Tür vor ihm zuschliessen); die **Aussperrung:** die Aussperrung der streikenden Arbeiter (Ausschluss vom Arbeitsplatz)

Aus·spra·che, die: -, -n; die Aussprache eines Wortes – eine offene Aussprache; **aussprechbar; aussprechen;** der **Ausspruch**

aus·staf·fie·ren: wie eine Prinzessin ausstaffieren (ausstatten, herausputzen); die **Ausstaffierung**

Aus·stand, der: -(e)s, Ausstände; in den Ausstand (Streik) treten; **ausständig**

aus·stat·ten: einen Raum mit Möbeln ausstatten (einrichten); die **Ausstattung;** das **Ausstattungsstück**

aus·ste·hen: die Zahlung steht noch aus (ist noch nicht eingetroffen) – jemanden nicht ausstehen (leiden) können – die Gefahr ist noch nicht ausgestanden (vorbei)

aus·stei·gen: aus dem Auto steigen – aus einem Geschäft aussteigen (ausscheiden); der **Aussteiger:** zum Aussteiger werden (der Gesellschaft den Rücken kehren); die **Aussteigerin;** der **Ausstieg**

aus·stel·len: eine Quittung ausstellen (ausfertigen) – Waren im Schaufenster ausstellen (zur Ansicht); der **Aussteller;** die **Ausstellerin;** die **Ausstellung;** das **Ausstellungsgelände;** das **Ausstellungsstück**

Aus·steu·er, die: - (Heiratsgut, Brautausstattung)

Aus·stoss, der: -es, Ausstösse; der Ausstoss (die Produktion) an Waren; **ausstossen;** die **Ausstossung**

Aus·strah·lung, die: -, -en; die Ausstrahlung (Übertragung) des Tennisspiels im Fernsehen – auf andere eine besondere Ausstrahlung (Wirkung) haben; **ausstrahlen**

aus·stre·cken: die Füsse ausstrecken

aus·tau·schen: einen Spieler austauschen (ersetzen) – Gedanken austauschen (mitteilen); der **Austausch;** die **Austauschbarkeit;** der **Austauschmotor;** der **Austauschschüler;** die **Austauschschülerin; austauschweise**

Aus·ter *niederl.,* die: -, -n (Meeresmuschel)

aus·tra·gen: einen Wettkampf austragen (veranstalten) – Zeitungen austragen (verteilen) – ein Kind austragen (bis zur Geburt im Leib tragen); der **Austräger;** die **Austrägerin;** die **Austragung;** der **Austragungsort**

Aus·tra·li·en (Aust·ra·li·en): -s (Erdteil); der **Australier;** die **Australierin; australisch**

aus·tre·ten: eine Zigarette austreten – aus einem Verein austreten (ausscheiden) – austreten gehen (die Toilette aufsuchen) – Gas tritt (strömt) aus – ausgetretene (abgenutzte) Schuhe; der **Austritt;** die **Austrittserklärung**

aus·ü·ben: er übt keinen Beruf aus – Druck auf jemanden ausüben; die **Ausübung**

aus·wäh·len: ein Geschenk auswählen (aussuchen); die **Auswahl;** die **Auswahlwette**

aus·wal·len: Teig auswallen (ausrollen)

Aus·wan·de·rer; der: -s, - (jemand, der sein Heimatland für immer verlässt); **auswandern;** die **Auswanderung**

aus·wär·tig: ein auswärtiger Kunde; aber: das Auswärtige Amt ⟨AA⟩; der/die **Auswärtige; auswärts:** auswärts (in der Gaststätte) essen

– auswärts gehen – von auswärts; das **Auswärtsspiel**

Aus·weg, der: -(e)s, -e; nach einem Ausweg (einer Lösung) suchen; **ausweglos;** die **Ausweglosigkeit**

Aus·weis, der: -es, -e; seinen Ausweis vorzeigen; **ausweisen:** jemanden ausweisen (des Landes verweisen) – können Sie sich ausweisen?; die **Ausweispapiere** Mz.; die **Ausweisung**

aus·wen·dig: ein Gedicht auswendig (aus dem Gedächtnis) aufsagen – etwas auswendig lernen; aber: das **Auswendiglernen**

aus·wir·ken, sich: (Folgen haben); die **Auswirkung**

aus·zah·len: den Lohn auszahlen – es zahlt sich nicht aus (lohnt sich nicht); die **Auszahlung**

aus·zäh·len: etwas auszählen (durch Zählen genau feststellen); die **Auszählung**

aus·zeich·nen: Waren auszeichnen (mit Preisangabe versehen) – sich durch Fleiss auszeichnen (hervortun) – jemanden wegen seiner Tapferkeit auszeichnen; **ausgezeichnet;** die **Auszeichnung**

aus·zie·hen: die Kleider ausziehen – aus der Wohnung ausziehen – die Antenne ausziehen – *einen Nackten kann man nicht ausziehen*; **ausziehbar;** der **Auszug;** der **Auszugstisch; auszugsweise**

Aus·zu·bil·den·de ⟨Azubi⟩, der/die: -n, -n (der/die in Ausbildung Stehende, Lehrling)

au·tark (aut·ark) griech.: (unabhängig); die **Autarkie**

au·then·tisch griech.: eine authentische (zuverlässige, glaubwürdige) Auskunft

Au·to griech., das: -s, -s; ich kann nicht Auto fahren; aber: er verträgt das Autofahren nicht; der **Autoatlas;** die **Autobahn** ⟨A⟩; der **Autobus;** der **Autofahrer;** die **Autofahrerin;** das **Autokino;** der **Autolenker;** die **Autolenkerin;** das **Automobil;** der **Automobilist;** die **Automobilistin;** der **Autopneu;** das **Autoradio**

Au·to·bi·o·gra·fie griech., die: -, Autobiografien (Beschreibung des eigenen Lebens); auch: die **Autobiographie; autobiografisch**

Au·to·di·dakt griech., der: -en, -en (jemand, der im Selbstunterricht gelernt hat, Wissen erworben hat); **autodidaktisch**

au·to·gen griech.: autogenes Training (Übungen zur Selbstentspannung)

Au·to·gramm griech., das: -s, -e (eigenhändige Unterschrift); der **Autogrammjäger**

Au·to·krat griech., der: -en, -en (Alleinherrscher, selbstherrlicher Mensch)

Au·to·mat griech., der: -en, -en (selbsttätiger Apparat); die **Automatik;** die **Automation** (vollautomatischer Produktionsablauf); **automatisch; automatisieren**

au·to·nom griech.: (unabhängig, selbstständig); ein autonomes Land; die **Autonomie**

Au·tor lat., der: -s, Autoren (Verfasser); die **Autorin; autorisieren** (bevollmächtigen); **autorisiert** (berechtigt); die **Autorschaft**

Au·to·ri·tät lat., die: -, -en; Autorität (Ansehen) haben – eine Autorität (ein anerkannter Fachmann) sein; **autoritär:** autoritäre (unbedingten Gehorsam fordernde) Erziehung – ein autoritärer Staat

autsch!
au·weh!
A·ver·si·on lat. [awersion], die: -, -en (Abneigung, Widerwille)

Axt, die: -, Äxte; *sich wie die Axt im Walde* (ungehobelt, rüpelhaft) *benehmen;* der **Axthieb**

a. Z. = auf Zeit
Az·te·ke, der: -n, -n (mexikanischer Indianer)
A·zur, der: -s (Himmelsbläue); **azurblau**

B

B, das: -, -; *wer A sagt, muss auch B sagen*
B = Bundesstrasse, z. B. B 15
b. = bei, beim
Ba·by engl. [bebi], das: -s, -s (Säugling); der **Babyboom** [bebibum] (plötzlicher Anstieg der Geburtenziffer); die **Babynahrung; babysitten;** der **Babysitter** (jemand, der Kleinkinder beaufsichtigt); die **Babyzelle** (kleine Batterie)

Bach, der: -(e)s, Bäche (kleines fliessendes Gewässer); **bachab;** das **Bachbett;** das **Bächlein; bachnass** (tropfnass); die **Bachstelze**

Ba·che, die: -, -n (weibliches Wildschwein)
Back·bord, das: -(e)s, -e (linke Schiffsseite); **backbord(s);** die **Backbordseite**

Ba·cke, die: -, -n (Wange, Gesässhälfte); auch: der **Backen;** der **Backenknochen;** der **Backenstreich** (Ohrfeige); der **Backenzahn;** …**backig** (…**bäckig**): rotbackig; die **Backpfeife** (Ohrfeige)

ba·cken: du backst/bäckst, er backte/buk, sie hat gebacken, back(e)!; *kleine Brötchen backen* (in seinen Ansprüchen zurückstecken, sich bescheiden); der **Bäcker;** die **Bäckerei;** die **Bäckerin;** die **Bäcker(s)frau;** das **Backhähnchen;** die **Backhefe;** das **Backhend(e)l;** das **Backhuhn;** das **Backobst;** der **Backofen;** das **Backpulver;** der **Backstein** (Ziegelstein); die **Backstube;** die **Backware;** das **Backwerk**

Back·ground engl. *[bäkgraunt]*, der: -s, -s (Hintergrund, geistige Herkunft)

Bad, das: -(e)s, Bäder; ein heisses Bad nehmen – in ein Bad (einen Badeort) reisen – ins Bad (Schwimmbad) gehen – *man soll das Kind nicht mit dem Bade ausschütten* (im Übereifer das Gute mit dem Schlechten beseitigen); die **Bad(e)anstalt;** der **Bad(e)anzug;** der **Bad(e)arzt;** die **Bad(e)ärztin;** die **Bad(e)kappe;** der **Bad(e)mantel;** die **Badematte;** der **Bad(e)meister;** die **Bad(e)mütze; baden:** baden gehen; auch: *baden gehen* (scheitern, keinen Erfolg haben); der **Bader** (Dorfbarbier); die **Bad(e)sachen** *Mz.;* der **Badestrand;** die **Bad(e)wanne;** das **Bad(e)zeug;** das **Bad(e)zimmer**

Bad·min·ton engl. *[bädminten]*, das: - (Federballspiel)

baff: baff (sprachlos, verblüfft) sein

Ba·ga·ge franz. *[bagasche]*, die: - (Gepäck, Gesindel)

Ba·ga·tel·le franz., die: -, -n (unbedeutende Kleinigkeit); der **Bagatellfall; bagatellisieren** (als geringfügig hinstellen); die **Bagatellsache;** der **Bagatellschaden**

Bag·ger, der: -s, - (Maschine zum Heben und Ausschütten von Erdreich); der **Baggerführer; baggern;** der **Baggersee**

bah!: (Ausruf der Geringschätzung)

Bahn, die: -, -en; sich eine Bahn durch den Schnee schaufeln – Bahn fahren – *freie Bahn haben* (alle Schwierigkeiten beseitigt haben) – *aus der Bahn geworfen werden* (im Leben, im Beruf scheitern) – *auf die schiefe Bahn geraten* (kein ordentliches Leben mehr führen); das **Bahnbillett; bahn-**

brechend: eine bahnbrechende (umwälzende, völlig neue) Erfindung; der **Bahnbrecher** (Wegweiser, Vorkämpfer); der **Bahndamm; bahnen:** sich einen Weg bahnen; die **Bahnfahrt;** der **Bahnhof** (Bf., Bhf.); das **Bahnhofbuffet** (…**büfett**); der **Bahnhofvorstand; bahnlagernd;** die **Bahnlinie;** die **Bahnschranke;** die **Bahnstation;** der **Bahnsteig;** der **Bahnwärter**

Bah·re, die: -, -n (Tragegestell für Kranke und Tote); das **Bahrtuch**

Bai niederl., die: -, -en (Meeresbucht)

Ba·jo·nett franz., das: -(e)s, -e (Seitengewehr)

Bak·te·rie griech. *[bakterje]*, die: -, -n (Seuchenpilz); **bakteriell;** der **Bakteriologe;** die **Bakteriologin**

Ba·lan·ce franz. *[baläse]*, die: -, -n (Gleichgewicht, Schwebe); der **Balanceakt; balancieren** (das Gleichgewicht halten): auf dem Seil balancieren; die **Balancierstange**

bald: eher, am ehesten; sehr bald – bis bald! – auf bald! – bald so, bald anders – bald darauf – allzu bald – so bald wie (als) möglich; aber: in **Bälde; baldig:** auf ein baldiges Wiedersehen – etwas baldigst erledigen; **baldmöglichst**

Bal·da·chin ital., der: -s, -e (prunkvoller Traghimmel, Stoffdach)

Bal·dri·an (Bal·ri·an), der: -s, -e (Heilpflanze); die **Baldriantropfen** *Mz.*

Balg, der: -(e)s, Bälge (Fell, Tierhaut)

Balg, der/das: -(e)s, Bälger (unartiges Kind); sich **balgen:** sich mit anderen Kindern balgen (spielerisch raufen); die **Balgerei** (scherzhafte Rauferei)

Bal·kan, der: -s (Gebirge in Südosteuropa); die **Balkanhalbinsel**

Bal·ken, der: -s, -; *lügen, dass sich die Balken biegen* (masslos lügen); die **Balkendecke;** die **Balkenüberschrift** (fett gedruckte Zeitungsüberschrift); die **Balkenwaage**

Bal·kon franz., der: -s, -e (oben offener Vorbau); die **Balkonpflanze**

Ball, der: -(e)s, Bälle; auf einen Ball (eine Tanzveranstaltung) gehen – mit dem Ball spielen; aber: das Ballspielen – *am Ball bleiben* (etwas mit Eifer verfolgen); der **Ballabend;** der **Balljunge;** das **Ballkleid;** das **Balllokal;** das **Ballspiel**

Bal·la·de engl., die: -, -n (Erzählgedicht); **balladenhaft; balladesk**

A B C D E F

Bal·last, der: -(e)s, -e (schwere Last, Belastung); die **Ballaststoffe** Mz.

Bal·len, der: -s, -; der Ballen an der Hand – drei Ballen Stoff; **ballen:** die Faust ballen – die Wolken ballen sich zusammen – eine geballte Ladung; die **Ballung;** das **Ballungsgebiet;** der **Ballungsraum**

bal·lern: in die Luft ballern (knallen, in die Luft schiessen); die **Ballerei;** der **Ballermann** (Revolver)

Bal·lett ital., das: -(e)s, -e (Bühnentanz, Tanzgruppe); die **Balletteuse** [baletöse]; die **Ballettmusik;** der **Balletttänzer;** die **Balletttänzerin;** die **Balletttruppe**

Bal·lis·tik griech., die: - (Lehre von der Flugbahn geschossener oder geworfener Körper); **ballistisch:** die ballistische Kurve

Bal·lon franz., der: -s, -e (mit Luft oder Gas gefüllter Behälter); der **Ballonfahrer;** der **Ballonreifen**

Bal·sam hebr., der: -s, Balsame (Öl- und Harzgemisch); diese Worte sind Balsam (Linderung, Wohltat) für meine Seele; **balsamieren** (einsalben); die **Balsamierung**

Balz, die: -, -en (Paarungszeit von bestimmten Vögeln); **balzen;** der **Balzruf;** die **Balzzeit**

Bam·bus malai., der: -ses, -se (in den Tropen vorkommendes Riesengras); das **Bambusrohr;** der **Bambusstab**

Bam·mel, der: -s; Bammel (Angst, Furcht) haben

ba·nal franz.: (bedeutungslos, alltäglich, fade); **banalisieren;** die **Banalität**

Ba·na·ne afrik., die: -, -n (tropische Pflanze mit Frucht); die **Bananenernte;** die **Bananenschale;** das **Bananensplit** (Eisspeise); der **Bananenstecker** (Elektrostecker)

Band, das: -(e)s, Bänder; Bänder aus Stoff – auf Band (Tonband) sprechen – am laufenden Band (in einem fort); die **Bandbreite;** das **Bandeisen;** der/das **Bändel** (schmales Band); der **Bänderriss;** die **Bänderzerrung;** das **Bandmass;** die **Bandsäge;** die **Bandscheibe;** der **Bandwurm**

Band, das: -(e)s, -e (Fessel, Bindung); das Band der Ehe – ausser Rand und Band – in Banden liegen (gefangen sein) – zarte Bande knüpfen (eine Liebesbeziehung eingehen); **bändigen:** ein Raubtier bändigen (zähmen) – seinen Zorn bändigen; der **Bändiger;** die **Bändigung**

Band ⟨Bd.⟩, der: -(e)s, Bände ⟨Bde.⟩ (einzelnes Buch aus einer Reihe); ein Band Kurzgeschichten – etwas spricht Bände (sagt sehr viel aus); das **Bändchen;** ...bändig: ein 20-bändiges Lexikon ·

Band engl. [bänt], die: -, -s (Musikergruppe); der **Bandleader** [bäntlider] (Leiter einer Band)

Ban·da·ge franz. [bandasche], die: -, -n (Stütz- oder Schutzverband); **bandagieren:** den Arm bandagieren

Ban·de franz., die: -, -n (Schar, organisierte Gruppe von Verbrechern); der Chef der Bande; der **Bandenführer**

Ban·de, die: -, -n; über die Bande (Einfassung einer Spielfläche) springen; die **Bandenwerbung**

Ban·de·ro·le franz., die: -, -n (Klebe- oder Verschlussband, Streifen an Waren mit bestimmten Vermerken)

Ban·dit ital., der: -en, -en (Strassenräuber, Verbrecher)

bang: banger/bänger, am bangsten/am bängsten (voll Angst, Furcht, Sorge); auch: **bange:** ihm ist angst und bang(e) – mir wird bange – bange sein – bange Minuten – angst und bange werden (Angst bekommen); aber: Bange machen gilt nicht – jemandem (Angst und) Bange machen; die **Bange:** nur keine Bange!; **bangen:** um sein Leben bangen (fürchten); die **Bangigkeit**

Ban·jo amerik. [bändscho], das: -s, -s (amerikanisches Zupfinstrument)

Bank, die: -, Bänke (Sitzgelegenheit); durch die Bank (ohne Ausnahme) – etwas auf die lange Bank schieben (aufschieben, verzögern); das **Bänkellied** (auf Jahrmärkten vorgetragenes Lied über ein schauriges Ereignis, Moritat); der **Bänkelsänger;** der **Banknachbar**

Bank ital., die: -, -en (Geldinstitut); der **Bankbeamte;** der **Banker** (Bankfachmann); das **Bankguthaben;** der **Bankier** [bankje]; das **Bankkonto;** die **Bankleitzahl;** der **Bänkler;** die **Banknote;** der **Bankraub;** der **Bankrott** (Zahlungsunfähigkeit): der Geschäftsmann machte Bankrott – (in den) Bankrott gehen; **bankrott:** bankrott sein – ein bankrottes Geschäft; die **Banküberweisung;** das **Bankwesen**

Ban·kett ital., das: -(e)s, -e (Festmahl)

Bạnn, der: -(e)s; den Bann (Ausschluss aus ei- ner Gemeinschaft) aufheben – in Acht und Bann – *jemanden in seinen Bann ziehen* (stark beeindrucken, anziehen); die **Bann- bulle** (päpstliche Urkunde über die Verhän- gung des Kirchenbannes); **bannen:** eine Gefahr bannen (abwenden) – jemanden wie gebannt anstarren – die Zuschauer bannen (begeistern); der **Bannfluch;** der **Bannkreis;** die **Bannmeile;** der **Bann- spruch;** der **Bannstrahl;** der **Bannwald**

Bạn·ner, das: -s, - (Fahne); der **Bannerträger**

bạr: bar (mit Bargeld) bezahlen – in bar – ge- gen bar – bar jeglicher Vernunft (ohne jeg- liche Vernunft) – baren (reinen) Unsinn re- den – *etwas für bare Münze nehmen* (nicht im Geringsten an etwas zweifeln); der **Bar- betrag; barfuss:** barfuss gehen; **barfüssig;** das **Bargeld** (Münzen und Scheine); **bar- geldlos; barhäuptig** (ohne Kopfbede- ckung); die **Barschaft** (Besitz an Bargeld); der **Barscheck;** die **Barzahlung**

Bạr *engl.,* die: -, -s (kleines Lokal, Schank- tisch); die **Bardame;** der **Barhocker;** der **Barkeeper** *[bạrkiper];* der **Barmixer**

Bär, der: -en, -en; stark wie ein Bär – der Grosse Bär (Sternbild) – *jemandem einen Bären aufbinden* (etwas vorlügen) – *auf der Bärenhaut liegen* (faul sein); **bärbeissig** (brummig, unfreundlich); der **Bärendienst:** *jemandem einen Bärendienst* (schlechten Dienst) *erweisen;* der **Bärendreck;** das **Bä- renfell;** der **Bärenhunger; bärenstark; bärig** (stark, robust); die **Bärin**

Ba·rạ·cke *franz.,* die: -, -n (einfacher, meist flacher Bau aus Holz oder Wellblech); das **Barackenlager**

Bar·bar *lat.,* der: -en, -en (roher, ungesitteter Mensch); die **Barbarei;** die **Barbarin; bar- barisch** (roh)

Bar·bier *franz.,* der: -s, -e (Haarschneider)

Ba·rẹtt *lat.,* das: -(e)s, -e/-s (flache Mütze)

Ba·ri·ton *ital.:* -s, -e (Männerstimme in mitt- lerer Lage)

Bar·kạs·se *span.,* die: -, -n (Motorboot, Beiboot); die **Bạrk** (Segelschiff); die **Bạrke** (kleines Boot ohne Mast)

barm·hẹr·zig: barmherzige Menschen; aber: Barmherzige Brüder (geistlicher Orden) – Barmherzige Schwestern; die **Barmherzig- keit**

Ba·rọck *franz.,* das/der: -s (Kunststil); **barock:** ein barocker Bau; die **Barockkirche;** der **Barockstil;** die **Barockzeit**

Ba·ro·me·ter *griech.,* das: -s, - (Luftdruckmes- ser); das Barometer fällt, steigt

Ba·ron *franz.,* der: -s, -e (Freiherr); die **Ba- ronẹss;** die **Baronẹsse;** die **Baronin**

Bạr·ren, der: -s, -; am Barren (einem Turnge- rät) turnen – zwei Barren (Stangen) Gold

Bar·rie·re *franz. [barjẹre],* die: -, -n (Sperre, Hindernis, Schranke); eine Barriere errich- ten; die **Barrikạde** (Strassensperre): *auf die Barrikaden gehen* (sich gegen etwas aufleh- nen)

bạrsch: einen barschen (groben, unfreundli- chen) Ton anschlagen; die **Barschheit**

Bạrsch, der: -(e)s, -e (Süsswasserfisch)

Bạrt, der: -(e)s, Bärte; *etwas in seinen Bart murmeln* (etwas unverständlich vor sich hin sagen) – *jemandem um den Bart gehen* (jemanden umschmeicheln); das **Bärtchen; bärtig; bartlos;** die **Bartstoppeln** *Mz.;* der **Bartwuchs**

Ba·sạlt *griech.,* der: -(e)s, -e (Vulkangestein)

Ba·sar *pers.,* der: -s, -e (Markt im Orient, Ver- kauf von Waren für einen wohltätigen Zweck); → Bazar

Ba·se, die: -, -n (Kusine, auch: Cousine)

Base·ball *engl. [bẹsbol],* der: -s (amerikani- sches Schlagballspiel)

Ba·sel: Basel-Stadt und Basel-Land (Halbkan- tone, Hauptort von Basel-Stadt); der **Basler;** die **Baslerin; baslerisch**

BASIC *engl. [bẹsik],* das: -(s) (Fachbegriff aus der Datenverarbeitung, einfache Program- miersprache)

Ba·si·li·ka *griech.,* die: -, Basiliken (Kirche in altchristlicher Bauweise, altrömische Halle)

Ba·sis *griech.,* die: -, Basen (Ausgangspunkt, Grundlage, Sockel); **basieren:** auf etwas basieren (beruhen); die **Basisdemokratie;** die **Basisgruppe;** der **Basiskurs**

Bạs·ket·ball *engl.,* der: -(e)s, ...bälle (Ball, Korbballspiel)

bạss: bass (äusserst) *erstaunt sein*

Bạss *ital.,* der: Basses, Bässe (Musikinstru- ment, tiefe Männerstimme); die **Bassgeige;** der **Bassịst;** der **Bassschlüssel;** die **Bass- stimme**

Bas·sin *franz. [bạssä],* das: -s, -s (künstlich an- gelegtes Wasserbecken)

Bast, der: -(e)s, -e (Pflanzenfaser)

bas·ta *ital.*: und damit basta (Schluss jetzt)!

Bas·tard *franz.*, der: -(e)s, -e (Pflanze oder Tier als Ergebnis von Kreuzungen, Schimpfwort)

Bas·tei *ital.*, die: -, -en (Teil einer Festung)

bas·teln: ich bast(e)le einen Stern; die **Bastelarbeit;** die **Bastelei;** der **Bastler;** die **Bastlerin**

Bas·til·le *franz. [bastije]*, die: -, -n (befestigtes Schloss)

Ba·tail·lon *franz. [batajon]*, das: -s, -e (Truppenabteilung)

Ba·tik *malai.*, der/die: -, -en (Textilfärbeverfahren, Stoff mit Batikmuster); der **Batikdruck; batiken**

Ba·tist *franz.*, der: -(e)s, -e (feines Gewebe)

Bat·te·rie *franz.*, die: -, Batterien (Stromquelle, Geschützabteilung); **batteriebetrieben;** das **Batteriegerät**

Bat·zen, der: -s, - (Haufen, Klumpen, alte Münze); einen Batzen Geld verdienen

Bauch, der: -(e)s, Bäuche; *Wut im Bauch haben* (sehr zornig sein) – *ein voller Bauch studiert nicht gern;* die **Bauchbinde;** die **Bauchdecke;** das **Bauchfell; bauchig;** der **Bauchladen;** die **Bauchlandung;** das **Bäuchlein; bäuchlings** (auf dem Bauch); der **Bauchnabel; bauchpinseln:** *sich gebauchpinselt* (geschmeichelt, geehrt) *fühlen;* **bauchreden;** der **Bauchredner;** die **Bauchschmerzen;** die **Bauchspeicheldrüse;** der **Bauchtanz;** das **Bauchweh**

bau·en: eine Strasse bauen – auf jemanden bauen (jemandem vertrauen) – einen Unfall bauen (haben); der **Bau;** der **Bauarbeiter;** das **Baudenkmal;** das **Baudepartement;** die **Baudirektion; baufällig;** die **Baufälligkeit;** der **Bauherr;** der **Bauhof;** die **Bauhütte;** das **Baujahr;** der **Baukasten;** der **Bauklotz;** das **Bauland; baulich:** bauliche Veränderungen; das **Baumaterial;** der **Baumeister;** der **Bauplan;** der **Bauplatz; baureif; bausparen;** das **Bausparen;** die **Bausparkasse;** der **Baustil;** der **Baustoff;** die **Bauten** *Mz.;* der **Bauunternehmer;** die **Bauweise;** das **Bauwerk;** das **Bauwesen**

Bau·er, der: -n/-s, -n (Landwirt); die **Bäuerin; bäu(e)risch; bäuerlich;** der **Bauernaufstand;** das **Bauernbrot;** die **Bauernfängerei** (plumper Betrug); das **Bauernfrühstück;** der **Bauernhof;** der **Bauernkrieg;** die **Bau-**

ernregel; die **Bauernschaft;** die **Bauernschläue;** der **Bauernstand;** das **Bauerntum;** die **Bauersfrau;** die **Bauersleute** *Mz.*

Bau·er, das/der: -s, - (Vogelkäfig)

Baum, der: -(e)s, Bäume; auf einen Baum steigen; sich **bäumen:** das Pferd bäumt sich (steigt hoch); der **Baumfrevel; baumhoch;** die **Baumkrone; baumlang;** die **Baumschule;** der **Baumstamm; baumstark;** das **Baumsterben;** der **Baumstumpf;** die **Baumwolle; baumwollen**

bau·meln: ich baum(e)le – mit den Füssen baumeln

Bausch, der: -(e)s, -e/Bäusche; ein Bausch Watte – *in Bausch und Bogen* (ganz und gar); **bauschen:** der Wind bauscht die Segel (bläht sie auf); **bauschig**

Bau·xit, der: -s, -e (ein Aluminiummineral)

Bay·ern: -s (Land der Bundesrepublik Deutschland); **bairisch;** der **Bayer;** die **Bayerin; bay(e)risch**

Ba·zar *pers.*, der: -s, -e; → Basar

Ba·zil·lus *lat.*, der: -, Bazillen (Krankheitserreger); der **Bazillenträger**

Bd. = Band (Buch); **Bde.** = Bände

BE = Kanton Bern

be·ab·sich·ti·gen: (etwas vorhaben)

be·ach·ten: die Vorschriften genau beachten (befolgen); **beachtenswert; beachtlich;** die **Beachtung**

Be·am·te, der: -n, -n (Inhaber eines öffentlichen Amtes); die **Beamtenschaft;** das **Beamtentum; beamtet;** die **Beamtin**

be·an·spru·chen: (auf etwas Anspruch erheben); die **Beanspruchung**

be·an·stan·den: eine Ware beanstanden (als mangelhaft bezeichnen); die **Beanstandung**

be·an·tra·gen: einen Urlaub beantragen; die **Beantragung**

be·ant·wor·ten: eine Frage, einen Brief beantworten; die **Beantwortung**

be·ar·bei·ten: ein Aufsatzthema bearbeiten – Holz bearbeiten – jemanden mit Fusstritten bearbeiten; der **Bearbeiter;** die **Bearbeiterin;** die **Bearbeitung**

Beat *engl. [bit]*, der: -(s) (moderne Musik mit starkem Rhythmus); die **Beatgeneration;** die **Beatmusik;** der **Beatschuppen**

be·auf·sich·ti·gen: die Kinder beaufsichtigen; die **Beaufsichtigung**

be·**auf**·tra·gen: jemanden mit einer Arbeit beauftragen; der/die **Beauftragte;** die **Beauftragung**

Bé·bé *franz.* *[bẹbẹ]*, das: -s, -s (Säugling, Baby)

be·ben: die Erde bebt (zittert) – vor Wut beben; das **Beben** (Erschütterung, Erdbeben)

Be·cher, der: -s, - (Trinkgefäss); *zu tief in den Becher geschaut haben* (angeheitert, betrunken sein); **bechern** (tüchtig trinken)

be·cir·cen: → bezirzen

Be·cken, das: -s, -; Wasser in ein Becken (in eine Schüssel, in einen Wasserbehälter) schütten – das Becken spielen (Schlaginstrument) – sich das Becken brechen (Teil des Skeletts) – die Stadt liegt am Eingang eines Beckens (Mulde, Kessel); der **Beckenbruch; beckenförmig;** der **Beckenrand**

Bec·que·rel *franz.* *[bẹkerel]*, das: -s, - (Masseinheit für die Aktivität ionisierender Strahlung)

be·dacht: bedacht (überlegt, besonnen) vorgehen – *auf etwas bedacht sein* (besonderen Wert darauf legen); der **Bedacht:** mit Bedacht (Überlegung) – auf etwas Bedacht nehmen (es beachten); **bedächtig;** die **Bedächtigkeit; bedachtsam;** die **Bedachtsamkeit**

Be·darf, der: -(e)s; Bedarf an Nahrungsmitteln haben – bei Bedarf; der **Bedarfsartikel;** der **Bedarfsfall; bedarfsgerecht;** die **Bedarfshaltestelle**

be·dau·ern: er bedauert (bemitleidet) ihn aufrichtig – ich bedauere (es tut mir Leid); **bedauerlich; bedauerlicherweise;** das **Bedauern; bedauernswert**

be·den·ken: etwas bedenken (überlegen, erwägen); das **Bedenken:** Bedenken (Zweifel, Einwände) haben – ohne Bedenken; **bedenkenlos; bedenkenswert; bedenklich**

be·deu·ten: was bedeutet das? – sie bedeutete mir (gab mir zu verstehen) zu schweigen – das bedeutet mir alles (ist für mich sehr wichtig); **bedeutend:** sich bedeutend (merklich) verbessern – eine bedeutende (sehr berühmte) Frau; aber: etwas Bedeutendes vollbringen – um ein Bedeutendes grösser; **bedeutsam;** die **Bedeutsamkeit;** die **Bedeutung; bedeutungslos;** die **Bedeutungslosigkeit;** der **Bedeutungsunterschied; bedeutungsvoll;** der **Bedeutungswandel**

be·die·nen: die Gäste bedienen – eine Maschine bedienen – sich eines Werkzeugs bedienen – *bedient sein* (genug von etwas haben); der/die **Bedienstete;** die **Bedienung;** die **Bedienungsanleitung;** der **Bedienungsfehler;** die **Bedienungsvorschrift**

Be·din·gung, die: -, -en; etwas zur Bedingung (Voraussetzung) machen – die Bedingungen (Gegebenheiten) anerkennen; **bedingen:** das eine bedingt (erfordert) das andere; **bedingt:** nur bedingt (eingeschränkt) tauglich sein; **bedingungslos**

be·drän·gen: jemanden bedrängen (ihn unter Druck setzen); die **Bedrängnis,** die Bedrängnisse (Not, Ausweglosigkeit); die **Bedrängung**

be·dro·hen: jemanden mit einer Waffe bedrohen; **bedrohlich;** die **Bedrohlichkeit; bedroht** (gefährdet); die **Bedrohung**

be·drü·cken: es bedrückt mich (macht mich traurig); **bedrückt;** die **Bedrücktheit;** die **Bedrückung**

Be·du·i·ne *arab.,* der: -n, -n (arabischer Nomade, Wüstenbewohner)

be·dür·fen: der Ruhe bedürfen – eines Rates bedürfen; das **Bedürfnis,** die Bedürfnisse; die **Bedürfnisanstalt** (öffentliche Toilette); **bedürfnislos;** die **Bedürfnislosigkeit; bedürftig:** des Schutzes bedürftig – bedürftigen (Not leidenden) Menschen helfen; die **Bedürftigkeit**

Beef·steak *engl.* *[bifsstek]*, das: -s, -s (gebratene Rindslende bzw. gebratenes Fleischklösschen)

be·ei·len, sich: beeile dich!; die **Beeilung**

be·ein·dru·cken: das beeindruckt mich sehr (fesselt meine Aufmerksamkeit)

be·ein·flus·sen: jemanden beeinflussen (ihn lenken, leiten); **beeinflussbar;** die **Beeinflussbarkeit;** die **Beeinflussung**

be·ein·träch·ti·gen: es beeinträchtigt (mindert) den Wert; die **Beeinträchtigung**

be·elen·den: es beelendet (betrübt) mich

be·en·den: (zu Ende bringen); **beendigen;** die **Beendigung;** die **Beendung**

be·en·gen: sehr beengt wohnen; die **Beengtheit;** die **Beengung**

be·er·di·gen: einen Toten beerdigen; die **Beerdigung;** das **Beerdigungsinstitut;** das **Beerdigungsunternehmen**

Bee·re, die: -, -n (Fruchtform); das **Beerenobst**

Beet, das: -(e)s, -e; das Beet umgraben

be·fä·hi·gen: (in die Lage versetzen); **befähigt:** ein befähigtes (begabtes) Kind; die **Befähigung;** der **Befähigungsnachweis**

be·fah·ren: eine Strasse befahren

be·fal·len: von Panik befallen werden – ein von Ungeziefer befallener Baum; der **Befall**

be·fan·gen: (schüchtern, gehemmt); als Zeuge befangen (voreingenommen) sein; die **Befangenheit;** der **Befangenheitsantrag**

be·fas·sen, sich: er hat sich damit befasst (beschäftigt)

be·feh·len: du befiehlst, er befahl, sie hat befohlen, befiehl!; der **Befehl:** zu Befehl – *dein Wunsch ist mir Befehl* (ich tue das gerne); **befehligen;** der **Befehlsempfänger;** die **Befehlsform;** der **Befehlshaber; befehlshaberisch;** der **Befehlssatz;** die **Befehlsverweigerung**

be·fes·ti·gen: das Gepäck auf dem Autodach befestigen – einen Damm befestigen (sicher machen); die **Befestigung**

be·fin·den: sich im Zimmer befinden – sich nicht wohl befinden – er befindet sich im Urlaub – etwas für richtig befinden (halten) – sich in einem Irrtum befinden; das **Befinden:** das Befinden (der Krankheitszustand) des Patienten – nach meinem Befinden (Urteil); **befindlich:** die im Zimmer befindlichen (vorhandenen) Möbel; die **Befindlichkeit** (seelischer Zustand eines Menschen); der **Befund:** der Befund des Arztes steht noch aus

be·fleis·si·gen, sich: (sich um etwas eifrig bemühen); **beflissen** (eifrig bemüht); die **Beflissenheit; beflissentlich** (absichtlich)

be·fol·gen: einen Befehl befolgen (danach handeln); die **Befolgung**

be·för·dern: einen Brief befördern – ein Beamter wird befördert (rückt um einen Rang höher) – jemanden aus dem Raum befördern (entfernen); die **Beförderung;** das **Beförderungsmittel**

be·fra·gen: den Zeugen befragen; aber: auf Befragen des Richters; die **Befragung**

be·frei·en: einen Gefangenen befreien; der **Befreier;** die **Befreiung;** die **Befreiungsbewegung;** der **Befreiungskampf;** der **Befreiungsschlag**

be·frem·den: sein Benehmen befremdet mich (berührt mich unangenehm); das **Befremden; befremdlich:** eine befremdliche (verwunderliche) Äusserung; die **Befremdung**

be·frie·den: ein Land befrieden (Frieden in ihm herbeiführen); die **Befriedung**

be·frie·di·gen: (zufrieden stellen); er befriedigte seine Gläubiger; **befriedigend:** eine befriedigende Leistung; die **Befriedigung**

be·fris·ten: ein befristetes (für eine bestimmte Zeit gültiges) Abkommen; die **Befristung**

be·fruch·ten: (fruchtbar machen); die **Befruchtung**

Be·fug·nis, die: -, -se (Berechtigung, Erlaubnis); **befugt:** er ist dazu befugt (berechtigt)

be·fürch·ten: das Schlimmste befürchten; die **Befürchtung**

be·für·wor·ten: ich befürworte (unterstütze) deinen Plan; der **Befürworter;** die **Befürwortung**

Be·ga·bung, die: -, -en; eine Begabung für Sprachen haben; **begabt:** ein begabter (talentierter) Schüler; der/die **Begabte;** die **Begabtenförderung**

be·ge·ben: sich auf eine Reise begeben – es begab sich (trug sich zu) – sich heimbegeben – sich an die Arbeit begeben; die **Begebenheit:** eine seltsame Begebenheit (Vorfall, Ereignis)

be·geg·nen: ich begegne ihm auf der Strasse – einer Gefahr begegnen – er begegnet mir feindlich; die **Begegnung;** die **Begegnungsstätte**

be·ge·hen: eine viel begangene Brücke – den Geburtstag begehen (feiern); **begehbar;** die **Begehung**

be·geh·ren: sie hat alles, was das Herz begehrt (sich wünschen kann) – Einlass begehren (erbitten); das **Begehren; begehrenswert; begehrlich:** ein begehrlicher (verlangender) Blick; die **Begehrlichkeit**

be·geis·tern: er ist hell begeistert – sie begeistert die Menschen mit ihrem Spiel; die **Begeisterung; begeisterungsfähig;** der **Begeisterungssturm**

Be·gier·de, die: -, -n (leidenschaftliches Verlangen); auch: die **Begier; begierig;** → begehren

be·gin·nen: du beginnst, er begann, sie hat begonnen, beginn(e)!; der **Beginn:** zu Beginn – von Beginn an; das **Beginnen:** ein hoffnungsloses Beginnen (Vorhaben, Bemühen)

be·glau·bi·gen: (als echt bestätigen); der Beamte beglaubigt die Urkunde; die **Beglaubigung;** das **Beglaubigungsschreiben**

be·glei·chen: seine Schulden begleichen (bezahlen); die **Begleichung**

be·glei·ten: jemanden nach Hause begleiten; der **Begleiter;** die **Begleiterin;** die **Begleiterscheinung;** die **Begleitperson;** das **Begleitschreiben;** die **Begleitung**

be·glü·cken: beglückt (glücklich) aussehen; die **Beglückung; beglückwünschen**

be·gna·di·gen: der Verbrecher wird begnadigt; **begnadet:** eine begnadete (hoch begabte) Künstlerin; die **Begnadigung**

be·gnü·gen, sich: sich mit einem geringen Verdienst begnügen (zufrieden geben)

be·gra·ben: einen Toten begraben – seine Hoffnungen begraben (aufgeben) – *sich begraben lassen können* (versagt haben, aufgeben können); das **Begräbnis,** die Begräbnisse; die **Begräbnisfeier;** die **Begräbnisstätte**

be·gra·di·gen: die Strasse begradigen (gerade machen); die **Begradigung**

be·grei·fen: du begreifst, er begriff, sie hat begriffen, begreif(e)!; die Aufgabe begreifen (verstehen); **begreiflich; begreiflicherweise**

be·gren·zen: einen begrenzten Horizont haben; die **Begrenztheit** (Beschränkung); die **Begrenzung;** die **Begrenzungslinie**

Be·griff, der: -(e)s, -e; ein dehnbarer (nicht fest umrissener) Begriff – sich keinen Begriff machen können (keine Vorstellung haben) – *im Begriff(e) sein* (gerade anfangen wollen, etwas zu tun) – *schwer von Begriff sein* (lange brauchen, um etwas zu verstehen); **begriffen:** im Aussterben begriffen; **begrifflich;** die **Begriffsbestimmung; begriffsstutzig;** das **Begriffsvermögen;** die **Begriffsverwirrung;** → begreifen

be·grün·den: sein Vorgehen begründen; der **Begründer;** die **Begründung;** der **Begründungssatz**

be·grüs·sen: seine Gäste begrüssen; **begrüssenswert;** die **Begrüssung;** der **Begrüssungstrunk**

be·güns·ti·gen: eine Mannschaft begünstigen (bevorzugen) – das Wetter begünstigt (fördert) unseren Plan; die **Begünstigung**

be·gut·ach·ten: (fachmännisch beurteilen); der **Begutachter;** die **Begutachtung**

be·hä·big: ein behäbiges (schwerfälliges) Wesen haben; die **Behäbigkeit**

be·haf·ten: jemanden auf/bei etwas behaften (auf etwas festlegen); **behaftet:** mit etwas behaftet sein

be·ha·gen: dein Benehmen behagt (gefällt) mir nicht; das **Behagen:** er isst mit grossem Behagen; **behaglich** (gemütlich, bequem); die **Behaglichkeit**

be·hal·ten: du behältst, er behielt, sie hat behalten, behalt(e)!; *etwas für sich behalten* (nicht weitererzählen); der **Behälter;** das **Behältnis,** die Behältnisse

be·hän·de: (schnell, flink, gewandt); auch: **behänd;** die **Behändigkeit;** → Hand

be·han·deln: ich behand(e)le – jemanden wie einen dummen Jungen behandeln – einen Patienten behandeln (zu heilen versuchen) – ein Thema behandeln (bearbeiten); die **Behandlung;** die **Behandlungskosten** *Mz.;* die **Behandlungsweise**

be·har·ren: auf seiner Meinung beharren (bestehen); **beharrlich;** die **Beharrlichkeit:** *Beharrlichkeit führt zum Ziel;* die **Beharrung;** das **Beharrungsvermögen**

be·haup·ten: das Gegenteil behaupten – seinen ersten Platz behaupten (erfolgreich verteidigen) – ich behaupte mich (setze mich durch); die **Behauptung**

be·he·ben: einen Schaden beheben (beseitigen); die **Behebung**

be·hel·fen: sich in einer Notlage behelfen; der **Behelf** (Notlösung); der **Behelfsbau;** das **Behelfsheim; behelfsmässig;** die **Behelfsunterkunft; behelfsweise;** die **Behelfswohnung**

be·hel·li·gen: jemanden behelligen (belästigen, stören); die **Behelligung**

be·her·ber·gen: einen Fremden beherbergen (ihm ein Nachtlager geben); die **Beherbergung**

be·herr·schen: sich gut beherrschen können – ein Land beherrschen – sein Handwerk beherrschen (etwas gut können); **beherrschbar;** die **Beherrschbarkeit;** der **Beherrscher;** die **Beherrschtheit** (Zurückhaltung); die **Beherrschung:** die Beherrschung verlieren (ungeduldig, zornig werden)

be·her·zi·gen: einen guten Ratschlag beherzigen (befolgen); **beherzigenswert;** die **Beherzigung; beherzt** (unerschrocken)

A
B
C
D
E
F

be·hilf·lich: behilflich sein (helfen)
be·hin·dern: jemanden bei der Arbeit behindern; **behindert:** ein behindertes Kind; der/die **Behinderte; behindertengerecht;** die **Behinderung;** im **Behinderungsfall(e)**
Be·hör·de, die: -, -n (amtliche Stelle); **behördlich** (amtlich); **behördlicherseits**
be·hü·ten: (schützen, bewachen); Gott behüte (nein, auf keinen Fall)!; der **Behüter; behutsam:** behutsam (vorsichtig) mit etwas umgehen; die **Behutsamkeit;** die **Behütung**
bei: bei Paris – bei einem Verwandten wohnen – bei der Hand nehmen – bei Tag und Nacht – bei der Ankunft des Busses – bei guter Gesundheit sein – bei sich haben – bei alledem – bei Gott – bei meiner Ehre – bei weitem – *nicht bei sich* (geistig abwesend) *sein;* aber: das **Beisein:** in seinem Beisein
bei·be·hal·ten: eine Gewohnheit beibehalten (an ihr festhalten); die **Beibehaltung**
beich·ten: die Sünden beichten (bekennen); die **Beichte;** das **Beichtgeheimnis;** das **Beichtkind;** das **Beichtsiegel;** der **Beichtstuhl;** der **Beichtvater**
bei·de: wir beide – alle beide – für uns beide – einer von beiden – die beiden (die zwei) – keine von beiden – diese beiden – beides (zugleich) – alles beides – ihr beide(n) – beide Mal(e); **beidarmig; beidbeinig; beiderlei:** Menschen beiderlei Geschlechts; **beid(er)seitig:** im beiderseitigen Einvernehmen; **beid(er)seits:** beiderseits der Strasse; **beidhändig** (mit beiden Händen)
bei·ei·nan·der (bei·ein·an·der): beieinander (beisammen) sein – gut beieinander (gesund) sein – beieinander liegen – beieinander stehen – *nicht alle beieinander haben* (verrückt sein)
Bei·fah·rer, der: -s, - (eine vorn neben dem Fahrer sitzende Person); die **Beifahrerin;** der **Beifahrersitz**
Bei·fall, der: -(e)s; Beifall klatschen – Beifall heischend (erwartend); **beifällig:** beifällig (zustimmend) nicken; das **Beifall(s)klatschen;** die **Beifallskundgebung;** der **Beifall(s)ruf;** der **Beifallssturm;**
beige *franz.* *[bęsch]:* ein beiges (sandfarbenes) Kleid; das **Beige**
Bei·ge, die: -, -en (Stapel, Stoss, Haufen); **beigen**

Bei·hil·fe, die: -, -n (Unterstützung); **beihilfefähig**
Beil, das: -(e)s, -e (Werkzeug)
Bei·la·ge, die: -, -n; die Beilage zu einer Zeitung – die Beilage (Zukost) zu einem Fleischgericht; **beilegen:** einen Streit beilegen (schlichten, beenden) – einen Brief beilegen (beifügen); die **Beilegung**
bei·läu·fig: (nebenbei); eine beiläufige (nebensächliche) Bemerkung machen; die **Beiläufigkeit**
bei·lei·be: beileibe (durchaus, bestimmt) nicht; aber: bei Leibe
Bei·leid, das: -(e)s; sein Beileid (seine Anteilnahme) aussprechen; die **Beileidsbezeigung;** auch: die **Beileidsbezeugung;** die **Beileidskarte;** das **Beileidsschreiben**
bei·lie·gend ⟨beil.⟩: beiliegend die Akten
beim: alles beim Alten lassen – beim besten Willen nicht
Bein, das: -(e)s, -e; *die Beine unter die Arme nehmen* (schnell weglaufen) – *mit einem Bein im Grabe stehen* (todkrank sein) – *jemandem Beine machen* (jemanden antreiben) – *wieder auf den Beinen* (gesund) *sein* – *auf eigenen Beinen stehen* (selbstständig sein) – *sich kein Bein ausreissen* (sich nicht besonders anstrengen); der **Beinbruch; beinern** (aus Knochen oder Elfenbein bestehend); **beinhart** (sehr hart); ...**beinig:** breitbeinig – kurzbeinig; das **Beinkleid;** die **Beinschiene**
bei·nah: (fast, nahezu); auch: **beinahe;** der **Beinahezusammenstoss**
bei·sam·men: fröhlich beisammen (miteinander) sein – gut beisammen (in guter Verfassung) sein; **beisammenbleiben; beisammenhaben:** *nicht alle beisammenhaben* (verrückt sein); das **Beisammensein; beisammensitzen; beisammenstehen**
Bei·sein, das: in seinem Beisein
bei·sei·te: das kannst du beiseite stellen – *beiseite bringen* (für eigene Zwecke auf die Seite legen) – *etwas beiseite legen* (sparen) – *etwas beiseite* (unerwähnt) *lassen* – *jemanden beiseite schaffen* (verstecken, ermorden)
bei·set·zen: jemanden beisetzen (beerdigen); die **Beisetzung;** die **Beisetzungsfeierlichkeit**
Bei·spiel, das: -(e)s, -e; zum Beispiel ⟨z. B.⟩ – ein schlechtes Beispiel geben – anhand ei-

nes Beispiels; **beispielgebend;** aber: ein gutes Beispiel gebend; **beispielhaft; beispiellos; beispielsweise**

beis·sen: du beisst, er biss, sie hat gebissen, beiss(e)!; die Zähne aufeinander beissen – ein beissender Schmerz – sich das Weinen verbeissen – die Farben beissen sich (passen nicht zueinander) – *nichts zu beissen* (Hunger) *haben – ins Gras beissen* (sterben); der **Beisskorb; beisswütig;** die **Beisszange**

Bei·stand, der: -(e)s, Beistände; jemandem Beistand leisten (helfen); der **Beistandspakt; beistehen**

Bei·strich, der: -(e)s, -e (Komma)

Bei·trag, der: -(e)s, Beiträge; seinen Beitrag zahlen – einen Beitrag leisten (sich beteiligen, mitwirken) – einen Beitrag (Aufsatz, Artikel) für eine Zeitung schreiben; **beitragen; beitragspflichtig;** die **Beitragszahlung**

Beiz, die: -, -en; wir gehen in die Beiz (Kneipe, ins Wirtshaus); der **Beizer;** die **Beizerin**

bei·zei·ten: beizeiten (frühzeitig) aufstehen – beizeiten (zur rechten Zeit) sparen

bei·zen: Holz oder Textilien beizen (färben); die **Beize** (Holzfarbe, Jagd mit abgerichteten Raubvögeln); der **Beizvogel**

bei·zie·hen: (hinzuziehen); die **Beiziehung**

be·ja·hen: eine Frage bejahen; die **Bejahung**

be·jam·mern: (beklagen, tief bedauern); **bejammernswert**

be·kämp·fen: den Feind bekämpfen – eine Krankheit bekämpfen; die **Bekämpfung**

be·kannt: eine bekannte Persönlichkeit – er ist überall bekannt – für etwas bekannt sein – *sich mit etwas bekannt* (vertraut) *machen* – etwas bekannt geben – mit jemanden bekannt sein – das darf nicht in die Öffentlichkeit bekannt werden; der/die **Bekannte;** der **Bekanntenkreis; bekanntermassen** (wie man weiss); **bekannterweise;** aber: in bekannter Weise; die **Bekanntgabe;** die **Bekanntheit; bekanntlich;** die **Bekanntmachung;** die **Bekanntschaft:** *mit etwas Bekanntschaft machen* (unangenehm in Berührung kommen)

be·keh·ren: sich bekehren lassen; der/die **Bekehrte;** die **Bekehrung**

be·ken·nen: seine Sünden bekennen – sich zu seiner Meinung bekennen; der **Bekenner;** der **Bekennerbrief;** der **Bekennermut;**

das **Bekenntnis,** die Bekenntnisse; **bekenntnislos; bekenntnismässig**

be·kla·gen: sie beklagt sich über die schlimmen Zustände; **beklagenswert;** der/die **Beklagte**

be·klei·den: leicht bekleidet sein – ein wichtiges Amt bekleiden (innehaben); die **Bekleidung**

be·klem·men: ein beklemmender (bedrückender) Gedanke; die **Beklemmung; beklommen** (gehemmt, ängstlich); die **Beklommenheit**

be·kom·men: ein Geschenk bekommen – das Essen ist ihm nicht bekommen – wir bekommen Regen; **bekömmlich:** ein bekömmliches Mahl; die **Bekömmlichkeit**

be·kös·ti·gen: (zu essen geben); die **Beköstigung**

be·kräf·ti·gen: er bekräftigte (bestätigte ausdrücklich) seine Aussagen; die **Bekräftigung**

be·krit·teln: (tadeln, kleinlich nörgeln); ich bekritt(e)le

be·küm·mern: etwas bekümmert mich (macht mir Sorgen) – ein bekümmertes (trauriges) Gesicht machen; die **Bekümmernis,** die Bekümmernisse (Kummer); die **Bekümmertheit**

be·kun·den: Interesse bekunden (zeigen, öffentlich aussprechen); die **Bekundung**

Be·lag, der: -(e)s, Beläge (dünne Schicht); der Belag auf der Zunge – den Belag der Bremsen erneuern

be·la·gern: eine Festung belagern – Reporter belagern das Hotel; der **Belagerer;** die **Belagerung;** der **Belagerungszustand**

be·läm·mert: belämmert (betreten, eingeschüchtert) schauen; → Lamm

Be·lang, der: -(e)s, -e; nicht von Belang (nicht wichtig) sein – die Belange (Interessen) eines anderen vertreten; **belangen:** was mich belangt (angeht) – jemanden wegen Raubes belangen (zur Rechenschaft ziehen); **belanglos** (unwichtig); die **Belanglosigkeit;** die **Belangung** (Anklage)

be·las·ten: die Brücke belasten – den Angeklagten belasten – das Haus mit Hypotheken belasten; **belastbar;** die **Belastbarkeit;** die **Belastung;** die **Belastungsprobe;** der **Belastungszeuge**

be·läs·ti·gen: (lästig fallen); die **Belästigung**

A
B
C
D
E
F

be·le·ben: (anregen, Schwung in etwas bringen); belebt: belebte (verkehrsreiche) Strassen; die Belebung

be·le·gen: den Boden mit Teppichen belegen – einen Platz belegen (als besetzt kennzeichnen) – die Stimme ist belegt – mit Urkunden belegen (beweisen); der Beleg (Beweisstück, Quittung); belegbar; die Belegschaft; die Belegung

be·leh·ren: jemanden eines Bess(e)ren belehren; belehrbar; die Belehrung

be·leibt: (dick); ein beleibter Mann

be·lei·di·gen: leicht beleidigt sein; die Beleidigung; die Beleidigungsklage

be·leuch·ten: der Raum ist gut beleuchtet – ein Problem von allen Seiten beleuchten (betrachten); der Beleuchter; die Beleuchtung; der Beleuchtungskörper

be·leum·den: gut beleumdet (beleumundet) sein (in gutem Rufe stehen)

Bel·gi·en: -s (Staat in Europa); der Belgier; die Belgierin; belgisch

be·lie·ben: wie es dir beliebt (gefällt) – er beliebt zu scherzen; das Belieben: es liegt in seinem Belieben (Ermessen) – nach Belieben (nach eigenem Wunsch); beliebig: x-beliebig; aber: jeder x-Beliebige – ein beliebiges Kleid aussuchen; aber: alles Beliebige (was auch immer) – jeder Beliebige – etwas Beliebiges; beliebt; die Beliebtheit

bel·len: der Hund bellt ihn an – bellende Hunde beissen nicht

Bel·lin·zo·na: (Hauptort des Kantons Tessin)

be·lo·bi·gen: (loben, auszeichnen); die Belobigung; das Belobigungsschreiben

be·loh·nen: jemanden für seine Treue belohnen; die Belohnung

Belt, der: -(e)s, -e (Meerenge)

be·lus·ti·gen: die Zuschauer belustigen (erheitern) – sich belustigen (vergnügen) – belustigt sein; die Belustigung

Bem. = Bemerkung

be·mäch·ti·gen: sich des Geldes bemächtigen – die Angst bemächtigte sich ihrer; die Bemächtigung

be·män·geln: ich bemäng(e)le (beanstande, kritisiere) nichts; die Bemäng(e)lung

be·män·teln: ich bemänt(e)le (beschönige, vertusche) meine Fehler nicht; die Bemänt(e)lung

be·mer·ken: nebenbei bemerkt (gesagt) – nichts bemerken (sehen); bemerkbar: sich bemerkbar machen (auf sich aufmerksam machen); bemerkenswert; die Bemerkung ⟨Bem.⟩

be·mü·hen: er bemühte sich um eine gute Note – bemühe dich nicht! – jemanden bemühen (in Anspruch nehmen); das Bemühen; bemühend (unerfreulich, peinlich); bemüht (eifrig); die Bemühung

be·müs·si·gen: sich bemüssigt (veranlasst) fühlen

be·nach·rich·ti·gen: (in Kenntnis setzen); die Benachrichtigung

be·nach·tei·li·gen: sich benachteiligt (zurückgesetzt) fühlen; der/die Benachteiligte; die Benachteiligung

be·neh·men: sich ordentlich benehmen (betragen); das Benehmen: ein tadelloses Benehmen haben – sich mit jemandem ins Benehmen setzen (sich verständigen)

be·nei·den: jemanden beneiden (auf ihn neidisch sein); beneidenswert

Be·ne·lux, die: - (Kurzname für die Länder Belgien, Niederlande und Luxemburg); die Beneluxstaaten Mz.

ben·ga·lisch: bengalisches Feuer (Buntfeuer) – bengalische Beleuchtung

Ben·gel, der: -s, -/-s (frecher Junge)

be·nom·men: von einem Schlag benommen (betäubt) sein; die Benommenheit

be·nö·ti·gen: jemanden benötigen (dringend brauchen); die Benötigung

be·nut·zen: Seife benutzen – den hinteren Eingang benutzen; auch: benützen; benutzbar; die Benutzbarkeit; der Benutzer (Benützer); benutzerfreundlich; die Benutzung (Benützung); die Benutzungsgebühr

Ben·zin arab. , das: -s, -e (Treibstoff); der Benzinkanister; der Benzintank; das Benzol (flüssiger Kohlenwasserstoff)

be·ob·ach·ten (be·o·bach·ten): nichts Besonderes beobachten (feststellen); der Beobachter; die Beobachterin; die Beobachtung; die Beobachtungsgabe; die Beobachtungsstation

be·quem: ein bequemes Leben führen – zum Arbeiten zu bequem (zu faul) sein – er schaffte es bequem (ohne Mühe); sich bequemen (bereit sein); bequemlich; die Bequemlichkeit

be·rap·pen: eine Summe berappen (bezahlen)

be·ra·ten: du berätst, er beriet, sie hat beraten, berate!; jemanden beraten – sich beraten (gemeinsam überlegen) – *schlecht beraten sein* (falsch handeln); der **Berater;** die **Beraterin; beratschlagen:** der Plan wurde beratschlagt (besprochen); die **Beratschlagung;** die **Beratung;** die **Beratungsstelle**

be·rech·nen: die Kosten berechnen; **berechenbar;** die **Berechenbarkeit; berechnend:** eine berechnende (nur auf den eigenen Vorteil bedachte) Person; die **Berechnung**

Be·rech·ti·gung, die: -, -en (Recht, Befugnis); **berechtigen:** zu etwas berechtigt sein (das Recht zu etwas haben); **berechtigt:** berechtigte (begründete) Zweifel; der / die **Berechtigte; berechtigterweise;** der **Berechtigungsschein**

be·re·den: etwas bereden (besprechen) – sich mit jemandem bereden (beraten); **beredsam;** die **Beredsamkeit; beredt:** beredt (redegewandt) sein – ein beredtes (viel sagendes) Schweigen; die **Beredtheit;** die **Beredung**

Be·reich, der: -(e)s, -e (Umgebung, Gebiet)

be·rei·chern: sich schamlos bereichern; die **Bereicherung**

be·rei·fen: ein Auto neu bereifen – die Bäume sind bereift (voll Raureif); die **Bereifung**

be·rei·ni·gen: eine Angelegenheit bereinigen (in Ordnung bringen); die **Bereinigung**

be·reit: bereit (fertig, gerüstet) sein – sich bereit erklären – sich bereit finden (entschlossen sein); **bereiten:** ein Bad bereiten – jemandem eine Freude bereiten; **bereithaben; bereithalten:** sich für die Abreise bereithalten – das Geld abgezählt bereithalten; **bereitlegen; bereitliegen:** die Wäsche liegt bereit; (sich) **bereitmachen:** wir haben uns bereitgemacht; die **Bereitschaft;** der **Bereitschaftsdienst;** die **Bereitschaftspolizei; bereitstehen; bereitstellen;** die **Bereitstellung;** die **Bereitung** (Herstellung); **bereitwillig;** die **Bereitwilligkeit**

be·reits: es ist bereits (schon) zwölf Uhr

Bé·ret *franz. [bere],* das: -s, -s (Baskenmütze)

Berg, der: -(e)s, -e; auf einen Berg steigen – ein Berg von Arbeit – *über alle Berge* (geflohen und schon sehr weit weg) *sein* – *mit etwas*

hinter dem Berg halten (etwas verheimlichen) – *über den Berg sein* (eine Schwierigkeit, Krise überstanden haben); **bergab; bergabwärts; bergan;** der **Bergarbeiter; bergauf; bergaufwärts;** die **Bergbahn;** der **Bergbau; bergeweise** (in grossen Mengen); der **Bergfried** (Hauptturm einer Burg); der **Bergführer;** der **Berggänger;** die **Berggängerin;** der **Berggipfel; bergig;** der **Bergkristall;** die **Bergkuppe;** die **Bergleute** *Mz.;* der **Bergmann;** das **Bergmassiv** (Gebirgsstock); die **Bergpredigt;** der **Bergrutsch;** die **Bergstation; bergsteigen;** der **Bergsteiger;** die **Bergsteigerin;** der **Bergsturz;** die **Berg-und-Tal-Bahn; bergunter;** die **Bergwacht; bergwärts;** das **Bergwerk**

ber·gen: du birgst, er barg, sie hat geborgen, birg!; den Verletzten bergen (in Sicherheit bringen) – sich geborgen fühlen – das Meer birgt (trägt in sich) viele Schätze; die **Bergung;** die **Bergungsmannschaft**

be·rich·ten: über eine Reise berichten; der **Bericht;** der **Berichterstatter;** die **Berichterstattung;** der **Berichtszeitraum**

be·rich·ti·gen: einen Fehler berichtigen (beseitigen) – jemanden berichtigen (das, was er sagt, richtig stellen); die **Berichtigung**

Ber·lin: -s (Hauptstadt Deutschlands); ein Berliner Junge – der Berliner Bär (Wappen) – die Berliner Weisse (Getränk); der **Berliner;** die **Berlinerin; berlinerisch**

Bern: (Hauptort der Schweiz und des gleichnamigen Kantons); der **Berner;** die **Bernerin; bernisch**

Bern·har·di·ner, der: -s, - (Hunderasse)

Bern·stein, der: -s, -e (gelber bis brauner, durchsichtiger Stein); **bernsteinfarben;** die **Bernsteinkette**

Ber·ser·ker, der: -s, - (kampfeslustiger Mensch); *wie ein Berserker toben;* **berserkerhaft**

bers·ten: du birst, er barst, sie ist geborsten, birst!; der Balken barst (brach) unter der Belastung – *zum Bersten voll* (übervoll)

be·rüch·tigt: ein berüchtigtes (verrufenes) Lokal

be·rück·sich·ti·gen: alle seine Wünsche wurden berücksichtigt; die **Berücksichtigung**

Be·ruf, der: -(e)s, -e; einen Beruf ergreifen; **berufen:** in ein Amt berufen (einsetzen) – sich auf jemanden berufen (als Zeugen, Bürgen nennen); **berufen:** sich berufen (geeignet, befähigt) fühlen – aus berufenem Munde (aus sicherer Quelle); **beruflich; berufsbedingt; berufsbegleitend;** die **Berufsberatung; berufsblind; berufserfahren; berufsfremd;** das **Berufsgeheimnis;** die **Berufsgenossenschaft;** das **Berufsleben;** die **Berufslehre; berufslos; berufsmässig;** das **Berufsrisiko;** die **Berufsschule;** aber: die berufsbildenden Schulen; der **Berufsspieler;** der **Berufssportler;** der **Berufsstand; berufstätig;** der/die **Berufstätige; berufsunfähig;** der **Berufsverkehr;** die **Berufswahl;** die **Berufung:** Berufung (Widerspruch) gegen ein Urteil einlegen – seine Berufung (Ernennung) zum Richter

be·ru·hen: auf einem Irrtum beruhen – *etwas auf sich beruhen lassen* (nicht weiter verfolgen)

be·ru·hi·gen: beruhige dich (werde ruhiger)!; die **Beruhigung;** das **Beruhigungsmittel;** die **Beruhigungsspritze**

be·rühmt: eine berühmte Künstlerin; die **Berühmtheit:** zu Berühmtheit gelangen – eine Berühmtheit (bekannte Persönlichkeit) sein

be·rüh·ren: etwas vorsichtig berühren (anfassen) – die Nachricht berührte (traf) ihn tief – viele Fragen berühren (erwähnen); die **Berührung;** der **Berührungspunkt**

bes. = besonders

be·sagt: das besagt (bedeutet) nichts – seine Miene besagt (verrät) alles – besagter (erwähnter, genannter) Herr Müller; der/die **Besagte** (Genannte)

be·sänf·ti·gen: (beruhigen, beschwichtigen); die **Besänftigung**

be·schä·di·gen: fremdes Eigentum beschädigen (schadhaft machen); die **Beschädigung**

be·schaf·fen: sich Arbeit beschaffen (besorgen); **beschaffen:** so beschaffen (geartet, veranlagt) sein; die **Beschaffenheit;** die **Beschaffung;** die **Beschaffungskriminalität**

be·schäf·ti·gen: sich mit etwas beschäftigen – viele Arbeiter beschäftigen (angestellt haben); der/die **Beschäftigte;** die **Beschäftigung; beschäftigungslos**

be·schä·men: jemanden beschämen (Scham empfinden lassen) – ein beschämendes (demütigendes) Gefühl; die **Beschämung**

be·schat·ten: einen Dieb beschatten (überwachen); der **Beschatter;** die **Beschattung**

be·schau·en: (ruhig betrachten); die **Beschau;** der **Beschauer; beschaulich;** die **Beschaulichkeit;** die **Beschauung**

Be·scheid, der: -(e)s, -e; jemandem Bescheid (Nachricht) geben – einen Bescheid (eine amtliche Entscheidung) ausstellen – Bescheid wissen (unterrichtet sein); **bescheiden:** sich mit etwas bescheiden (zufrieden geben) – ein Gesuch wurde abschlägig beschieden (abgelehnt); **bescheiden:** bescheiden (genügsam) leben – bescheidene (geringe) Leistungen; die **Bescheidenheit**

be·schei·ni·gen: (bestätigen); die **Bescheinigung**

be·sche·ren: beschert (beschenkt) werden – das Schicksal hat uns viel Gutes beschert (gebracht); die **Bescherung:** das ist ja eine schöne Bescherung (unangenehme Überraschung)! – die Bescherung der Kinder (Austeilung der Geschenke)

be·scheu·ert: (verrückt, dumm)

be·schies·sen: eine Stadt beschiessen; der **Beschuss**

be·schimp·fen: jemanden mit groben Worten beschimpfen; die **Beschimpfung**

be·schla·gen: ein Pferd beschlagen; der **Beschlag:** die Beschläge der Tür – *etwas/jemanden in Beschlag nehmen/mit Beschlag belegen* (für sich beanspruchen); **beschlagen:** *beschlagen sein* (gute Kenntnisse haben, erfahren sein); die **Beschlagenheit**

Be·schlag·nah·me, die: -, -n; eine Beschlagnahme (behördliche Wegnahme) anordnen; **beschlagnahmen;** die **Beschlagnahmung**

be·schleu·ni·gen: das Tempo beschleunigen – etwas beschleunigt (sehr schnell) erledigen; die **Beschleunigung**

be·schlies·sen: das Fest beschliessen (beenden) – ein neues Gesetz beschliessen; **beschlossenermassen;** der **Beschluss,** die Beschlüsse; **beschlussfähig;** die **Beschlussfähigkeit;** die **Beschlussfassung**

be·schrän·ken: sich auf das Wesentliche beschränken – die Freiheit eines anderen beschränken (einengen); **beschrankt:** ein beschrankter (mit Schranken geschützter) Bahnübergang; **beschränkt:** die Möglichkeiten sind beschränkt (knapp) – beschränkt (dumm, einfältig) sein; die **Beschränktheit;** die **Beschränkung**

be·schrei·ben: den Zettel beschreiben – einen Vorgang beschreiben (erzählen); **beschreibbar;** die **Beschreibung;** der **Beschrieb**

be·schrif·ten: Bilder beschriften; die **Beschriftung**

be·schul·di·gen: jemanden eines Verbrechens beschuldigen; der/die **Beschuldigte;** die **Beschuldigung**

Be·schwer·de, die: -, -n; eine Beschwerde (einen Einspruch) verfassen; **beschwerdefrei;** die **Beschwerdefrist;** der/die **Beschwerdeführende;** die **Beschwerden** *Mz.*: die Beschwerden (körperlichen Leiden) des Alters; der **Beschwerdeweg; beschweren:** sich beim Vorgesetzten beschweren (Klage führen) – einen Brief beschweren (mit etwas Schwerem belasten); **beschwerlich** (mühsam); die **Beschwerlichkeit;** die **Beschwernis,** die Beschwernisse (Last, Mühsal); die **Beschwerung**

be·schwich·ti·gen: (beruhigen, besänftigen); die **Beschwichtigung**

be·schwin·gen: die Musik beschwingt mich (macht mich fröhlich, heiter); **beschwingt** (heiter, voll Schwung); die **Beschwingtheit**

be·schwö·ren: etwas vor Gericht beschwören (durch Schwur bestätigen) – jemanden beschwören (anflehen) – Geister beschwören (herbeirufen); der **Beschwörer;** die **Beschwörung**

be·sei·ti·gen: Abfall beseitigen (wegräumen) – jemanden beseitigen (ermorden); die **Beseitigung**

Be·sen, der: -s, -; *mit eisernem Besen kehren* (sehr hart durchgreifen) – *neue Besen kehren gut;* der **Besenbinder; besenrein:** eine Wohnung besenrein (sauber gefegt) übergeben; der **Besenstiel**

be·ses·sen: von einer Idee besessen (ganz erfüllt) sein – wie besessen (wahnsinnig) toben; der/die **Besessene;** die **Besessenheit**

be·set·zen: eine Stadt besetzen – der Platz ist besetzt (belegt) – ein mit Pelz besetzter Mantel – einen Posten besetzen (vergeben); der **Besatz** (Verzierung an einem Kleidungsstück); die **Besatzung** (Mannschaft eines Schiffes, Truppen in einem fremden Land); die **Besatzungsmacht;** die **Besatzungszone;** der **Besetzer; besetzt** (nicht mehr frei); das **Besetztzeichen;** die **Besetzung**

be·sich·ti·gen: eine Stadt besichtigen; die **Besichtigung**

be·sie·deln: ein Gebiet besiedeln – dünn besiedelt; die **Besied(e)lung**

be·sie·geln: den Bund besiegeln (bekräftigen) – sein Schicksal ist besiegelt (steht unabwendbar fest); die **Besieg(e)lung**

be·sie·gen: einen Gegner besiegen – seine Wut besiegen (überwinden); der **Besieger;** der/die **Besiegte;** die **Besiegung**

be·sin·nen, sich: du besinnst dich, er besann sich, sie hat sich besonnen, besinn(e) dich!; sich auf etwas besinnen (an etwas erinnern) – sich eines ander(e)n besinnen (seine Meinung ändern) – sich eines Bess(e)ren besinnen; **besinnlich:** besinnliche (beschauliche) Stunden verleben; die **Besinnlichkeit;** die **Besinnung:** bei Besinnung (klarem Verstand) sein – jemanden zur Besinnung (zu einer vernünftigen Einsicht) bringen; **besinnungslos;** die **Besinnungslosigkeit**

Be·sitz, der: -es, -e; etwas in seinen Besitz bringen (sich etwas aneignen) – im Besitze von etwas sein; der **Besitzanspruch; besitzen;** der **Besitzer;** die **Besitzergreifung;** die **Besitzerin; besitzlos;** der/die **Besitzlose;** die **Besitzlosigkeit;** die **Besitznahme;** der **Besitzstand;** das **Besitztum;** die **Besitzung;** die **Besitzverhältnisse**

be·sol·den: er ist gut besoldet; die **Besoldung** (Gehalt, Lohn für Beamte, Soldaten)

be·son·der...: die besondere Verwendung – eine besondere Freude machen – insbesond(e)re – nur in besonderen (einzelnen) Fällen; aber: das Besond(e)re (Aussergewöhnliche) – im Besonder(e)n – etwas/nichts Besond(e)res; die **Besonderheit; besonders:** das Spiel ist nicht besonders (nicht gut) – ich lebe besonders (sehr) gerne in Berlin – darauf müsst ihr besonders (nachdrücklich) achten

be·son·nen: ein besonnener (überlegt handelnder, umsichtiger) Mann; die **Besonnenheit**

be·sor·gen: Lebensmittel besorgen (beschaffen) – *es jemandem besorgen* (heimzahlen) – ein Geschäft besorgen (erledigen); die **Besorgnis,** Besorgnisse (Befürchtung): das ist Besorgnis erregend – etwas Besorgnis Erregendes; **besorgt;** die **Besorgtheit;** die **Besorgung** (Einkauf, Erledigung)

be·spie·len: ein Tonband bespielen (eine Aufnahme machen)

be·spre·chen: ein Problem besprechen – ein Buch besprechen (öffentlich beurteilen) – sich mit jemandem besprechen (beraten); die **Besprechung**

bes·ser: es könnte mir besser gehen – er gehört zu den besser gestellten Leuten – etwas besser wissen – besser sein – besser (treffender) gesagt – meine bessere Hälfte (Ehefrau); aber: jemanden eines Besser(e)n (Bessren) belehren – er hat nichts Bess(e)res zu tun – eine Wendung zum Bess(e)ren – nichts Bess(e)res – *sich eines Bess(e)ren besinnen* (seinen Entschluss ändern) – *besser einmal als nie – besser früh bedacht als spät bereut – Vorbeugen ist besser als Heilen;* **bessern:** sich künftig bessern – das Wetter bessert sich; die **Besserstellung;** die **Bess(e)-rung;** die **Besserungsanstalt;** der **Besserwisser; besserwisserisch**

best . . .: am besten sein – etwas am besten machen – das beste Stück; aber: der, die, das Beste – das erste Beste – das Beste wollen – zu deinem Besten – das Beste vom Besten – sein Bestes tun – hoffen wir das Beste – zum Besten geben – zum Besten haben / halten – zum Besten stehen – aufs Beste sein; auch: aufs beste – *etwas zum Besten geben* (etwas zur Unterhaltung beitragen); **bestbezahlt; bestenfalls; bestens;** die **Bestform; bestgehasst; bestinformiert;** die **Bestleistung; bestmöglich;** das **Best-mögliche;** die **Bestzeit**

Be·stand, der: -(e)s, Bestände; die Freundschaft hat Bestand (ist von Dauer) – einen grossen Bestand (Vorrat) an Waren haben; **bestanden** (in vorgerücktem Alter); die **Be-stand(e)saufnahme; beständig** (andauernd); die **Beständigkeit;** der **Bestandteil**

be·stä·ti·gen: die Nachricht bestätigen – jemanden in seiner Stellung bestätigen; die **Bestätigung**

be·stat·ten: einen Toten bestatten (beerdigen); die **Bestattung;** das **Bestattungsinstitut;** die **Bestattungskosten** *Mz.*

be·stäu·ben: mit Mehl bestäuben – die Blüten bestäuben (befruchten); die **Bestäubung**

be·stau·nen: ein Kunstwerk bestaunen

be·ste·chen: jemanden mit Geld bestechen – sein Charme besticht; **bestechend:** einen

bestechenden (hervorragenden) Eindruck machen; **bestechlich;** die **Bestechlichkeit;** die **Bestechung;** der **Bestechungsskandal;** der **Bestechungsversuch**

Be·steck, das: -(e)s, -e (ein Satz Messer, Gabel, Löffel); der **Besteckkasten**

be·ste·hen: du bestehst, er bestand, sie hat bestanden, besteh(e)!; bestehen bleiben – etwas bestehen lassen – auf etwas nachdrücklich bestehen (beharren) – ein Examen bestehen (erfolgreich ablegen) – die Firma besteht (existiert) schon lange – aus Eisen bestehen (sein); das **Bestehen:** seit Bestehen der Firma

be·stel·len: eine Ware bestellen – den Acker bestellen (bearbeiten) – jemanden zu sich bestellen – Grüsse bestellen – *nicht viel zu bestellen haben* (eine untergeordnete Rolle spielen); der **Besteller;** die **Bestellerin;** die **Bestellkarte;** die **Bestellliste;** die **Bestellnummer;** der **Bestellschein;** die **Bestellung**

Bes·tie *lat. [bestje],* die: -, -n (wildes Tier, grausamer Mensch); eine Bestie in Menschengestalt; **bestialisch;** die **Bestialität**

be·stim·men: einen Zeitpunkt bestimmen (festlegen) – Pflanzen bestimmen – die Ware ist für mich bestimmt – etwas so bestimmen (anordnen); **bestimmbar; bestimmt:** ein bestimmter Zweck – etwas bestimmt (nachdrücklich) ablehnen – ganz bestimmt (gewiss) kommen – das bestimmte Geschlechtswort; die **Bestimmtheit:** etwas mit Bestimmtheit (Gewissheit) erkennen; die **Bestimmung:** eine Bestimmung (Verordnung) erlassen – seine Bestimmung (sein Ziel, seinen Zweck) erkennen; **bestimmungsgemäss;** der **Bestimmungsort**

be·stra·fen: ein Verbrechen, einen Verbrecher bestrafen; die **Bestrafung**

be·strah·len: (mit Strahlen behandeln); die **Bestrahlung;** die **Bestrahlungsdosis**

be·stre·ben, sich: (sich anstrengen, bemühen); das **Bestreben; bestrebt:** bestrebt (bemüht) sein; die **Bestrebung**

be·strei·ten: die Schuld bestreiten (leugnen) – die Kosten bestreiten (bezahlen); die **Bestreitung:** die Bestreitung (Zahlung) der Kosten

be·stri·cken: jemanden bestricken (bezaubern); **bestrickend:** ein bestrickendes (gewinnendes, bezauberndes) Wesen haben

Best·sel·ler *engl.,* der: -s, - (besonders erfolgreiches Buch); der **Bestsellerautor;** die **Bestsellerautorin;** die **Bestsellerliste**

be·stürzt: bestürzt (fassungslos) sein – ein bestürzendes (erschreckendes) Ereignis; **bestürzen;** die **Bestürztheit;** die **Bestürzung**

Be·such, der: -(e)s, -e; zu Besuch – auf Besuch sein; **besuchen;** der **Besucher;** die **Besucherin;** der **Besucherstrom;** der **Besuchstag;** die **Besuchszeit**

be·su·deln: seine Kleidung besudeln (verunreinigen) – die Ehre besudeln (beflecken); die **Besud(e)lung**

be·tagt: eine betagte (sehr alte) Frau; die **Betagtheit** (das Alter)

Be·ta·strah·len *Mz.*, die: - (aus Elektronen bestehende radioaktive Strahlen)

be·tä·ti·gen: die Bremse betätigen – sich gerne mit etwas betätigen (beschäftigen); die **Betätigung;** das **Betätigungsfeld**

be·täu·ben: (bewusstlos machen, die Empfindung nehmen); die **Betäubung;** das **Betäubungsmittel**

be·tei·li·gen, sich: sich am Gespräch beteiligen – er beteiligt sich an den Kosten (übernimmt einen Teil der Kosten); der/die **Beteiligte;** die **Beteiligung**

be·ten: zu Gott beten; der **Beter;** die **Betschwester**

be·teu·ern: seine Unschuld beteuern; die **Beteuerung**

Be·ton *franz.* [betõ], der: -s, -s (Baustoff aus Zement, Sand und Wasser); der **Betonbau;** der **Betonblock;** die **Betondecke; betonieren;** die **Betonierung;** der **Betonklotz;** der **Betonkopf** (starrköpfiger Mensch); die **Betonmischmaschine**

be·to·nen: ein Wort betonen – seine Überlegenheit betonen (herausstellen); **betont:** sich betont (bewusst) einfach kleiden; **...betont:** leistungsbetont; die **Betonung;** das **Betonungszeichen**

be·tö·ren: ein betörender (bezaubernder, hinreissender) Blick; der **Betörer;** die **Betörerin;** die **Betörung**

betr. = betreffend, betreffs; **Betr.** = Betreff

be·trach·ten: sich im Spiegel betrachten – jemanden als seinen Freund betrachten (für seinen Freund halten); der **Betracht:** *in Betracht* (in Frage) *kommen – jemanden/etwas in Betracht ziehen* (berücksichtigen, beachten) *– jemanden/etwas ausser Be-*

tracht (unbeachtet) *lassen;* der **Betrachter;** die **Betrachterin; beträchtlich:** der Schaden ist beträchtlich (ziemlich gross); aber: um ein Beträchtliches grösser; die **Betrachtung;** die **Betrachtungsweise**

Be·trag, der: -(e)s, Beträge (Geldsumme); **betragen:** sich gut betragen – der Gewinn beträgt tausend Mark; das **Betragen;** die **Betragensnote**

be·trau·en: jemanden mit einer Aufgabe betrauen (damit beauftragen)

be·tref·fen: es betrifft, er betraf, sie hat betroffen; was mich betrifft (angeht); der **Betreff** ⟨Betr.⟩; **betreffend** ⟨betr.⟩; der/die **Betreffende; betreffs** ⟨betr.⟩; **betroffen:** sie sind vom Unglück betroffen – ein betroffenes (bestürztes) Gesicht machen; die **Betroffenheit**

be·trei·ben: du betreibst, er betrieb, sie hat betrieben, betreib(e)!; Ackerbau betreiben – eine Sache betreiben (voranbringen) – jemanden betreiben (jemanden zwangsrechtlich zur Zahlung einer Schuld veranlassen); das **Betreiben:** auf mein Betreiben (meine Veranlassung); der **Betreiber;** die **Betreiberin;** die **Betreibung**

be·tre·ten: du betrittst, er betrat, sie hat betreten, betritt!; das Haus betreten; aber: das Betreten der Wohnung; **betreten:** betreten (verlegen) schauen; die **Betretenheit** (peinliche Verlegenheit)

be·treu·en: seine Gäste betreuen (sich um sie kümmern); der **Betreuer;** die **Betreuerin;** der/die **Betreute;** die **Betreuung;** die **Betreuungsstelle**

Be·trieb, der: -(e)s, -e; einen Betrieb leiten – eine Maschine in Betrieb setzen – ausser Betrieb – auf der Strasse herrscht ein reger Betrieb (lebhaftes Treiben); **betrieblich; betriebsam** (geschäftig, rührig); die **Betriebsamkeit;** der/die **Betriebsangehörige;** der **Betriebsausflug; betriebsbereit; betriebsblind; betriebsfähig;** die **Betriebsferien** *Mz.*; **betriebsfertig; betriebsfremd;** der **Betriebsführer; betriebsintern;** das **Betriebsklima;** der **Betriebsleiter;** der **Betriebsrat;** der/die **Betriebsratsvorsitzende;** der **Betriebsschluss; betriebssicher;** der **Betriebsunfall;** die **Betriebsversammlung;** der **Betriebswirt;** die **Betriebswirtin;** die **Betriebswirtschaft;** der **Betriebswirtschafter;** die **Betriebswirtschafterin;** die **Betriebswirtschaftslehre**

A
B
C
D
E
F

be·trü·ben: betrübt (still, traurig) sein – jemanden betrüben; **betrüblich; betrüblicherweise;** die **Betrübnis,** die Betrübnisse; **betrübt;** die **Betrübtheit**
be·trü·gen: du betrügst, er betrog, sie hat betrogen, betrüg(e)!; der **Betrug;** der **Betrüger;** die **Betrügerei;** die **Betrügerin;** betrügerisch
be·trun·ken: sie ist betrunken
Bett, das: -(e)s, -en; zu Bett(e) gehen – das Bett hüten (krank sein) – das Bett des Flusses – *sich ins gemachte Bett legen* (eine Existenz ohne eigene Anstrengung gründen); der **Bettbezug;** die **Bettcouch;** die **Bettdecke; betten:** *sich weich betten* (sich ein angenehmes Leben verschaffen) – *wie man sich bettet, so liegt man*; die **Bettfeder;** die **Bettflasche** (Wärmflasche); die **Bettlade** (Bettgestell); **bettlägerig;** das **Bettlaken;** das **Bettnässen;** die **Bettruhe;** die **Bettschwere;** die **Bettstatt** (Bettstelle); das **Betttuch;** die **Bettwäsche;** das **Bettzeug**
Bet·tag, der: -(e)s; der Dank-, Buss- und Bettag (am dritten Sonntag im September begangener religiöser Tag)
bet·teln: ich bett(e)le um Almosen; der **Bettel** (Bettelei, Kleinkram); **bettelarm;** die **Bettelei;** der **Bettelmann;** der **Bettelmönch;** der **Bettelstab:** *jemanden an den Bettelstab bringen* (um all sein Geld bringen); der **Bettler;** die **Bettlerin**
be·tucht: ein betuchter (reicher) Kaufmann
be·tu·lich: eine betuliche (freundlich-besorgte) Art – betulich (gemächlich) arbeiten; die **Betulichkeit**
beu·gen: den Arm beugen – das Recht beugen (willkürlich auslegen) – er beugt (unterwirft) sich der Gewalt – ein Wort beugen; die **Beuge; beugsam;** die **Beugung**
Beu·le, die: -, -n; eine Beule an der Stirn haben; **beulen**
be·un·ru·hi·gen: diese Nachricht beunruhigt mich (macht mir Sorgen); die **Beunruhigung**
be·ur·lau·ben: jemanden beurlauben (jemandem Urlaub geben) – vom Dienst beurlauben (von seinen Amtspflichten entbinden); die **Beurlaubung**
be·ur·tei·len: das ist schwer zu beurteilen (zu bewerten); die **Beurteilung;** der **Beurteilungsmassstab**

Beu·te, die: -; jemandem die Beute abnehmen – auf Beute ausgehen – leichte Beute machen; **beutegierig;** das **Beutetier;** der **Beutezug**
Beu·tel, der: -s, -; mit leerem Beutel (ohne Geld) – tief in den Beutel greifen (viel zahlen müssen); **beuteln:** er wird vom Schicksal gebeutelt (geplagt) – jemanden beuteln (schütteln); der **Beutelschneider** (Taschendieb, Wucherer); das **Beuteltier**
Be·völ·ke·rung, die: -, -en (alle Bewohner eines bestimmten Gebietes); **bevölkern:** ein dicht bevölkertes Land – Urlauber bevölkern in Scharen den Ort; die **Bevölkerungsdichte;** die **Bevölkerungsexplosion; bevölkerungsreich;** die **Bevölkerungsschicht;** die **Bevölkerungsstatistik**
be·voll·mäch·ti·gen: jemanden bevollmächtigen (jemandem eine Vollmacht geben); der/die **Bevollmächtigte;** die **Bevollmächtigung**
be·vor: bevor (ehe) ich abreise; **bevormunden;** die **Bevormundung; bevorrechtigen; bevorstehen; bevorteilen** (begünstigen); **bevorzugen;** die **Bevorzugung**
be·wa·chen: (einen Gefangenen bewachen); der **Bewacher;** die **Bewachung**
be·waff·nen: die Soldaten sind schwer bewaffnet; der/die **Bewaffnete;** die **Bewaffnung**
be·wah·ren: jemanden vor Gefahren bewahren (behüten) – etwas im Herzen bewahren – Stillschweigen bewahren – den Toten ein ehrendes Andenken bewahren – Gott bewahre uns!; der **Bewahrer;** die **Bewahrung**
be·wäh·ren: sich in der Gefahr bewähren – das Mittel bewährt sich (erweist sich als geeignet); **bewährt:** ein bewährter (erprobter, tüchtiger) Mitarbeiter; die **Bewährung:** eine Strafe auf Bewährung (Probe) bekommen; die **Bewährungsfrist;** der **Bewährungshelfer;** die **Bewährungshelferin;** die **Bewährungsprobe**
be·wahr·hei·ten, sich: (sich als wahr herausstellen)
be·wäl·ti·gen: eine Aufgabe bewältigen (gut ausführen, meistern); die **Bewältigung**
Be·wandt·nis, die: -, -se; damit hat es folgende Bewandtnis (es verhält sich so)
be·wäs·sern: ein trockenes Feld bewässern; die **Bewässerung;** das **Bewässerungssystem**

be·we·gen: du bewegst, er bewegte, sie hat bewegt, beweg(e)!; den Arm bewegen – sich langsam bewegen – das bewegt mich tief – der Preis bewegt sich zwischen 50 und 100 Franken; **bewegen** (veranlassen): du bewegst, er bewog, sie hat bewogen, beweg(e)! – was bewog dich zu dieser Tat?; der **Beweggrund; beweglich;** die **Beweglichkeit; bewegt:** ein bewegtes (unstetes, unruhiges) Leben führen; die **Bewegung:** eine politische Bewegung – *sich in Bewegung setzen* (zu gehen, zu fahren beginnen); der **Bewegungsapparat;** die **Bewegungsfreiheit; bewegungslos; bewegungsunfähig**

Be·weis, der: -es, -e; den Beweis antreten – der Beweis seiner Schuld; die **Beweisaufnahme; beweisbar;** die **Beweisbarkeit; beweisen:** seine Unschuld beweisen; die **Beweisführung; beweiskräftig;** das **Beweismaterial;** das **Beweisstück**

Be·wen·den, das: -s; es hat dabei sein Bewenden (es bleibt dabei); **bewenden:** *es damit bewenden* (auf sich beruhen) *lassen*

be·wer·ben: sich um eine freie Stelle bewerben; der **Bewerber,** die **Bewerberin;** die **Bewerbung;** das **Bewerbungsgespräch;** das **Bewerbungsschreiben;** die **Bewerbungsunterlagen**

be·werk·stel·li·gen: (ausführen, zustande bringen); die **Bewerkstelligung**

be·wer·ten: eine Arbeit bewerten (beurteilen); die **Bewertung;** der **Bewertungsmassstab**

be·wil·li·gen: einen Urlaub bewilligen (gewähren); die **Bewilligung**

be·wir·ken: jemand bewirkt (verursacht) Gutes; die **Bewirkung**

be·wir·ten: einen Gast bewirten (ihm zu essen und zu trinken geben); **bewirtschaften:** eine Gaststätte bewirtschaften (leiten); die **Bewirtschaftung;** die **Bewirtung**

be·woh·nen: eine bewohnte Insel; **bewohnbar;** der **Bewohner;** die **Bewohnerin;** die **Bewohnerschaft**

be·wöl·ken, sich: der Himmel bewölkt sich – ihre Stirn bewölkte sich (ihre Miene verfinsterte sich); die **Bewölkung**

be·wun·dern: ein Gemälde bewundern; der **Bewund(e)rer;** die **Bewund(r)erin; bewundernswert;** die **Bewunderung; bewunderungswürdig**

be·wusst: bewusst machen (klar machen) – bewusst werden – er lügt bewusst (absichtlich) – an dem bewussten (bekannten) Tag – eine bewusste (absichtliche) Täuschung – *sich einer Sache bewusst sein* (sich über etwas im Klaren sein); die **Bewusstheit; bewusstlos;** die **Bewusstlosigkeit;** das **Bewusstsein;** die **Bewusstseinserweiterung;** die **Bewusstseinstrübung**

bez. = bezahlt; bezüglich

Bez. = Bezeichnung; Bezirk

be·zah·len: mit Geld bezahlen – für etwas bezahlen (die Folgen tragen) müssen; **bezahlbar; bezahlt** ⟨bez.⟩: die Mühe macht sich bezahlt (lohnt sich) – die Arbeit ist schlecht bezahlt; die **Bezahlung**

be·zäh·men: seinen Zorn bezähmen (bändigen, zügeln); **bezähmbar;** die **Bezähmung**

be·zeich·nen: jemanden als Lügner bezeichnen – bezeichnete (gekennzeichnete) Wege; **bezeichnend:** das ist bezeichnend (kennzeichnend) für ihn; **bezeichnenderweise;** die **Bezeichnung** ⟨Bez.⟩

be·zeu·gen: eine Aussage bezeugen (bestätigen); die **Bezeugung**

be·zich·ti·gen: jemanden eines Verbrechens bezichtigen (beschuldigen); die **Bezichtigung**

be·zie·hen: den Stuhl mit Stoff beziehen – eine Zeitung beziehen – eine Rente beziehen – Prügel beziehen – ich beziehe mich auf unser letztes Gespräch – eine Wohnung beziehen – es bezieht (bewölkt) sich; **beziehbar;** der **Bezieher;** die **Bezieherin;** die **Beziehung:** etwas in Beziehung setzen – eine neue Beziehung (Freundschaft) eingehen – alle Beziehungen abbrechen – in dieser Beziehung (Hinsicht) kannst du beruhigt sein; **beziehungslos; beziehungsweise** ⟨bzw.⟩; der **Bezug,** die Bezüge: ein neuer Bezug (Überzug) – hohe Bezüge (ein hohes Gehalt) bekommen – *Bezug nehmen* (sich beziehen) *auf* – *mit Bezug auf* – *in Bezug auf;* **bezüglich** ⟨bez.⟩; die **Bezugnahme:** unter Bezugnahme; **bezugsfertig;** die **Bezugsquelle;** der **Bezug(s)schein**

Be·zirk ⟨Bez.⟩, der: -(e)s, -e (Gegend, abgegrenztes Gebiet); das **Bezirksgericht;** die **Bezirksgrenze;** die **Bezirksliga;** die **Bezirksregierung;** der **Bezirksrichter;** die **Bezirksrichterin;** der **Bezirkstag**

be·zir·zen: jemanden bezirzen (bezaubern); auch: **becircen**

B(h)f. = Bahnhof

Bi·ath·lon *lat.*, der: -s, -s (Kombination aus Skilanglauf und Scheibenschiessen)

bib·bern: vor Kälte bibbern (zittern)

Bi·bel *griech.*, die: -, -n (die Heilige Schrift); **bibelfest; biblisch:** ein biblisches (sehr hohes) Alter – biblische Geschichten

Bi·ber, der: -s, - (Nagetier); das **Biberbetttuch;** das **Biberfell;** der **Biberfladen;** der **Biberpelz;** der **Biberschwanz** (flacher Dachziegel)

Bib·li·o·thek (Bi·bli·o·thek) *griech.*, die: -, -en (Bücherei); der **Bibliothekar** (Verwalter einer Bibliothek); die **Bibliothekarin**

bie·der: (einfach, rechtschaffen, brav); die **Biederkeit;** der **Biedermann;** das **Biedermeier** (Kunstrichtung im 19. Jahrhundert); **biedermeierlich;** der **Biedermeierstil**

bie·gen: du biegst, er bog, sie hat gebogen, bieg(e)!; um die Ecke biegen – einen Stab biegen; aber: *auf Biegen oder Brechen* (unter allen Umständen); **biegsam;** die **Biegsamkeit;** die **Biegung**

Bie·ne, die: -, -n (Insekt); der **Bienenfleiss;** die **Bienenkönigin;** der **Bienenkorb;** der **Bienenschwarm;** der **Bienenstich;** der **Bienenstock;** das **Bienenvolk;** die **Bienenwabe;** der **Bienenzüchter**

Bier, das: -(e)s, -e (alkoholisches Getränk); der **Bierbrauer;** die **Bierleiche** (ein Betrunkener); **bierselig** (durch Biergenuss in fröhlicher Stimmung); die **Bierstimme** (tiefe Stimme); das **Bierzelt**

Biest, das: -(e)s, -er; ein durchtriebenes Biest (Schimpfwort)

bie·ten: du bietest, er bot, sie hat geboten, biet(e)!; er lässt sich nichts bieten (gefallen) – dem Feind die Stirn bieten (sich widersetzen) – bei einer Versteigerung bieten (ein Angebot machen); der **Bieter**

BIGA / Biga = Bundesamt für Industrie, Gewerbe und Arbeit

Bi·ga·mie *lat.*, die: -, Bigamien (Doppelehe)

Bi·jou *franz. [bischu],* der/das: -s, -s (Kleinod, Schmuckstück); die **Bijouterie** (Schmuckgeschäft); der **Bijoutier** (der Schmuckwarenhändler); die **Bijoutière**

Bi·ki·ni, der: -s, -s (zweiteiliger Badeanzug für Damen)

Bi·lanz *ital.*, die: -, -en; *Bilanz machen* (seine Mittel überprüfen) – *Bilanz ziehen* (das Ergebnis von etwas feststellen); die **Bilanzierung**

bi·la·te·ral *lat.*: bilaterale (zweiseitige) Verträge

Bild, das: -(e)s, -er; *im Bilde sein* (von etwas unterrichtet sein, etwas wissen) – *sich ein Bild von etwas machen* (sich eine Meinung bilden); das **Bilderbuch;** die **Bildergeschichte;** das **Bilderrätsel;** die **Bildersprache;** die **Bildfläche; bildhaft;** der **Bildhaken;** der **Bildhauer; bildhübsch; bildlich** (anschaulich); das **Bildnis,** die Bildnisse; der **Bildschirm; bildschön;** die **Bildstörung;** der **Bildtext;** die **Bild-Ton-Kamera;** die **Bildwand**

bil·den: einen Kreis bilden – sich ein Urteil bilden – einen Satz bilden – sich bilden (sein Wissen bereichern) – der Fluss bildet die Grenze – es bildet sich (entsteht) Wasser – die bildenden Künste; **bildsam;** die **Bildsamkeit;** die **Bildung;** die **Bildungsanstalt;** die **Bildungschancen** *Mz.;* **bildungshungrig;** die **Bildungsstätte;** der **Bildungsurlaub;** der **Bildungsweg**

Bil·lard *franz. [biljar],* das: -s, -e (Kugelspiel); die **Billardkugel;** der **Billardspieler;** der **Billardtisch**

Bil·lett *franz. [biljet],* das: -(e)s, -s/-e (Eintrittskarte, Fahrkarte)

Bil·li·ar·de *franz.,* die: -, -n (tausend Billionen)

bil·lig: billige Waren – eine billige (einfallslose) Ausrede – *das ist recht und billig* (angebracht); **billigen** (gutheissen); **billigerweise** (gerechterweise); die **Billigkeit;** die **Billigung;** die **Billigware**

Bil·li·on *franz.,* die: -, -en (tausend Milliarden); das **Billionstel**

bim·meln: die Glocke bimmelt (schellt, klingelt); die **Bimmel;** die **Bimmelbahn** (Kleinbahn); die **Bimmelei**

bin·den: du bindest, er band, sie hat gebunden, bind(e)!; einen Blumenstrauss binden – eine bindende (verpflichtende) Zusage geben – ein Buch binden – Hände und Füsse binden; die **Binde;** das **Bindegewebe;** das **Bindeglied;** die **Bindehaut;** die **Binderei;** der **Bindestrich;** das **Bindewort;** der **Bindfaden:** *es regnet Bindfäden* (sehr stark); die **Bindung**

bịn·nen: binnen kurzem – binnen (im Laufe von) einem Monat – binnen eines Monats – binnen (innerhalb von) fünf Minuten; das **Binnengewässer;** das **Binnenland;** der **Binnenmarkt;** das **Binnenmeer;** die **Binnenschifffahrt;** der **Binnensee**

Bịn·se, die: -, -n (grasähnliche Sumpfpflanze); *in die Binsen* (verloren, schief) *gehen* ; die **Binsenwahrheit** (allgemein bekannte Wahrheit); die **Binsenweisheit**

Bi·o·che·mie *griech.*, die: - (Lehre von den chemischen Vorgängen im Organismus); der **Biochemiker;** die **Biochemikerin;** **biochemisch**

Bi·o·gra·fie *griech.*, die: -, Biografien (Lebensbeschreibung); auch: die **Biographie;** der **Biograf;** die **Biografin;** **biografisch**

Bi·o·la·den, der: -s, ...läden (Geschäft, in dem Lebensmittel ohne chemische Zusätze verkauft werden)

Bi·o·lo·gie *griech.*, die: - (Wissenschaft von den Lebewesen); der **Biologe;** der **Biologieunterricht;** die **Biologin;** **biologisch**

Bi·o·top *griech.*, das/der: -s, -e (Lebensraum einer Tier- oder Pflanzenart)

Bịr·cher·mü(e)s·li, das: -s, - (Rohkostgericht benannt nach dem Schweizer Arzt Bircher-Benner)

Bịr·ke, die: -, -n (Laubbaum); das **Birkenholz**

Bịr·ne, die: -, -n (Obst); der **Birnbaum; birn(en)förmig**

bịs: bis hierher – bis heute – bis nächsten Mittwoch – bis Berlin – vier bis fünf Meter – zwei- bis dreimal – alle bis auf eine – bis auf gleich – bis ins Letzte (ganz genau) – bis auf weiteres; **bisher; bisherig:** er ändert sein bisheriges Leben; aber: im Bisherigen; das **Bisherige; bislang; bisweilen**

Bi·sam *hebr.*, der: -s (Pelz der Bisamratte)

Bị·schof, der: -s, Bischöfe (hoher geistlicher Würdenträger); **bischöflich;** die **Bischofskonferenz;** die **Bischofsmütze;** der **Bischofssitz;** der **Bischofsstab**

Bị·se, die: -, -n (Nord-(Ost)wind); der **Biswind**

Bị·se·xu·a·li·tät, die: - (Doppelgeschlechtigkeit); **bisexuell** (doppelgeschlechtig, sowohl hetero- als auch homosexuell)

Bis·kuit *franz.* [biskwịt], das/der: -(e)s, -s/-e (leichtes, süsses Gebäck); der **Biskuitteig**

Bi·son, der: -s, -s (nordamerikanischer Büffel); die **Bisonherde**

Bịs·marck·he·ring, der: -s, -e (Fischart)

Bịss, der: -es, -e; der Biss einer Schlange; das **Bisschen** (kleiner Biss); der **Bissen:** *da bleibt einem der Bissen im Halse stecken* (ist man überrascht, empört); **bissig:** ein bissiger Hund – eine bissige (verletzende) Bemerkung; die **Bissigkeit;** die **Bisswunde**

bịss·chen: ein bisschen (ein wenig) – das bisschen (dies wenige) – mit ein bisschen Verständnis – ach du liebes bisschen! – ein klein bisschen – dieses kleine bisschen

Bịst·ro, das: -s, -s (kleine, einfache Gaststätte)

Bịs·tum, das: -s, Bistümer (Amtsbereich eines katholischen Bischofs)

Bịt *engl.*, das: -(s), -(s) (Kurzwort aus der Nachrichtentechnik: kleinste Informationseinheit); **bit** (Zeichen für Bit): 16 bit

bịt·ten: du bittest, er bat, sie hat gebeten, bitt(e)!; der **Bittbrief;** die **Bitte:** ich habe eine Bitte an Sie; **bitte:** bitte schön! – bitte weitergehen! – bitte sehr! – wie bitte? – bitte wenden! – bitte sagen; auch: Bitte sagen; das **Bitteschön;** der **Bittgang;** die **Bittprozession;** das **Bittschreiben;** der **Bittsteller;** der **Bitttag**

bịt·ter: die Medizin schmeckt bitter (sehr herb) – die bittere Wahrheit – bittere Not leiden – bitter (tief, schmerzlich) weinen; **bitterböse; bitterernst;** aber: mein bitt(e)rer Ernst; **bitterkalt:** ein bitterkalter Winter – es ist bitterkalt; die **Bitterkeit; bitterlich;** das **Bittermandelsalz;** die **Bitternis,** die Bitternisse; das **Bittersalz; bittersüss**

Bi·wak *franz.*, das: -s, -s/-e (behelfsmässiges Nachtlager im Freien); **biwakieren**

bi·zạrr *franz.*: bizarre (wunderliche) Formen

Bi·zeps *lat.*, der: -(es), -e (Oberarmmuskel)

BL = Basel-Land (Halbkanton)

Bla·che, die: -, -n (Schutzdecke)

Black·box *engl.* [bläkboks], die: -, -es (schwarzer Kasten des Zauberers); auch: die **Black Box**

Black-out *engl.* [bläkaut], das/der: -(s), -s (Aussetzen der Selbstbeherrschung, des Bewusstseins); auch: das/der **Blackout**

Black·po·wer (Black·pow·er) *engl.* [bläkpauer], die: -, - (Bewegung der Schwarzen Nordamerikas); auch: die **Black Power**

blạf·fen: (bellen, keifen); auch: **bläffen**

blä·hen: der Wind bläht die Segel; die **Blähung**

Bla·ma·ge *franz. [blamasche],* die: -, -n (Schande, Blossstellung); **blamabel:** eine blamable Niederlage; **blamieren:** sich bis auf die Knochen blamieren (lächerlich machen)

blank: etwas blank polieren – blanker (reiner) Hohn – blanken Unsinn reden – ein blank polierter Tisch – der blanke Hans (stürmisches Meer) – *blank sein* (kein Geld mehr haben); aber: **blankziehen** (die blanke Waffe ziehen)

blan·ko *ital.:* (nicht ausgefüllt, leer); der **Blankoscheck;** die **Blankounterschrift** (Unterschrift unter einem Blankoscheck); die **Blankovollmacht** (unbeschränkte Vollmacht)

bla·sen: du bläst, er blies, sie hat geblasen, blas(e)!; die Trompete blasen (spielen) – der Wind bläst (weht) kräftig – *jemandem den Marsch blasen* (jemanden zurechtweisen); die **Blase;** der **Blasebalg;** der **Bläser;** das **Blasinstrument;** die **Blaskapelle;** die **Blasmusik;** das **Blasrohr**

bla·siert *franz.:* ein blasierter (hochnäsiger, überheblicher) Mensch; die **Blasiertheit**

Blas·phe·mie *griech.,* die: -, Blasphemien (Gotteslästerung); **blasphemisch**

blass: blasser/blässer, am blassesten/blässesten; eine blasse Gesichtsfarbe – blasser (reiner) Neid – blass werden – keinen blassen Schimmer haben (nichts wissen) – eine blasse (schwache) Erinnerung haben; die **Blässe;** die **Blassheit;** **blässlich** (ein wenig blass); **blassrosa** # Blesse

Blatt ⟨Bl.⟩, das: -(e)s, Blätter; ein welkes Blatt – das Blatt Papier – *das Blatt hat sich gewendet* (die Lage ist verändert) – *kein Blatt vor den Mund nehmen* (sich ohne Scheu äussern) – *auf einem anderen Blatt stehen* (nicht hierher gehören); das **Blättchen; blätt(e)rig;** der **Blättermagen; blättern;** der **Blätterteig;** der **Blätterwald** (Vielzahl der Zeitungen); das **Blätterwerk,** das **Blattgold;** das **Blattgrün;** die **Blattlaus; blattlos; blattweise;** das **Blattwerk**

Blat·tern *Mz.* die: - (Pocken, ansteckende Krankheit); die **Blatternarbe; blatternarbig**

blau: blauer, am blau(e)sten; das blaue Kleid – etwas blau anmalen – blauer Dunst (Schwindel) – einen blauen Brief (ein Mahnschreiben) erhalten – blaue Jungs (Matrosen) – eine blaue Bohne (Gewehrkugel) – der blaue Montag – sie trägt ein blau gestreiftes Kleid – *sein blaues Wunder erleben* (sehr überrascht sein) – *mit einem blauen Auge* (glimpflich) *davonkommen* – *blau* (betrunken) *sein;* aber: ein leuchtendes Blau – die Farbe Blau – ins Blaue reden – eine Fahrt ins Blaue – der Blaue Planet (die Erde) – ein Stoff in Blau – *das Blaue vom Himmel lügen* (ohne Hemmungen, masslos lügen); das **Blau; blauäugig;** die **Blaubeere; blaublütig** (adelig); die **Bläue; blauen:** der Himmel blaut (wird blau); **bläuen** (blau machen, schlagen); **blaugrau; blaugrün;** der **Blauhelm** (UNO-Soldat); das **Blaukraut; bläulich:** bläulich grün; das **Blaulicht; blaumachen** (nicht arbeiten); aber: etwas blau machen (färben); die **Blaumeise;** die **Blausäure;** der **Blauspecht;** der **Blauwal**

Bla·zer *engl. [bleser],* der: -s, - (sportlich geschnittenes Jackett)

Blech, das: -(e)s, -e (dünn ausgewalztes Metall); die **Blechbüchse;** die **Blechdose; blechen** (bezahlen); **blechern** (aus Blech); das **Blechinstrument;** die **Blechlawine** (lange Autoschlange); die **Blechmusik;** der **Blechschaden**

ble·cken: die Zähne blecken (zeigen)

Blei, das: -(e)s, -e; mit Pulver und Blei – *wie Blei im Magen liegen* (schwer verdaulich sein): **bleiern:** ein bleierner (schwerer) Schlaf; **bleifrei;** das **Bleikristall;** die **Bleikugel; bleischwer;** der **Bleistift**

blei·ben: du bleibst, er blieb, sie ist geblieben, bleib(e)!; etwas bleiben lassen (nicht mehr tun) – zu Hause bleiben – stehen bleiben – die Uhr ist stehen geblieben – in der Schule sitzen bleiben – auf dem Stuhl kleben bleiben – ein bleibender (dauernder) Wert; die **Bleibe** (Unterkunft)

bleich: bleich wie der Tod – ein bleiches (fahles) Gesicht haben – ein bleiches Licht; **bleichen:** die Wäsche bleichen; das **Bleichgesicht; bleichgesichtig;** die **Bleichsucht; bleichsüchtig**

blen·den: das Licht blendet mich – einen Menschen blenden (blind machen) – er blendet (täuscht) alle; die **Blende; blendend:** eine blendende (ausgezeichnete) Idee – ein blendender (grossartiger) Redner – blendend aussehen – das Kleid ist blendend weiss; der **Blender;** die **Blenderin;** der **Blendschutz;** die **Blendung;** das **Blendwerk** (Täuschung, Schein)

Bles·se, die: -, -n (weisser Stirnfleck bei Tieren) # Blässe

Bles·sur *franz.*, die: -, -en (Wunde, Verwundung); **blessieren** (verwunden, verletzen)

bli·cken: in den Spiegel blicken – *sich nicht blicken* (sehen) *lassen – einen Blick hinter die Kulissen werfen* (die Hintergründe einer Sache erkennen) – *etwas lässt tief blicken* (verrät mancherlei); der **Blick;** der **Blickfang;** das **Blickfeld;** der **Blickpunkt;** der **Blickwinkel**

blind: ein blindes Kind – blind sein – blind machen – blinder Alarm – der blinde (versteckte) Passagier – blindes (angelaufenes) Glas – blinder (massloser) Hass – *sich blind* (hervorragend) *verstehen – blinder Eifer schadet nur;* der **Blinddarm;** der/die **Blinde; Blindekuh:** Blindekuh spielen; der **Blindflug;** der **Blindgänger** (nicht explodiertes Geschoss, untauglicher Mensch); die **Blindheit:** *mit Blindheit geschlagen sein* (Wichtiges nicht erkennen); **blindlings** (unbesonnen); die **Blindschleiche; blindwütig**

blin·ken: mit der Lampe blinken – der Boden blinkt (funkelt) vor Sauberkeit; der **Blinker;** das **Blinkfeuer;** das **Blinklicht;** das **Blinkzeichen**

blin·zeln: ich blinz(e)le in die Sonne – er blinzelt mir zu

Blitz, der: -es, -e; *schnell wie der Blitz* (sehr schnell) – *wie vom Blitz getroffen* (völlig überrascht) *sein – wie ein Blitz aus heiterem Himmel* (völlig unerwartet); der **Blitzableiter; blitzartig; blitzblank; blitzen;** die **Blitzesschnelle; blitzgescheit;** das **Blitzgespräch;** die **Blitzkarriere;** der **Blitzkrieg;** das **Blitzlicht; blitzsauber;** der **Blitzschlag; blitzschnell;** der **Blitzsieg;** der **Blitzstrahl;** die **Blitzumfrage**

Bliz·zard *engl. [blissert],* der: -s, -s (Schneesturm in Nordamerika)

Block, der: -(e)s, -s/Blöcke; Blöcke von Marmor; die **Blockade** (Sperre, Absperrung); **blocken** (abfangen); die **Blockflöte; blockfrei;** das **Blockhaus; blockieren:** den Verkehr blockieren (absperren, unterbrechen); die **Blockierung;** die **Blockpartei;** die **Blockschrift**

blöd: ein blöder (törichter) Kerl; *auch:* **blöde;** die **Blödelei; blödeln** (Unsinn reden); die **Blödheit;** der **Blödian;** der **Blödkopf;** der **Blödmann** (Dummkopf); der **Blödsinn; blödsinnig;** die **Blödsinnigkeit**

blö·ken: das Schaf blökt (schreit)

blond *franz.:* blondes Haar – blond gelockte Haare haben; der/die **Blonde; blondhaarig; blondieren:** sein Haar blondieren (blond färben); die **Blondine** (blonde Frau); der **Blondkopf**

bloss: schrei bloss (nur) nicht! – mit blossem (unbedecktem) Kopf – mit blossem Auge (ohne Fernglas, ohne Mikroskop) – auf der blossen (nackten) Erde schlafen; die **Blösse:** die Blösse (Lichtung) im Wald – *sich (k)eine Blösse* (Schwäche) *geben;* **blosslegen; blossliegen** (unbedeckt liegen); aber: bloss (nur) liegen; **blossstellen** (etwas sagen, was für jemanden peinlich ist); die **Blossstellung;** sich **blossstrampeln**

Blou·son *franz. [blusõ],* das/der: -(s), -s (über Rock oder Hose getragene Jacke mit Bund)

blub·bern (glucksen, sprudeln)

Blue·jeans *engl. [bludschins],* die: -, - (blaue, feste Baumwollhose); *auch:* die **Blue Jeans**

Blues *amerik. [blus],* der: -, - (schwermütiges Tanzlied der Schwarzen in den USA)

Bluff *engl. [blöf],* der: -s, -s (Täuschung, Verblüffung); **bluffen**

blü·hen: der Baum blüht – das Geschäft blüht (geht gut) – *mir blüht etwas* (steht etwas bevor); **blühend:** blühend (jung, frisch) aussehen – ein blühender Unsinn; → Blüte

Blu·me, die: -, -n; *etwas durch die Blume* (nur andeutungsweise) *sagen;* das **Blumenbeet;** das **Blumengeschäft;** der **Blumenkohl;** der **Blumenstock;** der **Blumenstrauss;** der **Blumentopf; blumig:** eine blumige (wortreiche) Sprache

Blu·se *franz.,* die: -, -n (von Frauen getragenes Kleidungsstück)

Blust, der/das: -(e)s (das Blühen, die Blütezeit)

Blut, das: -(e)s; Blut spenden – Blut saugend – *Blut lecken* (Gefallen an etwas finden) – *böses Blut machen* (Ärger erregen) – *Blut und Wasser schwitzen* (Angst haben) – *kaltes Blut* (Ruhe) *bewahren – nur ruhig Blut* (nur keine Aufregung)!; die **Blutader; blutarm;** die **Blutarmut;** das **Blutbad;** die **Blut-**

bahn; blutbefleckt; aber: mit Blut befleckt; blutbeschmiert; das **Blutbild**; die **Blutbuche**; der **Blutdruck**; der **Blutegel**; **bluten**: die Wunde blutet – *dafür bluten* (zahlen) *müssen*; der **Bluter** (jemand, der an der Bluterkrankheit leidet); der **Bluterguss**; das **Blutgefäss**; die **Blutgruppe**; **blutig**; ...**blütig**: heissblütig; **blutjung**; die **Blutkonserve**; die **Blutlache**; der **Blutkreislauf**; **blutleer**; das **Blutplasma**; die **Blutprobe**; die **Blutrache**; **blutreinigend**; aber: das Blut reinigend; **blutrot**; **blutrünstig** (mordgierig); der **Blutsauger**; der **Blutsbruder**; die **Blutschande**; der **Blutspender**; die **Blutspenderin**; **blutstillend**; der **Blutstropfen**; der **Blutsturz**; **blutsverwandt**; die **Bluttat**; die **Bluttransfusion**; die **Blutung**; **blutunterlaufen**; das **Blutvergiessen**; die **Blutvergiftung**

Blü·te, die: -, -n; die Blüte der Bäume – in der Blüte der Jahre – Blüten (falsche Geldscheine) drucken; der **Blütenhonig**; der **Blütenkelch**; die **Blütenlese**; der **Blütenstand**; der **Blütenstaub**; **blütenweiss**; der **Blütenzweig**; die **Blütezeit**; → blühen

Bö, die: -, -en (heftiger Windstoss); auch: die **Böe**; **böig**

Bob *engl.*, der: -s, -s (steuerbarer Rodelschlitten); die **Bobbahn**; der **Bobfahrer**

Boc·cia *ital.* *[bọtscha]*, das/die: -, -s (ital. Kugelspiel)

Bock, der: -(e)s, Böcke; auf dem Bock (Kutschbock) sitzen – über den Bock springen (Turngerät); aber: das Bockspringen – *einen Bock schiessen* (Fehler machen) – (*einen*) *Bock* (Lust) *auf etwas haben* – *den Bock zum Gärtner machen* (den Ungeeignetsten mit einer Aufgabe betrauen); **bockbeinig**; das **Bockbier** (Starkbier); das **Böckchen**; **bocken** (nicht weitergehen, störrisch sein); **bockig**; der **Bocksbeutel** (bauchige Flasche für Frankenwein); das **Bockshorn**: *jemanden ins Bockshorn jagen* (durch eine unsinnige Nachricht verwirren, erschrecken); der **Bockmist** (Fehler, Blödsinn); der **Bocksprung**; **bocksteif**; die **Bockwurst**

Bo·den, der: -s, Böden; den Boden umgraben – Gerümpel vom Boden (Dachboden) tragen – auf dem Boden der Tatsachen bleiben – *festen Boden* (eine wirtschaftlich sichere Grundlage) *unter den Füssen haben* – *Handwerk hat goldenen Boden*; der **Bo-**

denbelag; die **Bodenkammer**; **bodenlos**: eine bodenlose (unglaubliche) Frechheit; die **Bodenreform**; der **Bodensatz**; die **Bodenschätze** *Mz.*; **bodenständig** (lange ansässig); das **Bodenturnen**; **bodigen** (besiegen)

Bo·dy·buil·ding *engl.* *[bọdibilding]*, das: -(s) (Muskeltraining zur Ausbildung guter Körperformen)

Bo·gen, der: -s, -/Bögen; ein Bogen Papier – mit Pfeil und Bogen – der Fluss macht einen Bogen – *in Bausch und Bogen* (ganz und gar) – *den Bogen überspannen* (zu weit gehen) – *den Bogen herausbahen* (eine Sache ausgezeichnet verstehen); **bogenförmig**; der **Bogenschütze**; **bogig** (gekrümmt)

Boh·le, die: -, -n (starkes Brett, Dielenbelag); der **Bohlenbelag** # Bowle

Boh·ne, die: -, -n (Gemüse); blaue Bohne (Gewehrkugel) – *nicht die Bohne* (überhaupt nicht); der **Bohnenkaffee**; die **Bohnenstange**

boh·nern: den Boden bohnern (glänzend machen); der **Bohnerbesen**; das **Bohnerwachs**

boh·ren: nach Öl bohren – einen bohrenden (durchdringenden) Blick haben – ein bohrender (quälender) Schmerz – bohrende Fragen; der **Bohrer**; die **Bohrinsel**; die **Bohrmaschine**; der **Bohrturm**; die **Bohrung**

Boi·ler *engl.* *[boiler]*, der: -s, - (Warmwasserbereiter und -speicher)

Bo·je, die: -, -n (verankertes Seezeichen)

Böl·ler, der: -s, - (Feuerwerkskörper); **böllern**; der **Böllerschuss**

Boll·werk, das: -(e)s, -e (Festung, Schutzwehr)

Bol·sche·wis·mus *russ.*, der: - (kommunistische Weltanschauung); der **Bolschewist**; **bolschewistisch**

Bol·zen, der: -s, - (Metallstift, Verbindungsstift); **bolzen** (grob spielen); die **Bolzerei**; der **Bolzplatz**

Bom·be *franz.*, die: -, -n; eine Bombe schlägt ein; das **Bombardement** *[...mãị]*; **bombardieren**: eine Stadt bombardieren – jemanden mit Fragen bombardieren (überschütten); **bombastisch** (prahlerisch, übertrieben); **bomben**; der **Bombenangriff**; der **Bombenanschlag**; der **Bombenerfolg**; **bombenfest**: ein bombenfester Keller – ein bombenfester (unumstösslicher) Beschluss; das **Bomben-**

geschäft (sehr gutes Geschäft); die **Bomben-rolle**; **bombensicher:** etwas bombensicher (ganz sicher) wissen; die **Bombenstimmung** (ausgelassene Stimmung); der **Bombentrichter;** der **Bomber**

Bon *franz.* [bõ], der: -s, -s (Gutschein, Kassenbeleg); der **Bonus** (Rabatt, Vergütung)

Bon·bon *franz.* [bõbõ], das/der: -s, -s (Süssigkeit); die **Bonbonniere** [bõbõjere] (Pralinenpackung); auch: die **Bonboniere**

Bon·ze *jap.*, der: -n, -n (einflussreicher Funktionär); das **Bonzentum**

Boom *engl.* [bum], der: -s, -s (Aufschwung in der Wirtschaft, Hochkonjunktur); **boomen**

Boot, das: -(e)s, -e; Boot fahren – *im gleichen Boot sitzen* (gemeinsam in der gleichen schwierigen Lage sein); der **Bootsbau;** die **Bootsfahrt;** der **Bootshaken;** der **Bootsmann;** die **Bootsleute** *Mz.*; der **Bootssteg**

Boot *engl.* [but], der: -s, -s (über den Knöchel reichender Schnürschuh)

Bord, das: -(e)s, -e (Bücher-, Wandregal)

Bord, der: -(e)s, -e (Schiffsrand, Schiffsdeck, Einfassung); an Bord gehen – Mann über Bord! – *etwas über Bord werfen* (endgültig aufgeben); das **Bordbuch;** das/der **Bordcase** [... keis] (kleiner Koffer für Flugreisen); der **Bordcomputer;** der **Borddienst;** die **Bordkante** (Rand des Gehweges)

Bor·dell, das: -s, -e (Freudenhaus)

Bor·dü·re *franz.*, die: -, -n (Einfassung, Geweberand, Besatz)

bor·gen: sich Geld borgen (leihen); aber: *Borgen macht Sorgen* – auf Borg (leihweise)

Bor·ke, die: -, -n (Baumrinde); der **Borkenkäfer;** **borkig:** eine borkige (raue) Fläche

Born, der: -(e)s, -e (Quelle, Brunnen)

bor·niert *franz.*: (eingebildet und dumm, geistig beschränkt); die **Borniertheit**

Bör·se *niederl.*, die: -, -n; seine Börse (seinen Geldbeutel) verlieren – an der Börse (Handelsort für Wertpapiere) spekulieren; der **Börsenmakler;** der **Börsensturz**

Bors·te, die: -, -n (steifes, kurzes Haar); das **Borstentier;** das **Borstenvieh;** **borstig** (struppig, rau)

Bor·te, die -, -n (Einrahmung, Stoffverzierung)

bös: ein böser Mensch – eine böse (schlimme) Zeit – auf jemanden böse (ärgerlich) sein – jenseits von gut und böse – aber: etwas Böses tun – das Gute und das Böse – sich

zum Bösen wenden – sich im Bösen trennen – im Bösen wie im Guten; auch: **böse; bösartig;** die **Bösartigkeit;** der **Böse** (Teufel); der **Bösewicht; boshaft;** die **Boshaftigkeit;** die **Bosheit; böswillig;** die **Böswilligkeit**

Bö·schung, die: -, -en (befestigter Abhang); **böschen** (abschrägen)

Boss *amerik.*, der: -es, -e (Chef)

Bo·ta·nik *griech.*, die: - (Pflanzenkunde); der **Botaniker;** die **Botanikerin; botanisch:** botanische Bücher; aber: der Botanische Garten (z. B. in München)

Bo·te, der: -n, -n; eine Nachricht durch einen Boten schicken; der **Botendienst;** der **Botenlohn;** die **Botin;** die **Botschaft:** eine Botschaft (Nachricht) überbringen – in die Botschaft (diplomatische Vertretung eines Landes) kommen – *die Frohe Botschaft* (Evangelium); der **Botschafter;** die **Botschafterin**

bot·mäs·sig: (untertan, gehorsam); die **Botmässigkeit**

Bot·tich, der: -(e)s, -e (grosses Gefäss aus Holz); der **Böttcher** (Fassbinder)

Bouil·lon *franz.* [buljõ], die: -, -s (Fleischbrühe)

Bou·le·vard *franz.* [bulewar], der: -s, -s (Prachtstrasse); die **Boulevardpresse** (Sensationspresse, billige Zeitungen)

Bou·quet, *franz.* [buke], das: -s, -s (Blumenstrauss); → Bukett

Bou·tique *franz.* [butik], die: -, -n/-s (kleiner Modeladen); → Butike

Bow·le *engl.* [bole], die: -, -n (alkoholisches Getränk aus Wein, Zucker und Früchten) # Bohle

Bow·ling *engl.* [boling], das: -s, -s (Kegelspiel); die **Bowlingbahn**

Box *engl.*, die: -, -en (Fach, einfache Kamera, Pferdestand)

bo·xen *engl.*: ihn/ihm in den Magen boxen; der **Boxer;** der **Boxkampf**

Boy *engl.* [beu], der: -s, -s (Laufjunge, Hoteldiener); der **Boyfriend** [beufrend] (Freund eines jungen Mädchens)

Boy·kott *engl.* [beukot], der: -(e)s, -s/-e (Aussperrung, Sperre, Ächtung); **boykottieren;** die **Boykottierung;** die **Boykottmassnahme**

brab·beln: (undeutlich vor sich hin reden)

brach: (unbestellt, unbebaut); die **Brache** (unbestelltes Land, Zeit des Brachliegens); das

Brachfeld; brachlegen (unbebaut lassen); **brachliegen;** der **Brachvogel**

bra·chi·al *griech.*: (mit roher Körpergewalt); die **Brachialgewalt**

bra·ckig: (mit Salzwasser vermischt, nicht trinkbar); das **Brackwasser**

Bran·che *franz. [brãsche]*, die: -, -n (Fach, Geschäftszweig, Abteilung); **branche(n)-fremd; branche(n)üblich;** das **Branchenverzeichnis**

Brand, der: -(e)s, Brände; den Brand löschen – in Brand stecken (anzünden) – *einen Brand haben* (durstig sein); **brandaktuell;** die **Brandblase; brandeilig** (sehr eilig); das **Brandeisen; brandgefährlich** (sehr gefährlich); der **Brandherd; brandig** (brenzlig); die **Brandlegung,** das **Brandmal; brandmarken:** *jemanden brandmarken* (öffentlich blossstellen); **brandneu; brandschatzen** (durch Raub und Plünderung schädigen); die **Brandstätte;** der **Brandstifter;** die **Brandwunde;** das **Brandzeichen;** → brennen

bran·den: die Wellen branden an die Küste (brechen sich); die **Brandung**

Bran·den·burg: -s (Land der Bundesrepublik Deutschland); der **Brandenburger;** die **Brandenburgerin; brandenburgisch**

Brannt·wein, der: -(e)s, -e (alkoholisches Getränk); der **Brandy** *[brändi]* (Weinbrand)

Brät, das: -s (rohe Wurstmasse)

bra·ten: du brätst, er briet, sie hat gebraten, brat(e)!; Kartoffeln braten – sich in der Sonne braten lassen (bräunen); der **Bratapfel;** der **Braten:** *den Braten riechen* (etwas rechtzeitig spüren); die **Bratensosse; bratfertig;** das **Brathähnchen;** das **Brathend(e)l;** der **Brathering;** die **Bratkartoffeln** Mz.; die **Bratpfanne;** der **Bratspiess;** die **Bratwurst**

Brat·sche *ital.*, die: -, -n (Streichinstrument); der **Bratschist;** die **Bratschistin**

Brauch, der: -(e)s, Bräuche; nach altem Brauch (alter Sitte); **brauchbar;** die **Brauchbarkeit; brauchen:** ich brauche dich – sie braucht nicht zu kommen; das **Brauchtum**

Braue, die: -, -n; sie zog die Brauen (Augenbrauen) hoch

brau·en: Bier brauen – es braut sich etwas zusammen (kündigt sich an); der **Brauer;** die **Brauerei;** das **Brauhaus**

braun: eine braune Farbe – ein braun gebranntes Gesicht; das **Braun; braunäugig;** der **Braune** (braunes Pferd); die **Bräune; bräunen;** die **Braunkohle; bräunlich;** die **Bräunung;** das **Bräunungsstudio**

Brau·se, die: -, -n; die Brause (Dusche) aufdrehen; das **Brausebad;** die **Brauselimonade; brausen:** sich brausen (duschen) – der Sturm braust – das Brausen des Meeres

Braut, die: -, Bräute (Verlobte); der **Bräutigam;** die **Brautleute;** das **Brautpaar;** die **Brautschau**

brav *franz.*: ein braver Junge – sich brav (tapfer) schlagen; die **Bravheit; bravo!;** das **Bravo:** Bravo rufen; auch: bravo rufen; die **Bravour** *[bruwur]* (Tapferkeit); auch: die **Bravur; bravourös** (meisterhaft); das **Bravourstück**

BRD = Bundesrepublik Deutschland

bre·chen: du brichst, er brach, sie hat gebrochen, brich!; das Eis bricht – sich den Arm brechen – einen Vertrag brechen (nicht einhalten) – den Widerstand brechen – jemandem das Herz brechen (ihn sehr, tödlich kränken) – das Schweigen brechen (beenden) – Galle brechen (spucken); aber: *auf Biegen oder Brechen* (unter allen Umständen) – *zum Brechen voll* (überfüllt) *sein*; die **Brechbohne;** das **Brecheisen;** der **Brecher** (sich überstürzende Welle); das **Brechmittel;** der **Brechreiz;** die **Brechstange;** die **Brechung**

Brei, der: -(e)s, -e; *um den heissen Brei* (um etwas) *herumreden;* **breiig:** eine breiige (dickflüssige) Masse

breit: eine breite Strasse – 3 Meter breit – weit und breit – etwas lang und breit (umständlich) erklären – sich breit machen (viel Platz beanspruchen) – die breite (grosse) Masse – breit gefächert; aber: des Langen und Breiten (umständlich); **breitbeinig;** die **Breite:** in die Breite gehen; **breiten:** eine Decke über den Tisch breiten – die Wiesen breiten sich aus; der **Breitengrad; breitrandig; breitschlagen:** *sich breitschlagen* (überreden) *lassen;* **breitschult(e)rig;** die **Breitseite;** die **Breitspur; breitspurig; breittreten** (ausgiebig erörtern)

Bre·men: -s (Stadt und Land der Bundesrepublik Deutschland); der **Bremer;** die **Bremerin; bremerisch**

brẹm·sen: er musste sehr scharf bremsen; der **Bremsbelag;** die **Bremse;** der **Bremser;** der **Bremsklotz;** das **Bremslicht;** die **Bremsspur;** der **Bremsweg**

brẹn·nen: du brennst, es brannte, sie hat gebrannt, brenn(e)!; das Holz brennt – die Sonne brennt vom Himmel – die Füsse brennen (schmerzen) vom langen Wandern – sie brennt vor Neugier – auf Rache brennen (heftig danach streben) – eine brennende (wichtige) Frage haben – brennend (sehr) gern – *etwas brennt mir auf der Seele* (ist mir ein dringendes Anliegen); **brennbar;** die **Brennbarkeit;** das **Brennelement;** die **Brennerei;** das **Brennglas;** das **Brennholz;** das **Brennmaterial;** die **Brennnessel;** der **Brennpunkt;** der **Brennstoff;** die **Brennweite; brenzlich;** auch: **brenzlig:** eine brenzlige (gefährliche) Sache; → Brand

Brẹ·sche, die: -, -n; eine Bresche (Lücke) schlagen – *für jemanden in die Bresche springen* (für ihn eintreten)

Brẹtt, das: -(e)s, -er; das schwarze Brett – *ein Brett vor dem Kopf haben* (dumm, töricht sein); die **Bretterbude;** die **Bretterwand;** das **Brettl** (Kleinkunstbühne); die **Brettl(n)** (süddeutsch für Skier); das **Brettspiel**

Brẹt·zel, die: -, -n (Waffelgebäck) → Brezel

Bre·vet franz. *[brevet]*, das: -s, -s (Prüfungsausweis); **brevetieren**

Bre·vier *[brevir]* lat., das: -s, -e (Gebetbuch)

Bre·zel, die: -, -n (Backwerk); die **Brezen;** auch: die **Bretzel**

Bridge engl. *[bridsch]*, das: - (Kartenspiel); die **Bridgepartie**

Brief, der: -(e)s, -e; jemandem Brief und Siegel auf etwas geben (etwas fest versprechen); der **Briefbogen;** der **Brieffreund;** die **Brieffreundin;** das **Briefgeheimnis;** der **Briefkasten;** der **Briefkopf; brieflich;** die **Briefmarke;** der **Brieföffner;** der **Briefpartner;** die **Brieftasche;** die **Brieftaube;** der **Briefträger;** der **Briefumschlag;** die **Briefwaage;** der **Briefwechsel**

Bries, das: -es, -e (Drüse bei Tieren)

Bri·ga·de franz., die: -, -n (Heeresabteilung, Arbeitstrupp); der **Brigadier** *[brigadje]*

Bri·kẹtt franz., das: -s, -s/-e (Presskohle)

bril·lant franz. *[briljant]*: (glänzend, grossartig); der **Brillant** (geschliffener Edelstein); der **Brillantring;** die **Brillanz** (hohe Qualität); **brillieren** (glänzen, hervortun)

Brịl·le, die: -, -n; eine Brille tragen; das **Brillenetui;** die **Brillenschlange;** der **Brillenträger;** die **Brillenträgerin**

brịn·gen: du bringst, er brachte, sie hat gebracht, bring(e)!; die Post bringen – jemanden nach Hause bringen – das Geschäft bringt viel Geld – die Zeitung bringt nichts Neues – etwas zur Sprache bringen – die Arbeit hinter sich bringen – es im Leben zu etwas bringen – *etwas nicht über sich bringen* (nicht dazu fähig sein)

bri·sạnt franz.: (höchst aktuell, hochexplosiv); die **Brisanz** (Sprengkraft)

Bri·se franz., die: -, -n (sanfter Wind)

Bri·te, der: -n, -n (Einwohner Grossbritanniens); die **Britin; britisch:** die britische Bevölkerung; aber: die Britischen Inseln

Brọc·co·li ital., der: -s, -s; → Brokkoli

Brọ·cken, der: -s, -; ein Brocken Brot – ein paar Brocken Englisch; das **Bröckchen; bröck(e)lig; bröckeln:** der Putz bröckelt ab; **brocken:** Beeren brocken (pflücken) – Brot in die Milch brocken; das **Brockenhaus;** die **Brockenstube; brockenweise**

bro·deln: das Wasser brodelt (siedet hörbar) – in der Bevölkerung brodelt es (breitet sich Unruhe aus)

Bro·kat ital., der: -(e)s, -e (schwerer Seidenstoff)

Brọk·ko·li ital., der: -s, -s (Abart des Blumenkohls); auch: der **Broccoli**

Brọm·bee·re, die: -, -n (Strauchfrucht)

Brọn·chie griech. *[bronchje]*, die: -, -n (Hauptast der Luftröhre); **bronchial;** der **Bronchialkatarrh;** die **Bronchitis** (Entzündung der Bronchien)

Brọn·ze ital. *[brösse]*, die: -, -n (Kupfer-Zinn-Legierung); **bronzefarben;** die **Bronzemedaille; bronzen;** die **Bronzezeit; bronzieren**

Brọ·sa·me, die: -, -n (Brotkrümel); die **Brösel** Mz.; **brös(e)lig; bröseln** (krümeln)

Brọ·sche franz., die: -, -n (Spange, Anstecknadel)

Bro·schü·re franz., die: -, -n (leicht geheftete Druckschrift, Flugschrift); **broschiert** (brosch.) (geheftet)

Brot, das: -(e)s, -e; Brot backen; das **Brötchen;** der **Brotgeber;** der **Brotkorb;** die **Brot-**

A
B
C
D
E
F

krume; die **Brotkruste;** der **Brotlaib;** brot-
los: eine brotlose (wenig einträgliche) Kunst;
der **Brotneid;** die **Brotschnitte;** der **Brot-
teig;** die **Brotzeit** (kleine kalte Mahlzeit)
Bruch, das/der: -(e)s, Brüche (Moor, Sumpf-
land)
Bruch, der: -(e)s, Brüche; der Bruch des Dam-
mes – der Bruch des Waffenstillstandes –
gleichnamige Brüche – in die Brüche ge-
hen (zerbrechen) – sich einen Bruch (sehr)
lachen; die **Bruchbude** (baufälliges Haus);
bruchfest; brüchig: eine brüchige (nicht
mehr feste) Freundschaft; die **Brüchigkeit;
bruchlanden;** die **Bruchlandung; bruch-
rechnen;** die **Bruchrechnung;** der **Bruch-
schaden; bruchsicher;** der **Bruchstrich;
bruchstückhaft;** der **Bruchteil;** die **Bruch-
zahl**
Brü·cke, die: -, -n; eine Brücke über den Fluss
– auf der Brücke (Kommandozentrale)
eines Schiffes stehen – eine Brücke (ei-
nen Zahnersatz) bekommen – eine Brücke
(Turnübung) machen – eine Brücke (einen
kleinen Teppich) auf den Boden legen – je-
mandem eine goldene Brücke bauen (ihm
bereitwillig entgegenkommen) – alle Brü-
cken hinter sich abbrechen (alle bisherigen
Bindungen auflösen); der **Brückenbau;** das
Brückengeländer; der **Brückenkopf;** der
Brückenschlag; der **Brückenzoll**
Bru·der, der: -s, Brüder; unter Brüdern ge-
sprochen (ehrlich gesagt); das **Brüderchen;**
das **Bruderherz;** der **Bruderkrieg; brüder-
lich;** die **Brüderlichkeit;** die **Bruderschaft**
(religiöse Vereinigung); die **Brüderschaft:**
Brüderschaft (Duzfreundschaft) schliessen;
der **Bruderzwist**
Brü·he, die: -, n; ein Teller Brühe – eine
schmutzige Brühe (schmutziges Wasser);
brühen; brühheiss; brühwarm; der **Brüh-
würfel**
brül·len: vor Wut brüllen; der **Brüllaffe**
brum·men: ärgerlich brummen – mir brummt
der Kopf – im Gefängnis brummen (sitzen);
der **Brummbär;** der **Brummbass;** der **Brum-
mer;** der **Brummi** (Lastkraftwagen); **brum-
mig** (mürrisch, unfreundlich); der **Brumm-
schädel**
Brunch engl. [brantsch], der: -(e)s, -(e)s/-e
(reichhaltiges Frühstück anstelle des Mittag-
essens)

brü·nett franz.: (braunhaarig); die **Brünette**
Brunft, die: -, Brünfte (Paarungszeit bei man-
chen Tieren); **brunftig;** der **Brunftschrei;**
die **Brunftzeit**
Brun·nen, der: -s, -; Wasser vom Brunnen ho-
len; das **Brünnlein**
Brunst, die: -, Brünste (Brunft); die **Brunstzeit**
(Paarungszeit bei Säugetieren); **brünstig**
brüsk franz: jemanden brüsk (schroff, unhöf-
lich) behandeln; **brüskieren** (kränken); die
Brüskierung
Brust, die: -, Brüste; sich in die Brust werfen
(prahlen) – schwach auf der Brust sein (we-
nig Geld, geringe Kenntnisse haben); das
Brustbein; das **Brustbild; sich brüsten**
(prahlen); die **Brusthöhe;** der **Brustkasten;**
der **Brustkorb; brustschwimmen;** aber:
das **Brustschwimmen;** die **Bruststimme;
brusttief;** der **Brustton;** die **Brüstung** (Ge-
länder, Schutzmauer); die **Brustwarze**
bru·tal lat.: (roh, rücksichtslos); die **Brutalität**
brü·ten: die Eier ausbrüten – über seiner Ar-
beit brüten (grübeln) – es ist brütend heiss;
die **Brut;** der **Brüter** (Kernreaktor): der
schnelle Brüter; die **Bruthitze;** der **Brutkas-
ten;** die **Brutstätte**
brut·to ital.: (mit Verpackung, ohne Abzüge);
das **Bruttoeinkommen;** das **Bruttogewicht;**
der **Bruttolohn;** das **Bruttosozialprodukt;**
der **Bruttoverdienst**
brut·zeln: (in zischendem Fett braten)
BS = Basel-Stadt (Halbkanton)
Bub, der: -en, -en (Knabe, Junge); der **Bube**
(Spielkarte, gemeiner Mensch); der **Buben-
streich**
Buch, das: -(e)s, Bücher; über etwas Buch füh-
ren (sich Notizen machen) – wie ein Buch
(ohne Unterbrechung) reden; der **Buchbin-
der;** der **Buchdrucker; buchen:** eine Reise
buchen (sich für eine Reise anmelden, ein-
tragen lassen) – etwas als Erfolg buchen
(ansehen); das **Bücherbord;** die **Bücherei;**
der **Bücherschrank;** der **Bücherwurm;** die
Buchführung; der **Buchhalter;** die **Buch-
halterin;** der **Buchhandel;** der **Buchhänd-
ler;** die **Buchhändlerin;** die **Buchhandlung;**
die **Buchung**
Bu·che, die: -, -n (Laubbaum); die **Buchecker;
buchen** (aus Buchenholz); das **Buchen-
scheit;** der **Buchfink**
Buch·se, die: -, -n (Steckdose)

Büch·se, die: -, -n (Dose, Gewehr); das **Büchsenfleisch;** der **Büchsenmacher;** die **Büchsenmilch;** der **Büchsenöffner**

Buch·sta·be, der: -ns, -n; *nach dem Buchstaben des Gesetzes* (peinlich genau nach den gesetzlichen Bestimmungen) – *sich auf seine vier Buchstaben setzen* (sich hinsetzen); **buchstabengetreu; buchstabieren; buchstäblich** (regelrecht)

Bucht, die: -, -en (in das Land hineinragender Teil eines Meeres oder Sees); **buchtig**

Bu·ckel, der: -s, - (Höcker, Rücken) *den Buckel für etwas hinhalten* (Verantwortung dafür tragen) – *viel auf dem Buckel* (viel Arbeit) *haben* – *einen breiten Buckel haben* (viel aushalten können); **buck(e)lig;** der/die **Buck(e)lige; buckeln;** sich **bücken;** der **Bückling** (Verbeugung, geräucherter Hering)

bud·deln: ich budd(e)le (grabe) im Sand; die **Buddelei**

Bud·dha, der: - (indischer Religionsstifter); der **Buddhismus;** der **Buddhist;** die **Buddhistin; buddhistisch**

Bu·de, die: -, -n; *die Bude auf den Kopf stellen* (ausgelassen sein, feiern) – *jemandem die Bude einrennen* (jemanden ständig mit einem Anliegen belästigen)

Bud·get franz. *[büdsche]*, das: -s, -s (Haushaltsplan); **budgetieren**

Bü·fett, das: -(e)s, -s/-e; auch: das **Buffet** *[büfe]* (Anrichte, Geschirrschrank); das kalte Büfett; der **Büfettier**

Büf·fel, der: -s, - (in Afrika und Asien wild lebendes Rind); die **Büffelei;** das **Büffelleder; büffeln** (angestrengt lernen)

Bug, der: -(e)s, -e (der vordere Teil des Schiffes); **bugsieren:** einen Dampfer bugsieren (ins Schlepptau nehmen) – jemanden zur Türe bugsieren (mühsam befördern); der **Bugspriet** (Segelstange); die **Bugwelle**

Bü·gel, der: -s, -; das Hemd auf den Bügel hängen; das **Bügelbrett;** das **Bügeleisen;** die **Bügelfalte; bügelfest; bügelfrei; bügeln:** ich büg(e)le; der **Bügler;** die **Büglerin**

Bug·gy engl. *[bagi]*, der: -s, -s (zusammenklappbarer Kindersportwagen)

bu·hen: (durch Buhrufe sein Missfallen ausdrücken); **buh!** (Ausruf des Missfallens); der **Buhmann** (Schreckgespenst, böser Mann); der **Buhruf**

buh·len: um eine Freundschaft buhlen (sich bemühen); der/die **Buhle** (Geliebter bzw. Geliebte); der **Buhler;** die **Buhlerin**

Buh·ne, die: -, -n (Damm zum Schutz des Ufers)

Büh·ne, die: -, -n; zur Bühne (zum Theater) gehen – *von der Bühne abtreten* (sich von der Öffentlichkeit zurückziehen) – *etwas über die Bühne bringen* (erfolgreich durchführen); der **Bühnenarbeiter;** das **Bühnenbild; bühnenreif;** das **Bühnenstück**

Bu·kett franz., das: -es, -e/-s (Blumenstrauss); → **Bouquet**

Bul·ga·ri·en: -s (Staat in Osteuropa); der **Bulgare;** die **Bulgarin; bulgarisch**

Bu·li·mie griech., die: - (Ess-Brech-Sucht)

Bull·au·ge, das: -s, -n (rundes Schiffsfenster)

Bull·dog engl., der: -s, -s (Zugmaschine); die **Bulldogge** (Hunderasse); der **Bulldozer** *[buldosser]* (Planierraupe)

Bul·le, der: -n, -n (Stier); die **Bullenhitze; bullig** (stark und plump)

Bul·le lat., die: -, -n (Urkunde, Kirchenerlass)

bul·lern: (kochen, klopfen, dröhnen, wallen); ein bullernder Ofen

Bul·le·tin franz. *[bültä]*, das: -s, -s (amtliche Bekanntmachung)

Bu·me·rang engl., der: -s, -e/-s (gekrümmtes Wurfholz) – die Kritik erweist sich als Bumerang (fällt auf den Kritiker selbst zurück)

bum·meln: (schlendern, spazieren gehen); der **Bummel** (kleiner Spaziergang); die **Bummelei; bumm(e)lig** (langsam, träge); die **Bumm(e)ligkeit;** das **Bummelleben;** der **Bummelstreik;** der **Bummelzug;** der **Bummler**

Bund, das: -(e)s, -e (Gebinde); viele Bund(e) Stroh – ein Bund Rosen; das **Bündel:** *sein Bündel schnüren* (sich zur Abreise fertig machen); **bündeln: bündelweise; bündig:** kurz und bündig – ein bündiger (überzeugender) Beweis

Bund, der: -(e)s, Bünde (Vereinigung); der Bund fürs Leben (Heirat) – *mit jemandem im Bunde* (verbündet) *sein;* der **Bundesanwalt;** die **Bundesanwältin;** die **Bundesbahn** → Schweizerische Bundesbahnen (SBB); der **Bundesbeschluss;** der **Bundesbrief;** die **Bundesfeier;** der **Bundesgenosse;** das **Bundesgericht;** die **Bundeshauptstadt;**

das **Bundeshaus**; die **Bundeskanzlei**; der **Bundeskanzler**; das **Bundesland**; die **Bundespolizei**; der **Bundespräsident**; die **Bundespräsidentin**; der **Bundesrat**; die **Bundesrätin**; die **Bundesregierung**; die **Bundesrepublik**; der **Bundesrichter**; die **Bundesrichterin**; der **Bundesstaat**; die **Bundesstadt** (Bern); die **Bundesstrasse** ⟨B⟩; der **Bundestag**; die **Bundesversammlung**; **bundesweit**; das **Bündnis**; der **Bündnispartner**

Bun·ga·low *engl. [bungalo]*, der: -s, -s (einstöckiges Wohnhaus)

Bun·ker, der: -s, - (Schutzunterkunft, sehr grosser Behälter); **bunkern**

bunt: ein buntes Tuch – ein bunter Abend – bunt bemalen – bunt gefiedert – bunt gescheckt – bunt schillernd – bunt gestreift – ein bunt kariertes Hemd – bunt (wirr) durcheinander liegen – *wie ein bunter Hund bekannt sein* (sehr bekannt sein) – *es zu bunt treiben* (über das Mass des Erträglichen hinausgehen); die **Buntheit**; **buntscheckig**; der **Buntspecht**; der **Buntstift**

Bür·de, die: -, -n (Last, Sorge)

Burg, die: -, -en; eine Burg bauen; der **Bürger**; die **Bürgerin**; die **Bürgerinitiative**; der **Bürgerkrieg**; **bürgerlich**: das bürgerliche Leben; aber: das Bürgerliche Gesetzbuch; der **Bürgermeister**; die **Bürgermeisterin**; **bürgernah**; das **Bürgerrecht**; die **Bürgerschaft**; der **Bürgersteig**; das **Bürgertum**; der **Burgfried** (Hauptturm einer Burg); der **Burgfrieden**; der **Burggraben**; der **Burggraf**; die **Burgruine**; der **Burgstall**; das **Burgverlies**; der **Burgvogt**

Bür·ge, der: -n, -n; du bist mein Bürge; **bürgen**: für einen Freund bürgen (einstehen); die **Bürgin**; die **Bürgschaft**

bur·lesk *franz.*: (possenhaft)

Bü·ro *franz.*, das: -s, -s; in einem Büro arbeiten; das **Bürohaus**; **der Bürokrat**; die **Bürokratie**; **bürokratisch** (genau nach Vorschrift); der **Bürokratismus**; der **Büroschluss**

Bur·sche, der: -n, -n (Knabe, Junge); auch: der **Bursch**; das **Bürschchen**; **burschikos** (betont jungenhaft)

Bürs·te, die: -, -n; die Schuhe mit einer Bürste säubern; **bürsten**; der **Bürstenbinder**

Bür·zel, der: -s, - (Schwanzwurzel von Vögeln)

Bus, der: -ses, -se (Omnibus); der **Busbahnhof**; der **Busfahrer**; die **Bushaltestelle**; die **Buslinie**

Busch, der: -(e)s, Büsche; *auf den Busch klopfen* (etwas vorsichtig erkunden); das **Büschel**; **büschelweise**; **buschig**; das **Buschland**; der **Buschmann**; das **Buschmesser**; das **Buschwerk**; das **Buschwindröschen**

Bu·sen, der: -s, - (Brust); der **Busenfreund**; **busig**

Busi·ness *engl. [bisnis]*, das: - (Geschäft, Geschäftsleben)

Bus·sard *franz.*, der: -s, -e (Greifvogel)

büs·sen: für seinen Leichtsinn büssen (Strafe erleiden); die **Busse**; der **Büsser**; das **Büsserhemd**; die **Büsserin**; **bussfertig** (zur Reue bereit); das **Bussgebet**; die **Busspredigt**; das **Busssakrament**; der **Buss- und Bettag**

Büs·te *franz.*, die: -, -n (Brustbild, Oberkörper); der **Büstenhalter**

Bu·ti·ke *franz.*, die: -, -n (kleiner Modeladen); → Boutique

But·ler *engl. [batler]*, der: -s, - (ranghöchster Diener)

Büt·te, die: -, -n (grosses Gefäss aus Holz); das **Büttenpapier**; der **Büttenredner** (Karnevalssprecher)

But·ter, die: -; *es ist alles in Butter* (in Ordnung) – *sich nicht die Butter vom Brot nehmen lassen* (sich nicht benachteiligen lassen); die **Butterblume**; das **Butterbrot**; die **Butterdose**; das **Butterfass**; die **Buttermilch**; **buttern** (Butter herstellen); **butterweich**

BV = Bundesverfassung (Grundgesetz des schweiz. Bundesstaates vom 29. Mai 1874)

b. w. = bitte wenden!

By·pass *[baipas]*, der: -es, Bypässe (Blutgefässersatz); die **Bypassoperation**

bzw. = beziehungsweise

C

C = Celsius; römisches Zeichen für die Zahl 100

ca. = circa (etwa, ungefähr); → zirka

Ca·ba·ret *franz. [kabare]*, das: -s, -s; → Kabarett

Ca·brio (Cab·rio) *franz.*, das: -(s), -s (Pkw mit zurückklappbarem Verdeck); → Kabrio

Ca·bri·o·let (Cab·ri·o·let) *franz.* *[kạbriolẹ],* das: -s, -s; → Kabriolett

Ca·chet *franz.* *[kạsche],* das: -s, -s (Gepräge, Eigentümlichkeit)

Ca·fé *franz.* *[kạfẹ],* das: -s, -s (Kaffeehaus); die **Cafeteria** (Café, Imbissstube) # Kaffee

Ca·ke *engl.* *[keik],* der: -, -s (Kuchen)

Cal·ci·um *lat.* *[kạltsium],* das: -s; → Kalzium

Ca·mi·on *franz.* *[kạmiõ],* der: -s, -s (Lastwagen); die **Camionnage** (Spedition); der **Camionneur**

Cam·pag·ne (Cam·pa·gne) *franz.* *[kạmpạnje],* die: -, -n; → Kampagne

Cam·ping *engl.* *[kämping],* das: -s (das Leben im Zelt oder Wohnwagen); das **Camp** (Lager); **campen;** der **Camper;** die **Camperin;** der **Campingplatz**

Ca·nail·le *franz.* *[kanạlje],* die: -, -n; → Kanaille

Ca·na·pé *franz.* *[kạnapẹ],* das: -s, -s (belegtes Brötchen) → Kanapee

Ca·nas·ta *span.,* das: -s (Kartenspiel)

Cape *engl.* *[kẹp],* das: -s, -s (ärmelloser Umhang)

Car *franz.,* der: -s, -s (Autocar)

Ca·ra·mel *franz.,* das: -s, -(s) (gebrannter Zucker, Bonbon) → Karamell; **Caramelköpfli**

Ca·ra·van *engl.* *[kạrawan, karawạn],* der: -s, -s (Wohnwagen)

Ca·ri·tas *lat.,* die: - (Nächstenliebe); Caritas Schweiz; aber: karitativ (wohltätig); → Karitas

Car·toon *engl.* *[kartụn],* das/der: -(s), -s (Witzzeichnung, Karikatur); der **Cartoonist** (Witzzeichner); die **Cartoonistin**

cash *engl.* *[käsch]:* (bar); das **Cash**

Cä·si·um ⟨Cs⟩ *lat.* *[tsäsium],* das: -s; → Zäsium

CD, die: -, -s (Abk. für Compact Disk, Kompaktschallplatte); die **CD-Platte;** der **CD-Player;** der **CD-Spieler**

CDU = Christlich-Demokratische Union (Deutschlands)

Cel·lo *ital.* *[tschälo],* das: -s, -s/Celli (Kniegeige); der **Cellist;** die **Cellistin**

Cel·lo·phan *lat./griech.* *[tsälofạn],* das: -s, -e (durchsichtige Folie); → Zellophan

Cel·lu·lo·id *lat.,* das: -s; → Zelluloid

Cel·lu·lo·se *lat.,* die: -, -n; → Zellulose

Cel·si·us ⟨C⟩: (Temperaturangabe); 8 Grad Celsius (8° C)

Cem·ba·lo *ital.* *[tschämbalo],* das: -s, -s/Cembali (altes Tasteninstrument)

Cent ⟨c, ct⟩ *engl.* *[sänt],* der: -(s), -(s) (Münze, kleine Währungseinheit z. B. in den USA); 5 Cent (5 cts)

Cen·ter *amerik.* *[sänter],* das: -s, - (grosses Kaufhaus, Einkaufszentrum)

Cer·ve·lat *[sẹrvelat],* der: -s, -s (Brühwurst aus Rindfleisch mit Schwarten und Speck); → Servela; → Servelatwurst; → Zervelatwurst

CH = Confoederatio Helvetica (Schweizerische Eidgenossenschaft)

Cha·let *franz.* *[schalẹ],* das: -s, -s (Landhaus, Sennhütte)

Cha·mä·le·on *griech.* *[kamäleon],* das: -s, -s (Echse, die ihre Farbe ändern kann)

Cham·pag·ner (Cham·pa·gner) *franz.* *[schampạnjer],* der: -s, - (Schaumwein)

Cham·pig·non (Cham·pi·gnon) *franz.* *[schạmpinjõ],* der: -s, -s (Edelpilz)

Cham·pi·on *engl.* *[tschämpjen],* der: -s, -s (Spitzensportler, Meister in einer Sportart)

Chan·ce *franz.* *[schạse],* die: -, -n (günstige Gelegenheit); seine Chance nützen – bei jemandem Chancen haben; die **Chancengleichheit**

Chan·son *franz.* *[schạsõ],* das: -s, -s (Liederart); der **Chansonsänger;** die **Chansonsängerin**

Cha·os *griech.* *[kạos],* das: - (völliges Durcheinander, Wirrwarr); **chaotisch**

Cha·rak·ter *griech.* *[karạkter],* der: -s, Charaktere (Wesensart, Veranlagung); der Charakter eines Menschen, einer Stadt – Charakter haben; **charakterisieren:** einen Menschen charakterisieren (kennzeichnen, beschreiben); die **Charakteristik** (treffende Schilderung); das **Charakteristikum** (auffälliges Merkmal); **charakteristisch** (typisch, kennzeichnend); **charakterlich; charakterlos;** die **Charakterlosigkeit;** der **Charakterzug**

Char·ge *franz.* *[schạrsche],* die: -, -n (Amt, Rang, Dienstgrad)

Cha·ris·ma *griech.* *[kạrisma],* das: -, Charismen/Charismata (besondere Ausstrahlungskraft); **charismatisch**

char·mant *franz.* *[scharmạnt]:* eine charmante (reizende) Begleiterin – charmant (liebenswürdig) lächeln – eine charmante (liebenswürdige) alte Dame; auch: **scharmant;** der **Charme;** der **Charmeur** *[scharmör]*

Char·ta *lat.* *[kạrta]*, die: -, -s (Urkunde, Verfassungsgesetz)

char·tern *engl.* *[(t)schạrtern]*: ein Flugzeug chartern (mieten); der **Charterflug**

Chas·sis *franz.* *[schạsi, schasị]*, das: -, - (Fahrgestell eines Autos)

Chauf·feur *franz.* *[schoffö͟r]*, der: -s, -e (Kraftfahrer); auch: der **Schofför; chauffieren**

Chaus·see *franz.* *[schossẹ]*, die: -, Chausseen (Landstrasse)

che·cken *engl.* *[tschäken]*: (kontrollieren, prüfen); der **Check;** → Scheck; die **Checkliste;** der **Checkpoint** (Kontrollpunkt an Grenzübergängen)

Chef *franz.* *[schäf]*, der: -s, -s (Vorgesetzter, Leiter); der **Chefarzt;** die **Chefärztin;** die **Chefin;** der **Chefpilot;** die **Chefsekretärin**

Che·mie *arab.*, die: - (Lehre von den Stoffen und ihren Verbindungen); die **Chemikalie;** der **Chemiker;** die **Chemikerin; chemisch;** die **Chemotherapie**

chic *franz.* *[schịk]*: → schick

Chif·fre (Chiff·re) *franz.* *[schịfre, schịfer]*, die: -, -n (Ziffer, Geheimschrift); **chiffrieren:** eine chiffrierte (verschlüsselte) Botschaft

Chịl·bi, die: - (ursprünglich Kirchweih)

Chi·le *[tschịle]*: -s (Staat in Südamerika); der **Chilene;** die **Chilenin; chilenisch**

Chi·mä·re *griech.*, die: -, -n; → Schimäre

Chi·na: -s (Land in Ostasien); der **Chinese;** die **Chinesin; chinesisch:** die chinesische Sprache; aber: die Chinesische Mauer

Chi·nịn *indian.*, das: -s (Mittel gegen Fieber)

Chip *engl.* *[tschịp]*, der: -s, -s; einen Chip (eine Spielmarke) eintauschen – ein Chip (Computerteilchen) wird eingebaut – Chips (in Fett gebackene Kartoffelscheiben) essen

Chi·rụrg (Chir·ụrg) *griech.*, der: -en, -en (Facharzt für Operationen), die **Chirurgie;** die **Chirurgin; chirurgisch:** ein chirurgischer Eingriff

Chlor *griech.* *[klo͟r]*, das: -s (chemischer Grundstoff); **chloren:** gechlortes (mit Chlor behandeltes) Wasser; das **Chloroform** (Betäubungsmittel); **chloroformieren;** das **Chlorophyll** (Blattgrün)

Cho·le·ra *griech.* *[kọlera]*, die: - (Infektionskrankheit); die **Choleraepidemie**

Cho·le·ri·ker *griech.* *[kọleriker]*, der -s, - (reizbarer, leicht aufbrausender Mensch); **cholerisch**

Chor *griech.* *[ko͟r]*, der: -(e)s, Chöre (Sängerschar, mehrstimmiger Gesang, Kirchenraum mit Altar); der **Choral** (Kirchenlied); der **Chorgesang;** die **Chormusik;** der **Chorsänger**

Cho·re·o·gra·fie *griech.*, die: -, Choreografien (Tanzgestaltung); auch: die **Choreographie**

Cho·se *franz.* *[schọsse]*, die: - (Angelegenheit, Sache); auch: die **Schose**

Christ *griech.* *[krịst]*, der: -en, -en (Anhänger des Christentums); der **Christbaum;** die **Christenheit;** das **Christentum; christianisieren;** das **Christkind; christlich:** ein christlicher Mensch; aber: die Christlich-Demokratische Union; der **Christus:** vor Christi Geburt (v. Chr.) – nach Christi Geburt (n. Chr.)

Chrom *griech.* *[kro͟m]*, das: -s (glänzendes, schweres Metall)

Chro·mo·som *griech.* *[kromoso͟m]*, das: -s, -en (Träger der Erbanlagen im Zellkern)

Chro·nik *griech.* *[krọnik]*, die: -, -en (Aufzeichnung geschichtlicher Ereignisse); **chronisch:** ein chronisches (immer wiederkehrendes) Leiden; der **Chronist;** die **Chronologie** (zeitlicher Ablauf, Zeitrechnung); **chronologisch:** eine chronologische (zeitlich geordnete) Darstellung

Chry·san·the·me (Chrys·an·the·me) *griech.*, die: -, -n (Herbstblume, Zierpflanze)

Chur *[kur]*: (Hauptort des Kantons Graubünden)

CIA = Central Intelligence Agency (amerikanischer Geheimdienst)

ciao! *ital.* *[tschạu]*: → tschau

cịr·ca ⟨ca.⟩ *lat.*: (etwa, ungefähr); → zirka

Cịr·cus *lat.*, der: -, -se; → Zirkus

Ci·ty *engl.* *[sịti]*, die: -, -s (Stadtzentrum, Geschäftsviertel in einer Grossstadt)

Clan *[klạn]*, *engl.:* *[klä̱n]*, der: -s, -e, *engl.:* -s (Familiensippe); → Klan

clẹ·ver *engl.:* ein cleverer (geschickter, geschäftstüchtiger) Mann; die **Cleverness**

Cli·ché *franz.*, das: -s, -s; → Klischee

Clinch *engl.* *[klin(t)sch]*, der: -(e)s (Umklammerung des Gegners beim Boxen, Streit)

Clip *engl.*, der: -s, -s; → Klipp

Cli·que *franz.* *[klịke]*, die: -, -n (Bande, kleine Gruppe von Menschen, Freundeskreis); die **Cliquenwirtschaft**

Clou *franz.* *[klụ]*, der: -s, -s; der Clou (Höhepunkt) des Abends

Clown *engl.* *[kl<u>au</u>n]*, der: -s, -s (Spassmacher); die **Clownin**

Cl<u>u</u>b *engl.*, der: -s, -s (Verein); → Klub

Clus·ter *engl.* *[kl<u>a</u>ster]*, der: -s, -(s) (Sammlung von Einfällen um ein zentrales Thema)

Co. = Compagnie (Kompanie)

c/o = care off (bei, per Adresse)

Coach *engl.* *[k<u>o</u>tsch]*, der: -(s), -s (Trainer, Betreuer eines Sportlers oder einer Mannschaft); **coachen**

C<u>o</u>ck·pit *engl.*, das: -s, -s (Pilotenkabine im Flugzeug)

Cock·tail *engl.* *[k<u>o</u>ktel]*, der: -s, -s (Getränk aus Spirituosen, Säften und Früchten); die **Cocktailparty**

Code *franz.* *[k<u>o</u>d]*, der: -s, -s (verabredetes Zeichensystem); → Kode; **cod<u>ie</u>ren**

Co·dex *lat.* *[k<u>o</u>dex]*, der: -es, -e/Codices; → Kodex

Cof·fe·in *arab.*, das: -s; → Koffein

Cog·nac (Co·gnac) *franz.* *[k<u>o</u>njak]*, der: -s, -s (franz. Weinbrand); → Kognak

Coif·feur *franz.* *[k<u>o</u>aför]*, der: -s, -e (Friseur); die **Coiffeuse [k<u>o</u>aföse]**

Col·la·ge *franz.* *[k<u>o</u>lasche]*, die: -, -n (aus Papier oder anderem Material geklebtes Bild)

Col·lier *franz.* *[k<u>o</u>lje]*, das: -s, -s; → Kollier

Come-back *engl.* *[kamb<u>ä</u>k]*, das: -(s), -s; ein gelungenes Come-back (Wiederauftritt eines bekannten Künstlers, Sportlers o. Ä. nach einer längeren Pause); auch: das **Comeback**

C<u>o</u>·mic *amerik.*, der: -s, -s (Kurzwort für Comicstrip, Bildergeschichte mit Kurztexten); das **Comicheft**; der **Comicstrip**

Com·pact·disk *engl.* *[komp<u>ä</u>ktdisk]*, die: -, -s (CD-Platte); auch: die **Compact Disk**

Com·pu·ter *engl.* *[kompj<u>u</u>ter]*, der: -s, - (elektronische Rechenanlage); das **Computerspiel**

Con·fi·se·rie *franz.*, die: -, Confiser<u>ie</u>n; → Konfiserie

Con·tai·ner *engl.* *[kont<u>e</u>ner]*, der: -s, - (genormter Grossbehälter für den Gütertransport); das **Containerschiff**

c<u>o</u>n·tra (c<u>o</u>nt·ra) *lat.*: (gegen); → kontra

cool *engl.-amerik.* *[k<u>u</u>l]*: (überlegen, kaltschnäuzig, ruhig)

Cord *engl.*, der: -(e)s, -e (gerippter Baumwollstoff); auch: der **Kord**

C<u>o</u>r·ni·chon *franz.*, das: -s, -s (kleine Essiggurke)

Couch *engl.* *[k<u>au</u>tsch]*, die: -, -s/-en (gepolsterte Liege, Sofa)

Count-down *engl.* *[k<u>au</u>ntd<u>au</u>n]*, der: -(s), -s (Zeitzählung zur Einleitung eines Startkommandos); auch: der **Countdown**

Coup *franz.* *[k<u>u</u>]*, der: -s, -s (kühnes Unternehmen, Streich, Schlag); einen Coup landen (etwas erfolgreich ausführen)

Coupe *franz.* *[k<u>u</u>p]*, der: -s, -s (Eisbecher)

Cou·pé *franz.* *[k<u>u</u>pe]*, das: -s, -s (sportliches zweisitziges Auto, Zugabteil); auch: das **Kupee**

Cou·pon *franz.* *[k<u>u</u>p<u>o</u>]*, der: -s, -s (Abschnitt, Schein); → Kupon

Cou·ra·ge *franz.* *[k<u>u</u>rasche]*, die: - (Unerschrockenheit); **couragiert** (beherzt)

Cou·sin *franz.* *[k<u>u</u>s<u>ä</u>]*, der: -s, -s (Vetter); die **Cousine** (Base); → Kusine

Cou·vert *franz.* *[k<u>u</u>ver]*, das: -s, -s; → Kuvert

Cow·boy *engl.* *[k<u>au</u>beu]*, der: -s, -s (nordamerikanischer Rinderhirt zu Pferde)

craw·len *engl.* *[kr<u>au</u>len]*: → kraulen

Cre·me *franz.* *[kräm, kr<u>e</u>m]*, die: -, -s (Hautsalbe, Süssspeise, etwas Erlesenes); auch: die **Krem(e); creme** (mattgelb); **cremefarben; cremen:** die Schuhe cremen; **cremig**

Crew *engl.* *[kr<u>u</u>]*, die: -, -s; eine gute Crew (Besatzung, Mannschaft) an Bord haben

CSU = Christlich-Soziale Union (Deutschlands)

Cup *engl.* *[k<u>a</u>p]*, der: -s, -s (Pokal, Ehrenpreis, Pokalwettbewerb)

Cur·sor *engl.* *[k<u>ö</u>rser]*, der: -s, -s (EDV: Zeichen auf dem Bildschirm)

Cur·ry *engl.* *[k<u>ö</u>ri]*, das/der: -s (scharfe Gewürzmischung); die **Currywurst**

Cut·ter *engl.* *[k<u>a</u>ter]*, der: -s, - (Schnittmeister beim Film und Rundfunk); **cutten;** die **Cutterin**

CVJM = Christlicher Verein Junger Männer/ Menschen

CVP = Christlichdemokratische Volkspartei

D

D = römisches Zeichen für die Zahl 500

d<u>a</u>: da ist mein Haus – da sein – aber: das Dasein – hier und da – von da an – da und dort – da hinten – da ja – da gehe ich lieber – da (weil) ich krank bin; **dabehalten; dableiben** (nicht fortgehen); aber: du musst da (an diesem Ort) bleiben; **dalassen** (hierbehalten); aber: er kann den Koffer nicht da (an dieser Stelle) lassen; **daliegen** (ausgestreckt liegen); aber: da (dort) liegen; **dasitzen** (untätig herumsitzen); aber: er bleibt da (an diesem Ort) sitzen; **dastehen:** wie wirst du denn vor deinen Freunden dastehen?; aber: bleib da (an diesem Ort) stehen!

da·bei: dabei sein – er ist wieder dabei – dabei schaut er doch ganz gesund aus – es ist nichts dabei; **dabeibleiben** (bei etwas verweilen); aber: der Zeuge wird dabei bleiben (seine Meinung nicht ändern); **dabeisitzen** (sitzend dabei sein); aber: sie möchte dabei (z. B. bei der Arbeit) sitzen; **dabeistehen** (stehend dabei sein); aber: dabei stehen (nicht liegen oder sitzen)

Dach, das: -(e)s, Dächer; *eins aufs Dach bekommen* (einen Tadel erhalten) – *etwas unter Dach und Fach bringen* (abschliessen) – *jemandem aufs Dach steigen* (ihn tadeln); der **Dachboden;** der **Dachdecker;** der **Dachfirst;** der **Dachgarten;** das **Dachgeschoss;** die **Dachluke;** die **Dachpappe;** die **Dachrinne;** der **Dachschaden;** die **Dachstube;** der **Dachstuhl;** der **Dachziegel**

Dachs, der: -es, -e (grosse Marderart)

Da·ckel, der: -s, - (kurzbeinige Hunderasse)

da·durch: dadurch, dass... – nur dadurch (durch diesen Umstand) konnte das passieren; aber: ich muss da durch

da·für: dafür sein (zustimmen) – sich dafür einsetzen – er ist nicht reich, dafür (stattdessen) aber fleissig; **dafürhalten:** nach meinem Dafürhalten (nach meiner Ansicht); aber: ich habe es dafür gehalten (angesehen); **dafürkönnen:** nichts dafürkönnen; aber: dafür können wir nichts; **dafürstehen:** es steht nicht dafür (lohnt sich nicht)

da·ge·gen: dagegen sein – dagegen stimmen – niemand hat etwas dagegen – ich ging zu Fuss, sie dagegen (aber) fuhr mit der Bahn; **dagegenhalten** (eine andere Meinung äussern, etwas einwenden); aber: etwas dagegen (gegen das Licht) halten; **dagegensetzen** (eine andere Meinung vorbringen); sich **dagegenstellen** (sich widersetzen); **dagegenwirken**

da·heim: daheim (zu Hause) bleiben – der/die daheim Gebliebene; auch: der/die Daheimgebliebene – von daheim – bei euch daheim; das **Daheim:** unser Daheim

da·her: er ist von daher (von dort) gekommen – daher (deshalb) kann ich nicht bleiben; **daherkommen** (herankommen); aber: daher (deswegen) kommen wir nicht; **daherreden** (etwas ohne Überlegung äussern)

da·hin: viele Jahre sind dahin (verloren, vorbei) – bis dahin – er raste dahin – da- und dorthin; **dahinab; dahinauf; dahinaus; dahinein; dahinfahren** (sterben); **dahinfallen** (wegfallen, entfallen); **dahinfliegen** (rasch vergehen); aber: dahin (dorthin) fliegen; **dahingehen** (vergehen); aber: er soll nicht dahin (an diesen Ort) gehen – er äusserte sich dahin gehend, dass...; **dahingestellt:** es ist dahingestellt (fraglich), ob ich komme; aber: er hat sich dahin (an diesen Platz) gestellt; **dahinleben; dahinraffen:** die Seuche hat viele dahingerafft (getötet); **dahinschiessen:** er sah sie dahinschiessen (sich schnell bewegen); aber: dahin (dorthin) schiessen; sich **dahinschleppen; dahinserbeln; dahinsiechen; dahinunter**

da·hin·ten: dahinten (dort hinten) im Wald

da·hin·ter: das Dorf liegt dahinter – es ist nichts weiter dahinter – du musst dich fester dahinter klemmen – die Mutter darf nicht dahinter kommen (nichts erfahren)

Dah·lie *[dalje],* die: -, -n (Zierpflanze)

da·mals: (zu jener Zeit, einst); **damalig:** sein damaliger Lehrer

Da·mast, der: -(e)s, -e (Stoff mit einem gewebten Muster); **damasten**

Da·me, die: -, -n (vornehme Frau); **damenhaft;** die **Damenmannschaft;** der **Damensalon;** die **Damenwahl;** das **Damespiel** (Brettspiel)

Dam·hirsch, der: -(e)s, -e (rotbraune Hirschart mit weissen Flecken); das **Damwild**

da·mit: damit (mit dieser Sache) habe ich nichts zu tun – ich bleibe, damit du nicht alleine bist

däm·lich: dämliche (dumme) Fragen – guck nicht so dämlich!; die **Dämlichkeit**

Damm, der: -(e)s, Dämme; einen Damm (Deich) bauen – *nicht auf dem Damm* (nicht gesund) *sein;* der **Dammbruch;** das **Dämmmaterial; dämmen** (abhalten, zurückhalten); der **Dämmstoff** (Isoliermittel); die **Dämmung**

Däm·me·rung, die: -, -en (Übergang vom Tag zur Nacht, von der Nacht zum Tag); auch: die **Dämmrung; dämm(e)rig;** das **Dämmerlicht; dämmern:** der Morgen dämmert (es wird Tag) – es dämmert mir (ich begreife) – er dämmert vor sich hin (ist nicht richtig bei Bewusstsein); der **Dämmerschoppen;** die **Dämmerstunde;** der **Dämmerzustand**

Dä·mon griech., der: -s, Dämonen; von einem Dämon (bösen Geist, dem Teufel) besessen sein; **dämonisch** (besessen, teuflisch, unheimlich)

Dampf, der: -(e)s, Dämpfe; Dampf ablassen (seinen Ärger abreagieren) – Dampf dahinter machen (etwas beschleunigen, vorantreiben); das **Dampfbad; dampfen:** die Kartoffeln dampfen; der **Dampfer;** die **Dampfheizung;** der **Dampfkessel;** die **Dampflokomotive;** die **Dampfmaschine;** die **Dampfschifffahrt;** die **Dampfwalze**

dämp·fen: Gemüse dämpfen (dünsten) – seine Stimme dämpfen (abschwächen); der **Dämpfer:** einen Dämpfer bekommen (zurechtgewiesen werden)

da·nach: sich danach sehnen – bald danach – es sieht gar nicht danach aus – danach fragen – danach handeln – sich danach richten; auch: **darnach;** das **Danach**

Dan·dy engl. [dändi], der: -s, -s (Geck)

da·ne·ben: daneben liegt ein Buch – daneben (ausserdem) hat er noch andere Arbeiten – daneben stehend – der daneben Stehende; auch: der Danebenstehende – daneben sitzen; sich **danebenbenehmen** (sich schlecht benehmen); **danebengehen** (misslingen); aber: sie ist daneben (z. B. neben der Mutter) gegangen; **danebengreifen** (sich vertun); **danebenhauen** (nicht treffen, etwas falsch machen); **danebenliegen** (sich irren); aber: daneben (neben etwas anderem) liegen

Dä·ne·mark: -s (Staat in Nordeuropa); der **Däne;** die **Dänin; dänisch**

da·nie·der: die Wirtschaft des Landes liegt danieder; **daniederliegen;** auch: **darniederliegen**

dank: dank (wegen) seines Fleisses – dank seinem Fleiss – nein danke! – danke schön!; der **Dank:** tausend Dank! – habe Dank! –

Gott sei Dank! – jemandem Dank wissen (dankbar sein); **dankbar:** dankbare Menschen – eine dankbare (lohnende) Aufgabe; die **Dankbarkeit; danken; dankenswert; dankenswerterweise;** das **Dankeschön;** die **Dankesschuld;** die **Dankesworte** Mz.; das **Dankgebet; danksagen;** auch: Dank sagen; die **Danksagung;** das **Dankschreiben**

dann: bis dann – dann kam er – dann und wann (manchmal) – immer dann, wenn ... – von dannen (von da weg); **dannzumal** (dann, in jenem Augenblick)

da·ran (dar·an): daran teilnehmen – ich erkenne ihn daran – er ist daran (an der Reihe) – ich war nahe daran zu weinen – gut daran tun – daran glauben; auch: **dran;** dran sein – drauf und dran – dran glauben müssen (dem Tod oder einer Gefahr nicht entgehen); **darangehen** (mit etwas beginnen); sich **daranhalten** (eifrig sein); aber: sich daran halten (Weisungen beachten); sich **daranmachen** (beginnen); aber: etwas daran machen; **daransetzen:** er will alles daransetzen (sich voll einsetzen)

da·rauf (dar·auf): am Tag darauf (hinterher) – darauf ausgehen – darauf bauen – darauf dringen – darauf eingehen – darauf folgen – darauf folgend – darauf hinweisen – darauf warten – es kommt darauf an; auch: **drauf; daraufhin:** daraufhin (aus diesem Grunde, deshalb) schreibe ich dir

da·raus (dar·aus): daraus folgt – daraus lernen – daraus schliessen, folgern – sich nichts daraus machen; auch: **draus**

dar·ben: (Mangel haben, Not leiden)

dar·bie·ten: Volkstänze darbieten; die **Darbietung:** eine musikalische Darbietung (Aufführung)

dar·brin·gen: ein Opfer darbringen; die **Darbringung**

da·rein (dar·ein): sich darein ergeben, schicken; auch: **drein;** sich **dareinfinden;** sich **dareinmischen; dareinreden; dareinsetzen:** seinen Ehrgeiz dareinsetzen

da·rin (dar·in): was ist darin? – darin (in diesem Punkt) hat er Recht – darin sitzen; auch: **drin; darinnen;** auch: **drinnen**

dar·le·gen: seine Meinung darlegen (darstellen, begründen); die **Darlegung**

Dar·le·hen, das -s, -; ein Darlehen aufnehmen (Geld leihen); die **Darlehenssumme**

Darm, der: -(e)s, Därme (Körperorgan); die **Darmsaite;** der **Darmverschluss**

dar·nach: → danach; **darneben;** → daneben; **darnieder;** → danieder

dar·stel·len: ein Erlebnis darstellen (mitteilen); der **Darsteller;** die **Darstellerin; darstellerisch;** die **Darstellung**

da·rü·ber (dar·ü·ber): darüber hängt ein Bild – darüber hinaus – darüber hinausgehen – darüber hinaus sein – darüber fahren – sich darüber machen – darüber schreiben – darüber stehen – darüber reden – darüber hinwegsehen – darüber (dabei) einschlafen; auch: **drüber**

da·rum (dar·um): darum (um dieses) bitten – darum herumreden – sie ist darum (deswegen) gekommen; auch: **drum; darumkommen** (etwas nicht bekommen); **darumlegen**

da·run·ter (dar·un·ter): darunter (unter etwas) liegen – darunter fallen – darunter liegen – darunter (hierunter) leiden – sich nichts darunter vorstellen können – *es geht drunter und drüber* (es herrscht keine Ordnung); auch: **drunter**

das: das Bett – das heisst ⟨d. h.⟩ – das habe ich nicht gewusst – das ist ⟨d. i.⟩ (das bedeutet) – ein Kind, das (welches) nicht folgt # dass

das·je·ni·ge: → derjenige; **desjenigen; diejenigen**

dass: ich hoffe, dass... – dass du nur bald kommst! – sodass; auch: so dass – auf dass – ohne dass; der **Dasssatz;** auch: der **dass-Satz** # das

das·sel·be: ein und dasselbe – *wenn zwei das Gleiche tun, ist es nicht dasselbe;* **desselben; dieselben**

Da·ten *Mz. lat.,* die: - (Einzelheiten, Angaben): Daten verarbeiten; die **Datei** (Datensammlung); die **Datenbank;** der **Datenschutz;** die **Datenverarbeitung:** die elektronische Datenverarbeitung ⟨EDV⟩

Da·tiv *lat.,* der: -s, -e (Sprachlehre: Wemfall, 3. Fall); das **Dativobjekt**

Dat·tel, die: -, -n (längliche, sehr süsse Frucht); die **Dattelpalme**

Da·tum *lat.,* das: -s, Daten (Zeitpunkt, Tagesangabe); **datieren** (mit einer Zeitangabe versehen)

Dau·er, die: -; die Dauer (Zeitspanne) von einem Jahr; **dauerhaft** (beständig, unveränderlich); die **Dauerkarte;** der **Dauerlauf;**

dauern: nicht lange dauern; **dauernd:** eine dauernde (ständige) Gefahr; die **Dauerstellung;** der **Dauerstress;** die **Dauerwelle;** der **Dauerzustand**

dau·ern: er dauert mich (tut mir Leid)

Dau·men, der: -s, -; *etwas über den Daumen peilen* (ungefähr schätzen) – *auf etwas den Daumen halten* (darauf aufpassen) – *jemandem den Daumen halten* (Erfolg wünschen); **daumenbreit;** aber: um Daumenbreite; **daumendick;** die **Daumenschraube:** *jemandem Daumenschrauben anlegen* (ihn unter Druck setzen); der **Däumling**

Dau·ne, die: -, -n (Flaumfeder); das **Daunenbett;** die **Daunendecke; daunenweich**

da·von: auf und davon – davon abhängen – davon leben – nicht weit davon (entfernt) – nichts davon haben; **davonbleiben** (nicht anfassen); aber: davon bleiben nur einige übrig; **davoneilen; davonfahren; davongehen; davonkommen** (überleben, entrinnen, Glück haben); aber: davon kommt alles Übel; **davonlaufen:** sie will davonlaufen; aber: *zum Davonlaufen* (unerträglich) *sein;* sich **davonmachen;** aber: *davon macht sie sich ein Kleid;* sich **davonstehlen** (sich entfernen); **davontragen;** aber: davon tragen wir viel

da·vor: lange davor (vorher) – davor bewahren – etwas davor hängen – sich davor hüten – davor zurückschrecken – schweigend davor (z. B. vor dem Grab) stehen – davor warnen

da·wi·der: dawider (dagegen) sein – etwas dawider haben; **dawiderreden** (dagegenreden, widersprechen)

da·zu: dazu (hierzu) etwas sagen – dazu gehören zwei; **dazubekommen** (hinzubekommen); **dazugeben; dazugehören:** er möchte auch dazugehören; aber: dazu gehört viel Mut; **dazugehörig; dazukommen:** er will später dazukommen; aber: wie konnte es nur dazu kommen?; **dazulernen; dazumal** (damals); sich **dazusetzen;** das **Dazutun:** ohne sein Dazutun (ohne seine Unterstützung); **dazuverdienen**

da·zwi·schen: dazwischen liegt das Meer; **dazwischenfahren** (Ordnung schaffen, eingreifen); aber: dazwischen fahren auch Autos; **dazwischenfunken; dazwischenkommen:** es ist etwas dazwischengekommen; aber: dazwischen kommen wieder Häuser;

dazwischenreden; dazwischenrufen: du sollst nicht dazwischenrufen; aber: dazwischen rufen immer wieder Kinder; **dazwischentreten**

DB = Deutsche Bahn

DDR: (frühere) Deutsche Demokratische Republik; der **DDR-Bürger;** die **DDR-Bürgerin**

Dea·ler engl. [dïler]: -s, - (Rauschgifthändler); der **Deal** (Handel, Geschäft); **dealen**

De·ba·kel franz., das: -s, - (Zusammenbruch, Niederlage)

De·bat·te franz., die: -, -n (lange Aussprache, Erörterung); **debattieren**

de·bil lat.: (leicht schwachsinnig)

De·büt franz. [debü], das: -s, -s (erster Auftritt); der **Debütant;** die **Debütantin**

Deck, das: -(e)s, -s/-e (Stockwerk auf einem Schiff); alle Mann an Deck!

De·cke, die: -, -n; an die Decke gehen (wütend werden) – mit jemandem unter einer Decke stecken (gemeinsame Sache machen) – sich nach der Decke strecken (sich den Verhältnissen anpassen); die **Deckadresse;** das **Deckblatt;** der **Deckel:** eins auf den Deckel bekommen (gerügt werden); **decken:** den Tisch decken – den Stürmer decken (bewachen) – den Bedarf an Lebensmitteln decken (befriedigen) – meine Meinung deckt sich mit deiner (stimmt damit überein) – Dreiecke decken (gleichen) sich – ein nicht gedeckter Scheck (Scheck, der nicht aus dem Guthaben bezahlt werden kann); die **Deckenbeleuchtung;** das **Deckengemälde;** die **Deckfarbe;** der **Deckmantel;** der **Deckname;** die **Deckung; deckungsgleich;** das **Deckweiss**

de fac·to lat.: (tatsächlich bestehend)

De·fekt lat., der: -(e)s, -e (Schaden, Mangel, Panne); **defekt:** eine defekte (schadhafte, beschädigte) Leitung

De·fen·si·ve lat., die: -, -n (Abwehr, Verteidigung); **defensiv** (abwehrend): defensives (rücksichtsvolles) Fahren

De·fi·lee franz., das: -s, -s (Truppenparade, Vorbeimarsch); **defilieren**

de·fi·nie·ren lat.: einen Begriff definieren (bestimmen, erklären); **definierbar;** die **Definition; definitiv:** eine definitive (endgültige) Entscheidung

De·fi·zit lat., das: -s, -e (Fehlbetrag, Verlust, Mangel); **defizitär**

De·fla·ti·on lat., die: -, -en (Geldknappheit)

def·tig: (kräftig, nahrhaft, derb); die **Deftigkeit**

De·gen, der: -s, - (Hieb- und Stichwaffe); das **Degenfechten**

De·ge·ne·ra·ti·on lat., die: - (Entartung, Rückbildung); **degeneriert**

de·gra·die·ren lat.: einen Offizier degradieren (im Rang herabsetzen); die **Degradierung**

De·gus·ta·ti·on lat., die: -, -en (Kostprobe); der **Degustationsstand; degustieren**

deh·nen: die Ebene dehnt sich aus (erstreckt sich) – das Band dehnen (weiten, strecken); **dehnbar:** ein dehnbarer (vieldeutiger) Begriff; die **Dehnbarkeit;** die **Dehnung;** die **Dehnungsfuge;** das **Dehnungs-h;** das **Dehnungszeichen** # denen

Deich, der: -(e)s, -e (Schutzdamm gegen Überschwemmungen); der **Deichbruch; deichen;** die **Deichkrone**

Deich·sel, die: -, -n (Wagenstange zum Anspannen von Zugtieren); **deichseln:** ich deichs(e)le das schon (meistere es, bringe es zustande)

dein: dein Geld – das ist dein Haus – du musst das deine leisten; auch: das Deine – die deinen (deine Angehörigen); auch: die Deinen – Dein und Mein; **deinerseits; deinesgleichen; deinetwegen; deinetwillen:** um deinetwillen; das **Deinige:** rette das Deinige (deine Habe); auch: das deinige

De·ka... griech. (Zehn...): die **Dekade** (zehn Stück, Zeitraum von zehn Tagen, Jahren u. Ä.)

de·ka·dent lat.: eine dekadente (kulturell im Verfall begriffene) Gesellschaft; die **Dekadenz**

De·kan lat., der: -s, -e (geistl. Würdenträger, Kirchenbeamter, Vorsteher einer Universität); das **Dekanat** (Amt des Dekans)

De·kla·ma·ti·on lat., die: -, -en (künstlerischer Vortrag von Dichtung); **deklamieren**

De·kla·ra·ti·on lat., die: -, -en (Erklärung, Wert- oder Inhaltsangabe); **deklarieren:** Waren deklarieren; die **Deklarierung**

de·klas·sie·ren lat.: (herabsetzen); die **Deklassierung**

De·kli·na·ti·on lat., die: -, -en (Sprachlehre: Beugung von Wörtern); **deklinierbar; deklinieren**

De·kol·le·té franz. [dekolte], das: -s, -s (Kleidausschnitt); auch: das **Dekolletee**

De·ko·ra·teur *franz. [dekoratör]*, der: -s, -e (Ausstatter von Räumen, Schaufenstern u. Ä.); das/der **Dekor** (Verzierung, Muster); die **Dekorateurin;** die **Dekoration; dekorativ** (schmückend); **dekorieren:** einen Tisch mit Blumen dekorieren (verschönern, schmücken) – einen Helden dekorieren (einen Orden verleihen); die **Dekorierung**

De·kret (Dek·ret) *lat.*, das: -(e)s, -e (Verfügung, Beschluss)

De·le·ga·ti·on *lat.*, die: -, -en (Abordnung); **delegieren:** jemandem eine Aufgabe delegieren (übertragen); der/die **Delegierte**

Del·fin *griech.*, der: -s, -e; → Delphin

de·li·kat *franz.*: ein delikates (köstliches) Essen – eine delikate (mit Feingefühl zu behandelnde) Frage; die **Delikatesse** (Leckerbissen); das **Delikatess(en)geschäft**

De·likt *lat.*, das: -(e)s, -e (Vergehen, Straftat); der **Delinquent** (Übeltäter, Verbrecher)

De·li·ri·um *lat.*, das: -s, Delirien (Fieber-, Rauschzustand)

de·li·zi·ös, *franz.*: (köstlich)

Del·le, die: -, -n (leichte Einbeulung, Bruchstelle)

Del·phin *griech.*, der: -s, -e (Zahnwal); auch: der **Delfin;** das **Delphinarium**

Dels·berg/Delémont: (Hauptort des Kantons Jura)

Del·ta *griech.*, das: -(s), -s/Delten (verzweigte Mündung eines Flusses); **deltaförmig;** der **Deltasegler**

dem: → der; **dementsprechend** (dem angemessen); **demgegenüber** (im Vergleich); **demgemäss** (infolgedessen); **demnach** (folglich); **demnächst** (bald, später); **demselben:** mit ein und demselben Auto; **demzufolge** (deshalb)

De·ma·go·ge (Dem·a·go·ge) *griech.*, der: -n, -n (Volksaufhetzer, Scharfmacher); die **Demagogin; demagogisch**

De·men·ti *lat.*, das: -s, -s (Berichtigung, Widerruf); **dementieren:** eine Meldung dementieren

De·mis·si·on *franz.*, die: -, -en (Rücktritt eines Politikers); der **Demissionär; demissionieren**

De·mo·kra·tie (De·mok·ra·tie) *griech.*, die: -, Demokratien (eine Staatsform: Volksherrschaft); der **Demokrat;** die **Demokratin; demokratisch; demokratisieren;** die **Demokratisierung**

de·mo·lie·ren *franz.*: die Wohnung demolieren (mutwillig beschädigen, zerstören); die **Demolierung**

De·mons·tra·ti·on (De·mon·stra·ti·on, De·monst·ra·ti·on) *lat.*, die: -, -en (Massenkundgebung, Beweisführung); die **Demo** (Protestkundgebung); der **Demonstrant;** die **Demonstrantin; demonstrativ** (betont auffällig); das **Demonstrativpronomen** (Sprachlehre: hinweisendes Fürwort); **demonstrieren**

De·mon·ta·ge *franz. [demontasche]*, die: -, -n (Abbruch, Abbau); **demontieren**

De·mos·ko·pie (De·mo·sko·pie) *griech.*, die: -, Demoskopien (Meinungsforschung); **demoskopisch:** eine demoskopische Umfrage

De·mut, die: - (Opferbereitschaft, Bescheidenheit); **demütig; demütigen** (beschämen, erniedrigen); die **Demütigung; demut(s)voll**

den: → der; **denjenigen; denselben**

de·nen: → der; einer von denen # dehnen

den·geln: ich deng(e)le (schärfe) die Sense; der **Dengelhammer**

den·ken: du denkst, er dachte, sie hat gedacht, denk(e)!; die **Denkaufgabe; denkbar:** denkbar (sehr) ungünstig – ein denkbares (mögliches) Ergebnis; das **Denken;** der **Denker; denkfaul;** der **Denkfehler;** das **Denkmal** (Ehrendenkmal); die **Denkschrift;** die **Denkweise; denkwürdig;** der **Denkzettel** (scharfe Rüge, Zurechtweisung)

denn: ich gehe, denn es ist spät – was kann ich denn (eigentlich) dafür – es sei denn, du kommst mit – wer ist grösser denn (als) Gott – mehr denn je

den·noch: (trotzdem)

Den·tist *lat.*, der: -en, -en (Zahnarzt); die **Dentistin**

de·nun·zie·ren *lat.*: (anzeigen, verraten, anschwärzen); der **Denunziant;** die **Denunziantin;** die **Denunziation**

De·o·do·rant *engl.*, das: -s, -s/-e (Mittel gegen Körpergeruch); auch: das **Desodorant;** das **Deo;** der **Deoroller;** das **Deospray**

De·par·te·ment *franz. [departemā]*, das: -(e)s, -e/s (Verwaltungsabteilung, Verwaltungsbezirk in Frankreich)

De·pen·dance *franz. [depāndās]*, die: -, -n (Nebengebäude)

De·pe·sche *franz.*, die: -, -n (Eilnachricht, Telegramm); die **Depeschenagentur; depeschieren**

De·po·nie *lat.*, die: -, Deponien (Müllabladeplatz); **deponieren** (zur Aufbewahrung geben, hinterlegen); das **Depot** *[depo]* (Lager, Aufbewahrungsort)

de·por·tie·ren *lat.*: (verschleppen, verbannen); die **Deportation**; der/die **Deportierte**

De·pres·si·on *lat.* die: -, -en (Niedergeschlagenheit); **depressiv**

de·pri·mie·ren *franz.*: ein deprimierendes (entmutigendes) Ereignis; **deprimiert** (niedergeschlagen, entmutigt)

der: der Vater – ausgerechnet der (dieser) – der Mann, der (welcher); **derart; derartig:** derartige Dinge mache ich nicht; aber: (etwas) Derartiges; **dereinst** (später, einst); **derenthalben; derentwegen; derentwillen:** um derentwillen; **dergestalt** (so, derart); **dergleichen** ⟨dgl.⟩; **derjenige; dermassen** (so sehr, derart); **derselbe:** derselbe Mann – ein und derselbe; **derweil(en)** (unterdessen); **derzeit** (gegenwärtig); **derzeitig**

derb: derbes Leder – ein derber (grober) Kerl – ein derber (unfeiner) Witz; die **Derbheit**

Der·by *engl.* *[därbi]*, das: -(s), -s (Pferderennen)

de·ren: → der; die Frauen und deren Kinder

des: → der; **desgleichen** ⟨dsgl.⟩; **deshalb; desselben; deswegen**

De·sas·ter *franz.*, das: -s, - (Zusammenbruch, grosses Missgeschick)

De·ser·teur *franz.* *[desertör]*, der: -s, -e (Fahnenflüchtiger, Überläufer); **desertieren**

De·sign *engl.* *[disain]*, das: -s, -s (Muster, Entwurf, Plan); der **Designer;** die **Designerin**

Des·in·fek·ti·on *lat.*, die: -, -en (Entseuchung, Entkeimung); das **Desinfektionsmittel; desinfizieren:** eine Wunde desinfizieren

Des·in·te·res·se (**Des·in·ter·es·se**) *franz.*, das: -s (Gleichgültigkeit); **desinteressiert** (ohne Interesse)

Des·o·do·rant *lat.*, das: -s, -s/-e; → Deodorant

de·so·lat *lat.*: (traurig, trostlos)

Des·pot *griech.*, der: -en, -en (herrischer Mensch, Gewaltherrscher); die **Despotin; despotisch;** der **Despotismus**

des·sen: → der; mein Freund und dessen Vater – mit dessen Erlaubnis – statt dessen; aber: stattdessen – dessen ungeachtet – sich

dessen erinnern; **dessenthalben; dessentwegen; dessentwillen:** um dessentwillen

Des·sert *franz.* *[dessär]*, das: -s, -s (Nachspeise, Nachtisch)

Des·til·la·ti·on (**De·stil·la·ti·on**) *lat.*, die: -, -en (Trennung flüssiger Stoffe durch Verdampfen); das **Destillat; destillieren:** destilliertes (chemisch reines, gereinigtes) Wasser

des·to: je mehr, desto besser – desto mehr – desto weniger; aber: nichtsdestoweniger

de·struk·tiv *lat.*: (zerstörend, zersetzend)

De·tail *franz.* *[detaj]*, das: -s, -s (Einzelheit, Einzelfall); der **Detailhandel; detailliert** *[detaijirt]:* etwas detailliert (in allen Einzelheiten, ausführlich) erzählen; der **Detaillist**

De·tek·tiv *lat.*, der: -s, -e (Ermittler); die **Detektei** (Ermittlungsbüro); die **Detektivgeschichte;** die **Detektivin; detektivisch;** der **Detektivroman**

De·to·na·ti·on *lat.*, die: -, -en (Explosion, Knall); **detonieren**

Deut *niederl.*, der: - (früher: kleine Münze); *sich keinen Deut* (überhaupt nicht) *um etwas kümmern*

deu·teln: daran gibt es nichts zu deuteln (das steht fest)

deu·ten: mit dem Finger auf etwas deuten (zeigen) – Träume deuten (auslegen); **…deutig:** zweideutig; die **Deutung;** der **Deutungsversuch**

deut·lich: deutlich (verständlich) sprechen – etwas deutlich machen; die **Deutlichkeit**

deutsch: das deutsche Volk – die deutsche Einheit – die deutsche Sprache – sie kann schon gut deutsch sprechen; auch: Deutsch sprechen – aber: die Deutsche Bahn ⟨DB⟩ – die Deutsche Mark ⟨DM⟩ – das Deutsche Reich – der Deutsche Schäferhund; das **Deutsch:** sie lernt Deutsch – kein Wort Deutsch können – sie spricht ein gutes Deutsch – ins Deutsche übersetzen – auf Deutsch – in Deutsch – im Deutschen – *Deutsch mit jemandem reden* (die Meinung sagen); der/die **Deutsche:** alle Deutschen – wir Deutsche(n); **deutschfeindlich; deutschfreundlich;** das **Deutschland:** die Bundesrepublik Deutschland ⟨BRD⟩; die **Deutschschweiz;** der **Deutschschweizer;** die **Deutschschweizerin; deutschschweizerisch:** die deutschschweizerische Literatur; **deutschsprachig** (in deutscher Spra-

che); **deutschstämmig;** der **Deutschunter-
richt**

De·vi·se *franz. [dewi̱se]*, die: -, -n (Zahlungs-
mittel, Wahlspruch); die **Devisen** *Mz.* (Zah-
lungsmittel in ausländischer Währung); der
Devisenkurs

de·vot *lat. [dewo̱t]:* (unterwürfig, ergeben);
die **Devotionalien** *Mz.* (Gegenstände, die
zur religiösen Andacht dienen)

De·zem·ber ⟨Dez.⟩ *lat.*, der: -(s), - (Monats-
name)

de·zent *lat.:* dezent (unaufdringlich, taktvoll)
auf etwas hinweisen

de·zen·tral (de·zen·tral) *lat.:* (vom Mittel-
punkt entfernt); die **Dezentralisation; de-
zentralisieren;** die **Dezentralisierung**

de·zi·mal *lat.:* (auf der Zahl 100 beruhend);
das **Dezibel** (Masseinheit für die Messung
der Lautstärke); der **Deziliter** ⟨dl⟩; der **Dezi-
malbruch;** die **Dezimalrechnung;** das **De-
zimalsystem;** die **Dezimalwaage;** die **Dezi-
malzahl;** der **Dezi·meter** ⟨dm⟩; **dezimieren**
(stark vermindern); die **Dezimierung**

d. Gr. = der Grosse

d. h. = das heisst

d. i. = das ist

Dia *lat.*, das: -s, -s; → Diapositiv

Di·a·be·tes *griech.*, der: - (Zuckerkrankheit);
der **Diabetiker;** die **Diabetikerin; diabetisch**

di·a·bo·lisch *griech.:* (teuflisch, wild)

Di·a·dem *griech.*, das: -s, -e (kostbarer Reif,
Stirnreif)

Di·ag·no·se (Di·a·gno·se) *griech.*, die: -, -n
(Bestimmung einer Krankheit); die **Diagnos-
tik; diagnostizieren**

Di·a·go·na·le *griech.*, die: -, -n (Verbindung
zwischen zwei nicht benachbarten Ecken);
diagonal (schräg laufend)

Di·a·gramm *griech.*, das: -s, -e (Schaubild)

Di·a·kon *griech.*, der: -s/-en, -e(n) (Kirchen-
diener, Pfarrhelfer); die **Diakonie** (Pflege-
dienst); die **Diakonin; diakonisch;** die **Dia-
konisse** (evang. Kranken- und Gemeinde-
schwester)

Di·a·lekt *griech.*, der: -(e)s, -e (Mundart); **dia-
lektal;** die **Dialektik** (Erforschung der
Wahrheit durch Aufweisung und Überwin-
dung von Widersprüchen); **dialektisch**

Di·a·log *griech.*, der: -(e)s, -e; einen Dialog
(ein Zwiegespräch) führen; die **Dialog-
bereitschaft; dialogisch**

Di·a·ly·se *griech.*, die: -, -n (Blutwäsche mit
Hilfe einer künstlichen Niere)

Di·a·mant *franz.*, der: -en, -en (ungeschliffe-
ner Edelstein); der **Diamantring**

Di·a·po·si·tiv *lat.*, das: -s, -e (durchsichtiges
Lichtbild); auch: das **Dia;** der **Diaprojektor**

Di·as·po·ra (Di·a·spo·ra) *griech.*, die: - (zer-
streute Kirchengemeinde); die **Diaspora-
gemeinde**

Di·ät *griech.*, die: -, -en (Krankenkost, Schon-
kost); Diät halten – jemanden auf Diät
setzen – Diät leben; die **Diätkost;** der **Diät-
plan**

Di·ä·ten *Mz. lat.*, die: - (Tagegelder für Abge-
ordnete, Aufwandsentschädigung)

dich; → du

dicht: ein dichter Nebel – dichte (undurchläs-
sige) Kleidung – dicht behaart sein – ein
dicht bevölkertes Land – dicht gedrängt ste-
hen – er fährt dicht (nahe) vorbei – ein Rohr
dicht machen (abdichten); **dichtauf;** die
Dichte; dichten (undurchlässig machen);
dichthalten: er hält dicht (verrät nichts);
aber: etwas dicht (undurchlässig) halten;
dichtmachen: seinen Laden dichtmachen
(abschliessen); aber: eine Wasserleitung
dicht machen; die **Dichtung** (Abdichtung);
die **Dichtungsmasse**

dich·ten: (ein sprachliches Kunstwerk verfas-
sen); der **Dichter;** die **Dichterin; dichte-
risch;** die **Dichtkunst;** die **Dichtung** (Sprach-
kunstwerk)

dick: dickes Glas – durch dick und dünn –
dick (fett) sein – eine dicke (geschwollene)
Lippe – ein dickes (dichtes) Fell – eine
dicke (starke) Freundschaft – dicke Luft
(Gefahr) – *mit jemandem durch dick und
dünn gehen* (jemandem in jeder Lebens-
lage beistehen) – *es nicht so dick haben*
(nicht über viel Geld verfügen) – *eine Sa-
che dick(e) haben* (einer Sache überdrüssig
sein) – *sich dick(e) tun* (wichtig machen);
dickbauchig: eine dickbauchige (gewölbte)
Flasche; aber: **dickbäuchig:** ein dickbäu-
chiger Mann (Mann mit dickem Bauch);
der **Dickdarm;** die **Dicke:** die Dicke der
Bretter; die **Dicken; dickfellig;** der **Dick-
häuter;** das **Dickicht** (dichtes Unterholz);
der **Dickkopf; dickköpfig; dickleibig; dick-
lich;** der **Dickschädel;** der **Dickwanst**

die: → der; **diejenige; dieselbe**

Dieb, der: -(e)s, -e; einen Dieb erwischen; die **Dieberei;** die **Diebesbande;** das **Diebesgut; diebessicher;** die **Diebestour;** die **Diebin; diebisch:** diebisches Gesindel – ein diebisches Vergnügen – *sich diebisch* (sehr) *freuen;* der **Diebstahl**

Die·le, die: -, -n (Fussbodenbrett, Flur, Vorraum)

die·nen: bei reichen Leuten dienen (tätig sein) – *niemand kann zwei Herren dienen;* der **Diener;** die **Dienerin; dienerisch; dienern; dienlich:** als Vorwand dienlich (nützlich) sein; der **Dienst:** ausser Dienst ⟨a. D.⟩ – in Diensten sein – ein Dienst habender Beamter – etwas in Dienst stellen (in Betrieb nehmen) – *jemandem zu Diensten* (behilflich) *sein;* **dienstbeflissen** (eifrig); **dienstbereit;** der **Dienstbote;** das **Dienstbüchlein;** der **Diensteid; diensteifrig; dienstfrei;** das **Dienstgeheimnis;** der **Dienstgrad;** der **Dienstherr;** die **Dienstherrin;** die **Dienstleistung; dienstlich** (amtlich); das **Dienstmädchen;** der **Dienstmann;** die **Dienstreise;** die **Dienststelle; diensttauglich; dienstunfähig;** der **Dienstverweigerer;** der **Dienstweg;** die **Dienstwohnung**

Diens·tag ⟨Di.⟩, der: -(e)s, -e (Wochentag); am Dienstag – eines Dienstags; der **Dienstagabend:** am Dienstagabend – eines Dienstagabends; **dienstagabends;** auch: dienstags abends; der **Dienstagmittag;** der **Dienstagmorgen; dienstags:** dienstags (jeden Dienstag) früh – dienstags nachts

dies: dies und das; **diese; dieser:** dieser und jener; **dieses:** dieses Jahres ⟨d. J.⟩ – dieses Monats ⟨d. M.⟩; **diesbezüglich; dieselbe:** ein und dieselbe; **diesjährig; diesmal;** aber: dieses (eine) Mal; **diesseitig:** das diesseitige Ufer; **diesseits:** diesseits des Flusses – diesseits liegen; aber: das Diesseits (die irdische Welt)

Die·sel, der: -s; Diesel fahren; der **Dieselmotor;** das **Dieselöl**

die·sig: ein diesiger (dunstiger, trüber) Morgen – diesiges (nasskaltes) Wetter

Diet·rich, der: -s, -e (Nachschlüssel, Werkzeug zum Öffnen von Schlössern)

dif·fa·mie·ren *lat.:* (verleumden)

Dif·fe·renz *lat.,* die: -, -en (Unterschied, Meinungsverschiedenheit, Fehlbetrag); der **Differenzbetrag; differenzieren** (genau un-terscheiden, verfeinern); die **Differenzierung; differieren** (von etwas abweichen, verschieden sein)

dif·fi·zil *franz.:* (mühsam, schwierig)

dif·fus *lat.:* ein diffuses (verschwommenes, unklares) Licht – diffuse (ungeordnete) Gedanken

di·gi·tal *lat.:* (mit dem Finger, mittels Ziffern); der **Digitalrechner;** die **Digitaluhr**

Dik·tat *lat.,* das: -(e)s, -e; ein Diktat schreiben – das Diktat (der Zwang) der Mode; das **Diktaphon;** auch: das **Diktafon** (Diktiergerät); der **Diktator** (unumschränkter Machthaber); **diktatorisch;** die **Diktatur** (Alleinherrschaft); **diktieren:** einen Brief diktieren – jemandem seinen Willen diktieren (aufnötigen)

Di·lem·ma *griech.,* das: -s, -s/Dilemmata (Zwangslage, Wahl zwischen zwei gleich unangenehmen Dingen)

Di·let·tant *ital.,* der: -en, -en (Pfuscher, Nichtfachmann); **dilettantisch:** eine dilettantische (laienhafte, unsachgemässe) Arbeit

Di·men·si·on *lat.,* die: -, -en (Ausdehnung, Bereich)

DIN = Deutsche Industrienorm(en); das DIN-Format – DIN A 4 – ein DIN-A-4-Blatt

Di·ner *franz. [diˈne],* das: -s, -s (Festessen); **dinieren** # Diener; Dinner

Ding, das: -(e)s, -e/-r; der Lauf der Dinge – *guter Dinge* (gut gelaunt) *sein* – *nicht mit rechten Dingen* (auf nicht natürliche Weise) *zugehen* – *ein Ding drehen* (etwas Unrechtes tun); **dingen:** einen Mörder dingen (in Dienst nehmen); **dingfest:** einen Mörder dingfest machen (verhaften); das **Dingsda** (Name für eine unbekannte bzw. unbenannte Sache); das **Dingwort** (Nomen, Namenwort, Hauptwort)

Din·ner *engl.,* das: -s, -(s) (Hauptmahlzeit in England) # Diener; Diner

Di·no·sau·ri·er *griech.,* der: -s, - (ausgestorbene Riesenechse); der **Dinosaurus**

Di·ö·ze·se *griech.,* die: -, -n (Amtsbezirk eines Bischofs)

Diph·the·rie *griech.,* die: -, Diphtherien (Infektionskrankheit)

Diph·thong (Di·phthong) *griech.,* der: -s, -e (Zwielaut, z. B. au, ei)

Di·plom (Dip·lom) ⟨Dipl.⟩ *griech.,* das: -(e)s, -e (Urkunde, amtliches Schriftstück über eine schriftliche Arbeit, eine Prüfung); die **Diplomarbeit**; der **Diplomat** (Staatsmann, Beamter des auswärtigen Dienstes); die **Diplomatie**; die **Diplomatin**; **diplomatisch**: die diplomatische Vertretung – eine diplomatische (kluge) Antwort; der **Diplomingenieur** ⟨Dipl.-Ing.⟩; der **Diplomkaufmann** ⟨Dipl.-Kfm.⟩

dir: → du; dir bringe ich ein Geschenk

di·rekt *lat.*: (unmittelbar, gerade); ein direkter Freistoss – die direkte (wörtliche) Rede; der **Direktflug**; die **Direktheit**; das **Direktmandat**; die **Direktübertragung**

Di·rek·tor *lat.*, der: -s, Direktoren (Leiter, Vorstand); die **Direktion**; das **Direktorat**; die **Direktorin**; das **Direktorium**; die **Direktrice** *[direktris]* (leitende Angestellte)

Di·ri·gent *lat.*, der: -en, -en (Leiter eines Orchesters oder Chors); die **Dirigentin**; **dirigieren**; der **Dirigismus** (Lenkung der Wirtschaft durch den Staat); **dirigistisch**: dirigistische Massnahmen

Dirndl, das: -s, - (Trachtenkleid)

Disc·jockey *engl.*, der: -s, -s; → Diskjockey

Dis·co *engl.*, die: -, -s; → Diskothek

Dis·count... *engl. [diskaunt]*: das **Discountgeschäft** (Geschäft mit billigen Waren); der **Discountladen**

Dis·ket·te *engl.*, die: -, -n (Datenspeicher)

Disk·jockey *engl. [diskdschoke]*, der: -s, -s (Schallplattenansager); auch: der **Discjockey**

Dis·kont *ital.*, der: -s, -e (Zinsabzug)

Dis·ko·thek *engl.*, die: -, -en (Tanzlokal, Schallplattensammlung); die **Disko**; auch: die **Disco**; die **Diskomusik**

Dis·kre·panz *lat.*, die: -, -en (Missverhältnis, Unstimmigkeit)

dis·kret *lat.*: (verschwiegen, rücksichtsvoll); die **Diskretion**

dis·kri·mi·nie·ren *lat.*: (in Verruf bringen, ungerecht behandeln); die **Diskriminierung**

Dis·kurs *lat.*, der: -es, -e (Erörterung)

Dis·kus *griech.*, der: -/-ses, -se/Disken (Wurfscheibe); das **Diskuswerfen**

Dis·kus·si·on *lat.*, die: -, -en (Aussprache, Meinungsverschiedenheit); der **Diskussionsbeitrag**; **diskussionsfreudig**; der **Diskussionsredner**; der **Diskussionsteilnehmer**; das **Diskussionsthema**; **diskutabel**; **diskutieren** (erörtern)

Dis·lo·ka·ti·on *lat.*, die: -, -en (Verlegung an einen andern Ort); **dislozieren**; die **Dislozierung**

dis·pen·sie·ren *lat.*: (von einer Verpflichtung oder Vorschrift befreien); der **Dispens**

dis·po·nie·ren *lat.*: (planen, einteilen); die **Disposition**

Dis·put *lat.*, der: -(e)s, -e (Wortstreit)

dis·qua·li·fi·zie·ren *lat.*: (von einem Wettkampf ausschliessen, für untauglich erklären); die **Disqualifikation**

Dis·ser·ta·ti·on *lat.*, die: -, -en (Doktorarbeit)

Dis·si·dent *lat.*, der: -en, -en (Andersdenkender, Abweichler)

Dis·so·nanz *lat.*, die: -, -en (Unstimmigkeit, Missklang)

Dis·tanz *lat.*, die: -, -en (Abstand, Entfernung); **distanzieren**: jemanden distanzieren (hinter sich lassen) – sich von jemandem distanzieren (von ihm abrücken); **distanziert**: distanziert (zurückhaltend) sein

Dis·tel, die: -, -n (stachelige Pflanze); der **Distelfink**

Dis·trikt (Dist·rikt) *lat.*, der: -(e)s, -e (Bezirk)

Dis·zi·plin (Dis·zip·lin) *lat.*, die: -, -en; für Disziplin (Ordnung) sorgen – eine Disziplin (ein Teilbereich) im Sport; **diszipliniert** (an Ordnung gewöhnt, beherrscht); **disziplinlos**

di·to *lat.* (ebenfalls, dasselbe)

Di·va *ital. [diwa]*, die: -, -s/Diven (gefeierte Sängerin oder Schauspielerin)

di·ver·gie·ren *lat. [diwergiren]*: (auseinander gehen, in entgegengesetzter Richtung verlaufen); **divergent**; die **Divergenz**

di·vers *lat. [diwers]*: diverse (verschiedene) Gegenstände – Diverses (Vermischtes); das **Diverse**

di·vi·die·ren *lat. [diwidiren]*: (teilen); der **Dividend** (die zu teilende Zahl); die **Dividende** (Gewinnanteil an Aktien); die **Division** (Teilung, Teil eines Heeres); der **Divisionär**; der **Divisor** (teilende Zahl)

Di·wan *pers.*, der: -s, -e (Liegesofa)

d. J. = dieses Jahres

DJH = Deutsche Jugendherberge

DM = Deutsche Mark

doch: das ist doch wahr! – ja doch! – nicht doch! – jetzt bin ich doch (dennoch) gekommen – wir sind arm, doch wir hungern nicht

Docht, der: -(e)s, -e (Faden einer Kerze oder Lampe)

Dock engl., das: -s, -s/-e (Anlage für Schiffsarbeiten); der **Dockarbeiter**

Dog·ge engl., die: -, -n (Hunderasse)

Dog·ma griech., das: -s, Dogmen (Kirchenlehre, Glaubenssatz, Lehrmeinung); der **Dogmatiker; dogmatisch** (an ein Dogma gebunden, lehrhaft)

Doh·le, die: -, -n (Rabenvogel)

do it your·self engl. [du it jursälf] (mach es selbst); die **Do-it-yourself-Bewegung**

Dok·tor lat., der: -s, Doktoren (akademischer Titel); sehr geehrter Herr Doktor; aber: sehr geehrter Herr Dr. Meier; die **Doktorin; Dr. jur.** (Doktor der Rechte); **Dr. med.** (Doktor der Medizin)

Dok·trin (Dokt·rin) griech., die: -, -en (Lehrmeinung, Lehrsatz)

Do·ku·ment lat., das: -(e)s, -e (Urkunde, amtliches Schriftstück, Beweisstück); der **Dokumentalist;** die **Dokumentalistin;** der **Dokumentarbericht;** der **Dokumentarfilm; dokumentarisch;** die **Dokumentation** (Zusammenstellung und Ordnung von Dokumenten und Materialien); **dokumentieren** (beurkunden, aufzeigen)

Dolch, der: -(e)s, -e (kurze Stichwaffe); der **Dolchstoss**

Dol·de, die: -, -n (Blütenstand); **doldenförmig**

Do·le, die: -, -en (Abwasserschacht)

Dol·lar amerik., der: -(s), -s (amerikanische Währungseinheit); 100 Dollar

Dol·met·scher türk., der: -s, - (Übersetzer); **dolmetschen;** die **Dolmetscherin;** die **Dolmetscherschule**

Dom lat., der: -(e)s, -e (Hauptkirche, Bischofskirche); der **Domherr;** der **Dompfaff** (Singvogel)

Do·mä·ne franz., die: -, -n (besonderes Arbeitsgebiet, Staatsgut)

do·mi·nie·ren lat.: (vorherrschen, überwiegen); **dominant:** eine dominante (beherrschende) Rolle spielen; die **Dominanz**

Do·mi·ni·ka·ner lat., der: -s, - (Angehöriger eines Mönchsordens)

Do·mi·no, das: -s, -s (Spiel)

Do·mi·zil lat., das; -s, -e (Wohnsitz); **domiziliert**

Domp·teur franz. [domptör], der: -s, -e (Tierbändiger); die **Dompteuse [domptöse]**

Don·ner, der: -s; wie vom Donner gerührt (wie gebannt, völlig regungslos); **donnern:** es donnert und blitzt – der Zug donnert über die Brücke; der **Donnerschlag;** das **Donnerwetter**

Don·ners·tag ⟨Do.⟩, der: -(e)s, -e (Wochentag); der **Donnerstagabend; donnerstags** (an Donnerstagen); **donnerstagabends;** auch: donnerstags abends

doof: (dumm, einfältig); die **Doofheit**

Do·ping engl., das: -s, -s (Gebrauch verbotener Anregungsmittel vor allem beim Sport); **dopen** (aufputschen): gedopt sein; die **Dopingkontrolle**

Dop·pel, das: -s, -; ein Doppel spielen (im Tennis) – das Doppel (die Zweitschrift) einer Urkunde; der **Doppeldecker** (Flugzeugtyp); **doppeldeutig;** der **Doppelgänger;** das **Doppelkinn; doppeln;** der **Doppelpass;** der **Doppelpunkt; doppelseitig; doppelsinnig; doppelspurig; doppelt:** doppelt so gross – doppelt so viel – doppelt wirken; aber: ums Doppelte; der **Doppelverdienst;** der **Doppelzentner** ⟨dz⟩; das **Doppelzimmer; doppelzüngig** (unaufrichtig, zweideutig)

Dorf, das: -(e)s, Dörfer (ländliche Ortschaft); der **Dorfbewohner; dörflich:** das dörfliche Leben

Dorn, der: - (e)s, -en; die Dornen einer Rose – jemandem ein Dorn im Auge (ein Ärgernis) sein; der **Dornenbusch;** die **Dornenhecke;** die **Dornenkrone; dornenvoll:** ein dornenvoller (mühevoller) Weg; **dornig;** das **Dornröschen**

dor·ren: (dürr werden); **dörren** (dürr machen, trocknen); das **Dörrfleisch;** das **Dörrobst**

Dorsch, der: -(e)s, -e (Fisch)

dort: dort draussen – dort drin – dort drüben – da und dort – dort hinten – von dort aus – du kannst dort (an diesem Ort) bleiben – etwas dort behalten; **dorther; dorthin:** da- und dorthin; **dorthinauf; dorthinein; dorthinüber; dorthinunter; dortig; dortzulande;** auch: dort zu Lande

Do·se, die: -, -n (kleine Büchse); **dosenfertig;** die **Dosenmilch;** der **Dosenöffner**

dö·sen: (wachend träumen, halb schlafen)

Do·sis franz., die: -, Dosen (abgemessene, festgelegte Menge); **dosieren** (genau abmessen, einteilen); die **Dosierung**

Dos·si·er *franz.* *[dossie]*, das: -s, -s (alle zu einer Sache bestimmten Akten); ein Dossier anlegen

Dot·ter, das/der: -s, - (Eigelb); die **Dotterblume; dottergelb; dotterweich**

Doub·le (Dou·ble) *franz.* *[dubel]*, das: -s, -s (Ersatzperson für einen Darsteller); **doubeln**

down *engl.* *[daun]*; down (erschöpft, niedergeschlagen) sein

Do·zent *lat.*, der: -en, -en (Hochschullehrer); die **Dozentin; dozieren** (vortragen, lehren)

dpa = Deutsche Presse-Agentur

Dr. = Doktor (akademischer Grad); → Doktor

Dra·che, der: -n, -n (Märchen- bzw. Sagentier); der **Drachen** (Kinderspielzeug, Fluggerät); das **Drachenfliegen**

Dra·gee *franz.* *[drasche]*, das: -s, -s (überzuckerte Süssigkeit, Arzneipille); auch: das **Dragée**

Draht, der: -(e)s, Drähte; einen Draht spannen – *auf Draht* (flink und umsichtig) *sein;* **drahten** (telegrafieren); **drahthaarig; drahtig** (forsch, gut trainiert, sehnig); **drahtlos** (durch Funk); die **Drahtschere;** die **Drahtseilbahn;** die **Drahtzange;** der **Drahtzieher** (Anstifter)

Drai·na·ge *franz.* *[dränasche]*, die: -, -n; → Dränage

Drall, der: -(e)s, -e (Drehung, Windung, Richtung); **drall** (derb, stramm)

Dra·lon, das: -(s) (synthetisches Gewebe)

Dra·ma *griech.*, das: -s, Dramen (Schauspiel, trauriger Vorfall); die **Dramatik; dramatisch** (erregend, spannend); **dramatisieren:** einen Vorfall dramatisieren (als besonders aufregend darstellen, aufbauschen); die **Dramaturgie**

dran: → daran; drauf und dran; aber: das Drum und Dran – *dran* ⟨an der Reihe⟩ *sein;* **dranbleiben; drankommen**

Drä·na·ge *franz.* *[dränasche]*, die: -, -n (Entwässerung des Bodens); auch: die **Drainage**

Drang, der: -(e)s (Bedürfnis, Neigung); die **Drängelei; drängen:** zum Ausgang drängen (schieben) – jemanden zu einer Tat drängen (zu bewegen suchen) – gedrängt voll; **drängeln;** die **Drangsal** (grosse Not); **drangsalieren:** jemanden drangsalieren (plagen, quälen); **drangvoll:** eine drangvolle (drückende) Enge

dras·tisch *griech.*: eine drastische (deutliche, wirksame) Preiserhöhung

drauf: → darauf; drauf und dran (nahe daran) sein – *gut drauf sein;* der **Draufgänger; draufgängerisch; draufgehen** (sterben, verbraucht werden); **draufhaben** (verstehen, können); **drauflegen** (dazubezahlen); **drauflos:** er fährt einfach drauflos; **drauflosgehen; drauflosreden; drauflosschiessen; draufloswirtschaften; draufschlagen** (den Preis erhöhen); **draufzahlen**

draus: → daraus

draus·sen: draussen sein, bleiben

drech·seln: ich drechs(e)le einen Leuchter; der **Drechsler**

Dreck, der: -(e)s; *etwas in den Dreck ziehen* (verächtlich machen) – *die Karre aus dem Dreck ziehen* (etwas in Ordnung bringen) – *sich um jeden Dreck* (jede Kleinigkeit) *kümmern* – *jemanden wie den letzten Dreck* (entwürdigend) *behandeln;* der **Dreckfink; dreckig:** ein dreckiges (schmutziges) Hemd – es geht ihm dreckig (schlecht) – ein dreckiges (gemeines, freches) Lachen; die **Dreck(s)arbeit;** das **Dreckschwein;** der **Dreckspatz**

dre·hen: das Rad drehen – sich im Kreise drehen – mit dem Auto drehen (umkehren) – es dreht (handelt) sich darum – einen Film drehen – *sich drehen und wenden* (sträuben); der **Dreh** (Kunstgriff, Trick): *den richtigen Dreh heraushaben* (wissen, wie man etwas machen muss); die **Drehbank; drehbar;** das **Drehbuch;** der **Dreher;** die **Dreherin;** die **Drehorgel;** die **Drehscheibe;** der **Drehstrom;** der **Drehstuhl;** die **Drehung**

drei: drei Minuten – wir drei – nun kommen die drei – niemand von uns dreien – um drei viertel acht; aber: drei Viertel davon – *nicht bis drei zählen können* (sehr dumm sein) – *aller guten Dinge sind drei;* die **Drei:** eine Drei würfeln – in der Prüfung eine Drei schreiben – die Note „Drei"; **dreiarmig; dreiblätt(e)rig;** das **Dreieck; dreieckig; dreieinhalb;** die **Dreieinigkeit; dreierlei; dreifach;** auch: **3fach;** das **Dreifache;** die **Dreifaltigkeit; dreihundert; dreijährig;** auch: **3-jährig;** der **Dreikäsehoch;** der **Dreiklang; dreimal:** dreimal kommen; auch: **3-mal;** aber: die ersten drei Male; **dreimalig;** der **Dreimaster;** das **Dreirad;**

der **Dreisatz;** der **Dreisprung; dreissig:** eine dreissigjährige Frau; aber: der Dreissigjährige Krieg; **dreistellig; dreistimmig; dreistöckig; dreitausend;** dreiteilig; die **Dreiviertelliterflasche;** die **Dreiviertelstunde;** der **Dreivierteltakt; dreizehn;** die **Dreizimmerwohnung;** auch: die **3-Zimmer-Wohnung**

dr<u>ei</u>n: → darein; **dreinblicken:** finster dreinblicken; **dreinfahren** (dazwischenfahren); die **Dreingabe** (Zugabe); **dreinschlagen**

dr<u>ei</u>st: (frech, anmassend); die **Dreistigkeit**

dr<u>e</u>·schen: du drischst, er drosch, sie hat gedroschen, drisch!; den Ball ins Aus dreschen – Korn dreschen – Phrasen dreschen (Nichtssagendes äussern) – *leeres Stroh dreschen* (unnützes Zeug reden); die **Dresche:** Dresche (Prügel) bekommen; der **Drescher;** der **Dreschflegel;** die **Dreschmaschine**

Dr<u>e</u>ss *engl.,* der: -es, -e (Sportkleidung); der **Dressman** *[...män]* (Fotomodell für Herrenkleidung)

dres·s<u>ie</u>·ren *franz.:* (abrichten, zähmen); die **Dress<u>u</u>r;** die **Dress<u>u</u>rnummer**

Dr<u>e</u>s·sing *engl.,* das: -s, -s (Salatsosse)

dr<u>i</u>b·beln *engl.:* ich dribb(e)le mit dem Ball; das **Dribbling** # trippeln

Dr<u>i</u>ft, die: -, -en (Meeresströmung); **driften** (treiben) # Trift

dr<u>i</u>l·len (einüben, exerzieren, schinden); der **Drill;** der **Drilling**

Dr<u>i</u>l·lich, der: -s, -e (festes Gewebe); die **Drillichhose;** das **Drillichzeug**

dr<u>i</u>n: → darin; drin sein (möglich sein); **drinsitzen; drinstecken**

dr<u>i</u>n·gen: du dringst, er drang, sie hat gedrungen, dring(e)!; Wasser dringt in das Haus – auf Neuerungen dringen (hartnäckig bestehen); **dringend:** eine dringende (unaufschiebbare) Arbeit; aber: auf das (aufs) Dringendste; auch: auf das (aufs) dringenste; **dringlich;** die **Dringlichkeit**

Dr<u>i</u>nk *engl.,* der: -s, -s (alkoholisches Mischgetränk) # trinken

dr<u>i</u>n·nen: → darinnen

dr<u>i</u>tt: zu dritt sein – jede dritte Seite – der dritte Mann von rechts – zum dritten Male – aus dritter Hand – das dritte Gebot; aber: der, die, das Dritte – der Dritte im Bunde – der lachende Dritte – ein Dritter – jeder Dritte – das Dritte Reich – die Dritte Welt – *wenn*

sich zwei streiten, freut sich der Dritte; **drittel;** das **Drittel; drittens;** der **Drittklässler;** die **Drittklässlerin;** der **Drittletzte;** die **Drittperson**

dr<u>o</u>·ben: droben (da oben) auf dem Berg

Dr<u>o</u>·ge *franz.,* die: -, -n (Rauschgift, Medikament); **drogenabhängig;** der **Drogenmissbrauch; drogensüchtig;** die **Droger<u>ie</u>;** der **Drog<u>i</u>st;** die **Drog<u>i</u>stin**

dr<u>o</u>·hen: mit dem Finger drohen – drohende Gefahren; der **Drohbrief;** die **Drohung**

Dr<u>o</u>h·ne, die: -, -n (männliche Biene)

dr<u>ö</u>h·nen: mir dröhnt der Kopf

dr<u>o</u>l·lig: (spassig, lustig); die **Drolligkeit**

Dr<u>o</u>·me·d<u>a</u>r *griech.,* das: -s, -e (einhöckeriges Kamel)

Dr<u>o</u>ps *engl.,* der/das: -, - (säuerlich schmeckendes Fruchtbonbon)

Dr<u>o</u>sch·ke *russ.,* die: -, -n (Mietfahrzeug); der **Droschkengaul;** der **Droschkenkutscher**

Dr<u>o</u>s·sel, die: -, -n (Singvogel)

dr<u>o</u>s·seln: ich drossele den Motor (verringere seine Leistung) – die Einfuhr drosseln (herabsetzen); die **Dross(e)lung**

DRS: Radio DRS – SF DRS (... der deutschen und der rätoromanischen Schweiz)

dr<u>ü</u>·ben: (auf der anderen Seite, jenseits); dort drüben – hüben und drüben

dr<u>ü</u>·ber: → darüber; *drunter und drüber gehen* (in grösster Unordnung sein); aber: ein/das Drunter und Drüber; **drüberfahren**

Dr<u>u</u>ck, der: -(e)s, -e/Drücke; Druck auf jemanden ausüben – jemanden unter Druck setzen – in Druck (Bedrängnis) geraten – etwas in Druck geben (drucken lassen); der **Druckbuchstabe;** der **Drückeberger;** die **Drückebergerin; druckempfindlich; drucken:** Bücher drucken; **drücken:** jemanden zur Seite drücken – die Sorgen drücken – sich vor der Arbeit drücken; **drückend:** ein drückend heisses Wetter; der **Drucker;** der **Drücker:** *am Drücker sein/sitzen* (die Entscheidung in der Hand haben) – *auf den letzten Drücker* (fast zu spät); die **Druckerei;** der **Druckfehler; druckfrisch;** der **Druckknopf;** das **Druckmittel; druckreif;** die **Drucksache;** die **Druckschrift**

dr<u>u</u>ck·sen: er druckste lange herum (zögerte)

dr<u>u</u>m: → darum; drum streiten; aber: das Drum und Dran; **drumherum;** aber: das **Drumher<u>u</u>m**

drun·ten: (da unten)

drun·ter: → darunter; drunter und drüber; aber: ein/das Drunter und Drüber; **drunterstellen**

Drü·se, die: -, -n (Körperorgan)

Dschun·gel, der: -s, - (tropischer Urwald); der **Dschungelkrieg**

dt. = deutsch

du: du bist hier; aber: jemandem das Du anbieten – auf Du und Du sein – Du zueinander sagen

du·al *lat.*: (eine Zweiheit bildend); der **Dualismus** (Gegensätzlichkeit, Zweiheit)

dü·beln: ich düb(e)le; der **Dübel**

du·bi·os *lat.*: dubiose (zweifelhafte, unsichere) Geschäfte machen

du·cken: sich ducken (sich beugen, klein machen); der **Duckmäuser** (unterwürfiger, feiger Mensch); **duckmäuserisch**

du·deln: ich dud(e)le – er dudelt immer wieder das gleiche Lied; der **Dudelsack;** der **Dudelsackpfeifer**

Du·ell *franz.* das: -s, -e (Zweikampf, sportlicher Wettkampf); der **Duellant;** sich **duellieren**

Du·ett *ital.,* das: -(e)s, -e (Zwiegesang, Musikstück für zwei Stimmen oder zwei gleiche Instrumente); → Duo

duf·ten: die Rosen duften stark; der **Duft; dufte:** das ist dufte (gut, fein); **duftig;** der **Duftstoff**

Du·ka·ten *ital.,* der: -, - (frühere Goldmünze)

dul·den: er hat viel geduldet – keinen Widerspruch dulden; der **Dulder;** die **Dulderin;** die **Duldermiene; duldsam;** die **Duldsamkeit;** die **Duldung**

dumm: dümmer, am dümmsten; eine dumme (unerfreuliche) Geschichte – dummes (albernes) Zeug reden – sich dumm stellen – *sich nicht für dumm verkaufen* (täuschen) *lassen – jemandem wird etwas zu dumm* (er verliert die Geduld); aber: wir sind die Dummen – er ist der Dümmste von allen – so was Dummes!; **dummdreist;** der **Dummejungenstreich,** ein **Dummerjungenstreich; dummerweise;** die **Dummheit:** *Dummheit und Stolz wachsen auf einem Holz;* der **Dummian;** der **Dummkopf; dümmlich**

düm·peln: (leicht schlingern)

dumpf: ein dumpfes Gefühl – dumpfe (abgestandene) Luft; die **Dumpfheit; dumpfig**

Dum·ping *engl. [dạmping],* das: - (Unterbieten der Preise); der **Dumpingpreis**

Dü·ne, die: -, -n (durch den Wind aufgeschütteter Sandhügel)

dün·gen: den Boden düngen; der **Dung;** das **Düngemittel;** der **Dünger;** die **Düngung**

dun·kel: dunkler, am dunkelsten; eine dunkle (finstere) Nacht – dunkle (zweifelhafte) Geschäfte machen – dunkel gefärbt – eine dunkle Vergangenheit haben; aber: im Dunkeln (in der Finsternis) tappen – *jemanden im Dunkeln (Ungewissen) lassen;* das **Dunkel:** im Dunkel der Nacht; **dunkeläugig; dunkelblau; dunkelblond; dunkelhaarig; dunkelhäutig;** die **Dunkelheit;** die **Dunkelkammer; dunkeln:** es dunkelt (wird dunkel); **dunkelrot;** die **Dunkelziffer**

dün·ken: (glauben, sich einbilden); mich (mir) dünkt, du bist gar nicht krank; der **Dünkel** (Einbildung, Hochmut); **dünkelhaft** (eingebildet)

dünn: sich dünn machen (wenig Platz brauchen); aber: *sich dünn(e)machen* (verschwinden, weglaufen) – den Teig dünn machen – dünn auftragen – dünn besiedelt – ein dünn bevölkertes Land – durch dick und dünn; der **Dünndarm; dünnflüssig; dünnwandig**

Dunst, der: -(e)s, Dünste; *keinen blassen Dunst* (keine Ahnung) *haben – jemandem blauen Dunst vormachen* (etwas vorschwindeln); **dunsten** (Dunst verbreiten); **dünsten:** Gemüse dünsten (in wenig Wasser oder Fett garen); **dunstig;** der **Dunstkreis**

Duo *ital.*: -s, -s (zwei Personen, Musikstück für zwei verschiedene Instrumente); → Duett

Du·pli·kat (Dup·li·kat) *lat.,* das: -(e)s, -e (Abschrift, Zweitausfertigung)

Dur *lat.,* das: - (Tongeschlecht); die **A-Dur-Tonleiter**

durch: durch ihn – durch die Wiese laufen – durch und durch (völlig) – der Zug ist schon durch (vorbei); **durchaus** (völlig, ganz); **durcheinander:** durcheinander (verwirrt) sein; aber: das **Durcheinander;** der **durchschauen:** jemanden durchschauen; aber: durch etwas schauen; **durchweg(s)** (meist)

durch·bläu·en: jemanden durchbläuen (verprügeln)

durch·bli·cken: ich blicke nicht durch (verstehe nicht) – *etwas durchblicken lassen* (andeuten); der **Durchblick**

durch·blu·ten: ein gut durchblutetes Gesicht; die **Durchblutung;** die **Durchblutungsstörung**

durch·bre·chen: einen Stab durchbrechen; aber: eine Barriere durchbrechen; die **Durchbrechung;** der **Durchbruch:** *den Durchbruch schaffen* (Erfolg haben)

durch·bren·nen: mit dem Geld durchbrennen (sich davonmachen) – die Sicherung ist durchgebrannt (durchgeglüht)

durch·brin·gen: einen Patienten durchbringen (heilen) – seine Familie durchbringen (ernähren) – seinen Besitz durchbringen (verschwenden)

durch·dre·hen: Fleisch durchdrehen – vor der Prüfung durchdrehen (kopflos werden)

durch·drin·gen: mit seiner Meinung nicht durchdringen; aber: ein Gebüsch durchdringen; **durchdringend:** jemanden durchdringend (scharf) ansehen; die **Durchdringung**

durch·ei·nan·der (durch·ein·an·der): etwas durcheinander bringen – alles ist durcheinander geraten – ihr sollt nicht durcheinander reden – durcheinander (verwirrt) sein – alles durcheinander (wahllos) essen; das **Durcheinander**

durch·fah·ren: die ganze Nacht durchfahren – ein Land durchfahren – ein Schrecken durchfährt mich; die **Durchfahrt;** die **Durchfahrtsstrasse**

durch·fal·len: *mit Pauken und Trompeten durchfallen* (völlig versagen); der **Durchfall**

durch·fors·ten: den Wald durchforsten – die Arbeit durchforsten (kritisch durchsehen)

durch·füh·ren: eine Aufgabe durchführen (ausführen); die **Durchfuhr; durchführbar;** die **Durchführbarkeit;** die **Durchführung**

durch·ge·hen: einen Plan Punkt für Punkt durchgehen (besprechen) – Pferde gehen durch (scheuen) – ein Antrag geht durch (wird angenommen); der **Durchgang,** die Durchgänge; **durchgängig;** die **Durchgangsstrasse;** der **Durchgangsverkehr; durchgehend:** die Geschäfte sind durchgehend (ohne Unterbrechung) geöffnet

durch·hal·ten: (aushalten, durchstehen); das **Durchhaltevermögen**

durch·las·sen: der Schuh lässt kein Wasser durch; der **Durchlass,** die Durchlässe;

durchlässig (nicht dicht); die **Durchlässigkeit**

Durch·laucht, die: -, -en (Titel und Anrede für einen Fürsten)

durch·leuch·ten: einen Kranken durchleuchten – die Akten durchleuchten (überprüfen); die **Durchleuchtung**

durch·ma·chen: schlimme Zeiten durchmachen (erleben) – eine Nacht durchmachen (eine Nacht hindurch feiern)

durch·mes·sen: einen Raum mit grossen Schritten durchmessen (durchschreiten); der **Durchmesser** (Linie, die durch den Mittelpunkt eines Kreises geht)

durch·neh·men: etwas im Unterricht durchnehmen (behandeln); die **Durchnahme**

durch·pau·ken: (unbeirrt durchsetzen)

durch·que·ren: das Land durchqueren; die **Durchquerung**

Durch·rei·se, die: -, -n; auf Durchreise sein; **durchreisen**

durchs: (durch das)

durch·sa·gen: über Rundfunk eine Nachricht durchsagen; die **Durchsage**

durch·schau·en: sie schaut die Hefte durch (prüft sie) – einen Sachverhalt durchschauen (begreifen)

durch·schla·gen: einen Nagel durchschlagen – das mütterliche Erbe schlägt durch (kommt zum Vorschein) – sich in die Heimat durchschlagen (sie mit Mühe erreichen); der **Durchschlag,** die Durchschläge; **durchschlagend:** ein durchschlagender Erfolg; das **Durchschlagpapier;** die **Durchschlagskraft**

Durch·schnitt, der: -(e)s, -e; im Durchschnitt – die Leistungen liegen über dem Durchschnitt; **durchschnittlich:** eine durchschnittliche (mittlere, alltägliche) Qualität; das **Durchschnittsalter;** das **Durchschnittseinkommen**

durch·set·zen: sich durchsetzen (behaupten) können; das **Durchsetzungsvermögen**

durch·sich·tig: durchsichtiges Papier – ein durchsichtiger (durchschaubarer) Plan; die **Durchsicht;** die **Durchsichtigkeit**

durch·su·chen: das ganze Haus von oben bis unten durchsuchen; die **Durchsuchung;** der **Durchsuchungsbefehl**

durch·trie·ben: ein durchtriebener (gerissener, schlauer) Bursche

durch·wäh·len: nach Amerika durchwählen (direkt in das öffentliche Netz wählen); die **Durchwahl**

durch·weg(s): (meist, fast ohne Ausnahme, überall)

dür·fen: du darfst, er durfte, sie hat gedurft; du darfst Tiere nicht quälen – das darf doch nicht wahr sein! – darf ich Sie bitten?

dürf·tig: (kümmerlich, ärmlich); die **Dürftigkeit**

dürr: dürres Holz – ein dürrer (sehr magerer) Mensch; die **Dürre;** die **Dürrekatastrophe;** die **Dürreperiode**

Durst, der: -(e)s; seinen Durst löschen – Durst (ein heftiges Verlangen) nach Freiheit haben; **dursten** (Durst haben); **dürsten:** ich dürste – mich dürstet; **durstig; durstlöschend; durststillend;** die **Durststrecke** (Zeit voller Entbehrungen)

Du·sche franz., die: -, -n (Brause); **duschen;** die **Duschkabine** # Tusche

Dü·se, die: -, -n (Austrittsöffnung); **düsen:** er düst (saust) nach Hause; das **Düsenflugzeug;** der **Düsenjäger**

Du·sel, der: -s; Dusel (Glück) haben; **duseln** (leicht schlafen, schlummern)

Dus·sel, der: -s, - (Dummkopf, Schlafmütze); **duss(e)lig;** die **Duss(e)ligkeit**

düs·ter: (finster, unklar); auch: **duster;** die **Düsternis**

Du·ty·free·shop engl. [djutifrischop], der: -s, -s (zollfreier Verkauf im Flughafen); auch: der **Duty-free-Shop**

Dut·zend ⟨Dtzd.⟩ franz., das: -s, -e; ein Dutzend (12 Stück) Eier – drei Dutzend – (ein paar, viele) Dutzend(e) Mal(e) – Dutzende von Menschen; auch: dutzende – zu Dutzenden (in grosser Anzahl); auch: zu dutzenden; **dutzendfach;** die **Dutzendware; dutzendweise**

Du·vet franz. [düwe], das: -s, -s (Feder-Deckbett)

du·zen: jemanden duzen (mit Du anreden) – sie duzen sich (sie reden einander mit Du an); der **Duzbruder;** der **Duzfreund**

Dy·na·mik griech., die: -(Lehre von der Bewegung der Körper, Schwung, Lebendigkeit); **dynamisch:** eine dynamische (energiegeladene) Persönlichkeit

Dy·na·mit griech., das: -s (Sprengstoff)

Dy·na·mo griech., der: -s, -s (Generator)

Dy·nas·tie griech., die: -, Dynastien (Herrschergeschlecht, Fürstenhaus)

D-Zug, der: -(e)s, D-Züge (Durchgangszug, Schnellzug); der **D-Zug-Wagen**

E

E = Eilzug; Europastrasse

Eb·be, die: -, -n (niedriger Wasserstand beim Gezeitenwechsel); **ebben:** der Sturm ebbt ab

ebd. = ebenda

e·ben: eben (soeben, gerade) war er noch da

e·ben: ein ebenes (flaches) Gelände – zu ebener Erde; die **Ebene:** auf die schiefe Ebene (auf Abwege) geraten; **ebnen:** den Weg ebnen

e·ben: (gleich); das **Ebenbild; ebenbürtig:** ein ebenbürtiger Gegner; die **Ebenbürtigkeit; ebenerdig** (zu ebener Erde); **ebenfalls;** das **Ebenmass; ebenmässig; ebenso** (auch): ich hätte ebenso gut zu Hause bleiben können – sie weiss das ebenso gut wie ich – ebenso sehr – ebenso viel – ebenso wenig – ebenso weit – ebenso lange

e·ben: eben (genau) das möchte ich nicht – das ist eben anders; **ebenda** ⟨ebd.⟩; **ebendaher; ebendann; ebendarum; ebendas; ebender; ebendeshalb; ebendeswegen; ebendieser; ebendort; ebenjener**

E·ben·holz, das: -es, Ebenhölzer (sehr dunkles Holz)

E·ber, der: -s, - (männliches Schwein)

E·ber·e·sche, die: -, -n (Laubbaum)

EC = Eurocity-Zug

E·cho griech., das: -s, -s; seine Worte fanden kein Echo (keinen Anklang); **echoen:** es echot; das **Echolot**

Ech·se, die: -, -n (Schuppenkriechtier)

echt: echtes (reines) Gold – echt golden – echte Zähne – eine echte (wahre) Freundschaft – von echtem Schrot und Korn (redlich und tüchtig) sein; ...**echt:** waschecht; die **Echtheit**

E·cke, die: -, -n; an allen Ecken und Enden (überall) – jemanden um die Ecke bringen (töten, aus dem Weg räumen); auch: das **Eck;** der **Eckball;** die **Eckfahne;** das **Eckhaus; eckig;** der **Eckzahn**

EDA = Eidgenössisches Departement für auswärtige Angelegenheiten

e·del: edler, am edelsten; eine edle (vornehme) Gesinnung – ein edles (besonders wertvolles) Tier; der **Edelmann;** das **Edelmetall;** der **Edelmut; edelmütig;** der **Edelstahl;** der **Edelstein;** das **Edelweiss**

EDI = Eidgenössisches Departement des Innern

E·dikt lat., das: -(e)s (Verordnung, Erlass)

E·di·ti·on lat., die: -, -en (Herausgabe von Büchern bzw. Musikalien)

EDU = Eidgenössisch-Demokratische Union

EDV = elektronische Datenverarbeitung

EFD = Eidgenössisches Finanzdepartement

E·feu, der: -s (Kletterpflanze); **efeubewachsen**

Eff·eff: etwas aus dem Effeff (gründlich) können

Ef·fekt lat., der: -(e)s, -e (Wirkung, Leistung, Ergebnis); die **Effekten** Mz. (Wertpapiere); die **Effekthascherei; effektiv** (tatsächlich, wirkungsvoll); die **Effektivität; effektvoll** (wirkungsvoll); die **Effizienz** (Wirksamkeit, Leistungsfähigkeit)

Ef·fet franz. [effe], der: -s, -s (Drall eines Balles, einer Kugel)

EG = Europäische Gemeinschaft; die **EG-Mitglieder**

e·gal franz.: das ist mir egal (gleichgültig, einerlei); **egalisieren** (gleichmachen)

E·gel, der: -s, - (Blut saugender Wurm)

Eg·ge, die: -, -n (Gerät zum Lockern des Bodens); **eggen**

E·go·is·mus lat., der: - (Selbstsucht); der **Egoist** (selbstsüchtiger Mensch); die **Egoistin; egoistisch**

eh: seit eh und je; **ehe:** (bevor); eher, am ehesten; **ehedem** (einstmals); **ehemalig; ehemals** (früher, damals); **eher:** je eher du gehst, desto besser – je eher, je lieber

E·he, die: -, -n; eine glückliche Ehe führen; **ehebrechen;** aber: die Ehe brechen; der **Ehebruch;** die **Ehefrau;** die **Eheleute; ehelich; ehelichen** (heiraten); **ehelos;** der **Ehemann;** das **Ehepaar;** die **Ehescheidung;** die **Eheschliessung;** der **Ehestand**

e·hern: ein eherner (aus Eisen gemachter) Helm – sein eherner (eiserner) Wille

eh·ren: das ehrt ihn (verdient Anerkennung) – wer den Pfennig nicht ehrt, ist des Talers nicht wert; der **Ehrabschneider; ehrbar;** die **Ehrbarkeit;** die **Ehre:** Ehre machen – ihm zu Ehren – auf Ehre und Gewissen – bei meiner Ehre! – jemandem die Ehre abschneiden (jemanden herabsetzen) – mit jemandem keine Ehre einlegen (keinen grossen Eindruck machen) – keine Ehre im Leib haben (kein Ehrgefühl besitzen) # Ähre; **ehrenamtlich;** der **Ehrenbürger; ehrenhaft;** die **Ehrenhaftigkeit; ehrenhalber;** aber: der Ehre halber; das **Ehrenmal;** der **Ehrenmann; ehrenrührig; ehrenvoll; ehrenwert;** das **Ehrenwort; ehrerbietig;** die **Ehrerbietung;** die **Ehrfurcht:** Ehrfurcht gebietend; **ehrfürchtig; ehrfurchtsvoll;** das **Ehrgefühl;** der **Ehrgeiz; ehrgeizig; ehrlich:** ehrlich währt am längsten; die **Ehrlichkeit; ehrlos; ehrsam;** die **Ehrsamkeit;** die **Ehrung; ehrverletzend; ehrwürdig**

Ei, das: -(e)s, -er; das Ei des Kolumbus (die einfachste Lösung in einem bestimmten Fall) – einen wie ein rohes Ei (äusserst vorsichtig) behandeln – wie auf Eiern (äusserst vorsichtig) gehen; das/der **Eidotter;** der **Eierbecher;** die **Eierspeise;** der **Eierstock** (weibliche Keimdrüse); das **Eigelb;** das **Eiweiss; eiweissarm:** eiweissarme Nahrung

Ei·che, die: -, -n (Laubbaum); die **Eichel;** der **Eichelhäher; eichen:** eine eichene Truhe; das **Eichenlaub;** das **Eichhörnchen**

ei·chen: Waagen eichen (ihre Masse festlegen und mit der Norm in Übereinstimmung bringen); das **Eichamt;** die **Eichung**

Eid, der: -(e)s, -e; einen Eid (Schwur) leisten – unter Eid aussagen; der **Eidbruch; eidbrüchig; eidesstattlich:** die eidesstattliche Versicherung; aber: an Eides statt versichern; der **Eidgenosse** (geschichtliche Bezeichnung für Schweizer); die **Eidgenossenschaft;** die **Eidgenossin; eidgenössisch** ⟨eidg.⟩ (zum schweizerischen Bundesstaat gehörig)

Ei·dech·se, die: -, -n (Kriechtier)

Ei·fer, der: -s; sein Eifer (Fleiss) erlahmt – im Eifer des Gefechts (in Eile) – blinder Eifer schadet nur; der **Eiferer** (Fanatiker); **eifern;** die **Eifersucht; eifersüchtig; eifrig**

ei·gen: jemandem eigen sein (ihm gehören) – ein eigenes Heim – mein eigen Fleisch und Blut – sie ist sehr eigen (gewissenhaft, eigensinnig) – eigener Herd ist Goldes wert; aber: das ist mein Eigen – etwas sein Eigen nennen – sich etwas zu Eigen machen (sich etwas aneignen); die **Eigenart; eigenartig;** der **Eigenbrötler** (Sonderling); **eigenhändig;** das **Eigenheim;** die **Eigenheit;** das **Eigenlob; eigenmächtig;** die **Eigenmächtigkeit;** der **Eigenname;** der **Eigennutz; eigennützig; eigens;** die **Eigenschaft;** das **Eigenschaftswort;** der **Eigensinn; eigensinnig; eigenständig;** die **Eigenständigkeit;** das **Eigentor;** das **Eigentum; eigentümlich** (seltsam); **eigenwillig**

ei·gent·lich: die eigentliche (ursprüngliche) Bedeutung des Wortes – eigentlich (in Wirklichkeit) bin ich nicht so – was meinst du eigentlich?

eig·nen, sich: sich für einen Beruf eignen; die **Eignung;** die **Eignungsprüfung;** der **Eignungstest**

Ei·land, das: -(e)s, -e (Insel)

ei·len: das eilt sehr (ist dringend) – nach Hause eilen – *eile mit Weile;* der **Eilbote:** per Eilboten; der **Eilbrief;** die **Eile; eilends; eilfertig; eilig:** eiligst – nichts Eiliges (Wichtiges) zu tun haben; der **Eilzug** ⟨E⟩

Ei·mer: -s, -; *im Eimer* (verdorben, verloren) *sein;* **eimerweise**

ein: ein Baum – ein anderer – ein jeder – ein für allemal – ein und derselbe – er ist ein guter Arzt – ein Knabe und zwei Mädchen – *nicht mehr ein und aus wissen* (keinen Rat mehr wissen); aber: mein Ein und Alles; der **Eine** (Gott); **einzeilig;** auch: **1-zeilig**

ei·nan·der (ein·an·der): einander (einer dem andern) beistehen

ein·ä·schern: ein Haus einäschern; die **Einäscherung**

Ein·bahn·stras·se, die: -, -n (Strasse, die nur in einer Richtung befahren werden darf)

Ein·band, der: -(e)s, Einbände; der Einband eines Buches; **einbändig; einbinden:** ein Buch einbinden

ein·be·grif·fen: in dem/den Preis (mit) einbegriffen sind ...

ein·be·zie·hen: sie bezieht alle Beteiligten ein; der **Einbezug**

ein·bil·den, sich: er bildet sich ein (meint irrtümlich) krank zu sein – sich auf sein Aussehen etwas einbilden (stolz darauf sein); die **Einbildung;** die **Einbildungskraft; eingebildet:** auf seine Schönheit eingebildet sein

ein·bläu·en: jemandem Gehorsam einbläuen (beibringen)

ein·blen·den, sich: das Fernsehen blendet sich (schaltet sich) in die Veranstaltung ein; die **Einblendung**

ein·bre·chen: in ein Haus einbrechen (gewaltsam eindringen) – sie ist auf dem Eis eingebrochen; der **Einbrecher;** der **Einbruch,** die Einbrüche; der **Einbruchsdiebstahl; einbruch(s)sicher**

ein·brin·gen: das Getreide einbringen (ernten) – ein Gesetz zur Abstimmung einbringen (vorschlagen) – die Arbeit bringt nichts ein (ist nicht einträglich); **einbringlich**

ein·bür·gern: jemanden einbürgern (ihm die Staatsangehörigkeit verleihen) – die Sitte hat sich eingebürgert (ist zur Gewohnheit geworden); die **Einbürgerung**

ein·büs·sen: seinen guten Ruf einbüssen (verlieren); die **Einbusse**

ein·deu·tig: ein eindeutiger (klarer, unmissverständlicher) Befehl; die **Eindeutigkeit**

ein·drin·gen: ich dringe ein, du drangst ein, sie ist eingedrungen, dring(e) ein!; Wasser dringt in das Haus ein – in ein Geheimnis eindringen (es erforschen); **eindringlich:** jemanden eindringlich (nachdrücklich) ermahnen; aber: aufs Eindringlichste; auch: aufs eindringlichste; der **Eindringling**

Ein·druck, der: -(e)s, Eindrücke; einen schlechten Eindruck machen – einen guten Eindruck von etwas haben – bei jemandem Eindruck schinden – *der erste Eindruck ist der beste;* **eindrücklich; eindrucksvoll**

ei·ne; ei·ner; ei·nes: → ein

ein·ein·halb: eineinhalb (auch: anderthalb) Stunden; aber: ein und eine halbe Stunde; **eineinhalbmal; einundeinhalb**

Ei·ner, der: -s, -; in einem Einer (Sportboot für eine Person) fahren – Einer (einstellige Zahlen) zusammenzählen

ei·ner·lei: (gleichgültig, egal); das **Einerlei:** das Einerlei des Alltags

ei·ner·seits: einerseits ... and(e)rerseits

ei·nes·teils: einesteils ... and(e)renteils

ein·fach: ein einfaches (schlichtes) Kleid – einfach (verständlich) reden – eine einfache Fahrkarte (ohne Rückfahrt) – das ist einfach nicht wahr!; aber: etwas Einfaches – etwas auf das Einfachste lösen; auch: auf das einfachste; die **Einfachheit:** der Einfachheit halber

ein·fä·deln: einen Faden einfädeln – etwas klug einfädeln (einrichten) – sich in den Verkehr einfädeln (einordnen)

ein·fah·ren: in den Bahnhof einfahren – Heu einfahren (in die Scheune bringen)

Ein·fall, der: -(e)s, Einfälle; einen guten Einfall (Gedanken) haben – den Einfall (das Eindringen) der Feinde abwehren; **einfallen:** sich etwas einfallen lassen (eine Lösung finden) – das Haus fällt ein; **einfallsreich;** der **Einfallsreichtum**

ein·fäl·tig: (schlicht, beschränkt); die **Einfalt;** die **Einfältigkeit;** der **Einfaltspinsel**

ein·fas·sen: (begrenzen, einschliessen, umranden); die **Einfassung**

ein·flös·sen: Medizin einflössen – jemandem Angst einflössen (einjagen)

Ein·fluss, der: -es, Einflüsse; Einfluss (Geltung) haben – einen schlechten Einfluss ausüben; die **Einflussnahme; einflussreich**

ein·frie·den: ein Gebäude einfrieden (mit einer Mauer, Hecke o. Ä. umgeben, schützen); die **Einfriedung**

ein·frie·ren: Lebensmittel einfrieren (tiefkühlen)

ein·füh·len, sich: sich in eine Situation einfühlen (hineinversetzen); **einfühlsam;** die **Einfühlung;** das **Einfühlungsvermögen**

ein·füh·ren: Waren einführen – neue Bestimmungen einführen; die **Einfuhr;** die **Einführung;** der **Einführungspreis;** der **Einfuhrzoll**

Ein·gang: -(e)s, Eingänge; das Haus hat zwei Eingänge – der Eingang (das Eintreffen) der Post – der Ein- und Ausgang; **eingangs:** wie eingangs (am Anfang) erwähnt

ein·ge·ben: der Kranken eine Medizin eingeben – er gibt Daten in den Computer ein – ein Gesuch eingeben (einreichen); die **Eingabe:** eine Eingabe (ein Gesuch) bearbeiten; die **Eingebung:** eine Eingebung (einen plötzlich auftauchenden Gedanken, Gedankenblitz) haben

ein·ge·denk: eingedenk seiner Worte

ein·ge·hen: ein Tier geht ein (verendet) – eine Ehe eingehen (heiraten) – auf einen Vorschlag eingehen – es geht wenig Post ein – eine Wette eingehen – die Hose geht beim Waschen ein (wird kleiner) – auf eine Frage eingehen (dazu Stellung nehmen); **eingehend:** sich eingehend (ausführlich) mit

etwas beschäftigen; aber: aufs Eingehendste; auch: aufs eingehendste

ein·ge·ste·hen: du gestehst ein, er gestand ein, sie hat eingestanden, gesteh(e) ein!; seine Schuld eingestehen; **eingestandenermassen;** das **Eingeständnis,** die Eingeständnisse

Ein·ge·wei·de, das: -s, -; die Eingeweide (inneren Organe) eines Tieres

ein·grei·fen: in einen Streit eingreifen (sich einmischen); der **Eingriff:** einen Eingriff (eine Operation) vornehmen – der Eingriff in die Rechte des anderen

ein·hal·ten: eine Bestimmung einhalten (befolgen) – in der Arbeit einhalten (damit aufhören); der **Einhalt:** jemandem Einhalt gebieten (energisch entgegentreten); die **Einhaltung**

ein·hei·misch: die einheimische Bevölkerung; der/die **Einheimische**

ein·heim·sen: viel Lob einheimsen (gewinnen, erlangen)

Ein·heit, die: -, -en (als Ganzes wirkende Geschlossenheit); **einheitlich:** eine einheitliche (für alle geltende) Regelung; die **Einheitlichkeit;** der **Einheitspreis**

ein·hel·lig: einhellig (einstimmig) etwas wollen; die **Einhelligkeit**

ein·her: (daher, heran); **einhergehen:** die Krankheit geht mit Fieber einher

ein·ho·len: eine Auskunft einholen (sich geben lassen) – von seiner Vergangenheit eingeholt werden

ei·nig: einig sein – mit jemandem einig gehen; sich **einigen;** die **Einigkeit;** die **Einigung**

ei·ni·ge: einige (mehrere) Tage – einige wenige – mit einigem Fleiss – einige Mal(e) – einige Millionen; **einigermassen** (halbwegs, annähernd); **einiges:** einiges mehr – einiges (manches) wissen

ein·kau·fen: Lebensmittel einkaufen; der **Einkauf;** der **Einkäufer;** die **Einkäuferin;** die **Einkaufstasche;** das **Einkaufszentrum**

ein·keh·ren: in einem Gasthaus einkehren; die **Einkehr**

Ein·klang, der: -(e)s; mit jemandem in Einklang sein (übereinstimmen)

Ein·kom·men, das: -s, - (Einnahmen, Gehalt); die **Einkommen(s)steuer**

Ein·künf·te Mz., die: -; keine Einkünfte (Einnahmen) haben

ein·la·den: du lädst ein, er lud ein, sie hat eingeladen, lad(e) ein; Kisten einladen – sich Gäste einladen (zu sich bitten); **einladend; die Einladung**

ein·las·sen: du lässt ein, er liess ein, sie hat eingelassen, lass(e) ein!; die Besucher einlassen (eintreten lassen) – sich mit jemandem einlassen (Umgang haben, verkehren); der **Einlass**

ein·lau·fen (sich): sich vor dem Spiel einlaufen (warm laufen) – das Wasser läuft in die Wanne ein

ein·lei·ten: eine Feier mit Musik einleiten (eröffnen) – gegen jemanden ein Verfahren einleiten (in Gang setzen); die **Einleitung**

ein·len·ken: in eine Nebenstrasse einlenken (abbiegen) – in einem Gespräch einlenken (nachgeben)

ein·leuch·ten: das leuchtet mir ein (überzeugt mich) – eine einleuchtende Antwort geben

ein·ma·chen: Obst einmachen; das **Eingemachte; das Einmachglas**

ein·mal: auf einmal – einmal (eines Tages) wirst du an mich denken – nicht einmal – noch einmal – 1- bis 2-mal – *besser einmal als nie;* auch: ein Mal (bei besonderer Betonung); das **Einmaleins; einmalig:** eine einmalige Gelegenheit – ein einmaliges (aussergewöhnliches) Bild; die **Einmaligkeit**

ein·mün·den: der Fluss mündet in das Meer ein; die **Einmündung**

ein·mü·tig: (einträchtig, gleichgesinnt); die **Einmütigkeit**

ein·nach·ten: es nachtet ein (nachtet)

ein·neh·men: du nimmst ein, er nahm ein, sie hat eingenommen, nimm ein!; Geld einnehmen – seine Medizin einnehmen – einen festen Standpunkt einnehmen – viel Platz einnehmen – jemanden für sich einnehmen (gewinnen) – ein einnehmendes Wesen haben – eine Festung einnehmen – *von sich eingenommen* (eingebildet) *sein;* die **Einnahme**

Ein·ö·de, die: -, -n (einsame Gegend); der **Einödhof**

ein·prä·gen: sich eine Zahl einprägen; **einprägsam;** die **Einprägung**

ein·quar·tie·ren: Flüchtlinge einquartieren (ihnen eine Wohnung verschaffen); die **Einquartierung**

ein·räu·men: ein Zimmer einräumen – jemandem bestimmte Rechte einräumen (zugestehen) – einen Kredit einräumen (gewähren)

ein·rei·sen: in ein Land einreisen; die **Einreise;** die **Einreiseerlaubnis**

ein·reis·sen: ein Haus einreissen – eine eingerissene Heftseite – das darf nicht einreissen (zur Gewohnheit werden)!; der **Einriss**

ein·ren·ken: die Schulter einrenken; die **Einrenkung**

ein·rich·ten: eine Wohnung einrichten – sich auf schlimme Zeiten einrichten (einstellen); die **Einrichtung**

eins: er kam um eins (ein Uhr) nach Hause – halb eins – ein Viertel vor eins – es steht eins zu eins – ihm ist alles eins (gleichgültig) – *mit jemandem eins* (einig) *sein;* die **Eins:** eine Eins in der Prüfung bekommen – die Zahl Eins; der **Einser;** auch: der **Einer**

ein·sam: einsam (völlig allein) leben – eine einsame (abgelegene) Gegend; die **Einsamkeit**

Ein·satz, der: -es, Einsätze; der Einsatz der Wette war niedrig – der Einsatz von Flugzeugen – der Einsatz des Spielers ist noch fraglich – der Beruf verlangt vollen Einsatz – er ist an der Front im Einsatz; **einsatzbereit;** das **Einsatzkommando; einsetzen:** sich für jemanden einsetzen (energisch für jemanden etwas tun, für jemanden sprechen)

ein·schla·gen: einen Nagel einschlagen – ein Fenster einschlagen – auf sein Opfer einschlagen – der Blitz schlug ein – eine andere Richtung einschlagen – der Film hat eingeschlagen (hat Erfolg); der **Einschlag,** die Einschläge; **einschlägig:** einschlägige (entsprechende) Erfahrungen haben

ein·schlies·sen: sich in ein Zimmer einschliessen (einsperren) – im Preis eingeschlossen (darin enthalten); **einschliesslich:** einschliesslich (mitsamt) der Steuern; der **Einschluss:** unter Einschluss

ein·schnei·dend: einschneidende (wirksame) Massnahmen treffen; der **Einschnitt** (Bruch, Unterbrechung)

ein·schrän·ken: seine Ausgaben einschränken (verringern) – sich einschränken (sparen, kürzer treten) müssen; die **Einschränkung**

ein·schrei·ben: Namen in eine Liste einschreiben; der **Einschreib(e)brief;** das **Ein-**

schreiben (eingeschriebene Postsendung); die **Einschreibung**

ein·schüch·tern: sich nicht einschüchtern (entmutigen) lassen; die **Einschüchterung;** der **Einschüchterungsversuch**

ein·se·hen: seine Fehler einsehen – Dokumente einsehen (darin lesen); das **Einsehen:** *(k)ein Einsehen* (Verständnis) *haben*; die **Einsicht; einsichtig;** die **Einsichtigkeit**

ein·sei·tig: das Papier nur einseitig bedrucken – ein einseitiger Beschluss – einseitig (parteiisch) sein; die **Einseitigkeit**

ein·sen·den: die Unterlagen einsenden (schicken); der **Einsender;** die **Einsenderin;** der **Einsendeschluss;** die **Einsendung**

Ein·sied·ler, der: -s, - (ein einsam lebender, weltabgewandter Mensch); die **Einsiedelei; einsiedlerisch;** der **Einsiedlerkrebs**

ein·sil·big: ein sehr einsilbiger (wortkarger) Mensch

Ein·sit·zer: -s, - (Fahrzeug mit nur einem Sitz); **einsitzig**

Ein·spra·che, die: -, -n; gegen einen Entscheid Einsprache (Widerspruch) erheben; der **Einspruch**

ein·spu·ren: in die andere Fahrbahn einspuren (wechseln); **einspurig**

einst: (vor langer Zeit); einst und jetzt; aber: das Einst und Jetzt; **einstig; einstmals; einstweilen** (zunächst einmal, inzwischen); **einstweilig:** einstweilige (vorläufig geltende) Verfügung

ein·stel·len: Arbeiter einstellen (beschäftigen) – das Rauchen einstellen (beenden) – sich um 12 Uhr einstellen (einfinden) – sich auf seine Zuhörer einstellen (auf sie eingehen); die **Einstellung;** das **Einstellungsgespräch**

ein·stim·mig: (ohne Gegenstimme); die **Einstimmigkeit**

ein·stür·zen: (zusammenbrechen); der **Einsturz**

ein·tei·len: sich die Arbeit einteilen; **einteilig;** die **Einteilung**

ein·tö·nig: (langweilig)

Ein·topf, der: -(e)s, Eintöpfe (Gericht, Essen)

Ein·tracht, die: - (Einigkeit, Einvernehmen); *Eintracht ernährt, Zwietracht verzehrt;* **einträchtig**

ein·tra·gen: in eine Liste eintragen (schreiben) – seine Arbeit trägt nicht viel ein (bringt nicht viel Geld); der **Eintrag,** die

Einträge; **einträglich;** die **Einträglichkeit;** die **Eintragung**

ein·tre·ten: in ein Zimmer eintreten – in ein Gespräch eintreten – in einen Verein eintreten (Mitglied werden) – eine Glastüre eintreten – der Tod tritt ein – für seinen Freund eintreten (zu ihm halten); die **Eintretensdebatte;** der **Eintritt;** die **Eintrittskarte**

Ein·ver·nah·me, die: -, -n (Verhör); das **Einvernehmen** (Übereinstimmung, Billigung); **einvernehmlich**

ein·ver·stan·den: er ist mit allem einverstanden; das **Einverständnis:** mit ihrem Einverständnis (ihrer Zustimmung) rechnen

Ein·wand, der: -(e)s, Einwände (Einspruch, Widerspruch); **einwandfrei** (eindeutig, ohne Beanstandung); **einwenden**

Ein·wan·de·rer, der: -s, - (jemand, der in ein Land einwandert); die **Einwanderin; einwandern;** die **Einwanderung**

ein·wärts: etwas einwärts (nach innen) biegen

Ein·weg·fla·sche, die: -, -n (Flasche, die man nicht zurückzugeben braucht); das **Einwegglas**

ein·wei·hen: eine Kirche einweihen – jemanden in ein Geheimnis einweihen (davon in Kenntnis setzen); die **Einweihung**

ein·wei·sen: in ein Krankenhaus einweisen (einliefern); die **Einweisung**

ein·wer·fen: einen Brief einwerfen – ein Fenster einwerfen – eine kurze Bemerkung in das Gespräch einwerfen; der **Einwurf,** die Einwürfe

Ein·woh·ner, der: -s, - (jemand, der an einem Ort seinen ständigen Wohnsitz hat); die **Einwohnerin;** die **Einwohnerkontrolle;** auch: das **Einwohnermeldeamt**

ein·zah·len: Geld einzahlen; die **Einzahl** ⟨Ez.⟩; die **Einzahlung;** der **Einzahlungsschalter**

Ein·zel·ler, der: -s, - (einzelliges Lebewesen); **einzellig**

ein·zeln: (für sich allein); einzeln kommen – einzeln stehend; aber: der, die, das Einzelne – als Einzelne(r) – jede(r) Einzelne – bis ins Einzelne – im Einzelnen – vom Einzelnen zum Ganzen; das **Einzel** (Spiel zwischen zwei Gegnern); der **Einzelgänger;** die **Einzelhaft;** der **Einzelhandel;** die **Einzelheit;** das **Einzelzimmer**

ein·zie·hen: in das neue Haus einziehen – die Netze einziehen (einholen) – Gebühren einziehen (kassieren) – zum Militärdienst einziehen (einberufen) – die Salbe zieht (wirkt) in die Haut ein; der **Einzug,** die Einzüge

ein·zig: sein einziger Sohn – er steht einzig (einmalig) da – einzig und allein (nur) er ist schuld; aber: der, die, das Einzige – als Einziges – unsere Einzige (unsere einzige Tochter); **einzigartig;** aber: etwas Einzigartiges

Eis, das: -es; Eis schlecken – auf dem Eis ausrutschen – Eis laufen – *etwas auf Eis legen* (aufschieben) – *jemanden aufs Glatteis führen* (täuschen, hintergehen); die **Eisbahn;** der **Eisbär;** das **Eisbein** (gekochtes Bein vom Schwein); die **Eiscreme; eisfrei:** ein eisfreier Hafen; **eisgekühlt; eisglatt;** das **Eishockey; eisig:** ein eisiger (sehr kalter) Wind – eisiges Schweigen; **eiskalt;** aber: eisig kalt; der **Eiskunstlauf;** der **Eislauf;** das **Eismeer;** das **Eisschiessen;** der **Eisschnelllauf;** der **Eisschrank;** der **Eiszapfen;** die **Eiszeit**

Ei·sen, das: -s, -; die Eisen verarbeitende Industrie – *ein heisses Eisen* (eine bedenkliche, gefährliche Sache) anpacken – *zum alten Eisen gehören* (alt, untauglich geworden sein) – *mehrere Eisen im Feuer haben* (mehrere Möglichkeiten, Auswege haben); die **Eisenbahn:** es ist höchste Eisenbahn (es ist höchste Zeit); **eisenhaltig; eisenhart;** die **Eisenwaren** *Mz.;* **eisern:** eine eiserne Bank – die eiserne Lunge – die eiserne Ration – ein eiserner (fester) Wille – eisern zusammenhalten – *mit eisernem Besen kehren* (durchgreifen) – der eiserne Vorhang (feuersicherer Abschluss der Bühne); aber: der Eiserne Vorhang (Grenze) – das Eiserne Kreuz (Orden)

ei·tel: eitler, am eitelsten; eine eitle (selbstgefällige) Person; die **Eitelkeit**

Ei·ter, der: -s (Flüssigkeitsabsonderung bei Entzündungen); die **Eiterbeule; eit(e)rig; eitern:** die Wunde eitert

E·kel, der: -s (Abscheu, Widerwille); ein Ekel packt mich – das ist Ekel erregend; das **Ekel** (unerträglicher Mensch); **ekelhaft** (abscheulich, widerlich); **ek(e)lig;** sich **ekeln:** sie ekelt sich vor dem Essen – es ekelt mich (mir)

EKG (Ekg) = Elektrokardiogramm (Aufzeichnung der Herzmuskelströme)

Ek·lat *franz.* [ęklạ], der: -s, -s (Skandal, Aufsehen erregendes Ereignis); **eklatant** (Aufsehen erregend, offenkundig)

Eks·ta·se (Ek·sta·se) *griech.,* die: -, -n (Verzückung, Begeisterung); **ekstatisch**

Ek·zem *griech.,* das: -s, -e (Hautausschlag)

E·lan *franz.* [elã, elạn], der: -s (Schwung, Begeisterung)

e·las·tisch *griech.:* (dehnbar, anpassungsfähig); die **Elastizität**

Elch, der: -(e)s, -e (Hirschart)

El·do·ra·do *span.,* das: -s, -s (Paradies, Traumland)

E·le·fant *griech.,* der: -en, -en; *sich wie ein Elefant im Porzellanladen* (ungeschickt, taktlos) *benehmen*

e·le·gant *franz.:* (vornehm, geschmackvoll); die **Eleganz**

E·lek·tri·zi·tät (E·lekt·ri·zi·tät) *griech.,* die: - (elektrischer Strom); eine Stadt mit Elektrizität versorgen; **elektrifizieren** (auf elektrischen Betrieb umstellen); der **Elektriker; elektrisch; elektrisieren;** das **Elektrizitätswerk;** der **Elektroherd;** der **Elektroingenieur;** das **Elektrokardiogramm** ⟨EKG, Ekg⟩; der **Elektromotor;** die **Elektrotechnik**

E·lek·tron (E·lekt·ron) *griech.,* das: -s, Elektronen (negativ geladenes Teilchen); die **Elektrode;** die **Elektronik; elektronisch**

E·le·ment *lat.,* das: -(e)s, -e (Urstoff, chemischer Grundstoff, Naturgewalt); *in seinem Element sein* (sich wohl fühlen, entfalten können); **elementar** (ein elementarer (grundlegender) Begriff; die **Elementargewalt**

E·lend, das: -(e)s; im Elend sein – *das heulende Elend haben/kriegen* (sich zutiefst unglücklich fühlen); **elend:** eine elende (ärmliche) Wohnung – mir ist elend – ein elender (gemeiner) Kerl – sich elend (erschöpft) fühlen; **elendig; elendiglich;** die **Elendsgestalt;** das **Elendsviertel**

E·le·ve *franz.,* der: -n, -n (Schüler einer Schauspiel- oder Ballettschule); die **Elevin**

elf: elffach – elfmal – elftens; die **Elf** (Fussball- oder Handballmannschaft); der **Elfer** (Strafstoss im Fussball); der **Elfmeter**

Elfe, die: -, -n (Naturgeist in Märchen und Sagen); auch: der **Elf; elfenhaft**

El·fen·bein, das: -(e)s (Material aus den Stosszähnen eines Elefanten); **elfenbeinern; elfenbeinfarben**

e·li·mi·nie·ren *lat.*: (auswählen, beseitigen); die **Eliminierung**

E·li·te *franz.*, die: -, -n (Auswahl der Besten); **elitär**

E·li·xier *griech.*, das: -s, -e (Zaubertrank)

Ęl·le, die: -, -n (Unterarmknochen, altes Längenmass); 5 Ellen Stoff; der **Ell(en)bogen:** *seine Ellenbogen gebrauchen* (rücksichtslos vorgehen); **ellenlang**

El·lip·se *griech.*, die: -, -n (Kegelschnitt); **elliptisch**

e·lo·quent *lat.*: (beredt); die **Eloquenz**

Ęls·ter, die: -, -n (Rabenvogel)

Ęl·tern *Mz.*, die: -; *seinen Eltern über den Kopf wachsen* (nicht mehr auf sie hören) – *nicht von schlechten Eltern sein* (es in sich haben, gar nicht so schlecht sein); **elterlich;** das **Elternhaus; elternlos;** das **Elternpaar;** die **Elternschaft;** die **Elternvertretung**

E·mail *franz.* [emaj], das: -s, -s (glasartiger Überzug auf Metallgegenständen); auch: die **Emaille** [emalje]; **emaillieren:** eine emaillierte Vase

E·man·zi·pa·ti·on *lat.*, die: - (Gleichstellung); sich **emanzipieren; emanzipiert:** eine emanzipierte (freie, selbstständige) Frau

Em·bar·go *span.*, das: -s, -s (Ausfuhrverbot)

Em·blem (Emb·lem) *franz.*, das: -s, -e (Kennzeichen, Hoheitszeichen)

Em·bo·lie *griech.*, die: -, Embolien (Verstopfung eines Blutgefässes)

Ęmb·ryo (Ęm·bryo) *griech.*, der: -s, -s/Embryonen (noch nicht geborenes Lebewesen)

EMD = Eidgenössisches Militärdepartement

Emd, das: -(e)s (zweiter Grasschnitt); **emden**

E·mi·gra·ti·on *lat.*, die: -, -en (Auswanderung); der **Emigrant;** die **Emigrantin; emigrieren**

e·mi·nent *lat.*, die: (hervorragend, herausragend); die **Eminenz** (Titel für Kardinäle)

E·mo·ti·on *lat.*, die: -, -en (Gemütsbewegung); **emotional** (gefühlsmässig, gefühlsbetont)

EMPA = Eidgenössische Materialprüfungs- und Forschungsanstalt; auch: Empa

emp·fan·gen: du empfängst, er empfing, sie hat empfangen, empfang(e)!; Geschenke empfangen (entgegennehmen) – einen Freund empfangen (bei sich begrüssen);

der **Empfang,** die Empfänge; der **Empfänger;** die **Empfängerin; empfänglich;** die **Empfängnis,** die Empfängnisse

emp·feh·len: du empfiehlst, er empfahl, sie hat empfohlen, empfiehl!; es empfiehlt sich (ist ratsam, vorteilhaft); **empfehlenswert;** die **Empfehlung**

emp·fin·den: du empfindest, er empfand, sie hat empfunden, empfind(e)!; **empfindlich:** eine empfindliche (leicht verletzbare) Frau – empfindlich (deutlich, spürbar) strafen; die **Empfindlichkeit; empfindsam;** die **Empfindsamkeit;** die **Empfindung**

Em·pi·rie *griech.*, die: - (Erfahrung, Erfahrungswissen); **empirisch**

em·por: (hinauf); sich **emporarbeiten;** die **Empore** (Galerie in Kirchen); **emporkommen;** der **Emporkömmling; emporragen**

em·pö·ren, sich: er empörte sich über etwas; **empört** (verärgert, entrüstet); die **Empörung**

ęm·sig: (fleissig, eifrig); die **Emsigkeit**

Ęn·de, das: -s, -n; am Ende – das Ende des Films – Ende Januar – Ende nächsten Jahres – ein Mann Ende achtzig – letzten Endes (schliesslich, im Grunde) – zu Ende gehen, sein – *mit etwas am Ende sein* (nicht mehr weiterkönnen) – *Ende gut, alles gut;* der **Endeffekt; enden;** das **Endergebnis; endgültig; endigen;** der **Endlauf; endlich; endlos:** endlos warten müssen; aber: bis ins Endlose; der **Endspurt;** die **Endung**

E·ner·gie *griech.*, die: -, Energien; die elektrische Energie – grosse Energie (Ausdauer, Tatkraft) besitzen; der **Energiebedarf; energiebewusst; energiegeladen;** die **Energiequelle; energiesparend:** äusserst energiesparend; aber: viel Energie sparend; **energisch** (entschlossen, tatkräftig)

ęng: enge Strassen – ein enges Kleid – auf das (aufs) engste befreundet sein; auch: aufs Engste befreundet sein – eng befreundete Nachbarn – ein eng bedrucktes Blatt – eine eng begrenzte Fläche – eng verwandt sein – ein eng anliegendes Kleid; die **Enge:** *jemanden in die Enge* (in eine ausweglose Situation) *treiben;* **engherzig;** der **Engpass; engstirnig** (kurzsichtig)

en·ga·gie·ren *franz.* [āgaschiren]: sich für etwas engagieren (einsetzen) – jemanden engagieren (verpflichten); das **Engagement** [āgaschemā]

En·gel, der; -s, - (überirdisches Wesen); mein guter Engel – *nicht gerade ein Engel sein* (sich nicht immer mustergültig verhalten); **engelhaft**

En·ger·ling, der; -s, -e (Larve des Maikäfers)

eng·lisch: die englische Sprache; aber: das Englische – auf Englisch – ins Englische übersetzen – im Englischen – sie spricht Englisch; auch: sie spricht englisch (in englischer Sprache); das **England;** der **Engländer;** die **Engländerin**

en gros *franz.* [ã grǫ]: en gros (im Grossen) einkaufen

En·kel, der; -s, - (Kind des Sohnes oder der Tochter); die **Enkelin;** das **Enkelkind**

En·kla·ve *franz.* [enklawe], die: -, -n (fremdes Staatsgebiet, das vom eigenen Staatsgebiet eingeschlossen ist)

e·norm *franz.:* enorm (ausserordentlich) gross – ein enorm preiswertes Auto – ein enormes (sehr grosses) Wissen

En·sem·ble *franz.* [ãsãbl], das; -s, -s (Gruppe, kleines Orchester, gutes Zusammenspiel)

ent·beh·ren: viel entbehren (auf vieles verzichten) müssen; **entbehrlich;** die **Entbehrung;** sich Entbehrungen auferlegen

ent·bin·den: von einem Kind entbunden werden (ein Kind zur Welt bringen); die **Entbindung**

ent·blös·sen: seinen Körper entblössen; die **Entblössung**

ent·de·cken: einen Fehler entdecken (finden, feststellen); der **Entdecker;** die **Entdeckerin;** die **Entdeckung**

En·te, die: -, -n; die Enten im Wasser – die Zeitungsente (Falschmeldung); der **Enterich**

ent·eh·ren: jemanden entehren (jemandem seine Ehre nehmen); die **Entehrung**

ent·eig·nen: das Grundstück enteignen (wegnehmen); die **Enteignung**

ent·ei·sen: (vom Eis befreien)

ent·er·ben: (vom Erbe ausschliessen); die **Enterbung**

En·te·rich, der; -s, -e (männliche Ente); → Ente

en·tern: ein Schiff entern (erstürmen)

En·ter·tai·ner *engl.* [entertener], der; -s, - (Unterhalter)

ent·fa·chen: ein Feuer entfachen (anzünden) – einen Streit entfachen (beginnen)

ent·fer·nen: einen Fleck entfernen (beseitigen) – sich heimlich entfernen (weggehen); **entfernt:** entfernte Verwandte; aber: nicht im Entferntesten (ganz und gar nicht); die **Entfernung**

ent·frem·den: sich einander entfremden (fremd werden); die **Entfremdung**

ent·füh·ren: ein Kind entführen; der **Entführer;** die **Entführerin;** die **Entführung**

ent·ge·gen: er ging dem Freund entgegen – entgegen seiner Weisung; **entgegenbringen; entgegeneilen; entgegenfiebern; entgegengehen; entgegengesetzt; entgegenhalten; entgegenkommen;** aber: das Entgegenkommen; **entgegennehmen; entgegensehen; entgegensetzen:** die entgegengesetzte Seite; **entgegenstehen; entgegenstellen; entgegentreten; entgegenwirken**

ent·geg·nen: (erwidern); die **Entgegnung**

ent·ge·hen: einer Gefahr entgehen (entrinnen) – sich etwas entgehen lassen

ent·geis·tert: (bestürzt, wie vor den Kopf geschlagen)

ent·gel·ten: (belohnen, vergüten); du entgiltst, er entgalt, sie hat entgolten, entgelte!; das **Entgelt:** ohne Entgelt (ohne Vergütung, Lohn); **entgeltlich**

ent·glei·sen: der Zug entgleiste; die **Entgleisung**

ent·hal·ten: der Brief enthält nichts Wichtiges – sich der Stimme enthalten (seine Stimme nicht abgeben) – im Preis enthalten (bereits eingerechnet) sein; **enthaltsam;** die **Enthaltsamkeit;** die **Enthaltung**

ent·haup·ten: (den Kopf abschlagen); die **Enthauptung**

ent·hül·len: ein Denkmal enthüllen – seine Pläne nicht enthüllen; die **Enthüllung**

En·thu·si·as·mus *griech.,* der; - (Begeisterung); der **Enthusiast;** die **Enthusiastin;** **enthusiastisch**

ent·kom·men: der Dieb entkommt der Polizei

ent·lang: den Weg entlang – entlang dem Weg; **entlangfahren; entlangführen; entlanggehen; entlangkommen**

ent·lar·ven: einen Spion entlarven; die **Entlarvung**

ent·las·sen: du entlässt, er entliess, sie hat entlassen, entlass(e)!; einen Arbeiter entlassen; die **Entlassung**

ent·las·ten: er entlastet sie ein Stück von ihrer Arbeit; die **Entlastung**

ent·lau·fen: die Katze ist entlaufen
ent·le·di·gen: sich seiner Feinde entledigen; die **Entledigung**
ent·le·gen: ein entlegenes (weit abseits gelegenes) Dorf
ent·leh·nen: ein Wort aus einer anderen Sprache entlehnen (entleihen); die **Entlehnung**
ent·loh·nen: sie entlohnt ihn gut; auch: entlöhnen; die **Entlohnung**; die **Entlöhnung**
ent·mün·di·gen: (für unzurechnungsfähig erklären); die **Entmündigung**
ent·pup·pen, sich: sich als Verbrecher entpuppen (erweisen)
ent·rich·ten: eine Gebühr entrichten (bezahlen)
ent·rüs·ten, sich: (sich aufregen, empören); die **Entrüstung**
ent·sa·gen: den Freuden des Lebens entsagen (freiwillig darauf verzichten); die **Entsagung**
ent·schä·di·gen: jemanden entschädigen (ihm einen Schaden ersetzen); die **Entschädigung**; die **Entschädigungssumme**
ent·schär·fen: eine Bombe entschärfen; die **Entschärfung**
ent·schei·den: du entscheidest, er entschied, sie hat entschieden, entscheide!; ich kann mich nur schwer entscheiden (festlegen) – das Gericht entscheidet; der **Entscheid; entscheidend; das Entscheidungsspiel; entschieden:** auf das Entschiedenste (sehr klar, eindeutig); auch: auf das entschiedenste; die **Entschiedenheit:** mit Entschiedenheit für etwas eintreten
ent·schlies·sen, sich: du entschliesst dich, er entschloss sich, sie hat sich entschlossen, entschliess(e) dich!; sich rasch entschliessen; die **Entschliessung; entschlossen:** zu allem entschlossen (bereit) sein – entschlossen (energisch) handeln; die **Entschlossenheit;** der **Entschluss; entschlussfreudig;** die **Entschlussfreudigkeit; entschlusslos**
ent·schul·di·gen: einen Fehler entschuldigen (verzeihen) – sich entschuldigen; die **Entschuldigung**
ent·seelt: (ohne Seele, tot)
Ent·set·zen, das: -s; lähmendes Entsetzen (Grauen) befiel sie - bleich vor Entsetzen; sich **entsetzen; entsetzlich:** ein entsetzliches (sehr grosses) Unglück – entsetzlich

(sehr) faul; die **Entsetzlichkeit; entsetzt:** entsetzt über etwas sein
ent·sin·nen, sich: du entsinnst dich, er entsann sich, sie hat sich entsonnen, entsinn(e) dich!; sich nicht mehr entsinnen (erinnern) können
ent·sor·gen: Sondermüll entsorgen; die **Entsorgung**
ent·span·nen: Muskeln entspannen (lockern) – sich im Urlaub entspannen (erholen) – die Lage entspannt (beruhigt) sich; die **Entspannung;** die **Entspannungsübung**
ent·spre·chen: es entspricht meinen Vorstellungen – einer Bitte entsprechen (sie erfüllen); **entsprechend:** entsprechend (gemäss) seinem Plan; aber: Entsprechendes veranlassen; die **Entsprechung**
ent·sprin·gen: der Fluss entspringt in den Bergen – aus der Haft entspringen
ent·ste·hen: grosse Aufregung entsteht – es entstehen (erwachsen) keine Kosten; die **Entstehung**
ent·stel·len: (verunstalten, verfälschen); die **Entstellung**
ent·stö·ren: das Radio ist nicht entstört (behindert andere technische Geräte); die **Entstörung;** der **Entstörungsdienst**
ent·täu·schen: enttäusche mich nicht!; die **Enttäuschung**
ent·wäs·sern: eine Wiese entwässern (trocken legen); die **Entwässerung**
ent·we·der: entweder – oder; aber: das Entweder-oder
ent·wei·hen: der heilige Ort wird entweiht (geschändet); die **Entweihung**
ent·wen·den: Geld entwenden (stehlen); die **Entwendung** (Diebstahl)
ent·wer·fen: einen Plan entwerfen; der **Entwurf**
ent·wer·ten: eine Fahrkarte entwerten (ungültig machen); die **Entwertung**
ent·wi·ckeln: sich zu einer Persönlichkeit entwickeln (entfalten) – ein neues Gerät entwickeln (erfinden) – die Stadt entwickelt sich schnell – der Motor entwickelt Wärme – einen Film entwickeln – Pläne entwickeln; die **Entwicklung; entwicklungsfähig;** die **Entwicklungshilfe; das Entwicklungsland**
ent·wi·schen: der Polizei entwischen (entkommen)

ent·wöh·nen: einer geregelten Arbeit entwöhnt sein (sie nicht mehr gewöhnt sein); die **Entwöhnung**

ent·zie·hen: jemandem seine Gunst entziehen (verweigern) – das Wort entziehen (wegnehmen) – sich der Verhaftung entziehen – er entzog sich den Blicken der Zuschauer – das entzieht sich meiner Kenntnis (das weiss ich nicht); die **Entziehung;** die **Entziehungskur;** der **Entzug;** die **Entzugserscheinungen** *Mz.*

ent·zif·fern: eine Handschrift entziffern (entschlüsseln); **entzifferbar**

ent·zü·cken: (begeistern); das **Entzücken; entzückend** (hübsch, anziehend)

ent·zün·den: das Heu entzündet sich (fängt Feuer) – entzündete Augen – Streit entzündet sich (entsteht); **entzündbar;** die **Entzündung**

ent·zwei: entzwei (kaputt) sein; **entzweibrechen;** sich **entzweien; entzweigehen;** die **Entzweiung**

En·zi·an *lat.*, der: -, -e (Alpenpflanze); **enzianblau**

En·zyk·lo·pä·die (En·zy·klo·pä·die) *griech.*, die: -, Enzyklopädien (grosses Nachschlagewerk)

E·pi·de·mie *griech.*, die: -, Epidemien (Seuche); **epidemisch** (als Seuche auftretend)

E·pik *griech.*, die: - (erzählende Dichtung); der **Epiker;** die **Epikerin; episch**

E·pi·lep·sie *griech.*, die: -, Epilepsien (Fallsucht); der **Epileptiker;** die **Epileptikerin; epileptisch**

E·pis·kop (E·pi·skop) *griech.*, das: -s, -e (Gerät zum Abbilden)

E·pi·so·de *griech.*, die: -, -n (nebensächliches Ereignis)

E·pis·tel *griech.*, die: -, -n (Brief, Strafpredigt)

E·po·che *griech.*, die: -, -n (Zeitabschnitt, Zeitalter); Epoche machend; **epochal:** ein epochales (äusserst bedeutendes) Ereignis

E·pos, das: -, Epen (erzählende Versdichtung)

E·qui·pe *franz. [ekipe]*, die: -, -n (Mannschaft, Arbeitsgruppe)

er: er kommt; aber: ein Er (Mensch oder Tier männlichen Geschlechts) – ein Er und eine Sie

er·bar·men, sich: sie erbarmt mich (tut mir Leid) – sich des Elends erbarmen; das **Erbarmen; erbärmlich:** in erbärmlichen (armseligen) Verhältnissen leben; **erbarmungslos**

er·bau·en: ein Haus erbauen (errichten) – sich an schönen Dingen erbauen (erfreuen) – *von etwas erbaut* (begeistert, entzückt) *sein;* der **Erbauer;** die **Erbauerin; erbaulich;** die **Erbauung**

er·ben: ein Vermögen erben; das **Erbe;** der **Erbe;** der **Erbfeind;** die **Erbfolge;** die **Erbin;** der **Erblasser** (jemand, der ein Erbe hinterlässt); die **Erblasserin; erblich;** das **Erbrecht;** die **Erbschaft;** die **Erbsünde;** das **Erbteil**

er·bit·tert: ein erbitterter (sehr grosser) Feind; die **Erbitterung**

er·blas·sen: vor Neid erblassen (bleich werden); **erblasst**

er·bo·sen: über etwas erbost (verärgert) sein

Erb·se, die: -, -n (Hülsenfrucht); **erbsengross;** die **Erbsensuppe**

Er·de, die: -, -n; eine fruchtbare Erde – die Erde bebt – die Freuden dieser Erde geniessen – *auf der Erde bleiben* (sich keine Illusionen machen); die **Erdachse;** der **Erdapfel;** die **Erdatmosphäre;** das **Erdbeben;** die **Erdbeere;** die **Erddrehung; erden** (mit der Erde verbinden, z. B. eine Stromleitung); der **Erdenbürger;** die **Erdenbürgerin;** das **Erdgas;** das **Erdgeschoss; erdig;** die **Erdkunde; erdnah;** die **Erdnuss;** das **Erdöl;** der **Erdrutsch;** der **Erdteil**

er·denk·lich: sich alle erdenkliche (mögliche) Mühe geben

er·dreis·ten, sich: er erdreistet sich (er ist so frech)

er·dros·seln: jemanden mit blossen Händen erdrosseln (erwürgen)

er·drü·cken: die Arbeit erdrückt mich; **erdrückend:** eine erdrückende (sehr grosse) Übermacht – erdrückende (schwer belastende) Beweise

er·ei·fern, sich: sich über eine Sache ereifern (aufregen)

er·eig·nen, sich: ein Unfall ereignete sich (geschah); das **Ereignis,** die Ereignisse; **ereignisreich**

E·re·mit *griech.*, der: -en, -en (Einsiedler)

er·fah·ren: eine Neuigkeit erfahren – Leid erfahren (erleben) – ein erfahrener Lehrer; die **Erfahrung:** *Erfahrung macht klug;* **erfahrungsgemäss**

er·fas·sen: ihn erfasst Freude – etwas nicht erfassen (verstehen) können – etwas in einer

Liste erfassen (in eine Liste aufnehmen); **erfassbar;** die **Erfassung**

er·fin·den: eine Ausrede erfinden (sich ausdenken) – ein neues Gerät erfinden (entwickeln); der **Erfinder;** die **Erfinderin; erfinderisch:** *Not macht erfinderisch;* die **Erfindung**

Er·folg; der: -(e)s, -e; keinen Erfolg haben – eine Erfolg versprechende Sache; **erfolgen; erfolglos;** die **Erfolglosigkeit; erfolgsorientiert; erfolgreich**

er·for·dern: das erfordert (kostet, verlangt) viel Mühe; **erforderlich; erforderlichenfalls;** das **Erfordernis,** die Erfordernisse

er·for·schen: sein Gewissen erforschen (prüfen); die **Erforschung**

er·freu·en: etwas erfreut mich – sich grosser Beliebtheit erfreuen – jemanden erfreuen; **erfreulich:** viel Erfreuliches; **erfreulicherweise**

er·fri·schen: ein erfrischendes Getränk; die **Erfrischung;** das **Erfrischungsgetränk**

er·fül·len: eine Bitte erfüllen – Lärm erfüllt den Raum – es erfüllt mich mit Freude; **erfüllbar;** die **Erfüllung**

er·gän·zen: einen Bericht ergänzen (vervollständigen); die **Ergänzung**

er·gat·tern: einen Sitzplatz ergattern (erwischen)

er·ge·ben: sich dem Willen der Eltern ergeben (fügen) – die Untersuchung ergab, dass... – sich dem Feind ergeben – jemandem blind ergeben sein – das ergibt (bringt) nicht viel – ein ergebener (gehorsamer) Diener; die **Ergebenheit;** das **Ergebnis,** die Ergebnisse; **ergebnislos;** die **Ergebnislosigkeit;** die **Ergebung; ergiebig;** die **Ergiebigkeit**

er·ge·hen: eine Anordnung ergeht – sie erging sich (spazierte) im Park – es ergeht ihm schlecht – *etwas über sich ergehen lassen* (geduldig ertragen) – *Gnade für Recht ergehen lassen* (nachsichtig sein); das **Ergehen** (Befinden)

er·go *lat.:* (also, folglich)

er·göt·zen: ihn ergötzte (erfreute) das Lustspiel; das **Ergötzen; ergötzlich**

er·grei·fen: eine Hand ergreifen – einen Beruf ergreifen – Freude ergreift mich – die Flucht ergreifen (fliehen) – das Wort ergreifen (zu sprechen beginnen) – den Täter ergreifen (fassen, fangen); **ergreifend:** eine ergreifende (zu Herzen gehende) Rede halten; die **Ergreifung; ergriffen:** tief ergriffen (bewegt) sein; die **Ergriffenheit**

er·ha·ben: er ist über alles erhaben (fühlt sich überlegen) – ein erhabener (grossartiger) Gedanke; die **Erhabenheit**

er·hal·ten: einen Brief erhalten – jemanden am Leben erhalten – das Gebäude ist gut erhalten; der **Erhalt** (Empfang); **erhaltenswert; erhältlich;** die **Erhaltung**

er·här·ten: der Verdacht erhärtet (bestätigt) sich; die **Erhärtung**

er·he·ben: die Hand erheben – Anklage erheben – in der Ebene erhebt sich ein Hügel – das Volk erhebt sich (empört sich) – einen Beitrag erheben (verlangen); **erhebend:** eine erhebende (feierliche) Stunde; die **Erhebung**

er·heb·lich: erhebliche (beträchtliche) Schulden haben

er·ho·len, sich: sich im Urlaub gut erholen; **erholsam;** die **Erholung:** ein Erholung suchender Urlauber; der/die **Erholungsuchende;** auch: der/die Erholung Suchende

er·hö·ren: eine Bitte erhören (erfüllen); die **Erhörung**

er·in·nern: sich an früher erinnern – jemanden an seine Pflichten erinnern; **erinnerlich:** es ist mir nicht erinnerlich; die **Erinnerung;** das **Erinnerungsvermögen**

er·käl·ten, sich: er hat sich bei dem Regen erkältet; die **Erkältung;** die **Erkältungsgefahr**

er·ken·nen: nichts erkennen (wahrnehmen) können – jemanden an seiner Kleidung erkennen; **erkennbar; erkenntlich:** *sich erkenntlich zeigen* (seinen Dank durch ein Geschenk o. Ä. ausdrücken); die **Erkenntlichkeit;** die **Erkenntnis,** die Erkenntnisse; das **Erkennungszeichen**

Er·ker, der: -s, - (Vorbau an Gebäuden); das **Erkerfenster**

er·klä·ren: ein Wort erklären – sich bereit erklären – etwas für ungültig erklären – einem Staat den Krieg erklären; **erklärlich; erklärt:** ein erklärter Gegner des Krieges; die **Erklärung**

er·kleck·lich: ein erkleckliches (reichliches, beachtliches) Einkommen haben; aber: um ein Erkleckliches grösser

er·kun·di·gen, sich: sich nach dem Weg erkundigen; **erkunden;** die **Erkundigung;** die **Erkundung**

er·lah·men: seine Kräfte erlahmen (lassen nach)

er·lan·gen: (erreichen); die **Erlangung**

er·las·sen: einen Befehl erlassen – jemandem die Strafe erlassen; der **Erlass,** die Erlasse

er·lau·ben: das Rauchen nicht erlauben – sich nichts erlauben (leisten) können; die **Erlaubnis**

er·laucht: erlauchte (vornehme) Herrschaften

er·läu·tern: den Plan erläutern (erklären); die **Erläuterung**

Er·le, die: -, -n (Laubbaum)

er·le·ben: eine Enttäuschung erleben – dann kannst du was erleben!; das **Erlebnis,** die Erlebnisse; die **Erlebniserzählung**

er·le·di·gen: die Arbeit erledigen (ausführen); die **Erledigung**

er·le·gen: ein Wild erlegen (erschiessen); die **Erlegung**

er·leich·tern: jemanden von einer Last erleichtern (befreien) – das Gewissen erleichtern (von einer seelischen Last befreien) – *jemanden erleichtern* (bestehlen); **erleichtert;** die **Erleichterung**

er·le·sen: erlesene (ausgesuchte, vorzügliche) Speisen

er·leuch·ten: (erhellen); die **Erleuchtung**

er·lie·gen: einer Krankheit erliegen (sterben) – dem Feind erliegen (unterliegen) – *zum Erliegen* (Stillstand) *kommen*

er·lö·schen: du erlischst, es erlosch, sie ist erloschen, erlösch(e)/erlisch!; das Feuer erlischt

er·lö·sen: jemanden von den Schmerzen erlösen (befreien); der **Erlös:** er lebte vom Erlös seiner Bilder; der **Erlöser;** die **Erlösung**

er·mäch·ti·gen: jemanden ermächtigen (ihm eine Vollmacht erteilen); die **Ermächtigung**

er·mah·nen: zur Vorsicht ermahnen; die **Ermahnung**

er·mäs·si·gen: den Fahrpreis ermässigen; die **Ermässigung**

er·mes·sen: (begreifen, beurteilen); **ermessbar;** das **Ermessen:** nach seinem Ermessen (seiner Einschätzung) – es liegt im Ermessen jedes Einzelnen – nach menschlichem Ermessen (mit grösster Wahrscheinlichkeit)

er·mit·teln: die Anschrift ermitteln (herausfinden); die **Ermittlung**

er·mög·li·chen: (befähigen); die **Ermöglichung**

er·mun·tern: (ermutigen); die **Ermunterung**

er·mu·ti·gen: ermutigende (bestärkende) Worte sprechen; die **Ermutigung**

er·näh·ren: Hungernde ernähren – sich kaum ernähren können; der **Ernährer;** die **Ernährerin;** die **Ernährung;** die **Ernährungswissenschaft**

er·neu·ern: einen Vertrag erneuern; die **Erneuerung; erneut** (abermals, wiederholt)

ernst: ein ernster Mensch – ernst sein – eine ernste (bedrohliche) Situation – jemanden ernst nehmen – eine ernst zu nehmende Sache – ein ernst gemeinter Vorschlag; der **Ernst:** im Ernst – ihr ist damit Ernst – allen Ernstes – *mit einer Sache Ernst machen* (sie in die Tat umsetzen); der **Ernstfall; ernsthaft; ernstlich**

Ern·te, die: -, -n; bei der Ernte mithelfen; das **Erntedankfest; ernten:** Kartoffeln ernten – *wer ernten will, muss säen*

er·nüch·tern: ein ernüchterndes (enttäuschendes) Erlebnis; die **Ernüchterung**

er·o·bern: eine Stadt erobern (einnehmen) – ein Herz im Sturm erobern (gewinnen); der **Eroberer;** die **Eroberung**

er·öff·nen: ein Geschäft eröffnen (aufmachen, gründen) – ein Testament eröffnen (bekannt geben) – den Ball eröffnen (beginnen); die **Eröffnung**

er·ör·tern: das Für und Wider erörtern (darüber sprechen); die **Erörterung**

E·ro·si·on *lat.:* -, -en (Abtragung der Erdoberfläche)

E·ro·tik *griech.:* - (Sinnlichkeit, Liebesleben); **erotisch**

Er·pel, der: -s, - (männliche Ente)

er·picht: auf Bonbons erpicht (versessen) sein

er·pres·sen: Geld erpressen (durch Androhung von Gewalt verlangen); **erpressbar;** der **Erpresser;** die **Erpresserin; erpresserisch;** die **Erpressung**

er·pro·ben: seine Kräfte erproben; die **Erprobung**

er·qui·cken: (beleben, erfrischen, stärken); **erquicklich;** die **Erquickung**

er·re·gen: ihn erregt Freude – Anstoss erregen – böses Blut erregen (Ärger hervorrufen) –

sich wegen einer Kleinigkeit erregen; **er·regbar;** der **Erreger;** die **Erregtheit;** die **Erregung;** der **Erregungszustand**

er·rei·chen: er war nicht zu erreichen (finden) – seine Ziele erreichen (verwirklichen); aber: das bisher Erreichte; **erreichbar;** die **Erreichbarkeit**

er·rich·ten: ein Gebäude errichten (bauen); die **Errichtung**

er·rin·gen: einen Sieg erringen (erkämpfen); die **Errungenschaft**

er·rö·ten: vor Scham erröten (rot werden)

Er·satz, der: -es (Vergleich, Entschädigung, Abfindung); der **Ersatzdienst; ersatzdienstpflichtig; ersatzgeschwächt; ersatzlos;** der **Ersatzmann;** das **Ersatzteil; ersetzbar; ersetzen;** die **Ersetzung**

er·schaf·fen: (entstehen lassen, ins Leben rufen); die **Erschaffung**

er·schei·nen: zur Arbeit erscheinen – ein Geist erscheint – ihr neuer Roman erscheint bald – das erscheint mir nicht glaubwürdig; die **Erscheinung**

er·schlies·sen: neue Gebiete erschliessen (zugänglich machen) – einen Text erschliessen; die **Erschliessung**

er·schöp·fen: sie war völlig erschöpft (kraftlos, abgespannt) – die Vorräte sind erschöpft (zu Ende); die **Erschöpfung**

er·schre·cken: du erschrickst, er erschrak, sie ist erschrocken, erschrick!; erschreckende Nachrichten; das **Erschrecken;** die **Erschrockenheit**

er·schüt·tern: die schlechte Nachricht erschüttert (berührt, schockiert) ihn – eine Explosion erschüttert das Haus (lässt es schwanken); **erschütternd:** eine erschütternde Botschaft; die **Erschütterung**

er·schwe·ren: das erschwert (behindert) meine Arbeit; die **Erschwernis,** die **Erschwernisse;** die **Erschwerung**

er·schwing·lich: ein erschwinglicher (nicht zu hoher) Preis

er·spa·ren: sich Geld ersparen – diesen Ärger kannst du dir ersparen; die **Ersparnis,** die **Ersparnisse**

er·spriess·lich: (vorteilhaft, günstig, nutzbringend); die **Erspriesslichkeit**

erst: erst (zunächst) komme ich – erst einmal – erst richtig – erst morgen – erst recht – es ist erst (nicht mehr als) einige Tage her

er·stat·ten: Unkosten erstatten (bezahlen, ersetzen) – Bericht erstatten (berichten); die **Erstattung**

er·stau·nen: ich bin erstaunt (verwundert); das **Erstaunen; erstaunlich**

ers·te: das erste Mal – die ersten Tage im Monat – das erste Programm (im Fernsehen) – die erste Hilfe – *der erste Schritt ist der schwerste;* aber: der, die, das Erste – fürs Erste – als Erstes – am Ersten (des Monats, zuerst) – zum Ersten, zum Zweiten, zum Dritten – der, die, das Erstere – der Erste Weltkrieg; *die Ersten werden die Letzten sein;* die **Erstaufführung;** die **Erstausgabe;** der/die/das **Erstbeste:** das Erstbeste kaufen; der **Erste-Hilfe-Lehrgang; erstens;** der/die **Erstgeborene;** das **Erstklasshotel; erstklassig;** der **Erstklässler;** die **Erstklässlerin;** der **Erstklasswagen;** die **Erstkommunion; erstmalig; erstmals** (zum ersten Mal); **erstrangig**

er·ste·hen: ein Haus erstehen (kaufen, erwerben)

er·sti·cken: eine Gefahr im Keim ersticken (unterdrücken); die **Erstickung;** die **Erstickungsgefahr**

er·stre·ben: Reichtum erstreben (zu erreichen suchen); **erstrebenswert**

er·tap·pen: jemanden beim Stehlen ertappen (erwischen)

er·tei·len: einen Auftrag erteilen – jemandem eine Abfuhr erteilen (ihn schroff abweisen)

Er·trag, der: -(e)s, Erträge (Einnahmen, Gewinn); **ertragen** (aushalten, erdulden); **erträglich:** erträgliche Schmerzen; **ertragreich:** ein ertragreicher Acker

er·trän·ken: seine Sorgen in Alkohol ertränken

er·trin·ken: sie ist beim Baden ertrunken; der/die **Ertrinkende;** der/die **Ertrunkene**

er·tüch·ti·gen: (leistungsfähig machen, kräftigen); die **Ertüchtigung**

e·ru·ie·ren *lat.:* sie eruiert (ermittelt) die Sachlage; die **Eruierung**

E·rup·ti·on *lat.:* -, -en (Vulkanausbruch)

Er·wach·se·ne, der/die: -n, -n; **erwachsen:** ein erwachsener Mensch – erwachsen sein – *Zweifel erwachsen* (treten auf)

er·wä·gen: du erwägst, er erwog, sie hat erwogen, erwäg(e)!; einen Plan erwägen (bedenken); **erwägenswert;** die **Erwägung:** etwas in Erwägung ziehen

er·wäh·nen: (anführen, nennen); **erwähnenswert;** die **Erwähnung**

er·war·ten: ich erwarte dich um 8 Uhr – er erwartet (hofft auf) eine gute Nachricht; die **Erwartung; erwartungsgemäss; erwartungsvoll**

er·wei·sen: etwas erweist sich als wahr – jemandem eine Gefälligkeit erweisen (tun); der **Erweis:** einen Erweis erbringen; **erwiesenermassen**

er·wei·tern: den Betrieb erweitern (vergrössern, ausbauen); die **Erweiterung**

er·wer·ben: du erwirbst, er erwarb, sie hat erworben, erwirb!; (verdienen, sich aneignen, kaufen); der **Erwerb; erwerbslos;** die **Erwerbslosigkeit; erwerbstätig;** der/die **Erwerbstätige;** die **Erwerbung**

er·wi·dern: (antworten); die **Erwiderung**

er·wi·schen: einen Ausbrecher erwischen – seinen Zug noch erwischen – beim Diebstahl erwischt werden

Erz, das: -es, -e (metallhaltiges Gestein); der **Erzabbau;** die **Erzader; erzhaltig**

Erz...: der **Erzbischof;** das **Erzbistum;** der **Erzengel; erzfaul** (sehr faul); der **Erzfeind;** die **Erzfeindin;** der **Erzherzog; erzkonservativ**

er·zäh·len: eine Geschichte erzählen; der **Erzähler;** die **Erzählerin;** die **Erzählperspektive;** die **Erzählung**

er·zeu·gen: Wärme erzeugen (herstellen); der **Erzeuger;** das **Erzeugnis,** die **Erzeugnisse;** die **Erzeugung**

er·zie·hen: du erziehst, er erzog, sie hat erzogen, erzieh(e)!; ein Kind erziehen; **erziehbar;** der **Erzieher;** die **Erzieherin; erzieherisch; erziehlich;** die **Erziehung;** der/die **Erziehungsberechtigte;** die **Erziehungsdirektion;** der **Erziehungsdirektor;** die **Erziehungsdirektorin;** das **Erziehungsheim;** der **Erziehungsrat**

es: was gibt es Neues?; aber: das **Es:** ein unbekanntes Es

E·sche, die: -, -n (Laubbaum)

E·sel, der: -s, -; dumm wie ein Esel – *wenn es dem Esel zu wohl ist, geht er aufs Eis;* die **Eselei;** die **Eselsbrücke**

es·ka·lie·ren *franz.:* die Gewalt eskaliert (nimmt zu, wächst an); die **Eskalation**

Es·ka·pa·de *franz.,* die: -, -n (mutwilliger Streich)

Es·ki·mo, der: -(s), -(s) (Bewohner der Arktis)

Es·pe, die: -, -n (Laubbaum); das **Espenlaub:** *wie Espenlaub (sehr) zittern*

Es·pe·ran·to, das: -(s) (künstliche Weltsprache, benannt nach dem Pseudonym des polnischen Arztes Zamenhof)

Es·pres·so *ital.,* der: -s, -s/Espressi (sehr starker Kaffee)

Es·prit *franz.* [espri], der: -s (Geist, Witz)

Es·say *engl.* [esse], der/das: -s, -s (kürzere Abhandlung)

Es·se, die: -, -n (Schornstein, Fabrikschlot)

es·sen: du isst, sie ass, er hat gegessen, iss!; mit Messer und Gabel essen; **essbar;** das **Essbesteck;** die **Ess-Brech-Sucht** (Bulimie); die **Essecke;** das **Essen;** die **Essenszeit;** der **Esser;** das **Essgeschirr;** die **Essgewohnheit;** der **Esslöffel;** der **Esstisch;** das **Esszimmer**

Es·senz *lat.,* die: -, -en (Auszug aus pflanzlichen oder tierischen Stoffen); **essenziell;** auch: **essentiell**

Es·sig, der: -s, -e (Flüssigkeit zum Würzen); die **Essigessenz;** die **Essiggurke; essigsauer;** die **Essigsäure**

Es·ta·blish·ment (Es·tab·lish·ment) *engl.* [esstäblischment], das: -s, -s (die Einflussreichen, Herrschenden in einer Gesellschaft)

Est·rich, der: -s, -e (fugenloser Fussboden)

É·ta·ge *franz.* [etasche], die: -, -n (Stockwerk); die **Etagenwohnung**

E·tap·pe *franz.,* die: -, -n (Abschnitt, Gebiet hinter der Kampflinie); **etappenweise**

E·tat *franz.* [eta], der: -s, -s (Haushaltsplan); das **Etatjahr**

etc. = et cetera (und so weiter)

ETH = Eidgenössische Technische Hochschule

E·thik *griech.,* die: - (Sittenlehre, Moral); **ethisch** (sittlich)

E·thos *griech.,* das: - (sittliche Gesinnung, Sittlichkeit)

E·ti·kett *franz.,* das: -(e)s, -e(n)/-s (Schildchen zur Preisangabe von Waren); auch: die **Etikette;** die **Etikette** (gesellschaftliche Umgangsformen); **etikettieren;** die **Etikettierung**

et·li·che: etliche (einige) Stunden; aber: er weiss Etliches; – etliche Mal(e)

E·tui *franz.* [etwi], das: -s, -s (kleiner Behälter)

et·wa: in etwa (ungefähr) zwei Stunden; **etwaig:** ein etwaiges (eventuelles) Unwetter

ẹt·was: etwas anderes; auch: etwas Anderes; – etwas Neues – etwas Zucker – noch etwas – etwas gelten; das **Etwas:** sie hat das gewisse Etwas

euch: ich besuche euch morgen

eu·er: euer Paket ist angekommen – die euren; auch: die Euren – die eurigen; auch: die Eurigen – das eure; auch: das Eure – das eurige; auch: das Eurige; **eurerseits; euresgleichen; eurethalben; euretwegen**

Eu·le, die: -, -n (Nachtvogel); der **Eulenspiegel**

Eu·pho·rie griech., die: - (Zustand des Wohlbefindens); **euphorisch**

Eu·ro, der: -(s), -(s) (europäische Währungseinheit)

Eu·ro·pa, das: -s (Erdteil); der **Eurocheque** [euroschäk]; der **Europäer;** die **Europäerin; europäisch:** europäische Völker; aber: die Europäische Gemeinschaft 〈EG〉 – die Europäische Wirtschaftsgemeinschaft 〈EWG〉; der **Europarat;** die **Eurovision** (Zusammenschluss europäischer Rundfunk- und Fernsehanstalten)

Eu·ter, das: -s, - (Milch gebendes Organ mancher Säugetiere)

e·va·ku·ie·ren lat. [ewakuiren]: ein Gebiet evakuieren (räumen) – die Bevölkerung evakuieren (aussiedeln); die **Evakuierung**

E·van·ge·li·um lat. [ewangelium], das: -s, Evangelien (christliche Heilsbotschaft, Schrift über das Leben Christi); **evangelisch** 〈ev.〉; der **Evangelist**

EVD = Eidgenössisches Volkswirtschaftsdepartement

EVED = Eidgenössisches Verkehrs- und Energiewirtschaftsdepartement

e·ven·tu·ell 〈evtl.〉 franz. [ewentuel]: eventuell (vielleicht, möglicherweise) kommen; der **Eventualfall;** die **Eventualität**

E·ver·green engl. [äwergrin], der: -, -s (Schlager, der längere Zeit beliebt ist)

e·vi·dent lat. [ewident]: (offenbar, einleuchtend)

E·vo·lu·ti·on lat. [ewolutsion], die: -, -en (allmähliche Entwicklung)

EVP = Evangelische Volkspartei

EWG = Europäische Wirtschaftsgemeinschaft

e·wig: das ewige Leben – das ewige (ständig sich wiederholende) Einerlei; aber: die Ewige Stadt (Rom) – das Ewige (Unvergängliche); die **Ewigkeit; ewiglich**

e·xạkt (ex·ạkt) lat.: (genau); die **Exaktheit**

E·xạ·men (Ex·a·men) lat., das: -s, -/Examina (Prüfung); die **Examensangst; examinieren** (ausfragen, prüfen)

e·xe·ku·tie·ren lat.: (vollziehen, hinrichten); die **Exekution;** die **Exekutive** (vollziehende Gewalt)

E·xẹm·pel (Ex·ẹm·pel) lat., das: -s, -; ein Exempel statuieren (ein abschreckendes Beispiel geben) – die Probe aufs Exempel machen (etwas auf seine Richtigkeit überprüfen)

E·xemp·lar (Ex·em·plar) 〈Expl.〉 lat., das: -s, -e; 10 Exemplare (Stück); **exemplarisch** (vorbildlich, abschreckend)

e·xer·zie·ren (ex·er·zie·ren) lat.: (üben, militärisch ausbilden); der **Exerzierplatz**

E·xil lat., das: -s, -e (Verbannung)

e·xis·tie·ren lat.: (bestehen, auskommen, da sein); **existent** (vorhanden); die **Existenz:** die Existenz (das Bestehen) eines Staates – eine verkrachte Existenz (gescheiterte Person) – sich eine Existenz (Grundlage für den Lebensunterhalt) aufbauen; die **Existenzgrundlage; existenziell;** auch: **existentiell**

Ex·kla·ve lat. [exklawe], die: -, -n (von fremden Staaten umschlossenes Staatsgebiet)

ex·klu·siv lat.: (beschränkt, nicht allen zugänglich, vornehm); **exklusive** 〈exkl.〉 (mit Ausnahme von)

Ex·kur·si·on, die: -, -en (Ausflug zu wissenschaftlichen Zwecken); der **Exkurs** (Abschweifung)

e·xo·tisch griech.: (fremdländisch, fremdartig); der **Exot;** die **Exotik;** die **Exotin**

Ex·pan·si·on, lat., die: -, -en (Ausdehnung, Erweiterung des Machtbereichs); der **Expander** (Trainingsgerät); **expandieren** (ausweiten, sich vergrössern); die **Expansionspolitik; expansiv**

Ex·pe·di·ti·on lat., die: -, -en; an einer Expedition (Forschungsreise) teilnehmen; **expedieren:** Waren expedieren (wegschicken)

Ex·pe·ri·mẹnt lat., das: -(e)s, -e (wissenschaftlicher Versuch); **experimentẹll; experimentieren; experimentierfreudig**

Ex·pẹr·te lat., der: -n, -n (Sachverständiger, Fachmann); die **Expertin**

ex·plo·die·ren lat.: eine Mine explodiert (platzt) – vor Wut explodieren (in Zorn ausbrechen); die **Explosion;** die **Explosionsgefahr; explosiv**

Ex·plo·ra·ti·on *lat.*, die: -, -en (Untersuchung)

Ex·port *lat.*, der: -(e)s, -e (Waren- und Güterausfuhr); Export und Import; der **Exporteur** [*...tör*]; **exportieren**

Ex·press *lat.*, der: -es, -e (Schnellzug); mit dem Express fahren; **express:** ein Paket express (mit Eilpost) abschicken; das **Expressgut**

Ex·pres·si·o·nis·mus *lat.*, der: - (Kunstrichtung); der **Expressionist;** die **Expressionistin; expressionistisch**

ex·qui·sit *lat.*: exquisite (auserlesene, ausgesuchte) Speisen

ex·ten·siv *lat.*: (ausgedehnt, umfassend)

ex·tern *lat.*: (ausserhalb); der/die **Externe**

ex·tra (ext·ra) *lat.*: ein extra (zusätzliches) Trinkgeld – ein extra (besonders) grosses Stück – extra (eigens) für dich; das **Extrablatt;** die **Extrafahrt; extrafein; extrahart;** die **Extras; extravagant** (überspannt); die **Extrawurst;** der **Extrazug**

Ex·trakt *lat.*, der/das: -(e)s, -e (Auszug aus einem Buch, aus einem pflanzlichen oder tierischen Stoff)

ex·trem (ext·rem) *lat.*: (übertrieben, äusserst); das **Extrem;** der **Extremismus;** der **Extremist;** die **Extremistin;** die **Extremitäten** (Gliedmassen) *Mz.*

ex·zel·lent *lat.*: (ausgezeichnet, hervorragend); die **Exzellenz** (hoher Titel)

ex·zen·trisch (ex·zent·risch) *lat.*: (überspannt, ohne gemeinsamen Mittelpunkt); der **Exzentriker** (völlig überspannter Mensch); die **Exzentrikerin**

Ex·zess *lat.*, der: -es, -e (Unmässigkeit, Ausschreitung); **exzessiv** (masslos)

F

f = forte

f. = folgende (Seite)

Fa·bel *franz.*, die: -, -n (kurze Erzählung mit belehrendem Inhalt); **fabelhaft:** eine fabelhafte (wunderbare) Reise – ein fabelhafter (sehr grosser, aussergewöhnlicher) Reichtum; das **Fabeltier;** das **Fabelwesen** (erfundenes Lebewesen); **fabulieren** (fantasievoll erzählen, schwindeln)

Fa·brik (Fab·rik) *franz.*, die: -, -en (Industriebetrieb); der **Fabrikant;** die **Fabrikantin;** der **Fabrikarbeiter;** die **Fabrikarbeiterin;** das

Fabrikat (Erzeugnis, Ware); die **Fabrikation;** der **Fabrikbesitzer;** die **Fabrikbesitzerin; fabrikneu; fabrizieren** (herstellen, anfertigen)

Fa·cet·te *franz. [fasäte]*, die: -, -n (geschliffene Fläche an Edelsteinen); auch: die **Fassette**

Fach, das: -(e)s, Fächer; ein leeres Fach im Schrank – das Fach Musik – vom Fach (ein Fachmann) sein; *...***fach:** zehnfach – das Vierfache; der **Facharbeiter;** die **Facharbeiterin;** der **Facharzt;** die **Fachärztin;** der **Fachausdruck;** die **Fachfrau;** das **Fachgebiet; fachgerecht;** das **Fachgeschäft; fachkundig;** die **Fachleute** *Mz.*, **fachlich;** der **Fachmann; fachmännisch** (sachverständig); **fachsimpeln** (Fachgespräche führen); das **Fachwerk;** das **Fachwerkhaus;** die **Fachzeitschrift**

Fä·cher, der: -s, - (Luftwedel); **fächeln; fächerförmig;** die **Fächerung**

Fa·ckel *lat.*, die: -, -n; mit einer Fackel leuchten; **fackeln:** *nicht lange fackeln* (zögern, zaudern); der **Fackelschein;** der **Fackelzug**

fa·de *franz.*: ein fades (geschmackloses, ungewürztes) Essen – eine fade (langweilige) Rede; auch: **fad;** die **Fadheit**

Fa·den, der: -s, Fäden; ein seidener Faden – keinen trockenen Faden am Körper haben (völlig durchnässt sein) – *den Faden verlieren* (nicht mehr weiter wissen) – *alle Fäden fest in der Hand halten* (alles lenken, entscheidend beeinflussen); **fadenscheinig:** eine fadenscheinige (nicht sehr glaubwürdige) Erklärung

Fa·gott, das: -(e)s, -e (Holzblasinstrument); der **Fagottist;** die **Fagottistin**

fä·hig: zu allem fähig (imstande) sein – ein fähiger (begabter, tüchtiger) Arbeiter; *...***fähig:** strapazierfähig – vernehmungsfähig; die **Fähigkeit**

fahl: ein fahles (bleiches, farbloses) Gesicht

fahn·den: nach dem Täter fahnden (polizeilich suchen); die **Fahndung**

Fah·ne, die: -, -n; die Fahne einholen – *eine Fahne haben* (stark nach Alkohol riechen) – *seine Fahne nach dem Wind drehen* (je nach Bedarf seine Ansicht ändern); der **Fahneneid;** die **Fahnenflucht; fahnenflüchtig;** der **Fahnenmast;** die **Fahnenweihe;** das **Fähnlein;** der **Fähnrich** (Fahnenträger, Offiziersanwärter)

f<u>ah</u>·ren: du f<u>ä</u>hrst, er fuhr, sie ist gefahren, fahr(e)!; schnell fahren – in die Stadt fahren – zur See fahren – in die Höhe fahren (wütend werden) – der Schreck fährt ihm in die Glieder – aufs Land fahren – mit etwas schlecht fahren (schlechte Erfahrungen machen) – sich über die Augen fahren – mit dem Auto fahren – Rad fahren – jemanden nach Hause fahren lassen – alle Hoffnungen fahren lassen – fahren lernen; der **Fahrausweis;** die **Fahrbahn; fahrbar; fahrbereit;** die **Fähre** (Wasserfahrzeug); der **Fahrer;** die **Fahrerei;** die **Fahrerflucht;** die **Fahrerin;** der **Fahrgast;** das **Fahrgeld; fahrig** (zerstreut, unausgeglichen); die **Fahrkarte; fahrlässig** (sorglos, unvorsichtig); die **Fahrlässigkeit;** der **Fährmann;** der **Fahrplan; fahrplanmässig;** das **Fahrrad;** der **Fahrschein;** das **Fährschiff;** die **Fahrschule;** der **Fahrstuhl;** die **Fahrt:** auf grosse Fahrt gehen; die **Fährte** (Spur); das **Fahrwasser;** das **Fahrwerk;** das **Fahrzeug;** der **Fahrzeuglenker;** die **Fahrzeuglenkerin**

fair engl. *[fär]*: jemanden fair (ehrlich, gerecht) behandeln; die **Fairness;** das **Fairplay;** auch: das **Fair Play**

Fä·ka·li·en Mz. lat., die: - (Kot, Ausscheidungen); **fäkal**

Fa·kir arab., der: -s, -e (Büsser, Zauberkünstler)

F<u>a</u>kt lat., der/das: -(e)s, -en/-s (Ereignis, Tatsache); auch: das **Faktum;** das **Faktenwissen; faktisch** (wirklich, tatsächlich)

F<u>a</u>k·tor lat.: -s, Fakt<u>o</u>ren (Bestandteil, Grund, Vervielfältigungszahl)

Fak·t<u>u</u>·ra, die: -, Fakt<u>u</u>ren (Warenrechnung)

Fa·kul·t<u>ä</u>t lat., die: -, -en (Fachgruppe einer Hochschule); **fakultativ:** ein fakultatives (freigestelltes) Schulfach

F<u>a</u>l·ke: -n, -n (Greifvogel); der **Falkner;** die **Falknerei;** die **Falknerin**

f<u>a</u>l·len: du fällst, er fiel, sie ist gefallen, fall(e)!; auf den Boden fallen – die Temperatur fällt (sinkt) – er fällt in der Schlacht (verliert sein Leben) – jemandem in die Rede fallen (ihn unterbrechen) – eine Andeutung fallen lassen (am Rande bemerken) – er hat seine Absicht fallen gelassen (nicht mehr verfolgt) – aus der Rolle fallen (ausfällig werden) – die Preise fallen (sinken) – die Stadt fällt (wird erobert) – böse Worte fallen (werden gesagt) – die Entscheidung ist gefallen (getroffen) – in Ohnmacht fallen – durch die Prüfung fallen (nicht bestehen); der **Fall,** die Fälle: auf jeden Fall – von Fall zu Fall – für alle Fälle – in keinem Fall – im Falle, dass... (falls, wenn) – ein schwieriger Fall – Knall und Fall – der Fall (Niedergang) einer Familie – *jemanden zu Fall bringen* (scheitern, stürzen lassen); das **Fallbeil;** die **Falle;** die **Falllinie;** das **Fallobst;** der **Fallschirm;** die **Falltür; fallweise**

f<u>äl</u>·len: einen Baum fällen (umschlagen) – eine Entscheidung fällen (treffen)

f<u>äl</u>·lig: eine fällige (seit längerer Zeit zu bezahlende) Rechnung – ein fälliger Termin – fällig (an der Reihe) sein; die **Fälligkeit**

f<u>a</u>lls: falls (wenn) es regnet; ...falls – ander(e)nfalls – <u>äu</u>sserstenfalls – b<u>e</u>stenfalls – geg<u>e</u>benenfalls – j<u>e</u>denfalls – k<u>ei</u>nesfalls – n<u>ö</u>tigenfalls – schl<u>i</u>mmstenfalls

f<u>a</u>lsch: falsch schwören – ein falscher (hinterlistiger) Mensch – etwas falsch (nicht richtig) machen – etwas falsch (fehlerhaft) schreiben – falsch (betrügerisch) spielen – falsch liegen (am falschen Ort liegen, sich irren) – in den falschen Zug steigen – ich bin hier falsch (am falschen Platz) – ein falscher (unechter) Schmuck – falsche (künstliche) Zähne – falsch (auf der Geige) spielen; aber: ohne Falsch; **fälschen:** Geld fälschen; der **Fälscher;** die **Fälscherin;** das **Falschgeld;** die **Falschheit; fälschlich** (irrtümlich); **fälschlicherw<u>ei</u>se;** der **Falschparker;** die **Fälschung; fälschungssicher**

f<u>a</u>l·ten: Papier falten (zusammenlegen) – die Hände falten (ineinander legen); das **Faltboot;** die **Falte;** das **Faltengebirge; faltenlos; faltig:** ein faltiges Gesicht; ...**fältig:** vielfältig; die **Faltung**

F<u>a</u>l·ter, der: -s, - (Schmetterling)

F<u>a</u>lz, der: -es, -e (Faltlinie); **falzen:** du falzt – gefalztes Blech; die **Falzung**

Fa·m<u>i</u>·lie (Fam.) lat., die: -, -n; eine kinderreiche Familie – die Heilige Familie (Maria, Joseph und Jesuskind) – *in der Familie liegen* (sich vererben); **familiär:** eine familiäre Angelegenheit – familiär (vertraulich) miteinander verkehren; der/die **Familienangehörige;** das **Familienleben;** der **Familienname**

fa·m<u>o</u>s lat.: ein famoser (prachtvoller, grossartiger) Kerl

Fan *engl.* *[fän],* der: -s, -s (begeisterter Anhänger); der **Fanklub**

fa·na·tisch *lat.*: (leidenschaftlich, besessen); der **Fanatiker;** die **Fanatikerin;** der **Fanatismus**

Fan·fa·re *franz.,* die: -, -n (Blasinstrument, Trompetensignal)

fan·gen: du fängst, er fing, sie hat gefangen, fang(e)!; einen Dieb fangen – er fängt den Ball – Feuer fangen (zu brennen beginnen) – sich fangen (das Gleichgewicht wiederfinden); der **Fang,** die Fänge: der Fang (das Maul) eines Raubtieres – *einen guten Fang machen* (erfolgreich sein); der **Fänger;** die **Fängerin;** die **Fangfrage;** das **Fanggerät;** die **Fangprämie; fangsicher:** der fangsichere Torwart

Fan·go *ital.,* der: -s (heilkräftiger Mineralschlamm); das **Fangobad**

Fan·ta·sie *griech.,* die: -, Fantasien; keine Fantasie haben – der Fantasie freien Lauf lassen; auch: die **Phantasie; fantasiebegabt;** das **Fantasiegebilde; fantasieren:** du fantasierst (redest Unsinn); **fantasievoll;** die **Fantasievorstellung; fantastisch;** auch: **phantastisch**

Far·be, die: -, -n; die Farbe des Stoffes – in Farbe (bunt, farbig) – *Farbe bekennen* (seine Einstellung offen zeigen); das **Farbband; farbecht; färben; ... farben:** goldfarben; **farbenblind; farbenfreudig; farbenfroh; farbenprächtig;** die **Färberei;** das **Farbfernsehen;** der **Farbfernseher;** der **Farbfilm;** das **Farbfoto; farbig:** eine farbige (bunte) Zeichnung – farbig (lebendig) erzählen; der/die **Farbige;** die **Farbigkeit;** der **Farbkontrast; farblich; farblos;** die **Farblosigkeit;** der **Farbstift;** der **Farbstoff;** der **Farbton;** der **Farbtupfen;** die **Färbung**

Far·ce *franz. [farse],* die: -, -n (Verhöhnung eines Geschehens; lächerliche, aber als wichtig dargestellte Angelegenheit)

Farm *engl.,* die: -, -en (landwirtschaftlicher Betrieb); der **Farmer;** die **Farmersfrau**

Farn, der: -(e)s, -e (Pflanze); das **Farnkraut**

Fa·san, der: -(e)s, -e(n) (Hühnervogel)

Fa·sching, der: -s, -e/-s (Zeit des Karnevals); der **Faschingsball;** der **Faschingsscherz;** der **Faschingszug;** → Fasnacht; → Fastnacht

Fa·schis·mus *ital.,* der: - (nationalistische Staatsauffassung); der **Faschist;** die **Faschistin; faschistisch**

fa·seln: er faselt (redet dumm daher); die **Faselei**

Fa·ser, die: -, -n (feiner, dünner Faden); **fas(e)rig; fasern; fasernackt** (völlig nackt); der **Faserschreiber;** die **Faserung**

Fass, das: -es, Fässer; ein Fass Wasser – *das schlägt dem Fass den Boden aus* (das ist die Höhe)!; das **Fassbier;** der **Fassbinder;** das **Fässchen; fassweise**

Fas·sa·de *franz.,* die: -, -n (Vorderseite, Aussenansicht)

fas·sen: du fasst, er fasste, sie hat gefasst, fass(e)!; an der Hand fassen (nehmen) – einen Entschluss fassen (sich entschliessen) – der Eimer fasst 10 Liter – Essen fassen – jemanden zu fassen kriegen (erwischen) – es ist nicht zu fassen (zu verstehen) – sich fassen (zusammennehmen) – sich in Geduld fassen (sich gedulden); **fassbar** (begreiflich, verständlich); **fasslich:** sich leicht fasslich (verständlich) ausdrücken; die **Fassung;** die **Fassungskraft; fassungslos;** die **Fassungslosigkeit;** das **Fassungsvermögen**

Fas·set·te *franz.,* die: -, -n; → Facette

fast: fast (beinahe) am Ziel sein # er fasst

fas·ten: (wenig oder nichts essen); das **Fasten;** die **Fastenzeit;** die **Fastnacht;** auch: die **Fasnacht;** der **Fasttag**

fas·zi·nie·ren *lat.*: fasziniert (bezaubert, gefesselt) sein – ein faszinierender Plan; die **Faszination**

fa·tal *lat.*: eine fatale (verhängnisvolle, unangenehme) Lage

Fa·ta Mor·ga·na *ital.,* die: -, -s/ Morganen (durch Luftspiegelung verursachte Täuschung)

fau·chen: ein fauchender Tiger – die Lokomotive faucht

faul: ein fauler (träger) Arbeiter – faules (verdorbenes) Fleisch essen – faule (fragwürdige) Geschäfte machen – faule (unglaubwürdige) Ausreden – ein fauler Zauber (Schwindel) – *auf der faulen Haut liegen* (faulenzen) – *am Abend wird der Faule fleissig;* die **Fäule; faulen** (verderben); **faulenzen;** der **Faulenzer;** die **Faulenzerin;** die **Faulheit; faulig;** die **Fäulnis** (das Faulen, Verwesung); der **Faulpelz** # Foul

Fau·na, *lat.,* die: -, Faunen (Tierwelt)

Faust, die: -, Fäuste; *auf eigene Faust* (selbstständig) – *mit eiserner Faust* (gewaltsam) – *es faustdick hinter den Ohren haben* (durchtrieben sein) – *wie die Faust aufs Auge* (überhaupt nicht) *passen;* der **Faustball;** das **Fäustchen; faustdick; fausten:** den Ball über das Tor fausten; **faustgross;** der **Fausthandschuh;** der **Faustkampf;** der **Faustkeil;** der **Fäustling** (Fausthandschuh); das **Faustpfand;** das **Faustrecht;** die **Faustregel** (einfache, nicht ganz genaue Regel); die **Faustskizze** (einfache, rasch gezeichnete Skizze)

fa·vo·ri·sie·ren *franz.:* (vorziehen, begünstigen); der **Favorit;** die **Favoritin**

Fax, das: -, -(e) (Telefax); **faxen** (telefaxen)

Fa·xen *Mz.,* die: - (Dummheiten, Spässe); der **Faxenmacher**

Fa·zit *lat.,* das: -s, -e/-s (Endsumme, Ergebnis); *das Fazit aus etwas ziehen* (das Ergebnis von etwas feststellen)

FBI = Federal Bureau of Investigation (Bundesfahndungsamt in den USA)

FC = Fussballclub

FCKW = Fluorchlorkohlenwasserstoff

FDP = Freisinnig-demokratische Partei; Freie Demokratische Partei (Deutschlands)

Fea·ture *engl. [fitscher],* das: -(s), -s (Dokumentarbericht)

Fe·bru·ar (Feb·ru·ar) ⟨Febr.⟩ *lat.,* der: -(s), -e (Monatsname)

fech·ten: du fichtst, er focht, sie hat gefochten, ficht!; mit dem Degen fechten (kämpfen) – fechten gehen (betteln); der **Fechter;** die **Fechterin;** der **Fechtkampf**

Fe·der, die: -, -n; mit einer spitzen Feder schreiben – ein mit Federn (Daunen) gefülltes Kissen – *Federn lassen* (Schaden erleiden, Nachteile hinnehmen) *müssen* – *sich mit fremden Federn schmücken* (Verdienste anderer als eigene ausgeben); der **Federball;** das **Federbett; federführend** (verantwortlich, massgeblich); der **Federhalter;** der **Federkiel; federleicht; Federlesen:** *nicht viel Federlesens machen* (energisch vorgehen, keine Umstände machen); **federn** (bei Druck nachgeben); der **Federstiel;** der **Federstrich;** die **Federung;** das **Federvieh;** die **Federwaage**

Fee *franz.,* die: -, Feen (weibliche Märchen- bzw. Sagengestalt); **feenhaft**

Feed-back *engl. [fidbäk],* das: -s, -s (Rückmeldung); auch: das **Feedback**

fe·gen: (mit dem Besen säubern, kehren); etwas vom Tisch fegen (entfernen) – der Wind fegt (rast) durch die Strassen; die **Fegbürste;** das **Feg(e)feuer;** der **Feger** (Besen)

Feh·de, die: -, -n (Feindschaft, Unfriede); der **Fehdehandschuh:** *jemandem den Fehdehandschuh hinwerfen* (ihm die Feindschaft erklären) # Fete

feh·len: was fehlt dir? – in der Schule fehlen (abwesend sein) – den Hasen fehlen (nicht treffen) – an mir soll es nicht fehlen (liegen) – es fehlt (mangelt) ihr an Fleiss – weit gefehlt (Irrtum)!; **fehl:** fehl am Platz(e) sein (nicht passen); aber: ohne Fehl (makellos); die **Fehlanzeige; fehlbar;** der **Fehlbetrag;** der **Fehler; fehlerfrei; fehlerhaft; fehlerlos;** die **Fehlerquelle;** die **Fehlerquote;** die **Fehlgeburt; fehlgehen;** der **Fehlgriff;** die **Fehlleistung;** der **Fehlpass** (im Sport); der **Fehlschlag; fehlschlagen** (scheitern); der **Fehlschuss;** der **Fehlstart; fehltreten;** der **Fehltritt;** die **Fehlzündung**

fei·ern: ein Fest feiern – jemanden als Helden feiern; die **Feier;** der **Feierabend; feierlich** (festlich, würdevoll); die **Feierlichkeit;** die **Feierschicht** (arbeitsfreie Zeit); der **Feiertag; feiertags** (an Feiertagen)

fei·ge: (mutlos, ängstlich, hinterhältig); auch: **feig;** die **Feigheit;** der **Feigling**

Fei·ge, die: -, -n (Südfrucht); das **Feigenblatt**

feil: feile (verkäufliche) Waren; **feilbieten** (zum Verkauf anbieten)

Fei·le, die: -, -n (Werkzeug zum Glätten von Holz, Metall); **feilen**

feil·schen: (einen Preis hartnäckig herunterhandeln)

fein: feine (dünne) Schnüre – ein feines Sieb – ein feines (zierliches) Gesicht – ein feiner (vornehmer) Mensch – ein feines (empfindliches) Gehör – eine feine (erfreuliche) Sache – etwas fein mahlen – fein gemahlenes Mehl – du sollst dich fein machen (schön herrichten) – ein Gerät fein (exakt) einstellen – *fein (he)raus* (in einer glücklichen Lage) *sein;* **feinfühlig** (taktvoll); die **Feinfühligkeit;** das **Feingefühl; feinglied(e)rig;** das **Feingold;** die **Feinheit; feinkörnig;** die **Feinkost; feinmaschig;** der **Feinmechaniker;** die **Feinmechanikerin; feinporig;** der

Feinschmecker; die **Feinschmeckerin; feinsinnig** (fein empfindend)

Feind, der: -(e)s, -e; viele Feinde (Gegner) haben – jemandem Feind (feindlich gesinnt) sein – der böse Feind (Teufel); die **Feindeshand:** in Feindeshand geraten; das **Feindesland;** die **Feindin; feindlich;** die **Feindlichkeit;** die **Feindschaft; feindselig;** die **Feindseligkeit**

feist: ein feister (dicker, fetter) Kerl; die **Feistheit**

fei·xen: (schadenfroh lachen)

Feld, das: -(e)s, -er; das Feld ackern – auf dem Feld (Gebiet) der Wissenschaft – im Feld (an der Front) sein – *etwas ins Feld führen* (Gründe für etwas angeben) – *das Feld räumen* (sich zurückziehen, aufgeben) – *gegen jemanden zu Felde ziehen* (kämpfen) – *das Feld behaupten* (sich durchsetzen) – *nicht jedes Feld trägt jede Frucht;* die **Feldarbeit;** das **Feldbett;** ... **feldein:** querfeldein; die **Feldfrucht;** der **Feldherr;** der **Feldjäger;** der **Feldmarschall;** die **Feldpost;** der **Feldspat;** der **Feldspieler;** der **Feldstecher** (Fernglas); der **Feldverweis;** der **Feldwebel** (Unteroffizier); der **Feldweg;** der **Feldweibel;** der **Feldzug**

Fel·ge, die: -, -n; einen Reifen auf die Felge montieren – eine Felge (einen Reckumschwung) vorführen; der **Felgaufschwung;** die **Felgenbremse;** der **Felgumschwung**

Fell, das: -(e)s, -e (behaarte Tierhaut); *jemandem das Fell gerben* (ihn durchprügeln) – *ein dickes Fell haben* (wenig empfindlich sein) – *jemandem das Fell über die Ohren ziehen* (ihn betrügen, übervorteilen); die **Fellmütze**

Fel·sen, der: -s, - (festes Gestein); auch: der **Fels;** der **Felsblock; felsenfest** (unerschütterlich); die **Fels(en)schlucht;** die **Fels(en)wand; felsig:** felsiges Gelände; das **Felsmassiv**

Fe·me, die: -, -n (heimliches Gericht); der **Fememord**

fe·mi·nin *lat.:* ein feminines (weibliches) Aussehen; das **Femininum** (weibliches Hauptwort); die **Feministin** (Frauenrechtlerin); **feministisch**

Fens·ter, das: -s, -; *weg vom Fenster sein* (nichts mehr zu bestimmen haben, nicht

mehr gefragt sein); das **Fensterbrett;** das **Fensterleder;** der **Fensterplatz;** der **Fensterputzer;** der **Fensterrahmen;** die **Fensterscheibe**

Fe·ri·en *Mz. lat.,* die: - (Arbeitspause, Ruhetage); der **Ferienjob;** die **Ferienwohnung**

Fer·kel, das: -s, - (Jungschwein); die **Ferkelei** (Unanständigkeit); **ferkeln**

Fer·ment *lat.,* das: -s, -e (Gärstoff)

fern: ferne (weit entfernte) Länder – aus fernen (weit zurückliegenden) Tagen – in ferner (weiter) Zukunft – fern sein – fern liegen – eine fern liegende Stadt – von fern und nah (von überall) – von fern; aber: der Ferne Osten (Ostasien); auch: **ferne; fernab; fernbleiben;** das **Fernbleiben;** die **Ferne:** aus der Ferne; **ferner** (ausserdem); **fernerhin;** der **Fernfahrer;** das **Ferngespräch;** das **Fernglas;** die **Fernheizung;** das **Fernlicht; fernmündlich; fernöstlich;** das **Fernrohr;** der **Fernschreiber;** der **Fernsehapparat; fernsehen:** sie sieht fern; aber: in die Ferne schauen; das **Fernsehen;** der **Fernseher; fernsehmüde;** der **Fernsprecher;** der **Fernverkehr;** das **Fernweh**

Fer·se, die: -, -n (hinterer Teil des Fusses); *jemandem die Fersen zeigen* (fliehen) – *jemandem auf den Fersen sein* (ihn verfolgen); das **Fersengeld:** *Fersengeld geben* (sich davonmachen)

fer·tig: die Arbeit ist fertig (vollendet) – zur Abreise fertig (bereit) – etwas fertig (in fertigem Zustand) kaufen – fertig (im fertigen Zustand) bekommen – fertig (erschöpft) sein – fix und fertig – mit etwas fertig werden (etwas bewältigen) – etwas fertig bekommen (vollbringen) – etwas fertig bringen (schaffen) – fertig kriegen – jemanden fertig machen – den Bau fertig stellen – *mit jemandem fertig sein* (mit ihm nichts mehr zu tun haben wollen); ... **fertig:** reisefertig; die **Fertigbauweise; fertigen** (herstellen); das **Fertiggericht;** das **Fertighaus;** die **Fertigkeit** (Geschicklichkeit); die **Fertigkleidung;** die **Fertigstellung;** die **Fertigung;** die **Fertigware**

fesch: eine fesche (schicke) Kleidung

fes·seln: ich fess(e)le seine Hände – seine Zuhörer fesseln (begeistern) – ein fesselnder (interessanter, spannender) Film; die **Fessel;** die **Fess(e)lung**

fest: ein festes (hartes) Material – feste (haltbare) Kleidung – eine feste (beständige) Freundschaft – fest (unerschütterlich) an etwas glauben – etwas fest (kräftig) halten – fest (kräftig) ziehen – ein festes Einkommen – feste (nicht flüssige) Nahrung – eine feste (geregelte) Arbeitszeit – feste (unabänderliche) Grundsätze haben – in festen Händen (verlobt oder verheiratet) sein; der **Festakt;** das **Festangebot;** sich **festbeissen; festbinden** (anbinden); **festbleiben** (nicht nachgeben); die **Feste** (Festung); sich **festfahren;** sich **festfressen; festhalten:** etwas im Notizbuch festhalten (schriftlich notieren); aber: sich festhalten; **festigen;** die **Festigkeit;** die **Festigung;** sich **festklammern; festkleben;** das **Festland; festländisch;** (sich) **festlegen; festliegen** (nicht mehr weiterkommen, festgelegt sein); **festmachen:** Termine festmachen (vereinbaren) – den Kahn festmachen (anbinden); der/das **Festmeter** (Holzmass); **festnageln;** die **Festnahme** (Gefangennahme); **festnehmen** (verhaften); der **Festpreis;** sich **festrennen; festsetzen** (anordnen, verhaften); **festsitzen** (nicht mehr weiterkommen); **feststehen:** es muss feststehen (sicher sein), dass . . . ; **feststellen** (bemerken, erkennen); die **Feststellung;** die **Festung** (befestigter Platz)

Fest, das: -(e)s, -e; ein Fest geben – *man muss die Feste feiern, wie sie fallen;* der **Festakt;** das **Festbankett** (Festessen); **festen;** das **Festessen;** die **Festhütte;** die **Festivität** (Fest); das **Festkleid; festlich;** die **Festlichkeit;** das **Festmahl;** der **Festsaal;** das **Festspiel;** der **Festtag; festtäglich; festtags;** der **Festzug**

Fes·ti·val engl. *[fęstiwel]*, das: -s, -s (Musikfest, Festspiel)

Fe·te franz., die: -, -n (Fest) # Fehde

Fe·tisch franz., der: -(e)s, -e (Gegenstand mit magischer Kraft, Götzenbild); der **Fetischismus;** der **Fetischist;** die **Fetischistin**

fett: fett kochen – ein fetter (fruchtbarer) Boden – fett gedruckt; das **Fett:** *sein Fett bekommen* (gescholten werden); **fettarm;** das **Fettauge;** der **Fettdruck; fetten;** der **Fettfleck; fetthaltig; fettig;** die **Fettigkeit;** der **Fettkloss** (dicker Mensch); die **Fettleibigkeit;** das **Fettnäpfchen:** *ins Fettnäpfchen treten* (jemanden kränken); die **Fettsucht;**

der **Fetttopf;** der **Fetttropfen;** der **Fettwanst** (fetter Mensch)

Fe·tus lat., der: -/-ses, -se/Feten (Leibesfrucht vom dritten Monat an); auch: der **Fötus**

Fet·zen, der: -s, - (abgerissenes Stück); **fetzen; fetzig:** eine fetzige (begeisternde, tolle) Musik

feucht: feuchte Luft; das **Feuchtbiotop; feuchtfröhlich;** die **Feuchtigkeit; feuchtkalt; feuchtwarm**

feu·dal lat.: (prunkvoll, vornehm); die **Feudalherrschaft** (Vorherrschaft des Adels); der **Feudalismus; feudalistisch;** der **Feudalstaat**

Feu·er, das: -s, -; Feuer im Herd – das Feuer (die Glut, das Funkeln) in den Augen – das Feuer eröffnen (zu schiessen beginnen) – ein Feuer speiender Berg – Feuer fangen – *Feuer und Flamme* (hellauf begeistert) *sein* – *für jemanden die Hand ins Feuer legen* (für jemanden einstehen) – *mit dem Feuer spielen* (unvorsichtig sein) – *etwas aus dem Feuer reissen* (etwas noch zu einem guten Ende bringen); der **Feueralarm; feuerbeständig;** die **Feuerbestattung;** der **Feuereifer; feuerfest; feuergefährlich;** der **Feuerhaken;** der **Feuerlöscher;** der **Feuermelder; feuern; feuerrot;** die **Feuersbrunst;** der **Feuerschutz; feuersicher;** die **Feuerstätte;** der **Feuerstrahl;** der **Feuerstuhl** (Motorrad); die **Feuerung;** die **Feuerwehr;** die **Feuerwehrleute** Mz.; das **Feuerwerk;** das **Feuerzeug; feurig:** feurige (funkelnde) Diamanten – feurige (leidenschaftliche) Blicke

Feuil·le·ton franz. *[föjetŏ]*, das: -s, -s (kultureller Teil der Zeitung)

Fez franz., der: -es (Vergnügen, Spass, Unsinn)

ff = fortissimo

ff. = folgende (Seiten)

Fi·as·ko ital., das: -s, -s (Misserfolg)

Fi·bel griech., die: -, -n (Kinderlesebuch)

Fi·ber lat., die: -, -n (Faser) # Fieber

Fich·te, die: -, -n (Nadelbaum); **fichten** (aus Fichtenholz); der **Fichtenzapfen**

fi·del lat.: eine fidele (vergnügte) Gesellschaft

Fie·ber lat., das: -s, - (erhöhte Körpertemperatur); **fieberfrei; fieberhaft** (hastig, erregt); **fieb(e)rig;** die **Fieberkurve; fiebern** (Fieber haben): nach etwas fiebern (etwas heiss verlangen); das **Fieberthermometer** # Fiber

fies: ein fieser (gemeiner, schlechter, ekelhafter) Kerl; der **Fiesling**

Fi·gur, die: -, -en; eine schlanke Figur (Gestalt) – eine gute Figur (einen guten Eindruck) machen; **figürlich** (bildlich, anschaulich)

Fik·ti·on lat., die: -, -en (Erdachtes, Einbildung); **fiktional; fiktiv** (erdichtet, angenommen)

Fi·let franz. [file], das: -s, -s (Lenden- bzw. Rückenstück)

Fi·li·a·le lat., die: -, -n (Zweigstelle); die **Filialkirche;** der **Filialleiter;** die **Filialleiterin**

Fi·li·gran (Fi·lig·ran) ital., das: -s, -e (Zierarbeit aus feinem Draht)

Film engl., der: -(e)s, -e; sich einen Film ansehen – ein öliger Film (eine dünne Schicht aus Öl); der **Filmapparat;** das **Filmatelier** [...atelje]; **filmen;** das **Filmfestival** (Filmfestspiel); **filmisch;** die **Filmkamera;** der **Filmschauspieler;** die **Filmschauspielerin;** der **Filmstar;** die **Filmszene;** die **Filmvorführung**

Fil·ter lat., das/der: -s, - (Vorrichtung zur Trennung fester Stoffe von Flüssigkeit); der **Filterkaffee; filtern;** das **Filterpapier;** die **Filterung;** die **Filterzigarette; filtrieren**

Filz, der: -es, -e (Stoff aus Fasern oder wolligen Haaren); die **Filzdecke; filzen** (durchsuchen); der **Filzhut; filzig;** der **Filzpantoffel;** der **Filzschreiber**

Fim·mel, der: -s, -; einen Fimmel (ein übertriebenes Interesse) für den Sport haben

fi·nal: (abschliessend); der **Final** (Schlussteil, Schlusssatz, Schlussrunde); das **Finale;** der **Finalist** (Teilnehmer am Endkampf); die **Finalistin**

Fi·nanz franz., die: -, -en (Geldwesen, Geldgeschäft); das **Finanzamt;** das **Finanzdepartement;** die **Finanzdirektion;** der **Finanzdirektor;** die **Finanzdirektorin; finanziell; finanzieren** (Geld zur Verfügung stellen); die **Finanzierung;** das **Finanzwesen;** die **Finanzwirtschaft**

fin·den: du findest, er fand, sie hat gefunden, find(e)!; den richtigen Weg finden – ich finde (meine), dass... – das wird sich finden (herausstellen, aufklären); das **Findelkind;** der **Finder;** der **Finderlohn**

fin·dig: ein findiger (kluger, pfiffiger) Kopf; die **Findigkeit**

Fi·nes·se franz., die: -, -n (Feinheit, Trick)

Fin·ger, der: -s, -; die fünf Finger einer Hand – keinen Finger rühren (nicht helfen) – sich

etwas an den Fingern abzählen (leicht voraussehen) können – die Finger von etwas lassen (sich nicht mit etwas abgeben) – jemanden um den Finger wickeln (ihn lenken, beeinflussen) – sich die Finger verbrennen (bei etwas Schaden erleiden) – jemandem auf die Finger sehen (ihn scharf beobachten) – sich in den Finger schneiden (zum eigenen Schaden verrechnen) – wenn man einem den kleinen Finger reicht, so nimmt er die ganze Hand; der **Fingerabdruck; fingerbreit:** ein fingerbreiter Rand; aber: einen Finger breit; der **Fingerbreit:** keinen Fingerbreit nachgeben; aber: fünf Finger breit; **fingerdick;** aber: zwei Finger dick; **fingerfertig** (geschickt); das **Fingerhakeln;** der **Fingerhut; fingern:** an etwas fingern (herumtasten, herumspielen); der **Fingernagel;** der **Fingerring;** das **Fingerspitzengefühl;** der **Fingerzeig**

fin·gie·ren lat.: eine fingierte (vorgetäuschte, frei erfundene) Botschaft

Fi·nish engl. [finisch], das: -s, -s (Endphase, Endkampf)

Fink, der: -en, -en (Singvogel); der **Finkenschlag**

Fin·ken, der: -s, - (warmer Hausschuh)

Finn·land: -s (Staat in Nordeuropa); der **Finne;** die **Finnin; finnisch**

fins·ter: eine finst(e)re (dunkle) Nacht – finster (drohend) schauen – ein finsterer (unheimlicher) Bursche – finstere (böse) Gedanken hegen; aber: im Finst(e)ren (in der Dunkelheit) arbeiten – im Finstern tappen (im Ungewissen sein); die **Finsternis,** die Finsternisse

Fin·te ital., die: -, -n (Täuschung, List); **fintenreich** (schlau)

Fir·le·fanz, der: -es (überflüssiges, wertloses Zeug)

Fir·ma ⟨Fa.⟩ ital., die: -, Firmen (Geschäft, Betrieb); der **Firmenchef;** die **Firmenchefin**

Fir·ma·ment lat., das: -(e)s, -e (Himmelsgewölbe)

fir·men lat. (jemandem die Firmung erteilen); der **Firmling;** der **Firmpate;** die **Firmpatin;** die **Firmung**

Firn, der: -(e)s, -e (Altschnee); der **Firnschnee**

Fir·nis franz., der: -ses, -se (Schutzanstrich)

First, der: -(e)s, -e (oberste Kante des Daches); der **Firstbalken**

first class *engl. [först klas]*: (zur Spitzenklasse gehörig); das **First-class-Hotel**
Fisch, der: -(e)s, -e; Fische fangen – die Fisch verarbeitende Industrie – kleine Fische (Kleinigkeiten) – *gesund wie ein Fisch im Wasser;* **fischen;** der **Fischer;** das **Fischerboot;** die **Fischerei;** die **Fischerin;** der **Fischfang;** der **Fischkutter;** das **Fischnetz;** der **Fischotter;** **fischreich;** die **Fischreuse** (Netz für den Fischfang); der **Fischteich;** der **Fischweiher;** die **Fischzucht**
Fis·kus *lat.,* der: - (Staatskasse); **fiskalisch**
Fis·tel *lat.,* die: -, -n (Geschwür); die **Fistelstimme** (hohe, feine Stimme)
fit *engl.:* fitter, am fittesten; (in guter Form, sportlich trainiert, gesund); die **Fitness; das Fitnesscenter;** das **Fitnesstraining**
Fit·tich, der: -(e)s, -e (Flügel eines Vogels); *jemanden unter seine Fittiche nehmen* (ihn betreuen, ihm helfen)
fix *lat.:* ein fixer (gewandter) Bursche – fixe (feststehende) Kosten – eine fixe (törichte) Idee – *fixfertig;* auch: *fix und fertig* (ganz fertig, völlig erschöpft) *sein;* **fixieren;** die **Fixkosten;** der **Fixstern;** das **Fixum** (festes Gehalt)
fi·xen *engl.:* (sich Drogen spritzen); der **Fixer;** die **Fixerin**
Fjord *skand.,* der: -(e)s, -e (Meeresarm in Skandinavien, schmale Meeresbucht)
FL = Fürstentum Liechtenstein
Flab, die: - (Kurzwort für Fliegerabwehr); → Flak
flach: ein flaches (ebenes) Gelände – ein flaches (nicht tiefes) Gewässer – auf dem flachen Lande (ausserhalb der Stadt) wohnen; das **Flachdach;** die **Fläche;** **flächendeckend;** **flächenhaft;** der **Flächeninhalt;** das **Flächenmass;** **flächig;** die **Flachküste;** das **Flachland;** der **Flachmann** (kleine Schnapsflasche zum Einstecken); die **Flachzange**
fla·ckern: ein flackerndes (unruhig zuckendes) Feuer; **flack(e)rig**
Fla·den, der: -s, - (flacher Kuchen, breiige, flache, kreisrunde Masse); das **Fladenbrot**
Flag·ge, die: -, -n (viereckige Fahne); *Flagge zeigen* (seine Meinung deutlich zu erkennen geben); **flaggen** (eine Fahne aufziehen); der **Flaggenmast;** die **Flaggenparade;** das **Flaggensignal;** der **Flaggoffizier;** das **Flaggschiff**

Flair *franz. [flär],* das: -s (die persönliche Note, Atmosphäre)
Flak, die: -, -(s) (Flugzeugabwehrkanone); → Flab; das **Flakgeschütz; der Flakhelfer**
flam·bie·ren *franz.:* (mit Alkohol übergiessen und brennend servieren)
Fla·min·go *span.,* der: -s, -s (Wasservogel)
Flam·me, die: -, -n; die Flammen der Hölle – die Flammen der Begeisterung – den Flammen übergeben (einäschern); das **Flämmchen; flammen; flammend:** eine flammende (zündende) Ansprache halten; das **Flammenmeer**
Fla·nell *engl.,* der: -s, -e (weicher Wollstoff, angerautes Gewebe); der **Flanelllappen**
fla·nie·ren *franz.:* (umherschlendern, bummeln)
Flan·ke *franz.,* die: -, -n; eine Flanke (ein seitlicher Sprung) über den Barren – dem Gegner in die Flanke (Seite) fallen – eine weite Flanke schlagen (den Ball quer über das Spielfeld spielen) – die Flanken (Hüften) des Pferdes; **flanken;** der **Flankenangriff;** der **Flankenschutz; flankieren:** jemanden flankieren (links und rechts von ihm gehen) – flankierende (unterstützende) Massnahmen
flap·sig: eine flapsige (unreife, vorlaute) Bemerkung machen
Fla·sche, die: -, -n; eine Flasche Wein – eine Flasche (ein Versager) im Sport sein – oft zur Flasche greifen (viel Alkohol trinken); das **Flaschenbier;** der **Flaschenöffner;** die **Flaschenpost;** der **Flaschenzug** (Hebevorrichtung)
flat·tern: mit den Flügeln flattern – die Fahnen flattern (wehen heftig) im Wind; **flatterhaft** (wankelmütig, unzuverlässig); **flatt(e)rig** (aufgeregt)
flat·tie·ren: (schmeicheln)
flau: flauer, am flau(e)sten; ihm wird flau (schwach, übel) vor Hunger – der Wind wird flauer (lässt nach) – die Geschäfte gehen flau (nicht gut); die **Flaute** (Windstille, Ruhe im Geschäftsleben)
Flaum, der: -(e)s (zarter Haar- bzw. Federwuchs); die **Flaumfeder; flaumig** (weich wie Flaum, zart); **flaumweich** # Pflaume
Flau·mer, der: -s, - (Staubbesen, Mopp)
flau·schig: ein flauschiges (weiches) Tuch; der **Flausch** (weiches Gewebe)

A
B
C
D
E
F

Flau·se, die: -, -n; nur Flausen (dumme Gedanken, Unsinn) im Kopf haben – jemandem die Flausen austreiben

flech·ten: du flichtst, er flocht, sie hat geflochten, flicht!; das Haar zu Zöpfen flechten (binden); die **Flechte** (Hautausschlag, niedere Pflanze, Zopf); das **Flechtwerk**

Fleck, der: -(e)s, -e; auch: der **Flecken;** einen Fleck auf die Hose nähen – einen Fleck aus einem Kleidungsstück entfernen – ein weisser Fleck auf der Landkarte (ein noch unerforschtes Gebiet) – *vom Fleck weg* (sofort, auf der Stelle) – *einen Fleck auf seiner weissen Weste haben* (etwas Ungesetzliches, Unrechtes getan haben) – *nicht vom Fleck* (nicht vorwärts) *kommen* – *das Herz auf dem rechten Fleck haben* (eine vernünftige Einstellung haben); **fleckenlos;** das **Fleckenwasser;** das **Fleckfieber; fleckig**

Fle·der·maus, die: -, …mäuse (sehr kleines, flugfähiges Säugetier)

Fle·gel, der: -s, - (ungezogener Mensch, Lümmel); die **Flegelei; flegelhaft;** die **Flegelhaftigkeit;** die **Flegeljahre** *Mz.*; sich **flegeln:** sich in den Sessel flegeln (lümmeln)

fle·hen: zu Gott flehen (Gott inständig bitten); **flehentlich** (eindringlich)

Fleisch, das: -(e)s; ein Fleisch fressendes Insekt – *sein eigenes Fleisch und Blut* (die eigenen Kinder) – *jemandem in Fleisch und Blut übergehen* (selbstverständlich werden) – *sich ins eigene Fleisch schneiden* (sich selbst schaden) – *der Geist ist willig, aber das Fleisch ist schwach*; der **Fleischer** (Metzger); die **Fleischerei;** die **Fleischerin; fleischfarben; fleischfarbig;** der **Fleischfresser; fleischig; fleischlich; fleischlos;** die **Fleischwaren** *Mz.*; der **Fleischwolf**

Fleiss, der: -es; Fleiss (Eifer) zeigen – etwas mit Fleiss (Absicht) machen – *ohne Fleiss kein Preis*; die **Fleissarbeit; fleissig:** der fleissige Schüler; aber: das Fleissige Lieschen (Blume) – *abends wird der Faule fleissig*

flek·tie·ren *lat.*: ein Wort flektieren (beugen, deklinieren, konjugieren); **flektierbar;** die **Flexion** (die Beugung)

flen·nen: (weinen, heulen); die **Flennerei**

fletsch·en: die Zähne fletschen (zeigen, blecken)

fle·xi·bel *lat.*: (biegsam, anpassungsfähig); die **Flexibilität**

fli·cken: Wäsche flicken – *jemandem etwas am Zeug flicken* (nachteilig über ihn reden); die **Flickarbeit;** der **Flicken** (Stück Stoff, Leder o. Ä. zum Ausbessern); die **Flickerei;** der **Flickschuster;** die **Flickschusterin;** das **Flickwerk;** das **Flickzeug**

Flie·der, der: -s, - (Strauch mit stark duftenden Blüten); der **Fliederbusch; fliederfarben;** der **Fliederstrauch**

flie·gen: du fliegst, er flog, sie ist geflogen, flieg(e)!; durch die Luft fliegen – auf den Boden fliegen (fallen) – von der Schule fliegen (verwiesen werden) – durch eine Prüfung fliegen (nicht bestehen) – *auf etwas fliegen* (von etwas angezogen werden); die **Fliege:** *keiner Fliege etwas zuleide tun* (gutmütig sein); das **Fliegengewicht;** der **Flieger;** die **Fliegerei;** die **Fliegerin**

flie·hen: du fliehst, er floh, sie ist geflohen, flieh(e)!; aus dem Gefängnis fliehen (ausreissen) – zu jemandem fliehen (bei jemandem Schutz suchen); die **Fliehkraft**

Flie·se, die: -, -n (Wand- oder Bodenbelag); **fliesen:** ein gefliester Boden; der **Fliesenleger;** die **Fliesenlegerin**

flies·sen: du fliesst, er floss, sie ist geflossen, fliess(e)!; der Bach fliesst langsam – fliessende (weich fallende) Seide – der fliessende Verkehr; die **Fliessarbeit;** das **Fliessband; fliessend:** eine Sprache fliessend (geläufig) sprechen; das **Fliessheck;** das **Fliesspapier;** → Fluss

flim·mern: die Luft flimmert (funkelt, glänzt) vor Hitze; die **Flimmerkiste** (Fernsehapparat)

flink: flinker, am flink(e)sten; ein flinker Bursche – *ein flinkes Mundwerk haben;* die **Flinkheit**

Flin·te, die: -, -n (Jagdgewehr); *die Flinte ins Korn werfen* (aufgeben, den Mut verlieren)

Flirt *engl.* *[flört],* der: -(e)s, -s (Liebelei); **flirten:** mit jemandem flirten (ihm schöne Augen machen)

Flit·ter, der: -s, - (glänzender Schmuck, unechter Glanz); das **Flittchen;** der **Flitterkram; flittern** (glänzen); die **Flitterwochen** *Mz.* (erste Wochen nach der Hochzeit)

flit·zen: um die Ecke flitzen (rennen, sausen); der **Flitzer** (kleines, schnelles Fahrzeug)

Flo·cke, die: -, -n; der Schnee fällt in dicken Flocken; **flockig**

Floh, der: -(e)s, Flöhe (kleines, Blut saugendes Insekt); *jemandem einen Floh ins Ohr setzen* (ihm etwas sagen, was ihn nicht mehr in Ruhe lässt); der **Flohbiss;** der **Flohmarkt** (Trödelmarkt); der **Flohzirkus**

Flop engl., der: -s, -s (Fehlschlag, Misserfolg); **floppen**

Flor lat., der: -s, -e (dünnes Gewebe, Blumenfülle); die **Flora** (Pflanzenwelt); **florieren:** das Geschäft floriert (gedeiht); der **Florist** (Blumenzüchter, -binder); die **Floristin**

Flo·rett franz., das: -(e)s, -e (Fechtwaffe)

Flos·kel lat., die: -, -n (abgenutzte, leere Redensart); **floskelhaft**

Floss, das: -es, Flösse (Wasserfahrzeug aus Baumstämmen); **flössen;** der **Flösser;** die **Flösserei;** die **Flösserin;** die **Flossfahrt**

Flos·se, die: -, -n (Fortbewegungsorgan der Fische)

Flö·te, die: -, -n (Blasinstrument); Flöte spielen; **flöten:** das Geld ist flöten gegangen (verloren gegangen); das **Flötenspiel;** der **Flötist;** die **Flötistin**

flott: flott (rasch, ohne Unterbrechung) arbeiten – flott (unbekümmert) leben – ein flotter (eleganter) Mann; **flottbekommen** (in Gang bekommen); **flottmachen:** ein Schiff flottmachen (fahrtüchtig machen); aber: etwas flott (flink, zügig) machen

Flot·te, die: -, -n (Schiffsverband, Seemacht)

Flöz, das: -es, -e (Kohleablagerung, abbaubare Schicht)

flu·chen: laut fluchen (schelten); der **Fluch,** die Flüche; **fluchbeladen**

Flucht, die: -, -en; die Flucht (der Rückzug) vor dem Feind – eine Flucht (Reihe) von Häusern – *die Flucht ergreifen* (fliehen); **fluchtartig; flüchten** (fliehen); **flüchtig:** ein flüchtiges (vergängliches) Glück – ein flüchtiger (entflohener) Dieb – flüchtig (nachlässig) arbeiten; die **Flüchtigkeit;** der **Flüchtigkeitsfehler;** der **Flüchtling; fluchtverdächtig;** der **Fluchtversuch**

Flug, der: -(e)s, Flüge; auf dem Flug nach Paris – die Zeit vergeht wie im Flug (sehr schnell); die **Flugbahn;** das **Flugblatt;** der **Fluggast;** die **Fluggesellschaft;** der **Flughafen;** der **Flugkapitän;** der **Fluglotse;** der **Flugplatz; flugs** (schnell, sofort); die **Flugstrecke;** der **Flugverkehr;** die **Flugwaffe;** das **Flugzeug;** der **Flugzeugträger**

Flü·gel, der: -s, -; mit den Flügeln schlagen – auf dem Flügel (Klavier) spielen – der rechte Flügel (Anbau) des Hauses – *die Flügel hängen lassen* (mutlos sein); **flügellahm;** der **Flügelschlag;** die **Flügeltür**

flüg·ge: flügge (flugfähig, im heiratsfähigen Alter) sein

Fluh, die: -, Flühe (Felswand)

Flun·der, die: -, -n (Fisch)

flun·kern: (schwindeln, aufschneiden); die **Flunkerei**

Flu·or lat., das: -s (chemisches Element)

Flur, der: -(e)s, -e (Vorraum eines Hauses, Diele)

Flur, die: -, -en (nutzbare Landfläche, Wiesen, Felder); in Wald und Flur; die **Flurbereinigung;** der **Flurschaden**

Fluss, der: -es, Flüsse; den Fluss abwärts fahren – der Fluss (Lauf) der Rede – eine Sache in Fluss (Bewegung) bringen; **flussab(wärts); flussauf(wärts);** das **Flussbett;** das **Flussdiagramm** (grafische Darstellung von Abläufen); die **Flussmündung;** das **Flusspferd;** der **Flusssand;** die **Flussschifffahrt;** das **Flussufer;** → fliessen

flüs·sig: flüssige Nahrung – Gelder flüssig (verfügbar) haben, machen – flüssig (fliessend) lesen – flüssiges (geschmolzenes) Eisen; das **Flüssiggas;** die **Flüssigkeit**

flüs·tern: ins Ohr flüstern (leise sagen) – *jemandem etwas flüstern* (die Meinung sagen); die **Flüsterpropaganda;** die **Flüsterstimme**

Flut, die: -, -en (ansteigender Wasserstand bei Gezeitenwechsel); die Fluten des Meeres – eine Flut (grosse Menge) von Briefen; **fluten:** das Wasser flutet über die Deiche – die Menge flutet (strömt) in den Saal; die **Flutkatastrophe;** das **Flutlicht;** die **Flutwelle**

flut·schen: es flutscht (geht gut voran)

FMH = Foederatio Medicorum Helveticorum (Vereinigung der Schweicher Fachärzte)

Fö·de·ra·lis·mus lat., der: - (Streben der Länder eines Staates nach Selbstständigkeit); **föderal; föderalistisch;** die **Föderation; föderativ; föderiert** (verbündet)

Foh·len, das: -s, - (junges Pferd)

Föhn, der: -(e)s, -e (trockener, warmer Fallwind, elektrischer Haartrockner); **föhnen:** das Haar föhnen; **föhnig:** ein föhniges Wetter

Föh·re, die: -, -n (Kiefer); der **Föhrenwald**

Fo·kus *lat.*, der: -, -se (Brennpunkt); **fokussieren**

Fol·ge, die: -, -n; die Folge (Auswirkung) einer Krankheit – die Folgen von etwas tragen – einem Befehl Folge leisten – die nächste Folge einer Sendung – in rascher Folge; **...folge:** infolge – infolgedessen – demzufolge – zufolge; die **Folgeerscheinung;** die **Folgekosten; folgen:** den Eltern folgen (gehorchen) – kannst du mir folgen (mich verstehen)? – Fortsetzung folgt – jemandem heimlich folgen – daraus folgt (ergibt sich); **folgend:** die folgende Seite; aber: das Folgende (das später Geschehende) – Folgendes – im Folgenden – in Folgendem – durch Folgendes; **folgendermassen** (so, auf folgende Art); **folgenschwer; folgerichtig; folgern** (zu dem Schluss kommen, den Schluss ziehen); die **Folgerung;** die **Folgezeit; folglich** (also); **folgsam** (gehorsam)

Fo·lie *lat.* [folje], die: -, -n (dünnes Blatt, Metall- bzw. Plastikhaut); der **Foliant** (ein grosses Buch); **folienverpackt**

Folk·lo·re *engl.*, die: - (volkstümliches Brauchtum); **folkloristisch**

Fol·ter, die: -, -n (Peinigung, Misshandlung); *jemanden auf die Folter spannen* (hinhalten, im Unklaren lassen); die **Folterkammer; foltern;** die **Folterqual;** die **Folterung**

Fon *griech.*, das: -s, -(s); → Phon

Fond *franz.* [fõ], der: -s, -s (Hintergrund, Autorücksitz)

Fonds *franz.* [fõ], der: -, - (Geldmittel, Geldreserve)

Fon·due *franz.* [fõdü], das: -s, -s (Gericht aus geschmolzenem Käse oder gebratenen Fleischstückchen)

Fon·tä·ne *franz.*, die: -, -n (Springbrunnen)

fop·pen: (zum Narren halten, necken); die **Fopperei**

För·de, die: -, -n (tiefe, schmale Meeresbucht)

for·dern: jemanden zum Kampf fordern – Gehorsam fordern (verlangen); die **Forderung**

för·dern: Bodenschätze fördern (abbauen) – einen Künstler fördern (unterstützen) – etwas zutage fördern (ans Licht bringen); das **Förderband;** der **Förderer;** die **Förderin;** der **Förderkurs; förderlich;** der **Förderschacht;** die **Förderstufe;** der **Förderturm;** die **Förderung**

Fo·rel·le, die: -, -n (Fisch); die **Forellenzucht**

Form, die: -, -en; die Form eines Autos – die Formen wahren (Anstand bewahren) – in guter Form (Verfassung) sein – in Form kommen; **formbar; formbeständig;** das **Formblatt; formen** (gestalten, anfertigen); **formenreich;** der **Formfehler; formieren; ...förmig:** kugelförmig; **förmlich;** die **Förmlichkeit; formlos;** die **Formsache; formschön; formulieren:** einen Satz formulieren (bilden); die **Formulierung;** die **Formung; formvollendet**

for·mal *lat.*: (die äusseren Formen betreffend, nur der Form nach); die **Formalie** [formalje]; der **Formalismus** (Überbetonung der Form); **formalistisch;** die **Formalität** (die Formsache, Äusserlichkeit)

For·mat *lat.*, das: -(e)s, -e; das Format (die Grösse) DIN-A-4 – ein Mann von Format (Ansehen, Niveau); die **Formation** (Anordnung, bestimmte Aufstellung)

For·mel *lat.*, die: -, -n; eine mathematische Formel; **formelhaft; formell** (höflich, rein äusserlich)

For·mu·lar *lat.*, das: -s, -e (Vordruck)

forsch *lat.*: forsch (schneidig, mutig) auftreten; die **Forschheit**

for·schen: nach dem Täter forschen (suchen); der **Forscher;** die **Forscherin;** die **Forschung;** das **Forschungslabor;** die **Forschungsreise**

Forst, der: -(e)s, -e(n) (Wald); das **Forstamt;** der **Förster;** die **Försterin; forstlich;** der **Forstmann;** das **Forstrevier**

fort: fort (weg, abwesend) sein – schnell fort! – in einem fort (immerzu) – und so fort ⟨usf.⟩; **fortan; forthin; fortwährend** (unaufhörlich)

Fort *franz.* [for], das: -s, -s (Festungswerk)

fort·be·we·gen: (vorwärts bewegen); die **Fortbewegung**

fort·bil·den: sich in einem Kurs fortbilden; die **Fortbildung**

fort·blei·ben: (wegbleiben)

fort·brin·gen: eine Ware fortbringen (wegschaffen) – sich mühsam fortbringen (ernähren)

fort·dau·ern: (weiter bestehen, andauern); die **Fortdauer**

for·te ⟨f⟩ *ital.*: (laut, stark); **fortissimo** ⟨ff⟩ (sehr laut)

fort·ent·wi·ckeln: eine Erfindung fortentwickeln; die **Fortentwicklung**

fort·fah·ren: im Auto fortfahren – in der Arbeit fortfahren (weitermachen)

fort·füh·ren: einen Gefangenen fortführen – er führte das Geschäft seines Vaters fort; die **Fortführung**

fort·ge·hen: (weggehen, andauern); der **Fortgang:** die Sache nimmt ihren Fortgang (Lauf)

fort·kom·men: in seinem Beruf fortkommen (Erfolg haben); das **Fortkommen:** sein Fortkommen finden (seinen Lebensunterhalt verdienen)

fort·lau·fen: von zu Hause fortlaufen; **fortlaufend:** die Seiten sind fortlaufend (aufeinander folgend) nummeriert

fort·pflan·zen, sich: (Nachkommen hervorbringen); die **Fortpflanzung**

Fort·schritt, der: -(e)s, -e; gute Fortschritte machen; der/die **Fortgeschrittene; fortschreiten; fortschrittlich**

fort·set·zen: die Arbeit fortsetzen (weiterführen); **fortgesetzt** (unaufhörlich); die **Fortsetzung** ⟨Forts.⟩; der **Fortsetzungsroman**

Fo·rum *lat.,* das: -s, Foren; das Forum (die Personen) der Öffentlichkeit

Fos·sil *lat.,* das: -s, Fossilien (versteinerter Rest von Pflanzen oder Tieren); **fossil**

Fo·to, das: -s, -s; ein Foto von jemandem machen; das **Fotoalbum;** der **Fotoapparat;** das **Fotoatelier** [...a̲t̲e̲l̲j̲e̲]; **fotogen** (bildwirksam); auch: **photogen;** der **Fotograf;** die **Fotografie;** auch: die **Photographie; fotografieren;** die **Fotografin; fotografisch;** auch: **photographisch;** die **Fotokopie; fotokopieren;** das **Fotomodell;** die **Fotomontage** [...m̲o̲n̲t̲a̲s̲c̲h̲e̲]; der **Fotoreporter;** die **Fotoreporterin;** die **Fotothek** (Fotosammlung)

Fö·tus *lat.,* der: -/ses, -se/Föten; → Fetus

Föt·zel, der: -s, - (Lump, Taugenichts)

Foul *engl.* [f̲a̲u̲l̲], das: -s, -s (unfaires, regelwidriges Verhalten im Sport); **foul** (regelwidrig); der **Foulelfmeter; foulen;** das **Foulspiel** # faul

Fou·lard *franz.* [f̲u̲l̲a̲r̲], das/der: -s, -s (leichtes, feines Halstuch)

Foy·er *franz.* [f̲o̲a̲j̲e̲], das: -s, -s (Wandelhalle im Theater, Vorraum)

FPS = Freiheits-Partei der Schweiz

FR = Kanton Freiburg

Fr. = Franken

Fracht, die: -, -en (Ladung, zu befördernde Ware); der **Frachtbrief;** der **Frachter** (Frachtschiff); **frachtfrei** (ohne Frachtkosten für den Empfänger); das **Frachtgut;** der **Frachtverkehr**

Frack *engl.,* der: -(e)s, -s/Fräcke (Männeranzug für ein Fest)

fra·gen: den Lehrer fragen – eine gefragte (begehrte) Ware; aber: *Fragen kostet nichts;* die **Frage:** *in Frage kommen* (in Betracht gezogen werden); auch: *infrage – ausser Frage* (ganz gewiss) *sein;* der **Fragebogen;** die **Fragerei;** der **Fragesatz;** das **Frage-und-Antwort-Spiel;** das **Fragewort;** das **Fragezeichen; fraglich** (ungewiss, zweifelhaft); **fraglos** (ohne Frage); **fragwürdig** (zweifelhaft, verdächtig); die **Fragwürdigkeit**

fra·gil *lat.:* (zart, zerbrechlich)

Frag·ment *lat.,* das: -(e)s, -e (Bruchstück, etwas Unvollendetes); **fragmentarisch** (nicht vollständig)

Frak·ti·on *franz.:* -, -en (die Abgeordneten einer Partei im Parlament); **fraktionell;** der **Fraktionsausschuss;** das **Fraktionsmitglied;** der **Fraktionspräsident;** die **Franktionspräsidentin**

Frak·tur *lat.,* die: -, -en (alte, deutsche Schrift, Knochenbruch); *mit jemandem Fraktur reden* (ihm deutlich seine Meinung sagen)

frank *franz.:* (frei); frank und frei (offen, aufrichtig) seine Meinung sagen

Fran·ken, das: -s (Land der Franken); der **Franke;** die **Fränkin; fränkisch**

Fran·ken ⟨Fr.⟩, der: -s, - (schweizerische Münze)

fran·kie·ren *ital.:* einen Brief frankieren (mit Briefmarke(n) versehen, freimachen); **franko** (portofrei)

Frank·reich: -s (Staat in Westeuropa); der **Franzose;** die **Französin; französisch** ⟨franz.⟩; der französische Wein; aber: die Französische Revolution – das Französische – auf Französisch

Fran·se, die: -, -n (Fadenbündel); **fransen; fransig:** *sich den Mund fransig reden* (viel, doch vergeblich reden)

frap·pant: *franz.:* eine frappante (verblüffende) Ähnlichkeit; das **Frappé** (eisgekühltes Milchgetränk); auch: das **Frappee; frappieren** (überraschen, verblüffen)

frä·sen: ein Gewinde fräsen; die **Fräse** (Werkzeug); die **Fräsmaschine**

Frass, der: -es, -e (Futter für Tiere, schlechtes Essen); → fressen

Frat·ze, die: -, -n (verzerrtes Gesicht); der **Fratz** (ungezogenes Kind); **fratzenhaft**

Frau ⟨Fr.⟩, die: -, -en; eine kluge Frau – meine Frau (Ehefrau) – Frau Müller; **frauenhaft**; das **Fräulein** ⟨Frl.⟩; **fraulich** (weiblich)

Frau·en·feld: (Hauptort des Kantons Thurgau)

Freak amerik. [frik], der: -s, -s (jemand, der sich für etwas fanatisch begeistert)

frech: frech wie Oskar (sehr frech); der **Frechdachs**; die **Frechheit:** Frechheit siegt

Fre·gat·te franz., die: -, -n (Kriegsschiff)

frei: freier, am frei(e)sten; frei (selbstständig) sein – frei (unabhängig) bleiben – frei werden – frei (keinen Unterricht, keinen Dienst) haben – der Platz ist frei – er reitet über das freie (leere) Feld – freie Fahrt haben – frei (ohne Hilfe) laufen – ein frei lebendes Wild – der Kranke kann noch nicht frei (ohne fremde Hilfe) stehen – frei von Schuld – eine Ware frei Haus liefern; aber: ins Freie gehen – im Freien; **...frei:** portofrei – schulfrei; die **Freiarbeit;** das **Freibad; freibekommen** (Urlaub bekommen); **freiberuflich;** der **Freibeuter** (Seeräuber); das **Freibillett;** der **Freibrief:** einen Freibrief (eine besondere Erlaubnis) haben; das **Freie;** der/die **Freierwerbende;** das **Freiexemplar;** die **Freifrau;** die **Freigabe; freigeben** (Urlaub geben); **freigebig** (grosszügig); **freihaben** (Urlaub haben); der **Freihafen; freihalten:** die Ausfahrt freihalten – jemanden freihalten (für ihn bezahlen); aber: kannst du den schweren Apparat frei (ohne Stütze) halten?; **freihändig;** die **Freiheit; freiheitlich;** der **Freiheitsdrang; freiheitsliebend; freiheraus** (offen, geradeheraus); der **Freiherr;** die **Freiherrin;** die **Freikarte; freikommen** (loskommen); **freilassen** (entlassen, freigeben); **freilich; freimachen** (Urlaub machen, frankieren); der **Freimut; freimütig** (offen); die **Freinacht; freischaffend** (ohne feste Anstellung); der **Freischwimmer;** die **Freischwimmerin;** der **Freisinn; freisprechen** (für nicht schuldig erklären); aber: frei (ohne Vorlage) sprechen; der **Freispruch;** der **Freistaat; freistellen** (erlauben); der **Freistil;** der **Freistoss;** der **Freitod; freiweg:** freiweg (unbekümmert) seine Meinung sagen; **freiwillig;** der/die **Freiwillige;**

die **Freiwilligkeit;** der **Freiwurf;** die **Freizeit; freizügig;** die **Freizügigkeit**

Frei·burg/Fribourg: (Hauptort des gleichnamigen Kantons); der **Freiburger;** die **Freiburgerin; freiburgisch**

frei·en: (heiraten wollen, werben); der **Freier:** auf Freiersfüssen gehen (heiraten wollen)

Frei·tag ⟨Fr.⟩, der: -(e)s, -e (Wochentag); der **Freitagabend; freitagabends; freitags** (an Freitagen): freitags abends

fremd: ein fremder (unbekannter) Mann – fremdes (einem anderen gehörendes) Eigentum; der **Fremdarbeiter;** die **Fremdarbeiterin; fremdartig;** der/die **Fremde;** die **Fremde:** in der Fremde (im Ausland); **fremde(l)n** (vor Fremden ängstlich sein); der **Fremdenführer;** der **Fremdenverkehr; fremdgehen** (untreu sein); die **Fremdherrschaft;** der **Fremdkörper; fremdländisch;** der **Fremdling;** die **Fremdsprache; fremdsprachig; fremdsprachlich;** das **Fremdwort**

fre·ne·tisch franz.: ein frenetischer (stürmischer) Beifall

Fre·quenz lat., die: -, -en (Schwingungszahl in einer bestimmten Zeit, Häufigkeit); **frequentieren** (häufig besuchen)

Fres·ke franz., die: -, -n (Wandmalerei); auch: das **Fresko**

fres·sen: du frisst, er frass, sie hat gefressen, friss!; viel fressen – der Ärger frisst in mir – das Auto frisst viel Benzin – an jemandem einen Narren gefressen haben (in jemanden vernarrt sein) – etwas ausgefressen (angestellt) haben – etwas in sich hineinfressen (einen Ärger schweigend hinnehmen); die **Fressalien;** das **Fressen:** ein gefundenes Fressen (sehr gelegen kommen); die **Fresserei;** die **Fressgier;** der **Fressnapf;** die **Fresssucht**

Freu·de, die: -, -n; Freud und Leid – auf Freud folgt Leid; der **Freudensprung;** der **Freudentaumel; freudestrahlend;** aber: vor Freude strahlen; **freudig; freudlos; freuen**

Freund, der: -(e)s, -e; ein guter Freund – ein Freund (Anhänger) des Sports – Freund sein, bleiben – mit jemandem gut Freund sein (gut mit ihm auskommen); der **Freundeskreis;** die **Freundin; freundlich; freundlicherweise;** die **Freundlichkeit;** die **Freundschaft; freundschaftlich;** der **Freundschaftsdienst**

Fre·vel, der: -s, -; (Versündigung, Verbrechen); **frevelhaft; die Frevelhaftigkeit; freveln; die Freveltat; der Frevler; frevlerisch**

Frie·den, der: -s; mit jemandem in Frieden (Einigkeit) leben – *dem Frieden nicht trauen* (vorsichtig sein); auch: der **Friede; die Friedensbewegung; die Friedensinitiative; die Friedensliebe; der Friedensnobelpreis; die Friedenspfeife; der Friedensrichter; die Friedensrichterin; der Friedensschluss; die Friedenstaube; der Friedensvertrag; friedfertig; die Friedfertigkeit; der Friedhof; friedlich; friedliebend; friedlos; friedsam; friedvoll**

frie·ren: du frierst, er fror, sie hat gefroren, frier(e)!; an den Füssen frieren – es friert mich

Fries *franz.,* der: -es, -e (Gesimsstreifen)

Frie·se, der: -n, -n (Angehöriger eines Volksstammes an der Nordseeküste); die **Friesin; friesisch**

fri·gid *lat.*: er ist frigid (sexuell nicht erregbar); auch: **frigide**

Fri·ka·del·le *ital.,* die: -, -n (gebratenes Fleischklösschen); das **Frikassee** (Gericht aus klein geschnittenem Fleisch)

frisch: sich frisch machen – ein frisches Gemüse – einen frischen Eindruck machen – eine frische Spur – frisch gestrichen – ein frisch gebackenes Brot – mit frischem Mut – von frischem (von neuem) – jemanden auf frischer Tat erwischen – *frisch gewagt ist halb gewonnen;* die **Frische;** das **Frischfleisch; frisch-fröhlich;** der **Frischhaltebeutel;** der **Frischling** (junges Wildschwein); die **Frischluft;** das **Frischobst; frischweg;** die **Frischzelle**

Fri·seur *franz. [frisör],* der: -s, -e (jemand, der anderen die Haare schneidet); → Coiffeur; auch: der **Frisör;** die **Friseuse** *[frisöse];* auch: die **Frisöse; frisieren;** die **Frisur**

Frist, die: -, -en; eine Frist (ein festgelegter Zeitraum) von zwei Jahren – die Frist (der Termin) läuft ab; **fristen:** sein Dasein fristen (mühsam verbringen); die **Fristerstreckung; fristgemäss; fristgerecht; fristlos** (mit sofortiger Wirkung); die **Fristenregelung**

Frit·teu·se *franz. [fritöse],* die: -, -n (Haushaltsgerät zum Braten); **frittieren**

fri·vol *franz. [friwol]*: (leichtfertig, frech, zweideutig); die **Frivolität**

froh: froher, am froh(e)sten; ein frohes Fest wünschen – die frohe Botschaft – er ist heute froh gelaunt; die **Frohbotschaft; frohgemut; fröhlich; die Fröhlichkeit; frohlocken** (jubeln); der **Frohsinn**

fromm: frommer/frömmer, am frommsten/am frömmsten (gläubig, gottesfürchtig); die **Frömmelei; frommen:** es frommt (nützt) mir; die **Frömmigkeit**

Fron, die: -, -en (Plage, Pflichtarbeit, Dienst für einen Herrn); **frönen:** einem Laster frönen (sich ihm hingeben); die **Fronarbeit;** der **Frondienst;** der **Fronherr;** der **Fronleichnam** (katholischer Feiertag)

Front *franz.,* die: -, -en; die Front (Vorderseite des Hauses) – die Front (geschlossene Einheit) der Streikenden – an die Front (in das Kampfgebiet) kommen – *die Fronten wechseln* (zur Gegenpartei übergehen) – *gegen etwas Front machen* (sich dagegen wehren); **frontal** (vorn, von vorn); der **Frontalangriff;** der **Frontantrieb;** der **Frontkämpfer;** der **Frontlader**

Frosch, der: -(e)s, Frösche; sei kein Frosch (zier dich nicht)!; der **Froschlaich** (abgelegte Eier der Frösche); der **Froschmann** (Taucher)

Frost, der: -(e)s, Fröste (Temperatur unter dem Gefrierpunkt); **frostbeständig;** die **Frostbeule; frösteln** (leicht frieren); der **Froster** (Tiefkühlfach); **frostig:** frostiges (kaltes) Wetter – eine frostige (kühle, unfreundliche) Begrüssung; das **Frostschutzmittel**

Frot·té *franz.,* das/der: -(s), -s (Stoff mit gekräuselter Oberfläche); auch: das/der **Frottee; frottieren** (mit Tüchern abreiben); das **Frotteehandtuch;** das **Frottiertuch**

frot·zeln: jemanden frotzeln (necken); die **Frotzelei**

Frucht, die: -, Früchte; eine unreife Frucht – die Frucht (Folge) der Erziehung; **fruchtbar; Fruchtbarkeit;** das **Früchtchen** (Taugenichts); **fruchten:** es fruchtet (hilft, nützt) nichts; das **Fruchtfleisch; fruchtig;** der **Fruchtknoten; fruchtlos** (nutzlos); die **Fruchtlosigkeit;** der **Fruchtsaft;** das **Fruchtwasser**

fru·gal *lat.*: ein frugales (einfaches, bescheidenes) Essen

früh: früher, am früh(e)sten; früh am Morgen – ein früher Sommer – um vier Uhr früh –

A
B
C
D
E
F

früh (zeitig) in die Schule kommen – früh
verstorben – ein früh vollendetes Werk –
früh (in jungen Jahren) sterben – heute früh
– von früh an – von früh bis spät – morgen
früh – Montag früh; der **Frühaufsteher;** die
Frühe: in aller Frühe; **früher** (einst, ehe-
mals); die **Frühgeburt;** das **Frühjahr;** der
Frühling; frühmorgens; aber: morgens früh;
das **Frühobst; frühreif;** der **Frührentner;**
die **Frührentnerin;** der **Frühschoppen;** der
Frühstart; das **Frühstück; frühstücken; früh-
zeitig**

frus·trie·ren (frust·rie·ren) *lat.*: jemanden
frustrieren (seine Erwartungen enttäu-
schen); der **Frust;** die **Frustration; frus-
triert:** frustrierte (in ihren Erwartungen ent-
täuschte) Lehrer

Fuchs, der: -es, Füchse; er ist ein schlauer
Fuchs (listiger Mensch); **fuchsen:** jemanden
fuchsen (ärgern); **fuchsig** (fuchsrot, fuchs-
wild); die **Füchsin;** der **Fuchsschwanz**
(kurze Holzsäge); **fuchsteufelswild**

Fuch·sie *[fuksje],* die: -, -n (Zierpflanze)

fuch·teln: mit den Armen fuchteln (heftige
Bewegungen in der Luft machen); die
Fuchtel: unter jemandes Fuchtel (unter
strenger Aufsicht) stehen; **fuchtig:** fuchtig
(ärgerlich, zornig) werden

Fu·der, das: -s, -; ein Fuder (eine Wagenla-
dung, Fuhre) Heu; **fuderweise**

Fu·ge, die: -, -n (Spalte, Verbindungsstelle);
mit Fug und Recht (mit vollem Recht) – *aus
den Fugen* (in Unordnung) *geraten*

fü·gen: Stein auf Stein fügen – das Schicksal
hat es so gefügt (gewollt) – sich fügen (et-
was hinnehmen); **fügsam** (gehorsam); die
Fügsamkeit; die **Fügung**

füh·len: sich krank fühlen – Schmerz fühlen –
jemandem den Puls fühlen – *sich wie ein
Fisch im Wasser fühlen* (sich sehr wohl
fühlen) – *jemandem auf den Zahn fühlen*
(etwas herauszubekommen versuchen);
fühlbar; der **Fühler:** *seine Fühler ausstre-
cken* (sich vorsichtig erkundigen); **fühllos;**
die **Fühlung;** die **Fühlungnahme**

Fuh·re, die: -, -n; eine Fuhre (Wagenladung)
Holz; die **Fuhrleute;** der **Fuhrlohn;** der
Fuhrmann; der **Fuhrpark;** das **Fuhrunter-
nehmen;** das **Fuhrwerk; fuhrwerken** (rasch
und heftig hantieren)

füh·ren: jemanden über die Strasse führen –

einen Betrieb führen (leiten) – in einem
Wettkampf führen – die Strasse führt nach
Berlin – es führt zu nichts (bringt nichts) –
er führt (beträgt) sich gut – Krieg führen –
ein Fahrzeug führen (steuern) – *jemanden
hinters Licht führen* (täuschen); der **Führer;**
der **Führerausweis;** die **Führerin; führerlos;**
der **Führerschein;** die **Führung**

fül·len: ein Glas füllen – der Saal füllt sich; die
Fülle: in Hülle und Fülle (reichlich); der
Füller; die **Füllfeder;** der **Füllfederhalter;**
füllig (dicklich); das **Füllsel;** die **Füllung**

Fül·len, das: -s, - (junges Pferd, Fohlen)

fum·meln: an etwas herumfummeln (sich zu
schaffen machen); die **Fummelei**

Fund, der: -(e)s, -e; ein kostbarer Fund; das
Fundamt; das **Fundbüro;** die **Fundgrube;**
fündig: fündig werden (etwas Gesuchtes
finden); der **Fundort**

Fun·da·ment *lat.,* das: -(e)s, -e; das Fun-
dament (die Grundmauern) eines Hauses –
ein gutes Fundament (eine Grundlage) für
den Beruf; **fundamental:** fundamentale
(grundlegende) Erkenntnisse; **fundieren:**
ein fundiertes (vertieftes) Wissen; der
Fundus (Grundstock, Grundlage)

fünf: bis fünf zählen – zu fünfen – zu fünft –
wir fünf – die Note „Fünf"; die **Fünf:** eine
Fünf in Deutsch – eine Fünf würfeln; **fünf-
armig;** auch: **5-armig;** das **Fünfeck;** der **Fün-
fer; fünferlei; fünffach;** auch: **5fach;** der
Fünffränkler; fünfhundert; fünfjährig; auch:
5-jährig; der **Fünfkampf;** der **Fünfliber;**
fünfmal; auch: **5-mal;** das **Fünfmarkstück;**
fünfstellig; auch: **5-stellig; fünfstimmig;**
auch: **5-stimmig; fünfstöckig;** auch: **5-
stöckig;** die **Fünftagewoche; fünftausend;**
fünftel; das **Fünftel; fünftens;** der **Fünft-
klässler;** die **Fünftklässlerin; fünfzehn;**
fünfzig; der **Fünfziger;** die **Fünfzigernote;**
die **Fünfzimmerwohnung**

fun·gie·ren *lat.*: (tätig sein, ein Amt verrich-
ten)

Funk, der: -s (drahtlose Übertragung); **funken:**
SOS funken; der **Funkamateur** *[...amatör];*
der **Funker;** die **Funkerin;** das **Funkgerät;**
der **Funkspruch;** der **Funkstreifenwagen;**
der **Funkturm**

Fun·ke, der: -n/-ns, -n; auch: der **Funken:**
Funken aus dem Stein schlagen – Funken
sprühend – er hat keinen Funken (kein biss-

chen) Verstand; **funkeln** (glitzern, strahlen); **funkelnagelneu;** der **Funkenflug**

Funk·ti·on *lat.*, die: -, -en; die Funktion (Tätigkeit) des Herzens – eine Funktion (ein Amt, eine Aufgabe) ausüben – in Funktion (in Betrieb) sein; der **Funktionär** (Beauftragter einer Organisation), **funktionieren; funktionsfähig**

Fun·zel, die: -, -n (schwach brennende Lichtquelle); auch: die **Funsel**

für: für seine Kinder sorgen – für sein Hobby Geld ausgeben – für zwei Monate verreisen – für alle Zeit – Tag für Tag – ein für allemal – fürs Erste – für und wider; aber: das Für und Wider; **füreinander:** füreinander da sein – füreinander einstehen

Fur·che, die: -, -n; eine Furche (lange, schmale Vertiefung) auf dem Feld ziehen – Furchen (Falten, Runzeln) im Gesicht; **furchig**

Furcht, die: -; die Furcht (Angst) vor dem Tode – ein Furcht einflössendes Gespenst – Furcht erregend; **furchtbar:** ein furchtbares (gewaltiges) Geschrei – furchtbar (sehr) hässlich sein – ein furchtbarer (schrecklicher) Anblick; **fürchten; fürchterlich; furchtlos;** die **Furchtlosigkeit; furchtsam**

Fu·rie *lat. [furje]*, die: -, -n (römische Rachegöttin, böses Weib); wie eine Furie; **furios** (wütend, hitzig)

für·lieb: mit etwas fürlieb nehmen (damit zufrieden sein)

Fur·nier *franz.*, das: -s, -e (dünne Holzauflage); **furnieren;** das **Furnierholz**

fürs: (für das); fürs Erste

Für·sor·ge, die: -; eine liebevolle Fürsorge (Betreuung) – Fürsorge (Unterstützung vom Staat) bekommen; der **Fürsorgeempfänger;** der **Fürsorger;** die **Fürsorgerin; fürsorglich**

Für·spra·che, die: -, -n; bei jemandem/für jemanden Fürsprache einlegen; der **Fürsprecher;** die **Fürsprecherin**

Fürst, der: -en, -en (hoher Adeliger); der **Fürstbischof;** das **Fürstentum;** die **Fürstin; fürstlich:** ein fürstliches (sehr hohes) Gehalt – fürstlich (reichlich, verschwenderisch) essen

Furt, die: -, -en (seichte Stelle eines Flusses)

Fu·run·kel *lat.*, das/der: -s, - (eitriges Geschwür)

Fu·sel, der: -s, - (minderwertiger Schnaps)

Fu·si·on *lat.*, die: -, -en; (Verschmelzung, Vereinigung); **fusionieren** (sich zusammenschliessen)

Fuss, der: -es, Füsse; zu Fuss gehen – gut zu Fuss sein – zu Fuss kommen – sich den Fuss brechen – stehenden Fusses (sofort) – *jemanden auf freien Fuss setzen* (freilassen) – *auf eigenen Füssen stehen* (selbstständig sein) – *jemandes Gefühle mit Füssen treten* (missachten, verletzen) – *kalte Füsse kriegen* (Bedenken haben) – *festen Fuss fassen* (sich einen festen Platz schaffen und sich durchsetzen) – *auf grossem Fuss* (aufwendig) *leben* – *auf freiem Fusse* (frei) *sein;* der **Fussball;** der **Fussboden; fussbreit:** ein fussbreiter Streifen; aber: drei Fuss breit – keinen Fussbreit weichen; die **Fussbremse; füsseln; fussen:** auf etwas fussen (zur Grundlage haben); der **Fussgänger;** die **Fussgängerin;** die **Fussgängerzone; fusshoch;** aber: fünf Fuss hoch; **...füssig:** leichtfüssig; die **Fussmatte;** die **Fussnote** (Anmerkung zu einem Text unten auf der Seite); die **Fusssohle;** der **Fuss(s)tapfen; fusstief;** aber: zwei Fuss tief; der **Fusstritt;** der **Fussweg**

Fus·sel, die: -, -n (Faserstückchen); auch: der **Fussel; fuss(e)lig; fusseln:** der Stoff fusselt

Fut·ter, das: -s, -; Tieren Futter geben; die **Futterkrippe; futtern** (essen); **füttern:** Tiere füttern; der **Futtertrog;** die **Fütterung**

Fut·ter, das: -s, -; das Futter des Mantels (schützender Stoff auf der Innenseite)

Fut·te·ral *lat.*, das: -s, -e (Schutzhülle)

Fu·tur *lat.*, das: -s (Sprachlehre: Zukunft); die **Futurologie** (Zukunftsforschung)

G

g = Gramm

Ga·be, die: -, -n; um eine milde Gabe (ein Geschenk, eine Spende) bitten – grosse Gaben (Anlagen, Fähigkeiten) haben

Ga·bel, die: -, -n; mit Messer und Gabel essen – den Hörer auf die Gabel legen; sich **gabeln:** der Weg gabelt sich; der **Gabelstapler;** die **Gab(e)lung**

ga·ckern: gackernde Hühner

gaf·fen: (neugierig starren); der **Gaffer**

G
H
I
J
K
L
M

Gag engl. [gäg], der: -s, -s (witziger Einfall)

Ga·ge franz. [gasche], die: -, -n (Bezahlung für einen Künstler)

gäh·nen: müde gähnen – eine gähnende (fast völlige) Leere

Ga·la span., die: - (Festkleidung); sich in Gala werfen (sich für einen besonderen Anlass gut anziehen); der **Galaabend;** der **Galaempfang;** das **Galakonzert;** die **Galauniform**

ga·lant franz.: galant (höflich, ritterlich) sein; die **Galanterie**

Ga·la·xie griech., die: -, Galaxien (grosses Sternsystem); die **Galaxis** (die Milchstrasse); **galaktisch** (zu den grossen Sternsystemen gehörend)

Ga·lee·re ital., die: -, -n (mittelalterliches Ruderschiff); der **Galeerensklave;** der **Galeerensträfling**

Ga·le·rie ital., die: -, Galerien (Kunstausstellung, Brüstung, Laufgang in Gebäuden)

Gal·gen, der: -s, -; am Galgen hängen; die **Galgenfrist:** jemandem eine Galgenfrist geben (noch etwas Zeit lassen); der **Galgenhumor;** der **Galgenstrick;** der **Galgenvogel** (Taugenichts)

Gal·le, die: -, -n (Absonderung der Leber); der **Gallapfel;** die **Gallenblase;** der **Gallenstein; gallig** (scharf, bitter)

Gal·lert lat., das: -(e)s, -e (durchsichtige, steife Masse aus eingedickten Säften); auch: die **Gallerte; gallertartig; gallertig**

Gal·lo·ne engl., die: -, -n (amerikanisches Hohlmass)

Ga·lopp ital., der: -s, -s/-e (schnelle Gangart des Pferdes); im Galopp davonreiten; **galoppieren;** das **Galopprennen**

gal·va·ni·sie·ren: (mit Metall überziehen); die **Galvanisation; galvanisch**

Ga·ma·sche arab., die: -, -n (Schutzkleidung für das Bein)

Ga·mel·le franz., die: -, -n (Koch- und Essgeschirr der Soldaten im Felde)

Gam·ma·strah·len Mz. griech., die: - (radioaktive Strahlen)

gam·meln: er gammelt (tut nichts); der **Gammler;** die **Gammlerin;** das **Gammlertum**

Gäm·se, die: -, -n (Bergtier); auch: der/die **Gams;** der **Gämsbock**

Gang, der: -(e)s, Gänge; einen Gang machen – etwas in Gang (Bewegung) bringen – der

Gang (Verlauf, Ablauf) der Geschichte – das Essen hat mehrere Gänge – auf dem Gang (Flur) – mit dem dritten Gang fahren – im Gang(e) sein – in Gang setzen; aber: es ist gang und gäbe (allgemein üblich); die **Gangart; gangbar; gängig:** eine gängige (gebräuchliche) Redensart – gängige (gefragte) Waren; die **Gangschaltung**

gän·geln: (bevormunden); das **Gängelband:** jemanden am Gängelband führen (ihn bevormunden); die **Gängelei**

Gangs·ter amerik. [gängster], der: -s, - (Mitglied einer Bande, Verbrecher); die **Gang** [gäng] (Verbrecherbande)

Gang·way engl. [gängwe], die: -, -s (Laufsteg eines Schiffes oder Flugzeugs)

Ga·no·ve hebr., der: -n, -n (Gauner, Dieb)

Gans, die: -, Gänse (Schwimmvogel); das **Gänseblümchen;** die **Gänsehaut;** der **Gänsemarsch;** der **Gänserich** (männliche Gans); auch: der **Ganter**

Gant, die: -, -en (öffentliche Versteigerung); die **Gantanzeige;** das **Gantlokal**

ganz: die ganze Familie – das ganze Jahr – ganz und gar – ganz ruhig – voll und ganz – ganz schön faul – etwas ganz gross machen; aber: im Ganzen – im Grossen und Ganzen – im grossen Ganzen; das **Ganze:** als Ganzes – das grosse Ganze – fürs Ganze – aufs Ganze gehen (entschlossen auf ein Ziel losgehen) – es geht ums Ganze (um Sieg oder Niederlage); die **Gänze:** zur Gänze; die **Ganzheit; ganzheitlich; gänzlich** (ganz, völlig); **ganztägig;** die **Ganztagsschule;** → Tagesschule

gar: das Essen ist gar (fertig gekocht) – gar sein – ein gar gekochtes Fleisch; **garen** (braten, sieden); die **Garküche;** → gären

gar: ganz und gar (sehr) – gar nicht – gar sehr – gar wohl – gar nichts – gar (überhaupt) kein Interesse – er nimmt es gar zu leicht

Ga·ra·ge franz. [garasche], die: -, -n (Unterstellraum für Autos); das **Garagentor;** der **Garagist;** die **Garagistin**

Ga·ran·tie franz., die: -, Garantien (Versicherung, Gewissheit); der **Garant** (Bürge); **garantieren;** der **Garantieschein**

Ga·raus (Gar·aus), der: jemandem den Garaus machen (ihn umbringen, vernichten)

Gar·be, die: -, -n (Bündel)

Gar·de franz., die: -, -n (Leibwache)

Gar·de·ro·be *franz.*, die: -, -n (Kleidung, Klei-
derablage, Umkleideraum); die **Gardero-
benfrau**
Gar·di·ne *niederl.*, die: -, -n; Gardinen (Fens-
tervorhänge) aufhängen – *hinter schwe-
dischen Gardinen* (im Gefängnis) *sitzen*;
die **Gardinenstange**
gä·ren: du gärst, er gor/gärte, sie hat gegoren/
gegärt; gär(e)!; der Most gärt – die Wut gärt
in ihm; die **Gärung;** → gar
Garn, das: -(e)s, -e (Faden); *einem ins Garn
(in die Falle) gehen*
Gar·ne·le, die: -, -n (Krebstier)
gar·nie·ren *franz.*: (ausschmücken, verzie-
ren); die **Garnierung;** die **Garnitur** (Aus-
stattung, Besatz, Besteck)
Gar·ni·son *franz.*, die: -, -en (Standort für
Truppen)
gars·tig: (hässlich, böse); die **Garstigkeit**
Gar·ten, der: -s, Gärten; im Garten arbeiten;
der **Gartenhag;** die **Gartenlaube;** der **Gar-
tensitzplatz;** der **Gärtner;** die **Gärtnerei;**
die **Gärtnerin**
Gas, das: -es, -e; Gas geben – mit Gas heizen;
gasförmig; der **Gashahn;** die **Gasheizung;**
der **Gasherd;** der **Gasmann;** die **Gasmaske;**
der **Gasometer;** das **Gaspedal;** das **Gas-
werk**
Gas·se, die: -, -n (schmale Strasse); *Hans-
dampf in allen Gassen sein* (überall dabei
sein und sich auskennen); das **Gässchen;**
der **Gassenhauer** (bekanntes Lied); **Gassi:**
mit dem Hund Gassi (auf die Strasse) ge-
hen; der **Gassenjunge**
Gast, der; -(e)s, Gäste; zu Gast sein – sich Gäs-
te einladen; der **Gastarbeiter;** die **Gast-
arbeiterin;** das **Gästehaus; gastfreundlich;**
die **Gastfreundschaft;** der **Gastgeber;** die
Gastgeberin; der **Gasthof; gastieren; gast-
lich** (gemütlich, behaglich); die **Gastlich-
keit;** das **Gastmahl;** das **Gastspiel;** die
Gaststätte; der **Gastwirt;** die **Gastwirtin;**
die **Gastwirtschaft**
Gas·tro·nom (Gast·ro·nom) *griech.*, der:
-en, -en (Gastwirt); die **Gastronomie** (Koch-
kunst); die **Gastronomin; gastronomisch**
Gat·te, der: -n, -n (Ehemann); die **Gattin**
Gat·ter, das: -s, - (Zaun, Gatter)
Gat·tung, die: -, -en (Gruppe, Sorte, Art)
Gau, der: -(e)s, -e (Gebiet, Landschaft); auch:
das Gäu

GAU, der: -s, -s (der grösste anzunehmende
Unfall in einem Atomkraftwerk)
Gauk·ler, der: -s, - (Zauberkünstler); die **Gau-
kelei; gaukeln:** durch die Luft gaukeln (flat-
tern)
Gaul, der: -(e)s, Gäule (altes Pferd); *einem ge-
schenkten Gaul schaut man nicht ins Maul*
Gau·men, der: -s, - (Wand zwischen Mund-
und Nasenhöhle); die **Gaumenfreuden;** der
Gaumenschmaus
Gau·ner, der: -s, - (Schwindler, Betrüger); die
Gaunerei; gaunerhaft; die **Gaunerin; gau-
nern**
Ga·ze *pers. [gase]*, die: -, -n (Netzgewebe,
Verbandsmull)
Ga·zel·le *ital.*, die: -, -n (Antilopenart)
Ga·zet·te *franz.*, die: -, -n (Zeitung, Zeitschrift)
GE = Kanton Genf
geb. = geboren(e)
Ge·bäck, das: -(e)s, -e (Backware); das **Ge-
backene**
Ge·bälk, das: -(e)s, -e (Balkenwerk)
ge·bär·den, sich: sich wild gebärden (be-
nehmen); die **Gebärde** (Bewegung, die et-
was ausdrückt); die **Gebärdensprache;** sich
gebaren (verhalten, betragen); das **Geba-
ren**
ge·bä·ren: du gebierst, sie gebar, sie hat gebo-
ren, gebär(e)!; ein Kind gebären (zur Welt
bringen); die **Gebärmutter** (Organ, in dem
sich das Kind bis zur Geburt entwickelt)
Ge·bäu·de, das: -s, - (grosser Bau, Bauwerk);
der **Gebäudekomplex;** der **Gebäudeteil;**
die **Gebäulichkeiten; gebaut:** stark gebaut
(gewachsen) sein
ge·ben: du gibst, er gab, sie hat gegeben, gib!;
jemandem die Hand geben – sich gelassen
geben (benehmen) – es gibt kein Wasser –
ein Fest geben (veranstalten); aber: *Geben
ist seliger denn Nehmen;* **gebefreudig;** der
Geber; die **Geberin**
Ge·bet, das: -(e)s, -e; ein Gebet zu Gott – *je-
manden ins Gebet nehmen* (ihm ins Gewis-
sen reden); das **Gebetbuch**
ge·bie·ten: du gebietest, er gebot, sie hat ge-
boten, gebiete!; das gebietet (verlangt) der
Anstand; der **Gebieter** (Herr, Herrscher);
die **Gebieterin; gebieterisch**
Ge·biet, das: -(e)s, -e; ein fruchtbares Gebiet
Ge·bil·de, das: -s, -; ein Gebilde (etwas Ge-
formtes) von Menschenhand

ge·bil·det: ein gebildeter (belesener, gelehrter) Mann; der/die **Gebildete**

Ge·bir·ge, das: -s, - (Gruppe von hohen Bergen); ins Gebirge fahren; **gebirgig;** die **Gebirgslandschaft;** das **Gebirgsmassiv;** der **Gebirgsstock;** der **Gebirgszug**

Ge·biss, das: -es, -e; das Gebiss des Hundes – ein Gebiss (einen Zahnersatz) haben

ge·bo·ren ⟨geb.⟩: sie ist eine geborene Müller – Frau Bauer, geb. Müller

ge·bor·gen: sie fühlt sich geborgen (gut aufgehoben, beschützt); die **Geborgenheit**

Ge·bot, das: -(e)s, -e; ein Gebot (eine Weisung) befolgen – zu Gebote stehen – die göttlichen Gebote; das **Gebotsschild**

ge·brand·markt: (gezeichnet)

ge·brau·chen: (benutzen, verwenden); der **Gebrauch; gebräuchlich;** die **Gebrauchsanweisung; gebrauchsfertig;** der **Gebrauchsgegenstand; gebraucht;** der **Gebrauchtwagen**

Ge·bre·chen, das: -s, - (Leiden, körperlicher Schaden); auch: das **Gebresten; gebrechlich;** die **Gebrechlichkeit; gebrochen:** völlig gebrochen (niedergeschlagen) sein

Ge·brü·der Mz. ⟨Gebr.⟩, die: - (mehrere Brüder)

Ge·bühr, die: -, -en; seine Gebühren (Abgaben) entrichten – über Gebühr (zu sehr) – nach Gebühr (angemessen); **gebühren:** ihm gebührt Anerkennung (er verdient Anerkennung); **gebührend:** jemandem die gebührende (entsprechende, angemessene) Achtung entgegenbringen; **gebührenfrei; gebührenpflichtig**

Ge·burt, die: -, -en; die Geburt eines Kindes; die **Geburtenkontrolle; geburtenschwach; gebürtig:** ein gebürtiger Franzose; der **Geburtstag;** die **Geburtstagsparty**

Ge·büsch, das: -(e)s, -e; sich im Gebüsch (Buschwerk) verstecken

Geck, der: -en, -en (eitler Mensch); **geckenhaft;** die **Geckenhaftigkeit**

Ge·dächt·nis, das: -ses, -se; ein schlechtes Gedächtnis (Erinnerungsvermögen) haben – zum Gedächtnis (Andenken); die **Gedächtnisfeier;** der **Gedächtnisschwund;** die **Gedächtnisstörung;** die **Gedächtnisstütze**

Ge·dan·ke, der: -ns, -n; auch: der **Gedanken;** ein guter Gedanke (Einfall) – *die Gedanken sind frei;* der **Gedankengang; gedankenlos;**

die **Gedankenlosigkeit;** der **Gedankenstrich; gedankenvoll; gedanklich**

Ge·deck, das: -(e)s, -e; ein Gedeck (zum Essen) auflegen; **gedeckt**

ge·dei·hen: du gedeihst, er gedieh, sie ist gediehen, gedeih(e)!; die Pflanzen gedeihen (entfalten sich) gut; das **Gedeihen:** auf Gedeih und Verderb; **gedeihlich** (fruchtbar, nützlich); die **Gedeihlichkeit**

ge·den·ken: der Toten gedenken (sich ihrer erinnern) – ich gedenke (beabsichtige) zu verreisen; das **Gedenken;** die **Gedenkfeier;** die **Gedenkstätte;** der **Gedenktag**

Ge·dicht, das: -(e)s, -e; ein Gedicht aufsagen

ge·die·gen: gediegene (solide, verlässliche) Kenntnisse – ein gediegener (reiner) Charakter – gediegenes (reines) Gold; die **Gediegenheit**

Ge·drän·ge, das: -s (dichte Menschenmenge); **gedrängt** (knapp, kurz); die **Gedrängtheit**

ge·drun·gen: von einer gedrungenen (untersetzten) Gestalt

Ge·duld, die: -; *sich in Geduld fassen* (geduldig abwarten); sich **gedulden; geduldig;** die **Geduldsarbeit;** die **Geduldsprobe;** das **Geduld(s)spiel**

ge·dun·gen: ein gedungener (bestellter) Mörder

ge·dun·sen: ein gedunsenes (aufgequollenes, schwammiges) Gesicht

ge·eig·net: ein geeigneter (passender) Zeitpunkt

Ge·fahr, die: -, -en; eine Gefahr (ein Unheil) droht – sich in Gefahr begeben – Gefahr laufen (in Gefahr kommen) – Gefahr bringend; **gefährden:** er ist gefährdet (einer bestimmten Gefahr ausgesetzt); die **Gefährdung;** die **Gefahrenquelle; gefährlich;** die **Gefährlichkeit; gefahrlos;** die **Gefahrlosigkeit; gefahrvoll**

Ge·fährt, das: -(e)s, -e (Fahrzeug); der **Gefährte** (Begleiter, Kamerad); die **Gefährtin**

Ge·fäl·le, das: -s, - (Höhenunterschied); die **Gefällstrecke**

ge·fal·len: du gefällst, er gefiel, sie hat gefallen, gefall(e)!; der Film gefällt mir – er lässt sich nichts gefallen; **gefallen** ⟨gef.⟩ (im Krieg, im Kampf gestorben); der **Gefallen:** Gefallen an etwas finden – jemandem einen Gefallen erweisen; die **Gefallenen** Mz.; **gefällig;** die **Gefälligkeit;** die **Gefallsucht**

Ge·fan·ge·ne, der/die: -n, -n; Gefangene austauschen; **gefangen:** jemanden gefangen halten, nehmen; die **Gefangennahme;** die **Gefangenschaft;** das **Gefängnis,** die Gefängnisse; die **Gefängnisstrafe;** die **Gefängniszelle**

Ge·fäss, das: -es, -e (Behälter)

ge·fasst: gefasst (äusserlich ruhig) sein – sich auf etwas gefasst machen (vorbereitet sein); die **Gefasstheit**

Ge·fecht, das: -(e)s, -e; im Eifer des Gefechts – *jemanden ausser Gefecht setzen* (kampfunfähig machen); **gefechtsbereit;** die **Gefechtspause;** der **Gefechtsstand**

ge·feit: gegen etwas gefeit (geschützt) sein

Ge·fie·der, das: -s, - (Federkleid eines Vogels); **gefiedert**

Ge·fil·de, das: -s, - (Landschaft, Gegend)

ge·fitzt: sie ist gefitzt (schlau)

Ge·flecht, das: -(e)s, -e (Flechtwerk)

ge·flis·sent·lich: jemanden geflissentlich (absichtlich) übersehen; → beflissentlich

Ge·flü·gel, das: -s (Vögel wie Ente, Gans, Huhn); die **Geflügelfarm; geflügelt:** eine geflügelte (oft gebrauchte) Redensart

Ge·fol·ge, das: -s, - (Begleitung); die **Gefolgschaft;** der **Gefolgsmann**

ge·fräs·sig: ein gefrässiger (beim Essen unmässiger) Mensch; die **Gefrässigkeit**

Ge·frei·te ⟨Gefr.⟩, der: -n, -n (Soldat)

ge·freut: das ist eine gefreute (erfreuliche) Sache

ge·frie·ren: (durch Kälte zu Eis erstarren); das **Gefrierfleisch;** der **Gefrierschrank;** die **Gefriertruhe;** die **Gefrierware;** das **Gefrorene**

Ge·fü·ge, das: -s, - (Aufbau, Anordnung); **gefügig:** jemanden gefügig (willig, nachgiebig) machen; die **Gefügigkeit**

Ge·fühl, das: -(e)s, -e; kein Gefühl (keine Empfindung) in den Füssen haben – das Gefühl der Trauer; **gefühllos;** die **Gefühllosigkeit; gefühlsarm;** die **Gefühlsduselei** (übertriebenes Gefühl); **gefühlsecht; gefühlsmässig;** die **Gefühlssache; gefühlvoll**

Ge·ge·ben·heit, die: -, -en (Tatsache); **gegeben:** das ist gegeben; aber: es ist das Gegebene (Richtige); **gegebenenfalls** (ggf.)

ge·gen: gegen einen Feind kämpfen – gegen einen Antrag stimmen – gegen jemanden etwas haben – gegen Mittag – gegen Barbezahlung; **gegeneinander:** gegeneinander kämpfen – gegeneinander prallen; die **Gegenfahrbahn;** die **Gegenleistung; gegenlenken;** das **Gegenmehr** (Gegenstimmen bei offener Abstimmung); der **Gegensatz; gegensätzlich; gegenseitig;** der **Gegenspieler;** die **Gegenspielerin;** die **Gegenstimme;** der **Gegenstoss;** das **Gegenteil; gegenüber;** das **Gegenüber;** sich **gegenüberliegen;** sich **gegenüberstehen; gegenüberstellen;** aber: gegenüber stellen sie sich auf; der **Gegenverkehr;** die **Gegenwehr;** der **Gegenwind**

Ge·gend, die: -, -en; eine schöne Gegend (Landschaft) – die Gegend (das Gebiet) um Berlin

Ge·gen·stand, der: -(e)s, Gegenstände (Ding, Sache); **gegenständlich** (wirklich, anschaulich); **gegenstandslos**

Ge·gen·wart, die: - (Jetztzeit); **gegenwärtig; gegenwartsnah(e)**

Geg·ner, der: -s, - (Feind, Gegenspieler); die **Gegnerin; gegnerisch;** die **Gegnerschaft**

Ge·hack·te, das: -n (Hackfleisch); ein Pfund Gehacktes

Ge·halt, das: -(e)s, Gehälter (Lohn, Besoldung); auch: das **Salär;** der **Gehaltsempfänger;** die **Gehaltsempfängerin;** das **Gehaltskonto**

Ge·halt, der: -(e)s, -e; der Gehalt (gedankliche Inhalt) der Rede; **gehaltarm; gehaltlich; gehaltlos; gehaltvoll**

ge·han·di·kapt engl. [...hạ̈ndikäpt]: (behindert, benachteiligt); auch: **gehandicapt**

ge·häs·sig: gehässige (bösartige, hasserfüllte) Worte; die **Gehässigkeit**

Ge·he·ge, das: -s, - (Revier, sehr grosser Käfig); *jemandem ins Gehege* (in die Quere) kommen

ge·heim: geheim (öffentlich nicht bekannt) bleiben – etwas geheim halten – sich geheim treffen – geheime (rätselvolle) Kräfte; aber: im Geheimen (heimlich); der **Geheimdienst;** das **Geheimnis,** die Geheimnisse; **die Geheimniskrämerei; geheimnisvoll;** die **Geheimnummer;** die **Geheimschrift**

Ge·heiss, das: -es; auf Geheiss (Befehl, Aufforderung) des Vorgesetzten

ge·hen: du gehst, er ging, sie ist gegangen, geh(e)!; auf der Strasse gehen – spazieren gehen – zur Arbeit gehen – die Uhr geht – das geht nicht – der Zug geht (fährt ab) –

G
H
I
J
K
L
M

die Ware geht gut (ist leicht zu verkaufen) – ins Wasser gehen (sich ertränken) – sich gehen lassen (unbeherrscht, nachlässig sein) – nach Amerika gehen (auswandern) – wie geht es dir (wie befindest du dich)? – *mit jemandem durch dick und dünn gehen* (zu ihm stehen) – *in sich gehen* (nachdenken); der **Gehsteig;** der **Gehweg**

ge·**heu**·**er:** die Sache ist mir nicht geheuer (ist mir unheimlich)

Ge·**hil**·**fe,** der: -n, -n (Helfer); die **Gehilfenschaft;** die **Gehilfin**

Ge·**hirn,** das: -(e)s, -e; sein Gehirn (seinen Verstand) anstrengen; die **Gehirnerschütterung**

ge·**ho**·**ben:** eine gehobene (bessere, höhere) Stellung

Ge·**höft,** das: -(e)s, -e (bäuerliches Anwesen)

Ge·**hölz,** das: -es, -e (Bäume und Sträucher)

Ge·**hör,** das: -(e)s; ein schlechtes Gehör – *kein Gehör* (keine Beachtung) *finden;* der **Gehörgang; gehörlos;** der **Gehörsinn**

ge·**hor**·**chen:** den Eltern gehorchen (folgen); **gehorsam;** der **Gehorsam;** die **Gehorsamkeit**

ge·**hö**·**ren:** das Haus gehört mir – das gehört (ziemt) sich nicht; **gehörig:** eine gehörige (ordentliche, nicht zu knappe) Strafe

Gei·**er,** der: -s, - (Greifvogel)

gei·**fern:** (speien, keifen); der **Geifer** (aus dem Mund fliessender Speichel)

Gei·**ge,** die: -, -n (Streichinstrument); *die erste Geige spielen* (den Ton angeben); **geigen;** der **Geigenbauer;** die **Geigensaite;** der **Geiger;** die **Geigerin**

Gei·**ger**·**zäh**·**ler,** der: -s, - (Gerät zur Messung radioaktiver Strahlung, nach dem deutschen Physiker H. Geiger)

geil: (super, toll); die **Geilheit**

Gei·**sel,** die: -, -n (Gefangene(r)); das **Geiseldrama;** die **Geiselnahme** # Geissel

Geiss, die: -, -en (Ziege); der **Geissbock;** das **Geisslein**

Geis·**sel,** die: -, -n; mit der Geissel (Peitsche) schlagen – eine Geissel (Plage) der Menschheit; **geisseln;** die **Geisselung** # Geisel

Geist, der: -(e)s, -er; seinen Geist (Verstand) gebrauchen – der Geist (die Idee) der Freiheit – der Geist eines Toten (Gespenst) – ein unruhiger Geist (Mensch) – im Geiste (in Gedanken) – der Heilige Geist – *den Geist*

aufgeben (sterben) – *von allen guten Geistern verlassen sein* (etwas völlig Unvernünftiges tun); die **Geisterbahn;** der **Geisterfahrer; geisterhaft; geistern** (spuken); die **Geisterstunde; geistesabwesend; geistesgegenwärtig; geistesgestört; geisteskrank;** der **Geisteszustand; geistig** (gedanklich, mit dem Verstand); **geistlich** (religiös); der **Geistliche;** die **Geistlichkeit; geistlos; geistreich; geisttötend; geistvoll**

Geiz, der: -es (übertriebene Sparsamkeit); **geizen;** der **Geizhals,** die Geizhälse; **geizig;** der **Geizkragen**

ge·**konnt:** eine gekonnte (fachmännische) Arbeit; die **Gekonntheit**

Gel, das: -s, -e (gallertartige Masse)

Ge·**la**·**ber,** das: -s (seichtes Gerede)

Ge·**läch**·**ter,** das: -s, -; in ein Gelächter (lautes Lachen) ausbrechen

Ge·**la**·**ge,** das: -s, - (Mahl mit Zecherei)

ge·**lähmt:** an beiden Beinen gelähmt (bewegungsunfähig) sein; der/die **Gelähmte**

Ge·**län**·**de,** das: -s, -; ein bergiges Gelände (Gegend, Landschaft) – das Gelände (Grundstück) um den Bahnhof; **geländegängig;** der **Geländelauf;** der **Geländemarsch;** der **Geländewagen**

Ge·**län**·**der,** das: -s, -; das Geländer der Treppe

ge·**lan**·**gen:** an das Ziel gelangen (hinkommen)

Ge·**lass,** das: -es, -e (Zimmer, enger Raum)

ge·**las**·**sen:** gelassen (ruhig, beherrscht) sein; die **Gelassenheit**

Ge·**la**·**ti**·**ne** *franz. [schelatine],* die: - (Knochenleim)

ge·**läu**·**fig:** geläufig Englisch sprechen – eine geläufige (vertraute, bekannte) Redensart; die **Geläufigkeit**

gelb: eine gelbe Farbe – die gelbe Karte (im Fussball); das **Gelb; gelbgrün; gelblich;** gelblich grün; die **Gelbsucht**

Geld, das: -(e)s, -er; viel Geld kosten – *Geld wie Heu haben* (sehr reich sein) – *Geld stinkt nicht;* der **Geldbeutel;** die **Geldbörse;** die **Geldbusse; geldgierig;** das **Geldstück**

Ge·**lee** *franz. [schelee],* das/der: -s, -s (Frucht- oder Fleischsaft)

Ge·**le**·**gen**·**heit,** die: -, -en; eine günstige Gelegenheit (Möglichkeit) – *die Gelegenheit beim Schopf fassen/nehmen/packen* (eine

Gelegenheit nutzen); **gelegen:** das kommt sehr gelegen (zur rechten Zeit) – am Walde gelegen (liegend); der **Gelegenheitskauf; gelegentlich** (manchmal)

ge·lehrt: eine gelehrte (gebildete) Frau; **gelehrig; gelehrsam;** die **Gelehrsamkeit;** der/die **Gelehrte;** die **Gelehrtheit**

Ge·lei·se, das: -s, -; → Gleis

ge·lei·ten: jemanden geleiten (begleiten, führen); das **Geleit;** der **Geleitschutz;** das **Geleitwort;** der **Geleitzug**

Ge·lenk, das: -(e)s, -e (bewegliche Verbindung zwischen Knochen); **gelenkig** (wendig, beweglich); die **Gelenkigkeit**

Ge·lieb·te, der/die: -n, -n (geliebter Mensch)

ge·lind: (sanft, mild, weich); auch: **gelinde:** gelinde gesagt (vorsichtig ausgedrückt)

ge·lin·gen: es gelang, es ist gelungen, geling(e)!; das gelingt (glückt, gerät) ihm gut; das **Gelingen**

gel·len: (laut tönen); ein gellendes Gelächter; **gell** (hell tönend)

ge·lo·ben: etwas geloben (feierlich versprechen); aber: das Gelobte Land; das **Gelöbnis,** die Gelöbnisse

gelt?: (nicht wahr?)

gel·ten: du giltst, er galt, sie hat gegolten, gilt!; etwas nicht gelten lassen – er gilt (wird betrachtet) als ein Feigling; die **Geltung;** das **Geltungsbedürfnis;** die **Geltungssucht**

Ge·lüb·de, das: -s, -; ein Gelübde (feierliches Versprechen) ablegen

ge·lüs·ten: es gelüstet mich auf ein Eis (ich habe Lust darauf); das **Gelüst(e)**

ge·mach: (gemächlich, langsam, ruhig)

Ge·mach, das: -(e)s, Gemächer (Zimmer, Raum)

ge·mäch·lich: (bedächtig, ohne Eile); die **Gemächlichkeit**

Ge·mahl, der: -(e)s, -e (Ehemann); die **Gemahlin**

Ge·mäl·de, das: -s, - (gemaltes Bild); die **Gemäldesammlung**

ge·mäss: den Vorschriften gemäss (entsprechend); **gemässigt:** gemässigte (massvolle) Preise

Ge·mäu·er, das: -s, - (Mauerwerk, Ruine)

ge·mein: der gemeine (gewöhnliche) Soldat – der gemeine (niederträchtige) Verbrecher – aber: die Gemeine Stubenfliege – etwas mit jemandem gemein (gemeinsam) haben;

die **Gemeinde;** der **Gemeindeammann;** das **Gemeindebürgerrecht;** die **Gemeindekanzlei;** das **Gemeindeparlament;** der **Gemeindepräsident;** die **Gemeindepräsidentin;** der **Gemeinderat;** die **Gemeindeversammlung;** die **Gemeinheit; gemeinnützig;** die **Gemeinnützigkeit; gemeinsam:** gemeinsam (vereint) marschieren; aber: der Gemeinsame Markt (in der EG); die **Gemeinschaft; gemeinschaftlich;** das **Gemeinwohl**

ge·mes·sen: gemessenen Schrittes (würdevoll)

Ge·met·zel, das: -s, - (Blutbad, grausamer Kampf)

ge·mischt: gemischtes Eis; das **Gemisch** (Mischung aus verschiedenen Bestandteilen); die **Gemischtwarenhandlung**

Ge·mü·se, das: -s, - (essbare Pflanzen); Gemüse anbauen; der **Gemüsegarten;** die **Gemüsesuppe**

Ge·müt, das: -(e)s, -er; viel Gemüt (Gefühl) haben – zu Gemüte führen – erregte Gemüter (Menschen); **gemütlich;** die **Gemütlichkeit; gemütsarm; gemütskrank;** die **Gemütsruhe; gemütvoll**

gen: gen (in Richtung) Norden

Gen, das: -s, -e (Träger der Erbanlage); die **Genetik** (Vererbungslehre); die **Genforschung;** die **Gentechnik**

ge·nau: genau (pünktlich) um 12 Uhr ankommen – er nimmt es nicht so genau – genau genommen; aber: auf das (aufs) Genau(e)ste – auch: auf das (aufs) genaueste – nichts Genaues – des Genaueren; die **Genauigkeit; genauso** (ebenso): genauso gut – genauso lange – genauso viel – genauso weit – genauso wenig

Gen·darm franz. [schandarm], der: -en, -en (Polizist); die **Gendarmerie**

Ge·neh·mi·gung, die: -, -en; eine Genehmigung (Erlaubnis) erhalten; **genehm** (angenehm, passend); **genehmigen; genehmigungspflichtig**

ge·neigt: er ist geneigt zu kommen – das Gelände ist geneigt; die **Geneigtheit**

Ge·ne·ral lat., der: -s, -e/Generäle (hoher Offizier); das **Generalabonnement** ⟨GA⟩; der **Generalangriff;** der **Generaldirektor; generalisieren** (verallgemeinern); die **Generalprobe; generalüberholen;** die **Gene-**

G
H
I
J
K
L
M

ralversammlung; **generell** (allgemein, allgemein gültig)

Ge·ne·ra·ti·on *lat.*, die: -, -en; die junge Generation – von Generation zu Generation; der **Generationskonflikt;** der **Generationswechsel**

Ge·ne·ra·tor *lat.*, der: -s, Generatoren (Stromerzeuger)

ge·ne·rös *franz.* auch: *[schenerös]*, (grossmütig, freigebig); die **Generosität**

Ge·ne·se *griech.*, die: -, -n (Entwicklung, Entstehung)

ge·ne·sen: du genest, er genas, sie ist genesen, genese!; von der Krankheit genesen (gesund werden); der/die **Genesende;** die **Genesung;** der **Genesungsurlaub**

Genf / Genève: (Hauptort des gleichnamigen Kantons); der **Genfer;** die **Genferin; genferisch**

ge·ni·al *lat.*: (hoch begabt, schöpferisch); die **Genialität;** das **Genie** *[scheni]*, die Genies

Ge·nick, das: -(e)s, -e (Nacken); sich das Genick brechen; der **Genickschuss;** die **Genickstarre**

ge·nie·ren, sich *franz.* *[scheniren]*: (sich schämen, sich zieren); **genant;** auch: **genierlich** (peinlich, schüchtern)

ge·nies·sen: du geniesst, er genoss, sie hat genossen, geniess(e)!; die Ruhe geniessen – er geniesst (hat) mein Vertrauen; **geniessbar:** geniessbare (essbare) Pilze – er ist heute nicht geniessbar (nicht gut gelaunt); die **Geniessbarkeit;** der **Geniesser;** die **Geniesserin; geniesserisch** (genussfreudig); der **Genuss:** der Genuss von Fleisch – mit Genuss ein Buch lesen; **genüsslich;** das **Genussmittel;** die **Genusssucht;** auch: die **Genuss-Sucht; genusssüchtig; genussvoll**

Ge·ni·ta·li·en *Mz. lat.*, die: - (Geschlechtsorgane)

Ge·ni·tiv *lat.*, der: -s, -e (Sprachlehre: 2. Fall, Wesfall); das **Genitivobjekt** (Ergänzung im 2. Fall)

Ge·nos·se, der: -n, -n; ein treuer Genosse (Anhänger, Gefährte); die **Genossenschaft; genossenschaftlich;** die **Genossin**

Gen·tle·man (Gent·le·man) *engl. [dschäntlmän]*, der: -s, Gentlemen (Mann mit vornehmer Lebensart und Gesinnung); **gentlemanlike** *[...laik]* (vornehm, höflich)

ge·nug: genug Geld – genug Gutes – genug des Guten – genug von etwas haben; **Genüge:** zur Genüge (soviel wie nötig ist) – Genüge tun; **genügen** (ausreichen); **genügend; genügsam** (anspruchslos, bescheiden); die **Genügsamkeit;** die **Genugtuung** (Wiedergutmachung)

Ge·nus *lat.*, das: -, Genera (Gattung, Sprachlehre: Geschlecht)

Ge·o·gra·phie *griech.*, die: - (Erdkunde); auch: die **Geografie;** der **Geograph;** die **Geographin; geographisch**

Ge·o·lo·gie *griech.*, die: - (Erdgeschichte); der **Geologe;** die **Geologin; geologisch**

Ge·o·me·trie *griech.*, die: - (Raumlehre); der **Geometer** (Landvermesser); die **Geometerin; geometrisch**

Ge·päck, das: -(e)s; das Gepäck aufgeben; die **Gepäckannahme;** die **Gepäckaufbewahrung;** das **Gepäckstück;** der **Gepäckträger**

Ge·pard *franz.*, der: -s, -e (katzenartiges Raubtier)

ge·pflegt: ein gepflegter Rasen; die **Gepflegtheit;** die **Gepflogenheit** (Gewohnheit)

Ge·plän·kel, das: -s, - (leichtes Gefecht)

Ge·plap·per, das: -s (anhaltendes Reden)

ge·ra·de: eine gerade Wand – der Weg ist gerade (ändert seine Richtung nicht) – ein gerader (aufrichtiger) Mensch – gerade (aufrecht) gehen, sitzen, stehen – etwas gerade biegen – sich gerade halten (eine aufrechte Haltung annehmen) – gerade stellen – gerade (jetzt, soeben, genau) in diesem Augenblick – gerade noch (ganz knapp) – gerade so: sie blieb gerade so lange, bis er kam – gerade darum – geradeso gut; auch: **grade;** die **Gerade** (gerade Linie, Boxschlag); **geradeaus:** geradeaus laufen; aber: sie geht gerade (soeben) aus; **geradebiegen** (einrenken); **geradeheraus** (freimütig, aufrichtig); **geradeso** (ebenso); aber: er kommt gerade so rechtzeitig, dass; **geradestehen:** für jemanden geradestehen (einstehen); aber: gerade (aufrecht) stehen; **gerade(n)wegs** (unmittelbar); **geradezu:** das ist geradezu dumm!; **geradlinig;** die **Geradlinigkeit**

Ge·rant *franz. [scherant]*, der: -en, -en (Geschäftsführer eines Restaurants); die **Gerantin**

Ge·rät, das: -(e)s, -e; Geräte bedienen – an einem Gerät turnen; der **Geräteschuppen;**

das **Gerät(e)turnen;** die **Gerätschaften** *Mz.*
ge·ra·ten: du gerätst, er geriet, sie ist geraten, gerate!; ich gerate ausser mir vor Freude – in Gefahr geraten (kommen) – das Essen ist gut geraten (gut gelungen) – nach der Mutter geraten (ihr ähnlich werden); **geraten:** etwas für geraten (angebracht, ratsam) halten; **Geratewohl:** aufs Geratewohl (ohne Überlegung, auf gut Glück)
ge·räu·chert: auch: geräucht; geräucherter Beinschinken; das **Geräucherte**
ge·raum: nach geraumer (längerer) Zeit
ge·räu·mig: ein geräumiges (grosses, grossflächiges) Haus; die **Geräumigkeit**
Ge·räusch, das: -(e)s, -e (Laut, Ton, Schall); **geräuscharm; geräuschempfindlich;** die **Geräuschkulisse; geräuschlos;** die **Geräuschlosigkeit;** der **Geräuschpegel; geräuschvoll**
ger·ben: (zu Leder verarbeiten); der **Gerber;** die **Gerberei;** die **Gerberin**
ge·recht: etwas gerecht (ausgewogen) verteilen – ein gerechtes (dem Gesetz entsprechendes) Urteil – eine der Leistung gerechte (angemessene) Note; der/die **Gerechte;** die **Gerechtigkeit;** der **Gerechtigkeitssinn**
Ge·richt, das: -(e)s, -e; vor Gericht klagen – das Jüngste Gericht (das göttliche Gericht über die Menschheit) – ein Gericht (Essen) auftragen; **gerichtlich;** die **Gerichtsbarkeit** (Befugnis, Recht zu sprechen); der **Gerichtssaal;** der **Gerichtsschreiber;** das **Gerichtsurteil;** die **Gerichtsverhandlung;** der **Gerichtsvollzieher**
ge·ring: ein geringer (niedriger) Verdienst – jemanden gering achten – etwas gering schätzen (verachten) – hier sind, gering geschätzt, über hundert Personen; aber: nicht im Geringsten (gar nicht) – nicht das Geringste (gar nichts) – kein Geringerer als – nichts Geringeres als – um ein Geringes weniger; **geringfügig** (unbedeutend, klein); **geringschätzig;** die **Geringschätzigkeit; geringstenfalls** (wenigstens)
ge·rin·nen: (dickflüssig, fest werden); das **Gerinnsel;** die **Gerinnung**
Ge·rip·pe, das: -s, -; das Gerippe (Skelett) des toten Tieres; **gerippt**
ge·ris·sen: ein gerissener (durchtriebener, erfahrener) Geschäftsmann; die **Gerissenheit**

Ger·ma·ne; der: -n, -n (Angehöriger einer Völkergruppe); das **Germanentum;** die **Germanin; germanisch;** der **Germanist;** die **Germanistik** (deutsche Sprach- und Literaturwissenschaft); die **Germanistin**
ger·ne: lieber, am liebsten; auch: **gern:** etwas gerne (mit Vorliebe) mögen – jemanden gern haben – gerne (bereitwillig) helfen – gerne gesehen – ein gern gesehener Gast – allzu gern; der **Gernegross** (Wichtigtuer)
Ge·röll, das: -(e)s, -e (Gesteinsbruchstücke); die **Geröllhalde;** der **Geröllschutt**
Gers·te, die: - (Getreidepflanze); das **Gerstenkorn;** der **Gerstensaft** (Bier)
Ger·te, die: -, -n (Stock, Rute); der **Gertel** (Messer mit geschwungener Klinge); **gertenschlank** (sehr schlank)
Ge·ruch, der: -(e)s, Gerüche; ein scharfer Geruch – im Geruch stehen (den Ruf haben); **geruchlos;** die **Geruchsbelästigung; geruch(s)frei;** das **Geruchsorgan;** der **Geruchssinn**
Ge·rücht, das: -(e)s, -e; ein Gerücht (eine unbelegbare Nachricht) verbreiten; die **Gerüchteküche; gerüchtweise**
ge·ru·hen: er geruht (findet sich bereit) zu kommen; **geruhsam** (gemütlich); die **Geruhsamkeit**
Ge·rüm·pel, das: -s (Kram, Unbrauchbares); altes Gerümpel wegwerfen
Ge·rüst, das: -(e)s, -e (Trag- bzw. Stützgestell); ein Gerüst aufstellen; der **Gerüstbau**
ge·samt: die gesamte (ganze) Bevölkerung; aber: das Gesamte – im Gesamten (insgesamt); die **Gesamtansicht;** der **Gesamtarbeitsvertrag;** der **Gesamteindruck;** das **Gesamtergebnis; gesamthaft;** die **Gesamtheit** (das Ganze); die **Gesamtnote;** die **Gesamtschule; gesamtschweizerisch;** die **Gesamtsumme**
Ge·sand·te, der: -n, -n (Vertreter eines Staates); die **Gesandtin;** die **Gesandtschaft**
Ge·sang, der: -(e)s, Gesänge; der Gesang der Kinder – ein fröhlicher Gesang; **gesanglich;** das **Gesang(s)buch;** die **Gesangstunde;** der **Gesang(s)verein**
Ge·säss, das: -es, -e (Sitzfläche des Menschen); die **Gesässtasche**
Ge·schä·dig·te, der/die: -n, -n; ein durch Hochwasser Geschädigter

G
H
I
J
K
L
M

Ge·schäft, das: -(e)s, -e; ein Geschäft (Unternehmen) eröffnen – in einem Geschäft (Laden) einkaufen – ein gutes Geschäft (einen guten Handel) machen – er hat viele Geschäfte (Arbeiten, Aufgaben) zu erledigen; die **Geschäftemacherei; geschäften; geschäftig** (fleissig, betriebsam); die **Geschäftigkeit; geschäftlich** (dienstlich); der **Geschäftsbeginn;** der **Geschäftsbrief;** die **Geschäftsfrau;** der **Geschäftsfreund;** die **Geschäftsfreundin;** die **Geschäftsführung;** das **Geschäftsgebaren** (Art der Geschäftsführung); die **Geschäftsliste** (Tagesordnung, Traktandenliste); der **Geschäftsmann;** der **Geschäftspartner;** die **Geschäftspartnerin; geschäftsschädigend;** der **Geschäftsschluss;** die **Geschäftsstelle; geschäftstüchtig;** der **Geschäftsverkehr;** die **Geschäftszeit**

ge·sche·hen: es geschieht, es geschah, es ist geschehen; es muss etwas geschehen (passieren, sich ereignen) – ihr geschieht (widerfährt) Unrecht; das **Geschehen;** das **Geschehnis,** die Geschehnisse

ge·scheit: ein gescheiter (kluger) Mensch; die **Gescheitheit**

Ge·schenk, das: -(e)s, -e; Geschenke (Gaben) austeilen – *kleine Geschenke erhalten die Freundschaft;* der **Geschenkartikel;** das **Geschenkpapier**

Ge·schich·te, die: -, -n; das Fach Geschichte – die Geschichte (Vergangenheit) eines Landes – eine Geschichte erzählen – in eine dumme Geschichte (Angelegenheit) verwickelt sein; das **Geschichtenbuch; geschichtlich;** das **Geschichtsbewusstsein;** das **Geschichtsbuch;** der **Geschichtsschreiber; geschichtsträchtig;** der **Geschichtsunterricht**

Ge·schick, das: -(e)s, -e; kein Geschick (keine Eignung) haben – er fügt sich in sein Geschick (Schicksal); die **Geschicklichkeit** (Gewandtheit); **geschickt** (gewandt); die **Geschicktheit**

ge·schie·den (gesch.): sie ist von ihrem Mann geschieden; der/die **Geschiedene;** → scheiden

Ge·schirr, das: -(e)s, -e; das Geschirr abspülen – dem Pferd das Geschirr (Zaumzeug) anlegen – *sich ins Geschirr legen* (sehr anstrengen); der **Geschirrreiniger;** die **Geschirrspülmaschine;** das **Geschirrtuch**

Ge·schlecht, das: -(e)s, -er; das weibliche Geschlecht – ein adeliges Geschlecht – das schöne Geschlecht (die Frauen); **geschlechtlich:** eine geschlechtliche Fortpflanzung; die **Geschlechtskrankheit;** der **Geschlechtsname** (Nachname); das **Geschlechtsorgan; geschlechtsreif;** der **Geschlechtstrieb;** der **Geschlechtsverkehr;** das **Geschlechtswort**

Ge·schmack, der: -(e)s, Geschmäcke/Geschmäcker; der Geschmack (die Würze) der Suppe – einen guten Geschmack (ein gutes Urteil) haben – *auf den Geschmack kommen* (das Angenehme an etwas herausfinden) – *die Geschmäcker sind verschieden;* **geschmacklich; geschmacklos:** das Essen ist geschmacklos (ohne Würze) – ein geschmackloser (taktloser) Witz; die **Geschmacklosigkeit; geschmack(s)bildend;** die **Geschmacksrichtung;** die **Geschmack(s)sache;** der **Geschmackssinn; geschmackvoll** (gefällig, flott, schick)

Ge·schmei·de, das: -s, - (sehr wertvoller Schmuck); **geschmeidig** (biegsam, anpassungsfähig, gewandt); die **Geschmeidigkeit**

Ge·schmeiss, das: -es (Gesindel, Ungeziefer)

Ge·schnet·zel·te, das: -n (feingeschnittenes Fleisch); ein Pfund Geschnetzeltes

ge·schnie·gelt: *geschniegelt und gebügelt* (tadellos angezogen und gepflegt)

Ge·schöpf, das: -(e)s, -e (Lebewesen); ein Geschöpf Gottes

Ge·schoss, das: -es, -e; ein tödliches Geschoss traf ihn – im vierten Geschoss (Stockwerk) wohnen

ge·schraubt: er spricht geschraubt (geschwollen); die **Geschraubtheit**

Ge·schütz, das: -es, -e; mit dem Geschütz (Feuerwaffe) feuern – *schweres Geschütz auffahren* (einer Sache scharf entgegentreten)

Ge·schwa·der, das: -s, - (Verband von Kriegsschiffen oder Flugzeugen)

Ge·schwätz, das: -es (Gerede, Klatsch); **geschwätzig;** die **Geschwätzigkeit**

ge·schwei·ge: geschweige denn (noch viel weniger) – geschweige (denn), dass

ge·schwind: geschwind (schnell) weglaufen; die **Geschwindigkeit;** die **Geschwindigkeitsbegrenzung;** die **Geschwindigkeitskontrolle**

Ge·schwis·ter *Mz.*, die: - (Kinder derselben Eltern); **geschwisterlich;** das **Geschwisterpaar**

ge·schwol·len: ein geschwollener Fuss – geschwollen (gekünstelt) reden; → schwellen

Ge·schwo·re·ne, der/die: -n, -n (Laienrichter)

Ge·schwulst, die: -, Geschwülste (Schwellung); **geschwulstartig;** die **Geschwulstbildung; geschwulstig**

Ge·schwür, das: -(e)s, -e (Entzündung); die **Geschwürbildung**

Ge·sel·le, der: -n, -n (Gehilfe, Gefährte); auch: der **Gesell;** sich **gesellen** (hinzukommen, sich anschliessen); der **Gesellenbrief; gesellig:** ein geselliger (umgänglicher) Mensch – ein geselliger (unterhaltsamer) Abend; die **Geselligkeit;** die **Gesellin**

Ge·sell·schaft, die: -, -en (Vereinigung von Menschen); in schlechte Gesellschaft geraten (schlechten Umgang haben) – eine festliche Gesellschaft (Runde) – zur Gesellschaft (oberen Schicht) gehören; **gesellschaftlich; gesellschaftsfähig;** die **Gesellschaftsordnung;** die **Gesellschaftsschicht;** das **Gesellschaftsspiel**

Ge·setz, das: -es, -e; gegen ein Gesetz verstossen – die Gesetze der Mathematik; der **Gesetzestext; gesetzgebend:** die gesetzgebende Gewalt; der **Gesetzgeber; gesetzlich:** gesetzlich geschützt (ges. gesch.); die **Gesetzlichkeit; gesetzlos;** die **Gesetzlosigkeit; gesetzmässig;** die **Gesetzmässigkeit; gesetzwidrig;** die **Gesetzwidrigkeit**

ge·setzt: ein Mann im gesetzten (reifen) Alter – gesetzt den Fall, dann

Ge·sicht, das: -(e)s, -er (Antlitz); ein freundliches Gesicht (eine freundliche Miene) machen – jemandem/jemanden ins Gesicht schlagen – Gesichter (Grimassen) schneiden; aber: Gesichte (Erscheinungen) haben – *ein langes Gesicht machen* (enttäuscht sein) – *das Gesicht wahren* (sein Ansehen wahren) – *jemandem etwas ins Gesicht sagen* (etwas ohne Scheu sagen); der **Gesichtsausdruck;** die **Gesichtscreme;** der **Gesichtspunkt;** der **Gesichtszug**

Ge·sims, das: -es, -e (waagrechter Mauerstreifen)

Ge·sin·de, das: -s (Dienstboten); das **Gesindel** (schlechte Menschen); die **Gesindestube**

Ge·sin·nung, die: -, -en; eine anständige Gesinnung (Denkart) haben); **gesinnt:** er ist mir

gut gesinnt – ein gut gesinnter Mensch; **gesinnungslos** (ohne innere Grundsätze); die **Gesinnungslosigkeit;** der **Gesinnungswandel; gesonnen:** ich bin nicht gesonnen (gewillt) zu schweigen

ge·son·dert: gesondert verpacken

Ge·spann, das: -(e)s, -e (Zugtiere, Fuhrwerk mit Zugtieren)

ge·spannt: gespannt (neugierig) zusehen – ein gespanntes (spannungsgeladenes) Verhältnis; die **Gespanntheit**

Ge·spenst, das: -(e)s, -er (Geist, Spuk); *Gespenster sehen* (grundlos Angst haben); **gespensterhaft;** die **Gespensterstunde; gespenstig;** auch: **gespenstisch** (geisterhaft, unheimlich)

Ge·spinst, das: -(e)s, -e (Gewebe)

Ge·spött, das: -(e)s; *jemanden zum Gespött machen* (dafür sorgen, dass er verspottet wird)

Ge·spräch, das: -(e)s, -e; ein Gespräch führen; **gesprächig** (geschwätzig, mitteilsam); **gesprächsbereit;** das **Gesprächsergebnis;** der **Gesprächspartner;** die **Gesprächspartnerin;** der **Gesprächsstoff;** der **Gesprächsteilnehmer;** die **Gesprächsteilnehmerin;** das **Gesprächsthema;** der **Gesprächsverlauf; gesprächsweise**

ge·spren·kelt: ein gesprenkeltes (getupftes) Fell

Ge·spür: das: -s; sie hat ein Gespür (Gefühl) für sprachliche Feinheiten

Ge·sta·de, das: -s, - (Küste, Ufer)

Ge·stalt, die: -, -en; eine wuchtige Gestalt (Erscheinung) – eine grosse Gestalt (Persönlichkeit) der Geschichte; aber: dergestalt (so); **gestalten; gestalterisch; gestalthaft; gestaltlos;** die **Gestaltung**

ge·stan·den: sie ist eine gestandene (erfahrene, reife) Frau

Ge·ständ·nis, das: -ses, -se; ein Geständnis machen (seine Schuld zugeben); **geständig**

Ge·stank, der: -(e)s; ein abscheulicher Gestank (übler Geruch)

Ge·sta·po = Geheime Staatspolizei im Dritten Reich

ge·stat·ten: er gestattet (erlaubt) mir alles – gestatten Sie? (Höflichkeitsformel)

Ges·te *lat.,* die: -, -n (Gebärde); eine Geste der Höflichkeit; die **Gestik;** die **Gestikulation** (Gebärdensprache); **gestikulieren; gestisch**

G
H
I
J
K
L
M

ge·ste·hen: du gestehst, er gestand, sie hat gestanden, gesteh(e)!; seine Schuld gestehen (bekennen) – ich gestehe (gebe zu), dass ich Angst habe

Ge·stein, das: -(e)s, -e (Felsen); die **Gesteinsart;** die **Gesteinsprobe;** die **Gesteinsschicht**

Ge·stell, das: -(e)s, -e (Regal, Ablage, Bord)

ges·tern: gestern Abend – gestern Nacht – *nicht von gestern sein* (aufgeweckt sein); das **Gestern** (die Vergangenheit); **gestrig** (von gestern)

Ge·stirn, das: -(e)s, -e (Himmelskörper); **gestirnt:** ein gestirnter (mit Sternen bedeckter) Himmel

Ge·stö·ber, das: -s, - (Niederschläge bei heftigem Wind)

ge·streift: ein rot gestreiftes Kleid

Ge·strüpp, das: -(e)s, -e; durch ein Gestrüpp (dichtes Gebüsch) schlüpfen

Ge·stühl, das: -(e)s, -e (Stühle eines Raumes)

Ge·stürm, das: -(e)s (aufgeregtes Gerede, Getue)

Ge·stüt, das: -(e)s, -e (Pferdezuchtstätte)

Ge·such, das: -(e)s, -e; ein Gesuch (eine Bittschrift, eine Anfrage) einreichen

ge·sund: gesunder/gesünder, am gesundesten/gesündesten; gesund sein – gesund werden – gesund bleiben – jemanden gesund pflegen – eine gesunde Luft; **gesundbeten;** der/die **Gesunde; gesunden;** die **Gesundheit:** *Gesundheit ist der grösste Reichtum;* **gesundheitlich;** das **Gesundheitsamt; gesundheitsbewusst; gesundheitshalber; gesundheitsschädigend; gesundheitsschädlich;** das **Gesundheitszeugnis;** der **Gesundheitszustand;** sich **gesundmachen** (sich bereichern); aber: eine Kranke gesund machen; **gesundschreiben:** einen Patienten gesundschreiben; **gesundschrumpfen;** sich **gesundstossen** (sich bereichern); die **Gesundung**

Ge·tä·fel, das: -s (Holzverkleidung); auch: das **Getäfer; getäfelt;** auch: **getäfert**

Ge·tö·se, das: -s (grosser Lärm); das **Getose:** das Getose (Tosen) des Wasserfalls

Ge·tränk, das: -(e)s, -e; ein erfrischendes Getränk; der **Getränkeautomat;** die **Getränkekarte;** die **Getränkesteuer**

ge·trau·en, sich: er getraut sich (er hat den Mut) zu springen – sich nichts getrauen (nichts wagen)

Ge·trei·de, das: -s, - (Feldfrucht); Getreide anbauen; der **Getreideanbau;** die **Getreideernte;** das **Getreidefeld;** der **Getreidespeicher**

ge·trennt: ein getrennt lebendes Paar – etwas getrennt schreiben; die **Getrenntschreibung**

ge·treu: (zuverlässig); getreu (gemäss) meinen Grundsätzen; der/die **Getreue; getreulich**

Ge·trie·be, das: -s, -; das Getriebe (das rege Treiben) einer Grossstadt – das Getriebe eines Motors; das **Getriebeöl;** der **Getriebeschaden**

Get·to *ital.,* das: -s, -s (abgetrennter Stadtbezirk für einen Bevölkerungsteil, Judenviertel); auch: das **Ghetto; gettoisieren** (absondern)

Ge·tue, das: -s; ein vornehmes Getue (Gehabe, geziertes Benehmen)

Ge·viert, das: -(e)s, -e (Viereck im Quadrat); im Geviert; **geviertteilt**

Ge·wächs, das: -es, -e (Pflanze); das **Gewächshaus**

ge·wählt: er drückt sich gewählt (gepflegt, vornehm) aus

Ge·währ, die: -; für etwas Gewähr (Sicherheit, Bürgschaft) bieten – ohne Gewähr; **gewähren** (bewilligen, erfüllen): *jemanden gewähren lassen* (ihn nicht hindern); **gewährleisten;** auch: Gewähr leisten; die **Gewährleistung;** der **Gewährsmann;** die **Gewährung** # Gewehr

ge·wah·ren: (bemerken, erkennen); **gewahr:** gewahr werden

Ge·wahr·sam, der: -s, -e; in Gewahrsam nehmen (aufbewahren) – in Gewahrsam (Haft) sein; das **Gewahrsam** (Gefängnis)

Ge·walt, die: -, -en; die Türe mit Gewalt öffnen – höhere Gewalt – die staatliche Gewalt (Macht) – *sich in der Gewalt haben* (sich beherrschen); der **Gewaltakt;** die **Gewaltanwendung;** die **Gewaltenteilung; gewaltfrei;** der **Gewaltherrscher; gewaltig:** sich gewaltig (mächtig, enorm) anstrengen – einen gewaltigen (sehr grossen) Hunger haben; die **Gewaltigkeit; gewaltlos;** die **Gewaltlosigkeit;** die **Gewaltmassnahme; gewaltsam;** die **Gewaltsamkeit;** die **Gewalttat; gewalttätig** (handgreiflich); die **Gewalttätigkeit;** das **Gewaltverbrechen;** der **Gewaltverzicht**

Ge·wand, das: -(e)s, Gewänder; prächtige Gewänder (Kleidungsstücke)

ge·wandt: ein gewandter (wendiger) Spieler – sich gewandt (sicher und geschickt) benehmen; die **Gewandtheit**

ge·wär·tig: einer Sache gewärtig sein (darauf gefasst sein, damit rechnen); **gewärtigen:** etwas zu gewärtigen (erwarten) haben

Ge·wäs·ser, das: -s, - (Ansammlung von Wasser); der **Gewässerschutz; gewässert**

Ge·we·be, das: -s, - (Stoff, Gespinst); ein feines Gewebe – das Gewebe (Gefüge) seiner Lügen

Ge·wehr, das: -(e)s, -e; das Gewehr laden – *Gewehr bei Fuss stehen* (zum Einsatz bereit sein); der **Gewehrkolben;** der **Gewehrlauf** # Gewähr

Ge·weih, das: -(e)s, -e; der Hirsch trägt ein prächtiges Geweih

Ge·wer·be, das: -s, -; ein Gewerbe (eine berufsmässige Tätigkeit) ausüben; die **Gewerbeschule;** die **Gewerbesteuer; gewerbetreibend;** der/die **Gewerbetreibende; gewerblich; gewerbsmässig**

Ge·werk·schaft, die: -, -en (Organisation der Arbeitnehmer zur Durchsetzung ihrer Interessen); der **Gewerkschafter;** die **Gewerkschafterin;** auch: der **Gewerkschaftler; gewerkschaftlich;** das **Gewerkschaftsmitglied;** die **Gewerkschaftsversammlung**

Ge·wicht, das: -(e)s, -e; das Gewicht (die Last, die Schwere) des Körpers – das ist ohne Gewicht (ohne Bedeutung) – *Gewicht auf etwas legen* (etwas für sehr wichtig halten); **gewichten;** der **Gewichtheber;** die **Gewichtheberin; gewichtig;** die **Gewichtigkeit;** der **Gewichtsverlust;** die **Gewichtung**

ge·wieft: ein gewiefter (gerissener) Bursche

ge·wiegt: (schlau, durchtrieben)

Ge·wim·mel, das: -s (Massengewühl)

Ge·win·de, das: -s, - (Rillen einer Schraube)

ge·win·nen: du gewinnst, er gewann, sie hat gewonnen, gewinn(e)!; jemanden für eine Idee gewinnen (dazu überreden) – im Kampf gewinnen (siegen) – an Ansehen gewinnen (zunehmen) – *wie gewonnen, so zerronnen;* der **Gewinn:** ein Gewinn bringendes Unternehmen – grossen Gewinn bringend; aber: sehr gewinnbringend; die **Gewinnchance; gewinnend** (liebenswürdig); der **Gewinner;** die **Gewinnerin;** die **Gewinnspanne;** das **Gewinnstreben;** die

Gewinnsucht; gewinnsüchtig; gewinnträchtig; die **Gewinn-und-Verlust-Rechnung;** die **Gewinnung;** die **Gewinnzahl**

Ge·wirr, das: -(e)s (undurchdringlicher Knäuel); ein Gewirr von Fäden

ge·wiss: gewisser, am gewissesten; er ist sich seines Erfolges gewiss (sicher) – sie wird gewiss (sicherlich) bald kommen – ganz gewiss! – in gewissen (nicht näher bezeichneten) Kreisen – ein gewisser anderer; aber: etwas Gewisses – nichts Gewisses; **gewissermassen** (sozusagen); die **Gewissheit; gewisslich** (ganz sicher)

Ge·wis·sen, das: -s, - (innere Stimme); ein schlechtes Gewissen haben – *jemandem ins Gewissen reden* (ihm Vorhaltungen machen) – *ein gutes Gewissen ist ein sanftes Ruhekissen;* **gewissenhaft** (gründlich, sorgfältig); die **Gewissenhaftigkeit; gewissenlos;** die **Gewissenlosigkeit;** die **Gewissensbisse** Mz. (Reue, Selbstvorwürfe); die **Gewissensentscheidung;** die **Gewissensfreiheit;** der **Gewissenskonflikt**

Ge·wit·ter, das: -s, - (Unwetter mit Donner und Blitz); der **Gewitterregen; gewitt(e)rig; gewittern**

ge·witzt: (schlau); **gewitzigt:** durch Schaden gewitzigt (klug, erfahren); die **Gewitztheit**

ge·wo·gen: sie ist mir gewogen (zugetan, freundlich gesinnt); die **Gewogenheit**

ge·wöh·nen: jemanden an Sauberkeit gewöhnen; die **Gewohnheit; gewohnheitsgemäss; gewohnheitsmässig;** der **Gewohnheitsmensch;** das **Gewohnheitsrecht;** der **Gewohnheitstrinker;** die **Gewohnheitstrinkerin; gewöhnlich** (alltäglich, meist); **gewohnt:** eine gewohnte (vertraute) Umgebung – das bin ich so gewohnt – mit dem gewohnten (bekannten) Fleiss; **gewöhnt:** an eine Arbeit gewöhnt sein; die **Gewöhnung**

Ge·wöl·be, das: -s, -; das Gewölbe (die Kuppel) eines Domes – ein finsteres Gewölbe; der **Gewölbepfeiler; gewölbt**

Ge·wölk, das: -(e)s; schweres Gewölk (dunkle Wolken) zieht (ziehen) am Himmel auf

Ge·würz, das: -es, -e (Mittel zum Würzen von Speisen); ein scharfes Gewürz; die **Gewürzgurke; gewürzt**

gez. = gezeichnet (unterschrieben)

Ge·zei·ten Mz., die: - (Wechsel von Ebbe und Flut); der **Gezeitenwechsel**

G
H
I
J
K
L
M

ge·zie·men: es geziemt (gehört) sich nicht; geziemend

Ghet·to *ital.*, das: -s, -s; → Getto

Gicht, die: - (Krankheit); **gichtig; gichtkrank;** die **Gichtkrankheit**

Gie·bel, der: -s, - (senkrechter Dachabschluss); das Haus hat keine Giebel; das **Giebelfenster; gieb(e)lig**

gie·rig: (unersättlich, hemmungslos); die **Gier; gieren:** nach etwas gieren (heftig begehren)

gies·sen: du giesst, er goss, sie hat gegossen, giess(e)!; Kaffee in die Tasse giessen – eine Glocke wird gegossen – es giesst in Strömen; die **Giesserei;** die **Giesskanne**

Gift, das: -(e)s, -e (ein für den Körper schädlicher Stoff); ein schnell wirkendes Gift – das ist Gift für dich – *sein Gift verspritzen* (sich boshaft äussern); die **Giftdeponie; gifte(l)n** (gehässig reden); das **Giftgas; giftig:** giftige Pilze – ein giftiger (hasserfüllter, böser) Blick – ein giftiges (grelles) Grün; die **Giftigkeit;** der **Giftmischer;** die **Giftmischerin;** der **Giftmord;** der **Giftmüll;** die **Giftpflanze;** die **Giftschlange;** der **Giftstoff;** der **Giftzahn**

Gi·gant *griech.*, der: -en, -en (Riese); **gigantisch** (riesenhaft, gewaltig); die **Gigantomanie** (Sucht zur Übertreibung)

Gi·go·lo *franz. [schigolo]*, der: -s, -s (Eintänzer, Hausfreund)

Gi·got *franz. [schigo]*, das: -s, -s (Hammelkeule)

Gil·de, die: -, -n (Vereinigung von Kaufleuten oder Handwerkern, Zunft, Innung)

Gi·let *franz. [schile]*, das: -s, -s (Weste)

Gim·pel, der: -s, - (Singvogel, einfältiger Mensch)

Gin *engl. [dschin]*, der: -s, -s (Branntwein)

Gins·ter, der: -s, - (Strauch)

Gip·fel, der: -s, -; der Gipfel (die Spitze) des Berges – das ist doch der Gipfel (eine Unverschämtheit)! – er steht auf dem Gipfel des Ruhms; die **Gipfelkonferenz;** das **Gipfelkreuz; gipf(e)lig; gipfeln;** der **Gipfelpunkt;** das **Gipfeltreffen**

Gip·fel, der: -s, -; ein Gipfel (Hörnchen, Kipferl) zum Frühstück

Gips, der: -es, -e (Kalkart); der **Gipsabdruck; gipsen;** der **Gipsverband**

Gi·raf·fe *arab.*, die: -, -n (langhalsiges Säugetier)

Girl *engl. [görl]*, das: -s, -s (Mädchen)

Gir·lan·de *franz.*, die: -, -n (Blumengewinde)

Gi·ro *ital. [schiro]*, das: -s, -s (bargeldloser Zahlungsverkehr); die **Girobank;** das **Girokonto**

Gischt, der: -(e)s, -e (Wellenschaum); auch: die **Gischt:** Gischt sprühend

Gi·tar·re *span.*, die: -, -n (Saiteninstrument); die **Gitarrensaite;** der **Gitarrist;** die **Gitarristin**

Git·ter, das: -s, - (zaunartige Abgrenzung); ein Fenster mit Gitter; das **Gitterfenster**

GL = Kanton Glarus

Glace *franz.*, die: -, s/n (Eisspeise)

Gla·di·a·tor, *lat.*, der: -s, Gladiatoren (Schwertkämpfer bei altrömischen Kampfspielen)

Gla·di·o·le, die: -, -n (Schwertliliengewächs)

Gla·mour *engl. [glämer]*, der/das: -s (Glanz)

Glanz, der: -es; der Glanz der Sterne – mit Glanz (sehr gut) eine Prüfung bestehen; **glänzen:** der Boden glänzt – durch seine Leistungen glänzen (auffallen); **glänzend:** glänzend schwarz; die **Glanzleistung;** die **Glanznummer;** das **Glanzstück; glanzvoll;** die **Glanzzeit**

Gla·rus: (Hauptort des gleichnamigen Kantons); der **Glarner;** die **Glarnerin; glarnerisch**

Glas, das: -es, Gläser; farbiges Glas – sein Glas (Trinkgefäss) leeren; der **Glasbläser;** der **Glaser;** die **Glaserei; gläsern** (aus Glas, durchsichtig); die **Glaserin;** das **Glashaus:** *wer selbst im Glashaus sitzt, soll nicht mit Steinen werfen;* die **Glashütte; glasieren** (mit Glasur versehen); **glasig** (starr, ausdruckslos); die **Glasmalerei;** die **Glasscheibe;** die **Glasur** (glänzender Überzug); die **Glaswolle**

glatt: glatter/glätter, am glattesten/glättesten; eine glatte Fläche – etwas glatt streichen – Unebenheiten glatt machen (ausgleichen) – glatt hobeln – die Strasse ist glatt (rutschig) – eine glatte (eindeutige) Lüge – eine glatte Eins bekommen – ein glatter (höflich wirkender) Mensch – glatt landen – etwas glatt vergessen; die **Glätte;** das **Glatteis:** *jemanden aufs Glatteis führen* (hereinlegen); das **Glätteisen** (Bügeleisen); **glätten; glattweg** (ohne weiteres)

Glat·ze, die: -, -n; eine Glatze (kahle Stelle auf dem Kopf) haben; **glatzköpfig**

Glau·be, der: -ns; auch: der **Glauben;** den Glauben verlieren – jemandem Glauben schenken – *der Glaube kann Berge versetzen*; **glauben;** das **Glaubensbekenntnis;** der **Glaubensstreit; glaubhaft;** die **Glaubhaftigkeit; gläubig;** der/die **Gläubige;** der **Gläubiger** (ein zu einer Schuldforderung Berechtigter); die **Gläubigerin;** die **Gläubigkeit; glaubwürdig;** die **Glaubwürdigkeit**
gleich: gleich sein – gleich (unverändert, in gleicher Weise) bleiben – gleich (sofort) bleiben – gleich gut – gleich gross – gleich lautend – gleich viel – gleich werden – das gleiche Kleid – ihm ist alles gleich (egal) – gleich (sofort) komme ich – gleich (unmittelbar) hinter dem Haus; aber: der, die, das Gleiche – aufs Gleiche hinauslaufen – Gleiches mit Gleichem vergelten – *Gleich und Gleich gesellt sich gern* – ein Gleicher unter Gleichen; **gleichalt(e)rig; gleichartig; gleichauf; gleichbedeutend; gleichberechtigt;** die **Gleichberechtigung; gleichen** (ähneln); **gleichentags** (am selben Tag); **gleichermassen** (ebenso, auch); **gleicherweise; gleichfalls; gleichförmig** (langweilig, eintönig); die **Gleichförmigkeit; gleichgesinnt;** der/die **Gleichgesinnte;** das **Gleichgewicht; gleichgewichtig; gleichgültig** (teilnahmslos, ungerührt); aber: gleich (in gleicher Weise) gültig; die **Gleichgültigkeit;** die **Gleichheit;** das **Gleichheitszeichen** ⟨=⟩; **gleichkommen** (entsprechen); aber: gleich (sofort) kommen; **gleichmachen** (angleichen); aber: ich werde das gleich (sofort) machen; die **Gleichmacherei;** das **Gleichmass; gleichmässig;** der **Gleichmut** (Gelassenheit, Beherrschtheit); **gleichmütig; gleichnamig;** das **Gleichnis,** die **Gleichnisse** (Sinnbild); **gleichsam** (gewissermassen); **gleichschenk(e)lig;** der **Gleichschritt;** sich **gleichsehen** (gleich aussehen); aber: das wirst du gleich sehen; **gleichseitig; gleichsetzen** (als gleich ansehen); aber: ihr könnt euch gleich setzen; **gleichstellen** (auf die gleiche Stufe stellen); der **Gleichstrom; gleichtun** (nacheifern); aber: das musst du gleich (sofort) tun; die **Gleichung; gleichviel** (einerlei); aber: alle bekommen gleich viel; **gleichwertig;** die **Gleichwertigkeit; gleichwie; gleichwinklig; gleichwohl** (dennoch, trotzdem);

gleichzeitig; die **Gleichzeitigkeit; gleichziehen** (aufholen)
Gleis, das: -es, -e; auch: das **Geleise;** die Gleise (Schienen) überqueren – *etwas ins rechte Gleis* (in Ordnung) *bringen*
gleis·sen: du gleisst, er gleisste, sie hat gegleisst, gleiss(e)! (glitzern, glänzen)
glei·ten: du gleitest, er glitt, sie ist geglitten, gleit(e)!; der Vogel gleitet (schwebt) durch die Luft – über das Eis gleiten (sich sanft bewegen) – gleitende Arbeitszeit; die **Gleitfläche;** der **Gleitflug; gleitsicher;** die **Gleitzeit**
Glet·scher, der: -s, - (Eisfeld im Gebirge); das **Gletscherfeld;** die **Gletscherspalte**
Glied, das: -(e)s, -er (Teil eines Ganzen); das Glied einer Kette – gesunde Glieder haben – in Reih und Glied stehen; ...**glied(e)rig:** zweigliederig; **gliedern;** den Aufsatz gliedern; die **Gliederung;** die **Gliedmassen** *Mz.* (beim Menschen Arme und Beine); der **Gliedsatz**
glim·men: du glimmst, er glimmte/glomm, sie hat geglimmt/geglommen; das Holz glimmt (brennt noch schwach) – in ihren Augen glimmt Hass; der **Glimmer;** der **Glimmstängel** (Zigarette)
glimpf·lich: glimpflich (ungeschädigt, unversehrt) davonkommen
glit·schig: ein glitschiger (schlüpfriger, rutschiger, glatter) Boden
glit·zern: glitzernde (funkelnde) Sterne – der Schnee glitzert; der **Glitzer;** glitz(e)rig
Glo·bus *lat.*, der: -/-ses, -se/Globen (Modell der Erdkugel); **global** (weltumfassend, gesamt); der **Globetrotter** (Weltenbummler); die **Globetrotterin**
Glo·cke, die: -, -n; die Glocken läuten – der Käse liegt unter einer Glocke (unter einem Glassturz) – *etwas an die grosse Glocke hängen* (es überall herumerzählen); das **Glockengeläute;** der **Glockengiesser;** der **Glockenklang;** das **Glockenläuten;** der **Glockenschlag;** das **Glockenspiel;** der **Glockenturm; glockig** (glockenförmig); der **Glöckner**
Glo·rie *[glorje],* die: -, -n (Ruhm, Glanz); **glorifizieren** (verherrlichen); das **Gloria:** *mit Glanz und Gloria* (ganz und gar); **glorios** (ruhmvoll); **glorreich** (ruhmreich)
Glos·se *griech.,* die: -, -n (Randbemerkung, spöttische Anmerkung); **glossieren**

glọt·zen: blöde glotzen (starr, mit grossen Augen schauen); das **Glotzauge; glotzäugig;** die **Glotze** (Fernsehgerät)

Glück, das: -(e)s; Glück (Erfolg) wünschen – das war dein Glück – Glück bringend – Glück verheissend – Glück auf! (Bergmannsgruss) – auf gut Glück – *Glück und Glas, wie leicht bricht das;* **glücken; glückhaft; glücklich:** eine glückliche Zeit – etwas verläuft glücklich (ohne Störung, günstig) – ein glücklicher (günstiger) Zufall – *dem Glücklichen schlägt keine Stunde;* **glücklicherweise; glücklos;** der **Glücksbringer; glückselig;** die **Glückseligkeit;** der **Glücksfall;** das **Glückskind;** der **Glückspfennig;** die **Glückssache;** das **Glücksschwein;** das **Glücksspiel;** die **Glückssträhne;** der **Glückstreffer;** der **Glückwunsch**

glụ·ckern: das Wasser gluckert (plätschert) im Brunnen; die **Glucke** (Henne); **glucken;** die **Gluckhenne; glucksen**

glü·hen: das Eisen glüht (leuchtet rot) im Feuer – vor Hitze glühen; die **Glühbirne; glühend:** ein glühender Verehrer – ein glühend heisses Eisen – die Strasse ist glühend heiss; die **Glühlampe;** der **Glühwein;** das **Glühwürmchen**

Glut, die: -, -en; über den Strassen liegt eine furchtbare Glut (Hitze); **glutäugig;** die **Gluthitze; glutrot**

Gly·ze·rin *griech.,* das: -s (dreiwertiger Alkohol); auch: das **Glycerin** (in der Chemie)

GmbH = Gesellschaft mit beschränkter Haftung

Gna·de, die: -, -n; um Gnade (Nachsicht, Milde, Straferlass) bitten – von Gottes Gnaden – *Gnade für Recht ergehen lassen* (sehr nachsichtig sein); aber: gnade dir Gott!; das **Gnadenbrot;** der **Gnadenerlass;** die **Gnadenfrist; gnadenlos;** der **Gnadenstoss; gnädig:** gnädig sein (Nachsicht zeigen) – die gnädige (hoch verehrte) Frau

Gneis, der: -es, -e (Gestein)

Gnom, der: -en, -en (Kobold); **gnomenhaft**

Gnu, das: -s, -s (Antilopenart)

Goal *engl. [gol],* das: -s, -s; er schiesst ein Goal (Tor) im Fussball

Go·be·lin *franz. [gọbelä],* der: -s, -s (Wandbehang)

Go·ckel, der: -s, - (Hahn)

Gof, das/der: -s, -en (kleines, ungezogenes Kind)

Gold, das: -(e)s (Edelmetall); der **Goldbarren; goldblond; golden:** die goldene Hochzeit – der goldene Schnitt – das goldene Zeitalter; aber: das Goldene Kalb; **goldfarben;** der **Goldfisch; goldgelb;** der **Goldgräber;** die **Goldgräberin;** die **Goldgrube; goldhaltig;** der **Goldhamster; goldig:** ein goldiges (niedliches, hübsches) Kind; die **Goldmedaille; goldrichtig;** der **Goldschmied;** die **Goldschmiedin;** das **Goldstück;** die **Goldwaage;** die **Goldwährung;** der **Goldzahn**

Golf *engl.,* das: -s (Rasenspiel); Golf spielen; der **Golfer** (Golfspieler); die **Golferin;** der **Golfplatz;** der **Golfschläger**

Golf *griech.,* der -(e)s, -e (Meeresbucht); der **Golfstrom**

Gon·del *ital.,* die: -, -n (langes Ruderboot, Luftballonkorb); die **Gondelbahn** (Hängekabine); **gondeln:** durch halb Deutschland gondeln (ohne festes Ziel fahren); der **Gondoliere**

Gong *malai.,* der: -s, -s (asiatisches Musikinstrument); der Gong ertönt; **gongen;** der **Gongschlag**

gön·nen: jemandem sein Glück gönnen – sich einen Tag Ruhe gönnen (erlauben); der **Gönner** (hilfsbereiter Freund, Förderer, Geldgeber); **gönnerhaft;** die **Gönnerin;** die **Gönnermiene**

Gör, das: -(e)s, -en (ungezogenes kleines Kind); auch: die **Göre**

Go·ril·la *afrik.,* der: -s, -s (Menschenaffe)

Gos·se, die: -, -n (Rinnstein)

Go·tik *franz.,* die: - (Kunststil); **gotisch:** gotische Dome; das **Gotische**

Gott, der: -es, Götter; um Gottes willen – in Gottes Namen – Gott sei Dank! – Gott behüte! – Gott der Allmächtige – weiss Gott! – mein Gott! – grüss Gott! – *bei Gott ist kein Ding unmöglich;* **gottbewahre!;** zum **Gotterbarmen;** der **Gottesacker** (Friedhof); der **Gottesdienst; gottesfürchtig; gotteslästerlich;** die **Gotteslästerung; gottgefällig; gottgewollt; göttlich:** die göttliche Gerechtigkeit – eine göttliche (himmlische) Stimme haben; **gottlob!; gottlos;** die **Gottlosigkeit; gottserbärmlich; gottverlassen;** das **Gottvertrauen**

Got·te, die: -, -n (Taufpatin); der **Götti** (Taufpate)

Göt·ze, der: -n, -n (falscher Gott); das **Göt-**

zenbild; der **Götzendiener;** die **Götzendie-nerin;** der **Götzendienst**

Gou·ver·neur *franz.* *[guwernör]*, der: -s, -e (Statthalter)

GPS = Grüne Partei der Schweiz

GR = Kanton Graubünden

gra·ben: du gräbst, er grub, sie hat gegraben, grab(e)!; ein Loch graben – nach Gold graben; das **Grab:** zu Grabe tragen – *etwas mit ins Grab nehmen* (ein Geheimnis nicht preisgeben); der **Graben;** die **Grabesstille;** das **Grabmal,** die Grabmäler / Grabmale; die **Grabstätte;** der **Grabstein;** die **Grabung**

Gracht *niederl.,* die: -, -en (schiffbarer Strassenkanal in niederländischen Städten)

Grad ⟨°⟩ *lat.,* der: -(e)s, -e (Masseinheit); 20 Grad Celsius – ein Winkel von 45 Grad – der Längengrad – er ist in hohem Grade (sehr) erkältet; der **Gradmesser; graduell** (stufenweise); **gradweise** # Grat

Graf, der: -en, -en (Adelstitel); der **Grafentitel;** die **Gräfin; gräflich;** die **Grafschaft**

Gra·fik *griech.,* die: -, -en (Schaubild, Illustration, Sammelbezeichnung für künstlerische Techniken); auch: die **Graphik;** der **Grafiker;** die **Grafikerin; grafisch**

Gral *franz.,* der: -s (Wunder wirkende Schale in der Sage); die **Gralsburg;** der **Gralsritter;** die **Gralssage**

Gram, der: -(e)s (Kummer); **gram:** jemandem gram (böse) sein, bleiben; sich **grämen** (sehr bekümmert sein, trauern); **gramerfüllt; gramgebeugt; grämlich; gramvoll**

Gramm ⟨g⟩ *griech.,* das, -s, -(e) (Gewichtseinheit); ein Kilogramm ⟨kg⟩ hat 1000 Gramm

Gram·ma·tik, die: -, -en (Sprachlehre); **grammatikalisch; grammatisch:** das grammatische Geschlecht

Gram·mo·phon *griech.,* das: -s, -e (Gerät zum Abspielen von Schallplatten); auch: das **Grammofon**

Gra·nat, der: -e(s), -e (Schmuckstein); der **Granatschmuck**

Gra·na·te *ital.,* die: -, -n (mit Sprengstoff gefülltes Geschoss); der **Granatsplitter;** der **Granatwerfer** (Geschütz)

gran·di·os *ital.:* eine grandiose (grossartige, überwältigende) Leistung

Gra·nit *ital.,* der: -s, -e (Gesteinsart) – *auf Granit beissen* (auf unüberwindlichen Widerstand stossen); der **Granitblock; graniten**

gran·tig: grantig (missmutig, mürrisch) sein

Grape·fruit *engl.* *[grepfrut]*, die: -, -s (Zitrusfrucht)

Gra·phik *griech.,* die: -, -en; → Grafik; der **Graphit** (ein Mineral); auch: der **Grafit**

Gra·pho·lo·gie, die: - (Lehre von der Deutung der Handschrift); auch: die **Grafologie**

grap·schen: (schnell nach etwas greifen)

Gras, das: -es, Gräser; Gras mähen – *das Gras wachsen hören* (sich sehr schlau vorkommen); die **Grasdecke; grasen:** die Kühe grasen (fressen) auf der Wiese; die **Grasfläche; grasgrün;** das **Gräslein;** die **Grasmücke** (Singvogel); die **Grasnarbe;** die **Grassteppe**

gras·sie·ren *lat.:* eine Krankheit grassiert (greift um sich, wütet)

gräss·lich: ein grässliches (abscheuliches) Wetter – ein grässlicher (schrecklicher) Unfall; die **Grässlichkeit**

Grat, der: -(es), -e (Bergkamm, Kante) # Grad

Grä·te, die: -, -n (Fischknochen); **grätenlos; grätig**

Gra·tin *franz.* *[gratä]*, das: -s, -s (überbackenes Gericht); **gratinieren**

gra·tis *lat.:* (kostenlos); der **Gratisanzeiger;** die **Gratisprobe;** die **Gratisvorstellung**

Grät·sche, die: -, -n (Turnübung); **grätschen** (die Beine zur Seite spreizen); die **Grätschstellung**

gra·tu·lie·ren: (Glück wünschen); **der Gratulant;** die **Gratulantin;** die **Gratulation** (Glückwunsch)

grau: eine graue Farbe – alles grau in grau – ein grauer Anzug – grau meliert – der graue (öde) Alltag – in grauer Vorzeit – der graue Star (Augenkrankheit) – *sich keine grauen Haare wachsen lassen* (sich keine Sorgen machen); aber: die Grauen Panther (Organisation für Senioren in Deutschland); das **Grau; graublau;** auch: **grau-blau; grauhaarig; gräulich;** der **Grauschleier;** die **Grauzone**

Grau·bün·den: (Kanton); der **Graubündner;** die **Graubündnerin; graubündnerisch;** auch: der **Bündner;** die **Bündnerin; bündnerisch**

grau·en: mir / mich graut (ich habe Angst) vor dem morgigen Tag – es graut (dämmert) schon – der Morgen graut; der **Gräuel:** dieser Mensch ist mir ein Gräuel (ich empfinde Abscheu gegen ihn) – die Gräuel

G
H
I
J
K
L
M

(Schrecken) des Krieges; das **Gräuelmärchen;** die **Gräuelpropaganda;** die **Gräueltat;** das **Grauen:** mich überkommt Grauen (Entsetzen, Furcht) – die Grauen (Schrecken) des Krieges – Grauen erregend; **grauenhaft; grauenvoll; gräulich** (grässlich)

Grau·pe, die: -, -n (Getreidekorn); *Graupen* (hochfliegende Pläne) *im Kopf haben;* die **Graupel** (Hagelkorn); **graupeln;** der **Graupelschauer;** die **Graupensuppe**

grau·sam: sich grausam (unbarmherzig) rächen – eine grausame (schlimme) Kälte; der **Graus** (Schrecken): o Graus!; die **Grausamkeit; grausen:** mir graust (ekelt) vor dem Essen – sich vor nichts grausen (fürchten); das **Grausen; grausig**

gra·vie·ren *lat. [grawiren]:* (etwas in harte Stoffe einritzen); der **Graveur** *[grawör];* die **Graveurin; gravierend** (belastend); die **Gravierung;** die **Gravitation** (Schwerkraft); **gravitätisch:** gravitätisch (würdevoll) schreiten; die **Gravur**

Gra·zie *lat. [gratsje],* die: - (Anmut); **grazil** (geschmeidig, zierlich); **graziös** (anmutig)

Green·peace *engl. [grinpis]:* (internationale Organisation zum Schutz der Umwelt)

grei·fen: du greifst, er griff, sie hat gegriffen, greif(e)!; etwas mit der Hand greifen (erfassen) – den Ausbrecher greifen (fangen); aber: zum Greifen nahe; **greifbar:** greifbare (deutlich sichtbare) Ergebnisse – die Ware ist nicht greifbar (verfügbar); der **Greifvogel;** die **Greifzange;** der **Griff**

grei·nen: (weinen)

Greis, der: -es, -e (alter Mann); **greis:** ein greiser (sehr alter) Mann; das **Greisenalter; greisenhaft;** die **Greisenhaftigkeit;** die **Greisin**

grell: ein grelles (sehr helles) Licht – ein greller (durchdringender) Schrei – grelle (unangenehm auffallende) Farben – ein grell beleuchteter Raum; die **Grelle; grellrot**

Gre·mi·um *lat.,* das: -s, Gremien (Ausschuss, Körperschaft)

Gre·na·dier *franz.,* der: -s, -e (Infanteriesoldat)

Gren·ze, die: -, -n; eine Grenze zwischen Ländern – die Grenze (Trennungslinie) zwischen Gut und Böse – keine Grenzen kennen; der **Grenzbewohner; grenzen:** das Grundstück grenzt an das Meer – das grenzt an Frechheit; **grenzenlos;** die **Grenzenlosigkeit;** der **Grenzfall;** der **Grenzgänger; grenznah;** der **Grenzschutz;** die **Grenzsituation;** der **Grenzstein;** die **Grenztruppen** *Mz.;* **grenzüberschreitend;** der **Grenzverkehr;** der **Grenzzwischenfall**

Grie·chen·land: -s (Staat in Südeuropa); der **Grieche;** die **Griechin; griechisch**

Gries·gram, der: -(e)s, -e (mürrischer Mensch); **griesgrämig;** auch: **griesgrämisch; griesgrämlich**

Griess, der: -es, -e (Getreideprodukt); der **Griessbrei;** das **Griessmehl;** die **Griesssuppe**

Griff, der: -(e)s, -e; der Griff des Koffers – der Griff nach der Geldbörse – *etwas im Griff haben* (etwas gut beherrschen); **griffbereit;** das **Griffbrett; grifffest; griffig;** die **Griffigkeit; grifflos**

Grif·fel, der: -s, - (Schreibstift aus Schiefer)

Grill *engl.,* der: -s, -s (Bratrost); **grillen;** das **Grillfest;** das **Grillgericht; grillieren;** der **Grillplatz**

Gril·le, die: -, -n; Grillen (Heuschrecken) zirpen – Grillen (Launen, sonderbare Einfälle) im Kopf haben

Gri·mas·se *franz.,* die: -, -n (Verzerrung des Gesichts, Fratze)

grim·mig: grimmig (missmutig, ärgerlich) sein – ein grimmiger (sehr schlimmer) Winter; der **Grimm** (Ärger); das **Grimmen** (Bauchweh); die **Grimmigkeit**

Grind, der: -(e)s, -e (Wundschorf); **grindig**

grin·sen: unverschämt grinsen (boshaft, höhnisch lachen)

Grip·pe *franz.,* die: -, -n (Infektionskrankheit); **grippal:** ein grippaler Infekt; der **Grippevirus;** die **Grippewelle**

Grips, der: -es, -e (Verstand, Auffassungsgabe)

grob: gröber, am gröbsten; ein grober (nicht sehr feiner) Sand – grobe (schlimme) Fehler – ein grober (derber) Kerl – grob fahrlässig – grob gemahlen – aufs gröbste; auch: aufs Gröbste; aber: aus dem Gröbsten heraus sein; **grobfaserig;** die **Grobheit;** der **Grobian** (grober Mensch); **grobknochig; gröblich** (ziemlich, stark); **grobmaschig; grobschlächtig** (plump, unhöflich, unfein)

Grog, der: -s, -s (heisses Getränk aus Rum, Zucker und Wasser); **groggy** (schwer angeschlagen, erschöpft)

grö·len: die Betrunkenen grölen (lärmen, schreien, singen laut); die **Grölerei**

grol·len: jemandem grollen (zürnen) – das Grollen (Krachen) des Donners; der **Groll**

Gros franz. [gro], das: -, - (Masse, Mehrzahl)

Gros niederl. [gross], das: -ses, -se (12 Dutzend)

Gro·schen lat., der: -s, -; nur ein paar Groschen kosten; das **Groschenheft;** der **Groschenroman**

gross: grösser, am grössten; einen Text gross (in grosser Schrift) schreiben – Ehrlichkeit gross schreiben (schätzen) – der grosse Garten – die grossen Ferien – das grosse Einmaleins – ein grosser (bedeutender) Dichter – grosse Angst haben – zwei Meter gross – die grosse Welt – auf grosser Fahrt – die grosse Pause – ein gross angelegter Plan – ein gross gewachsener Baum – *das grosse Geld machen* (viel verdienen) – *grosse Töne spucken* (angeben); aber: im Grossen und Ganzen (im Allgemeinen) – im grossen Ganzen – Gross und Klein (jedermann) – im Grossen einkaufen – die Grossen und die Kleinen – Grosse und Kleine – der Grosse ⟨d.Gr.⟩ – im Grossen wie im Kleinen – Karl der Grosse – der Grosse Ozean – der Grosse Teich (Atlantik) – die Grosse Strafkammer – er ist der Grösste (unübertroffen) – etwas, nichts, viel, wenig Grosses; der **Grossalarm; grossartig;** die **Grösse; Grosseltern** Mz.; die **Grössenordnung; grossenteils;** der **Grössenwahn; grossflächig;** der **Grosshandel; grossherzig; grossjährig;** das **Grosskind** (Enkel); sich **grossmachen** (rühmen); die **Grossmacht; grossmächtig;** der **Grossmarkt;** das **Grossmaul; grossmehrheitlich;** die **Grossmut;** die **Grossmutter** (Oma); **grossmütig; grossräumig;** der **Grossrat** (Kantonsparlament); auch: der **Grosse Rat;** das **Grossrein(e)machen; grossschreiben** (mit grossem Anfangsbuchstaben schreiben); aber: in das Heft gross schreiben (mit grossen Buchstaben, in grosser Schrift schreiben); die **Grossschreibung; grossspurig;** die **Grossstadt; grossstädtisch;** der **Grossteil; grösstenteils;** die **Grosstuerei; grosstun** (prahlen); der **Grossvater** (Opa); **grossziehen** (aufziehen); **grosszügig;** grosszügig (nicht kleinlich) sein; die **Grosszügigkeit**

gro·tesk franz.: (komisch, verzerrt); die **Groteske** (derb-komische Erzählung); **groteskerweise**

Grot·te ital., die: -, -n (Felsenhöhle)

Gru·be, die: -, -n; in eine tiefe Grube (tiefe Mulde, ein tiefes Loch) fallen – in die Grube (das Bergwerk) einfahren – *wer anderen eine Grube gräbt, fällt selbst hinein;* der **Grubenarbeiter;** das **Grübchen**

grü·beln: über eine Aufgabe grübeln (lange nachdenken, brüten); die **Grübelei;** der **Grübler;** die **Grüblerin; grüblerisch**

grü·e·zi: (Grusswort)

Gruft, die: -, Grüfte (Grabgewölbe); der **Grufti** (älterer Mensch)

grün: die grüne Wiese – die grüne Welle (im Strassenverkehr) – die grüne Grenze – am grünen Tisch – der grüne Star (Augenkrankheit) – die grüne Lunge (Grünfläche) einer Stadt – der grüne (unerfahrene) Junge – *einem nicht grün* (nicht gewogen) *sein;* aber: Grün steht ihr nicht – die Ampel steht auf Grün – dasselbe in Grün (genau dasselbe); das **Grün;** die **Grünanlage; grünblau;** der **Gründonnerstag;** das **Grüne:** die Fahrt ins Grüne; der/die **Grüne** (Mitglied einer Umweltschutzpartei); **grünen;** die **Grünen** (Umweltschutzpartei) Mz.; die **Grünfläche;** das **Grünfutter; grünlich;** das **Grünlicht;** der **Grünschnabel** (unerfahrener Mensch); der **Grünspan** (Belag auf Kupfer oder Messing); das **Grünzeug**

Grund, der: -(e)s, Gründe; der Grund und Boden – bis auf den Grund (Boden) des Wassers sehen – ein vernünftiger Grund (Anlass) – aus diesem Grunde (deshalb) – im Grunde – auf Grund dessen; auch: aufgrund – von Grund auf (ganz und gar) – im Grunde genommen (eigentlich) – auf Grund laufen – einer Sache auf den Grund gehen – zu Grunde gehen; auch: zugrunde gehen – zugrunde richten – zugrunde liegen – *festen Grund* (eine sichere Grundlage) *unter den Füssen haben;* **grundanständig;** der **Grundbegriff;** der **Grundbesitz; grundehrlich; gründen;** der **Gründer;** die **Gründerin;** der **Grunderwerb; grundfalsch;** die **Grundfarbe;** die **Grundfläche;** die **Grundform;** die **Grundgebühr;** der **Grundgedanke;** das **Grundgesetz; grundhässlich;** die **Gründlichkeit; grundieren** (Grundfarbe auftragen); die **Grundlage; grundlegend; gründlich;** die **Gründlichkeit;** die **Grundlinie; grundlos;** das **Grundrecht;** der **Grundriss;** der **Grundsatz; grundsätzlich;** die **Grundschule;** der **Grundstock;** das **Grundstück;** die **Grundstufe;** die **Gründung; grundverkehrt; grundverschieden;** das **Grundwasser;** der **Grundwortschatz**

grun·zen: grunzen wie ein Schwein (dumpfe Laute ausstossen)

Grup·pe, die: -, -n; eine Gruppe (mehrere, eine Schar) von Menschen; das **Grüppchen;** die **Gruppenarbeit;** die **Gruppentherapie;** der **Gruppenunterricht; gruppenweise; gruppieren;** die **Gruppierung**

gru·seln: mich/mir gruselt (schaudert); der **Gruselfilm; grus(e)lig** (unheimlich, schaurig); das **Gruselmärchen**

grüs·sen: grüss Gott sagen – du grüsst – grüss dich!; der **Gruss:** zum Gruss; **grusslos;** das **Grusswort**

Grüt·ze, die: -, -n; Grütze (Brei) essen – *viel Grütze im Kopf haben* (sehr klug sein)

gu·cken: (blicken, sehen); das **Guckfenster;** der **Guckkasten;** das **Guckloch**

Gue·ril·la *span. [gerilja]*, die: -, -s (Partisanenkrieg); der **Guerilla** (Partisan); der **Guerillakämpfer;** die **Guerillakämpferin;** die **Guerillas** *Mz.* (Untergrundkämpfer)

Gu·gel·hopf, der: -(e)s, -e (Hefekuchen, Napfkuchen); auch: der **Gugelhupf**

Güg·gel, der: -s, - (Gockel); das **Güggeli** (Backhähnchen)

Guil·lo·ti·ne *franz. [giljotine]*, die: -, -n (Fallbeil zur Hinrichtung)

Gu·lasch, das/der: -(e)s, -e (scharf gewürztes Fleischgericht); die **Gulaschsuppe**

Gül·le, die: - (Stalldünger); **güllen;** → Jauche

Gul·ly *engl. [guli]*, der/das: -s, -s (Einlaufstelle für Strassenabwässer)

gül·tig: ein gültiger (anerkannter) Ausweis; die **Gültigkeit**

Gum·mi, der: -s, -s (Rohstoff, Klebstoff); der **Gummiball;** das **Gummiband; gummieren** (mit Gummi bestreichen); der **Gummireifen;** der **Gummistiefel**

Gunst, die: - (Gnade, Achtung, Vorteil); in der Gunst eines anderen stehen – jemandem eine Gunst erweisen – die Gunst der Stunde – zu seinen Gunsten – zu Gunsten eines anderen; auch: zugunsten; der **Gunst-**

beweis; die **Gunstbezeigung; günstig; günstigenfalls; günstigstenfalls;** der **Günstling**

Gur·gel, die: -, -n (Rachen); **gurgeln**

Gur·ke, die: -, -n (Frucht); **gurken:** durch die Gegend gurken (fahren); der **Gurkensalat**

gur·ren: gurrende Tauben

Gür·tel, der: -s, - (festes Band); der **Gurt;** die **Gürtellinie;** der **Gürtelreifen;** die **Gürteltasche; gurten** (anschnallen); sich **gürten;** der **Gurtmuffel**

GUS = Gemeinschaft unabhängiger Staaten

Guss, der: -es, Güsse; der Guss einer Glocke – ein kalter Guss (heftiger Regenschauer) – eine Torte mit einem süssen Guss; das **Gusseisen; gusseisern;** der **Gussstahl**

gut: besser, am besten; gute Noten – gute Manieren – eine gute Tat – gutes Wetter – ein guter Bekannter – eine gute Stunde – er ist guter Dinge – der gute Ton – so gut wie – es gut sein lassen – er ist gut gekleidet – er ist gut gelaunt – gut gepflegt – eine gut bezahlte Arbeit – ein gut gemeinter Rat – gut gesinnt – jenseits von gut und böse – gut unterrichtet – ein gut aussehendes Mädchen – das ist gut gegangen – er ist mir gut – gut und gern (mindestens) – guten Abend wünschen; aber: im Guten wie im Bösen (allezeit) – es im Guten versuchen – Guten Tag sagen; auch: guten Tag sagen – jemandem etwas Gutes tun – nichts, viel Gutes – alles Gute – zu viel des Guten – sein Gutes haben – vom Guten das Beste – zum Guten lenken – der Gute Hirt (Christus); das **Gutachten** (fachmännisches Urteil); **gutartig; gutbürgerlich;** das **Gutdünken;** die **Güte:** ein Mensch voller Güte (Gutherzigkeit) – die Güte (Qualität) der Ware prüfen; der **Gutenachtgruss;** das **Gütezeichen; gutgläubig** (leichtgläubig, arglos); die **Gutgläubigkeit;** das **Guthaben; gutheissen** (billigen); **gutherzig; gütig; gütlich:** sich an etwas gütlich tun; **gutmachen** (in Ordnung bringen, belohnen); aber: etwas gut (ordentlich) machen; **gutmütig** (gütig); die **Gutmütigkeit; gutnachbarlich; gutschreiben** (anrechnen); aber: gut (schön, sauber) schreiben; die **Gutschrift; gutwillig;** die **Gutwilligkeit**

Gut, das: -(e)s, Güter; all sein Hab und Gut (Besitz) – auf einem grossen Gut (Bauernhof) arbeiten; die **Güterabfertigung;** der

Güterbahnhof; die **Gütergemeinschaft**; die **Gütertrennung**; der **Güterverkehr**; der **Güterzug**; der **Gutsbesitzer**; der **Gutschein**; die **Gutschrift**; das **Gutshaus**; der **Gutshof**; der **Gutsverwalter**

GV = Generalversammlung

Gym·na·si·um *griech.*, das: -s, Gymnasien (höhere Schule); **gymnasial**; der **Gymnasiast**; die **Gymnasiastin**

Gym·nas·tik *griech.*, die: - (Körperübungen); der **Gymnastikunterricht**; **gymnastisch**

Gy·ros *griech.*, das: -, - (griechisches Gericht)

h = hora (Stunde); 7 h (Stunden) – 7^h (Uhr)

ha = Hektar (10 000 m^2)

Haar, das: -(e)s, -e; mit die Haare kämmen – um ein Haar (beinahe) – aufs Haar (genau) – *kein gutes Haar an jemandem lassen* (nur Schlechtes über jemanden sagen) – *Haare auf den Zähnen haben* (sich nichts gefallen lassen, bissig sein) – *ein Haar in der Suppe finden* (an einer Sache etwas auszusetzen haben) – *etwas an den Haaren herbeiziehen* (etwas anführen, was nur entfernt zur Sache gehört) – *sich keine grauen Haare wachsen lassen* (sich keine unnötigen Sorgen machen); die **Haarbürste**; (sich) **haaren** (Haare verlieren); die **Haaresbreite**: um Haaresbreite dem Tod entgehen; aber: nur um eines Haares Breite; die **Haarfarbe**; **haarfein**; **haargenau** (ganz genau); **haarig**: haarige Beine – eine haarige (schwierige, heikle) Geschichte; **haarklein** (ganz klein, in allen Einzelheiten); **haarscharf**: haarscharf (dicht) an jemandem vorbeifahren – haarscharf (ganz genau) beobachten; der **Haarschnitt**; der **Haarschopf**; die **Haarspalterei** (Spitzfindigkeit); das **Haarspray**; **haarsträubend** (unglaublich, unerhört); der **Haarwuchs**; aber: das **Härchen**

ha·ben: du hast, er hatte, sie hat gehabt, hab(e)!; kein Geld haben (besitzen) – Hunger haben (verspüren) – ein Meter hat hundert Zentimeter – nichts zu sagen haben – es hat nichts auf sich – wir haben ihn! (gefangen) – Recht haben – habt Acht! – *etwas gegen jemanden haben* (gegen ihn vorein-

genommen sein) – *noch zu haben sein* (ledig, frei sein) – *für etwas zu haben sein* (sich für etwas gewinnen lassen, etwas gerne mögen); die **Habe**: seine ganze Habe (seinen Besitz) verlieren – das Hab und Gut; das **Haben** (Guthaben); der **Habenichts** (völlig mittelloser Mensch); die **Habgier** (Geiz, Geldgier); **habgierig**; **habhaft**: des Verbrechers habhaft werden (ihn festnehmen); **hablich** (wohlhabend); die **Habseligkeiten** *Mz.* (Besitztümer); die **Habsucht**; **habsüchtig**

Ha·ber, der: -s; → Hafer

Ha·bicht, der: -s, -e (Greifvogel); die **Habichtsnase**

Hach·se, die: -, n (unteres Bein von Kalb oder Schwein); → Haxe

Ha·cke, die: -, -n (Werkzeug); der **Hackbraten**; das **Hackbrett**; das **Hack(e)beil**; das **Hackfleisch**; die **Hackfrucht**; **hacken**: Holz hacken (zerkleinern); das/der **Häcksel** (gehacktes Stroh als Viehfutter); das **Hacksteak** *[hakstek]*

Ha·cke, die: -, -n (Ferse); auch: der **Hacken**; der **Hackentrick** (Trick im Fussballspiel)

Ha·cker, der: -s, - (jemand, der sich unerlaubt zu fremden Computersystemen Zugang verschafft)

ha·dern: mit sich und der Welt hadern (in Streit liegen, grollen) – mit seinem Schicksal hadern (unzufrieden sein); der **Hader** (Zwist, Streit)

Ha·fen, der: -s, Häfen; in einen Hafen (Liegeplatz für Schiffe) einlaufen – *den Hafen der Ehe ansteuern* (heiraten wollen); die **Hafenkneipe**; die **Hafenstadt**; das **Hafenviertel**

Ha·fer, der: -s (Getreideart); auch: der **Haber**; Hafer fressen – *jemanden sticht der Hafer* (er ist übermütig); der **Haferbrei**; die **Haferflocken**; der **Haferschleim**

Haf·ner, der: -s, - (Töpfer, Ofensetzer); auch: der **Häfner**; der **Hafen** (Gefäss, Topf)

haf·ten: die Fliesen haften (kleben) fest – die Eltern haften (bürgen, sind verantwortlich) für ihre Kinder – für jemanden haften (einstehen) – an etwas haften bleiben; die **Haft**: sich in Haft (im Gefängnis, in Gewahrsam) befinden – seine Haft (Freiheitsstrafe) verbüssen; **haftbar** (verantwortlich, zu Ersatz verpflichtet); die **Haftbarkeit**; der **Haftbefehl**; die **Haftdauer**; die **Haftentlassung**;

G H I J K L M

haftfähig; der **Häftling** (Gefangener); die
Haftpflicht; **haftpflichtversichert;** die
Haftschale; die **Haftstrafe;** die **Haftung;**
die **Haftverschonung**
Hag, der: -(e)s, -e/Häge (Hecke, Zaun); *am
Hag sein* (nicht mehr weiter wissen)
Ha·ge·but·te, die: -, -n (Frucht der Hecken-
rose); der **Hagebuttentee**
Ha·gel, der: -s (Niederschlag von Eiskörnern);
das **Hagelkorn; hageln:** es hagelt stark – es
hagelte Ohrfeigen; der **Hagelschaden;** der
Hagelschauer; der **Hagelschlag**
ha·ger: eine hagere (knochige, magere) Ge-
stalt; die **Hagerkeit**
Hä·her, der: -s, - (Rabenvogel)
Hahn, der: -(e)s, Hähne (männl. Huhn); der
Hahn kräht am Morgen – den Hahn (z. B.
einer Wasserleitung) aufdrehen – *der Hahn
im Korb* (einziger Mann unter mehreren
Frauen) *sein – jemandem den roten Hahn
aufs Dach setzen* (das Haus anzünden); das
Hähnchen; der **Hahnenfuss** (Wiesenblume);
der **Hahnenschrei:** beim ersten Hahnen-
schrei (früh am Morgen)
Hai niederl., der: -(e)s, -e (Raubfisch); der **Hai-
fisch**
Hain, der: -(e)s, -e (kleiner Wald); die **Hain-
buche** (Laubbaum)
hä·keln: ich häk(e)le einen Topflappen; die
Häkelei; das **Häkelgarn;** die **Häkelnadel**
Ha·ken, der: -s, - (gebogenes Stück Holz oder
Metall); der Hase schlägt einen Haken
(ändert die Richtung) – einen Haken in die
Wand einschlagen – ein linker Haken
(Schlag beim Boxen) – die Sache hat einen
Haken (eine Schwierigkeit, ein Nachteil) –
mit Haken und Ösen (mit allen möglichen
Mitteln); das **Häkchen** (kleiner Haken);
haken: das Seil hakt (klemmt); **haken-
förmig;** das **Hakenkreuz;** die **Hakennase;
hakig**
halb: ein halber Meter – halb und halb – halb
vier Uhr – es ist halb – eine halbe Stunde –
der Zeiger steht auf halb – anderthalb Stun-
den – ein halb(es) Dutzend – ein halbes
Dutzend Mal – auf halber Höhe – mit hal-
ber Kraft – nur halb (nicht richtig) bei der
Sache sein – halb fertig sein – ein halb er-
wachsener Sohn – halb blind – das Essen ist
halb gar – ein halb leeres Glas – halb links
– halb nackt sein – die Tür ist halb offen –

halb rechts – halb tot sein – halb verhun-
gert – halb voll – das Kind ist halb wach –
drei(und)einhalb Pfund – halb so viel –
halb so viele – mit jemandem halbe-halbe
machen (teilen); aber: ein Halbes – nichts
Halbes und nichts Ganzes; **halbamtlich;**
auch: halb amtlich, halb privat; **halbbatzig**
(unbefriedigend); die **Halbbildung; halb-
bitter;** das **Halbblut;** der **Halbbruder;** das
Halbdunkel (Zwielicht); der/die/das **Hal-
be;** das **Halbfinale;** der **Halbgott;** die **Halb-
heit** (Unvollkommenes); **halbherzig; halb-
hoch; halbieren** (in zwei gleiche Teile
teilen); die **Halbinsel; halbjährig** (ein hal-
bes Jahr alt); **halbjährlich** (alle halben
Jahre); der **Halbkanton;** der **Halbkreis;
halblang; halblaut;** das **Halbleder; halb-
mast:** die Fahne steht auf halbmast; der
Halbmesser (Radius); der **Halbmond;** der
Halbpension; halbrund; der **Halbschlaf;
halbseitig;** der **Halbstarke;** der **Halbstiefel;
halbstündig** (eine halbe Stunde dauernd);
halbstündlich (jede halbe Stunde); **halb-
tags;** die **Halbtagsarbeit;** das **Halbtaxabon-
nement; halbtrocken;** die **Halbwahrheit;**
die **Halbwaise; halbwegs** (einigermassen);
halbwüchsig; der/die **Halbwüchsige** (ein
noch nicht ganz erwachsener, junger
Mensch); die **Halbzeit;** → Hälfte
hal·ber: der Ordnung halber (wegen); **...hal-
ber:** anstandshalber – ordnungshalber –
umständehalber
Hal·de, die: -, -n (Abhang, Aufschüttung); auf
Halde liegen (vorrätig sein)
Hälf·te, die: -, -n; die Hälfte des Geldes – zur
Hälfte – meine bessere Hälfte (meine Ehe-
frau, mein Ehemann); **hälften** (halbieren);
→ halb
Half·ter, das/der: -s, - (Pferdegeschirr, Zaum);
halftern
Half·ter, das/die: -, -n (Pistolentasche)
Hall, der: -(e)s, -e (Schall); **hallen:** die Stimme
hallt durch den leeren Raum
Hal·le, die: -, -n (grosser, hoher Raum); das
Hallenbad; der **Hallenfussball**
hal·le·lu·ja! hebr. (Gebetsruf: Lobet den
Herrn!); das **Halleluja**
hal·lo!: hallo rufen; das **Hallo:** mit grossem
Hallo
Hal·lu·zi·na·ti·on lat., die: -, -en (Sinnes-
täuschung, Trugbild); **halluzinieren**

Halm, der: -(e)s, -e (biegsamer Stängel); das **Hälmchen**
Ha·lo·gen·lam·pe, die: -, -n (sehr helle Lampe); der **Halogenscheinwerfer**
Hals, der: -es, Hälse; der Hals ist entzündet – den Hals des Pferdes klopfen – der Hals einer Flasche – *Hals- und Beinbruch* (alles Gute)! – *Hals über Kopf* (überstürzt) – *bis an den Hals in Schulden stecken* (sehr verschuldet sein) – *sich jemandem an den Hals werfen* (sich ihm aufdrängen) – *sich etwas vom Halse schaffen* (etwas loswerden); der **Halsabschneider** (Wucherer); das **Halsband; halsbrecherisch** (lebensgefährlich); die **Halsentzündung;** die **Halskette;** die **Halskrause;** der **Hals-Nasen-Ohren-Arzt;** die **Halsschmerzen** *Mz.;* **halsstarrig** (eigensinnig, stur); die **Halsstarrigkeit;** das **Halstuch;** das **Halsweh**
halt: du bist halt (eben, wohl) zu jung
hal·ten: du hältst, er hält, sie hat gehalten, halt(e)!; etwas in Händen halten – mit dem Auto halten (anhalten) – die Stellung halten (verteidigen) – sein Wort halten – Ordnung halten (befolgen) – eine Rede halten – Hochzeit halten – sich Tiere halten (anschaffen und pflegen) – den Mund halten – seine Kinder streng halten (erziehen) – die Schuhe halten lange (bleiben lange ganz) – jemanden für ehrlich halten (ansehen) – den Rekord halten (innehaben) – der Nagel hält (sitzt) – im Tor den Ball halten (abwehren) – zu jemand halten (ihm beistehen) – sich im Beruf halten (mit Erfolg behaupten) können – etwas auf sich halten (sich sorgfältig pflegen) – von jemandem viel halten (ihn schätzen) – an sich halten (sich beherrschen); **Halt!:** laut Halt rufen; auch: halt rufen; der **Halt:** (einen) Halt machen (anhalten) – Halt (eine Stütze) suchen; **haltbar:** haltbare (feste) Schuhe – eine haltbare (glaubhafte) Behauptung – der Ball war haltbar; die **Haltbarkeit;** der **Haltegriff;** der **Haltegurt;** der **Haltepunkt;** der **Halter;** die **Halterin;** die **Halterung** (Haltevorrichtung); die **Haltestelle;** das **Halt(e)verbot; haltlos:** ein haltloser (nicht gefestigter Mensch – eine haltlose (unbegründete) Behauptung; die **Haltlosigkeit;** die **Haltung:** eine aufrechte Haltung (Gesinnung) – die Haltung (das Halten) von Tieren

Ha·lun·ke *tschech.,* der: -n, -n (Schuft, Betrüger)
Ham·bur·ger *engl. [hämbörger],* der: -s, -s (Brötchen mit gebratenem Rinderhackfleisch und Zutaten)
hä·misch: ein hämisches (schadenfrohes, boshaftes) Grinsen; die **Häme** (Gehässigkeit)
Ham·mel, der: -s, -/Hämmel (männliches Schaf); **Hammelbein:** *jemandem die Hammelbeine lang ziehen* (ihn zurechtweisen, hart herannehmen); der **Hammelbraten;** die **Hammelkeule**
Ham·mer, der: -s, Hämmer (Werkzeug); *unter den Hammer kommen* (versteigert werden); **hämmern:** Blech hämmern – mit den Fäusten gegen die Tür hämmern – sein Blut hämmert in den Adern; das **Hammerwerfen**
Hä·mor·rho·i·den *Mz. griech.,* die: - (knotenförmige Erweiterung der Mastdarmvenen am After); auch: die **Hämorriden**
Ham·pel·mann, der: -(e)s, ...männer (schwacher, willenloser Mensch); **hampeln** (zappeln)
Hams·ter, der: -s, - (Nagetier); die **Hamsterbacke;** der **Hamsterkauf; hamstern:** Lebensmittel hamstern (sammeln, anhäufen, horten)
Hand, die: -, Hände; die rechte Hand – jemandem die Hand geben – an Hand der Unterlagen; auch: anhand – Hand in Hand – von Hand zu Hand – aus zweiter Hand – Hand anlegen – rechter Hand – zu Händen – die Arbeit geht schnell von der Hand – von langer Hand vorbereitet – unter der Hand – (eine) Hand voll (Geld) – *freie Hand haben* (nach eigenem Willen handeln können) – *seine Hände in Unschuld waschen* (seine Unschuld beteuern) – *jemandem an die Hand gehen* (helfen) – *eine unglückliche Hand haben* (nicht geschickt sein in etwas) – *alle Hände voll zu tun haben* (sehr beschäftigt sein); **...hand:** allerhand – kurzerhand – überhand nehmen – vorderhand (vorläufig); **handarbeiten;** der **Handball; handbreit:** ein handbreiter Rand; aber: die **Handbreit:** zwei Handbreit Stoff; die **Handbremse;** das **Händchenhalten;** aber: sie gingen Händchen haltend spazieren; die **Handcreme;** der **Händedruck; händeringend:** händeringend (verzweifelt)

G H I J K L M

um etwas bitten; die **Handfertigkeit** (Geschicklichkeit); **handfest** (stark, sehr deutlich); die **Handfläche; handgearbeitet; handgefertigt; handgeknüpft;** das **Handgelenk; handgemacht;** das **Handgemenge;** das **Handgepäck; handgerecht; handgeschrieben; handgestrickt; handgewebt; handgreiflich;** der **Handgriff; handgross; handhabbar;** die **Handhabe:** jemandem eine Handhabe (eine Möglichkeit, einen Vorwand) bieten; **handhaben:** ein Gerät handhaben (bedienen); das **Hand-in-Hand-Arbeiten; handkehrum** (plötzlich); **handlang;** der **Handlanger** (Helfer); **handlangern; handlich** (bequem, zweckmässig, leicht zu benutzen); die **Handorgel** (Handharmonika); der **Handschlag;** die **Handschrift;** der **Handschuh;** der **Handstand;** die **Handtasche;** das **Handtuch;** im **Handumdrehen; handverlesen** (sorgfältig ausgewählt); das **Handwerk:** *einem ins Handwerk pfuschen* (sich einmischen) – *jemandem das Handwerk legen* (seinem Treiben ein Ende setzen) – *Handwerk hat goldenen Boden*

Hän·del *Mz.,* die: -; Händel (Streit) suchen; **händelsüchtig**

han·deln: falsch handeln – er handelt (treibt Handel) mit Waren – sofort handeln (tätig werden) – es handelt sich nicht darum (davon ist nicht die Rede) – auf dem Markt handeln (um den Preis feilschen) – das Buch handelt von ... (hat zum Inhalt); der **Handel:** Handel treiben (Geschäfte machen) – Handel treibend – der/die Handel Treibende; auch: der/die Handeltreibende – ein schlechter Handel – Handel und Wandel; die **Handelsbeziehungen** *(Mz.);* **handelseinig; handelseins;** das **Handelsembargo;** die **Handelsfirma;** die **Handelsflotte;** die **Handelsmatur;** der/die **Handelsreisende;** das **Handelsschiff; handelsüblich;** der **Handelsvertrag;** der **Handelsvertreter;** der **Händler;** die **Händlerin;** die **Handlung; handlungsfähig;** die **Handlungsfreiheit;** die **Handlungsvollmacht;** die **Handlungsweise**

Han·di·kap *engl. [händikäp],* das: -s, -s (Behinderung, Benachteiligung); auch: das **Handicap**

Hand·ling *engl. [händling],* das: -(s) das Handling (der Gebrauch, die Handhabung) eines Gerätes

ha·ne·bü·chen: (unverschämt, unglaublich)

Hanf, der: -(e)s (Faserpflanze); das **Hanfgarn;** der **Hänfling** (Vogel); das **Hanfseil**

Hang, der: -(e)s, Hänge; den Hang (Abhang) hinaufklettern – einen Hang (eine Vorliebe, Neigung) zum Naschen haben; **hangabwärts**

Han·gar *franz.,* der: -s, -s (Halle für Flugzeuge)

hän·gen: du hängst, er hängte, sie hat gehängt, häng(e)!; den Mantel in den Schrank hängen – einen Mörder hängen; **hängen:** du hängst, er hing, sie hat gehangen, häng(e)!; an der Decke hängen – an seinen Eltern hängen – der Baum hängt voller Früchte – das Bild kann hier nicht hängen bleiben – vom Unterricht ist nicht viel hängen geblieben – etwas hängen lassen – *den Kopf hängen lassen* (mutlos sein) – *mit Hängen und Würgen* (ganz knapp, mit grosser Mühe) – *etwas bleibt immer hängen;* die **Hängebrücke;** die **Hängematte;** der **Hängeschrank; hängig** (unerledigt) # **henken**

Han·se, die: - (norddeutscher Städtebund im Mittelalter); der **Hanseat** (Bewohner einer Hansestadt); die **Hanseatin; hanseatisch;** die **Hansestadt; hansisch**

hän·seln: jemanden hänseln (ärgern, verspotten); die **Hänselei**

Han·tel, die: -, -n (Handturngerät); **hanteln**

han·tie·ren: mit der Zange hantieren (arbeiten, umgehen) – in der Küche hantieren (emsig beschäftigt sein); die **Hantierung**

ha·pern: es hapert (es ist Mangel) an allem – bei ihr hapert es (sie ist schlecht) in Englisch

Hap·pen, der: -s, -; einen Happen (eine Kleinigkeit) essen – ein fetter Happen (ein grosser Gewinn); das **Häppchen; happig:** happige (übertriebene, sehr hohe) Preise

hap·py *engl. [häpi]* (zufrieden, glücklich); das **Happyend** *[häpiend]* (glücklicher Ausgang); auch: das **Happy End**

Ha·rass *franz.,* der: -es, -e (Holzkiste)

Hard·ware *engl. [hadwär],* die: -, -s (die Maschinenteile einer datenverarbeitenden Anlage)

Ha·rem *arab.,* der: -s, -s (Frauengemach in den Ländern des Islams); der **Haremswächter**

Har·fe, die: -, -n (Saiteninstrument); der **Harfenist;** die **Harfenistin;** das **Harfenspiel**

Har·ke, die: -, -n (Gartengerät, Rechen); *jemandem zeigen, was eine Harke ist* (ihn nachdrücklich belehren); **harken:** den Boden harken (rechen)

Har·le·kin *franz.,* der: -s, -e (Spassmacher)

Harm, der: -(e)s (Kummer, Kränkung); sich **härmen** (grämen, sorgen); **harmlos:** harmlose (ungefährliche, arglose) Absichten haben; die **Harmlosigkeit**

Har·mo·nie *griech.,* die: -, Harmonien (Eintracht, Einklang); **harmonieren:** gut miteinander harmonieren (zusammenpassen); **harmonisch; harmonisieren** (in Einklang bringen); die **Harmonisierung**

Har·mo·ni·ka, die: -, -s/Harmoniken (Musikinstrument); das **Harmonium** (Instrument)

Harn, der: -(e)s, -e (Urin); die **Harnblase; harnen**

Har·nisch, der: -(e)s, -e (Rüstung); *jemanden in Harnisch bringen* (ihn zornig machen, reizen)

Har·pu·ne *niederl.,* die: -, -n (Wurfgerät mit Widerhaken und Leine); **harpunieren;** der **Harpunierer**

har·ren: (sehnsüchtig warten); wir harren der kommenden Dinge

Harsch, der: -(e)s (Schnee mit Eiskruste); **harsch** (rau, barsch); **harschig**

Harst, der: -(e)s, -e (Schar, Haufen)

hart: härter, am härtesten; hartes (festes) Holz – eine harte (schwere) Arbeit – harte (strenge) Strafen – hart gebrannt – ein hart gefrorener Boden – das Ei ist hart gekocht – hart gesotten – ein harter (sehr kalter) Winter – hart (unbarmherzig) durchgreifen – eine harte (stabile) Währung – ein hartes Herz haben – ein harter (schmerzlicher) Schlag – ein hartes (schweres) Los – hart (ganz nahe) am Abgrund – ein harter (verbissener) Kampf – ein hartes (kalkreiches) Wasser – hart auf hart – *hart im Nehmen sein* (viel ertragen können); die **Härte** – die Härte (Festigkeit) des Gesteins – die Härte (Strenge) des Gesetzes – im Spiel war viel Härte (Rohheit); der **Härtefall; härten** (hart machen); die **Hartfaserplatte;** das **Hartgeld** (Münzen); **hartherzig** (mitleidlos); die **Hartherzigkeit;** das **Hartholz; hartnäckig** (beharrlich, stur); die **Hartnäckigkeit**

Harz, das: -es, -e (klebrige Absonderung von Nadelbäumen); **harzen** (Harz absondern); **harzig**

Ha·schee *franz.,* das: -s, -s (fein gehacktes Fleisch)

ha·schen: (fangen, jagen); Haschen spielen; der **Häscher** (Gerichtsdiener)

Ha·schisch *arab.,* das/der: -(s) (Rauschgift); auch: das **Hasch; haschen** (Haschisch rauchen)

Ha·se, der: -n, -n (Nagetier); *ein alter Hase* (erfahren) *sein – wissen, wie der Hase läuft* (eine Sache durchschauen) – *da liegt der Hase im Pfeffer* (das ist der entscheidende Punkt) – *das Hasenpanier ergreifen* (fliehen); der **Hasenbraten;** der **Hasenfuss** (Feigling); die **Häsin**

Ha·sel, die: -, -n (Strauch); der **Haselbusch;** die **Haselmaus;** die **Haselnuss;** der **Haselnussstrauch;** die **Haselstaude**

Has·pel, die: -, -n (Winde); **haspeln** (hastig sprechen bzw. arbeiten)

has·sen: du hasst, er hasste, sie hat gehasst, hass(e)!; seine Feinde hassen (anfeinden, nicht ausstehen können); der **Hass; hassenswert; hasserfüllt:** ein hasserfüllter Blick; aber: von Hass erfüllt sein; die **Hassgefühle** *Mz.;* die **Hassliebe; hassverzerrt**

häss·lich: eine hässliche (unschöne, abstossende) Tat – hässlich (gemein) von jemandem sprechen – ein hässliches (unfreundliches) Wetter; die **Hässlichkeit**

has·ten: (eilen); die **Hast; hastig:** hastig (sehr schnell) sprechen – hastig (in grosser Eile) essen; die **Hastigkeit**

hät·scheln: (liebevoll pflegen, verwöhnen); die **Hätschelei;** das **Hätschelkind**

Hat·trick *engl. [hätrik],* der: -s, -s (dreimaliger Torerfolg hintereinander in einer Halbzeit durch denselben Spieler beim Fussball)

Hau·be, die: -, -n (Kopfbedeckung für Frauen); *unter die Haube kommen* (geheiratet werden); das **Häubchen;** die **Haubenlerche**

Hau·bit·ze *tschech.,* die: -, -n (Geschütz)

Hauch, der: -(e)s, -e; ein sanfter Hauch (Luftzug) – der Hauch (die Andeutung) eines Lächelns; **hauchdünn; hauchen; hauchfein; hauchzart**

hau·en: du haust, er haute/hieb, sie hat gehauen, hau(e)!; einen Jungen hauen (prügeln) – Holz hauen (Bäume fällen) – einen Nagel in die Wand hauen (schlagen) – *jemanden übers Ohr hauen* (ihn betrügen); der **Haudegen** (Draufgänger); die **Haue**: mit einer Haue (Hacke) arbeiten – Haue (Schläge) bekommen; der **Hauer** (Bergmann, Eckzahn des männlichen Schweins); der **Haumeister**

Hau·fen, der: -s, -; auch: der **Haufe** (nur für Menschen); ein Haufen (eine Gruppe) Menschen – ein Haufen Steine – ein wilder Haufen (Bande) – jemanden über den Haufen rennen – etwas über den Haufen werfen (umstossen, etwas zunichte machen); das **Häufchen**: ein Häufchen Elend; **häufeln** (Häufchen machen); sich **häufen** (zunehmen, überhand nehmen); **haufenweise**; **häufig**; die **Häufigkeit**; die **Häufung**

Haupt, das: -(e)s, Häupter; das Haupt (den Kopf) bedecken – das Haupt (die wichtigste Person) der Familie; **hauptamtlich**; das **Hauptaugenmerk** (besondere Aufmerksamkeit); der **Hauptbahnhof** ⟨Hbf.⟩; **hauptberuflich**; der **Hauptdarsteller**; die **Hauptdarstellerin**; der **Haupteingang**; um **Haupteslänge**; das **Hauptgebäude**; der **Hauptgewinn**; der **Häuptling**; der **Hauptmann**; der **Hauptnenner**; die **Hauptperson**; die **Hauptsache**; **hauptsächlich** (vor allem, besonders); die **Hauptsaison**; der **Hauptsatz**; die **Hauptschule**; die **Hauptstadt** ⟨Hptst.⟩; die **Hauptstrasse**; die **Hauptversammlung**; das **Hauptwort** (Substantiv, Nomen); der **Hauptzeuge**

Haus, das: -es, Häuser; zu Haus(e); aber: das Zuhause – ausser Haus sein – nach Haus(e) – von Haus aus – von Haus zu Haus – von zu Haus(e) – *Häuser auf jemanden bauen* (ihm fest vertrauen) – *jemandem das Haus einrennen* (ihn ständig wegen einer Sache aufsuchen); die **Hausarbeit**; der **Hausarrest**; die **Hausaufgabe**; **hausbacken** (einfältig, altmodisch); der **Hausbewohner**; die **Hausbewohnerin**; das **Häuschen**: *aus dem Häuschen geraten* (ausser sich geraten); der **Hausdrachen** (herrschsüchtige Frau); die **Hausdurchsuchung**; **hauseigen**; **hausen**: in einer Dachstube hausen (ärmlich leben) – wie die Wilden hausen (wüten); das **Häusermeer**, der **Hausflur** (Vorraum zum Haus); die **Hausfrau**; der **Hausfriedensbruch**; zum

Hausgebrauch; **hausgemacht**; der **Hausgenosse**; die **Hausgenossin**; der **Haushalt**: den Haushalt (das Hauswesen) versorgen – über den Haushalt (die Ausgaben und Einnahmen) beraten; **haushalten** (wirtschaften); auch: Haus halten; **haushälterisch** (sparsam); das **Haushaltsgerät**; der **Haushaltplan**; die **Haushalt(s)waren** *Mz.*; der **Hausherr**; die **Hausherrin**; **haushoch**; **hausieren** (von Haus zu Haus Waren anbieten); der **Hausierer**; die **Hausiererin**; die **Hausleute** *Mz.*; **häuslich**; nach **Hausmacherart**; der **Hausmann**; die **Hausmannskost** (gutbürgerliches Essen); der **Hausmeister**; die **Hausmeisterin**; der **Hausrat** (Möbel und Geräte eines Haushalts); **hausschlachten**; der **Hausschlüssel**; der **Hausschuh**; der **Haussegen**; der **Hausstand** (der Haushalt und die Hausbewohner); das **Haustier**; der **Hausverwalter**; die **Hausverwalterin**; der **Hauswart** (Hausmeister); die **Hauswartin**; die **Hauswirtschaft**; der **Hauszins** (Miete)

Haut, die: -, Häute; eine zarte Haut haben – die Haut der Wurst – *mit Haut und Haar* (ganz und gar) – *sich seiner Haut wehren* (sich verteidigen) – *auf der faulen Haut liegen* (faulenzen) – *aus der Haut fahren* (wütend werden) – *mit heiler Haut* (ohne Schaden) *davonkommen* – *nicht aus seiner Haut herauskönnen* (sich nicht ändern können); der **Hautarzt**; die **Hautärztin**; der **Hautausschlag**; die **Hautcreme**; **häuten**: ein Tier häuten (das Fell abziehen) – die Schlange häutet sich; **hauteng** (sehr eng); die **Hautfarbe**; das **Hautjucken**; der **Hautkrebs**; **hautnah**; die **Hautpflege**; die **Hautsalbe**; die **Häutung**

Ha·va·rie *arab.*, die: -, Havarien (Schiffs- oder Flugzeugschaden); **havariert** (beschädigt)

Ha·xe, die: -, -n; → Hachse

Hbf. = Hauptbahnhof

he!: heda!

Hea·ring *engl. [hiring]*, das: -(s), -s (öffentliche Anhörung)

He·bam·me (Heb·am·me), die: -, -n (Geburtshelferin)

He·bel, der: -s, -; der Hebel zum Einschalten – *alle Hebel in Bewegung setzen* (alle möglichen Massnahmen ergreifen) – *am längeren Hebel sitzen* (mächtiger sein als der Gegner); der **Hebelarm**; das **Hebelgesetz**

he·ben: du hebst, er hob, sie hat gehoben, heb(e)!; *einen heben* (Alkohol trinken) – *jemanden in den Himmel heben* (übermässig loben) – einen Stein heben – Schätze heben (zutage fördern) – der Wasserspiegel hebt sich (wird höher) – den Umsatz der Waren heben (steigern); die **Hebebühne;** der **Hebekran;** die **Hebung**

he·cheln: der Hund hechelt in der Hitze

Hecht, der: -(e)s, -e (Raubfisch); **hechten** (einen Hechtsprung machen); die **Hechtrolle** (Rolle vorwärts); der **Hechtsprung** (Sprung mit dem Kopf voran)

Heck, das: -(e)s, -e/-s (hinterer Teil eines Schiffes, Autos, Flugzeugs); der **Heckantrieb;** das **Heckfenster;** die **Heckflosse;** die **Heckklappe; hecklastig** (mit dem Heck zu tief nach unten sinkend); der **Heckmotor;** die **Heckscheibe**

Hecke, die: -, -n (Umzäunung aus Sträuchern und Büschen); die **Heckenrose;** die **Heckenschere;** der **Heckenschütze** (jemand, der aus dem Hinterhalt schiesst)

Heckmeck, der: -s; mach keinen Heckmeck (keine unnötigen Umstände)!

Heer, das: -(e)s, -e; das Heer (die Armee) eines Landes – ein Heer (eine grosse Menge) von Urlaubern; der **Heerführer;** das **Heerlager;** die **Heerschar;** die **Heerstrasse;** der **Heerzug**

He·fe, die: -, -n (Backmittel); der **Hefekuchen;** der **Hefeteig**

Heft, das: -(e)s, -e; in ein Heft schreiben – das Heft (der Griff) des Messers – *das Heft in der Hand haben* (die Lage beherrschen); **heften:** Akten heften (zusammenfügen) – einen Zettel an die Tür heften – die Augen auf jemanden heften (richten); der **Hefter;** der **Heftfaden;** die **Heftklammer;** die **Heftmaschine;** das **Heftpflaster;** die **Heftzwecke** (Reisszwecke)

hef·tig: ein heftiger (gewaltiger, harter) Schlag – heftig (unwillig, unbeherrscht) reagieren; die **Heftigkeit**

he·gen: (pflegen, behüten); hegen und pflegen; die **Hege** (Pflege des Wildes); der **Heger;** die **Hegerin**

He·ge·mo·nie griech., die: -, Hegemonien (Vorherrschaft)

Hehl, das/der: -s (Geheimnis); *kein(en) Hehl aus etwas machen* (etwas nicht verheimli-

chen); **hehlen** (ein Unrecht begünstigen): *Hehlen ist schlimmer als Stehlen;* der **Hehler** (Händler von Diebesgut); die **Hehlerei;** die **Hehlerin**

hehr: (heilig, erhaben) # her

Hei·de, der: -n, -n (Ungläubiger, Nichtchrist); **Heiden...:** die Heidenangst – die Heidenarbeit – ein Heidengeld – der Heidenlärm – der Heidenspass; **heidenmässig:** ein heidenmässiger (sehr grosser) Lärm; das **Heidentum;** die **Heidin; heidnisch:** heidnische Bräuche

Hei·de, die: -, -n (sandiges Land); das **Heidekraut;** das **Heideland;** die **Heidelbeere;** das **Heide(n)röschen**

hei·kel: eine heikle (recht schwierige) Sache – heikel (wählerisch, empfindlich) sein

Heil, das: -(e)s; zum Heil – Heil bringend – Ski Heil – *sein Heil in der Flucht suchen* (davonlaufen, fliehen); **heil:** einen Unfall heil (unverletzt) überstehen – der Arm ist wieder heil (geheilt) – *mit heiler Haut* (ungeschoren) *davonkommen;* der **Heiland** (Retter, Erlöser); **heilbar; heilen:** einen Kranken heilen (gesund machen) – die Wunde heilt (verheilt) rasch – *die Zeit heilt alle Wunden;* **heilfroh;** die **Heilgymnastik; heilkräftig** (gesundheitsfördernd); das **Heilkraut; heilkundig;** der/die **Heilkundige; heillos:** heillos (sehr) zerstritten sein; das **Heilmittel** (Medikament); die **Heilpflanze;** der **Heilpraktiker;** die **Heilpraktikerin;** die **Heilquelle; heilsam:** eine heilsame (nützliche) Lehre; die **Heilsarmee;** die **Heilsbotschaft;** der **Heilschlaf;** die **Heilstätte;** die **Heilung;** das **Heilverfahren**

hei·lig ⟨hl.⟩: die heilige Messe – das heilige Weihnachtsfest – der heilige Krieg – jemanden heilig sprechen; aber: der Heilige Abend (24. Dezember) – der Heilige Vater (Papst) – die Heiligen Drei Könige – der Heilige Geist – das Heilige Land – die Heilige Nacht (Weihnachten) – die Heilige Familie – das Heilige Grab – die Heilige Schrift (Bibel) – der Heilige Stuhl (päpstliche Regierung); der **Heiligabend;** der/die **Heilige; heiligen;** der **Heiligenschein;** die **Heiligkeit;** das **Heiligtum,** die Heiligtümer

heim: (nach Hause); das **Heim:** ein gemütliches Heim (Daheim) haben – in einem Heim (z. B. Altersheim) leben; sich **heimbe-**

G
H
I
J
K
L
M

geben; **heimbegleiten; heimbringen;** der **Heimcomputer; heimelig** (vertraut, gemütlich); **heimfahren; heimführen;** der **Heimgang** (Tod); **heimgehen; heimholen; heimisch:** heimische (inländische) Bräuche; die **Heimkehr; heimkehren; heimleuchten:** *jemandem heimleuchten* (die Meinung sagen); **heimlich:** etwas heimlich (im Geheimen) tun; **heimlichfeiss** (verheimlichend); die **Heimlichkeit;** die **Heimlichtuerei;** die **Heimmannschaft;** die **Heimniederlage;** die **Heimreise; heimreisen;** der **Heimsieg,** das **Heimspiel;** die **Heimstatt;** auch: die **Heimstätte** (Heim, Wohnstätte); **heimsuchen:** von einem Unglück heimgesucht werden; die **Heimsuchung** (schweres Unglück); **heimwärts;** der **Heimweg;** das **Heimweh;** der **Heimwerker;** die **Heimwerkerin; heimzahlen:** jemandem etwas heimzahlen (vergelten); **heimzu** (heimwärts)

Hei·mat, die: - (Geburtsort, Herkunftsland); **heimatberechtigt;** der **Heimatdichter;** der **Heimatforscher;** die **Heimatgemeinde;** die **Heimatkunde;** das **Heimatland; heimatlich; heimatlos** (ohne Heimat); das **Heimatmuseum;** der **Heimatort;** die **Heimatstadt;** der/die **Heimatvertriebene**

Heim·tü·cke, die: - (Hinterlist, Unaufrichtigkeit); **heimtückisch**

Hei·rat, die: -, -en (Eheschliessung); **heiraten;** die **Heiratsannonce;** der **Heiratsantrag;** die **Heiratsanzeige; heiratsfähig;** der **Heiratsschwindler**

hei·schen: Aufmerksamkeit heischen (fordern, verlangen)

hei·ser: eine heisere (belegte, raue) Stimme haben; die **Heiserkeit**

heiss: heisses (sehr warmes) Wasser – ein heisses (sehnliches) Verlangen – ein heisser (sehr heftiger) Kampf – ein heisses (heikles) Thema – ein heisses (inniges, inbrünstiges) Gebet – ein heiss ersehnter Brief – die Stadt wurde heiss umkämpft – ein heiss geliebter Mensch – eine heiss umstrittene Sache – heiss laufen – sich die Köpfe heiss reden – ein heisser Draht (eine direkte Verbindung) – ein heisser Ofen (Sportwagen, schweres Motorrad) – ein heisser (umwerfender) Typ – *nicht heiss und nicht kalt* (nichts Halbes und nichts Ganzes) – *was ich nicht weiss, macht mich/mir nicht heiss;* **heissblütig**

(temperamentvoll); der **Heisshunger; heisshungrig;** die **Heissluft;** der **Heisssporn** (hitziger Mensch)

heis·sen: du heisst, er hiess, sie hat geheissen, heiss(e)!; sie heisst Anna – jemanden einen Faulpelz heissen (nennen) – was soll das heissen (bedeuten)? – ich habe dich das nicht geheissen (befohlen)

hei·ter: heit(e)rer, am heitersten; eine heitere (lustige) Geschichte – heiter (sonnig, klar) bis wolkig; die **Heiterkeit;** der **Heiterkeitserfolg**

hei·zen: den Ofen heizen; **heizbar;** die **Heizdecke;** der **Heizer;** die **Heizerin;** das **Heizgas;** der **Heizkessel;** das **Heizkissen;** der **Heizkörper;** das **Heizmaterial;** das **Heizöl;** der **Heiztank;** die **Heizung**

Hek·tar (Hekt·ar) ⟨ha⟩ *lat.,* das/der: -s, -e (Flächenmass: 100 Ar); fünf Hektar Land

hek·tisch *griech.:* (eilig, erregt, fieberhaft); die **Hektik**

Hek·to·li·ter ⟨hl⟩ das/der: -s, - (Hohlmass: 100 Liter); ein Hektoliter Wasser

Held, der: -en, -en; wie ein Held kämpfen – der Held (die Hauptperson) der Geschichte; **heldenhaft;** der **Heldenmut** (Unerschrockenheit); **heldenmütig;** die **Heldentat;** der **Heldentod** (Tod auf dem Schlachtfeld); das **Heldentum;** die **Heldin; heldisch**

hel·fen: du hilfst, er half, sie hat geholfen, hilf!; den Armen helfen – diese Medizin hilft sofort – sich zu helfen wissen – *hilf dir selbst, dann hilft dir Gott;* der **Helfer;** die **Helferin;** der **Helfershelfer** (Komplize, Mittäter); → Hilfe

Hel·gen, der: -s, - (Bild)

He·li·kop·ter (He·li·ko·pter) *engl.,* der: -s, - (Hubschrauber)

He·li·um *griech.,* das: -s (Edelgas)

hell: eine helle Farbe – ein heller (von Licht erfüllter) Raum – ein hell loderndes Feuer – hell strahlend – hell leuchtend – ein heller (gescheiter) Kopf – in hellen (lauten, starken) Jubel ausbrechen – ein heller (klarer, reiner) Ton – *seine helle Freude an jemandem haben* (von ihm begeistert sein); **hellauf:** hellauf (laut) lachen; aber: hell auflachen; **helläugig; hellblau; hellblond;** das **Helldunkel;** die **Helle** (Lichtfülle); das **Helle** (ein Glas helles Bier); **hellgrün; hellhäutig; hellhörig:** hellhörige (schalldurchlässige) Räume – *jemanden hellhörig* (stutzig) *machen;* **helllicht:** es ist schon helllichter Tag; die **Helligkeit** (Licht); **hellrot; hellsehen;** der **Hellseher;** die **Hellsehere̱i** (das Erahnen von Vorgängen); die **Hellseherin; hellsichtig** (scharfsinnig); **hellwach**

Hel·le·ba̱r·de, die: -, -n (alte Hieb- und Stichwaffe)

He̱l·ler, der: -s, - (ehemalige Münze, kleines Geldstück); *keinen roten Heller* (kein Geld) *haben – auf Heller und Pfennig* (bis auf den letzten Rest)

He̱lm, der: -(e)s, -e (Kopfschutz)

Hel·ve̱·tia, die: - (Frauengestalt als Symbolfigur für die Schweiz); **Helvetien** (Land der Helvetier); **helvetisch;** der **Helveti̱smus** (schweizerische Spracheigentümlichkeit)

He̱md, das: -(e)s, -en (Kleidungsstück); *das Hemd ausziehen – jemanden bis aufs Hemd ausziehen* (ihn restlos ausplündern) *– sein letztes Hemd* (alles) *hergeben;* der **Hemd(en)knopf;** der **Hemdkragen;** der **Hemd(s)ärmel:** in Hemd(s)ärmeln (ohne Jacke); **hemd(s)ärm(e)lig**

He·mi·sphä̱·re (He·mis·phä̱·re) *griech.,* die: -, -n (Erdhälfte)

he̱m·men: den Fortschritt hemmen (aufhalten); das **Hemmnis** (Hindernis); der **Hemmschuh;** die **Hemmschwelle;** die **Hemmung:** an Hemmungen leiden (innerlich unfrei sein); **hemmungslos** (zügellos, leidenschaftlich); die **Hemmungslosigkeit**

He̱ngst, der: -es, -e (männliches Tier, meist beim Pferd)

He̱n·kel, der: -s, -; der Henkel (Tragegriff) einer Vase; der **Henkelkrug;** der **Henkeltopf**

He̱n·ker, der: -s, - (Vollstrecker einer Todesstrafe); **henken** (am Galgen aufhängen); das **Henkersbeil;** der **Henker(s)knecht;** die **Henkersmahlzeit** (letztes Mahl vor der Hinrichtung); → **hängen**

He̱n·ne, die: -, -n (weibliches Haushuhn)

he̱r: komm her! – her damit! – hin und her; aber: das Hin und Her – von alters her – das ist schon lange her – her sein – es ist mit ihm nicht weit her (er ist nur mittelmässig); **herbringen; herfallen:** über jemanden herfallen (ihn angreifen); **hergeben:** sein ganzes Geld hergeben (opfern) – dafür will er sich nicht hergeben – das gibt nicht viel

her (ist unergiebig); der **Hergang:** der Hergang (Ablauf) des Unfalls; **hergebracht** (üblich); **herkommen; herkömmlich;** die **Herkunft** (Abstammung); **herlaufen; herrichten; hersehen; herstellen:** Möbel herstellen (anfertigen) – Frieden herstellen (schaffen); die **Herstellung** # hehr

he·ra̱b (her·a̱b): (nach unten); **herabblicken; herabfallen; herabhängen; herablassen:** den Vorhang herablassen – sich dazu nicht herablassen (nicht bereitfinden); **herablassend** (hochmütig, von oben herab); **herabsehen; herabsetzen;** die **Herabsetzung** (Missachtung); **herabsteigen; herabstürzen; herabtragen;** die **Herabwürdigung** (Demütigung)

he·ra̱n (her·a̱n): (nach hier); heran sein; **heranbrausen; heranbringen; heranfahren; heranführen; herangehen; herankommen; heranlassen;** sich **heranmachen:** sich an jemanden heranmachen (mit einer bestimmten Absicht nähern); **heranreichen; heranreifen; heranschaffen; herantragen; herantreten; heranwachsen;** der/die **Heranwachsende; heranziehen** (beiziehen); **heranzüchten**

he·ra̱uf (her·a̱uf): (nach hier oben); **heraufbeschwören; heraufbringen; heraufholen; herauflaufen; heraufschauen; heraufsteigen**

he·ra̱us (her·a̱us): (nach hier draussen); **herausbekommen; herausbilden; herausbringen; herausdrehen; herausfinden; herausfordern:** jemanden zum Kampf herausfordern; **herausfordernd** (anmassend); **herausführen;** die **Herausgabe** (Auslieferung); **herausgeben; herausgehen; heraushalten; heraushängen; heraushauen; herausholen; herauskommen; herauskriegen; herauslassen;** sich **herausmachen** (gut entwickeln); sich **herausmogeln; herausnehmen:** sich viel herausnehmen (erlauben); **herausragen; herausreissen; herausrücken; herausschaffen; herausschauen; herausschneiden; herausströmen; heraustragen; heraustrennen; herausziehen**

he·ra̱us·sen (her·a̱us·sen): (hier aussen)

he̱rb: ein herber (bitterer, nicht süsser) Wein – eine herbe (schmerzliche) Enttäuschung – herbe (strenge, harte) Worte; die **Herbheit**

her·be̱i: (nach hier, hierher); **herbeibringen; herbeieilen; herbeiführen; herbeiholen;**

sich **herbeilassen** (so gnädig sein); **herbei-rufen**; **herbeischaffen**; **herbeisehnen**; **herbeiströmen**; **herbeiwünschen**; **herbeizaubern**

Her·ber·ge, die: -, -n (Unterkunft, Bleibe); die **Herbergseltern** *Mz.*; der **Herbergsvater** (Leiter einer Herberge); die **Herbergsmutter**

Her·bi·zid *lat.*, das: -(e)s, -e (Unkrautbekämpfungsmittel)

Herbst, der: -(e)s, -e (Jahreszeit); ein sonniger Herbst; der **Herbstanfang;** die **Herbstblume; herbsteln; herbsten:** es herbstelt; die **Herbstferien** *Mz.*; **herbstlich;** die **Herbstmesse;** der **Herbsttag;** die **Herbstzeitlose** (Blume)

Herd, der: -(e)s, -e; auf dem Herd kochen – der Herd (das Zentrum) der Krankheit – *eigener Herd ist Goldes wert;* das **Herdfeuer;** die **Herdplatte**

Her·de, die: -, -n; eine Herde Schafe – eine Herde (grosse Menge) von Touristen – *mit der Herde laufen* (sich der Mehrheit anschliessen); der **Herdenmensch;** das **Herdentier;** der **Herdentrieb; herdenweise**

he·rein (her·ein): (nach hier drinnen); sich **hereinbemühen; hereinbrechen; hereinbringen; hereindürfen; hereinfallen; hereinholen; hereinkommen; hereinlassen; hereinlegen:** jemanden hereinlegen (betrügen); **hereinnehmen; hereinplatzen** (unerwartet erscheinen); **hereinrufen; hereinschicken; hereinschneien** (unerwartet hereinkommen); **hereinspazieren; hereinstürmen; hereintragen**

He·ring, der: -s, -e (Meeresfisch); der **Heringsfang;** das **Heringsfilet;** der **Heringssalat**

he·rin·nen (her·in·nen): im Saal herinnen

He·ri·sau: (Hauptort des Halbkantons Appenzell Ausserrhoden)

Her·kom·men, das: -s (Brauch, Überlieferung); **herkömmlich; herkömmlicherweise;** die **Herkunft** (Ursprung, Abstammung)

her·me·tisch *griech.*: hermetisch (luft- und wasserdicht) verpacken – ein Gebiet hermetisch (völlig) absperren

her·nach: (nachher, dann)

her·nie·der: (herab, herunter); **herniederfallen**

he·ro·ben (her·o·ben): (hier oben)

He·ro·in *griech.*, das: -s (Rauschgift); **heroinsüchtig;** der/die **Heroinsüchtige**

he·ro·isch *griech.*: (heldenmütig)

He·rold, der: -(e)s, -e (Ausrufer, Verkündiger, fürstlicher Bote)

Herr ⟨Hr.⟩, der: -n, -en; ein älterer Herr – der Herr (Gebieter) des Landes – Herr Müller – mein Herr! – meine Herren! – seines Zornes Herr werden – aus aller Herren Länder – *nicht mehr Herr seiner Sinne sein* (nicht mehr wissen, was man tut); das **Herrchen;** die **Herrenbegleitung;** die **Herrenbekleidung;** das **Herrenfahrrad; herrenlos** (ohne Besitzer); der **Herrgott;** in aller **Herrgottsfrühe;** die **Herrin,** die Herrinnen; **herrisch** (gebieterisch); **herrlich** (wunderbar, prächtig); die **Herrlichkeit;** die **Herrschaft; herrschaftlich;** die **Herrschaftsordnung; herrschen:** über ein Land herrschen (gebieten) – es herrscht (ist) völlige Stille; der **Herrscher;** die **Herrscherin,** die Herrscherinnen; die **Herrschsucht; herrschsüchtig**

Hertz ⟨Hz⟩, das: -, - (Masseinheit der Frequenz)

he·rü·ber (her·ü·ber): (von drüben nach hier); **herüberkommen**

he·rum (her·um): (um etwas); um das Haus herum – um 10 Uhr herum (ungefähr, etwa); **herumalbern;** sich **herumärgern; herumbalgen; herumdrehen;** sich **herumdrücken; herumdrucksen; herumerzählen; herumexperimentieren; herumfuhrwerken; herumkommen; herumliegen; herumlungern:** in der Stadt herumlungern; **herumfuchteln; herumreissen; herumscharwenzeln; herumschleppen; herumschreien; herumstehen; herumsprechen;** sich **herumtreiben**

he·run·ten (her·un·ten): (hier unten)

he·run·ter (her·un·ter): (nach hier unten); **herunterbringen; herunterdürfen; herunterfallen; heruntergehen; heruntergekommen** (verwahrlost); **herunterhandeln; herunterhängen; herunterholen; heruntermüssen; herunterreissen; herunterrutschen; herunterschlucken; heruntersteigen; herunterwirtschaften; herunterziehen**

her·vor: (nach hier vorn); **hervorbringen; hervorgehen; hervorheben; hervorholen; hervorkehren; hervorkramen; hervorragen; hervorragend** (ausgezeichnet); **hervorrufen; hervorstehen;** sich **hervortrauen; hervortreten;** sich **hervortun**

G
H
I
J
K
L
M

Herz, das: -ens, -en; das Herz schlägt langsam – ein gutes Herz haben – mit Herz und Hand – zu Herzen gehen – von Herzen kommen – *sich ein Herz fassen* (all seinen Mut zusammennehmen) – *seinem Herzen Luft machen* (seinen Ärger aussprechen) – *jemandem sein Herz ausschütten* (ihm sein Leid klagen) – *das Herz auf der Zunge haben* (frei über alles reden); **herzallerliebst;** der/die **Herzallerliebste;** die **Herzattacke; herzbeklemmend;** die **Herzbeschwerden** *Mz.;* das **Herzblatt** (innerstes Blatt einer Pflanze, Liebling); das **Herzblut:** sein Herzblut (Leben) geben; das **Herzeleid** (tiefes Leid); **herzen** (liebkosen); die **Herzensangst; herzensgut;** die **Herzensgüte;** die **Herzenslust;** der **Herzenswunsch; herzerfrischend; herzergreifend; herzerquickend** (innerlich froh machend); der **Herzfehler; herzförmig;** die **Herzfrequenz; herzhaft:** herzhaft (kräftig) lachen – ein herzhaftes Essen; die **Herzhaftigkeit; herzig** (niedlich); der **Herzinfarkt;** der **Herzkatheder;** die **Herzklappe;** das **Herzklopfen; herzlich:** auf das (aufs) herzlichste; auch: auf das (aufs) Herzlichste – eine herzliche Begrüssung – herzlich (sehr) wenig; **herzlos** (unbarmherzig); der **Herzrhythmus;** der **Herzschlag;** die **Herzschwäche;** das **Herzstück;** die **Herztropfen** *Mz.;* das **Herzversagen; herzzerreissend**

Herzog, der: -(e)s, Herzöge (Heerführer, Stammesfürst, Adelstitel); die **Herzogin; herzoglich;** das **Herzogtum**

herzu: sie kommt herzu (gesellt sich dazu); aber: her zu mir!; **herzukommen**

Hessen, das: -s (Land der Bundesrepublik Deutschland); der **Hesse;** die **Hessin; hessisch**

heterogen *griech.:* (anders geartet, ungleichartig)

hetzen: einen Menschen hetzen (verfolgen, jagen) – gegen jemanden hetzen (zum Hass aufreizen) – sich nicht hetzen lassen (sich nicht übermässig beeilen); die **Hetze; hetzerisch;** die **Hetzjagd;** die **Hetzkampagne** *[. . . kampanje];* die **Hetzrede**

Heu, das: -(e)s (getrocknetes Gras); *das Heu nicht auf der gleichen Bühne haben* (nicht gleicher Meinung sein); der **Heuboden;** auch: **die Heubühne;** das **Heubündel;**

heuen (Heu machen); die **Heuernte;** der **Heuet** (Heumonat, Heuernte); die **Heugabel;** das **Heupferd** (Heuschrecke); der **Heuschnupfen** (allergische Erkrankung); der **Heuschober;** die **Heuschrecke;** der **Heustadel;** der **Heustock** (Heuvorrat)

heucheln: Liebe heucheln (vortäuschen); die **Heuchelei;** der **Heuchler;** die **Heuchlerin; heuchlerisch**

heuer: (in diesem Jahr); **heurig** (diesjährig); der **Heurige** (Wein der letzten Ernte)

Heuer: die: -, -n (Seemannslohn); **heuern** (einen Seemann anwerben)

heulen: zu heulen (weinen) beginnen – der Wind heult um das Haus; aber: das Heulen und Zähneklappern bekommen – das ist zum Heulen; die **Heulboje;** der **Heulkrampf;** der **Heulton**

heute: heute (an diesem Tag) früh – heute Morgen – heute Mittag – heute Abend – heute Nacht – bis heute (jetzt) – hier und heute – die Jugend von heute; auch: **heut;** das **Heute** (die Gegenwart); **heutig:** das heutige Wetter – der heutige (augenblickliche) Stand; **heutigentags; heutzutage** (in der Gegenwart)

Hexe, die: -, -n (Zauberin; hässliches, altes Weib); **hexen;** der **Hexenbesen;** die **Hexenjagd;** der **Hexenkessel** (lärmendes Durcheinander); der **Hexenschuss;** die **Hexenverbrennung;** die **Hexerei**

Hickhack, der/das: -s, -s (nutzlose Streiterei)

hie: hie und da (an manchen Stellen, von Zeit zu Zeit)

Hieb, der: -(e)s, -e (heftiger Schlag); auf einen Hieb (auf einmal) – *auf einen Hieb fällt kein Baum;* **hiebfest:** *hieb- und stichfest* (unwiderlegbar) *sein*

hier: hier (an dieser Stelle) bin ich – hier bleiben – etwas hier lassen – hier sein – jemanden hier behalten (nicht weglassen) – hier unten – hier entlang – hier und da – von hier an – von hier aus – nicht von hier sein – hier und jetzt; aber: das Hier und Jetzt; **hierauf** (danach); **hieraus:** hieraus ergibt sich, dass; aber: von hier aus; **hierbei; hierdurch; hierein; hierfür; hiergegen; hierher:** hierher fahren – hierher gehören – etwas hierher holen – sie werden hierher kommen – kannst du hierher schauen? – sich hierher setzen – sich hierher wagen; **hier-**

hin: bald hierhin, bald dorthin; **hierin:** hierin (darin) irrt sie; **hiermit** (dadurch); **hiernach; hierüber; hierum; hierunter; hiervon; hierzu** (dazu); **hierzulande** (hier bei uns); auch: hier zu Lande

Hie·rar·chie (Hier·ar·chie) *griech.,* die: -, Hierarchien (Rangordnung, Rangfolge); **hierarchisch**

Hie·ro·gly·phe, die: -, -n (Zeichen der ägyptischen Bilderschrift)

hie·sig: hiesige (aus dieser Gegend stammende) Sitten; der/die **Hiesige**

hie·ven: (heben, hochziehen)

Hi-Fi *engl.* [haifi, haifai] (originalgetreue Klangwiedergabe); die **Hi-Fi-Anlage;** der **Hi-Fi-Turm**

High·life *engl.* [hailaif], das: -(s) (glanzvolles Leben der reichen Gesellschaftsschicht); **high:** high (in gehobener Stimmung) sein

High·tech *engl.* [haitek], das/die: -(s) (Spitzentechnologie); auch: das/die **High Tech;** die **Hightechindustrie;** auch: die **High-Tech-Industrie**

Hil·fe, die: -, -n; Hilfe leisten – mit Hilfe; auch: mithilfe – Hilfe suchend – zu Hilfe kommen – eine Hilfe (Helferin) für die Küche suchen – die erste Hilfe; das **Hilfeersuchen;** die **Hilfeleistung;** der **Hilferuf;** die **Hilfestellung;** der/die **Hilfesuchende;** auch: der/die Hilfe Suchende; **hilflos:** hilflos (machtlos) auf dem Boden liegen – einen hilflosen (verwirrten, unbeholfenen) Eindruck machen – hilflos (ungeschickt) wirken; die **Hilflosigkeit; hilfreich;** die **Hilfsaktion; hilfsbedürftig** (Not leidend, unselbstständig); die **Hilfsbedürftigkeit; hilfsbereit;** die **Hilfsbereitschaft; die Hilfskraft;** das **Hilfsmittel; hilfsweise;** das **Hilfswerk; hilfswillig;** das **Hilfszeitwort** (Hilfsverb); → helfen

Him·bee·re, die: -, -n (Beerenfrucht); der **Himbeersaft**

Him·mel, der: -s, -; der blaue Himmel – in den Himmel kommen – unter freiem Himmel – um Himmels willen – *aus heiterem Himmel* (völlig unerwartet) – *im siebten Himmel* (überaus glücklich) *sein* – *Himmel und Erde in Bewegung setzen* (alles versuchen um etwas zu erreichen) – *den Himmel auf Erden haben* (es sehr gut haben); **himmelangst:** mir wird himmelangst (ich bekomme grosse Angst); das **Himmelbett; himmelblau;** die **Himmelfahrt;** das **Himmelfahrtskommando** (lebensgefährlicher Auftrag); **himmelhoch;** das **Himmelreich; himmelschreiend:** eine himmelschreiende (sehr schlimme) Ungerechtigkeit; die **Himmelsrichtung;** das **Himmelszelt; himmelwärts; himmelweit;** ein himmelweiter (sehr grosser) Unterschied; **himmlisch:** eine himmlische (göttliche) Gabe – ein himmlischer (herrlicher) Urlaub

hin: zur Schule hin – hin und zurück – hin und wieder (zuweilen) – über Wochen hin – auf eine Krankheit hin untersuchen – hin (kaputt, tot) sein – hin und her; aber: das Hin und Her – hin und her laufen (planlos, ohne ein bestimmtes Ziel umherlaufen; aber: hin- und herlaufen (hin- und wieder zurücklaufen); **hinbekommen; hinbiegen;** der **Hinblick:** im Hinblick auf (angesichts); **hinbringen; hindeuten; hinfahren;** die **Hinfahrt; hinfallen; hinfällig** (schwach, elend); der **Hinflug:** der Hin- und Rückflug; **hinführen;** die **Hingabe:** mit Hingabe (Eifer) lernen; **hingeben:** sein Leben hingeben (opfern) – sich dem Trunk hingeben (überlassen); die **Hingebung; hingebungsvoll** (voller Hingabe); **hingegen** (dagegen); **hingerissen:** ganz hingerissen (begeistert) sein; **hingezogen:** sich hingezogen fühlen; **hingucken; hinhalten:** die Hand hinhalten – jemanden lange hinhalten (warten lassen); die **Hinhaltetaktik; hinhauen:** das haute hin (war in Ordnung); **hinkriegen** (zustande bringen); **hinlänglich:** es ist hinlänglich (genügend) bekannt; **hinnehmen; hinreichend** (ausreichend, genug); die **Hinreise; hinreissen:** sich hinreissen (verleiten) lassen – hin- und hergerissen sein (sich nicht entscheiden können); **hinreissend** (entzückend); die **Hinrichtung;** sich **hinschleppen; hinschmeissen;** die **Hinsicht:** in Hinsicht auf; **hinsichtlich** (unter diesem Gesichtspunkt); das **Hinspiel; hintan…:** hintansetzen – hintanstellen; **hintun;** der **Hinweis; hinweisen;** sich **hinwenden;** sich **hinziehen:** die Vorführung hat sich lange hingezogen (hat lange gedauert)

hi·nab (hin·ab): den Berg hinab (hinunter); **hinabfahren; hinabfallen; hinabsteigen; hinabstürzen; hinabtauchen**

hi·nan (hin·an): etwas näher hinan – den Hügel hinan

hi·nauf (hin·auf): den Fluss hinauf; sich **hinaufarbeiten; hinaufbitten; hinaufbringen; hinaufklettern; hinaufsteigen; hinaufwollen:** hoch hinaufwollen; **hinaufziehen**

hi·naus (hin·aus): hinaus auf das Meer – hinaus in die frische Luft! – über den Mittag hinaus – worauf läuft das hinaus? – über etwas hinaus sein; **hinausbegleiten; hinausblicken hinausdürfen; hinausfahren; hinausgehen; hinauslassen; hinausragen; hinausschmeissen; hinausschwimmen; hinausstellen;** die **Hinausstellung, hinauswerfen;** der **Hinauswurf; hinausziehen; hinauszögern;** die **Hinauszögerung**

hin·dern: am Stehlen hindern (davon abhalten); **hinderlich** (nachteilig, lästig); das **Hindernis,** die Hindernisse: alle Hindernisse (Schwierigkeiten, Widerstände) überwinden; der **Hindernislauf;** die **Hinderung;** der **Hinderungsgrund**

hin·durch: den Sommer hindurch – durch den Wald hindurch – all die Jahre hindurch; **hindurchfliessen; hindurchgehen; hindurchmüssen; hindurchschauen;** sich **hindurchzwängen**

hi·nein (hin·ein): in die Stadt hinein – bis ins Innerste hinein; sich **hineinbegeben; hineinbeissen; hineinblicken;** sich **hineindenken; hineindürfen; hineingehen; hineinlassen;** sich **hineinleben; hineinpfuschen; hineinreden; hineinsehen; hineinstecken;** sich **hineinsteigern; hineinströmen; hineinwachsen; hineinziehen**

hin·ken: auf dem linken Fuss hinken (humpeln, lahmen) – der Vergleich hinkt (trifft nicht zu)

hin·nen: von hinnen (von hier fort) gehen

Hin·schied, der: -(e)s (Ableben, Tod)

hint·an: (hintenan); **hintansetzen:** seine Wünsche hintansetzen; die **Hintansetzung; hintanstellen;** die **Hintanstellung:** unter Hintanstellung aller Bedenken

hin·ten: (am Ende, an letzter Stelle); hinten und vorne – nach hinten – ganz hinten (in der letzten Reihe) sitzen – *jemanden von hinten ansehen* (ihm Verachtung zeigen); **hintendrauf; hintenherum; hintenhin; hintennach; hintenüber; hintenüberfallen**

hin·ter: hinter der Tür stehen – hinter das Haus laufen – hinter einer Sache stehen; der/die **Hinterbliebene; hinterbringen** (heimlich Bescheid geben); **hinterdrein** (nachträglich): hinterdrein laufen; **hintereinander** (nacheinander): hintereinander gehen – hintereinander ankommen – sich hintereinander aufstellen; der **Hintereingang; hinterfotzig** (heimtückisch, hinterlistig); **hinterfragen** (nach den Hintergründen fragen); der **Hintergedanke** (heimliche Absicht); der **Hintergrund:** *im Hintergrund stehen* (wenig beachtet werden); **hintergründig** (schwer durchschaubar); der **Hinterhalt** (Falle, Versteck): aus dem Hinterhalt schiessen; **hinterhältig** (unaufrichtig, hinterlistig); die **Hinterhältigkeit; hinterher:** hinterher (später, anschliessend) gehe ich essen – die anderen gingen voran, er ging hinterher – hinterher sein (sich kümmern, zurückgeblieben sein); **hinterhergehen** (als Letzter gehen); **hinterherkommen** (später ankommen); **hinterherlaufen** (nachlaufen); der **Hinterlader** (Feuerwaffe); das **Hinterland; hinterlassen** (zurücklassen, vererben); die **Hinterlassenschaft; hinterlegen** (als Pfand geben); der **Hinterleib;** die **Hinterlist; hinterlistig** (unaufrichtig); der **Hintermann;** der **Hintern** (Gesäss): *sich auf den Hintern setzen* (überrascht sein); das **Hinterrad; hinterrücks** (heimtückisch, von hinten); **hinters** (hinter das); **hintersinnen,** sich (grübeln); **hinterst:** der hinterste Schüler; aber: der Hinterste darf gehen; das **Hintertreffen:** *ins Hintertreffen geraten* (überflügelt werden); **hintertreiben** (zunichte machen); die **Hintertür; hinterziehen** (unterschlagen); die **Hinterziehung**

hi·nü·ber (hin·ü·ber): (auf die andere Seite); **hinüberbringen; hinüberdürfen; hinüberfahren; hinübergelangen; hinüberschauen; hinüberschwimmen; hinüberziehen**

hi·nun·ter (hin·un·ter): (nach unten); **hinunterblicken;** sich **hinunterbeugen; hinunterfliessen; hinuntersteigen; hinunterstürzen; hinunterwerfen; hinunterwürgen**

hin·weg: (weg von hier, fort); **hinwegfegen; hinweggehen; hinweghelfen; hinwegraffen; hinwegschaffen; hinwegsehen; hinwegtäuschen; hinwegtrösten**

hin·zu: (zu etwas anderem); **hinzuerwerben; hinzufügen; hinzukommen; hinzulernen; hinzurechnen; hinzutreten; hinzutun;** das **Hinzutun; hinzuverdienen**

Hi̱·obs·bot·schaft, die: -, -en (Schreckensnachricht)

Hi̱rn, das: -(e)s, -e (Gehirn); die **Hirnerschütterung;** das **Hirngespinst** (abwegiger, absurder Gedanke); **hirnlos; hirnrissig;** der **Hirntod; hirnverbrannt** (dumm)

Hi̱rsch, der: -(e)s, -e (in Wäldern lebendes Säugetier); der **Hirschfänger** (Jagdmesser); das **Hirschgeweih;** der **Hirschkäfer;** die **Hirschkuh; hirschledern**

Hi̱r·se; die: - (Getreideart); der **Hirsebrei**

Hi̱rt, der: -en -en (Viehhüter); auch: der **Hirte;** der Gute Hirte (Christus); das **Hirtenamt;** der **Hirtenbrief** (bischöfliches Rundschreiben); das **Hirtenvolk;** die **Hirtin**

hi̱s·sen: du hisst, er hisste, sie hat gehisst, hiss(e)!; eine Fahne hissen (in die Höhe ziehen)

hi̱s·to·risch *griech.*: ein historisches (geschichtliches, bedeutsames) Ereignis; die **Historie** *[histo̱rie]* (Geschichte, Erzählung); der **Historiker** (Geschichtsforscher)

Hi̱t *engl.*, der: -(s), -s (erfolgreicher Schlager, Verkaufsschlager); die **Hitliste;** die **Hitparade**

Hi̱t·ze, die: - (grosse Wärme); in der Hitze des Gefechts (in der Eile, Aufregung) – Hitze abweisend; **hitzebeständig; hitzefrei:** hitzefrei haben; auch: Hitzefrei haben; die **Hitzeperiode;** die **Hitzewelle; hitzig:** eine hitzige (erregte) Debatte; der **Hitzkopf; hitzköpfig;** der **Hitzschlag**

hl = Hektoliter (100 Liter)

hl. = heilig

Ho̱b·by *engl.*, das: -s, -s (Freizeitbeschäftigung, Steckenpferd); der **Hobbybastler;** der **Hobbykeller;** der **Hobbyraum**

ho̱·beln: Bretter hobeln – *wo gehobelt wird, da fallen Späne;* der **Hobel** (Werkzeug des Tischlers); die **Hobelbank;** der **Hobelspan**

ho̱ch: höher, am höchsten; das Wasser steigt zwei Meter hoch – vier Mann hoch (zu viert) – das ist mir zu hoch (unverständlich) – hoch achten – hoch begabt – ein hoch bezahlter Arbeiter – hoch entwickelt – hoch geehrt – hoch gesteckte Ziele – eine hoch gestellte Persönlichkeit – hoch ge-

winnen – hoch fliegen (in grosser Höhe fliegen) – hoch spielen (mit grossem Einsatz spielen) – den Kopf hoch tragen – hoch schätzen (verehren) – eine höhere (weiterführende) Schule besuchen – *hoch hinauswollen* (nach Hohem streben) – *etwas hoch und heilig* (fest, feierlich) *versprechen;* aber: Hoch und Nieder (jedermann) – Hoch und Niedrig (jedermann); das **Hoch:** ein Hoch (Hochdruckgebiet) zieht näher – ein dreifaches Hoch (einen Hochruf) ausbringen; die **Hochachtung; hochachtungsvoll; hochaktuell; hochanständig;** sich **hocharbeiten; hochbetagt** (sehr alt); der **Hochbetrieb; hochdeutsch:** hochdeutsch sprechen; das **Hochdeutsch(e);** sich **hochdienen;** der **Hochdruck:** mit Hochdruck (in grosser Eile) arbeiten; die **Hochebene; hocherfreut; hochfahren:** aus dem Schlaf hochfahren; **hochfahrend** (hochmütig aufbrausend); **hochfliegend:** hochfliegende (ehrgeizige) Pläne haben; die **Hochform;** das **Hochformat; hochgebildet;** das **Hochgebirge; hochgehen** (zornig werden); **hochgelehrt; hochgemut;** der **Hochgenuss; hochgiftig;** der **Hochglanz:** *etwas auf Hochglanz bringen* (sehr gründlich sauber machen); **hochgradig; hochhalten:** alte Bräuche hochhalten (bewahren, pflegen); das **Hochhaus; hochheben; hochherzig** (grossmütig); **hochinteressant; hochkant:** etwas hochkant (auf die schmale Seite) stellen – *jemanden hochkant* (grob) *hinauswerfen;* **hochkarätig; hochklettern; hochkommen** (emporkommen); der **Hochleistungssport; hochmodern;** das **Hochmoor;** der **Hochmut; hochmütig** (stolz, herablassend); **hochnäsig** (dumm und stolz); der **Hochofen; hochprozentig; hochrangig; hochrechnen;** die **Hochrechnung; hochrot;** der **Hochruf;** die **Hochsaison; hochschlagen:** den Kragen hochschlagen; **hochschrecken;** die **Hochschule; hochschwanger;** die **Hochsee** (hohe See); der **Hochsommer;** die **Hochspannung;** etwas **hochspielen;** die **Hochsprache; hochsprachlich; hochspringen** (Übung im Sport); aber: sehr hoch springen; der **Hochsprung; höchst:** höchst (sehr) seltsam – ein höchst langweiliger Film; **hochstapeln;** aber: Bücher hoch stapeln; der **Hochstapler;** die **Hochstaple-**

rin; **höchstens;** die **Höchstgeschwindigkeit;** das **Höchstmass; höchstpersönlich;** die **Höchststufe** (Superlativ); **höchstwahrscheinlich; höchstzulässig; hochtourig; hochtrabend:** hochtrabende (übertrieben gewählte) Ausdrucksweise; **hochverehrt;** der **Hochverrat; hochwertig; Hochwürden** (Anrede für katholische Geistliche); die **Hochzeit:** auf allen Hochzeiten tanzen (überall dabei sein); **hochziehen;** → hohe

ho·cken: sich auf den Boden hocken (sich auf die Fersen setzen, in tiefe Kniebeuge gehen); die **Hocke** (Turnübung); der **Hocker:** jemanden vom Hocker hauen (überraschen)

Hö·cker, der: -s, - (Buckel); **höckerig**

Ho·ckey engl. [hoke, hoki], das: -s (Rasenspiel); der **Hockeyschläger**

Ho·den, der: -s, - (Samendrüse des Mannes); auch: der/die **Hode**

Hof, der: -(e)s, Höfe; im Hof spielen – einen Hof (ein bäuerliches Anwesen) bewirtschaften – am Hofe des Fürsten – Hof halten – einer Dame den Hof machen (um sie werben); **hofieren** (den Hof machen); **höfisch;** der **Hofnarr;** der **Hofstaat**

Hof·fahrt, die: - (Überheblichkeit, Anmassung); **hoffärtig;** die **Hoffärtigkeit**

hof·fen: ich hoffe (erwarte), dass du kommst; **hoffentlich;** die **Hoffnung; hoffnungsfroh; hoffnungslos;** die **Hoffnungslosigkeit;** der **Hoffnungsschimmer; hoffnungsvoll** (viel versprechend)

höf·lich: höflich (aufmerksam) grüssen – ein höfliches (artiges, zuvorkommendes) Mädchen; die **Höflichkeit; höflichkeitshalber**

ho·he: ein hoher Berg – ein hoher Gewinn – eine hohe Stimme haben – sie hat hohes (starkes) Fieber – ein hoher Festtag – auf hoher See sein – die hohe Schule – das hohe Haus (Parlament); aber: der Hohe Priester – das Hohe Lied; die **Höhe:** die Höhe des Zimmers – auf der Höhe sein (voll leistungsfähig sein); die **Höhendifferenz;** die **Höhenkrankheit;** der **Höhenrücken;** die **Höhensonne;** der **Höhenzug;** der **Höhepunkt:** der Höhepunkt (schönste Augenblick) des Abends; → hoch

Ho·heit, die: -, -en (die oberste Staatsgewalt, fürstliche Person); **hoheitlich;** das **Hoheitsgebiet;** die **Hoheitsgewässer** Mz.; **hoheitsvoll;** das **Hoheitszeichen**

hohl: ein hohler (innen leerer) Baum – die hohle Hand – hohle (eingefallene) Wangen haben – ein hohles (inhaltlich leeres) Gerede); **hohläugig;** die **Höhle;** das **Hohlmass;** der **Hohlspiegel;** die **Höhlung; hohlwangig;** der **Hohlweg** (Weg zwischen zwei steilen Abhängen)

Hohn, der: -(e)s; mit Hohn (verletzendem Spott) überschüttet werden – Hohn und Spott ernten; **höhnen;** das **Hohngelächter; höhnisch; hohnlachen;** auch: Hohn lachen; **hohnsprechen;** auch: Hohn sprechen

Ho·kus·po·kus, der: - (Zauberei, Zauberformel, Unfug)

hold: ein holdes (liebliches, anmutiges) Mädchen – jemandem hold (zugetan) sein; **holdselig;** die **Holdseligkeit´**

Hol·der, der: -s, -; → Holunder

ho·len: einen Arzt holen (herbeirufen) – sich bei jemandem Rat holen (suchen) – sich eine Krankheit holen (erkranken)

Hol·land: -s (europäischer Staat: Niederlande); der **Holländer;** die **Holländerin; holländisch**

Höl·le, die: -, -n; in die Hölle kommen – jemandem die Hölle heiss machen (ihm sehr zusetzen, ihn bedrängen) – die Hölle auf Erden haben (ein unerträgliches Leben führen); die **Höllenangst;** der **Höllenlärm;** die **Höllenqual; höllisch:** höllische (sehr starke) Schmerzen ertragen

Holm, der: -(e)s, -e (Leitersprosse, Querstange)

Ho·lo·caust, der: -(s), -s (Massenvernichtung von Menschen, vor allem durch Verbrennen)

hol·pern: der Wagen holpert (rattert, rumpelt) über das Pflaster – holpernd (stockend) lesen; **holp(e)rig** (uneben); die **Holp(e)rigkeit**

Ho·lun·der, der: -s, - (Beeren tragender Baum oder Strauch); auch: der **Holder;** die **Holunderbeere**

Holz, das: -es, Hölzer; ein Stuhl aus Holz – gut Holz! (Keglerwunsch); **holzen** (Bäume schlagen); **hölzern:** ein hölzernes (aus Holz gefertigtes) Spielzeug – ein hölzerner (langweiliger, steifer) Mensch; der **Holzfäller; holzig:** holziges Gemüse; die **Holzindustrie;** die **Holzkohle;** der **Holzweg:** auf dem Holzweg (im Irrtum) sein; die **Holzwolle**

ho·mo·gen griech.: (gleichmässig zusammengesetzt, gleichartig)

G
H
I
J
K
L
M

Ho·mo·se·xu·a·li·tät *griech.*, die: - (gleichge-schlechtliche Liebe); **homosexuell;** der/die **Homosexuelle**

Ho·nig, der: -s (von Bienen verarbeiteter Blü-tensaft); *jemandem Honig um den Mund schmieren* (ihm schmeicheln); **honigsüss;** die **Honigwabe**

Ho·no·rar *lat.*, das: -s, -e (Bezahlung, Vergü-tung); **honorieren:** eine Leistung honorie-ren (anerkennen, bezahlen); die **Honorie-rung; honorig** (anständig, ehrenhaft)

Hop·fen, der: -s, - (Schlingpflanze, Bierwürze); die **Hopfenstange**

hop·peln: der Hase hoppelt (hüpft) über das Feld; **hopp!; hoppla!; hops!; hopsasa!; hop-sen** (springen); der **Hopser; hopsgehen:** al-les Geld ist hopsgegangen (verloren gegan-gen); **hoppnehmen** (festnehmen); auch: **hopsnehmen**

hor·chen: an der Tür horchen; **horch!;** das **Horchgerät;** der **Horchposten**

Hor·de, die: -, -n; eine Horde (Schar) Kinder; **hordenweise**

hö·ren: Stimmen hören (wahrnehmen) – et-was Neues hören (erfahren) – auf seine El-tern hören (ihnen gehorchen) – lass hören (sprich)! – *etwas von sich hören lassen* (Nachricht geben) – *wer nicht hören will, muss fühlen;* der **Hörapparat; hörbar;** das **Hörensagen:** *etwas vom Hörensagen* (nur nach der Erzählung anderer, gerüchte-weise) *kennen;* der **Hörer;** die **Hörerin;** der **Hörfehler;** der **Hörfunk;** das **Hörgerät; hörgeschädigt;** das **Hörrohr;** der **Hörsaal;** das **Hörspiel;** die **Hörweite**

hö·rig: sie ist ihm hörig (ihm ergeben, von ihm abhängig); der/die **Hörige** (Leibeigener, Leibeigene); die **Hörigkeit**

Ho·ri·zont *griech.*, der: -(e)s, -e; er taucht am Horizont (Grenzlinie zwischen Himmel und Erde) auf – seinen Horizont (Gesichts-kreis) erweitern – einen Silberstreif am Ho-rizont erblicken (eine leise Hoffnung haben); **horizontal** (waagrecht); die **Hori-zontale**

Hor·mon *griech.*, das: -s, -e (Drüsenstoff); das **Hormonpräparat;** die **Hormonspritze**

Horn, das: -(e)s, Hörner; die Hörner des Stie-res – das Horn (ein Musikinstrument) bla-sen – *sich die Hörner abstossen* (durch Er-fahrung besonnen werden) – *jemanden*

auf die Hörner nehmen (ihn hart angrei-fen); die **Hornbrille; hörnern** (aus Horn); die **Hornhaut;** der **Hornist** (Hornbläser); die **Hornistin;** der **Hornochse**

Hor·nis·se, die: -, -n (grosse Wespenart)

Hor·nuss, der: -es, -e (Schlagscheibe); **hor-nussen**

Ho·ros·kop (Ho·ro·skop) *griech.*, das: -s, -e (Stellung der Gestirne bei der Geburt, aus der das Schicksal gedeutet wird)

Hor·ror *lat.*, der: -s (Angst, Entsetzen); **hor-rend:** horrende (übermässige) Preise; der **Horrorfilm**

Hors·d'œuv·re *franz.* [ordövr], das: -(s), -s (Vorspeise)

Horst, der: -(e)s, -e (grosses Vogelnest, mi-litärischer Flugplatz)

Hort, der: -(e)s, -e; in einem Hort (einem Heim, einer Kinderheimstätte) wohnen – ein Hort (eine Stätte) der Besinnung; **horten** (Schätze sammeln, anhäufen)

Hor·ten·sie [hortensje], die: -, -n (Zierstrauch)

Ho·se, die: -, -n (Kleidungsstück); *die Hosen anhaben* (Herr im Hause sein) – *sich auf die Hosen setzen* (fleissig lernen); das **Hös-chen;** der **Hosenbund;** der **Hosenmatz** (kleines Kind im Höschen); die **Hosennaht;** der **Hosenrock;** der **Hosenträger**

Hos·pi·tal *lat.*, das: -s, -e/Hospitäler (Kran-kenhaus); **hospitalisieren** (ins Spital einwei-sen); **hospitieren** (als ein Gast zuhören)

Hos·piz *lat.*, das: -es, -e (Herberge, Hotel)

Hos·tess *engl.* [hosstäss, hosstäss], die: -, -en (Führerin, Betreuerin)

Hos·tie *lat.* [hostje], die: -, -n (Abendmahls-brot, Leib Christi)

Hot·dog *amerik.*, das/der: -s, -s (heisses Würstchen in einem Brötchen); auch: das/ der **Hot Dog**

Ho·tel *franz.*, das: -s, -s (Übernachtungsstätte); das **Hotel garni** (Hotel für Übernachtung und Frühstück); der **Hotelier** [hotälje]; das **Hotelzimmer**

Hr. = Herr

hrsg. = herausgegeben; **Hrsg.** = Herausgeber

HTL = Höhere Technische Lehranstalt (Ingeni-eurschule)

Hub, der: -(e)s, Hübe (Hebung); der **Hub-raum;** der **Hubschrauber**

hü·ben: (auf dieser Seite); hüben und drüben (auf beiden Seiten)

hübsch: hübscher, am hübschesten; ein hübsches (reizendes) Mädchen – eine hübsche (grosse) Summe Geld

hu·cke·pack: jemanden huckepack (auf dem Rücken) tragen; der **Huckepackverkehr**

hu·deln: (nachlässig sein oder handeln)

Huf, der: -(e)s, -e; der Huf des Pferdes; das **Hufeisen; hufeisenförmig;** der **Hufnagel;** der **Hufschlag;** der **Hufschmied**

Huf·lat·tich, der: -s, -e (Unkraut, eine Heilpflanze)

Hüf·te, die: -, -n (Gegend des Hüftgelenks); das **Hüftgelenk;** der **Hüfthalter; hüfthoch**

Hü·gel, der: -s, - (Bodenerhebung); **hüg(e)lig;** die **Hügelkette;** das **Hügelland**

Huhn, das: -(e)s, Hühner (Henne): *mit den Hühnern* (sehr früh) *aufstehen – ein blindes Huhn findet auch einmal ein Korn;* das **Hühnchen:** *mit jemandem ein Hühnchen zu rupfen* (etwas zu bereinigen) *haben;* das **Hühnerauge;** die **Hühnerbrust;** der **Hühnerstall**

hui!: aber: in einem Hui (blitzschnell)

Huld, die: - (Gnade, Güte); **huldigen:** einem Herrscher huldigen (ihn feierlich anerkennen) – einer Leidenschaft huldigen (ihr verfallen sein); die **Huldigung; huldreich** (gnädig); auch: **huldvoll**

Hül·le, die: -, -n (Kapsel); die Hülle entfernen – die sterbliche Hülle (Leichnam) – *alles in Hülle und Fülle haben* (im Überfluss leben); **hüllen:** sich in seinen Mantel hüllen – sich in Schweigen hüllen; **hüllenlos**

Hül·se, die: -, -n (Behälter); die **Hülsenfrüchte**

hu·man *lat.:* eine humane (menschliche) Handlung; der **Humanismus** (von der Kultur des Abendlandes beeinflusste Lebensauffassung); der **Humanist;** die **Humanistin; humanistisch; humanitär** (menschenfreundlich); die **Humanität** (hohe Gesinnung)

Hum·bug *engl.,* der: -s (dummes Zeug)

Hum·mel, die: -, -n (grosse Bienenart)

Hum·mer, der: -s, - (grosse Krebsart); die **Hummersuppe**

Hu·mor *engl.,* der: -s (Heiterkeit, Gelassenheit); keinen Humor haben; die **Humoreske** (humorvolle, kurze Erzählung); **humorig** (launig); der **Humorist; humoristisch; humorlos; humorvoll**

hum·peln: (hinken)

Hum·pen, der: -s, - (grosses Trinkgefäss)

Hu·mus *lat.,* der: - (fruchtbarer Boden); der **Humusboden; humusreich**

Hund, der: -(e)s, -e (Haustier); *auf den Hund gekommen* (sehr heruntergekommen) *sein – vor die Hunde* (zugrunde) *gehen – viele Hunde sind des Hasen Tod;* **hundeelend;** die **Hundehütte; hundekalt** (sehr kalt); die **Hundekälte; hundemüde** (sehr müde); auch: **hundsmüde;** die **Hunderasse;** das **Hundewetter;** die **Hündin; hündisch:** ein hündischer (unterwürfiger) Gehorsam; der **Hundsfott** (Schurke); **hundsmiserabel;** die **Hundstage** *Mz.* (heisse Zeit im Sommer)

hun·dert: hundert Stück – einige, mehrere, ein paar hundert Menschen; auch: Hundert – der hundertste Besucher – Tempo hundert – *auf hundert* (sehr wütend) *sein;* aber: viele Hunderte; auch: hunderte – ein halbes Hundert – ein paar Hundert; auch: hundert – Hunderte und Aberhunderte; auch: hunderte und aberhunderte – *vom Hundertsten ins Tausendste kommen* (fortwährend vom Thema abweichen); das **Hundert;** der **Hunderter** (hundert Franken); **hunderterlei;** die **Hunderternote; hundertfach;** auch: **100fach;** aber: das Hundertfache – um das Hundertfache grösser; **hundertjährig;** auch: **100-jährig; hundertmal;** auch: **100-mal;** aber: viele hundert/ Hundert Mal(e); der **Hundertmarkschein;** der **Hundert-Meter-Lauf; hundertprozentig;** auch: **100-prozentig;** der **Hundertsatz;** die **Hundertschaft;** das **Hundertstel;** die **Hundertstelsekunde;** auch: die **100stel-Sekunde;** auch: die hundertstel Sekunde

Hü·ne, der: -n, -n (sehr grosser Mensch, Riese); das **Hünengrab; hünenhaft**

hun·gern: die Bevölkerung hungert (hat nichts zu essen) – er hungert (verlangt, sehnt sich) nach Liebe – mich hungert; der **Hunger:** Hunger haben – *Hunger ist der beste Koch;* aber: **hungers:** hungers sterben; die **Hungersnot;** der **Hungerstreik;** das **Hungertuch:** *am Hungertuch nagen* (hungern); **hungrig**

hu·pen: (ein Signal ertönen lassen); der Fahrer hupte beim Abbiegen; die **Hupe;** das **Hupkonzert**

hüp·fen: vor Freude hüpfen (in die Luft springen); der **Hüpfer**

Hür·de, die: -, -n; jede Hürde (jedes Hindernis) nehmen; der **Hürdenlauf;** der **Hürdenläufer;** die **Hürdenläuferin;** das **Hürdenrennen**

Hu·re, die: -, -n (Dirne, käufliches Mädchen)

hur·ra!: (Ausruf der Begeisterung); das **Hurra:** Hurra schreien; auch: hurra schreien; der **Hurraruf**

Hur·ri·kan engl. [hariken], der: -, -e/-s (Wirbelsturm, Orkan)

hur·tig: (schnell, lebhaft); die **Hurtigkeit**

hu·schen: (sich schnell und lautlos fortbewegen); über die Strasse huschen; **husch!:** husch, weg war er!; der **Husch:** auf einen Husch (ganz schnell)

Hus·ky engl. [haski], der: -s, -s (Eskimohund)

hus·ten: der Kranke hustet schwer – jemandem etwas husten (einem Wunsch nicht entsprechen); **hüsteln** (sich räuspern); der **Husten;** das **Hustenbonbon;** der **Hustenreiz;** der **Hustensaft**

Hut, der: -(e)s, Hüte (Kopfbedeckung); einen Hut aufsetzen – den Hut nehmen (zurücktreten, aus dem Amt scheiden) – alle unter einen Hut (in Einklang) bringen

Hut, die: - (Aufsicht, Schutz); auf der Hut sein (vorsichtig sein); **hüten:** Kinder hüten (beaufsichtigen) – sich vor jemandem hüten (sich in Acht nehmen); der **Hütejunge;** der **Hüter;** die **Hüterin**

Hüt·te, die: -, -n (kleines, einfaches Haus; Industrieanlage); das **Hüttenwerk;** der **Hüttenwirt;** die **Hüttenwirtin**

hut·ze·lig: (alt, dürr, welk); auch: **hutzlig**

Hy·ä·ne griech., die: -, -n (Raubtier)

Hy·a·zin·the, die: -, -n (Zwiebelpflanze)

Hy·drant (Hyd·rant) griech., der: -en, -en (Wasseranschluss, Zapfstelle); **hydraulisch:** hydraulische (durch Flüssigkeitsdruck bewegte) Bremsen; die **Hydraulik;** die **Hydrokultur** (Pflanzenzucht in Wasser)

Hy·gi·e·ne griech. [hygjene], die: - (Lehre von der Gesundheitspflege); **hygienisch:** etwas hygienisch (sauber) verpacken

Hym·ne griech., die: -, -n (feierliches Gedicht, Lobgesang); **hymnisch**

Hy·per·bel griech., die: -, -n (Kegelschnitt)

Hyp·no·se griech., die: -, -n; jemanden in Hypnose (Halbschlaf) versetzen; **hypnotisch; hypnotisieren** (willenlos machen)

Hy·po·te·nu·se griech., die: -, -n (Seite ge

genüber dem rechten Winkel im rechtwinkligen Dreieck)

Hy·po·thek griech., die: -, -en (Belastung von Grundstücken, Häusern)

Hy·po·the·se griech., die: -, -n (unbewiesene Annahme); **hypothetisch:** eine hypothetische (unbewiesene) Behauptung

hys·te·risch griech.: eine hysterische (aufgeregte, leicht erregbare) Frau; die **Hysterie;** der **Hysteriker;** die **Hysterikerin**

Hz = Hertz (Masseinheit der Frequenz)

I

I = römisches Zeichen für die Zahl 1

i. A. = im Auftrag(e)

i. Allg. = im Allgemeinen

IC = der Intercity (Intercityzug)

ich: ich arbeite; aber: sein zweites Ich – das andere Ich; **ichbezogen** (sich selbst in den Mittelpunkt stellend); der **Icherzähler;** auch: der **Ich-Erzähler;** die **Ichform** (Erzählform in der 1. Person); auch: die **Ich-Form;** der **Ichlaut;** auch: der **Ich-Laut;** die **Ichsucht** (Eigenliebe); auch: die **Ich-Sucht**

i·de·al griech.: eine ideale (bestmögliche) Lösung – ideale (günstige) Bedingungen – eine ideale (vollkommene) Frau; das **Ideal** (Vorbild, Wunschvorstellung, Vollkommenes); der **Idealfall; idealisieren** (verklären); der **Idealismus** (Glaube an Ideale); der **Idealist** (uneigennütziger Mensch); die **Idealistin; idealistisch;** die **Ideallösung**

I·dee griech., die: -, Ideen (Gedanke, Einfall); eine fixe Idee haben – eine gute Idee haben; **ideell:** ideelle (nur gedachte, in der Vorstellung vorhandene) Ziele haben; **ideenarm; ideenlos;** die **Ideenlosigkeit; ideenreich;** der **Ideenreichtum**

i·den·tisch lat.: identische (völlig gleiche, übereinstimmende) Vorstellungen haben; die **Identifikation** (Gleichsetzung); **identifizieren:** einen Dieb identifizieren (erkennen) – sich mit etwas identifizieren (sich dahinter stellen, dafür eintreten); die **Identifizierung;** die **Identität** (Übereinstimmung); die **Identitätskarte**

I·de·o·lo·gie griech., die: -, Ideologien (bestimmte Vorstellungswelt, Weltanschauung);

der **Ideologe** (Vertreter einer bestimmten, meist politischen Richtung); die **Ideologin; ideologisch**

I·di·ot *griech.*, der: -en, -en (schwachsinniger Mensch, Dummkopf); **idiotenhaft; idiotensicher** (völlig sicher); die **Idiotie** (Schwachsinn, Dummheit); die **Idiotin; idiotisch** (schwachsinnig, unsinnig); der **Idiotismus**

I·dol *griech.*, das: -s -e (Vorbild, Schwarm)

I·dyll *griech.*, das: -s, -e (friedlicher, beglückender Zustand); auch: die **Idylle; idyllisch** (beschaulich, harmonisch, ländlich)

I·gel, der: -s, - (stacheliges Säugetier)

Ig·lu *eskim.*, der/das: -s, -s (Schneehütte der Eskimos)

ig·no·rie·ren *lat.*: jemanden/etwas ignorieren (nicht zur Kenntnis nehmen, nicht beachten); der **Ignorant** (Nichtwisser, Dummkopf); das **Ignorantentum**; die **Ignorantin**; die **Ignoranz**

ihm: (Wemfall von er); ich bin ihm nicht begegnet

ihn: (Wenfall von er); er hat ihn auf der Strasse gesehen

ihr: ihr arbeitet – das ist ihr Haus; aber: die Ihrigen; auch: die ihrigen – das Ihre; auch: das ihre – Ihre Majestät; **ihrerseits; ihresgleichen; ihretwegen; um ihretwillen**

i. J. = im Jahre

IKRK = Internationales Komitee vom Roten Kreuz

il·le·gal *lat.*: (ungesetzlich); die **Illegalität; illegitim**: auf eine illegitime (unrechtmässige) Art; die **Illegitimität**

il·loy·al *franz. [iloajal]*: (gesetzeswidrig, unehrlich, untreu); die **Illoyalität**

Il·lu·mi·na·ti·on *lat.*, die: -, -en (festliche Beleuchtung); **illuminieren**

Il·lu·si·on *lat.*, die: -, -en; sich keine Illusionen (falschen Hoffnungen, Wunschvorstellungen) machen; **illusionär**; der **Illusionist** (Träumer, Schwärmer); die **Illusionistin; illusionslos; illusorisch** (trügerisch, vergeblich)

Il·lus·tra·ti·on (Il·lust·ra·ti·on) *lat.*, die: -, -en (Bebilderung, bildliche Erklärung); der **Illustrator**; die **Illustratorin; illustrieren** (bebildern); die **Illustrierte** (bebilderte Zeitschrift); die **Illustrierung**

Il·tis, der: -ses, -se (Marderart); eine Pelzjacke aus Iltis

im: im (in dem) Garten – im Grossen und Ganzen – im Übrigen – im Allgemeinen ⟨i. Allg.⟩ – im Auftrag(e) ⟨i. A.⟩, – im Einzelnen – im Besonderen – im Argen liegen – im Grunde – im Grunde genommen – im Begriff(e) sein – im Fall(e), dass – im Jahre ⟨i. J.⟩ – im Monat ⟨i. M.⟩ – im Ruhestand ⟨i. R.⟩ – im Stande; auch: imstande

I·mage *engl. [imidsch]*, das: -(s), -s; sein Image (Persönlichkeitsbild, Ansehen) in der Öffentlichkeit; die **Imagepflege**

i·ma·gi·när *lat.* (nicht wirklich, nur eingebildet); die **Imagination** (Einbildungskraft)

Im·biss, der: -es, -e (kleine Zwischenmahlzeit); der **Imbissstand**; die **Imbissstube**

I·mi·ta·ti·on *lat.*, die: -, -en (Nachahmung); der **Imitator**; die **Imitatorin; imitieren**: Vogelstimmen imitieren; **imitiert** (unecht)

Im·ker, der: -s, - (Bienenzüchter); die **Imkerei**; die **Imkerin; imkern**; die **Imme** (Biene)

im·ma·nent *lat.*: (innewohnend, darin enthalten); die **Immanenz**

Im·ma·tri·ku·la·ti·on (Im·mat·ri·ku·la·ti·on) *lat.*, die: -, -en (Einschreibung an einer Hochschule); **immatrikulieren**; die **Immatrikulierung**

im·mens *lat.*: ein immenser (unermesslicher) Reichtum – ein immenses (gewaltiges) Glück haben

im·mer: (stets, jederzeit, jedes Mal); immer mehr – nicht immer – immer noch – immer während – immer wieder – immer und ewig – was auch immer; **immerdar**: ewig und immerdar – auf immerdar (ewig); **immerfort** (ununterbrochen); das **Immergrün; immerhin**: immerhin (wenigstens) gibt er sich Mühe; **immerzu** (ständig)

Im·mi·grant *lat.*, der: -en, -en (Einwanderer); die **Immigrantin**; die **Immigration; immigrieren**

Im·mis·si·on *lat.*, die: -, -en (Einwirkung auf Lebewesen z. B. durch Luftverunreinigungen); der **Immissionsschutz**

Im·mo·bi·li·en *Mz. lat.*, die: - (Grundstücke, Häuser); **immobil** (unbeweglich); der **Immobilienhandel**

im·mun *lat.*: immun (nicht empfindlich, empfänglich) gegen Krankheiten sein; **immunisieren** (unempfänglich machen); die **Immunisierung**; die **Immunität**: Immunität geniessen (unter Rechtsschutz stehen); die **Immunschwäche;** das **Immunsystem**

Im·pe·ra·tiv *lat.,* der: -s, -e (Sprachlehre: Befehlsform); der **Imperativsatz;** der **Imperator** (Feldherr im alten Rom)

Im·per·fekt *lat.,* das: -s, -e (Sprachlehre: Vergangenheitsform)

Im·pe·ri·a·lis·mus *lat.,* der: - (Machtstreben, Herrschaftsstreben); **imperialistisch;** der **Imperialist;** das **Imperium** (Reich)

im·per·ti·nent *lat.:* (aufdringlich, frech); die **Impertinenz**

imp·fen: (einen Schutzstoff verabreichen); der **Impfpass;** der **Impfschein;** der **Impfstoff;** die **Impfung**

im·plo·die·ren *lat.:* (durch äusseren Druck zerstört werden); die **Implosion**

im·po·nie·ren *lat.:* er imponiert allen (macht Eindruck) – eine imponierende (beeindruckende) Leistung; das **Imponiergehabe; imposant:** ein imposantes (grossartiges, beeindruckendes) Bauwerk – ein imposanter Anblick

Im·port *engl.* der: -(e)s, -e (Einfuhr von Gütern); der Im- und Export; die **Importbeschränkung;** der **Importeur** *[importör];* die **Importeurin;** das **Importgeschäft; importieren**

im·po·tent *lat.:* (nicht zeugungsfähig, nicht tüchtig); die **Impotenz**

im·präg·nie·ren (im·prä·gnie·ren) *lat.:* einen Stoff imprägnieren (wasserdicht machen); die **Imprägnierung**

Im·pres·si·on *lat.,* die: -, -en (Eindruck, Empfindung); der **Impressionismus** (Kunstrichtung); der **Impressionist; impressionistisch;** das **Impressum** (Erscheinungsvermerk eines Buches)

im·pro·vi·sie·ren *ital.:* (etwas ohne Vorbereitung tun); die **Improvisation**

Im·puls *lat.,* der: -es, -e (Anstoss, innerer Antrieb); **impulsiv:** impulsiv (spontan) handeln – impulsiv (leicht erregbar) sein; die **Impulsivität**

im·stan·de: zu einer grossen Leistung imstande (fähig) sein – er ist nicht imstande flüssig zu lesen – er ist imstande und springt (ist dazu dumm genug); auch: im Stande

in: in die Schule gehen – in der Bahnhofshalle – in die Stadt fahren – in drei Tagen – in Sorge sein – in puncto (hinsichtlich, betreffend) – in spe (zukünftig) – in Bezug auf – in Anbetracht – in natura (in Wirklichkeit) – etwas in petto haben (in Bereitschaft haben)

in *engl.:* es ist in (modern, zeitgemäss, in Mode)

in·ad·ä·quat (in·a·dä·quat) *lat.:* (nicht passend, nicht entsprechend)

In·be·griff, der: -(e)s, -e; der Inbegriff (die Verkörperung, ein Musterbeispiel) von Fleiss; **inbegriffen:** im Preis inbegriffen (eingerechnet)

In·brunst, die: -; mit Inbrunst (Innigkeit, starker Leidenschaft) lieben; **inbrünstig**

in·dem: er half ihr, indem er ihr die Hand reichte; aber: der Raum, in dem (welchem) er sass

in·des: (aber, immerhin, allerdings); **indessen:** indessen (inzwischen) begann er zu singen – er kam an, sie indessen (aber, jedoch) reiste ab

In·dex *lat.,* der: -(es), -e/Indizes/Indices (alphabetisches Verzeichnis, Liste verbotener Bücher)

In·di·a·ner, der: -s, - (Ureinwohner von Amerika); die **Indianerin;** der **Indianerhäuptling;** der **Indianerstamm;** der **Indio** (mittel- und südamerikanischer Indianer)

In·di·en: -s (Staat in Südostasien); der **Inder;** die **Inderin; indisch:** die indischen Einwohner; aber: der Indische Ozean

In·di·go *span.,* der/das: -s (blauer Farbstoff); **indigoblau**

in·di·ka·tiv *lat.,* der: -s, -e (Sprachlehre: Wirklichkeitsform)

In·di·ka·tor *lat.,* der: -s, Indikatoren (Stoff, der die Anwesenheit von chem. Substanzen anzeigt)

in·di·rekt *lat.:* indirekt (nicht unmittelbar) wählen – er kam indirekt (auf Umwegen) darauf zu sprechen – die indirekte (nicht wörtliche) Rede

in·dis·kret *franz.:* sie ist indiskret (nicht verschwiegen) – eine indiskrete (aufdringliche, taktlose) Person; die **Indiskretion**

in·dis·ku·ta·bel *franz.:* ein indiskutabler (nicht in Frage kommender) Vorschlag

in·dis·po·niert *lat.:* indisponiert (in keiner guten Verfassung, unpässlich) sein

In·di·vi·du·um *lat.,* das: -s, Individuen (Einzelwesen; verächtlich: Lump); **individualistisch** (das Besondere betonend); der **Individualismus;** der **Individualist;** die **Individua-**

l**i**stin; die **Individualität** (Eigenart, Persönlichkeit); **individuell** (rein persönlich)

In·diz lat., das: -es, -ien (Merkmal, Anzeichen, Hinweis); der **Indizienbeweis** (Beweis, der lediglich auf Verdachtsmomenten beruht); der **Indizienprozess**

In·duk·ti·on lat., die: -, -en (Schlussfolgerung vom Besonderen auf das Allgemeine; Erzeugung einer elektrischen Spannung durch bewegte Magnetfelder); **induktiv**

In·dus·trie (In·dust·rie) franz., die: -, Industrien (Unternehmen, die Produkte entwickeln und herstellen); **industrialisieren**; die **Industrialisierung**; die **Industrieanlage**; das **Industriegebiet**; die **Industriegewerkschaft** ⟨IG⟩; **industriell**; der **Industrielle** (Industrieunternehmer); der **Industriestaat**

in·ef·fek·tiv lat.: eine ineffektive (nutzlose, unwirksame) Arbeit; die **Ineffektivität**

in·ei·nan·der (in·ein·an·der): ineinander (einer in den anderen) verliebt sein – etwas ineinander fügen – ineinander fliessen – die Rohre werden ineinander gesteckt – ineinander greifen – sie sind ineinander verschlungen

in·fam lat.: eine infame (gemeine, abscheuliche) Lüge; die **Infamie**

In·fan·te·rie franz., die: -, Infanterien (zu Fuss kämpfende Truppeneinheit); das **Infanterieregiment**; der **Infanterist** (Fusssoldat)

in·fan·til lat.: (unreif, kindlich)

In·farkt lat., der: -(e)s, -e (Verstopfung einer Arterie)

In·fek·ti·on lat., die: -, -en (Ansteckung durch Krankheitserreger); auch: der **Infekt**; die **Infektionsgefahr**; die **Infektionskrankheit**; **infektiös** (ansteckend); **infizieren**

In·fer·no ital., das: -s (entsetzliches Geschehen); **infernalisch:** ein infernalisches (teuflisches, höllisches) Gelächter

in·fil·trie·ren (in·filt·rie·ren) lat.: (einflössen, durchdringen); die **Infiltration**; die **Infiltrierung**

In·fi·ni·tiv lat., der: -s, -e (Sprachlehre: Nennform); der **Infinitivsatz**

In·fla·ti·on lat., die: -, -en (Entwertung des Geldes); **inflationär**; die **Inflationsrate**; **inflationistisch**; **inflatorisch**

in·fol·ge: infolge (wegen) der hohen Preise – infolge von Hunger; **infolgedessen** (daher)

in·for·mie·ren lat.: jemanden informieren (in Kenntnis setzen, benachrichtigen); das **Info** (Informationsblatt); der **Informand** (jemand, der informiert wird); der **Informant** (jemand, der Informationen liefert); die **Informantin**; die **Informatik** (Wissenschaft von der Informationsverarbeitung); die **Information** (Auskunft, Mitteilung, Nachricht); **informativ:** ein informatives (aufschlussreiches) Buch; **informell**

in·fra·ge: etwas infrage stellen (an einer Sache zweifeln); auch: in Frage stellen; das **Infragestellen**

In·fra·rot (Inf·ra·rot) lat./dt., das: (unsichtbare Wärmestrahlen); der **Infraschall** (unterhalb der Grenze des Hörbaren)

In·fra·struk·tur lat., die: -, -en (alle wirtschaftlichen und organisatorischen Einrichtungen einer hoch entwickelten Wirtschaft)

In·fu·si·on lat., die: -, -en (Zufuhr von Flüssigkeit in den Körper mit einer Hohlnadel)

In·ge·nieur ⟨Ing.⟩ franz. [ĩschenjör], der: -s, -e (Techniker); das **Ingenieurbüro**; die **Ingenieurin**

In·ha·ber, der: -s, -; der Inhaber (Besitzer) der Fabrik; die **Inhaberin**

in·haf·tie·ren: einen Verbrecher inhaftieren (festnehmen, einsperren); der/die **Inhaftierte**; die **Inhaftierung**

in·ha·lie·ren lat.: Dämpfe inhalieren (einatmen); die **Inhalation**

In·halt, der: -(e)s, -e: der Inhalt der Tasche – der Inhalt (Handlung, Gehalt) eines Buches; die **Inhaltsangabe; inhaltslos; inhaltsreich; inhaltsschwer;** das **Inhaltsverzeichnis; inhalt(s)voll** (von wichtigem Inhalt)

in·hu·man lat.: eine inhumane (unmenschliche) Gesellschaft; die **Inhumanität**

In·i·ti·a·le (I·ni·ti·a·le) lat. [initsjale], die: -, -n (Anfangsbuchstabe)

In·i·ti·a·ti·ve (I·ni·ti·a·ti·ve) franz. [initsjative], die: -, -n; (gesetzlich geregeltes Volksbegehren); keine Initiative (keine Entschlusskraft, keinen Unternehmungsgeist) zeigen – die Initiative ergreifen (den Anfang machen, den Anstoss geben); **initiativ:** initiativ (tätig) werden; das **Initiativkomitee** (leitende Gruppe); der **Initiator** (Urheber, Anstifter); **initiieren:** etwas initiieren (beginnen, anstossen)

In·jek·ti·on lat., die: -, -en (Einspritzung); die **Injektionsspritze; injizieren**

In·kar·na·ti·on *lat.*, die: -, -en; die Inkarnation (Menschwerdung) Christi – die Inkarnation (Verkörperung) des Bösen

in·klu·si·ve ⟨inkl., incl.⟩ *lat.*: inklusive (einschliesslich) der Bedienung – inklusive Übernachtung

In·kog·ni·to (In·ko·gni·to) *ital.*, das: -s, -s (fremder Name, Deckname); **inkognito:** inkognito (unerkannt, unter fremdem Namen) reisen

in·kom·pe·tent *lat.*: für eine Aufgabe inkompetent (nicht zuständig, nicht befugt) sein; die **Inkompetenz**

in·kon·se·quent *lat.*: inkonsequent (nicht folgerichtig, widersprüchlich) handeln – ein inkonsequentes (wankelmütiges) Verhalten; die **Inkonsequenz**

in·kor·rekt *lat.*: ein inkorrektes (unrichtiges, unzulässiges) Benehmen – eine inkorrekte (ungenaue) Aussprache; die **Inkorrektheit**

In·land ⟨Inl.⟩, das: -(e)s (Gebiet eines Landes, in dem man sich befindet); der **Inländer;** die **Inländerin; inländisch;** der **Inlandsbrief;** das **Inlandsgespräch;** das **Inlandsporto;** die **Inlandsreise**

In·lett, das: -(e)s, -e/-s (Bezugsstoff für Federbetten)

in·mit·ten: inmitten der Feinde (mitten drin) – inmitten (in der Mitte) des Flusses

in·ne: inne sein (bewusst sein); **innehaben:** ein Amt innehaben; **innehalten:** mitten in der Rede innehalten (für kurze Zeit unterbrechen); **innewerden; innewohnen**

in·nen: ein Haus innen (im Innern) renovieren – innen und aussen – von innen; der **Innenarchitekt;** die **Innenarchitektin;** die **Innenausstattung;** der **Innendienst;** der **Innenhof;** der **Innenminister;** die **Innenpolitik; innenpolitisch;** der **Innenrist** (innere Seite des Fussrückens); die **Innenseite;** die **Innenstadt** (Zentrum einer Stadt); die **Innentemperatur**

in·ner...: die innere Medizin – die innere (geistige) Führung – innere Krankheiten – innere Organe; aber: das Innere – im Inner(e)n des Hofes – das Ministerium des Innern – im innersten Afrika; aber: das Innerste eines Landes – im Innersten – bis ins Innerste – die Innere Mission (Organisation der evangelischen Kirche) **innerbetrieblich; innerdienstlich;** die **Innereien** *Mz.* (Tiereingeweide); **in-**nereuropäisch; **innerfamiliär; innerhalb:** innerhalb (während) eines Tages – innerhalb fünf Jahren – innerhalb von London; **innerlich:** ein innerlicher (empfindsamer, gefühlvoller) Mensch – innerlich (im Innern) war er froh; die **Innerlichkeit; innerorts; innerparteilich; innerstaatlich; innerstädtisch; innert** (innerhalb): innert eines Monats

In·ner·schweiz, die: - (die fünf bzw. sechs Kantone Uri, Schwyz und Unterwalden (NW und OW), Luzern, Zug); → Urschweiz

in·nig: ein inniges (tiefes, herzliches) Gefühl – eine innige Freundschaft; die **Innigkeit; inniglich**

In·no·va·ti·on *lat.*, die: -, -en (Neuerung, Erneuerung); der **Innovationsprozess; innovativ**

In·nung, die: -, -en (Zusammenschluss von Handwerkern); der **Innungsmeister**

in·of·fi·zi·ell *franz.*: ein inoffizielles (nicht amtliches, ausserdienstliches) Schreiben – inoffiziell (vertraulich) informiert werden

in pet·to *ital.*: noch etwas in petto (in Reserve, bereit) haben

in punc·to *ital.*: in puncto (hinsichtlich der) Bezahlung

In·put *engl.* der/das: -s, -s (Eingabe bei der EDV)

In·qui·si·ti·on *lat.*, die: -, -en (Kirchenbehörde zur Bekämpfung der Ketzerei, strenges Verhör); das **Inquisitionsgericht;** der **Inquisitor**

ins: ins (in das) Café gehen – eins ins andere – ins Gerede kommen

In·sas·se, der: -n, -n (Person, die sich in einem Fahrzeug, einem Heim, einer Anstalt o. Ä. befindet); alle Insassen des Busses winkten; die **Insassin**

ins·be·son·de·re: insbesondere (vor allem, besonders) du musst aufpassen; aber: im Besonderen; auch: **insbesondre**

In·schrift, die: -, -en (eingeritzte, eingemeisselte Schrift; Text auf Holz, Metall, Stein)

In·sekt *lat.*, das: -(e)s, -en (Kerbtier); Insekten fressende Pflanzen; die **Insektenbekämpfung;** das **Insektengift;** die **Insektenplage;** das **Insektenpulver;** der **Insektenstich;** das **Insektizid** (Insektenvertilgungsmittel)

In·sel *lat.*, die: -, -n (ringsum von Wasser umgebenes Land); der **Inselbewohner;** die **Inselbewohnerin**

In·se·rat *lat.*, das: -(e)s, -e; ein Inserat (eine Anzeige, Annonce) in der Zeitung aufgeben; der **Inseratenteil; inserieren**

ins·ge·heim: insgeheim (heimlich) lachte er über sie

ins·ge·samt: (im Ganzen, alle(s) zusammengenommen); er war insgesamt vier Wochen krank

In·si·der *engl. [insaider]*, der: -s, - (Eingeweihter)

In·sig·ni·en (In·si·gni·en) *Mz. lat.*, die: - (Kennzeichen der Macht und Würde)

ins·künf·tig: (in Zukunft)

in·so·fern: insofern (in dieser Hinsicht, was das betrifft) hast du Recht – insofern (wenn) ihr nichts dagegen habt – insofern du zustimmst; auch: **insoweit:** insoweit hat er Recht

In·spek·tor *lat.*, der: -s, Inspektoren (Verwaltungsbeamter); der **Inspekteur** *[inspektör]*; die **Inspektion** (Besichtigung, Aufsicht); die **Inspektorin; inspizieren**

Ins·pi·ra·ti·on (In·spi·ra·ti·on) *lat.*, die: -, -en (Eingebung); **inspirieren:** jemanden zu etwas inspirieren (anregen)

in·sta·bil *lat.*: instabile (unbeständige) Zeiten; die **Instabilität**

in·stal·lie·ren *franz.*: (einrichten, einbauen, anschliessen); der **Installateur** *[instalatör]*; die **Installation**

in·stand: etwas instand setzen (richten, reparieren); aber: das Instandsetzen – instand halten (in einem brauchbaren Zustand halten); auch: in Stand setzen, halten; die **Instandhaltung;** die **Instandhaltungskosten** *Mz.*; die **Instandsetzung**

in·stän·dig: inständig (sehr dringlich) bitten; die **Inständigkeit**

in·stant *engl. [instent]* (sofort löslich); das **Instantgetränk;** der **Instantkaffee**

In·stanz *lat.*, die: -, -en (die zuständige behördliche Stelle); der **Instanzenweg**

Ins·tinkt (In·stinkt) *lat.*, der: -(e)s, -e (Naturtrieb, angeborene Verhaltensweise); **instinkthaft;** die **Instinkthandlung; instinktiv:** instinktiv (gefühlsmässig) etwas beurteilen – instinktiv (unwillkürlich) kehrte er um; **ins·tinktlos;** die **Instinktlosigkeit; instinktmässig; instinktsicher**

In·sti·tut *lat.*, das: -(e)s, -e (Einrichtung, Anstalt, Unternehmen); die **Institution** (öffentliche Einrichtung); **institutionalisieren;** der **Institutsleiter;** die **Institutsleiterin**

in·stru·ie·ren (ins·tru·ie·ren, inst·ru·ie·ren) *lat.:* (in Kenntnis setzen); der **Instrukteur** *[instruktör]*; die **Instrukteurin;** die **Instruktion** (Anleitung, Anweisung); **instruktiv:** ein instruktiver (lehrreicher) Vortrag

In·stru·ment (Ins·tru·ment, Inst·ru·ment) *lat.*, das: -(e)s, -e; ein Instrument (Musikinstrument) spielen – die Instrumente (Geräte) des Arztes; **instrumental;** die **Instrumentalmusik;** das **Instrumentarium,** die Instrumentarien (alle zur Verfügung stehenden Instrumente); die **Instrumentation;** die **Instrumentierung** (Zusammensetzung der Instrumente im Orchester)

In·su·la·ner *lat.*, der: -s, - (Inselbewohner); die **Insulanerin**

In·su·lin, das: -s (Heilmittel für Zuckerkranke); das **Insulinpräparat**

in·sze·nie·ren *lat.*: (ins Werk setzen); die **Inszenierung:** die Inszenierung (Vorbereitung) einer Bühnenaufführung

in·takt *lat.*: eine intakte (unversehrte, unberührte) Umwelt – die Maschine ist intakt (in Ordnung); die **Intaktheit**

in·te·ger *lat.*: ein integrer (unbescholtener, redlicher) Mann – ein integrer Charakter; die **Integration** (Zusammenschluss, Vereinigung, Einbeziehung); **integrativ; integrieren:** jemanden in die Gemeinschaft integrieren (einbeziehen); **integrierend:** ein integrierender (notwendiger) Bestandteil; die **Integrierung;** die **Integrität** (Unverletzlichkeit, Unbescholtenheit)

In·tel·lekt *lat.*, der: -(e)s (Verstand, Denkvermögen); **intellektuell** (verstandesmässig, geistig); der/die **Intellektuelle; intelligent:** ein intelligentes (kluges, gescheites) Kind; die **Intelligenz** (Begabung); der **Intelligenzquotient** ⟨IQ⟩ (Mass für die geistige Leistungsfähigkeit)

In·ten·dant *franz.*, der: -en, -en (Leiter eines Theaters, Rundfunksenders oder einer Fernsehanstalt); die **Intendantin**

in·ten·siv *lat.*: jemanden intensiv (nachdrücklich) ermahnen – eine intensive (gründliche) Nachforschung – ein intensives (starkes) Licht; die **Intensität** (Wirksamkeit, Stärke); **intensivieren** (steigern, verstärken); die **Intensivierung;** die **Intensivstation**

G
H
I
J
K
L
M

In·ten·ti·on *lat.*, die: -, -en (Absicht, Plan); **intendieren** (beabsichtigen, wollen, anstreben)

In·ter·ci·ty ⟨IC⟩ *amerik. [intersiti]*, der: -s, -s (Intercityzug); auch: der **InterCity;** der **Intercity-Expresszug** ⟨ICE⟩; der **Intercityzug**

in·te·res·sant (in·ter·es·sant) *franz.*: ein interessantes (anregendes, packendes) Buch – ein interessantes (ansprechendes, bemerkenswertes) Angebot; das **Interesse:** an etwas Interesse haben – es liegt ganz in meinem Interesse – etwas mit Interesse (Anteilnahme, Neugier) verfolgen – die Interessen (Belange) eines Betriebes; **interessehalber; interesselos;** die **Interesselosigkeit;** die **Interessengemeinschaft;** der **Interessent;** die **Interessentin; interessieren:** sich für ein Geschäft interessieren; **interessiert** (beteiligt, Anteil nehmend)

In·te·rim *lat.*, das: -s, -s (Übergangszeit, vorläufige Vereinbarung); **interimistisch** (vorläufig); die **Interimslösung;** die **Interimsregelung;** die **Interimszeit**

In·ter·jek·ti·on *lat.*, die: -, -en (Sprachlehre: Ausrufewort)

in·ter·kan·to·nal *lat./franz.*: (mehrere Kantone betreffend)

in·ter·kon·ti·nen·tal *lat.*: eine interkontinentale (mehrere Erdteile betreffende) Abmachung

In·ter·mez·zo *ital.*, das: -s, -s/Intermezzi (Zwischenspiel, Zwischenfall)

in·tern *lat.*: interne (nur für einen besonderen Kreis bestimmte, vertrauliche) Informationen; das **Internat** (Schülerheim); die **Internatsschule; internieren** (in Haft, in Gewahrsam nehmen); der/die **Internierte;** die **Internierung;** das **Internierungslager;** der **Internist** (Arzt für innere Krankheiten); die **Internistin**

in·ter·na·ti·o·nal *lat.*: eine internationale (zwischenstaatliche, mehrere Staaten betreffende) Vereinbarung; aber: das Internationale Olympische Komitee ⟨IOK⟩ – das Internationale Rote Kreuz ⟨IRK⟩; die **Internationale** (internationale Vereinigung der Arbeiterbewegungen, Kampflied der Arbeiterbewegung)

in·ter·pre·tie·ren *lat.*: ein Gedicht interpretieren (deuten, auslegen) – ein Musikstück interpretieren (vortragen); der **Interpret;** die **Interpretation;** die **Interpretin**

In·ter·punk·ti·on *lat.*, die: -, -en (Setzung von Satzzeichen, Zeichensetzung)

In·ter·rail·kar·te *engl./dt.*, die: (verbilligte Jugendfahrkarte für die Bahn in Europa)

In·ter·vall *lat. [interwal]*, das: -s, -e (Zwischenraum, Zeitabschnitt, Tonabstand); das **Intervalltraining** (im Sport)

in·ter·ve·nie·ren *lat. [interwenieren]*: (eingreifen, sich vermittelnd einmischen); die **Intervention**

In·ter·view *engl. [interwju]*, das: -s, -s (Befragung durch Reporter); **interviewen:** einen Sportler interviewen; der **Interviewer;** die **Interviewerin**

in·tim *lat.*: intime (sehr genaue, gründliche) Kenntnisse – eine intime (innige) Beziehung – intime (vertrauliche) Gespräche führen; die **Intima** (vertraute Freundin); der **Intimbereich;** die **Intimität** (Vertraulichkeit); die **Intimsphäre;** der **Intimus** (enger Freund)

in·to·le·rant *lat.*: intolerante (unduldsame) Menschen; die **Intoleranz**

In·tri·ge (Int·ri·ge) *franz.*, die: -, -n (hinterlistiger Plan, hinterhältige Machenschaften); **intrigant** (hinterhältig); der **Intrigant;** die **Intrigantin;** das **Intrigenspiel; intrigieren**

In·tu·i·ti·on *lat.*, die: -, -en (Eingebung, unmittelbares Erfassen); **intuitiv**

in·tus *lat.*: etwas intus (gegessen, getrunken, verstanden) haben

In·va·li·de *franz. [inwalide]*, der/die: -n, -n (Körperbehinderte(r)); **invalid(e);** die **Invalidenrente;** die **Invalidenversicherung** ⟨IV⟩; die **Invalidität** (Erwerbs-, Arbeitsunfähigkeit)

In·va·si·on *franz. [inwasion]*, die: -, -en (Einfall feindlicher Truppen)

In·ven·tar *lat. [inwentar]*, das: -s, -e (Einrichtung, Besitzverzeichnis); die **Inventarisation** (Bestandsaufnahme); **inventarisieren;** die **Inventarisierung;** das **Inventarverzeichnis;** die **Inventur** (Bestandsaufnahme)

in·ves·tie·ren *lat. [inwestieren]*: (Geld anlegen); die **Investierung;** die **Investition** (Kapitalanlage); auch: das **Investment;** die **Investitur** (Einweisung in ein Amt)

In·vi·tro-Fer·ti·li·sa·ti·on *lat.*, die: -, -en (Befruchtung ausserhalb des Körpers)

in·wen·dig: der Apfel ist inwendig (innen) faul – *etwas in- und auswendig (sehr gründlich) kennen*

in·wie·fern: ich weiss nicht, inwiefern (in welchem Masse) er an dem Plan beteiligt war – inwiefern (wieso) ist sie schuldig?; auch: **inwieweit**

In·zest *lat.*, der: -(e)s, -e (Geschlechtsverkehr unter engsten Blutsverwandten); → Inzucht

In·zucht, die: -, -en (Fortpflanzung unter Blutsverwandten, Blutschande); → Inzest

in·zwi·schen: inzwischen (mittlerweile, unterdessen) ist er wieder gesund

IOK = Internationales Olympisches Komitee

Ion *griech.*, das: -s, -en (elektrisch geladenes Atom oder Molekül); die **Ionenstrahlen** *Mz.*

i-Punkt, der: -(e)s, -e

ir·den: irdene (aus Ton gebrannte) Krüge; **irdisch:** das irdische (zur Erde gehörende) Leben – irdische (vergängliche) Güter

ir·gend: wenn irgend (irgendwie) möglich – irgend so ein Gauner; aber: irgendein Mann – irgendeine; **irgendetwas;** aber: irgend so etwas; **irgendjemand; irgendwann; irgendwas; irgendwer; irgendwie; irgendwo:** irgendwo anders; **irgendwoher; irgendwohin**

I·ris *griech.*, die: -, - (Regenbogenhaut des Auges, Zierpflanze)

IRK = Internationales Rotes Kreuz

I·ro·nie *griech.*, die: -, Ironien (versteckter Spott); **ironisch:** eine ironische (spöttische) Bemerkung machen

irr: irr werden; auch: **irre:** irre (verwirrt, geistesgestört) sein – irre (riesig) nett sein – ein irrer (ausgefallener) Typ; die **Irre:** in die Irre führen – *in die Irre gehen* (sich verirren); der/die **Irre** (geisteskranker Mensch); **irreführen;** die **Irreführung; irregehen; irreleiten; irremachen;** sich **irren** (fehlgehen, sich vertun, falsch beurteilen): ich irre durch die Strassen – *Irren ist menschlich;* die **Irrenanstalt;** ein **Irrer; irrereden; irrewerden:** an jemandem irrewerden (den Glauben verlieren); die **Irrfahrt;** der **Irrgarten; irrgläubig; irrig:** eine irrige (falsche, abwegige) Meinung; **irrigerweise;** der **Irrläufer** (falsch beförderte Sache); die **Irrlehre** (falsche Lehre); das **Irrlicht;** der **Irrsinn** (Dummheit, Unsinn, Wahnsinn); **irrsinnig:** irrsinnig (geistesgestört) sein – irrsinnige (unerträgliche) Schmerzen haben – ein irrsinniger (kaum vorstellbarer) Lärm; der **Irrtum:** im Irrtum sein; **irrtümlich** (versehentlich); **irr-**

tümlicherweise; der **Irrweg;** der **Irrwisch** (äusserst lebhafter Mensch); **irrwitzig**

ir·ra·ti·o·nal *lat.*: (verstandesmässig nicht begreifbar, gefühlsbedingt); irrationale Pläne – irrationales Denken; die **Irrationalität**

ir·re·al *lat.*: irreale (unwirkliche) Wünsche haben; die **Irrealität**

ir·re·gu·lär *lat.*: irreguläre (ungesetzliche) Handlungen

ir·re·le·vant *lat. [irelewant]* (belanglos, unerheblich); die **Irrelevanz**

ir·re·pa·ra·bel *lat.*: irreparable (nicht rückgängig zu machende) Schäden anrichten

ir·re·ver·si·bel *lat. [irewersibel]*: (nicht umkehrbar)

Ir·ri·ta·ti·on *lat.*, die: -, -en (Reiz, Erregung); **irritieren:** jemanden irritieren (stören, verwirren)

ISBN = Internationale Standardbuchnummer

I·schi·as (Is·chi·as) *griech.*, der/die/das: - (Hüftschmerzen)

Is·lam *arab. [islam, islam]*, der: -(s) (von Mohammed gestiftete Religion); **islamisch**

i·so·lie·ren *franz.*: die Gesunden von den Kranken isolieren (schützen, trennen) – eine Leitung isolieren (z. B. undurchlässig machen); die **Isolation** (Absonderung, Abkapselung); der **Isolationismus** (Bestreben sich vom Ausland abzuschliessen); die **Isolationshaft;** der **Isolator** (Stoff, der Elektrizität nicht bzw. nur schwach leitet); das **Isolierband;** das **Isoliermaterial; isoliert;** die **Isolierung**

Is·ra·el -s (Volk der Juden im Alten Testament, Staat in Vorderasien); der **Israeli; israelisch;** die **Israeliten; israelitisch**

I·ta·li·en: -s (Staat in Südeuropa); der **Italiener;** die **Italienerin; italienisch:** das italienische Volk; aber: auf Italienisch

i-Tüp·fel·chen, das: -s, -

i.V. = in Vertretung; in Vollmacht

J

J. = Jahr

ja: komm ja nicht! – ja natürlich – ja freilich – oh ja – ach ja – na ja – ja doch – du kennst ihn ja (doch); aber: Ja sagen; auch: ja sagen – mit Ja antworten – mit Ja stimmen – sein

Ja (seine Zustimmung, Einwilligung) geben
– *zu allem Ja und Amen sagen* (mit allem
einverstanden sein); das **Ja;** die **Japarole**
(Empfehlung, Ja zu stimmen); der **Jasager;**
jawohl; das **Jawort:** sein Jawort geben
Jacht *niederl.,* die: -, -en (Sport- und Vergnü-
gungsboot); der **Jachtklub;** → Yacht
Jacke *franz.,* die: -, -n (Kleidungsstück); seine
Jacke zuknöpfen – *Jacke wie Hose* (ganz
egal) *sein;* das **Jäckchen;** das **Jackenkleid;**
das **Jackett** *[schakęt]* (Jacke, Sakko); die
Jacketttasche
Jacket·kro·ne *engl.* *[dschạ̈kit...],* die: -, -n
(Zahnersatz)
Jack·pot *engl.* *[dschạ̈kpot],* der: -s, -s (ge-
meinsamer Spieleinsatz)
Ja·de *franz.,* der: -(s) (blassgrüner Schmuck-
stein); **jadegrün**
Jagd, die: -, -en (Weidwerk); auf die Jagd ge-
hen (jagen) – Jagd auf den Dieb machen
(ihn verfolgen) – die Jagd nach dem Glück;
jagdbar; die **Jagdbeute;** der **Jagdbomber;**
das **Jagdfieber;** der **Jagdflieger;** der **Jagd-
frevel** (Vergehen gegen die Jagdgesetze);
das **Jagdgewehr;** das **Jagdglück;** der **Jagd-
hund; jagdlich;** das **Jagdrevier;** das **Jagd-
springen;** die **Jagdtrophäe;** die **Jagdwurst;**
die **Jagdzeit; jagen:** gerne jagen (das Weid-
werk ausüben) – den Verbrecher jagen (ver-
folgen) – alle jagen (streben) nach Geld;
der **Jäger;** die **Jägerei;** die **Jägerin;** das
Jägerlatein (Erzählungen von erfundenen
oder übertriebenen Jagderlebnissen)
Ja·gu·ar *indian.,* der: -s, -e (grosse Raubkatze)
jäh: jäher, am jäh(e)sten; jäh (plötzlich) halten
– ein jäher (steiler) Abgrund; die **Jähheit;**
jählings (unvermittelt); der **Jähzorn** (unbe-
herrschte Wut); **jähzornig** (unbeherrscht)
Jahr, das: -(e)s, -e; im nächsten Jahr – Jahr für
Jahr – von Jahr zu Jahr – dieses Jahres ⟨d. J.⟩
– nach Jahr und Tag (nach langer Zeit) –
zehn Jahre alt – bis zu 20 Jahren – im
Jahr(e) 1945 – ein gutes neues Jahr wün-
schen – viele Jahre lang – *in die Jahre
kommen* (älter werden); **jahraus, jahrein**
(immerzu, Jahr für Jahr); **jahrelang:** jahre-
lang krank sein; aber: fünf Jahre lang; sich
jähren: morgen jährt sich seine Heimkehr;
das **Jahresabonnement** *[...abonemã̧];* die
Jahresfrist; der **Jahrestag;** der **Jahresurlaub;**
der **Jahreswechsel;** die **Jahreswende;** die

Jahreszeit; jahreszeitlich; der **Jahrgang**
⟨Jg.⟩; das **Jahrhundert** ⟨Jh., Jhdt.⟩; **jahrhun-
dertealt:** eine jahrhundertealte Tradition;
aber: fünf Jahrhunderte alt; ... **jährig:**
volljährig – fünfjährig; auch: **5-jährig; jähr-
lich** (jedes Jahr wiederkehrend); der **Jähr-
ling** (einjähriges Tier); der **Jahrmarkt;** das
Jahrtausend; das **Jahrzehnt; jahrzehnte-
lang**
Ja·lou·sie *franz.* *[schalusi̱],* die: -, Jalousien (Rol-
laden, Sonnenblende)
Jam·mer, der: -s (Elend, Kummer); die **Jam-
mergestalt** (traurige Erscheinung); der **Jam-
merlappen** (ängstlicher Mensch, Schwäch-
ling); **jämmerlich:** jämmerlich (bitterlich)
weinen – ein jämmerliches (armseliges) Zu-
hause; die **Jammermiene; jammern** (laut
klagen); **jammerschade** (sehr schade); das
Jammertal (unsere Erde); **jammervoll**
Ja·nu·ar *lat.* ⟨Jan.⟩, der: -(s), -e (Monatsname);
auch: der **Jänner**
Ja·pan: -s (Inselstaat in Ostasien); der **Japaner;**
die **Japanerin; japanisch:** das japanische
Volk; aber: auf Japanisch
jap·sen: (nach Luft ringen, schnappen)
Jar·gon *franz.* *[schargõ̱],* der: -s, -s (Aus-
drucksweise, Sondersprache einer Berufs-
gruppe oder Gesellschaftsschicht)
Jas·min *span.,* der: -s, -e (Zierstrauch)
Jass, der: -es (Kartenspiel); **jassen;** die **Jass-
karte**
jä·ten: Unkraut jäten (aus dem Boden ziehen)
Jau·che, die: -, -n (flüssiger Stalldünger); das
Jauche(n)fass; die **Jauche(n)grube;** → Gülle
jauch·zen: vor Freude jauchzen (jubeln, freu-
dig aufschreien); auch: **juchzen;** der **Jauch-
zer** (Freudenschrei)
jau·len: der Hund jault (winselt, heult)
Jazz *amerik.* *[dschäs, jạts]* der: - (Musikstil aus
den USA); die **Jazzband** *[...bänd];* **jazzen;**
der **Jazzfan** *[...fän];* das **Jazzfestival;** die
Jazzmusik; die **Jazzkapelle;** der **Jazztrom-
peter**
je: je (jeweils) fünf Mann – je mehr, desto – je
grösser, desto besser – seit eh und je (schon
immer) – je nachdem – je nach Lust und
Laune – das Schönste, was ich je (jemals)
erlebt habe – je (pro) 20 Personen
Jeans *amerik.* *[dschi̱ns],* die: -, - (Hose aus Baum-
wollstoff); die **Bluejeans;** auch: die **Blue
Jeans;** der **Jeansanzug;** das **Jeanskleid**

je·den·falls: (unter allen Umständen); aber: auf jeden Fall

je·der: jeder andere – zu jeder Zeit – jeder Beliebige – jeder Einzelne; **jede; jederart; jederlei** (von jeder Art); **jedermann** (jeder); **jederzeit** (immer); aber: zu jeder Zeit; **jedes:** alles und jedes – jedes Kind – (ein) jedes Mal

je·doch: er jedoch (aber, indessen) ist nicht da

Jeep *amerik.* [dschip], der: -s, -s (Geländefahrzeug)

jeg·lich: frei von jeglichem (jedem) Neid

je·her: von jeher (schon immer)

je·mals: das Schönste, was ich jemals (irgendwann) erlebte

je·mand: (eine Person, ein Mensch); sonst jemand – jemand anders; aber: ein gewisser Jemand

je·ner: (der dort); in jener Gegend; **jene; jenes**

jen·seits: jenseits (auf der anderen Seite) der Grenze; **jenseitig;** das **Jenseits:** *jemanden ins Jenseits befördern* (ihn ohne Skrupel umbringen)

Jer·sey *engl.* [dschörsi], der: -(s), -s (Kleiderstoff); das **Jersey** (Sportlertrikot)

Je·sus: - (Urheber des Christentums); der **Jesuit** (Mitglied eines katholischen Ordens); **Jesus Christus;** das **Jesuskind**

Jet *engl.* [dschät], der: -(s), -s (Düsenflugzeug); **jetten** (mit dem Jet fliegen); der **Jetliner** [dschätlainer] (Düsenverkehrsflugzeug); der **Jetset** [dschätset] (reiche, ständig reisende Leute)

jetzt: jetzt (in diesem Augenblick) möchte ich gehen – bis jetzt – von jetzt an; **jetzig** (zum jetzigen Zeitpunkt); das **Jetzt** (Gegenwart); die **Jetztzeit**

je·weils: jeweils (immer) am Montag; **jeweilig**

Jg. = Jahrgang

Jh. = Jahrhundert

Jin·gle *engl.* [dschingl], der: -(s), -(s) (kurze Melodie eines Werbespots)

Jiu-Jit·su *jap.* [dschiu-dschizu], das: -(s) (waffenlose Selbstverteidigung)

Job *engl.* [dschob], der: -s, -s (Stellung, Beruf, Arbeitsplatz); einen guten Job haben; **jobben** (Geld verdienen); das **Jobsharing** [dschobschering] (Aufteilung des Arbeitsplatzes auf mehrere Personen)

Joch, das: -(e)s, -e; ein drückendes Joch (hartes Los); das **Jochbein** (Backenknochen)

Jo·ckei *engl.* [dschoke, dschokei], der: -s, -s (berufsmässiger Rennreiter); auch: der **Jockey**

Jod *griech.*, das: -(e)s (chemisches Element); **jodhaltig;** die **Jodtinktur** (Arzneimittel)

jo·deln: (in schnellem Wechsel von Kopf- und Bruststimme singen); der **Jodler;** die **Jodlerin**

Jo·ga, der/das: -s (Übungsprogramm zur vollkommenen Entspannung von Körper und Geist); → Yoga

Jog·ging *engl.* [dschoging], das: -s (lockeres Laufen, Fitnesstraining); **joggen;** der **Jogger;** die **Joggerin;** der **Jogginganzug**

Jo·ghurt *türk.*, der/das: -(s), -(s) (saure Milch); auch: der/das **Jogurt**

Jo·han·nis·bee·re, die: -, -n; das **Johannisfeuer;** der **Johanniskäfer;** die **Johannisnacht**

joh·len: auf der Strasse johlen (wild lärmen und schreien)

Joint *engl.* [dschoint], der: -s, -s (Zigarette, deren Tabak mit Rauschgift vermischt ist)

Joint·ven·ture *engl.* [dschointwentscher], das: -(s), -s (Gemeinschaftsunternehmen); auch: das **Joint Venture**

Jo·ker *engl.* [dschoker], der: -s, - (Spielkarte)

Jol·le, die: -, -n (kleines Boot)

Jong·leur (Jon·gleur) *franz.* [schöglör], der: -s, -e (Geschicklichkeitskünstler); **jonglieren:** mit Bällen jonglieren

Jop·pe, die: -, -n (Jacke)

Joule ⟨J⟩ [dschul], das: -(s), - (Masseinheit für Energie)

Jour·na·list *franz.* [schurnalisst], der: -en, -en (Berichterstatter, Reporter); das **Journal** [schurnal] (Zeitung, Zeitschrift, Tagebuch); der **Journalismus;** die **Journalistik** (Pressewesen); die **Journalistin; journalistisch**

jo·vi·al *lat.* [jowial]: (gutmütig, leutselig); die **Jovialität**

JU = Kanton Jura

ju·beln: vor Freude jubeln (seine Freude laut äussern); der **Jubel;** das **Jubeljahr;** das **Jubelpaar;** der **Jubelschrei;** der **Jubilar;** die **Jubilarin;** das **Jubiläum** (Gedenkfeier, Gedenktag); **jubilieren**

juch·he!: (Jubelruf); juchheisa! – juchheissa! – juhe! – juhu!; **juchzen;** auch: **jauchzen**

ju·cken: es juckt (brennt, beisst) mich/mir – es juckt mich in den Fingern; das **Jucken;** das **Juckpulver;** der **Juckreiz**

G
H
I
J
K
L
M

Ju·de, der: -n, -n (Angehöriger eines semitischen Volkes); das **Judentum;** die **Judenverfolgung;** die **Jüdin; jüdisch**

Ju·do *jap.,* das: -(s) (Kampfsportart); der **Judoka** (Judosportler); der **Judogriff;** der **Judokämpfer**

Ju·gend, die: -; an seine Jugend (die Zeit des Jungseins) zurückdenken – die Jugend (die jungen Leute) von heute; das **Jugendamt;** der **Jugendanwalt;** die **Jugendanwältin;** die **Jugenderinnerung;** das **Jugendfest;** jugendfrei (für Jugendliche zugelassen); der **Jugendfreund;** die **Jugendfreundin;** die **Jugendfreundschaft;** die **Jugendfürsorge;** jugendgefährdend; die **Jugendgruppe;** das **Jugendheim;** die **Jugendherberge** ⟨JH⟩; der **Jugendklub; jugendlich;** der/die **Jugendliche;** die **Jugendlichkeit;** der **Jugendschutz;** der **Jugendstil** (Kunstrichtung); das **Jugendzentrum**

Ju·gos·la·wi·en: -s (Staat in Europa); der **Jugoslawe;** die **Jugoslawin; jugoslawisch**

Ju·li *lat.,* der: -(s), -s (Monatsname); auch: der **Julei**

Jum·bo *amerik.* der: -s, -s (Grossraumflugzeug); auch: der **Jumbojet** *[...dschät];* die **Jumbopackung** (Grosspackung eines Gebrauchsmittels)

jum·pen *engl. [dschampen]:* (springen)

Jum·per *engl. [dschamper],* der: -s, - (Pullover, Strickjacke)

jung: jünger, am jüngsten; ein junger Mann – von jung an – jung (frisch) verheiratet sein – sie ist von beiden Schwestern die jüngere; aber: er ist unser Jüngster – sie ist nicht mehr die Jüngste – Jung und Alt (jedermann) – Junge und Alte – das Jüngste Gericht; der **Junge** (Knabe); das **Junge** (Tierkind); **jungenhaft;** der **Jungenstreich;** der **Jünger** (Schüler, Anhänger); die **Jüngerin;** die **Jungfer;** die **Jungfernfahrt;** die **Jungfrau; jungfräulich;** der **Junggeselle** (noch nicht verheirateter Mann); die **Junggesellin;** der **Jüngling;** das **Jünglingsalter; jüngling(s)haft; jüngst** (vor kurzer Zeit); der/die **Jüngste;** die **Jungsteinzeit;** der **Jungunternehmer;** die **Jungunternehmerin;** der/die **Jungvermählte;** das **Jungvieh**

Ju·ni *lat.,* der: -(s), -s (Monatsname); auch: der **Juno;** der **Junikäfer**

Ju·ni·or ⟨jr., jun.⟩ *lat.,* der: -s, Junioren (Sohn, der Jüngere); **junior:** Müller junior – Karl Burger jun.; der **Juniorchef;** die **Juniorenmannschaft;** die **Juniorin;** der **Juniorpartner**

Jun·ker, der: -s, - (junger Adeliger, adliger Gutsbesitzer); **junkerhaft;** das **Junkertum**

Jun·kie *amerik. [dschanki],* der: -s, -s (Drogenabhängiger, Rauschgiftsüchtiger)

Jun·ta *[junta, chunta],* die: -, Junten (Regierungsausschuss, eine an die Macht gekommene Offiziersgruppe)

Ju·pe *franz. [schüp],* der: -s, -s (Halbrock)

Ju·pi·ter, der: -s (Planet; höchster römischer Gott)

Ju·ra, der: -(s) (Gesteinsschicht, Gebirge)

Ju·ra, der: -(s) (Kanton); der **Jurassier;** die **Jurassierin, jurassisch**

Ju·rist *lat.,* der: -en, -en (Rechtskundiger); **Jura** (Rechtswissenschaft); die **Juristin; juristisch** (rechtskundlich); die **Justiz** (Gerechtigkeit, staatliche Rechtspflege); der **Justizbeamte;** die **Justizbeamtin;** die **Justizbehörde;** der **Justizirrtum** (falsche Entscheidung eines Gerichts); der **Justizmord;** der **Justizpalast**

Ju·ry *franz. [schüri, schüri],* die: -, -s (Preisgericht); der **Juror** (Mitglied einer Jury); die **Jurorin**

Jus, das: - (Recht Rechtswissenschaft); auch: **Jura;** sie studiert Jus

Jus *franz. [schü],* das/die/der: - (Frucht-, Gemüse- oder Fleischsaft)

just *lat.:* just (eben, genau) an dieser Stelle; **justieren** (genau einstellen); die **Justierung**

Ju·te *engl.,* die: - (Bastfaser); die **Jutefaser**

Ju·wel *niederl.,* das/der: -s, -en (Schmuckstück, Edelstein); der **Juwelier** (Schmuckhändler); das **Juweliergeschäft**

Jux, der: -es, -e; es war alles nur Jux (Spass, Scherz) – *aus lauter Jux und Tollerei* (nur so zum Spass); **juxen** (scherzen, Spass machen)

K

Ka·ba·rett *franz.,* das: -s, -e/-s (Kleinkunstbühne); der **Kabarettist;** die **Kabarettistin; kabarettistisch;** → Cabaret

Ka·bel *franz.,* das: -s, - (Stahlseil, elektrische Leitung, Überseetelegramm); der **Kabelan-**

schluss; das **Kabelfernsehen;** die **Kabellänge; kabeln** (nach Übersee telefonieren); das **Kabel-TV** (Kabelfernsehen)

Ka·bel·jau niederl., der: -s, -e/-s (Speisefisch)

Ka·bi·ne franz., die: -, -n (kleiner Raum, Umkleideraum, Wohn- bzw. Schlafraum auf Schiffen); das **Kabinett** (Ministerrat, kleines Zimmer); der **Kabinettsbeschluss;** die **Kabinettssitzung;** das **Kabinettstück** (Kunststück, besonders gelungene Tat)

Ka·bis, der: - (Weisskohl)

Ka·brio (Kab·rio) franz., das: -(s), -s; → Cabrio

Ka·bri·o·lett (Kab·ri·o·lett) franz., das: -s, -s (Auto mit aufklappbarem Verdeck); → Cabriolet

Ka·chel, die: -, -n (Fliese); **kacheln:** einen Raum kacheln (mit Fliesen auslegen); der **Kachelofen**

Ka·da·ver lat., der: -s, - (toter Tierkörper, Aas); der **Kadavergehorsam** (blinder Gehorsam)

Ka·denz ital., die: -, -en (Schluss eines Musikstückes, eines Verses)

Ka·der franz., der: -s, - (Stammtruppe, Führungspersonal)

Ka·dett franz., der: -en, -en (Offiziersanwärter); die **Kadettenschule**

Ka·di arab., der: -s, -s (Richter)

Kad·mi·um griech., das: -s (chemisches Element); auch: das **Cadmium**

Kä·fer, der: -s, - (Insekt)

Kaff, das: -s, -e/-s (abgelegener Ort, armselige Ortschaft)

Kaf·fee arab., der: -s (Getränk); die **Kaffeebohne; kaffeebraun;** die **Kaffeeernte;** der **Kaffeeersatz;** der **Kaffeefilter;** das **Kaffeehaus;** die **Kaffeekanne;** der **Kaffeeklatsch;** das **Kaffeekränzchen;** die **Kaffeemaschine;** die **Kaffeemühle;** das **Kaffeeservice** # Café

Kä·fig, der: -s, -e (mit Gittern versehener Raum für Tiere); die **Käfighaltung**

kahl: kahle (entlaubte) Bäume – eine kahle (baumlose) Landschaft – ein kahler (leerer, schmuckloser) Raum – etwas kahl fressen – den Kopf kahl scheren – einen Wald kahl schlagen – kahl sein; der **Kahlfrass;** der **Kahlkopf; kahlköpfig;** der **Kahlschlag** (baumlose Waldfläche)

Kahn, der: -(e)s, Kähne (Ruderboot, kleines Schiff zur Beförderung von Lasten); Kahn fahren; die **Kahnfahrt**

Kai niederl., der: -s, -e/-s (befestigte Schiffsanlegestelle, Uferstrasse); die **Kaimauer;** → Quai

Kai·ser, der: -s, - (oberster Herrscher); sich um des Kaisers Bart (um Nichtigkeiten) streiten; die **Kaiserin;** die **Kaiserkrone; kaiserlich;** das **Kaiserreich;** der **Kaiserschnitt** (Entbindung durch einen operativen Eingriff); das **Kaisertum**

Ka·jak eskim., der/das: -s, -s (einsitziges Boot der Eskimos, Sportpaddelboot)

Ka·jü·te, die: -, -n (Wohn- und Schlafraum auf Schiffen)

Ka·kao span. [kakau, kakao], der: -s (tropische Frucht, Getränk); jemanden durch den Kakao ziehen (ihn lächerlich machen); die **Kakaobohne;** das **Kakaopulver**

Ka·ki engl., der: -(s) (gelbbrauner Stoff); auch: der **Khaki**

Kak·tus griech., der: -, Kakteen/Kaktusse (stachelige Pflanze); auch: die **Kaktee**

Ka·la·mi·tät lat., die: -, -en; in Kalamitäten (Schwierigkeiten, eine schlimme Lage) geraten

Ka·lau·er franz., der: -s, - (alberner Witz); **kalauern**

Kalb, das: -(e)s, Kälber (junges Rind); das **Kälbchen; kalben** (ein Kalb zur Welt bringen); das **Kalbfleisch;** der **Kalbsbraten;** das **Kalb(s)fell;** die **Kalbshaxe;** auch: die **Kalbshachse;** die **Kalbsleber**

Ka·len·der lat., der: -s, - (Verzeichnis der Tage, Wochen und Monate eines Jahres); **kalendarisch;** das **Kalenderblatt;** die **Kalendergeschichte;** das **Kalenderjahr**

Ka·le·sche poln., die: -, -n (leichte Kutsche)

Ka·li arab., das: -s, -s (Düngesalz); auch: das **Kalium;** der **Kalidünger**

Ka·li·ber griech., das: -s, - (Durchmesser von Rohren, Grösse von Geschossen); ein Mann von diesem Kaliber (von dieser Art); **...kalibrig:** grosskalibrig

Ka·lif arab., der: -en, -en (alter Herrschertitel im Orient)

Kalk, der: -(e)s, -e (Gesteinsart); **kalken;** das **Kalkgestein; kalkhaltig; kalkig** (kalkhaltig); der **Kalkstein; kalkweiss**

kal·ku·lie·ren franz.: den Preis kalkulieren (im Voraus berechnen, veranschlagen); die **Kalkulation;** das/der **Kalkül** (Berechnung, Schätzung)

G
H
I
J
K
L
M

Ka·lo·rie ⟨cal.⟩ *lat.*, die: -, Kalorien (Masseinheit der Wärmemenge); **kalorienarm; kalorienbewusst; kalorienreich**

kalt: kälter, am kältesten; die Suppe ist kalt – ein kaltes Zimmer – der kalte Krieg (ohne Waffengewalt ausgetragene Feindseligkeiten); aber: der Kalte Krieg (zwischen West und Ost in der Nachkriegszeit) – kalte Farben (Farben mit Weiss und Blau) – kalt bleiben (jede Erregung vermeiden) – das wird mich kalt lassen (nicht beeindrucken) – auf kalt und warm reagieren – den Wein kalt stellen – kalt lächelnd; **kaltblütig:** ein kaltblütiger Verbrecher – in einer Gefahr kaltblütig (beherrscht) bleiben; die **Kälte;** der **Kälteeinbruch;** die **Kältefront;** der **Kältegrad; kaltherzig;** die **Kaltherzigkeit; kaltmachen** (ermorden); **kaltschnäuzig** (ohne Mitgefühl); die **Kaltschnäuzigkeit;** der **Kaltstart; kaltstellen** (einflusslos machen)

Kal·zi·um *lat.*, das: -s (chemisches Element); auch: das **Calcium**

Ka·mel *griech.*, das: -(e)s, -e (Wüstentier); das **Kamelhaar**

Ka·me·ra *lat.*, die: -, -s (Fotoapparat); die **Kamerafrau;** die **Kameraleute** *Mz.*; der **Kameramann;** das **Kamerateam** *[. . . tim]*

Ka·me·rad *franz.*, der: -en, -en (Freund, Gefährte); die **Kameradin;** die **Kameradschaft; kameradschaftlich;** die **Kameradschaftlichkeit;** der **Kameradschaftsgeist**

Ka·mil·le *griech.*, die: -, -n (Arzneipflanze); das **Kamillenbad;** der **Kamillentee**

Ka·min *griech.*, der: -s, -e (Schornstein, Rauchabzug); der **Kaminfeger;** die **Kaminfegerin;** der **Kaminkehrer;** die **Kaminkehrerin**

Kamm, der: -(e)s, Kämme; sich mit einem Kamm frisieren – über den Kamm (Grat) eines Berges wandern – *alles über einen Kamm scheren* (alles ohne Beachtung der Unterschiede gleich behandeln); **kämmen:** sich die Haare kämmen (frisieren)

Kam·mer, die: -, -n (kleiner Raum); das **Kämmerchen;** der **Kammerdiener;** der **Kammerjäger** (jemand, der Ungeziefer in Häusern vernichtet); die **Kammermusik;** das **Kammerorchester** (kleines Orchester); der **Kammersänger;** die **Kammersängerin;** das **Kammerspiel** (kleines Theater); der **Kam-**

merton (Ton, nach dem Musikinstrumente gestimmt werden); die **Kammerzofe**

Kam·pag·ne (Kam·pa·gne) *franz. [kampạnje],* die: -, -n (Feldzug, Unternehmen, Vorgehen); auch: die **Campagne**

kämp·fen: für eine gute Sache kämpfen (sich dafür einsetzen) – in einer Schlacht kämpfen; der **Kampf:** *einer Sache den Kampf ansagen* (energisch dagegen vorgehen); **kampfbereit; kampfbetont;** der **Kämpfer;** die **Kämpferin; kämpferisch;** die **Kämpfernatur;** die **Kampfhandlung; kampflos;** der **Kampfrichter;** die **Kampfrichterin;** der **Kampfsport; kampfunfähig;** die **Kampfunfähigkeit**

kam·pie·ren *franz.*: (im Freien lagern, wohnen, hausen)

Ka·nail·le *franz. [kanạlje],* die: -, -n (Schuft, Schurke); auch: die **Canaille**

Ka·nal, der: -s, Kanäle; den Kanal (Wasserweg) befahren – einen Kanal (Sender des Rundfunks bzw. Fernsehens) einstellen – *den Kanal voll haben* (genug getrunken haben, es satt haben); die **Kanalgebühr;** die **Kanalisation** (unterirdisches Kanalsystem); **kanalisieren;** der **Kanalschacht**

Ka·na·pee *franz.*, das: -s, -s (Sofa, pikant belegte Weissbrotscheibe); auch: das **Canapé**

Ka·na·ri·en·vo·gel, der: -s, . . . vögel

Kan·da·re *ungar.*, die: -, -n (Gebissstange des Pferdezaums); *jemanden an die Kandare nehmen* (ihn kontrollieren, überwachen)

Kan·de·la·ber *franz.*, der: -s, - (Kerzen-, Lampenständer)

Kan·di·dat *lat.*, der: -en, -en (Bewerber, Prüfling, Anwärter); die **Kandidatin;** die **Kandidatur** (Bewerbung um ein Amt); **kandidieren**

Kan·dis *arab.*, der: - (grosskristalliger Zucker); **kandieren** (durch Zuckern haltbar machen, überzuckern); der **Kandiszucker**

Kän·gu·ru *austral.*, das: -s, -s (Beuteltier)

Ka·nin·chen, das: -s, - (Nagetier); das **Karnickel**

Ka·nis·ter *ital.*, der: -s, - (tragbarer Flüssigkeitsbehälter)

Kan·ne, die: -, -n (Gefäss für Flüssigkeiten); das **Kännchen; kannenweise**

Kän·nel, der: -s, - (Dachrinne)

Kan·ni·ba·le *span.*, der: -n, -n (Menschenfresser, Angehöriger eines primitiven Volkes, grober Mensch); **kannibalisch;** der **Kannibalismus**

Ka·non *lat.,* der: -s, -s (Richtschnur, Norm, Verzeichnis, Musikstück)

Ka·no·ne *ital.,* die: -, -n; eine Kanone (ein schweres Geschütz) abfeuern – *unter aller Kanone* (sehr schlecht) *sein* – *mit Kanonen auf Spatzen schiessen* (übertrieben auf Belanglosigkeiten reagieren); die **Kanonade** (Beschiessung, Geschützfeuer); das **Kanonenboot;** der **Kanonendonner;** das **Kanonenrohr;** der **Kanonenschlag;** der **Kanonier** (Soldat, der eine Kanone bedient)

Kan·ta·te *lat.,* die: -, -n (mit Instrumenten begleitetes Gesangsstück)

Kan·te, die: -, -n; eine scharfe Kante (Rand einer Fläche) – *etwas auf die hohe Kante legen* (sparen); **kanten;** das **Kantholz; kantig**

Kan·ti·ne *franz.,* die: -, -n (Essraum in Fabriken, Kasernen); das **Kantinenessen**

Kan·ton *franz.,* der: -s, -e (Bundesland der Schweiz, Bezirk); **kantonal** (den Kanton betreffend); der **Kantönligeist** (Bevorzugung kantonaler Interessen); der **Kantonsarzt;** die **Kantonsärztin;** die **Kantonsbibliothek;** der **Kantonschemiker;** die **Kantonschemikerin;** das **Kantonsgericht;** die **Kantonskanzlei;** die **Kantonspolizei;** der **Kantonsrat;** die **Kantonsrätin;** die **Kantonsschule;** das **Kantonsspital;** die **Kantonsstrasse**

Kan·tor *lat.,* der: -s, Kantoren (Leiter eines Kirchenchores, Organist)

Ka·nu *karib.,* das: -s, -s (ausgehöhlter Baumstamm als Boot, Paddelboot); der **Kanute** (Kanufahrer)

Ka·nü·le *franz.,* die: -, -n (Röhrchen, hohle Nadel für Einspritzungen)

Kan·zel *lat.,* die: -, -n (Rednerpult, besonders in der Kirche); die **Kanzlei,** die Kanzleien (Büro, Schreibstube); der **Kanzler**

Kap *niederl.,* das: -s, -s (Vorgebirge); das Kap der Guten Hoffnung

Kap. = Kapitel (Abschnitt)

Ka·pa·zi·tät *lat.,* die: -, -en; er ist eine Kapazität (ein Fachmann) auf diesem Gebiet – die Kapazität (maximale Leistung) eines Betriebes – das übersteigt seine Kapazität (Fähigkeit)

Ka·pel·le *lat.,* die: -, -n; in einer Kapelle (kleinen Kirche) beten – eine Kapelle (ein Orchester) leiten; der **Kapellmeister**

ka·pern *niederl.:* ein Schiff kapern (erstürmen, erbeuten); die **Kaperung**

ka·pie·ren *lat.:* er will nicht kapieren (verstehen, begreifen)

Ka·pil·la·re *lat.,* die: -, -n (kleinstes Blutgefäss, Haarröhrchen)

Ka·pi·tal *lat.,* das: -s, -ien/-e; kein Kapital (Geldbesitz, Vermögen) haben – *Kapital* (Gewinn, Vorteil) *aus etwas schlagen;* **kapital:** ein kapitaler (gewaltiger, grosser) Fehler; die **Kapitalanlage;** der **Kapitalfehler** (besonders schwerer Fehler); die **Kapitalgesellschaft;** der **Kapitalismus** (Wirtschaftssystem); der **Kapitalist** (Mensch, der Kapital besitzt); **kapitalistisch;** das **Kapitalverbrechen** (schwere Straftat); der **Kapitalzins**

Ka·pi·tän *ital.,* der: -s, -e (Kommandant eines Schiffes, Mannschaftsführer)

Ka·pi·tel ⟨Kap.⟩ *lat.,* das: -s, -; ein Kapitel (einen Textabschnitt) lesen; die **Kapitelüberschrift**

Ka·pi·tell *lat.,* das: -s, -e (oberer Abschluss einer Säule); auch: das **Kapitäl**

Ka·pi·tu·la·ti·on *franz.,* die: -, -en (Übergabe, Unterwerfung); **kapitulieren:** freiwillig kapitulieren (aufgeben, sich ergeben)

Ka·plan (Kap·lan) *lat.,* der: -s, Kapläne (katholischer Hilfsgeistlicher)

Ka·po *franz.,* der: -s, -s (Leiter eines Arbeitskommandos)

Kap·pe *lat.,* die: -, -n; eine Kappe (Kopfbedeckung) aufsetzen – *etwas auf seine eigene Kappe nehmen* (die Verantwortung für etwas tragen); das **Käppchen;** das **Käppi**

kap·pen: ein Seil kappen (durchschneiden)

Ka·pri·o·le (Kap·ri·o·le) *ital.,* die: -, -n (Sprung, toller Einfall, Streich)

ka·pri·zi·ös (kap·ri·zi·ös) *franz.:* eine kapriziöse (eigenwillige, launenhafte) Person; sich **kaprizieren** (eigensinnig auf etwas bestehen)

Kap·sel, die: -, -n (kleiner Behälter, Hülle); **kapselförmig**

ka·putt *franz.:* kaputt (entzwei, zerstört) sein – einen kaputten (erschöpften) Eindruck machen; **kaputtdrücken; kaputtgehen;** sich **kaputtlachen; kaputtmachen; kaputtschlagen:** den Stuhl kaputtschlagen; **kaputttreten**

Ka·pu·ze *ital.,* die: -, -n (Kopfbedeckung); der **Kapuziner** (Angehöriger eines katholischen Ordens); der **Kapuzinerorden**

Kar, das: -(e)s, -e (Mulde vor Gebirgshängen)

Ka·ra·bi·ner *franz.,* der: -s, - (Gewehr); der **Karabinerhaken** (Verschlusshaken); der **Karabiniere** (italienischer Polizist)

Ka·raf·fe *arab.,* die: -, -n (bauchiges Glasgefäss)

Ka·ram·bo·la·ge *franz.* [...*lasche*], die: -, -n (Zusammenstoss)

Ka·ra·mell *franz.,* der: -s (gebrannter Zucker); die **Karamelle** (Bonbon); der **Karamellpudding;** → Caramel

Ka·rat ⟨K⟩ *griech.,* das: -(e)s, -(e) (Edelsteingewicht, Einheit zur Bestimmung des Goldgewichtes); ...**karätig:** hochkarätig – zehnkarätig; auch: 10-karätig

Ka·ra·te *jap.,* das: -(s) (japanischer Kampfsport); der **Karatekämpfer**

Ka·ra·vel·le *niederl.* [*karawelle*], die: -, -n (mittelalterliches Segelschiff)

Ka·ra·wa·ne *pers.,* die: -, -n (Reisegesellschaft im Orient); die **Karawanserei** (Raststätte für Karawanen)

Kar·di·nal *lat.,* der: -s, Kardinäle (hoher katholischer Würdenträger); der **Kardinalfehler** (Hauptfehler); die **Kardinalfrage** (Hauptfrage); das **Kardinalproblem** (Hauptproblem); die **Kardinalzahl** (Grundzahl)

Kar·di·o·gramm, das: -s, -e (Aufzeichnung der Herzbewegungen)

Ka·renz *lat.,* die: -, -en (Wartezeit, Sperrfrist); der **Karenztag;** die **Karenzzeit**

Kar·frei·tag, der: -(e)s, -e (Freitag vor Ostern); die **Karwoche**

Kar·fun·kel *lat.,* der: -s, - (roter Edelstein)

karg: karger/kärger, am kargsten/kärgsten (mager, ärmlich, dürftig); **kargen:** mit etwas kargen (sehr sparsam sein, geizen); die **Kargheit; kärglich:** ein kärglicher (dürftiger, geringer) Lohn

ka·riert: ein kariertes Hemd (mit Würfelmuster)

Ka·ri·es *lat.,* die: - (Zahnfäule, Knochenfrass); **kariös:** kariöse (angefaulte) Zähne

Ka·ri·ka·tur *ital.,* die: -, -en (Spottzeichnung); der **Karikaturist;** die **Karikaturistin; karikieren** (verzerrt darstellen, lächerlich machen)

Ka·ri·tas *lat.,* die: - (Nächstenliebe, Wohltätigkeit); auch: die **Caritas; karitativ:** eine karitative (wohltätige) Arbeit

Kar·ne·val *ital.* [*karnewal*], der: -s, -e/-s (Fasching); der **Karnevalist;** die **Karnevalistin; karnevalistisch;** die **Karnevalsgesellschaft;** der **Karnevalszug**

Kar·ni·ckel, das: -s, - (Kaninchen)

Ka·ro *franz.,* das: -s, -s (Viereck, Farbe im Kartenspiel); das **Karoass** (Spielkarte)

Ka·ros·se *franz.,* die: -, -n (prunkvolle Kutsche); die **Karosserie** (Oberbau eines Wagens)

Ka·ro·tin *lat.,* das: -s (roter pflanzlicher Farbstoff)

Ka·rot·te *niederl.,* die: -, -n (Mohrrübenart)

Karp·fen, der: -s, - (Fisch); der **Karpfenteich;** die **Karpfenzucht**

Kar·re, die: -, -n (kleiner Wagen); auch: der **Karren:** *die Karre aus dem Dreck ziehen* (eine verfahrene Sache wieder bereinigen) – *jemanden vor seinen Karren spannen* (ihn für seine Interessen einsetzen); **karren** (etwas mit einer Karre befördern)

Kar·ree *franz.,* das: -s, -s (Viereck)

Kar·ret·te, die: -, -n (Schubkarren)

Kar·ri·e·re *franz.* [*karjäre*], die: -, -n (Laufbahn, beruflicher Aufstieg); Karriere machen; die **Karrierefrau;** der **Karrieremann; karrieresüchtig**

Karst, der: -(e)s, -e (durch Wasser ausgelaugte, meist unbewachsene Gebirgslandschaft aus Kalkstein); die **Karsthöhle;** die **Karstlandschaft**

Kar·te, die: -, -n; Karten spielen – eine Karte (Postkarte) schreiben – die Karte (Landkarte) lesen – *alles auf eine Karte setzen* (alles wagen) – *sich nicht in die Karten sehen lassen* (seine Absichten geheim halten); das **Kärtchen;** die **Kartei** (Zettelkasten, Sammlung von Karten); der **Karteikasten;** das **Kartenhaus;** das **Kartenspiel; kartographisch;** auch: **kartografisch;** die **Kartothek** (Zettelkasten)

Kar·tell *franz.,* das; -s, -e (Interessenverband in der Industrie); das **Kartellamt;** das **Kartellgesetz**

Kar·tof·fel, die: -, -n (Knollenpflanze); der **Kartoffelacker;** der **Kartoffelbrei;** der **Kartoffelchip;** der **Kartoffelkäfer;** der **Kartoffelpuffer;** das **Kartoffelpüree;** der **Kartoffelsalat;** der **Kartoffelstock;** die **Kartoffelsuppe**

Kar·ton *franz.,* der: -s, -s (Pappe, Schachtel aus leichter Pappe); die **Kartonage** [*kartonasche*] (feste Verpackung); die **Kartonagenfabrik; kartonieren** (mit Pappe verpacken); **kartoniert** ⟨kart.⟩

Ka·rus·sell *franz.*, das: -s, -s/-e (Drehgestell mit Sitzen auf Rummelplätzen); *mit jemandem Karussell fahren* (ihn scharf zurechtweisen)

Ka·sack *türk.*, der: -s, -s (über dem Rock getragene Bluse mit Gürtel)

Kä·scher, der: -s, -; → Kescher

ka·schie·ren *franz.*: einen Fehler kaschieren (verschleiern, verheimlichen); die **Kaschierung**

Kä·se *lat.*, der: -s, - (aus Milch hergestelltes Nahrungsmittel); der **Käsekuchen**; die **Käserei**; **käseweiss**; **käsig** (bleich, blass)

Ka·se·mat·te *franz.*, die: -, -n (Geschützstand, sicherer Raum in einer Befestigungsanlage)

Ka·ser·ne *franz.*, die: -, -n (Unterkunft für Soldaten); der **Kasernenhof**; **kasernieren** (in Kasernen unterbringen)

Ka·si·no *ital.*, das: -s, -s (Klub, Offiziersraum, Spielbank)

Kas·ka·de *franz.*, die: -, -n (stufenförmiger Wasserfall); **kaskadenförmig**

Kas·ko·ver·si·che·rung, die: - (Versicherung eines Fahrzeugs); **kaskoversichert**

Kas·per, der: -s, -; auch: der **Kasperl**; *sich wie ein Kasper* (alberner Mensch) *benehmen;* das/der **Kasperle**; auch: der **Kasperli**; das **Kasper(le)theater**

Kas·se *ital.*, die: -, -n (Geldkasten, Zahlungsraum); *tief in die Kasse greifen* (viel zahlen) *müssen – jemanden zur Kasse bitten* (von ihm Geld fordern) *– schlecht bei Kasse sein* (wenig Geld haben); der **Kassenbon** *[...bõ]* (Kassenzettel); der **Kassenschalter**; der **Kassensturz** (Feststellung des Kassenstandes); der **Kassenzettel**; **kassieren** (Geld einnehmen); der **Kassierer**; die **Kassiererin**

Kas·set·te *franz.*, die: -, -n (Kästchen für Wertsachen, Behälter, Schutzhülle); der **Kassettenrekorder**

Kas·tag·net·te *span.* *[kastanjette]*, die: -, -n (hölzerne Handklapper)

Kas·ta·nie *griech.*, die: -, -n (Laubbaum); *die Kastanien aus dem Feuer holen* (unter Gefahr eine unangenehme Sache erledigen); der **Kastanienbaum**; **kastanienbraun**

Kas·te *franz.*, die: -, -n (Gesellschaftsschicht, die sich streng gegen andere absondert); der **Kastengeist**

kas·tei·en: (sich züchtigen, Entbehrungen auf sich nehmen); die **Kasteiung**

Kas·tell *lat.*, das: -s, -e (Festung, Burg)

Kas·ten, der: -s, Kästen (Behälter, Kiste); *etwas auf dem Kasten haben* (viel können, befähigt sein); das **Kästchen**; der **Kastendeckel**

Ka·sus *lat.*, der: -, - (Sprachlehre: der Fall)

Ka·ta·kom·be *ital.*, die: -, -n (unterirdische Grabanlage der ersten Christen)

Ka·ta·log *griech.*, der: -(e)s, -e (Verzeichnis von Waren, Büchern u. Ä.); **katalogisieren** (zusammenfassen, ein Verzeichnis anlegen)

Ka·ta·ly·sa·tor *griech.*, der: -s, Katalysatoren (Gerät zur Abgasreinigung in Autos); auch: der **Kat**

Ka·ta·pult *griech.*, das/der: -(e)s, -e (Schleudermaschine, Startvorrichtung für Flugzeuge); **katapultieren** (schleudern)

Ka·ta·rakt *griech.*, der: -(e)s, -e (Wasserfall, Stromschnelle)

Ka·tarrh *griech.*, der: -s, -e (Schleimhautentzündung); auch: der **Katarr**

Ka·tas·ter *ital.*, der: -s, - (amtliches Grundstückverzeichnis); das **Katasteramt**; der **Katasterauszug**

Ka·tas·tro·phe (Ka·ta·stro·phe) *griech.*, die: -, -n (schweres Unglück, Verhängnis); **katastrophal:** eine katastrophale (sehr schlimme, schreckliche) Dürre; der **Katastrophenalarm**; der **Katastropheneinsatz**; das **Katastrophengebiet**; der **Katastrophenschutz**

Ka·te·chis·mus *griech.*, der: -, Katechismen (kurzes religiöses Lehrbuch); die **Katechese** (Religionsunterricht); der **Katechet** (Religionslehrer); die **Katechetin**

Ka·te·go·rie *griech.*, die: -, Kategorien (Gattung, Art, Klasse); **kategorisch** (unbedingt, ohne Widerspruch): etwas kategorisch (nachdrücklich) abstreiten; **kategorisieren**

Ka·ter, der: -s, - (männliche Katze, Folge übermässigen Alkoholgenusses)

kath. = katholisch

Ka·the·der *griech.*, das/der: -s, - (erhöhtes Pult, Kanzel); die **Kathedrale** (Bischofskirche) # Katheter

Ka·the·te *griech.*, die: -, -n (Seite im rechtwinkligen Dreieck)

Ka·the·ter, der: -s, - (medizinisches Röhrchen) # Katheder

Ka·tho·de *griech.*, die: -, -n (Minuspol einer elektrischen Leitung); auch: die **Katode**

Ka·tho·lik *griech.*, der: -en, -en (Anhänger der

G
H
I
J
K
L
M

katholischen Kirche); die **Katholikin; katholisch** ⟨kath.⟩; der **Katholizismus**

Ka·to·de *griech.*, die: -, -n; → Kathode

Kat·ze, die: -, -n (Haustier); *die Katze im Sack* (etwas ungeprüft, unüberlegt) *kaufen – die Katze aus dem Sack lassen* (seine wahren Absichten zu erkennen geben) – *die Katze lässt das Mausen nicht;* **katzbuckeln** (sich unterwürfig zeigen); **katzenfreundlich;** der **Katzenjammer** (Niedergeschlagenheit); der **Katzensprung** (kleine Entfernung); die **Kätzin**

Kau·der·welsch, das: -(s); ein Kauderwelsch (verworrenes Deutsch, schwer verstehbares Gerede) sprechen; **kauderwelschen**

kau·en: Brot kauen (mit den Zähnen zerkleinern) – *gut gekaut ist halb verdaut;* der **Kaugummi**

kau·ern: am Boden kauern (hocken)

kau·fen: sich ein Haus kaufen (für Geld erwerben) – *sich jemanden kaufen* (ihn zur Rede stellen); der **Kauf:** *etwas in Kauf nehmen* (sich mit Nachteilen abfinden, etwas Unangenehmes hinnehmen); der **Käufer;** die **Käuferin;** die **Kauffrau;** das **Kaufhaus;** die **Kaufkraft; kaufkräftig** (zahlungsfähig, wohlhabend); die **Kaufleute** *Mz.;* **käuflich:** etwas käuflich (für Geld) erwerben – er ist nicht käuflich (bestechlich); die **Käuflichkeit;** die **Kauflust;** der **Kaufmann** ⟨Kfm.⟩; **kaufmännisch:** eine kaufmännische Lehre – kaufmännisch (geschäftstüchtig) handeln; der **Kaufpreis;** die **Kaufsumme;** der **Kaufvertrag**

Kaul·quap·pe, die: -, -n (Froschlarve)

kaum: es ist kaum (fast nicht mehr) auszuhalten – ich werde kaum (wahrscheinlich nicht) kommen – man sieht ihn kaum (selten)

kau·sal *lat.*: (ursächlich, zusammenhängend); der **Kausalsatz** (Umstandssatz des Grundes)

Kau·ti·on *lat.*, die: -, -en; eine Kaution (Bürgschaft, Sicherheit) hinterlegen

Kaut·schuk (Kau·tschuk) *indian.*, der: -s, -e (Rohstoff für die Gummiherstellung); der **Kautschukbaum**

Kauz, der: -es, Käuze (Eulenart); ein komischer Kauz (ein Sonderling, Eigenbrötler); das **Käuzchen; kauzig:** ein kauziger (seltsamer, wunderlicher) Mensch

Ka·va·lier *franz.* [kawaliér], der: -s, -e (höflicher, ritterlicher Herr); das **Kavaliersdelikt** (strafbare Tat, die als nicht sehr schlimm angesehen wird); der **Kavalier(s)start** (geräuschvolles, schnelles Anfahren eines Autos)

Ka·val·le·rie *ital.* [kawaleri] die: -, Kavallerien (Reiterei, berittene Truppe); der **Kavallerist**

Ka·vi·ar *türk.* [kawiar], der: -s, -e (Rogen des Störs)

Ke·bab *türk.*, der: -(s), -s (am Spiess gebratene Fleischstückchen)

keck: keck (dreist, munter) daherreden; die **Keckheit**

Ke·fe, die: -, -n (Zuckererbse)

Ke·gel, der: -s, -; Kegel schieben – einen Kegel (geometrische Figur) zeichnen – *mit Kind und Kegel* (mit der gesamten Familie); die **Kegelbahn; kegelförmig;** der **Kegelklub; kegeln;** der **Kegelstumpf**

Keh·le, die: -, -n; jemanden an die Kehle (Gurgel) packen – *etwas in die falsche Kehle bekommen* (etwas missverstehen und ärgerlich werden) – *aus voller Kehle* (mit lauter Stimme) *singen;* **kehlig;** der **Kehlkopf;** der **Kehllaut**

Keh·re, die: -, -n (Biegung, Kurve, Turnübung); **kehren:** die Augen zum Himmel kehren (wenden); der **Kehrreim;** die **Kehrseite** (Rückseite); **kehrt!; kehrtmachen** (umkehren); die **Kehrtwendung**

keh·ren: die Strasse kehren (fegen, vom Schmutz befreien); der **Kehraus** (Schluss einer Tanzveranstaltung); der **Kehrbesen;** der/das **Kehricht** (zusammengekehrter Abfall): *das geht dich einen feuchten Kehricht* (überhaupt nichts) *an;* der **Kehrichtkübel;** der **Kehrichtsack;** die **Kehrichtschaufel;** die **Kehrmaschine**

kei·fen: (mit schriller Stimme schimpfen)

Keil, der: -(e)s, -e (Werkzeug zum Spalten); *auf einen groben Klotz gehört ein grober Keil;* die **Keile** (Prügel); sich **keilen** (prügeln); die **Keilerei; keilförmig;** das **Keilkissen;** der **Keilriemen;** die **Keilschrift**

Kei·ler, der: -s, - (männliches Wildschwein)

Keim, der: -(e)s, -e (Trieb einer Pflanze); *etwas im Keim* (schon im Entstehen) *ersticken;* das **Keimblatt; keimen** (zu wachsen beginnen); **keimfrei;** der **Keimling;** die **Keimung;** die **Keimzelle**

kein: kein schlechter Gedanke – keine Zeit haben – in keinem Falle – keinen Tag länger bleiben – zu keiner Zeit – keiner (niemand) sorgt sich um mich – *keiner kann aus seiner Haut heraus;* **keinerlei:** keinerlei (nicht die geringste) Verantwortung übernehmen; **keinesfalls** (sicher nicht); **keineswegs** (durchaus nicht); **keinmal** (nie); aber: kein einziges Mal; **keins**

Ke̲ks *engl.,* der/das: -es, -e (Kleingebäck); *jemandem auf den Keks gehen* (jemanden ärgern)

Ke̲lch, der: -(e)s, -e (Trinkgefäss); das **Kelchblatt; kelchförmig**

Ke̲l·le, die: -, -n (Schöpfgerät, Maurerwerkzeug); *mit der grossen Kelle anrichten* (grosszügig, verschwenderisch mit etwas umgehen)

Ke̲l·ler, der: -s, - (unter der Erde liegendes Geschoss des Hauses); die **Kellerei** (Lagerräume einer Weinhandlung); der **Kellermeister;** die **Kellerwohnung**

Ke̲ll·ner, der: -s, - (männliche Bedienung in einer Gaststätte); die **Kellnerin**

ke̲l·tern: (Obst oder Trauben auspressen); die **Kelter** (Fruchtpresse); die **Kelterei̲**

Ke·me·na̲·te, die: -, -n (Frauengemach einer Burg)

ke̲n·nen: du kennst, er kannte, sie hat gekannt, kenn(e)!; jemanden flüchtig kennen – jemanden kennen lernen - *sich nicht mehr kennen* (ausser sich sein); der **Kenner;** der **Kennerblick;** die **Kennermiene;** die **Kennkarte; kenntlich:** etwas kenntlich (leicht erkennbar) machen; die **Kennnummer;** die **Kenntnis,** die Kenntnisse: Kenntnis von dem Unfall haben – ohne meine Kenntnis (ohne mein Wissen) – Kenntnisse (Fachwissen) in Mathematik; die **Kenntnisnahme; kenntnisreich;** das **Kennwort;** die **Kennzahl;** das **Kennzeichen:** keine besonderen Kennzeichen (Merkmale) – das Kennzeichen am Auto; **kennzeichnen; kennzeichnend;** die **Kennzeichnung;** die **Kennziffer**

ke̲n·tern: das Schiff kentert im Sturm (kippt um)

Ke·ra·mik *griech.,* die: -, -en (Kunsttöpferei, Getöpfertes); der **Keramiker;** die **Keramikerin; keramisch**

Ke̲r·be, die: -, -n (Einschnitt); *in die gleiche Kerbe schlagen* (die gleiche Auffassung vertreten); das **Kerbholz:** *etwas auf dem Kerbholz haben* (ein Vergehen begangen haben); das **Kerbtier** (Insekt); die **Kerbung**

Ke̲r·ker *lat.,* der: -s, -; jemanden in den Kerker (das Gefängnis) werfen; der **Kerkermeister**

Ke̲rl, der: -s, -e; ein grober Kerl (Mensch)

Ke̲rn, der: -(e)s, -e; die Kerne des Apfels – der Kern (das Wesentliche) einer Sache – in ihm steckt ein guter Kern (stecken gute Eigenschaften); die **Kernenergie;** die **Kernexplosion; kerngesund; kernig;** das **Kernkraftwerk; kernlos;** das **Kernobst;** die **Kernphysik;** der **Kernpunkt;** der **Kernreaktor;** die **Kernseife;** die **Kernspaltung;** das **Kernstück;** die **Kernwaffen** *Mz.*

Ke·ro·sin *griech.,* das: -s (Treibstoff)

Ke̲r·ze, die: -, -n; eine Kerze anzünden – eine Kerze (Turnübung) machen; **kerzeng(e)rade;** das **Kerzenlicht;** der **Kerzenschein;** der **Kerzenständer**

Ke̲·scher, der: -s, - (Fangnetz); auch: der **Käscher**

ke̲ss: kesser, am kessesten; ein kesses (flottes und ein wenig freches) Mädchen; die **Kessheit**

Ke̲s·sel, der: -s, - (Behälter); das **Kesseltreiben**

Ket·schup (Ketsch·up) *engl. [kätschap],* der/das: -(s), -s (Würztunke, Tomatensosse); auch: der/das **Ketchup**

Ke̲t·te, die: -, -n; eine goldene Kette tragen – die Demonstranten durchbrachen die Kette der Polizisten – *jemanden an die Kette legen* (ihn in seiner Bewegungsfreiheit einschränken); **ketten;** die **Kettenreaktion**

Ke̲t·zer *griech.,* der: -s, - (Glaubensabtrünniger); die **Ketzerei;** die **Ketzerin; ketzerisch:** ketzerische Ansichten haben

keu·chen: unter einer schweren Last keuchen (schwer, mühsam atmen); der **Keuchhusten** (ansteckende Kinderkrankheit)

Keu·le, die: -, -n; die Keule (ein Schlaggerät) schwingen – eine Keule (der hintere Oberschenkel) eines Rindes

keusch: ein keusches (unschuldiges, unberührtes) Mädchen – keusche (reine) Gedanken; die **Keuschheit**

Key·board *engl. [kibord],* das: -, -s (Tasteninstrument)

Kfm. = Kaufmann

kg = Kilogramm (1000 Gramm)

Kha̲·ki *engl.,* der: -(s); → Kaki

Kib·bu̲z *hebr.,* der: -, -e/Kibbuzzi̲m (israelische Gemeinschaftssiedlung)

ki·chern: (leise, mit hoher Stimme lachen); ein kicherndes Mädchen

ki·cken engl.: den Ball ins Tor kicken (schiessen); der **Kicker** (Fussballspieler); der **Kickoff**; auch: der **Kickoff**

kid·nap·pen engl. [kidnäpen] (entführen); der **Kidnapper** (Entführer); das **Kidnapping**

Kie·bitz, der: -es, -e (Sumpfvogel); **kiebitzen** (zuschauen)

Kie·fer, der: -s, - (Kieferknochen); die **Kieferhöhlenentzündung**

Kie·fer, die: -, -n (Nadelbaum); der **Kiefernwald;** der **Kiefernzapfen**

Kiel, der: -(e)s, -e (Grundbalken von Wasserfahrzeugen, harter Teil einer Vogelfeder); die **Kiellinie; kieloben:** das Boot liegt kieloben (umgedreht, mit der Unterseite nach oben) am Strand; der **Kielraum;** das **Kielwasser**

Kie·me, die: -, -n (Atmungsorgan bei Wassertieren); die **Kiemenatmung**

Kien, der: -(e)s (harzreiches Holz); das **Kienholz; kienig** (harzreich); der **Kienspan**

Kies, der: -es (kleine Steine, Schotter); der **Kiesel;** der **Kieselstein;** die **Kiesgrube**

kif·fen amerik.: (Haschisch oder Marihuana rauchen): der **Kiffer;** die **Kifferin**

kil·len engl.: (töten); der **Killer** (Mörder, Totschläger in fremdem Auftrag)

Ki·lo, das: -s, -(s) (Gewichtseinheit: 1000 g); das **Kilogramm** ⟨kg⟩; das **Kilohertz** ⟨kHz⟩ (Masseinheit für Frequenz); das **Kilojoule** [...dschul] ⟨kJ⟩ (Masseinheit für Kraft); der **Kilometer** ⟨km⟩ (Längeneinheit: 1000 m); **kilometerlang;** aber: fünf Kilometer lang; das **Kilopond** ⟨kp⟩ (frühere Masseinheit für Kraft); das **Kilowatt** ⟨kW⟩ (Masseinheit für elektrische Leistung); die **Kilowattstunde** ⟨kWh⟩

Kim·me, die: -, -n (Kerbe, Visiereinrichtung beim Gewehr)

Ki·mo·no [kimono, kimono] jap., der: -s, -s (langes, weitärmeliges Gewand)

Kind, das: -(e)s, -er; von Kind auf – an Kindes statt – das Kind mit dem Bade ausschütten (im Übereifer handeln) – sich bei jemandem lieb Kind machen (einschmeicheln) – jemanden an Kindes statt annehmen (adoptieren) – aus Kindern werden Leute – ein gebranntes Kind scheut das Feuer; das **Kindbett;** die **Kinderei** (unreife Handlung); **kinderfeindlich;** das **Kinderfest; kinder-** **freundlich;** der **Kindergarten;** die **Kindergärtnerin;** der **Kinderhort** (Kindergarten); das **Kinderkriegen;** die **Kinderkrippe;** die **Kinderlehre** (Jugendgottesdienst); **kinderleicht** (sehr leicht); **kinderlieb; kinderlos** (ohne Kinder); **kinderreich;** das **Kinderspiel:** das ist kein Kinderspiel (keine Kleinigkeit); die **Kindertagesstätte; kindertümlich;** die **Kinderzulage;** das **Kindesalter;** die **Kindesmisshandlung; kindgemäss;** die **Kindheit** (Kinderzeit); **kindisch:** kindische (alberne, unreife) Reden; **kindlich:** ein kindliches Gesicht – sehr kindlich (unbefangen) sein; der **Kindskopf** (kindischer Mensch); **kindsköpfig;** der **Kindstod;** die **Kindtaufe**

Kin·ker·litz·chen Mz., die: - (Albernheiten, unnötige Kleinigkeiten)

Kinn, das: -(e)s, -e (unterster Teil des Unterkiefers); ein spitzes Kinn haben; der **Kinnhaken;** die **Kinnlade** (Kinnbacke)

Ki·no, das: -s, -s (Lichtspielhaus)

Ki·osk pers. [kiosk, kiosk], der: -(e)s, -e (Zeitungs-, Verkaufsstand)

kip·pen: Sand vom Wagen kippen (schütten) – ein Gläschen kippen (in einem Zug leer trinken) – das Boot ist gekippt (gekentert) – eine Entscheidung kippen (unmöglich machen) – die **Kippe:** eine Kippe (einen Zigarettenstummel) wegwerfen – die Kippe (Turnübung) vorführen; der **Kipper** (Ladefahrzeug mit Kippvorrichtung)

Kir·che, die: -, -n; eine Kirche (ein Gotteshaus) betreten – zur Kirche (in den Gottesdienst) gehen – die Kirche im Dorf lassen (eine Sache nicht übertreiben); der **Kirchenchor;** das **Kirchenjahr;** die **Kirchensteuer;** der **Kirchgänger;** die **Kirchgängerin;** die **Kirchgemeinde;** der **Kirchhof; kirchlich:** sich kirchlich (christlich) trauen lassen; der **Kirchturm;** die **Kirchweih** (Jahresfeier der Einweihung)

Kir·mes, die: -, Kirmessen (Jahrmarkt, Kirchweih)

Kir·sche, die: -, -n (Steinfrucht); der **Kirschbaum; kirschrot;** das **Kirschwasser**

Kis·met arab., das: -s (Los, unabwendbares Schicksal im Islam)

Kis·sen, das: -s, - (Polster)

Kis·te, die: -, -n; eine schwere Kiste tragen – eine alte Kiste (ein altes Auto) fahren; **kistenweise**

Kitsch, der: -(e)s (Schund, Geschmacklosigkeit); **kitschig**

Kitt, der: -(e)s, -e (Dichtungsmasse); **kitten:** Scherben kitten (zusammenkleben)

Kit·tel, der: -s, - (mantelartiges Kleidungsstück); die **Kittelschürze**

Kitz, das: -es, -e (Junges von Reh, Ziege oder Gämse); auch: das **Kitze**

kit·zeln: jemanden an den Fusssohlen kitzeln; der **Kitzel** (Reiz, Verlangen); **kitz(e)lig**

kJ = Kilojoule

KKW = Kernkraftwerk

Kl. = Klasse

Klacks, der: -es, -e (kleine Menge)

Klad·de, die: -, -n (Schmierheft, Buch für Eintragungen)

klaf·fen: Risse klaffen in der Mauer – eine klaffende (weit offen stehende) Wunde

kläf·fen: ein kläffender Hund; der **Kläffer**

Klaf·ter, der/das: -s, - (Raummass für Holz); **klaftertief**

kla·gen: über Schmerzen klagen (Schmerzen äussern) – vor Gericht klagen (prozessieren); die **Klage;** die **Klagemauer;** der **Kläger:** *wo kein Kläger ist, da ist auch kein Richter;* die **Klägerin;** der **Klageschrei; kläglich:** ein klägliches (elendes, jammervolles) Ergebnis; **klaglos** (ohne zu klagen)

Kla·mauk der: -s (Krach, Geschrei)

klamm: klamme (durch Kälte steife) Finger – die Wäsche ist noch klamm (feuchtkalt); die **Klamm** (enge, tiefe Felsschlucht); **klammheimlich** (ganz heimlich)

Klam·mer, die: -, -n; Wäsche mit Klammern befestigen; sich **klammern:** sich an etwas klammern (festhalten)

Kla·mot·te, die: -, -n; nimm deine Klamotten (Sachen) weg!

Klamp·fe, die: -, -n (Gitarre)

Klan *engl.,* der: -s, -e; → Clan

kla·mü·sern: (nachsinnen, austüfteln)

Klang, der: -(e)s, Klänge (Schall, Ton); das Instrument hat einen schönen Klang; die **Klangfarbe; klanglich; klanglos:** sang- und klanglos; **klangvoll:** ein klangvoller (bedeutender) Name; **klangrein**

Klap·pe, die: -, -n; die Klappe (den Deckel) schliessen – *seine Klappe* (den Mund) *halten;* **klappen:** es hat geklappt (es ist gelungen) – *wie am Schnürchen klappen* (reibungslos ablaufen); der **Klappentext** (Werbetext für ein Buch auf der Umschlagseite); das **Klappfahrrad;** das **Klappmesser;** das **Klapprad;** der **Klappstuhl**

klap·pern: die Fensterläden klappern (scheppern) – der Storch klappert mit dem Schnabel – vor Kälte mit den Zähnen klappern; die **Klapper; klapp(e)rig:** ein klappriges (nicht mehr sehr stabiles) Auto fahren – schon sehr klapprig (hinfällig) geworden sein; der **Klapperkasten;** die **Klapperkiste**

Klaps, der: -es, -e (leichter Schlag); die **Klapsmühle** (Nervenheilanstalt)

klar: ein klares (ungetrübtes, reines) Wasser trinken – der Himmel ist klar (unbewölkt) – sich klar (verständlich) ausdrücken – einen klaren (nüchternen) Verstand haben – klar denkend – klar werden – klar sehen – na klar! – klar sein; aber: ins Klare kommen – *sich über etwas im Klaren sein* (erkennen, welche Folgen etwas haben wird); die **Kläranlage;** der **Klare** (Schnaps); **klären** (Missverständnisse beseitigen); **klargehen** (wunschgemäss ablaufen); die **Klarheit; klarkommen** (zurechtkommen); **klarlegen** (erklären); **klarmachen:** ein Schiff klarmachen; aber: klar machen (deutlich machen); die **Klarsichtpackung; klarstellen** (richtig stellen); die **Klarstellung;** die **Klärung;** das **Klärwerk**

Kla·ri·net·te *ital.,* die: -, -n (Blasinstrument) der **Klarinettist;** die **Klarinettistin**

Klas·se *lat.,* die: -, -n; die Klasse (Gattung) der Säugetiere – die Klasse (Bevölkerungsgruppe) der Arbeiter – die vierte Klasse (Schulklasse) besuchen; **klasse:** ein klasse (sehenswerter, sehr guter) Film; aber: das ist Klasse (grossartig) – dein Auto ist Klasse; die **Klassenarbeit;** der **Klassenaufsatz;** das **Klassenbuch;** der **Klassenhass;** der **Klassenkamerad;** die **Klassenkameradin;** der **Klass(en)lehrer;** die **Klass(en)lehrerin;** der **Klassensprecher;** die **Klassensprecherin;** das **Klassentreffen;** der **Klassenunterschied;** das **Klassenziel; klassifizieren** (einstufen); die **Klassifizierung**

Klas·sik *lat.,* die: - (Kunstepoche); der **Klassiker; klassisch:** klassische Musik – ein klassisches (kennzeichnendes, typisches) Beispiel

klat·schen: in die Hände klatschen – alle klatschen Beifall – sie klatscht (redet abfällig,

C
H
I
J
K
L
M

tratscht) über ihre Freundinnen – *jemandem eine klatschen* (eine Ohrfeige geben); **klatsch!**; der **Klatsch:** mit einem Klatsch ins Wasser fallen – ein böser Klatsch (ein hässliches Gerede); die **Klatschbase** (geschwätzige Frau); die **Klatscherei; klatschhaft;** die **Klatschhaftigkeit;** das **Klatschmaul; klatschnass** (triefend nass); die **Klatschspalte** (in einer Zeitung); **klatschsüchtig;** die **Klatschtante;** das **Klatschweib**

klau·ben: Kartoffeln klauben (sammeln)

Klaue, die: -, -n; eine scharfe Klaue (Zehe, Kralle) – jemanden nicht aus seinen Klauen lassen – eine fürchterliche Klaue (schlechte Handschrift) haben; die **Klauenseuche**

klau·en: jemandem Geld klauen (stehlen)

Klau·se *lat.*, die: -, -n (Klosterzelle, enger Raum); der **Klausner** (Einsiedler); die **Klausur:** eine Klausur (beaufsichtigte Prüfungsarbeit) schreiben – in Klausur (in Abgeschiedenheit) tagen; die **Klausurarbeit**

Klau·sel *lat.*, die: -, -n; eine Klausel (Nebenbestimmung, Einschränkung) in den Vertrag einbauen

Kla·vier *franz.* [*klawir*], das: -s, -e (Tasteninstrument); auf dem Klavier spielen; das **Klavierkonzert;** das **Klavierspiel**

kle·ben: die Kleider kleben am Leibe – den Riss kleben (kitten, leimen) – eine Briefmarke auf den Brief kleben – auf dem Leim kleben bleiben – der klebt fest an seinem Posten (will nicht zurücktreten) – *jemandem eine kleben* (eine Ohrfeige geben); das **Kleb(e)mittel;** der **Kleber;** der **Klebestreifen; klebrig** (schmierig, pappig); der **Klebstift;** der **Klebstoff**

Klecks, der: -es, -e; Kleckse (Flecke) in das Heft machen; **kleckern:** beim Essen kleckern; **klecksen:** (Flecke machen, etwas verschütten); die **Kleckserei**

Klee, der: -s (Futterpflanze); *jemanden über den grünen Klee* (übermässig) *loben;* das **Kleeblatt**

Kleid, das: -(e)s, -er (Kleidungsstück für Frauen und Mädchen); *Kleider machen Leute;* **kleiden:** sich nach der neuesten Mode kleiden – seine Gedanken in Worte kleiden; der **Kleiderbügel;** die **Kleiderbürste;** der **Kleiderschrank;** der **Kleiderständer;** der **Kleiderstoff; kleidsam:** ein kleid-

samer Mantel; die **Kleidung;** das **Kleidungsstück**

Kleie, die: -, -n (Abfall beim Mahlen von Getreide); das **Kleienfutter**

klein: einen Text klein (in kleiner Schrift) schreiben – ein kleiner Fehler – die kleinen (unbedeutenden) Leute – ein klein wenig – von klein auf – ein klein gemusterter Stoff – das ist klein gedruckt – klein schneiden – klein sein – sich klein machen (bücken) – in kleinen (bescheidenen) Verhältnissen leben – er wurde ganz klein (unterwürfig, demütig) – *klein beigeben* (ohne Widerstand nachgeben); aber: Kleine und Grosse – die Grossen und die Kleinen – der Kleinste der Familie – im Kleinen wie im Grossen – bis ins Kleinste (bis in die Einzelheiten) – etwas, nichts, viel, wenig Kleines – um ein Kleines irren – der Kleine Bär, der Kleine Wagen (Sternbilder); der **Kleinbuchstabe; kleinbürgerlich;** das **Kleine** (Baby); der/die **Kleine** (Kind); die **Kleinfamilie;** das **Kleinformat;** das **Kleingedruckte;** auch: das klein Gedruckte; das **Kleingeld** (Geld in Münzen); **kleingläubig;** die **Kleinheit** (geringe Grösse); **kleinherzig;** das **Kleinholz:** *aus etwas Kleinholz machen* (etwas zertrümmern, zerstören); die **Kleinigkeit** (Sache von geringer Bedeutung); **kleinkariert** (kleinlich, engstirnig); aber: ein klein karierter Stoff; das **Kleinkind;** der **Kleinkram** (nicht wichtige, jedoch täglich anfallende Arbeiten); **kleinkriegen:** sich nicht kleinkriegen (zum Nachgeben zwingen) lassen; **kleinlaut** (niedergeschlagen, verlegen); **kleinlich** (engherzig); die **Kleinlichkeit; kleinmütig; kleinschreiben** (mit kleinem Anfangsbuchstaben schreiben); aber: ins Heft klein schreiben (in kleiner Schrift schreiben); die **Kleinschreibung;** der **Kleinstaat;** die **Kleinstadt;** der **Kleinstädter; kleinstädtisch;** das **Kleintier** (kleines Haustier); das **Kleinvieh;** der **Kleinwagen**

Klei·nod (Klein·od), das: -es, Kleinodien (Kostbarkeit)

Kleis·ter, der: -s, - (Kleber, Leim); **kleistern**

klem·men: die Türe klemmt – die Zeitung unter den Arm klemmen (pressen) – *sich hinter etwas klemmen* (sich eifrig darum bemühen); die **Klemme:** *in der Klemme sitzen* (in Schwierigkeiten sein)

Klemp·ner, der: -s, - (Handwerker für Installationen); **klempnern;** die **Klempnerwerkstatt;** → Spengler

Klẹp·per, der: -s, - (ausgemergeltes Pferd)

Klep·to·ma·nie griech., die: - (krankhafter Trieb zum Stehlen); der **Kleptomane;** die **Kleptomanin; kleptomanisch**

Kle·rus griech., der: - (kath. Priesterschaft); **klerikal;** der **Kleriker** (kath. Geistlicher)

Klẹt·te, die: -, -n (Unkraut); wie eine Klette an jemandem hängen; der **Klett(en)verschluss**

klẹt·tern: auf die Mauer klettern (steigen) – aus dem Auto klettern – in den Bergen klettern (bergsteigen); der **Kletterer;** das **Klettergerüst;** die **Kletterpartie;** die **Kletterpflanze;** die **Kletterstange;** die **Klettertour;** die **Kletterwand**

Klịck, der: -s, -s (kurzer, metallisch klingender Ton); **klicken:** der Fotoapparat klickte

Kli·ẹnt lat., der: -en, -en (Kunde, Auftraggeber); die **Klientel** (Kundschaft); die **Klientin**

Kli·ma griech., das: -s, -s/Klimate; ein mildes Klima (Wetter) – das Klima (die Stimmung unter den Kollegen) am Arbeitsplatz; die **Klimaanlage; klimatisch; klimatisieren:** ein klimatisierter Bus (Bus, bei dem Temperatur und Luftfeuchtigkeit automatisch geregelt sind); die **Klimatisierung;** die **Klimaveränderung;** die **Klimazone**

Klim·bịm, der: -s (unwichtiges Beiwerk, lächerliches Getue)

klịm·men: du klimmst, er klomm/klimmte, er ist geklommen/geklimmt, klimm(e)!; sie ist auf den Berg geklommen (geklettert); der **Klimmzug** (Turnübung)

klịm·pern: auf der Gitarre klimpern (gedankenlos spielen) – mit Geldstücken in der Hosentasche klimpern; die **Klimperei;** der **Klimperkasten**

Klịn·ge, die: -, -n (scharfer Teil eines Schneidwerkzeuges); die Klinge des Messers – jemanden über die Klinge springen lassen (töten, vernichten)

klịn·gen: du klingst, er klang, sie hat geklungen, kling(e)!; der Ton klingt (tönt) hell – das klingt nicht schlecht (hört sich nicht schlecht an); der **Klang;** die **Klingel** (Glocke); der **Klingelbeutel;** der **Klingelknopf; klingeln:** es hat laut geklingelt (geläutet) – jemanden aus dem Bett klingeln – es klingelt bei jemandem (er begreift); das **Klingelzeichen**

Kli·nik griech., die: -, -en (Krankenhaus); das **Klinikum** (Zusammenschluss mehrerer Kliniken); **klinisch:** klinisch tot sein – eine klinische Behandlung

Klịn·ke, die: -, -n (Griff, Türdrücker); **klinken:** die Türe ins Schloss klinken

Klịn·ker, der: -s, - (hart gebrannter Ziegelstein); der **Klinkerbau;** der **Klinkerstein**

klipp: klipp und klar (unmissverständlich)

Klịpp engl., der: -s, -s (Ohrschmuck, Klemme); → Klips; auch: der **Clip**

Klịp·pe, die: -, -n (aus dem Meer ragender Fels); um eine Klippe segeln – an einer Klippe (einem Hindernis) scheitern

Klips engl., der: -s, -s; → Klipp

klịr·ren: die Fensterscheibe klirrt – eine klirrende (eisige) Kälte

Kli·schee franz., das: -s, -s (weit verbreitete Meinung, abgedroschene Redensart); **klischeehaft;** die **Klischeevorstellung;** → Cliché

Klis·tier griech., das: -s, -e (Einlauf); die **Klistierspritze**

klịt·schig: eine klitschige (lehmige, feuchte) Masse; der **Klitsch; klitsch(e)nass** (völlig durchnässt)

klịt·ze·klein: (winzig)

Klo, das: -s, -s (Toilette); → Klosett

Klo·a·ke lat., die: -, -n (Abwasserkanal)

klo·big: (plump, grob); der **Kloben** (grober Holzklotz)

Klon engl., der: -s, -e (durch künstlich herbeigeführte, ungeschlechtliche Vermehrung genetisch identische Kopie von Lebewesen); **klonen**

klö·nen: (gemütlich plaudern)

klọp·fen: an die Tür klopfen – Teppiche klopfen (reinigen) – jemanden aus dem Busch klopfen (zur Stellungnahme oder Tätigkeit veranlassen) – mein Herz klopft bis zum Hals; aber: ein starkes Klopfen; der **Klopfer; klopffest;** die **Klopffestigkeit;** das **Klopfzeichen**

Klọp·pe, die: -; Kloppe (Prügel) bekommen; die **Klopperei**

klọp·peln: (Spitzen anfertigen); der **Klöppel** (Knüppel, Glockenschwengel, Spule zum Klöppeln); die **Klöppelarbeit;** die **Klöppelei;** die **Klöppelspitze;** die **Klöpplerin**

Klọps, der: -es, -e (Fleischkloss)

Klo·sẹtt engl., das: -s, -s/-e (Toilette); die **Klosettbürste;** das **Klosettpapier;** die **Klosetttür;** → Klo

C
H
I
J
K
L
M

Kloss, der: -es, Klösse (Knödel); das **Klösschen**
Klos·ter, das: -s, Klöster (Gemeinschaft von
Mönchen oder Nonnen); ins Kloster gehen
(Mönch bzw. Nonne werden); die **Kloster-**
bibliothek; der **Klosterbruder;** die **Kloster-**
frau; der **Klostergarten; klösterlich;** die
Klosterzelle
Klotz, der: -es, Klötze (grobes Stück Holz);
klotzen: *jemandem ein Klotz am Bein* (eine
Last) *sein;* **klotzen:** *klotzen, nicht kleckern*
(sich nicht mit Kleinigkeiten abgeben) #
glotzen; **klotzig** (unförmig, plump)
Klub *engl.*, der: -s, -s; einen Klub (eine Verei-
nigung) gründen; auch: der **Club;** der **Klub-**
kamerad; das **Klublokal;** der **Klubraum;** der
Klubsessel
Kluft, die: -, Klüfte; über eine Kluft (Spalte)
springen – zwischen den streitenden Par-
teien besteht eine tiefe Kluft (Meinungsver-
schiedenheit)
Kluft, die: -, -en; seine nasse Kluft (Kleidung)
ausziehen
klug: klüger, am klügsten; klug (gescheit, in-
telligent) sein – klug reden – klug handeln –
ein kluger (vernünftiger) Gedanke – *aus je-*
mandem nicht klug werden (ihn nicht ver-
stehen können); aber: es ist das Klügste zu
schweigen – die Klügste in der Klasse – *der*
Klügere gibt nach; **klugerweise;** aber: in
kluger Weise; die **Klugheit;** der **Klugscheis-**
ser (Besserwisser)
Klum·pen, der: -s, -; ein Klumpen (Batzen,
Brocken) Lehm; das **Klümpchen; klumpen:**
der Brei klumpt (er bildet Klumpen); der
Klumpfuss (Missbildung des Fusses); **klum-**
pig: ein klumpiger Reis
Klün·gel, der: -s, - (Vetternwirtschaft, Sipp-
schaft, Clique)
Klus *lat.*, die: -, -en (schluchtartiges Quertal
durch eine Gebirgskette, besonders im
Jura)
km = Kilometer (1000 m)
knab·bern: Nüsse knabbern (mit den Vorder-
zähnen kauen) – *an etwas zu knabbern ha-*
ben (sich mit etwas schwer tun)
Kna·be, der: -n, -n (Junge); das **Knabenalter;**
knabenhaft; das **Knäblein**
kna·cken: Nüsse knacken (öffnen) – knacken-
de Geräusche im Telefon; der **Knack** (kur-
zes, helles Geräusch); das **Knäckebrot**
(knusprig gebackenes Vollkornbrot); der

Knacker (alter Mann); **knackfrisch; knackig:**
knackige (frische) Semmeln; die **Knack-**
nuss (knifflige Aufgabe); der **Knackpunkt**
(der entscheidende Punkt); **knacks!;** der
Knacks: die Tasse hat einen Knacks (Riss) –
einen Knacks (seelischen oder körperli-
chen Schaden) bekommen haben; **knack-**
sen; die **Knackwurst**
knal·len: mit der Peitsche knallen – in die Luft
knallen (schiessen) – das Spielzeug in die
Ecke knallen (werfen) – mit dem Kopf auf
den Boden knallen (schlagen) – die Sonne
knallt (brennt heiss) vom Himmel – knal-
lende (grelle) Farben – *jemandem eine knal-*
len (eine Ohrfeige geben); der **Knall:** Knall
und/auf Fall (völlig unerwartet); der **Knall-**
effekt (grosse Überraschung, verblüffende
Wirkung); die **Knallerei; knallhart** (sehr
hart); **knallig:** knallige (auffallende, grelle)
Farben; der **Knallkopf** (verrückter Kerl); der
Knallkörper; knallrot (grellrot); **knallvoll:**
ein knallvoller (prall gefüllter) Sack
knapp: knapper, am knappsten; knapp (sehr
nahe) am Tor vorbei – ein knappes (fast zu
geringes) Taschengeld – das Kleid ist sehr
knapp (eng) – mit knappen (kurzen) Worten –
ein knappes (gerade noch ausreichendes)
Ergebnis – sie ist knapp (nicht ganz) vierzig –
mit knapper Not (gerade noch) – knapp
halten (wenig geben); die **Knappheit**
Knap·pe, der: -n, -n (Bergarbeiter, Edelknabe);
die **Knappschaft** (alle Bergarbeiter eines
Bergwerks)
knar·ren: die Tür knarrt (ächzt, knarzt) laut;
die **Knarre** (Kinderspielzeug, Gewehr)
Knast, der: -(e)s, -e/Knäste (Gefängnis, Frei-
heitsstrafe); *Knast schieben* (eine Freiheits-
strafe verbüssen); der **Knastbruder**
Knatsch, der: -(e)s; das gibt einen schönen
Knatsch (Ärger, Zwist); **knatschen** (eine
weiche Masse kneten; weinerlich, mür-
risch reden); **knatschig**
knat·tern: (hintereinander kurz knallen); mit
dem Motorrad durch die Stadt knattern
Knäu·el, das/der: -s, -; ein Knäuel (zu einer
Kugel aufgewickelte) Wolle; **knäueln**
Knauf, der: -(e)s, -e, Knäufe (runder Griff)
knau·sern: mit dem Geld knausern (übertrie-
ben sparsam umgehen); die **Knauserei;**
knaus(e)rig: sehr knauserig (geizig, sparsam)
sein; die **Knauserigkeit**

knaut·schen: (drücken, quetschen); **knaut-schig** (zerknittert); der **Knautschlack;** die **Knautschzone**

kne·beln: (den Mund verstopfen); gefesselt und geknebelt; der **Knebel;** die **Kneb(e)-lung**

Knecht, der: -(e)s, -e (Feld-, Landarbeiter); **knechten:** ein Land knechten (unter-drücken); **knechtisch** (unterwürfig); die **Knechtschaft;** die **Knechtung**

knei·fen: du kneifst, er kniff, sie hat gekniffen, kneif(e)!; jemanden ins Bein kneifen (zwi-cken) – aus Angst vor einer Gefahr kneifen (sich davor drücken); der **Kneifer** (eine Brille ohne Bügel); die **Kneifzange** (Beiss-zange)

Knei·pe, die: -, -n; in eine Kneipe (Schenke, einfache Gaststätte) gehen; **kneipen** (ze-chen); der **Kneipenwirt;** die **Kneipenwirtin**

kneip·pen: (eine Wasserkur machen); die **Kneippkur**

kne·ten: den Teig kneten (mit den Händen be-arbeiten); **knetbar;** die **Knete** (Knetmasse, Geld); die **Knetmaschine;** die **Knetmasse**

kni·cken: das Papier knicken (falten, umbie-gen, falzen) – einen Ast knicken (brechen); der **Knick;** der **Knicks:** einen Knicks ma-chen (zum Gruss das Knie beugen); **knick-sen;** die **Knickung**

kni·ckern: (übertrieben sparsam sein); **knick(e)-rig** (geizig); die **Knickerigkeit**

Knie, das: -s, - (Gelenk zwischen Ober- und Unterschenkel); *weiche Knie* (Angst) *haben – jemanden in die Knie zwingen* (besiegen, unterwerfen) – *etwas übers Knie brechen* (etwas übereilt erledigen); die **Kniebeuge;** der **Kniefall** (Niederfallen auf das Knie); **kniefällig:** kniefällig um etwas bitten; **kniefrei;** das **Kniegelenk; kniehoch;** die **Kniehose;** die **Kniekehle; knielang; knien:** vor dem Altar knien – sich in eine Arbeit knien; der **Knieriemen;** die **Kniescheibe; knietief:** knietiefes Wasser

Kniff, der: -(e)s, -e (Falte, umgebogene Stelle, Trick); **kniff(e)lig:** eine knifflige (schwierige, komplizierte) Frage; **kniffen** (falten)

Knilch, der: -s, -e (unangenehmer Mensch); auch: der **Knülch**

knip·sen: die Umgebung knipsen (fotografie-ren) – Fahrkarten knipsen (lochen); der **Knipser**

Knirps, der: -es, -e (kleiner Junge, zusammen-schiebbarer Regenschirm)

knir·schen: vor Wut mit den Zähnen knir-schen – der Schnee knirscht unter den Schuhen

knis·tern: das Holz knistert im Feuer – eine knisternde (spannungsgeladene) Atmo-sphäre – *es knistert im Gebälk* (es droht Ge-fahr)

knit·tern: der Stoff knittert nicht (bekommt keine Falten); **knitterfest; knitterfrei; knitt(e)rig**

kno·beln: eine Runde knobeln (würfeln) – über ein Problem lange knobeln (nachden-ken); der **Knobelbecher**

Knob·lauch, der: -(e)s (Gewürz- und Heil-pflanze)

Kno·chen, der: -s, - (Teil des Skeletts); ihm tun alle Knochen (Gliedmassen) weh – *für et-was seine Knochen hinhalten* (sich für et-was opfern); der **Knöchel:** sich den Knöchel brechen; **knöchellang; knöcheltief;** die **Knochenarbeit** (sehr anstrengende Arbeit); der **Knochenbau;** der **Knochenbruch; kno-chendürr** (sehr dürr); der **Knochenfrass;** das **Knochengerüst; knochenhart;** der **Knochenmann** (Tod); das **Knochenmark; knochentrocken** (ganz trocken); **knöch(e)-rig; knöchern** (aus Knochen); **knochig** (mit starken Knochen): eine knochige Ge-stalt

Knock-out ⟨K.o.⟩ engl. *[nokaut],* der: -(s), -s (Niederschlag beim Boxen, Vernichtung); auch: der **Knockout; knock-out** ⟨k.o.⟩: je-manden k.o. (kampfunfähig) schlagen; auch: **knockout;** der **K.-o.-Schlag**

Knö·del, der: -s, - (Kloss)

Knol·le, die: -, -n (unter der Erde liegender, verdickter Teil einer Pflanze); auch: der **Knollen;** der **Knollenblätterpilz; knollen-förmig;** die **Knollennase; knollig**

Knopf, der: -es, Knöpfe; einen Knopf annähen – auf den Knopf (Klingel-, Schaltknopf) drücken – *jemandem geht der Knopf auf* (er begreift plötzlich); der **Knopfdruck; knöp-fen;** das **Knopfloch**

Knor·pel, der: -s, - (festes Bindegewebe, das Knochen verbindet und stützt); **knorp(e)lig**

knor·rig: ein knorriger (verwachsener) Ast; der **Knorren** (Knoten, Verwachsung); der **Knorz; knorzen** (sich krampfhaft ab-

G
H
I
J
K
L
M

mühen); die **Knorzerei** (kleinliches Verhalten, Knauserei)

Knos·pe, die: -, -n (noch geschlossene Blüte); **knospen**

Kno̱·ten, der: -s, -; den Knoten (die Verschlingung) des Seils lösen – Knoten (verdickte Stellen) an den Fingern haben – fünf Knoten in der Stunde fahren (Masseinheit für Schiffsgeschwindigkeit) – *bei jemandem ist der Knoten geplatzt* (er hat es endlich begriffen); **knoten:** seine Schnürsenkel knoten; der **Knotenpunkt** (Vereinigung mehrerer Linien); **knotig**

Know-how *engl.* [*nohau*], das: -(s) (das Wissen, wie man eine Sache verwirklichen kann)

knül·len: Papier knüllen (zerknittern, zusammendrücken)

Knül·ler, der: -s, - (tolle Sache, Schlager)

knüp·fen: Fäden knüpfen (zusammenknoten) – enge Beziehungen knüpfen (herstellen); die **Knüpfarbeit;** die **Knüpfung**

Knüp·pel, der: -s, - (kurzer Stock, Prügel); *jemandem Knüppel zwischen die Beine werfen* (Schwierigkeiten machen); **knüppeldick:** es kommt plötzlich knüppeldick (sehr schlimm); **knüppeln;** die **Knüppelschaltung**

knur·ren: (brummen, murren); knurrende Hunde – mir knurrt der Magen; **knurrig:** ein knurriger (schlecht gelaunter, mürrischer) Mensch

knus·pern: (geräuschvoll knabbern); das **Knusperhäuschen; knusp(e)rig:** knusprige (frisch gebackene) Brötchen – knusprig (anziehend) aussehen

Knu̱·te, die: -, -n (Peitsche; Gerte); **knuten** (knechten, unterdrücken)

knut·schen: (küssen, liebkosen); die **Knutscherei**

k.o.: → knockout

Ko·a·li·ti·on *franz.*, die: -, -en (Vereinigung, Bündnis von Parteien oder Staaten); **koalieren** (sich verbünden); die **Koalitionspartei;** der **Koalitionspartner;** die **Koalitionsregierung**

Ko̱·balt, das: -s (Metall); **kobaltblau**

Ko̱·bold, der: -(e)s, -e (Erd- und Hausgeist, Zwerg); **koboldhaft**

Ko̱·bra (**Kob·ra**) *port.*, die: -, -s (Brillenschlange)

ko̱·chen: ein gutes Essen kochen (zubereiten) – vor Wut, Zorn kochen – das Wasser kocht (siedet) – kochend heisses Wasser; der **Koch:** *viele Köche verderben den Brei;* das **Kochbuch; kochecht:** kochechte (kochfeste) Wäsche; **köcheln** (leicht kochen); der **Kocher; kochfertig; kochfest;** das **Kochgeschirr;** die **Köchin;** die **Kochkunst;** der **Kochlöffel;** die **Kochnische;** das **Kochrezept;** der **Kochtopf;** die **Kochwäsche**

Kö̱·cher, der: -s, - (Futteral, Behälter für Pfeile)

Kode *engl.* [*ko̱t*], der: -s, -s (Schlüssel, Geheimzeichen); **kodieren;** die **Kodierung;** → Code

Kö̱·der, der: -s, -; jemanden als Köder (Lockvogel) benutzen; **ködern:** Fische ködern (anlocken)

Ko̱·dex *lat.*, der: -es/-, -e/Kodizes (Handschriftensammlung, Gesetzbuch); auch: der **Codex**

Ko̱·e·du·ka·ti·on *engl.*, die: - (gemeinsame schulische Erziehung von Knaben und Mädchen); **koedukativ**

Ko̱·e·xis·tenz *lat.*, die: - (friedliches Nebeneinanderleben): **koexistieren**

Kof·fe·in *arab.*, das: -s (anregender Wirkstoff in Tee und Kaffee); **koffeinfrei; koffeinhaltig;** → Coffein

Kof·fer *franz.*, der: -s, -; den Koffer packen; das **Kofferradio;** der **Kofferraum** (Gepäckraum in einem Auto)

Kog·nak (**Ko·gnak**) *franz.* [*konjak*], der: -s, -s/-e (Weinbrand); die **Kognakbohne;** das **Kognakglas;** → Cognac

Kohl, der: -(e)s (Gemüse); *Kohl reden* (Unsinn reden); der **Kohldampf:** *Kohldampf schieben* (Hunger haben); der **Kohlrabi** (Gartenkohl); die **Kohlrübe;** der **Kohlweissling** (Schmetterling)

Koh·le, die: -, -n (Brennstoff); Kohle führende Flöze – *wie auf glühenden Kohlen sitzen* (voller Unruhe sein); **kohlen;** das **Kohlendioxid** (farb- und geruchloses Gas); die **Kohlenheizung;** das **Kohle(n)hydrat** (Verbindung aus Kohlenstoff, Sauerstoff und Wasserstoff); die **Kohlensäure;** der **Kohlenstoff** (chemisches Element); das **Kohlepapier** (Durchschlag- papier); der **Köhler;** die **Kohlezeichnung; kohlrabenschwarz; kohlschwarz**

Ko̱·je *niederl.*, die: -, -n (Schlafkabine, Ausstellungsstand)

Ko·ka·in *indian.*, das: -s (Betäubungsmittel, Rauschgift); auch: der **Koks; koksen** (Kokain nehmen)

ko·kett *franz.*: (gefallsüchtig, eitel, selbstgefällig); die **Koketterie; kokettieren** (sich interessant machen, seine Reize spielen lassen)

Ko·kon *franz. [kokō]*, der: -s, -s (Hülle der Insektenpuppen)

Ko·kos·nuss, die: -, . . .nüsse (Frucht); die **Kokosmatte**; die **Kokospalme**

Koks *engl.*, der: -es, -e (Brennstoff aus Kohle); die **Kokerei**; die **Koksheizung**; der **Koksofen**

Kol·ben, der: -s, -; der Kolben (ein Teil) des Motors – die Kolben (dicken Enden) des Maises; der **Kolbenmotor**; der **Kolbenring**

Kol·cho·se *russ.*, die: -, -n (landwirtschaftliches Staatsgut in östlichen Ländern); der **Kolchosbauer**; die **Kolchosbäuerin**

Ko·lik *griech.*, die: -, -en (heftige, krampfartige Leibschmerzen)

kol·la·bo·rie·ren *franz.*: (mit dem Feind zusammenarbeiten); der **Kollaborateur** *[kolaboratör]*; die **Kollaborateurin**; die **Kollaboration**

Kol·laps *lat.*, der: -es, -e (Schwächeanfall); **kollabieren**

Kol·le·ge *lat.*, der: -n, -n (Mitarbeiter, Berufsgenosse); das **Kolleg** (die Hochschulvorlesung); die **Kollegenschaft; kollegial**: kollegial (kameradschaftlich) mit jemandem verkehren – kollegial (hilfsbereit) sein; die **Kollegialität**; die **Kollegin**; das **Kollegium**

Kol·lek·te *lat.*, die: -, -n (Spendensammlung in der Kirche); die **Kollektion** (Mustersammlung, Zusammenstellung); **kollektiv** (gemeinschaftlich); das **Kollektiv** (Arbeitsgemeinschaft, Team); das **Kollektivbewusstsein;** das **Kollektivbillett** (Sammelfahrschein für Gruppen); **kollektivieren** (enteignen); die **Kollektivschuld** (Schuld einer Gemeinschaft)

Kol·ler, der: -s, - (Wutausbruch)

kol·lern: der Ball kollert (rollt) in die Ecke

kol·li·die·ren *lat.*: mit einem Auto kollidieren (zusammenstossen); die **Kollision** (Zusammenstoss, Streit); der **Kollisionskurs**

Kol·lier *franz. [kolje]*, das: -s, -s (Halsschmuck); auch: das **Collier**

Kol·lo·qui·um *lat.*, das: -s, Kolloquien (Fachgespräch, Meinungsaustausch)

Ko·lo·nie *lat.*, die: -, Kolonien (auswärtige An-

siedlung eines Staates, Niederlassung, Siedlung); die **Kolonialherrschaft;** der **Kolonialismus;** die **Kolonialmacht;** die **Kolonialwaren** *Mz.* (aus den Kolonien eingeführte Waren); die **Kolonisation** (wirtschaftliche Erschliessung und Ausbeutung eines Landes); der **Kolonisator; kolonisieren**: ein Land kolonisieren (besiedeln); die **Kolonisierung;** der **Kolonist**

Ko·lon·ne *franz.*, die: -, -n; eine Kolonne (Gruppe, lange Reihe) Soldaten; das **Kolonnenfahren**

Ko·lo·ra·tur *ital.*, die: -, -en (gesangliche Verzierung); der **Koloratursopran**

Ko·lo·rit *ital.*, das: -(e)s, -e/-s (Farbgebung, farbliche Gestaltung, Klangfarbe); **kolorieren**: ein Bild kolorieren (ausmalen, färben)

Ko·loss *griech.*, der: -es, -e (Ungetüm, Riesenstandbild); **kolossal**: ein kolossales (riesiges) Standbild – ein kolossales (gewaltiges) Glück haben; das **Kolossalgemälde**

kol·por·tie·ren *franz.*: (Gerüchte verbreiten, ausplaudern); die **Kolportage** *[kolportasche]*; der **Kolportageroman** (literarisch wertloser Roman)

Ko·lum·ne *lat.*, die: -, -n (Zeitungsspalte, Abschnitt); der **Kolumnist** (Zeitungsschreiber); die **Kolumnistin**

Ko·ma *griech.*, das: -s, -s/-ta (schwere Bewusstlosigkeit)

kom·bi·nie·ren *lat.*: (miteinander verbinden, berechnen); der **Kombi** (kombiniertes Liefer- und Personenauto); das **Kombinat** (Zusammenschluss von Betrieben in östlichen Ländern); die **Kombination**: eine richtige Kombination (gedankliche Folgerung) – eine Kombination im Fussballspiel (planvolles Zusammenspiel); der **Kombiwagen;** die **Kombizange**

Kom·bü·se, die: -, -n (Schiffsküche)

Ko·met *griech.*, der: -en, -en (Schweifstern); **kometenhaft**: ein kometenhafter (steiler, schneller) Aufstieg

Kom·fort *engl. [komfor]*, der: -s (Luxus, Bequemlichkeit); **komfortabel**: sich komfortabel (wohnlich, gemütlich) einrichten

ko·misch *griech.*: sich komisch (sonderbar) benehmen – komisch (erheiternd, spassig) wirken; die **Komik;** der **Komiker** (Spassmacher); die **Komikerin;** **komischerweise**

Ko·mi·tee *franz.*, das: -s, -s (leitender Ausschuss, Gruppe mit bestimmten Aufgaben); ein Komitee für den Frieden

Kom·ma *griech.*, das: -s, -s/-ta (Beistrich); der **Kommafehler;** die **Kommasetzung**

Kom·man·dant *franz.*, der: -en, -en (militärischer Befehlshaber); der **Kommandeur** *[komandȫr]*; **kommandieren:** Soldaten kommandieren (befehligen) – sich nicht kommandieren (sich nichts befehlen) lassen; das **Kommando** (Weisung, Befehl)

kom·men: du kommst, er kam, sie ist gekommen, komm(e)!; der Zug kommt mit Verspätung – wie komme (gelange) ich zum Bahnhof? – sich ein Getränk kommen lassen (bestellen) – ins Gefängnis kommen – zu Reichtum kommen (gelangen) – das kommt (geschieht) überraschend – um sein Vermögen kommen (es verlieren) – er kommt (begegnet) mir frech – das Auto kommt auf viel Geld (kostet viel) – hinter etwas kommen (etwas aufdecken) – am kommenden (nächsten) Sonntag; das **Kommen:** ein ständiges Kommen und Gehen

Kom·men·tar *lat.*, der: -s, -e (Erläuterung, kritische Stellungnahme, Deutung); **kommentarlos** (ohne Stellungnahme); der **Kommentator; kommentieren;** die **Kommentierung**

kom·mer·zi·ell *lat.*: kommerzielle (geschäftliche) Interessen – kommerziell (auf Gewinn bedacht) handeln; der **Kommerz** (Wirtschaft, Handel und Verkehr); **kommerzialisieren** (wirtschaftlichen Interessen unterordnen)

Kom·mis·sar *lat.*, der: -s, -e; einen Kommissar (Beauftragten) schicken; das **Kommissariat** (Amts- bzw. Polizeidienststelle); **kommissarisch:** ein Amt kommissarisch (vorübergehend, stellvertretend) ausüben; die **Kommission:** einer Kommission (einem Ausschuss) angehören – eine Ware in Kommission (zum Verkauf) geben; die **Kommissionsware**

Kom·mo·de *franz.*, die: -, -n (kastenförmiges Möbelstück mit Schubfächern)

Kom·mu·ne *lat.*, die: -, -n (Gemeinschaft Gleichgesinnter, Gemeinde); **kommunal:** eine kommunale (die Gemeinde betreffende) Angelegenheit; der **Kommunismus** (politische Richtung, die sich gegen den Kapitalismus wendet); der **Kommunist;** die **Kommunistin; kommunistisch**

Kom·mu·ni·ka·ti·on *lat.*, die: -, -en (Verbindung, Verständigung, Informationsaustausch); das **Kommunikationsmittel; kommunikativ;** das **Kommuniqué** (amtliche Mitteilung); auch: das **Kommunikee;** die **Kommunion** (Empfang des heiligen Abendmahls in der katholischen Kirche); **kommunizieren** (sich verständigen, das Abendmahl empfangen)

Ko·mö·die *griech.*, die: -, -n (Lustspiel); *Komödie spielen* (etwas vortäuschen); der **Komödiant** (Darsteller einer lustigen Rolle, Schauspieler); die **Komödiantin**

kom·pakt *franz.*: (dicht, fest, eng); die **Kompaktanlage;** die **Kompaktbauweise;** die **Kompaktheit**

Kom·pa·nie ⟨Komp.⟩ *franz.*, die: -, Kompanien (Truppeneinheit, Handelsgesellschaft); der **Kompagnon** *[kompanjȏ]* (Geschäftsteilhaber, Partner); der **Kompanieführer**

Kom·pa·ra·tiv *lat.*, der: -s, -e (Sprachlehre: zweite Steigerungsstufe)

Kom·pass *ital.*, der: -es, -e (Gerät zur Bestimmung der Himmelsrichtung); die **Kompassnadel**

kom·pa·ti·bel *engl.*: (vereinbar, kombinierbar, austauschbar); die **Kompatibilität**

Kom·pen·di·um *lat.*, das: -s, Kompendien (Lehrwerk, Nachschlagewerk)

kom·pen·sie·ren: (ausgleichen); die **Kompensation** (Entschädigung, Abfindung, Ausgleich); das **Kompensationsgeschäft; kompensatorisch** (ausgleichend); die **Kompensierung**

kom·pe·tent *lat.*: in einer Sache kompetent (zuständig) sein – ein kompetentes (sachverständiges) Urteil – nicht kompetent (zuständig) sein; die **Kompetenz**

kom·ple·men·tär *franz.*: (ergänzend); die **Komplementärfarbe** (Ergänzungsfarbe)

kom·plett *franz.*: eine komplette (vollständige) Sammlung; **komplettieren** (ergänzen)

Kom·plex *lat.*, der: -es, -e; ein Komplex (eine Einheit) von Gebäuden – Komplexe (Wunsch- oder Furchtvorstellungen) haben; **komplex:** ein komplexer (vielschichtiger, verwickelter) Sachverhalt

Kom·pli·ce *franz.*, der: -n, -n; → Komplize

Kom·pli·ment *franz.*, das: -(e)s, -e; jemandem ein Kompliment (eine Höflichkeitsbezeigung) machen

Kom·pli·ze *franz.*, der: -n, -n (Mittäter, Helfer); auch: der **Komplice;** die **Komplizenschaft;** die **Komplizin**

kom·pli·ziert *lat.*: eine komplizierte (schwierige, verwickelte) Lage; die **Komplikation:** unerwartet treten Komplikationen (Schwierigkeiten, Verwicklungen) auf; **komplizieren:** das kompliziert (erschwert) alles; die **Kompliziertheit**

Kom·plott *franz.*, das: -(e)s, -e (Verschwörung, Überfall); *ein Komplott schmieden* (heimlich einen Anschlag vorbereiten)

Kom·po·nen·te *lat.*, die: -, -n (Bestandteil, Teil eines Ganzen); **komponieren:** ein Lied komponieren (vertonen) – eine geschickt komponierte (gestaltete) Erzählung; der **Komponist** (Tonkünstler); die **Komposition** (Aufbau, Zusammensetzung, Gliederung)

Kom·post *franz.*, der: -(e)s, -e (Naturdünger); die **Komposterde;** der **Komposthaufen;** **kompostierbar; kompostieren**

Kom·pott *franz.*, das: -(e)s, -e (gekochtes Obst)

kom·pri·mie·ren *franz.*: (zusammenpressen, kürzen); die **Kompresse** (feuchter Umschlag); die **Kompression;** der **Kompressor** (Gerät zum Verdichten von Gasen); **komprimiert:** komprimierte (zusammengepresste) Luft – ein komprimierter (kurzer) Bericht; die **Komprimierung**

Kom·pro·miss *lat.*, der: -es, -e; einen Kompromiss (einen Vergleich, eine Übereinkunft) schliessen; **kompromissbereit; kompromisslos;** die **Kompromisslösung**

kom·pro·mit·tie·ren *franz.*: (in Verlegenheit bringen, blamieren)

kon·den·sie·ren *lat.*: Wasserdampf kondensiert (verflüssigt sich) – kondensierte (verdichtete) Milch; das **Kondensat** (Niederschlag, entstandene Flüssigkeit); die **Kondensation** (Verdichtung, Verflüssigung); der **Kondensator;** die **Kondensierung;** die **Kondensmilch;** der **Kondensstreifen**

Kon·di·ti·on *lat.*, die: -, -en; eine gute Kondition (körperliche Verfassung) haben – gute Konditionen (Bedingungen) aushandeln; **konditionsschwach;** die **Konditionsschwäche; konditionsstark;** das **Konditionstraining**

Kon·di·tor *lat.*, der: -s, Konditoren (Feinbäcker); die **Konditorei;** die **Konditorin**

kon·do·lie·ren *lat.*: (Beileid aussprechen); die **Kondolenzkarte;** das **Kondolenzschreiben**

Kon·dom *engl.*, das/der: -s, -e (Mittel zur Empfängnisverhütung)

Kon·fekt *lat.*, das: -(e)s, -e (Zuckerwerk)

Kon·fek·ti·on *franz.*, die: -, -en (Fertigkleidung); der **Konfektionsanzug**

Kon·fe·renz *lat.*, die: -, -en (Beratung, Sitzung); der **Konferenzbeschluss;** der **Konferenzsaal;** das **Konferenzzimmer; konferieren** (Verhandlungen führen, sich beraten)

Kon·fes·si·on *lat.*, die: -, -en (religiöses Bekenntnis, Glaube); **konfessionell** (zu einer Konfession gehörend); **konfessionslos;** der **Konfessionswechsel**

Kon·fet·ti *ital.*, das: -(s) (bunte Papierblättchen); die **Konfettiparade**

Kon·fir·ma·ti·on *lat.*, die: -, -en (feierliche Aufnahme evangelischer Jugendlicher in die Kirchengemeinde); der **Konfirmand;** die **Konfirmandin; konfirmieren**

Kon·fi·se·rie *franz.*, die: -, Konfiserien (Geschäft für Süsswaren); → Confiserie

kon·fis·zie·ren *lat.*: (beschlagnahmen); die **Konfiszierung**

Kon·fi·tü·re *franz.*, die: -, -n (Fruchtmus, Marmelade)

Kon·flikt *lat.*, der: -(e)s, -e; sich in einem Konflikt (Zwiespalt) befinden – einen Konflikt (Streit) heraufbeschwören – mit den Gesetzen in Konflikt geraten (Gesetze übertreten); **konfliktfrei; konfliktgeladen;** der **Konfliktherd; konfliktlos;** die **Konfliktlösung;** die **Konfliktsituation**

Kon·fö·de·ra·ti·on *lat.*, die: -, -en (Staatenbund); **konföderativ; konföderieren** (sich verbinden); der/die **Konföderierte**

kon·form *lat.*: konform gehen (einer Meinung sein, übereinstimmen) – konforme (übereinstimmende) Ansichten haben; der **Konformismus** (Haltung, die um Anpassung bemüht ist); **konformistisch;** die **Konformität** (Übereinstimmung)

kon·fron·tie·ren *lat.*: (gegenüberstellen); die **Konfrontation** (Auseinandersetzung, Gegenüberstellung); der **Konfrontationskurs;** die **Konfrontierung**

kon·fus *lat.*: konfuse (verworrene, unklare) Gedanken – konfus (kopflos, fahrig) wirken; die **Konfusion** (Verwirrung, Unordnung)

Kon·glo·me·rat *lat.*, das: -(e)s, -e (Gemisch, Zusammenballung)

Kon·gress *lat.*, der: -es, -e (Tagung, Zusammenkunft von Fachleuten); die **Kongresshalle;** der **Kongresssaal;** der **Kongressteilnehmer;** das **Kongresszentrum**

kon·gru·ent *lat.*: eine kongruente (übereinstimmende, völlig gleiche) Meinung haben – kongruente (deckungsgleiche) Dreiecke; die **Kongruenz** (Deckungsgleichheit)

Kö·nig, der: -s, -e; jemanden zum König krönen – den König (eine Spielkarte) ausspielen – den König (eine Schachfigur) ziehen – die Heiligen Drei Könige; die **Königin;** die **Königinpastete; königlich:** ein königliches (kostbares) Geschenk; aber: die Königliche Hoheit; das **Königreich;** das **Königspaar;** der **Königssohn;** die **Königstochter; königstreu;** das **Königtum**

ko·nisch *griech.*: (kegelförmig); der **Konus** (Kegel)

Kon·ju·ga·ti·on *lat.*, die: -, -en (Sprachlehre: die Beugung des Zeitwortes); **konjugierbar; konjugieren** (beugen)

Kon·junk·ti·on *lat.*, die: -, -en (Sprachlehre: Bindewort)

Kon·junk·tiv *lat.*, der: -s, -e (Sprachlehre: Möglichkeitsform)

Kon·junk·tur *lat.*, die: -, -en (Wirtschaftslage); **konjunkturabhängig; konjunkturbedingt; konjunkturell:** die konjunkturelle Lage; das **Konjunkturprogramm**

kon·kav *lat.*: (nach innen gekrümmt); der **Konkavspiegel**

Kon·kla·ve *lat. [konklawe],* das: -s, -n (Versammlung der Kardinäle zur Papstwahl)

Kon·kor·dat *lat.*, das: -(e)s, -e (Vertrag zwischen einem Staat und der Kirche)

kon·kret *lat.*: etwas konkret (anschaulich, deutlich) zeigen – ein konkreter (wirklicher, sichtbarer, greifbarer) Gegenstand – die konkrete Malerei; die **Konkretheit; konkretisieren** (veranschaulichen, verdeutlichen); die **Konkretisierung**

Kon·ku·bi·nat *lat.*, das: -(e)s, -e (eheähnliche Gemeinschaft ohne Eheschliessung; die **Konkubine**

Kon·kur·renz *lat.*, die: -, -en; mit jemandem in Konkurrenz (im Wettstreit) liegen – zur Konkurrenz (zu anderen Konkurrenten) gehen – er startet ausser Konkurrenz; der **Konkurrent** (Mitbewerber, Gegner); die **Konkurrentin; konkurrenzfähig; konkur-**renzieren; der **Konkurrenzkampf; konkurrenzlos;** der **Konkurrenzneid; konkurrieren:** mit dem Nachbarn konkurrieren (wetteifern)

Kon·kurs *lat.*, der: -es, -e; in Konkurs gehen (zahlungsunfähig werden); die **Konkursmasse**

kön·nen: du kannst, er konnte, sie hat gekonnt; er kann nicht schwimmen – etwas nicht leiden können – man kann (darf) hier nicht parken – *es mit jemandem gut können* (mit jemandem gut auskommen); das **Können** (Fertigkeit); der **Könner** (Fachmann); die **Könnerin**

Kon·rek·tor *lat.*, der: -s, Konrektoren (stellvertretender Rektor); die **Konrektorin**

Kon·sens *lat.*, der: -es, -e; einen Konsens (Einigkeit, Übereinstimmung) erzielen; **konsensfähig**

Kon·se·quenz *lat.*, die: -, -en; die Konsequenzen (Folgerungen) ziehen – er hat die Konsequenzen (Folgen) zu tragen; **konsequent:** konsequent (beharrlich, beständig) an seiner Meinung festhalten – konsequent (folgerichtig) handeln – etwas konsequent (zielstrebig) zu Ende führen; **konsequenterweise**

kon·ser·va·tiv *lat.*: (am Hergebrachten, Überlieferten festhaltend); konservative (altmodische, rückständige) Ansichten haben; der/die **Konservative;** der **Konservativismus**

Kon·ser·va·to·ri·um *lat.*, das: -s, Konservatorien (Musikhochschule)

Kon·ser·ve *lat.*, die: -, -n (Dauerware); die **Konservenbüchse;** die **Konservendose;** die **Konservenfabrik;** der **Konservenöffner; konservierbar; konservieren** (aufbewahren, erhalten, haltbar machen); die **Konservierung;** das **Konservierungsmittel;** der **Konservierungsstoff**

kon·sis·tent *lat.*: (fest, beständig, dickflüssig); die **Konsistenz** (Beschaffenheit, Dichte)

Kon·so·le *franz.*, die: -, -n (Wandbrett, Mauervorsprung)

kon·so·li·die·ren *lat.*: einen Betrieb konsolidieren (in seinem Bestand sichern, festigen) – die Lage hat sich konsolidiert; die **Konsolidierung**

Kon·so·nant *lat.*, der: -en, -en (Mitlaut)

Kon·sor·te *lat.*, der: -n, -n (Gefährte, Mittäter); das **Konsortium** (Vereinigung von Unternehmen)

Kon·spi·ra·ti·on *lat.*, die: -, -en (Verschwörung); **konspirativ:** ein konspiratives Treffen; **konspirieren** (sich verschwören)

kon·stant *lat.*: konstante (gleichbleibende) Leistungen bringen – sich konstant (beharrlich) weigern; die **Konstante** (unveränderliche Grösse); die **Konstanz** (Unveränderlichkeit, Beharrlichkeit); **konstatieren** (feststellen)

Kons·tel·la·ti·on (Kon·stel·la·ti·on) *lat.*, die: -, -en (Sachlage, Umstände)

kons·ter·niert (kon·ster·niert) *lat.*: (bestürzt, betroffen, fassungslos)

Kon·sti·tu·ti·on *lat.*, die: -, -en; eine gute Konstitution (körperlich-geistige Verfassung) haben; **konstituieren:** einen Verein konstituieren (bilden, gründen) – sich konstituieren (zusammentreten, sich zusammensetzen); **konstitutionell** (verfassungsgemäss)

kon·stru·ie·ren *lat.*: (bauen, entwerfen, zusammenfügen); der **Konstrukteur** *[konstruktör]*; die **Konstrukteurin;** die **Konstruktion** (Entwurf, Bauwerk, Herstellung); **konstruktiv:** konstruktive (fruchtbare, aufbauende) Arbeit leisten

Kon·sul *lat.*, der: -s, -n (Vertreter eines Staates im Ausland); **konsularisch;** das **Konsulat** (Gesandtschaft); die **Konsulin**

kon·sul·tie·ren *lat.*: jemanden konsultieren (ein fachliches Urteil bei jemandem einholen, ihn um Rat fragen); die **Konsultation** (fachliche Beratung und Untersuchung); die **Konsultierung**

Kon·sum *ital.*, der: -s (Verbrauch, Genuss); der **Konsumartikel;** die **Konsumation** (das im Restaurant Genossene); der **Konsumationszwang** (Verpflichtung im Restaurant zur Konsumation); der **Konsument** (Verbraucher, Käufer); die **Konsumentin;** die **Konsumgenossenschaft; die Konsumgesellschaft** (Wohlstandsgesellschaft); die **Konsumgüter; konsumieren:** viel Tabak konsumieren; die **Konsumierung**

Kon·takt *lat.*, der: -(e)s, -e (Berührung, Verbindung, Fühlungnahme); die **Kontaktadresse; kontaktarm;** die **Kontaktarmut;** die **Kontaktaufnahme; kontaktfähig; kontaktfreudig** (gesellig); das **Kontaktgespräch; kontaktieren** (Verbindung aufnehmen); die **Kontaktlinse** (auf der Hornhaut getragenes Augenglas); **kontaktlos;** die **Kontaktlosig-**

keit; der **Kontaktmann;** die **Kontaktnahme;** die **Kontaktperson; kontaktscheu;** die **Kontaktschwäche**

kon·tern *engl.*: (widersprechen, abwehren, zurückschlagen); der **Konterangriff;** das **Konterfei** (Bildnis); die **Konterrevolution** (Gegenrevolution); der **Konterschlag** (abwehrender Schlag)

Kon·text *lat.*, der: -(e)s, -e (Zusammenhang, Umgebung, umgebender Text)

Kon·ti·nent *lat.*, der: -(e)s, -e (Erdteil, Festland); **kontinental;** das **Kontinentalklima;** die **Kontinentalmacht**

Kon·tin·gent *lat.*, das: -(e)s, -e (begrenzte Menge, festgesetzter Anteil); **kontingentieren;** die **Kontingentierung**

kon·ti·nu·ier·lich *lat.*: (unaufhörlich, ununterbrochen); die **Kontinuität** (Beständigkeit); das **Kontinuum** (etwas lückenlos Zusammenhängendes)

Kon·to ⟨Kto.⟩ *ital.*, das: -s, Konten/Konti/Kontos (Aufstellung über Forderungen und Schulden); ein Konto auf der Bank eröffnen – sein Konto überziehen; der **Kontoauszug;** der **Kontoinhaber;** die **Kontonummer;** das **Kontor** (Büro, Handelsniederlassung); der **Kontostand**

kon·tra (kont·ra) *lat.*: (wider, gegen); auch: **contra;** das **Kontra:** *jemandem Kontra geben* (heftig widersprechen); der **Kontrabass** (ein grosses Streichinstrument); der **Kontrahent** (Gegner, Vertragspartner)

Kon·trakt *lat.*, der: -(e)s, -e (Abmachung, Vertrag); **kontraktbrüchig**

kon·trär (kont·rär) *franz.*: eine konträre (gegensetzliche) Meinung haben

Kon·trast *franz.*, der: -(e)s, -e (Gegensatz, Unterschied); **kontrastarm;** die **Kontrastfarbe; kontrastieren** (sich unterscheiden, sich abheben, gegenüberstehen); das **Kontrastmittel;** das **Kontrastprogramm; kontrastreich:** ein kontrastreiches Programm

kon·trol·lie·ren *franz.*: die Arbeit kontrollieren (überwachen) – den Ausweis kontrollieren (überprüfen) – sich nicht mehr kontrollieren (beherrschen) können; die **Kontrolle;** der **Kontrolleur** *[kontrolör];* die **Kontrolleurin;** der **Kontrollgang; kontrollierbar;** die **Kontrolllampe;** die **Kontrolluhr**

Kon·tro·ver·se (Kont·ro·ver·se) *lat.* *[kontroverse],* die: -, -n (Streit, Meinungs-

C
H
I
J
K
L
M

verschiedenheit); **kontrovers:** kontrovers (gegeneinander) diskutieren – eine kontroverse (strittige) Frage

Kon·tur *franz.*, die: -, -en (Umriss, äussere Körperlinie); **kontur(en)los; konturenreich; konturieren** (Umrisse ziehen, andeuten)

Kon·vent *lat.* *[konwęnt]*, der: -(e)s, -e (Kloster, Tagung, Zusammenkunft)

kon·ven·ti·o·nell *franz.* *[konwentsionęl]*: (üblich, gebräuchlich); die **Konvention:** gegen die Konventionen (Umgangsregeln) verstossen – eine Konvention (ein Abkommen) nicht halten; die **Konventionalstrafe** (Vertragsstrafe)

kon·ver·gie·ren *lat.* *[konwergiren]*: (sich annähern, sich überschneiden); **konvergent** (übereinstimmend); die **Konvergenz** (Übereinstimmung, Annäherung)

Kon·ver·sa·ti·on *franz.* *[konwersatsion]*, die: -, -en (Unterhaltung); das **Konversationslexikon** (Nachschlagewerk für das Allgemeinwissen)

kon·ver·tie·ren *lat.* *[konwertiren]*: (den Glauben wechseln); **konvertierbar** (austauschbar); die **Konvertierbarkeit;** der **Konvertit**

kon·vex *lat.* *[konwęks]*: eine konvexe (nach aussen gekrümmte) Linse

Kon·vikt *lat.*, das: -(e)s, -e (kirchliches Internat, Klosterschule)

Kon·voi *engl.* *[konwoi]*, der: -s, -s (Geleitzug)

kon·ze·die·ren *lat.*: (zugestehen, einräumen)

kon·zen·trie·ren (kon·zent·rie·ren) *lat.*: Truppen konzentrieren (zusammenziehen) – sich nicht konzentrieren (geistig sammeln) können; das **Konzentrat:** ein Konzentrat (eine hochprozentige Lösung) aus Pflanzensäften – das Konzentrat (die Zusammenfassung) eines Vortrages; die **Konzentration:** die Konzentration (geistige Sammlung) lässt nach – die Konzentration (Vereinigung, Zusammenlegung) der Streitkräfte; die **Konzentrationsfähigkeit;** das **Konzentrationslager** ⟨KZ⟩; der **Konzentrationsmangel;** die **Konzentrationsschwäche; konzentriert:** konzentriert (aufmerksam) zuhören – ein konzentrierter (kurzer, das Wichtigste zusammenfassender) Bericht – konzentrierte (gehaltreiche) Nahrung; die **Konzentriertheit;** die **Konzentrierung; konzentrisch:** konzentrische Kreise (Kreise mit einem gemeinsamen Mittelpunkt)

Kon·zept *lat.*, das: -(e)s, -e (Entwurf, Rohfassung, Plan); *aus dem Konzept geraten* (unsicher werden) – *jemanden aus dem Konzept bringen* (verwirren); die **Konzeption** (Leitidee, Programm); **konzeptionslos;** **Konzeptionslosigkeit; konzipieren** (entwerfen, verfassen); die **Konzipierung**

Kon·zern *engl.*, der: -(e)s, -e (Zusammenschluss von mehreren Unternehmen); die **Konzernleitung**

Kon·zert *ital.*, das: -(e)s, -e (öffentliche musikalische Aufführung); der **Konzertabend; konzertieren** (gemeinsam musizieren); der **Konzertsaal;** der **Konzertsänger;** die **Konzertsängerin**

Kon·zes·si·on *lat.*, die: -, -en; eine Konzession (Erlaubnis) für ein Geschäft bekommen – keine Konzessionen (Zugeständnisse) machen – ein konzessionierter (behördlich genehmigter) Betrieb; **konzessionsbereit**

Kon·zil *lat.*, das: -s, -e/-ien (Kirchentagung, Versammlung katholischer Bischöfe); **konziliant:** eine konziliante (umgängliche, freundliche) Art haben; die **Konzilianz**

kon·zi·pie·ren *lat.*: → Konzept

ko·o·pe·rie·ren *lat.*: (zusammenarbeiten); die **Kooperation;** das **Kooperationsabkommen; kooperationsbereit; kooperativ** (zur Zusammenarbeit bereit); die **Kooperative** (Arbeitsgemeinschaft); der **Kooperator** (katholischer Hilfsgeistlicher)

ko·or·di·nie·ren *lat.*: Massnahmen koordinieren (aufeinander abstimmen); die **Koordination;** der **Koordinator;** die **Koordinierung**

Kopf, der: -(e)s, Köpfe; den Kopf schütteln – einen roten Kopf bekommen – Kopf an Kopf stehen – von Kopf bis Fuss – Kopf hoch (den Mut nicht verlieren)! – Kopf stehen – den Kopf des Briefes schreiben – der Kopf (Anführer) der Bande – *sich den Kopf zerbrechen* (sehr angestrengt über etwas nachdenken) – *mit dem Kopf durch die Wand wollen* (Unmögliches erzwingen wollen) – *den Kopf aus der Schlinge ziehen* (einer Gefahr gerade noch entkommen) – *den Kopf hängen lassen* (mutlos sein) – *seinen Kopf hinhalten* (für etwas geradestehen) – *den Kopf verlieren* (kopflos handeln) – *jemandem den Kopf waschen* (ihm die

Meinung sagen) – *nicht mehr wissen, wo einem der Kopf steht* (überlastet sein) – *nicht auf den Kopf gefallen sein* (aufgeweckt, gescheit sein); das **Kopf-an-Kopf-Rennen;** der **Kopfball;** die **Kopfbedeckung;** das **Köpfchen; köpfen:** den Ball ins Tor köpfen; auch: köpfeln – einen Verbrecher köpfen (ihm den Kopf abschlagen); der **Kopfhörer;** das **Kopfkissen; kopflastig** (vorn zu stark belastet); die **Kopflastigkeit;** der **Köpfler** (Kopfsprung ins Wasser; Fussballtor mit dem Kopf); **kopflos** (unüberlegt, übereilt, verstört); die **Kopflosigkeit; kopfrechnen;** das **Kopfrechnen;** der **Kopfsalat; kopfscheu:** *jemanden kopfscheu machen* (verunsichern); der **Kopfschmerz;** die **Kopfschmerzen** *Mz.;* das **Kopfschütteln;** der **Kopfschutz;** das **Kopfstehen; kopfüber** (mit dem Kopf voran); **kopfunter;** das **Kopfweh;** das **Kopfzerbrechen**

Ko·pie *lat.,* die: -, Kopien (Abzug, Abschrift, Nachbildung); **kopieren** (vervielfältigen, wiedergeben); der **Kopierer;** das **Kopiergerät;** der **Kopierstift**

Ko·pi·lot, *lat./franz.,* der: -en, -en (zweiter Flugzeugführer); die **Kopilotin**

Kop·pel, die: -, -n (eingezäunte Weide); das **Koppel** (Gurt, Leibriemen); **koppeln:** (miteinander verbinden); die **Kopp(e)lung;** das **Koppelungsmanöver**

Ko·pu·la·ti·on *lat.,* die: -, -en (Begattung, Veredelung von Pflanzen); **kopulieren**

Ko·ral·le *griech.,* die: -, -n (Meerestier); der **Korallenfischer;** die **Koralleninsel;** das **Korallenriff;** der **Korallenschmuck**

Ko·ran *arab.,* der: -s, -e (heilige Schrift des Islams)

Korb, der: -(e)s, Körbe (geflochtener Behälter); *ein Korb Kartoffeln – jemandem einen Korb geben* (seine Heiratsabsichten, seine Bitte ablehnen); der **Korbball;** der **Korbblütler; körbeweise;** der **Korbsessel**

Kord *engl.,* der: -(e)s, -e; → **Cord**

Kor·del *franz.,* die: -, -n (zusammengedrehte Schnur)

Ko·rin·the, die: -, -n (kleine Rosine)

Kork *span.,* der: -(e)s, -e (Korkeichenrinde); die **Korkeiche;** der **Korken** (Stöpsel, Verschluss für Flaschen); der **Korkenzieher**

Korn, das: -(e)s (Teil der Visiereinrichtung auf dem Lauf einer Feuerwaffe); *über Kimme und Korn zielen – jemanden aufs Korn nehmen* (es auf ihn abgesehen haben)

Korn, das: -(e)s, Körner; *das Korn* (Getreide) *steht gut auf dem Feld;* der **Korn** (Getreideschnaps); die **Kornähre;** die **Kornblume; kornblumenblau;** das **Kornfeld; körnig:** ein körniger Reis; die **Kornkammer;** der **Kornspeicher**

Kör·per *lat.,* der: -s, -; *der menschliche Körper – der Körper eines Würfels;* der **Körperbau; körperbehindert;** der/die **Körperbehinderte;** die **Körperfülle;** das **Körpergewicht;** die **Körpergrösse;** die **Körperhaltung;** die **Körperkraft; körperlich:** eine körperliche Anstrengung; das **Körperorgan;** die **Körperpflege;** die **Körperschaft** (Verband, Vereinigung); das **Körperspray;** die **Körperverletzung**

Kor·po·ral, der: -s, -e/Korporäle (Unteroffizier)

Korps *franz. [cor],* das: -, - (Heeresabteilung)

kor·pu·lent *lat.:* (beleibt, dick); die **Korpulenz**

kor·rekt *lat.:* ein korrektes (einwandfreies) Benehmen – korrekt (fehlerfrei) arbeiten; **korrekterweise;** die **Korrektheit;** die **Korrektur** (Berichtigung, Verbesserung); das **Korrekturzeichen; korrigieren:** einen Fehler korrigieren (berichtigen)

Kor·re·la·ti·on *lat.,* die: -, -en (Wechselbeziehung, Verbindung); das **Korrelat** (Ergänzung, Entsprechung); **korrelieren**

Kor·res·pon·dent *lat.,* der: -en, -en (Mitarbeiter für Zeitung, Rundfunk, Fernsehen); die **Korrespondentin;** die **Korrespondenz** (Schriftverkehr); **korrespondieren:** mit der Freundin korrespondieren (Briefe wechseln) – mit einer Meinung nicht korrespondieren (übereinstimmen)

Kor·ri·dor *ital.,* der: -s, -e (Flur, Gang)

Kor·ro·si·on *lat.,* die: -, -en (Zerstörung von Oberflächen, Zersetzung); **korrodieren** (zersetzen); **korrosionsbeständig; korrosionsfest;** der **Korrosionsschutz**

Kor·rup·ti·on *lat.,* die: -, -en (Bestechlichkeit); **korrumpieren** (bestechen); die **Korrumpierung; korrupt:** ein korrupter (bestechlicher) Mitarbeiter – eine korrupte (verdorbene) Gesellschaft; der **Korruptionsskandal**

Kor·sett *franz.,* das: -s, -e/-s (Mieder)

Kor·so *ital.,* der: -s, -s (Umzug, Schaufahrt)

Ko·sak *russ.*, der: -en, -en (Reiter); die **Kosakenmütze**
K.-o.-Schlag, der: -(e)s, ...-Schläge (Niederschlag beim Boxen); **k.o. schlagen**
ko·sen: (Zärtlichkeiten tauschen); der **Kosename;** das **Kosewort**
Ko·si·nus ⟨cos⟩ *lat.*, der: -, -/-se (Winkelfunktion im rechtwinkligen Dreieck)
Kos·me·tik *griech.*, die: - (Schönheitspflege); die **Kosmetikerin;** der **Kosmetikkoffer;** der **Kosmetiksalon;** das **Kosmetikum** (Schönheitsmittel); **kosmetisch:** kosmetische Mittel
Kos·mos *griech.*, der: - (Welt, Weltall); **kosmisch:** kosmische Strahlen; der **Kosmonaut** (Weltraumfahrer); die **Kosmonautin;** der **Kosmopolit** (Weltbürger)
kos·ten: Speisen kosten (probieren); die **Kost** (Nahrung, Essen); das **Kostgeld; köstlich:** eine köstliche (schmackhafte) Speise – sich köstlich (mit Vergnügen) unterhalten; die **Köstlichkeit;** die **Kostprobe;** der **Kostverächter:** *kein Kostverächter* (ein Feinschmecker) *sein*
Kos·ten *Mz.*, die: - (Geld, Ausgaben, Gebühren); *auf Kosten von* – *ein Kosten sparender Plan* – *auf seine Kosten kommen* (zufrieden gestellt werden); **kostbar:** ein kostbarer (wertvoller) Schmuck; die **Kostbarkeit; kosten:** was kostet das Haus? – *das kann mich meine Stellung kosten* – *das kostet* (erfordert) viel Zeit und Geld; die **Kostenerstattung;** die **Kostenexplosion;** die **Kostenfrage; kostenfrei; kostengünstig; kostenlos; kostenpflichtig;** der **Kostenpunkt;** die **Kostensenkung;** der **Kostenvoranschlag** (Kostenberechnung); **kostspielig** (teuer); die **Kostspieligkeit**
Kos·tüm *franz.*, das: -s, -e (zweiteiliges Kleidungsstück aus Rock und Jacke für Frauen); der **Kostümball;** das **Kostümfest;** sich **kostümieren** (verkleiden); die **Kostümierung**
Kot, der: -(e)s (Schmutz); das **Kotblech** (Verkleidung von Rädern); auch: der **Kotflügel; kotig**
Ko·te·lett *franz.*, das: -s, -s (Rippenstück von einem Schlachttier); die **Koteletten** *Mz.* (Backenbart)
Kö·ter, der: -s, - (abwertend für: Hund)
kot·zen: (sich übergeben); *zum Kotzen* (äusserst widerlich) *sein;* **kotzübel**

krab·beln: auf dem Fussboden krabbeln (auf Händen und Füssen kriechen); die **Krabbe** (Krebsart); das **Krabbelalter;** der **Krabbenfischer**
Krach, der: -(e)s, Kräche; Krach (Lärm) im Zimmer machen – ständig mit jemandem Krach (Streit) haben – *Krach schlagen* (sich beschweren); **krachen:** Schüsse krachen (knallen) – gegen einen Baum krachen (prallen) – sich mit jemandem krachen (streiten); der **Krachen** (abgelegener Ort); der **Kracher** (Knallkörper)
kräch·zen: (mit heiserer Stimme sprechen); du krächzt wie ein Rabe; der **Krächzer**
Kraft, die: -, Kräfte; mit allen Kräften – in Kraft (gültig) – ein Gesetz in Kraft setzen (gültig werden lassen) – in Kraft treten – aber: das In-Kraft-Treten – ausser Kraft (ungültig) – die Kraft (Macht) des Wortes; **kraft:** kraft (aufgrund) seines Amtes; der **Kraftakt;** die **Kraftanstrengung;** der **Kraftaufwand;** die **Kraftbrühe; kräftezehrend** (anstrengend); der **Kraftfahrer;** die **Kraftfahrerin;** das **Kraftfahrzeug;** das **Kraftfutter; kräftig:** ein kräftiger (starker) Stoss – einen kräftigen (ordentlichen) Schluck nehmen – eine kräftige (nahrhafte) Suppe; **kräftigen;** die **Kräftigung; kraftlos;** die **Kraftlosigkeit;** der **Kraftmensch;** die **Kraftprobe;** das **Kraftrad;** der **Kraftstoff; kraftstrotzend;** aber: vor Kraft strotzend; der **Kraftverbrauch;** der **Kraftverkehr; kraftvoll** (stark, wuchtig); der **Kraftwagen;** das **Kraftwerk**
Kra·gen, der: -s, -/Krägen; jemanden am Kragen (Hals) packen – an den Kragen des Mantels; *jemandem platzt der Kragen* (jemand verliert die Beherrschung) – *es geht jemandem an den Kragen* (jemand geht zugrunde); der **Kragenknopf;** die **Kragenweite**
krä·hen: der Hahn kräht am frühen Morgen; die **Krähe** (Rabenvogel): *eine Krähe hackt der anderen kein Auge aus;* das **Krähennest**
Kra·ke *norw.*, der: -n, -n (Riesentintenfisch)
kra·kee·len: auf den Strassen krakeelen (schreien, lärmen); der **Krakeel** (Unruhe, Streit); der **Krakeeler**
Kra·kel, der: -s, - (schwer lesbares Schriftzeichen); **krak(e)lig; krakeln**
kral·len: sich an etwas krallen (mit den Händen festhalten); die **Kralle:** *jemandem die Krallen zeigen* (sich nicht alles gefallen lassen)

Kram, der: -(e)s; auf dem Speicher liegt allerlei Kram (Gerümpel, Zeug, Ramsch) – *den ganzen Kram hinschmeissen* (nicht weitermachen wollen); **kramen:** in der Tasche kramen (herumwühlen) – alte Fotos aus dem Fach kramen (hervorholen); der **Krämer** (Kaufmann); die **Krämerseele** (kleinlicher Mensch); der **Kramladen**

Krampf, der: -(e)s, Krämpfe; einen Krampf in der Wade bekommen – lauter Krampf (Unsinn, Fehler) machen; die **Krampfader; krampfartig; krampfen** (hart arbeiten); **krampfhaft:** krampfhaft (verbissen, beharrlich) an etwas festhalten – krampfhaft (gequält) lächeln; **krampfstillend;** aber: den Krampf stillen

Kran, der: -(e)s, -e/Kräne (Hebevorrichtung); der **Kranführer**

Kra·nich, der: -s, -e (Stelzvogel)

krank: kränker, am kränksten; krank im Bett liegen – krank sein – sich krank (leidend) fühlen – krank werden – sich krank stellen; der/die **Kranke; kränkeln** (längere Zeit ein wenig krank sein); **kranken:** an etwas kranken (leiden, Mangel haben); die **Krankengymnastik;** das **Krankenhaus;** die **Krankenkasse;** der **Krankenpfleger;** die **Krankenpflegerin;** die **Krankenschwester;** der **Krankentransport; krankenversichert;** der **Krankenwagen; krankfeiern** (der Arbeit fernbleiben, ohne krank zu sein); **krankhaft:** eine krankhafte (nicht mehr normale) Eifersucht; die **Krankhaftigkeit;** die **Krankheit; krankheitserregend; krankheitshalber;** sich **kranklachen; kränklich:** ein kränkliches Aussehen haben; die **Kränklichkeit; krankmachen** (krankfeiern); sich **krankmelden; krankschreiben:** den Patienten krankschreiben

krän·ken: deine Worte kränken (beleidigen, verletzen) mich; **kränkend:** kränkende (beleidigende) Worte; die **Kränkung**

Kranz, der: -es, Kränze (Gewinde); Kränze binden; das **Kränzchen** (Zusammenkunft von mehreren weiblichen Personen zur Unterhaltung); **kränzen;** die **Kranzspende**

Krap·fen, der: -s, - (Gebäck aus Hefeteig)

krass: krasser, am krassesten; krasse (sehr grosse) Fehler machen – ein krasser (extremer) Aussenseiter; die **Krassheit**

Kra·ter griech., der: -s, - (trichterförmige Öffnung im Boden); die **Kraterlandschaft;** der **Kratersee**

Krät·ten, der: -s, - (kleinerer, enger und tiefer Korb)

Krät·ze, die: - (Hautkrankheit); **krätzig** (von Krätze befallen)

krat·zen: die Katze kratzte und biss – sich im Gesicht kratzen – die Feder kratzt auf dem Papier beim Schreiben – der Pullover kratzt (juckt, beisst) fürchterlich; die **Kratzbürste** (harte Bürste, widerspenstige Person); **kratzbürstig:** ein kratzbürstiges (widerspenstiges, bockiges) Mädchen; die **Kratzbürstigkeit;** der **Kratzer** (Schramme); der **Kratzfuss:** einen Kratzfuss (eine tiefe Verbeugung) machen; **kratzig:** eine kratzige Wolle; die **Kratzspur;** die **Kratzwunde**

krau·len engl.: im Wasser kraulen (im Kraulstil schwimmen); auch: **crawlen** – das Fell eines Hundes kraulen (fein, leicht kratzen); das **Kraul** (Schwimmstil); auch: das **Crawl;** der **Krauler;** die **Kraulerin;** das **Kraulschwimmen;** der **Kraulstil**

kräu·seln: die Haare kräuseln (ringeln) sich – der Wind kräuselt die Wasserfläche; **kraus:** krauses (stark gewelltes, gelocktes) Haar haben – krause (verworrene) Gedanken; die **Krause;** das **Kraushaar;** der **Krauskopf; krausköpfig**

Kraut, das: -(e)s, Kräuter (Pflanze, Gemüse); wie Kraut und Rüben (durcheinander, unordentlich) – *ins Kraut schiessen* (sich übermässig ausbreiten); die **Kräuterbutter;** der **Kräutertee; krautig;** der **Krautwickel**

Kra·wall, der: -s, -e (Aufruhr, Streit, Lärm); *Krawall machen* (sich energisch beschweren); der **Krawallmacher**

Kra·wat·te franz., die: -, -n (Schlips, Binder); die **Krawattennadel**

kra·xeln: auf einen Berg kraxeln (klettern); die **Kraxe** (Tragegestell); die **Kraxelei;** der **Kraxler**

kre·a·tiv lat.: (erfinderisch, schöpferisch); die **Kreation** (Modeschöpfung); die **Kreativität;** der **Kreativurlaub; kreieren** (schaffen, entwerfen, ins Leben rufen)

Kre·a·tur lat., die: -, -en (Lebewesen, Geschöpf); **kreatürlich**

Krebs, der: -es, -e; Krebse fangen – an Krebs (einer bösartigen Geschwulst, Wucherung) leiden – ein Krebs erregendes Mittel; **krebsartig; krebsen:** das Unternehmen krebst (bewegt sich mühsam) am Rande des Ruins; die **Krebsfrüherkennung;** das **Krebsgeschwür; krebskrank;** der/die **Krebskranke; krebsrot;** die **Krebssuppe;** das **Krebstier;** die **Krebszelle**

kre·den·zen *ital.*: dem Gast Wein kredenzen (anbieten, einschenken)

Kre·dit *lat.*, der: -s, -e; einen Kredit (ein befristetes Darlehen) aufnehmen – bei jemandem Kredit haben (Vertrauen geniessen); die **Kreditanstalt;** der **Kreditantrag;** die **Kreditbank;** der **Kreditbrief;** der **Kreditgeber;** das **Kreditinstitut;** die **Kreditkarte; kreditwürdig;** die **Kreditwürdigkeit**

Kre·do *lat.*, das: -s, -s (Glaubensbekenntnis); auch: das **Credo**

Krei·de, die: -, -n; mit Kreide an die Tafel schreiben – *bei jemandem in der Kreide stehen* (Schulden haben); **kreidebleich** (sehr bleich); der **Kreidefelsen; kreideweiss** (blass); die **Kreidezeichnung;** die **Kreidezeit** (vorgeschichtliches Zeitalter); **kreidig:** kreidige Hände

kre·ie·ren *franz.*: (neu schaffen, erstmals herausbringen)

Kreis, der: -es, -e: einen Kreis bilden – im Kreise der Familie – den Umfang des Kreises berechnen – *sich im Kreise bewegen* (nicht vorwärts kommen); der **Kreisabschnitt;** der **Kreisausschnitt;** die **Kreisbahn;** die **Kreisbewegung;** der **Kreisdurchmesser;** der **Kreisel** (Spielzeug); **kreisen:** die Erde kreist um die Sonne – mit dem Flugzeug über der Stadt kreisen – meine Gedanken kreisen (drehen sich) nur um dich; die **Kreisfläche; kreisförmig; kreisfrei:** eine kreisfreie Stadt; der **Kreisinhalt;** der **Kreislauf;** der **Kreislaufkollaps;** die **Kreislinie; kreisrund;** die **Kreissäge;** die **Kreisstadt;** der **Kreisverkehr**

krei·schen: kreischende (laut, schrill schreiende) Kinder – das Tor kreischt beim Aufmachen – kreischende Bremsen

kreis·sen: (in Geburtswehen liegen, gebären); der **Kreisssaal** (Entbindungszimmer in einem Krankenhaus)

Krem, die: -, -s (Hautsalbe, Süssspeise); auch: die **Kreme; kremig;** → Creme

Kre·ma·to·ri·um *lat.*, das: -s, Krematorien (Einäscherungsanlage); **kremieren**

Kreml *russ.*, der: -(s), - (burgartiger Stadtteil in russischen Städten, insbesondere in Moskau; Sitz der Regierung)

Krem·pe, die: -, -n (Hutrand); **krempeln** (umschlagen)

Krem·pel, der: -s (Abfall, Trödel, Ramsch)

kre·pie·ren *ital.*: elend krepieren (verenden) – eine Granate krepiert (platzt)

Krepp *franz.*, der: -s, -s/-e (Kräuselstoff, raues Gewebe); das **Krepppapier;** die **Kreppsohle**

Kre·te *franz.*, die: -, -n (Geländekamm, Grat)

Kreuz *lat.*, das: -es, -e; zum Kreuz (Kruzifix) aufschauen – einen Stoss in das Kreuz (den Rücken) bekommen – ein schweres Kreuz (Leid) zu tragen haben – das Rote Kreuz – das Eiserne Kreuz (eine Kriegsauszeichnung) – *zu Kreuze kriechen* (klein beigeben) – *mit jemandem über(s) Kreuz* (zerstritten, böse) *sein*; aber: kreuz und quer; **kreuzbrav** (sehr brav); **kreuzehrlich** (sehr ehrlich); **kreuzen:** die Arme kreuzen – die Wege haben sich gekreuzt – das Schiff kreuzt vor dem Hafen (fährt hin und her); der **Kreuzer** (Kriegsschiff, alte Münze); der **Kreuzestod;** das **Kreuz(es)zeichen;** die **Kreuzfahrt;** das **Kreuzfeuer:** *ins Kreuzfeuer geraten* (von allen Seiten angegriffen werden); **kreuzfidel** (sehr lustig); **kreuzförmig;** der **Kreuzgang; kreuzigen;** die **Kreuzigung; kreuzlahm;** die **Kreuzotter** (giftige Schlange); der **Kreuzreim;** der **Kreuzritter;** die **Kreuzspinne;** die **Kreuzung:** an einer Kreuzung halten – eine Kreuzung (Mischung) von zwei Tieren; **kreuzungsfrei;** das **Kreuzverhör;** der **Kreuzverkehr;** der **Kreuzweg;** das **Kreuzweh; kreuzweise** (über Kreuz); das **Kreuzworträtsel;** das **Kreuzzeichen;** der **Kreuzzug**

krib·beln: es kribbelt (juckt) in den Fingern; **kribb(e)lig:** ganz kribbelig (gereizt, ungeduldig) sein; das **Kribbeln**

krie·chen: du kriechst, er kroch, sie ist gekrochen, kriech(e)!; vor dem Chef kriechen (sich unterwürfig zeigen); der **Kriecher;** die **Kriecherei; kriecherisch** (unterwürfig); die **Kriechspur;** das **Kriechtempo;** das **Kriechtier**

Krieg, der: -(e)s, -e; einen Krieg (eine bewaffnete Auseinandersetzung) führen; der **Krieger;** die **Kriegerin; kriegerisch** (kämpferisch); der **Kriegsausbruch;** der **Kriegs-**

beginn; das **Kriegsbeil**: *das Kriegsbeil ausgraben* (einen Streit beginnen); **kriegsbeschädigt;** der **Kriegsdienst** (Wehrdienst); der **Kriegsdienstverweigerer;** das **Kriegsende;** die **Kriegsentschädigung;** die **Kriegserklärung;** der **Kriegsfall;** die **Krieg(s)führung; Kriegsfuss:** *mit jemandem auf Kriegsfuss* (in ständigem Streit, Zwist) *stehen;* der **Kriegsgefangene;** der **Kriegsgegner; kriegsgeschädigt;** die **Kriegsgräberfürsorge;** das **Kriegshandwerk;** der **Kriegsinvalide;** das **Kriegsopfer;** das **Kriegsrecht** (Ausnahmezustand); der **Kriegsschauplatz;** das **Kriegsschiff;** der **Kriegsteilnehmer;** das **Kriegsverbrechen; kriegsversehrt;** der **Kriegsveteran** (alter oder ehemaliger Soldat, der an einem Krieg teilgenommen hat); der **Kriegsversehrte;** die **Kriegswaise;** die **Kriegswirren** *Mz.;* der **Kriegszug;** der **Kriegszustand**

krie·gen: sie kriegt (bekommt) Heimweh – ein Kind kriegen (schwanger sein) – den Ausbrecher nicht kriegen (nicht fassen, ergreifen können)

kri·mi·nell: eine kriminelle (verbrecherische, strafbare) Tat; der **Krimi** (Kriminalfilm, -roman); der **Kriminalbeamte;** oder: der **Kriminaler;** auch: der **Kriminalist; kriminalistisch;** die **Kriminalität** (Verbrechen, Straffälligkeit); der **Kriminalkommissar;** die **Kriminalpolizei** ⟨Kripo⟩; der/die **Kriminelle**

Krims·krams, der: -(es) (wertloses Zeug, Ramsch)

Krin·gel, der: -s, -; Kringel (kleine Kreise) in das Heft zeichnen – einen Kringel (Gebäck) essen; **kringelig; kringeln**

Krip·pe, die: -, -n; Futter in die Krippe (den Futtertrog) werfen – die Kinder von der Krippe (der Kindertagesstätte) abholen; die **Krippenfigur;** das **Krippenspiel** (Weihnachtsspiel)

Kri·se *griech.,* die: -, -n (Höhepunkt einer schlimmen Lage, Störung); **kriseln:** in ihrer Ehe kriselt es; **krisenanfällig; krisenfest; krisenhaft;** der **Krisenherd** (Gefahrengebiet); der **Krisenstab;** die **Krisis** (Höhepunkt, Wendepunkt einer Krankheit)

Kris·tall *griech.,* das: -s, -e (Mineral, geschliffenes Glas); der **Kristall** (Kristallkörper); **kristallen** (aus Kristall); das **Kristallglas;** die **Kristallisation** (Bildung von Kristallen); **kristallisieren; kristallklar** (klar und durchsichtig); die **Kristallkugel;** der **Kristallleuchter;** die **Kristallschale;** die **Kristallvase;** der **Kristallzucker**

Kri·te·ri·um *griech.,* das: -s, Kriterien (Kennzeichen, unterscheidendes Merkmal)

Kri·tik *griech.,* die: -, -en (Stellungnahme, Beanstandung, Tadel); eine sachliche Kritik – *unter aller Kritik* (sehr schlecht) *sein;* der **Kritiker;** die **Kritikerin; kritikfähig;** die **Kritikfähigkeit; kritiklos** (leichtgläubig, bedenkenlos); die **Kritiklosigkeit; kritisch:** sich in einer kritischen (ernsten) Lage befinden – sich kritisch (ablehnend, herabsetzend) äussern – ein kritischer (wachsamer, urteilsfähiger) Kopf; **kritisieren;** die **Kritisierung**

krit·teln: (tadeln, beanstanden); er hat immer etwas zu kritteln; die **Krittelei**

krit·zeln: in das Heft kritzeln (unleserlich schreiben); die **Kritzelei** (Schmiererei)

Kro·a·ti·en: -s (Staat in Osteuropa); der **Kroate;** die **Kroatin; kroatisch**

Kro·ko·dil *griech.,* das: -s, -e (Reptil, Panzerechse); das **Krokodilleder;** die **Krokodilsträne** (unechte, scheinheilige Träne)

Kro·kus *griech.,* der: -, -/-se (Frühlingsblüher)

Kro·ne *griech.,* die: -, -n; eine Krone auf dem Haupt tragen – die Krone (der Wipfel; der obere, Laub oder Nadel tragende Teil) eines Baumes – die Krone (das Höchste) der Schöpfung – *einer Sache die Krone aufsetzen* (an Unverschämtheit nicht mehr zu überbieten sein); das **Krönchen; krönen;** der **Kron(en)korken** (Flaschenverschluss); der **Kronleuchter;** der **Kronprinz;** die **Kronprinzessin;** der **Kronschatz;** die **Krönung;** der **Kronzeuge** (Hauptzeuge vor Gericht); die **Kronzeugin**

Kropf, der: -es, Kröpfe (krankhafte Wucherung am Hals, der Schlund eines Vogels); *überflüssig wie ein Kropf sein* (ganz und gar nicht notwendig sein); das **Kröpfchen**

Krö·te, die: -, -n (Froschlurch); diese kleine Kröte! (freches, kleines Mädchen) – seine letzten Kröten (das letzte Geld) ausgeben; die **Krötenwanderung**

Krü·cke, die: -, -n (Stütze); der **Krückstock**

Krug, der: -(e)s, Krüge (Gefäss); *der Krug geht so lange zum Brunnen, bis er bricht;* das **Krügelchen;** das **Krüglein**

Kru·me die: -, -n (Brotbröckelchen, Ackerboden); auch: der **Krümel;** das **Krümelchen; krümelig; krümeln**

krumm: krummer, am krummsten; krumm (nicht gerade) sitzen – krumme Beine haben – ein krummer (gebeugter, buckeliger) Rücken – es wird schon krumm gehen (misslingen) – er geht krumm (gekrümmt) – etwas krumm (übel) nehmen – krumm sitzen – das Eisen krumm biegen – *krumme* (unredliche) *Geschäfte machen – sich krumm- und schieflachen* (heftig lachen); **krummbeinig; krümmen:** sich am Boden krümmen; sich **krummlachen;** das **Krummschwert;** der **Krummstab** (Bischofsstab); die **Krümmung**

krum·pe·lig: (zerknittert); auch: **krumplig; krumpeln** (knittern)

Krus·te *lat.*, die: -, -n; die Kruste (harte äussere Schicht, Rinde) des Brotes – auf der Wunde bildet sich eine Kruste; **krustig**

Kru·zi·fix *lat.*, das: -es, -e (Kreuz, Darstellung des gekreuzigten Christus)

Kryp·ta *griech.*, die: -, Krypten (unterirdischer Kirchenraum, Gruft)

Kto.-Nr. = Kontonummer

Kü·bel, der: -s, -; Wasser in einen Kübel (Eimer) schütten – *wie aus Kübeln giessen* (heftig regnen); der **Kübelwagen** (offenes Militärauto, Kehrichtauto)

Ku·bus *griech.*, der: -, Kuben (Würfel); der/ das **Kubikmeter** ⟨m³⟩ (Masseinheit des Raumes); der **Kubikwürfel;** die **Kubikzahl; kubisch** (würfelförmig)

Kü·che, die: -, -n (Kochraum); das Essen in der Küche zubereiten – den ganzen Tag in der Küche stehen; der **Küchenabfall;** das **Küchenbüfett** (Küchenschrank); auch: das **Küchenbuffet;** der **Küchenchef;** die **Küchenchefin;** der **Küchendienst;** der **Küchenherd;** die **Küchenhilfe;** der **Küchenjunge;** das **Küchenpersonal;** der **Küchenschrank;** der **Küchenstuhl;** die **Küchenwaage;** der **Küchenzettel**

Ku·chen, der: -s, - (Gebäck); das **Kuchenblech;** die **Kuchenform;** die **Kuchengabel;** der **Kuchenteig;** das **Küchlein**

Ku·ckuck, der: -s, -e (Vogel); das **Kuckucksei;** die **Kuckucksuhr**

Kud·del·mud·del, das/der: -s (Durcheinander, Wirrwarr)

Ku·fe, die: -, -n (Gleitschiene)

Kü·fer, der: -s, - (Hersteller von Weinfässern)

Ku·gel, die: -, -n (runder Körper); die Kugel rollt unter den Tisch – von einer Kugel (einem Geschoss) getroffen werden – *eine ruhige Kugel schieben* (sich nicht sehr anstrengen müssen); das **Kügelchen; kugelfest; kugelförmig;** das **Kugelgelenk;** der **Kugelhagel; kug(e)lig** (dick); das **Kugellager; kugeln:** sich kugeln (krümmen) vor Lachen; **kugelrund;** der **Kugelschreiber;** auch: der **Kuli; kugelsicher; kugelstossen;** das **Kugelstossen;** der **Kugelwechsel**

Kuh, die: -, Kühe (weibliches Rind); Kühe melken; der **Kuhdung;** das **Kuheuter;** der **Kuhfladen;** der **Kuhhandel** (unsauberes Geschäft); die **Kuhhaut:** *das geht auf keine Kuhhaut* (das ist unglaublich); der **Kuhhirt;** die **Kuhmilch;** der **Kuhmist;** der **Kuhstall; kuhwarm:** kuhwarme Milch

kühl: ein kühler (frischer) Abend – jemandem kühl (abweisend) begegnen – etwas kühl lagern – *einen kühlen Kopf bewahren* (besonnen, überlegen bleiben); aber: im Kühlen sitzen; die **Kühle; kühlen** (kalt stellen); der **Kühler;** die **Kühlerhaube;** das **Kühlhaus;** das **Kühlmittel;** der **Kühlraum;** der **Kühlschrank;** die **Kühltasche;** die **Kühltruhe;** die **Kühlung;** das **Kühlwasser**

Kuh·le, die: -, -n (Grube, Loch, Mulde)

kühn: ein kühner (mutiger, verwegener) Fahrer – eine kühne Idee; die **Kühnheit**

k.u.k. = kaiserlich und königlich; die **k.u.k. Monarchie**

Kü·ken, das: -s, - (junges Huhn)

ku·lant *franz.*: sich kulant (entgegenkommend, verbindlich) zeigen; die **Kulanz**

Ku·li, der: -s, -s (Kugelschreiber, Gelegenheitsarbeiter in Südostasien)

ku·li·na·risch *lat.*: (die Kochkunst betreffend); kulinarische Genüsse ·

Ku·lis·se *franz.*, die: -, -n (Bühnenwand, Dekoration); hinter den Kulissen (im Hintergrund, heimlich); der **Kulissenschieber** (Bühnenarbeiter); der **Kulissenwechsel**

kul·lern: die Äpfel kullern (rollen) auf den Boden; die **Kulleraugen** *Mz.* (erstaunte, grosse Augen)

kul·mi·nie·ren *lat.*: (gipfeln); die **Kulmination** (Höhepunkt einer Entwicklung); der **Kulminationspunkt**

Kult *lat.*, der: -(e)s, -e (Verehrung, Gottesdienst); die **Kulthandlung; kultisch; kultivieren:** das Land kultivieren (bearbeiten); **kultiviert:** sich kultiviert (wohl erzogen) benehmen – eine kultivierte (gepflegte) Sprache; die **Kultstätte;** die **Kultur:** die Kultur (die künstlerischen und geistigen Errungenschaften) eines Landes – ein Mann mit Kultur (Benehmen, Bildung); das **Kulturdenkmal; kulturell;** das **Kulturgut;** die **Kulturlandschaft; kulturlos;** die **Kulturnation;** die **Kulturpolitik;** der **Kulturschaden** (Flurschaden); die **Kulturstätte;** das **Kulturvolk;** das **Kultusministerium**

Küm·mel, der: -s, - (Gewürz, Schnaps); das **Kümmelbrot**

Kum·mer, der: -s; viel Kummer (Sorgen) haben; der **Kummerkasten** (Kasten, in den man Beschwerden schriftlich niederlegen kann); **kümmerlich:** kümmerlich (dürftig) leben – eine kümmerliche (schwächliche) Gestalt; sich **kümmern:** sich um die Armen und Kranken kümmern (für sie sorgen); die **Kümmernis,** die Kümmernisse (Leid); **kummervoll** (betrübt)

Kum·pan, der: -s, -e (Helfer, Gefährte); die **Kumpanei**

Kum·pel, der: -s, - (Arbeitskamerad, Bergmann); **kumpelhaft**

ku·mu·lie·ren *lat.:* (anhäufen, verstärken); die **Kumulation;** die **Kumulierung**

Kun·de, der: -n, -n; seine Kunden (Käufer, Auftraggeber) besuchen – ein alter Kunde; die **Kundenberatung;** der **Kundenbesuch;** der **Kundendienst;** die **Kundenkartei;** der **Kundenkredit;** der **Kundenkreis;** der **Kundenstamm;** die **Kundenwerbung;** die **Kundin;** die **Kundschaft** (Kundenkreis)

Kun·de, die: -, -n (Botschaft, Nachricht); jemandem Kunde (Nachricht) geben; **künden** (bekannt geben, anzeigen); die **Kundgabe** (Bekanntmachung); **kundgeben** (mitteilen); die **Kundgebung:** eine öffentliche Kundgebung (Demonstration); **kundig:** ein kundiger (erfahrener, sachverständiger) Führer; **kundmachen** (etwas veröffentlichen); **kundschaften** (zu erfahren suchen); der **Kundschafter** (Späher, Agent); **kundtun** (kundgeben); **kundwerden** (bekannt werden)

kün·di·gen: die Wohnung kündigen (das Mietverhältnis für beendet erklären) – ei-

nem Arbeiter kündigen (ihn entlassen); **kündbar:** ein kündbarer Vertrag; die **Kündigung;** die **Kündigungsfrist;** das **Kündigungsschreiben;** der **Kündigungstermin**

künf·tig: (in Zukunft, später); in künftigen Jahren – meine künftige Frau

Kunst, die: -, Künste; die Kunst (Fertigkeit) des Schreibens – die bildenden Künste (Malerei, Bildhauerei, Grafik) – *mit seiner Kunst am Ende sein* (nicht mehr weiterwissen); die **Kunstausstellung;** das **Kunstdenkmal;** der **Kunstdruck;** der **Kunstdünger;** das **Kunsteis;** die **Kunsterziehung;** die **Kunstfaser;** der **Kunstfehler; kunstfertig** (geschickt); die **Kunstfertigkeit;** der **Kunstflug; kunstgerecht** (fachmännisch); das **Kunstgewerbe;** der **Kunstgriff** (List, Kniff); das **Kunsthandwerk;** der **Künstler;** die **Künstlerin; künstlerisch;** das **Künstlerpech;** das **Künstlertum; künstlich:** künstliche (unechte) Blumen – die künstliche Atmung – sein Lachen klang sehr künstlich (gezwungen); die **Künstlichkeit; kunstlos** (einfach, schlicht); der **Kunststoff;** das **Kunststück;** das **Kunstturnen; kunstvoll;** das **Kunstwerk**

kun·ter·bunt: (durcheinander, gemischt); das **Kunterbunt**

Ku·pee *franz.,* das: -s, -s; → Coupé

Kup·fer ⟨Cu⟩, das: -s (Schwermetall); das **Kupferbergwerk;** der **Kupferdraht;** der **Kupferdruck;** der **Kupferkessel; kupfern** (aus Kupfer); der **Kupferpfennig; kupferrot;** der **Kupferschmied;** der **Kupferstich**

Ku·pon *franz.,* der: -s, -s (abtrennbarer Zettel z. B. als Beleg, Gutschein); auch: der **Coupon**

Kup·pe, die: -, -n; die Kuppe (Gipfel) des Berges – die Kuppe des Fingers; die **Kuppel** (Gewölbe, Wölbung); der **Kuppelbau**

kup·peln: (zusammenfügen, verbinden); die **Kuppelei;** die **Kupplerin;** die **Kupplung** (Verbindung zweier beweglicher Teile)

Kur *lat.,* die: -, -en (Pflege, Heilbehandlung); *jemanden in die Kur nehmen* (ihm ernst die Meinung sagen); der **Kuraufenthalt; kuren** (eine Kur machen); der **Kurgast;** das **Kurhaus; kurieren** (heilen, ärztlich behandeln); das **Kurkonzert;** der **Kurort;** der **Kurpfuscher** (Nichtskönner); die **Kurtaxe**

Kür, die: -, -en (Übung im Sport nach freier Wahl); **küren:** jemanden zum Sportler des

Jahres küren (auswählen); der **Kurfürst;** **kurfürstlich;** das **Kürlaufen;** die **Kürübung**

Kü·rass *franz.*, der: -es, -e (Brustpanzer); der **Kürassier** (Soldat der schweren Reiterei)

Kur·bel, die: -, -n (Griff, Hebel); **kurbeln;** die **Kurbelwelle**

Kür·bis, der: -ses, -se (Pflanze, Frucht); der **Kürbiskern**

Ku·rie *lat.* [kurje], die: -, -n (päpstliche Verwaltungsbehörde); der **Kurienkardinal**

Ku·rier *franz.*, der: -s, -e (Eilbote); der **Kurierdienst;** das **Kuriergepäck**

ku·ri·os *lat.*: ein kurioser (seltsamer, sonderbarer) Vorfall; die **Kuriosität;** das **Kuriosum** (seltsamer Vorfall, seltsames Stück)

Kurs, der: -es, -e; der Kurs (die Fahrtrichtung) eines Flugzeuges – ein schneller Kurs (Rennstrecke) – einen Kurs (Lehrgang) im Maschineschreiben besuchen – der Kurs (Wert der Währung) fällt – *etwas ausser Kurs setzen* (für ungültig erklären) – *hoch im Kurs stehen* (sehr viel wert sein); die **Kursänderung;** das **Kursangebot;** das **Kursbuch;** der **Kursgewinn; kursieren** (im Umlauf sein, die Runde machen); die **Kurskorrektur; kursorisch:** nur einen kursorischen (ungenauen, oberflächlichen) Überblick haben; der **Kurssturz;** der **Kursteilnehmer;** die **Kursteilnehmerin;** der **Kursus:** einen Kursus (Lehrgang) besuchen; der **Kurswagen;** der **Kurswert**

Kürsch·ner, der: -s, - (Pelzbearbeiter); die **Kürschnerei**

kur·siv *lat.*: eine kursive (schräg gestellte) Schrift; der **Kursivdruck;** die **Kursivschrift**

Kur·ve *lat.*, die: -, -n; in eine Kurve (Biegung, Schleife, Kehre) fahren – aus der Kurve getragen werden – *die Kurve kratzen* (sich davonmachen) – *die Kurve kriegen* (etwas erreichen, nicht scheitern); **kurven:** um die Ecke kurven (schnell fahren) – durch die Gegend kurven (ziellos umherfahren); die **Kurvenlage; kurvenreich;** die **Kurverei; kurvig:** eine kurvige Strecke

kurz: kürzer, am kürzesten; eine kurze Hose – ein kurzer Aufenthalt – kurz entschlossen – kurz unterbrechen – binnen, seit, vor kurzem – über kurz oder lang – kurz und bündig (ohne Umschweife) – kurz und gut – kurz gesagt – kurz treten – *sich kurz fassen* (wenig Worte machen) – *jemanden kurz*

halten (wenig Geld geben) – *kurz angebunden* (unfreundlich) *sein* – *zu kurz kommen* (benachteiligt sein) – *alles kurz und klein schlagen* (zertrümmern) – *kürzer treten* (sich einschränken; aber: den Kürzeren ziehen (im Nachteil sein); die **Kurzarbeit; kurzarbeiten** (Kurzarbeit machen); aber: nur kurz (nicht lange) arbeiten; **kurzärm(e)lig; kurzatmig; kurzbeinig;** die **Kürze:** in Kürze; das **Kürzel** (Abkürzungszeichen); **kürzen; kurzerhand** (ohne viel zu überlegen); **kurzfristig;** etwas kurzfristig (kurz vorher) ankündigen; die **Kurzgeschichte; kurzhaarig; kurzlebig; kürzlich** (neulich, unlängst); das **Kurzreferat; kurzschliessen** (den Stromkreis schliessen); der **Kurzschluss;** die **Kurzschlusshandlung** (unüberlegte Handlung); die **Kurzschrift; kurzsichtig:** kurzsichtig (sehbehindert) sein – sehr kurzsichtig (engstirnig) handeln; die **Kurzsichtigkeit;** der **Kurzstreckenläufer;** die **Kurzwaren** *Mz.* (kleinere, zum Nähen benötigte Gegenstände); die **Kurzweil** (Unterhaltung, Zeitvertreib); **kurzweilig; kurzum** (um es kurz zu sagen); die **Kürzung;** die **Kurzwelle; kurzzeitig** (kurz)

ku·scheln: (sich anschmiegen); die **Kuschelecke; kusch(e)lig;** das **Kuscheltier; kuschelweich**

ku·schen: er hat nicht gekuscht (nicht gehorcht, sich nicht gefügt)

Ku·si·ne *franz.*, die: -, -n (Base); auch: die **Cousine**

Kuss, der: -es, Küsse; einen Kuss auf die Wange geben; das **Küsschen; kussecht; küssen;** die **Kusshand**

Küs·te, die: -, -n (an das Meer angrenzendes Land); der **Küstenbewohner;** die **Küstenbewohnerin;** die **Küstennähe;** die **Küstenschifffahrt;** der **Küstenstreifen;** der **Küstenstrich;** die **Küstenwacht**

Küs·ter, der: -s, - (Kirchendiener); die **Küsterin**

Kut·sche, die: -, -n (Pferdewagen mit Verdeck); der **Kutschbock;** der **Kutscher; kutschieren:** durch die Stadt kutschieren (fahren)

Kut·te, die: -, -n (Mönchsgewand)

Kut·teln *Mz.*, die: - (Kaldaune)

Kut·ter *engl.*, der: -s, - (motorisiertes Fischerboot)

Ku·vert *franz.* [kuwär], das: -s, -s (Briefumschlag); → Couvert

G
H
I
J
K
L
M

kW = Kilowatt
kWh = Kilowattstunde
KZ = Konzentrationslager

L

L = römisches Zeichen für die Zahl 50
l = Liter
la·ben: sich an etwas laben (erfrischen, erquicken); das **Labsal** (etwas Erfrischendes, Erquickendes; Trost); die **Labung** (Erfrischung)
la·bern: (dummes Zeug reden, schwafeln)
la·bil *lat.*: eine labile (anfällige) Gesundheit – ein labiler (schwankender, nicht zuverlässiger) Charakter; die **Labilität**
La·bor *lat.*, das: -s, -s/-e (Forschungsraum, naturwissenschaftliche Arbeitsstätte); auch: das **Laboratorium**; der **Laborant**; die **Laborantin**; der **Laborbefund; laborieren:** an einer Krankheit laborieren (leiden, sich damit herumplagen); der **Laborversuch**
La·by·rinth *griech.*, das: -(e)s, -e (Irrgarten, Wirrwarr); **labyrinthisch** (unentwirrbar)
La·che, die: -, -n (Pfütze)
la·chen: über einen Witz lachen – *sich ins Fäustchen lachen* (heimlich schadenfroh sein) – *nichts zu lachen haben* (es nicht leicht haben) – *wer zuletzt lacht, lacht am besten;* aber: *am Lachen erkennt man den Narren* – es ist zum Lachen; die **Lache** (Gelächter); eine laute Lache haben; **lächeln:** freundlich lächeln (strahlen) – *mir lächelt heute das Glück* (es ist mir gewogen); das **Lachen;** der **Lacher; lächerlich:** etwas lächerlich (dumm, unsinnig) finden – sich lächerlich (albern, komisch, überspannt) benehmen – lächerlich (sehr) wenig Geld verdienen; aber: etwas Lächerliches – etwas ins Lächerliche ziehen; die **Lächerlichkeit;** das **Lachgas** (ein Betäubungsmittel); **lachhaft:** das ist ja lachhaft! (nicht ernst zu nehmen); die **Lachhaftigkeit;** der **Lachkrampf;** die **Lachsalve**
Lachs, der: -es, -e (Raubfisch); der **Lachsfang; lachsfarben;** der **Lachsschinken** (feiner, goldgelber Schinken)
Lack *ital.*, der: -(e)s, -e (glänzender Anstrich); der **Lackaffe** (eitler Mann); **lackieren:** das

Auto lackieren (mit Lack besprühen); der **Lackierer;** die **Lackiererei;** die **Lackierung;** das **Lackleder;** der **Lackschaden;** der **Lackschuh;** der **Lackstiefel**
La·de, die: -, -n (Schublade, Truhe)
la·den: du ladest/lädst, er lud, sie hat geladen, lad(e)!; Kohlen auf den Wagen laden (aufladen) – jemanden zur Hochzeit laden (einladen) – vor Gericht laden (kommen lassen) – das Gewehr ist geladen – eine Batterie laden – *geladen (wütend) sein;* die **Ladefläche;** das **Ladegerät;** die **Ladehemmung;** die **Ladeklappe;** die **Ladeluke;** die **Laderampe** (Verladefläche); die **Ladung:** eine Ladung (Fracht, Fuhre) Getreide – er erhält eine Ladung (Vorladung) vom Gericht
La·den, der: -s, Läden; in einem Laden (Geschäft) einkaufen – alle Läden (Fensterläden) schliessen – *den Laden schmeissen* (dafür sorgen, dass etwas gut funktioniert); das **Lädchen;** der **Ladenbesitzer;** der **Ladendieb;** der **Ladenhüter** (schwer verkäufliche Ware); die **Ladenpassage** [*... passasche*]; der **Ladenpreis;** der **Ladenschluss;** der **Ladentisch**
lä·die·ren *lat.*: (beschädigen, verletzen); die **Lädierung**
La·dy *engl.* [*ledi*], die: -, -s (vornehme Dame); **ladylike** [*ledilaik*] (vornehm, damenhaft)
La·ge, die: -, -n; eine unbequeme Lage (Stellung) einnehmen – die Lage (der Standort, die Umgebung) des Hauses – er ist in einer unangenehmen Lage (Situation) – eine Lage (Schicht) Sand – eine Lage (Runde) Bier zahlen – *in der Lage* (fähig, imstande) *sein – die Lage peilen* (etwas auskundschaften) – *nach Lage der Dinge* (unter den gegebenen Umständen); der **Lagebericht;** die **Lagebesprechung;** das **Lagenschwimmen;** die **Lagenstaffel; lagenweise** (in Lagen); der **Lageplan**
La·ger, das: -s, -/Läger; das Lager (die Lagerstelle) abbrechen – ein Lager (eine Schlafstelle) aus Stroh – im Lager (Vorratsraum, Speicher) aufräumen – das feindliche Lager (die feindliche Seite) – *etwas auf Lager* (vorrätig) *haben;* **lagerfähig;** das **Lagerfeuer;** die **Lagerhalle;** die **Lagerhaltung;** das **Lagerhaus;** der **Lagerist** (Lagerverwalter); **lagern:** die Vorräte kühl lagern (aufbe-

G
H
I
J
K
L
M

wahren) – die Feinde lagern in der Nähe; die **Lageristin**; der **Lagerplatz**; der **Lagerraum**; die **Lagerstatt** (Bett, Schlafstelle); die **Lagerstätte**; die **Lagerung**

La·gu·ne *ital.*, die: -, -n (vom Meer abgeschlossener Meeresteil, seichter Strandsee)

lahm: ein lahmes (gelähmtes) Bein – eine lahme (langweilige) Diskussion – er ist ganz lahm (müde, matt, erschöpft) – den Verkehr lahm legen (zum Stillstand bringen); der/die **Lahme**; **lahmen** (hinken, humpeln): das Pferd lahmt; **lähmen**: vor Angst wie gelähmt sein; die **Lahmheit**; die **Lahmlegung**; die **Lähmung**; die **Lähmungserscheinung**

Laib, der: -(e)s, -e; ein Laib Brot # Leib

Laich, der: -(e)s, -e (abgelegte Eier von Wassertieren); **laichen**; der **Laichplatz**; die **Laichzeit** # Leiche

Laie *griech.*, der: -n, -n (Nichtfachmann, Nichtgeistlicher); die **Laienbühne**; **laienhaft** (unzulänglich, stümperhaft); der **Laienpriester**; der **Laienrichter**; die **Laienrichterin**; das **Laienspiel**; das **Laientheater**

La·kai *franz.*, der: -en, -en (Diener, unterwürfiger Mensch); **lakaienhaft** (unterwürfig)

la·ken, das: -s, - (Betttuch, Tuch)

la·ko·nisch *griech.*: eine lakonische (kurze, treffende) Antwort

La·krit·ze (Lak·rit·ze) *griech.*, die: -, -n (schwarze Masse aus Süssholzsaft); der **Lakritzensaft**; die **Lakritz(en)stange**

lal·len: wie ein Betrunkener lallen (undeutlich, unverständlich) sprechen

La·ma *peruan.*, das: -s, -s (kleine Kamelart)

La·mel·le *franz.*, die: -, -n (dünnes Plättchen, Metall- oder Papierstreifen)

la·men·tie·ren *lat.*: (klagen, jammern); das **Lamento** (Klagelied, Jammer)

La·met·ta *ital.*, das: -s (glänzende Streifen aus Metall, Christbaumschmuck)

Lamm, das: -(e)s, Lämmer (junges Schaf, junge Ziege); der **Lammbraten**; das **Lämmchen**; die **Lamm(e)sgeduld**; das **Lammfell**; das **Lammfleisch**; **lammfromm**: ein lammfrommes (sehr gehorsames) Pferd

Lam·pe *franz.*, die: -, -n; die Lampe (Leuchte) einschalten; das **Lämpchen**; das **Lampenfieber** (Angst, Herzklopfen, Aufregung vor einem öffentlichen Auftritt); der **Lampenschirm**

Lam·pe: Meister Lampe (Name des Hasen in der Fabel)

Lam·pi·on *franz.* *[lãmpiõ]*, der/das: -s, -s (bunte Papierlaterne)

lan·cie·ren *franz.* *[lãsiren]*: jemanden in eine gute Stellung lancieren (bringen)

Land, das: -(e)s, Länder; ein Stück Land (ein Grundstück) kaufen – das Land Bayern – in ein fremdes Land reisen – vom Land (vom Dorf) sein – an Land (an das Festland) gehen – ausser Landes sein – aus aller Herren Länder(n) – ins Land gehen/ziehen (verstreichen) – zu Wasser und zu Lande – bei uns zu Lande – Land und Leute – das Heilige Land – *etwas an Land ziehen* (für sich gewinnen) – *wieder im Lande* (wieder zurückgekehrt) *sein – bleibe im Lande und nähre dich redlich – andere Länder, andere Sitten;* aber: dortzulande; auch: dort zu Lande – hierzulande; auch: hier zu Lande; bei uns zulande (daheim); auch: bei uns zu Lande; der **Landammann** (in einigen Kantonen Präsident der Kantonsregierung); der **Landarbeiter**; die **Landarbeiterin**; **landauf, landab** (im Lande umher); die **Landbevölkerung**; die **Lande**: durch die Lande (Gegend, Landschaft) ziehen; die **Lände** (Landungsplatz); **landeinwärts**; die **Landenge**; die **Ländereien** *Mz.* (grosser Grundbesitz); der **Länderkampf**; das **Länderspiel**; die **Landesbibliothek**; die **Landeshymne**; die **Landeskirche**; **landeskundig**; das **Landesmuseum**; die **Landesregierung**; die **Landessprache**; **landesüblich**; der **Landesvater**; der **Landesverrat**; der **Landesverweis**; die **Landflucht**; die **Landfrau**; **landfremd**; der **Landfriedensbruch**; das **Landgericht**; der **Landjäger** (Gendarm); die **Landkarte**; der **Landkreis**; **landläufig** (üblich, bekannt); **ländlich** (bäuerlich, dörflich); die **Landluft**; der **Landmann** (Bauer); die **Landmaschine**; die **Landnahme**; die **Landpartie** (Ausflug); die **Landplage**; der **Landrat**; das **Landratsamt**; die **Landratte** (Nichtseemann); das **Landrecht**; der **Landschaden** (Flurschaden); die **Landschaft**; **landschaftlich**; die **Landsgemeinde**; der **Landsitz** (Landgut, Ferienhaus); der **Landsknecht** (früher: zu Fuss kämpfender Soldat); die **Landsleute** *Mz.*; der **Landsmann** (Heimatgenosse); die **Landsmännin**; die **Landstrasse**; der **Landstreicher** (Heimatloser, Penner); der **Landstrich** (Gebiet, Gegend); der **Landsturm** (Aufgebot aller waffenfähigen Männer); der **Landtag** (Volksvertretung der deutschen Bundesländer); der/die **Landtagsabgeordnete;** der **Landwirt** (Bauer); die **Landwirtin;** die **Landwirtschaft;** landwirtschaftlich; die **Landzunge** (schmale Halbinsel)

lan·den: das Flugzeug landet pünktlich (setzt auf, kommt an) – bei dem Gegner einen Kinnhaken landen (anbringen) – im Gefängnis landen (sich wiederfinden) – bei jemandem nicht landen können (keinen Erfolg haben, keinen Anklang finden); die **Landebahn** (Piste); das **Landeboot;** die **Landebrücke;** das **Landemanöver;** der **Landeplatz;** die **Landung** (Ankunft eines Flugzeugs, Schiffes); der **Landungssteg**

lang: länger, am längsten; auch: **lange:** lange Haare tragen – eine lange (ausführliche) Rede halten – ein langes Leben haben – vor langem – vor längerem – seit langem (seit langer Zeit) – es ist lange her – sein Leben lang – über kurz oder lang – lang und breit; aber: des Langen und Breiten – lange vorher – ein lang ersehnter Besuch – ein lang gehegter Wunsch – das ist noch lange (längst) nicht alles – was fragst du noch lange (noch viel)? – was lange währt, wird endlich gut; **langärm(e)lig; langatmig** (weitschweifig); **langbeinig;** die **Länge:** der Länge nach – eine Schnur von fünf Meter Länge – um Längen gewinnen (eindeutig Sieger sein) – sich in die Länge ziehen (länger dauern als gedacht); der **Längengrad;** das **Längenmass; längerfristig;** die **Lang(e)weile** (Eintönigkeit); die **Langezeit** (Sehnsucht, Heimweh); **langfädig** (langatmig); der **Langfinger** (Dieb); **langfristig** (längere Zeit); **langhaarig; langjährig;** der **Langlauf;** der **Langläufer;** die **Langläuferin;** sich **langlegen** (zum Ausruhen hinlegen); **länglich** (lang gestreckt): länglich rund; die **Langmut** (Geduld); **langmütig; längs:** längs (entlang) der Strasse; die **Längsachse; langsam:** ein langsames Tempo – langsam (allmählich) muss ich aufbrechen – langsam, aber sicher; die **Langsamkeit;** der **Langschläfer;** die **Langschläferin;** die **Langspielplatte** ⟨LP⟩; der **Längsschnitt; längsseits:** längsseits des Schiffes; **längst** (seit langer Zeit): er ist längst

(bei weitem) nicht so gross wie du; **längstens** (spätestens); **langstielig;** der **Langstreckenlauf; langweilen; langweilig; langwierig** (Zeit raubend)

lan·gen: er langt (greift) nach mir – in die Tasche langen (fassen) – der Mantel langt (reicht) bis zum Boden – lang (gib) mir das Buch vom Regal – das langt (reicht) mir nicht – jetzt langt's mir aber! – jemandem eine langen (ihn ohrfeigen)

Lan·gus·te franz., die: -, -n (Krebsart)

Lan·ze franz., die: -, -n (lange Stosswaffe, Spiess); für jemanden eine Lanze brechen (für ihn eintreten); die **Lanzenspitze**

la·pi·dar lat.: ein lapidares (gewichtiges) Wort – etwas lapidar (kurz und bündig) sagen

Lap·pa·lie [lapalje], die: -, -n (Kleinigkeit, Nebensächlichkeit)

Lap·pen, der: -s, - (Stück Stoff, Fetzen, Lumpen); jemandem durch die Lappen gehen (ihm entwischen, entgehen); das **Läppchen; lappig** (weich)

läp·pern, sich: es läppert sich zusammen (es häuft sich aus Kleinigkeiten an)

läp·pisch: eine läppische (kindliche, alberne) Bemerkung machen

Lap·sus lat., der: -, - (kleiner Fehler, Versehen)

Lap·top engl. [läptop], der: -s, -s (kleiner tragbarer Computer)

Lär·che, die: -, -n (Nadelbaum) # Lerche

large franz. [larsch]: (grosszügig)

Lar·go ital., das: -s, -s/Larghi (langsamer Musiksatz)

La·ri·fa·ri, das: -s (Unsinn, Gerede)

Lärm, der: -(e)s (Krach, lautes Geräusch); ein ohrenbetäubender Lärm – Lärm schlagen (sehr laut auf etwas aufmerksam machen) – viel Lärm um nichts; die **Lärmbekämpfung;** die **Lärmbelästigung; lärmempfindlich; lärmen; lärmig;** der **Lärmmacher;** die **Lärmminderung;** der **Lärmpegel** (Lärmstärke); der **Lärmschutz**

Lar·ve lat., die: -, -n (Entwicklungsstadium von manchen Tieren, Gesichtsmaske)

lasch: lascher, am laschesten (schwunglos, matt); die **Laschheit**

La·sche, die: -, -n (Gürtelschleife, schmales Metallband, Verbindungsstelle)

La·ser engl. [leser], der: -s, - (Gerät zur Lichtverstärkung); der **Laserstrahl** (intensiver Lichtstrahl); die **Lasertechnik**

la·sie·ren: (eine durchsichtige Farbe auftragen); die **Lasur**

las·sen: du lässt, er liess, sie hat gelassen, lass(e)!; sich Zeit lassen – er kann das Rauchen nicht lassen – lass sie in Ruhe! – er lässt sich gehen (er beherrscht sich nicht) – sie lässt sich nichts gefallen – lass das! – die Tür lässt sich nicht schliessen – *es nicht lassen können* (unverbesserlich sein); **lässlich:** lässliche (kleinere, verzeihliche) Sünden

läs·sig: sich lässig (ungezwungen, zwanglos) geben; die **Lässigkeit**

Las·so *span.*, das/der: -s, -s (Seil mit Fangschlinge, Wurfleine)

Last, die: -, -en; schwere Lasten (schweres Gewicht) tragen – das geht zu deinen Lasten (auf deine Rechnung); auch: zulasten von dir – Lasten (schwere Güter) befördern – ihr ist eine Last (Sorge) genommen – die Last (die Mühen) des Amtes – *jemandem zur Last fallen* (ihm Mühe bereiten) – *jemandem etwas zur Last legen* (die Schuld an etwas geben); das **Lastauto; lasten:** auf ihm lastet (liegt) eine schwere Schuld – eine grosse Hitze lastet auf der Stadt; der **Lastenaufzug;** der **Lastenzug;** der **Laster** (Lastkraftwagen); der **Lastesel;** der **Lastfahrer; lästig:** eine lästige (unangenehme, beschwerliche) Arbeit; die **Lästigkeit;** der **Lastkahn;** der **Last(kraft)wagen** ⟨*LKW, Lkw*⟩; das **Lastschiff;** das **Lasttier;** der **Lastzug**

Las·ter, das: -s, -; keine Laster (Untugenden, schlechten Angewohnheiten) haben; der **Lästerer; lasterhaft** (verkommen, liederlich); die **Lasterhaftigkeit;** die **Lasterhöhle;** die **Lästerin;** das **Lasterleben; lästerlich;** das **Lästermaul** (jemand, der ständig lästert); **lästern** (spotten); die **Lästerung;** die **Lästerzunge**

La·tein *lat.*, das: -s (Sprache der alten Römer); *mit seinem Latein am Ende sein* (nicht mehr weiterwissen); **lateinisch:** die lateinische Schrift

la·tent *lat.*: eine latente (verborgene, unsichtbare) Gefahr

La·ter·ne *griech.*, die: -, -n (Lampe); das **Laternenlicht;** der **Laternenpfahl**

La·tin·lo·ver, der: -s; auch: der **Latin Lover** (feuriger, südländischer Liebhaber)

La·tri·ne (Lat·ri·ne) *lat.*, die: -, -n (primitive Toilette); die **Latrinenparole** (heimlich verbreitetes Gerücht mit fragwürdigem Inhalt)

Lat·sche, die: -, -n (niedrig wachsende Bergkiefer)

lat·schen: (schlurfen, nachlässig gehen); der **Latschen** (alter Schuh); *aus den Latschen kippen* (ohnmächtig werden)

Lat·te, die: -, -n (schmales Brett, Leiste); *jemanden auf der Latte haben* (ihn nicht leiden können); der **Lattenrost;** der **Lattenschuss;** der **Lattenzaun**

Latz, der: -es, Lätze (Bruststück an Kleid und Schürze); *jemandem eine vor den Latz knallen* (ihm einen kräftigen Schlag versetzen); das **Lätzchen** (Kindermundtuch); die **Latzhose**

lau: lauer, am lau(e)sten; ein laues (mässig warmes) Wasser – laue (milde) Winde; die **Lauheit; lauwarm**

Laub, das: -(e)s (Blätter der Bäume); ein Laub tragender Baum; der **Laubbaum;** die **Laube** (Gartenhäuschen); die **Laubenkolonie;** der **Laubfall;** der **Laubfrosch;** die **Laubsäge** (feine Handsäge); der **Laubwald;** das **Laubwerk** (Zweige mit Laub)

Lauch, der: -(e)s, -e (Gemüsepflanze)

lau·ern: hinter einer Hecke lauern (versteckt liegen und auf etwas warten) – ein lauernder Blick; die **Lauer:** *auf der Lauer liegen* (auf einen bestimmten Augenblick warten)

lau·fen: du läufst, er lief, sie ist gelaufen, lauf(e)!; 100 Meter laufen – das Kind läuft (geht) schon – über die Strasse laufen – Schlittschuh laufen – Ski laufen – Eis laufen – Gefahr laufen – den Motor laufen lassen – sie hat ihn laufen lassen (ihm den Laufpass gegeben) – auf Grund laufen – das Auto läuft gut – die Sache ist gut gelaufen (verlaufen) – ein Film läuft im Fernsehen – der Vertrag läuft (gilt) noch ein Jahr – das Wasser läuft (fliesst) aus dem Wasserhahn – das Geschäft könnte besser laufen (gehen) – der Motor läuft heiss (erhitzt sich) – *wie am Schnürchen laufen* (reibungslos funktionieren); aber: es ist zum Auf-und-davon-Laufen; der **Lauf:** im dritten Lauf siegen – der Lauf eines Flusses – im Laufe der Zeit (allmählich) – den Lauf eines Gewehrs reinigen – die hinteren Läufe (Füsse) des Hasen – *einer Sache ihren freien Lauf lassen* (etwas nicht behindern) – *seinen Lauf neh-*

men (sich ereignen, unaufhaltsam ablaufen); die **Laufbahn;** der **Laufbursche; laufend** ⟨lfd.⟩: im laufenden Jahr – am laufenden Band arbeiten – jemanden laufend (ständig) belästigen; aber: *auf dem Laufenden sein/bleiben* (ständig über das Neueste informiert sein); der **Läufer:** der Läufer kommt ins Ziel – einen Läufer (kleinen, schmalen Teppich) auf den Boden legen – den Läufer (eine Schachfigur) ziehen; die **Lauferei;** die **Läuferin; läuferisch;** das **Lauffeuer:** die Nachricht verbreitet sich wie ein Lauffeuer (sehr schnell); die **Lauffläche; lauffreudig;** das **Laufgitter; läufig** (brünstig); die **Laufkundschaft;** die **Laufmasche;** der **Laufpass:** *jemandem den Laufpass geben* (sich von ihm trennen); der **Laufschritt;** der **Laufsteg;** das **Laufwerk;** die **Laufzeit** (Gültigkeit)

Lau·ge, die: -, -n (Alkalienlösung); **laugen;** das **Laugenbad**

Lau·ne *lat.*, die: -, -n (Stimmung, Gemütszustand); schlechte Laune haben – eine Laune (ein Einfall) des Augenblicks – *jemanden bei Laune* (guter Stimmung) *halten;* **launenhaft;** die **Launenhaftigkeit; launig** (witzig, gut aufgelegt); **launisch** (unberechenbar, wankelmütig)

Laus, die: -, Läuse (kleines, Blut saugendes Insekt); *jemandem ist eine Laus über die Leber gelaufen* (er ist schlecht gelaunt); der **Lausbub(e);** der **Lausbubenstreich;** die **Lausbüberei** (Streich); **lausbübisch;** der **Lausebengel;** der **Lausejunge; lausen;** der **Lauser** (Lausbub); **lausig:** eine lausige (üble, erbärmliche) Arbeit – es ist lausig (sehr) kalt

Lau·sanne *[losann]:* (Hauptort des Kantons Waadt)

lau·schen: (horchen auf, zuhören); die **Lauschaktion;** der **Lauschangriff** (heimliches Anbringen von Abhörgeräten); der **Lauscher;** die **Lauscher** *Mz.* (Ohren des Hasen); **lauschig:** ein lauschiges (stilles, gemütliches) Plätzchen

laut: lauter, am lautesten; laut aufschreien – eine laute Musik; der **Laut; lauten:** wie lautet (heisst) dein Name? – das Gesetz lautet so; **lauthals** (aus voller Kehle); die **Lautheit; lautieren** (Laut für Laut sprechen); **lautlich:** ein lautlicher Unterschied; **lautlos** (still, un-

hörbar); die **Lautlosigkeit;** die **Lautmalerei;** der **Lautsprecher; lautstark;** die **Lautstärke; lauttreu**

laut: ⟨lt.⟩ laut (gemäss) Vorschrift – laut ärztlichem Befund – laut Übereinkommen

Lau·te, die: -, -n (altes Zupfinstrument); das **Lautenspiel**

läu·ten: die Glocken läuten (ertönen, klingen) – an der Haustüre läuten (klingeln) – *etwas läuten hören* (andeutungsweise erfahren); das **Läut(e)werk**

lau·ter: die lautere (reine) Wahrheit – einen lauteren (aufrichtigen) Charakter haben; die **Lauterkeit** (Ehrlichkeit); **läutern:** das Schicksal hat ihn geläutert (reifer gemacht); die **Läuterung**

lau·ter: lauter (lediglich, nur, nichts als) Unsinn reden

La·va *ital. [lawa],* die: -, Laven (fliessendes, glühendes Gestein bei einem Vulkanausbruch); der **Lavastrom**

La·va·bo *lat.*, das: -(s), -s (Handwaschbecken)

La·ven·del *ital. [lawendel],* der: -s, - (wohlriechende Heil- und Gewürzpflanze); das **Lavendelöl**

la·vie·ren *niederl. [lawiren]:* (sich durchwinden, klug vorgehen)

La·wi·ne *lat.*, die: -, -n (Schneerutsch); ...**lawine:** Kostenlawine – Prozesslawine – Schuldenlawine; **lawinenartig;** die **Lawinengefahr;** der **Lawinenhund;** die **Lawinenkatastrophe; lawinensicher**

lax *lat.*: eine laxe (nachlässige, lasche) Haltung; die **Laxheit**

Lay·out *engl. [leaut],* das: -s, -s (Bild-, Textgestaltung); auch: das **Layout**

La·za·rett *franz.*, das: -(e)s, -e (Militärkrankenhaus)

LdU = Landesring der Unabhängigen

Lea·der *engl. [lider],* der: -s, - (Bandleader)

lea·sen *engl. [lisen]:* ein Auto leasen (mieten); das **Leasing**

Le·ben, das: -s, -; sein Leben lang – ein erfülltes Leben – das Leben in Hamburg – das Leben und Treiben in einer Stadt – ums Leben kommen – sich das Leben nehmen – am Leben bleiben – *jemandem das Leben zur Hölle* (unerträglich) *machen* – das In-den-Tag-hinein-Leben; das **Lebehoch;** der **Lebemann; leben:** in einer Stadt leben (wohnen) – allein leben (sein Leben verbringen) – für seine Arbeit leben (sich ihr ganz widmen); **lebendig:** noch lebendig (am Leben) sein – bei lebendigem Leibe – lebendig (lebhaft) erzählen; die **Lebendigkeit;** der **Lebensabend;** die **Lebensart;** die **Lebensbedingungen** *Mz.;* **lebensbedrohend; lebensbejahend;** die **Lebensdauer; lebensecht;** das **Lebensende;** die **Lebenserfahrung;** die **Lebenserinnerungen** *Mz.;* die **Lebenserwartung; lebensfähig; lebensfremd; lebensfroh;** die **Lebensgefahr; lebensgefährlich;** der **Lebensgefährte;** die **Lebensgefährtin;** die **Lebensgemeinschaft; lebensgross;** die **Lebenshaltungskosten** *Mz.;* die **Lebenshilfe;** der **Lebenshunger;** der **Lebenskampf;** der **Lebenskünstler; lebenslang; lebenslänglich;** der **Lebenslauf; lebenslustig;** die **Lebensmittel** *Mz.* (Esswaren); **lebensmüde; lebensnah;** die **Lebensnähe; lebensnotwendig;** die **Lebensqualität;** der **Lebensstandard;** die **Lebensversicherung;** der **Lebenswandel;** der **Lebensweg;** die **Lebensweise;** die **Lebenszeichen;** die **Lebenszeit;** das **Lebewesen** (Mensch, Tier, Pflanze); das **Lebewohl:** ein herzliches Lebewohl sagen; aber: leb(e) wohl!; **lebhaft;** die **Lebhaftigkeit; leblos** (tot); die **Leblosigkeit;** der **Lebtag:** er denkt sein Lebtag (sein ganzes Leben) daran; **Lebzeiten:** zu Lebzeiten seines Vaters

Le·ber, die: -, -n (Organ von Menschen und Tieren): *frisch/frei von der Leber weg reden* (ungehemmt sagen, was man denkt); der **Leberfleck;** der **Leberkäse** (Fleischgericht); der **Lebertran;** die **Leberwurst**

Leb·ku·chen, der: -s, - (Pfefferkuchen)

lech·zen: nach Wasser lechzen (dringend verlangen)

Leck, das: -(e)s, -s (undichte, schadhafte Stelle); **leck:** ein leckes Schiff; **lecken:** das Boot leckt (ist undicht); **leckschlagen**

le·cken: Eis lecken (schlecken, lutschen) – die Katze leckt Milch; **lecker:** lecker (appetitlich) aussehen – eine leckere (schmackhafte) Mahlzeit; der **Leckerbissen** (etwas Köstliches zu essen); die **Leckerei;** das **Leckerli** (kleines lebkuchenartiges Gebäck); das **Leckermaul** (Feinschmecker)

Le·der, das: -s; Schuhe aus Leder – *vom Leder ziehen* (heftig schimpfen) – *jemandem ans Leder* (ihn angreifen) *wollen;* der **Lederball;**

der **Ledergurt;** die **Lederhaut;** die **Lederhose;** die **Lederjacke;** die **Ledermappe; ledern** (mit einem Ledertuch polieren); **ledern:** lederne (aus Leder gemachte) Schuhe; der **Lederranzen;** der **Lederriemen;** der **Ledersessel;** die **Ledertasche;** die **Lederwaren** *Mz.*

le·dig 〈led.〉: noch ledig (unverheiratet) sein – aller Sorgen ledig sein (frei von Sorgen sein) – ein lediges (uneheliches) Kind; der/die **Ledige**

le·dig·lich: er hat lediglich (nur, bloss) Dummheiten im Kopf

Lee, die: - (die dem Wind abgekehrte Seite eines Schiffs); die **Leeseite**

leer: (ohne Inhalt); ein leeres Fass – leer stehen – leer machen – ein leeres (unbedrucktes) Blatt – ein leeres (geistloses) Geschwätz – leere Versprechungen – eine leer stehende Wohnung – das Fass leer laufen lassen – *mit leeren Händen* (ohne alles) *dastehen* – *leer ausgehen* (nichts abbekommen); die **Leere:** ins Leere starren; **leeren:** den Eimer leeren – der Saal leert sich allmählich # lehren; das **Leergewicht;** das **Leergut** (Behälter, die man zurückgeben kann, z.B. Flaschen); der **Leerlauf;** die **Leerstelle;** die **Leerung**

Lef·ze, die: -, -n (Lippe bei Tieren)

Lega = Lega dei ticinesi

le·gal *lat.*: der legale (rechtmässige) Erbe – legal (gesetzlich) gegen jemanden vorgehen; **legalisieren** (rechtskräftig machen, zum Gesetz erheben); die **Legalisierung;** die **Legalität** (Gesetzmässigkeit)

Le·gas·the·nie (Leg·as·the·nie) 〈LRS〉 *griech.,* die: -, Legasthenien (angeborene Lese- und Rechtschreibschwäche); der **Legastheniker;** die **Legasthenikerin; legasthenisch**

le·gen: das Messer auf den Tisch legen – er legt sich auf die Couch – sich schlafen legen – die Hühner legen Eier – der Wind legt sich wieder (flaut ab) – Rohre legen (verlegen) – der Zorn hat sich gelegt (beruhigt) – *sich ins Zeug legen* (anstrengen) – *jemandem das Handwerk legen* (seinem Treiben ein Ende setzen)

Le·gen·de *lat.,* die: -, -n (Heiligenerzählung); **legendär:** ein legendärer (sagenhafter, unwahrscheinlicher) Held; **legendenhaft**

le·ger *franz. [leschär]:* sich leger (ungezwungen, lässig) benehmen

Le·gie·rung *ital.*, die: -, -en (Verschmelzung mehrerer Metalle); **legieren**

Le·gi·on *lat.*, die: -, -en (altrömische Heereseinheit, eine grosse Menge); der **Legionär** (Soldat)

le·gi·tim *lat.*: ein legitimer (rechtmässiger) Erbe – ein legitimes (begründetes) Anrecht haben; die **Legislative** (gesetzgebende Gewalt); die **Legislaturperiode** (Amtsdauer eines Parlamentes); die **Legitimation** (Berechtigungsausweis, Beglaubigung); sich **legitimieren**: sich nicht legitimieren (ausweisen) können; die **Legitimierung**

Le·hen, das: -s, - (verliehenes, erbliches Nutzrecht im Mittelalter); der **Leh(e)nsherr;** der **Leh(e)nsmann** (Gefolgsmann, Abhängiger); das **Leh(e)nswesen;** das **Lehnwort** (aus einer fremden Sprache stammendes Wort, das man nicht mehr als Fremdwort erkennt)

Lehm, der: -(e)s, -e (Schlamm, Erde); der **Lehmboden; lehmig**

Leh·ne, die: -, -n (Stütze, Halt); sich **lehnen:** sich an die Wand lehnen – sie lehnt (beugt) sich aus dem Fenster – das Fahrrad an die Mauer lehnen; der **Lehnsessel;** der **Lehnstuhl**

leh·ren: an der Universität Mathematik lehren – sie lehrt ihn lesen – die Erfahrung lehrt (zeigt) – ich will dich lehren (dir Gehorsam beibringen); die **Lehranstalt** (Schule); **lehrbar;** die **Lehrbefähigung;** der **Lehrberuf;** das **Lehrbuch;** die **Lehre:** eine dreijährige Lehre (Lehrzeit) – das wird ihm eine Lehre (Belehrung) sein – seine Lehre (Lehrmeinung) wird sich durchsetzen; der **Lehrer;** die **Lehrerin;** die **Lehrerkonferenz;** die **Lehrerschaft;** der **Lehrgang** (Unterricht); das **Lehrgeld:** *Lehrgeld zahlen müssen* (durch Schaden Erfahrungen sammeln); **lehrhaft** (belehrend); der **Lehrherr;** das **Lehrjahr:** *Lehrjahre sind keine Herrenjahre;* der **Lehrjunge;** der **Lehrkörper;** die **Lehrkraft;** der **Lehrling** (Auszubildender); die **Lehrmethode;** die **Lehrmittel** *Mz.;* der **Lehrplan; lehrreich** (aufschlussreich); die **Lehrstelle;** der **Lehrstoff;** der **Lehrstuhl** (Professorenstelle); der **Lehrvertrag;** die **Lehrwerkstatt;** die **Lehrzeit** # leeren

Leib, der: -(e)s, -er; am ganzen Leibe zittern – mit Leib und Seele – Leib und Leben wagen – nichts im Leibe haben (hungrig sein) – der Leib des Herrn (Abendmahl); aber: beileibe nicht; der **Leibarzt;** das **Leibchen** (Unterhemd); **leibeigen** (unfrei, unterdrückt); der/ die **Leibeigene;** die **Leibeigenschaft** (völlige Abhängigkeit von einem Herrscher); die **Leibeserziehung;** die **Leibesfülle;** die **Leibeskraft:** aus/nach Leibeskräften; die **Leibesübungen** *Mz.;* die **Leibesvisitation** (körperliche Durchsuchung); die **Leibgarde** (Leibwache); das **Leibgericht** (Lieblingsessen); **leibhaftig:** der Teufel leibhaftig (selbst, in eigener Person); der **Leibhaftige** (Teufel); die **Leibhaftigkeit; leiblich** (körperlich); die **Leibrente;** die **Leibschmerzen** *Mz.;* die **Leibspeise;** die **Leibwache;** die **Leibwäsche** (Unterwäsche) # Laib

Lei·che, die: -, -n (toter menschlicher Körper); *über Leichen gehen* (rücksichtslos handeln); der **Leichenacker;** das **Leichenbegängnis** (Beerdigung); die **Leichenbittermiene** (trauriger Gesichtsausdruck); **leichenblass;** die **Leichenfledderei** (Ausplünderung toter Menschen); die **Leichenhalle;** der **Leichenschmaus** (Totenmahl); die **Leichenstarre;** der **Leichenzug;** der **Leichnam** (toter Körper)

leicht: ein leichtes Paket – eine leichte Kleidung – die leichte (nicht zu schwierige) Aufgabe – ein leichter (kleiner) Fehler – eine leichte (unbedeutende) Krankheit – leichte (unterhaltsame) Musik hören – ich werde dir das Eingewöhnen leicht machen – das wird mir nicht leicht fallen – du sollst das nicht leicht nehmen – leicht lernen – leicht behindert sein – leicht entzündlich – leicht verderblich – leicht verständlich – sie wird leicht (schnell) müde – leichten Herzens (ohne Bedenken) – ein leichtes (leichtfertiges) Mädchen – leichtes (müheloses) Spiel haben – leicht beschwingt sein – eine leicht verdauliche Mahlzeit – leicht verletzt – leicht verwundet – mit etwas leicht (mühelos) fertig werden – sich etwas sehr leicht (zu einfach) machen – sie wird leicht (beim geringsten Anlass) krank – *etwas auf die leichte Schulter* (nicht ernst) *nehmen;* aber: es ist mir ein Leichtes (fällt mir nicht schwer); der **Leichtathlet;** die **Leichtathletik** (sportliche Übungen: Laufen, Springen, Werfen); die **Leichtathletin;** der/die **Leichtbehinderte;** auch: der/die leicht Behinderte; **leichtfertig** (unüberlegt, ober-

G
H
I
J
K
L
M

flächlich); die **Leichtfertigkeit;** der **Leicht-fuss:** Bruder Leichtfuss (unbekümmerter Mensch); **leichtfüssig** (gewandt, flink); die **Leichtfüssigkeit;** das **Leichtgewicht; leicht-gläubig** (arglos); **leichtherzig** (sorglos); **leichthin:** etwas leichthin (nebenbei, ohne viel zu denken) machen; die **Leichtigkeit** (Mühelosigkeit); **leichtlebig** (lebenslustig, unbekümmert); der **Leichtmatrose;** das **Leichtmetall;** der **Leichtsinn; leichtsinnig;** die **Leichtsinnigkeit;** der **Leichtsinnsfehler**

lei·den: du leidest, er litt, sie hat gelitten, leide!; an einer Krankheit leiden (krank sein) – Not leiden – jemanden nicht leiden können (nicht mögen) – ich leide (dulde) das nicht; **leid:** ich bin es leid (mag es nicht mehr dulden) – etwas zuleide tun; auch: zu Leide tun; das **Leid:** es tut mir Leid (ich bedaure es) – er trägt sein Leid (seinen Schmerz, Kummer) gefasst – sich ein Leid antun – *geteiltes Leid ist halbes Leid;* die **Leideform** (Passiv); das **Leiden** (Leid, Krankheit); **leidend;** die **Leidenschaft** (Begehren, Verlangen); **leidenschaftlich; leidenschaftslos** (gleichgültig, beherrscht); der **Leidensgefährte;** die **Leidensgefährtin;** der **Leidensgenosse;** die **Leidensgenossin;** der **Leidensweg;** die **Leidkarte** (Trauerkarte); das **Leidmahl**

lei·der: leider Gottes – ich habe leider (bedauerlicherweise) kein Geld; **leiderfüllt; leidgeprüft** (vom Schicksal heimgesucht); **leidig:** eine leidige (lästige, unangenehme) Sache; **leidlich:** er spricht die deutsche Sprache leidlich (einigermassen gut, ausreichend); der/die **Leidtragende** (Trauernde(r), Hinterbliebene(r), das Opfer); **leidvoll:** leidvolle Erfahrungen machen; das **Leidwesen:** zu meinem Leidwesen (Bedauern)

Lei·er *griech.,* die: -, -n (altes Saiteninstrument, Drehorgel); immer diese alte Leier (immer dasselbe)!; der **Leierkasten** (Drehorgel); der **Leierkastenmann; leiern:** ein Gedicht leiern (ohne Betonung aufsagen)

lei·hen: du leihst, er lieh, sie hat geliehen, leih(e)!; er leiht (borgt) ihm 50 Franken – sich Geld leihen; das **Leihamt;** der **Leiharbeiter;** die **Leihbibliothek;** die **Leihbücherei;** die **Leihgabe;** die **Leihgebühr;** das **Leihhaus;** die **Leihmutter;** der **Leihwagen; leihweise** (auf Kredit, auf Pump)

Leim, der: -(e)s, -e (Klebstoff); *jemandem auf den Leim gehen* (auf seine List hereinfallen) – *aus dem Leim gehen* (entzweigehen); **leimen:** einen Stuhl leimen (kleben, reparieren) – jemanden leimen (hereinlegen); die **Leimfarbe;** die **Leimrute;** der **Leimsieder** (langweiliger Mensch); der **Leimtopf**

Lei·ne, die: -, -n (kräftige Schnur); die Wäsche hängt auf der Leine – den Hund an der Leine führen – *Leine ziehen* (sich vorsichtig, heimlich entfernen) – *jemanden an die Leine legen* (über ihn bestimmen)

Lei·nen, das: -s, - (Gewebeart); auch: das **Linnen; leinen** (aus Leinen); der **Leineneinband;** das **Leinenkleid;** der **Lein(e)weber;** die **Lein(e)weberin;** das **Leinöl;** der **Leinsamen** (Samen aus Flachskapseln); das **Leinsamenbrot;** das **Leintuch** (Betttuch); die **Leinwand**

lei·se: leise (nicht laut) reden – ein leiser (schwacher) Wind – nicht die leiseste (überhaupt keine) Ahnung haben – in der nächsten Zeit müssen wir leiser treten (sparen) – eine leise (schwache) Hoffnung – auf leisen Sohlen (heimlich); aber: nicht im Leisesten (gar nicht) daran denken; auch: **leis;** der **Leisetreter** (hinterhältiger Mensch, Schmeichler)

Leis·te, die: -, -n (schmale Holzlatte, Randeinfassung); der **Leistenbruch** (Bruch der Eingeweide); die **Leistengegend;** die **Leistenzerrung**

leis·ten: gute Arbeit leisten (vollbringen) – einen Eid leisten (schwören) – sich nicht viel leisten (erlauben) können – eine Anzahlung leisten (einen Betrag anzahlen) – jemandem Gesellschaft leisten – er leistet ihm keinen Gehorsam (gehorcht ihm nicht) – jemandem einen guten Dienst leisten (ihm helfen) – leiste dir ja keine Fehler mehr!; die **Leistung;** der **Leistungsabfall;** die **Leistungsbilanz;** der **Leistungsdruck; leistungsfähig;** die **Leistungsfähigkeit; leistungsgerecht;** die **Leistungsgesellschaft;** die **Leistungskontrolle; leistungsschwach;** der **Leistungssport; leistungsstark;** die **Leistungssteigerung;** der **Leistungstest;** das **Leistungsvermögen;** die **Leistungszulage**

Leis·ten, der: -, - (Schuhspanner); *alles über einen Leisten schlagen* (keinen Unterschied machen, alles gleich behandeln)

lei·ten: Wasser in den Kanal leiten (lenken) – einen Betrieb leiten (führen) – eine Diskussion leiten – ein leitender Angestellter – sich von Grundsätzen leiten lassen; der **Leitartikel** (wichtiger Zeitungskommentar); **leitbar;** das **Leitbild** (Vorbild); der **Leiter;** die **Leiterin;** der **Leitfaden** (kurze Anleitung); **leitfähig;** die **Leitfigur;** der **Leitgedanke;** der **Leithammel** (Anführer); die **Leitlinie;** das **Leitmotiv** (Leitgedanke); der **Leitpfosten;** die **Leitplanke;** der **Leitsatz** (Grundsatz, Richtschnur); der **Leitspruch;** der **Leitstern;** das **Leittier;** die **Leitung:** die Leitung (Führung) übernehmen – aus der Leitung (dem Leitungsrohr) fliesst kein Wasser – eine elektrische Leitung verlegen – *eine lange Leitung haben* (schwer begreifen) – *auf der Leitung stehen* (begriffsstutzig sein); der **Leitungsdraht;** der **Leitungsmast;** das **Leitungsnetz;** das **Leitungsrohr;** das **Leitungswasser**

Lei·ter, die: -, -n (Steiggerät mit Sprossen); die **Leitersprosse;** der **Leiterwagen**

Lek·ti·on *lat.,* die: -, -en (Unterrichtsstunde, Abschnitt, Aufgabe); *seine Lektion gelernt haben* (aus Erfahrung klug geworden sein) – *jemandem eine Lektion* (Lehre) *erteilen*

Lek·tü·re *franz.,* die: -, -n; in die Lektüre (das Lesen) eines Buches vertieft sein – sich eine Lektüre (einen Lesestoff) besorgen

Len·de, die: -, -n (Hüftgegend); die **Lendengegend; lendenlahm;** der **Lendenschurz** (Kleidungsstück); das **Lendenstück;** der **Lendenwirbel**

len·ken: ein Auto lenken (steuern) – seine Schritte nach Hause lenken – die Aufmerksamkeit auf sich lenken – die Geschicke eines Staates lenken (den Staat leiten); die **Lenkachse; lenkbar;** die **Lenkbarkeit;** der **Lenker;** die **Lenkerin;** das **Lenkrad;** die **Lenkstange;** die **Lenkung**

len·to *ital.:* langsam (musikalische Tempobezeichnung)

Lenz, der: -es, -e (Frühling); *einen sonnigen Lenz* (ein angenehmes Leben) *haben;* der **Lenzmonat**

Le·o·pard *lat.,* der: -en, -en (grosse Raubkatze, Panther); das **Leopardenfell**

Le·pra (Lep·ra) *griech.,* die: - (Aussatz); **leprakrank**

Ler·che, die: -, -n (Singvogel) # Lärche

ler·nen: lesen lernen – Klavier spielen lernen – ein gelernter Maler – *was Hänschen nicht lernt, lernt Hans nimmermehr;* **lernbar;** die **Lernbegierde; lernbegierig; lernbehindert;** der/die **Lernbehinderte;** der **Lerneifer; lerneifrig;** der/die **Lernende; lernfähig;** der **Lernfahrausweis;** das **Lernmittel;** der **Lernprozess;** der **Lernstoff;** das **Lernziel**

les·bisch: eine lesbische (das gleiche Geschlecht liebende) Frau; die **Lesbierin**

le·sen: du liest, er las, sie hat gelesen, lies!; die Zeitung lesen – zwischen den Zeilen lesen – Trauben lesen (ernten) – *jemandem die Leviten lesen* (eine Strafpredigt halten); **lesbar;** die **Lese** (Weinlese); die **Lesebrille;** das **Lesebuch;** die **Leselampe; lesenswert;** das **Lesepult;** der **Leser;** die **Leseratte** (Büchernarr); der **Leserbrief;** die **Lese-Rechtschreib-Schwäche** ⟨LRS⟩; die **Leserin; leserlich;** die **Leserlichkeit;** die **Leserschaft;** der **Lesestoff;** die **Lesung:** eine Lesung aus dem Alten Testament

Le·thar·gie *griech.,* die: - (geistige Trägheit, Abgestumpftheit); **lethargisch** (teilnahmslos, träge)

Let·ter *lat.,* die: -, -n (gedruckter Buchstabe, Drucktype)

letzt...: der letzte Mann – das letzte Stündlein – letzten Endes – zum letzten Male – letzter Hand – der letzte Wille; aber: der, die, das Letzte – bis ins Letzte (ganz genau, sehr) – der, die, das Letztere – Letzterer – das Letzte Gericht – der Letzte des Monats – bis zum Letzten (Äussersten) gehen – es geht ums Letzte – sie ist die Letzte (der Leistung nach) in der Klasse – das Erste und das Letzte (Anfang und Ende) – sein Letztes geben – die Letzte Ölung – *die Letzten werden die Ersten sein;* der **Letzt:** auf die Letzt (schliesslich) – zu guter Letzt (am Schluss); **letztendlich** (schliesslich); **letztens** (kürzlich); **letztgenannt;** der/die **Letztgenannte; letzthin; letztlich; letztmalig; letztmals; letztmöglich**

leuch·ten: die Sterne leuchten (glänzen, strahlen) in der Nacht – seine Augen leuchten; die **Leuchte** (Beleuchtungskörper): *keine grosse Leuchte* (nicht besonders gescheit) *sein;* **leuchtend:** leuchtende Augen – ein leuchtendes (hohes) Vorbild – leuchtend rote Farben; der **Leuchter** (Kerzenstän-

G
H
I
J
K
L
M

der); die **Leuchtfarbe;** das **Leuchtfeuer;** der **Leuchtkäfer;** die **Leuchtkraft;** die **Leuchtkugel;** die **Leuchtreklame;** das **Leuchtsignal;** der **Leuchtturm;** die **Leuchtziffer**
leug·nen: die Tat leugnen (abstreiten) – Gott leugnen (seine Existenz nicht anerkennen); aber: es hilft kein Leugnen; die **Leugnung**
Leu·kä·mie (Leuk·ä·mie) griech., die: -, Leukämien (schwere Blutkrankheit); der **Leukozyt** (weisses Blutkörperchen)
Leu·mund, der: -(e)s; er hat einen guten Leumund (Ruf); das **Leumundszeugnis**
Leu·te Mz., die: -; viele Leute (Menschen) kennen – Land und Leute kennen lernen – meine Leute (meine Familie) – die feinen Leute (bessere Gesellschaft) – etwas unter die Leute bringen (etwas verbreiten); **leutescheu;** der **Leuteschinder** (jemand, der mit Untergebenen roh umgeht); **leutselig:** sich leutselig (freundlich, wohl wollend) geben; die **Leutseligkeit**
Leut·nant franz., der: -s, -e/-s (Offiziersrang)
Le·vel engl. [lewel], der: -s, -s (Rang, Qualitätsstufe)
Le·xi·kon griech., das: -s, Lexika/Lexiken; ein Lexikon (Nachschlagewerk) benutzen – ein wandelndes Lexikon sein (ein sehr grosses Wissen haben); **lexikalisch**
lfd. = laufend
Li·ai·son franz. [liäsõ], die: -, -s (Liebesverhältnis)
Li·a·ne franz., die: -, -n (Kletterpflanze)
Li·bel·le lat., die: -, -n (Insekt, das am Wasser lebt)
li·be·ral lat.: liberal (freiheitlich gesinnt, aufgeschlossen) sein – eine liberale Partei; der/die **Liberale; liberalisieren** (von Einschränkungen frei machen); der **Liberalismus** (Denkrichtung, die für jeden Menschen eine grösstmögliche Freiheit fordert); **liberalistisch;** die **Liberalität** (freiheitliche Gesinnung); der **Libero** (freier Verteidiger beim Fussballspiel, der sich auch in den Angriff einschalten kann)
lic./Lic. = Licentiatus; – lic. iur. – lic. oec. publ. – lic. phil.; → Lizentiat; → Lizenziat
Licht, das: -(e)s, -er; das Licht (die Helligkeit) der Sonne – das Licht (die Beleuchtung) anmachen – das Licht der Welt erblicken (geboren werden) – jemanden hinters Licht führen (täuschen, betrügen) – grünes Licht

geben (die Genehmigung erteilen, etwas in Angriff zu nehmen) – kein grosses Licht (nicht sehr klug) sein – Licht in etwas bringen (etwas aufklären) – jemandem ein Licht aufstecken (ihn aufklären) – wo viel Licht ist, ist auch viel Schatten; **licht:** lichte (helle) Farben – er hat schon lichte (spärliche) Haare – der lichte (leuchtende, helle) Morgen – die lichte Weite (gemessen von Innenseite zu Innenseite); **lichtarm; lichtbeständig;** das **Lichtbild** (Fotografie); der **Lichtblick** (erfreulicher Ausblick, freudiger Moment); **lichtdurchlässig; lichtecht; lichtempfindlich; lichten:** den Anker lichten (hochziehen) – der Wald lichtet sich (wird heller); der **Lichterbaum** (Weihnachtsbaum); **lichterfüllt:** ein lichterfüllter Raum; der **Lichterglanz; lichterloh:** das Haus brennt lichterloh (völlig, ganz und gar); das **Lichtermeer;** die **Lichtgeschwindigkeit;** die **Lichthupe;** die **Lichtleitung;** die **Lichtmaschine;** der **Lichtmast; Lichtmess** (katholischer Feiertag); die **Lichtpause** (Fotokopie); die **Lichtquelle;** die **Lichtreklame;** der **Lichtschacht; lichtscheu:** ein lichtscheues (berüchtigtes, verrufenes) Gesindel; der **Lichtschimmer;** die **Lichtschranke;** das **Lichtspiel;** der **Lichtstrahl;** die **Lichtung** (eine gerodete Stelle im Wald); das **Lichtzeichen**
Lid, das: -(e)s, -er (Augendeckel); der **Lidschatten;** der **Lidstrich** # Lied
lie·ben: seinen Nächsten lieben – eine liebende Mutter – er liebt (mag) gutes Essen; lieben lernen; **lieb:** ein liebes (folgsames, nettes) Kind – liebe (willkommene) Gäste – sei lieb (freundlich) zu ihm! – ein lieber (teurer, geschätzter) Kamerad – am liebsten – der liebe Gott – jemanden lieb haben – ich werde ihn immer lieb behalten – etwas lieb gewinnen – sich bei jemandem lieb Kind machen (einschmeicheln); aber: mein Lieber – er ist mir der Liebste – mein Liebes – meine Liebe; **liebäugeln:** mit einem neuen Auto liebäugeln (es gerne wollen); das **Liebchen;** die **Liebe:** die Liebe (innige Zuneigung) der Eltern – mit Liebe (grosser Sorgfalt) kochen; aber: dir zuliebe – jemandem etwas zuliebe tun – Liebe macht blind – Liebe geht durch den Magen – alte Liebe rostet nicht; **liebebedürftig; liebedie-**

nerisch (unterwürfig); die **Liebelei;** der/die **Liebende; liebenswert** (reizend); **liebenswürdig** (entgegenkommend, lieb, reizend); **liebenswürdigerweise;** die **Liebenswürdigkeit;** der **Liebesbrief;** der **Liebesdienst** (Gefälligkeit); der **Liebeskummer; Liebesmüh(e):** das ist verlorene Liebesmüh (vergeblich); das **Liebespaar;** der **Liebesroman; liebestrunken;** das **Liebesverhältnis; liebevoll;** der **Liebhaber;** die **Liebhaberei** (Hobby); **liebkosen** (zärtlich streicheln, umarmen); die **Liebkosung; lieblich** (hübsch, reizvoll); die **Lieblichkeit** (Anmut); der **Liebling;** die **Lieblingsspeise** (Leibgericht); **lieblos;** die **Lieblosigkeit;** der **Liebreiz; liebreizend;** die **Liebschaft** (Liebesverhältnis); die/der **Liebste**

Liech·ten·stein: (Fürstentum); der **Liechtensteiner;** die **Liechtensteinerin; liechtensteinisch**

Lied, das: -(e)s, -er; laut ein Lied singen – *von etwas ein Lied singen können* (aus eigener, unangenehmer Erfahrung berichten können); das **Liederbuch;** der **Liedermacher** (jemand, der Lieder dichtet, komponiert und selbst vorträgt); der **Lied(er)sänger;** das **Liedgut** # Lid

lie·der·lich: ein liederliches (faules, unordentliches) Kind – ein liederliches (anstössiges) Leben führen; die **Liederlichkeit**

lie·fern: eine Ware liefern (bringen) – den Beweis für etwas liefern (erbringen) – sich eine Schlacht liefern (miteinander kämpfen) – *jemanden ans Messer liefern* (durch Verrat ausliefern) – *geliefert* (verloren) *sein;* der **Lieferant** (Zulieferer); die **Lieferantin; lieferbar** (vorrätig); die **Lieferbedingungen** *Mz.;* die **Lieferfirma;** die **Lieferfrist;** der **Lieferschein;** der **Liefertermin;** die **Lieferung;** der **Liefervertrag;** der **Lieferwagen;** die **Lieferzeit**

lie·gen: du liegst, er lag, sie hat gelegen, lieg(e)!; im Bett liegen bleiben – München liegt an der Isar – den Fluss links liegen lassen (daran vorbeifahren) – das liegt mir am Herzen – die Arbeit liegt ihr nicht (ist ihr nicht angenehm) – an mir liegt es nicht – er liegt noch gut im Rennen – du sollst das Buch liegen lassen! – sie hat das Geld liegen lassen (vergessen) – jemanden links liegen lassen (nicht beachten); die

Liege (Couch, Sofa); die **Liegenschaften** *Mz.* (Grundbesitz); der **Liegeplatz;** der **Liegesitz;** die **Liegestatt;** der **Liegestuhl;** der **Liegestütz** (Turnübung); die **Liegewiese**

Lies·tal: (Hauptort des Halbkantons Basel-Land)

Lift *engl.,* der: -(e)s, -e/-s (Fahrstuhl, Aufzug); der **Liftboy** [*. . . boi*] (Fahrstuhlführer); **liften:** sich die Haut liften (straffen) lassen

Li·ga *span.,* die: -, Ligen; eine Liga (Vereinigung) gründen – die Liga für Menschenrechte – in der zweiten Liga (Spielklasse) Fussball spielen

li·ie·ren, sich *lat.:* (sich verbinden, zusammentun); die **Liierung**

Li·kör *franz.,* der: -s, -e (süsses alkoholisches Getränk); das **Likörglas**

li·la *arab.:* ein lila (fliederfarbenes) Kleid; das **Lila; lilafarben;** auch: **lilafarbig**

Li·lie *lat.,* die: -, -n (Zwiebelpflanze); **lilienweiss**

Li·li·pu·ta·ner *engl.,* der: -s, - (sehr kleiner Mensch, Zwerg)

Li·me·rick *engl.,* der: -(s), -s (Scherzgedicht)

Li·mes *lat.,* der: - (römischer Grenzwall vom Rhein zur Donau)

Li·mit *engl.,* das: -s, -s/-e; auch: die **Limite** (Grenze, Preisgrenze); **limitieren** (beschränken, begrenzen)

Li·mo·na·de *franz.,* die: -, -n (alkoholfreies Erfrischungsgetränk); die **Limo**

Li·mou·si·ne *franz. [limusine],* die: -, -n (geschlossener Personenkraftwagen)

Lin·de, die: -, -n (Laubbaum); die **Lindenallee;** der **Lindenbaum;** der **Lindenblütentee; lindgrün**

lin·dern: die Schmerzen lindern (mildern, erträglicher machen); **lind:** linde (milde, sanfte) Winde; die **Linderung**

Lin·ge·rie *franz. [lãscheri],* die: -, Lingerien (betriebsinterne Wäscherei)

Lin·gu·is·tik *lat.,* die: - (Sprachwissenschaft)

Li·nie *lat.,* die: -, -n; eine Linie (einen Strich) ziehen – eine gerade Linie (Gerade) – sich in einer Linie (Reihe) aufstellen – auf seine schlanke Linie (Körperform) achten – sich auf eine Linie (Richtung) einigen – hinter den Linien (hinter der Front) – eine ausgestorbene Linie (Abstammungsreihe) – die Linie (Strecke) Hamburg-Bremen – in erster

Linie (zuerst) – auf der ganzen Linie (völlig, in jeder Beziehung); das **Lineal; linear** (linienförmig, zeichnerisch); die **Lineatur** (Liniensystem, z. B. im Schulheft); das **Linienblatt;** der **Linienbus;** der **Linienflug;** die **Linienführung;** das **Linienpapier;** der **Linienrichter;** das **Linienschiff; linientreu** (ergeben, zuverlässig); **linieren** (Linien ziehen); auch: **liniieren;** die **Linierung;** auch: die **Liniierung**

links: von links kommen – auf der linken Seite – von links nach rechts – links der Strasse – links um! – links abbiegen – mit links (nebenbei) – links aussen spielen – *etwas links liegen lassen* (nicht beachten); **link:** ein linker (hinterhältiger) Mensch) – linke (anrüchige) Geschäfte machen; **linke:** der linke Schuh – auf der linken Seite; die **Linke:** zur Linken (zur linken Hand) – in meiner Linken – *die Linke kommt von Herzen;* **linkerseits; linkisch:** sich linkisch (ungeschickt) benehmen; der **Linksabbieger;** der **Linksaussen:** er spielt Linksaussen; der **Linksdrall; linksextrem;** der **Linkshänder;** die **Linkshänderin; linkshändig;** die **Linkshändigkeit; linksherum;** die **Linkskurve; linkslastig;** die **Linkspartei; linksrheinisch:** das linksrheinische Ufer; der **Linksruck; linksseitig;** der **Linksverkehr**

Lin·nen, das: -s (Leinen); **linnen** (aus Leinen)

Li·no·le·um (Lin·o·le·um) *lat.,* das: -s (Bodenbelag); der **Linolschnitt** (ein mit einem Messer aus einer Linoleumplatte herausgeschnittenes Bild)

Lin·se, die: -, -n; Linsen (Hülsenfrüchte) kochen – durch eine Linse (einen Glaskörper in optischen Geräten) schauen; **linsen:** durch das Schlüsselloch linsen (blicken) – um die Ecke linsen; **linsenförmig;** das **Linsengericht**

Lip·pe, die: -, -n; sich in die Lippe beissen – *eine Lippe riskieren* (vorlaut sein) – *an jemandes Lippen hängen* (sehr aufmerksam zuhören) – *etwas nicht über die Lippen bringen* (es sich nicht zu sagen trauen); das **Lippenbekenntnis** (ein ohne echte Überzeugung abgelegtes Bekenntnis); der **Lippenblütler** (Pflanzenfamilie); der **Lippenstift**

li·qui·die·ren *lat.:* er liquidiert (tötet) den Gefangenen – sein Geschäft liquidieren (auflösen); **liquid(e)** (flüssig, verfügbar): ein li-

quides (zahlungsfähiges) Unternehmen; die **Liquidation** (Abrechnung von Kosten, Auflösung)

lis·peln: (mit der Zunge beim Sprechen anstossen); das **Lispeln**

List, die: -, -en (Geschick, Tücke, Täuschung); mit List und Tücke; **listenreich; listig** (durchtrieben, schlau); **listigerweise;** die **Listigkeit**

Lis·te, die: -, -n; eine Liste (Aufstellung, ein Verzeichnis) schreiben; der **Listenplatz;** die **Listenwahl**

Li·ta·nei *griech.,* die: -, -en (religiöses Bittgebet, eintöniges Gerede)

Li·ter ⟨l⟩ *griech.,* der/das: -s, - (Mass für Flüssigkeiten); zwei Liter Milch – ein halber (halbes) Liter; die **Literflasche; literweise**

Li·te·ra·tur *lat.,* die: -, -en (Schrifttum, Dichtung); **literarisch:** literarisch (schriftstellerisch) tätig sein; der **Literat** (Schriftsteller); die **Literaturgeschichte**

Lit·fass·säu·le, die: -, -n (runde Anschlagsäule)

Li·tho·gra·phie *griech.,* die: -, Lithographien (Steindruck); auch: die **Lithografie**

Li·tur·gie *griech.,* die: -, Liturgien (Gottesdienstordnung); evangelische Kirche: Wechselgesang zwischen Geistlichem und Gemeinde); **liturgisch**

Lit·ze *lat.,* die: -, -n (flache Schnur zum Verzieren von Stoffen, Borte, Zierband)

live *engl. [laif]:* live (unmittelbar) ein Fussballspiel übertragen; die **Livesendung** (Originalübertragung); die **Liveshow**

Liv·ree (Li·vree) *franz. [liwre],* die: -, Livreen (uniformartige Kleidung eines Dieners)

Li·zen·ti·at *lat.,* das: -(e)s, -e (akademischer Grad); → Lizenziat: der **Lizentiat;** die **Lizentiatin**

Li·zenz *lat.,* die: -, -en (amtliche Genehmigung, Zulassung), die **Lizenzgebühr;** das **Lizenziat;** der **Lizenziat;** die **Lizenziatin; lizenzieren** (eine Genehmigung erteilen); der **Lizenzspieler** (ein von einem Verein angestellter Spieler); der **Lizenzvertrag**

Lkw (LKW) = Lastkraftwagen

Lob·by *engl. [lobi],* die: -, -s (Halle im Parlament, Interessengruppe); der **Lobbyist** (jemand, der Abgeordnete für seine Interessen gewinnen will)

lo·ben: er lobt den fleissigen Schüler; das **Lob:** *des Lobes voll sein* (sich sehr lobend äussern); **lobenswert;** die **Lobeshymne;** der **Lobgesang; lobhudeln** (schmeicheln); die **Lobhudelei; löblich** (anerkennenswert); das **Loblied** (Lobrede): *ein Loblied auf jemanden anstimmen* (ihn übermässig in Gegenwart anderer loben); **lobpreisen** (verherrlichen, ehren); die **Lobpreisung;** die **Lobrede**

Loch, das: -(e)s, Löcher; ein tiefes Loch graben – ein Loch (eine schadhafte Stelle) in der Hose haben – in einem Loch (einer kleinen, dunklen Wohnung) leben – im Loch (Gefängnis) sitzen – *aus dem letzten Loch pfeifen* (am Ende sein) – *jemandem ein Loch in den Bauch fragen* (ihm pausenlos Fragen stellen); **lochen:** einen Papierbogen lochen; der **Locher; löch(e)rig** (undicht); **löchern:** der Reporter löcherte ihn mit Fragen; die **Lochkarte;** der **Lochstreifen;** die **Lochung;** die **Lochzange**

Locke, die: -, -n; Locken im Haar haben; das **Löckchen;** der **Lockenkopf;** die **Lockenpracht;** der **Lockenwickler; lockig**

locken: den Hund locken (heranrufen, ködern) – diese Aufgabe lockt (reizt) ihn; das **Lockmittel;** der **Lockruf;** die **Lockung;** der **Lockvogel** (Köder, Anreiz)

locker: ein lockeres (loses) Brett – ein lockerer Boden – lockere (zwanglose) Sitten – sich locker (ungezwungen) geben – *die Zügel locker lassen* (nicht fest halten); **lockerlassen:** nicht lockerlassen (nicht nachgeben); die **Lockerheit; lockermachen:** Geld lockermachen; aber: den Gürtel locker machen; **lockern:** Schrauben lockern – sich nach einer Anstrengung lockern (entspannen); die **Lockerung;** die **Lockerungsübung**

Loden, der: -s, - (filziger Wollstoff); der **Lodenmantel;** der **Lodenstoff**

lodern: ein loderndes (heftig brennendes) Feuer – lodernde Flammen

Löffel, der: -s, -; die Suppe mit dem Löffel essen – die Löffel (Ohren) des Hasen – *die Löffel spitzen* (aufmerksam zuhören) – *ein paar hinter die Löffel bekommen/kriegen* (geohrfeigt werden) – *sich etwas hinter die Löffel schreiben* (gut merken); **löffeln:** seine Suppe löffeln; **löffelweise**

Lo·ga·ri̱th·mus (Log·a·ri̱th·mus) ⟨log⟩ *griech.,* der: -, Logarithmen (mathematische Grösse); die **Logarithmentafel; logarithmisch**

Lo·ge *franz. [losche],* die: -, -n (kleiner, abgeteilter Raum im Zuschauerraum; Pförtnerraum; Geheimbund); **logieren** [loschi̱ren]: in einem Hotel logieren (für eine bestimmte Zeit wohnen); der **Logiergast;** der **Logierplatz;** das **Logis** [loschi̱] (einfache Unterkunft)

Log·gia *ital. [lo̱dscha],* die: -, Loggien (offener, überdeckter Raum)

Lo·gik *griech.,* die: - (exakte Denkart); **logisch:** ein logischer (folgerichtiger) Schluss – das ist doch logisch (selbstverständlich); **logischerweise** (folglich); die **Logistik** (mathematische Denkart, militärisches Nachschubwesen)

Lo·go·pä·die *griech.,* die: - (Sprachheilkunde); der **Logopäde;** die **Logopädin; logopädisch**

lohen: (hell brennen, lodern); die **Lohe** (Flamme, Glut)

Lohn, der: -(e)s, Löhne; keinen Lohn (keine Anerkennung) ernten – einen hohen Lohn (ein grosses Gehalt) bekommen – um Gottes Lohn (umsonst) arbeiten – *Undank ist der Welt Lohn;* der **Lohnabzug;** die **Lohnarbeit;** der **Lohnausfall;** der **Lohnbuchhalter;** der **Lohnempfänger;** sich **lohnen:** die Mühe hat sich gelohnt (bezahlt gemacht) – er hat mir meine Mühe übel gelohnt (vergolten); **löhnen** (auszahlen); **lohnend:** eine lohnende Aufgabe; **lohnenswert;** die **Lohnerhöhung;** die **Lohnforderung;** der **Lohnkampf;** die **Lohnkosten** *Mz.;* die **Lohnkürzung;** die **Lohnpfändung;** die **Lohnsteuer;** der **Lohnstopp;** der **Lohntag;** die **Lohntüte;** die **Löhnung;** der **Lohnzettel**

Loi·pe *norw.,* die: -, -n (Spur für den Skilanglauf)

Lo·kal *franz.,* das: -(e)s, -e (Gastwirtschaft); **lokal:** lokale (örtliche) Nachrichten; die **Lokalbahn;** das **Lokalblatt;** die **Lokalisation** (Ortsbestimmung); **lokalisieren** (abgrenzen, beschränken): ich kann die Stelle nicht lokalisieren (bestimmen); die **Lokalisierung;** die **Lokalität** (Raum, Örtlichkeit); die **Lokalnachrichten;** die **Lokalpresse;** der **Lokaltermin** (Gerichtstermin am Tatort); die **Lokalzeitung**

Lo·ko·mo·ti·ve *engl.,* die: -, -n; kurz: die **Lok;** der **Lok(omotiv)führer**

Lo·kus *lat.,* der: -/-ses, -/-se (Toilette)

G
H
I
J
K
L
M

Long·drink *engl.*, der: -(s), -s (alkoholisches Mixgetränk)

Lon·ge *franz. [lōsche]*, die: -, -n (Laufleine für Pferde, Sicherheitsleine); **longieren** (ein Pferd an der Leine laufen lassen)

Look *engl. [luk]*, der: -s, -s (Äusseres, Aussehen nach der Mode); ein sportlicher Look

Loo·ping *engl. [luping]*, der/das: -s, -s (Kunstflugfigur)

Lor·beer *lat.*, der: -s, -en (Gewürzstrauch); *sich auf seinen Lorbeeren ausruhen* (sich nach seinen Erfolgen nicht mehr anstrengen) – *Lorbeeren ernten* (Erfolg haben); der **Lorbeerbaum**; das **Lorbeerblatt**; der **Lorbeerkranz** (Auszeichnung)

Lord *engl.*, der: -s, -s (engl. Adelstitel)

Lo·re *engl.*, die: -, -n (offener Güterwagen)

los: der Hund ist los (frei) – bei uns ist nichts los (es passiert nichts) – er ist sein Vermögen los – eine Sorge los sein – jetzt geht's los! – los!; **...los:** ausweglos – baumlos – kinderlos; **losballern** (plötzlich zu schiessen anfangen); **losbekommen; losbinden; losbrausen; losbrechen:** ein Unwetter wird bald losbrechen; **lose:** ein loses (lockeres) Brett – ein Knopf ist lose – ein loser (leichtfertiger) Bursche – ein loses (freizügiges, liederliches) Leben führen – *eine lose Zunge haben* (leichtfertig reden); die **Loseblattsammlung; losfahren; losgehen; loshaben:** in seinem Beruf viel loshaben (können); **loskaufen; loskommen; loslassen; loslaufen; loslegen** (sich ins Zeug legen); **loslösen;** die **Loslösung; losmachen; losmarschieren;** sich **lossagen; losschicken; losschlagen, lossprechen; lossteuern:** auf eine Bekannte lossteuern; **loswerden; losziehen**

Los, das: -es, -e; sich ein Los (einen Lotterieschein) kaufen – mit seinem Los (Schicksal) nicht zufrieden sein – das grosse Los (Hauptgewinn) – *das grosse Los ziehen* (sehr viel Glück haben); **losen** (ein Los ziehen); der **Losentscheid;** der **Losnummer;** die **Lostrommel;** der **Losverkäufer**

lö·schen: das Feuer löschen (ausmachen) – seinen Durst löschen (stillen) – ein Konto löschen (auflösen) – er löscht (tilgt) seine Schuld; die **Löscharbeit;** das **Löschblatt** (Saugpapier); der **Löscheimer;** der **Löscher;** das **Löschfahrzeug;** das **Löschgerät;** das

Löschpapier; die **Löschtaste;** der **Löschteich;** die **Löschung;** das **Löschwasser;** der **Löschzug**

lö·schen: ein Schiff löschen (ausladen)

lö·sen: die Tapeten von der Wand lösen – sie löst einen Knoten – eine Fahrkarte lösen (kaufen) – er kann die Aufgaben nicht lösen (bewältigen) – einen Vertrag lösen (aufheben) – er löst (lockert) eine Schraube – jemandem die Zunge lösen (ihn zum Sprechen bringen); **lösbar;** die **Lösbarkeit;** das **Lösegeld; löslich;** die **Lösung;** das **Lösungsmittel;** der **Lösungsversuch;** der **Lösungsweg;** das **Lösungswort**

Löss, der: -es, -e (Bodenart); auch: der **Löss;** der **Lössboden;** die **Lössschicht**

Lo·sung, die: -, -en (Kennwort, Wahlspruch); das **Losungswort**

Lot, das: -(e)s, -e; das Lot (Gerät zum Feststellen der Wassertiefe) einholen – ein Lot (eine senkrechte Gerade) fällen – eine Mauer mit dem Lot (Senkblei) ausrichten – *etwas ins rechte Lot* (in Ordnung) *bringen* – *ins Lot* (in Ordnung) *kommen;* **loten** (die senkrechte Lage bzw. die Wassertiefe bestimmen); **lotrecht** (senkrecht); die **Lotung**

lö·ten: (Metallteile verbinden); ein Rohr löten; der **Lötapparat,** der **Lötkolben;** die **Lötlampe;** die **Lötnaht;** die **Lötstelle;** die **Lötung;** das **Lötzinn**

Lo·ti·on *engl.*, die: -, -en (Hautpflegemittel); auch: die **Lotion** *[loschen]*

Lot·se *engl.*, der: -n, -n (ortskundiger Seemann); **lotsen:** ein Schiff in den Hafen lotsen (leiten, führen) – jemanden durch die Stadt lotsen; der **Lotsendienst**

Lot·te·rie *niederl.* die: -, Lotterien (Glücksspiel); das **Lotterielos;** das **Lotteriespiel;** das **Lotto** (Zahlenlotto); der **Lottogewinn;** die **Lottozahlen** *Mz.*

lot·te·rig: lotterig (nachlässig, schlampig, liederlich) sein; auch: **lottrig;** der **Lotterbube** (Taugenichts); **lotterhaft;** die **Lotterigkeit;** das **Lotterleben;** die **Lotterwirtschaft** (Unordnung)

Lounge *engl. [laundsch]*, die: -, -s (Hotelhalle)

Lö·we *griech.*, der: -n, -n (afrikanische Raubkatze, König der Tiere); der **Löwenanteil;** der **Löwenbändiger;** der **Löwenkäfig;** der **Löwenmut; löwenstark;** der **Löwenzahn** (Blume); die **Löwin**

G
H
I
J
K
L
M

lo·yal *franz. [loajal]*: (redlich, gesetzestreu); die **Loyalität**

LP = Langspielplatte

LPS = Liberal-demokratische Partei

LSD = ein Rauschgift

lt. = laut

LU = Kanton Luzern

Luchs, der: -es, -e (katzenartiges Raubtier); *wie ein Luchs* (ganz genau) *aufpassen*; **luchsen** (aufmerksam schauen)

Lü·cke, die: -, -n; eine Lücke (ein Zwischenraum, Abstand) im Gebiss – in Mathematik hat sie grosse Lücken (Mängel); der **Lückenbüsser** (Ersatzmann, Aushilfe); **lückenhaft** (unvollständig); die **Lückenhaftigkeit;** **lückenlos** (ganz); die **Lückenlosigkeit**

Lu·der, das: -s, - (grobes Schimpfwort); ein raffiniertes Luder; **luderig** (schlampig); das **Luderleben; ludern;** die **Luderwirtschaft**

Luft, die: -, Lüfte (gasförmiger Stoff); die Lerche steigt in die Lüfte – Luft holen – in der frischen Luft sein – *jemanden an die Luft setzen* (ihn hinauswerfen) – *in der Luft hängen* (im Ungewissen sein) – *sich in Luft auflösen* (spurlos verschwinden) – *es herrscht/ist dicke Luft* (es droht etwas Unangenehmes) – *jemanden wie Luft behandeln* (ihn absichtlich übersehen); der **Luftalarm;** der **Luftangriff;** die **Luftaufnahme;** der **Luftballon;** das **Luftbild;** das **Lüftchen; luftdicht;** der **Luftdruck; luftdurchlässig; lüften:** das Zimmer lüften (die Luft erneuern) – seinen Hut lüften (hochheben); die **Luftfahrt** (Fliegerei); die **Luftfeuchtigkeit; luftgekühlt; luftgetrocknet;** das **Luftgewehr;** die **Lufthansa** (deutsche Luftverkehrsgesellschaft); die **Lufthülle; lufthungrig; luftig:** in luftiger (windiger) Höhe – ein luftiges (leichtes) Kleid; der **Luftikus** (Leichtfuss); das **Luftkissen;** der **Luftkurort; luftleer;** die **Luftlinie;** die **Luftmatratze;** der **Luftpirat** (Flugzeugentführer); die **Luftpost;** die **Luftpumpe;** die **Luftröhre;** das **Luftschloss** (Wunschvorstellung, Einbildung); der **Luftschutz;** der **Luftsprung;** die **Lüftung** (Luftzufuhr); die **Luftveränderung;** der **Luftverkehr** (Luftfahrt); die **Luftverschmutzung;** die **Luftwaffe;** der **Luftwiderstand;** der **Luftzug** (Luftstrom, Windstoss)

lu·gen: um die Ecke lugen (ausschauen, spähen); der **Luginsland** (Aussichtsturm)

lü·gen: du lügst, er log, sie hat gelogen, lüg(e)! (die Unwahrheit sagen); *lügen, dass sich die Balken biegen* (hemmungslos lügen); **Lug:** es ist alles Lug und Trug (Lüge und Täuschung); die **Lüge:** eine faustdicke Lüge – *jemanden Lügen strafen* (ihn der Unwahrheit überführen) – *Lügen haben kurze Beine;* der **Lügenbold** (gewohnheitsmässiger Lügner); das **Lügengespinst** (Lügengewebe); **lügenhaft;** die **Lügenhaftigkeit;** die **Lügenkampagne** *[...kampanje]* (Lügenfeldzug); das **Lügenmärchen** (Lügengeschichte); das **Lügenmaul** (Lügner); die **Lügerei;** der **Lügner;** die **Lügnerin; lügnerisch**

Lu·ke, die: -, -n (kleine Öffnung, Dachfenster)

lu·kra·tiv (luk·ra·tiv) *lat.:* ein lukratives (Gewinn bringendes, einträgliches) Geschäft

lu·kul·lisch: ein lukullisches (üppiges) Mahl

lul·len: (in den Schlaf singen)

Lüm·mel, der: -s, - (Flegel, frecher Mensch); die **Lümmelei; lümmelhaft;** sich **lümmeln:** sich im Stuhl lümmeln (sich betont nachlässig hinsetzen)

Lump, der: -en, -en (gewissenloser Mensch, Strolch); **lumpen:** die ganze Nacht lumpen (sich vergnügen) – *sich nicht lumpen lassen* (grosszügig zeigen); der **Lumpen** (Lappen, zerrissene Kleidung); das **Lumpengesindel;** das **Lumpenpack** (Gesindel); der **Lumpensammler;** die **Lumperei; lumpig** (gemein, kläglich): lumpige fünf Franken

Lunch *engl. [lantsch],* der: -/-(e)s, -(e)s/-e (Mittagsmahl); **lunchen**

Lun·ge, die: -, -n (Atmungsorgan von Menschen und Tieren); eine grüne Lunge (Grünanlage) – *sich die Lunge aus dem Hals schreien* (laut schreien); die **Lungenembolie;** die **Lungenentzündung; lungenkrank;** der/die **Lungenkranke**

lun·gern: auf den Strassen lungern (sich herumtreiben)

Lun·te, die: -, -n (Zündschnur); *Lunte riechen* (Gefahr wittern)

Lu·pe *franz.,* die: -, -n (Vergrösserungsglas); *jemanden unter die Lupe nehmen* (genau beobachten, überprüfen); **lupenrein** (sehr sauber, mustergültig)

lup·fen: (lüften, hochheben); auch: **lüpfen**

Lu·pi·ne *lat.,* die: -, -n (Futter- und Zierpflanze)

Lurch, der: -(e)s, -e (Amphibie; Tier, das sowohl im Wasser als auch auf dem Lande lebt)

Lust, die: -, Lüste; zu/auf etwas Lust (Verlangen) haben – etwas mit Lust (Freude, Vergnügen) betreiben – nach Lust und Laune (wie es beliebt); die **Lustbarkeit** (Feier, Vergnügen); **lustbetont; lüstern** (voll Gier, triebhaft); die **Lüsternheit** (Begierde); das **Lustgefühl; lustig:** eine lustige (vergnügte) Gesellschaft – eine lustige (humorvolle, unterhaltsame) Geschichte – *sich über jemanden lustig machen* (ihn verspotten); aber: Bruder Lustig; die **Lustigkeit;** der **Lüstling** (Wüstling); auch: der **Lustmolch; lustlos;** die **Lustlosigkeit** (Unlust); der **Lustmörder;** das **Lustschloss;** das **Lustspiel** (Komödie); **lustvoll; lustwandeln** (gemächlich spazieren gehen)

Lüs·ter *franz.,* der: -s, - (Kronleuchter)

Lu·the·ra·ner, der: -s, - (Anhänger Luthers, Protestant); **lutherisch:** die lutherische Kirche; das **Luthertum**

lut·schen: am Daumen lutschen (saugen) – Eis lutschen (schlecken, auf der Zunge zergehen lassen); der **Lutscher**

Luv, das: -s (dem Wind zugekehrte Seite eines Schiffes); die **Luvseite**

Lu·xem·burg: -s (Grossherzogtum in Westeuropa); der **Luxemburger;** die **Luxemburgerin; luxemburgisch**

Lu·xus *lat.,* der: - (grosser Aufwand, Verschwendung, Prunk); **luxuriös;** der **Luxusartikel;** der **Luxusdampfer;** das **Luxusgut;** das **Luxushotel;** die **Luxusjacht;** die **Luxuslimousine;** die **Luxussteuer;** der **Luxuswagen;** die **Luxuswohnung**

Lu·zern: (Hauptort des gleichnamigen Kantons); der **Luzerner;** die **Luzernerin; luzernisch**

Lu·zer·ne *franz.,* die: -, -n (Futterpflanze)

Lu·zi·fer *lat.,* der: -s (Teufel)

Lym·phe *griech.,* die: -, -n (hellgelbe Körperflüssigkeit); das **Lymphgefäss;** der **Lymphknoten;** das **Lymphsystem**

lyn·chen *engl.:* (ohne Richterurteil hinrichten); die **Lynchjustiz**

Ly·rik *griech.,* die: - (Dichtkunst, Poesie); der **Lyriker;** die **Lyrikerin; lyrisch** (dichterisch)

Ly·ze·um *griech.,* das: -s, Lyzeen (höhere Mädchenschule)

G
H
I
J
K
L
M

M

M = römisches Zeichen für die Zahl 1000
m = Meter
MA. = Mittelalter

Maar, das: -(e)s, -e (Kratersee)

Maat, der: -(e)s, -e/-en (Unteroffizier bei der Marine) # die Mahd

ma·chen: die Hausaufgaben machen (anfertigen) – was soll ich machen (tun)? – er macht sich gut in seiner neuen Stellung (er bewährt sich) – ein gemachter (wohlhabender) Mann sein – *sich nichts aus jemandem machen* (ihn nicht mögen) – *etwas aus sich machen* (etwas im Leben erreichen); die **Machart** (Ausführung, Beschaffenheit); **machbar;** die **Machbarkeit;** die **Mache** (Gehabe, Angabe, Vortäuschung); die **Machenschaften** *Mz.* (Quertreiberei, ungesetzliche Handlungen); der **Macher** (durchsetzungsfähiger Mensch, Manager); das **Machwerk** (minderwertiges Erzeugnis)

Ma·cho *span.* [*matscho*]*,* der: -s, -s (sich betont männlich gebender Mann)

Macht, die: -, Mächte; Macht (Herrschaft, Gewalt) ausüben – die Macht (Kraft) der Gewohnheit – mit aller Macht (Gewalt) – die bösen Mächte – die verbündeten Mächte (Staaten); die **Machtbefugnis;** die **Machtgier** (Machtstreben); der **Machthaber** (Herrscher); **machthungrig; mächtig:** ein mächtiger Baum – *seiner Sinne nicht mehr mächtig sein* (völlig ausser sich sein); die **Mächtigkeit;** der **Machtkampf; machtlos;** die **Machtlosigkeit;** der **Machtmissbrauch;** die **Machtpolitik;** die **Machtprobe** (Kraftprobe); die **Machtstellung** (Einfluss); das **Machtstreben; machtvoll;** die **Machtvollkommenheit;** der **Machtwechsel;** das **Machtwort:** *ein Machtwort sprechen* (eine Entscheidung treffen)

Ma·cke *hebr.,* die: -, -n (Tick, Fehler); *eine Macke haben* (leicht verrückt sein)

Mäd·chen, das: -s, -; ein Mädchen für alles; **mädchenhaft;** das **Mädel**

Ma·de, die: -, -n (Insektenlarve); *wie die Made im Speck* (im Überfluss) *leben;* **madig:** ein madiger Apfel – *etwas madig* (schlecht) *machen*

made in Swit·zer·land engl. [mᵉd in swizer-länd] (Stempel auf Waren: hergestellt in der Schweiz)

Ma·don·na ital., die: -, Madonnen (Mutter Jesu); das **Madonnenbild;** das **Madonnengesicht; madonnenhaft:** ein madonnenhaftes Gesicht

Ma·fia ital., die: -, -s (verbrecherische Geheimorganisation, Unterwelt); auch: die **Maffia;** der **Mafioso** (Mitglied der Mafia)

Ma·ga·zin ital., das: -s, -e; Waren im Magazin (Lager) stapeln – in einem Magazin (einer Zeitschrift) lesen – das Magazin (den Patronenbehälter) leer schiessen; der **Magaziner** (Magazinarbeiter); die **Magazinerin**

Magd, die: -, Mägde (Dienerin); das **Mägdelein**

Ma·gen, der: -s, -/Mägen (Körperorgan); mit leerem Magen arbeiten – im Magen liegen (bedrücken) – die Liebe geht durch den Magen; die **Magenbeschwerden** Mz.; das **Magengeschwür; magenleidend;** aber: am Magen leidend; der **Magensaft;** die **Magensäure**

ma·ger: mageres (nicht fettes) Fleisch – das Ergebnis ist mager (dürftig) – ein magerer (nährstoffarmer) Boden; die **Magerkeit;** die **Magermilch;** der **Magerquark;** die **Magersucht**

Ma·gie pers., die: - (Zauberkunst, geheimnisvolle Kraft); der **Magier** (Zauberer); **magisch:** magische (übernatürliche) Kräfte haben – eine magische (geheimnisvolle) Zahl

Ma·gis·ter lat., der: -s, - (akademischer Titel, Lehrer); der **Magistrat** (Stadtverwaltung)

Mag·ma griech., das: -s, Magmen (flüssiges Gestein im Erdinneren)

Mag·nat (Ma·gnat) lat., der: -en, -en (Grossindustrieller, Finanzgrösse)

Mag·net (Ma·gnet) griech., der: -(e)s/-en, -e(n) (Eisen- oder Stahlstück mit Anziehungskraft); der Clown ist der Magnet (Anziehungspunkt) des Zirkus; die **Magnetaufzeichnung** ⟨MAZ⟩; das **Magnetfeld; magnetisch; magnetisieren;** die **Magnetisierung;** der **Magnetismus** (Anziehungskraft)

Ma·ha·go·ni indian., das: -s (edles ausländisches Holz); die **Mahagonimöbel**

mä·hen: Gras mähen (abschneiden); die **Mahd** (abgemähtes Gras); der **Mähdrescher;** der **Mäher;** die **Mähmaschine**

Mahl, das: -(e)s, -e/Mähler (Essen, Gastmahl); die **Mahlzeit:** gesegnete Mahlzeit! # Mal

mah·len: du mahlst, er mahlte, sie hat gemahlen, mahle!; Getreide mahlen (zerkleinern) – wer zuerst kommt, mahlt zuerst; der **Mahlstein** # malen

Mäh·ne, die: -, -n (dichtes, langes Haar am Kopf, Hals und Nacken)

mah·nen: wegen einer Schuld mahnen – zur Eile mahnen; der **Mahnbescheid;** der **Mahner;** die **Mahnerin;** die **Mahngebühr;** das **Mahnmal;** das **Mahnschreiben;** die **Mahnung**

Mäh·re, die: -, -n (altes, abgemagertes Pferd)

Mai lat., der: -/-(e)s, -e (Monatsname); der Erste Mai (Feiertag); der **Maibaum; maienhaft;** die **Maiennacht;** auch: die **Mainacht;** das **Maiensäss** (nur zeitweise bewohnbares Berggut zwischen Dorf und Alpweide); die **Maifeier;** das **Maiglöckchen** (Frühlingsblume); der **Maikäfer;** das **Maikätzchen**

Maid, die: -, -en (junges Mädchen)

Mail·box engl. [mᵉlbox], die: -, -en (Briefkasten für das Austauschen von Nachrichten via Computer); das **Mailing**

Mais indian., der: -es (Getreideart); das **Maisbrot; maisgelb;** der **Maiskolben**

Mai·sche, die: -, -n (Gemisch zur Bier- und Weinherstellung)

Ma·jes·tät lat., die: -, -en (Hoheit, Anrede für Könige und Kaiser); **majestätisch:** ein majestätischer (hoheitsvoller, würdevoller) Gang; die **Majestätsbeleidigung**

Ma·jo·nä·se, die: -, -n (Sosse aus Eigelb und Öl); auch: die **Mayonnaise**

Ma·jor lat., der: -s, -e (Offiziersrang); **majorisieren** (überstimmen); die **Majorität** (Stimmenmehrheit); der **Majorz** (Mehrheitswahlsystem)

Ma·jo·ran, der: -s, -e (Gewürzpflanze); auch: der **Meiran**

ma·ka·ber franz.: eine makab(e)re (unheimliche) Geschichte

Ma·kel, der: -s, - (Schandfleck, Fehler); die **Mäkelei** (Nörgelei, Kritik); **makelhaft; makellos;** die **Makellosigkeit; mäkeln** (nörgeln, etwas auszusetzen haben)

Make-up engl. [mekᵃp], das: -s, -s (Kosmetikmittel zur Gesichtsverschönerung, Tönungscreme)

Mak·ka·ro·ni *Mz. ital.*, die: - (röhrenförmige, lange Nudeln)

Mak·ler, der: -s, - (Zwischenhändler, Vermittler); die **Maklergebühr**

Ma·kre·le (Mak·re·le) *niederl.*, die: -, -n (Speisefisch)

Ma·ku·la·tur *lat.*, die: -, -en (Altpapier, wertloses Papier, Fehldruck)

mal: vier mal drei (4 x 3) – 20-mal – 1- bis 2-mal – ich bin nun mal so – mal so, mal so – mal wieder – öfter mal – schon mal; ...**mal:** allemal – ein für allemal; aber: alle Male – ein andermal; aber: ein anderes Mal – diesmal; aber: dieses Mal – dreimal so viel – eineinhalbmal so viel – auf einmal – hundertmal – keinmal – nochmal – manchmal; aber: manches Mal – ein paarmal; aber: ein paar Male – soundsovielmal – sovielmal; aber: so viele Male – tausendmal – vielhundertmal; aber: viele hundert Male – x-mal; aber: das x-te Mal – zigmal – zweimal so viel; das **Mal:** das allererste Mal – zum allerersten Mal(e) – ein anderes Mal – manches Mal – ein paar Male – ein ums andere Mal – beide Mal(e) – das dritte Mal – (viele) Dutzend Mal(e) – mit einem Mal(e) – einige Mal(e) – das einzige Mal – (ein) jedes Mal – zu wiederholten Malen – zum letzten Mal(e) – Mal für Mal – von Mal zu Mal – (einige) Millionen Mal(e) – nächstes Mal – das nächste Mal – das soundsovielte Mal – unzählige Male – das vorige Mal – das zweite Mal; ...**mals:** abermals – damals – ehemals – letztmals – mehrmals – niemals – nochmals – oftmals – vielmals; **malnehmen** (vervielfachen); das **Malzeichen**

Mal, das: -(e)s, -e/Mäler; ein Mal (Zeichen, Kennzeichen) an der Wange haben – einer berühmten Frau ein Mal (Denkmal) setzen # Mahl

ma·la·de *franz.*: sehr malade (krank, erschöpft) sein; auch: **malad**

Ma·lai·se *franz. [maläse]*, die: -, -n (Unbehagen, Unglück); auch: die **Maläse**

Ma·la·ria *ital.*, die: - (tropische Infektionskrankheit, Sumpffieber); **malariakrank**

ma·len: ein Bild malen; das **Malbuch;** der **Maler;** die **Malerei;** die **Malerin; malerisch:** eine malerische (schöne) Landschaft; der **Malermeister; malern** (Malerarbeiten ausführen); die **Maltechnik;** die **Malutensilien** *Mz.* (zum Malen benötigte Gegenstände) # mahlen

Mal·heur *franz. [malör]*, das: -s, -e/-s (Pech, Unglück)

ma·lo·chen *hebr.*: (schuften, schwer arbeiten); die **Maloche**

Mal·ve *ital.*, die: -, -n (Heilpflanze)

Malz, das: -es (angekeimte Gerste); *an jemandem ist Hopfen und Malz verloren* (bei ihm ist alles umsonst); das **Malzbier; mälzen;** die **Mälzerei;** der **Malzkaffee;** der **Malzzucker**

Ma·ma, die: -, -s (Mutter); auch: die **Mami;** das **Mamachen**

Mam·mon *griech.*, der: -s (abwertend für Geld, Reichtum); dem Mammon nachjagen

Mam·mut *franz.*, das: -s, -e/-s (ausgestorbene Elefantenart); die **Mammutschau;** das **Mammutunternehmen;** die **Mammutveranstaltung**

mamp·fen: (mit vollen Backen kauen, essen)

man: wie kommt man hier in die Stadt – das tut man nicht – man kann nicht wissen

Ma·na·ger *engl. [mänädscher]*, der: -s, - (Organisator, Leiter, Geschäftsführer); das **Management** (Leitung); **managen;** die **Managerin**

manch: manch einer – manch böses Wort – manche (einige, mehrere) meinen – manche jüngere(n) Leute – in manchem – an manchen (einzelnen) Stellen – so mancher Tag – in mancher Beziehung – manches Interessante; **mancherlei** (allerlei); **manchmal** (gelegentlich, ab und zu); aber: manches Mal; **mancherorten; mancherorts**

Man·da·ri·ne, die: -, -n (Zitrusfrucht)

Man·dat *lat.*, das: -(e)s, -e (Auftrag, Erteilung einer Vollmacht, Strafbefehl); der **Mandant** (Auftraggeber, Kunde); die **Mandantin;** das **Mandatsgebiet;** der **Mandatsträger**

Man·del *griech.*, die: -, -n; entzündete Mandeln (eine Krankheit) haben – sich Mandeln (Früchte) kaufen; **mandeläugig;** der **Mandelbaum;** die **Mandelblüte;** die **Mandelentzündung;** die **Mandeloperation**

Man·do·li·ne *franz.*, die: -, -n (Saiteninstrument)

Ma·ne·ge *franz. [manesche]*, die: -, -n (Reitbahn, Zirkusarena)

Man·gan ⟨Mn⟩ *griech.*, das: -s (Metall, chemisches Element)

G
H
I
J
K
L
M

Man·ge, die: -, -n; → Mangel

Man·gel, der: -s, Mängel; Mangel (Not) leiden – charakterliche Mängel (Fehler, Schäden) haben; **mangelhaft** (schlecht, unzulänglich); die **Mangelhaftigkeit**; **mangeln:** es mangelt (fehlt) uns an nichts; die **Mängelrüge** (Beschwerde über eine mangelhafte Ware); **mangels:** mangels (aus Mangel an) Beweisen; die **Mangelware**

man·geln: Wäsche mangeln (bügeln); die **Mangel** (Bügelmaschine): *jemanden in die Mangel nehmen* (ihm sehr zusetzen); auch: die **Mange;** die **Mangelwäsche**

Man·go *port.,* die: -, -s/Mangonen (tropische Frucht); der **Mangobaum**

Ma·nie *griech.,* die: -, Manien (Sucht, Besessenheit); **manisch**

Ma·nier *franz.,* die: -; in bewährter Manier (Art und Weise); die **Manieren** *Mz.*: schlechte/gute Manieren (ein schlechtes/gutes Benehmen) haben; **manierlich:** recht manierlich (artig, gut erzogen) sein; **maniriert** (gekünstelt, unecht); die **Maniriertheit**

Ma·ni·fest *lat.,* das: -es, -e (Programm, öffentliche Erklärung); **manifest** (offenbar, deutlich); die **Manifestation** (Offenlegung, Bekundung); **manifestieren** (offenbar werden, sich zeigen, darlegen)

Ma·ni·kü·re *franz.,* die: -, -n (Hand- und Nagelpflege); **maniküren**

Ma·ni·pu·la·ti·on *lat.,* die: -, -en (Beeinflussung, Machenschaften, Betrug); **manipulierbar;** die **Manipulierbarkeit; manipulieren;** die **Manipulierung**

Man·ko *ital.,* das: -s, -s (Mangel, Fehlbetrag)

Mann, der: -(e)s, Männer; fünf Mann hoch – von Mann zu Mann (offen und ehrlich) – ein Mann von Welt – ein Mann Gottes – der schwarze Mann (Schreckensgestalt für Kinder) – Mann für Mann – *den starken Mann spielen* (vortäuschen) – *Manns genug sein* (tüchtig sein) – *seinen Mann stehen* (sich bewähren); **mannbar;** die **Mannbarkeit;** das **Männchen;** die **Mannen** *Mz.*: mit seinen Mannen (Anhängern) kommen; die **Männerbekanntschaft;** die **Männersache;** die **Manneskraft;** das **Manneswort; mannhaft** (mutig); die **Mannhaftigkeit; männlich;** die **Männlichkeit;** das **Mannsbild;** die **Mannschaft;** der **Mannschaftska-**pitän; das **Mannschaftsspiel; mannshoch;** die **Mannsleute** *Mz.*

Man·ne·quin *franz. [manekä],* das: -s, -s (Vorführdame)

man·nig·fach: (vielfältig, abwechslungsreich, reichhaltig); auch: **mannigfaltig;** die **Mannigfaltigkeit**

Ma·no·me·ter *griech.,* der/das: -s, - (Druckmesser)

Ma·nö·ver *franz. [manöwer],* das: -s, -; in das Manöver (eine Truppenübung) ziehen – undurchschaubare Manöver (Machenschaften) – ein taktisches Manöver; der **Manöverschaden; manövrieren** (geschickt steuern, lenken); **manövrierunfähig**

Man·sar·de *franz.,* die: -, -n (Dachzimmer, -wohnung); die **Mansardenwohnung;** das **Mansardenzimmer**

man·schen: (mischen); der **Mansch** (Schneewasser, breiige Masse); die **Mrscherei;** → Matsch

Man·schet·te *franz.,* die: -, -n; die Manschette (den Ärmelaufschlag) säubern – eine Manschette (einen Dichtungsring) in den Motor einbauen; der **Manschettenknopf**

Man·tel, der: -s, Mäntel; sich einen warmen Mantel anziehen – *den Mantel nach dem Wind hängen* (sich der jeweiligen Lage anpassen); das **Mäntelchen;** der **Mantelkragen;** der **Manteltarif** (Tarif, in dem die Arbeitsbedingungen geregelt sind)

ma·nu·ell *lat.:* manuell (mit der Hand) arbeiten – manuelle Fertigkeiten; die **Manufaktur** (Herstellung von Hand, Handfertigung); das **Manuskript** ⟨Ms.⟩ (mit der Hand bzw. mit Hilfe der Schreibmaschine geschriebener Text, Niederschrift); auch: das **Manus**

Map·pe, die: -, -n (flache Tasche); das **Mäppchen**

Ma·ra·thon, der: -s, -s (Langstreckenlauf über eine Strecke von 42,2 km); auch: der **Marathonlauf;** der **Marathonläufer;** die **Marathonläuferin**

March, die: -, -en (Grenze, besonders Flurgrenze); → Mark

Mär·chen, das: -s, - (Erzählung, in der Wunder möglich sind); die **Mär** (Sage, Kunde); das **Märchenbuch; märchenhaft:** eine märchenhafte (traumhafte, zauberhafte) Erscheinung; der **Märchenprinz;** die **Märchenprinzessin**

Mar·der, der: -s, - (kleines Raubtier); das **Marderfell**

Mar·ga·ri·ne franz., die: - (Speisefett)

Mar·ge franz. [ma̱rsche], die: -, -n (Spielraum, Spanne zwischen zwei Preisen)

Mar·ge·ri·te franz., die: -, -n (Wiesenblume)

mar·gi·na̱l lat.: eine marginale (beiläufige) Anmerkung; die **Marginalie** [margina̱lje] (Randbemerkung, Vermerk)

Ma·ri·hu·a·na mexik., das: -s (aus Hanf gewonnenes Rauschgift)

Ma·ri·na̱·de franz., die: -, -n (Tunke zum Einlegen von Fleisch oder Fisch); **marinie̱ren:** ein marinierter (eingelegter) Hering

Ma·ri̱·ne franz., die: -, - (Seewesen, Flotte); **marineblau** (dunkelblau); der **Marineoffizier; maritim:** eine maritime (das Meer betreffende) Angelegenheit; der **Marinestützpunkt**

Ma·ri·o·ne̱t·te franz., die: -, -n (Gliederpuppe, unselbstständiger Mensch); **marionettenhaft;** die **Marionettenregierung;** das **Marionettentheater**

Ma̱rk, das: -(e)s (Gewebe im Inneren des Knochens); jemanden bis ins Mark (zutiefst) treffen – durch Mark und Bein gehen (durchdringen); **markerschütternd:** markerschütternd (sehr laut) schreien; **markig:** markige (kraftvolle) Worte sprechen

Ma̱rk ⟨DM⟩, die: -, - (Einheit der deutschen Währung); die Deutsche Mark – keine müde Mark mehr haben (pleite sein) – die schnelle Mark machen (schnell Geld verdienen); das **Markstück; markstückgross**

Ma̱rk, die: -, -en (Grenzgebiet); die **Mark Brandenburg;** der **Markgraf;** die **Markgräfin; märkisch;** die **Markschaft;** der **Markstein:** ein Markstein (wichtiger Einschnitt) in meinem Leben; → March

mar·ka̱nt franz.: eine markante (ausgeprägte) Persönlichkeit – markante (hervorstechende) Eigenschaften – ein markantes (scharf geschnittenes, auffallendes) Gesicht

Ma̱r·ke, die: -, -n; die Marke (das Fabrikat) eines Autos – eine Marke (das Porto) auf den Brief kleben – der Hund trägt eine Marke (ein Erkennungszeichen) am Hals; der **Markenartikel;** die **Markenbutter;** das **Markenerzeugnis;** das **Markenfabrikat;** der **Markensammler;** die **Markensammlerin;** die **Markenware;** das **Markenzeichen**

Ma̱r·ke·ting engl., das: -(s) (Marktforschung, Verkaufsstrategie)

mar·kie̱·ren franz.: einen Wanderweg markieren (kennzeichnen) – den Dummen markieren (vortäuschen); die **Markierung;** die **Markierungslinie;** der **Markierungspunkt**

Ma̱r·ki·se franz., die: -, -n (Schutzdach, Sonnenschutz); der **Markisenstoff**

Ma̱rkt, der: -(e)s, Märkte; auf dem Markt (Marktplatz) stehen – auf den Markt (Wochenmarkt) gehen – ein neues Fabrikat auf den Markt (in den Handel) bringen – der schwarze Markt (ungesetzlicher Handel); die **Marktforschung;** die **Markthalle;** die **Marktlage;** die **Marktlücke;** der **Marktplatz; marktschreierisch** (aufdringlich, lautstark); die **Marktwirtschaft**

Mar·me·la̱·de port., die: -, -n (Früchteaufstrich); das **Marmeladenglas**

Ma̱r·mor lat., der: -s, -e (Gesteinsart); der **Marmorblock;** der **Marmorkuchen; marmorn** (aus Marmor); die **Marmorplatte;** die **Marmorstatue**

ma·ro̱·de franz.: ein maroder (erschöpfter) Soldat; auch: **marod; marodie̱ren** (plündern)

Ma·ro̱·ne franz., die: -, -n; auch: die Maro̱ni (essbare Kastanie); der **Maronenpilz**

Ma·ro̱t·te franz., die: -, -n; Marotten (seltsame Angewohnheiten, komische Eigenheiten) haben

Ma̱r·schall, der: -s, Marschälle (hoher militärischer Rang, Haushofmeister); der **Marschall(s)stab**

mar·schie̱·ren: durch die Strassen marschieren; der **Ma̱rsch;** der **Marschbefehl; ma̱rschbereit; ma̱rschfertig;** das **Marschgepäck;** der **Marschhalt;** der **Marschierer;** die **Marschkolonne; ma̱rschmässig;** die **Marschmusik;** die **Marschrichtung;** die **Marschverpflegung**

Ma̱r·stall, der: -(e)s, ...ställe (Pferde und Ställe an einem Fürstenhof)

ma̱r·tern: jemanden zu Tode martern (quälen, foltern); die **Marter** (Qual, Folter); das **Marterinstrument;** der **Marterpfahl;** der **Martertod;** die **Marterung; martervoll** (qualvoll); das **Marterwerkzeug**

mar·ti·a·lisch lat. [martsja̱lisch]: (kriegerisch, verwegen)

Mär·ty·rer griech., der: -s, - (Mensch, der wegen seines Glaubens Qualen oder Tod auf sich nimmt); die **Märtyrerin;** der **Märtyrertod;** das **Märtyrertum;** das **Martyrium** (Opfertod, schweres Leiden)

Mar·xis·mus, der: - (Lehre des Sozialismus, benannt nach dem Begründer Karl Marx); der **Marxist;** die **Marxistin; marxistisch**

März lat., der: -(es)/-en, -e (Monatsname); der **Märzenbecher** (Frühlingsblume); das **Märzenbier;** die **Märzensonne**

Mar·zi·pan arab., der/das: -s, -e (Süssigkeit aus Mandeln und Zucker)

Ma·sche, die: -, -n; eine Masche (Schlinge) binden – er durchschaut die Masche (den Trick) – auf eine Masche reisen (mit einem bestimmten Trick vorgehen) – durch die Maschen des Gesetzes schlüpfen (einer Bestrafung durch Gerichte entgehen); der **Maschendraht;** das **Maschenwerk**

Ma·schi·ne franz., die: -, -n; an einer Maschine arbeiten – die Maschine (das Flugzeug) nach Zürich besteigen – Maschine schreiben – einen Brief mit der Maschine schreiben; **maschinell:** etwas maschinell (serienmässig) herstellen; die **Maschinenarbeit;** der **Maschinenbau;** die **Maschinenfabrik;** das **Maschinengewehr;** der **Maschinenraum;** der **Maschinenschaden;** die **Maschinerie** (Räderwerk, Getriebe); der **Maschinist** (Maschinenarbeiter); die **Maschinistin**

Ma·sern Mz., die: - (ansteckende Kinderkrankheit)

Ma·se·rung, die: -, -en (Musterung im Holz); die **Maser; maserig; masern** (Holzmaserung nachahmen)

Mas·ke franz., die: -, -n; eine Maske vor dem Gesicht tragen – die Maske fallen lassen (sein wahres Gesicht zeigen); der **Maskenball; maskenhaft** (starr, unbeweglich); die **Maskerade** (Verkleidung, Kostümfest); sich **maskieren:** sich als Hexe maskieren (verkleiden); die **Maskierung**

Mas·kott·chen franz., das: -s, - (Glücksbringer, Talisman)

mas·ku·lin lat.: das maskuline (männliche) Geschlecht; das **Maskulinum** (männliches Hauptwort)

Mass, das: -es, -e; die Masse (Abmessung) des Zimmers – ein hohes Mass an Verantwortung tragen – ein gerüttelt Mass (sehr viel von etwas) – das rechte Mass finden – über alle Massen (ausserordentlich) – das Mass ist voll – ein Anzug nach Mass – er nimmt richtig Mass – in/mit Massen (massvoll) – ohne Mass und Ziel (unüberlegt) – Mass halten – Mass nehmen – mit zweierlei Mass messen (unterschiedliche Massstäbe anlegen) – das Mass voll machen (über die erlaubten Grenzen hinausgehen); die **Massarbeit;** das **Massband;** die **Masseinheit;** die **Massgabe:** nach Massgabe (entsprechend); **massgebend; massgeblich** (wichtig); **massgerecht; massgeschneidert; masslos** (übertrieben, extrem); die **Masslosigkeit;** die **Massnahme; massregeln** (tadeln, bestrafen); die **Massregelung;** der **Massstab; massstab(s)gerecht; massstab(s)getreu; massvoll** (mässig, beherrscht)

Mass, die: -, -(e) (Flüssigkeitsmass, ein Liter); auch: die **Mass** (nach bayerischem Sprachgebrauch); der **Masskrug**

Mas·sa·ge franz. [masasche], die: -, -n (Behandlung der Muskeln); der **Masseur** [massör]; auch: der **Massör;** die **Masseurin** [massörin]; die **Masseuse** [massöse]; auch: die **Massöse; massieren** (die Muskeln kneten, lockern)

Mas·sa·ker franz., das: -s, - (Blutbad, Gemetzel); **massakrieren:** die Feinde massakrieren (niedermetzeln); die **Massakrierung**

Mas·se, die: -, -n; eine zähe Masse (Material) – eine Masse (Menge) Menschen – die breite Masse; die **Massenabfertigung;** der **Massenandrang;** die **Massenarbeitslosigkeit;** der **Massenartikel;** die **Massenfabrikation;** das **Massengrab; massenhaft** (sehr viel); die **Massenkundgebung;** die **Massenmedien** (Presse, Rundfunk, Fernsehen); der **Massenmord;** die **Massenproduktion;** der **Massentourismus;** die **Massenversammlung; massenweise; massieren:** die Truppen an einer Stelle massieren (zusammenziehen); **massig:** ein massiger (breiter, wuchtiger) Körper

Mas·sel hebr., der: -s; grossen Massel (Glück) haben

mäs·sig: mässige (nicht zu hohe) Preise verlangen – mässige (schwache) Leistungen bringen; **...mässig:** gesetzmässig – planmässig – rechtmässig; sich **mässigen:** sein

Temperament mässigen (zügeln) – der Regen hat sich gemässigt (ist zurückgegangen) – sich im Essen mässigen (zurückhalten, beherrschen); die **Mässigkeit** (Enthaltsamkeit); die **Mässigung** (Selbstbeherrschung)

mas·siv *franz.*: ein massiver (fester, stabiler) Stuhl – jemandem massiv (nachdrücklich) drohen – massives (echtes) Silber – ein massiver (gewaltiger) Angriff; das **Massiv** (Gebirgszug); die **Massivbauweise**

Mast, der: -(e)s, -e/-en (hohe Holz- oder Metallstange); der **Mastbaum;** der **Mastkorb**

Mast, die: -, -en (Fütterungsverfahren); der **Mastdarm; mästen:** eine Gans mästen; das **Mastfutter;** die **Mästung;** das **Mastvieh**

Ma·ta·dor *span.*, der: -s, -e oder -en, -en (Stierkämpfer, Held)

Match *engl. [mätsch]*, das: -(e)s, -e/-s (Wettkampf)

Ma·te·ri·al *lat.*, das: -s, -ien; Material (Rohstoffe, Werkstoffe) für den Hausbau kaufen – Material (Geräte, Hilfsmittel) für den Unterricht – Material (Unterlagen, Beweismittel) gegen jemanden sammeln; der **Materialfehler;** die **Materialkosten** *Mz.*

Ma·te·ri·a·lis·mus *lat.*, der: - (Auffassung, dass die Materie die Grundlage der Welt sei; auf Besitz, Gewinn ausgerichtete Haltung); der **Materialist;** die **Materialistin; materialistisch**

Ma·te·rie *lat. [materje]*, die: -, -n (Stoff, Sache, das Gegenständliche); mit der Materie vertraut sein (Bescheid wissen); **materiell:** materiell (wirtschaftlich, finanziell) geht es ihr gut

Ma·the·ma·tik ⟨Math.⟩ *griech.*, die: - (Wissenschaft von den Zahlen und Grössen); der **Mathematiker;** die **Mathematikerin; mathematisch**

Ma·ti·nee *franz.*, die: -, Matineen (Vormittagsvorstellung)

Mat·jes·he·ring *niederl.*, der: -s, -e (junger gesalzener Hering)

Ma·trat·ze (Mat·rat·ze) die: -, -n (gepolsterter Betteinsatz); *an der Matratze horchen* (schlafen); das **Matratzenlager**

Mä·tres·se (Mät·res·se) *franz.*, die: -, -n (Geliebte eines Fürsten)

Ma·tri·ze (Mat·ri·ze), die: -, -n/Matrizes/Matrices (Form für Vervielfältigung)

Ma·tro·se (Mat·ro·se) der: -n, -n (Seemann)

Matsch, der: -(e)s (aufgeweichter Boden, Dreck); → Mansch; **matschig** (weich, breiig); das **Matschwetter**

matt *arab.*: vor Hunger und Durst ganz matt (schlapp, schwach) sein – eine matte (glanzlose) Farbe – *jemanden matt setzen* (ihn besiegen); das **Matt; mattgold;** die **Mattheit;** die **Mattigkeit;** die **Mattscheibe:** vor der Mattscheibe (dem Fernsehgerät) sitzen – *Mattscheibe haben* (nicht mehr klar denken können)

Mat·te, die: -, -n; auf einer Matte (Unterlage) turnen – die Kühe auf die Matten (Bergweiden) treiben – *jemanden auf die Matte legen* (ihn täuschen)

Ma·tur *lat.*, die: -; auch: die **Matura** (Reifeprüfung); → Abitur; der **Maturand** (Gymnasiast); die **Maturandin;** die **Maturität** (Hochschulreife); die **Maturitätsprüfung**

Mätz·chen *Mz.*, die: -; Mätzchen (Unsinn, Ausflüchte) machen

Mau·er, die: -, -n; eine Mauer errichten – *wie eine Mauer (geschlossen) hinter jemandem stehen;* **mauern:** er mauert (errichtet) ein Haus – die Spieler mauerten (verteidigten das eigene Tor mit allen zur Verfügung stehenden Spielern); das **Mauerblümchen** (ein unbeachtetes Mädchen); der **Mauerhaken;** das **Mauerwerk;** der **Maurer** (Handwerker im Bauwesen); der **Maurermeister**

Maul, das: -(e)s, Mäuler (Mund); *ein ungewaschenes Maul haben* (sehr frech sein) – *das Maul hängen lassen* (enttäuscht, beleidigt sein) – *jemandem aufs Maul schauen* (genau beobachten, was er sagt) – *sich das Maul zerreissen* (bösartig klatschen); die **Maulaffen** *Mz.: Maulaffen feilhalten* (untätig dastehen und zuschauen); das **Mäulchen; maulen** (murren); der **Maulesel** (Kreuzung aus Pferdehengst und Eselstute); **maulfaul** (einsilbig, wortkarg); der **Maulheld** (Angeber); der **Maulkorb:** *jemandem einen Maulkorb umlegen* (ihn hindern, frei seine Meinung zu sagen); die **Maulschelle** (Ohrfeige); die **Maulsperre;** das **Maultier** (Kreuzung aus Eselhengst und Pferdestute); das **Maulwerk;** der **Maulwurf**

Maus, die: -, Mäuse (Nagetier); *weisse Mäuse sehen* (Wahnvorstellungen haben); das **Mäuschen; mäuschenstill;** der **Mäusebus-**

sard; die **Mausefalle;** das **Mauseloch; mausen:** er maust (stiehlt), was er sieht – *die Katze lässt das Mausen nicht;* die **Mäuseplage;** der **Mäuserich; mausetot; mausgrau**

mau·sern, sich: der Vogel mausert sich (wechselt sein Federkleid) – *sich recht gut mausern* (herausmachen, entwickeln); die **Mauser;** die **Mauserung; mausig:** sich mausig machen (vorlaut sein)

Mau·so·le·um *griech.,* das: -s, Mausoleen (Grabmal)

m.a.W. = mit anderen Worten

ma·xi *lat.:* (in der Mode: lang); maxi gehen; das **Maxi**

Ma·xi·me *lat.,* die: -, -n (Grundsatz, Lebensregel, Prinzip); **maximal** (höchstens); die **Maximalforderung;** die **Maximalstrafe;** das **Maximum** (Höchstmass, Höchststand)

Ma·yon·nai·se *franz. [majonäse],* die: -, -n; → Majonäse

Mä·zen *lat.,* der: -s, -e (Kunstfreund, Gönner); das **Mäzenatentum** (Förderung von Künstlern)

mb = Millibar

m. E. = meines Erachtens

Me·cha·nik *griech.,* die: -, -en (Wissenschaft von der Bewegung der Körper); der **Mechaniker;** die **Mechanikerin; mechanisch:** mechanisch (mithilfe einer Maschine) etwas herstellen – er antwortet mechanisch (ohne viel zu überlegen); **mechanisieren;** die **Mechanisierung;** der **Mechanismus; mechanistisch**

me·ckern: wie eine Ziege meckern – ständig meckern (nörgeln, kritisieren); der **Meckerer** (Nörgler); die **Meckerei**

Meck·len·burg-Vor·pom·mern: -s (Land der Bundesrepublik Deutschland); **mecklenburg-vorpommerisch**

Me·dail·le *franz. [medalje]:* die: -, -n (Gedenkmünze, Orden, Auszeichnung); der **Medaillengewinner;** die **Medaillengewinnerin;** das **Medaillon** *[medaljô]:* sie trägt ein Medaillon (einen Anhänger mit einem Bildchen) – Medaillons (runde Fleischstücke vom Filet) essen

Me·di·ka·ment *lat.,* das: -(e)s, -e (Arznei, Heilmittel); **medikamentös:** etwas medikamentös (mithilfe von Medikamenten) heilen; die **Medizin** (ärztliche Wissenschaft, Arznei); der **Medizinball;** der **Mediziner;**

die **Medizinerin; medizinisch;** der **Medizinmann**

Me·di·ta·ti·on *lat.,* die: -, -en (tiefes Nachdenken, Versenkung); die **Meditationsübung; meditativ; meditieren** (sich versenken, tief nachdenken)

me·di·ter·ran *lat.:* die mediterrane (mittelländische) Pflanzenwelt

Me·di·um *lat.,* das: -s, Medien (Kommunikationsmittel wie Buch, Zeitung, Fernsehen)

Meer, das: -(e)s, -e; auf dem Meer (Ozean) segeln – ein Meer (eine gewaltige Anzahl) von Häusern; der **Meerbusen** (Meeresbucht); die **Meerenge;** der **Meeresarm;** der **Meeresgrund;** der **Meeresspiegel;** der **Meeresstrand;** die **Meeresstrasse;** die **Meeresströmung;** die **Meerestiefe;** die **Meerjungfrau** (Nixe); **meerwärts;** das **Meerwasser**

Meer·ret·tich, der: -s, -e (Gewürzpflanze, Kren); die **Meerrettichsosse**

Mee·ting *engl. [miting],* das: -s, -s (Treffen, Verabredung, öffentliche Versammlung)

mega… *griech.:* (gross); das **Megabyte** ⟨MB⟩ *[megabait];* das **Megahertz** ⟨MHz⟩; das **Megajoule** ⟨MJ⟩ *[megadschul];* das **Megaphon** (Sprachrohr, Schallverstärker); auch: das **Megafon;** das **Megawatt** ⟨MW⟩

Mehl, das: -(e)s (Nahrungsmittel); **mehlig** (pulverförmig, zerrieben); der **Mehlpapp;** die **Mehlspeise;** der **Mehltau** (Pflanzenkrankheit)

mehr: er weiss mehr, als er zugibt – du musst mehr auf deine Gesundheit achten – nichts mehr – niemand mehr – mehr und mehr (immer mehr) – weit mehr als – je mehr, desto besser – um so mehr – mehr oder weniger (fast ohne Ausnahme); das **Mehr:** das Mehr an Kosten; die **Mehrarbeit;** der **Mehrbedarf; mehrdeutig;** die **Mehrdeutigkeit;** die **Mehreinnahme; mehren:** seinen Reichtum mehren (vergrössern); **mehrere:** mehrere Besucher; **mehrerlei; mehrfach;** das **Mehrfache;** das **Mehrfamilienhaus; mehrfarbig** (bunt); die **Mehrheit; mehrheitlich;** der **Mehrheitsbeschluss; mehrheitsfähig; mehrjährig;** die **Mehrkosten** *Mz.;* **mehrmalig; mehrmals** (mehrere, einige Male); **mehrsprachig; mehrstellig; mehrstimmig; mehrstündig; mehrtägig;** die **Mehrwegflasche;** die **Mehrwertsteuer** ⟨MwSt., MWSt.⟩; die **Mehrzahl** ⟨Mz.⟩; das **Mehrzweckgerät**

mei·den: du meidest, er mied, sie hat gemieden, meid(e)!; unangenehme Dinge meiden

Mei·e·rei, die: -, -en (Landgut, Pachthof)

Mei·le *lat.*, die: -, -n (Längenmass); der **Meilenstein** (Merkstein, bedeutendes Ereignis); **meilenweit:** meilenweit gehen; aber: mehrere Meilen weit

Mei·ler, der: -s, - (Holzstoss eines Köhlers)

mein: mein Haus – meiner Ansicht nach – an meiner statt – mein Ein und Alles – meines Erachtens ⟨m. E.⟩ – meines Wissens ⟨m. W.⟩; aber: das Meine; auch: das meine – die Meinen; auch: die meinen – das Meinige; auch: das meinige – Mein und Dein nicht unterscheiden können; **meinerseits; meinesgleichen; meinethalben; meinetwegen; meinetwillen;** die **Meinigen** *Mz.* (meine Angehörigen)

Mein·eid, der: -(e)s, -e (falscher Eid); einen Meineid schwören; **meineidig**

mei·nen: was meinst du dazu? – das will ich meinen (selbstverständlich)!; die **Meinung:** meine Meinung (Ansicht) – *jemandem die Meinung sagen* (seinen Unmut ausdrücken); der **Meinungsaustausch;** die **Meinungsbildung;** die **Meinungsforschung;** die **Meinungsfreiheit;** der **Meinungsstreit;** die **Meinungsumfrage;** der **Meinungsunterschied;** die **Meinungsverschiedenheit;** die **Meinungsvielfalt**

Mei·se, die: -, -n (Singvogel); sie hat eine Meise (ist verrückt)

Meis·sel, der: -s, - (Werkzeug); **meisseln:** ich meiss(e)le (forme, arbeite heraus)

meist: am meisten – meist (fast immer) siegen – am allermeisten – das meiste weiss ich – die meisten glauben das nicht; **meistbietend:** etwas meistbietend verkaufen; aber: der/die **Meistbietende; meistenfalls; meistens; meistenteils: meistgefragt; meistgekauft; meistgenannt**

Meis·ter, der: -s, -; ein Meister (Könner) seines Faches – er ist Meister in seinem Betrieb – Meister Lampe (Bezeichnung für den Hasen) – *es ist noch kein Meister vom Himmel gefallen – früh übt sich, was ein Meister werden will;* **meisterhaft** (grossartig); die **Meisterin;** die **Meisterleistung; meisterlich** (vorbildlich, vollkommen); **meistern:** sein Schicksal meistern (bewältigen); die **Meisterprüfung;** die **Meisterschaft;** der **Meister-**singer; das **Meisterstück;** der **Meistertitel;** das **Meisterwerk**

Me·lan·cho·lie *griech. [melankoli],* die: - (Schwermut, Niedergeschlagenheit); der **Melancholiker; melancholisch**

mel·den: den Unfall der Polizei melden – morgen melde ich mich bei dir wieder – du musst dich im Unterricht öfter melden! – *nichts zu melden* (nichts zu entscheiden) *haben;* der **Melder;** die **Meldepflicht; meldepflichtig;** der **Meldeschluss;** der **Meldetermin;** die **Meldung**

me·lie·ren *franz.*: (mischen); **meliert:** meliertes (fast ergrautes) Haar

mel·ken: du melkst, er molk, sie hat gemolken, melk(e)!; frisch gemolkene Milch; der **Melkeimer;** der **Melker;** die **Melkerin;** der **Melkkübel;** die **Melkmaschine;** → Molkerei

Me·lo·die *griech.*, die: -, Melodien (Tonfolge, Lied); die Melodie eines Liedes – eine Melodie pfeifen; **melodisch** (wohl klingend)

Me·lo·ne *griech.*, die: -, -n; eine Melone (Kürbisfrucht) essen – die Melone (runder Hut) steht ihm gut

Mem·bran (Memb·ran) *lat.*, die: -, -en (dünnes Häutchen oder Blättchen); auch: die **Membrane**

Mem·me, die: -, -n (Feigling); **memmenhaft**

Me·moi·ren *Mz. franz. [memoaren],* die: - (Lebenserinnerungen)

Me·mo·ran·dum *lat.*, das: -s, Memoranden (Denkschrift); **memorieren:** ein Gedicht memorieren (auswendig lernen)

Me·na·ge·rie *franz. [menascheri],* die: -, Menagerien (Tierschau)

Me·ne·te·kel *aram.*, das: -s, - (Anzeichen eines bevorstehenden Unheils)

Men·ge, die: -, -n; eine Menge (viel) Geld – jede Menge (sehr viel) – in rauen Mengen (in grosser Zahl) – eine kleine Menge (Dosis) einnehmen – die auf dem Platz versammelte Menge (das Volk); **mengen** (mischen); die **Mengenangabe;** die **Mengenlehre; mengenmässig;** der **Mengenrabatt** (Preisnachlass bei grossen Warenmengen)

Me·nis·kus *griech.*, der: -s, Menisken (Knorpel im Kniegelenk); die **Meniskusoperation;** die **Meniskusverletzung**

Men·ni·ge, die: - (rote Rostschutzfarbe)

Men·sa *lat.*, die: -, -s/Mensen (Mittagstisch für Studenten); das **Mensaessen**

Mensch, der: -en, -en; kein Mensch (niemand) – von Mensch zu Mensch (vertraulich) – *ein neuer Mensch werden* (sich zu seinem Vorteil verändern) – *der Mensch denkt, Gott lenkt* – *des Menschen Wille ist sein Himmelreich;* das **Mensch** (verächtlich: niederträchtige Person); **menscheln** (menschlich zugehen, wobei die menschlichen Schwächen zum Vorschein kommen); der **Menschenaffe;** das **Menschenalter; menschenarm; menschenfreundlich;** seit **Menschengedenken;** das **Menschengeschlecht;** die **Menschengestalt:** in Menschengestalt; die **Menschenhand:** von Menschenhand; die **Menschenkenntnis;** das **Menschenkind;** das **Menschenleben; menschenleer;** die **Menschenmenge; menschenmöglich:** das ist menschenmöglich; aber: sie hat das Menschenmögliche (alles) versucht; die **Menschenrechte** *Mz.;* **menschenscheu;** die **Menschenseele:** keine Menschenseele (niemand); das **Menschentum;** die **Menschenwürde; menschenwürdig;** die **Menschheit;** der **Menschheitstraum; menschlich:** menschlich (wohlwollend, barmherzig) handeln – nach menschlichem Ermessen (aller Wahrscheinlichkeit nach) – *Irren ist menschlich;* die **Menschlichkeit**

Mens·tru·a·ti·on (Men·stru·a·ti·on, Menstru·a·ti·on) *lat.,* die: -, -en (Monatsblutung, Regel)

Men·ta·li·tät *lat.,* die: -, -en (Denkweise, Sinnesart); **mental** (gedanklich)

Men·thol *lat.,* das: -s (stark riechender Stoff aus Pfefferminzöl)

Men·tor *griech.,* der: -s, Mentoren (Ratgeber, Erzieher)

Me·nü *franz.,* das: -s, -s (Speisenfolge)

Me·nu·ett *franz.,* das: -(e)s, -e/-s (Tanz)

Mer·ce·rie *franz.,* die: -, Mercerien (Nähartikel, Geschäft für Nähartikel)

mer·ci! *franz.:* (danke)

Mer·gel, der: -s, - (Gesteinsart); der **Mergelboden; merg(e)lig**

Me·ri·di·an *lat.,* der: -s, -e (Längengrad)

Me·rin·gue *franz. [meräg],* die: -, -s (Eiweissschaumgebäck)

mer·kan·til *lat.:* (kaufmännisch); der **Merkantilismus** (Wirtschaftspolitik in der Zeit des Absolutismus)

mer·ken: sich nichts mehr merken (im Gedächtnis behalten) können – nicht merken (wahrnehmen), dass eine Gefahr droht; **merkbar;** das **Merkblatt;** das **Merkheft;** die **Merkhilfe; merklich** (sichtbar, spürbar); das **Merkmal** (Kennzeichen); der **Merksatz;** der **Merkspruch;** das **Merkwort; merkwürdig;** eine merkwürdige (seltsame) Erscheinung; **merkwürdigerweise;** die **Merkwürdigkeit;** der **Merkzettel**

Mer·kur, der: -s (Planet)

me·schug·ge *hebr.:* völlig meschugge (verrückt) sein

Mes·ner *lat.,* der: -s, - (Kirchendiener); auch: der **Messner;** oder: der **Mesmer**

Mes·se, die: -, -n; die Messe (den Gottesdienst) feiern – zu einer Messe (Industrieausstellung) reisen; der **Messdiener;** die **Messdienerin;** der **Messebesucher;** die **Messebesucherin;** das **Messegelände;** das **Messgewand;** das **Messopfer** (katholische Abendmahlsfeier)

mes·sen: du misst, er mass, sie hat gemessen, miss!; eine Länge messen – Fieber messen – sich mit jemandem messen (vergleichen); das **Messband; messbar;** die **Messbarkeit;** das **Messgerät;** die **Messung;** der **Messwert**

Mes·ser, das: -s, -; ein scharfes Messer – *bis aufs Messer* (mit allen Mitteln) *kämpfen* – *jemanden ans Messer liefern* (ihn ausliefern, verraten) – *jemandem das Messer an die Kehle setzen* (ihn unter Druck setzen) – *unters Messer kommen* (operiert werden); der **Messerheld** (Raufbold); der **Messerrücken; messerscharf:** einen messerscharfen (scharfsinnigen) Verstand haben; die **Messerspitze;** der **Messerstich**

Mes·si·as *hebr.,* der: - (Erlöser, Christus)

Mes·sing *griech.,* das: -s (Legierung aus Zink und Kupfer); der **Messinggriff;** das **Messingschild**

Mes·ti·ze, *lat./span.,* der: -n, -n (Nachkomme eines weissen und eines indianischen Elternteils); die **Mestizin**

Met, der: -(e)s (alkoholisches Getränk aus gegorenem Honig)

Me·tall *griech.,* das: -s, -e; Gold ist ein edles Metall – ein Metall verarbeitender Betrieb; der **Metallarbeiter;** die **Metallarbeiterin; metallen** (aus Metall); **metallic** (metallisch schimmernd lackiert); die **Metallindustrie;**

G
H
I
J
K
L
M

metallisch (wie Metall); die **Metalllegierung**

Me·ta·mor·pho·se griech., die: -, -n (Umgestaltung, Verwandlung)

Me·ta·pher griech., die: -, -n (bildlicher Ausdruck, Bild, Vergleich); die **Metaphorik**; **metaphorisch**: etwas metaphorisch (bildlich) sagen

me·ta·phy·sisch griech.: (übersinnlich, übernatürlich); die **Metaphysik** (Lehre von den letzten Zusammenhängen des Seins)

Me·tas·ta·se griech., die: -, -n (Tochtergeschwulst)

Me·te·or griech., der: -s, -e (Himmelskörper, Sternschnuppe); der **Meteorit** (Meteorstein); die **Meteorologie** (Wetterkunde); der **Meteorologe**; die **Meteorologin**; **meteorologisch**

Me·ter ⟨m⟩ griech., der/das: -s, - (Längenmass); zwei Meter hoch – eine Länge von fünf Metern – der laufende Meter ⟨lfd. M.⟩ – der 100-Meter-Lauf; **meterdick; meterhoch; meterlang;** aber: zwei Meter lang; das **Metermass**; die **Meterware; meterweise**

Me·than griech., das: -s (Grubengas); das **Methangas**

Me·tho·de griech., die: -, -n (Art und Weise der Durchführung, Verfahrensweise, Weg); die **Methodik** (Lehre von wissenschaftlichen Methoden); **methodisch** (überlegt, planmässig)

Me·tier franz. [metje], das: -s, -s (Gewerbe, Beruf, Fachgebiet)

Me·tro·po·le (Met·ro·po·le) griech., die: -, -n (Hauptstadt, Zentrum); der **Metropolit** (Erzbischof)

Me·trum (Met·rum) lat., das: -s, Metren (Versmass); die **Metrik** (Verslehre)

Mett, das: -(e)s (gehacktes Schweinefleisch); die **Mettwurst**

Met·te lat., die: -, -n (nächtlicher Gottesdienst)

Metz·ger, der: -s, - (Fleischer); die **Metzelei; met·zeln** (töten, abschlachten, niederhauen); **metzgen;** die **Metzgerei; metzgern**

Meu·chel·mord, der: -(e)s, -e (Mord aus dem Hinterhalt); der **Meuchelmörder;** die **Meuchelmörderin; meucheln; meuchlerisch** (heimtückisch, hinterrücks); auch: **meuchlings**

meu·tern: die Soldaten meutern (gehorchen nicht, lehnen sich auf); die **Meute** (Hunderudel, wilde Schar, Bande); die **Meuterei** (Aufstand); der **Meuterer**

MEZ = mitteleuropäische Zeit

MFD = Militärischer Frauendienst

mg = Milligramm

mi·au·en: die Katze miaut; **miau!**

mich: (Wenfall von: ich); sie kennt mich nicht

mick·rig: ein mickriger (kümmerlicher, armseliger) Kerl; auch: **mickerig;** die **Mickrigkeit**

Mi·cky·maus, die: -, ...mäuse (Comic- und Trickfilmfigur)

Mid·life·cri·sis engl. [midlaifkraisis], die: - (Krise um die Lebensmitte); auch: die **Midlife-Crisis**

Mie·der, das: -s, - (Oberteil eines Trachtenkleides, Korsett); die **Miederwaren** Mz.

Mief, der: -(e)s (Gestank); **miefen:** es mieft (riecht schlecht); **miefig**

Mie·ne, die: -, -n (Gesichtsausdruck): gute Miene zum bösen Spiel machen (sich abfinden) – keine Miene verziehen (sich nichts anmerken lassen, undurchschaubar sein); das **Mienenspiel** # Mine

mies hebr.: ein mieser (minderwertiger) Charakter – ihr geht es ziemlich mies (schlecht) – miese Laune haben – etwas mies machen (schlecht machen, verleumden) – in den Miesen sein (sein Guthaben überzogen haben); der **Miesepeter** (unzufriedener Mensch); der **Miesmacher;** die **Miesmacherei**

Mie·te lat., die: -, -n (frostsichere Grube)

Mie·te, die: -, -n (Wohngeld); das **Mietauto; mieten:** sich ein Zimmer mieten; der **Mieter;** die **Mieterhöhung;** die **Mieterin;** der **Mieterschutz; mietfrei;** das **Mietrecht;** das **Mietshaus;** der **Mietvertrag;** die **Mietwohnung;** der **Mietzins**

Mie·ze, die: -, -n (Katze); die **Miezekatze**

Mi·grä·ne (Mig·rä·ne) griech., die: -, -n (periodisch auftretende Kopfschmerzen)

mi·kro... (mik·ro...) griech. (ein Millionstel); die **Mikrobe** (Kleinstlebewesen); der **Mikrochip** [mikrotschip] (winzige elektronische Speichereinheit); der **Mikrofilm;** der **Mikrokosmos** (Welt der Kleinstlebewesen); das **Mikrofon;** auch: das **Mikrophon;** das **Mikroskop** (Vergrösserungsgerät); **mikroskopieren; mikroskopisch;** die **Mikrowelle**

Mil·be, die: -, -n (Spinnentier)

Milch, die: -; frische Milch trinken; der **Milchbart** (Milchgesicht, unreifer Bursche); die **Milchflasche;** das **Milchglas; milchig** (weisslich, trübe); der **Milchkaffee;** die **Milchkanne;** die **Milchmädchenrechnung** (eine auf Fehlern beruhende Rechnung); der **Milchnapf;** die **Milchstrasse;** das **Milchvieh;** die **Milchwirtschaft;** der **Milchzahn**

mild: ein mildes Klima – der Richter fällt ein mildes Urteil; auch: **milde;** die **Milde; mildern** (mässigen, lindern): er bekommt mildernde Umstände; die **Milderung; mildtätig** (freigebig, wohltätig); die **Mildtätigkeit**

Mi·lieu franz. [miljö], das: -s, -s (Umwelt, Lebensbereich eines Menschen); **milieugeschädigt;** der **Milieuwechsel**

Mi·li·tär franz., das: -s, -s (Streitkräfte eines Landes, Armee); **militant** (kämpferisch); das **Militärbündnis;** der **Militärdienst; militärisch;** der **Militarismus** (übersteigerte militärische Gesinnung); der **Militarist; militaristisch;** der **Militärpflichtersatz** (Ersatzabgabe für Militärdienst); die **Militärregierung;** die **Militärzeit;** die **Miliz** (Volksheer, Bürgerwehr); das **Milizsystem** (politisches System, auch der Schweiz, in dem die meisten öffentlichen Ämter nebenberuflich ausgeübt werden)

mil·li... lat. (ein Tausendstel); das **Mille** ⟨M⟩ (Tausend); das kostet ein paar Mille; die **Milliampere** ⟨mA⟩ (Masseinheit für kleine elektrische Stromstärken); der **Milliardär;** die **Milliardärin;** die **Milliarde** (tausend Millionen); das **Millibar** ⟨mb, mbar⟩ (Masseinheit für den Luftdruck); das **Milligramm** ⟨mg⟩ (ein tausendstel Gramm); der **Millimeter** ⟨mm⟩ (ein tausendstel Meter); das **Millimeterpapier**

Mil·li·on ⟨Mill.⟩ ital., die: -, -en; (acht) Millionen Mal; der **Millionär;** die **Millionärin;** der **Millionenauftrag; millionenfach;** die **Millionenstadt;** das **Millionstel**

Milz, die: -, -en (inneres Organ); der **Milzbrand** (Infektionskrankheit)

Mi·mik griech., die: - (wechselnder Gesichtsausdruck, Mienenspiel); der **Mime** (Schauspieler); **mimen:** den starken Mann mimen (vortäuschen); **mimisch**

Mi·mi·kry (Mi·mik·ry) engl. [mimikri], die: - (Nachahmung unter Tieren, Farbanpassung)

Mi·mo·se griech., die: -, -n (empfindliche Pflanzenart); wie eine Mimose (überempfindlich) sein; **mimosenhaft**

Min. (min.) = Minute

Mi·na·rett arab., das: -s, -e/-s (Turm einer Moschee)

min·der: eine nicht minder (nicht weniger) grosse Bedeutung – mehr oder minder – minder gut – minder wichtig – eine mindere (schlechtere) Ware liefern; **minderbegabt; minderbemittelt** (arm); die **Minderheit; minderjährig** (unmündig); der/die **Minderjährige; mindern** (verringern, beeinträchtigen); die **Minderung; minderwertig:** eine minderwertige (mangelhafte) Ware kaufen; die **Minderwertigkeit;** das **Minderwertigkeitsgefühl;** der **Minderwertigkeitskomplex**

min·des·te: das mindeste; auch: das Mindeste – nicht im mindesten; auch: nicht im Mindesten; **mindestens:** ich bleibe mindestens (wenigstens) eine Stunde; die **Mindestforderung;** das **Mindestgebot;** die **Mindestgeschwindigkeit;** der **Mindestlohn;** das **Mindestmass;** die **Mindeststrafe**

Mi·ne franz., die: -, -n; auf eine Mine (einen Sprengkörper) treten – er arbeitet in einer Mine (Bergwerk) – die Mine (Schreibeinlage) des Kugelschreibers auswechseln; der **Minenarbeiter;** das **Minenfeld** # Miene

Mi·ne·ral franz., das: -s, -e/-ien (Sammelname für alle in der Natur vorkommenden anorganischen Stoffe und Körper); das **Mineralbad;** der **Mineraldünger; mineralisch;** die **Mineralogie** (Wissenschaft von den Mineralien); das **Mineralöl;** die **Mineralquelle;** das **Mineralwasser**

mi·ni... :(sehr klein, winzig); **mini:** mini (kurze Kleider, kurze Röcke) tragen – mini gehen; das **Mini** (sehr kurze Kleidung); der **Mini** (Minirock); die **Miniatur** (kleines Bild, Illustration in alten Handschriften); die **Miniaturausgabe** (kleinformatige Ausgabe); das **Miniauto;** das **Minigolf;** das **Minikleid; minim; minimal** (sehr klein, unbedeutend); der **Minimalist** (jemand, der nur das Minimum leistet); die **Minimalistin;** das **Minimum** (Kleinste, Geringste, Mindestwert); der **Minipreis;** der **Minirock**

Mi·nis·ter *lat.*, der: -s, - (Mitglied der Regierung); **ministeriell;** die **Ministerin;** das **Ministerium** (oberste Verwaltungsbehörde eines Staates); der **Ministerpräsident**

Mi·nis·trant (Mi·nist·rant) *lat.*, der: -en, -en (Messdiener); die **Ministrantin; ministrieren**

Min·ne, die: - (Verehrung einer Dame der höfischen Gesellschaft im Mittelalter); der **Minnegesang;** der **Minnesänger**

Mi·no·ri·tät *lat.*, die: -, -en (Minderheit)

mi·nus *lat.*: sechs minus (weniger) zwei – minus 10 Grad; auch: 10 Grad minus; der **Minuend** (Zahl, von der eine andere abgezogen werden soll); das **Minus** (Fehlbetrag, Verlust); der **Minuspol;** das **Minuszeichen**

Mi·nu·te ⟨Min., min.⟩ *lat.*, die: -, -n; in letzter Minute; **minutenlang;** aber: zwei Minuten lang; der **Minutenzeiger;** ...**minütig:** 5-minütig; **minütlich** (jede Minute); **minutiös** (sehr genau, gewissenhaft); auch: **minuziös**

Min·ze, die: -, -n (Heilpflanze)

mir: (Wemfall von: ich); er gefällt mir – mir nichts, dir nichts (ganz einfach so)

Mi·ra·bel·le *franz.*, die: -, -n (Pflaumenart)

Mi·ra·kel *lat.*, das: -s, - (Wunder); **mirakulös**

mi·schen: Flüssigkeiten mischen – er mischt Farben – gemischter Salat – Spielkarten mischen – sich in einen Streit mischen – mit gemischten Gefühlen; die **Mischehe;** der **Mischling** (Halbblut); der **Mischmasch** (Mischung, Unordnung); die **Mischung;** der **Mischwald**

mi·se·ra·bel *franz.*: er spielt miserabel (sehr schlecht) Fussball – ein miserables (klägliches) Ergebnis; die **Misere** (Not, Elend)

miss ... : **missachten:** die Gesetze missachten (nicht befolgen); die **Missachtung** (Geringschätzung, Verletzung); das **Missbehagen** (unangenehmes Gefühl); die **Missbildung; missbilligen** (ablehnen); die **Missbilligung** (Tadel); der **Missbrauch:** sexueller Missbrauch; **missbrauchen** (ausnutzen); **missbräuchlich; missdeuten;** der **Misserfolg** (Fehlschlag); die **Missernte; missfallen** (nicht zusagen); das **Missfallen;** die **Missgeburt; missgelaunt** (mürrisch); das **Missgeschick; missgestaltet; missgestimmt; missglücken** (scheitern); **missgönnen;** der **Missgriff** (Fehler); die **Missgunst** (Neid); **miss-**günstig; **misshandeln** (quälen); die **Misshandlung;** die **Misshelligkeit** (Streit); der **Missklang;** der **Misskredit:** *jemanden in Misskredit* (in schlechten Ruf) *bringen;* **misslich:** eine missliche (ärgerliche) Lage; **missliebig** (unbeliebt); **misslingen:** eine misslungene Probearbeit; der **Missmut** (Ärger); **missmutig** (ärgerlich); **missraten** (misslingen); der **Missstand** (schlimmer Zustand); die **Missstimmung** (Unmut); der **Misston; misstrauen** (kein Vertrauen haben); das **Misstrauen; misstrauisch;** das **Missvergnügen; missvergnügt; missverständlich;** das **Missverständnis; missverstehen** (falsch deuten); die **Misswirtschaft** (Unordnung)

Miss *engl.*, die: -, -es (Fräulein); Miss Europa; die **Misswahl**

mis·sen: du misst, sie hat gemisst; er will seine Freiheit nicht mehr missen (entbehren)

Mis·se·tat, die: -, -en (Vergehen); der **Missetäter;** die **Missetäterin**

Mis·si·on *lat.*, die: -, -en; in geheimer Mission (Sendung) – jemanden mit einer besonderen Mission (mit einem besonderen Auftrag) betrauen – die Innere Mission; der **Missionar;** die **Missionarin; missionieren** (den Glauben verbreiten); die **Missionierung;** die **Missionsstation**

Mist, der: -(e)s; Mist (Dünger, Kompost) auf das Feld fahren – Mist (Unsinn) verzapfen; das **Mistbeet; misten;** der **Mistfink;** die **Mistgabel;** der **Misthaufen;** auch: der **Miststock; mistig** (schmutzig); der **Mistkäfer;** der **Mistkerl;** das **Miststück** (Scheusal)

Mis·tel, die: -, -n (ständig grün blühende Pflanze); der **Mistelzweig**

mit: ich gehe mit dir – mit anderen Worten – er fährt mit seinem neuen Auto – etwas mit ansehen – sich mit beteiligen – etwas mit einbeziehen – mit übernehmen – sie stellte mit Erschrecken fest – mit Unterstützung seiner Freunde – ich freue mich mit dir – das ist mit der beste Vorschlag – mit Hilfe; auch: mithilfe; **miteinander** (gemeinsam); das **Miteinander;** die **Mithilfe; mithin** (also, somit); **mitnichten** (keineswegs); **mitsamt** (gemeinsam mit); **mitunter** (manchmal)

mit·ar·bei·ten: im Unterricht fleissig mitarbeiten; die **Mitarbeit;** der **Mitarbeiter;** die **Mitarbeiterin**

mit·be·rück·sich·ti·gen: sein Alter solltest du mitberücksichtigen

mit·be·stim·men: im Betrieb mitbestimmen; die **Mitbestimmung;** das **Mitbestimmungsrecht**

mit·brin·gen: ein Geschenk von der Reise mitbringen; das **Mitbringsel** (Geschenk)

mit·füh·len: (Verständnis haben); **mitfühlend;** das **Mitgefühl**

Mit·gift, die: -, -en (Aussteuer); der **Mitgiftjäger**

Mit·glied, das: -(e)s, -er; Mitglied (Angehöriger) eines Vereins – Mitglied werden (beitreten, sich anschliessen); der **Mitgliederbeitrag;** die **Mitgliederliste;** die **Mitgliederversammlung;** der **Mitgliedsausweis;** die **Mitgliedschaft;** die **Mitgliedskarte;** der **Mitglied(s)staat**

mit·hil·fe: mithilfe der Mutter; auch: mit Hilfe

mit·lau·fen: mit den anderen mitlaufen; der **Mitläufer** (Jasager); die **Mitläuferin**

Mit·laut, der: -(e)s, -e (Konsonant)

Mit·leid, das: -(e)s (Mitgefühl); Mitleid erregend; **mitleiden;** die **Mitleidenschaft:** *jemanden in Mitleidenschaft ziehen* (ihn schädigen); **mitleidig; mitleid(s)los; mitleid(s)voll**

Mit·mensch, der: -en, -en (der andere Mensch, Nächster); **mitmenschlich;** die **Mitmenschlichkeit**

mit·neh·men: einen Anhalter mitnehmen; die **Mitnahme;** der **Mitnahmepreis**

Mi·tra (Mit·ra) *griech.,* die: -, Mitren (Bischofsmütze)

Mit·schuld, die: -; bei dem Unfall eine Mitschuld haben; **mitschuldig;** der/die **Mitschuldige**

Mit·schü·ler, der: -s, - (Schüler, der die gleiche Klasse oder Schule besucht); die **Mitschülerin**

Mit·tag, der: -s, -e; gestern, heute, morgen Mittag – es ist Mittag – wir machen Mittag – jeden Mittag – zu Mittag – gegen Mittag – am Mittag – über Mittag; das **Mittagessen;** aber: zu Mittag essen; **mittäglich; mittags:** mittags um zwölf; aber: eines Mittags; die **Mittagshitze;** die **Mittagspause;** die **Mittagsruhe;** der **Mittagsschlaf;** die **Mittagsstunde;** der **Mittagstisch;** die **Mittagszeit**

Mit·tä·ter, der: -s, - (jemand, der mit anderen eine Straftat begeht); die **Mittäterschaft**

Mit·te, die: -, -n; in der Mitte der Strasse – der Gast in unserer Mitte (Runde) – er ist Mitte (der) vierzig – die goldene Mitte (den rechten Mittelweg) finden – Mitte Juni; **mitten:** mitten am Vormittag – mitten im Zimmer – mitten in der Nacht – mitten entzwei – mitten durch die Stadt; aber: inmitten; **mittendrin; mittendurch**

mit·tei·len: etwas schriftlich mitteilen – sich einer Freundin mitteilen (anvertrauen); **mitteilsam** (gesprächig); die **Mitteilung;** der **Mitteilungsdrang**

Mit·tel, das: -s, -; mit allen Mitteln kämpfen – dem Kranken ein gutes Mittel (Heilmittel) verschreiben – das Mittel (den Mittelwert) ausrechnen – keine Mittel (kein Geld) mehr haben – *Mittel und Wege* (Möglichkeiten) *finden;* das **Mittelalter** ⟨MA.⟩; **mittelalterlich; mittelbar** (nicht direkt); **mitteldeutsch;** das **Mittelding; Mitteleuropa;** das **Mittelfeld;** der **Mittelfinger; mittelfristig;** das **Mittelgebirge; mittelgross;** die **Mittelklasse;** das **Mittelland** (der flache Teil der Schweiz zwischen Jura und Voralpen); die **Mittellinie; mittellos** (arm); die **Mittellosigkeit;** das **Mittelmass** (Durchschnitt); **mittelmässig** (durchschnittlich); die **Mittelmässigkeit;** das **Mittelmeer;** der **Mittelpunkt;** die **Mittelschicht; die Mittelschule** (Gymnasium); der **Mittelschullehrer;** die **Mittelschullehrerin;** der **Mittelstand** (kleinere Unternehmer; der **Mittelständler;** die **Mittelstufe;** der **Mittelweg;** der **Mittelwert;** das **Mittelwort** (Partizip)

mit·tels: mittels (mithilfe von) Geld; der **Mittelsmann** (Vermittler); die **Mittelsperson**

Mit·ter·nacht, die: -, ...nächte; um Mitternacht – heute Mitternacht; **mitternächtlich; mitternachts;** aber: des Mitternachts; die **Mitternachtssonne;** die **Mitternachtsstunde**

Mitt·ler, der: -s, - (Vermittler); die **Mittlerin;** die **Mittlerrolle**

mitt·le·re: das mittlere Afrika – die mittlere Reife – von mittlerer Grösse; aber: der/die/das **Mittlere; mittlerweile** (unterdessen)

Mitt·woch ⟨Mi.⟩, der: -(e)s, -e (Wochentag); der **Mittwochabend; mittwochabends; mittwochs** (jeden Mittwoch): mittwochs abends

Mit·wis·ser, der: -s, -; jemanden zum Mitwisser haben; die **Mitwisserin;** die **Mitwisserschaft**

G
H
I
J
K
L
M

mi·xen *engl.*: ein Getränk mixen (mischen); der **Mixbecher**; der **Mixedgrill** *[mikst...]* (Gericht aus verschiedenen gegrillten Fleischstückchen und Würstchen; auch: der **Mixed Grill**; **Mix(ed)pickles** *Mz.* (in gewürzten Essig roh eingelegtes gemischtes Gemüse); auch: **Mixed Pickles**; der **Mixer**; das **Mixgetränk**; die **Mixtur** (Mischung)

Mob *engl.*, der: -s (Gesindel, Pöbel) # Mopp; **mobben** (Arbeitskollegen und -kolleginnen ständig schikanieren); das **Mobbing**

Mö·bel *lat.*, das: -s, - (Einrichtungsgegenstand); neue Möbel kaufen; die **Möbelfabrik**; das **Möbelgeschäft**; das **Möbellager**; die **Möbelpolitur**; der **Möbelspediteur** *[...schpeditör]*; das **Möbelstück**; der **Möbelwagen**; **möblieren** (einrichten); **möbliert**: ein möbliertes Zimmer; die **Möblierung**

mo·bil *lat.*: (beweglich); das **Mobile**; das **Mobiliar** (Wohnungseinrichtung); die **Mobilien** *Mz.* (bewegliche Güter); **mobilisieren**: alle Kräfte mobilisieren (aufbieten) – die Streitkräfte mobilisieren (einsetzen, kampfbereit machen); die **Mobilisierung**; die **Mobilität** (Beweglichkeit); die **Mobilmachung**

Mo·cken, der: -s, - (Brocken, dickes Stück)

Mo·de *franz.*, die: -, -n (Geschmack einer Zeit); sich nach der neuesten Mode kleiden; der **Modeartikel**; **modebewusst**; die **Modekrankheit**; die **Mode(n)schau**; **modern**: ein modernes (neuartiges) Gerät – sich modern einrichten; die **Moderne**; **modernisieren**; die **Modernisierung**; die **Modernität** (Neues, Neuheit); der **Modesalon**; der **Modetrend**; **modisch**

Mo·del *engl.*, das: -s, -s (Fotomodell)

Mo·del *lat.*, der: -s, - (Hohlform); das **Modelbrot** (kastenförmiges Brot); **modeln** (Form geben, gestalten)

Mo·dell *franz.*, das: -s, -e; das Modell (der plastische Entwurf) des neuen Flughafens – ihr Auto ist das neueste Modell (Typ, Bauart) – einem Maler Modell stehen (als Vorlage dienen); der **Modellbau**; **modellhaft**; **modellieren** (formen, nachbilden); das **Modellkleid**

Mo·dem *engl.*, das: -s, -s (Gerät zur Datenübertragung)

Mo·der, der: -s (Fäulnis, Verwesung); der **Modergeruch**; **mod(e)rig**; **modern** (faulen)

mo·de·rie·ren *lat.*: (eine Diskussion leiten, eine Sendung im Rundfunk oder Fernsehen kommentieren); **moderat** (gemässigt); die **Moderation**; der **Moderator**; die **Moderatorin**

Mo·dul *engl.*, das: -s, -e (Baueinheit in der Elektroindustrie)

Mo·dus *lat.*, der: -, Modi (Art und Weise); die **Modifikation** (Abänderung, Umstellung); **modifizieren** (ändern); die **Modifizierung**

Mo·fa, das: -s, -s (Motorfahrrad)

mo·geln: ich mog(e)le (schwindle) beim Kartenspiel; die **Mogelei**

mö·gen: du magst, er mochte, sie hat gemocht; er mag nicht arbeiten – sie mag (liebt) ihre Eltern – sie mag keine Krabben (isst sie nicht gerne) – wo mag er nur sein? – das hätte er nicht hören mögen – mag sein – es mochten fast hundert Leute gewesen sein – ich möchte gern; aber: der **Möchtegern**

mög·lich: so viel wie (als) möglich – etwas nicht für möglich halten – wo möglich (bei jeder Gelegenheit); aber: womöglich (vielleicht) kommt er nicht – es ist mir nicht möglich; aber: das Mögliche – Mögliches und Unmögliches probieren – alles Mögliche (alle Möglichkeiten) erwägen – im Rahmen des Möglichen; **möglichenfalls**; **möglicherweise** (vielleicht); die **Möglichkeit**; die **Möglichkeitsform**; **möglichst**: möglichst schnell – möglichst bald; auch: baldmöglichst; aber: sein Möglichstes tun

Mo·hair *arab.-engl.* *[mohär]*, der: -s, -e; → Mohär

Mo·ham·me·da·ner, der: -s, - (Anhänger der Lehre Mohammeds, Moslem bzw. Muslim); **mohammedanisch**: der mohammedanische Glaube

Mo·här *arab.*, der: -s, -e (Wolle oder Stoff aus dem Haar der Angoraziege); auch: der **Mohair**

Mohn, der: -(e)s (Pflanze); die **Mohnblume**; der **Mohnkuchen**

Mohr, der: -en, -en (früher für: Schwarzer); der **Mohrenkopf** (Gebäck); die **Mohrin** # Moor

Möh·re, die: -, -n (Gemüsepflanze); auch: die **Mohrrübe**

Mo·kas·sin *indian.*, der: -s, -s/-e (leichter Lederschuh)

Mo·kick das: -s, -s (kleines Motorrad)

mo·kie·ren, sich *franz.*: sich über alles mokieren (lustig machen, spötteln); **mokant** (spöttisch)

Mok·ka *arab.*, der: -s, -s (starker Kaffee); die **Mokkatasse**

Molch, der: -(e)s, -e (Schwanzlurch)

Mo·le *ital.*, die: -, -n (Hafendamm)

Mo·le·kül *franz.*, das: -s, -e (kleinster Teil einer chemischen Verbindung); **molekular;** das **Molekulargewicht**

Mol·ke·rei, die: -, -en (Milch verarbeitender Betrieb); die **Molke** (Käsewasser); → melken

Moll *lat.*, das: - (eins der beiden Tongeschlechter); a-Moll; der **Mollakkord;** der **Mollklang;** die **Molltonart**

mol·lig: ein molliges (weiches) Kleid – eine mollige (behagliche) Wärme – sie ist ziemlich mollig (dicklich, beleibt)

Mo·loch, der: -s, -e (alles zerstörende Macht, Ungeheuer)

Mo·ment *lat.*, das: -(e)s, -e; ein wichtiges Moment (einen Umstand) übersehen – das Moment der Spannung in einer Erzählung

Mo·ment *lat.*, der: -(e)s, -e; der richtige Moment (Augenblick) – im Moment (jetzt) – sie kann jeden Moment (gleich) kommen; **momentan:** momentan (zur Zeit, jetzt) ist sie gesund – momentan (vorübergehend) arbeitet sie nicht

Mo·nar·chie (Mon·ar·chie) *griech.*, die: -, Monarchien (Alleinherrschaft); der **Monarch;** die **Monarchin;** der **Monarchist** (Königstreuer); **monarchistisch**

Mo·nat, der: -(e)s, -e; dieses Monats ⟨d.M.⟩ – laufenden Monats ⟨lfd. M.⟩ – vorigen Monats – von Monat zu Monat; **...monatig:** dreimonatig; auch: 3-monatig; **monatelang:** monatelang war sie verreist; aber: viele Monate lang; **monatlich** (jeden Monat): die monatliche Zahlung; das **Monatseinkommen;** der **Monatserste;** die **Monatsfrist;** das **Monatsgehalt;** auch: das **Monatssalär;** die **Monatskarte;** die **Monatsmiete**

Mönch *griech.*, der: -(e)s, -e (Angehöriger eines Männerordens); **mönchisch:** mönchisch (zurückgezogen) leben; das **Mönchskloster;** die **Mönchskutte;** der **Mönchsorden;** das **Mönch(s)tum;** die **Mönchszelle**

Mond, der: -(e)s, -e (Himmelskörper); *hinter dem Mond leben* (nicht wissen, was vorgeht) – *in den Mond gucken* (das Nachsehen haben) – *vom Mond kommen* (nicht Bescheid wissen); der **Mondaufgang;** die **Mondbahn;** der **Mond(en)schein;** die **Mondfähre;** die **Mondfinsternis; mondhell;** die **Mondlandschaft;** die **Mondlandung;** das **Mondlicht;** der **Mondschein; mondsüchtig**

mon·dän *franz.*: eine mondäne (betont elegante) Frau

Mo·ne·ten *Mz. lat.*, die: - (Geld); **monetär:** monetäre (das Geld betreffende) Angelegenheiten

mo·nie·ren *lat.*: (beanstanden, bemängeln)

Mo·ni·tor *engl.*, der: -s, Monitoren (Kontrollbildschirm)

Mo·no·gramm *griech.*, das: -s, -e (Namenszeichen)

Mo·no·gra·phie *griech.*, die: -, Monographien (Einzeldarstellung); auch: die **Monografie**

Mo·no·kel (Mon·o·kel) *franz.*, das: -s, - (Augenglas für nur ein Auge)

Mo·no·kul·tur *lat.*, die: -, -en (einseitiger Anbau einer bestimmten Pflanze)

Mo·no·log *griech.*, der: -s, -e (Selbstgespräch); **monologisch; monologisieren**

Mo·no·pol *griech.*, das: -s, -e (Vorrecht für die alleinige Herstellung einer Ware bzw. Recht auf Alleinverkauf, alleiniger Anspruch); der **Monopolist;** die **Monopolistin**

mo·no·ton *griech.*: (langweilig, eintönig); die **Monotonie**

Mons·ter *engl.*, das: -s, - (Riese, Ungeheuer); der **Monsterbau;** der **Monsterfilm;** die **Monsterschau; monströs** (riesig, ungeheuerlich); das **Monstrum** (Ungeheuer, Scheusal)

Mons·tranz (Monst·ranz) *lat.*, die: -, -en (Gefäss für geweihte Hostien)

Mon·sun *arab.*, der: -s, -e (Wind in Südasien); der **Monsunregen** (lang anhaltender Regen, durch den Monsun verursacht)

Mon·tag ⟨Mo.⟩, der: -(e)s, -e (Wochentag); einen blauen Montag machen; der **Montagabend; montagabends; montags** (an Montagen): montags abends; **montägig** (am Montag); **montäglich** (jeden Montag); die **Montagsausgabe**

Mon·ta·ge *franz. [montasche]*, die: -, -n (Aufbau, Zusammenstellung von technischen Anlagen); das **Montageband;** die **Montage-**

G
H
I
J
K
L
M

halle; der **Monteur** [*montör*]; **montieren:** ein Werk montieren (zusammenbauen) – er montiert (befestigt) das Schloss an der Tür; die **Montierung**

Mon·tur *franz.*, die: -, -en (Dienst- bzw. Arbeitskleidung)

Mo·nu·ment *lat.*, das: -(e)s, -e (grosses Denkmal); **monumental** (wuchtig, riesig); der **Monumentalbau;** das **Monumentalgemälde**

Moor, das: -(e)s, -e (sumpfige Landschaft); das **Moorbad; moorig;** die **Moorpackung** (Behandlung mit Moorerde) # Mohr

Moos, das: -es, -e (Polster aus kleinen, immergrünen Pflanzen); *Moos ansetzen* (alt werden); **moosbedeckt;** die **Moosflechte; moosgrün; moosig;** das **Moospolster; moosüberwachsen**

Mo·ped, das: -s, -s (Kleinkraftrad)

Mopp *engl.*, der: -s, -s (Staubbesen); **moppen:** den Flur moppen # Mob

Mops, der: -es, Möpse (Hunderasse); **mopsen** (stehlen); das **Mopsgesicht; mopsig** (klein und dick)

Mo·ral *lat.*, die: -; keine Moral (sittlichen Grundsätze) haben – die Moral (Disziplin) der Soldaten ist gut – die Moral (Lehre) einer Erzählung; der **Moralbegriff; moralisch:** einen moralischen Lebenswandel führen – *den Moralischen (Gewissensbisse) haben;* **moralisieren;** der **Moralist;** die **Moralistin;** die **Moralpredigt** (eindringliche Ermahnung)

Mo·rä·ne *franz.*, die: -, -n (von einem Gletscher mitgeführtes Geröll); die **Moränenlandschaft**

Mo·rast, der: -(e)s, -e /Moräste (Sumpfboden, Schlamm); **morastig**

mor·bid *lat.*: morbid (krank) aussehen – eine morbide (vom Verfall bedrohte) Gesellschaft

Mor·chel, die: -, -n (Speisepilz)

Mord, der: -(e)s, -e (vorsätzliche Tötung); die **Mordanklage;** der **Mordanschlag;** die **Morddrohung; morden;** der **Mörder;** die **Mörderbande;** die **Mörderin; mörderisch:** eine mörderische (sehr starke, fürchterliche) Hitze; der **Mordfall;** die **Mordgier;** der **Mordprozess;** die **Mordsarbeit;** das **Mordsglück:** ein Mordsglück (grosses Glück) haben; die **Mordshitze;** der **Mords-**

hunger; der **Mordskrach; mordsmässig:** er hat einen mordsmässigen (gewaltigen) Durst; der **Mordsspass;** die **Mordswut;** die **Mordtat;** der **Mordversuch;** die **Mordwaffe**

mor·gen: ich schlafe bis morgen – morgen früh – morgen Nachmittag – morgen Abend – für morgen – morgen in einer Woche – die Mode von morgen – *morgen ist auch noch ein Tag;* der **Morgen:** heute, gestern Morgen – vom Morgen bis Abend – eines Morgens – am nächsten Morgen – gegen Morgen – den ganzen Morgen über; das **Morgen** (Zukunft): das Heute und Morgen – was wird das Morgen bringen?; die **Morgendämmerung; morgendlich:** die morgendliche Stille; das **Morgenessen;** das **Morgengrauen;** die **Morgengymnastik;** das **Morgenland;** das **Morgenlicht;** die **Morgenluft:** *Morgenluft wittern* (einen Vorteil für sich erkennen); der **Morgenmuffel; morgens:** morgens um sechs – sonntags morgens; aber: eines Morgens; der **Morgenspaziergang;** der **Morgenstern;** die **Morgenstunde:** *Morgenstund hat Gold im Mund;* die **Morgenzeitung; morgig:** der morgige Tag

Mor·gen, der: -s, - (altes Feldmass = ein viertel Hektar); fünf Morgen Land besitzen

Mo·ri·tat, die: -, -en (Bänkelgesang, Schauergeschichte); der **Moritatensänger**

Mor·phi·um *griech.*, das: -s (Rauschgift, Betäubungsmittel); die **Morphiumspritze; morphiumsüchtig**

morsch: eine morsche (baufällige, brüchige) Hütte

mor·sen: (funken); das **Morsealphabet;** der **Morseapparat;** das **Morsezeichen**

Mör·ser, der: -s, - (Gefäss zum Zerreiben harter Stoffe, ein schweres Geschütz)

Mör·tel, der: -s (Bindemittel für Bausteine); der **Mörtelkasten; mörteln**

Mo·sa·ik *franz.*, das: -s, -e /-en (aus Steinchen zusammengesetztes Bildwerk); die **Mosaikarbeit; mosaikartig;** das **Mosaikbild;** das **Mosaiksteinchen**

Mo·schee *arab.*, die: -, Moscheen (islamisches Gotteshaus)

Mos·ki·to *span.*, der: -s, -s (tropische Stechfliege); das **Moskitonetz**

Mos·lem *arab.*, der: -s, -s (Anhänger des Islams); **moslemisch;** → Muslim

Most, der: -(e)s, -e (aus Obst gewonnener Saft); **mosten;** die **Mosterei;** der **Mostrich** (Senf)

Mo·tel *amerik.,* das: -s, -s (Hotel für Autoreisende)

Mo·ti·on *franz.,* die: -, -en (Antrag im Parlament); der **Motionär;** die **Motionärin**

Mo·tiv *lat.,* das: -s, -e; das Motiv (der Beweggrund) für eine Tat – das Motiv (Thema) eines Kunstwerkes; die **Motivation;** **motivieren** (jemanden zu etwas anregen); die **Motivierung**

Mo·to·cross *engl.,* das: -, e (Motorradrennen auf einer abgesteckten Strecke im Gelände); auch: das **Moto-Cross**

Mo·tor *lat.,* der: -s, Motoren; den Motor laufen lassen – er ist der Motor (die treibende Kraft) des Betriebes; das **Motorboot;** das **Motorfahrzeug; motorisieren;** die **Motorisierung;** die **Motorjacht;** der **Motorlärm;** das **Motorrad;** das **Motorschiff** ⟨MS⟩

Mot·te, die: -, -n (kleiner Schmetterling); **motten** (glimmen, schwelen); die **Mottenkugel;** das **Mottenpulver**

Mot·to *ital.,* das: -s, -s (Leitspruch, Kennwort)

mot·zen: (schmollen, schimpfen, nörgeln); **motzig**

Moun·tain·bike *engl. [mountinbaik],* das: -s, -s (Fahrrad für Geländefahrten)

Mö·we, die: -, -n (am Wasser lebender Vogel); der **Möwenschrei**

Mu·ba = Mustermesse Basel

Mü·cke, die: -, -n (kleines, Blut saugendes Insekt); *aus einer Mücke einen Elefanten machen* (masslos übertreiben); die **Mückenplage;** der **Mückenschwarm;** der **Mückenstich**

mu·cken: (aufbegehren, widersprechen); die **Mucken** (Launen): *seine Mucken haben* (launisch sein)

muck·sen: sich nicht mucksen (sich nicht rühren, keinen Laut von sich geben); der **Mucks:** keinen Mucks machen (keinen Ton sagen); auch: der **Muckser; mucksmäuschenstill** (ganz still)

mü·de: sich müde schlafen legen – am Morgen noch müde (unausgeschlafen) sein – er ist einer Sache müde (überdrüssig); die **Müdigkeit**

Muff *niederl.,* der: -(e)s, -e; die Hände im Muff (Händewärmer) haben

Muff, der: -(e)s; der Muff (fauler, moderiger Geruch) im Raum; **muffen** (dumpf riechen); **muffig:** ein muffiges (dumpf, schlecht riechendes) Zimmer

Muf·fe, die: -, -n (Rohrverbindungsstück)

Muf·fel, der: -s, - (unfreundlicher Mensch, Langweiler); **muffeln** (beleidigt, in schlechter Stimmung sein); **muff(e)lig:** er benimmt sich muffelig (mürrisch, unfreundlich)

Muff·lon *franz.,* der: -s, -s (ein Wildschaf)

Mü·he, die: -, -n; alle Mühe (Anstrengung) war umsonst – mit Müh' und Not (gerade noch) – sie gibt sich redlich Mühe; **mühelos;** die **Mühelosigkeit;** sich **mühen** (anstrengen); **mühevoll;** die **Mühsal; mühsam** (beschwerlich); **mühselig;** die **Mühseligkeit**

mu·hen: (muh schreien); die Kuh muht; **muh!**

Müh·le, die: -, -n; *Gottes Mühlen mahlen langsam;* das **Mühl(en)rad;** das **Mühlespiel;** der **Mühlstein;** das **Mühlwerk**

Mu·lat·te *span.,* der: -n, -n (Sohn eines weissen und eines schwarzen Elternteils); die **Mulattin**

Mulch, der: -(e)s, -e (Schicht aus zerkleinerten Pflanzen, eine Humusform); **mulchen** (mit Mulch bedecken)

Mul·de, die: -, -n (leichte Bodenvertiefung); **muldenförmig**

Mu·li *lat.,* der: -s, -(s) (Maulesel)

Mull *engl.,* der: -(e)s, -e (feines Baumwollgewebe); die **Mullbinde**

Mull, der: -(e)s, -e (lockerer Humusboden)

Müll, der: -(e)s (Abfälle); die **Müllabfuhr;** der **Müllabladeplatz;** das **Müllauto;** der **Müllcontainer;** die **Mülldeponie;** der **Mülleimer;** die **Müllhalde;** die **Müllkippe;** der **Müllschlucker;** die **Mülltonne;** die **Müllverbrennung;** die **Müllverwertung**

Mül·ler *lat.,* der: -s, - (Handwerker im Mühlengewerbe); die **Müllerin** # Mühle

mul·mig: mir ist mulmig (unbehaglich) zumute – eine mulmige (gefährliche) Sache

mul·ti·kul·tu·rell *lat.:* eine multikulturelle (viele Kulturen umfassende) Gesellschaft

mul·ti·la·te·ral *lat.:* multilaterale (mehrseitige) Verträge abschliessen

Mul·ti·pack, das: -(e)s (Packung mit mehreren Artikeln gleicher Sorte, Grosspackung)

Mul·tip·le·choice·ver·fah·ren (Mul·ti·ple ...) *engl. [maltipeltschois...],* das: -s, - (Testverfahren mit Auswahlantworten); auch: das **Multiple-Choice-Verfahren**

Mul·ti·pli·ka·ti·on (Mul·tip·li·ka·ti·on) *lat.,* die: -, -en (das Malnehmen, Vervielfachen); der **Multiplikand** (die zu vervielfachende Zahl); der **Multiplikator** (Zahl, mit der vervielfacht wird); **multiplizieren**

Mu·mie *arab. [mumje],* die: -, -n (durch besondere Mittel haltbar gemachte Leiche); **mumienhaft; mumifizieren;** die **Mumifizierung** (Einbalsamierung)

Mumm, der: -s; viel Mumm (Schneid, Mut) haben

Mum·pitz, der: -es (Unfug, Unsinn)

Mumps *engl.,* der/die: - (Krankheit, Ziegenpeter)

Mund, der: -(e)s, Münder; den Mund halten – das Gerücht geht von Mund zu Mund – ein paar Mund voll Kirschen – *sich den Mund verbrennen* (sich durch unüberlegtes Reden schaden) – *den Mund voll nehmen* (angeben); die **Mundart; mundartlich;** das **Mündchen; munden:** es hat gut gemundet (geschmeckt); **mundfaul; mundgerecht; mündlich;** die **Mundpropaganda;** der **Mundraub;** das **Mundstück; mundtot:** *jemanden mundtot machen* (zum Schweigen bringen); der **Mundvorrat;** das **Mundwerk:** *ein grosses Mundwerk haben* (grosssprecherisch reden); die **Mund-zu-Mund-Beatmung**

Mün·del, der/das: -s, - (unter Vormundschaft stehendes Kind); **mündig:** mündig (volljährig, erwachsen) sein – jemanden mündig sprechen; die **Mündigkeit**

mün·den: der Fluss mündet in das Meer; die **Mündung**

Mu·ni·ti·on *franz.,* die: -, -en (Schiessmaterial); die **Munitionsfabrik;** das **Munitionslager**

mun·keln: (heimlich erzählen, Gerüchte verbreiten)

Müns·ter, das: -s, - (Dom-, Klosterkirche)

mun·ter: (wach, lebhaft, heiter); die **Munterkeit**

Mün·ze *lat.,* die: -, -n (Geldstück); *etwas für bare Münze nehmen* (etwas ernsthaft glauben) – *etwas mit gleicher Münze heimzahlen* (auf die gleiche Weise vergelten); die **Münzanstalt;** der **Münzautomat; münzen:** das ist auf dich gemünzt (zielt auf dich, spielt auf dich an); die **Münzensammlung;** der **Münzfernsprecher;** die **Münztankstelle**

Mu·rä·ne *griech.,* die: -, -n (aalartiger Fisch)

mür·be: der Kuchen ist sehr mürbe (locker) – *jemanden mürbe machen* (ihn entnerven); auch: **mürb;** der **Mürb(e)teig;** die **Mürbheit**

murk·sen: (pfuschen); der **Murks** (schlechte Arbeit); der **Murkser**

Mur·mel, die: -, -n (kleine Spielkugel)

mur·meln: (leise, undeutlich sprechen)

Mur·mel·tier, das: -(e)s, -e (im Gebirge lebendes Nagetier)

mur·ren: (sich beklagen, aufbegehren); **mürrisch:** ein mürrischer (unhöflicher) Mensch – er macht ein mürrisches (verdrossenes) Gesicht

Mus, das: -es, -e; ein Mus (einen Brei) kochen

Mu·schel, die: -, -n (im Wasser lebendes Weichtier); **muschelförmig;** der **Muschelkalk;** das **Muschelwerk**

Mu·se *griech.,* die: -, -n (Göttin der schönen Künste und der Wissenschaften); die leichte Muse (heitere, unterhaltende Kunst); **musisch** (künstlerisch begabt, schöpferisch)

Mu·se·um *griech.,* das: -s, Museen (Sammlung kostbarer Gegenstände); **museal;** der **Museumsführer;** die **Museumsführerin;** das **Museumsstück;** der **Museumswärter**

Mu·si·cal *amerik. [mjusikel],* das: -s, -s (modernes Sing- und Tanzspiel)

Mu·sik *griech.,* die: -, -en (Tonkunst); ein Musik liebender Mensch; die **Musikalien** (Notenbücher und -hefte); die **Musikalienhandlung; musikalisch;** die **Musikalität** (musikalische Begabung); der **Musikant;** die **Musikantin;** die **Musikbox;** der **Musiker;** die **Musikerin;** das **Musikinstrument;** die **Musikkapelle;** die **Musikkassette;** das **Musikstück;** das **Musikwerk; musizieren**

Mus·kat *franz.,* der: -(e)s, -e (Gewürz); die **Muskatnuss;** der **Muskateller** (süsser Wein)

Mus·kel *lat.,* der: -s, -n; *seine Muskeln spielen lassen* (seine Kraft zeigen); die **Muskelfaser;** der **Muskelkater;** die **Muskelkraft;** der **Muskelkrampf;** das **Muskelpaket;** der **Muskelprotz;** der **Muskelriss;** die **Muskelzerrung;** die **Muskulatur** (Gesamtheit der Muskeln); **muskulös** (äusserst kräftig)

Müs·li *schweiz.,* das: -s, - (Rohkostgericht); auch: das **Müesli**

Mus·lim, der: -s, -s/Muslime (Anhänger des Islams, Moslem); die **Muslime** (weiblicher Muslim); **muslimisch**

Mus·se, die: - (Ruhezeit, freie Zeit); die **Mussestunde; müssig** (untätig, überflüssig): müssig gehen; der **Müssiggang:** *Müssiggang ist aller Laster Anfang;* der **Müssiggänger** (Faulenzer); die **Müssiggängerin; müssiggängerisch**

müs·sen: du musst, er musste, sie hat gemusst; sie muss um 8 Uhr in der Schule sein – ich habe das sagen müssen – die Arbeit muss heute noch getan werden – sie muss gleich kommen; das **Muss**

Mus·ter, das: -s, - (Vorlage, Modell, Vorbild); das **Musterbeispiel;** die **Musterehe;** der **Musterfall; mustergültig;** die **Mustergültigkeit; musterhaft;** die **Musterhaftigkeit;** der **Musterknabe;** die **Musterkollektion; mustern:** jemanden scharf mustern (ansehen) – die Soldaten mustern (auf ihre Wehrtauglichkeit untersuchen) – der **Musterpass;** der **Musterprozess;** der **Musterschüler;** die **Musterschülerin;** die **Musterung**

Mut, der: -(e)s; mit Mut (Kühnheit) kämpfen – guten Mutes (guter Stimmung) sein – jemandem Mut machen – nur Mut! – mir ist elend zu Mute; auch: zumute; das **Mütchen:** *an jemandem sein Mütchen kühlen* (seinen Zorn auslassen); **mutig; mutlos;** die **Mutlosigkeit;** die **Mutprobe;** der **Mutwille; mutwillig** (absichtlich; bewusst); die **Mutwilligkeit**

mut·mas·sen: (vermuten); **mutmasslich** (vermutlich, angeblich); die **Mutmassung**

Mu·ta·ti·on *lat.,* die: -, -en (Wandlung, Veränderung von Erbanlagen)

Mut·ter, die: -, Mütter; Mutter von zwei Söhnen – die Mutter Gottes; auch: die Gottesmutter; der **Mutterboden;** das **Mütterchen;** die **Muttererde;** das **Müttergenesungsheim;** die **Muttergottes; mütterlich** (fürsorglich); **mütterlicherseits;** die **Mütterlichkeit;** die **Mutterliebe; mutterlos;** das **Muttermal;** die **Mutterschaft; mutterseelenallein** (einsam); das **Muttersöhnchen;** die **Muttersprache;** der **Muttertag;** der **Mutterwitz** (angeborener, gesunder Witz)

Mut·ter, die: -, -n (der die Schraube umschliessende Ring)

Müt·ze, die: -, -n (Kopfbedeckung)

MwSt. (MWSt.) = Mehrwertsteuer

My·ri·a·de *griech.,* die: -, -n (ungeheuer grosse Menge)

Myr·rhe *griech.,* die: -, -n (wohl riechendes Harz); auch: die **Myrre**

Myr·the *griech.,* die: -, -n (ständig grün blühender Strauch); der **Myrthenkranz** (Brautschmuck); der **Myrthenzweig**

mys·te·ri·ös *franz.:* ein mysteriöser (geheimnisvoller, unerklärlicher) Mord; das **Mysterium** (unerklärliches Geheimnis); die **Mystifikation** (Täuschung); **mystifizieren;** die **Mystik** (Suche Gottes, Geheimlehre); der **Mystiker; mystisch** (dunkel, geheimnisvoll)

My·thos *griech.,* der: -, Mythen (Erzählung aus der Vorzeit, Helden- und Göttersage); auch: die **Mythe;** oder: der **Mythus; mythenhaft; mythisch** (sagenhaft); die **Mythologie** (Sagenkunde, Götterlehre); **mythologisch**

Mz. = Mehrzahl (Plural)

N

N = Nord(en)

na: na ja! – na und? – na, wird's bald? – na, was meinst du? – na, wie wär's? – na bitte! – na warte!

Na·be, die: -, -n (Mittelteil eines Rades)

Na·bel, der: -s, - (Bauchnabel); der Nabel (Mittelpunkt, das Wichtigste) der Welt; der **Nabelbruch;** die **Nabelschau;** die **Nabelschnur**

nach: nach der Mahlzeit – nach Basel fahren – nach Hause – nach Mass – nach wie vor (noch immer) – nach und nach (allmählich) – frei nach Goethe – nach Christus (n. Chr.); auch: nach Christi Geburt; **nachdem;** je nachdem – kurz nachdem er gegangen war; **nacheinander:** nacheinander (in Abständen, der Reihe nach) über die Strasse gehen – nacheinander eintreten; **nachher; Nachhinein:** im Nachhinein

nach·äf·fen: einen Schauspieler nachäffen (nachahmen); die **Nachäfferei**

nach·ah·men: den Lehrer nachahmen (nachmachen); **nachahmenswert** (ausgezeichnet); der **Nachahmer;** die **Nachahmerin;** die **Nachahmung;** der **Nachahmungstrieb; nachahmungswürdig**

Nach·bar, der: -n/-s, -n; ein ruhiger Nachbar (Anwohner) – sein Nachbar (Nebenmann) am Tisch; das **Nachbarhaus;** die **Nachba-rin; nachbarlich:** nachbarliche Beziehungen; der **Nachbarort;** die **Nachbarschaft;** die **Nachbarschaftshilfe;** das **Nachbarskind;** die **Nachbarsleute** *Mz.*; der **Nachbarstaat**

nach·be·stel·len: Fotos nachbestellen; die **Nachbestellung**

nach·bil·den: (nachahmen); die **Nachbildung**

nach·den·ken: über ein Problem nachdenken (sich Gedanken machen); **nachdenklich** (in Gedanken versunken); die **Nachdenklichkeit**

nach·dop·peln: ich dopp(e)le nach (verstärke etwas durch Wiederholung)

Nach·druck, der: -(e)s, -e; etwas mit Nachdruck (eindringlich) anordnen – der Nachdruck (Abdruck) eines Bildes – *einer Sache Nachdruck verleihen* (etwas verstärken); **nachdrücklich;** die **Nachdrücklichkeit; nachdrucksvoll**

nach·ei·fern: einem Vorbild nacheifern (es nachahmen); **nacheifernswert;** die **Nacheiferung**

Na·chen, der: -s, - (kleines Boot, Kahn)

nach·er·zäh·len: eine interessante Geschichte nacherzählen (mit eigenen Worten wiedergeben); die **Nacherzählung**

Nach·fah·re, der: -n, -n (Nachkomme, Spross); auch: der **Nachfahr**

nach·fol·gen: sie folgte ihrem Mann in den Tod nach; die **Nachfolge:** die Nachfolge antreten; **nachfolgend:** die nachfolgenden Jahre; aber: im Nachfolgenden (weiter unten) – das Nachfolgende – Nachfolgendes; der **Nachfolger** 〈Nachf.〉; die **Nachfolgerin**

nach·for·schen: (versuchen etwas herauszubekommen, untersuchen); die **Nachforschung**

nach·fra·gen: beim Fundbüro nachfragen (sich erkundigen) – um Urlaub nachfragen (ersuchen); die **Nachfrage:** eine starke Nachfrage (ein grosser Bedarf) nach Waren

nach·ge·ben: den Forderungen des Vorgesetzten nachgeben (zustimmen) – *der Klügere gibt nach;* **nachgiebig:** ein nachgiebiger Mensch; die **Nachgiebigkeit**

Nach·ge·bühr, die: -, -en (Strafporto)

nach·hal·tig: einen nachhaltigen (dauernden, starken) Eindruck hinterlassen; die **Nachhaltigkeit**

Nach·hau·se·weg, der: -(e)s, -e (Heimweg); aber: der Weg führt nach Hause

nach·hel·fen: (behilflich sein); die **Nachhilfe;** der **Nachhilfeschüler;** die **Nachhilfeschülerin;** die **Nachhilfestunde;** der **Nachhilfeunterricht**

nach·ho·len: den versäumten Unterricht nachholen; der **Nachholbedarf;** das **Nachholspiel**

Nach·hut, die: -, -en (militärische Sicherheitstruppe beim Rückmarsch)

nach·kom·men: in den Urlaub nachkommen (später kommen) – ihren Bitten nachkommen (sie erfüllen); der **Nachkomme** (Nachfahre); die **Nachkommenschaft;** der **Nachkömmling** (Nachzügler)

nach·las·sen: sein Fleiss lässt nach (flaut ab) – der Regen lässt nach – jemandem etwas vom Preis nachlassen; der **Nachlass** (Hinterlassenschaft, Preisnachlass); **nachlässig:** nachlässig (unordentlich, flüchtig) arbeiten; die **Nachlässigkeit;** die **Nachlassstundung** (Frist zur Schuldenbezahlung); der **Nachlassverwalter**

nach·ma·chen: Tierstimmen nachmachen (nachahmen) – Geld nachmachen (fälschen)

Nach·mit·tag, der: -(e)s, -e; am späten Nachmittag – am Sonntag Nachmittag – heute Nachmittag fahre ich; **nachmittägig** (am Nachmittag): der nachmittägige Schlaf; **nachmittäglich** (jeden Nachmittag); **nachmittags** 〈nachm.〉: nachmittags (an Nachmittagen) muss ich arbeiten; die **Nachmittagsstunde;** die **Nachmittagsvorstellung**

Nach·nah·me, die: -, -n (das Einziehen der Postgebühr bei der Aushändigung der Sendung); das Paket kommt per Nachnahme # Nachname

Nach·na·me, der: -ns, -n (Familienname) # Nachnahme

nach·prü·fen: (kontrollieren); **nachprüfbar;** die **Nachprüfbarkeit;** die **Nachprüfung**

Nach·re·de, die: -, -n; eine üble Nachrede (Verleumdung)

Nach·richt, die: -, -en; keine Nachricht (Benachrichtigung) haben – Nachricht geben (informieren) – die Nachrichten (Meldungen) im Fernsehen verfolgen; die **Nachrichtenagentur;** der **Nachrichtendienst;** das **Nachrichtenmagazin;** der **Nachrichtensa-**

tellit; die **Nachrichtensendung;** die **Nachrichtenübermittlung**

Na**ch·ruf,** der: -(e)s, -e (Worte für Verstorbene, Gedenkrede); **nachrufen**

na**ch·schla·gen:** in einem Lexikon nachschlagen (nachsehen) – er schlägt seinem Vater nach (ähnelt ihm); der **Nachschlag,** die Nachschläge; das **Nachschlagewerk** (Lexikon, Wörterbuch)

Nach·schlüs·sel, der: -s, -; der Dieb hat einen Nachschlüssel (eine Schlüsselkopie) benutzt

Nach·schrift, die: -, -en (Niederschrift nach Ansage)

Nach·schub, der: -(e)s, Nachschübe (Versorgung der kämpfenden Truppe)

na**ch·se·hen:** nachsehen (prüfen), ob die Türe geschlossen ist – im Wörterbuch nachsehen (nachschlagen) – sie sieht ihm den Fehler nach (verzeiht ihn); das **Nachsehen:** *das Nachsehen haben* (im Nachteil sein, nichts mehr bekommen); die **Nachsicht:** um Nachsicht (Verständnis) bitten – *Vorsicht ist besser als Nachsicht;* **nachsichtig**

na**ch·sen·den:** die Post wurde nachgesendet; auch: nachgesandt; die **Nachsendung**

Nach·sil·be, die: -, -n (an ein Wort angehängte Silbe, z. B. -bar, -lich; Suffix)

na**ch·sit·zen:** zur Strafe muss sie nachsitzen (länger in der Schule bleiben)

Nach·spei·se, die: -, -n (Nachtisch)

Nach·spiel, das: -(e)s, -e; die Angelegenheit hat noch ein Nachspiel (sie ist noch nicht erledigt, hat Folgen)

nä**chst:** nächst dem Bahnhof (ganz in der Nähe); auch: nächst des Bahnhofs – am nächsten – vom nächsten Ersten (des Monats) an – nächstes Jahr – aus nächster Nähe – das nächste Mal – nächsten Jahres; aber: der Nächste, bitte! – als Nächstes – fürs Nächste; **nächstbeste:** die nächstbeste Stadt; aber: der nächste Beste; der **Nächste** (der Mitmensch): mein Nächster – *jeder ist sich selbst der Nächste;* die **Nächstenliebe; nächstens** (in naher Zukunft, bald); **nächstfolgend; nächstliegend:** der nächstliegende Gedanke; das **Nächstliegende**

na**ch·ste·hen:** sie will ihrer Schwester nicht nachstehen (ihr ebenbürtig sein) – im nachstehenden (folgenden) Kapitel; aber: im Nachstehenden (weiter unten)

na**ch·stel·len:** die Uhr nachstellen – jemandem nachstellen (jemanden verfolgen); die **Nachstellung**

na**ch·su·chen:** um eine Bewilligung nachsuchen (bitten); die **Nachsuchung**

Na**cht,** die: -, Nächte; eine kalte Nacht – in dunkler Nacht – es ist Nacht – gestern, heute, morgen Nacht – gute Nacht sagen – bei Nacht – über Nacht (plötzlich) – die Nacht über – zu Nacht essen – bei Nacht und Nebel (heimlich) – die Heilige Nacht (Nacht zum 1. Weihnachtstag) – *jemandem schlaflose Nächte bereiten* (ihn sehr beunruhigen) – *in der Nacht sind alle Katzen grau;* die **Nachtarbeit; nachtblind;** der **Nachtdienst; nächtelang;** aber: fünf Nächte lang; **nachten:** es nachtet (wird dunkel, dunkelt); **nächtens** (in der Nacht); das **Nachtessen;** die **Nachteule;** der **Nachtfrost;** das **Nachtgebet;** das **Nachthemd; nächtigen:** im Freien nächtigen (übernachten); die **Nächtigung; nächtlich** (zur Nachtzeit); das **Nachtlokal;** das **Nachtmahl;** die **Nachtmütze** (Schlafmütze); das **Nachtquartier;** die **Nachtruhe; nachts:** sonntags nachts (jede Sonntagnacht); auch: sonntagnachts; aber: eines Nachts – des Nachts; das **Nachtschattengewächs;** die **Nachtschicht; nachtschlafend:** zu nachtschlafender Stunde (spät nachts); **nachtsüber;** der **Nachttarif;** die **Nachttischlampe;** der **Nachttopf;** die **Nacht-und-Nebel-Aktion;** der **Nachtwächter; nachtwandeln** (schlafend umhergehen); der **Nachtwandler;** die **Nachtwandlerin; nachtwandlerisch;** die/zur **Nachtzeit**

Na**ch·teil,** der: -(e)s, -e; im Nachteil (benachteiligt) sein – der Handel brachte ihm nur Nachteile (Schaden, Verluste); **nachteilig:** das wirkt sich nachteilig aus; aber: mir ist nichts Nachteiliges bekannt

Na**ch·ti·gall,** die: -, -en (Singvogel)

Na**ch·tisch,** der: -(e)s; als Nachtisch (Nachspeise) gibt es Eis

na**ch·tra·gen:** dem Gast den vergessenen Koffer nachtragen – sie trägt in der Liste die neuesten Zahlen nach – jemandem etwas nachtragen (verübeln); der **Nachtrag** (Ergänzung); **nachtragend:** ein nachtragender Mensch; **nachträglich** (später, hinterher); der **Nachtragshaushalt**

nach·tun: es jemandem nachtun (ihn nachahmen, ihm nacheifern)

nach·wei·sen: jemandem einen Fehler nachweisen (aufzeigen); der **Nachweis; nachweisbar; nachweislich:** ein nachweislicher Irrtum

Nach·welt, die: - (spätere Generationen)

Nach·wort, das: -(e)s, -e; das Nachwort (Schlusswort) zu einem Buch

Nach·wuchs, der: -es; wir haben Nachwuchs (ein Kind) bekommen – das Handwerk klagt über Mangel an Nachwuchs (junge Menschen in der Ausbildung); die **Nachwuchskraft;** der **Nachwuchsmangel;** der **Nachwuchsspieler**

nach·zah·len: (nachträglich etwas zahlen); **nachzählen;** die **Nachzahlung**

Nach·züg·ler, der: -s, - (der Letzte, Nachkömmling)

Na·cken, der: -s, - (hintere Halsgegend, Genick); *jemandem den Nacken stärken* (ihn unterstützen) – *jemandem auf dem Nacken sitzen* (ihn hart bedrängen); der **Nackenschlag** (schweres Schicksal); die **Nackenstütze;** der **Nackenwirbel**

nackt: nackt (ohne Bekleidung) herumlaufen – nackend sein (nur bei Personen) – auf dem nackten (blossen) Boden stehen – eine nackte (schmucklose) Wand – *jemandem die nackte (reine) Wahrheit sagen;* der **Nackedei** (nacktes Kind); **nackig;** die **Nacktheit;** die **Nacktkultur**

Na·del, die: -, -n; die Nadeln des Tannenbaumes fallen ab – eine Nadel einfädeln – sie steckte das Kleid mit Nadeln zusammen – *wie auf Nadeln sitzen* (ungeduldig warten); der **Nadelbaum;** das **Nadelkissen; nadeln** (Nadeln verlieren); das **Nadelöhr;** der **Nadelstich;** der **Nadelwald**

Na·gel, der: -s, Nägel; einen Nagel (Metallstift) in die Wand schlagen – *den Nagel auf den Kopf treffen* (den Kern einer Sache erfassen) – *Nägel mit Köpfen machen* (etwas richtig durchführen) – *etwas an den Nagel hängen* (etwas aufgeben) – *sich etwas unter den Nagel reissen* (sich etwas aneignen); das **Nagelbett;** die **Nagelfeile; nagelfest:** niet- und nagelfest; der **Nagellack; nageln; nagelneu;** die **Nagelpflege;** die **Nagelprobe;** die **Nagelschere**

na·gen: der Hund nagt an einem Knochen – *nichts zu nagen und zu beissen haben*

(Hunger leiden); der **Nager;** das **Nagetier;** die **Nagezähne**

na·he: näher, am nächsten; auch: **nah:** nahe am Fenster stehen – ein naher (enger) Verwandter – in naher Zukunft – nahe der Stadt – nahe (in der Nähe) liegen – von nah und fern (von überall her) – von nahem (aus der Nähe) – nahe daran sein – immer näher kommen – nahe bringen (Verständnis wecken) – das ist ihr nahe gegangen (hat sie innerlich ergriffen) – nahe kommen (fast gleichen) – etwas nahe legen (empfehlen) – nahe liegen (verständlich sein) – ein nahe liegender Gedanke – nahe stehen (vertraut, befreundet sein) – nahe stehend – jemandem zu nahe kommen; aber: das Nähere erfährst du bald – des Näher(e)n (genauer) – der Nahe Osten; die **Nahaufnahme;** die **Nähe; nahebei; nahen:** der Abschied naht; das **Naherholungsgebiet;** der **Naherholungsraum; sich nähern:** wir nähern uns jetzt der Stadt; **nahezu** (beinahe, fast); der **Nahkampf; Nahost** (der Nahe Osten); der **Nahschnellverkehr;** das **Nahverkehrsmittel;** das **Nahziel**

nä·hen: ein Kleid nähen (schneidern) – *doppelt genäht hält besser;* die **Näharbeit;** die **Näherei;** die **Näherin;** das **Nähgarn;** das **Nähkästchen:** *aus dem Nähkästchen plaudern* (etwas verraten); der **Nähkorb;** die **Nähmaschine;** die **Nähnadel;** die **Nähseide;** der **Nähtisch;** das **Nähzeug**

näh·ren: ein Kind mit Milch nähren (ernähren) – er nährt immer wieder die Hoffnung auf Rettung (hält aufrecht); der **Nährboden** (Grundlage); **nahrhaft:** eine nahrhafte Speise; das **Nährmittel;** der **Nährstoff;** die **Nahrung;** das **Nahrungsmittel;** die **Nahrungssuche;** der **Nährwert** (Energiewert von Nährstoffen)

Naht, die: -, Nähte; die Naht auftrennen – *aus allen Nähten platzen* (zu dick, umfangreich werden); **nahtlos;** die **Nahtstelle**

na·iv *franz.*: eine naive (kindliche, lebensfremde, arglose) Frage; die **Naivität;** der **Naivling**

Na·me, der: -ns, -n (Bezeichnung); wie ist der Name der Stadt? – im Namen (Auftrag) des Volkes – *sich einen Namen machen* (berühmt werden) – *Name ist Schall und Rauch;* auch: der **Namen;** die **Namenge-**

bung; das **Namengedächtnis; namenlos:** eine namenlose (unsagbare) Angst; **namens:** ein Land namens (mit dem Namen) Fantasia – namens (im Namen) der Regierung; die **Namensänderung;** die **Namensnennung;** der **Namenspatron;** das **Namensregister;** das **Namensschild;** der **Namenstag;** der **Namensvetter** (Person mit gleichem Vor- oder Familiennamen); das **Namensverzeichnis;** der **Namenszug; namentlich** (mit Namen, ausdrücklich); **namhaft:** ein namhafter (bekannter) Musiker – eine namhafte (grosse, stattliche) Spende – können Sie jemanden namhaft machen (nennen)?

näm·lich: die nämliche (dieselbe) Stadt – ich fahre nämlich fort; aber: der, die, das Nämliche

Napf, der: -(e)s, Näpfe (kleine Schüssel); der **Napfkuchen**

Nap·pa·le·der, das: -s (Lamm- oder Ziegenleder); auch: das **Nappa**

Nar·be, die: -, -n (Schramme, Spur einer verheilten Wunde); **narbig:** ein narbiges Gesicht; die **Narbung** (äussere Zeichnung eines Leders)

Nar·ko·se griech., die: -, -n (Betäubung); der **Narkosearzt;** die **Narkoseärztin;** das **Narkotikum** (schmerzlinderndes Mittel); **narkotisch; narkotisieren:** der Arzt narkotisiert (betäubt) den Kranken vor der Operation; die **Narkotisierung**

Narr, der: -en, -en (Dummkopf, Tölpel); an jemandem einen Narren gefressen haben (ihn sehr mögen) – jemanden zum Narren halten (täuschen, irreführen); **narren:** er hat alle genarrt (getäuscht); die **Narrenfreiheit;** das **Narrenhaus;** die **Narrenkappe; narrensicher;** der **Narrenstreich;** die **Narretei;** die **Narrheit;** die **Närrin; närrisch:** eine närrische (unvernünftige, ausgefallene) Idee

Nar·ziss griech., der: -/-es, -e (Mensch, der sich selbst bewundert); der **Narzissmus;** der **Narzisst;** die **Narzisstin; narzisstisch**

Nar·zis·se griech., die: -, -n (Frühlingsblume)

NASA = National Aeronautics and Space Administration (Nationale Luft- und Raumfahrtsbehörde der USA)

na·sal lat.: nasal (durch die Nase) sprechen; der **Nasallaut**

na·schen: Süssigkeiten naschen (heimlich

essen, schlecken); die **Nascherei;** auch: **Näscherei; naschhaft;** die **Naschhaftigkeit;** die **Naschkatze** (Leckermaul); die **Naschsucht;** das **Naschwerk** (Süssigkeiten)

Na·se, die: -, -n; sich die Nase putzen – jemanden an der Nase herumführen (täuschen) – seine Nase in etwas stecken (sich um etwas kümmern, was einen nichts angeht) – jemandem etwas auf die Nase binden (etwas erzählen) – die Nase voll haben (genug haben) – auf die Nase fallen (Misserfolg haben) – die Nase hoch tragen (eingebildet sein); **nas(e)lang:** alle naslang (in kurzen Abständen); **näseln** (durch die Nase sprechen); das **Nasenbluten;** der **Nasenflügel;** die **Nasenlänge:** eine Nasenlänge voraus sein; die **Nasenspitze;** der **Nasenstüber** (leichter Stoss gegen die Nase); der **Nasentropfen;** das **Naserümpfen** (Ausdruck der Ablehnung); **naseweis** (frech, vorlaut); der **Naseweis; nasführen** (narren, täuschen); das **Nashorn;** das **Näslein;** das **Nastuch**

nass: nässer/nasser, am nässesten/nassesten; nasse Kleider bekommen – nass geschwitzt – jemanden nass machen – nass werden; das **Nass;** die **Nässe; nässen; nassfest; nasskalt;** der **Nassschnee**

Na·ti·on lat., die: -, -en (Staatsvolk, Gemeinschaft von Menschen in einem Staatsverband); **national:** eine nationale (staatliche) Angelegenheit – national (vaterlandsliebend) gesinnt sein; die **Nationalbank; nationalbewusst;** die **Nationalelf;** der **Nationalfeiertag;** die **Nationalflagge;** der **Nationalheld;** die **Nationalhymne;** der **Nationalismus** (übertriebenes Nationalbewusstsein); der **Nationalist;** die **Nationalistin; nationalistisch;** die **Nationalität** (Staatsangehörigkeit); die **Nationalliga;** die **Nationalmannschaft;** der **Nationalpark;** der **Nationalrat;** der **Nationalsozialismus; nationalsozialistisch;** der **Nationalstaat;** der **Nationalstolz;** die **Nationalstrasse;** die **Nationaltrauer**

NATO (Nato) = Nordatlantisches Bündnis zur Verteidigung Westeuropas

Na·tri·um (Nat·ri·um) ⟨Na⟩ ägypt., das: -s (chemisches Element); das **Natron**

Nat·ter, die: -, -n (Schlange); die **Natternbrut** (üble Gesellschaft)

N
O
P
Q
R
S

Na·tur *lat.*, die: -, -en (unberührte Landschaft); die Kräfte der Natur – in freier Natur (Wald und Feld) – die männliche Natur (Art, Eigenart) – es liegt in der Natur (im Wesen) der Sache; die **Naturalien** *Mz.* (Bodenerzeugnisse); der **Naturalismus** (Kunstrichtung); das **Naturell** (Wesensart, Veranlagung); das **Naturereignis**; die **Naturerscheinung**; der **Naturforscher**; die **Naturforscherin**; der **Naturfreund**; die **Naturfreundin**; naturgemäss; das **Naturgesetz**; naturgetreu; die **Naturkatastrophe**; die **Naturkunde**; natürlich: die natürlichen Kräfte des Wassers – sich ganz natürlich (ungezwungen) geben – das ist doch ganz natürlich (selbstverständlich); die **Natürlichkeit; naturrein** (echt, unverfälscht); der **Naturschutz**; der **Naturschutzpark**; das **Naturtalent; naturwidrig;** die **Naturwissenschaft;** das **Naturwunder**

na·ture *franz.* [*natür*]: ein Kaffee nature (ohne Beigabe)

Nau·tik *griech.*, die: - (Schifffahrtskunde); **nautisch**

Na·vi·ga·ti·on *lat.* [*nawigatsion*], die: - (Kursbestimmung von Wasser-, Luft- und Raumfahrzeugen); der **Navigationsfehler; navigieren**

Na·zi, der: -s, -s (Kurzbezeichnung für Nationalsozialist); **nazistisch**

NB = notabene (übrigens, wohlgemerkt)

n. Chr. = nach Christus

NE = Kanton Neuenburg

Ne·an·der·ta·ler, der: -s, - (vorgeschichtlicher Mensch)

Ne·bel, der: -s, - (Wasserdampf); bei Nacht und Nebel – ein dichter Nebel liegt über dem Tal; die **Nebelbank;** die **Nebeldecke;** der **Nebelfetzen; nebelhaft;** das **Nebelhorn; neb(e)lig;** die **Nebellampe;** der **Nebelscheinwerfer;** der **Nebelschleier;** die **Nebelschwaden** *Mz.;* die **Nebelwand; nebulös** (anrüchig, unklar); auch: **nebulos**

ne·ben: er steht neben dir – den Korb neben die Bank stellen – neben ihrem Beruf (zusätzlich) ist sie noch Hausfrau; **nebenan** (im Nachbarhaus oder -zimmer); der **Nebenausgang; nebenbei:** nebenbei (ausserdem) ist er auch noch reich – nebenbei (nebenher) etwas erwähnen; der **Nebenberuf; nebenberuflich;** die **Nebenbeschäftigung;** der

Nebenbuhler (Mitbewerber, Konkurrent); die **Nebenbuhlerin; nebeneinander:** etwas nebeneinander legen – nebeneinander liegen; das **Nebeneinander;** der **Nebeneingang;** die **Nebenerscheinung;** der **Nebenfluss; nebenher:** etwas nebenher (beiläufig) erwähnen – nebenher fahren – nebenher gehen; die **Nebenkosten** *Mz.;* der **Nebenmann** (Nachbar); das **Nebenprodukt;** der **Nebenraum;** die **Nebenrolle;** die **Nebensache; nebensächlich** (unwichtig); die **Nebensächlichkeit;** der **Nebensatz; nebenstehend:** im Nebenstehenden; die **Nebenstrasse;** die **Nebentätigkeit;** der **Nebenverdienst;** die **Nebenwirkung;** das **Nebenzimmer**

nebst: nebst (zusammen mit) seiner Familie

Ne·ces·saire *franz.* [*nesäsär*], das: -s, -s (Toilettentasche); auch: das **Nessessär**

ne·cken: jemanden necken (foppen) – *was sich liebt, das neckt sich;* die **Neckerei; neckisch** (übermütig, drollig, affig)

Nef·fe, der: -n, -n (Sohn des Bruders oder der Schwester)

ne·ga·tiv *lat.*: eine negative (ablehnende, ungünstige) Antwort erhalten – negative (nachteilige) Folgen – ein negativer (nicht günstiger) Befund; die **Negation** (Ablehnung, Verneinung); das **Negativ** (Kehrbild einer Fotografie); das **Negativbeispiel; negieren** (verneinen, bestreiten)

Ne·gli·gee (Neg·li·gee) *franz.* [*neglische*], das: -s, -s (Morgenrock, Morgenmantel); auch: das **Negligé**

neh·men: du nimmst, er nahm, sie hat genommen, nimm!; etwas in Empfang nehmen – er nimmt Pillen – seinen Abschied nehmen – Unterricht in Englisch nehmen – er darf Einblick in die Akten nehmen – Anstoss an etwas nehmen (sich über etwas ärgern) – jemanden ins Verhör nehmen

Neh·rung, die: -, -en (Landzunge)

Neid, der: -(e)s; von Neid (Missgunst) erfüllt sein – *vor Neid erblassen* (sehr neidisch werden) – *das muss ihm der Neid lassen* (das muss man anerkennen); **neiden** (nicht gönnen); der **Neider; neiderfüllt;** das **Neidgefühl;** der **Neidhammel** (neidischer Mensch); **neidisch; neidlos;** die **Neidlosigkeit; neidvoll**

nei·gen: sich über den Tisch neigen (beugen) – der Tag neigt sich (geht zu Ende, es wird dunkel) – ich neige zu einer anderen Meinung; die **Neige** (letzter Rest, Überbleibsel): ein Glas bis zur Neige (ganz) leeren – *zur Neige* (zu Ende) *gehen;* die **Neigung:** die Neigung (das Gefälle) der Strasse – er hat eine Neigung (Vorliebe) für den Sport; die **Neigungsgruppe;** der **Neigungswinkel**

nein: nein sagen – ja oder nein – ach nein! – *nicht nein sagen können* (zu gutmütig sein, um etwas abzulehnen); das **Nein:** das Ja und Nein – mit Nein stimmen – mit einem Nein erwidern – Nein sagen; auch: nein sagen; die **Neinparole** (Empfehlung, Nein zu stimmen); der **Neinsager;** die **Neinsagerin;** die **Neinstimme**

Nẹk·tar *griech.,* der: -s, -e (zuckerhaltiger Saft der Pflanzen, Göttertrank); die **Nektarine** (Pfirsichart)

Nẹl·ke, die: -, -n (Zierpflanze); der **Nelkenstrauss**

nẹn·nen: du nennst, er nannte, sie hat genannt, nenn(e)!; jemanden einen Dieb nennen (heissen) – er nannte seinen Namen nicht; **nennenswert** (beachtlich); der **Nenner** (Zahl unter dem Bruchstrich) – einen gemeinsamen Nenner finden – *etwas auf einen Nenner* (in Übereinstimmung) *bringen;* die **Nennform** (Sprachlehre: Grundform, Infinitiv); die **Nennung;** der **Nennwert**

Ne·on ⟨Ne⟩ *griech.,* das: -s (Edelgas); die **Neonlampe;** das **Neonlicht;** die **Neonreklame;** die **Neonröhre**

Nep·tun, der: -s (Planet)

Nẹrv *lat.,* der: -s, -en; er geht mir auf die Nerven (er ist mir lästig) – Nerven wie Drahtseile haben – *die Nerven behalten* (ruhig bleiben) – *Nerven zeigen* (nervös werden); **nerven:** sie nervt mich ständig (regt mich auf); der **Nervenarzt;** die **Nervenärztin; nervenaufreibend;** das **Nervenbündel;** der **Nervenkitzel; nervenkrank;** der/die **Nervenkranke;** der **Nervenkrieg;** die **Nervenlähmung;** die **Nervenprobe** (Geduldsprobe); die **Nervensäge** (lästige Person); **nervenschwach;** das **Nervensystem;** der **Nervenzusammenbruch; nervig** (kraftvoll); **nervlich; nervös** (reizbar, erregt); die **Nervosität; nervtötend**

Nẹrz, der: -es, -e (Pelztier, wertvoller Pelz); die **Nerzfarm;** das **Nerzfell;** der **Nerzmantel**

Nẹs·sel, die: -, -n (Kraut mit Brennhaaren); *sich in die Nesseln setzen* (sich Unannehmlichkeiten bereiten); das **Nesselfieber;** die **Nesselsucht;** das **Nesseltier**

Nes·ses·sär *franz.,* das: -s, -s; → Necessaire

Nẹst, das: -(e)s, -er; die Vögel brüten im Nest – ein verschlafenes Nest (abgelegener Ort) – früh ins Nest gehen (sich früh schlafen legen) – *sich ins warme/gemachte Nest setzen* (in gute Verhältnisse einheiraten); der **Nestbau;** der **Nestbeschmutzer;** der **Nestflüchter;** das **Nesthäkchen** (jüngstes, kleinstes Kind in der Familie); der **Nesthocker;** die **Nestwärme** (Geborgenheit)

nẹs·teln: ich nest(e)le (knüpfe auf, fingere an etwas herum); die **Nestel** (Band, Schnur)

nẹtt *franz.:* ein nettes (freundliches, liebenswürdiges) Kind – einen netten (angenehmen) Abend verbringen – eine nette (beträchtliche) Summe – das kann ja nett werden!; **netterweise;** die **Nettigkeit**

nẹt·to *ital.:* (ohne Verpackung, Steuern, Unkosten u.Ä.); das **Nettoeinkommen;** der **Nettoertrag;** das **Nettogewicht;** der **Nettogewinn;** der **Nettolohn;** der **Nettopreis**

Nẹtz, das: -es, -e; der Ball geht nicht ins Netz – ein Netz von Lügen – das Netz der Deutschen Bahn – *jemandem ins Netz gehen* (von ihm überlistet werden); der **Netzanschluss; netzartig;** das **Netzauge;** der **Netzball; netzförmig;** die **Netzhaut;** der **Netzstecker;** das **Netzwerk**

nẹt·zen: (nass machen, anfeuchten)

neu: neuer, am neu(e)sten; das neue Jahr – seit neuestem (kurzem) – die neuen Bundesländer – ein neu eröffnetes Geschäft – etwas neu gestalten – den Laden neu einrichten – wie neu geschaffen – ein neu vermähltes Paar – von neuem (nochmals) – ein neues Kleid tragen – ein neuer Tag – eine neue Mode – die neue Schülerin – ein neuer Mensch werden; aber: das Alte und das Neue – aufs Neue – aus Alt mach Neu – das Neu(e)ste vom Neuen – etwas, nichts, allerlei Neues – das Neue Testament ⟨N. T.⟩ – die Neue Welt (Amerika); der **Neuanfang;** die **Neuanschaffung; neuartig;** die **Neuauflage;** der **Neubau;** die **Neueinstellung; neuerdings** (in letzter Zeit); **neuerlich** (aufs Neue, wieder); die **Neueröffnung;** die **Neuerscheinung;** die **Neuerung;** der **Neuer-**

N
O
P
Q
R
S

werb; neu(e)stens; die **Neufassung; neugeboren:** sich wie neugeboren fühlen; das **Neugeborene** (Säugling); **neugriechisch;** die **Neuheit;** die **Neuigkeit;** das **Neujahr;** das **Neujahrsfest;** das **Neuland; neulich** (kürzlich); der **Neuling** (Anfänger); **neumodisch;** der **Neumond;** die **Neuordnung;** die **Neuorientierung;** die **Neuregelung; neureich;** der/die **Neureiche** (Emporkömmling); der **Neuschnee;** der/die **Neuvermählte;** der **Neuwagen;** die **Neuwahl;** der **Neuwert** (Anschaffungswert); die **Neuzeit; neuzeitlich;** die **Neuzulassung;** der **Neuzuzüger;** die **Neuzuzügerin**

Neu·en·burg/Neuchâtel: (Hauptort des gleichnamigen Kantons); der **Neuenburger;** die **Neuenburgerin; neuenburgisch**

neu·gie·rig: neugierig (gespannt) sein; die **Neugier:** vor Neugier sterben; auch: die **Neugierde**

neun: alle neun(e) – wir sind zu neunt; auch: wir sind zu neunen; die **Neun; neunbändig;** auch: **9-bändig; neuneckig;** auch: **9-eckig; neuneinhalb; neunerlei; neunfach;** auch: **9fach;** das **Neunfache; neunhundert; neunjährig;** auch: **9-jährig; neunmal;** auch: **9-mal; neunmalklug** (überklug): so ein Neunmalkluger!; **neunstellig;** auch: **9-stellig; neuntägig;** auch: **9-tägig; neuntausend; neuntens;** der **Neuntklässler;** die **Neuntklässlerin;** der **Neuntöter** (Singvogel); **neunzehn; neunzig**

Neu·ral·gie (Neur·al·gie) *griech.,* die: -, Neuralgien (Nervenschmerz); **neuralgisch:** neuralgische Schmerzen – der neuralgische (kritische) Punkt; der **Neurologe** (Nervenarzt); die **Neurologie;** die **Neurologin; neurologisch**

Neu·ro·se *griech.,* die: -, -n (seelisch bedingte Krankheit, Nervenleiden); der **Neurotiker;** die **Neurotikerin; neurotisch** (nervenkrank)

neu·tral (neut·ral) *lat.:* sich neutral (unparteiisch) verhalten – eine neutrale (unauffällige) Farbe – sie treffen sich an einem neutralen Ort; **neutralisieren** (wirkungslos machen, ausgleichen, ausschalten); die **Neutralität** (Nichteinmischung)

Neu·tron (Neut·ron) *lat.,* das: -s, Neutronen (elektrisch geladenes Teilchen, Baustein des Atomkernes); die **Neutronenbombe;** die **Neutronenwaffe**

Neu·trum (Neut·rum) *lat.,* das: -s, Neutra/Neutren (Sprachlehre: sächliches Hauptwort)

New·ton [njuten], das: -s, - (Masseinheit der Kraft)

nicht: ich komme nicht – gar nicht – ganz und gar nicht(s) – nicht einmal – nicht mehr – nicht mehr und nicht weniger – nicht nur – nicht doch! – so nicht! – noch nicht – nicht wahr? – ist das nicht fein? – nicht selten – nicht auffällig – nicht rostend; auch: nichtrostend – eine nicht zumutbare Wohnung; die **Nichtachtung; nichtamtlich;** auch: nicht amtlich; die **Nichtanerkennung;** der **Nichtangriffspakt;** die **Nichtbefolgung;** die **Nichteinmischung;** das **Nichteintreten** (im Parlament Ablehnung der Behandlung eines Gegenstandes); der **Nichtfachmann;** das **Nichtgefallen:** bei Nichtgefallen; der **Nichtleiter;** das **Nichtmitglied; nichtöffentlich:** die nichtöffentliche Sitzung; auch: nicht öffentlich; der **Nichtraucher;** die **Nichtraucherin;** der **Nichtschwimmer;** die **Nichtschwimmerin;** der/die **Nichtsesshafte; nichtwörtlich:** die nichtwörtliche Rede; auch: nicht wörtlich; das **Nichtzutreffende;** auch: das nicht Zutreffende

Nich·te, die: -, -n (Tochter des Bruders oder der Schwester)

nich·tig: nichtige (unbedeutende) Dinge – etwas für null und nichtig (ungültig) erklären; die **Nichtigkeit** (Kleinigkeit); die **Nichtigkeitserklärung**

nichts: nichts hören – für nichts – mir nichts, dir nichts (ohne weiteres, ganz einfach so) – zu nichts – gar nichts – um nichts und wieder nichts (nutzlos) – nichts and(e)res – alles oder nichts – nichts für ungut (nehmen Sie mir's nicht übel)! – nichts da (kommt nicht in Frage)! – sich in nichts auflösen – viel Lärm um nichts – wie nichts (blitzschnell) – sie kam nichts ahnend zur Tür herein – eine nichts sagende Antwort – nichts tun; aber: das Nichtstun – nichts Neues; das **Nichts:** vor dem Nichts stehen (plötzlich sämtlichen Besitz verloren haben); **nichtsdestotrotz** (dennoch); auch: **nichtsdestoweniger;** der **Nichtskönner** (Stümper); die **Nichtskönnerin;** der **Nichtsnutz** (Taugenichts, fauler Mensch); **nichtsnutzig;** der **Nichtstuer;** die **Nichtstuerin; nichtstue-**

risch; das **Nichtstun; nichtswürdig** (gemein); die **Nichtswürdigkeit**

Ni·ckel ⟨Ni⟩ das: -s (chem. Grundstoff, Metall); die **Nickelbrille**

ni·cken: dazu mit dem Kopf nicken (etwas bejahen); das **Nickerchen** (kurzer Schlaf)

Ni·cki, der: -s, -s (samtartiger Pullover); der **Nickipullover**

Ni·del, der: -s; auch: die: - (Rahm, Sahne)

Nid·wal·den: (Halbkanton); der **Nidwaldner;** die **Nidwaldnerin; nidwaldnerisch**

nie: nie wieder (zu keiner Zeit) – nie und nimmer (auf keinen Fall) – nie mehr – jetzt oder nie; **niemals; niemand:** niemanden (keinen Menschen) gesehen haben – niemand anders; der **Niemand;** das **Niemandsland**

nie·der: der Stuhl ist zu nieder (von zu geringer Höhe) – auf und nieder; aber: das Auf und Nieder – nieder mit ihm! – das niedere Volk; aber: Hoch und Nieder (jedermann); **niederbrennen; niederdrückend;** der **Niedergang; niedergehen; niedergeschlagen:** sie ist sehr niedergeschlagen (traurig, mutlos); die **Niedergeschlagenheit; niederknien; niederkommen** (ein Kind gebären); die **Niederkunft** (Entbindung); die **Niederlage;** sich **niederlassen** (sich ansiedeln): *sich häuslich niederlassen* (längere Zeit bleiben); die **Niederlassung;** die **Niederlassungsbewilligung; niederlegen:** sich zum Schlafen niederlegen – sein Amt niederlegen; die **Niederlegung; niederreissen; niederschiessen;** der **Niederschlag; niederschlagen; niederschreien;** die **Niederschrift;** sich **niedersetzen; niedersinken; niederstürzen;** die **Niedertracht** (Falschheit); **niederträchtig;** die **Niederträchtigkeit;** die **Niederung:** das Vieh weidet in einer Niederung (in einem tiefer liegenden Landstück) – die Niederungen (Alltäglichkeiten) des Lebens; **niederwerfen;** die **Niederwerfung**

Nie·der·sach·sen: -s (Land der Bundesrepublik Deutschland); der **Niedersachse;** die **Niedersächsin; niedersächsisch**

nied·lich: ein niedliches (hübsches) Kätzchen; die **Niedlichkeit**

nied·rig: ein niedriger (nicht hoher) Raum – ein niedriger (geringer) Preis – niedrig gesinnt sein – niedrig stehend – eine niedrige (gemeine) Gesinnung; aber: Hoch und Niedrig (jedermann) – Hohe und Niedrige; die **Niedrigkeit;** das **Niedrigwasser**

Nie·re, die: -, -n (inneres Organ von Menschen und Tieren); *jemandem an die Nieren gehen* (ihn sehr aufregen); die **Nierenentzündung; nierenförmig; nierenkrank;** der **Nierenstein**

nie·seln: (leise regnen, tröpfeln); der **Nieselregen**

nie·sen: heftig niesen müssen; das **Niespulver**

Niess·brauch, der: -(e)s (Nutzungsrecht); auch: der **Niessnutz;** der **Niessnutzer;** die **Niessnutzerin**

Niet, der/das: -(e)s, -e (Metallbolzen); auch: die **Niete; nieten;** der **Nietnagel; niet- und nagelfest** (sehr fest)

Nie·te *niederl.,* die: -, -n; nur Nieten (Fehllose) ziehen – er ist eine Niete (ein Versager)

ni·gel·na·gel·neu: (ganz neu, brandneu)

Ni·hi·lis·mus *lat.,* der: - (Verneinung jeglicher Ordnungen und Werte); **nihilistisch;** der **Nihilist;** die **Nihilistin**

Ni·ko·laus, der: -, Nikolause/Nikoläuse; der **Nikolaustag**

Ni·ko·tin *franz.,* das: -s (giftiger Stoff im Tabak); **nikotinarm; nikotinfrei;** der **Nikotingehalt; nikotinhaltig;** die **Nikotinvergiftung**

Nil·pferd, das: -(e)s, -e (grosses Flusspferd)

Nim·bus *lat.,* der: -, -se (Heiligenschein, Ansehen, Ruf)

nim·mer: nie und nimmer (niemals); **nimmermehr; nimmermüde** (fleissig); der **Nimmersatt;** das **Nimmerwiedersehen**

Nip·pel, der: -s, - (kurzes Stück Rohr mit Gewinde)

nip·pen: vom Wein nippen (einen kleinen Schluck nehmen)

Nip·pes *Mz. franz.,* die: (kleine Ziergegenstände aus Glas oder Porzellan); **Nippsachen**

nir·gend(s): nirgends (an keinem Ort) finde ich ihn; **nirgend(s)hin; nirgend(s)wo; nirgend(s)woher; nirgend(s)wohin**

Ni·sche *franz.,* die: -, -n (Mauervertiefung)

Nis·se, die: -, -n (Ei der Laus); **nissig** (voller Lauseier)

nis·ten: auf dem Baum nisten (ein Nest bauen); die **Nisthöhle;** der **Nistkasten;** der **Nistplatz;** die **Niststätte**

Ni·trat (Nit·rat) *ägypt.,* das: -(e)s, -e (Salz der Salpetersäure)

N
O
P
Q
R
S

Ni·veau *franz.* [niwo̱], das: -s, -s (Ebene, Rangstufe, Bildungsstand); **niveaulos;** der **Niveauunterschied; niveauvoll:** ein niveauvoller (geistig anspruchsvoller) Vortrag; **nivellieren** (gleichmachen); die **Nivellierung**

Ni·xe, die: -, -n (weiblicher Wassergeist); **nixenhaft**

no·bel *franz.*: nobler, am nobelsten; eine noble (vornehme, elegante) Frau – noble (grosszügige) Geschenke machen – ein nobles (luxuriöses) Hotel – einen noblen (edlen, hochherzigen) Charakter haben; die **Nobelherberge;** das **Nobelhotel**

No·bel·preis, der: -es, -e (jährlich verliehener Preis für verdiente Wissenschaftler und Künstler); der **Nobelpreisträger**

noch: noch einmal (nochmal) – noch nicht fertig – er kommt noch – noch und noch (sehr viel) – weder, noch – noch einmal so viel – weder Gut noch Geld; **nochmal; nochmalig; nochmals** (ein weiteres Mal)

No·cken, der: -s, - (Vorsprung an einer Welle oder Scheibe); die **Nockenwelle**

NOK = Nationales Olympisches Komitee

No·ma·de *griech.*, der: -n, -n (Angehöriger eines Wandervolkes); das **Nomadendasein; nomadenhaft;** das **Nomadenleben;** das **Nomadenvolk; nomadisch**

No·men *lat.*, das: -s, -/Nomina (Name, Hauptwort); **nominell** (dem Namen nach); **nominieren:** einen Kandidaten nominieren (benennen, wählen); die **Nominierung;** auch: die **Nomination**

No·mi·na·tiv *lat.*, der: -s, -e (Sprachlehre: Werfall, 1. Fall)

Non·ne, die: -, -n (Angehörige eines Frauenordens, Ordensfrau); das **Nonnenkloster**

Non·sens *engl.*, der: -/-es (etwas Unsinniges, dummes Geschwätz)

non·stop *engl.*: (ohne Halt); der **Nonstopflug** (Flug ohne Zwischenlandung); auch: der **Non-Stop-Flug;** das **Nonstopkino**

Nop·pe, die: -, -n (Gewebeknoten)

Nord ⟨N⟩: (Himmelsrichtung); Nord und Süd – er kommt von Nord – Paris-Nord; **Nordamerika; norddeutsch; Norddeutschland;** der **Norden:** im hohen Norden leben; **Nordeuropa;** der **Nordflügel;** der **Nordhang; nordisch;** das **Nordkap;** das **Nordland; nördlich:** nördlich des Flusses; aber:

das Nördliche Eismeer; das **Nordlicht;** der **Nordosten** ⟨NO⟩; **nordöstlich;** der **Nordpol;** die **Nordschweiz; nordschweizerisch;** die **Nordsee;** die **Nordwand; nordwärts;** der **Nordwesten** ⟨NW⟩; **nordwestlich;** der **Nordwind**

Nord·rhein-West·fa·len ⟨NRW⟩: -s (Land der Bundesrepublik Deutschland); **nordrhein-westfälisch**

nör·geln: ständig nörgeln (Kritik üben) – sie hat an allem etwas zu nörgeln (zu beanstanden); die **Nörgelei;** der **Nörgler**

nor·mal *lat.*: normale (übliche, durchschnittliche) Leistungen bringen – er ist geistig völlig normal (gesund): die **Norm** (Regel, festgesetztes Mass, der Durchschnitt); das **Normalbenzin; normalerweise;** der **Normalfall;** das **Normalgewicht; normalisieren:** nach dem Erdbeben hat sich das Leben wieder normalisiert; die **Normalisierung;** die **Normalität;** das **Normalmass;** der **Normalverbraucher;** die **Normalzeit;** der **Normalzustand; normativ** (verbindlich, verpflichtend); das **Normblatt;** der **Normenausschuss; normen** (einheitlich festlegen); auch: **normieren;** die **Normierung**

Nor·ne die: -, -n (Schicksalsgöttin)

Nor·we·gen: -s (Staat in Nordeuropa); der **Norweger;** die **Norwegerin; norwegisch**

Nos·tal·gie (Nost·al·gie) *griech.*, die: -, Nostalgien (Sehnsucht nach Vergangenem); die **Nostalgiewelle; nostalgisch**

Not, die: -, Nöte; in Not (Armut, Elend) leben – ohne Not (ohne zwingenden Grund) – aus Not – in Not (Nöten) sein – zur Not – mit Müh' und Not (gerade noch) – mit knapper Not – Not leiden – Not leidend – der, die Not Leidende; auch: der, die Notleidende – Not tun – es ist Not am Mann – *seine liebe Not* (grosse Schwierigkeiten) *mit jemandem haben* – *Not macht erfinderisch;* der **Notarzt;** die **Notärztin;** der **Notausgang;** der **Notbehelf;** die **Notbremse:** die Notbremse ziehen; die **Notdurft** (Ausscheidung von Kot oder Harn); **notdürftig** etwas notdürftig (behelfsmässig) reparieren; der **Notfall; notfalls;** die **Notfallstation; notgedrungen** (wohl oder übel); das **Notgroschen** (Ersparnis); der **Nothelfer; nötig:** etwas für nötig (notwendig, erforderlich) halten – sie hat das Geld nicht nötig;

aber: es fehlt das Nötigste; **nötigen:** sie nötigt (veranlasst, zwingt) ihn zu gehen; **nötigenfalls;** die **Nötigung;** die **Notlage; notlanden;** die **Notlandung;** die **Notlösung;** die **Notlüge;** die **Notmassnahme;** der **Notnagel** (Ersatz, Aushilfe); die **Notoperation;** das **Notopfer;** der **Notruf;** die **Notrufsäule;** **notschlachten;** das **Notsignal;** die **Notsituation;** der **Notstand;** das **Notstandsgebiet;** die **Nottaufe;** die **Notunterkunft;** die **Notwehr; notwendig:** notwendig sein; aber: nur das Notwendigste antworten; die **Notwendigkeit;** die **Notzucht** (Vergewaltigung); der **Notzustand**

No·tar *lat.,* der: -s, -e (amtliche Person zur Beurkundung von Rechtsgeschäften); das **Notariat** (Amt, Büro des Notars); **notariell:** ein Schriftstück notariell beglaubigen lassen

No·te *lat.,* die: -, -n; nach Noten (Tonzeichen) singen – Noten (Geldscheine) umtauschen – gute Noten (Zensuren) haben – eine Note (Anmerkung) zu einem Vertrag schreiben – die Regierungen beider Staaten tauschen Noten (Mitteilungen) aus; das **Notenheft;** die **Notenlinie;** das **Notenpult;** der **Notenständer;** das **Notensystem**

no·tie·ren *lat.:* sich die wichtigsten Punkte notieren (aufschreiben); die **Notierung;** die **Notiz:** sich Notizen (Aufzeichnungen) machen – *Notiz von jemandem nehmen* (ihm seine Aufmerksamkeit schenken); der **Notizblock;** das **Notizbuch;** der **Notizzettel**

no·to·risch *lat.:* ein notorischer (ständiger, gewohnheitsmässiger) Trinker

Nou·gat *franz. [nugat],* der/das: -s, -s; → Nugat

No·vel·le *lat. [nowęle],* die: -, -n; eine Novelle (kurze Erzählung) lesen – eine Novelle (ein Nachtraggesetz) im Bundestag beraten

No·vem·ber ⟨Nov.⟩ *lat. [nowęmber],* der: -(s), - (Monatsname)

No·vi·tät *lat. [nowität],* die: -, -en (Neuheit, Neuerscheinung); der **Novize** (Mönch in der Probezeit); die **Novizin;** das **Novum** (etwas Neues)

Nr. = Nummer

N. T. = Neues Testament

Nu, der: im Nu (sofort, in kürzester Zeit) zur Stelle sein – in einem Nu (sofort)

Nu·an·ce *franz. [nüãse],* die: -, -n (Feinheit,

eine Kleinigkeit); **nuancenreich; nuancieren** (fein abstimmen); die **Nuancierung**

nü·ber: (hinüber)

nüch·tern: nüchtern (sachlich) antworten – auf nüchternen (leeren) Magen trinken – ein nüchterner (einfacher) Bericht; die **Nüchternheit**

Nu·ckel, der: -s, - (Schnuller); **nuckeln** (saugen); auch: der **Nuggi**

Nu·del, die: -, -n (Teigware); gerne Nudeln essen – eine ulkige Nudel (lustiger Mensch); das **Nudelbrett;** das **Nudelholz;** die **Nudelsuppe**

Nu·dist *lat.,* der: -en, -en (Anhänger der Freikörperkultur); die **Nudistin**

Nu·gat *franz.,* der/das: -s, -s (Konfekt, Süssigkeit aus Mandeln, Kakao und Zucker); auch: der/das **Nougat**

Nug·get *engl. [nagit],* der: -(s), -s (Goldklumpen)

Nug·gi, der: -s, -; → Nuckel

nuk·le·ar (nu·kle·ar) *lat.:* nukleare Waffen (Atomwaffen) – nukleare Streitkräfte; die **Nuklearmacht** (Atommacht)

null *lat.:* null Fehler machen – zwei zu null – null Grad – null Uhr dreissig – null und nichtig (ungültig) – gleich null sein – durch null teilen – in null Komma nichts – unter null sinken – auf null stehen – *null Bock* (keine Lust) *auf etwas haben;* die **Null:** eine Zahl mit einer Null – er ist eine Null (ein bedeutungsloser Mensch, Versager); **null-achtfünfzehn;** die **Null-Bock-Generation;** die **Nulldiät;** die **Nulllinie;** die **Nulllösung;** der **Nullpunkt** (Tiefstand, Gefrierpunkt); der **Nulltarif;** das **Nullwachstum**

Nu·me·ra·le *lat.,* das: -s, Numeralien/Numeralia (Zahlwort); **numerisch** (zahlenmässig); der **Numerus clausus** (zahlenmässige Begrenzung der Studienbewerber an Hochschulen)

Num·mer ⟨Nr.⟩ *lat.,* die: -, -n (Zahl, die eine Rangfolge angibt); die Nummer 8 – die laufende Nummer – eine Nummer zu klein – *auf Nummer Sicher gehen* (sich gut absichern) – *bei jemandem eine gute Nummer haben* (sehr angesehen sein) – *eine Nummer abziehen* (sich aufspielen); **nummerieren** (beziffern); die **Nummerierung;** das **Nummernkonto;** das **Nummernschild**

nun: nun gut – nun und nimmer – von nun an – was nun? – nun geht's los!; **nunmehr**

nun·ter: (hinunter)

Nun·ti·us *lat.* *[nuntsjus]* der: -, Nuntien (päpstlicher Gesandter)

nur: nur eine kurze Zeit – da kann man nur noch staunen – nicht nur, sondern auch – nur zu! – nur fünf Mark

nu·scheln: (undeutlich sprechen)

Nuss, die: -, Nüsse; Nüsse essen – eine harte Nuss (ein schwieriges Problem) knacken; der **Nussbaum; nussbraun;** das **Nüsschen;** der **Nussknacker;** der **Nusskuchen;** der **Nüsslisalat** (Feldsalat); die **Nussschale** (Schale der Nuss, sehr kleines Boot); die **Nussschokolade;** die **Nusstorte**

Nüs·ter, die: -, -n (Nasenloch beim Pferd)

Nu·te, die: -, -n (Rinne, Furche, Vertiefung); auch: die **Nut; nuten**

Nut·ria (Nu·tria) *span.*, die: -, -s (Biberratte); der **Nutria** (Pelz aus Nutriafellen)

Nut·te, die: -, -n (leichtes Mädchen, Dirne); **nuttenhaft**

nut·zen: jede Gelegenheit nutzen; auch: **nützen;** das Mittel nützt mir nichts; die **Nutzanwendung; nutzbar** (brauchbar, geeignet); die **Nutzbarmachung;** die **Nutzbarkeit; nutzbringend; nütze:** sie ist zu nichts nütze (brauchbar) – sich etwas zunutze machen; auch: zu Nutze; der **Nutzeffekt;** der **Nutzen** (Vorteil, Gewinn): von Nutzen sein; das **Nutzfahrzeug;** die **Nutzfläche;** die **Nutzlast; nützlich:** sich nützlich machen (mithelfen); die **Nützlichkeit; nutzlos:** eine nutzlose (entbehrliche, überflüssige) Arbeit; die **Nutzlosigkeit; nutzniessen** (den Vorteil von etwas haben); der **Nutzniesser;** die **Nutzniesserin;** die **Nutzpflanze;** die **Nutzung;** das **Nutzungsrecht;** der **Nutzwert**

NW = Nidwalden (Halbkanton)

Ny·lon *engl.* *[nailon]*, das: -(s) (Kunstfaser); der **Nylonstrumpf**

Nym·phe *griech.*, die: -, -n (Naturgöttin, Nixe); **nymphenhaft**

O

o: o ja! – o nein! – o je! – o doch! – o wie schön! – o weh!; **oh** (allein stehend)

O = Ost(en); chemisches Zeichen für Sauerstoff

o. a. = oben angegeben

o. Ä. = oder Ähnliche(s)

O·a·se *ägypt.*, die: -, -n (Wasserstelle in der Wüste) – eine Oase (ein Ort) der Stille

ob: ob er wohl kommt? – ob Arm, ob Reich – und ob ich das weiss! – er fragt mich, ob ich komme – so tun, als ob (wie wenn); aber: das Ob und Wann; **obgleich** (wenn auch); **obschon;** auch: **obwohl; obzwar**

o. B. = ohne Befund (z. B. nach einer ärztlichen Untersuchung)

Ob·acht (O·bacht), die: -; *auf etwas Obacht geben/haben* (achten, aufpassen)

Ob·dach, das: -(e)s (Unterkunft); **obdachlos** (ohne Wohnung); der/die **Obdachlose;** das **Obdachlosenheim;** die **Obdachlosigkeit**

Ob·duk·ti·on *lat.*, die: -, -en (Öffnung einer Leiche); der **Obduktionsbefund; obduzieren**

O-Bei·ne *Mz.*, die: - (nach aussen gebogene Beine); **o-beinig;** auch: **O-beinig**

O·be·lisk *griech.*, der: -en, -en (vierkantiger, sich nach oben verjüngender Steinpfeiler, Spitzsäule)

o·ben: oben bleiben – oben stehen – bis, nach, von oben – oben auf dem Dach – von unten bis oben – das oben Gesagte – siehe oben ⟨s. o.⟩ – oben ohne – oben angeführt ⟨o. a.⟩ – oben erwähnt – das oben Erwähnte; auch: das Obenerwähnte – oben genannt – oben Genanntes – oben stehend – oben Stehendes; auch: Obenstehendes – *jemanden von oben herab* (hochmütig) *ansehen – sich oben halten* (sich behaupten) – *nicht wissen, was oben und unten ist* (völlig verwirrt sein) – *alles Gute kommt von oben;* **obenan; obenauf:** obenauf liegt das Buch; **obendrauf; obendrein** (ausserdem); **obenhin** (oberflächlich, leichthin)

o·ber ...: das obere Stockwerk – das oberste Buch im Regal – das oberste (wichtigste) Gebot – die oberen Zehntausend; aber: *das Oberste zuunterst kehren* (alles durcheinchen) – der Oberste Gerichtshof; der **Ober:** sich vom Ober (Kellner) bedienen lassen – einen Ober (eine Spielkarte) ausspielen; der **Oberarm;** der **Oberarzt;** die **Oberärztin; Oberbayern;** der **Oberbefehl;** der **Obere** (Vorgesetzte); die **Oberfläche; oberflächlich;** die **Oberflächlichkeit; Oberfranken;** das **Obergericht;** das **Obergeschoss;** die **Obergrenze; oberhalb;** die **Oberhand.**

die Oberhand behalten (der Stärkere bleiben); das **Oberhaupt** (Herrscher); das **Oberhemd;** die **Oberherrschaft;** die **Oberhoheit;** die **Oberin** (Leiterin eines Nonnenklosters, Oberschwester in einem Krankenhaus); **oberirdisch** (über der Erdoberfläche); die **Oberkante;** das **Oberkommando;** der **Oberkörper;** die **Oberrealschule;** der **Oberschenkel;** die **Oberschicht;** der **Oberst** (hoher Offizier); der/die **Oberste** (Vorgesetzte); die **Oberstufe; Oberwasser:** *Oberwasser haben* (im Vorteil sein); die **Oberweite**

ob·gleich: (wenn auch, obwohl); **obschon; obwohl**

Ob·hut, die: -; sie steht unter meiner Obhut (meinem Schutz)

o·big: im obigen (weiter oben stehenden) Text; der/die/das **Obige**

Ob·jekt, *lat.,* das: -(e)s, -e; das Objekt (der Gegenstand) der Forschung – das Objekt des Satzes (Satzergänzung) bestimmen; **objektiv** (sachlich, unvoreingenommen); das **Objektiv** (optische Linse); **objektivieren** (versachlichen); die **Objektivierung;** die **Objektivität** (Sachlichkeit)

Ob·la·te *lat.,* die: -, -n (Waffelgebäck, Hostie)

ob·lie·gen: diese Aufgabe obliegt ihm (ist seine Pflicht); die **Obliegenheit:** es gehört zu deinen Obliegenheiten (Pflichten)

ob·li·gat *lat.:* (unerlässlich, üblich); das **Obligationenrecht** ⟨OR⟩ (Schuldrecht); **obligatorisch** (verpflichtend, bindend); das **Obligatorium**

Ob·mann, der: -s, Obmänner/Obleute (Vertrauensmann); der Obmann (Vorsitzende) eines Vereins; die **Obmännin**

O·boe *ital.,* die: -, -n (Holzblasinstrument); der **Oboist;** die **Oboistin**

O·bo·lus *griech.,* der: -, -/-se (Spende, finanzieller Beitrag); seinen Obolus entrichten

Ob·rig·keit, die: -, -en (vorgesetzte Behörde, Staat); von Obrigkeits wegen; das **Obrigkeitsdenken; obrigkeitsgläubig; obrigkeitshörig;** der **Obrigkeitsstaat**

Ob·ser·va·to·ri·um *lat.,* das: -s, Observatorien (Beobachtungsstation, Sternwarte); die **Observation** (Beobachtung); **observieren** (beobachten, überwachen); die **Observierung**

obs·kur (ob·skur) *lat.:* obskure (dunkle, unklare) Geschäfte – eine obskure (fragwürdige) Person

ob·so·let *lat.:* (veraltet, nicht mehr üblich)

Obst, das: -(e)s (essbare Früchte); frisches Obst kaufen; der **Obstbaum;** die **Obsternte;** der **Obstgarten;** der **Obstkuchen;** die **Obstplantage;** die **Obstsorte**

obs·zön (ob·szön) *lat.:* (unanständig, schamlos); die **Obszönität**

Ob·wal·den: (Halbkanton); der **Obwaldner;** die **Obwaldnerin; obwaldnerisch**

Oc·ca·si·on *fanz.,* die: -, -en (Gelegenheitskauf, Gebrauchtware); auch: die **Okkasion**

Och·se, der: -n, -n (Rind); *den Ochsen hinter den Pflug spannen* (eine Sache verkehrt anpacken) – *dastehen wie der Ochs am Berg* (ratlos sein); auch: der **Ochs; ochsen:** für das Examen ochsen (angestrengt arbeiten); das **Ochsenauge** (Spiegelei); das **Ochsengespann;** der **Ochsenkarren;** die **Ochsentour** (mühevolle Arbeit, langsamer beruflicher Aufstieg)

O·cker *griech.,* der/das: -s, - (eine Tonerde, gelbbraune Malerfarbe); **ocker** (gelbbraun); **ockerfarben; ockergelb**

O·de *griech.,* die: -, -n (feierliches Gedicht)

ö·de: öder, am ödesten; auch: **öd:** eine öde (verlassene, einsame) Gegend – öd und leer – ein ödes (langweiliges) Dasein; die **Öde;** das **Ödland** (landwirtschaftlich ungenutztes Land); die **Ödnis**

O·dem, der: -s (Atem)

Ö·dem *griech.,* das: -s, -e (angesammelte Flüssigkeit im Gewebe)

o·der ⟨od.⟩: weiss oder schwarz – entweder ..., oder; aber: das Entweder-oder – ja oder nein – er oder ich – jetzt oder nie – oder so ähnlich

O·di·um *lat.,* das: -s (übler Beigeschmack, Makel)

O·dys·see *griech.,* die: -, Odysseen (Irrfahrt)

OECD = Organization for Economic Cooperation and Development (Organisation für wirtschaftliche Zusammenarbeit und Entwicklung)

O·fen, der: -s, Öfen; den Ofen heizen; das **Öfchen;** die **Ofenbank; ofenfrisch;** die **Ofenheizung;** die **Ofenplatte,** die **Ofenröhre;** die **Ofentür; ofenwarm**

of·fen: ein offenes (nicht geschlossenes) Fenster – das offene (freie) Feld – ein offenes (ehrliches) Wort sagen – die Ausstellung ist offen (kann besichtigt werden) – auf offener

**N
O
P
Q
R
S**

Strasse – das Haar offen tragen – offen (aufrichtig) reden – eine Rechnung ist noch offen (nicht bezahlt) – für Vorschläge offen (aufgeschlossen) sein – es ist noch alles offen (nichts entschieden) – offene Stellen (freie Arbeitsplätze) – Tag der offenen Tür – die Tür kann offen bleiben – die Frage offen (unbeantwortet) lassen – offen stehen (offen, unbezahlt) sein – offen halten – etwas offen legen (sichtbar, öffentlich machen) – *mit offenen Karten spielen* (ohne Hintergedanken sein) – *eine offene Hand haben* (freigebig sein); **offenbar:** offenbar (anscheinend) ist er krank – seine Absicht ist offenbar (sichtbar); **offenbaren:** er offenbarte (gestand) der Polizei die Tat – sich seiner Freundin offenbaren (anvertrauen); die **Offenbarung;** der **Offenbarungseid;** die **Offenheit** (Aufrichtigkeit); **offenherzig** (ehrlich, aufrichtig); die **Offenherzigkeit; offenkundig** (offenbar); die **Offenlegung; offensichtlich;** die **Offensichtlichkeit**

Of·fen·si·ve *lat.,* die: -, -n (Angriff); **offensiv** (angriffslustig, kämpferisch); das **Offensivspiel;** die **Offensivtaktik;** der **Offensivverteidiger;** die **Offensivwaffe**

Öf·fent·lich·keit, die: - (Leute, Volk, alle Welt); unter Ausschluss der Öffentlichkeit (Allgemeinheit); **öffentlich:** die öffentliche Meinung – im öffentlichen Interesse handeln – der öffentliche Dienst – die öffentliche Hand (der Staat, die Gemeinden); die **Öffentlichkeitsarbeit; öffentlich-rechtlich:** ein öffentlich-rechtlicher Vertrag

of·fe·rie·ren *lat.:* (anbieten); die **Offerte** (Angebot, Vorschlag): jemandem eine Offerte unterbreiten

Of·fice *franz. [ofis],* das: -, -s (Büro, Anrichteraum im Restaurant)

of·fi·zi·ell *franz.:* ein offizieller (amtlicher, feierlicher) Empfang; **offiziös:** eine offiziöse (halbamtliche, nicht verbürgte) Nachricht

Of·fi·zier *franz.,* der: -s, -e (militärischer Rang); der **Offizier(s)anwärter;** das **Offizierskasino;** der **Offiziersrang**

öff·nen: das Tor öffnen (aufmachen) – sie öffnet die Dose – bis 12 Uhr ist geöffnet – sich einem Menschen öffnen (anvertrauen); der **Öffner;** die **Öffnung;** die **Öffnungszeit**

Off·set·druck *engl.,* der: -(e)s, -e (Flachdruckverfahren)

o-förmig: o-förmige Beine haben; auch: **O-förmig**

oft: öfter, am öftesten; so oft – wie oft – öfter als; aber: des Öft(e)ren; **öfters; oftmalig; oftmals**

oh: oh, wie schade!; aber: o weh! – o je! – oje!; das **Oh**

O·heim, der: -s, -e (veraltet für: Onkel)

Ohm, das: -(s), - (Masseinheit für den elektrischen Widerstand); das ohmsche Gesetz; auch: das Ohm'sche Gesetz

oh·ne: ohne Geld – ohne weiteres (ohne Schwierigkeiten) – ohne lange zu warten – ohne Befund ⟨o. B.⟩ – ohne Jahr ⟨o. J.⟩ – ohne dass; **ohnedies** (sowieso); **ohneeinander; ohnegleichen; ohnehin:** er kommt ohnehin (sowieso) nicht

Ohn·macht, die: -, -en (Bewusstlosigkeit); *von einer Ohnmacht in die andere fallen* (sich ständig aufregen); **ohnmächtig:** ohnmächtig (bewusstlos) zu Boden sinken – er muss ohnmächtig (machtlos) einem Verbrechen zuschauen; der **Ohnmachtsanfall**

o·ho!: (Ausruf der Überraschung, des Erstaunens); klein, aber oho! (klein, aber kräftig; klein, aber schlau)

Ohr, das: -(e)s, -en; sich die Ohren zuhalten – rote Ohren bekommen – zu Ohren kommen – *die Ohren spitzen* (aufmerksam lauschen) – *jemandem in den Ohren liegen* (ihm ständig zusetzen) – *nicht trocken hinter den Ohren sein* (noch jung, unerfahren sein) – *sich etwas hinter die Ohren schreiben* (sich etwas gut merken) – *ganz Ohr sein* (gut zuhören) – *die Ohren steif halten* (nicht den Mut verlieren); das **Öhrchen;** der **Ohrenarzt;** die **Ohrenärztin; ohrenbetäubend** (sehr laut); der **Ohr(en)klipp;** das **Ohrensausen;** der **Ohrenschmaus** (etwas, dem man gerne zuhört); der **Ohrenschmerz;** der **Ohrenzeuge;** die **Ohrenzeugin;** die **Ohrfeige; ohrfeigen;** das **Ohrläppchen;** die **Ohrmuschel;** der **Ohrring;** der **Ohrschmuck;** der **Ohrwurm** (leicht eingängige Melodie, Schlager)

Öhr, das: -(e)s, -e (Nadelöffnung)

o·kay ⟨o. k.⟩ *amerik. [oke]:* (in Ordnung)

Ok·ka·si·on *lat.,* die: -, -en; → Occasion

ok·kult *lat.:* (verborgen); okkulte (übersinnliche) Kräfte; **okkultisch;** der **Okkultismus** (Lehre vom Übersinnlichen)

Ok·ku·pa·ti·on *lat.*, die: -, -en (Besetzung, Einnahme); die **Okkupationsmacht; okkupieren;** die **Okkupierung**

Ö·ko·lo·gie *griech.*, die: - (Wissenschaft von den Beziehungen der Lebewesen zu ihrer Umwelt); **ökologisch;** das **Ökosystem**

Ö·ko·no·mie *griech.*, die: -, Ökonomien (Wirtschaftswissenschaft, Wirtschaftlichkeit); der **Ökonom** (Landwirt); die **Ökonomin; ökonomisch:** ökonomisch (sparsam, wirtschaftlich) planen – ökonomisch (überlegt) vorgehen

Ok·ta·ve *lat.*, die: -, -n (achter Ton der Tonleiter, Intervall von acht Tönen); eine Oktave höher singen

Ok·to·ber ⟨Okt.⟩ *lat.*, der: -(s), - (Monatsname); das **Oktoberfest** (Fest in München)

Ö·ku·me·ne *griech.*, die: - (der bewohnte Teil der Erde, Gesamtheit der Christen); **ökumenisch:** der ökumenische Gottesdienst

Ok·zi·dent *lat.*, der: -s (das Abendland, der Westen); **okzidental**

Öl, das: -(e)s, -e; in Öl (mit Ölfarben) malen – mit Öl (flüssigem Speisefett) kochen – *Öl ins Feuer giessen* (etwas noch schlimmer machen); der **Ölbaum** (Olivenbaum); der **Öldruck; ölen:** den Motor ölen (schmieren); die **Ölfarbe;** der **Ölfilm;** das **Ölgemälde;** der **Ölgötze:** dasitzen wie ein Ölgötze (stumm, unbeteiligt); die **Ölheizung; ölig:** ölig glänzen; die **Ölkrise;** die **Öllampe;** die **Ölleitung;** die **Ölpest;** die **Ölquelle;** die **Ölraffinerie;** der **Ölscheich** (ein durch Erdöl reich gewordener Scheich); der **Öltank;** der **Ölteppich;** die **Ölung:** die Letzte Ölung (Salbung vor dem Tod); der **Ölwechsel;** das **Ölzeug** (wasserfeste Kleidung); der **Ölzweig**

Old·ti·mer *engl.* [*oldtaimer*], der: -s, - (Fahrzeug von alter Bauart); der **Oldie** [*oldi*] (beliebter alter Schlager, alter Mensch)

o·lé! *span.:* (los!, hurra!, auf!)

O·le·an·der *ital.*, der: -s, - (Zierstrauch)

o·liv *griech.:* (olivfarben); das **Oliv;** die **Olive** (Ölbaumfrucht); der **Olivenbaum;** das **Olivenöl; olivgrün**

Ol·ma = Ostschweizerische land- und milchwirtschaftliche Ausstellung in St. Gallen

O·lym·pi·a·de *griech.*, die: -, -n (alle vier Jahre stattfindender sportlicher Wettkampf); der **Olymp** (Berg in Griechenland, Wohnsitz der Götter); die **Olympiamannschaft;** die **Olympiamedaille;** der **Olympiasieg;** das **Olympiastadion;** der **Olympiateilnehmer;** die **Olympiateilnehmerin; olympisch:** der olympische Gedanke; aber: die Olympischen Spiele

O·ma, die: -, -s (Grossmutter); auch: die **Omi**

Om·buds·frau *schwed.*, die: -, -en (nimmt die Rechte der Bürgerinnen und Bürger gegenüber den Behörden wahr); der **Ombudsmann**

O·me·lett *franz.*, das: -(e)s, -e/-s (Eierkuchen); auch: die **Omelette**

O·men *lat.*, das: -s, -/Omina; ein böses, gutes Omen (Vorzeichen); **ominös:** dieser ominöse (seltsame) Unfall

Om·ni·bus *lat.*, der: -ses, -se (Autobus); die **Omnibusfahrt;** die **Omnibuslinie**

O·na·nie, die: - (geschlechtliche Selbstbefriedigung); **onanieren**

On·kel *lat.* der: -s, - (Bruder oder Schwager der Mutter oder des Vaters)

OP = Operationssaal

O·pa, der: -s, -s (Grossvater)

O·pen·air·fes·ti·val *engl.* [*open är fästiwel*], das: -s, -s (Musikveranstaltung im Freien); auch: das **Open-Air-Festival**

O·per *ital.*, die: -, -n (musikalisches Bühnenwerk, Gebäude für Musiktheater); die **Operette** (heiteres Bühnenstück mit Musik und gesprochenen Dialogen); die **Opernarie;** der **Opernball** (gesellschaftliches Ereignis in Wien); der **Opernführer;** das **Opernglas;** das **Opernhaus;** die **Opernmelodie;** die **Opernmusik;** der **Opernsänger;** die **Opernsängerin**

o·pe·rie·ren *lat.:* (einen ärztlichen Eingriff vornehmen); sehr geschickt operieren (vorgehen); **operabel** (operierbar); die **Operation:** sich einer Operation unterziehen – die Operation (Unternehmung) ist gut vorbereitet; der **Operationssaal** ⟨OP⟩; **operativ:** ein operativer Eingriff

Op·fer, das: -s, -; dem Gott ein Opfer (eine Gabe) bringen – der Krieg fordert viele Opfer (Menschenleben) – das Opfer eines Unfalls – der Kranke wird mit vielen Opfern (Verzicht, Aufopferung) gepflegt; **opferbereit;** die **Opferbereitschaft; opferfreudig;** die **Opferfreudigkeit;** die **Opfergabe;** der **Opfergang;** das **Opferlamm;** der **Opfer-**

mut; **opfern:** sich opfern (zur Verfügung stellen) – sein Leben opfern (hingeben); der **Opfersinn;** der **Opferstock** (Sammelkasten in der Kirche); der **Opfertod;** die **Opferung; opferwillig;** die **Opferwilligkeit**

O·pi·um *griech.,* das: -s (Rauschgift); der **Opiumhandel;** der **Opiumschmuggel**

op·po·nie·ren *lat.:* (dagegen sein, sich widersetzen); die **Opposition** (Widerstand, Gegenpartei); die **Oppositionspartei; oppositionell:** eine oppositionelle (gegnerische, Widerstand leistende) Gruppe

op·por·tun *lat.:* ein opportunes (angebrachtes, angepasstes, auf den eigenen Vorteil bedachtes) Verhalten; der **Opportunismus** (Handeln um der eigenen Vorteile willen); der **Opportunist** (jemand, der sich um persönlicher Vorteile willen anpasst); die **Opportunistin; opportunistisch** (angepasst); **die Opportunität** (Vorteil, Zweckmässigkeit)

Op·tik *griech.,* die: -, -en (Lehre vom Licht, Linsen eines Gerätes); der **Optiker;** die **Optikerin; optisch**

Op·ti·mis·mus *lat.,* der: - (bejahende Einstellung, Zuversicht); **optimal** (bestmöglich); **optimieren** (verbessern); die **Optimierung;** der **Optimist;** die **Optimistin; optimistisch** (zuversichtlich); das **Optimum** (das Beste, Höchstmass)

Op·ti·on *lat.,* die: -, -en (Entscheidungsmöglichkeit)

OR = Obligationenrecht

O·ra·kel *lat.,* das: -s, - (rätselhafte, verschlüsselte Weissagung); **orakelhaft** (rätselhaft); **orakeln** (weissagen, in Andeutungen sprechen); der **Orakelspruch**

o·ral *lat.:* (in der Mundgegend, durch den Mund)

O·ran·ge *franz. [orãsche],* die: -, -n (Apfelsine); **orange** (goldgelb); die **Orangeade** *[orãschade]* (Erfrischungsgetränk); der **Orangenbaum;** die **Orangenhaut;** der **Orangensaft;** der **Orangenschnitz;** die **Orangerie** (Gewächshaus in Parkanlagen, hauptsächlich mit Orangenbäumen)

O·rang-U·tan *malai.,* der: -s, -s (Menschenaffe)

Or·bit *engl.,* der: -s, -s (Umlaufbahn, Kreisbahn eines Satelliten); **orbital;** die **Orbitalbahn;** die **Orbitalstation** (Raumstation)

Or·ches·ter *griech. [orkäster],* das: -s, - (Musikkapelle, Musikerraum vor der Bühne); der **Orchesterleiter**

Or·chi·dee *griech.,* die: -, Orchideen (exotische Zierblume); die **Orchideenart**

Or·den *lat.,* der: -s, -; einen Orden (eine Auszeichnung) erhalten – in einen Orden (eine religiöse Gemeinschaft) eintreten; das **Ordensband;** der **Ordensbruder** (Mönch); die **Ordensfrau;** der **Ordensmann;** die **Ordensregel;** die **Ordensschwester** (Nonne); die **Ordenstracht**

or·dent·lich: eine ordentliche (saubere) Handschrift – ein ordentliches (anständiges) Leben führen – ordentlich (ganz gut) arbeiten – sie hat ordentlich (sehr) geschwitzt; die **Ordentlichkeit**

Or·der *franz.,* die: -, -n/-s (Anweisung, Befehl); **ordern:** Waren ordern (bestellen); die **Ordinalzahl** (Ordnungzahl)

or·di·när *franz.:* eine ordinäre (gemeine, unfeine) Sprache – ein ordinärer (unanständiger) Witz

ord·nen: seine Kleider ordnen – in geordneten Verhältnissen leben; der **Ordner;** die **Ordnung:** etwas in Ordnung finden (für richtig halten) – in Ordnung; der **Ordnungsdienst; ordnungsgemäss; ordnungshalber;** der **Ordnungshüter;** die **Ordnungsliebe; ordnungsliebend;** der **Ordnungssinn;** die **Ordnungsstrafe; ordnungswidrig** (gesetzwidrig); die **Ordnungswidrigkeit;** die **Ordnungszahl**

Or·don·nanz *franz.,* die: -, -en (abkommandierter Soldat); auch: die **Ordonanz**

Or·gan *griech.,* das: -s, -e; die inneren Organe (Körperteile) – ein lautes Organ (eine laute Stimme) haben – die Organe (Behörden, Einrichtungen) des Staates; **organisch:** organisch gesund sein – eine organische (gewachsene) Einheit; der **Organismus:** ein gesunder Organismus (Körper); der **Organspender;** die **Organspenderin;** die **Organtransplantation;** die **Organverpflanzung**

Or·ga·ni·sa·ti·on *franz.,* die: -, -en; die Organisation (Planung, Gestaltung) des Festes – in der Organisation (Gruppe) der Widerstandskämpfer sein; der **Organisationsfehler;** das **Organisationstalent;** der **Organisator;** die **Organisatorin; organisatorisch;** **organisieren:** etwas zu essen organisieren (beschaffen) – er organisiert (plant, leitet) das Schulfest – sich politisch organisieren (zusammenschliessen); die **Organisierung**

Or·gas·mus *griech.*, der: -, Orgasmen (Höhepunkt der geschlechtlichen Erregung)

Or·gel *griech.*, die: -, -n (grosses Tasteninstrument); der **Organist;** die **Organistin;** das **Orgelkonzert; orgeln;** die **Orgelpfeife:** wie Orgelpfeifen (der Grösse nach geordnet); das **Orgelspiel**

Or·gie *griech. [orgje]*, die: -, Orgien (ausschweifendes Fest); **orgiastisch** (wild, zügellos)

O·ri·ent *lat.*, der: -s (Morgenland, Länder des Nahen, Mittleren und Fernen Ostens); der **Orientale;** die **Orientalin; orientalisch:** eine orientalische Sprache; der **Orientteppich**

o·ri·en·tie·ren *lat.*: sich an den Wegweisern orientieren (zurechtfinden) – jemanden schlecht orientieren (in Kenntnis setzen); die **Orientierung; orientierungslos;** der **Orientierungssinn;** die **Orientierungsstufe;** das **Orientierungsvermögen;** das **Orientierungszeichen**

O·ri·gi·nal *lat.*, das: -s, -e; das ist eine Kopie des Originals (der Urfassung) – er ist ein Original (Mensch mit Eigenheiten, Sonderling); **original** (ursprünglich, urschriftlich); die **Originalaufnahme;** der **Originaldruck;** die **Originalfassung; originalgetreu;** die **Originalität** (Ursprünglichkeit, Einfallsreichtum); der **Originaltext;** die **Originalübertragung;** die **Originalzeichnung; originär** (eigenständig, grundlegend neu); **originell;** ein origineller (einzigartiger) Gedanke – ein origineller (schöpferischer, einfallsreicher) Künstler

Or·kan *karib.*, der: -(e)s, -e (heftiger Sturm); **orkanartig;** die **Orkanstärke**

Or·kus, der: - (Unterwelt)

Or·na·ment *lat.*, das: -(e)s, -e (Verzierung, Schmuck); **ornamental** (mit Ornamenten versehen); **ornamentartig;** die **Ornamentik**

Or·nat *lat.*, das: -(e)s, -e (feierliche Amtstracht)

Ort, der: -(e)s, -e; ein herrlich gelegener Ort – der Ort des Verbrechens – das Buch liegt an seinem Ort (Platz) – vor Ort – an Ort und Stelle – von Ort zu Ort – höheren Ortes – an allen Orten; aber: allerorts; das **Ört-**

chen; orten (aufspüren, die Lage bestimmen); **örtlich:** die örtlichen Verhältnisse; die **Örtlichkeit;** die **Ortsangabe; ortsansässig;** die **Ortschaft; ortsfremd;** das **Ortsgespräch;** die **Ortskrankenkasse; ortskundig;** der **Ortsname;** das **Ortsnetz;** der **Ortssinn;** der **Ortsteil; ortsüblich;** der **Ortsverkehr;** die **Ortszeit;** der **Ortszuschlag;** die **Ortung**

or·tho·dox *griech.*: (recht-, strenggläubig); die orthodoxe Kirche; die **Orthodoxie**

Or·tho·gra·phie *griech.*, die: -, Orthographien (Rechtschreibung); auch: die **Orthografie; orthographisch:** ein orthographischer Fehler

Or·tho·pä·de *griech.*, der: -n, -n (Facharzt zur Behandlung von Knochenmissbildungen); die **Orthopädie;** die **Orthopädin; orthopädisch**

Ö·se, die: -, -n (Schlinge, kleine Öffnung)

Os·ten ⟨O⟩, der: -s; im Osten geht die Sonne auf – gen Osten – der Nahe Osten (Vorderasien) – der Ferne Osten; auch: **Ost:** der Wind kommt aus Ost – Ost und West; der **Ostblock; ostdeutsch; Ostdeutschland; Osteuropa; östlich;** die **Ostschweiz; ostschweizerisch;** die **Ostsee;** die **Ostseite;** der **Ostteil; ostwärts;** der **Ost-West-Konflikt;** der **Ostwind**

Os·tern, das: -, - (Fest der Auferstehung Christi); an, zu Ostern; der **Osterbrauch;** das **Osterei;** das **Osterfest;** die **Osterglocke;** der **Osterhase;** das **Osterlamm; österlich;** der **Ostermarsch;** der **Ostersonntag;** die **Osterwoche;** die **Osterzeit**

Ös·ter·reich: -s (Staat in Europa); der **Österreicher;** die **Österreicherin; österreichisch**

OSZE = Organisation für Sicherheit und Zusammenarbeit in Europa

Ot·ter, der: -s, - (im Wasser lebende Marderart)

Ot·ter, die: -, -n (Giftschlange); die **Otternbrut**

out *engl. [aut]*: diese Mode ist längst out (unmodern) – out sein (nicht mehr gefragt sein); das **Out;** das **Outfit** (äussere Aufmachung); der **Output** (Arbeitsergebnis bei der elektronischen Datenverarbeitung, Ausstoss; der **Outsider** *[autssaider]* (Aussenseiter)

Ou·ver·tü·re *franz. [uwertüre]*, die: -, -n (musikalisches Vorspiel)

o·val *lat. [owal]*: (eiförmig); eine ovale Gesichtsform; das **Oval**

O·va·ti·on *lat. [owatsion],* die: -, -en (Beifall, Huldigung); Ovationen darbringen

O·ver·all *engl. [owerol],* der: -s, -s (einteiliger Schutzanzug, Überanzug)

OW = Obwalden (Halbkanton)

O·xer *engl.,* der: -s, - (Hindernis beim Pferderennen)

O·xid *griech.,* das: -(e)s, -e (chemische Verbindung mit Sauerstoff); auch: das **Oxyd**; die **Oxidation (Oxydation); oxidieren (oxydieren)**

O·ze·an *griech.,* der: -s, -e (Weltmeer); der grosse (endlose) Ozean; aber: der Grosse (Pazifische) Ozean – der Stille Ozean; der **Ozeandampfer; ozeanisch;** der **Ozeanriese**

O·ze·lot *franz.,* das: -s, -e/-s (kleines, katzenartiges Raubtier)

O·zon *griech.,* der/das: -s (besondere Form des Sauerstoffes); der **Ozongehalt; ozonhaltig;** das **Ozonloch** (Zerstörung der oberen Schichten der Erdatmosphäre); **ozonreich;** die **Ozonschicht**

P

P = piano (musikalische Bezeichnung für leise)

paar: ein paar (einige, mehrere) Leute – ein paar Pfennige – ein paar hundert Tiere – ein paar Dutzend Mal(e) – ein paar Male; aber: ein paarmal; das **Paar:** ein junges Paar (Brautpaar, Ehepaar) – ein Paar (zwei zusammengehörende) Strümpfe; aber: das **Pärchen;** sich **paaren:** die Enten haben sich gepaart (geschlechtlich vereinigt) – bei ihr paaren (vereinigen) sich Klugheit und gutes Aussehen; der **Paarhufer; paarig** (paarweise); **der Paarlauf; paarlaufen; paarmal;** der **Paarreim;** die **Paarung; paarweise:** paarweise (zu zweit) tanzen; der **Paarzeher**

pach·ten: ein Lokal pachten; die **Pacht:** etwas in Pacht nehmen – die Pacht (der Pachtvertrag) läuft ab; der **Pächter;** die **Pächterin;** das **Pachtgeld;** der **Pachtzins**

Pack, das: -(e)s (Gesindel, Pöbel); ein freches Pack – *Pack schlägt sich, Pack verträgt sich*

Pack, der: -(e)s, -e/Päcke; ein Pack (Bündel, Paket) Bücher; auch: der **Packen;** das **Päckchen:** *sein Päckchen zu tragen haben* (seine Sorgen haben); das **Packeis; packen:**

die Koffer packen – jemanden an der Hand packen (fassen) – das packen (schaffen) wir leicht – sich packen (fortscheren); **packend:** eine packende (spannende) Erzählung; der **Packer;** die **Packerei;** die **Packerin;** der **Packesel** (jemand, dem alles aufgeladen wird); das **Packpapier;** das **Packpferd;** die **Packung:** eine Packung Pralinen

Pä·da·go·ge (Päd·a·go·ge) *griech.,* der: -n, -n (Erzieher, Lehrer); die **Pädagogik** (Erziehungswissenschaft); die **Pädagogin; pädagogisch** (erzieherisch)

Pad·del *engl.,* das: -s, -; das Paddel ins Wasser tauchen; das **Paddelboot; paddeln:** über den See paddeln (mit dem Paddelboot fahren); der **Paddler;** die **Paddlerin**

paf·fen: Zigarren paffen (hastig und stossweise rauchen)

Pa·ge *franz. [pasche],* der: -n, -n (früher: Edelknabe; heute: Diener, Laufbursche); der **Pagenkopf** (kurze, glatte Frisur)

Pa·ket, das: -(e)s, -e; ein Paket (Bündel, Packen) Zeitschriften; die **Paketpost;** die **Paketzustellung**

Pakt *lat.,* der: -(e)s, -e; er trat einem Pakt (Bündnis) bei – einen Pakt (Vertrag) schliessen; **paktieren:** mit dem Feind paktieren (gemeinsame Sache machen, sich verbünden)

Pa·lais *franz. [palä],* das: -, - (Schloss, Palast)

Pa·last *lat.,* der: -(e)s, -e; Paläste; in einem Palast (Prachtbau, Schloss) wohnen; **palastartig**

Pa·la·ver *port. [palawer],* das: -s, - (endloses Gerede); **palavern** (schwatzen)

Pa·le·tot *franz. [paleto],* der: -s, -s (doppelreihiger Herrenmantel)

Pa·let·te *franz.,* die: -, -n (Mischbrett für Malerfarben, hölzerner Ladeuntersatz für Transporte); eine breite Palette (eine grosse Auswahl, ein grosses Angebot) von Gütern

Pa·li·sa·de *franz.,* die: -, -n (Hindernis mit spitzen Pfählen); der **Palisadenzaun**

Pa·li·san·der *franz.,* der: -s, - (Edelholz); das **Palisanderholz**

Pal·me *lat.,* die: -, -n (tropischer Baum); *jemanden auf die Palme bringen* (ihn sehr wütend machen); **palmartig;** der **Palm(en)-zweig;** das **Palmkätzchen;** das **Palmöl;** der **Palmsonntag** (Sonntag vor Ostern); der **Palmwedel**

Pam·pel·mu·se *niederl.,* die: -, -n (Zitrusfrucht)

Pampf, der: -(e)s (Brei)

Pamph·let (Pam·phlet) *franz.*, das: -(e)s, -e (Schmähschrift)

pam·pig: das Essen ist pampig (breiig) – pampig (frech, patzig) werden

Pa·nier *franz.*, das: -s, -e (Fahne, Banner, Wahlspruch)

pa·nie·ren *franz.*: ein Schnitzel panieren (in Semmelbrösel und Ei wälzen); das **Paniermehl**

Pa·nik *franz.*, die: -, -en; der Brand löste eine Panik (eine Massenangst, ein plötzliches Entsetzen) aus; **panikartig;** die **Panikmache;** der **Panikmacher;** die **Panikstimmung; panisch;** eine panische (lähmende) Angst haben

Pan·ne *franz.*, die: -, -n (Unfall, Störung); eine Panne mit dem Auto haben; der **Pannendienst; pannenfrei**

Pa·nop·ti·kum (Pan·op·ti·kum) *griech.*, das: -s, Panoptiken (Sammlung von Sehenswürdigkeiten)

Pa·no·ra·ma (Pan·o·ra·ma) *griech.*, das: -s, Panoramen (Ausblick, Rundblick); der **Panoramabus**

pan·schen: Wein panschen (mit Wasser verdünnen) – im Wasser panschen (mit Wasser spielen); der **Panscher;** die **Panscherei**

Pan·sen, der: -s, - (erster Magenabschnitt der Wiederkäuer)

Pan·ther *griech.*, der: -s, - (Leopard); auch: der **Panter;** das **Pantherfell**

Pan·ti·ne *niederl.*, die: -, -n (Holzschuh)

Pan·tof·fel *franz.*, der: -s, -n (Schuh ohne Fersenteil, Hausschuh); Pantoffeln anziehen – *unter dem Pantoffel stehen* (von seiner Ehefrau völlig beherrscht werden); das **Pantöffelchen;** der **Pantoffelheld** (Ehemann, der zu Hause nicht viel zu sagen hat); das **Pantoffelkino** (scherzhaft für Fernsehen); das **Pantoffeltierchen**

Pan·to·let·te, die: -, -n (leichter Sommerschuh ohne Fersenteil)

Pan·to·mi·me *griech.*, die: -, -n (stummes Gebärden- und Mienenspiel); auch: die **Pantomimik;** der **Pantomime; pantomimisch**

Pan·zer, der: -s, -; mit Panzern (Kampffahrzeugen) kämpfen – der Panzer (harte Schutzschicht) der Schildkröte – seinen Panzer (die Rüstung) anlegen; die **Panzerabwehr;** die **Panzerfaust;** das **Panzerglas;**

panzern: ein gepanzertes Auto – sich gegen Vorwürfe panzern (wappnen); der **Panzerschrank** (Geldschrank); die **Panzersperre;** die **Panzerung;** der **Panzerwagen**

Pa·pa, der: -s, -s (Vater); auch: der **Papi** (Koseform)

Pa·pa·gei *franz.*, der: -s/-en, -en (tropischer Vogel); **papageienhaft**

Pa·per *engl.* [peper], das: -s, -s (Schriftstück, schriftliche Unterlage); das **Paperback** [peperbäk] (kartoniertes Taschenbuch)

Pa·pe·te·rie *franz.*, die: -, Papeterien (Schreibwarengeschäft)

Pa·pier *griech.*, das: -s, -e; auf Papier schreiben – in Papier einwickeln – etwas zu Papier bringen (aufschreiben) – *gefälschte Papiere (Ausweise) haben* – *die Papier verarbeitende Industrie* – *nur auf dem Papier* (nur der Form nach) *bestehen*; der **Papierblock; papieren** (aus Papier); die **Papierfabrik;** das **Papiergeld;** der **Papierkorb;** das **Papiermaché** [... masche] (Masse aus eingeweichtem Papier, Stärke und Leim); der **Papiersack;** die **Papierschere;** der/ das **Papierschnitzel;** die **Papierserviette** [...servjete]; das **Papiertaschentuch;** der **Papiertiger** (nur scheinbar mächtiger, starker Mensch); das **Papiertuch;** die **Papierwaren** *Mz.*; die **Papierwindel;** die **Papierwolle**

Pap·pe, die: -, -n (festes Papier, Karton); *nicht von Pappe* (nicht zu unterschätzen) *sein;* der **Pappband** (Buch mit festem Pappeinband); **pappen:** ein Kaugummi pappt (klebt) am Boden; der **Papp(en)deckel;** der **Pappenstiel** (Kleinigkeit, etwas Wertloses): *keinen Pappenstiel* (gar nichts) *wert sein;* **pappig:** pappiger Schnee; das **Pappplakat;** die **Pappschachtel;** der **Pappschnee;** der **Pappteller**

Pap·pel *lat.*, die: -, -n (Laubbaum); die **Pappelallee**

päp·peln: einen Säugling päppeln (liebevoll pflegen und ernähren)

Pap·ri·ka (Pa·pri·ka) *ungar.*, der: -s, -(s) (Gewürz- und Gemüsepflanze); die **Paprikaschote**

Papst *lat.*, der: -(e)s, Päpste (Oberhaupt der katholischen Kirche); **päpstlich:** *päpstlicher als der Papst sein* (genauer als nötig sein); das **Papsttum;** die **Papstwahl**

N
O
P
Q
R
S

Pa·py·rus *griech.*, der: -, Papyri (Papyrusstaude, Schreibmaterial daraus); die **Papyrusrolle**

Pa·ra·bel *griech.*, die: -, -n (lehrhafte Erzählung, Vergleich, Gleichnis, Kegelschnitt)

Pa·ra·de *franz.*, die: -, -n; eine Parade (Heerschau) abhalten – eine schnelle Parade (Abwehr) des Gegners – *jemandem in die Parade fahren* (ihm energisch entgegentreten); das **Paradebeispiel** (besonders anschauliches Beispiel); der **Parademarsch;** das **Paradepferd;** der **Paradeschritt;** das **Paradestück;** die **Paradeuniform; paradieren** (auf-, vorbeimarschieren)

Pa·ra·den·to·se *griech.*, die: -, -n; → Parodontose

Pa·ra·dies *pers.*, das: -es, -e; im Paradies leben – *das Paradies auf Erden haben* (sehr angenehm leben); der **Paradiesapfel** (Tomate); **paradiesisch:** paradiesische (herrliche, beglückende) Zustände

Pa·ra·dig·ma *griech.*, das: -s, Paradigmen/Paradigmata (Beispiel, Muster); **paradigmatisch** (beispielhaft)

pa·ra·dox *griech.*: paradoxe (widersinnige) Ansichten haben; **paradoxerweise;** die **Paradoxie**

Pa·ra·graph ⟨§⟩ *griech.*, der: -en, -en (Textabsatz eines Gesetzes, Abschnitt); auch: der **Paragraf;** der **Paragraphenreiter** (jemand, der sich peinlich genau nach Vorschriften richtet)

pa·ral·lel (**par·al·lel**) *griech.*: (in gleichem Abstand neben etwas anderem verlaufend); parallel zur Strasse – der Film läuft parallel zu dieser Veranstaltung (gleichzeitig) – parallel laufend; die **Parallele;** der **Parallelfall;** die **Parallelität;** die **Parallelklasse;** das **Parallelogramm** (Viereck mit zwei je gleichlangen Seiten); die **Parallelschaltung;** der **Parallelslalom;** die **Parallelstrasse**

pa·ra·ly·sie·ren *griech.*: (lähmen, unwirksam machen); die **Paralyse:** eine Paralyse (Lähmung) der Beine

Pa·ra·me·ter *griech.*, der: -s, - (Bestimmungsgrösse)

Pa·ra·noia *griech.*, die: - (Geistesgestörtheit)

pa·ra·phie·ren *griech.*: (vorläufig unterzeichnen); die **Paraphierung**

Pa·ra·sit *griech.*, der: -en, -en (Schmarotzer, Schädling); **parasitär** (schmarotzerhaft); das **Parasitentum**

pa·rat *lat.*: etwas schon parat (fertig, bereit) haben

Pär·chen, das: -s, -; → Paar

Par·cours *franz.* [parkur], der: -, - (Rennstrecke mit Hindernissen)

par·dauz!: (Ausruf); pardauz!, da lag er am Boden

Par·don *franz.* [pardō], der: -s; um Pardon (Gnade, Verzeihung) bitten – Pardon! (Entschuldigung!)

Par·fum *franz.* [parfü], das: -s, -s; → Parfüm

Par·füm *franz.*, das: -s, -e/-s (Riechmittel, Duftstoff); auch: das **Parfum;** die **Parfümerie** (Geschäft für Parfüme); die **Parfümflasche; parfümieren**

pa·ri *ital.*: pari (gleich, unentschieden) sein – unter pari (unter dem Nennwert); die **Parität** (Gleichheit, Gleichwertigkeit); **paritätisch**

pa·rie·ren *franz.*: einen Schlag parieren (abwehren) – nicht parieren (gehorchen) wollen – ein Pferd parieren (zum Stehen bringen)

Park *franz.*, der: -s, -e/-s (weiträumige Grünanlage); die **Parkanlage;** die **Parkbank;** die **Parkdauer;** das **Parkdeck; parken:** das Auto am Strassenrand parken (abstellen); der **Parker;** die **Parkerin;** das **Parkhaus;** die **Parkkralle** (Vorrichtung zum Blockieren der Autoräder); die **Parkleuchte;** die **Parklücke;** der **Parkplatz;** die **Parkscheibe;** der **Parksünder;** die **Parkuhr;** das **Parkverbotsschild;** der **Parkwächter;** die **Parkwächterin**

Par·ka *eskim.*, der: -s, -s (anorakähnlicher, knielanger Mantel mit Kapuze)

Par·kett *franz.*, das: -(e)s, -s/-e; Parkett (getäfelten Fussboden) legen – im Parkett (ebenerdiger Teil des Zuschauerraumes im Theater) sitzen; der **Parkettboden;** der **Parkettsitz**

Par·la·ment *engl.*, das: -(e)s, -e (gewählte Volksvertretung in Bund, Kantonen und Gemeinden); in das Parlament gewählt werden – vor dem Parlament stehen; der **Parlamentarier;** die **Parlamentarierin; parlamentarisch:** parlamentarische Vorstösse; der **Parlamentarismus;** die **Parlamentsdebatte; Parlamentsbeschluss**

Pa·ro·die (**Par·o·die**) *griech.*, die: -, Parodien (scherzhafte, übertrieben wirkende Nachahmung); **parodieren;** der **Parodist;** die **Parodistin; parodistisch**

Pa·ro·don·to·se (Par·o·don·to·se) *griech.,* die: -, -n (Erkrankung des Zahnbettes)

Pa·ro·le *franz.,* die: -, -n (Kennwort, Wahlspruch)

Part *franz.,* der: -s, -s; seinen Part (seine Rolle in einem Bühnenstück) einstudieren

Par·tei *franz.,* die: -, -en; einer Partei (politischen Organisation) beitreten – zwei streitende Parteien (Gruppen) – in dem Miethaus wohnen fünf Parteien (Mieter) – *für jemanden Partei ergreifen* (ihn verteidigen, seine Interessen vertreten); das **Parteiamt;** das **Parteiensystem;** der **Parteifreund;** die **Parteifreundin;** die **Parteiführung;** der **Parteifunktionär;** die **Parteifunktionärin;** der **Parteigenosse;** die **Parteigenossin; parteiisch** (für eine Partei eingenommen, unsachlich); **parteilich;** die **Parteilichkeit; parteilos;** die **Parteilosigkeit;** das **Parteimitglied;** die **Parteinahme;** das **Parteiprogramm;** der **Parteitag**

Par·terre *franz. [partär],* das: -s, -s; im Parterre (Erdgeschoss) wohnen; **parterre** (zu ebener Erde); die **Parterrewohnung**

Par·tie *franz.,* die: -, Partien; die obere Partie (der obere Teil) des Gesichts – eine Partie (ein Spiel) Schach verlieren – er macht eine Partie (einen Ausflug) aufs Land – eine Partie (grössere Menge) Hosen kaufen – *mit von der Partie sein* (sich an etwas beteiligen) – *eine gute Partie machen* (reich heiraten); **partiell** *[partsjel]* (teilweise, anteilig)

Par·ti·kel *lat.,* das: -s, -n (Teilchen); **partikular** (einzeln); der **Partikularismus** (Streben von Teilstaaten nach Selbstständigkeit)

Par·ti·kel *lat.,* die: -, -n (Sprachlehre: unflektierbare Wortart)

Par·ti·san *franz.,* der: -s/-en, -en (Widerstandskämpfer im feindlich besetzten Hinterland); die **Partisanin**

Par·ti·tur *ital.,* die: -, -en (Zusammenstellung aller zu einem Musikstück gehörenden Stimmen)

Par·ti·zip *lat.,* das: -s, -ien (Sprachlehre: Mittelwort); **partizipieren** (teilnehmen, Anteil nehmen)

Part·ner *engl.,* der: -s, -; mein Partner (Teilhaber) in der Firma – den richtigen Partner (Ehepartner) gefunden haben; die **Partne-**

rin; der **Partnerlook** *[...luk]*: im Partnerlook gehen (Kleidung mit gleicher Farbe und gleicher Form tragen); die **Partnerschaft; partnerschaftlich;** die **Partnerstadt;** die **Partnerwahl;** der **Partnerwechsel**

par·tout *franz. [partu]*: (unbedingt, durchaus)

Par·ty *engl. [pati],* die: -, -s (kleine Feier)

Par·zel·le *lat.,* die: -, -n (kleines Grundstück); **parzellieren** (unterteilen)

Pa·scha *türk.,* der: -s, -s (ursprünglich hoher Beamter im Orient; Mann, der sich gerne von Frauen bedienen lässt)

Pass *lat.,* der: -es, Pässe; seinen Pass (Ausweis) vorzeigen – einen guten Pass (Ballweitergabe beim Fussball) spielen – über den Pass (Bergübergang) marschieren; das **Passamt;** das **Passbild;** das **Passfoto;** die **Passhöhe;** die **Passkontrolle;** die **Passstelle;** die **Passstrasse;** das **Passwort** (Kennwort)

pas·sa·bel *franz.:* eine passable (annehmbare, erträgliche) Lösung – das klingt ganz passabel

Pas·sa·gier *franz. [passaschir],* der: -s, -e (Fahrgast, Reisender); die **Passage** *[passasche]:* die Passage (der überdachte Durchgang) in der Fussgängerzone – eine Passage (Schiffsreise) nach Übersee buchen – diese Passage (Stelle) in dem Buch verstehe ich nicht; der **Passagierdampfer;** das **Passagierflugzeug;** der **Passant** (Fussgänger); die **Passantin; passee;** auch: **passé** (vergangen)

Pas·sat *niederl.,* der: - (e)s, -e (Tropenwind)

pas·sen: ich passe, er passte, sie hat gepasst, pass(e)!; der Anzug passt gut – dein Freund passt (gefällt) mir nicht – jetzt muss ich passen (aufgeben); **passend:** eine passende (angemessene) Antwort geben – nichts Passendes finden; der/das **Passepartout** *[passpartu]* (Umrahmung aus leichtem Karton für Grafiken, Zeichnungen; Dauerkarte, Hauptschlüssel); die **Passform:** der Mantel hat eine gute Passform (einen massgerechten Sitz)

pas·sie·ren *franz.:* eine Ortschaft passieren (daran vorbeifahren) – die Grenze passieren (überschreiten) – ein Unglück passiert (geschieht) – ihr ist nichts passiert (zugestossen); **passierbar;** der **Passierschein;** der **Passierschlag** (im Tennis)

Pas·si·on *lat.,* die: -, -en; er hat eine Passion (Vorliebe, Leidenschaft) für die Jagd – die

Passion (Leidensgeschichte Christi); **passio-niert:** ein passionierter (begeisterter) Jäger sein; das **Passionsspiel;** die **Passionswoche** (Woche vor Ostern); die **Passionszeit**

pas·siv *lat.*: sich völlig passiv (untätig, uninteressiert) verhalten – das passive Wahlrecht (das Recht, gewählt zu werden); das **Passiv** (Sprachlehre: Leideform); die **Passiva** (Schulden, Verbindlichkeiten); die **Passivität** (teilnahmsloses Verhalten)

Pas·sus *lat.*, der: -, -; einen Passus (eine Stelle, einen Absatz) im Text unterstreichen

Pas·te *ital.*, die: -, -n (weiche, streichbare Masse); das **Pastell** (mit Pastellfarben gemaltes Bild); die **Pastellfarbe; pastellfarben; pastellig**

Pas·te·te *lat.*, die: -, -n (Fleisch- oder Fischgericht in Blätterteig)

pas·teu·ri·sie·ren *franz.* [pastörisiren]: pasteurisierte (durch Erhitzen entkeimte und haltbar gemachte) Milch; die **Pastmilch**

Pas·til·le *lat.*, die: -, -n (Kügelchen, Pille)

Pas·tor *lat.*, der: -s, Pastoren (Geistlicher); **pastoral:** pastoral (salbungsvoll, übertrieben feierlich) predigen; die **Pastorin**

Pa·te *lat.*, der: -n, -n (Zeuge bei der Taufe oder Firmung); das **Patengeschenk;** das **Patenkind;** der **Patenonkel;** die **Patenschaft;** die **Patenstadt;** die **Patentante;** die **Patin**

Pa·tent *lat.*, das: -(e)s, -e; ein Patent (Schutzrecht für eine Erfindung) haben – das Patent (Urkunde über die berufliche Eignung) als Kapitän erwerben; **patent:** ein patenter (tüchtiger, brauchbarer) Kerl; das **Patentamt; patentieren:** eine Erfindung patentieren lassen; die **Patentlösung;** das **Patentrecht;** das **Patentrezept**

Pa·ter ⟨P.⟩ *lat.*, der: -s, -/Patres (katholischer Ordensgeistlicher); das **Paternoster** (das Vater-unser-Gebet); der **Paternoster** (offener, ständig fahrender Aufzug)

Pa·thos *griech.*, das: - (Gefühlsausbruch, Leidenschaftlichkeit); die **Pathetik** (übertriebene Feierlichkeit); **pathetisch:** eine pathetische (allzu gefühlvolle) Rede halten – ein Gedicht pathetisch (übertrieben feierlich) aufsagen; **pathologisch** (krankhaft)

Pa·ti·ence *franz.* [pasiãs], die: -, -n (Geduldsspiel mit Karten)

Pa·ti·ent *lat.* [patsjent], der: -en, -en (Kranker in ärztlicher Behandlung); die **Patientin**

Pa·ti·na *ital.*, die: - (grünlicher Überzug auf Kupfer, Edelrost)

Pa·tis·se·rie *franz.*, die: -, Patisserien (Konditorei; Feingebäck)

Pa·tri·arch (Pat·ri·arch) *griech.*, der: -en, -en (Titel von Erzbischöfen, Familienältester); **patriarchalisch** (väterlich, altehrwürdig, selbstherrlich); das **Patriarchat** (Amtsbereich eines Patriarchen, Vaterherrschaft)

Pa·tri·ot (Pat·ri·ot) *griech.*, der: -en, -en (Vaterlandsfreund); **patriotisch;** der **Patriotismus** (Vaterlandsliebe)

Pa·tri·zi·er (Pat·ri·zi·er) *lat.*, der: -s, - (vornehmer Bürger); das **Patriziergeschlecht;** das **Patrizierhaus;** die **Patrizierin**

Pa·tron (Pat·ron) *lat.*, der: -s, -e (Schutzheiliger, Gönner); das **Patronat** (Schirmherrschaft); die **Patronin;** das **Patrozinium** (Schutzherrschaft eines Heiligen über eine Kirche, Fest des Schutzheiligen); das **Patroziniumsfest**

Pa·tron (Pat·ron) *franz.* [patrõ], der: -s, -s (Betriebsinhaber, Arbeitgeber)

Pa·tro·ne (Pat·ro·ne) *franz.*, die: -, -n; alle Patronen (Kugeln) verschossen haben – Patronen (Tintenbehälter) für den Füller kaufen; der **Patronengurt;** die **Patronenhülse;** die **Patronentasche**

Pa·trouil·le (Pat·rouil·le) *franz.* [patrulje], die: -, -n; der Polizist ist auf Patrouille (Streife, Erkundungsgang) – eine Patrouille (einen Spähtrupp) losschicken; das **Patrouillenboot;** der **Patrouillengang; patrouillieren** (Streife gehen, etwas bewachen)

Pat·sche, die: -, -n; in der Patsche sitzen (in Bedrängnis sein) – *jemandem aus der Patsche helfen* (ihn aus einer Notlage befreien); der **Patsch** (klatschendes Geräusch, Schlag); **patschen:** sich auf die Schenkel patschen (mit den Händen schlagen); das **Patschhändchen; patschnass** (sehr nass)

Patt *franz.*, das: -s, -s (unentschiedener Ausgang bei einem Spiel); **patt:** patt (unentschieden, punktgleich) sein

pat·zen: (einen kleinen Fehler machen); der **Patzer** (Fehler); die **Patzerei; patzig:** eine patzige (freche, unverschämte) Antwort geben

Pau·ke, die: -, -n (Musikinstrument); die Pauke schlagen – *mit Pauken und Trompeten durchfallen* (bei einer Prüfung völlig versagen) – *auf die Pauke hauen* (feiern, ausgelassen sein, angeben); **pauken:** für eine Prüfung pauken (fleissig lernen, sich anstrengen); der **Paukenschlag;** der **Pauker** (Lehrer, sehr fleissiger Schüler); die **Paukerei;** die **Paukerin**

paus·ba·ckig: ein pausbackiges Gesicht (Gesicht mit roten, runden Wangen) haben; auch: **pausbäckig;** die **Pausbacken** *Mz.*

pau·schal: die Anschaffung kostet pauschal (rund, alles in allem) 100 Franken – er kann nur einen pauschalen (ungefähren) Preis nennen; der **Pausch(al)betrag;** die **Pauschale** (geschätzter Gesamtbetrag); **pauschalieren** (abrunden, sehr stark verallgemeinern); der **Pauschalpreis;** die **Pauschalreise;** das **Pauschalurteil**

Pau·se *griech.*, die: -, -n (Ruhezeit); die grosse Pause (zwischen den Unterrichtsstunden); das **Pausenbrot;** die **Pausenhalle; pausenlos;** der **Pausenpfiff;** das **Pausenzeichen; pausieren** (ausruhen, zeitweise aufhören)

pau·sen: eine Skizze pausen (durchzeichnen); die **Pause** (Durchzeichnung); das **Pauspapier**

Pa·vi·an *niederl.* [pawian], der: -s, -e (Affenart)

Pa·vil·lon *franz.* [pawiljõ], der: -s, -s (Rundbau, Gartenhäuschen)

Pa·zi·fik *engl.*, der: -s (der Grosse Ozean); **pazifisch:** die pazifischen Inseln; aber: der Pazifische Ozean

Pa·zi·fis·mus *lat.*, der: - (Friedensliebe, Ablehnung des Krieges); der **Pazifist** (Kriegsgegner); die **Pazifistin; pazifistisch**

PC = Personalcomputer

PdA = Partei der Arbeit

Pech, das: -(e)s, -e; Pech (zähflüssigen Teerstoff) an den Füssen haben – das klebt wie Pech – vom Pech (Missgeschick, Unglück) verfolgt sein – *wie Pech und Schwefel* (sehr fest) *zusammenhalten;* die **Pechfackel;** die **Pechnase;** die **Pechnelke** (purpurfarbene Blume); **pechrabenschwarz; pechschwarz;** die **Pechsträhne** (Reihe von unglücklichen Zufällen); der **Pechvogel** (Unglücksmensch)

Pe·dal *lat.*, das: -s, -e (Tretkurbel, Fusshebel)

Pe·dant *griech.*, der: -en, -en (kleinlicher Mensch); die **Pedanterie** (übertriebene Genauigkeit, Haarspalterei); die **Pedantin; pedantisch** (übertrieben genau)

Pe·dell, der: -s, -e (Diener, Hausmeister an einer Schule)

Pe·di·kü·re *franz.*, die: -, -n (Fusspflege); **pediküren**

Pe·gel, der: -s, - (Wasserspiegel, Wasserstandsmesser); die **Pegelhöhe;** der **Pegelstand**

pei·len (die Richtung, Entfernung bestimmen); die Lage peilen (auskundschaften) – über den Daumen peilen (ungefähr schätzen); die **Peilung**

Pein, die: - (Schmerz, Qual); **peinigen** (quälen, plagen); der **Peiniger;** die **Peinigerin;** die **Peinigung; peinlich:** sich in einer peinlichen (unangenehmen) Lage befinden – das ist mir aber peinlich! – peinlich genau (ganz genau) aufpassen; die **Peinlichkeit**

Peit·sche, die: -, -n; er knallt mit der Peitsche (Geissel, Gerte); **peitschen:** du peitschst – der Sturm peitscht ihm den Regen ins Gesicht – Schüsse peitschen durch die Nacht; der **Peitschenhieb;** der **Peitschenknall;** der **Peitschenstiel**

Pe·ki·ne·se, der: -n, -n (Hunderasse)

pe·ku·ni·är, *lat.*: (geldlich, in Geld bestehend)

Pe·le·ri·ne *franz.*, die: -, -n (Umhang, Cape)

Pe·li·kan *griech.*, der: -s, -e (grosser Schwimmvogel)

Pel·le *lat.*, die: -, -n (dünne Schale, Haut); *jemandem auf die Pelle rücken* (ihn bedrängen); **pellen:** Kartoffeln pellen (schälen) – *wie aus dem Ei gepellt* (sorgfältig gekleidet) sein; die **Pellkartoffel**

Pelz, der: -es, -e (Fell eines Tieres); *jemandem auf den Pelz rücken* (ihn bedrängen); **pelzbesetzt; pelzgefüttert; pelzig:** ein pelziges (raues, trockenes) Gefühl auf der Zunge haben; die **Pelzjacke;** der **Pelzkragen;** der **Pelzmantel;** die **Pelzmütze;** die **Pelztierfarm**

PEN, P. E. N. = poets, essayists, novelists (internationale Schriftstellervereinigung)

Pe·nal·ty *engl.*, der: -(s), -s (Strafstoss im Eishockey, Fussball); das **Penaltyschiessen**

Pen·dant *franz.* [pãndã], das: -s, -s (ergänzendes Gegenstück)

Pen·del *lat.*, das: -s, - (Gegenstand, der um einen Aufhängepunkt hin- und herschwingt); **pendeln:** mit den Füssen pendeln (gleichmässig hin- und herschwingen) – er muss ständig zwischen Basel und Genf pendeln

N
O
P
Q
R
S

(hin- und herfahren) – an einem Fallschirm pendeln; die **Pendeltür;** die **Pendeluhr;** der **Pendelverkehr;** der **Pendelzug;** der **Pendler;** die **Pendlerin**

pen·dẹnt *ital.*: die Angelegenheit ist pendent (hängig); die **Pendẹnz**

pe·ne·trạnt (pe·net·rạnt) *franz.*: ein penetranter (aufdringlicher, hartnäckiger) Verkäufer – penetrant riechen – penetrant (durchdringend) kreischen; die **Penetranz**

pe·ni·bel *franz.*: (peinlich genau, äusserst sorgfältig)

Pe·ni·cil·lin *lat.*, das : -s, -e; → Penizillin

Pe·nis *lat.*, der: -, -se/Penes (männliches Glied)

Pe·ni·zil·lin *lat.*, das: -s, -e (Arzneimittel gegen Infektionskrankheiten); auch: das **Penicillin;** die **Penizillinspritze**

pẹn·nen: unter einer Brücke pennen (schlafen); der **Pennbruder** (Landstreicher); auch: der **Penner;** die **Pennerin**

Pen·si·on *franz. [pãsion],* die: -, -en; in Pension (in Ruhestand) gehen – eine kleine Pension (ein kleines Ruhegehalt) bekommen – in einer hübschen Pension (einem Gästehaus, Hotel) wohnen; der **Pensionär** (Ruheständler); die **Pensionärin;** das **Pensionat** (Schulheim für Mädchen); **pensionieren** (in den Ruhestand versetzen); die **Pensionierung;** der **Pensionist;** das **Pensionsalter; pensionsberechtigt;** die **Pensionskasse; pensionsreif**

Pẹn·sum *lat.,* das: -s, Pensen/Pensa (festgelegte Aufgabe, zugewiesene Arbeit)

Pẹp *amerik.,* der: -(s) (Schwung); **peppig** (schwungvoll)

Pe·pe·ro·ni *Mz. ital.,* die: -, - (kleine Paprikaschote)

pẹr *lat.*: per (mittels) Einschreiben – per (mit der) Post – per (durch) Eilboten – per (zum) 1. Januar – per (ab) sofort – per pedes (zu Fuss) – mit jemandem per Du sein

per·fẹkt *lat.*: eine perfekte (mustergültige) Sekretärin – perfekt (fliessend) Englisch sprechen – der Vertrag ist endlich perfekt (gültig, abgemacht); das **Pẹrfekt** (Zeitform: vollendete Gegenwart); die **Perfektion; perfektionieren** (vervollkommnen, vollenden); der **Perfektionismus** (übertriebenes Streben nach Vollkommenheit); der **Perfektionist;** die **Perfektionistin; perfektionistisch**

per·fịd *franz.*: auch: **perfide:** eine perfide (ge-

meine) Lüge – ein perfider (heimtückischer) Plan; die **Perfidie** (Niedertracht)

per·fo·rie·ren *lat.*: ein perforiertes (durchlöchertes) Trommelfell haben; die **Perforation** (Durchbohrung, Lochung)

Per·ga·mẹnt *griech., das:* -(e)s, -e (Schreibmaterial aus Tierhaut); das **Pergamentpapier** (fettundurchlässiges Papier)

Pẹr·go·la *ital.,* die: -, Pergolen (offener Laubengang)

Pe·ri·o·de *griech.,* die: -, -n (Zeitabschnitt); **periodisch:** in periodischen (regelmässig wiederkehrenden) Abschnitten

pe·ri·phẹr *griech.*: eine periphere (nebensächliche) Frage; die **Peripherie:** an der Peripherie (am Rand) der Stadt wohnen

Pẹr·le *lat.,* die: -, -n; eine Kette aus Perlen – nach Perlen tauchen – *Perlen vor die Säue werfen* (etwas Wertvolles Leuten geben, die es nicht verdienen); **perlen:** Schweiss perlt (tropft) von der Stirn – ein perlender (spritziger) Sekt; **perlenbesetzt;** die **Perlenkette;** die/das **Perlmutter** (schimmernde Innenschicht von Perlmuscheln); auch: das **Perlmutt;** der **Perlmutt(er)knopf; perlweiss**

Pẹr·lon, das: -s (Kunstfaser); der **Perlonstrumpf**

per·ma·nẹnt *lat.*: permanent (dauernd, ohne Unterbrechung) im Spiel verlieren; die **Permanenz**

per·plẹx *lat.*: völlig perplex (verblüfft, erstaunt) sein

Pẹr·ron *franz. [perõ],* der: -s, -s (Bahnsteig)

Pẹr·si·fla·ge (Pẹr·sif·la·ge) *franz. [persiflasche],* die: -, -n (Verspottung); **persiflieren**

Pẹr·son *lat.,* die: -, -en (Mensch, Wesen); das **Personal** (Beschäftigte, Belegschaft); der **Personalabbau;** die **Personalakte;** der **Personalausweis;** die **Personalien** *Mz.* (Angaben einer Person über Name, Wohnort, Beruf o.Ä.); die **Personalkosten** *Mz.;* das **Personalpronomen** (Sprachlehre: persönliches Fürwort); **personell** (das Personal betreffend); die **Personenbeschreibung;** der **Personenkraftwagen;** ⟨Pkw⟩, ⟨PKW⟩; der **Personenzug; personifizieren; persönlich:** ich komme persönlich (selbst) – eine persönliche (private) Angelegenheit – er wurde sehr persönlich (beleidigend); die **Persönlichkeit** (bedeutender Mensch, Respektsperson); das **Persönlichkeitsbild**

Per·spek·ti·ve *lat.*, die: -, -n; das Gebäude aus einer anderen Perspektive (einem anderen Blickwinkel) betrachten – es ergibt sich eine ganz neue Perspektive (Möglichkeit, Aussicht für die Zukunft); die **Perspektivelosigkeit; perspektivisch**

Pe·rü·cke *franz.*, die: -, -n (falsche Haare, Haarersatz)

per·vers *lat.* *[perwärs]*; pervers (krankhaft) veranlagt sein; die **Perversion**; die **Perversität** (perverse Verhaltensweise); **pervertieren** (von der Norm abweichen); die **Pervertierung**

Pes·si·mis·mus *lat.*, der: - (Neigung, alles düster zu sehen); der **Pessimist** (Schwarzseher); die **Pessimistin; pessimistisch:** die Lage pessimistisch (düster) beurteilen

Pest *lat.*, die: - (Seuche); *jemanden wie die Pest* (sehr) *hassen;* die **Pestbeule;** das **Pestizid** (chemisches Gift gegen Schädlinge); **pestkrank**

Pe·ter·si·lie *griech.* *[petersilje]*, die: -, -n (Gewürzpflanze)

Pe·ti·ti·on *lat.*, die: -, -en (Eingabe, Bittgesuch); der **Petitionsausschuss**

Pe·tro·le·um (Pet·ro·le·um) *lat.*, das: -s (Erdölerzeugnis); die **Petroleumlampe**

Pet·ting *engl.*, das: -(s), -s (sexuelle Berührung ohne Geschlechtsverkehr)

pet·zen (etwas verraten); du petzt gerne; der **Petzer;** die **Petzerin**

Pf = Pfennig

Pfad der: -(e)s, -e; ein schmaler Pfad (Weg) führt am Fluss entlang; **pfaden** (einen Weg bahnen); der **Pfadfinder**

Pfaf·fe, der: -n, -n (abwertend für einen Geistlichen); das **Pfaffentum**

Pfahl, der: -(e)s, Pfähle (dicke Stange, Pfosten); der **Pfahlbau; pfählen** (auf einem Pfahl aufspiessen); das **Pfahlwerk;** die **Pfahlwurzel**

Pfalz *lat.*, die: -, -en (Gebiet, auch Burg eines Pfalzgrafen); die **Pfalz** (Gebiet des Bundeslandes Rheinland-Pfalz); der **Pfälzer;** die **Pfälzerin;** der **Pfalzgraf;** die **Pfalzgräfin; pfälzisch**

Pfand *lat.*, das: -(e)s, Pfänder; etwas als Pfand (zur Sicherheit) behalten – ein Pfand (eine Gebühr) bezahlen müssen; **pfändbar;** der **Pfandbrief; pfänden** (beschlagnahmen); das **Pfänderspiel;** die **Pfandflasche;** das **Pfand-**haus; die **Pfandleihe;** der **Pfandschein;** die **Pfändung**

Pfan·ne, die: -, -n (Gerät zum Backen, Schmelzen); Eier in die Pfanne schlagen – *jemanden in die Pfanne hauen* (ihn erledigen, hereinlegen); das **Pfannengericht;** der **Pfannkuchen** (Eierkuchen)

Pfar·rer *griech.*, der: -s, - (Geistlicher); das **Pfarramt;** die **Pfarrei;** die **Pfarrerin;** die **Pfarrersköchin;** das **Pfarrhaus;** der **Pfarrhelfer;** die **Pfarrhelferin;** der **Pfarrherr;** das **Pfarrkind;** die **Pfarrkirche**

Pfau, der: -(e)s, -en (Fasanenvogel); das **Pfauenauge** (Schmetterling)

Pfd. = Pfund

Pfef·fer *lat.*, der: -s (scharfes Gewürz); der **Pfefferkuchen;** das **Pfefferminz** (Bonbon, Plätzchen); die **Pfefferminze** (Heil- und Gewürzpflanze); der **Pfefferminztee; pfeffern:** das Essen pfeffern (würzen) – eine gepfefferte (gehörige) Strafe – gepfefferte (hohe) Preise bezahlen; das **Pfeffersteak** *[...stek]*

pfei·fen: du pfeifst, er pfiff, sie hat gepfiffen, pfeif(e)!; die Vögel pfeifen (singen) am Morgen – ein Spiel (als Schiedsrichter) pfeifen – der Wind pfiff ihm um die Ohren; die **Pfeife:** eine Pfeife rauchen – *nach jemandes Pfeife tanzen* (ihm gehorchen); der **Pfeifenraucher;** der **Pfeifentabak;** der **Pfeifer;** das **Pfeifkonzert;** der **Pfeifton;** → Pfiff

Pfeil, der: -(e)s, -e (Geschoss); mit Pfeil und Bogen; **pfeilgerade; pfeilgeschwind;** das **Pfeilgift; pfeilschnell**

Pfei·ler, der: -s, - (Stütze, Säule); die **Pfeilerbrücke**

Pfen·nig ⟨Pf⟩, der: -s, -e (Pfennigstück, Münze); er hat keinen Pfennig (überhaupt kein Geld) mehr – *mit dem Pfennig rechnen* (sehr sparsam sein) *müssen* – *wer den Pfennig nicht ehrt, ist des Talers nicht wert;* der **Pfennigfuchser** (Geizhals); **pfenniggross;** das **Pfennigstück; pfennigweise**

Pferch, der: -(e)s, -e (eingezäunte Fläche für das Vieh); **pferchen** (zusammendrängen, hineinzwängen)

Pferd, das: -(e)s, -e (Reit- und Zugtier); sein Pferd satteln – zu Pferde – eine Grätsche über das Pferd (Turngerät) machen – *die Pferde scheu machen* (Aufregung verursachen) – *auf das falsche Pferd setzen* (etwas)

N O P Q R S

falsch einschätzen); der **Pferdeapfel;** das **Pferdefleisch;** der **Pferdefuss:** die Sache hat einen Pferdefuss (Haken, Nachteil); die **Pferdekoppel;** die **Pferdekur** (sehr starke, anstrengende Kur, Rosskur); der **Pferdemist;** das **Pferderennen;** die **Pferdestärke** ⟨PS⟩ (frühere Masseinheit); die **Pferdezucht**

Pfiff, der: -(e)s, -e; der Pfiff des Schiedsrichters – die Krawatte gibt dem Anzug erst den richtigen Pfiff; **pfiffig:** ein pfiffiger (schlauer, listiger) Bursche; die **Pfiffigkeit;** der **Pfiffikus** (Schlaukopf); → pfeifen

Pfif·fer·ling, der: -s, -e (essbarer Pilz); keinen Pfifferling (nichts, kein bisschen) wert sein

Pfings·ten griech., das: -, - (christliches Fest); an, zu Pfingsten; das **Pfingstfest; pfingstlich;** der **Pfingstmontag;** die **Pfingstrose;** der **Pfingstsonntag;** die **Pfingstwoche**

Pfir·sich lat., der: -s, -e (Steinfrucht); der **Pfirsichbaum;** die **Pfirsichhaut**

Pflan·ze lat., die: -, -n (Gewächs); eine kesse Pflanze (Person); das **Pflänzchen; pflanzen:** Blumen pflanzen – er kommt und pflanzt sich (setzt sich breit) in den Sessel; der **Pflanzenfresser;** das **Pflanzengift;** die **Pflanzenkunde;** die **Pflanzenwelt;** der **Pflanzer;** das **Pflänzlein; pflanzlich;** der **Pflänzling;** die **Pflanzung**

Pflas·ter griech., das: -s, -; ein Pflaster (einen Wundverband) auf die Wunde legen – auf einem holprigen Pflaster (Strassenbelag) fahren; der **Pflasterer;** auch: der **Pflästerer; pflastern;** auch: **pflästern;** der **Pflasterstein;** die **Pflasterung;** auch: die **Pflästerung**

Pflau·me, die: -, -n (Steinfrucht); Pflaumen pflücken – du bist vielleicht eine Pflaume (ein Versager); das **Pflaumenmus; pflaumenweich** (sehr weich) # Flaum

pfle·gen: sie pflegt (betreut) ihren kranken Vater – Freundschaften pflegen (haben) – sie pflegt (hat die Gewohnheit) am Nachmittag zu ruhen – sich pflegen (sich schonen, viel auf sein Äusseres geben); die **Pflege; pflegebedürftig;** die **Pflegeeltern;** der **Pflegefall;** das **Pflegekind; pflegeleicht;** die **Pflegemutter;** das **Pflegepersonal;** der **Pfleger;** die **Pflegerin;** der **Pflegevater;** die **Pflegeversicherung; pfleglich:** pfleglich (schonend, sorgsam) mit etwas umgehen; die **Pflegschaft** (Vormundschaft)

Pflicht, die: -, -en; seine Pflicht erfüllen – es ist seine Pflicht (Aufgabe) zu kommen – seine Pflicht und Schuldigkeit tun; **pflichtbewusst;** das **Pflichtbewusstsein;** der **Pflichteifer; pflichteifrig;** das **Pflichtenheft;** die **Pflichterfüllung;** das **Pflichtgefühl; pflichtgemäss; pflichtgetreu;** …**pflichtig:** meldepflichtig – schulpflichtig; die **Pflichtlektüre; pflichtschuldig;** das **Pflichtteil;** die **Pflichtübung; pflichtvergessen;** die **Pflichtvergessenheit;** die **Pflichtverletzung;** die **Pflichtversicherung; pflichtwidrig:** ein pflichtwidriges Verhalten

Pflock, der: -(e)s, Pflöcke (Pfahl, Pfosten)

Pflotsch, der: -(e)s (Schneematsch)

pflü·cken: Blumen pflücken; der **Pflücker;** die **Pflückerin;** das **Pflückobst; pflückreif**

Pflug, der: -(e)s, Pflüge (Ackergerät); hinter dem Pflug hergehen; **pflügen:** den Boden pflügen (ackern); die **Pflugschar** (Schneideblatt des Pfluges)

Pfor·te lat., die: -, -n (Eingang, kleine Tür); sich an der Pforte anmelden – die Pforte zum Garten schliessen – seine Pforten schliessen (den Betrieb einstellen); der **Pförtner** (Türsteher); die **Pförtnerin;** die **Pförtnerloge** [...losche]

Pfos·ten lat., der: -, - (Pfahl, Pfeiler); sie spannte die Schnur von Pfosten zu Pfosten; der **Pfostenschuss** (Schuss an den Pfosten)

Pfo·te, die: -, -n; die rechte Pfote der Katze – wasch dir deine dreckigen Pfoten (Hände)! – sich die Pfoten verbrennen (Schaden erleiden) – sich etwas aus den Pfoten saugen (etwas frei erfinden); das **Pfötchen**

Pfrop·fen, der: -s, - (Stöpsel, Korken); der **Pfropf:** in der Vene hat sich ein Pfropf gebildet; **pfropfen:** die Bücher in die Tasche pfropfen (hineindrücken) – Obstbäume pfropfen (veredeln)

Pfrün·de, die: -, -n (Einnahmen aus einem Kirchenamt, müheloses Einkommen)

Pfuhl, der: -(e)s, -e (kleiner, schmutziger Teich; Sumpf)

pfui!: (Ausruf des Missfallens); pfui rufen – pfui Teufel!; das **Pfui;** der **Pfuiruf**

Pful·men, der: -s, - (breites Kopfkissen)

Pfund ⟨Pfd.⟩ lat., das: -(e)s, -e (Gewichtseinheit: 500 g); mit seinen Pfunden wuchern (seine Fähigkeiten klug nutzen); das **Pfündchen; pfundig** (grossartig, toll); ein **Pfundskerl;** der **Pfundsspass; pfundweise**

pfu·schen: (schlecht, fehlerhaft arbeiten); jemandem ins Handwerk pfuschen (sich in fremde Angelegenheiten mischen); der **Pfusch** (schlecht ausgeführte Arbeit); der **Pfuscher;** die **Pfuscherei** (Flickwerk); **pfuscherhaft;** die **Pfuscherin**

Pfüt·ze, die: -, -n (Wasserlache)

Phä·no·men griech., das: -s, -e (Erscheinung, Naturereignis, Wunder); der Mann ist in seinem Fach ein Phänomen (Meister, Genie); **phänomenal:** ein phänomenales (aussergewöhnliches, fabelhaftes) Ergebnis

Phan·ta·sie griech., die: -, Phantasien; → Fantasie; die **Phantasmagorie** (Truggebilde)

Phan·tom griech., das: -s, -e: einem Phantom (einer Einbildung, einem Trugbild) nachjagen; das **Phantombild** (ein nach Zeugenaussagen gezeichnetes Bild eines Täters)

Pha·rao, der: -s, Pharaonen (Titel der ägyptischen Könige im Altertum); das **Pharaonengrab;** das **Pharaonenreich**

Pha·ri·sä·er hebr., der: -s, - (selbstgerechter Heuchler); **pharisäerhaft;** das **Pharisäertum**

Phar·ma·zeut griech., der: -en, -en (Apotheker); die **Pharmaindustrie;** die **Pharmazeutik** (Arzneimittelkunde); oder: die **Pharmazie;** die **Pharmazeutin**

Pha·se griech., die: -, -n (Abschnitt, Entwicklungsstufe)

Phil·har·mo·nie griech., die: -, Philharmonien (grosses Orchester, Gebäude mit Konzertsaal); der **Philharmoniker;** die **Philharmonikerin; philharmonisch**

Phi·lo·den·dron (Phi·lo·dend·ron) griech., der/das: -s, Philodendren (Kletterpflanze)

Phi·lo·lo·ge griech., der: -n, -n (Sprach- und Literaturwissenschaftler); die **Philologie;** die **Philologin, philologisch**

Phi·lo·soph griech., der: -en, -en (Weiser, Denker); die **Philosophie** (Wissenschaft, die sich um Welterkenntnis bemüht); **philosophieren;** die **Philosophin; philosophisch**

Phleg·ma griech., das: -s (Trägheit, Schwerfälligkeit); der **Phlegmatiker;** der **Phlegmatikerin; phlegmatisch** (träge, schwerfällig)

Pho·bie griech., die: -, Phobien (krankhafte Angst)

Phon griech., das: -s, -(s) (Masseinheit für die Lautstärke); 100 Phon; auch: das **Fon;** die **Phonetik** (Lautbildungslehre); **phonetisch;**

das **Phonometer** (Lautstärkemesser); die **Phonzahl**

Phos·phat griech., das: -(e)s, -e (Salz der Phosphorsäure); **phosphathaltig;** der **Phosphor** (chemisches Element); **phosphoreszieren** (bei Lichtbestrahlung leuchten); die **Phosphorsäure**

Phra·se griech., die: -, -n (Redewendung, Gerede, nichts sagende Redensart); Phrasen dreschen (nichts sagende Reden führen); der **Phrasendrescher** (Schwätzer); die **Phrasendrescherin; phrasenhaft** (inhaltslos, nichts sagend)

pH-Wert, der: -(e)s, -e (Zahl, die angibt, wie stark eine Lösung ist)

Phy·sik griech., die: - (Lehre von den Vorgängen in der unbelebten Natur); **physikalisch:** physikalische Gesetze; der **Physiker;** die **Physikerin;** der **Physikraum;** der **Physikunterricht; physisch:** physische (körperliche) Schmerzen haben

pi·a·no ⟨p⟩ ital.: piano (leise) spielen; **pianissimo** ⟨pp⟩ (sehr leise); der **Pianist** (Klavierspieler); die **Pianistin**

Pic·co·lo ital., der: -s, -s; → Pikkolo

Pic·co·lo ital., das: -s, -s; → Pikkolo

Pi·ckel, der: -s, -; Pickel (einen Hautausschlag) im Gesicht haben – mit dem Pickel (der Spitzhacke) arbeiten; die **Pickelhaube** (früherer Infanteriehelm); **pick(e)lig:** eine pickelige Haut haben; **pickeln** (mit einer Spitzhacke arbeiten)

pi·cken: (mit dem Schnabel schlagen oder aufnehmen); das Huhn pickt die Körner vom Boden

Pick·nick franz., das: -s, -s/-e (Mahlzeit im Freien); **picknicken;** der **Picknickkorb**

pie·ken: (stechen, zwicken); auch: **pieksen; piekfein** (elegant); **pieksauber** (sehr sauber)

pie·pen: der Vogel piept (pfeift, zwitschert) leise; der **Piep(s):** keinen Piep mehr machen (tot sein); **piepegal:** das ist mir piepegal (ganz und gar gleichgültig); der **Piepmatz** (kleiner Vogel); **piepsen** (mit feiner, hoher Stimme sprechen); der **Piepser**

Pier engl., der/die: -s, -e/-s (Hafendamm, Anlegestelle)

pie·sa·cken: (quälen, ärgern)

Pi·e·tät lat. [piätät], die: - (Rücksicht, Frömmigkeit, Ehrfurcht); die **Pietа** (Darstellung der trauernden Maria mit dem Leichnam

N
O
P
Q
R
S

Christi); **pietätlos;** die **Pietätlosigkeit; pietätvoll** (ehrfürchtig)

Pig·ment *lat.*, das: -(e)s, -e (Farbstoff, Farbkörper); der **Pigmentfleck;** das **Pigmentmal** (Muttermal)

Pik *franz.* das: -(s) (Spielkartenfarbe); Pik ausspielen – Pik ist Trumpf

pi·kant *franz.*: eine pikante (schmackhafte, stark gewürzte) Sosse – eine pikante (gewagte, zweideutige) Bemerkung machen; die **Pikanterie; pikanterweise**

pi·ken *franz.*: (stechen); die **Pike** (Spiess): von der Pike auf (von Grund auf) lernen; das **Pikett** (einsatzbereite Mannschaft); der **Pikettdienst; pikiert:** pikiert (beleidigt, gekränkt) sein

Pik·ko·lo *ital.*, der: -s, -s; den Pikkolo (Kellnerlehrling) rufen – einen Pikkolo (kleine Flasche Sekt) trinken; auch: der **Piccolo**

Pik·ko·lo *ital.*, das: -s, -s (kleine Flöte); auch: das **Piccolo;** die **Pikkoloflöte**

Pik·to·gramm *lat.*, das: -s, -e (Bildzeichen)

Pil·ger *lat.*, der: -s, - (Wallfahrer); die **Pilgerfahrt** (Wallfahrt); die **Pilgerin; pilgern** (eine Pilgerfahrt unternehmen); die **Pilgerreise;** der **Pilgerstab**

Pil·le *lat.*, die: -, -n (Arzneimittel in Form eines Kügelchens); *eine bittere Pille schlucken* (etwas Unangenehmes hinnehmen); der **Pillendreher** (scherzhafte Bezeichnung für Apotheker); der **Pillenknick** (durch die „Pille" entstandener Geburtenrückgang); die **Pillenschachtel**

Pi·lot *franz.*, der: -en, -en (Flugzeugführer, Rennfahrer); die **Pilotanlage** (Versuchsanlage); der **Pilotenschein;** der **Pilotfilm** (Testfilm für eine geplante Fernsehserie); die **Pilotin;** das **Pilotprojekt** (Vorhaben, bei dem neuartige Verfahrensweisen o. Ä. angewendet werden); die **Pilotsendung;** die **Pilotstudie** (vorläufige Untersuchung)

Pils, das: -, - (Biersorte) # Pilz

Pilz, der: -es, -e; Pilze (Schwammerl) sammeln – *wie Pilze aus dem Boden schiessen* (plötzlich in grosser Zahl da sein); der **Pilzsammler;** die **Pilzsammlerin;** die **Pilzvergiftung** # Pils

Pi·na·ko·thek *griech.*, die: -, -en (Gemäldesammlung)

pin·ge·lig: (sehr gewissenhaft, kleinlich); die **Pingeligkeit**

Ping·pong *engl.*, das: -s (Tischtennis); der **Pingpongschläger**

Pin·gu·in, der: -s, -e (Tauchvogel)

Pi·nie *lat. [pinje]*, die: -, -n (in den Mittelmeerländern vorkommende Kiefernart); der **Pinienwald**

pink *engl.*: (rosa); das **Pink; pinkfarben**

Pin·ne, die: -, -n (Teil des Steuerruders, Reisszwecke); **pinnen** (etwas mit Reisszwecken befestigen); die **Pinnwand** (Tafel, auf der man Merkzettel befestigen kann)

Pin·scher, der: -s, - (Hunderasse)

Pin·sel *lat.*, der: -s, -; mit einem dicken Pinsel malen; **pinseln** (malen, schmieren); der **Pinselstrich**

Pin·te, die: -, -n (Wirtshaus); die/der **Pintenkehr** (Umherziehen von einem Lokal ins nächste)

Pin-up-Girl *engl. [pinapgörl]*, das: -s, -s (leicht bekleidetes Mädchen auf Bildern, die man an die Wand heften kann)

Pin·zet·te *franz.*, die: -, -n (kleine Greifzange)

Pi·o·nier *franz.*, der: -s, -e (Soldat der technischen Heeresgruppe, Wegbereiter, Vorkämpfer); die **Pionierarbeit;** der **Pioniergeist;** die **Pionierzeit**

Pi·pe·li·ne *engl. [paiplain]*, die: -, -s (Rohrleitung für Erdöl und Erdgas)

Pi·pet·te *franz*, die: -, -n (Saugröhrchen)

Pi·rat *griech.*, der: -en, -en (Seeräuber); das **Piratenschiff;** der **Piratensender** (privater Fernseh- oder Rundfunksender, der ohne Genehmigung Sendungen ausstrahlt); das **Piratentum;** die **Piraterie**

Pi·rou·et·te *franz. [piruęte]*, die: -, -n (Drehung um die eigene Achse)

pir·schen: (sich an das Wild heranschleichen, jagen); die **Pirsch:** auf die Pirsch (Schleichjagd) gehen; der **Pirschgang**

pis·sen: (urinieren); die **Pisse** (Harn); das **Pissoir** *[pisoar]*

Pis·te *franz.*, die: -, -n (Ski- oder Rodelstrecke, Start- und Landebahn von Flugzeugen)

Pis·to·le *tschech.*, die: -, -n (Handfeuerwaffe); *jemandem die Pistole auf die Brust setzen* (ihn zu einer Entscheidung zwingen); die **Pistolenkugel;** der **Pistolenschuss**

pitsch·nass: er ist pitschnass (nass bis auf die Haut) geworden; auch: **pitschenass**

Piz·za *ital.*, die: -, -s/Pizzen (Hefeteig mit Käse, Tomaten, Sardellen o.Ä.); der **Pizza-**

bäcker; die **Pizzabäckerin;** der **Pizzateig;** die **Pizzeria,** die Pizzerias/Pizzerien (Lokal mit Pizzaverkauf)

Pkt. = Punkt

Pkw (PKW) = Personenkraftwagen

pla·cken, sich: (sich plagen, abmühen); die **Plackerei;** → plagen

plä·die·ren franz.: (sich einsetzen für); das **Plädoyer** [plädoaje] (zusammenfassende Rede des Staatsanwalts oder Verteidigers vor Gericht)

Pla·fond franz. [plafō], der: -s, -s (nach oben hin begrenzter Richtwert); **plafonieren**

pla·gen: sich bei der Arbeit sehr plagen (mühen); die **Plage;** der **Plag(e)geist** (lästiger Mensch); die **Plagerei;** → placken

Pla·gi·at lat., das: -(e)s, -e (Diebstahl geistigen Eigentums); der **Plagiator; plagiieren** (widerrechtlich abschreiben)

Plaid engl. [plēt], das: -s, -s (kariertes Umhangtuch, Reisedecke)

Pla·kat franz., das: -(e)s, -e; ein Plakat (einen Anschlag) ankleben; **plakatieren** (ein Plakat ankleben); die **Plakatierung; plakativ:** plakative (auffällige) Farben; die **Plakatsäule;** die **Plakatwand;** die **Plakatwerbung;** die **Plakette** (Gedenktafel, Abzeichen zur Erinnerung)

plan lat.: ein planes (ebenes, flaches) Gelände; aber: jemanden auf den Plan rufen (ihn zum Erscheinen veranlassen) – auf den Plan treten (erscheinen); **planieren:** einen Platz planieren (einebnen); die **Planierraupe;** die **Planierung;** der **Planwagen**

Plan, der: -(e)s, Pläne; grosse Pläne (Absichten, Einfälle) haben – einen Plan (Entwurf) für ein Haus machen – Pläne schmieden (sich etwas ausdenken, was man tun will) – auf dem Plan stehen (geplant sein); **planbar; planen:** eine Reise planen; der **Planer;** die **Planerin; plangemäss; planlos;** die **Planlosigkeit; planmässig;** das **Planquadrat;** das **Planspiel;** die **Planung; planvoll;** planvoll (überlegt) vorgehen; die **Planwirtschaft**

Pla·ne, die: -, -n (Schutz-, Wagendecke); der **Planwagen**

Pla·net griech., der: -en, -en (Himmelskörper, der sich um die Sonne bewegt und nicht selbst leuchtet); **planetarisch;** das **Planeta-**

rium (Gerät zur Bestimmung der Bewegung, Grösse und Lage von Gestirnen; Gebäude mit einem Planetarium); das **Planetensystem**

Plan·ke griech., die: -, -n (Bohle, festes Brett)

plän·keln: (im Scherz streiten); die **Plänkelei** (Wortgefecht)

Plank·ton griech., das: -s (im Wasser schwebende, niedere Lebewesen)

plan·schen: (sich im Wasser tummeln, spritzen); du planschst; auch: **plantschen;** das **Planschbecken;** die **Planscherei**

Plan·ta·ge franz. [plantasche], die: -, -n (grössere Anpflanzung, z.B. Kaffeeplantage); der **Plantagenarbeiter;** die **Plantagenarbeiterin;** der **Plantagenbesitzer;** die **Plantagenbesitzerin**

plap·pern: (gerne viel reden, schwatzen); die **Plapperei;** das **Plappermaul;** das **Plappermäulchen**

plär·ren: (schreien, laut weinen); der **Plärrer**

Plä·sier franz., das: -s, -e (Vergnügen, Spass)

Plas·ma griech., das: -s, Plasmen (flüssiger Bestandteil des Blutes bzw. einer Zelle)

Plas·tik engl., das: -s; Geschirr aus Plastik (Kunststoff); der **Plastikbeutel;** der **Plastikeinband;** die **Plastikfolie;** der **Plastiksack;** die **Plastiktüte**

Plas·tik griech., die: -, -en (Werk eines Bildhauers, Standbild, Figur); das **Plastilin** (Knetmasse); **plastisch:** plastisch (anschaulich, bildhaft) erzählen – ein plastisches (lebensnahes) Beispiel bringen – eine plastische (formbare) Masse; die **Plastizität** (Formbarkeit)

Pla·ta·ne griech., die: -, -n (Laubbaum)

Pla·teau franz. [plato], das: -s, -s (Hochfläche, Hochebene); **plateauförmig**

Pla·tin ⟨Pt⟩ span., das: -s (Edelmetall); **platinblond** (weissblond); die **Platinhochzeit** (70. Hochzeitstag)

Pla·ti·tu·de franz. [platitüde], die: -, -n; → Platitüde

plat·schen: im Wasser platschen – Regen platscht auf die Strasse – du platschst; **platsch!; plätschern:** die Unterhaltung plätschert (fliesst) so dahin; aber: das Plätschern des Baches; **platschnass**

platt: platter, am plattesten; etwas platt (ganz flach) drücken – da bin ich aber platt (überrascht, sprachlos)! – platte (geistlose) Redensarten; das **Platt** (die plattdeutsche Sprache, das Niederdeutsche); **plattdeutsch;** das **Plattdeutsche;** die **Platte:** eine Platte aus Stein – eine Platte (Schallplatte) spielen – eine kalte Platte (Teller mit Wurst und Käse) bestellen – *eine andere Platte auflegen* (von etwas anderem sprechen); das **Plätteisen** (Bügeleisen); **plätten:** Hemden plätten (bügeln); der **Plattenspieler;** der **Plattfisch;** die **Plattform;** der **Plattfuss; plattfüssig;** die **Plattheit;** die **Plattitüde** (Plattheit, Seichtheit); auch: die **Platitude**

Platz, der: -es, Plätze; Platz finden, machen, nehmen – der grosse Platz vor dem Rathaus – der Platz (das Spielfeld) ist nicht bespielbar – den 1. Platz (Rang) belegen – Platz sparend bauen – *am Platze* (angebracht) *sein* – *jemanden auf die Plätze verweisen* (ihn in einem Wettkampf besiegen); die **Platzangst;** das **Plätzchen:** ein ruhiges Plätzchen (einen ruhigen Ort) suchen; die **Platzkarte;** das **Platzkonzert;** der **Platzmangel;** die **Platzmiete;** der **Platzordner;** die **Platzrunde;** der **Platzverweis;** der **Platzwart;** der **Platzwechsel;** die **Platzziffer**

Plätz·chen, das: -s, - (Kleingebäck)

plat·zen: du platzt – der Autoreifen platzt – mein Plan ist leider geplatzt (gescheitert) – vor Neid platzen – er platzte mitten in die Feier; die **Platzpatrone;** der **Platzregen** (Regenschauer); die **Platzwunde**

plat·zie·ren: jemanden ganz vorne platzieren (hinstellen) – einen Schuss ins Ziel platzieren – die Läuferin konnte sich nicht platzieren (einen bestimmten Platz erreichen); die **Platzierung;** → Platz

plau·dern: (sich unterhalten); die **Plauderei** (Gespräch); der **Plaud(e)rer;** die **Plaud(e)rerin;** das **Plauderstündchen;** die **Plauderstunde;** die **Plaudertasche;** der **Plauderton**

Plausch, der: -(e)s, -e (gemütliche Unterhaltung); **plauschen**

plau·si·bel *lat.*: eine plausible (einleuchtende, stichhaltige) Erklärung; die **Plausibilität**

Play-back *engl. [plebäk]*, das: -, -s (tontechnisches Verfahren); auch: das **Playback**

Play·boy *engl. [plebeu]*, der: -s, -s (nur dem Vergnügen lebender, reicher Mann; Lebemann); das **Playgirl** *[plegörl]*

plei·te *hebr.*: pleite (zahlungsunfähig) sein, werden; die **Pleite:** das Unternehmen war eine Pleite (ein Misserfolg) – Pleite machen, gehen

Ple·num *lat.*, das: -s, Plenen (Vollversammlung); der **Plenarsaal;** die **Plenarsitzung;** die **Plenarversammlung** (Sitzung aller Mitglieder)

Pleu·el, der: -s, - (Schubstange); die **Pleuelstange**

Ple·xi·glas, das: -es (splitterfreier, glasartiger Kunststoff)

Plom·be *franz.*, die: -, -n (Bleiverschluss, Zahnfüllung); **plombieren** (versiegeln): die Zähne plombieren (ausbessern); die **Plombierung**

plötz·lich: plötzlich (unerwartet) stand sie vor mir – eine plötzliche Wende; die **Plötzlichkeit**

plu·dern: die Hose pludert (bauscht sich); die **Pluderhose; plud(e)rig**

plump: plumper, am plump(e)sten; sich plump (ungeschickt) benehmen – er hat einen plumpen (unförmigen) Körper – ein plumper (geistloser) Witz – eine plumpe (leicht zu durchschauende) Falle – er zeigt eine plumpe (aufdringliche) Vertraulichkeit; die **Plumpheit; plumps!:** plumps!, da liegt er am Boden; der **Plumps** (Fall, Sturz); **plumpsen:** auf den Boden plumpsen (dumpf fallen)

Plum·pud·ding *engl. [plam...]*, der: -s, -s (englische Süssspeise)

Plun·der, der: -s (altes Zeug, Ramsch)

plün·dern: die Geschäfte plündern (ausrauben); die **Plünderei;** der **Plünd(e)rer;** die **Plünderung**

Plu·ral ⟨Plur.⟩ *lat.*, der: -s, -e (Mehrzahl); der **Pluralismus** (Nebeneinander verschiedener Meinungen); **pluralistisch:** eine pluralistische (vielgestaltige) Gesellschaft; die **Pluralität** (Mehrheit, Vielfältigkeit)

plus *lat.*: zwei plus (und) drei ist fünf – plus 10 Grad (+ 10°) – 15 Grad plus – plus (zuzüglich) Zinsen – der Strom fliesst von plus nach minus; das **Plus:** ein Plus (einen Gewinn) im Betrieb machen – ihr Plus (Vorteil) ist ihre Jugend; der **Pluspol** (positiv geladener Pol); der **Pluspunkt;** das **Plusquamperfekt** (Zeitform: vollendete Vergangenheit); das **Pluszeichen** ⟨+⟩

Plüsch *franz.*, der: -(e)s, -e (Samtgewebe); die **Plüschdecke;** der **Plüschsessel;** das **Plüschsofa;** das **Plüschtier**

plus·tern: die Vögel plustern sich auf (ihre Federn richten sich auf)
Plu·to, der: - (Planet)
Plu·to·ni·um ⟨Pu⟩ *griech.*, das: -s (chemisches Element, Schwermetall)
PLZ = Postleitzahl
p.m. = pro mille (vom Tausend)
Pneu *griech. [pnö]*, der: -s, -s (Luftgummireifen an Fahrzeugen); **pneumatisch** (durch Luftdruck bewegt)
Po, der: -s, -s (Gesäss); auch: der **Popo**
Pö·bel *franz.*, der: -s (niedriges Volk, Gesindel); die **Pöbelei;** **pöbelhaft:** ein pöbelhaftes (rohes, flegelhaftes) Betragen; die **Pöbelhaftigkeit; pöbeln:** ich pöb(e)le – hör auf zu pöbeln!
po·chen: an das Tor pochen (klopfen) – ihr Herz pocht (schlägt) vor Aufregung – auf seine Rechte pochen (darauf bestehen)
Po·cke, die: -, -n (Pickel, Eiterbläschen); die **Pocken** *Mz.* (schwere Infektionskrankheit, Blattern); **pockennarbig;** die **Pockenschutzimpfung**
Po·dest *lat.*, das/der: -(e)s, -e (erhöhter Platz, Treppenabsatz); das **Podium** (kleine Bühne, Erhöhung); die **Podiumsdiskussion;** das **Podiumsgespräch**
Po·e·sie *griech.*, die: -, Poesien (Dichtung, Dichtkunst); das **Poesiealbum;** der **Poet** (Dichter, Schriftsteller); die **Poetik** (Lehre von der Dichtkunst); die **Poetin; poetisch:** poetisch (dichterisch) veranlagt sein
Po·grom **(Pog·rom)** *russ.*, der/das: -s, -e (Ausschreitung gegen Minderheiten in einem Land)
Poin·te *franz. [poãte]*, die: -, -n (überraschende Lösung eines Witzes oder einer Erzählung, Hauptsache); **pointiert:** etwas pointiert (betont) vortragen – eine pointierte (gezielte) Bemerkung
Po·kal *griech.*, der: -s, -e (Trinkbecher, Siegespreis); das **Pokalendspiel;** der **Pokalsieger;** das **Pokalspiel;** der **Pokalwettbewerb**
pö·keln: (mit Salz haltbar machen); der **Pökel** (Salzbrühe); das **Pökelfleisch**
Po·ker *amerik.*, der/das: -s (Kartenglücksspiel); eine Runde Poker spielen; **pokern;** das **Pokerspiel**
Pol *griech.*, der: -s, -e (Endpunkt der Erdachse, Ende eines Magneten, Drehpunkt); **polar:** eine polare (arktische) Kälte – eine polare (gegensätzliche) Haltung einnehmen; das **Polareis;** die **Polarexpedition;** der **Polarforscher;** das **Polargebiet; polarisieren:** der Streit polarisiert sich immer mehr (entwickelt sich zu Gegensätzen); die **Polarität** (Gegensätzlichkeit); der **Polarkreis** (Breitengrad, der die Polarzone von der gemässigten Zone trennt); das **Polarlicht;** das **Polarmeer;** der **Polarstern; polen** (an einen elektrischen Pol anschliessen)
Po·le·mik *griech.*, die: -, -en (Auseinandersetzung, Redestreit); **polemisieren:** gegen jemanden polemisieren (dessen Ansichten unsachlich bekämpfen); **polemisch:** eine polemische Äusserung
Po·len: -s (Staat in Europa); der **Pole;** die **Polin; polnisch**
Po·li·ce *franz. [polisse]*, die: -, -n (Urkunde, Versicherungsschein)
Po·lier *franz.*, der: -s, -e (Bauführer, Vorarbeiter von Maurern und Zimmerleuten)
po·lie·ren *franz.:* (glänzend machen, blank reiben); die **Polierbürste;** der **Polierer;** die **Poliererin;** das **Poliermittel;** das **Poliertuch;** die **Politur** (Glanzmittel, Glanzschicht)
Po·li·kli·nik, die: -, -en (Krankenabteilung für ambulante Patienten)
Po·lio, die: - (Kinderlähmung); die **Polioimpfung**
Po·li·tik *griech.*, die: - (Staatsführung); der **Politiker;** die **Politikerin;** das **Politikum** (Ereignis von politischer Bedeutung); **politisch:** eine politische Entscheidung; **politisieren;** die **Politisierung**
Po·li·zei *griech.*, die: - (Sicherheitsbehörde); die Polizei regelt den Verkehr – sich der Polizei stellen; die **Politesse** (Hilfspolizistin); die **Polizeiaktion;** der **Polizeiapparat;** der **Polizeibeamte;** die **Polizeibeamtin;** die **Polizeibusse;** die **Polizeieskorte** (Polizeigeleit); die **Polizeikontrolle; polizeilich;** der **Polizeiposten;** das **Polizeirevier;** der **Polizeistaat;** die **Polizeistreife;** die **Polizeistunde** (Sperrzeit für Lokale); **polizeiwidrig;** der **Polizist;** die **Polizistin**
Pol·ka *poln.*, die: -, -s (Tanz)
Pol·len *lat.*, der: -s, - (Blütenstaub); das **Pollenkorn**
Po·lo *engl.*, das: -s (Ballspiel für Reiter); das **Polohemd**

Po·lo·nä·se *franz.*, die: -, -n (Reihentanz); auch: die **Polonaise**

Pols·ter, das/der: -s, - (Kissen); der **Polsterer;** die **Polstergarnitur;** die **Polstermöbel; polstern;** der **Polstersessel;** der **Polsterstuhl;** die **Polsterung**

pol·tern: Kinder poltern (lärmen) auf der Treppe – die Steine poltern (fallen geräuschvoll) auf den Boden – er kam ins Haus gepoltert – gegen die neuen Gesetze poltern (schimpfen); der **Polterabend** (Vorabend einer Hochzeit); der **Polterer** (jemand, der gerne schimpft); der **Poltergeist** (Klopfgeist); **polt(e)rig**

Po·lyp *griech.*, der: -en, -en (Nesseltier mit Greifarmen); **Polypen** *Mz.*: Polypen (Wucherungen) in der Nase haben

po·ly·tech·nisch *griech.*: (mehrere Zweige der Technik umfassend); das **Polytechnikum** (technische Hochschule)

Po·ma·de *franz.*, die: -, -n (Haarfett); **pomadig:** sie hat ein pomadiges (anmassendes) Benehmen – pomadig (langsam, träge) spielen – pomadige (fettige) Haare

Pommes frites *Mz.*, *franz.* *[pom frit]*, die: - (in Fett gebackene Kartoffelstäbchen)

Pomp *franz.*, der: -(e)s; mit gewaltigem Pomp (Aufwand, Prunk); **pomphaft;** die **Pomphaftigkeit; pompös:** ein pompöses (aufwendiges, prunkvolles) Fest feiern

Pon·cho *indian.* *[pontscho]*, der: -s, -s (ärmelloser Umhang)

Pond ⟨p⟩ *lat.*, das: -s, - (frühere physikalische Einheit der Kraft); 100 Pond

Pon·ti·fex *lat.*, der: -, Pontifizes/Pontifices (Oberpriester im alten Rom); der **Pontifex maximus** (Titel des Papstes); das **Pontifikalamt** (von einem Bischof oder Abt gehaltenes Hochamt); das **Pontifikat** (Amtszeit des Papstes oder eines Bischofs)

Pon·ton *franz.* *[pōtō]*, der: -s, -s (Kahn als Teil einer schwimmenden Behelfsbrücke); die **Pontonbrücke;** der **Pontonier** (Soldat einer Spezialtruppe für das Übersetzen von Flüssen und Seen)

Po·ny *engl.*, das: -s, -s (Kleinpferd); der **Pony** (in die Stirn fallende, waagrecht abgeschnittene Haare); die **Ponyfrisur**

Pool *engl.* *[pul]*, der: -s, -s (Schwimmbecken)

Po·panz *tschech.*, der: -es, -e (Schreckgespenst, willenloser Mensch)

Pop-Art *amerik.*, die: - (moderne Kunstrichtung); die **Popfarbe;** das **Popfestival;** die **Popmusik** (moderne Unterhaltungsmusik); aber: **poppig;** der **Popsänger;** die **Popsängerin;** der **Popstar;** die **Popszene**

Pop·corn *engl.*, das: -s (gerösteter Mais, Puffmais)

Po·pe·lin *franz.*, der: -s, -e (feinrippiges Gewebe); auch: der **Popeline**

po·peln: (in der Nase bohren); der **Popel** (verhärteter Nasenschleim)

po·pu·lär *lat.*: eine populäre (beim Volk beliebte, volkstümliche) Sendung – populäre (gern gesehene) Massnahmen treffen; **popularisieren** (verbreiten, bekannt machen); die **Popularität** (Beliebtheit, Volkstümlichkeit)

Po·re *griech.*, die: -, -n (feine Hautöffnung); aus allen Poren schwitzen; **porentief; porig; porös** (undicht, durchlässig)

Por·no, der: -s, -s (pornografischer Film, Roman o.Ä.); die **Pornografie** (aufreizende Darstellung aus dem sexuellen Leben); auch: die **Pornographie; pornografisch:** pornografische Bilder ansehen; das **Pornoheft**

Por·tal *lat.*, das: -s, -e (Haupteingang, grosses Tor)

Por·tier *franz.* *[portje]*, der: -s, -s (Pförtner); die **Portiere** *[portjere]* (Türvorhang); die **Portiersfrau**

por·tie·ren *franz.*: (zur Wahl vorschlagen)

Port·mo·nee *franz.* *[portmone]*, das: -s, -s (Geldbörse); auch: das **Portemonnaie**

Por·ti·on *lat.* *[porzjon]*, die: -, -en (Anteil, zugewiesene Menge); eine Portion Eis – er ist nur eine halbe Portion (ein sehr dünner, schmächtiger Mensch) – dazu gehört eine gehörige Portion Mut; **portionieren** (in bestimmte Mengen einteilen); die **Portionierung; portionsweise;** auch: **portionenweise**

Por·to *ital.*, das: -s, -s/Porti (Postgebühr); **portofrei** (franko); die **Portokasse; portopflichtig** (gebührenpflichtig)

Por·trät (Por·rät) *franz.* *[porträ]*, das: -s, -s (Bildnis eines Menschen); die **Porträtaufnahme; porträtieren;** der **Porträtist;** der **Porträtmaler;** die **Porträtzeichnung**

Por·tu·gal -s (europäischer Staat); der **Portugiese;** die **Portugiesin; portugiesisch**

Por·zel·lan *ital.*, das: -s, -e (gebrannter Ton); chinesisches Porzellan – *Porzellan zerschlagen* (Schaden, Unheil anrichten); die **Porzellanfigur**; der **Porzellanladen**

Po·sau·ne *franz.*, die: -, -n (Blasinstrument); **posaunen:** *etwas in die Welt posaunen* (überall herumerzählen); der **Posaunist**; die **Posaunistin**

Po·se *franz.*, die: -, -n (Körperhaltung, gekünstelte Stellung); **posieren;** die **Position:** die Position (der Standort) eines Schiffes – eine hohe Position (Stellung) einnehmen; **positionell;** das **Positionslicht;** die **Positur:** *sich in Positur werfen* (eine auffällige Haltung einnehmen); auch: die **Postur**

po·si·tiv *lat.:* eine positive (bejahende) Antwort erhalten – das Ergebnis ist für dich sehr positiv (gut, günstig) – das behauptet er positiv (sicher, bestimmt) – eine positive Zahl; das **Positiv** (fertige Fotografie); der **Positiv** (Sprachlehre: Grundstufe des Eigenschaftswortes, nicht gesteigerte Form)

Pos·se *franz.*, die: -, -n (Schwank, derb-komisches Bühnenspiel); eine Posse aufführen; die **Possen** *Mz.*: Possen reissen (Witze machen); **possenhaft** (spassig); der **Possenreisser** (Spassmacher); **possierlich:** ein possierliches (drolliges) Tier

pos·ses·siv *lat.:* (besitzanzeigend); das **Possessivpronomen** (Sprachlehre: besitzanzeigendes Fürwort)

Post *ital.*, die: -; einen Brief mit der Post schicken – viel Post bekommen – auf die Post (das Postamt) gehen – ab die Post (los)!; **postalisch:** auf postalischem Wege (durch die Post); das **Postamt;** die **Postanschrift;** das **Postauto;** der **Postbote;** die **Postbotin;** das **Postbüro;** der **Postdienst;** das **Postfach;** die **Postgebühr;** das **Postgeheimnis;** der **Posthalter;** die **Posthalterin;** der **Postillion** *[postiljon]* (Fahrer einer Postkutsche); die **Postkarte;** der **Postkasten;** die **Postkutsche; postlagernd;** die **Postleitzahl** ⟨PLZ⟩; der **Pöstler;** die **Pöstlerin;** das **Postpaket;** der **Postscheck;** der **Poststempel; postwendend** (sofort); das **Postwertzeichen;** die **Postwurfsendung**

Pos·ten *ital.*, der: -s, -; er hat einen guten Posten (eine gute Stellung) – Posten (Wache) stehen – die Posten (Beträge) einer Rechnung zusammenzählen – einen Posten (eine Sendung) Schuhe bekommen haben – *auf verlorenem Posten kämpfen* (in einer aussichtslosen Lage sein) – *auf dem Posten* sein; **postieren:** den Polizisten vor dem Eingang postieren (aufstellen); die **Postierung**

Pos·ter *engl.* [*poster*], das/der: -s, -(s) (Plakat, Wandbild)

post·hum *lat.* (nach jemandes Tod, nachgelassen); auch: **postum**

Post·skrip·tum ⟨PS⟩ *lat.*, das: -s, Postskripta (Nachsatz, z.B. in einem Brief); auch: das **Postskript,** die Postskripte

Pos·tu·lat *lat.*, das: -(e)s, -e (Forderung)

Pos·tur *lat.*, die: -, -en (Statur); auch: die **Positur**

po·tent *lat.:* (reich, mächtig, zeugungsfähig); der **Potentat** (Herrscher, Machthaber); das **Potenzial** (Kraftreserve, Leistungsfähigkeit); auch: das **Potential; potenziell** (möglich, denkbar); auch: **potentiell;** die **Potenz** (Zeugungsfähigkeit, Leistungsvermögen); **potenzieren** (steigern, verstärken)

Pot·pour·ri *franz.* [*potpuri*], das: -s, -s (Zusammenstellung, bunte Mischung, Vielfalt)

Pott, der: -(e)s, Pötte (Topf, altes Schiff); **potthässlich;** der **Pottwal** (Zahnwal)

potz Blitz!: (Ausruf der Überraschung); **potztausend!**

Pou·lar·de *franz.* [*pularde*], die: -, -n (junges, kastriertes Masthuhn); auch: die **Poulard;** auch: das **Poulet**

Po·wer *engl.* [*pauer*], die: - (Kraft, Wucht, Leistung); **powern** (mit grossem Einsatz etwas tun, Wucht haben); das **Powerplay**

pp = pianissimo (sehr leise)

PR = Publicrelations (Werbung für Personen oder Waren); auch: Public Relations

Prä·am·bel *lat.*, die: -, -n (Vorwort, Vorrede)

Pracht, die: - (Prunk, Herrlichkeit, Glanz); *eine wahre Pracht* (grossartig) *sein;* der **Prachtbau;** das **Prachtexemplar; prächtig:** ein prächtiger (sehr schöner) Raum – er ist ein prächtiger (tüchtiger) Mensch – eine prächtige (meisterhafte) Arbeit; der **Prachtjunge;** der **Prachtkerl; prachtliebend;** die **Prachtstrasse;** das **Prachtstück; prachtvoll;** das **Prachtwerk**

prä·des·ti·niert *lat.:* (wie geschaffen)

Prä·di·kat *lat.*, das: -(e)s, -e; das Prädikat (Sprachlehre: Satzaussage) eines Satzes be-

N
O
P
Q
R
S

stimmen – das Prädikat (die Note) „sehr gut" – mit Prädikat (Auszeichnung) bestehen

Prä·fekt *lat.*, der: -en, -en (hoher katholischer Geistlicher, Aufsichtsperson in einem Internat); die **Präfektur** (Amt, Amtsbezirk eines Präfekten)

Prä·fe·renz *lat.*, die: -, -en (Vorrang, Vorzug, Vergünstigung); die **Präferenzstellung**

Prä·fix *lat.*, das: -es, -e (Vorsilbe)

prä·gen: eine Münze prägen (formen) – das Elternhaus hat sie nachhaltig geprägt (geformt, beeinflusst); **prägbar;** die **Prägbarkeit;** die **Prägung**

prag·ma·tisch *griech.:* eine pragmatische (sachbezogene) Antwort geben; die **Pragmatik** (Sachbezogenheit, Besinnung auf das Nützliche); der **Pragmatiker;** die **Pragmatikerin;** der **Pragmatismus**

präg·nant (prä·gnant) *lat.:* etwas prägnant (genau, treffend, kurz) darstellen; die **Prägnanz**

prah·len: mit seinem Reichtum prahlen (angeben, sich brüsten); der **Prahler;** die **Prahlerei** (Angabe); die **Prahlerin; prahlerisch;** der **Prahlhans** (Angeber); die **Prahlsucht**

prak·tisch *griech.:* ein praktischer (handwerklicher) Beruf – er weiss praktisch (so gut wie) alles – eine praktische (brauchbare) Erfindung – ein praktischer Arzt; die **Praktik** (Verfahrensweise, Handhabung); **praktikabel:** eine praktikable (brauchbare) Lösung; der **Praktikant** (praktisch Auszubildender); die **Praktikantin;** der **Praktiker;** die **Praktikerin;** das **Praktikum** (die praktische Arbeit während einer beruflichen Ausbildung); **praktizieren:** als Ärztin praktizieren (tätig sein)

Prä·lat *lat.*, der: -en, -en (hoher kirchlicher Würdenträger)

Pra·li·ne *franz.*, die: -, -n (mit Schokolade überzogene Süssigkeit); auch: das **Praliné;** auch: das **Pralinee;** die **Pralinenschachtel**

prال·len: mit dem Auto gegen eine Mauer prallen; **prall:** eine prall (voll) gefüllte Tasche – in der prallen Sonne sitzen; der **Prall** (kräftiger Stoss); **prallvoll** (ganz voll)

Prä·lu·di·um *lat.*, das: -s, Präludien (musikalisches Vorspiel)

Prä·mie *lat.*, die: -, -n (Geldpreis, Belohnung, regelmässiger Versicherungsbeitrag); das

Prämiensparen; prämieren (auszeichnen, belohnen); auch: **prämiieren;** die **Prämierung;** auch: die **Prämiierung**

Prä·mis·se *lat.*, die: -, -n (Voraussetzung, Bedingung)

pran·gen: über dem Eingang prangt (hängt weithin sichtbar) ein grosses Schild

Pran·ger, der: -s, - (Schandpfahl); *jemanden an den Pranger stellen* (ihn öffentlich anklagen)

Pran·ke, die: -, -n (grosse Raubtiertatze)

Prä·pa·rat *lat.*, das -(e)s, -e (Arzneimittel, Schaustück für Lehrzwecke); die **Präparation;** der **Präparator** (Tierausstopfer); **präparieren:** ein präparierter (ausgestopfter) Vogel – gut für den Unterricht präpariert (vorbereitet) sein; die **Präparierung**

Prä·po·si·ti·on *lat.*, die: -, -en (Sprachlehre: Verhältniswort); das **Präpositionalobjekt**

Prä·rie *franz.*, die: -, Prärien (Grassteppe Nordamerikas); der **Präriehund**

Prä·sens *lat.*, das: - (Sprachlehre: Zeitform Gegenwart); **präsent:** präsent (anwesend, gegenwärtig) sein; die **Präsenz** (Anwesenheit); die **Präsenzpflicht**

prä·sen·tie·ren *franz.:* eine Rechnung präsentieren (vorlegen) – sich präsentieren (zeigen, vorstellen) – ein Gewehr präsentieren (eine militärische Ehrenbezeigung machen); das **Präsent** (Geschenk); die **Präsentation** (öffentliche Vorstellung); **Präsentierteller:** *auf dem Präsentierteller sitzen* (allen Blicken ausgesetzt sein); die **Präsentierung**

Prä·ser·va·tiv *lat. [präserwatif]*, das: -s, -e (Verhütungsmittel, Kondom)

Prä·si·dent *lat.*, der: -en, -en (Staatsoberhaupt, Vorsitzender); der **Präses** (Vorsitzender einer Einrichtung); die **Präsidentin;** die **Präsidentschaft; präsidial; präsidieren** (den Vorsitz führen); das **Präsidium** (Vorsitz, Leitung)

pras·seln: der Regen prasselt (klatscht, trommelt) auf die Strasse – das Feuer prasselt im Ofen

pras·sen: (im Überfluss leben, schlemmen); der **Prasser;** die **Prasserei**

Prä·te·ri·tum (Prä·ter·i·tum): *lat.*, das: -s (Sprachlehre: Zeitform Vergangenheit)

prä·ven·tiv *lat.:* präventive (vorbeugende, verhütende) Massnahmen; die **Prävention**

N O P Q R S

(Abschreckung, das Zuvorkommen); der **Präventivkrieg;** der **Präventivschlag**

Pra·xis *griech.*, die: -, Praxen; die Praxis (die Räume) eines Arztes aufsuchen – er hat eine grosse, gut gehende Praxis – keinerlei Praxis (Berufserfahrung) haben – das ist längst Praxis (Brauch, Gepflogenheit) – in der Praxis (Wirklichkeit) sieht alles anders aus; **praxisbezogen;** der **Praxisbezug; praxisfern; praxisgerecht; praxisnah; praxisorientiert**

Prä·ze·denz·fall *lat.,* der: -(e)s, . . .fälle (beispielhafter, ähnlicher Fall)

prä·zi·se *lat.:* (genau, gewissenhaft, exakt); auch: **präzis; präzisieren** (verdeutlichen, genauer angeben); die **Präzision** (Genauigkeit); die **Präzisionsarbeit**

pre·di·gen *lat.:* auf der Kanzel predigen (das Wort Gottes verkünden) – er predigt ständig den Schülern (er ermahnt sie) fleissig zu sein; der **Prediger;** die **Predigerin;** die **Predigt;** der **Predigttext**

Prei·sel·bee·re, die: -, -n (Waldstrauch mit essbaren Beeren)

prei·sen: du preist, er pries, sie hat gepriesen, preis(e)!; er preist (lobt, rühmt) deine Tüchtigkeit; der **Preis:** der Sieger erhält einen wertvollen Preis (eine Auszeichnung) – um jeden Preis (koste es, was es wolle) – die Preise werden gesenkt – er verlangt einen hohen Preis (eine hohe Summe) – *hoch im Preis stehen* (guten Gewinn bringen) – *ohne Fleiss kein Preis;* der **Preisanstieg;** das **Preisausschreiben; preisbewusst;** die **Preisbindung;** die **Preiserhöhung;** die **Preisfrage;** die **Preisgabe; preisgeben:** seine Grundsätze preisgeben (aufgeben) – sie hat ihr Geheimnis nicht preisgegeben (nicht mitgeteilt); das **Preisgefälle; preisgekrönt;** das **Preisgericht; preisgünstig;** die **Preisklasse;** die **Preiskontrolle;** die **Preislage; preislich;** das **Preislied** (Lobrede); der **Preisnachlass** (Rabatt); der **Preisrichter;** die **Preisrichterin;** der **Preisrückgang;** der **Preisschlager;** die **Preissenkung;** die **Preissteigerung;** der **Preisstopp;** der **Preissturz;** der **Preisträger;** die **Preisträgerin;** die **Preistreiberei; preiswert; preiswürdig**

pre·kär *franz.:* sich in einer prekären (schwierigen, bedenklichen) Lage befinden

prel·len: er hat sich den Arm geprellt (gestossen, verletzt) – die Zeche prellen (schuldig bleiben) – jemanden um sein Geld prellen (betrügen); der **Prellbock;** die **Prellerei** (Betrug); die **Prellung**

Pre·mie·re *franz.* [premjere], die: -, -n (Erst-, Uraufführung); der **Premierenabend;** der **Premierminister** [premje. . .] (Ministerpräsident); die **Premierministerin**

pre·schen: du preschst – durch das Tor preschen (jagen, eilen)

pres·sen: du presst, er presste, sie hat gepresst, press(e)!; den Saft aus der Orange pressen (drücken) – frisch gepresst – sie wurde an die Wand gepresst; die **Presse:** an der Presse (Maschine zum Drucken, Formen o. Ä.) arbeiten – von der Presse (von der Zeitung, ein Journalist) sein – die gesamte Presse (alle Zeitungen) berichtete darüber – eine gute Presse (Kritik) bekommen; die **Presseagentur;** der **Pressebericht;** die **Pressefreiheit;** der **Pressekommentar;** die **Pressekonferenz;** die **Pressemeldung;** die **Pressenotiz;** die **Pressestimme;** die **Pressezensur;** die **Pressluft;** der **Presslufthammer;** der **Presslufbohrer;** der **Pressluft;** die **Pressung**

pres·sie·ren *franz.:* es pressiert ihr (sie ist in Eile); **pressant** (eilig, dringlich)

Pres·ti·ge *franz.* [prestisch], das: -s (Ansehen, Geltung); die **Prestigefrage;** der **Prestigegewinn;** die **Prestigesache;** der **Prestigeverlust**

Preus·sen: -s (früheres Land des Deutschen Reiches); der **Preusse;** die **Preussin; preussisch**

pri·ckeln: ein prickelndes (erregendes) Gefühl – der Sekt prickelt (perlt) im Glas; **prick(e)lig;** das **Prickeln**

Priel, der: -(e)s, -e (Wasserrinne im Wattenmeer)

Priem *niederl.,* der: -(e)s, -e (Kautabak); der **Priemtabak**

Pries·ter *griech.,* der: -s, - (Geistlicher); das **Priesteramt;** die **Priesterin; priesterlich;** das **Priestertum;** die **Priesterweihe**

pri·ma *lat.:* das macht er prima (ausgezeichnet, vorzüglich) – ein prima (grossartiger) Bursche; die **Primaballerina** (erste Tänzerin eines Balletts); die **Primadonna** (gefeierte Opernsängerin); der **Primaner** (Schüler der obersten Schulstufe); die **Primanerin; primär** (in erster Linie); der **Primarlehrer;** die

Primarlehrerin; die **Primarschule** (Grundschule); der **Primas** (kirchliches Oberhaupt); der/das **Primat** (Vorzug, Vorrang, höchst entwickeltes Säugetier); der **Primus** (Klassenbester); die **Primzahl** (nur durch 1 oder durch sich selbst teilbare Zahl)

Pri·mel *lat.*, die: -, -n (Frühlingsblume)

pri·mi·tiv *lat.*: ein primitiver (geistig wenig entwickelter, gewöhnlicher) Mensch – in primitiven (einfachen) Verhältnissen leben; die **Primitivität**; der **Primitivling**

Pri·mi·zi·ant *lat.*, der: -en, -en (neu geweihter katholischer Priester); die **Primiz** (erste Messe eines Primizianten); die **Primizfeier**

Prinz *lat.*, der: -en, -en (Sohn aus einem regierenden Fürstenhaus); die **Prinzengarde**; das **Prinzesschen**; die **Prinzessin**; der **Prinzgemahl** (Ehemann einer regierenden Königin); der **Prinzregent**

Prin·zip *lat.*, das: -s, Prinzipien (Grundsatz, Regel); etwas aus Prinzip tun; **prinzipiell** (grundsätzlich); **prinzipienfest**; **prinzipienlos**; die **Prinzipienreiterei** (kleinliches Festhalten an bestimmten Grundsätzen); der **Prinzipienstreit**

Pri·or *lat.*, der: -s, Prioren (Klostervorsteher, Stellvertreter eines Abtes); die **Priorin**; die **Priorität** (Vorrang, Erstrecht)

Pri·se *franz.*, die -, -n; eine Prise (kleine Menge) Salz

Pris·ma *griech.*, das: -s, Prismen (Kantensäule, Licht brechender Körper); **prismenförmig**

Prit·sche, die: -, -n (einfache Liege, Ladefläche eines Kraftwagens, Schlaggerät); der **Pritschenwagen**

pri·vat *lat.* [*priwat*]: ein privater (persönlicher) Brief – ein privates (nicht öffentliches) Grundstück – ein privates (vertrauliches) Gespräch führen – privat versichert; die **Privatadresse**; die **Privatangelegenheit**; die **Privataudienz**; der **Privatdetektiv**; die **Privatdetektivin**; das **Privateigentum**; das **Privatfernsehen**; das **Privatinteresse**; **privatisieren**: einen Staatsbetrieb privatisieren (in Privateigentum überführen); die **Privatisierung**; die **Privatklage**; das **Privatleben**; der **Privatlehrer**; die **Privatlehrerin**; der **Privatmann**; der **Privatpatient**; die **Privatpatientin**; die **Privatperson**; das **Privatrecht**; die **Privatsache**; die **Privatschule**; die **Privatwirtschaft**; die **Privatwohnung**

Pri·vi·leg *lat.* [*priwileg*], das: -(e)s, -e/-ien (Sonderrecht, Sonderstellung); **privilegieren** (bevorzugen): ein privilegierter Berufsstand

pro *lat.*: pro (je) Kopf – pro Mann – pro Jahr – pro anno (jährlich) – pro domo (in eigener Sache) – pro forma (nur zum Schein); aber: das Pro und Kontra (der Vor- und Nachteil, das Für und Wider)

pro·bat *lat.*: ein probates (erprobtes, bewährtes) Mittel

Pro·be *lat.*, die: -, -n; jemanden auf die Probe stellen – eine Probe (einen kleinen Teil) des Gifts untersuchen – eine Probe (vorbereitende Arbeit) für ein Theaterstück – Probe fahren – auf Probe (versuchsweise) – *die Probe aufs Exempel machen* (etwas nachprüfen); der **Proband** (Testperson); die **Probandin**; der **Probealarm**; die **Probearbeit**; die **Probebohrung**; das **Probeexemplar**; die **Probefahrt**; **probehalber**; **pröbeln**: er pröbelt schon lange (stellt allerlei Versuche an); **proben**: ein Theaterstück proben (einüben); der **Probelauf**; die **Probenummer**; die **Probesendung**; **probeweise** (versuchsweise); die **Probezeit**; **probieren** (prüfen, versuchen): einen Wein probieren; aber: *Probieren geht über Studieren*

Pro·blem (Prob·lem) *griech.*, das: -s, -e; seinen Eltern Probleme (Schwierigkeiten) machen – das ist ein schwieriges Problem (eine nicht leicht zu lösende Aufgabe) – *Probleme wälzen* (über ungelöste Aufgaben nachdenken); die **Problematik**; **problematisch**: eine problematische (schwierige) Angelegenheit; **problematisieren**; der **Problembereich**; **problembewusst**; das **Problembewusstsein**; der **Problemfall**; **problemlos**; der **Problemmüll**; **problemorientiert**; die **Problemstellung**

Pro·dukt *lat.*, das: -(e)s, -e (Ergebnis, Erzeugnis, Ertrag); die **Produktion** (Herstellung, Erzeugung von Waren o.Ä.); **produktiv** (ergiebig, schöpferisch, fruchtbar); die **Produktivität**; der **Produzent** (Erzeuger, Hersteller); die **Produzentin**; **produzieren**: Maschinen produzieren (herstellen) – sich gerne produzieren (sich darstellen, sich in auffälliger Weise benehmen)

pro·fan *lat.*: (weltlich, nicht kirchlich); eine ganz profane (alltägliche) Angelegenheit; der **Profanbau** (nichtkirchliches Bauwerk)

pro·fes·si·o·nell *franz.*: professionell (wie ein Fachmann) arbeiten; der **Profi** (Berufssportler); der **Profifussball**; das **Profigeschäft**; **profihaft**; das **Profilager**: der Sportler wechselt ins Profilager; die **Profimannschaft**; der **Profisport**

Pro·fes·sor ⟨Prof.⟩ *lat.*, der: -s, Professoren (Lehrer an einer Universität); **professoral** (würdevoll); die **Professorin**; die **Professur** (Lehramt, Lehrstuhl)

Pro·fil *ital.*, das: -s, -e; etwas im Profil (in Seitenansicht) zeichnen – an Profil (an Ansehen, Persönlichkeit) gewinnen – das abgefahrene Profil (die Lauffläche) eines Autoreifens; sich **profilieren** (sich hervortun): ein profilierter Fachmann; die **Profilierung**; **profillos**; die **Profilzeichnung**

Pro·fit *franz.*, der: -(e)s, -e (Gewinn, Nutzen); **profitabel**: ein profitables (Gewinn bringendes) Geschäft; die **Profitgier**; **profitieren** (Nutzen ziehen, gewinnen); der **Profitmacher**; das **Profitstreben**

pro·fund *lat.*: profunde (gründliche, umfassende) Kenntnisse haben

Prog·no·se (**Pro·gno·se**) *griech.*, die: -, -n; eine Prognose (Vorhersage) über den Verlauf der Krankheit erstellen; **prognostisch**; **prognostizieren**

Pro·gramm *griech.*, das: -s, -e; diese Partei hat ein fortschrittliches Programm (Grundsätze) – das Programm (der vorgesehene Ablauf) einer Feier – das Programm eines Computers – alles verläuft nach Programm (wunschgemäss) – auf ein anderes Programm (im Fernsehen) umschalten; der **Programmablauf**; die **Programmänderung**; die **Programmfolge**; **programmgemäss** (wie vorgesehen); **programmatisch**: eine programmatische (richtungsweisende) Rede halten; **programmieren** (einen Computer mit einem Programm versehen); der **Programmierer**; die **Programmiererin**; die **Programmierung**; **programmmässig**; die **Programmmusik**; die **Programmvorschau**; die **Programmzeitschrift**

Pro·gress *franz.*, der: -es, -e (Fortschritt); **progressiv**: progressive (fortschrittliche) Ansichten haben; die **Progression** (Steigerung, Zunahme)

Pro·jekt *lat.*; das: -(e)s, -e (Plan, Vorhaben); die **Projektgruppe**; **projektieren**: eine An-

lage projektieren (entwerfen, planen); die **Projektierung**; das **Projektil** (Kugel, Geschoss); die **Projektion** (Übertragung eines Bildes auf eine Bildfläche); der **Projektionsapparat**; der **Projektor** (Lichtbildwerfer); die **Projektwoche**; **projizieren** (ein Bild mit dem Projektor an eine Wand werfen); die **Projizierung**

Pro·kla·ma·ti·on *lat.*, die: -, -en (amtliche Verlautbarung, Kundgebung); **proklamieren** (erklären, feierlich verkünden); die **Proklamierung**

Pro-Kopf-Ver·brauch, der: -(e)s (auf jede einzelne Person umgerechneter Verbrauch)

Pro·ku·rist *ital.*, der: -en, -en (Bevollmächtigter); die **Prokura** (Geschäftsvollmacht); die **Prokuristin**

Pro·let *lat.*, der: -en, -en (ungebildeter, roher Mensch); das **Proletariat** (Arbeiterklasse); der **Proletarier** (Arbeiter, Werktätiger); **proletarisch**; **proletenhaft** (ungebildet, ungehobelt)

Pro·log *griech.*, der: -(e)s, -e (Vorwort, Einleitung)

Pro·me·na·de *franz.*, die: -, -n (Spaziergang, angelegter Spazierweg); das **Promenadendeck** (auf einem Schiff); der **Promenadenweg**; **promenieren**: im Park promenieren (auf und ab gehen, spazieren gehen)

pro mil·le ⟨p. m.⟩ *lat.*: (vom Tausend); das **Promille** (ein Tausendstel, Alkoholspiegel im Blut); die **Promillegrenze**; der **Promillesatz**

pro·mi·nent *lat.*: (berühmt, bekannt); der/die **Prominente** (bedeutende Persönlichkeit); die **Prominenz**: die gesamte Prominenz (alle bekannten Persönlichkeiten) von Film und Fernsehen war anwesend

pro·mo·vie·ren *lat. [promowiren]*: er promovierte (erlangte den Doktortitel); die **Promotion**

prompt *lat.*: eine prompte (rasche, umgehende) Antwort; die **Promptheit**

Pro·no·men *lat.*, das: -s, -/Pronomina (Sprachlehre: Fürwort)

Pro·pa·gan·da *lat.*, die: -; Propaganda (Werbung, Reklame) für eine Partei machen; das **Propagandamaterial**; die **Propagandaschrift**; die **Propagandasendung**; **propagandistisch**; **propagieren** (vorbereiten, für etwas werben)

Pro·pan *griech.*, das: -s (Brenngas); das **Propangas**

Pro·pel·ler *engl.*, der: -s, - (Antriebsschraube bei Flugzeugen und Schiffen); das **Propellerflugzeug**

pro·per *franz.*: ein properes (gepflegtes, ordentliches) Aussehen haben

Pro·phet *griech.*, der: -en, -en (Seher, Weissager); die **Prophetie** (Weissagung); die **Prophetin**; **prophetisch**: eine prophetische Gabe haben; **prophezeien** (weissagen, vorausschauen); die **Prophezeiung**

pro·phy·lak·tisch *griech.*: prophylaktische (vorbeugende) Massnahmen; die **Prophylaxe** (Vorbeugung, Verhütung)

Pro·por·ti·on *lat.*, die: -, -en (Grössenverhältnis); **proportional**; **proportioniert**; der **Proporz** (Verteilung der Ämter nach dem Kräfteverhältnis von Parteien, Gruppen o. Ä.); das **Proporzdenken**; die **Proporzwahl**

Pro·po·si·ti·on *lat.*, die: -, -en; meist *Mz.* (Sprachlehre: grammatische Einheiten, aus denen Sätze und Texte bestehen)

Propst *lat.*, der: -(e)s, Pröpste (Geistlicher in gehobener Stellung, Vorsteher eines Klosters); die **Propstei** (Amt eines Propstes); die **Pröpstin**

Pro·sa *lat.*, die: - (Erzählkunst, erzählende Sprachform); die **Prosadichtung**; **prosaisch** (in Prosa abgefasst, sachlich, nüchtern); der **Prosatext**

pro·sit! *lat.*: (zum Wohle!); prosit Neujahr! auch: **prost**; das **Prosit**; das **Prost**; **prosten** (zutrinken); **prösterchen!**

Pros·pekt (Pro·spekt) *lat.*, der: -(e)s, -e (Werbeschrift, Katalog)

Pros·ti·tu·ti·on (Pro·sti·tu·ti·on) *franz.*, die: - (Dirnenwesen); sich **prostituieren** (sich für Geld sexuell verkaufen); die **Prostituierte** (Dirne, Freudenmädchen)

Pro·ta·go·nist *griech.*, der: -en, -en (Vorkämpfer, Hauptperson); die **Protagonistin**

pro·te·gie·ren *franz. [proteschiren]*: einen Bewerber protegieren (sich für ihn einsetzen); der **Protegé** *[protesche]* (Günstling, Schützling); die **Protektion** (Schutz, Begünstigung); der **Protektor** (Schirmherr, Schutzmacht); das **Protektorat** (Schutzherrschaft)

Pro·te·in *griech.*, das: -s, -e (Eiweisskörper)

Pro·test *ital.*, der: -(e)s, -e (Einspruch, Widerspruch); die **Protestaktion**; der **Protestant** (Angehöriger der protestantischen (evangelischen) Kirche); die **Protestantin**; **protes-** tantisch; der **Protestantismus** (evangelische Glaubensbewegung); die **Protestbewegung**; **protestieren**: gegen jemanden protestieren (aufbegehren, ankämpfen); die **Protestkundgebung**; der **Protestmarsch**; der **Protestwähler**; die **Protestwelle**

Pro·the·se *griech.*, die: -, -n (Ersatz eines fehlenden Körperteils, Zahnersatz); eine Prothese tragen

Pro·to·koll *griech.*, das: -s, -e (Niederschrift, Aufzeichnung); etwas zu Protokoll geben; der **Protokollant** (Schriftführer); die **Protokollantin**; **protokollarisch**: protokollarische (festgelegte) Pflichten; **protokollieren**; die **Protokollierung**

Pro·to·plas·ma *griech.*, das: -s (Grundbestandteil der Zellen)

Pro·to·typ *griech.*, der: -s, -en (Urbild, Muster); **prototypisch**

prot·zen: (angeben, prahlen); er protzt mit seinem Reichtum; der **Protz**; **protzenhaft**; die **Protzerei**; **protzig**; die **Protzigkeit**

Pro·vi·ant *ital. [prowiant]*, der: -s; Proviant (Verpflegung, Vorrat an Lebensmitteln) für die Reise kaufen; der **Proviantwagen**

Pro·vinz *lat. [prowinz]*, die: -, -en (Teil eines Landes, Landschaft); aus der Provinz (vom Land, Dorf) sein; **provinziell** (kleinstädtisch, landschaftlich; abwertend für engstirnig, rückständig); der **Provinzler**; die **Provinzlerin**; **provinzlerisch**; das **Provinznest**

Pro·vi·si·on *lat. [prowision]*, die: -, -en (Vermittlungsgebühr, Vergütung); die **Provisionsbasis**; **provisionsfrei**

pro·vi·so·risch *franz. [prowisorisch]*: (behelfsmässig, vorläufig); das **Provisorium** (Übergangslösung)

Pro·vo·ka·ti·on *lat. [prowokatsion]*, die: -, -en (Herausforderung); der **Provokateur** *[prowokatör]* (Aufwiegler); **provokativ**: eine provokative Haltung einnehmen; auch: **provokatorisch**; **provozieren**: einen Streit provozieren (auslösen, herausfordern); die **Provozierung**

Pro·ze·dur *lat.*, die: -, -en (Verfahren, Behandlungsweise)

Pro·zent ⟨v. H.⟩ *ital.*, das: -(e)s, -e (vom Hundert, ein Hundertstel); zwei Prozent (2 %) – Prozente (einen Preisnachlass) bekommen; **...prozentig**: fünfprozentig; auch: 5-prozentig; oder: 5%ig; die **Prozentrechnung;** der **Prozentsatz; prozentual:** eine prozentuale Beteiligung; der **Prozentwert**

Pro·zẹss *lat.,* der: -es, -e; einen Prozess (Rechtsstreit) verlieren – der Prozess (Ablauf, Entwicklungsgang) der Herstellung einer Ware – *mit etwas kurzen Prozess machen* (damit energisch verfahren); **prozessieren;** die **Prozesskosten**

Pro·zes·si·on *lat.,* die: -, -en (feierlicher kirchlicher Umzug)

prü·de *franz.:* (zimperlich, übertrieben schamhaft); die **Prüderie**

prü·fen: er prüft (kontrolliert) die Kasse – das Material prüfen (erproben, testen) – eine Schülerin mündlich prüfen (ausfragen) – *jemanden auf Herz und Nieren prüfen* (gründlich prüfen); **prüfbar;** der **Prüfer;** die **Prüferin;** der **Prüfling;** der **Prüfstein** (Bewährungsprobe); die **Prüfung;** die **Prüfungsangst;** die **Prüfungsfrage;** die **Prüfungsgebühr;** der **Prüfungskandidat;** die **Prüfungskandidatin;** der **Prüfungstermin;** das **Prüfungsverfahren;** das **Prüfungszeugnis**

Prü·gel, der: -s, -; mit einem Prügel (Stock) zuschlagen – Prügel (Schläge) bekommen; die **Prügelei** (Schlägerei); der **Prügelknabe** (Schuldiger, Sündenbock); **prügeln:** er prügelt (schlägt) auf seinen Gegner ein – sich prügeln (raufen); die **Prügelstrafe**

Prunk, der: -(e)s (glanzvolle Ausstattung, Luxus); ein Fest mit grossem Prunk (Aufwand) feiern; der **Prunkbau; prunken** (glänzen, strahlen); das **Prunkgemach;** das **Prunkgewand; prunkliebend;** auch: den Prunk liebend; der **Prunksaal;** das **Prunkstück** (Prachtstück); die **Prunksucht; prunksüchtig; prunkvoll** (prächtig)

prus·ten: laut prusten (schnauben)

PS = Pferdestärke; Postskriptum

Psạlm *griech.,* der: -s, -en (geistliches Lied); der **Psalter** (Psalmenbuch)

Pseu·do·nym (Pseud·o·nym) *griech.,* das: -s, -e (Deckname, Künstlername); **pseudonym** (unter einem Decknamen verfasst)

Psy·che *griech.,* die: -, -n (Seele, Gefühlsleben, Gemüt); der **Psychiater** (Facharzt für seelische Krankheiten); die **Psychiaterin;** die **Psychiatrie** (Wissenschaft, die sich mit seelischen Krankheiten befasst); **psychisch:** psychisch (seelisch) krank sein; die **Psycho-**analyse (Verfahren zur Untersuchung und Behandlung seelischer Störungen); der **Psychologe;** die **Psychologie** (Wissenschaft vom Seelenleben); die **Psychologin; psychologisch;** der **Psychopath** (verhaltensgestörter Mensch, Irrer); die **Psychopatin; psychopathisch;** die **Psychose** (Geistes- und Gemütskrankheit); der **Psychotherapeut** (Fachmann zur Behandlung seelischer Leiden); die **Psychotherapeutin**

PTT = Post-, Telefon- und Telegrafenbetriebe

Pu·ber·tät *lat.,* die: - (Entwicklungszeit der Geschlechtsreife); **pubertär;** die **Pubertätszeit; pubertieren** (sich in der Pubertät befinden)

Pu·bli·ci·ty (Pub·li·ci·ty) *engl. [pablisiti],* die; - (Bekanntsein in der Öffentlichkeit, Berühmtheit, Reklame); **Publicrelations** ⟨PR⟩ *[pablik rileschens]* (Öffentlichkeitsarbeit, Werbung); auch: **Public Relations**

Pu·bli·kum (Pu·bli·kum) *lat.,* das: -s (alle Besucher, Zuhörer, Öffentlichkeit); **publik:** etwas publik (öffentlich bekannt) machen – das ist längst publik (hat sich herumgesprochen); die **Publikation** (Veröffentlichung); der **Publikumserfolg;** der **Publikumsgeschmack; publizieren** (veröffentlichen); der **Publizist** (Journalist); die **Publizistik;** die **Publizistin; publizistisch**

Pụd·ding *engl.,* der: -s, -e/-s (Süssspeise); das **Puddingpulver**

Pu·del, der: -s, - (kleine Hunderasse); *das ist des Pudels Kern* (das Wesentliche, Wichtigste einer Sache); **pudelnạckt** (völlig nackt); die **Pudelmütze** (zottige Mütze); **pudelnạss: pudelwọhl:** er fühlt sich pudelwohl (sehr wohl)

Pu·der *franz.,* der: -s, - (feines Pulver zur Haut- und Gesichtspflege); die **Puderdose; pudern;** der **Puderzucker**

puf·fen: jemanden in die Seite puffen (stossen); der **Puff** (Stoss); der **Puffer** (Stossdämpfer); die **Pufferzone**

Pulk *slaw.,* der: -(e)s, -s; ein Pulk (grössere Ansammlung, Kolonne) von Menschen

Pul·le *lat.,* die: -, -n; eine Pulle (Flasche) Sekt

Pul·lo·ver (Pull·o·ver) *engl. [pullọwer],* der: -s, -; auch: der **Pulli;** der **Pullunder** (ärmelloser Pullover)

Puls *lat.,* der: -es, -e; den Puls messen – der Arzt fühlt ihm den Puls – *jemandem den*

Puls *fühlen* (ihn ausfragen); die **Pulsader; pulsen; pulsieren;** der **Pulsschlag;** der **Pulswärmer;** die **Pulszahl**

Pult *lat.*, das: -(e)s, -e (Kanzel, Katheder)

Pul·ver *lat. [pulwer]*, das: -s, -; mit Pulver und Blei schiessen – kein Pulver (kein Geld) mehr haben – *sein Pulver verschossen haben* (seine Möglichkeiten erschöpft haben); das **Pülverchen;** der **Pulverdampf;** das **Pulverfass:** *auf dem Pulverfass sitzen* (in einer gefährlichen Lage sein); **pulv(e)rig; pulverisieren:** pulverisierter (gemahlener) Kaffee; die **Pulverisierung; pulvern:** in die Luft pulvern (schiessen); der **Pulverschnee**

Pu·ma, der: -s, -s (Grosskatze)

pum·me·lig: ein pummeliges (dickliches, rundliches) Mädchen; auch: **pummlig;** das **Pummelchen**

Pum·pe, die: -, -n (Gerät zum Fördern von Flüssigkeiten); **pumpen:** Wasser pumpen (an- bzw. absaugen)

pum·pen: sich Geld pumpen (borgen); der **Pump:** *auf Pump* (von geborgtem Geld) *leben*

Pum·per·ni·ckel, der: -s, - (Schwarzbrot)

Punk *engl. [pank]*, der -(s), -s (Angehöriger einer jugendlichen Protestbewegung); auch: der **Punker;** die **Punkerin**

Punkt ⟨Pkt.⟩ *lat.*, der: -(e)s, -e; es ist Punkt (ganz genau) 12 Uhr – den Punkt auf das i setzen – der Satz schliesst mit einem Punkt – der höchste Punkt (Ort) in dieser Gegend – sie kam auf diesen Punkt (diese Frage) nicht zu sprechen – 15 Punkte bei einem Wettbewerb erreichen – *etwas auf den Punkt bringen* (etwas sehr genau ausdrücken); das **Pünktchen; punkten;** das **Punktespiel; punktgleich;** die **Punktgleichheit; punktieren** (mit Punkten versehen); die **Punktierung; pünktlich:** sie ist immer pünktlich; die **Pünktlichkeit; punkto:** punkto (hinsichtlich) Ihrer Anfrage ist das Folgende zu sagen; der **Punktrichter;** die **Punktrichterin;** der **Punktsieg; punktuell** (im Einzelnen); **Punktum!** (Aus!, Schluss!)

Punsch *engl.*, der: -(e)s, -e (alkoholisches Mischgetränk)

Pu·pil·le *lat.*, die: -, -n (Sehöffnung im Auge)

Pup·pe *lat.*, die: -, -n (Kinderspielzeug); mit einer Puppe spielen; das **Püppchen;** das **Puppenhaus;** das **Puppenspiel;** die **Puppenstube;** das **Puppentheater**

pur *lat.*: pures (reines) Gold – puren (reinen) Unsinn reden – purer (unverdünnter) Alkohol

Pü·ree *franz.*, das: -s, -s (Brei); **pürieren** (zu Püree machen)

Pur·pur *griech.*, der: -s (Farbstoff); **purpurfarben;** der **Purpurmantel; purpurn; purpurrot**

pur·zeln: vom Stuhl purzeln (fallen, stürzen); der **Purzelbaum**

pu·shen *engl. [puschen]*: (in Schwung bringen); auch: **puschen**

pus·seln: (sich mit Kleinigkeiten befassen); die **Pusselarbeit; puss(e)lig** (übertrieben genau) # puzzeln

Pus·te, die: -; ausser Puste (ausser Atem) sein – er hat keine Puste (keine Kraft) mehr; die **Pusteblume** (Löwenzahn); **pusten:** den Staub von der Bank pusten (blasen) – er muss bei jeder Anstrengung schwer pusten (schnaufen, keuchen)

Pus·tel *lat.*, die: -, -n (Blase, Pickel)

Pu·te, die: -, -n (Truthenne); der **Puter** (Truthahn); **puterrot**

Putsch, der: -(e)s, -e (Aufruhr, politischer Umsturzversuch); **putschen;** der **Putschist;** die **Putschistin;** der **Putschversuch**

Put·te *ital.*, die: -, -n (kleine Kinderfigur, Engelfigur)

put·zen: die Schuhe putzen (säubern) – sich putzen (fein machen) – sich die Nase putzen (schneuzen); der **Putz:** *auf den Putz hauen* (ausgelassen sein); der **Putzdrachen;** die **Putzerei;** die **Putzfrau;** der **Putzlappen;** das **Putzmittel; putzmunter; putzsüchtig** (eitel); der **Putzteufel;** die **Putzwolle;** das **Putzzeug**

put·zig: ein putziges (drolliges) Mädchen

Puzz·le *engl. [passl]*, das: -s, -s (Geduldspiel); das **Puzzlespiel; puzzeln** # pusseln

PVC = ein umweltbelastender Kunststoff

Py·ja·ma *engl. [pidschama]*, der -s, -s (Schlafanzug); die **Pyjamajacke**

Py·ra·mi·de *griech.*, die: -, -n (geometrischer Körper, Grabmal ägyptischer Könige)

Q

q = Zentner (100 kg)

Quack·sal·ber, der: -s, - (Kurpfuscher); die **Quacksalberei; quacksalbern**

Qua·der *lat.*, der: -s, - (behauener Steinblock, rechteckiger Körper); das **Quadrat** (gleichseitiges Rechteck); **quadratisch;** der **Quadratkilometer** ⟨km², qkm⟩; der **Quadratmeter** ⟨m², qm⟩; die **Quadratur** (Umwandlung einer geometrischen Figur in ein Quadrat); die **Quadratwurzel;** die **Quadratzahl;** der **Quadratzentimeter** ⟨cm², qcm⟩; **quadrieren** (eine Zahl mit sich selbst multiplizieren)

Qua·dril·le (Quad·ril·le) *franz. [kadrilje]*, die: -, -n (Tanz)

Quai *franz. [kä]*, der/das: -s, -s; → Kai

qua·ken: (Laute wie ein Frosch ausstossen); **quäken** (jammernde, schrille Töne von sich geben)

Quä·ker *engl.*, der: -s, - (Angehöriger einer religiösen Sekte)

quä·len: Tiere quälen (misshandeln, martern) – sich mit einer Aufgabe quälen (abmühen); die **Qual** (Leid, Schmerz); die **Quälerei;** der **Quälgeist** (Störenfried); **qualvoll:** das Tier verendet qualvoll – eine qualvolle (bedrückende) Stille

Qua·li·fi·ka·ti·on *lat.*, die: -, -en (Befähigung, Eignungsnachweis); das **Qualifikationsspiel; qualifizieren** (eine bestimmte Leistung erbringen, sich eignen, ausbilden) – der qualifizierende Hauptschulabschluss; **qualifiziert:** eine qualifizierte (fachmännische) Arbeit verrichten – ein qualifiziertes (sachkundiges) Urteil; die **Qualifizierung**

Qua·li·tät *lat.*, die: -, -en; ein Anzug von bester Qualität (Beschaffenheit, Güte) – ein Mann mit Qualitäten (mit Fähigkeiten); **qualitativ;** die **Qualitätsarbeit;** das **Qualitätserzeugnis;** die **Qualitätsware**

Qual·le, die: -, -n (Nesseltier); **quallig:** eine quallige (schleimige) Masse

Qualm, der: -(e)s (dicker Rauch, Dampf); **qualmen:** der Ofen qualmt (raucht stark) – pausenlos Zigaretten qualmen (rauchen); **qualmig** (rauchig)

Quan·ti·tät *lat.*, die: -, -en (Menge, Anzahl); das **Quäntchen** (eine kleine Menge): es fehlte ein Quäntchen (ein wenig) Glück; **quäntchenweise; quantitativ** (der Menge nach, grössenmässig); das **Quantum** (bestimmte Menge)

Qua·ran·tä·ne *franz. [karantäne]*, die: -, -n (Isolierung, Absonderung, Schutz gegen Ansteckung); die **Quarantänestation**

Quark, der: -s; er isst viel Quark (Käse aus Sauermilch) – viel Quark (Unsinn) reden; **quarkig;** der **Quarkkäse;** der **Quarkkuchen;** die **Quarkspeise**

Quar·tal *lat.*, das: -s, -e (Vierteljahr); **quartal(s)weise;** der **Quartal(s)abschluss**

Quar·te *ital.*, die: -, -n (vom Grundton aus der vierte Ton); auch: die **Quart;** das **Quartett** (Musikstück für vier Stimmen oder vier Instrumente)

Quar·tier *franz.*, das: -s, -e; ein Quartier (eine Unterkunft) für eine Nacht suchen; der **Quartiermeister**

Quarz, der: -es, -e (Mineral); der **Quarzfels; quarzhaltig;** das **Quarzit** (quarzhaltiges Gestein); die **Quarzlampe;** die **Quarzuhr**

qua·si *lat.*: er ist quasi (gewissermassen, gleichsam) schon vergeben

quas·seln: (dummes Zeug reden, schwatzen); ich quass(e)le; die **Quasselei;** der **Quasselkopf;** die **Quasselstrippe** (Telefon, Schwätzer)

Quas·te, die: -, -n (Schleife, Fransenbüschel)

Quäs·tor *lat.*, der: -s, Quästoren (Rechnungsführer, Kassierer)

Quatsch, der: -(e)s; einen Quatsch (Unsinn) reden – ach Quatsch! – lass den Quatsch!; **quatschen;** die **Quatscherei;** der **Quatschkopf** (Schwätzer)

Que·cke, die: -, -n (Unkraut)

Queck·sil·ber ⟨Hg⟩, das: -s (zähflüssiges, silbriges Schwermetall); **quecksilberhaltig; quecksilb(e)rig**

Quel·le, die: -, -n; aus der Quelle trinken – nach der Quelle (dem Ursprung) eines Gerüchtes suchen – aus erster Quelle – neue Quellen erschliessen – *an der Quelle sitzen* (etwas unmittelbar erfahren); auch: der **Quell; quellen:** du quillst, er quoll, sie ist gequollen, quill!; das Wasser quillt (fliesst) aus dem Boden – ihr quollen fast die Augen aus dem Kopf; **quellen:** du quellst, er quellte, sie ist gequellt, quell(e)!; die Bohne quellt (wird im Wasser weich); die **Quellenangabe** (Zitatnachweis); die **Quellensteuer;** der **Queller** (Strandpflanze); der **Quellfluss;** das **Quellgebiet;** das **Quellwasser**

quen·geln: müde Kinder quengeln (klagen, jammern) gerne – sie quengelt (nörgelt) an allem herum; die **Quengelei; queng(e)lig;** der **Quengler;** die **Quenglerin**

quer: etwas quer (der Breite nach) legen – quer durch den Fluss – alles geht quer (verkehrt) – quer liegen – sich quer stellen (nicht mitmachen) – quer schiessen (etwas hintertreiben) – ein quer gestreiftes Kleid – kreuz und quer (ziellos) durch die Gegend irren; aber: in die Kreuz und Quer(e) laufen; der **Querbalken; querbeet** (ohne festgelegte Richtung); der **Querdenker;** die **Querdenkerin;** die **Quere:** *jemandem in die Quere kommen* (ihn stören, seine Pläne durchkreuzen); **querfeldein;** die **Querflöte;** das **Querformat;** der **Querkopf** (Trotzkopf); **querköpfig** (widerspenstig); die **Querlatte;** der **Querpass;** der **Querschlag;** der **Querschläger;** der **Querschnitt** (Auswahl, Übersicht); **querschnitt(s)gelähmt;** die **Quersumme;** der **Quertreiber;** die **Quertreiberin;** die **Querverbindung;** der **Querverweis;** die **Querwand**

Que·ru·lant *lat.,* der: -en, -en (Nörgler); die **Querele** (Ärger, Streitigkeit); das **Querulantentum;** die **Querulantin**

quet·schen: sich durch eine Zaunlücke quetschen (klemmen, zwängen) – er hat sich den Finger gequetscht; die **Quetschung**

quick: (lebendig, rege); **quicklebendig** (sehr munter); der **Quickstepp** (Tanz)

quie·ken: wie ein Schwein quieken (hohe, helle Töne ausstossen)

quiet·schen: quietschende Bremsen – sie quietscht vor Freude; **quietschfidel** (sehr lustig, fröhlich); **quietschvergnügt** (ausgelassen, fröhlich)

Quin·te *lat.,* die: -, -n (vom Grundton aus der fünfte Ton); auch: die **Quint;** die **Quintessenz** (Ergebnis, das Wesentliche einer Sache); das **Quintett** (Musikstück für fünf Stimmen oder fünf Instrumente)

Quirl, der: -(e)s, -e (Rührbesen); **quirlen:** ein Ei quirlen (rühren); **quirlig:** ein quirliger (sehr lebhafter) Junge

quitt *franz.:* beide sind quitt (sie schulden sich nichts mehr) – *mit jemandem quitt sein* (die Beziehungen zu ihm abgebrochen haben); **quittieren:** den Empfang des Geldes quittieren (bestätigen) – seinen Dienst quittieren (aufgeben) müssen; die **Quittung:** eine Quittung (Empfangsbestätigung) ausstellen

– das ist die Quittung (Strafe) für seine Tat; der **Quittungsblock**

Quit·te *griech.,* die: -, -n (Obstbaum); **quitte(n)gelb;** der **Quittenbaum**

Quiz *engl. [kwis],* das: -, - (Unterhaltungsspiel, Frage-Antwort-Spiel); **quizzen;** die **Quizfrage;** der **Quizmaster** (Fragesteller bei einem Quiz); die **Quizmasterin**

Quo·rum *lat.,* das: -s (für das Zustandekommen eines Beschlusses vorgeschriebene Zahl der Anwesenden)

Quo·te *lat.,* die: -, -n (Anteil, Menge, Rate); die **Quotenfrau;** die **Quotenregelung**

Quo·ti·ent *lat.,* der: -en, -en (Ergebnis einer Teilung, Teilzahl)

R

r (R) = Radius

r. = rechts

Ra·batt *ital.,* der: -(e)s, -e; einen Rabatt (Abzug, Preisnachlass) gewähren; die **Rabattmarke**

Ra·bat·te *niederl.,* die: -, -n (schmales Pflanzenbeet, Randbeet)

Ra·batz, der: -es; einen grossen Rabatz (Unruhe, Lärm, Krach) machen

Ra·bau·ke *niederl.,* der: -n, -n (grober Kerl, gewalttätiger Mensch); **rabaukenhaft**

Rab·bi·ner *hebr.,* der: -s, - (jüdischer Schriftgelehrter, Gesetzeslehrer); der **Rabbi** (jüdischer Ehrentitel)

Ra·be, der: -n, -n (Krähenvogel); *klauen wie ein Rabe* (viel stehlen); die **Rabeneltern** *Mz.* (lieblose Eltern); die **Rabenmutter** (lieblose Mutter); **rabenschwarz;** der **Rabenvater** (liebloser Vater); der **Rabenvogel**

Rä·be, die: -, -n (weisse Rübe)

ra·bi·at *lat.:* ein rabiater (roher, gewalttätiger, grober) Mensch – rabiat (hart) durchgreifen

Ra·che, die: -; Rache (Vergeltung) schwören – auf Rache sinnen – nach Rache dürsten – *an jemandem Rache nehmen* (sich rächen); der **Racheakt;** der **Rachedurst; rachedurstig;** der **Racheengel; rächen:** er rächte sich (übte Vergeltung) für die Niederlage – einen Mord rächen # rechen; die **Rachegelüste** *Mz.:* Rachegelüste (Rachegedanken) haben; der **Racheplan;** der **Rächer;** die

Rächerin; die **Rachgier; rachgierig;** die **Rachsucht; rachsüchtig**

Ra·chen, der: -s, - (Teil des Schlundes bei Säugetieren und Mensch); *den Rachen nicht voll kriegen können* (immer noch mehr haben wollen) – *jemandem den Rachen stopfen* (ihn zufrieden stellen); die **Rachenentzündung;** der **Rachenkatarrh**

Ra·chi·tis *griech.,* die: - (durch Vitaminmangel hervorgerufene Krankheit); **rachitisch**

ra·ckern: den ganzen Tag rackern (schwer arbeiten, sich sehr anstrengen); der **Racker** (Schlingel, Schelm); die **Rackerei** (schwere Arbeit, Schinderei)

Ra·clette *franz.,* die: -, -s (Käsegericht)

Rad, das: -(e)s, Räder; die Räder des Autos – ein Rad (im Turnen) schlagen – Rad fahren – ein Rad schlagen – die Räder einer Maschine – *das Rad der Geschichte – unter die Räder kommen* (völlig herunterkommen) – *das fünfte Rad am Wagen sein* (überflüssig, nur geduldet sein); das **Rädchen:** *ein Rädchen zu viel haben* (nicht ganz normal sein); der **Raddampfer; radeln;** der **Rädelsführer** (Anführer); **rädern:** *wie gerädert* (völlig erschöpft) *sein;* das **Räderwerk;** der **Radfahrer;** die **Radfahrerin;** der **Radfahrweg;** die **Radfelge;** der **Radler** (Radfahrer); die **Radlerin;** die **Radrennbahn;** das **Radrennen;** der **Radsport;** der **Radstand** (Achsabstand); der **Radsturz;** die **Radtour;** der **Radwechsel;** der **Radweg** # Rat

Ra·dar *engl.,* der/das: -s, -e (Funkmessverfahren, Radargerät); die **Radarfalle;** die **Radarkontrolle;** die **Radarpeilung;** der **Radarschirm;** die **Radarstation;** der **Radartechniker;** der **Radarwagen**

Ra·dau, der: -s; Radau (Lärm, Krach) machen; der **Radaubruder** (jemand, der Krach macht; Störenfried); der **Radaumacher**

ra·de·bre·chen: (eine fremde Sprache nur unvollkommen sprechen); du radebrechst – er hat Englisch geradebrecht

ra·die·ren *lat.:* er hat im Heft viel radiert; der **Radierer;** der **Radiergummi;** die **Radierung** (Ätzdruckzeichnung)

Ra·dies·chen *lat.,* das: -s, - (kleine Rettichart)

ra·di·kal *lat.:* radikal (rücksichtslos, hart) durchgreifen – etwas radikal (vollständig, gründlich) ändern – radikale (extreme) Ansichten vertreten; der/die **Radikale; radikalisieren** (radikal machen); die **Radikalisierung;** der **Radikalismus;** die **Radikalität;** die **Radikalkur**

Ra·dio *lat.,* das: -s, -s (Hörfunk, Rundfunkgerät); Radio hören; der **Radioapparat;** das **Radiogerät;** die **Radiosendung**

ra·di·o·ak·tiv *lat.:* der Müll ist radioaktiv verseucht – radioaktiver Niederschlag; die **Radioaktivität** (Eigenschaft von Atomkernen, sich umzuwandeln und dabei bestimmte Strahlen auszusenden)

Ra·di·um ⟨Ra⟩ *lat.,* das: -s (radioaktives Schwermetall, chemischer Grundstoff); die **Radiumbestrahlung; radiumhaltig**

Ra·di·us ⟨r, R⟩ *lat.,* der: -, Radien (halber Durchmesser eines Kreises); **radial** (strahlenförmig, vom Mittelpunkt ausgehend)

Raf·fel, die: -, -n (Reibeisen für Obst, Gemüse); **raffeln**

raf·fen: Geld raffen (habgierig anhäufen) – in Eile das Wichtigste raffen (an sich reissen) – einen Stoff raffen (in Falten legen); die **Raffgier; raffgierig;** die **Raffsucht;** die **Raffung**

Raf·fi·ne·rie *franz.,* die: -, Raffinerien (Reinigungsanlage für Naturprodukte); die **Raffinade** (feiner, gereinigter Zucker); **raffinieren** (reinigen, verfeinern)

raf·fi·niert *franz.:* ein raffinierter (schlauer, durchtriebener) Kerl – ein raffiniert ausgeklügelter Plan; die **Raffiniertheit;** die **Raffinesse** (Schlauheit, Durchtriebenheit)

Ra·ge *franz. [rasche],* die: -; in Rage (Wut, Raserei) sein, geraten – jemanden in Rage bringen (ihn aufregen)

ra·gen: der Turm ragt (erhebt sich) hoch in den Himmel

Ra·gout *franz. [ragu],* das: -s, -s (Gericht aus kleinen Fleisch- oder Fischstückchen)

Rahm, der: -(e)s (Sahne); *den Rahm abschöpfen* (absahnen, sich bereichern); **rahmig** (sahnig); der **Rahmkäse;** die **Rahmsosse**

Rah·men, der: -s, -; der Rahmen (die Einfassung) für ein Bild – im Rahmen (Bereich) der Möglichkeiten – die Unkosten halten sich im Rahmen (sind erträglich) – *den Rahmen sprengen* (nicht innerhalb des Üblichen bleiben) – *aus dem Rahmen fallen* (vom Üblichen abweichen); das **Rähmchen; rahmen:** ein Bild rahmen (einfassen); die **Rahmenbedingung;** die **Rahmenerzäh-**

N
C
P
Q
R
S

lung; der **Rahmenplan;** die **Rahmenverein-barung;** die **Rahmung**

Rain, der: -(e)s, -e (Ackergrenze)

rä·keln, sich: sich auf dem Sofa räkeln (sich wohlig ausstrecken); auch: rekeln

Ra·ke·te *ital.,* die: -, -n; eine ferngesteuerte Rakete (Flugkörper mit Rückstossantrieb) – eine Rakete (einen Feuerwerkskörper) abbrennen; die **Raketenabwehr;** der **Raketenangriff;** der **Raketenantrieb;** die **Raketenbasis;** der **Raketenstart;** das **Raketentriebwerk**

Ral·lye *franz. [ra̱li, rä̱li],* die: -, -s (Autosternfahrt); der **Rallyefahrer;** die **Rallyefahrerin**

Ra·ma·dan *arab.,* der: -(s) (Fastenmonat der Mohammedaner)

ram·men: ein Auto rammen (anfahren) – einen Pflock in den Boden rammen (treiben, schlagen); der **Rammbock;** die **Ramme**

Ram·pe *franz.,* die: -, -n (Wagenauffahrt, Verladebühne, Bühnenrand); das **Rampenlicht:** *im Rampenlicht stehen* (die Aufmerksamkeit auf sich ziehen, im Mittelpunkt stehen)

ram·po·nie·ren *ital.:* ein ramponierter (stark beschädigter) Sessel – einen ramponierten Ruf haben

Ramsch, der: -(e)s, -e (minderwertige Ware, Plunder); **ramschen** (Ramschware billig kaufen); der **Ramschladen**

ran: (heran, herbei)

Ranch *amerik. [rä̱ntsch],* die: -, -(e)s (nordamerikanische Farm); der **Rancher** (Farmer, Viehzüchter)

Rand, der: -(e)s, Ränder; am Rande der Schlucht – sich am Rande eines Krieges befinden – am Rande der Verzweiflung sein – er ist am Rande seiner Kräfte – etwas am Rande (ganz nebenbei) erwähnen – *ausser Rand und Band* (übermütig, ausgelassen) *sein* – mit etwas nicht zu Rande kommen (etwas nicht können); auch: zurande kommen – *seinen Rand halten* (seinen Mund halten, still sein); die **Randbemerkung;** das **Rändchen;** die **Randerscheinung** (Nebensächlichkeit); die **Randfigur;** das **Randgebiet;** die **Randgruppe;** die **Randlage;** die **Randleiste; randlos;** die **Randnotiz;** der **Randstein;** die **Randverzierung; randvoll;** die **Randzone**

ran·da·lie·ren: (lärmen, Unfug machen, mutwillig Sachen beschädigen); die **Randale** *Mz.:* Randale machen; der **Randalierer**

Ran·de, die: -, -n (rote Rübe)

Rang *franz.,* der: -(e)s, Ränge; ein Schauspieler von Rang und Namen (von Bedeutung) – er hat den Rang (die Rangstufe, die Stellung) eines Offiziers – ein Gelehrter von höchstem Rang – jemandem den Rang streitig machen – der zweite Rang im Theater – *jemandem den Rang ablaufen* (ihn übertreffen); das **Rangabzeichen;** der/die **Rangälteste;** die **Rangelei; rangeln** (raufen); die **Rangfolge; ranggleich;** der/die **Ranghöchste; ranghöher; rangieren** *[rä̱schi̱ren]:* den Zug auf das Hauptgleis rangieren (verschieben) – sie rangiert (steht) auf Platz 1; der **Rangierbahnhof;** ...**rangig:** hochrangig – zweitrangig; die **Rangliste; rangmässig;** die **Rangordnung;** die **Rangstufe;** der **Rangunterschied**

rank: (hoch, biegsam); rank und schlank (schlank und geschmeidig) sein; die **Ranke:** die Ranke (Pflanzenspross) eines Weinstocks; **ranken:** an der Mauer rankt (wächst, klettert) wilder Wein in die Höhe; das **Rankengewächs**

Rank, der: -(e)s, Ränke (Wegkrümmung; Kniff, Trick): *den Rank finden* (zurechtkommen, den Dreh finden)

Rän·ke *Mz.,* die: - (Intrigen, Machenschaften); *Ränke schmieden* (sich Böses überlegen); der **Ränkeschmied** (hinterlistiger Mensch); das **Ränkespiel; ränkesüchtig; ränkevoll**

Ran·zen, der: -s, -; den Ranzen (die Schulmappe) packen – einen ziemlichen Ranzen (dicken Bauch) haben; das **Ränzel:** *sein Ränzel schnüren* (sich zur Abreise fertig machen); das **Ränzlein**

ran·zig *lat.:* ranzige (nicht mehr frische) Butter

ra·pi·de *lat.:* die Krankheit schreitet rapide (sehr schnell) voran; auch: **rapid**

Rap·pe, der: -n, -n (Pferd mit schwarzem Fell); *auf Schusters Rappen* (zu Fuss) *kommen*

Rap·pel, der: -s, - (Wutausbruch, Verrücktheit); **rapp(e)lig** (ungeduldig, wütend); **rappeln**

Rap·pen ⟨Rp.⟩, der: -s, - (kleinste schweizerische Währungseinheit, 1/100 Franken); der **Rappenspalter** (Geizhals); der **Räppler** (Einrappenstück)

Rap·port *franz.,* der: -(e)s; einen Rapport schreiben (eine dienstliche Meldung machen)

N O P Q R S

Raps, der: -es (gelb blühende Ölpflanze); die **Rapsblüte;** das **Rapsfeld;** das **Rapsöl**

rar *lat.*: eine rare (seltene) Ware – *sich rar machen* (sich nur selten sehen lassen); die **Rarität** (Seltenheit); die **Raritätensammlung**

ra·sant *franz.*: ein rasantes (sehr schnelles) Tempo – eine rasante (sehr stürmische) Entwicklung – ein rasanter (schnittiger) Sportwagen; die **Rasanz**

rasch: rascher, am rasch(e)sten; ein rascher (schnell gefasster) Entschluss – sie ist beim Arbeiten nicht sehr rasch (flink); **raschestens;** die **Raschheit; raschlebig:** eine raschlebige Zeit

ra·scheln: mit Papier rascheln – raschelndes Laub

ra·sen: er rast mit dem Auto (fährt schnell) davon – vor Zorn rasen (sehr wütend sein, toben); **rasend:** eine rasende (sehr schnelle) Fahrt – rasend (sehr, heftig) in jemanden verliebt sein; *aber:* es ist zum Rasendwerden; der **Raser;** die **Raserei** (Wahnsinn, Tobsucht, unsinnige Geschwindigkeit); die **Raserin**

Ra·sen, der: -s, -; den Rasen mähen; der **Rasenmäher;** der **Rasensprenger**

ra·sie·ren *franz.*: sich den Bart rasieren lassen; der **Rasierapparat;** der **Rasierer;** das **Rasiermesser;** der **Rasierschaum;** das **Rasierwasser;** das **Rasierzeug;** die **Rasur**

Rä·son *franz.* [räsõ], die: -; zur Räson (Einsicht) *kommen;* **räsonieren** (schimpfen)

ras·peln: (feilen, zerkleinern); *Süssholz raspeln* (jemandem schmeicheln); die **Raspel** (grobe Feile)

Ras·se *franz.,* die: -, -n; die menschliche Rasse (die Menschheit) – einer anderen Rasse (Menschenrasse) angehören – die schwarze Rasse – *Rasse haben* (rassig sein); der **Rassehund;** die **Rassendiskriminierung;** der **Rassenhass;** das **Rassenproblem;** die **Rassentrennung; rasserein; rassig:** ein rassiges (aus edler Zucht stammendes, feuriges) Pferd – eine rassige (temperamentvolle) Frau; **rassisch:** rassische Vorurteile haben; der **Rassismus** (übersteigertes Rassenbewusstsein); der **Rassist;** die **Rassistin; rassistisch**

ras·seln: mit der Kette rasseln (klirren) – durch das Examen rasseln (durchfallen) – *mit dem Säbel rasseln* (drohen); die **Rassel** (Kinderspielzeug, Klapper); die **Rasselbande** (lärmende, wilde Kinderschar)

ras·ten: beim Wandern rasten (einen Halt einlegen) – *wer rastet, der rostet;* die **Rast:** Rast machen – ohne Rast und Ruh (ohne sich Ruhe zu gönnen); das **Rasthaus; rastlos** (unermüdlich); die **Rastlosigkeit;** der **Rastplatz;** die **Raststätte**

Ras·ter *lat.,* der: -s, - (Liniennetz oder Punktsystem, Muster, Schema); das **Raster** (aus Lichtpunkten bestehendes Fernsehbild)

Ra·te *ital.,* die: -, -n; seine Rate (seinen Anteil) bekommen – etwas auf Raten (auf Teilzahlung) kaufen; der **Ratenbetrag;** das **Ratengeschäft;** der **Ratenkauf; ratenweise;** die **Ratenzahlung**

ra·ten: du rätst, er riet, sie hat geraten, rat(e)!; rate, was ich dir mitgebracht habe – ein Rätsel raten (lösen) – jemandem etwas dringend raten (nahe legen) – *sich nicht zu raten wissen* (ratlos, verzweifelt sein) – *wem nicht zu raten ist, dem ist auch nicht zu helfen;* der **Rat:** jemanden um Rat fragen – Rat suchen – Rat suchend – der/die Rat Suchende – auch: der/die Ratsuchende – jemanden zu Rate ziehen – auch: zurate ziehen – eine Rat suchende Person – jemandem mit Rat und Tat (tatkräftig) zur Seite stehen – der Rat der Stadt – *mit sich zu Rate gehen* (gründlich überlegen); auch: zurate gehen; das **Ratespiel;** das **Rateteam** [... tim]; der **Ratgeber;** das **Rathaus;** der **Rathaussaal; ratlos;** die **Ratlosigkeit; ratsam** (empfehlenswert); der **Ratsbeschluss;** der **Ratschlag; ratschlagen;** der **Ratschluss** (Beschluss, Wille); das **Rätsel:** ein Rätsel lösen – *in Rätseln sprechen* (etwas Unverständliches sagen); die **Rätselecke; rätselhaft;** die **Rätselhaftigkeit;** die **Rätsellösung; rätseln;** das **Rätselraten;** der **Ratsherr;** der **Ratskeller;** die **Ratssitzung** # Rad

Rä·ti·en: (Graubünden); **rätisch** (bündnerisch); der **Rätoromane;** die **Rätoromanin; rätoromanisch**

ra·ti·fi·zie·ren *lat.*: einen Vertrag ratifizieren (anerkennen, genehmigen, unterzeichnen); die **Ratifikation** (Genehmigung, Bestätigung); die **Ratifizierung**

Ra·ti·on *franz.,* die: -, -en (festgelegte Menge, Portion); **rationell** (sparsam, zweckmässig); **rationieren:** die Lebensmittel im Krieg ra-

N
C
P
Q
R
S

tionieren (einteilen, zumessen); die **Rationierung**

ra·ti·o·nal *lat.*: rational (überlegt, vernünftig) handeln; **rationalisieren:** einen Betrieb rationalisieren (zweckmässig und wirtschaftlich organisieren); die **Rationalisierung;** der **Rationalismus**

rat·schen: mit dem Nachbarn ratschen (sich unterhalten); auch: **rätschen**

Rat·te, die: -, -n (Nagetier); *die Ratten verlassen das sinkende Schiff* (die Unzuverlässigen ziehen sich von einem vom Unglück bedrohten Menschen oder Unternehmen zurück); die **Rattenfalle;** der **Rattenfänger;** das **Rattengift;** der **Rattenschwanz:** ein Rattenschwanz (eine endlose Folge) von Bestimmungen

rat·tern: der Wagen rattert (poltert, knattert) über die holprige Strasse – das Rattern der Schreibmaschine

rau: rauer, am rau(e)sten; er hat raue (aufgesprungene, rissige) Hände – mit rauer Stimme singen – raue Sitten – ein raues (unangenehmes, kaltes) Klima – die raue (harte) Wirklichkeit; das **Raubein** (ein nach aussen grob erscheinender Mensch); **raubeinig;** die **Raufasertapete;** der **Rauhaardackel; rauhaarig;** die **Rauheit;** die **Raunächte** (die zwölf Nächte vom ersten Weihnachtsfeiertag bis Dreikönige); der **Rauputz;** der **Raureif** (gefrorener Tau)

rau·ben: man hat ihr Geld und Schmuck geraubt (gestohlen) – er raubt (nimmt) mir alle Hoffnungen – ein Kind rauben (entführen); der **Raub:** auf Raub ausgehen – das Haus wurde ein Raub der Flammen; der **Raubbau:** *mit seinen Kräften Raubbau treiben* (sie rücksichtslos ausnützen); der **Raubdruck** (widerrechtlicher Druck eines Werkes); der **Räuber:** *unter die Räuber gefallen sein* (von anderen ausgenutzt werden); die **Räuberbande;** die **Räubergeschichte;** die **Räuberhöhle;** die **Räuberin; räuberisch; räubern;** der **Raubfisch;** die **Raubgier; raubgierig;** die **Raubkatze;** der **Raubmord;** der **Raubritter;** das **Raubtier;** der **Raubüberfall;** der **Raubvogel;** das **Raubwild;** der **Raubzug**

rau·chen: eine Zigarette rauchen – der Schornstein raucht – *rauchen wie ein Schlot* (sehr viel rauchen); der **Rauch;** der **Raucher;** der **Räucheraal;** das **Raucherab**teil; das **Raucherbein;** der **Räucherfisch;** der **Raucherhusten;** die **Raucherin;** die **Räucherkammer;** der **Räucherlachs; räuchern:** ein geräucherter (durch Rauch haltbar gemachter) Schinken; der **Räucherspeck;** die **Räucherwaren** *Mz.* (geräucherte Fleisch- und Wurstwaren); die **Rauchfahne;** der **Rauchfang** (Schornstein): *etwas in den Rauchfang schreiben* (aufgeben) *müssen;* der **Rauchfangkehrer;** die **Rauchfangkehrerin;** das **Rauchfleisch** (geräuchertes Fleisch); **rauchig:** ein rauchiges (verrauchtes) Zimmer – sie hat eine rauchige (heisere) Stimme; der **Rauchschwaden;** der **Rauchtabak;** das **Rauchverbot;** die **Rauchwaren** *Mz.* (Tabakwaren); auch: die **Raucherwaren;** das **Rauchzeichen**

Rauch·wa·ren *Mz.,* die: - (Pelzwaren)

Räu·de, die: -, -n (Krätze, Grind, Hautkrankheit der Haustiere); **räudig:** ein räudiger Hund

rauf: (herauf, hinauf); **raufbringen; raufholen; rauflassen**

Rau·fe, die: -, -n (Futtergestell im Stall)

rau·fen: auf dem Schulweg raufen (sich prügeln) – sich vor Ärger die Haare raufen (sich an den Haaren reissen); der **Raufbold** (jemand, der oft und gerne rauft); der **Raufer;** die **Rauferei;** die **Rauflust; rauflustig**

Raum, der: -(e)s, Räume; das Haus hat viele Räume (Zimmer) – im Raum (Gebiet) Sachsen – eine Rakete in den Raum (Weltraum) schiessen – im luftleeren Raum – es ist kein Raum (Platz) für ein Bett – Raum sparend ein Haus planen – eine Frage steht noch im Raum (ist noch ungelöst); **räumen:** sie räumt das Geschirr vom Tisch – die Wohnung räumen (ausziehen) – er räumt die Kreuzung – *jemanden aus dem Weg räumen* (ihn töten) – *das Feld räumen* (weggehen); die **Raumfähre;** der **Raumfahrer;** die **Raumfahrerin;** die **Raumfahrt;** das **Raumfahrzeug;** der **Raumflug;** der **Rauminhalt** (Volumen); die **Raumkapsel;** die **Raumlehre** (Geometrie); **räumlich:** räumlich beengt wohnen; die **Räumlichkeit;** das **Raummass** (Hohlmass); der/das **Raummeter;** die **Raumpflegerin;** das **Raumschiff;** die **Raumstation;** die **Räumung**

rau·nen: dem Nachbarn etwas ins Ohr raunen (flüstern) – man raunt (klatscht) heimlich; das **Raunen:** ein Raunen geht durch den Wald

Rau·pe, die: -, -n (Entwicklungsstadium eines Schmetterlings, schweres Baufahrzeug); *Raupen* (seltsame Einfälle) *im Kopf haben*; das **Raupenfahrzeug;** der **Raupenfrass;** der **Raupenschlepper**

raus: (heraus, hinaus); **rausfahren; rausgehen; rauslassen;** der **Rausschmiss**

Rausch, der: -(e)s, Räusche; seinen Rausch ausschlafen – im Rausch (im Hochgefühl) des Sieges; das **Rauschgift; rauschgiftsüchtig;** das **Rauschgold** (sehr dünnes Messingblech); der **Rauschgoldengel;** das **Rauschmittel;** der **Rauschzustand**

rau·schen: Bäume rauschen im Wind – das Rauschen des Meeres – Beifall rauscht auf – ein rauschendes (prunkvolles) Fest feiern

räus·pern: sich beim Sprechen räuspern (hüsteln); das **Räuspern**

Rau·te, die: -, -n (gleichseitiges Parallelogramm); **rautenförmig**

Ra·yon *franz. [rejjō],* der: -s, -s (Bezirk, Bereich, Warenhausabteilung)

Raz·zia *franz.,* die: -, Razzien; eine Razzia (polizeiliche Durchsuchung, Fahndung) durchführen

rd. = rund, etwa

Rea·der *engl. [rïder],* der: -s, - (Textzusammenstellung)

Re·ak·ti·on *lat.,* die: -, -en (Gegenwirkung, Rückschlag); eine chemische Reaktion; das **Reagenzglas** (Probierröhrchen für chemische Versuche); **reagieren:** heftig reagieren; **reaktionär** (rückschrittlich); der **Reaktionär** (jemand, der die Zustände vergangener Zeiten erhalten will); **reaktionsschnell;** die **Reaktionszeit**

Re·ak·tor *engl.,* der: -s, Reaktoren (Anlage zur Umwandlung von Kernenergie in Wärmeenergie); der **Reaktorunfall**

re·al *lat.:* reale (wirkliche) Gegenstände – ein real denkender Mensch; die **Realien** *Mz.* (Tatsachen, wirkliche Dinge); **realisierbar** (durchführbar); die **Realisierbarkeit; realisieren:** ein Vorhaben realisieren (in die Tat umsetzen, verwirklichen); die **Realisierung;** der **Realismus** (Wirklichkeitssinn); der **Realist;** die **Realistin; realistisch:** eine realistische (sachliche) Einstellung haben – realistisch (lebensecht) erzählen; die **Realität**

(Wirklichkeit, tatsächliche Lage); **realitätsfern;** der **Realitätssinn;** der **Reallohn;** die **Realpolitik;** die **Realschule;** der **Realwert** (wirklicher Wert)

Reb·bau, der: -(e)s (Weinbau); der **Rebbauer;** die **Rebbäuerin;** der **Rebberg;** die **Rebe** (Weinrebe); die **Reblaus** (Blattlaus am Weinstock); der **Rebstock** (Weinstock)

Re·bell *franz.,* der: -en, -en (Aufständischer, Aufrührer); **rebellieren** (aufbegehren, sich widersetzen); die **Rebellion** (Empörung, Aufstand); **rebellisch:** eine rebellische (sich auflehnende) Jugend – er machte das ganze Haus rebellisch (versetzte alle in Unruhe)

Re·chen, der: -s, - (Gartengerät, Harke); **rechen:** Laub rechen (zusammenkehren) # rächen

re·cher·chie·ren *franz. [rescherschïren]:* in einem Mordfall recherchieren (nachforschen, ermitteln); die **Recherche** *[reschersche]*

rech·nen: sie hat die Aufgabe falsch gerechnet – auf meine Hilfe kannst du rechnen (zählen) – wir rechnen (zählen) ihn zu den besten Schülern – mit jedem Pfennig rechnen müssen – drei Stunden für die Fahrt rechnen (veranschlagen); die **Rechenaufgabe;** das **Rechenbuch;** der **Rechenfehler;** die **Rechenmaschine;** die **Rechenschaft:** *Rechenschaft ablegen* (sein Tun rechtfertigen); der **Rechenschaftsbericht;** der **Rechenstift;** die **Rechenstunde;** das **Rechenzentrum;** der **Rechner; rechnerisch;** die **Rechnung:** *auf seine Rechnung kommen* (zufrieden gestellt werden) – *einer Sache Rechnung tragen* (etwas berücksichtigen)

Recht, das: -(e)s, -e; das Recht (Gesetz) missachten – ein Recht (einen Anspruch) auf Arbeit haben – das ist mein gutes Recht – mit Recht – Recht haben, behalten, bekommen – jemandem Recht geben – Recht finden, suchen – im Recht sein – von Rechts wegen (eigentlich) – mit Fug und Recht – zu Recht (mit Grund) – *Recht sprechen* (ein richterliches Urteil fällen) – *auf sein Recht pochen* (mit Nachdruck auf seinem Recht bestehen); **recht:** recht tun – recht sein – ihm geschieht recht – wenn mir recht ist (wenn ich nicht irre) – das ist recht und billig – ihr kann man nichts recht machen – ganz recht (das stimmt)! – recht herzlichen

Dank! – nun erst recht (trotzdem) – nicht recht bei Sinnen (verwirrt) sein – alles, was recht ist! – keine rechte Lust haben – er ist der rechte Mann für diese Aufgabe – bin ich hier recht (am richtigen Ort)? – das geht nicht mit rechten Dingen zu – er ist ein rechter (gehöriger) Taugenichts – *was recht ist, muss recht bleiben – was dem einen recht ist, ist dem anderen billig*; aber: nach dem Rechten sehen (etwas nachprüfen) – das Rechte tun – nichts Rechtes können – du bist mir der Rechte!; das **Rechteck; rechteckig; rechtens** (mit Recht, rechtmässig): es ist rechtens, dass … – etwas für rechtens halten; **rechtfertigen:** seine Entscheidung rechtfertigen (verteidigen, entschuldigen); die **Rechtfertigung; rechtgläubig** (dem rechten Glauben folgend); die **Rechthaberei; rechthaberisch** (besserwisserisch, eigensinnig); **rechtlich:** das ist rechtlich (nach dem gültigen Recht) nicht zulässig; **rechtlos** (entrechtet, schutzlos); die **Rechtlosigkeit; rechtmässig:** die rechtmässige (gesetzliche) Erbin; die **Rechtmässigkeit;** der **Rechtsanspruch;** der **Rechtsanwalt;** die **Rechtsanwältin; rechtschaffen:** ein rechtschaffener (ehrlicher, anständiger) Mensch – er muss rechtschaffen (sehr viel) arbeiten; die **Rechtschaffenheit; rechtschreiben;** die **Rechtschreibreform;** die **Rechtschreibung; rechtserfahren;** das **Rechtsgefühl;** der/die **Rechtsgelehrte;** die **Rechtsgrundsätze; rechtsgültig; rechtskräftig:** ein rechtskräftiges Urteil; **rechtskundig;** die **Rechtsordnung;** die **Rechtspflege;** die **Rechtsprechung** (Gerichtsbarkeit); der **Rechtspruch** (Urteil, Richterspruch); **Rechtssache;** der **Rechtsschutz;** die **Rechtssicherheit;** der **Rechtsstaat; rechtsstaatlich;** der **Rechtsstreit;** der **Rechtsweg;** das **Rechtswesen; rechtswidrig** (ungesetzlich); **rechtwink(e)lig; rechtzeitig** (früh genug, pünktlich)

rechts ⟨r.⟩: nach rechts fahren – rechts von ihm – von rechts nach links – rechts der Donau – auf der rechten Hand – rechter Hand (rechts) – rechts aussen spielen – *weder rechts noch links schauen* (sich nicht beirren lassen) – *nicht mehr wissen, was rechts und links ist* (völlig verwirrt sein); die **Rechte** (rechte Seite, rechte Hand): sie sitzt

zu meiner Rechten – er hält ein Buch in seiner Rechten – mit seiner Rechten blitzschnell zuschlagen; **rechterseits** (auf der rechten Seite); der **Rechtsabbieger;** der **Rechtsaussen:** er spielt Rechtsaussen; **rechtshändig; rechtsherum:** rechtsherum gehen; aber: rechts herumgehen; die **Rechtskurve; rechtsradikal;** der **Rechtsradikalismus; rechtsrum**

re·cken, sich: er reckt (streckt) sich beim Aufstehen; das **Reck** (Turngerät); der **Recke** (kühner Krieger, Held); die **Reckstange**

Re·cor·der *engl.,* der: -s, -; → Rekorder

Re·cy·cling (Re·cyc·ling) *engl. [risaikling],* das: -s (Wiederverwertung schon benutzter Rohstoffe); **recyceln;** das **Recyclingpapier**

Re·dak·teur *franz. [redaktör],* der: -s, -e (jemand, der Texte redigiert, bearbeitet); die **Redakteurin;** der **Redaktor;** die **Redaktorin;** die **Redaktion; redaktionell;** der **Redaktionsschluss; redigieren:** einen Vortrag redigieren (überarbeiten)

re·den: undeutlich reden (sprechen) – sie hat gut reden – über ihn wird geredet (geklatscht) – offen über etwas reden – sie redete nicht mehr mit ihm – *von sich reden machen* (Aufmerksamkeit erregen) – *mit sich reden lassen* (zu Zugeständnissen bereit sein); aber: *Reden ist Silber, Schweigen ist Gold*; die **Rede:** eine Rede (Ansprache) halten – die Rede ist nicht von dir (es betrifft nicht dich) – wovon war die Rede? – die wörtliche Rede – es geht die Rede (man sagt, dass …) – *jemandem Rede und Antwort stehen* (sich rechtfertigen) – *nicht der Rede wert* (bedeutungslos) *sein* – *jemanden zur Rede stellen* (Rechenschaft von ihm verlangen) – *jemandem in die Rede fallen* (ihn unterbrechen); der **Redefluss;** die **Redefreiheit; redegewandt:** redegewandt (nicht auf den Mund gefallen) sein; die **Redegewandtheit;** die **Redensart;** das **Redepult;** die **Rederei** (Gerede); der **Redeschwall;** die **Redetribüne;** das **Redeverbot;** die **Redewendung** (feststehende sprachliche Wendung); der **Redner;** die **Rednerin; redselig** (redefreudig); die **Redseligkeit** # Reede

red·lich: ein redlicher (zuverlässiger, ehrlicher) Geschäftsmann – sich redlich (sehr) bemühen; die **Redlichkeit**

Re·du·it *franz. [redwi],* das: -s, -s (Verteidigungsanlage im Kern einer Festung)

re·dun·dant *lat.*: (weitschweifig, überflüssig); die **Redundanz**

re·du·zie·ren *lat.*: (vermindern, einschränken, zurückführen); die Preise auf die Hälfte reduzieren; die **Reduktion**; die **Reduzierung**

Ree·de, die: -, -n (Ankerplatz, Hafen); der **Reeder** (Eigentümer eines Schiffes); die **Reederei** (Schifffahrtsunternehmen, Büro eines Reeders) # Rede

re·ell *franz.*: ein reelles (vernünftiges) Angebot machen – er hat reelle (ehrliche) Absichten – ein reeller (zuverlässiger) Partner

Re·fe·rat *lat.*, das: -(e)s, -e; ein Referat (einen Vortrag) halten – er leitet in einer Behörde ein Referat (ein Sachgebiet); der **Referatsleiter;** der **Referendar** (Anwärter auf eine höhere Beamtenlaufbahn); das **Referendariat;** die **Referendarin;** das **Referendum** (Entscheid durch Volksabstimmung); der **Referent:** als Referent (leitender Sachbearbeiter) arbeiten – der Referent (Vortragende, Berichterstatter) hat sehr lange gesprochen; die **Referentin; referieren** (berichten, vortragen)

Re·fe·renz *lat.*, die: -, -en; eine gute Referenz (Empfehlung, Fürsprache) haben

re·flek·tie·ren *lat.*: der Spiegel reflektiert die Sonnenstrahlen (wirft sie zurück) – auf eine Erbschaft reflektieren (hoffen) – über eine Frage reflektieren (nachdenken); der **Reflektor;** der **Reflex:** der Reflex (Widerschein) des Mondes – gute Reflexe haben (schnell reagieren); die **Reflexbewegung;** die **Reflexhandlung;** die **Reflexion** (Überlegung, Betrachtung); **reflexiv** (rückbezüglich); das **Reflexivpronomen** (Sprachlehre: rückbezügliches Fürwort)

Re·form *lat.*, die: -, -en (Verbesserung, Neugestaltung); die **Reformation** (Umgestaltung im kirchlichen Bereich, geistige Erneuerung); der **Reformator** (Erneuerer); **reformbedürftig;** der **Reformer;** die **Reformerin;** das **Reformhaus** (Fachgeschäft für natürliche, der Gesundheit dienende Nahrungsmittel); **reformieren:** die reformierte (erneuerte) Kirche; die **Reformierung**

Ref·rain (Re·frain) *franz. [refrä̱],* der: -s, -s (Kehrreim)

Re·fu·gi·um *lat.*, das; -s, Refugien (Zufluchtsort, Versteck)

Rega = Schweizerische Rettungsflugwacht

Re·gal *lat.*, das: -s, -e (Gestell für Bücher oder Waren)

Re·gat·ta *ital.*, die: -, Regatten (Wettfahrt mit Booten)

Re·gel *lat.*, die: -, -n; die Regeln (Vorschriften) im Verkehr beachten – sich nicht an die Regeln (Gesetze, Übereinkünfte) halten – das ist nicht die Regel (nicht der Brauch) – in der Regel (meist, normalerweise) – nach allen Regeln der Kunst (wie es sich gehört); die **Regelblutung;** der **Regelfall; regellos; regelmässig:** in regelmässigen (gleichen) Abständen – regelmässig (zu bestimmten Zeiten) seine Medizin nehmen – er kommt regelmässig (ständig) zu spät; die **Regelmässigkeit; regeln:** seine Angelegenheiten regeln (in Ordnung bringen); **regelrecht;** die **Reg(e)lung;** das **Regelwerk; regelwidrig** (gegen die Regel, nicht richtig); die **Regelwidrigkeit;** der **Regler**

re·gen: er konnte seine Glieder nicht mehr regen (bewegen, rühren) – sein Gewissen regt sich (wird wach) – kein Lüftchen regt (bewegt) sich mehr – *sich regen bringt Segen;* **rege:** eine rege (lebhafte) Beteiligung – ein reger (betriebsamer) Verkehr – er ist geistig noch sehr rege (beweglich); **reglos; regsam;** die **Regung:** keine Regung (keine Empfindung) zeigen; **regungslos;** die **Regungslosigkeit**

Re·gen, der: -s; im Regen stehen – *jemanden im Regen stehen lassen* (in einer schwierigen Situation allein lassen) – *vom Regen in die Traufe kommen* (von einer Schwierigkeit in eine noch schlimmere geraten); **regenarm;** der **Regenbogen; regenbogenfarbig;** das **Regencape [...kep];** das **Regenfass; regenglatt;** der **Regenguss;** der **Regenmantel; regennass; regenreich;** die **Regenrinne;** der **Regenschauer** (Regenguss, Sturzregen); der **Regenschirm;** die **Regentonne;** der **Regentropfen;** das **Regenwetter;** die **Regenwolke;** der **Regenwurm;** die **Regenzeit; regnen:** es regnet seit Stunden; **regnerisch:** ein regnerischer Tag

re·ge·ne·rie·ren *lat.*: (erneuern, wiederherstellen); die **Regeneration; regenerationsfähig**

Re·gie *franz. [reschi̱],* die: -; Regie (Spielleitung beim Theater, Film o. Ä.) führen – in eigener Regie (selbstständig); die **Regie-**

N
O
P
Q
R
S

anweisung; der **Regiefehler;** der **Regis-**
seur *[reschissör]* (Spielleiter); die **Regisseu-**
rin

re·gie·ren *lat.*: über ein grosses Volk regieren
(herrschen); aber: der Regierende Bürger-
meister; der **Regent** (Herrscher, Staatsober-
haupt); die **Regentin;** die **Regentschaft**
(Herrschaft); die **Regierung;** der **Regie-**
rungsbezirk; die **Regierungsform;** das **Re-**
gierungsgebäude; die **Regierungspartei;** der
Regierungspräsident; die **Regierungspräsi-**
dentin; der **Regierungsrat;** die **Regierungs-**
rätin; der **Regierungssitz;** der **Regierungs-**
wechsel; die **Regierungszeit;** das **Regime**
[reschim] (Herrschaft, Regierung); das **Re-**
giment (Herrschaft, Führung, Truppenein-
heit): *ein strenges Regiment führen* (sehr
streng sein)

Re·gi·on *lat.*, die: -, -en (Gegend, Bereich); *in*
höheren Regionen schweben (in einer
Traumwelt leben); **regional:** regionale (eine
bestimmte Region betreffende) Nachrich-
ten; die **Regionalliga;** das **Regionalpro-**
gramm; der **Regionalzug**

Re·gis·ter *lat.*, das: -s, -; im Register (Ver-
zeichnis) nachschlagen – *alle Register zie-*
hen (alle Möglichkeiten ausschöpfen); die
Registertonne ⟨RT⟩ (Raummass für Schiffe);
die **Registratur** (Aufbewahrungsstelle für
Akten, Aktenschrank); **registrieren:** einen
Vorfall nicht registrieren (nicht wahrneh-
men, bemerken) – seine Einnahmen regis-
trieren (aufzeichnen); die **Registrierkasse;**
die **Registrierung**

Re·gle·ment (Reg·le·ment) *franz. [reglemā]*,
das: -s, -s (Vorschrift, Ordnung); **reglemen-**
tieren: jemanden reglementieren (gängeln)
– er hat alles genau reglementiert (festge-
legt, geregelt)

Re·gress *lat.*, der: -es, -e (Ersatzanspruch); der
Regressanspruch; regresspflichtig (ersatz-
pflichtig)

re·gu·lär *lat.*: reguläre (festgelegte) Arbeits-
zeiten – eine reguläre (ordnungsgemässe)
Handlung – ein regulärer (normaler) Flug;
die **Regulation** (Ausgleich, Wiederherstel-
lung der Ordnung); **regulieren:** die Hei-
zung regulieren (einstellen) – er regulierte
(regelte) den Schaden – einen Bach regulie-
ren (begradigen); die **Regulierung** (Rege-
lung, Begradigung)

Reh, das: -(e)s, -e (kleine Hirschart); der **Reh-**
bock; der **Rehbraten; rehbraun;** das **Reh-**
kitz; das **Rehwild**

re·ha·bi·li·tie·ren *lat.*: (jemandes Ehre, Ruf
wiederherstellen); einen ehemaligen Sträf-
ling rehabilitieren (wieder in die Gesell-
schaft eingliedern); die **Rehabilitation;** die
Rehabilitierung

rei·ben: du reibst, er rieb, sie hat gerieben,
reib(e)!; sich die Augen, Hände reiben – sie
reibt sich den Schlaf aus den Augen – blank
reiben (polieren) – der Hemdkragen reibt
(scheuert) am Hals; die **Reibe;** das **Reibei-**
sen; der **Reibekuchen** (Kartoffelpuffer); die
Reiberei (Streitigkeit); die **Reibfläche;** die
Reibung; die **Reibungselektrizität; rei-**
bungslos: ein reibungsloser (störungsfreier)
Ablauf – alles klappt reibungslos (einwand-
frei); der **Reibungspunkt;** der **Reibungsver-**
lust; die **Reibungswärme;** der **Reibungswi-**
derstand

reich: reich sein (viel Geld haben, vermögend
sein) – ein reich geschmückter Tisch – ein
reich verzierter Ring – ein reicher Mann –
eine reiche (ergiebige) Ernte – reich an Er-
fahrungen sein – ein reiches (vielfältiges)
Angebot – ein reich (vielfältig) bebildertes
Buch – reiche (umfassende) Kenntnisse
haben; aber: Arm und Reich – Arme und
Reiche; der/die **Reiche; reichhaltig:** ein
reichhaltiges Angebot; die **Reichhaltigkeit;**
reichlich: das Essen war zu reichlich (aus-
giebig) – sie kam reichlich (ziemlich) spät –
er gab reichlich (viel) Trinkgeld – vor reich-
lich (mehr als) 20 Jahren; der **Reichtum,** die
Reichtümer

Reich, das: -(e)s, -e (Gebiet); ein mächtiges
Reich regieren – das Reich des Bösen – das
Reich Gottes – das Römische Reich – im
Reich der Fantasie; die **Reichsgrenze;** die
Reichsgründung; der **Reichskanzler;** der
Reichspräsident; die **Reichsstadt;** der
Reichstag

rei·chen: sich die Hände reichen (geben) –
soweit das Auge reicht (überall) – jetzt
reicht es mir (ich habe genug) – das Geld
reicht nicht (ist zu wenig) zum Leben – das
Grundstück reicht (erstreckt sich) bis zum
Wald; die **Reichweite:** etwas in Reichweite
haben (in der Nähe, sodass man es mit der
Hand erreichen kann)

N
O
P
Q
R
S

reif: reifes Obst – reif sein, werden – ein reifer (abgeklärter, besonnener) Mensch – die reifere (ältere) Jugend – reif für das Irrenhaus – eine reife (hohen Ansprüchen genügende) Leistung – reif für den Urlaub sein (ihn sehr nötig haben); die **Reife:** die Reife der Trauben – die innere Reife eines Menschen – die mittlere Reife (Schulabschluss); **reifen:** wegen des Regens reifen die Trauben nur langsam; der **Reifeprozess;** die **Reifeprüfung;** die **Reifezeit;** das **Reifezeugnis; reiflich:** nach reiflicher (gründlicher) Überlegung; die **Reifung;** der **Reifungsprozess**

Reif, der: -(e)s; am Morgen lag Reif (gefrorener Tau, Raureif) auf den Feldern; **reifen:** gestern hat es gereift; die **Reifglätte**

Reif, der: -(e)s, -e; einen Reif (ringförmiges Schmuckstück) aus Gold tragen; der **Reifen:** einen Reifen flicken – ein Reifen aus Plastik – mit Reifen (Spiel- und Sportgerät) turnen; der **Reifendruck;** die **Reifenpanne;** der **Reifenwechsel**

Rei·gen, der: -s, - (Rundtanz); *den Reigen eröffnen* (den Anfang machen) – *den Reigen schliessen* (bei etwas den Abschluss bilden); der **Reigentanz**

Rei·he, die: -, -n; in einer Reihe (Linie) marschieren – in der letzten Reihe (Stuhlreihe) sitzen – eine Reihe (Menge) von Versuchen – an der Reihe sein – an die Reihe kommen – ausser der Reihe – der Reihe nach (einer nach dem anderen) – in Reih und Glied (in strenger Ordnung) – *aus der Reihe tanzen* (sich nicht einordnen); **reihen:** es reihte sich Wagen an Wagen; die **Reihenfolge;** das **Reihenhaus;** die **Reihensiedlung;** die **Reihenuntersuchung; reihenweise** (massenhaft, in grosser Zahl); **reihum;** die **Reihung**

Rei·her, der: -s, - (Schreitvogel)

Reim, der: -(e)s, -e (gleich klingender Ausgang von Versen); *sich keinen Reim auf etwas machen können* (etwas nicht begreifen); die **Reimart; reimen:** das Gedicht reimt sich nicht; das **Reimwort**

rein: reiner (unvermischter) Wein – etwas rein machen; aber: das grosse Rein(e)machen – reine (saubere) Wäsche – sich rein waschen (seine Unschuld beweisen) – die reine Wahrheit sagen – ein reines Gewissen haben – ein reiner Zufall – rein persönlich; aber: einen Aufsatz ins Reine schrei-

ben – *etwas ins Reine bringen* (klären) – *mit jemandem ins Reine kommen* (mit jemandem einig sein); das **Rein(e)machen;** die **Rein(e)machefrau;** der **Reinerlös;** auch: der **Reinertrag; rein(e)weg** (ganz und gar); der **Reinfall** (Fehlschlag, Enttäuschung); das **Reingewicht;** der **Reingewinn; reingolden:** eine reingoldene Uhr; auch: rein golden; die **Reinhaltung;** die **Reinheit; reinigen** (säubern); die **Reinigung; reinlich** (sauber); die **Reinlichkeit; reinrassig;** die **Reinrassigkeit;** die **Reinschrift; reinseiden;** auch: rein seiden; **reinwollen** (aus reiner Wolle); auch: rein wollen

rein: (herein, hinein); der **Reinfall; reinfallen; reinlegen:** jemanden reinlegen (betrügen); **reinstecken**

Rei·ne·ke, der: -s (Name des Fuchses in der Tierfabel); Reineke Fuchs

Reis *ind.*, der: -es; Reis (asiatische Getreideart) anbauen – sich von Reis ernähren; der **Reisbau;** der **Reisbrei;** das **Reisfeld;** das **Reiskorn**

Reis, das: -es, -er (Zweiglein); das **Reisig** (Zweigholz, dürres Holz); der **Reisigbesen;** das **Reisigbündel;** der **Reislauf** (Söldnerdienst in fremden Heeren); der **Reisläufer**

rei·sen: ans Meer reisen – mit dem Flugzeug reisen; die **Reise:** auf Reisen sein, gehen – eine Reise in die Vergangenheit – *seine letzte Reise antreten* (sterben); das **Reiseandenken;** der **Reisebegleiter;** die **Reisebegleiterin;** das **Reisebüro;** der **Reisebus; reisefertig;** das **Reisefieber;** der **Reiseführer;** das **Reisegepäck;** die **Reisekosten** *Mz.;* das **Reiseland;** der **Reiseleiter;** die **Reiseleiterin;** die **Reiselektüre;** die **Reiselust; reiselustig;** der/die **Reisende;** der **Reisepass;** der **Reiseprospekt;** der **Reiseproviant;** die **Reiseroute** [...*rute*]; der **Reisescheck;** der **Reisetip;** der **Reiseverkehr;** die **Reisewelle;** das **Reiseziel** # reissen

reis·sen: du reisst, er riss, sie hat gerissen, reiss(e)!; einen Zettel in Stücke reissen – das Seil reisst – sich an einem Nagel reissen (verletzen) – jemandem etwas aus der Hand reissen – hin- und hergerissen sein (sich nicht entscheiden können) – der Hund hat sich von der Leine gerissen – *sich um etwas reissen* (sich sehr darum bemühen); **Reissaus:** Reissaus nehmen (weglaufen); das

Reissbrett; das **Reissen** (Gliederschmerzen, Rheumatismus); **reissend:** ein reissender (wilder) Fluss – eine Ware geht reissend weg (ist sehr begehrt); der **Reisser** (spannender, etwas oberflächlicher und erfolgreicher Roman oder Film; Ware, die leichten Absatz findet); **reisserisch:** eine reisserische (auffallende, knallige) Überschrift; **reissfest:** ein reissfester Stoff; die **Reissfestigkeit;** die **Reissleine;** der **Reissnagel;** der **Reissverschluss;** das **Reisszeug** (alle Geräte fürs technische Zeichnen); die **Reisszwecke** (kurzer Nagel mit flachem, breitem Kopf) # reisen

rei·ten: du reitest, er ritt, sie ist geritten, reit(e)!; auf einem Pferd reiten – *eine Attacke gegen jemanden reiten* (sich scharf gegen jemanden wenden); die **Reitbahn;** der **Reiter;** die **Reiterei;** die **Reiterin; reiterlich;** der **Reitersmann;** die **Reitpeitsche;** das **Reitpferd;** die **Reitschule;** der **Reitsport;** der **Reitstall;** das **Reittier;** das **Reitturnier**

rei·zen: sehr gereizt (ärgerlich, zornig) sein – jemanden bis aufs Blut reizen (ärgern, rasend machen) – meine Augen sind vom Rauch gereizt – die Aufgabe reizt mich (lockt mich, fordert mich heraus); der **Reiz:** der Reiz (Zauber) des Neuen – er ist ihren Reizen (ihrer Schönheit, Anziehungskraft) verfallen; **reizbar:** er ist sehr reizbar (leicht erregbar, aufbrausend); die **Reizbarkeit; reizend:** ein reizendes (sehr nettes) Kind; der **Reizhusten;** das **Reizklima; reizlos;** die **Reizlosigkeit;** das **Reizmittel;** die **Reizüberflutung;** die **Reizung; reizvoll;** das **Reizwort**

re·ka·pi·tu·lie·ren *lat.:* (zusammenfassen, sich noch einmal vergegenwärtigen); die **Rekapitulation**

re·keln: → räkeln

Re·kla·me *lat.,* die: -, -n; für etwas Reklame (Werbung) machen; **reklamehaft;** das **Reklameplakat;** der **Reklamerummel;** der **Reklametrick**

re·kla·mie·ren *lat.:* eine Ware reklamieren (beanstanden) – er reklamierte nicht (erhob keine Einwände); die **Reklamation** (Beschwerde, Einspruch)

re·kon·stru·ie·ren (re·kons·tru·ie·ren, re·konst·ru·ie·ren) *lat.:* ein Bauwerk rekonstruieren (wiederherstellen, nachbilden) –

der Vorgang des Unfalls wurde rekonstruiert (nachgebildet); die **Rekonstruierung;** die **Rekonstruktion**

Re·kord *engl.,* der: -(e)s, -e; einen Rekord (eine Höchstleistung) aufstellen; der **Rekordbesuch;** das **Rekordergebnis;** die **Rekordernte;** der **Rekordhalter;** die **Rekordhalterin;** der **Rekordversuch**

Re·kor·der *engl.,* der: -s, - (Gerät zur Aufzeichnung und Wiedergabe von Tonaufnahmen); auch: der **Recorder**

Rek·rut (Re·krut) *franz.,* der: -en, -en (Soldat in der ersten Ausbildungszeit); die **Rekrutenschule** ⟨RS⟩; die **Rekrutenzeit; rekrutieren:** Arbeitskräfte rekrutieren (beschaffen); die **Rekrutierung**

Rek·tor *lat.,* der: -s, Rektoren (Leiter einer Schule); das **Rektorat** (Amt, Amtszeit, Amtszimmer eines Rektors); die **Rektorin**

re·kur·rie·ren *lat.:* (auf etwas zurückkommen); der **Rekurs**

Re·lais *franz.* [relä], das: -, - (elektrische Schalteinrichtung); die **Relaisstation**

Re·la·ti·on *lat.,* die: -, -en; der Preis steht in keiner Relation (in keinem angemessenen Verhältnis) zur Qualität der Ware; **relativ:** er ist relativ (im Vergleich zu anderen) klein – ein relativ (verhältnismässig) günstiger Preis – das trifft nur relativ (bedingt) zu; **relativieren** (einschränken, abschwächen); die **Relativierung;** die **Relativität** (eingeschränkte Gültigkeit, Bedingtheit); das **Relativpronomen** (bezügliches Fürwort); der **Relativsatz**

re·le·vant *lat.* [relewant]: das ist ein relevantes (bedeutsames, wichtiges) Problem; die **Relevanz** (Wichtigkeit in einem bestimmten Zusammenhang)

Re·li·ef *franz.,* das: -s, -s/-e (plastisches, über eine Fläche herausstehendes Bild); **relieffartig;** die **Reliefkarte**

Re·li·gi·on *lat.,* die: -, -en (Glaube, Bekenntnis); das **Religionsbekenntnis;** die **Religionsfreiheit;** die **Religionslehre;** die **Religionsstunde;** der **Religionsunterricht; religiös** (fromm, gläubig): die religiöse Erziehung; die **Religiosität** (Frömmigkeit, Gottesfurcht)

Re·likt *lat.,* das: -(e)s, -e (Rest, Überbleibsel)

Re·ling, die: -, -s/-e (Schiffsgeländer)

Re·li·quie *lat.* [relikwje], die: -, -n (Überrest von einem Heiligen, z. B. Knochen, Kleider

o. Ä.); der **Reliquienschrein** (Behältnis für Reliquien); die **Reliquienverehrung**

re·mis *franz. [remi]*: (unentschieden, punktgleich); das **Remis**

Re·mou·la·de *franz. [remulade]*, die: -, -n (Kräutermajonäse)

rem·peln: seinen Banknachbarn rempeln (stossen, wegdrängen); die **Rempelei**; der **Rempler**

Ren *skand.*, das: -s, -s (Hirschart); das **Rentier**; die **Rentierflechte**

Re·nais·sance *franz. [renässäss]*, die: -, -n (Wiederaufleben der Antike, Erneuerung); der **Renaissancestil**; die **Renaissancezeit**

Ren·dez·vous *franz. [rädewu]*, das: -, -; ein Rendezvous (Treffen) haben

Ren·di·te *ital.*, die: -, -n (Ertrag, Zinsertrag)

re·ni·tent *franz.*: ein renitenter (widerspenstiger) Mensch; die **Renitenz**

ren·nen: du rennst, er rannte, sie ist gerannt, renn(e)!; über die Strasse rennen (laufen) – sie ist gegen die Tür gerannt – jemanden über den Haufen rennen (umstossen); das **Rennauto**; die **Rennbahn**; das **Rennen:** an einem Rennen teilnehmen – *das Rennen machen* (gewinnen) – *jemanden aus dem Rennen werfen* (ihn übertreffen) – *gut im Rennen liegen* (gute Aussichten auf Erfolg haben); der **Renner:** das Buch ist ein Renner (es ist sehr gut verkäuflich); der **Rennfahrer**; die **Rennfahrerin**; das **Rennpferd**; die **Rennpiste**; das **Rennrad**; der **Rennsport**; die **Rennstrecke**; der **Rennwagen**

re·nom·miert *franz.*: ein renommierter (berühmter) Künstler – ein renommiertes (angesehenes) Geschäft; das **Renommee** (Ansehen, Ruf); **renommieren** (prahlen); der **Renommist** (Angeber, Prahlhans)

re·no·vie·ren *lat. [renowiren]*: ein Gebäude renovieren (erneuern, neu herrichten); die **Renovation**; die **Renovierung**

Ren·te *franz.*, die: -, -n; in Rente (Pension) gehen – er hat eine kleine Rente (ein kleines Ruhegeld); **rentabel:** eine rentable (einträgliche, lohnende) Beschäftigung; die **Rentabilität**; sich **rentieren:** die Arbeit rentiert (lohnt) sich nicht; der **Rentner**; die **Rentnerin**

Re·pa·ra·tur *lat.*, die: -, -en (Ausbesserung, Erneuerung); **reparabel** (wiederherstellbar); die **Reparationen** *Mz.* (Kriegsentschädi-

gungen); **reparaturanfällig; reparaturbedürftig;** die **Reparaturkosten** *Mz.*; die **Reparaturwerkstätte; reparieren:** ein Auto reparieren (instand setzen) – er repariert (behebt) den Schaden

Re·per·toire *franz. [repertoar]*, das: -s, -s (eingeübte Stücke wie z. B. Bühnenrollen, Musikstücke o. Ä., die jederzeit gespielt werden können)

re·pe·tie·ren *lat.*: (wiederholen); die **Repetition**

Re·port *franz.*, der: -(e)s, -e (Mitteilung, Bericht); die **Reportage** *[reportasche]*: eine Reportage (einen Bericht für Presse, Rundfunk oder Fernsehen) machen; der **Reporter** (Berichterstatter); die **Reporterin**

re·prä·sen·tie·ren *franz.*: er repräsentiert (vertritt) eine grosse Firma – er kann gut repräsentieren (in der Öffentlichkeit auftreten); der **Repräsentant** (Vertreter, Bevollmächtigter); das **Repräsentantenhaus** (Abgeordnetenhaus); die **Repräsentanz**; die **Repräsentation**; **repräsentativ:** repräsentative (ansehnliche) Räume – eine repräsentative (für eine Gesamtmenge stellvertretende) Umfrage; die **Repräsentativumfrage**

Re·pres·sa·lie *lat. [represalje]*, die: -, -n (Druckmittel, Vergeltungsmassnahme); die **Repression** (Unterdrückung); **repressiv**

Re·print *engl.*, der: -s, s (unveränderter Nachdruck, Neudruck)

re·pro·du·zie·ren *lat.*: (wiedergeben, nachbilden); die **Reproduktion**; auch: das **Repro; reproduktiv** (nachbildend, nachschaffend)

Rep·til *franz.*, das: -s, -ien (wechselwarmes Kriechtier)

Re·pu·blik (Re·pub·lik) *franz.*, die: -, -en (Staatsform, bei der die Regierenden vom Volk gewählt werden); der **Republikaner**; die **Republikanerin; republikanisch**

Re·pu·ta·ti·on *lat.*, die: - (Ruf, Aussehen); **reputierlich** (achtbar, ordentlich, ansehnlich)

Re·qui·em *lat. [rekwiäm]*, das: -s, -s (Totenmesse)

re·qui·rie·ren *lat.*: Lebensmittel im Krieg requirieren (beschlagnahmen, wegnehmen); die **Requisition**

Re·qui·sit *lat.*, das: -(e)s, -en (Ausstattungszubehör bei Film oder Theater, Arbeitsgerät); die **Requisitenkammer**

re·ser·vie·ren *lat. [reservi̱ren]*: Plätze reservieren (freihalten, belegen, vormerken); das **Reservat** *[...wa̱t]* (abgegrenztes Gebiet für gefährdete Tierarten, Schutzgebiet für bestimmte Volksgruppen, z. B. Indianer); auch: die **Reservation;** die **Rese̱rve:** eine Reserve (einen Vorrat) an Lebensmitteln haben – in der Reserve (Ersatzmannschaft) spielen – stille Reserven (Geldrücklagen) haben – *jemanden aus der Reserve locken* (ihn dazu bringen, seine Zurückhaltung aufzugeben); der **Rese̱rveoffizier;** das **Rese̱rverad;** der **Rese̱rvereifen;** der **Rese̱rvespieler;** die **Rese̱rvespielerin;** der **Rese̱rvetank;** die **Rese̱rveübung; reserviert:** sich reserviert (zurückhaltend, abweisend) verhalten; die **Reservierung;** der **Reservi̱st** (Reservesoldat); das **Reservoir** *[rese̱rwoa̱r]* (Speicher, Vorrat)

Re·si·de̱nz *lat.,* die: -, -en (Sitz eines Herrschers oder Staatsoberhauptes, Hauptstadt); die **Residenzstadt; residie̱ren:** der Bundesrat residiert in Bern

re·sig·nie·ren (re·si·gni̱e·ren) *lat.:* (aufgeben, entmutigt sein, verzagen); die **Resignation** (das Sichzufriedengeben, verzichtende Haltung)

re·sis·te̱nt *lat.:* (widerstandsfähig, unempfindlich); die **Resistenz**

re·so·lu̱t *lat.:* eine resolute (entschlossene, energische) Person; die **Resolutheit;** die **Resolution** (Beschluss, Entschliessung)

Re·so·na̱nz *lat.,* die: -, -en (Anklang, Widerhall); keine Resonanz (Zustimmung) finden; der **Resonanzkörper**

re·so·zi·a·li·si̱e·ren *lat.:* (wieder in die Gesellschaft eingliedern); die **Resozialisation;** die **Resozialisierung**

Res·pe̱kt (Re·spe̱kt) *franz.,* der: -(e)s; sich Respekt (Achtung, Ansehen) verschaffen; **respektabel** (angesehen, ansehnlich); **respektie̱ren:** eine Entscheidung respektieren (anerkennen) – seine Persönlichkeit wird von allen respektiert (geachtet); **respektierlich** (ansehnlich); **respektlos** (abfällig); die **Respektlosigkeit; die Respektsperson; respektvoll**

Res·so̱rt *franz. [resso̱r],* das: -s, -s (Amts-, Geschäftsbereich); der **Ressortchef;** der **Ressortleiter**

Res·sour·cen *Mz. franz. [resu̱rsen],* die: - (Hilfsmittel, Rohstoffvorräte)

Re̱st *lat.,* der: -(e)s, -e (Überbleibsel); der Rest der Mahlzeit – den Rest des Tages faulenzen – er ging den Rest des Weges zu Fuss – der Rest der Welt (alle anderen) – billige Reste (Stoffreste) kaufen – *der Rest ist Schweigen* (es ist nichts mehr zu sagen) – *jemandem den Rest geben* (ihn zugrunde richten); der **Restbestand;** der **Restbetrag;** der **Resteverkauf;** die **Restgruppe; restlich:** das restliche (übrige, verbleibende) Geld; aber: das Restliche; **restlos:** restlos (ganz und gar) verschuldet sein; der **Restposten;** das **Restrisiko;** die **Reststrafe;** die **Restsumme;** der **Resturlaub**

Res·tau·rant (Re·stau·rant) *franz. [re̱storã̱],* das: -s, -s (Speiselokal, Gaststätte)

res·tau·rie·ren (re·stau·rie̱·ren) *lat.:* ein Kunstwerk restaurieren (wiederherstellen, erneuern) – sich nach der Anstrengung schnell wieder restaurieren (stärken, erfrischen); die **Restauration** (Wiederherstellung von früheren Ordnungen bzw. Verhältnissen); der **Restaurator** (jemand, der Kunstwerke restauriert); die **Restaurierung**

re·strik·tiv (rest·rik·tiv) *lat.:* restriktive (einschränkende, einengende) Massnahmen; die **Restriktion** (Beschränkung, Vorbehalt)

Re·sul·ta̱t *franz.,* das: -(e)s, -e; das Resultat (Ergebnis, Lösung) einer Rechnung – er hat ein gutes Resultat erreicht; **resultie̱ren** (sich ergeben, zur Folge haben)

Re·sü·mee *franz.,* das: -s, -s (Zusammenfassung, Ergebnis); ein Resümee ziehen; **resümieren** (zusammenfassen, feststellen)

re·tar·die·ren *lat.:* (verzögern, hinausschieben, hemmen); **retardiert** (in der Entwicklung zurückgeblieben)

Re·to̱r·te *franz.,* die: -, -n (Laborgefäss); aus der Retorte (auf künstliche Weise hergestellt); das **Retortenbaby** (ein durch künstliche Befruchtung gezeugtes Kind)

re·tour *franz. [retu̱r]:* (zurück); das **Retourbillett** (Rückfahrkarte); das **Retourgeld; retournieren**

re̱t·ten: er hat sie vor dem Ertrinken gerettet – sich ins Ziel retten (es mit Mühe gerade noch erreichen) – seine Habe vor dem Brand retten (in Sicherheit bringen) – er konnte sich vor Glückwünschen kaum noch retten (er wurde von ihnen überschüttet) – *nicht mehr zu retten* (vollkommen verrückt) *sein;* der **Retter;** die **Retterin;** die

N O P Q R S

Rettung; die **Rettungsaktion;** der **Rettungs-anker;** das **Rettungsboot;** der **Rettungs-dienst; rettungslos:** rettungslos (ohne Aussicht auf Abhilfe) verschuldet sein; die **Rettungsmannschaft;** der **Rettungsring;** das **Rettungsschwimmen;** die **Rettungsstation**

Ret·tich *lat.,* der: -s, -e (Pflanze mit einer rübenförmig verdickten Wurzel)

Re·turn *engl. [ritörn],* der: -s, -s (Rückschlag im Tennis)

Re·tu·sche *franz.,* die: -, -n (nachträgliche Änderung des Originals); **retuschieren:** ein Foto retuschieren (nachträglich verändern)

reu·en: der Kauf reut mich nicht (ich bedauere ihn nicht); die **Reue:** er zeigte vor Gericht keine Reue; **reuevoll; reuig:** ein reuiger Sünder; **reumütig:** reumütig (beschämt) kehrte er zurück; die **Reumütigkeit**

Reu·se, die: -, -n (Korb zum Fischfang)

re·van·chie·ren, sich *franz. [rewāschiren]:* (sich rächen, sich erkenntlich zeigen, danken); die **Revanche** (Vergeltung, Rache)

Re·ve·renz *lat. [rewerents],* die: -, -en; jemandem seine Reverenz (Ehrerbietung, Achtung) *erweisen*

Re·vers *franz. [rewär],* das/der: -, - (Mantel- oder Jackenaufschlag, Besatz)

re·ver·si·bel *lat. [rewersibel]:* (umkehrbar); die **Reversibilität**

re·vi·die·ren *lat. [rewidiren]:* die Kasse revidieren (prüfen) – er revidierte (berichtigte, änderte) seine Meinung; die **Revision:** eine Revision (Kontrolle, Überprüfung) durchführen – er ging vor Gericht in die Revision (Berufung); der **Revisor** (Prüfer, Aufsichtsbeamter)

Re·vier *niederl. [rewir],* das: -s, -e; das ist mein Revier (Bezirk, Tätigkeitsbereich) – der Jäger geht in sein Revier (Jagdgebiet) – sich auf dem Revier (einer Polizeidienststelle) melden – im Revier (Abbaugebiet im Bergbau) arbeiten; der **Revierförster**

Re·vol·te *franz. [rewolte],* die: -, -n (Aufstand, Aufruhr, Reform); **revoltieren:** gegen die Wachmannschaft revoltieren (sich auflehnen, empören) – eine revoltierende (aufbegehrende, protestierende) Jugend; die **Revolution** (Umwälzung, Umsturz); die industrielle Revolution; **revolutionär:** eine revolutionäre (bahnbrechende) Erfindung – eine revolutionäre Mode; der **Revolu-**

tionär; revolutionieren; die **Revolutionierung;** der **Revoluzzer** (jemand, der sich wie ein Revolutionär gebärdet)

Re·vol·ver *engl. [rewolwer],* der: -s, - (mehrschüssige Handfeuerwaffe); das **Revolverblatt** (eine reisserisch aufgemachte Zeitung); der **Revolverheld**

Re·vue *franz. [rewü],* die: -, -n; sich eine Revue (Bühnendarbietung) ansehen – eine Revue (Zeitschrift) lesen – *etwas Revue passieren lassen* (sich etwas vorstellen, vergegenwärtigen); der **Revuefilm;** das **Revuegirl** *[rewügörl]*

Re·zen·si·on *lat.,* die: -, -en (kritische Besprechung von neuen Büchern, Theateraufführungen, Filmen); der **Rezensent** (Verfasser einer Rezension); die **Rezensentin; rezensieren:** einen Film rezensieren (kritisch besprechen)

re·zent *lat.:* (kräftig gesalzen und gewürzt)

Re·zept *lat.,* das: -(e)s, -e; Rezepte (Kochanleitungen) sammeln – der Arzt stellt ein Rezept (Arzneiverordnung) aus; der **Rezeptblock; rezeptfrei;** die **Rezeptpflicht; rezeptpflichtig;** die **Rezeptur** (Zusammenstellung von Arzneimitteln, Nahrungsmitteln o. Ä. nach einer Anweisung)

Re·zep·ti·on *lat.,* die: -, -en (Anmeldung, Empfangshalle in einem Hotel); **rezeptiv** (aufnehmend, empfangend)

Re·zes·si·on *lat.,* die: -, -en (Rückgang des wirtschaftlichen Wachstums, Verminderung); **rezessiv:** rezessive (nicht in Erscheinung tretende) Massnahmen

re·zi·prok (re·zip·rok) *lat.:* (wechselseitig, abwechselnd, aufeinander bezogen)

Re·zi·tal *lat.,* das: -s, -e/-s (künstlerischer Vortrag); die **Rezitation;** der **Rezitator;** die **Rezitatorin; rezitieren:** ein Gedicht rezitieren

Rha·bar·ber *griech.,* der: -s (Heil- und Nutzpflanze); der **Rhabarberkuchen**

Rhein der: -(e)s (Fluss); der **Rheinfall; Rheinland-Pfalz** (Land der Bundesrepublik Deutschland); **rheinisch;** das **Rheinland; rheinländisch;** das **Rheintal**

Rhe·to·rik *griech.,* die: - (Redekunst); **rhetorisch:** rhetorisch (die Redeweise betreffend) war der Redner sehr gut – eine rhetorische (rein um der Wirkung willen gestellte) Frage

Rheu·ma _griech._, das: -s; an Rheuma (Erkrankung der Gelenke, Muskeln, Sehnen, Nerven) leiden; das **Rheumabad;** die **Rheumadecke;** der **Rheumatiker;** die **Rheumatikerin; rheumatisch;** der **Rheumatismus,** die Rheumatismen; die **Rheumawäsche**

Rhi·no·ze·ros _griech._, das: -/-ses, -se (Nashorn, Dummkopf)

Rho·do·den·dron (Rho·do·dend·ron) _griech._, der/das: -s, Rhododendren (Zierpflanze)

Rhom·bo·id _griech._, der: -(e)s, -e (Parallelogramm mit paarweise ungleichen Seiten); der **Rhombus,** die Rhomben (gleichseitiges Parallelogramm, Raute); **rhombisch** (rautenförmig)

Rhyth·mus _griech._, der: -, Rhythmen (Gleichtakt, gleichmässige Bewegung); ein schneller Rhythmus; die **Rhythmik; rhythmisch:** ein rhythmisches (gleichmässiges) Stampfen; **rhythmisieren**

rich·ten: den Blick nach oben richten (lenken) – er richtet (repariert) den Kühlschrank – Fragen an jemanden richten (stellen) – sich nach den Gesetzen richten – über jemanden richten (urteilen) – das Frühstück richten (herrichten) – die Antenne richten (richtig einstellen) – der Verdacht richtet (wendet) sich gegen dich – er hat sich selbst gerichtet (er beging Selbstmord) – _jemanden zugrunde richten_ (ruinieren); der **Richter;** die **Richterin; richterlich;** der **Richterspruch;** das **Richtfest** (Feier der Arbeiter nach der Fertigstellung des Rohbaus); **richtig:** den richtigen Weg einschlagen – ein Wort richtig (fehlerlos) schreiben – richtig sein (stimmen) – etwas richtig stellen (berichtigen) – etwas richtig machen – mit etwas richtig liegen – das ist der richtige (passende) Zeitpunkt – einen richtigen (ordentlichen) Beruf haben – richtig (regelrecht) wütend werden; aber: das Richtige machen – das ist für mich das Richtigste – im Lotto fünf Richtige haben – sie hat den Richtigen (den passenden Mann) gefunden – _nicht ganz richtig im Kopf_ (verrückt) sein; **richtigerweise; richtiggehend** (genau, geradezu): sie war richtiggehend böse; aber: eine richtig gehende Uhr; die **Richtigkeit;** die **Richtigstellung;** die **Richtlinie;** die **Richtschnur** (Regel); der **Richtspruch;** die **Richtstätte** (Hinrichtungsplatz); die **Rich-**

N O P Q R S

tung; **richtunggebend;** der **Richtungskampf; richtungslos;** die **Richtungslosigkeit; richtungweisend;** der **Richtwert;** die **Richtzahl**

rie·chen: du riechst, er roch, sie hat gerochen, riech(e)!; an einer Blume riechen – es riecht (duftet) hier gut – _jemanden nicht riechen können_ (ihn unausstehlich finden); der **Riecher:** _einen guten Riecher haben_ (einen guten Spürsinn haben, etwas richtig einschätzen); das **Riechorgan**

Ried, das: -(e)s, -e (Schilf)

Rie·ge, die: -, -n (Turnergruppe); das **Riegenturnen**

Rie·gel, der: -s, -; den Riegel (Verschluss) öffnen – ein Riegel (Stück) Schokolade – _einer Sache einen Riegel vorschieben_ (sie unterbinden); **riegeln**

Rie·men _lat._, der: -s, - (Lederband, Ruder); _den Riemen enger schnallen_ (sich einschränken) – _sich am Riemen reissen_ (zusammennehmen)

Rie·se, der: -n, -n (besonders grosser Mensch, Märchen- und Sagengestalt); die **Riesendummheit;** der **Riesenerfolg;** die **Riesenfelge** (Turnübung); **riesengross; riesenhaft;** der **Riesenhunger;** das **Riesenrad;** die **Riesenschlange;** der **Riesenskandal;** der **Riesenslalom;** der **Riesenspass; riesenstark; riesig** (gewaltig): riesig gross; die **Riesin**

rie·seln: der Kalk rieselt (fällt in kleinen Stückchen) von den Wänden – Wasser rieselt (fliesst sacht, rinnt) über die Steine

Riff, das: -(e)s, -e (Meeresklippe, Felsen)

ri·gi·de _lat._: rigide (strenge) Verbote – rigide (starr) an etwas festhalten; _auch:_ **rigid**

ri·go·ros _lat._: rigoros (streng, unnachgiebig, rücksichtslos) durchgreifen – rigorose (radikale) Massnahmen ergreifen; die **Rigorosität**

Rik·scha _jap._, die: -, -s (von einem Mann gezogener Mietwagen in Süd- und Ostasien)

Ril·le, die: -, -n (lange, schmale Vertiefung; Kerbe, Rinne); Rillen im Glas

Rind, das: -(e)s, -er (Nutztier); der **Rinderbraten;** _auch:_ der **Rindsbraten;** die **Rinderherde;** die **Rinderpest;** die **Rinderzucht;** das **Rindfleisch;** das **Rind(s)leder;** das **Rindvieh**

Rin·de, die: -, -n (Borke, Kruste, Schale)

Ring, der: -(e)s, -e; einen goldenen Ring am Finger tragen – an den Ringen turnen – die Händler schlossen sich zu einem Ring (einer Vereinigung) zusammen; das **Ringbuch;** sich **ringeln** (sich winden, schlingen, drehen): der Schwanz eines Schweins ist geringelt; die **Ringelnatter** (eine ungiftige Schlange); der **Ringelpiez** (Tanzvergnügen); der **Ringelreigen** (Rundtanz); das **Ringelspiel** (Karussell); die **Ringfahndung** (Grossfahndung der Polizei); der **Ringfinger; ringförmig;** der **Ringgraben; rings:** er ist rings (von allen Seiten) von Zuschauern umgeben; **ringsherum;** die **Ringstrasse; ringsum** (rundherum, überall); **ringsumher;** der **Ringwall**

rin·gen: du ringst, er rang, sie hat gerungen, ring(e)!; mit dem Gegner ringen (kämpfen, raufen) – er rang mit dem Tode – nach Anerkennung ringen (danach streben); der **Ring:** er verliess den Ring (Boxring) als Sieger; das **Ringen** (Kampf); der **Ringer;** der **Ringkampf;** der **Ringkämpfer;** der **Ringrichter**

ring·hö·rig: (schalldurchlässig, hellhörig); die **Ringhörigkeit**

rin·nen: er rann, sie ist geronnen; das Wasser rinnt (fliesst) über die Felsen – das Geld rinnt ihnen durch die Finger (sie geben es schnell und unüberlegt aus); die **Rinne** (Furche, Vertiefung, Graben); das **Rinnsal** (Bächlein); der **Rinnstein** (Bordstein)

Rip·pe, die: -, -n (Knochen zwischen Wirbelsäule und Brustbein); er hat sich beim Unfall mehrere Rippen gebrochen; das **Rippchen;** der **Rippenbruch;** das **Rippenfell;** die **Rippenfellentzündung;** der **Rippenstoss;** das **Rippenstück**

Ri·si·ko, ital., das: -s, -s/Risiken; ein grosses Risiko (Wagnis) auf sich nehmen; der **Risikofaktor; risikofrei; risikofreudig; risikolos; risikoreich; riskant:** ein riskantes (gefährliches) Unternehmen; **riskieren:** er riskiert (wagt) nichts – *Kopf und Kragen riskieren* (alles aufs Spiel setzen)

Ri·sot·to ital., der: -(s), -s/das: -s, -(s) (Reisegericht)

Ris·pe, die; -, -n (Blütenstand); **rispenförmig;** das **Rispengras**

Riss, der: -es, -e; ein Riss in der Hose – im Mauerwerk sind tiefe Risse (Sprünge); **rissfest; rissig** (aufgesprungen, rau)

Rist, der: -es, -e (Fuss-, Handrücken)

Ritt, der: -(e)s, -e; ein schneller Ritt zu Pferde; der **Ritter** (mittelalterlicher Krieger); die

Ritterburg; das **Ritterkreuz** (Orden als Auszeichnung); **ritterlich:** sich ritterlich (fair, zuvorkommend) benehmen; die **Ritterlichkeit;** der **Ritterorden;** die **Ritterrüstung;** die **Ritterschaft;** der **Ritterschlag;** das **Ritterspiel;** der **Rittersporn** (Pflanze); das **Rittertum;** die **Ritterzeit; rittlings:** rittlings (wie ein Reiter) auf dem Stuhl sitzen; der **Rittmeister**

Ri·tu·al lat., das: -s, -e/-ien (religiöse Handlung, Brauch); der **Ritualmord** (Mord auf Grund eines religiösen Kultes); **rituell;** der **Ritus,** die Riten: nach überliefertem Ritus (Brauch)

Ritz, der: -es, -e (Kerbe, Spalte, Riss); der Wind pfeift durch die Ritzen; auch: die **Ritze; ritzen:** seinen Namen in die Baumrinde ritzen – er ritzte (verletzte, riss) sich; der **Ritzer** (kleine Schramme)

Ri·va·le franz. *[riwale]*, der: -n, -n (Mitbewerber, Gegner, Nebenbuhler); die **Rivalin; rivalisieren** (wetteifern, konkurrieren); die **Rivalität**

Ri·zi·nus lat., der: -, -/-se (Heilpflanze); das **Rizinusöl** (Abführmittel)

r.-k. = römisch-katholisch

Roast·beef engl. *[rosstbif]*, das: -s, -s (gebratenes Rippenstück vom Rind, Rostbraten)

rob·ben: (sich kriechend fortbewegen); die **Robbe** (Seesäugetier); der **Robbenfänger;** das **Robbenfell;** die **Robbenjagd**

Ro·be franz., die: -, -n (Amtstracht, festliches Kleid)

Ro·bo·ter tschech., der: -s, - (elektronisch gesteuerter Automat, Maschinenmensch); **roboterhaft**

ro·bust lat.: er hat eine robuste (kräftige, stabile) Gesundheit – ein robustes (stabiles, widerstandsfähiges) Material; die **Robustheit**

rö·cheln: (keuchend atmen)

Ro·chen, der: -s, - (Meeresraubfisch)

Rock, der: -(e)s, Röcke (Kleidungsstück für Frauen, Jacke des Männeranzugs); das **Röckchen;** die **Rocktasche;** der **Rockzipfel:** am Rockzipfel der Mutter hängen (unselbstständig sein)

Rock amerik., der: -(s) (Musikrichtung); der **Rock and Roll** *[roknrol]* (amerikanischer Tanz); auch: der **Rock'n' Roll; rocken** (Rock spielen, nach Rockmusik tanzen); der

N
O
P
Q
R
S

Rocker (Angehöriger einer jugendlichen Bande, Halbstarker); die **Rockerbande;** das **Rockfestival;** die **Rockmusik;** der **Rocksänger;** die **Rocksängerin;** der **Rockstar**

ro·deln: (Schlitten fahren); der **Rodel;** die **Rodelbahn;** der **Rodelschlitten;** der **Rodler;** die **Rodlerin**

ro·den: den Wald roden (Bäume fällen, den Wald urbar machen); die **Rodung**

Ro·gen, der: -s, - (Fischeier); der **Rogener** (weiblicher Fisch)

Rog·gen, der: -s (Getreideart); das **Roggenbrot;** das **Roggenfeld;** das **Roggenmehl**

roh: ein roher (unbehauener) Balken – er ist ein roher (grober, brutaler) Mensch – rohes (ungekochtes) Fleisch essen – aber: im Rohen (fertig) sein; der **Rohbau;** der **Rohentwurf;** das **Roherzeugnis;** die **Rohfassung;** das **Rohgewicht;** die **Rohheit;** die **Rohkost** (ungekochte Pflanzenkost); der **Rohling** (roher, brutaler Mensch; unbearbeitetes Werkstück); das **Rohöl; rohseiden;** der **Rohstoff** (Naturstoff, Rohmaterial)

Rohr, das: -(e)s, -e (hohle Röhre, Schilfpflanze); aus allen Rohren (Geschützrohren) feuern; der **Rohrbruch;** die **Röhre:** das Essen steht in der Röhre (Bratröhre) – in die Röhre gucken (leer ausgehen, nichts bekommen; fernsehen); **röhren** (schreien, brüllen); **röhrenförmig;** das **Röhricht** (Schilfdickicht); die **Rohrleitung;** der **Röhrling** (Pilz); die **Rohrpost;** der **Rohrspatz** (Vogel): schimpfen wie ein Rohrspatz (laut und erregt schimpfen); der **Rohrstock;** der **Rohrstuhl;** die **Rohrzange;** der **Rohrzucker**

Ro·ko·ko franz., das: -s (Kunstrichtung im 18. Jahrhundert); der **Rokokostil;** die **Rokokozeit**

Rol·le, die: -, -n; sie spielte im Film die Rolle (Person, Figur), der Königin – er hat seine Rolle (seinen Rollentext) nicht gelernt – eine Rolle spielen (bedeutsam, wichtig sein) – aus der Rolle fallen (sich ungehörig benehmen); das **Rollenspiel;** das **Rollenverhalten;** die **Rollenverteilung**

rol·len: der Ball rollt ins Tor – ein Fass am Boden rollen – eine Lawine rollt zu Tal – er rollte mit den Augen – der Donner rollt – ins Rollen (in Gang) kommen – etwas ins Rollen bringen (etwas beginnen); die **Rollbahn** (Start- und Landebahn); das **Röllchen;** die **Rolle:** eine Rolle (einen Überschlag) vorwärts machen – eine Rolle Papier – das Seil läuft über eine Rolle – von der Rolle sein (nicht mehr mitkommen); der **Roller** (Tret- oder Motorroller); **rollern;** das **Rollfeld;** das **Rollkommando;** der **Rollkragenpullover;** der **Rollladen;** auch: das **Rollo;** der **Rollmops** (gewickelter halber Hering); der **Rollschrank;** der **Rollschuh;** der **Rollsplit** (mit Teer vermischte Steinchen zum Ausbessern von Strassen); der **Rollstuhl;** die **Rolltreppe**

Ro·man franz., der: -s, -e; einen Roman (eine grössere Erzählung) lesen; **romanhaft;** der **Romanheld;** der **Romanschriftsteller**

Ro·mand franz. [romã], der: -, -s (Schweizer mit französischer Muttersprache); die **Romandie**

Ro·ma·nik lat., die: - (Baustil im frühen Mittelalter); **romanisch**

Ro·man·tik lat., die: - (Geistesepoche um 1800, das Märchenhafte); der **Romantiker** (schwärmerischer, gefühlsbetonter Mensch); die **Romantikerin; romantisch:** sie ist romantisch (schwärmerisch) veranlagt – ein romantisch (malerisch) gelegener Ort; die **Romanze** (Liebeserlebnis, Liebesbeziehung)

Rö·mer, der: -s, - (Angehöriger des Römischen Reiches, Bewohner Roms); das **Römertum;** das **Römerreich; römisch:** ein römischer Brunnen; **römisch-katholisch** ⟨röm.-kath., r.-k.⟩: die römisch-katholische Kirche

röm.-kath. = römisch-katholisch

Rom·mee franz., das: -s, -s (Kartenspiel); auch: das **Rommé**

Ron·dell franz., das: -s, -e (rundes Beet, runder Platz, runder Turm)

rönt·gen: (mithilfe von Röntgenstrahlen durchleuchten); der **Röntgenapparat;** die **Röntgenaufnahme;** das **Röntgenbild;** der **Röntgenologe** (Röntgenfacharzt); die **Röntgenologin;** der **Röntgenschirm;** die **Röntgenstrahlen** Mz. (elektromagnetische Strahlen); die **Röntgenuntersuchung**

ro·sa lat.: ein rosa (rosafarbenes) Kleid – rosa (unbeschwerte) Zeiten; das **Rosa; rosafarben;** auch: **rosafarbig; rosarot; rosé** (zartrosa); das **Rosé:** ein zartes Rosé

rösch: röscher, am röschesten; ein rösches (knuspriges) Brot – rösches (trockenes, sprödes) Holz

Ro·se *lat.*, die: -, -n (Pflanze mit angenehm duftenden Blüten); ein Strauss Rosen – *nicht auf Rosen gebettet sein* (in keinen guten Verhältnissen leben); das **Rosenbeet;** die **Rosenblüte;** der **Rosenduft; rosenfarben;** auch: **rosenfarbig;** der **Rosengarten;** der **Rosenkohl;** der **Rosenkranz;** der **Rosenmontag;** das **Rosenöl; rosenrot;** der **Rosenstrauss;** die **Rosette** (rosenförmige Verzierung); **rosettenförmig; rosig:** ein rosiges (rosafarbiges) Gesicht haben – rosig weiss – das sind keine rosigen (besonders guten) Zeiten; das **Röslein**

Ro·si·ne, die: -, -n (getrocknete Weinbeere); *Rosinen im Kopf haben* (unerfüllbare Pläne haben) – *die Rosinen aus dem Kuchen picken* (das Beste aussuchen); der **Rosinenkuchen**

Ros·ma·rin *lat.*, der: -s (Gewürzpflanze); das **Rosmarinöl**

Ross, das: -es, -e/Rösser (Pferd); hoch zu Ross – *auf dem hohen Ross sitzen* (sehr hochmütig sein) – *von seinem hohen Ross heruntersteigen* (seine Überheblichkeit, seinen Hochmut ablegen); der **Rossapfel;** die **Rossbreiten** *Mz.* (subtropische Zone mit schwachen Winden und hohem Luftdruck); das **Rosshaar;** die **Rosskastanie;** die **Rosskur** (eine für den Patienten überaus anstrengende Behandlung); das **Rösslein**

Rost, der: -(e)s (rötlich brauner Belag auf Eisen); das Auto hat Rost angesetzt; der **Rostansatz; rostbeständig;** die **Rostbildung; rostbraun; rosten; rostfarben;** auch: **rostfarbig;** der **Rostfleck; rostfrei; rostig:** rostige Nägel – eine rostige (tiefe, raue) Stimme haben; die **Rostlaube** (altes, verrostetes Auto); der **Rostschutz;** das **Rostschutzmittel;** die **Roststelle**

Rost, der: -(e)s, -e (Gitterwerk); die **Rostbratwurst;** das **Röstbrot; rösten** (durch Erhitzen bräunen, dörren); der **Röster;** die **Rösterei; röstfrisch;** die **Rösti** *Mz.* (Bratkartoffeln); die **Röstkartoffeln** *Mz.;* die **Röstschnitte**

rot: röter, am rötesten; einen Fehler rot anstreichen – rote Backen haben – ein rot glühendes Eisen – ein rot gestreiftes Hemd – rot wie Blut – *rot werden* (vor Scham erröten) – *keinen roten Heller* (kein Geld) *haben;* aber: Rote Be(e)te – das Rote Meer – das Rote Kreuz – die Rote Armee – einen

Roten (Rotwein) trinken; das **Rot:** das Rot steht ihr gut – in Rot – bei Rot über die Kreuzung gehen; **rotbackig;** auch: **rotbäckig;** der **Rotbarsch** (Fisch); **rotblau;** die **Röte;** die **Rote-Kreuz-Schwester;** auch: die **Rotkreuzschwester;** die **Röteln** *Mz.* (Kinderkrankheit); **röten** (rot färben): gerötete Augen haben; **rothaarig; rötlich:** rötlich braun; das **Rotkäppchen** (Märchengestalt); das **Rotkehlchen** (Singvogel); der **Rotkohl** (Blaukraut); das **Rotlicht;** die **Rötung;** der **Rotwein;** das **Rotwild**

ro·tie·ren *lat.:* die Messer der Maschine rotieren (drehen sich um die eigene Achse) – er fing an zu rotieren (durchzudrehen); die **Rotation** (Umlauf, Umdrehung); die **Rotationsachse;** die **Rotationsmaschine;** der **Rotor** (sich drehender Maschinenteil); das **Rotorblatt**

Rot·te, die: -, -n; eine Rotte (Schar, Gruppe) von Dieben – eine Rotte von Wildschweinen; **rotten:** sie rotteten sich zusammen; der **Rottenführer**

Rot·welsch, das: - (es) (Gaunersprache); auch: das **Rotwelsche**

Rotz, der: -es (Schleimabsonderung der Nase); *Rotz und Wasser heulen* (laut und heftig weinen); der **Rotzbengel; rotzen;** der **Rotzer** (Rotzbengel); die **Rotzfahne** (Taschentuch); **rotzig** (schleimig, frech); der **Rotzjunge** (unverschämter Junge); der **Rotzlöffel** (Rotzbengel); die **Rotznase** (freches Kind)

Rouge *franz.* [*rusch*], das: -s, -s (Wangenschminke)

Rou·la·de *franz.* [*rulade*], die: -, -n (gerollte und gefüllte Fleischscheibe)

Rou·leau *franz.* [*rulo*], das: -s, -s (aufrollbarer Vorhang)

Rou·lett *franz.* [*rulet*], das: -(e)s, -e/-s (Glücksspiel); auch: das **Roulette**

Rou·te *franz.* [*rute*], die: -, -n (Reiseweg, Wegstrecke); das **Routenverzeichnis**

Rou·ti·ne *franz.* [*rutine*], die: - (Gewandtheit, Erfahrung, eingeübte Fertigkeit); die **Routinekontrolle; routinemässig,** die **Routinesache;** die **Routineuntersuchung;** der **Routinier** [*rutinje*]; **routiniert** (geschickt, gewandt)

Row·dy *engl.* [*raudi*], der: -s, -s (Rohling, Halbstarker, Strolch); **rowdyhaft;** das **Rowdytum**

Rp. = Rappen
RS = Rekrutenschule
rub·beln: den Körper mit dem Handtuch rubbeln (kräftig reiben)
Rü·be, die: -, -n (Pfahlwurzel verschiedener Pflanzen); die gelbe Rübe – die rote Rübe – eins auf die Rübe (den Kopf) *kriegen*; der **Rübenacker;** das **Rübenfeld;** der **Rübensaft; Rübezahl** (schlesischer Berggeist)
rü·ber: (herüber, hinüber); **rüberbringen; rüberkommen**
Ru·bin *lat.,* der: -s, -e (Edelstein); **rubinfarben;** auch: **rubinfarbig;** das **Rubinglas; rubinrot** (dunkelrot)
Ru·brik (Rub·rik) *lat.,* die: -, -en (Spalte, Abteilung); die Rubrik einer Zeitung – er trägt das Wort in die rechte Rubrik ein; **rubrizieren**
ruch·bar: das Verbrechen wurde schon bald nach der Tat ruchbar (es ist bekannt geworden)
ruch·los: ein ruchloser (gemeiner, gewissenloser) Verbrecher – eine ruchlose Tat; die **Ruchlosigkeit**
rü·cken: einen Stuhl an den Tisch rücken (schieben) – er ist zur Seite gerückt – ins Manöver rücken (ziehen) – *jemandem auf den Pelz rücken* (ihn bedrängen); der **Ruck:** mit einem Ruck (plötzlich) – *sich einen Ruck geben* (sich zu etwas durchringen); aber: hau ruck!; die **Rückansicht; ruckartig:** ruckartig (mit einem Ruck) anfahren; **rückbezüglich;** die **Rückbildung;** die **Rückblende;** der **Rückblick; rückblickend;** der **Rücken:** auf dem Rücken liegen – jemandem den Rücken zuwenden – auf dem Rücken eines Pferdes sitzen – der Rücken eines Buches – *mit dem Rücken an der Wand* (in einer schwierigen Situation, in der man sich wehren muss) – *jemandem den Rücken stärken* (ihn unterstützen) – *jemandem in den Rücken fallen* (ihn verraten) – *einer Sache den Rücken zuwenden* (nichts mehr damit zu tun haben wollen); die **Rückendeckung** (Unterstützung); die **Rückenflosse;** die **Rückenlage;** die **Rückenlehne;** das **Rückenmark; rückenschwimmen;** das **Rückenschwimmen;** der **Rückenwind;** die **Rückerstattung** (Rückzahlung); die **Rückfahrt;** der **Rückfall:** der Kranke erlitt einen Rückfall (wurde wieder kränker) –

ein Rückfall in frühere Gewohnheiten; **rückfällig;** der **Rückflug;** die **Rückfrage; rückfragen;** der **Rückgang:** der Rückgang des Fiebers; **rückgängig:** *etwas rückgängig machen* (für ungültig erklären); das **Rückgrat** (Wirbelsäule): *Rückgrat zeigen* (charakterfest sein, offen zu seiner Auffassung stehen) – *jemandem das Rückgrat brechen* (ihm seine Widerstandskraft nehmen); der **Rückhalt** (Stütze); **rückhaltlos** (ganz offen, ohne Vorbehalt); der **Rückkampf;** die **Rückkehr;** das **Rückkommen** (Wiederaufgreifen eines bereits beratenen Themas in einer Verhandlung); der **Rückkommensantrag; rückkoppeln;** die **Rückkopp(e)lung;** die **Rücklage** (Ersparnis, Vorrat); **rückläufig:** eine rückläufige (nachlassende, schwindende) Besucherzahl; das **Rücklicht** (Rückleuchte); **rücklings** (von hinten, nach hinten, mit dem Rücken nach vorn); der **Rückpass;** der **Rucksack** (Ranzen); die **Rückschau:** *Rückschau halten* (sich erinnern); der **Rückschlag** (Verschlechterung nach anfänglicher Verbesserung); der **Rückschluss;** der **Rückschritt** (Rückgang); **rückschrittlich;** die **Rückseite; rückseitig;** die **Rücksicht:** *Rücksicht auf etwas nehmen* – *ohne Rücksicht;* die **Rücksichtnahme; rücksichtslos;** die **Rücksichtslosigkeit; rücksichtsvoll;** der **Rücksitz;** der **Rückspiegel; Rücksprache:** *mit jemandem Rücksprache nehmen* (ungeklärte Angelegenheiten mit jemandem besprechen); der **Rückstand** (Rest, Verzögerung); **rückständig** (veraltet, unterentwickelt); die **Rückständigkeit;** der **Rückstau;** der **Rückstoss;** der **Rückstrahler;** der **Rücktritt** (Abschied, Abdankung); **rückvergüten** (ersetzen, zurückzahlen); **rückversichern;** die **Rückwand; rückwärtig:** der rückwärtige (im Rücken von jemandem befindliche) Verkehr; **rückwärts:** rückwärts gehen, fahren, laufen – rückwärts gewandt; der **Rückwärtsgang;** der **Rückweg;** die **Rückweisung; rückwirkend;** die **Rückwirkung;** die **Rückzahlung;** der **Rückzieher:** *einen Rückzieher machen* (sich zurückziehen, nachgeben); der **Rückzug:** *den Rückzug antreten* (nachgeben)
rü·de *franz.:* ein rüdes (grobes, freches, ungeschliffenes) Benehmen – ein rüder Kerl
Rü·de, der: -n, -n (männlicher Hund)

Ru·del, das: -s, -; ein Rudel (eine Schar) Wölfe; **rudelweise**

ru·dern: über den See rudern – beim Gehen mit den Armen rudern (sie hin und her schwingen); das **Ruder:** am Ruder (Steuer) sitzen – das Ruder herumwerfen (den Kurs ändern) – *am Ruder sein* (herrschen, die Führung innehaben) – *ans Ruder* (an die Macht) *kommen;* das **Ruderboot;** der **Rud(e)rer;** die **Ruderregatta;** der **Rudersport;** die **Rud(r)erin**

ru·di·men·tär *lat.:* (verkümmert, zurückgeblieben); das **Rudiment** (Überbleibsel, Rest)

Rü·fe *rätorom.,* die: -, -n (Stein- und Schlammgeschiebe)

ru·fen: du rufst, er rief, sie hat gerufen, ruf(e)!; mit lauter Stimme rufen (schreien) – sie ruft nach, um Hilfe – die Glocke ruft zum Gebet – er rief den Ober – zur Ordnung rufen (ermahnen) – *wie gerufen kommen* (zu einem sehr günstigen Moment erscheinen); aber: das laute Rufen; der **Ruf:** ein lauter Ruf (Schrei) – der Ruf (Aufruf) zu den Waffen – der Ruf (das Verlangen) nach Freiheit – einen guten Ruf (Ansehen) geniessen; der **Rufmord** (böswillige Verleumdung); der **Rufname** (Vorname); die **Rufnummer** (Telefonnummer); die **Rufsäule;** die **Rufweite:** in Rufweite bleiben; das **Rufzeichen** (Freizeichen)

rüf·feln: jemanden rüffeln (tadeln); der **Rüffel:** einen Rüffel (Verweis, Vorwurf) erteilen

Rug·by *engl. [ragbi],* das: -(s) (kampfbetontes Ballspiel)

rü·gen: (tadeln, zurechtweisen); die **Rüge:** eine Rüge erteilen

ru·hen: nach dem Essen ruhen (sich entspannen, schlafen) – er soll in Frieden ruhen (im Grabe liegen) – die Maschinen ruhen (sind nicht in Gang) – die Waffen ruhen (es wird nicht gekämpft) – ihre Blicke ruhen auf dem Kind – still ruht der See – die ganze Verantwortung ruht (lastet) auf ihm – das Gebäude ruht (steht) auf festen Pfeilern – etwas, jemanden ruhen lassen; die **Ruhe:** die Ruhe (Stille) des Waldes geniessen – er will seine Ruhe haben – sie gönnt sich keine Ruhe (Erholung) – in aller Ruhe (ungestört, ohne Zeitdruck) – die ewige Ruhe (Ruhe des Todes) – *jemanden aus der Ruhe bringen* (ihn unruhig machen) – *sich zur*

Ruhe setzen (sich pensionieren lassen) – *die Ruhe weghaben* (nicht zu erschüttern sein) – *jemanden in Ruhe lassen* (nicht belästigen) – *jemanden zur letzten Ruhe betten* (beerdigen); **ruhebedürftig;** das **Ruhebett;** das **Ruhegehalt** (Pension); das **Ruhegeld; ruhelos** (unruhig); die **Ruhelosigkeit;** die **Ruhepause;** der **Ruhestand** (Zustand nach Beendigung des Arbeitslebens): in Ruhestand ⟨i.R.⟩; die **Ruhestatt** (Grabstätte); die **Ruhestörung** (Lärm); der **Ruhetag; ruhig:** ruhig bleiben (sich beherrschen) – jemanden ruhig stellen – eine ruhige (von Lärm freie) Wohngegend – ein ruhiges (schönes) Wetter – er führt ein ruhiges (geruhsames) Leben – trotz der schlimmen Nachricht blieb er ruhig (gefasst, beherrscht) – er hat eine ruhige (sichere) Hand – ihr könnt mir ruhig (unbesorgt) glauben – du kannst ruhig (ohne weiteres) kommen

Ruhm, der: -(e)s; dafür gebührt ihm Ruhm (Ansehen, Achtung) – *sich nicht gerade mit Ruhm bekleckert haben* (eine schwache Leistung gezeigt haben); **ruhmbegierig; rühmen:** man rühmt (lobt) an ihm seine Pünktlichkeit – sich seiner Taten rühmen (damit prahlen); **rühmenswert:** eine rühmenswerte Tat; die **Ruhmestat; rühmlich:** er ist eine rühmliche (anerkennenswerte) Ausnahme; **ruhmlos;** die **Ruhmlosigkeit; ruhmreich;** die **Ruhmsucht; ruhmsüchtig; ruhmvoll**

Ruhr, die: - (Infektionskrankheit)

rüh·ren: den Teig rühren (vermischen) – er rührt (bewegt) sich nicht von der Stelle – wenn du was willst, musst du dich rühren (melden) – er ist sehr gerührt (innerlich bewegt) – keinen Finger rühren (nichts tun) – an eine Sache nicht rühren (sie auf sich beruhen lassen); das **Rührei; rührend:** eine rührende (zu Herzen gehende) Rede halten; **rührig:** ein rühriger (aktiver) Geschäftsmann; **rührselig:** eine rührselige (übertrieben ergreifende, herzbewegende) Erzählung; der **Rührteig;** die **Rührung** (Ergriffenheit)

Ru·in *franz.,* der: -s (Zusammenbruch, Verfall); die **Ruine** (verfallenes Gebäude); **ruinieren:** er hat sich gesundheitlich ruiniert (zugrunde gerichtet); **ruinös:** das Gebäude ist in einem ruinösen (baufälligen) Zustand

rülp·sen: (laut aufstossen); der **Rülpser**

rum: (herum)

Rum, der: -s, -s (Branntwein aus Zuckerrohr); die **Rumkugel** (Süssigkeit); der **Rumtopf** (in Rum und Zucker eingelegtes Obst)

Ru·mä·ni·en: -s (Staat in Osteuropa); der **Rumäne;** die **Rumänin; rumänisch**

Rum·mel, der: -s (Lärm, starker Betrieb, Jahrmarkt); der **Rummelplatz**

ru·mo·ren *lat.*: es rumort (rumpelt) in seinem Bauch – er rumort (hantiert geräuschvoll) auf dem Dachboden

rum·peln: der Wagen rumpelt (holpert) über die schlechte Strasse; die **Rumpelkammer** (Abstellkammer); das **Rumpelstilzchen** (eine Märchengestalt)

Rumpf, der: -(e)s, Rümpfe (Leib, Körper ohne Glieder und Kopf): den Rumpf beugen – der Rumpf des Schiffes; das **Rumpfgebirge;** das **Rumpfkreisen** (Gymnastikübung)

rümp·fen: die Nase rümpfen (verächtlich kraus ziehen)

Rump·steak *engl. [rumpsstek],* das: -s, -s (kurz gebratene Scheibe Rindfleisch)

Run *engl. [ran],* der: -s, -s; ein Run (Ansturm) auf die Geschäfte

rund ⟨rd.⟩: ein rundes Becken – eine runde Zahl – rund (ungefähr, zirka) 10 Prozent – rund um die Erde (um die Erde herum) fliegen – rund um die Uhr (24 Stunden lang) – eine runde Summe – eine Ausstellung rund um das Auto; das **Rund** (runde Form von etwas); der **Rundbau;** das **Rundbeet;** der **Rundblick** (Aussicht); der **Rundbogen;** der **Rundbrief;** die **Runde:** er fehlt heute in unserer Runde (in unserem Kreis) – eine Runde Bier bestellen (Bier für alle am Tisch) – der Boxkampf ging über acht Runden – der Becher macht die Runde (wird im Kreis herumgereicht) – er ist die schnellste Runde gefahren – *über die Runden kommen* (Schwierigkeiten meistern); **runden** (sich wölben, rund machen); **runderneuern:** er lässt die Reifen runderneuern; die **Rundfahrt;** die **Rundfrage** (Umfrage); der **Rundfunk** (Radio); der **Rundgang; rundheraus:** etwas rundheraus (ohne Umschweife, aufrichtig) sagen; **rundherum** (ringsum); **rundlich:** ein rundliches (dickes) Mädchen; die **Rundreise;** die **Rundschau** (Rundblick); das **Rundschreiben; rundum; rundumher;**

die **Rundung** (runde Form, Wölbung); **rundweg:** etwas rundweg (entschieden) leugnen; der **Rundweg**

Ru·ne, die: -, -n (Schriftzeichen der Germanen); die **Runenschrift**

Run·kel·rü·be, die: -, -n (als Viehfutter verwendete Pflanze)

Run·se, die: -, -n (Rinne an Berghängen mit Wildbach)

run·ter: (herunter, hinunter); **runterkommen; runterlaufen; runterspringen**

run·zeln: die Stirn runzeln (in Falten ziehen); die **Runzel** (Hautfalte); **runz(e)lig:** eine runzelige (faltige) Haut haben

Rü·pel, der: -s, - (Flegel); die **Rüpelei; rüpelhaft:** ein rüpelhaftes (flegelhaftes) Benehmen; die **Rüpelhaftigkeit**

rup·fen: Unkraut rupfen (ausreissen) – Gänse rupfen (ihnen die Federn ausreissen) – jemanden rupfen (ihm Geld abnehmen)

rup·pig: sich ruppig (flegelhaft, grob) benehmen – ein ruppiger Mensch; die **Ruppigkeit**

Rü·sche *franz.,* die: -, -n (gefältelter Stoffbesatz)

Rush·hour *engl. [raschauer],* die: -, -s (Hauptverkehrszeit)

Russ, der: -es (schwarzes Pulver aus dem Rauch eines Feuers); **russbeschmutzt; russen:** der Ofen russt; **russfarben;** auch: **russfarbig; russgeschwärzt; russig:** ein russiges Gesicht

Rüs·sel, der: -s, - (röhrenförmige Nase mancher Säugetiere); der Rüssel des Elefanten; **rüsselförmig**

Russ·land: -s (Staat in Osteuropa und Asien); der **Russe;** die **Russin; russisch:** die russische Sprache; das **Russisch:** er lernt, schreibt, spricht Russisch – auf Russisch etwas sagen – ins Russische übersetzen; auch: das **Russische; russisch-orthodox:** die russisch-orthodoxe Kirche

rüs·ten: sich für den Krieg rüsten (militärisch vorbereiten) – er rüstet sich (schickt sich an) zu gehen – sie rüstet sich zum Aufbruch – er rüstet (putzt) das Gemüse; **rüstig:** ein rüstiger (gesunder, leistungsfähiger) Rentner; die **Rüstigkeit;** das **Rüstmesser;** die **Rüstung** (Bewaffnung, Panzerkleid, Harnisch); der **Rüstungsabbau;** die **Rüstungsindustrie;** die **Rüstungskontrolle;** das **Rüstzeug** (Werkzeug, Ausstattung)

rus·ti·kal *lat.:* rustikale (schlichte) Möbel – eine rustikale (ländliche, bäuerliche) Lebensweise

Ru·te, die: -, -n; Ruten (dünne Zweige, Gerten) abschneiden – der Hund wedelt mit der Rute (dem Schwanz); der **Rutengänger** (Wünschelrutengänger)

Rüt·li, das: -s (historische Wiese am Vierwaldstättersee); der **Rütlischwur**

rut·schen: auf dem Schnee rutschen (gleiten, den Halt verlieren) – sie rutschte (rückte) zur Seite; der **Rutsch:** einen Rutsch (Abstecher) über die Grenze machen; die **Rutschbahn;** die **Rutsche; rutschfest;** die **Rutschgefahr; rutschig;** die **Rutschpartie; rutschsicher**

rüt·teln: der Wind rüttelt an der Türe (er bewegt sie schnell und heftig hin und her) – ein gerüttelt Mass – *an etwas nicht rütteln lassen* (an etwas festhalten); der **Rüttler** (Baumaschine)

S

s = Sekunde
s. = siehe
S = Süd(en)
S. = Seite

Saal, der: -(e)s, Säle (grosser Raum, Halle); der Saal war überfüllt; der **Saalordner;** die **Saalschlacht**

Saar·land, das: -(e)s (Land der Bundesrepublik Deutschland); der **Saarländer;** die **Saarländerin; saarländisch**

Saat, die: -, -en; die Saat (der Samen) geht auf – die Saat (das junge Getreide) steht gut auf dem Feld; das **Saatbeet,** das **Saatfeld;** das **Saatgetreide;** das **Saatgut;** die **Saatkartoffel;** das **Saatkorn;** die **Saatkrähe;** → säen

Sab·bat *hebr.,* der: -s, -e (Ruhetag der Juden); die **Sabbatruhe**

sab·bern: (den Speichel fliessen lassen, schwatzen); das Baby hat gesabbert; auch: **sabbeln**

Sä·bel *ungar.,* der: -s, - (lange Hiebwaffe); einen Säbel tragen – *mit dem Säbel rasseln* (mit Krieg, Gewalt drohen); **säbeln** (ungeschickt schneiden); das **Säbelrasseln** (das Drohen mit Krieg); **säbelrasselnd**

sa·bo·tie·ren *franz.:* (beschädigen, vorsätzlich stören, zu vereiteln suchen); die **Sabotage** *[sabotasche];* der **Sabotageakt;** der **Saboteur** *[sabotör]*

SAC = Schweizer Alpen-Club

Sa·che, die: -, -n; diese Sachen (Gegenstände) wurden gefunden – sie hat ihre guten Sachen (Kleider) an – das tut nichts zur Sache (ist unwichtig) – über diese Sache (Angelegenheit) schweige ich – in eigener Sache – *mit jemandem gemeinsame Sache machen* (etwas gemeinsam machen, sich zusammentun) – *seine Sache verstehen* (sich in seinem Fachgebiet gut auskennen) – *bei der Sache* (aufmerksam, konzentriert) *sein* – *zur Sache kommen* (sich dem eigentlichen Thema zuwenden); der **Sachbearbeiter;** die **Sachbearbeiterin;** der **Sachbegriff;** der **Sachbereich;** die **Sachbeschädigung; sachbezogen;** das **Sachbuch; sachdienlich** (einer Sache nützlich); **sachfremd;** das **Sachgebiet** (Fach); **sachgemäss** (fachmännisch); **sachgerecht** (sachgemäss); die **Sachkenntnis;** die **Sachkunde; sachkundig** (sachverständig, erfahren); die **Sachlage** (Sachverhalt); **sachlich:** ein sachliches (von Gefühlen und Vorurteilen freies) Gespräch führen – in einem sachlichen Ton reden; **sächlich:** das sächliche Geschlecht; die **Sachlichkeit;** das **Sachregister;** der **Sachschaden;** die **Sachspende;** der **Sachstand;** der **Sachverhalt;** der **Sachverstand; sachverständig;** der/die **Sachverständige** (Fachmann/Fachfrau); der **Sachwalter** (Bevollmächtigter); die **Sachwalterin;** der **Sachwert;** das **Sachwissen;** der **Sachzusammenhang;** der **Sachzwang**

Sach·sen ⟨Sa.⟩: -s (Land der Bundesrepublik Deutschland); der **Sachse;** die **Sächsin; sächsisch; Sachsen-Anhalt** (Land der Bundesrepublik Deutschland)

sacht: (leise, behutsam, vorsichtig); auch: **sachte**

Sack, der: -(e)s, Säcke (Behälter aus Stoff, Papier o. Ä.); einen Sack zubinden – zwei Sack Mehl – mit Sack und Pack (mit allem, was man besitzt) – *jemanden in den Sack stecken* (ihm überlegen sein); der **Sackbahnhof;** das **Säckchen;** der **Säckel** (Geldbörse); **sacken** (sinken, sich senken); **säckeweise** (in Säcken); **sackförmig;** die **Sack-**

gasse; das **Sackgeld;** das **Sackhüpfen;** das **Sackkleid;** die **Sackleinwand;** das **Sackmesser;** das **Sacktuch** (Taschentuch); die **Sackuhr; sackweise**

Sa·dis·mus *franz.,* der: - (Freude an Grausamkeiten); der **Sadist;** die **Sadistin; sadistisch**

sä·en: du säst, er säte, sie hat gesät, säe!; Getreide säen (unter die Erde bringen) – Misstrauen säen (hervorrufen) – *dünn gesät sein* (nur in geringer Zahl vorhanden sein); der **Säer;** die **Säerin;** der **Sämann;** die **Sämaschine;** → Saat

Sa·fa·ri *arab.,* die: -, -s (Reise in Afrika zur Jagd oder Beobachtung von Grosswild, Karawanenreise); der **Safaripark**

Safe *engl. [sēf],* der/das: -s, -s (Geldschrank, Sicherheitsfach in einer Bank); der **Safersex [sēfer sęx]** (Sexualverhalten, das die Gefahr der Aidsinfektion mindert); auch: der **Safer Sex**

Saf·ran (Sa·fran) *pers.,* der: -s (Gewürz); **safrangelb**

Saft, der: -(e)s, Säfte (durch Auspressen von Gemüse oder Obst gewonnenes Getränk); der Saft der Reben – ohne Saft und Kraft – *jemanden im eigenen Saft schmoren lassen* (ihm in einer schwierigen Situation nicht helfen); das **Säftchen; saften; saftgrün; saftig:** ein saftiges Stück Fleisch – saftige (überhöhte) Preise bezahlen – eine saftige (gehörige) Ohrfeige bekommen; die **Saftigkeit;** der **Saftladen** (schlecht funktionierender Betrieb); **saftlos:** saft- und kraftlos; die **Saftpresse; saftvoll**

sa·gen: was sagst du dazu (was ist deine Meinung)? – man sagt – wie gesagt (wie ich bereits gesagt habe) – was soll man dazu sagen? – sage und schreibe (tatsächlich, wahrhaftig) – der Name sagt mir gar nichts – das hat gar nichts zu sagen (bedeuten) – *etwas zu sagen haben* (zu bestimmen) – *sich nichts sagen lassen* (nicht gehorchen, keinen Rat annehmen) – *sich nichts mehr zu sagen haben* (kein Interesse mehr aneinander haben); aber: *das Sagen haben* (alles bestimmen, entscheiden können); die **Sage** (literarisch gestaltete Erzählung mit geschichtlichem Inhalt, Gerücht); *es geht die Sage* (es wird allgemein behauptet); das **Sagenbuch;** die **Sagengestalt; sagenhaft:** sagenhaft (unvorstellbar) reich sein – eine

sagenhafte (traumhafte) Landschaft – er hatte ein sagenhaftes (erstaunliches) Glück; **sagenumwoben:** eine sagenumwobene (an Sagen reiche) Burg

sä·gen: Holz sägen (zerschneiden); die **Säge;** der **Sägebock;** das **Sägemehl;** der **Säger;** die **Sägespäne** *Mz.;* das **Sägewerk**

Sa·go *indon.,* der: -s (gekörntes Stärkemehl)

Sa·ha·ra *arab.,* die: - (grosse nordafrikanische Wüste)

Sah·ne, die: - (Rahm, Milchfett); das **Sahnebonbon;** das **Sahneeis;** der **Sahnequark;** die **Sahnetorte; sahnig**

Sai·son *franz. [sǟsǭ],* die: -, -s (Zeit des Hochbetriebes, Hauptgeschäftszeit); **saisonabhängig;** die **Saisonarbeit; saisonbedingt;** der **Saisonbeginn;** der **Saisonbetrieb;** der **Saisonier;** auch: der **Saisonnier;** der **Saisonschluss; saisonweise**

Sai·te, die: -, -n (Faden aus Tierdarm, Pflanzenfasern oder Metall); eine Saite der Geige ist gerissen – *andere Saiten aufziehen* (strenger vorgehen); das **Saiteninstrument;** das **Saitenspiel** # Seite

Sak·ko, der/das: -s, -s (Jacke für Herren)

Sak·ra·ment (Sa·kra·ment) *lat.,* das: -(e)s, -e (heilige Handlung, Gnadenmittel der Kirche); **sakral** (heilig, den Gottesdienst betreffend); der **Sakralbau** (Bauwerk für religiöse Zwecke); das **Sakrileg** (Gotteslästerung, Vergehen gegen etwas Heiliges); die **Sakristei** (Nebenraum in einer Kirche für Priester und Gottesdienstgeräte); **sakrosankt** (unverletzlich, unantastbar)

sä·ku·la·ri·sie·ren *lat.:* (verweltlichen, kirchlichen Besitz in weltlichen Besitz überführen); **säkular:** ein säkulares (aussergewöhnliches) Ereignis; die **Säkularisation;** die **Säkularisierung**

Sa·la·man·der *griech.,* der: -s, - (Schwanzlurch)

Sa·la·mi *ital.,* die: -, -(s) (luftgetrocknete Dauerwurst); die **Salamitaktik** (Weg zum schrittweisen Erreichen eines Zieles); die **Salamiwurst**

Sa·lär *franz.,* das: -s, -e (Einkommen, Lohn); → Gehalt

Sa·lat, der: -(e)s, -e (aus Gemüse, Obst o. Ä. zubereitete Speise); da haben wir den Salat (das Durcheinander)!; das **Salatbesteck;** das **Salatblatt;** das **Salatbüffet** [*...büfe*];

das **Salatöl;** die **Salatpflanze;** die **Salatplatte;** der **Salatteller**

Sal·be, die: -, -n (Creme, Paste); **salben;** die **Salbendose;** die **Salbung** (feierliche Weihehandlung); **salbungsvoll:** eine salbungsvolle (würdevolle, übertrieben feierliche) Rede halten

Sal·bei *lat.,* der/die: -(s) (Gewürz- und Heilpflanze); der **Salbeitee**

Sal·do *ital.,* der: -s, -s/Salden/Saldi (Unterschiedsbetrag zwischen Haben- und Sollseite eines Kontos, Restbetrag); per Saldo (im Endeffekt)

Sa·li·ne *lat.,* die -, -n (Salzbergwerk, Anlage zur Salzgewinnung)

Sal·mi·ak *lat.,* der/das: -s (Ammoniakverbindung); der **Salmiakgeist;** die **Salmiaklösung**

Sal·mo·nel·len *Mz.,* die: - (Bakterien, die Darmkrankheiten bewirken)

Sa·lon *franz.* [salõ], der: -s, -s (Mode- und Friseurgeschäft, Empfangszimmer); **salonfähig** (gesellschaftsfähig, gewandt)

Sa·loon *amerik.* [selun], der: -s, -s (Lokal im Wilden Westen)

sa·lopp *franz.:* eine saloppe (bequeme) Kleidung tragen – sich salopp (ungezwungen) geben; die **Saloppheit**

Sal·pe·ter *lat.,* der: -s (Salz der Salpetersäure); der **Salpeterdünger; salpeterhaltig;** die **Salpetersäure**

Sal·to *ital.,* der: -s, -s/Salti (Luftsprung, Überschlag); der **Salto mortale** (mehrfacher Salto, „Todessprung")

sa·lü!: (Grussformel)

Sa·lut *franz.,* der -(e)s, -e (Ehrengruss); Salut schiessen; **salutieren** (militärisch grüssen, eine Ehrenbezeigung machen); der **Salutschuss**

sal·ve! *lat.* [salwe] (sei gegrüsst!)

Sal·ve *franz.* [salwe], die -, -n (gleichzeitiges Schiessen mit mehreren Waffen)

Salz, das: -es, -e; das Essen mit Salz würzen – eine Prise Salz – *jemandem nicht das Salz in der Suppe gönnen* (sehr missgünstig sein); **salzarm:** salzarme Speisen; das **Salzbergwerk;** die **Salzbrezel; salzen:** die Suppe salzen – eine gesalzene (sehr hohe) Rechnung; die **Salzgewinnung;** die **Salzgurke; salzhaltig;** der **Salzhering; salzig;** die **Salzkartoffeln** *Mz.;* **salzlos;** die **Salzlösung; salzreich;** die **Salzsäule;** die **Salz-**

säure; der **Salzstengel;** der **Salzstreuer;** das **Salzwasser;** die **Salzwüste**

Sa·ma·ri·ter *lat.,* der: -s, - (freiwilliger Helfer, Krankenpfleger); der **Samariterdienst;** das **Samaritertum**

Sa·men, der: -s, - (Keim einer Pflanze); Samen aussäen – der Samen keimt; auch: der **Same;** der **Samenerguss;** der **Samenfaden;** die **Samenflüssigkeit;** die **Samenhandlung;** die **Samenkapsel;** das **Samenkorn;** der **Samenleiter;** der **Samenstrang;** die **Samenzelle;** die **Sämerei** (Samenhandlung); die **Sämereien** *Mz.* (Saatgut); **sämig** (dickflüssig, breiig); der **Sämling** (aus einem Samen gezogene Pflanze)

sam·meln: er sammelt Briefmarken – Pilze sammeln – Erfahrungen sammeln – sich auf dem Marktplatz sammeln (treffen) – sich sammeln (seine Gedanken zusammennehmen); das **Sammelalbum;** der **Sammelband;** das **Sammelbecken;** der **Sammelbegriff;** die **Sammelbestellung;** die **Sammelbüchse;** das **Sammelgut;** das **Sammellager;** die **Sammellinse;** die **Sammelmappe;** der **Sammelname;** der **Sammelplatz;** der **Sammelpunkt;** die **Sammelstelle;** das **Sammelsurium,** die Sammelsurien (bunt gemischte Menge); der **Sammler;** der **Sammlerfleiss;** die **Sammlerin;** die **Sammlung;** die **Sammlungsbewegung**

Sams·tag ⟨Sa.⟩ *hebr.,* der: -(e)s, -e (Wochentag); der **Samstagabend:** am Samstagabend; **samstagabends;** auch: samstags abends; **samstags** (an Samstagen)

samt: samt (mit) allem Zubehör – samt und sonders (ohne Ausnahme, alles zusammen); **sämtlich:** sämtliche (alle) Anwesenden – Schillers sämtliche Werke

Samt, der: -(e)s, -e (weiches Gewebe); eine Haut wie Samt; auch: der **Sammet; samtartig; samten:** eine samtene Jacke; der **Samthandschuh:** *jemanden mit Samthandschuhen anfassen* (sehr vorsichtig, rücksichtsvoll behandeln); **samtig;** das **Samtkleid;** der **Samtteppich; samtweich**

Sa·na·to·ri·um *lat.,* das: -s, Sanatorien (Heilstätte, Genesungsheim); der **Sanatoriumsaufenthalt**

Sand, der: -(e)s (feine Körner aus verwittertem Gestein); die Kinder spielen im Sand – das Wasser versickert im Sand – *wie Sand am*

Meer (zahllos, im Überfluss) – *jemandem Sand in die Augen streuen* (ihm etwas vormachen, ihn täuschen) – *auf Sand gebaut haben* (sich auf etwas recht Unsicheres verlassen) – *im Sande verlaufen* (erfolglos bleiben, in Vergessenheit geraten) – *etwas in den Sand setzen* (mit etwas erfolglos sein); die **Sandbank;** der **Sandboden;** die **Sandburg; sandeln** (im Sand spielen); auch: **sändeln; sanden** (mit Sand bestreuen); **sandfarben;** auch: **sandfarbig;** die **Sandgrube; sandig:** ein sandiger Weg; der **Sandkasten;** das **Sandmännchen;** das **Sandpapier** (Schleifpapier); der **Sandplatz;** der **Sandsack;** der **Sandstein; sandstrahlen;** der **Sandstrand;** der **Sandsturm;** die **Sanduhr;** die **Sandwüste**

San·da·le *griech.*, die: -, -n (leichter Schuh aus Riemen); die **Sandalette**

Sand·wich *engl. [sändwitsch]*, das/der: -(e)s/-, -(e)s/-e (belegte, doppelte Weissbrotschnitte)

sanft: jemanden sanft (behutsam) wecken – ein sanfter (leichter) Händedruck – sanft (still, friedlich) schlafen – mit sanfter Stimme reden – sanft wie ein Lamm sein – eine sanfte (leichte) Erhebung; die **Sänfte** (Tragstuhl); die **Sanftheit** (Milde); die **Sanftmut** (Güte, Geduld); **sanftmütig;** die **Sanftmütigkeit**

Sän·ger, der: -s, -; er ist ein bekannter Sänger; der **Sang:** mit Sang und Klang (mit Gesang und Musik); der **Sängerbund;** die **Sängerin;** die **Sängerschaft;** die **Sangesfreude; sangesfreudig; sangesfroh;** die **Sangeslust; sangeslustig; sanglos:** sang- und klanglos (unbemerkt, unbeachtet)

san·gui·nisch *lat.:* (lebhaft, temperamentvoll); der **Sanguiniker**

sa·nie·ren *lat.:* (heilen, gesund machen); ein saniertes (renoviertes und modernisiertes) Gebäude – einen Betrieb sanieren (ihn wieder leistungsfähig machen) – sich sanieren (sich gesundstossen, sich bereichern); die **Sanierung; sanierungsbedürftig;** die **Sanierungsmassnahme;** der **Sanierungsplan;** das **Sanierungsprogramm; sanitär:** sanitäre Anlagen (Toiletten, Waschräume o. Ä.); die **Sanitäranlagen** *Mz.*; der **Sanitäter** (Krankenpfleger); der **Sanitätsdienst;** das **Sanitätswesen**

Sankt ⟨St.⟩ *lat.:* (heilig); Sankt Peter – Sankt Gallen – die St.-Michaels-Kirche; der **Sankt Gotthard** (Alpenpass)

Sankt Gal·len: (Hauptort des gleichnamigen Kantons); der **Sankt Galler;** die **Sankt Gallerin; sankt-gallisch**

Sank·ti·on *lat.*, die: -, -en (Bestätigung); die Sanktion (Zustimmung) verweigern – Sanktionen (Zwangsmassnahmen) verhängen; **sanktionieren** (gutheissen, bestätigen); die **Sanktionierung**

Sa·phir *griech.*, der: -s, -e (Edelstein)

Sar·del·le *ital.*, die: -, -n (kleiner Heringsfisch)

Sar·di·ne *ital.*, die: -, -n (kleiner Heringsfisch); die **Sardinenbüchse**

Sarg, der: -(e)s, Särge (Totenschrein); am offenen Sarg stehen; der **Sargdeckel;** das **Sargtuch**

sar·kas·tisch *griech.:* (spöttisch, beissend); der **Sarkasmus**

Sar·ko·phag *griech.*, der: -s, -e (Steinsarg)

Sar·nen: (Hauptort des Halbkantons Obwalden)

Sa·tan *hebr.*, der: -s, -e (Teufel, teuflischer Mensch); auch: der **Satanas; satanisch:** ein satanisches (teuflisches) Werk; der **Satansbraten** (durchtriebener, pfiffiger Mensch)

Sa·tel·lit *lat.*, der: -en, -en (Himmelskörper, ständiger Begleiter; der Mond ist ein Satellit unserer Erde – einen Satelliten in die Umlaufbahn schiessen; die **Satellitenbahn;** das **Satellitenfernsehen;** das **Satellitenprogramm;** der **Satellitenstaat** (von einer Grossmacht abhängiger Staat); die **Satellitenstadt** (Siedlung am Rande einer Stadt, Trabantenstadt); die **Satellitenübertragung**

Sa·tin *franz. [satã]*, der: -s, -s (Stoff mit glänzender Oberfläche); die **Satinbluse; satinieren** (Stoff, Papier glätten)

Sa·ti·re *lat.*, die: -, -n (Schrift, die durch Übertreibung, Ironie und Spott Ereignisse bzw. Personen kritisiert); der **Satiriker; satirisch:** eine satirische (spöttische) Bemerkung machen

Sa·tis·fak·ti·on *lat.*, die: -, -en (Genugtuung, Wiedergutmachung); **satisfaktionsfähig**

satt: satt (gesättigt) sein – satte (kräftige) Farben – sich satt essen – sich an etwas satt sehen – *etwas satt haben* (einer Sache überdrüssig sein); **sattgrün;** die **Sattheit; sättigen:** den Bettler sättigen (ihm zu essen geben); die

N
O
P
Q
R
S

Sättigung; **sattsam:** das ist sattsam (genügend, hinreichend) bekannt

Sạt·tel, der: -s, Sättel; einem Pferd den Sattel (Sitz für den Reiter) auflegen – den Sattel (Sitz) des Fahrrades höher stellen – über den Sattel (Pass) eines Berges marschieren – *fest im Sattel sitzen* (sich behaupten) – *jemanden aus dem Sattel heben* (ihn entmachten); das **Satteldach;** die **Satteldecke; sattelfest;** der **Sattelgurt; satteln:** ein Pferd satteln; der **Sattelschlepper** (Zugfahrzeug); die **Satteltasche;** das **Sattelzeug;** der **Sattler;** die **Sattlerin;** die **Sattlerei**

Sạtz, der: -es, Sätze; in ganzen Sätzen sprechen – ein Musikstück in vier Sätzen (Abschnitten) – er war mit einem grossen Satz (Sprung) im Zimmer – einen Satz (Spielabschnitt) im Tennis verlieren – ein Satz Briefmarken – der Satz des Pythagoras – die Summe übersteigt den festgesetzten Satz (die festgelegte Höhe) – den Satz (Rest am Boden) aus der Tasse trinken; die **Satzart;** die **Satzaussage** (Sprachlehre: Prädikat); der **Satzbau;** das **Sätzchen;** die **Satzergänzung** (Sprachlehre: Objekt); der **Satzfehler;** das **Satzgefüge;** der **Satzgegenstand** (Sprachlehre: Subjekt); das **Satzglied;** der **Satzkern** (Sprachlehre: Prädikat); die **Satzlehre;** die **Satzreihe** (Sprachlehre: Satzverbindung); der **Satzteil;** die **Satzung** (Vorschrift, Regelung); **satzungsgemäss; satzweise;** das **Satzzeichen**

Sau, die: -, Säue/-en (Schwein, Schmutzfink); unter aller Sau (unbeschreiblich schlecht) – *die Sau rauslassen* (sich hemmungslos gehen lassen) – *jemanden zur Sau machen* (ihn fertig machen); die **Sauarbeit** (schwere, mühselige Arbeit); **saublöd(e); saudụmm** (sehr dumm); die **Sauerei** (Schmutz, Gemeinheit); der **Saufrass** (minderwertiges Essen); **saugrob** (sehr grob); der **Sauhaufen** (ungeordnete Menge); **säuisch:** säuische (abstossende) Witze erzählen; **saukạlt** (sehr kalt); **saumässig;** der **Saustall;** das **Sauwetter; sauwohl:** sich sauwohl (besonders wohl) fühlen; die **Sauwut** (heftige Wut)

sau·ber: saub(e)rer, am saubersten; saubere (reinliche) Wäsche tragen – sauber (genau, exakt) arbeiten – er schreibt sauber (ordentlich) – er hat einen sauberen (anständigen)

Charakter – eine saubere (fehlerfreie) Darbietung – die Wohnung sauber halten – etwas sauber machen; die **Sauberkeit; säuberlich** (genau, sorgfältig); **säubern:** das Beet von Unkraut säubern – der Arzt säubert (reinigt) die Wunde; die **Säuberung;** die **Säuberungsaktion**

Sau·ce franz. [sọse], die: -, -n (Sosse, Tunke); die **Sauciere** [sọsiäre] (Sossenschüssel); → Sosse

sau·er: saurer, am sauersten; ein saurer (unreifer) Apfel – der Wein schmeckt sauer – sauer (ärgerlich, beleidigt) sein, reagieren – ein saurer Boden – die Milch ist sauer (geronnen, dick) – saurer Regen – ein saures (verdriessliches) Gesicht machen – ein sauer (mühsam) verdientes Geld – *jemandem Saures geben* (es ihm zeigen, ihn verprügeln); der **Sauerampfer;** der **Sauerbraten;** die **Sauerkirsche;** das **Sauerkraut; säuerlich;** die **Sauermilch; säuern:** gesäuertes Brot; der **Sauerstoff;** die **Sauerstoffflasche;** der **Sauerstoffgehalt; sauerstoffhaltig;** der **Sauerteig; sauertöpfisch** (mürrisch, humorlos); die **Säuerung;** → Säure

sau·fen: du säufst, er soff, sie hat gesoffen, sauf(e)!; Wasser saufen (trinken) – er säuft gerne (trinkt gerne Alkohol); der **Saufbold** (Trinker); der **Säufer** (Alkoholiker); die **Sauferei;** die **Säuferin;** das **Saufgelage;** der **Saufkumpan;** die **Sauftour** [...tur]

sau·gen: du saugst, er saugte/sog, sie hat gesaugt/gesogen, saug(e)!; Limonade durch einen Strohhalm saugen – das Löschblatt saugt sich voll Tinte – das Wohnzimmer saugen (mit dem Staubsauger reinigen); **säugen** (nähren, stillen); der **Sauger;** der **Säuger;** auch: das **Säugetier; saugfähig;** die **Saugfähigkeit;** die **Saugflasche;** die **Saugglocke;** die **Saugkraft;** der **Säugling;** der **Saugnapf;** die **Saugpumpe;** der **Saugrüssel;** die **Saugwirkung**

Säu·le, die: -, -n; das Haus ruht auf festen Säulen (Stützen) – er ist eine Säule (Stütze) der Gesellschaft – eine Säule (einen geometrischen Körper) berechnen; der **Säulenbau; säulenförmig;** die **Säulenhalle;** der **Säulentempel**

Saum, der: -(e)s, Säume (umgeschlagener Rand an Kleidungsstücken, Umgrenzung); **säumen:** einen Rock säumen (mit einem

N
O
P
Q
R
S

Saum einfassen) – Bäume säumen die
Strasse

Saum, der: -(e)s, Säume (Traglast eines Tieres);
säumen (mit Saumtieren Lasten transportie-
ren); der **Säumer** (Saumtreiber); der **Saum-
pfad;** das **Saumtier**

säu·men: (zögern, sich Zeit lassen, trödeln);
mach dich ohne Säumen auf den Weg!;
säumig (nachlässig, langsam, unpünktlich);
die **Säumigkeit;** die/das **Säumnis;** der
Säumniszuschlag; saumselig (langsam, sich
Zeit lassend); die **Saumseligkeit**

Sau·na finn., die: -, -s/Saunen; in die Sauna
(in das Dampfbad) gehen; **saunen**

Säu·re, die: -, -n; die Säure des Essigs –
eine ätzende Säure (chemische Verbin-
dung, die Stoffe auflöst); **säurebeständig;
säurefest;** der **Säuregehalt; säurehaltig;** →
sauer

Sau·ri·er griech., der: -s, - (vorzeitliche Rie-
senechse)

sau·sen: (brausen, eilen); sausen lassen (da-
rauf verzichten); der **Saus:** in Saus und
Braus (verschwenderisch) leben; die **Sause**
(ausgelassene Feier); **säuseln:** der Wind
säuselt (rauscht leise) – der Nachbarin et-
was ins Ohr säuseln (flüstern); der **Sauser**
(neuer Wein); der **Sausewind** (starker Wind,
sehr lebhafter Mensch)

Sa·van·ne [sawane], die: -, -n (Grassteppe)

Sa·xo·phon, das: -s, -e (Blasinstrument);
auch: das **Saxofon;** der **Saxophonist;** die
Saxophonistin

SB = Selbstbedienung

S-Bahn, die: -, -en (Schnellbahn, Stadtbahn);
der **S-Bahnhof;** die **S-Bahn-Station;** der
S-Bahn-Wagen

SBB = Schweizerische Bundesbahnen

Scan·ner engl. [skäner], der: -s, - (elektroni-
sches Lesegerät); **scannen**

Scha·be, die: -, -n (schädliches Insekt)

scha·ben: blank schaben (säubern) – das Eis
von der Scheibe schaben (kratzen) – sie
schabt (zerkleinert) Mohrrüben; die **Schabe**
(Werkzeug); das **Schabeisen;** der **Schaber**
(Werkzeug); das **Schabmesser**

Scha·ber·nack, der: -(e)s, -e (Streich, Scherz);
jemandem einen Schabernack spielen

schä·big: eine schäbige (ärmliche, abgetra-
gene) Kleidung – sich schäbig (gemein, nie-
derträchtig) benehmen; die **Schäbigkeit**

Schab·lo·ne (Scha·blo·ne) franz., die: -, -n
(Muster, Vorlage, Schema, Klischee); er
lässt sich in keine Schablone pressen; der
Schablonendruck; schablonenhaft

Schach pers., das: -s, -s (Brettspiel); Schach
spielen – jemanden in Schach halten (ihn
nicht gefährlich werden lassen); das **Schach-
brett; schachbrettartig;** der **Schachcompu-
ter;** die **Schachfigur; schachmatt:** jeman-
den schachmatt setzen (ihn handlungs-
unfähig machen); das **Schachmuster;** die
Schachpartie; das **Schachspiel;** das **Schach-
turnier;** der **Schachzug:** das war ein kluger
Schachzug (eine kluge Massnahme)

Schä·cher, der: -s, - (Übeltäter, Räuber)

scha·chern hebr.: (feilschen, den Preis drü-
cken); die **Schacherei**

Schacht, der: -(e)s, Schächte (hoher, umgrenz-
ter Raum); er ist in einen tiefen Schacht ge-
fallen – einen Schacht für die U-Bahn gra-
ben; **schachten** (einen Schacht graben)

Schach·tel, die: -, -n (Behälter, Karton); das
Schächtelchen; schachteln; die **Schachte-
lung**

Schä·del, der: -s, -; einen harten Schädel
(Kopf) haben – sich über etwas den Schädel
zerbrechen (angestrengt nachdenken) – ei-
nen dicken Schädel (Dickschädel) haben;
der **Schädelbasisbruch; Schädelbruch;** die
Schädeldecke; die **Schädelform**

scha·den: ich will dir nicht schaden (keinen
Nachteil zufügen) – das schadet deiner Ge-
sundheit; **schade:** schade (es tut mir Leid),
dass ich nicht kommen kann – oh, wie
schade (bedauerlich)! – dazu bin ich mir zu
schade (gebe ich mich nicht her); der **Scha-
den:** der Hagel richtete grosse Schäden
(Zerstörungen) an – sein Schaden (Verlust)
ist nicht gross – ein körperlicher Schaden –
Schaden nehmen (geschädigt werden) –
wer den Schaden hat, braucht für den Spott
nicht zu sorgen – durch Schaden wird man
klug; auch: der **Schade:** es soll dein Schade
nicht sein; die **Schadenfreude; schaden-
froh** (gehässig, boshaft); die **Schaden(s)-
begrenzung;** der **Schaden(s)bericht;** der
Schaden(s)ersatz (Rückerstattung, Ausgleich);
der **Schaden(s)fall;** die **Schaden(s)fest-
stellung;** der **Schaden(s)nachweis; schad-
haft;** die **Schadhaftigkeit; schädigen;** die
Schädigung; schädlich; die **Schädlichkeit;**

der **Schädling**; die **Schädlingsbekämpfung**; **schadlos**: *sich für etwas schadlos halten* (sich für etwas entschädigen); der **Schadstoff**; **schadstoffarm**; **schadstofffrei**

Schaf, das: -(e)s, -e (Wolle tragendes Nutztier); Schafe hüten – er ist das schwarze Schaf in der Familie (der ungeratene Sohn); der **Schafbock**; das **Schäfchen**: *sein Schäfchen ins Trockene bringen* (sich Vorteile verschaffen); der **Schäfer** (Schafhirt); der **Schäferhund**; die **Schäferin**; das **Schaffell**; die **Schafgarbe** (Arzneipflanze); die **Schafherde**; das **Schafleder**; der **Schaf(s)käse**; der **Schafskopf** (Dummkopf); der **Schaf(s)pelz**; der **Schaf(s)stall**; die **Schafweide**; die **Schafwolle**; die **Schafzucht**

schaf·fen: du schaffst, er schaffte, sie hat geschafft, schaff(e)!; sie hat den ganzen Tag geschafft (gearbeitet) – mit dieser Sache will ich nichts zu schaffen (zu tun) haben – sich an einer Sache zu schaffen machen – jemandem eine Arbeit schaffen (befehlen) – ich bin ganz geschafft (erschöpft) – das schaffe ich einfach nicht mehr (ich werde damit nicht mehr fertig) – sie schafften (brachten) den Verwundeten ins Krankenhaus – *jemandem zu schaffen machen* (ihm Sorgen, Schwierigkeiten machen); **schaffen**: du schaffst, er schuf, sie hat geschaffen, schaff(e)!; ein Werk schaffen (gestalten) – Gott schuf den Menschen – Ordnung schaffen – er schuf sich ein gemütliches Heim – *für etwas wie geschaffen* (besonders geeignet) *sein*; das **Schaffen** (Arbeit, Werk); der **Schaffensdrang**; die **Schaffensfreude** (Fleiss); die **Schaffenskraft**; der **Schaffner**; die **Schaffnerin**; die **Schaffung**: die Schaffung neuer Arbeitsplätze

Schaff·hau·sen: (Hauptort des gleichnamigen Kantons); der **Schaffhauser**; die **Schaffhauserin**; **schaffhauserisch**

Scha·fott *niederl.*, das: -(e)s, -e (Hinrichtungsgerüst)

Schaft, der: -(e)s, Schäfte; der Schaft (Griff) des Messers; der **Schaftstiefel**

Scha·kal *pers.*, der: -s, -e (von Aas lebendes Raubtier)

schä·kern: (scherzen, sich necken); der **Schäker**; die **Schäkerei**; die **Schäkerin**

schal: ein schales (abgestandenes) Bier – ein schaler (geistloser) Gedanke

Schal *engl.*, der: -s, -s/-e; einen seidenen Schal (ein langes, schmales Halstuch) tragen

Scha·le, die: -, -n (Gefäss, Hülle); eine Schale (Tasse) Kaffee – Obst in eine Schale (flaches Gefäss) legen – die Schale des Apfels ist hart – er hat eine raue Schale (er ist nach aussen abweisend) – die Schale (das Gehäuse) einer Muschel – die Schalen (Hufe) eines Hirsches – *sich in Schale werfen* (sich festlich kleiden) – *in einer rauen Schale steckt oft ein guter Kern*; das **Schälchen**; **schälen**: er schält Kartoffeln – sich schälen (die Haut in kleinen Stückchen abstossen); das **Schalenobst** (Obst mit einer harten Schale); der **Schalensessel**; das **Schalenwild**; die **Schalung** (Holzverkleidung); die **Schälung** (das Schälen)

Schalk, der: -(e)s, -e/Schälke (Schelm, Spassvogel); *jemandem sitzt der Schalk im Nacken* (er ist ein Spassvogel); **schalkhaft**: schalkhaft lächeln; die **Schalkhaftigkeit**

Schall, der: -(e)s, -e/Schälle (nachhallendes Geräusch, Klang, Widerhall); *Schall und Rauch sein* (vergänglich sein, keine Bedeutung haben); **schalldämmend**; die **Schalldämmung**; der **Schalldämpfer**; die **Schalldämpfung**; **schalldicht**; **schallen**: ein schallendes (lautes) Gelächter – er gab ihm eine schallende (kräftige) Ohrfeige; **schallern**: *jemandem eine schallern* (eine Ohrfeige geben); die **Schallgeschwindigkeit**; die **Schallgrenze**; die **Schalllehre**; der **Schallleiter** (Material, das Schallwellen gut leitet); die **Schallmauer**; die **Schallplatte**; **schallsicher**; der **Schalltrichter**; die **Schallwelle**

Schal·mei, die: -, -en (altes Holzblasinstrument); der **Schalmeienklang**

schal·ten: einen Stromkreis schalten (schliessen bzw. öffnen) – er schaltet (wechselt) in den 1. Gang – ein Gerät auf „aus" schalten – die Ampel schaltet auf Rot – schnell schalten (begreifen) – nach Belieben schalten und walten (nach eigenem Belieben handeln) können; die **Schaltanlage**; das **Schaltbrett**; der **Schaltdienst**; der **Schalter**: den Schalter (Lichtschalter) betätigen – den Brief am Schalter abgeben; der **Schalterbeamte**; der **Schalterschluss**; der **Schalthebel**; das **Schaltjahr** (Jahr mit einem Schalttag, dem 29. Febr.); die **Schaltpause**; der **Schalt-**

N
O
P
Q
R
S

plan; die **Schaltskizze;** die **Schaltstelle;** die **Schalttafel;** die **Schaltung;** das **Schaltwerk;** die **Schaltzentrale**

schä·men, sich: sich wegen seiner Armut schämen – sich in Grund und Boden schämen; die **Scham:** vor Scham rot werden – Scham empfinden – nur keine falsche Scham! – seine Scham (Geschlechtsteile) zudecken; das **Schamgefühl;** die **Schamhaare; schamhaft** (schüchtern, züchtig); die **Schamhaftigkeit; schamlos** (frech, unverschämt); die **Schamlosigkeit; schamrot;** die **Schamröte; schamvoll**

Scha·mọt·te ital., die: - (feuerfester Ton); der **Schamotteziegel**

Scham·pon, das: -s, -s (Haarwaschmittel); auch: das **Schampoo;** auch: das **Shampoo; schamponieren;** auch: **shampoonieren**

Schan·de, die: -; seinen Eltern keine Schande (keine Schmach) machen – jemanden mit Schimpf und Schande davonjagen – zu Schanden gehen, machen; auch: zuschanden gehen, machen; **schandbar** (schändlich); **schänden:** ein Grab schänden (beschädigen, zerstören) – *Arbeit schändet nicht;* der **Schandfleck** (Beschmutzung, Makel); **schändlich:** eine schändliche (gemeine, niederträchtige) Tat; die **Schändlichkeit;** das **Schandmal;** das **Schandmaul** (böses Mundwerk); der **Schandpfahl** (Pranger); die **Schandtat:** *zu jeder Schandtat bereit sein* (jeden Unfug mitmachen); die **Schändung;** das **Schandurteil**

Schän·ke, die: -, -n; → Schenke

Schan·ze, die: -, -n (Befestigung, Sprunganlage); **schanzen;** der **Schanzenbau;** der **Schanzenrekord;** der **Schanzentisch**

Schar, die: -, -en; eine Schar (grössere Menge, Gruppe) Jugendliche(r) – eine Schar Vögel – in grossen/hellen Scharen (in grosser Zahl); sich **scharen:** sich um den Lehrer scharen (versammeln); **scharenweise**

Schar, die: -, -en (Pflugschar)

Scha·ra·de franz., die: -, -n (Rätsel, bei dem Teile eines zusammengesetzten Wortes pantomimisch dargestellt werden und erraten werden müssen)

scharf: schärfer, am schärfsten; ein scharfes (geschliffenes) Beil – scharfe (starke) Getränke – ein scharfes Auge haben (genau sehen) – scharf (hart) durchgreifen – er besitzt einen scharfen (klaren) Verstand – eine scharfe (starke) Biegung – *eine scharfe Zunge haben* (angriffslustig sein) – ein scharfer Hund – scharf (sehr genau) überlegen – scharfe (spitze) Krallen haben – scharf (mit echter Munition) schiessen – das war ein scharfer (wuchtiger) Schuss auf das Tor – jemanden scharf machen (aufhetzen, aufreizen) – ein Messer scharf machen – ein gestochen scharfes Bild – jemanden scharf anfassen (energisch behandeln) – ein scharfer (sehr kalter) Wind – *auf etwas scharf sein* (etwas sehr wünschen, begehren); aber: etwas auf das Schärfste verurteilen; der **Scharfblick;** die **Schärfe;** die **Scharfeinstellung; schärfen;** die **Schärfentiefe; scharfkantig;** der **Scharfmacher;** der **Scharfrichter** (Henker); der **Scharfschütze; scharfsichtig;** der **Scharfsinn; scharfsinnig;** die **Schärfung**

Schar·lach lat., der: -s (ansteckende Kinderkrankheit); der **Scharlachausschlag**

Schar·lach lat., der: -s (leuchtendes Rot); **scharlachfarben;** auch: **scharlachfarbig; scharlachrot** (hellrot)

Schar·la·tan franz., der: -s, -e (Schwindler, Kurpfuscher); die **Scharlatanerie**

Scharm franz., der: -s; **scharmant;** → Charme

Schar·müt·zel, das: -s, - (Geplänkel, kleines Gefecht)

Schar·nier franz., das: -s, -e (Gelenk, Drehvorrichtung); das **Scharnierband;** das **Scharniergelenk**

Schär·pe franz., die: -, -n (Ordensband, breites Band um die Taille)

schar·ren: (reiben, kratzen, schaben); mit den Füssen scharren – das Huhn scharrt im Garten

Schar·te, die: -, -n (Kerbe, Einschnitt); *eine Scharte auswetzen* (einen Fehler wiedergutmachen); **schartig** (voller Scharten)

schar·wen·zeln: (übereifrig sein, sich einschmeicheln)

Schasch·lik russ., das/der: -s, -s (am Spiess gebratene Fleisch- und Gemüsestückchen)

schas·sen franz.: er wurde aus seinem Amt geschasst (entlassen, fortgejagt)

Schạt·ten, der: -s, -; ein Schatten spendender Baum – in der Dämmerung taucht ein Schatten (eine nicht mehr erkennbare Gestalt) auf – er hat Schatten (Ringe) unter den

Augen – *jemanden in den Schatten stellen* (ihn bei weitem übertreffen) – *über seinen Schatten springen* (etwas tun, was grosse Überwindung verlangt) – *jemandem wie ein Schatten folgen* (ihn nicht aus den Augen verlieren); das **Schattenbild** (den Schatten einer Person wiedergebendes Bild); auch: der **Schattenriss;** das **Schattenboxen** (Boxtraining ohne Gegner); das **Schattendasein:** *ein Schattendasein* (unbeachtetes Dasein) *führen;* **schattenhaft** (undeutlich, geisterhaft); das **Schattenreich** (Totenreich); die **Schattenseite** (Dunkel, Nachteil): die Schattenseite des Lebens (die weniger schöne oder unangenehme Seite des Lebens); das **Schattenspiel** (Schattentheater); **schattieren** (tönen); die **Schattierung; schattig:** ein schattiges Plätzchen

Scha·tul·le *lat.,* die: -, -n (Geld-, Schmuckkästchen)

Schatz, der: -es, Schätze; grosse Schätze (Reichtümer) haben – ein Schatz (eine Fülle) an Erfahrungen – komm zu mir, mein Schatz (Liebling)!; das **Schätzchen;** der **Schatzgräber;** die **Schatzinsel;** die **Schatzkammer;** das **Schatzkästchen;** der **Schatzmeister;** die **Schatzsuche**

schät·zen: eine Entfernung schätzen (ungefähr angeben, überschlagen) – sein Haus schätzen (den Wert feststellen) lassen – er schätzt (achtet) seine Eltern – jemanden schätzen (achten) lernen – ich schätze (vermute), dass...; **schätzenswert;** der **Schätzer;** die **Schätzerin;** der **Schätzpreis;** die **Schätzung;** auch: die **Schatzung; schätzungsweise** (annähernd); der **Schätzwert**

schau·dern: sie schaudert (zittert) vor Angst, Kälte – mir/mich schaudert (ich habe Angst, Abscheu) vor diesen Gedanken; der **Schauder** (Abscheu, Ekel, Frösteln); **schauderhaft** (furchtbar, entsetzlich); **schaudervoll** (entsetzlich); → schauern

schau·en: auf die Uhr schauen – jemandem ins Gesicht schauen (blicken) – nach den Kindern schauen (sich um sie kümmern) – auf Ordnung schauen (sich darum bemühen) – er soll schauen (darauf achten), dass er bald fertig wird; die **Schau:** eine landwirtschaftliche Schau (Ausstellung) – sich eine Schau (Vorstellung) ansehen – das ist eine Schau (ist grossartig)! – etwas zur

Schau stellen (öffentlich zeigen, ausstellen) – *jemandem die Schau stehlen* (ihn übertreffen, ausstechen) – *eine Schau abziehen* (sich aufspielen, angeben); das **Schaubild** (grafische Darstellung); die **Schaubude;** das **Schaufenster;** das **Schaugeschäft;** der **Schaukampf;** der **Schaukasten; schaulaufen;** das **Schaulaufen;** die **Schaulust; schaulustig** (neugierig); der/die **Schaulustige;** das **Schauobjekt;** der **Schauplatz** (Ort des Geschehens); der **Schauprozess;** das **Schauspiel;** der **Schauspieler;** die **Schauspielerei;** die **Schauspielerin; schauspielerisch; schauspielern;** der **Schausteller;** die **Schaustellerin;** das **Schauturnen**

Schau·er, der: -s, - (kurzer Hagelschlag oder Regenguss, Schreck, Frösteln); sie wartete, bis der Schauer vorüber war – ihm lief ein Schauer über den Rücken; **schauerartig:** schauerartige Regenfälle; die **Schauergeschichte** (Gespenster-, Gruselgeschichte); **schauerlich:** ein schauerlicher (unheimlicher, gespenstischer) Anblick; die **Schauerlichkeit;** das **Schauermärchen; schauern:** mich/mir schauert vor dem morgigen Tag; der **Schauerroman** (gruseliger Roman); **schauervoll; schaurig:** eine schaurige (unheimliche) Geschichte – es ist schaurig (grässlich) kalt; die **Schaurigkeit;** → schaudern

schau·feln: er schaufelt (schippt) Kohlen in den Keller – Schnee schaufeln (wegräumen) – ein Grab schaufeln (graben, ausheben); die **Schaufel** (Schippe, Spaten); **schaufelförmig**

schau·keln: (hin und her schwingen) Boote schaukeln auf dem Wasser – er wird die Sache schon schaukeln (meistern); die **Schaukel;** die **Schaukelbewegung;** die **Schaukelei; schauk(e)lig;** das **Schaukelpferd;** der **Schaukelstuhl**

Schaum, der: -(e)s, Schäume (Gischt); der Schaum des Bieres – *Schaum schlagen* (prahlen) – *Träume sind Schäume;* das **Schaumbad; schaumbedeckt; schäumen:** das Meer schäumt (bildet Schaum) – vor Wut schäumen (sich aufregen, rasen); der **Schaumgummi; schaumig;** das **Schaumkissen;** die **Schaumkrone** (Gischt auf einer Welle); der **Schaumlöscher;** das **Schaumlöschgerät;** der **Schaumschläger** (Küchen-

N
O
P
Q
R
S

gerät, Angeber); die **Schaumschlägerei**; der **Schaumstoff**; der **Schaumwein** (Sekt)

Scheck *engl.*, der: -s, -s (Anweisung zur Geldzahlung, bargeldloses Zahlungsmittel); auch: der **Check**; der **Scheckbetrug**; das **Scheckbuch**; das **Scheckheft**; die **Scheckkarte**

sche·ckig: eine scheckige (gefleckte Kuh); das **Scheckvieh**

scheel: jemanden scheel (misstrauisch, geringschätzig, schief) anschauen

Schef·fel, der: -s, - (altes Hohlmass); *sein Licht unter den Scheffel stellen* (seine Leistungen bzw. Verdienste aus Bescheidenheit verbergen); **scheffeln:** Geld scheffeln (ohne Mühe in Mengen verdienen); **scheffelweise** (in grossen Mengen)

Schei·be, die: -, -n; eine Scheibe (Schnitte) Brot – eine Scheibe (Fensterscheibe) einwerfen – *sich von etwas eine Scheibe abschneiden können* (sich ein Beispiel nehmen können); das **Scheibchen; scheibchenweise**; die **Scheibenbremse**; die **Scheibengardine**; das **Scheibenschiessen**; der **Scheibenwischer**

Scheich *arab.*, der: -s, -e/-s (arabischer Titel); das **Scheichtum**

schei·den: du scheidest, er schied, sie ist geschieden, scheid(e)!; aus dem Amt scheiden (es niederlegen) – sich scheiden lassen (die Ehe auflösen) – freiwillig aus dem Leben scheiden – ich muss bald scheiden (mich verabschieden) – die faulen Äpfel von den guten scheiden (trennen); die **Scheide:** das Schwert aus der Scheide ziehen – die Scheide (Geschlechtsorgan) einer Frau; die **Scheidewand**; der **Scheideweg:** *am Scheideweg* (vor einer grundsätzlichen Entscheidung) *stehen*; die **Scheidung**; der **Scheidungsgrund**; die **Scheidungsklage**; das **Scheidungsurteil**; → geschieden

schei·nen: du scheinst, er schien, sie hat geschienen, schein(e)!; die Sonne scheint (strahlt Licht aus) – das scheint (erweckt den Eindruck) richtig zu sein – er kommt scheint's (anscheinend) nicht mehr; der **Schein:** der Schein (das Licht) der Lampe – der Schein (Anschein) kann trügen – mit Scheinen (Geldscheinen) bezahlen – einen Schein (eine Bescheinigung) ausstellen – zum Schein (scheinbar, nicht wirklich) – *den Schein wahren* (den Eindruck erwecken, als ob alles in Ordnung sei); der

Scheinangriff; das **Scheinargument**; der **Scheinasylant**; die **Scheinasylantin; scheinbar** (nicht wirklich); die **Scheinfirma**; das **Scheingefecht**; das **Scheingeschäft**; der **Scheingrund**; **scheinheilig** (unehrlich, heuchlerisch); der/die **Scheinheilige**; die **Scheinheiligkeit**; der **Scheintod** (todesähnlicher Zustand); **scheintot**; der/die **Scheintote**; der **Scheinvertrag**; der **Scheinwerfer**

scheis·sen (derber Ausdruck): du scheisst, wer schiss, hat geschissen, scheiss(e)!; der **Scheissdreck**; die **Scheisse** (Kot, Unsinn); **scheissegal** (völlig egal); **scheissfreundlich** (übertrieben freundlich); das **Scheisswetter**; der **Schiss** (Kot, Angst)

Scheit, das: -(e)s, -e (Holzstück); die **Scheiterbeige**; der **Scheiterhaufen**; das **Scheitholz**

Schei·tel, der: -s, - (Kamm, Gipfel, höchster Punkt); vom Scheitel bis zur Sohle (ganz und gar, durch und durch); die **Scheitellinie; scheiteln:** das Haar gescheitelt tragen; der **Scheitelpunkt**; der **Scheitelwinkel**

schei·tern: das Unternehmen scheitert (misslingt, geht schlecht aus); das **Scheitern**

Schelf *engl.*, der/das: -s, -e (flaches Meer entlang der Küste); das **Schelfmeer**

schel·len: (läuten, klingeln); die **Schelle** (Glöckchen, Ohrfeige); der **Schellenbaum** (Musikinstrument); das **Schellengeläute**; die **Schellenkappe** (Narrenkappe)

Schell·fisch, der: -(e)s, -e (Seefisch)

Schelm, der: -(e)s, -e (Schlingel, Schalk, Lausejunge); der **Schelmenroman**; das **Schelmenstück** (Streich); die **Schelmerei; schelmisch:** schelmisch (spitzbübisch) schauen

schel·ten: du schiltst, er schalt, sie hat gescholten, schilt!; die Mutter schilt (tadelt, schimpft) ihr Kind; die **Schelte** (Vorwurf, Tadel); das **Scheltwort**

Sche·ma *griech.*, das: -s, -s/-ta/Schemen (Plan, Muster, Umriss, Verfahrensweise); nach einem Schema arbeiten – eine Aufgabe nach Schema F (ohne zu denken, nach dem üblichen Muster) lösen; **schematisch:** etwas schematisch (vereinfacht) zeichnen – die Arbeit läuft schematisch (automatisch, gewohnheitsmässig) ab; **schematisieren**; die **Schematisierung**; der **Schematismus** (Gleichmacherei, Verzeichnis von Amtspersonen)

Sche·mel, der: -s, - (Hocker, Fussbank)

Sche·men, der: -s, - (geisterhafter Schatten, Schattenbild); **schemenhaft** (schattenhaft, unklar, unbestimmt)

Schen·ke, die: -, -n (Gaststätte); auch: die **Schänke;** der **Schenkbetrieb;** der **Schenktisch;** der **Schenkwirt;** die **Schenkwirtin;** die **Schenkwirtschaft**

Schen·kel, der: -s, -; sich auf die Schenkel (Oberschenkel) schlagen – die Schenkel eines Winkels; der **Schenkelbruch;** der **Schenkeldruck;** der **Schenkelhalsbruch;** ...**schenk(e)lig:** gleichschenkelig

schen·ken: einer Sache Aufmerksamkeit schenken – zum Geburtstag Blumen schenken – deine Bemerkung hättest du dir schenken (sparen) können – etwas geschenkt bekommen; die **Schenkung;** die **Schenkungsurkunde**

schep·pern: mit den Töpfen scheppern (klappern, klirren)

Scher·be, die: -, -n; sie sammelt die Scherben (Splitter, Bruchstücke) der zerbrochenen Vase auf – in Scherben gehen (zerbrochen werden) – Scherben bringen Glück; **scherbeln:** die Tonaufnahme scherbelt (klingt unrein, gläsern, spröde); auch: der **Scherben;** der **Scherbenhaufen**

sche·ren: du scherst, er schor, sie hat geschoren, scher(e)!; sich die Haare scheren (kürzer schneiden) lassen – Schafe scheren – alles über einen Kamm scheren (alles einheitlich behandeln); die **Schere;** das **Scherengitter;** der **Scherengriff;** der **Scherenschleifer;** der **Scherenschnitt;** das **Schermesser;** die **Schur** (das Scheren der Schafe); die **Schurwolle** # Schäre

sche·ren, sich: du scherst dich, er scherte sich, sie hat sich geschert, scher!; scher dich raus (geh weg)! – sie hat sich nicht im Geringsten darum geschert (gekümmert); die **Schererei:** Scherereien (Unannehmlichkeiten, Ärger) haben

Scherf·lein, das: -s, -; sein Scherflein (einen kleinen Geldbetrag) zu etwas beitragen

Scher·ge, der: -n, -n (Befehlsvollstrecker, Henkersknecht)

scher·zen: du scherzt (du spasst, machst Dummheiten); der **Scherz:** er hat einen Scherz (Spass) gemacht – Scherz beiseite (im Ernst)! – seine Scherze mit jemandem treiben (ihn verspotten); der **Scherzartikel;**

der **Scherzbold** (Witzbold); die **Scherzfrage; scherzhaft** (nicht im Ernst, im Spass); **scherzhafterweise;** die **Scherzhaftigkeit;** das **Scherzlied;** das **Scherzrätsel; scherzweise;** das **Scherzwort**

scheu: scheuer, am scheu(e)sten; sie ist noch sehr scheu (gehemmt, schüchtern) – scheu machen, sein, werden – einen scheuen (zaghaften) Blick darauf werfen – ein scheues (wildes, ängstliches) Pferd; die **Scheu:** er zeigte keine Scheu (Furcht, Angst) vor ihm; **scheuen:** keine Arbeit scheuen (fürchten) – das Pferd scheute (schreckte) vor dem Auto – er scheute (mied) keine Mühe – er scheute sich nicht zu lügen; die **Scheuklappe:** Scheuklappen haben (keinen Weitblick haben)

scheu·chen: Vögel aus dem Garten scheuchen (verjagen); die **Scheuche** (Schreckgestalt zur Vertreibung von Vögeln)

Scheu·er, die: -, -n (Scheune)

scheu·ern: den Boden scheuern (reinigen, putzen) – sie hat sich den Arm blutig gescheuert (gerieben) – jemandem eine scheuern (ihn ohrfeigen); der **Scheuerbesen;** die **Scheuerfrau;** der **Scheuerlappen,** das **Scheuertuch**

Scheu·ne, die: -, -n (Getreidespeicher); der **Scheunendrescher:** fressen wie ein Scheunendrescher (sehr viel essen); das **Scheunentor**

Scheu·sal, das: -s, -e (widerwärtiger Mensch, Ungeheuer); **scheusslich:** das Essen schmeckt scheusslich (grässlich) – ein scheussliches (sehr unangenehmes) Wetter; die **Scheusslichkeit**

Schi, der: -s, -er/-; → Ski

Schicht, die: -, -en; eine Schicht (Lage) Sand – Schicht (in Schichten) arbeiten – die vornehme Schicht der Gesellschaft; der **Schichtarbeiter;** die **Schichtarbeiterin;** der **Schichtdienst; schichten:** Pakete schichten (aufeinander stellen) – Wäsche in den Schrank schichten; **schicht(en)weise;** das **Schichtgestein;** der **Schichtlohn;** die **Schichtung;** der **Schichtwechsel**

schick franz.: eine schicke (elegante, modisch gekleidete) Frau – schicke Kleider tragen; auch: **chic;** der **Schick** (modische Feinheit)

schi·cken: zum Einkaufen schicken – er schickt (sendet) uns ein Päckchen – ich schicke (füge) mich in mein Los – das schickt sich nicht (gehört sich nicht) – sich schicken (beeilen) müssen; **schicklich:** ein schickliches (geziemendes) Benehmen; die **Schicklichkeit;** die **Schickung** (Fügung, Schicksal)

Schi·cke·ria *ital.*, die: - (modebewusste obere Gesellschaftsschicht); der **Schickimicki** (jemand, der sehr viel Wert auf modische Dinge legt)

Schick·sal, das: -s, -e (Geschick, Los, Bestimmung); sich mit seinem Schicksal abfinden – *jemanden seinem Schicksal überlassen* (sich nicht weiter um ihn kümmern); **schicksalhaft;** die **Schicksalsfrage;** die **Schicksalsfügung;** der **Schicksalsgefährte;** die **Schicksalsgefährtin;** die **Schicksalsgemeinschaft;** der **Schicksalsschlag** (Unglück); **schicksalsträchtig;** die **Schicksalstragödie; schicksalsvoll;** die **Schicksalswahl;** die **Schicksalswende**

schie·ben: du schiebst, er schob, sie hat geschoben, schieb(e)!; sein Fahrrad schieben – die Schuld auf einen anderen schieben (ihn verantwortlich machen) – Wache schieben (Wache stehen) – *Kohldampf schieben* (Hunger haben) – *etwas auf die lange Bank schieben* (etwas hinauszögern); das **Schiebedach;** das **Schiebefenster;** der **Schieber** (Riegel, Betrüger); die **Schieberei;** die **Schiebetür;** die **Schiebkarre;** auch: der **Schiebkarren;** die **Schiebung** (Betrug)

Schieds·rich·ter, der: -s, - (Kampfrichter, Unparteiischer); das **Schiedsgericht;** die **Schiedsrichterentscheidung;** die **Schiedsrichterin; schiedsrichtern;** der **Schiedsspruch;** die **Schiedsstelle;** das **Schiedsurteil**

schief: (geneigt, schräg, nicht gerade); schief sein, halten, stehen – ein schiefer Turm – das Bild hängt schief – die schiefe Ebene – ein schiefer (nicht zutreffender) Vergleich – in ein schiefes Licht geraten (falsch beurteilt werden) – auf die schiefe Bahn geraten (den inneren Halt verlieren, gesellschaftlich sinken) – das wird schief gehen (misslingen) – Schuhabsätze schief treten – schief liegen (falsche Ansichten haben) – *jemanden schief ansehen* (ihm seine Missbilligung zu verstehen geben); die **Schiefe;** die **Schiefheit;** sich **schieflachen; schiefwink(e)lig**

Schie·fer, der: -s, - (aus Platten bestehendes Gestein); das **Schieferdach;** das **Schiefergebirge; schiefergrau;** die **Schiefertafel**

schie·len: er schielt auf beiden Augen (er kann nicht geradeaus sehen) – zu seinem Nachbarn schielen (verstohlen blicken); **schieläugig**

Schie·ne, die: -, -n (Gleis, Stütze); das **Schienbein; schienen:** sie hat den Arm geschient; das **Schienenfahrzeug;** das **Schienennetz;** der **Schienenstrang;** der **Schienenverkehr**

schier: schieres (reines) Gold – die schiere (reine) Wahrheit sagen – er ist schier (beinahe) umgekommen – das ist schier (fast) unmöglich

schies·sen: du schiesst, er schoss, sie hat geschossen, schiess(e)!; mit dem Gewehr schiessen (feuern) – er schiesst (erzielt) ein Tor – durch das Zimmer schiessen (rennen) – ein Gedanke schiesst mir durch den Kopf – die Pflanzen schiessen (wachsen schnell) aus dem Boden – wie aus der Pistole geschossen (sofort) – ein Foto schiessen (machen) – er will sein Vorhaben schiessen lassen (aufgeben) – *einen Bock schiessen* (einen Fehler machen); aber: es ist zum Schiessen (zum Lachen); der **Schiessbefehl;** die **Schiessbude;** das **Schiesseisen** (Gewehr); die **Schiesserei;** das **Schiessgewehr;** der **Schiesshund:** *aufpassen wie ein Schiesshund* (scharf aufpassen); der **Schiessplatz;** der **Schiessprügel** (Gewehr); das **Schiesspulver;** die **Schiessscharte;** die **Schiessscheibe;** der **Schiessstand;** die **Schiessübung;** die **Schiesswaffe**

Schiff, das: -(e)s, -e; mit einem Schiff fahren – das Schiff lag vor Anker – *klar Schiff machen* (eine Angelegenheit in Ordnung bringen); **schiffbar;** die **Schiffbarkeit;** der **Schiff(s)bau;** der **Schiffbruch:** *Schiffbruch erleiden* (scheitern); **schiffbrüchig;** der/die **Schiffbrüchige; schiffen** (zu Wasser fahren); der **Schiffer;** die **Schifferin;** das **Schifferklavier;** die **Schifffahrt;** die **Schifffahrtslinie;** die **Schifffahrtsstrasse;** der **Schiffsarzt;** der **Schiff(s)schaukel;** der **Schiffseigner;** die **Schiffsfracht;** die **Schiffsglocke;** der **Schiffsjunge;** der **Schiffskapitän;** die **Schiffskatastrophe;** der **Schiffskoch;** die **Schiffsladung;** der **Schiffsmakler;** die **Schiffsmannschaft;** die **Schiffsmaschine;** die **Schiffsplanke;** die

Schiffsreise; der **Schiffsrumpf; die Schiffsschraube; die Schiffstaufe; der Schiffsverkehr; die Schiffswerft**

Schi·ka·ne *franz.*, die: -, -n; ich kann seine Schikanen (Bosheiten, Hinterhältigkeiten) nicht mehr ertragen – das Auto ist mit allen Schikanen (mit allen Feinheiten, mit allem Zubehör) ausgestattet – Schikanen (schwierige Stellen) auf der Rennstrecke; **schikanieren** (quälen); **schikanös** (boshaft)

Schild, das: -(e)s, -er (Erkennungszeichen, Hinweistafel); das **Schildchen;** der **Schilderwald** (grosse Menge von Verkehrszeichen)

Schild, der: -(e)s, -e (Schutzwaffe, Schutz); *etwas im Schilde führen* (etwas heimlich vorhaben); der **Schildbürger** (Spiesser, engstirniger Mensch); der **Schildbürgerstreich;** die **Schilddrüse;** die **Schildkröte;** die **Schildwache** (Posten)

schil·dern: einen Vorgang genau schildern (beschreiben); die **Schilderung**

Schilf, das: -(e)s, -e (hohes Ufergras, Röhricht); **schilfbedeckt;** das **Schilfdach;** das **Schilfgras;** die **Schilfmatte;** das **Schilfrohr**

schil·lern: das Kleid schillert (schimmert, glänzt) in verschiedenen Farben; der **Schillerfalter** (Schmetterling); **schillernd:** er ist eine schillernde (schwer durchschaubare) Persönlichkeit

Schi·mä·re *griech.*, die: -, -n (Hirngespinst, Trugbild); auch: die **Chimäre; schimärisch** (trügerisch)

Schim·mel, der: -s (weisslicher Belag, Pilzart); der **Schimmelbelag; schimm(e)lig:** ein schimmeliges (verdorbenes) Brot; **schimmeln** (faulen, verderben); der **Schimmelpilz**

Schim·mel, der: -s, - (weisses Pferd); das **Schimmelgespann;** der **Schimmelreiter** (geisterhaftes Wesen in der deutschen Sage)

schim·mern: Sterne schimmern (leuchten) am Himmel – von ferne schimmert ein Licht; der **Schimmer:** der Schimmer (matte Schein) der Lampe – der Schimmer (Glanz) ihres Haares – *keinen Schimmer von etwas haben* (überhaupt nicht Bescheid wissen, nichts ahnen)

Schim·pan·se *afrik.*, der: -n, -n (Menschenaffe)

schimp·fen: heftig schimpfen (schelten, tadeln) – er schimpft mich (bezeichnet mich als) einen Lügner – *schimpfen wie ein Rohrspatz* (erregt schimpfen); der **Schimpf** (die Schmach, Beleidigung): jemanden mit Schimpf und Schande (unter unehrenhaften Bedingungen) davonjagen; die **Schimpfe:** Schimpfe (Schelte) bekommen; die **Schimpferei; schimpflich:** jemanden schimpflich (entwürdigend, schändlich) behandeln; der **Schimpfname;** das **Schimpfwort**

Schin·del, die: -, -n (Platte zum Decken von Häusern); das **Schindeldach**

schin·den: du schindest, er schindete, sie hat geschunden, schind(e)!; Tiere schinden (quälen) – sie schindet (müht) sich schwer – seine Arbeiter schinden (schikanieren) – er will bei Frauen Eindruck schinden (machen) – Zeit schinden (gewinnen) wollen – ein totes Tier schinden (abhäuten); der **Schindanger** (Platz zum Verscharren von Tierkadavern); der **Schinder** (jemand, der andere quält bzw. tote Tiere abhäutet); die **Schinderei** (Qual, Strapaze); das **Schindluder:** *mit jemandem Schindluder treiben* (ihn übel behandeln); die **Schindmähre** (altes, dürres Pferd)

Schin·ken, der: -s, -; einen Schinken (eine geräucherte bzw. gekochte Keule) essen – er liest einen Schinken (ein grosses, dickes Buch); das **Schinkenbrot;** der **Schinkenspeck;** die **Schinkenwurst**

Schip·pe, die: -, -n (Schaufel); *jemanden auf die Schippe nehmen* (ihn verulken, verspotten); **schippen:** Schnee schippen (schaufeln, wegräumen)

schip·pern: er schippert (fährt mit dem Schiff) die Donau hinunter

Schirm, der: -(e)s, -e; den Schirm (Regen-, Sonnenschirm) aufspannen – die Sendung lief über den Schirm (Bildschirm); **schirmen** (schützen); der **Schirmherr** (Schutzherr); die **Schirmherrin;** die **Schirmherrschaft;** die **Schirmmütze;** der **Schirmständer**

schir·ren: er schirrt (spannt) die Pferde an den Wagen; der **Schirrmeister**

Schis·ma *griech.*, das: -s, Schismen/Schismata (Kirchenspaltung)

Schi·zo·phre·nie *griech*, die: -, Schizophrenien (Geisteskrankheit, Spaltung des Bewusstseins); **schizophren**

schlab·bern: (schlürfend trinken bzw. essen);

die Katze schlabbert ihre Milch; **schlabb(e)-rig** (gallertartig): eine schlabberige (dünne, wenig nahrhafte) Suppe

schlach·ten: Tiere schlachten (töten); die **Schlacht;** die **Schlachtbank;** der **Schlachtenbummler** (Zuschauer); der **Schlachter** (Metzger); auch: der **Schlächter;** die **Schlachterei** (Fleischerei); auch: die **Schlächterei;** die **Schlachterin;** auch: die **Schlächterin;** das **Schlachtfeld** (Kampfplatz); das **Schlachtfest;** das **Schlachtgewicht;** das **Schlachthaus;** der **Schlachthof;** das **Schlachtmesser;** das **Schlachtopfer;** der **Schlachtplan** (militärischer Plan für eine bevorstehende Schlacht); die **Schlachtplatte; schlachtreif;** das **Schlachtross;** der **Schlachtruf;** das **Schlachtschiff** (grosses Kriegsschiff); das **Schlachttier;** die **Schlachtung;** das **Schlachtvieh**

Schla·cke, die: -, -n (Verbrennungsrückstand bei Kohle und Koks)

Schlä·fe, die: -, -n (Stelle des Kopfes oberhalb der Wange zwischen Auge und Ohr); graue Schläfen haben; das **Schläfenbein**

schla·fen: du schläfst, er schlief, sie hat geschlafen, schlaf(e)!; schlafen gehen (zu Bett gehen) – schlaf gut! – im Zelt schlafen (übernachten) – er schläft während des Unterrichts (er ist unaufmerksam, geistesabwesend) – *schlafen wie ein Murmeltier* (sehr fest schlafen) – *wer schläft, sündigt nicht;* der **Schlaf:** *den Schlaf des Gerechten schlafen* (fest schlafen) – *jemandem den Schlaf rauben* (ihm grosse Sorgen bereiten) – *etwas im Schlaf können* (etwas sehr sicher beherrschen); der **Schlafanzug;** das **Schläfchen;** die **Schlafcouch** [...*kautsch*]; das **Schlafengehen:** Zeit zum Schlafengehen; die **Schlafenszeit;** der **Schläfer;** die **Schläferin;** die **Schlafgelegenheit** (Unterkunft); das **Schlafgemach** (Schlafzimmer); die **Schlafkrankheit;** das **Schlaflied; schlaflos;** die **Schlaflosigkeit;** das **Schlafmittel;** die **Schlafmütze** (unaufmerksamer, träger Mensch; Langweiler); die **Schlafratte** (jemand, der gerne schläft); **schläfrig** (müde); die **Schläfrigkeit;** der **Schlafrock** (Morgenrock); der **Schlafsaal;** der **Schlafsack;** die **Schlafstelle** (Unterkunft); die **Schlaftablette; schlaftrunken** (noch nicht richtig wach); die **Schlaftrunkenheit;** der **Schlafwagen; schlafwandeln** (im Schlaf herumgehen); der **Schlafwandler;** die **Schlafwandlerin; schlafwandlerisch;** das **Schlafzimmer**

schlaff: eine schlaffe (welke) Haut – das Seil ist schlaff (locker) – er wirkt völlig schlaff (erschöpft) – ein schlaffer (schwacher) Händedruck; die **Schlaffheit**

Schla·fitt·chen, das: *jemanden beim Schlafittchen nehmen* (ihn zur Rechenschaft ziehen)

schla·gen: du schlägst, er schlug, sie hat geschlagen, schlag(e)!; er schlägt einen Nagel in die Wand – sie schlug (trommelte) gegen die Türe – der Raubvogel schlägt (tötet) seine Beute – das Meer schlug (brandete) gegen die Küste – Flammen schlagen aus dem Fenster – Bäume schlagen (fällen) – das Herz schlägt (klopft, pulsiert) heftig – sich schlagen (prügeln) – die Feinde wurden völlig geschlagen (besiegt) – eine Schlacht schlagen – jemanden in die Flucht schlagen (verjagen) – Wurzeln schlagen – die Uhr schlägt 10 (Uhr) – sie schlägt (gerät) nach ihrer Mutter – sich mit jemandem schlagen (duellieren) – sich durchs Leben schlagen – eine geschlagene (volle) Stunde warten müssen – die Bedenken in den Wind schlagen (zerstreuen) – die Nachricht hat wie eine Bombe eingeschlagen – etwas kurz und klein schlagen (zertrümmern) – *zwei Fliegen mit einer Klappe schlagen* (zwei Dinge mit einer einzigen Massnahme erledigen) – *sich geschlagen geben* (aufgeben); der **Schlag:** der Schlag (Stoss, Hieb) traf ihn auf den Kopf – der Schlag des Herzens – das ist ein schwerer Schlag (Unglück) für ihn – es ist Schlag (Punkt) 12 Uhr – er wurde vom Schlag getroffen (er hatte einen Schlaganfall) – Männer von seinem Schlag (seiner Art) sind selten – Schlag auf Schlag (schnell nacheinander) – mit einem Schlag (plötzlich) – auf einen Schlag (auf einmal, gleichzeitig) – ein Schlag ins Wasser (Misserfolg) – der Schlag (Gesang) der Nachtigall – wie vom Schlag getroffen (verstört, fassungslos) sein – *jemandem einen Schlag versetzen* (ihn enttäuschen); der **Schlagabtausch;** die **Schlagader;** der **Schlaganfall** (Gehirnschlag); **schlagartig** (plötzlich); der **Schlagball; schlagbar:** schlagbares (schlagreifes) Holz; der **Schlagbaum** (die Schranke); der **Schlagbohrer;**

der **Schlagbolzen;** die **Schläge** *Mz.* (Prügel); der **Schlägel** (Werkzeug) # Schlegel; **schlagend:** das ist ein schlagender (zwingender, stichhaltiger) Beweis; der **Schläger** (Sportgerät, Raufbold); die **Schlägerei; schlägern;** der **Schlägertyp; schlagfertig** (redegewandt, nicht auf den Mund gefallen); die **Schlagfertigkeit; schlagfest;** der **Schlagfluss;** das **Schlaginstrument;** die **Schlagkraft; schlagkräftig:** eine schlagkräftige (gut ausgebildete, einsatzbereite) Armee; das **Schlaglicht; schlaglichtartig;** das **Schlagloch;** der **Schlagring;** die **Schlagsahne** (der Schlagrahm); die **Schlagseite:** *Schlagseite haben* (betrunken sein); der **Schlagstock** (Gummiknüppel); das **Schlagwort** (Leitwort, einprägsamer Ausdruck, Motto, Slogan, Phrase); die **Schlagzeile** (Überschrift, Titelzeile): *Schlagzeilen machen* (Aufsehen erregen, auffallen); das **Schlagzeug** (Musikinstrument)

Schla·ger, der: -s, - (leicht ins Ohr gehendes, einige Zeit sehr beliebtes Lied; Publikumserfolg, Hit, Knüller); das **Schlagerfestival** [*. . . festiwal]*; die **Schlagermusik;** der **Schlagersänger;** die **Schlagersängerin;** der **Schlagerstar;** der **Schlagertext**

schlak·sig: (hoch aufgeschossen und in den Bewegungen ungeschickt); der **Schlaks** (junger, hoch aufgeschossener Bursche)

Schla·mas·sel *hebr.,* der/das: -s (Unglück, schlimmes Durcheinander) # Schlammmasse

Schlamm, der: -(e)s, -e/Schlämme (Sumpf, aufgeweichter Boden); das **Schlammbad; schlämmen** (von Schlamm reinigen); **schlammig;** die **Schlämmkreide** (gereinigte Kreide); die **Schlammmasse;** die **Schlammpackung;** die **Schlammschlacht**

schlam·pig: schlampig (nachlässig) arbeiten – eine schlampige (unordentliche) Schrift; die **Schlampe** (schlampige Frau, liederliches Frauenzimmer); **schlampen** (pfuschen, nachlässig arbeiten); der **Schlamper;** die **Schlamperei;** die **Schlamperin;** die **Schlampigkeit**

Schlan·ge, die: -, -n (fussloses Kriechtier); von einer Schlange gebissen werden – sie ist eine Schlange (unaufrichtige Frau) – *Schlange stehen* (in einer langen Reihe anstehen); sich **schlängeln:** sie schlängelt

(windet) sich durch die Menge; der **Schlangenbiss;** die **Schlangenbrut;** der **Schlangenfrass** (schlechtes Essen); das **Schlangengift;** die **Schlangenlinie** (Linie in zahlreichen Windungen)

schlank: schlanker, am schlank(e)sten; eine schlanke (schmale) Figur haben – rank und schlank – schlank machen; die **Schlankheit;** die **Schlankheitskur** (Abmagerungskur); der **Schlankmacher** (Mittel, das das Abnehmen fördern soll); **schlankweg** (ohne Zögern, ohne weiteres); **schlankwüchsig**

schlapp: sich müde und schlapp (erschöpft) fühlen – schlapp (kraftlos, schwach) machen; die **Schlappe** (Niederlage, Misserfolg); der **Schlappen** (bequemer Hausschuh); auch: die **Schlarpe; schlappern** (schlürfend essen und trinken); die **Schlappheit;** der **Schlapphut; schlappmachen** (zusammenbrechen); das **Schlappohr** (herunterhängendes Ohr); der **Schlappschwanz** (schwächlicher Mensch, Feigling)

Schla·raf·fen·land, das: -(e)s (Märchenland für Faulenzer und Schlemmer)

schlau: schlauer, am schlau(e)sten; ein schlauer Fuchs – *aus jemandem nicht schlau werden* (ihn nicht verstehen); der **Schlauberger** (Schlaukopf); die **Schläue; schlauerweise;** die **Schlauheit;** der **Schlaukopf;** auch: der **Schlaumeier**

Schlauch, der: -(e)s, Schläuche (biegsames Rohr, Luftreifen); den Schlauch (Luftreifen) aufpumpen – das war vielleicht ein Schlauch (eine grosse körperliche Anstrengung)! – *auf dem Schlauch stehen* (nicht sofort verstehen); das **Schlauchboot; schlauchen** (ermüden, anstrengen); **schlauchförmig;** die **Schlauchleitung; schlauchlos:** ein schlauchloser Reifen

Schlau·fe, die: -, -n (Schleife, Schlinge, biegsamer Griff)

Schla·wi·ner, der: -s, - (Taugenichts, durchtriebener Mensch)

schlecht: ein schlechter (böser) Mensch – schlechtes (regnerisches) Wetter haben – eine schlechte (minderwertige) Ware kaufen – es gibt schlechte (ungünstige) Nachrichten – schlecht (wenig) verdienen – die Geschäfte gehen schlecht (nicht gut) – ihr ist schlecht (übel) – ein schlechtes (schwaches) Gedächtnis haben – eine schlecht bezahlte Arbeit – er lässt es sich nicht schlecht gehen – sie ist nie schlecht gelaunt – etwas schlecht machen (es nicht gut machen) – jemanden schlecht machen (ihn verleumden, herabsetzen) – schlecht und recht (so gut es eben geht, mittelmässig) – mehr schlecht als recht (nicht besonders gut) – schlecht wegkommen (benachteiligt sein) – schlecht gelaunt (missmutig) sein – das Obst wird schlecht (fault) – es ergeht ihm schlecht (er befindet sich in Schwierigkeiten) – keine schlechte (eine gute) Idee!; **schlechterdings** (ganz und gar); die **Schlechtheit; schlęchthin** (an sich, geradezu); die **Schlechtigkeit** (Gemeinheit); **schlechtweg** (ohne Umstände, einfach); das **Schlechtwętter**

schlę·cken: am Eis schlecken (lecken) – sie schleckt (nascht) gerne; der **Schlecker** (jemand, der gerne nascht); die **Schleckerei** (Süssigkeit); die **Schleckerin;** das **Schleckermaul;** die **Schleckwaren** (Süssigkeiten zum Lutschen)

Schlę·gel, der: -s, -; einen Schlegel (eine Hinterkeule) von einem Hasen kaufen # Schlägel

Schlę·he, die: -, -n (dorniger Strauch mit herben Früchten); der **Schlehdorn**

schlei·chen: du schleichst, er schlich, sie ist geschlichen, schleich(e)! (leise, vorsichtig, unbemerkt gehen); sich aus dem Haus schleichen – wie eine Katze schleichen – müde nach Hause schleichen – eine schleichende (langsam fortschreitende) Krankheit – *sich schleichen* (weggehen); der **Schleicher** (Leisetreter); der **Schleichhandel** (ungesetzlicher Handel); die **Schleichkatze;** der **Schleichpfad;** der **Schleichweg:** auf Schleichwegen; die **Schleichwerbung**

Schleie, die: -, -n (Fischart); auch: die **Schlei**

Schlei·er, der: -s, -; einen Schleier (ein den Kopf umhüllendes Gewebe) tragen – *den Schleier lüften* (ein Geheimnis verraten, lüften); die **Schleiereule; schleierhaft** (unerklärlich); der **Schleiertanz**

schlei·fen: du schleifst, er schliff, sie hat geschliffen, schleif(e)!; er schleift (schärft) das Messer – eine geschliffene (gut formulierte) Rede halten; der **Schleifer;** die **Schleiferei;** die **Schleiferin;** der **Schleiflack;** die **Schleifmaschine;** das **Schleifpapier;** die **Schleifspur;** der **Schleifstein;** → Schliff

schlei·fen: du schleifst, er schleifte, sie hat geschleift, schleif(e)!; einen Sack über den Hof schleifen – er schleifte (schleppte, zog) mich in das Geschäft – die Hose schleift auf dem Boden – über das Eis schleifen (schlittern) – er schleift (drillt) die Soldaten – eine Burg schleifen (dem Erdboden gleich machen) – die Kupplung schleifen lassen (nicht ganz loslassen); die **Schleife:** eine Schleife (Schlinge) in das Seil machen – der Fluss macht eine Schleife (Biegung) – eine Schleife (ein verschlungenes Band) im Haar tragen

Schleim, der: -(e)s, -e (Brei, zähflüssige Masse); der **Schleimbeutel; schleimen** (Schleim absondern, heucheln); der **Schleimer** (Heuchler, Schmeichler); die **Schleimerin;** die **Schleimhaut; schleimig** (feucht, schmierig, unterwürfig); der **Schleimscheisser** (kriecherischer Mensch, Speichellecker); die **Schleimsuppe**

schlęm·men: (viel Gutes essen und trinken, geniessen); der **Schlemmer** (Feinschmecker); die **Schlemmerei;** die **Schlemmerin;** das **Schlemmerlokal;** das **Schlemmermahl**

schlęn·dern: (gemächlich einhergehen); der **Schlendrian** (Schlamperei, Nachlässigkeit)

schlęn·kern: mit den Armen schlenkern (sie locker schwingen); der **Schlenker**

schlęn·zen: (schiessen ohne weit auszuholen); er schlenzte den Ball in das gegnerische Tor; der **Schlenzer**

schlęp·pen: er schleppte (trug) den schweren Sack bis nach Hause – jemanden zur Polizei schleppen (gegen dessen Willen bringen) – die Unterhaltung schleppt sich (zieht sich langsam und mühevoll) dahin; der **Schleppdampfer;** die **Schleppe; schleppend:** die Fahrgäste werden schleppend (langsam) abgefertigt; das **Schlepp(en)kleid;** der **Schlepper** (Schleppschiff, Traktor); die **Schlepperei;** der **Schleppkahn;** der **Schlepplift;** das **Schleppnetz;** das **Schleppschiff;** das **Schleppseil;** das **Schlepptau:** *etwas ins Schlepptau nehmen* (es abschleppen); der **Schleppzug**

Schles·wig-Họl·stein, das: -s (Land der Bundesrepublik Deutschland); der **Schleswig-Holsteiner;** die **Schleswig-Holsteinerin; schleswig-holsteinisch**

schlęt·zen: die Tür schletzen (zuschlagen)

schleu·dern: die Tasche in die Ecke schleudern (mit Schwung werfen) – *ins Schleudern kommen* (die Kontrolle über etwas verlieren); die **Schleuder;** der **Schleuderball;** die **Schleudergefahr;** der **Schleuderkurs;** die **Schleudermaschine;** der **Schleuderpreis** (sehr niedriger Preis); der **Schleudersitz;** die **Schleuderware** (sehr billig verkaufte Ware, Ramsch, Ladenhüter)

schleu·nig: (sofort, eilig); **schleunigst**

Schleu·se, die: -, -n; die Schleusen (Wassertore) waren geschlossen – der Himmel öffnete alle Schleusen (es regnete in Strömen); **schleusen:** den Fremden über die Grenze schleusen (heimlich bringen) – er schleuste (lotste) mich durch die Menschenmenge; die **Schleusenkammer;** das **Schleusentor;** der **Schleusenwärter**

Schli·che *Mz.,* die: - (Tricks, Listen); *jemandem auf die Schliche kommen* (ihn durchschauen, überführen)

schlicht: ein schlichtes (bescheidenes) Leben führen – ein schlichtes (einfaches) Kleid tragen – schlichte Worte sagen – das ist schlicht (einfach gesagt) ein Unsinn – schlicht und einfach (ohne Umstände); **schlichten:** einen Streit schlichten (beilegen); der **Schlichter;** die **Schlichterin;** die **Schlichtheit** (Einfachheit); die **Schlichtung;** der **Schlichtungsversuch; schlichtweg** (ganz einfach gesagt)

Schlick, der: -(e)s, -e (Schlamm, Schwemmland); **schlick(e)rig**

Schlie·re, die: -, -n (schmieriger Streifen); **schlierig** (schleimig, schlüpfrig)

schlies·sen: du schliesst, er schloss, sie hat geschlossen, schliess(e)!; das Buch schliessen (zumachen) – er schloss die Türe – er schloss die Fabrik (er stellte den Betrieb ein) – eine Grenze schliessen (zumachen) – die Gegner schlossen (vereinbarten) Frieden – jemanden in sein Herz schliessen – den Bund fürs Leben schliessen (heiraten) – er schloss (beendete) die Versammlung – eine geschlossene (nur für Mitglieder gedachte) Veranstaltung – daraus schliesse (folgere) ich, dass ...; die **Schliesse** (Verschluss, Schnalle); der **Schliesser;** die **Schliesserin;** das **Schliessfach;** der **Schliessmuskel;** die **Schliessung**

schliess·lich: schliesslich (letzten Endes) kam er doch – schliesslich (im Grunde genommen) bin ich dafür zu alt

Schliff, der: -(e)s, -e; das Glas hat einen schönen Schliff – ihm fehlt jeglicher Schliff (er hat keine feinen Umgangsformen); die **Schlifffläche;** → schleifen

schlimm: schlimme (arge) Zeiten erleben – eine schlimme (gefährliche) Krankheit – es steht schlimm (schlecht) um ihn – im schlimmsten Fall; aber: man muss das Schlimmste befürchten – er macht sich auf das (aufs) Schlimmste gefasst – es wendet sich zum Schlimmen – auf das (aufs) Schlimmste zugerichtet werden; auch: auf das (aufs) schlimmste zugerichtet werden – er ist ein ganz Schlimmer; **schlimmstenfalls** (notfalls); aber: im schlimmsten Fall(e)

schlin·gen: du schlingst, er schlang, sie hat geschlungen, schling(e)!; die Arme um den Vater schlingen (fest um ihn legen) – sie schlingt das Essen hinunter (sie isst sehr hastig); die **Schlinge** (Schlaufe, Schleife): *jemandem die Schlinge um den Hals legen* (ihn hart bedrängen); der **Schlingel** (übermütiger, viel Unsinn treibender Junge); der **Schlingensteller; schlingern:** das Schiff schlingert (schwankt hin und her, schaukelt); die **Schlingpflanze** (Kletterpflanze)

Schlips, der: -es, -e (Krawatte); *jemandem auf den Schlips treten* (ihn beleidigen)

schlit·teln: (rodeln); **schlitten;** der **Schlitten:** Schlitten fahren (rodeln) – *mit jemandem Schlitten fahren* (ihn hart behandeln); auch: das **Schlittel;** die **Schlittenbahn,** das **Schlittenfahren;** die **Schlittenfahrt;** der **Schlittenhund; schlittern:** sie schlittert (rutscht, gleitet) über das Eis – nach und nach schlitterte er in sein Verderben; der **Schlittschuh:** Schlittschuh laufen; das **Schlittschuhlaufen;** der **Schlittschuhläufer;** die **Schlittschuhläuferin**

Schlitz, der: -es, -e (schmale Öffnung, Spalte, Ritze), **schlitzäugig; schlitzen:** du schlitzt den Saum auf; das **Schlitzohr** (gerissener Bursche, Schelm); **schlitzohrig;** die **Schlitzohrigkeit**

schloh·weiss: sie hat schlohweisses (ganz weisses) Haar

Schloss, das: -es, Schlösser; in einem grossen Schloss (Palast) wohnen – er baute ein neues Schloss (einen Verschluss) in die Türe ein – hinter *Schloss und Riegel* (im Gefängnis) *sitzen*; das **Schlösschen;** der **Schlossgarten;** der **Schlossherr;** die **Schlossherrin;** der **Schlosshof;** der **Schlosshund** (Kettenhund); die **Schlosskapelle;** der **Schlosspark;** die **Schlossruine**

Schlos·ser, der: -s, - (Handwerker, der Metall verarbeitet); die **Schlosserei;** das **Schlosserhandwerk;** die **Schlosserin; schlossern;** die **Schlosserwerkstatt**

Schlot, der: -(e)s, -e/Schlöte (Schornstein); der **Schlotfeger**

schlot·tern: ihr Kleid schlotterte am Körper (war zu weit, hing schlaff herab) – er schlottert (zittert) vor Kälte; **schlott(e)rig**

Schlucht, die: -, -en (Kluft, Abgrund)

schluch·zen: sie schluchzte (weinte) laut; der **Schluchzer**

schlu·cken: eine Tablette schlucken – er musste viel schlucken (hinnehmen, einstecken) – das Auto schluckt (verbraucht) viel Benzin; der **Schluck:** ein Schluck Wasser – einen kräftigen Schluck aus der Pulle nehmen; der **Schluckauf;** die **Schluckbeschwerden** *Mz.*; das **Schlückchen;** der **Schlucker** (armer, bedauernswerter Kerl); die **Schluckimpfung;** das **Schlücklein; schluckweise**

schlu·dern: (pfuschen, unachtsam arbeiten); die **Schluderarbeit;** die **Schluderei; schlud(e)rig** (nachlässig); der **Schludrian;** die **Schludrigkeit**

Schlum·mer, der: -s (Halbschlaf); das **Schlummerlied; schlummern;** die **Schlummerstunde;** der **Schlummertrunk**

Schlumpf, der: -(e)s, Schlümpfe (zwerghafte Comicfigur)

Schlund, der: -(e)s, Schlünde (Schlucht, Rachen)

schlüp·fen: in den Mantel schlüpfen (ihn anziehen) – er schlüpfte (kroch) durch das Loch in den Garten – unter die Bettdecke schlüpfen – das Küken schlüpft aus dem Ei – *jemandem durch die Finger schlüpfen* (jemandem entgehen); auch: **schlupfen;** der **Schlüpfer** (Unterhose); das **Schlupfloch** (Zuflucht); **schlüpfrig:** ein schlüpfriger (glitschiger) Weg – schlüpfrige (zweideutige) Reden führen; die **Schlüpfrigkeit;** der **Schlupfwinkel** (Zufluchtsort)

schlur·fen: mit den Füssen am Boden schlurfen (schleppend gehen) – die alte Frau schlurft in die Küche

schlür·fen: Tee schlürfen (geräuschvoll trinken)

Schluss, der: -es, Schlüsse; der Schluss (das Ende) des Films – Schluss damit (genug)! – falsche Schlüsse (Folgerungen) ziehen – *mit etwas Schluss machen* (aufhören); der **Schlussakt;** der **Schlussball;** die **Schlussbemerkung;** die **Schlussbilanz; schlussendlich** (schliesslich); die **Schlussfeier; schlussfolgern;** die **Schlussfolgerung; schlüssig:** das ist kein schlüssiger (folgerichtiger, zwingender) Beweis – *sich schlüssig werden* (sich entscheiden); das **Schlusskapitel;** das **Schlusslicht** (Rücklicht, Letzter); der **Schlussmann** (Tormann); der **Schlusspfiff;** die **Schlussphase;** der **Schlusspunkt;** die **Schlussrechnung;** der **Schlusssatz;** der **Schlussspurt;** der **Schlussstrich:** *einen Schlussstrich unter etwas ziehen* (etwas als beendet ansehen); der **Schlussverkauf;** das **Schlusswort;** das **Schlusszeichen**

Schlüs·sel, der: -s, -; mit dem Schlüssel das Tor aufsperren – das ist der Schlüssel (die Lösung) zu diesem Problem; der **Schlüsselbart;** das **Schlüsselbein;** die **Schlüsselblume;** das **Schlüsselbrett;** der **Schlüsselbund;** der **Schlüsseldienst; schlüsselfertig:** ein Haus schlüsselfertig (bezugsfertig) übergeben; die **Schlüsselfigur** (Hauptfigur); die **Schlüsselgewalt;** das **Schlüsselkind** (Kind mit Schlüssel zur elterlichen Wohnung, das nach der Schule unbeaufsichtigt und auf sich gestellt ist); das **Schlüsselloch;** der **Schlüsselring;** die **Schlüsselstellung** (beherrschende Stellung); das **Schlüsselwort**

Schmach, die: -; eine Schmach (Schande, Kränkung) erleiden; **schmachbedeckt; schmachbeladen; schmachten** (darben, lechzen); der **Schmachtfetzen** (rührseliges Werk wie Film, Buch, Schlager o. Ä.); **schmachvoll** (erniedrigend, verletzend)

schmäch·tig: (dünn, mager); die **Schmächtigkeit**

schmack·haft: ein schmackhaftes (köstliches, gut zubereitetes) Essen – *jemandem etwas schmackhaft machen* (ihm etwas als angenehm erscheinen lassen); die **Schmackhaftigkeit;** → schmecken

schmä·hen: (beleidigen, beschimpfen); **schmählich:** er liess sie schmählich (schändlich) im

Stich; die **Schmährede;** die **Schmähschrift;** die **Schmähung** (Beleidigung)

schmal: schmaler/schmäler, am schmalsten/ schmälsten; ein schmaler (enger) Weg – er hat ein schmales (geringes) Einkommen – eine schmale (karge) Kost; **schmalbrüstig; schmälern:** ich will dir deine Verdienste nicht schmälern (vermindern); die **Schmälerung** (Kürzung); der **Schmalfilm;** der **Schmalhans:** da ist Schmalhans Küchenmeister (es muss sehr gespart werden); die **Schmalheit;** die **Schmalspur; schmalspurig** (engstirnig)

Schmalz, das: -es, -e (Fett); das **Schmalzbrot; schmalzen:** Speisen schmalzen – ein geschmalzener (sehr hoher) Preis; das **Schmalzgebäck;** das **Schmalzgebackene; schmalzig:** schmalzige (gefühlvolle, rührselige) Lieder singen; der **Schmalzler** (Schnupftabak)

Schman·kerl, das: -s, -n (Leckerbissen)

schma·rot·zen: (auf Kosten anderer leben); der **Schmarotzer; schmarotzerhaft;** die **Schmarotzerin;** die **Schmarotzerpflanze;** das **Schmarotzertum**

Schmar·ren, der: -s; einen Schmarren (eine Mehlspeise) kochen – er redet einen Schmarren (Unsinn) – das geht dich einen Schmarren (gar nichts) an; **schmarren** (scherzen, Unsinn reden)

schmat·zen: er schmatzt beim Essen (er isst sehr geräuschvoll); der **Schmatz** (Kuss)

schmau·chen: sein Pfeifchen schmauchen (genussvoll rauchen); der **Schmauch** (qualmender Rauch); die **Schmauchspuren** Mz. (Reste unverbrannten Pulvers nach einem Schuss)

schmau·sen: (genussvoll essen und trinken); der **Schmaus** (gutes, reichhaltiges Mahl); die **Schmauserei**

schme·cken: das Essen schmeckt gut – deine Ansichten schmecken (gefallen) mir gar nicht – Speisen schmecken (kosten) – jemanden nicht schmecken (leiden) können

schmei·cheln: dem Vorgesetzten schmeicheln (schöntun) – sie schmeichelt mit ihrer Mutter (ist zärtlich zu ihr) – das Kleid schmeichelt dir (steht dir gut); die **Schmeichelei; schmeichelhaft;** das **Schmeichelkätzchen;** der **Schmeichler** (Heuchler); die **Schmeichlerin; schmeichlerisch**

schmeis·sen: du schmeisst, er schmiss, sie hat geschmissen, schmeiss(e)!; jemanden aus dem Zimmer schmeissen (hinausjagen) – mit Geld um sich schmeissen (es sinnlos ausgeben) – er wird die Sache schon schmeissen (bewältigen) – eine Runde Bier schmeissen (bezahlen); die **Schmeissfliege**

schmel·zen: du schmilzt, er schmolz, sie ist geschmolzen, schmilz!; der Schnee ist in der Sonne geschmolzen (zergangen) – Erz schmelzen (flüssig machen); der **Schmelz:** der Schmelz (Glasur, Überzug) auf Tonwaren – mit Schmelz (mit Ausdruck in der Stimme) singen; die **Schmelze** (das Schmelzen, Geschmolzenes); das **Schmelzglas;** die **Schmelzhütte;** der **Schmelzkäse;** der **Schmelzofen;** der **Schmelzpunkt;** der **Schmelztiegel** (Sammelbecken); die **Schmelzung;** das **Schmelzwasser**

Schmer, der/das: -s (Fett); der **Schmerbauch** (Fettbauch)

Schmerz, der: -es, -en; Schmerzen (Qualen, Leid) ertragen; **schmerzempfindlich;** die **Schmerzempfindlichkeit; schmerzen:** der Fuss schmerzt (tut weh) – ihr Unglück schmerzt mich (macht mich traurig) – das schmerzt (kränkt) mich sehr; das **Schmerzensgeld;** der **Schmerzenslaut; schmerzen(s)reich; schmerzerfüllt; schmerzfrei;** das **Schmerzgefühl;** die **Schmerzgrenze; schmerzhaft;** die **Schmerzhaftigkeit; schmerzlich** (bitterlich); **schmerzlindernd; schmerzlos;** die **Schmerzlosigkeit;** das **Schmerzmittel; schmerzstillend:** ein schmerzstillendes Mittel nehmen; aber: den Schmerz stillen; die **Schmerztablette; schmerzunempfindlich; schmerzverzerrt:** ein schmerzverzerrtes Gesicht; **schmerzvoll**

Schmet·ter·ling, der: -s, -e (Falter); die **Schmetterlingsblüte;** das **Schmetterlingsnetz;** die **Schmetterlingssammlung;** der **Schmetterlingsstil** (Schwimmstil)

schmet·tern: ein Glas an die Wand schmettern (mit Wucht schleudern) – den Ball über das Netz schmettern (kräftig schlagen) – ein Lied schmettern (laut singen); der **Schmetterball;** der **Schmetterschlag**

schmie·den: eine Kette schmieden – Pläne schmieden (etwas planen) – man muss das Eisen schmieden, solange es heiss ist – je-

N
O
P
Q
R
S

der ist seines Glückes Schmied; der **Schmied;** die **Schmiede;** die **Schmiedearbeit;** das **Schmied(e)eisen; schmied(e)eisern;** der **Schmiedehammer;** das **Schmiedehandwerk;** die **Schmiedekunst;** die **Schmiedin**

schmie·gen: das Kind schmiegt sich (lehnt sich fest) an den Vater – sich in das Kissen schmiegen – das Haus schmiegt sich an den Hang (passt sich an); **schmiegsam** (weich, geschmeidig); die **Schmiegsamkeit**

schmie·ren: Butter auf das Brot schmieren (streichen) – er schmiert (ölt) das verrostete Schloss – einen Beamten schmieren (bestechen) – beim Schreiben schmieren (unordentlich schreiben) – *jemandem ein paar schmieren* (ihn ohrfeigen) – *wie geschmiert* (reibungslos) *gehen* – *wer gut schmiert, der fährt gut*; der **Schmierblock;** der **Schmierdienst;** die **Schmiere:** *Schmiere (Wache) stehen;* das **Schmierentheater** (schlechtes Theater); der **Schmierer;** die **Schmiererei;** die **Schmiererin;** das **Schmierfett;** der **Schmierfink;** das **Schmiergeld** (Bestechungsgeld); das **Schmierheft; schmierig:** ein schmieriges (schmutziges) Buch – eine schmierige (klebrige) Masse – er ist ein schmieriger (ekelhafter) Mensch; das **Schmiermittel;** das **Schmieröl;** die **Schmierseife;** die **Schmierung;** der **Schmierzettel**

Schmin·ke, die: -, -n (Schönheitsmittel, Make-up); **schminken:** sich das Gesicht schminken; der **Schminkstift;** der **Schminktisch**

schmir·geln *ital.*: (schleifen, glätten); der **Schmirgel** (Schleifmittel); das **Schmirgelpapier**

schmis·sig: eine schmissige (beschwingte, flotte) Musik; der **Schmiss** (Schwung, Hiebnarbe)

schmö·kern: er schmökert gerne (liest oft in Büchern); der **Schmöker** (dickes, meist anspruchsloses Buch)

schmol·len: (verärgert, beleidigt sein); sie schmollt oft; der **Schmollmund:** einen Schmollmund ziehen; der **Schmollwinkel:** *sich in den Schmollwinkel zurückziehen* (beleidigt sein)

schmo·ren: sie hat das Fleisch geschmort (kurz angebraten und anschliessend im eigenen Saft garen lassen) – *jemanden schmoren* (in Angst und Ungewissheit) *las-*sen; der **Schmorbraten;** das **Schmorfleisch;** der **Schmortopf**

Schmu, der: -s (leichter Betrug); *Schmu machen* (schummeln, betrügen); das **Schmugeld** (heimlich beiseite geschafftes Geld)

schmü·cken: sich schmücken (herausputzen) – den Weihnachtsbaum schmücken – *sich mit fremden Federn schmücken* (die Verdienste von anderen als die eigenen ausgeben); **schmuck:** ein schmuckes (sauberes, fesches) Mädchen; der **Schmuck:** kostbaren Schmuck tragen; der **Schmuckkasten;** der **Schmuckkoffer; schmucklos** (einfach); die **Schmucklosigkeit;** die **Schmucksachen** Mz.; der **Schmuckstein;** das **Schmuckstück;** die **Schmückung; schmuckvoll;** die **Schmuckwaren** Mz.

schmud·de·lig: (ungepflegt, schmutzig); auch: **schmuddlig;** der **Schmuddel** (Schmutz, Unsauberkeit); die **Schmuddelei;** das **Schmuddelwetter** (nasskaltes, regnerisches Wetter)

schmug·geln: Waren über die Grenze schmuggeln (gesetzwidrig ein- oder ausführen); der **Schmuggel** (Schwarzhandel); die **Schmuggelei;** die **Schmuggelware;** der **Schmuggler;** die **Schmugglerbande;** die **Schmugglerin;** der **Schmugglerring**

schmun·zeln: (verstohlen lächeln); sie schmunzelte über meine Bemerkung

schmu·sen *hebr.*: (zärtlich sein); der **Schmus** (leeres Gerede, Schmeichelei); die **Schmusekatze;** der **Schmuser;** die **Schmuserei;** die **Schmuserin**

Schmutz, der: -es; deine Hose starrt vor Schmutz – ein Schmutz abweisender Stoff – *jemanden in/durch den Schmutz ziehen* (ihn herabsetzen, verleumden); die **Schmutzbürste; schmutzen:** der Anzug schmutzt leicht; der **Schmutzfänger;** der **Schmutzfink** (unreinlicher Mensch); der **Schmutzfleck; schmutzig:** eine schmutzige Hose anhaben – schmutzig grau – er führt schmutzige (gemeine, unanständige) Reden; die **Schmutzigkeit;** die **Schmutzliteratur;** die **Schmutzschicht;** die **Schmutzwäsche;** das **Schmutzwasser**

Schna·bel, der: -s, Schnäbel; die Vögel im Nest reissen ihre Schnäbel weit auf – *reden, wie einem der Schnabel gewachsen ist* (ohne Scheu reden) – *den Schnabel halten* (still sein) – *sich den Schnabel verbren-*

nen (etwas sagen und sich dabei schaden); das **Schnäbelchen; schnabelförmig; schnäbeln** (küssen); der **Schnabelschuh;** die **Schnabeltasse; schnabulieren** (mit Genuss essen)

Schnack, der: -(e)s, -s/Schnäcke (Unterhaltung, Geschwätz); **schnacken** (schwatzen)

Schna·ke, die: -, -n (Stechmücke); die **Schnakenplage;** der **Schnakenstich**

Schnal·le, die: -, -n (Verschluss, Schliesse); **schnallen:** den Rucksack auf den Rücken schnallen (ihn befestigen); der **Schnallenschuh**

schnal·zen: (einen kurzen, knallenden Laut erzeugen); du schnalzt – mit der Zunge schnalzen; der **Schnalzer;** der **Schnalzlaut**

schnap·pen: das Schloss schnappt ein (schliesst sich) – er schnappte (rang) nach Luft – der Verbrecher wurde geschnappt (gefasst) – der Hund schnappt (fasst schnell) nach der Wurst; das **Schnäppchen** (vorteilhafter Kauf); das **Schnappmesser;** das **Schnappschloss;** der **Schnappschuss** (Momentaufnahme)

Schnaps, der: -es, Schnäpse (Branntwein); die **Schnapsbrennerei;** der **Schnapsbruder** (gewohnheitsmässiger Trinker); das **Schnäpschen;** die **Schnapsflasche;** die **Schnapsidee** (verrückter Einfall); die **Schnapsnase;** die **Schnapszahl** (aus gleichen Ziffern bestehende Zahl, z.B. 999)

schnar·chen: er schnarcht laut im Schlaf; der **Schnarcher;** die **Schnarcherin**

schnar·ren: er hat eine schnarrende (knarrende, durchdringende) Stimme

schnat·tern: Gänse schnattern – schnatternde (unaufhörlich redende) Frauen und Männer; die **Schnattergans** (schwatzhafte Person); **schnatt(e)rig**

schnau·ben: du schnaubst, er schnaubte, sie hat geschnaubt, schnaub(e)! (hörbar atmen); er schnaubte vor Wut (er war sehr erregt)

schnau·fen: (heftig atmen, keuchen); er schnauft schwer; der **Schnauf** (hörbarer Atemzug); der **Schnaufer:** den letzten Schnaufer tun (sterben); das **Schnauferl** (altes Auto); die **Schnaufpause**

Schnau·ze, die: -, -n; halt die Schnauze (den Mund)! – die Schnauze des Hundes – frei nach Schnauze (ohne vorgegebenen Plan) –

– die Schnauze von etwas voll haben (einer Sache überdrüssig sein) – die Schnauze halten (still sein) – eine grosse Schnauze haben (prahlen, angeben); der **Schnauzbart; schnauzbärtig; schnauzen** (laut schimpfen); **schnäuzen:** sich die Nase schnäuzen; der **Schnauzer** (Hunderasse, Schnauzbart); das **Schnäuztuch** (Taschentuch)

Schne·cke, die: -, -n; so langsam wie eine Schnecke gehen – jemanden zur Schnecke machen (ihn heftig tadeln); **schneckenförmig;** der **Schneckengang;** das **Schneckengehäuse;** das **Schneckenhaus:** sich in sein Schneckenhaus zurückziehen (sich zurückziehen, andere meiden); das **Schneckentempo:** im Schneckentempo (sehr langsam) fahren

Schnee, der: -s (Niederschlag in Form weisser Flocken); es fällt Schnee – Schnee von gestern (Dinge, die niemanden mehr interessieren); der **Schneeball; schneebedeckt; schneebeladen;** der **Schneebesen** (Küchengerät); **schneeblind;** das **Schneebrett;** der **Schneebruch;** die **Schneedecke;** der **Schneefall;** die **Schneeflocke; schneefrei;** das **Schneegestöber; schneeglatt:** eine schneeglatte Fahrbahn; die **Schneeglätte;** das **Schneeglöckchen** (Blume); **schneeig;** die **Schneeketten** Mz.; der **Schneekönig:** sich freuen wie ein Schneekönig (sich sehr freuen); die **Schneelandschaft;** der **Schneemann;** der **Schneematsch;** der **Schneepflug;** die **Schneeschippe** (Schneeschaufel); die **Schneeschmelze; schneesicher:** ein schneesicheres Gebiet; der **Schneesturm;** das **Schneetreiben;** die **Schneeverwehung;** die **Schneewechte; schneeweiss;** das **Schneewittchen** (Märchenfigur); → schneien

schnei·den: du schneidest, er schnitt, sie hat geschnitten, schneid(e)!; Brot schneiden – er lässt sich die Haare schneiden – schneiden wie Gift (sehr scharf sein) – sich schneiden (verletzen) – jemandem ein Gesicht schneiden (eine Grimasse machen) – die beiden Strassen schneiden (kreuzen) sich – eine Kurve schneiden (nicht ausfahren) – sie wird von ihren Nachbarinnen geschnitten (gemieden) – er trägt einen elegant geschnittenen Mantel – eine schneidende (eisige) Kälte; der **Schneidbrenner** (Werkzeug

zum Zerschneiden von Metall); die
Schneide: die Schneide des Messers; der
Schneider: *aus dem Schneider sein* (eine
schwierige Situation überwunden haben);
die **Schneiderei;** das **Schneiderhandwerk;**
die **Schneiderin; schneidern:** er liess sich
einen Anzug schneidern (anfertigen); die
Schneiderwerkstatt; der **Schneidezahn;** →
Schnitt

schnei·dig: ein schneidiger (mutiger, tapferer,
forscher) Bursche; der **Schneid:** Schneid
(Mut) haben – *jemandem den Schneid ab-
kaufen* (ihn entmutigen); die **Schneidigkeit**

schnei·en: es hat den ganzen Tag geschneit –
plötzlich kam er hereingeschneit (unange-
meldet); → Schnee

Schnei·se, die: -, -n; eine Schneise (baumlo-
ser Streifen) im Wald

schnell: er ist sehr schnell (geschwind) gelau-
fen – schnell (rasch, eilig) kommen –
schnell machen (sich beeilen); aber: auf die
Schnelle (schnell, rasch); die **Schnell-
bahn;** das **Schnellboot;** der **Schnelldienst;**
schnellen: das Fieber schnellte (stieg sehr
rasch) in die Höhe – der Pfeil schnellte
(schoss) durch die Luft; das **Schnellfeuer;**
schnellfüssig; das **Schnellgericht;** der **Schnell-
hefter;** die **Schnelligkeit;** der **Schnellimbiss;**
die **Schnellkraft;** der **Schnelllaster** (schnell
fahrender LKW); der **Schnellläufer;** die
Schnellläuferin; schnelllebig; die **Schnell-
lebigkeit;** die **Schnellreinigung;** der **Schnell-
schuss; schnellstens** (unverzüglich); **schnellst-
möglich** (möglichst schnell); die **Schnell-
strasse;** das **Schnellverfahren;** der **Schnell-
verkehr;** der **Schnellzug** (D-Zug)

Schnel·le, die: -, -n (Stromschnelle)

Schnep·fe, die: -, -n (Vogel); die **Schnepfen-
jagd;** der **Schnepfenvogel**

schnet·zeln: (zerkleinern, fein zerschneiden);
geschnetzeltes Fleisch

Schnick·schnack, der: -(e)s (Unsinn; hüb-
sches, aber wertloses Zeug; Geschwätz)

schnie·fen: (hörbar durch die Nase atmen)

schnie·geln, sich: sich schniegeln (sich he-
rausputzen) – geschniegelt und gebügelt
(fein herausgeputzt)

schnip·peln: (in kleine Stücke schneiden);
der/das **Schnippel** (kleines abgeschnitte-
nes Stück, Fetzen); die **Schnippelei;** →
schnipseln

schnip·pen: mit den Fingern schnippen
(schnalzen); das **Schnippchen:** *jemandem
ein Schnippchen schlagen* (einen Streich
spielen); **schnippisch:** ein schnippisches
(freches, keckes) Mädchen

schnip·seln: (in kleine Stücke schneiden);
der/das **Schnipsel;** die **Schnipselei;** →
schnippeln

Schnitt, der: -(e)s, -e; er hatte einen tiefen
Schnitt (eine Schnittwunde) im Fuss – der
Schnitt (die Ernte) des Getreides – im
Schnitt (durchschnittlich) – der Schnitt
(die Form) eines Kleides – *einen guten
Schnitt machen* (gut verdienen, profitie-
ren); die **Schnittblume;** die **Schnitte** (Brot-
scheibe); der **Schnitter** (Mäher); die **Schnit-
terin; schnittfest;** die **Schnittfläche;** das
Schnittholz; schnittig: ein schnittiges (sport-
liches) Auto; der **Schnittlauch** (Zwiebelge-
wächs); die **Schnittmenge;** das **Schnittmus-
ter;** der **Schnittpunkt** (Kreuzungspunkt);
schnittreif; die **Schnittstelle;** die **Schnitt-
ware** (Stoffe, die in gewünschter Länge
verkauft werden); die **Schnittwunde;** →
schneiden

schnit·zen: du schnitzt – Figuren schnitzen
(aus Holz oder Elfenbein schneiden); die
Schnitzarbeit; das **Schnitzel** (abgeschnitte-
nes Stückchen, gebratene Scheibe vom
Schwein oder Kalb): ein Wiener Schnitzel;
die **Schnitzeljagd; schnitzeln:** (zerklei-
nern); der **Schnitzer:** er leistete sich einen
groben Schnitzer (Fehler); die **Schnitzerei;**
das **Schnitzmesser;** das **Schnitzwerk**

schnod·de·rig: eine schnodderige (freche,
unverschämte) Bemerkung; auch: **schnodd-
rig;** die **Schnodd(e)rigkeit**

schnö·de: jemanden schnöde (verächtlich)
behandeln – einen schnöden (verachtens-
werten) Gewinn machen; auch: **schnöd;**
die **Schnödigkeit**

Schnor·chel, der: -s, - (Tauchgerät); **schnor-
cheln** (mit dem Schnorchel tauchen)

Schnör·kel, der: -s, - (unnötige Verzierung);
die **Schnörkelei; schnörkelhaft; schnörk(e)-
lig;** die **Schnörkelschrift**

schnor·ren: (auf Kosten anderer leben, bet-
teln); der **Schnorrer;** die **Schnorrerei;** die
Schnorrerin

Schnö·sel, der: -s, - (frecher Junge); **schnöselig**

Schnu·cke, die: -, -n (Schaf, Heidschnucke)

das **Schnuckelchen; schnuck(e)lig** (lieb, zierlich)

schnüf·feln: der Hund schnüffelt (schnuppert) an der Türe – in fremden Sachen schnüffeln (herumsuchen) – er schnüffelt heimlich (inhaliert die Dämpfe von berauschenden Stoffen); die **Schnüffelei;** der **Schnüffler** (Detektiv, Spion)

schnul·len: am Daumen schnullen (saugen, lutschen); der **Schnuller** (Gummisauger für Babys)

Schnul·ze, die: -, -n (rührseliges, kitschiges Kino-, Fernseh-, Musik- oder Theaterstück); der **Schnulzensänger;** die **Schnulzensängerin; schnulzig**

schnup·fen: er schnupft (nimmt Schnupftabak); Kokain schnupfen (durch Einatmen in die Nasenlöcher zu sich nehmen); der **Schnupfen** (Erkältung, Katarrh); der **Schnupfer;** die **Schnupferin;** der **Schnupftabak;** das **Schnupftuch**

schnup·pe: das ist mir schnuppe (gleichgültig)

schnup·pern: (stossweise durch die Nase atmen); sie schnupperte (roch) an dem Käse; sie schnuppert (absolviert eine Schnupperlehre) als Schreinerin; die **Schnupperlehre** (Lehre auf Probe vor der Berufsentscheidung)

Schnur, die: -, Schnüre (Bindfaden, Kordel); *über die Schnur hauen* (übermütig sein); das **Schnürchen:** *wie am Schnürchen* (mühelos) *gehen;* **schnüren:** ein Paket schnüren – er schnürte seine Wanderschuhe – die Angst schnürt ihm die Kehle zu – der Riemen schnürte (drückte) sich tief ins Fleisch; **schnurgerade;** das **Schnürleibchen;** der **Schnürriemen;** der **Schnürschuh;** der **Schnürsenkel** (Schuhriemen); der **Schnürstiefel; schnurstracks** (direkt, ohne Umwege); die **Schnürung**

schnur·ren: (ein leises, summendes Geräusch von sich geben); wie eine Katze schnurren; der **Schnurrbart** (Bart auf der Oberlippe); **schnurrbärtig;** die **Schnurre** (Erzählung von einer spassigen Begebenheit); **schnurrig:** schnurrige (lustige) Geschichten erzählen

schnurz: das ist mir schnurz (egal, gleichgültig); auch: **schnurzpiepe**

Schnu·te, die: -, -n (Mund mit vorgeschobenen Lippen); er macht eine Schnute (verzieht enttäuscht, beleidigt das Gesicht)

Scho·ber, der: -s, - (Heu-, Strohhaufen)

Schock, das: -(e)s, -(e) (altes Zählmass); ein Schock Eier (60 Stück)

Schock *engl.,* der: -(e)s, -e/-s; einen Schock (eine plötzliche seelische Erschütterung) erleiden; **schocken** (in starken Schrecken versetzen): nach dem Unfall war er völlig geschockt; der **Schocker** (Schauerroman, -film); die **Schockfarbe; schockgefroren; schockieren** (Bestürzung hervorrufen, Anstoss erregen); **schocking** (anstössig, peinlich); auch: **shocking;** die **Schocktherapie;** der **Schockzustand**

scho·fel *hebr.:* (schäbig, gemein); **schof(e)lig**

Schöf·fe, der: -n, - (ehrenamtlicher Laienrichter); das **Schöffengericht** (Gericht, in dem Schöffen mitwirken); die **Schöffin**

Scho·ko·la·de *mexik.,* die: -, -n (Süssigkeit aus Kakao, Milch und Zucker); auch: die **Schoko; schokoladen** (aus Schokolade); **schokolade(n)braun;** das **Schokoladeneis; schokoladenfarben;** auch: **schokoladenfarbig;** der **Schokoladenguss;** der **Schokoladenpudding;** die **Schokoladenseite** (Seite, die am vorteilhaftesten aussieht); die **Schokoladentorte;** der **Schokoriegel**

Schol·le, die: -, -n (Heimaterde, Erdklumpen, grosses Eisstück)

Schol·le, die: -, -n (Seefisch)

schon: ich war schon (bereits) früher hier – schon (allein) ein Blick genügt – es wird schon (bestimmt) klappen – wenn du nur schon (endlich) da wärst! – das ist schon (ohnehin) billig genug – was macht das schon; **...schon:** obschon – wennschon – wennschon, dennschon

schön: schön sein – eine schöne Figur haben – etwas schön machen – schön (gut leserlich) schreiben – schön werden – das Wetter wird schön – das war eine schöne (herrliche) Zeit – das ist eine schöne (beträchtliche) Summe – er ist ganz schön (ziemlich) frech – das ist aber eine schöne Bescherung! – das wäre ja noch schöner! – aber: sie ist die Schönste von allen – nichts Schöneres – das Schöne und das Gute – da hast du aber etwas Schönes angerichtet! – aufs Schönste übereinstimmen; auch: aufs schönste; die **Schöne** (schönes Mädchen, schöne Frau); **schönen** (verbessern, zu schön darstellen); **schönfärben** (günstig darstellen); aber: das Tuch schön färben; die **Schönfärberei; schöngeistig:** schöngeistige Literatur; die **Schönheit;** die **Schönheitspflege;** der **Schönling** (gepflegter, gut aussehender jüngerer Mann); **schönschreiben** (in Schönschrift schreiben); das **Schönschreiben;** die **Schöntuerei; schöntun** (schmeicheln); die **Schönwetterlage**

scho·nen: er schont seine Augen – seinen neuen Anzug schonen (nicht strapazieren) – *sich schonen* (auf seine Gesundheit achten, Anstrengungen vermeiden); **schonend;** der **Schoner** (Schutzdecke, Überzug); die **Schonfrist;** der **Schongang;** die **Schonkost** (Diät); die **Schonung:** die Gefangenen baten um Schonung (sie baten nicht getötet zu werden) – auf der Schonung (Stelle im Wald mit jungem Baumbestand) stehen Rehe; **schonungsbedürftig; schonungslos; schonungsvoll;** der **Schonwaschgang;** die **Schonzeit** (Jagdverbot)

Scho·ner, der: -s, - (mehrmastiges Segelschiff)

Schopf, der: -(e)s, Schöpfe (Haarbüschel); *eine Gelegenheit beim Schopfe fassen* (entschlossen nützen)

schöp·fen: frische Luft schöpfen (atmen) – mit der hohlen Hand Wasser aus dem Bach schöpfen – er schöpfte Verdacht – *aus dem Vollen schöpfen* (auf reichlich vorhandene Mittel zurückgreifen können); der **Schöpfeimer;** der **Schöpfer;** auch: die **Schöpfkelle;** das **Schöpfgefäss;** der **Schöpflöffel**

Schöp·fung, die: -; die **Schöpfung** (Erschaffung) der Erde; der **Schöpfer** (Gott); die **Schöpferin; schöpferisch** (fantasievoll, erfinderisch); die **Schöpfungsgeschichte** (Bericht über die Schöpfung in der Bibel)

Schop·pen, der: -s, - (altes Flüssigkeitsmass, Babyflasche); ein Schoppen Wein; das **Schöppchen; schöppeln** (gern oder gewohnheitsmässig trinken; dem Baby die Flasche geben); **schoppenweise**

Schorf, der: -(e)s, -e (Kruste auf einer Wunde); **schorfig**

Schor·le, die: -, -n (Getränk aus Wein bzw. Apfelsaft und Mineralwasser)

Schorn·stein, der: -s, -e (Schlot, Kamin); *etwas in den Schornstein schreiben* (etwas als verloren ansehen); der **Schornsteinfeger;** die **Schornsteinfegerin**

Scho·se franz., die: -, -n; → Chose

Schoss, der: -es, Schösse; das Kind sitzt auf dem Schoss des Vaters – er kehrte in den Schoss (Schutz) der Familie zurück – *die Hände in den Schoss legen* (untätig sein); der **Schosshund;** das **Schosskind**

Schöss·ling, der: -s, -e (junger Trieb einer Pflanze); **auch:** der **Schoss**

Scho·te, die: -, -n (längliche Kapselfrucht, Hülse); **schotenförmig;** die **Schotenfrucht**

Schott, das: -(e)s, -en/-e (feuerfeste und wasserdichte Wand in einem Schiff)

Schot·ter, der: -s, - (Geröllablagerung, zerkleinerte Steine); die **Schotterdecke; schottern;** die **Schotterstrasse;** die **Schotterung;** der **Schotterweg**

schraf·fie·ren: eine Zeichnung schraffieren (parallel stricheln); die **Schraffierung** (Strichelung); die **Schraffur** (Striche, die eine Fläche hervorheben)

schräg: eine schräge (geneigte, schiefe) Wand – schräg gegenüber – eine schräg laufende Linie – etwas schräg halten – jemanden schräg (prüfend) ansehen; die **Schräge; schrägen** (schräg abkanten); die **Schrägheit;** die **Schräglage;** die **Schrägschrift;** der **Schrägstrich;** die **Schrägung**

Schra·gen, der: -s, - (Untersuchungsliege des Arztes, Operationstisch, Klappbett, Totenbett)

Schram·me, die: -, -n (Riss, Kratzer, leichte Verletzung); **schrammen; schrammig**

Schrank, der: -(e)s, Schränke (Möbelstück); die Kleider in den Schrank hängen; das **Schrankbett;** das **Schränkchen;** das **Schrankfach;** der **Schrankkoffer;** der **Schrankspiegel;** die **Schrankwand**

Schran·ke, die: -, -n (Schlagbaum, Sperre, Hindernis); die Schranke geht hoch – *etwas in Schranken halten* (etwas begrenzen) – *jemanden in seine Schranken weisen* (ihn zur Mässigung auffordern); **schrankenlos;** die **Schrankenlosigkeit;** der **Schrankenwärter**

schrän·ken: er schränkt die Arme über die Brust – eine Säge schränken (die Zähne abwechselnd links und rechts abbiegen)

schrau·ben: ein Schild an die Wand schrauben (mit Schrauben befestigen) – er schraubt (setzt) seine Ansprüche immer höher – sie spricht geschraubt (geziert); das **Schräubchen;** die **Schraube:** *bei dir ist eine Schraube locker* (du bist nicht recht bei

Verstand) – *die Schraube überdrehen* (zu weit gehen); die **Schraubenmutter;** der **Schraubenschlüssel;** der **Schraubenzieher;** der **Schraubstock;** der **Schraubverschluss;** die **Schraubzwinge**

Schre·ber·gar·ten, der: -s, . . . gärten (Kleingarten am Ortsrand); der **Schrebergärtner;** die **Schrebergärtnerin**

schre·cken: du schrickst, er schrak/schreckte, sie ist erschrocken/erschreckt, schreck(e)!; er hat ihn geschreckt (ihm einen Schreck versetzt); der **Schreck** (Angst, Furcht): er bekam einen tüchtigen Schreck; das **Schreckbild;** der **Schrecken:** sie kam noch einmal mit einem Schrecken davon – die Schrecken (schlimmen Geschehnisse) des Krieges; **schreckensblass; schreckensbleich;** die **Schreckensbotschaft; Schreckensherrschaft;** die **Schreckensnachricht;** die **Schreckenstat;** die **Schreckenszeit;** das **Schreckgespenst** (Schreckgestalt); **schreckhaft** (ängstlich); die **Schreckhaftigkeit; schrecklich:** der Anblick war schrecklich (fürchterlich) – ein schreckliches (schlimmes) Unwetter – das ist mir schrecklich (sehr) peinlich; aber: auf das Schrecklichste gefasst sein; die **Schrecklichkeit;** die **Schreckschraube** (unbeliebte, ältere Frau); die **Schreckschusspistole**

Schred·der, der: -s, - (Zerhacker, Reisswolf)

schrei·ben: du schreibst, er schrieb, sie hat geschrieben, schreib(e)!; sie schrieb mir einen Brief – wir schreiben das Jahr 1996 – er schreibt an einem Roman – der Arzt hat sie krankgeschrieben – sage und schreibe (tatsächlich) – *sich etwas hinter die Ohren schreiben* (sich etwas gut merken); der **Schreibblock;** das **Schreibbüro;** das **Schreiben** (schriftliche Mitteilung); der **Schreiber;** die **Schreiberei;** die **Schreiberin;** der **Schreiberling; schreibfaul;** die **Schreibfeder;** der **Schreibfehler; schreibgewandt;** das **Schreibheft;** die **Schreibkraft;** die **Schreibmappe;** die **Schreibmaschine;** das **Schreibpapier;** das **Schreibpult;** die **Schreibschrift;** der **Schreibtisch;** die **Schreibübung;** die **Schreibung;** die **Schreibwaren** *Mz.;* die **Schreibweise;** das **Schreibzeug;** der **Schrieb** (Schreiben, Schriftstück); → Schrift

schrei·en: du schreist, er schrie, sie hat geschrien, schrei(e)!; die Kinder schreien (lärmen, johlen) auf der Strasse – schreien wie am Spiess (sehr laut schreien) – sie schrie vor Angst – schrei nicht so! – diese Tat schreit (verlangt) nach Vergeltung – *es schreit zum Himmel* (es ist ein Skandal); aber: es ist zum Schreien (sehr lustig, komisch); der **Schrei:** einen lauten Schrei ausstossen – sie ist stets nach dem letzten Schrei (der neuesten Mode) gekleidet; **schreiend:** schreiende (knallige, grelle) Farben; der **Schreier;** auch: der **Schreihals;** die **Schreierei;** die **Schreierin;** der **Schreikrampf**

schrei·nern: einen Tisch schreinern; der **Schrein** (Schrank, Sarg); der **Schreiner** (Tischler); die **Schreinerei;** die **Schreinerin**

schrei·ten: du schreitest, er schritt, sie ist geschritten, schreit(e)! (langsam, feierlich, gemessenen Schrittes gehen); → Schritt

Schrift, die: -, -en; deine Schrift hat sich gebessert – sie spricht nach der Schrift (hochdeutsch) – die Heilige Schrift (Bibel); die **Schriftart;** das **Schriftbild;** das **Schriftdeutsch;** die **Schriften** (Ausweispapiere); der **Schriftführer;** der **Schriftgelehrte; schriftlich:** eine schriftliche Prüfung; aber: etwas Schriftliches in Händen haben; der **Schriftsetzer;** die **Schriftsetzerin;** die **Schriftsprache** (Hochdeutsch); der **Schriftsteller;** die **Schriftstellerin; schriftstellerisch;** das **Schriftstück** (Schreiben); das **Schrifttum** (Literatur); der **Schriftverkehr;** der **Schriftwechsel;** das **Schriftzeichen;** die **Schriftzüge** *Mz.* (Handschrift eines Menschen); → schreiben

schrill: ein schriller (durchdringender) Ton; **schrillen:** das Telefon schrillte

Schritt, der: -(e)s, -e; er macht grosse Schritte – auf Schritt und Tritt (überall, ständig) – Schritt für Schritt (allmählich) – Schritt (sehr langsam) fahren – *den ersten Schritt tun* (mit etwas beginnen, sich als Erster versöhnen) – *mit jemandem Schritt halten* (das gleiche Tempo halten) – *Schritte gegen jemanden unternehmen* (Massnahmen gegen ihn ergreifen); die **Schrittlänge;** der **Schrittmacher;** das **Schritttempo; schrittweise** (allmählich); → schreiten

schroff: schroffer, am schroffsten; ein schroffer (steil aufragender) Felsen – sie ist eine schroffe (abweisende, unhöfliche) Person – ein schroffer (plötzlicher) Übergang; die **Schroffheit**

N
O
P
Q
R
S

schröp·fen: (zur Ader lassen, Geld abnehmen)

Schrot, das/der: -(e)s, -e (Bleikügelchen, gemahlene Getreidekörner); ein Mann von echtem Schrot und Korn (ein richtiger, tüchtiger Mann); das **Schrotbrot; schroten** (grob mahlen, zerkleinern); die **Schrotflinte;** das **Schrotkorn;** die **Schrotkugel;** die **Schrotladung;** das **Schrotmehl;** die **Schrotpatrone;** der **Schrotschuss**

Schrott, der: -(e)s, -e (Alteisen, Metallabfälle); *etwas zu Schrott fahren* (so beschädigen, dass es verschrottet werden muss); der **Schrotthändler;** der **Schrotthaufen;** die **Schrottpresse; schrottreif;** der **Schrottwert**

schrub·ben: die Matrosen schrubben (scheuern) das Schiffsdeck – den Rücken schrubben (kräftig reiben); der **Schrubber** # schruppen

Schrul·le, die: -, -n; Schrullen (verrückte Ideen, seltsame Einfälle) im Kopf haben; **schrullenhaft; schrullig:** er ist ein schrulliger (eigensinniger, wunderlicher) alter Mann; die **Schrulligkeit**

schrum·pe·lig: eine schrumpelige (faltige, runzlige) Haut; auch: **schrumplig; schrumpeln**

schrump·fen: der Pullover ist beim Waschen geschrumpft (er hat sich zusammengezogen) – die Ersparnisse sind geschrumpft (kleiner geworden); die **Schrumpfniere;** die **Schrumpfung**

Schrun·de, die: -, -n (Spalte, Riss); **schrundig:** schrundige (rissige, raue) Hände

schrup·pen: (grob hobeln oder feilen); die **Schruppfeile;** der **Schrupphobel** # schrubben

Schub, der: -(e)s, Schübe (Stoss); der **Schuber** (Schutzkarton für Bücher); das **Schubfach;** die **Schubkarre;** auch: der **Schubkarren;** die **Schubkraft;** die **Schublade; schubladisieren** (unbearbeitet weglegen, in der Schublade verschwinden lassen); die **Schublehre** (Messwerkzeug); der **Schubs:** er gab dem Nachbarn einen Schubs (einen leichten Stoss); auch: der **Schups; schubsen:** er schubste ihn zur Seite; auch: **schupsen;** die **Schubserei; schubweise** (in kleinen Gruppen, in Schüben); → Schups

Schüb·ling, der: -s, -e (leicht geräucherte Wurst)

schüch·tern: ein schüchterner (zurückhaltender, gehemmter) Junge – einen schüchternen (zaghaften) Versuch unternehmen; die **Schüchternheit**

Schuft, der: -(e)s, -e (Schurke, niederträchtiger Mensch); **schuftig** (gemein); die **Schuftigkeit**

schuf·ten: er schuftet (arbeitet hart) den ganzen Tag; die **Schufterei**

Schuh, der: -(e)s, -e; neue Schuhe tragen – *jemandem etwas in die Schuhe schieben* (ihm die Schuld an etwas geben) – *wissen, wo jemanden der Schuh drückt* (seine Nöte, Sorgen kennen); das **Schuhband;** das **Schühchen;** die **Schuhcreme;** die **Schuhfabrik;** das **Schuhgeschäft;** der **Schuhkarton;** der **Schuhladen;** der **Schuhlöffel;** der **Schuhmacher** (Schuster); die **Schuhmacherin;** die **Schuhnummer;** der **Schuhplattler** (Volkstanz); der **Schuhriemen;** die **Schuhsohle;** das **Schuhwerk;** die **Schuhwichse;** das **Schuhzeug**

Schu·ko·ste·cker, der: -s, - (Schutzkontaktstecker)

Schuld, die: -, -en; er hat die Schuld an der Niederlage (er ist verantwortlich dafür) – eine schwere Schuld (Verfehlung) auf sich geladen haben – Schuld tragen – es ist nicht meine Schuld – sich keiner Schuld bewusst sein – Schuld geben – er liess sich nichts zu Schulden kommen; auch: zuschulden kommen lassen; **schuld:** schuld sein – sie sind schuld daran; das **Schuldbekenntnis; schuldbeladen; schuldbewusst** (reuig, beschämt); aber: er ist sich seiner Schuld bewusst; das **Schuldbewusstsein;** der **Schuldbrief** (Schuldschein); **schulden:** er schuldet mir noch viel Geld – ich schulde ihm Dank; die **Schulden** Mz.: er hat grosse Schulden – *mehr Schulden als Haare auf dem Kopf haben* (sehr verschuldet sein) – *tief in Schulden stecken* (grosse Schulden haben); der **Schuldenberg; schuldenfrei** (ohne Schulden); aber: sie ist von allen Schulden frei; die **Schuldenlast;** die **Schuldfrage; schuldfrei** (ohne Schuld); das **Schuldgefühl; schuldhaft:** ein schuldhaftes (vorsätzlich gesetzwidriges) Verhalten; **schuldig:** jemanden schuldig sprechen (verurteilen) – er ist schuldig an diesem Unglück (verantwortlich dafür) – er ist mir noch Geld schuldig; der/die **Schuldige;** die **Schuldigkeit:** *seine Schuldigkeit tun* (tun, wozu man verpflichtet ist); **schuldlos** (unschuldig); die **Schuldlosigkeit;** der **Schuldner;** die **Schuldnerin;** der **Schuldschein;** der **Schuldspruch** (Verurteilung); **schuldvoll;** der **Schuldzins;** die **Schuldzuweisung**

Schu·le *lat.*, die: -, -n; die Schule (der Unterricht) ist ausgefallen – eine neue Schule (Schulhaus) wird gebaut – dieses Beispiel machte Schule (wurde häufig nachgeahmt) – *aus der Schule plaudern* (interne Angelegenheiten anderen mitteilen, Geheimnisse ausplaudern); der **Schulabgänger;** die **Schulabgängerin;** der **Schulabschluss;** der **Schulanfänger;** die **Schulanfängerin;** der **Schulatlas;** die **Schulaufgabe;** die **Schulbank:** *die Schulbank drücken* (zur Schule gehen); der **Schulbeginn;** die **Schulbehörde;** die **Schulbildung;** das **Schulbuch;** der **Schulbus;** der **Schulchor;** **schulen:** er schult (trainiert) sein Gedächtnis – die neuen Mitarbeiter schulen (ausbilden); die **Schulentlassung;** der **Schüler;** die **Schülerin;** der **Schülerlotse;** die **Schülerschaft;** die **Schülerzeitung;** die **Schulferien** *Mz.*; **schulfrei;** der **Schulfunk;** das **Schulgebäude;** die **Schulgemeinde;** das **Schulheft;** der **Schulhof; schulisch:** seine schulischen Leistungen haben sich gebessert; das **Schuljahr;** die **Schuljugend;** der **Schulkamerad;** die **Schulkameradin;** die Schulkenntnisse *Mz.*; das **Schulkind;** die **Schulklasse;** die **Schulkommission;** das **Schullandheim;** der **Schullehrer;** die **Schullehrerin;** der **Schulleiter;** die **Schulleiterin; schulmeistern;** die **Schulordnung;** die **Schulpflege** (Aufsichtsorgan); die **Schulpflicht; schulpflichtig;** der **Schulpsychologe;** die **Schulpsychologin;** der **Schulranzen;** der **Schulrat;** die **Schulreform;** die **Schulreife;** der **Schulsack;** der **Schulschluss;** das **Schulsparen;** der **Schulsprecher;** die **Schulsprecherin;** der **Schulstress;** die **Schulstufe;** die **Schulstunde;** die **Schultüte;** die **Schulung;** das **Schulungszentrum;** der **Schulwechsel;** der **Schulweg;** das **Schulwesen;** die **Schulzeit;** das **Schulzeugnis**

Schul·ter, die: -, -n; jemandem auf die Schulter klopfen – Schulter an Schulter (dicht gedrängt) – *jemandem die kalte Schulter zeigen* (ihn abweisen, nicht beachten) – *etwas auf die leichte Schulter nehmen* (nicht ernst genug) – *jemanden über die Schulter ansehen* (auf ihn herabsehen); das **Schulterblatt;** das **Schultergelenk;** die **Schulterklappe; schulterlang; schultern:** das Gewehr schultern; der **Schulterschluss** (Zusammenhalt); das **Schulterzucken**

schum·meln: (schwindeln, betrügen); die **Schummelei;** der **Schummler;** die **Schummlerin**

schum·me·rig: (dämmrig, dunkel); auch: **schummrig; schummern** (dämmern); die **Schummerstunde** (Dämmerstunde)

Schund, der: -(e)s (Wertloses, Ramsch); das **Schundheft; schundig** (wertlos, minderwertig); die **Schundliteratur;** der **Schundroman**

schun·keln: (sich hin und her wiegen, schaukeln); das **Schunkellied;** der **Schunkelwalzer**

Schupf, der: -(e)s, -e (Stoss, Schwung); → Schups; schupfen

Schu·po, der: -s, -s (Schutzpolizist); die **Schupo** (Schutzpolizei)

Schup·pe, die: -, -n (Plättchen der Haut); die Schuppen des Fisches – *jemandem fällt es wie Schuppen von den Augen* (er erkennt plötzlich den wahren Sachverhalt); **schuppen:** die Haut schuppt sich (löst sich ab) – der Fisch wird geschuppt; die **Schuppenflechte** (Hautkrankheit); der **Schuppenpanzer;** das **Schuppentier; schuppig**

Schup·pen, der: -s, - (einfacher Holzbau für Wagen und Geräte); die Gartengeräte stehen im Schuppen

Schups, der: -es, -e; auch: der **Schubs;** auch: der **Schupf; schupsen;** auch: **schupfen;** → Schub

Schur, die: -, -en (das Scheren der Schafe); die **Schurwolle; schurwollen**

schü·ren: Feuer schüren (entfachen) – er schürte den Hass gegen uns; das **Schüreisen;** der **Schürhaken**

schür·fen: er schürfte (verletzte) sich das Knie – nach Gold schürfen (graben, suchen); das **Schürfrecht;** die **Schürfung;** die **Schürfwunde**

schu·ri·geln: (quälen, schikanieren); die **Schurigelei**

Schur·ke, der: -n, -n (Gauner, Schuft, Verbrecher); der **Schurkenstreich;** die **Schurkerei;** die **Schurkin; schurkisch** (gemein)

Schurz, der: -es, -e (um die Hüfte gebundenes Kleidungsstück); beim Arbeiten trägt er einen Schurz; die **Schürze** (die Vorderseite des Körpers bedeckendes, schützendes Kleidungsstück); **schürzen:** du schürzt – den Rock schürzen (hochbinden) – verächtlich die Lippen schürzen; der **Schürzenjäger** (Frauenheld); das **Schurzfell**

Schuss, der: -es, Schüsse; der Schuss aus einem Gewehr – der Schuss ging ins Tor – ein Schuss (ein wenig) Rum – weitab vom Schuss (weit weg) – *etwas in Schuss* (in guter Ordnung) *halten – keinen Schuss Pulver wert sein* (nichts taugen) – *weit vom Schuss* (in Sicherheit, weit weg) *sein – jemandem einen Schuss vor den Bug geben* (ihn eindringlich warnen); **schussbereit;** die **Schussfahrt** (ungebremste Abfahrt); das **Schussfeld; schussfest;** die **Schusslinie:** *in die Schusslinie geraten* (Angriffen ausgesetzt sein); die **Schussrichtung; schusssicher;** die **Schussverletzung;** die **Schusswaffe;** der **Schusswechsel;** die **Schusswunde**

Schüs·sel, die: -, -n (Gefäss); eine Schüssel voll Äpfel

schuss·lig: (nervös, fahrig, übereilt); auch: **schusselig;** der **Schussel** (gedankenloser, unkonzentrierter Mensch); **schusseln** (fahrig, unkonzentriert arbeiten)

Schus·ter, der: -s, - (Schuhmacher); auf Schusters Rappen (zu Fuss) – *Schuster, bleib bei deinen Leisten*!; der **Schusterjunge; schustern;** die **Schusterwerkstatt**

Schutt, der: -(e)s (Geröll, Abfall, Baurückstände); Schutt abladen – *etwas in Schutt und Asche legen* (völlig zerstören); der **Schuttabladeplatz;** die **Schutthalde;** der **Schutthaufen;** der **Schuttplatz**

schüt·teln: (rütteln, hin und her bewegen); den Kopf schütteln – jemandem die Hand schütteln – Äpfel von den Bäumen schütteln – er schüttelte sich vor Lachen; die **Schütte** (kleine Schublade zum Schütten, Bündel); der **Schüttelfrost;** die **Schüttellähmung;** der **Schüttelreim**

schüt·ten: Milch in die Kanne schütten (eingiessen) – es schüttet (regnet in Strömen) –

heute schon den ganzen Tag; der **Schüttstein** (Ausguss); die **Schüttung**

schüt·ter: schüttere (spärliche, lichte) Haare haben – sie sprach mit schütterer (schwacher) Stimme

Schüt·ze, der: -n, -n; er ist ein sicherer Schütze; das **Schützenfest;** der **Schützengraben;** die **Schützenhilfe;** der **Schützenkönig;** die **Schützenkönigin;** der **Schützenpanzer;** der **Schützenverein;** die **Schützin**

schüt·zen: du schützt – er schützt sich vor/ gegen Kälte – eine Landschaft schützen (unter Naturschutz stellen); der **Schutz:** Schutz vor dem Gewitter suchen – *jemanden in Schutz nehmen* (ihn verteidigen); der **Schutzanstrich;** der **Schutzanzug; schutzbedürftig;** der/die **Schutzbefohlene;** das **Schutzblech;** die **Schutzbrille;** das **Schutzbündnis;** der **Schutzengel;** der **Schützer;** die **Schützerin;** die **Schutzfarbe;** die **Schutzfrist;** das **Schutzgebiet;** die **Schutzgebühr;** die **Schutzhaft** (polizeiliche Verwahrung); der/die **Schutzheilige;** der **Schutzhelm;** der **Schutzherr;** die **Schutzherrin;** die **Schutzhülle; schutzimpfen;** die **Schutzimpfung;** die **Schutzkleidung;** der **Schützling** (zu beschützende Person); **schutzlos;** die **Schutzlosigkeit;** der **Schutzmann** (Polizist); das **Schutzmittel;** der **Schutzpatron** (Schutzheiliger); die **Schutzpatronin;** die **Schutzschicht;** der **Schutzschild;** die **Schutztruppe;** der **Schutzumschlag;** der **Schutzwall**

schwab·be·lig: (weich, wackelig, schwammig); ein schwabbeliger Bauch; auch: **schwabblig; schwabbeln** # **schwappen**

Schwa·be, der: -n, -n; das **Schwabenland;** die **Schwäbin; schwäbisch:** schwäbische Bräuche; aber: die Schwäbische Alb

schwach: schwächer, am schwächsten; ein schwaches Seil – eine schwache (kraftlose, leise) Stimme – er ist ein schwacher (leistungsschwacher) Schüler – eine schwache (mässige) Leistung bringen – er wird nicht schwach werden (nicht nachgeben) – die Veranstaltung war schwach (dürftig) besucht – ich kann mich daran nur schwach (undeutlich) erinnern – ein schwach bevölkertes Land; die **Schwäche:** vor Schwäche (Erschöpfung, Kraftlosigkeit) zusammenbrechen – er hat für Fussball eine Schwäche (Vorliebe) – die Schwäche (Nachgiebigkeit) anderer ausnutzen – es ist eine Schwäche (ein Nachteil) dieses Buches, dass es keinen festen Einband hat; der **Schwächeanfall; schwächen;** der **Schwächezustand;** die **Schwachheit;** der **Schwachkopf** (Dummkopf); **schwächlich;** der **Schwächling;** der **Schwachpunkt;** der **Schwachsinn** (Geisteskrankheit); **schwachsinnig;** der **Schwachstrom;** die **Schwächung**

Schwa·den, der: -s, - (Dunst, Rauch)

schwa·dern: das Kind schwadert (plätschert, spritzt) im Wasser

Schwa·dron (Schwad·ron) *ital.,* die: -, -en (Reiterabteilung)

schwa·feln: (töricht reden, faseln); die **Schwafelei;** der **Schwafler;** die **Schwaflerin**

Schwa·ger, der: -s, Schwäger (Ehemann der Schwester oder Ehemann der Schwester des Ehepartners, Bruder des Ehepartners); die **Schwägerin**

Schwal·be, die: -, -n (Singvogel); *eine Schwalbe macht noch keinen Sommer;* das **Schwalbennest;** der **Schwalbenschwanz** (Schmetterling)

Schwall, der: -(e)s, -e (Flut, Guss, Welle)

Schwamm, der: -(e)s, Schwämme; die Tafel mit einem Schwamm abwischen – Schwamm drüber (die Sache soll vergessen sein)!; das **Schwammerl** (Pilz); **schwammig:** der Kranke hat ein schwammiges (aufgedunsenes) Gesicht

Schwan, der: -(e)s, Schwäne (grosser Schwimmvogel); der **Schwanengesang;** der **Schwanenhals;** der **Schwanenteich; schwanenweiss**

schwa·nen: mir schwant (ich ahne) nichts Gutes

Schwan·ge: *im Schwange* (üblich, sehr gebräuchlich) *sein;* auch: der **Schwang;** → schwingen

schwan·ger: schwanger (in anderen Umständen) sein – sie geht schon lange mit einer Idee schwanger (sie beschäftigt sich schon lange damit); die **Schwangere; schwängern** (schwanger machen); die **Schwangerschaft;** der **Schwangerschaftsabbruch;** die **Schwangerschaftsgymnastik;** der **Schwangerschaftstest;** die **Schwangerschaftsverhütung**

Schwank, der: -(e)s, Schwänke (lustiges Bühnenstück, Komödie); die **Schwankfigur**

schwan·ken: er schwankt (taumelt, torkelt) die Treppe hinauf – die Brücke schwankt (schwingt hin und her) – die Preise schwanken (sind nicht fest) – er schwankt immer noch (er hat sich noch nicht entschieden); **schwankend** (wankelmütig, unentschlossen): eine schwankende (unbeständige) Wetterlage; die **Schwankung**

Schwanz, der: -es, Schwänze; der Hund wedelt mit dem Schwanz (Schweif); das **Schwänzchen; schwänzeln** (tänzelnd, geziert umhergehen); die **Schwanzfeder;** die **Schwanzflosse;** die **Schwanzspitze**

schwän·zen: die Schule schwänzen (in der Schule unentschuldigt fehlen); der **Schwänzer;** die **Schwänzerin**

schwap·pen: das Wasser schwappt (ergiesst sich) über die Wanne # schwabbeln

Schwä·re, die: -, -n (Geschwür); **schwären** (eitern)

Schwarm, der: -(e)s, Schwärme; ein Schwarm (eine Gruppe) von Jugendlichen – ein Schwarm Fische – er hat einen neuen Schwarm (jemanden, den er verehrt); **schwärmen:** er schwärmt (begeistert sich) für Tierfilme – die Bienen schwärmen (fliegen zur Errichtung eines neuen Staates aus); der **Schwärmer** (Träumer, Eiferer); die **Schwärmerei;** die **Schwärmerin; schwärmerisch;** die **Schwärmzeit**

Schwar·te, die: -, -n (dicke Haut; altes, wertloses Buch); der **Schwartenmagen** (Wurstart)

schwarz: schwärzer, am schwärzesten; sie trägt ein schwarzes Kleid – schwarz gefärbtes Haar – ein schwarz gestreiftes Kleid – sich schwarz kleiden – schwarz werden – schwarz malen (pessimistisch sein) – schwarz sehen (Künftiges negativ beurteilen) – jemanden schwarz (heimlich) über die Grenze bringen – die schwarze Liste (Aufstellung verdächtiger Personen) – das ist ein schwarzer Tag (Unglückstag) für mich – das schwarze Brett (Anschlagebrett) – der schwarze Peter (Spiel) – der schwarze Tod (Pest) – *etwas schwarz auf weiss besitzen* (schriftlich haben) – *sich schwarz* (sehr) *ärgern* – *schwarzweiss malen* (einseitig beurteilen); aber: der Schwarze Erdteil (Afrika) – das Schwarze Meer – die Schwarze Johannisbeere – der Schwarze

Freitag – aus Schwarz Weiss machen – *ins Schwarze treffen* (das Richtige tun) – *jemandem nicht das Schwarze unter dem Fingernagel gönnen* (ihm gegenüber sehr missgünstig sein); das **Schwarz:** er geht in Schwarz (in Trauerkleidung); die **Schwarzarbeit; schwarzarbeiten** (unerlaubt Lohnarbeit verrichten); **schwarzäugig; schwarzbraun;** das **Schwarzbrot;** der/die **Schwarze** (dunkelhäutiger Mensch); die **Schwärze** (schwarze Farbe); **schwärzen:** sich das Gesicht schwärzen; **schwarzfahren** (ohne Führerschein, ohne Fahrkarte fahren); der **Schwarzfahrer,** die **Schwarzfahrerin; schwarzhaarig;** der **Schwarzhandel; schwarzhören;** der **Schwarzhörer** (jemand, der sein Radiogerät nicht angemeldet hat); die **Schwarzhörerin; schwärzlich;** der **Schwarzmarkt;** das **Schwarzpulver; schwarzrotgolden:** eine schwarzrotgoldene Fahne; auch: **schwarz-rot-golden; schwarzsehen** (ohne Bezahlung von Gebühren fernsehen); die **Schwärzung;** der **Schwarzwald** (deutsches Gebirge); **schwarzweiss;** der **Schwarzweissfernseher;** der **Schwarzweissfilm;** das **Schwarzwild** (Wildschweine)

schwat·zen: sie kommt, um mit mir zu schwatzen (zu plaudern) – du schwätzt (unterhältst dich) ständig während des Unterrichts – wer hat hier geschwatzt (ausgeplaudert)?; auch: **schwätzen;** der **Schwatz;** die **Schwatzbase;** das **Schwätzchen;** der **Schwätzer;** die **Schwätzerei;** die **Schwätzerin; schwatzhaft** (klatschsüchtig, redselig); die **Schwatzhaftigkeit;** das **Schwatzmaul**

schwe·ben: in der Luft schweben (sich frei in der Luft bewegen) – der Fallschirm schwebt langsam zu Boden – zwischen Angst und Hoffnung schweben (hin und her gerissen sein) – ein schwebendes (offenes, noch nicht entschiedenes) Verfahren; die **Schwebe:** *in der Schwebe* (unentschieden) *sein;* die **Schwebebahn;** der **Schwebebalken;** der **Schwebezustand**

Schwe·den: -s (Staat in Europa); der **Schwede;** die **Schwedin; schwedisch**

Schwe·fel ⟨S⟩, der: -s (chemischer Grundstoff); **schwefelgelb; schwefelhaltig;** das **Schwefelhölzchen** (Streichholz); **schwef(e)lig; schwefeln;** die **Schwefelquelle;** die **Schwefelsäure**

Schweif, der: -(e)s, -e (langer, buschiger Schwanz); **schweifen** (eine gebogene Form geben): ein geschweiftes Brett – durch die Wälder schweifen (ziellos wandern); die **Schweifsäge;** der **Schweifstern** (Komet); **schweifwedelnd**

schwei·gen: du schweigst, er schwieg, sie hat geschwiegen, schweig(e)!; er schweigt auf die Frage (sagt nichts) – alles schweigt (ist still) – die Waffen schweigen; das **Schweigegeld;** der **Schweigemarsch;** das **Schweigen:** *jemanden zum Schweigen bringen* (ihn mundtot machen, einschüchtern) – *sich in Schweigen hüllen* (sich nicht äussern); die **Schweigepflicht; schweigsam** (nicht gesprächig, redescheu); die **Schweigsamkeit**

Schwein, das: -(e)s, -e; Schweine (Säue) züchten – er ist ein Schwein (gemeiner Mensch) – *Schwein* (Glück) *haben;* der **Schweinebraten;** auch: der **Schweinsbraten;** das **Schweinefett;** das **Schweinefleisch;** der **Schweinehund** (niederträchtiger Mensch); der **Schweinekerl** (Schurke); die **Schweinemast;** die **Schweinepest;** die **Schweinerei** (Schmutz, Gemeinheit); **schweinern:** schweinernes Fleisch; das **Schweineschmalz;** der **Schweinestall;** die **Schweinezucht;** der **Schweinigel** (unanständiger Mensch); **schweinigeln; schweinisch:** schweinische (anstössige) Reden führen; die **Schweinsborste;** die **Schweinshaxe;** die **Schweinsleber; schweinsledern;** das **Schweinsohr**

Schweiss, der: -es (wässrige Absonderung der Haut); im Schweisse seines Angesichts (unter grossen Mühen) – bei der Arbeit in Schweiss geraten); der **Schweissausbruch; schweissbedeckt;** aber: von Schweiss bedeckt; der **Schweissfleck; schweissgebadet;** der **Schweisshund** (Jagdhund, der die blutige Fährte des Wildes verfolgt); **schweisstreibend; schweisstriefend;** aber: von Schweiss triefend; der **Schweisstropfen;** das **Schweisstuch; schweissüberströmt; schweissverklebt**

schweis·sen: Eisen schweissen (fest verbinden, verschmelzen); der **Schweissbrenner** (Gerät zum Schweissen); der **Schweisser;** die **Schweisserin;** die **Schweissnaht;** die **Schweissung**

Schweiz, die: - (Staat in Europa); die deutsche,

französische, italienische, rätoromanische, welsche Schweiz; der **Schweizer** (Bewohner der Schweiz); Schweizer Käse – das Schweizer Land; die Schweizer Währung; **schweizerdeutsch**; das **Schweizerdeutsch**; die **Schweizergarde** (päpstliche Ehrengarde); die **Schweizerin; schweizerisch:** die schweizerischen Eisenbahnen – aber: die Schweizerische Eidgenossenschaft – die Schweizerischen Bundesbahnen ⟨SBB⟩ – die Schweizerische Depeschenagentur ⟨SDA⟩; das **Schweizerkreuz;** das **Schweizerland** (Land der Schweizer); die **Schweizreise**

schwe·len: das Feuer schwelt (glimmt) – zwischen den beiden schwelt immer noch Hass; der **Schwelbrand** (Brand ohne sichtbare Flamme)

schwel·gen: auf einem Fest schwelgen (das Essen und Trinken geniessen) – in Erinnerungen schwelgen; die **Schwelgerei; schwelgerisch** (geniesserisch, üppig)

Schwel·le, die: -, -n; sie tritt über die Schwelle (den unteren Balken des Türrahmens) – Schwellen (Querträger) für die Eisenbahn legen; die **Schwellenangst** (Angst vor dem Betreten fremder Räume bzw. einer ungewohnten Umgebung)

schwel·len: es schwillt, er schwoll, sie ist geschwollen, schwill!; meine Hand ist geschwollen (dick geworden) – der Fluss schwillt an (sein Wasserspiegel steigt); die **Schwellung**

schwel·len: du schwellst, er schwellte, sie hat geschwellt, schwell(e)!; der Wind schwellt die Segel (bläht sie auf) – Kartoffeln schwellen (gar kochen)

schwem·men: das Hochwasser schwemmte (spülte) Schlamm auf die Wege; die **Schwemme:** eine Schwemme (ein Überangebot) von Waren – die Pferde zur Schwemme (zu einer flachen Flussstelle) treiben; das **Schwemmland** (angeschwemmtes Land); der **Schwemmsand**

Schwen·gel, der: -s, - (Klöppel der Glocke)

schwen·ken: Fahnen schwenken (über dem Kopf hin und her schwingen) – nach rechts schwenken (abbiegen) – Gläser im Wasser schwenken (spülen); der **Schwenk; schwenkbar;** die **Schwenkkartoffeln** *Mz.;* der **Schwenkkran;** die **Schwenkung**

schwer: ein schwerer (nicht leichter) Stein – fünf Tonnen schwer – ein schwer beladener Wagen – schwer behindert sein – ein schwer beschädigtes Auto – schwer bewaffnete Soldaten – schwer erziehbar – schwer kranke Kinder – ein schwer reicher Mann – das ist ein schwer verdauliches Essen – ein schwer verständlicher Text – schwer verwundete Menschen – das wird mir schwer (nicht leicht) fallen – etwas schwer (nicht leicht) nehmen – sich schwer tun – schwer (hart) arbeiten – schwer (sehr) erkranken – jemanden schwer (hart) bestrafen – sie stellt eine schwere (schwierige) Frage – er hat eine schwere (unangenehme, schreckliche) Zeit hinter sich – eine schwere (grosse) Verantwortung tragen – ein schwerer Junge (gefährlicher Verbrecher); aber: er hat viel Schweres durchgemacht – etwas Schweres heben; der **Schwerathlet;** die **Schwerathletin;** der **Schwerarbeiter;** der/die **Schwerbehinderte;** der/die **Schwerbeschädigte; schwerblütig** (ernst, bedachtsam); die **Schwere; schwerelos;** die **Schwerelosigkeit;** der **Schwerenöter** (Frauenheld); **schwerfällig** (unbeholfen, langsam); die **Schwerfälligkeit;** das **Schwergewicht; schwerhörig** (hörgeschädigt); die **Schwerhörigkeit;** die **Schwerindustrie** (Bergbau, Eisen- und Stahlindustrie); die **Schwerkraft** (Anziehungskraft); der/die **Schwerkranke; schwerlich** (nicht leicht, kaum); das **Schwermetall;** die **Schwermut** (Trauer); **schwermütig;** die **Schwermütigkeit;** der **Schwerpunkt** (Hauptsache); **schwerpunktmässig; Schwerpunktthema; schwerstbehindert;** der **Schwerverbrecher;** der/die **Schwerverwundete; schwerwiegend:** das ist ein schwerwiegender (gewaltiger, entscheidender) Fehler

Schwert, das: -(e)s, -er (Hieb- und Stichwaffe); ein zweischneidiges Schwert (eine Sache, die Vor- und Nachteile hat); der **Schwertfisch;** die **Schwertlilie** (Pflanze)

Schwes·ter ⟨Schw.⟩, die: -, -n; er besucht seine Schwester – sie will eine Schwester (Nonne) werden; **schwesterlich;** die **Schwesternhelferin;** die **Schwesternschülerin;** die **Schwesterntracht**

Schwie·ger·mut·ter, die: -, ... mütter (Mutter des Ehepartners); die **Schwiegereltern** *Mz.;*

N O P Q R S

der **Schwiegersohn;** die **Schwiegertochter;** der **Schwiegervater**

Schwie·le, die: -, -n (Hornhaut); an den Händen Schwielen (durch Arbeit entstandene hornige Hautstellen) haben; **schwielig**

schwie·rig: ein schwieriges (kompliziertes) Problem – er ist ein schwieriger (nicht anpassungsfähiger) Mensch; die **Schwierigkeit;** der **Schwierigkeitsgrad**

schwim·men: du schwimmst, er schwamm, sie ist geschwommen, schwimm(e)!; sie gehen schwimmen (baden) – das Brett schwimmt (treibt) auf dem Wasser – *in Geld schwimmen* (sehr viel Geld besitzen); das **Schwimmbad;** das **Schwimmbassin** [...*bassā*]; das **Schwimmbecken;** die **Schwimmblase;** der **Schwimmer;** die **Schwimmerin;** die **Schwimmflosse;** der **Schwimmgürtel;** die **Schwimmhaut;** der **Schwimmmeister;** der **Schwimmsport;** der **Schwimmstil;** der **Schwimmvogel;** die **Schwimmweste**

schwin·deln: er schwindelte (log) uns etwas vor – mir schwindelt (mir wird schwindlig) – in schwindelnder Höhe; der **Schwindel:** der Handel war ein ausgemachter Schwindel (Betrug) – eine Schwindel erregende Sache; der **Schwindelanfall;** die **Schwindelei;** schwindelfrei; das **Schwindelgefühl;** schwind(e)lig (benommen, taumelig); der **Schwindler** (Betrüger); die **Schwindlerin**

schwin·den: du schwindest, er schwand, sie ist geschwunden, schwind(e)!; sein Reichtum schwindet mehr und mehr (wird immer kleiner) – mein Vertrauen in dich ist völlig geschwunden (abgeflaut, verschwunden); die **Schwindsucht** (Tuberkulose); **schwindsüchtig** (lungenkrank); → Schwund

schwin·gen: du schwingst, er schwang, sie hat geschwungen, schwing(e)!; eine Fahne schwingen (schwenken) – sich in den Sattel schwingen – er schwingt das Tanzbein – eine Rede schwingen (halten); die **Schwinge** (Flügel); das **Schwingen** (eine Art Ringen); der **Schwinger** (Boxschlag); jemand, der das Schwingen betreibt; die **Schwingtür;** die **Schwingung;** → Schwung

Schwips, der: -es, -e (leichter Rausch)

schwir·ren: Käfer schwirren (fliegen) durch den Raum – schwirr ab (hau ab, verschwinde)! – der Pfeil schwirrt durch die Luft – mir schwirrt der Kopf (ich bin benommen)

schwit·zen: vor Angst schwitzen (Schweiss absondern); aber: ins Schwitzen kommen; das **Schwitzbad;** die **Schwitze** (Mehlschwitze); **schwitzig;** der **Schwitzkasten;** die **Schwitzkur**

Schwof, der: -(e)s, -e (Tanzvergnügen); **schwofen**

schwö·ren: du schwörst, er schwor, sie hat geschworen, schwör(e)!; er schwört (leistet einen Eid) – sie schwören (versprechen) einander Treue – auf ein bestimmtes Medikament schwören (fest darauf vertrauen) – *Stein und Bein schwören* (etwas fest behaupten); → Schwur

schwül: ein schwüler (drückend heisser) Nachmittag; **schwul** (homosexuell); der **Schwule;** die **Schwüle:** eine unerträgliche Schwüle (feuchte Wärme bzw. Hitze)

Schwulst, der: -(e)s, Schwülste (Überladung, überreicher Schmuck); **schwulstig** (aufgeschwollen, verdickt); **schwülstig:** eine schwülstige (übertriebene, überschwengliche) Rede halten; die **Schwülstigkeit**

schwum·me·rig: ihm ist schwummerig (schwindlig, unbehaglich) geworden; auch: **schwummrig**

Schwund, der: -(e)s (das Abnehmen, Gewichtsverlust); → schwinden

Schwung, der: -(e)s, Schwünge; mit viel Schwung (Begeisterung) an die Arbeit gehen – *etwas in Schwung* (in Gang) *bringen;* die **Schwungfeder; schwunghaft:** er treibt einen schwunghaften (lebhaften) Handel; die **Schwungkraft; schwunglos; schwungvoll** (lebhaft, feurig); → schwingen

schwupp!: schwupp, weg war er!; **schwuppdiwupp!**

Schwur, der: -(e)s, Schwüre; einen Schwur (Eid) auf die Verfassung leisten; das **Schwurgericht;** → schwören

Schwyz: (Hauptort des gleichnamigen Kantons); der **Schwyzer;** die **Schwyzerin; schwyzerisch**

Sci·ence-fic·tion amerik. [*saiensfikschen*], die: - (Erzählungen, Filme o. Ä. von zukünftigen Zeiten); der **Sciencefictionroman**

SD = Schweizer Demokraten

SDA = Schweizerische Depeschenagentur

sechs: wir sind sechs – wir sind zu sechsen/ zu sechst; die **Sechs:** er hat in Mathematik eine Sechs geschrieben – eine Sechs würfeln; das **Sechseck; sechseckig;** auch: **6-eckig; sechseinhalb;** der **Sechser:** einen Sechser im Lotto haben; **sechserlei;** die **Sechserpackung; sechsfach;** auch: **6fach;** das **Sechsfache;** auch: das **6fache; sechshundert; sechsjährig;** auch: **6-jährig; sechskantig;** auch: **6-kantig; sechsmal;** auch: **6-mal;** der **Sechsspänner** (Wagen mit sechs Pferden); **sechsstöckig;** auch: **6-stöckig;** das **Sechstagerennen; sechstausend; sechste:** einen sechsten Sinn haben (etwas ahnen, voraussehen); **sechstel;** das **Sechstel; sechstens;** der **Sechstklässler;** die **Sechstklässlerin;** der **Sechszylindermotor; sechzehn, sechzig;** der **Sechziger;** die **Sechzigerin**

Se·cond·hand·shop engl. [säkendhändschop], der: -s, -s (Laden für gebrauchte Artikel)

Se·di·ment lat., das: -(e)s, -e (Ablagerung, Bodensatz); das **Sedimentgestein**

See, der: -s, Seen (grösseres Binnengewässer); über den See rudern – im See baden; die **See** (Meer): in See stechen (mit dem Schiff auslaufen) – zur See fahren (Seemann sein) – auf hoher See (weit draussen auf dem Meer); der **Seeaal;** das **Seebad;** der **Seebär** (älterer, erfahrener Seemann); der **Seeelefant;** die **Seefahrt;** der **Seefisch;** der **Seegang** (Wellenbewegung auf dem Meer); das **Seegras;** die **Seeherrschaft;** der **Seehund** (Robbe); der **Seeigel; seeklar:** das Schiff ist seeklar (fertig zur Fahrt aufs Meer); das **Seeklima; seekrank;** der **Seekrieg;** der **Seelachs** (Fisch); die **Seeluft;** die **Seemacht;** der **Seemann; seemännisch;** das **Seemannsgarn** (Erzählung eines Seemanns mit geringem Wahrheitsgehalt); die **Seemeile** (1,852 km); die **Seenot:** das Schiff ist in Seenot geraten; die **Seenplatte;** der **Seeräuber;** die **Seereise;** die **Seerose** (Teichblume); die **Seeschlacht;** der **Seestern** (Meerestier); die **Seestreitkräfte** Mz.; **seetüchtig** (tauglich für die Schifffahrt auf dem Meer); das **Seeufer; seewärts** (zur See hin); die **Seezunge** (Fisch)

See·le, die: -, -n (Innenleben eines Lebewesens, das sich im Fühlen, Denken und Handeln äussert); an Leib und Seele gesund sein – die Seelen im Fegefeuer – das tut mir in der Seele weh (berührt mich schmerzlich im Innersten) – er ist die Seele (die Triebkraft) der Firma – aus tiefster Seele zustimmen – ein Herz und eine Seele (unzertrennlich, sehr befreundet) sein – mit Leib und Seele (mit Begeisterung) bei der Sache sein – seine Seele aushauchen (sterben); das **Seelenamt** (Totenmesse); der **Seelenfriede(n);** die **Seelengrösse** (edle Gesinnung); das **Seelenleben** (Innen- und Gefühlsleben); die **Seelenqual;** die **Seelenruhe** (Gemütsruhe); **seelenruhig; seelenvergnügt** (heiter); der **Seelenverkäufer** (skrupelloser Mensch; altes, seeuntaugliches Schiff); **seelenverwandt** (geistig, seelisch übereinstimmend); die **Seelenwanderung; seelisch;** die **Seelsorge** (Hinführung der Gläubigen zu Gott); der **Seelsorger** (Pfarrer, Geistlicher); die **Seelsorgerin** # selig

Se·gel, das: -s, - (Segeltuch zur Fortbewegung von Schiffen); die Segel setzen – die Segel streichen (seinen Widerstand aufgeben, von seinem Vorhaben ablassen); das **Segelboot; segelfliegen;** der **Segelflug;** das **Segelflugzeug;** die **Segeljacht; segeln;** die **Segelohren** Mz. (abstehende Ohren); das **Segelschiff;** der **Segelsport;** das **Segeltuch** (festes, wasserabweisendes Gewebe); der **Segler**

Se·gen, der: -s, -; der Priester spendet den Segen – Segen bringend – Segen spendend – auf deiner Arbeit ruht kein Segen (kein Glück) – ich gebe dir meinen Segen (mein Einverständnis) – aller Segen kommt von oben; **segensreich; segensvoll;** der **Segenswunsch; segnen:** die Gläubigen segnen – sie hat das Zeitliche gesegnet (sie ist gestorben) – gesegnete Mahlzeit!; die **Segnung**

Seg·ment lat., das: -(e)s, -e (Kreisausschnitt, Kugelabschnitt); **segmentieren;** die **Segmentierung**

se·hen: du siehst, er sah, sie hat gesehen, sieh(e)!; wann sehen wir uns wieder? – er sieht noch ganz gut (hat noch gute Augen) – sich nicht sehen lassen (sich nicht zeigen) – das sieht (mag) sie nicht gerne – das sieht ihm ähnlich – ich habe das kommen sehen (erwartet) – wie siehst (beurteilst) du das? – nach dem Rechten sehen – ich sehe mich

(ich bin) gezwungen zu handeln – das kann sich sehen lassen (ist ordentlich) – sieh mal an!; aber: ich kenne ihn nur vom Sehen; **sehbehindert;** der/die **Sehbehinderte; sehenswert; sehenswürdig;** die **Sehenswürdigkeit;** der **Seher** (Prophet; jemand, der in die Zukunft sehen kann); die **Seherin;** der **Sehfehler;** die **Sehkraft;** der **Sehnerv;** die **Sehschärfe;** die **Sehschwäche;** der **Sehtest;** das **Sehvermögen;** → Sicht

Seh·ne, die: -, -n; die Sehne (Bindegewebe zwischen Muskel und Knochen) ist gezerrt – die Sehne des Bogens – in den Kreis eine Sehne (Gerade, die zwei Punkte der Kreislinie verbindet) zeichnen; der **Sehnenriss;** die **Sehnenscheide;** die **Sehnenscheidenentzündung;** die **Sehnenzerrung; sehnig:** sehnige Beine haben

seh·nen, sich: sich nach etwas, jemandem sehnen (verlangen, herbeiwünschen) – sich nach der Heimat sehnen; das **Sehnen; sehnlich:** du wirst schon sehnlichst erwartet; die **Sehnsucht; sehnsüchtig; sehnsuchtsvoll**

sehr: sehr klein sein – das ist sehr schön – sehr viel – sehr vieles – gar sehr – zu sehr – sie hat die Note „sehr gut" bekommen; aber: sie hat ein „Sehr gut" bekommen – er rannte so sehr, dass er ausser Atem war; aber: sosehr ich mich auch anstrenge, ich kann das nicht

seicht: eine seichte (nicht tiefe) Stelle im Fluss – das war ein seichtes (oberflächliches) Geschwätz; die **Seichtheit**

seid: → sein; ihr seid heute meine Gäste – seid alle still! # seit

Sei·de, die: -, -n (glänzendes Gewebe); in Samt und Seide gehen; **seiden:** ein seidenes Kleid; die **Seidenbluse;** der **Seidenglanz;** das **Seidenpapier;** die **Seidenraupe;** der **Seidenschal;** das **Seidentuch; seidenweich; seidig** (wie Seide glänzend bzw. weich)

Sei·del lat., das: -s, - (Bierglas)

Sei·fe, die: -, -n (Waschmittel); **seifen;** die **Seifenblase;** die **Seifenschale;** der **Seifenschaum; seifig**

sei·hen: (filtern, durchlassen); der **Seiher**

Seil, das: -(e)s, -e (dicker Strick); mit dem Seil hüpfen; die **Seilbahn;** der **Seiler** (Handwerker, der Seile herstellt); **seilhüpfen;** das **Seilhüpfen;** die **Seilschaft** (Bergsteigergruppe am Seil); die **Seilschwebebahn; seilspringen;** das **Seilspringen; seiltanzen;** das **Seiltanzen;** der **Seiltänzer;** die **Seiltänzerin;** die **Seilwinde;** das **Seilziehen**

Seim, der: -(e)s, -e (zäher, dicker Saft); **seimig;** auch: **sämig**

sein: ich bin, du bist, er ist, wir sind, ihr seid, sie sind, du warst, er war, wir sind gewesen, sei!; wir sollten das lieber sein lassen (unterlassen)!; das **Sein:** Sein und Schein (Wirklichkeit und Einbildung) – das wahre Sein

sein: das ist seine Tasche – seiner Meinung nach – sie ist sein – das Auto ist seins – wir gedenken seiner; aber: jedem das Seine; auch: jedem das seine – für die Seinen sorgen; auch: für die seinen – er hat das Seine getan; auch: das seine – die Seinigen; auch: die seinigen – Seine Majestät – Seine Hoheit; **seinerseits; seinerzeit** (damals); **seinesgleichen; seinethalben; seinetwegen;** um **seinetwillen**

Seis·mo·graph griech., der: -en, -en (Gerät zur Aufzeichnung von Erdbeben); auch: der **Seismograf;** der **Seismologe;** die **Seismologin**

seit: seit gestern – seit kurzem – seit langem – seit damals – seit alters – seit ich dich sah; **seitab; seitdem:** seitdem du bei mir bist; aber: seit dem Essen; auch: **seither** # seid

Sei·te ⟨S.⟩, die: -, -n; die rechte Seite – von allen Seiten (aus jeder Richtung) – er geht zur Seite – die Seite des Heftes – die vordere Seite des Hauses – Seite an Seite gehen – auf der anderen Seite des Flusses – *jemandem zur Seite stehen* (ihm helfen) – *etwas auf die Seite legen* (zurücklegen, sparen) – *sich von der besten Seite zeigen* (seine guten Eigenschaften erkennen lassen) – *jemanden auf die Seite schaffen* (ihn umbringen) – *jemanden auf seiner Seite haben* (seine Unterstützung haben) – *jemandem nicht von der Seite gehen/weichen* (ständig in seiner Nähe bleiben) – auf Seiten der Gegner; auch: aufseiten – von Seiten der Verwandten; auch: vonseiten – zu Seiten; auch: zuseiten; die **Seitenansicht;** der **Seitenarm;** der **Seitenblick;** der **Seiteneinsteiger;** die **Seiteneinsteigerin;** der **Seitenflügel;** die **Seitenfront;** der **Seitengang;** die **Seitenhalbierende** (in der Mathematik); der

Seitenhieb (bissige Bemerkung); **seitenlang:** ein seitenlanges Schreiben; aber: das Schreiben war vier Seiten lang; die **Seitenlinie; seitens:** seitens (von der Seite) der Eltern; der **Seitensprung;** das **Seitenstechen;** die **Seitenstrasse;** das **Seitenstück; seitenverkehrt; seitenweise;** der **Seitenwind;** die **Seitenzahl;** ...**seitig:** ganzseitig – halbseitig; **seitlich:** sie steht seitlich (auf der Seite) von mir – der Wind kommt seitlich (von der Seite); **seitwärts** # Saite

Se·kret (Sek·ret) *lat.,* das: -(e)s, -e (Ausscheidung, Absonderung); die **Sekretion**

Se·kre·tär (Sek·re·tär) *lat.,* der: -s, -e (Schriftführer, Titel für Beamte, Schreibschrank); das **Sekretariat** (Geschäftsstelle); die **Sekretärin**

Sekt *franz.,* der: -(e)s, -e (Schaumwein); die **Sektflasche;** das **Sektglas;** der **Sektkorken;** der **Sektkübel;** die **Sektlaune** (beschwingte Stimmung); die **Sektschale**

Sek·te *lat.,* die: -, -n (Gemeinschaft von Gleichgesinnten, Glaubensgemeinschaft); das **Sektenwesen;** der **Sektierer** (Anhänger einer Sekte); **sektiererisch;** das **Sektierertum**

Sek·ti·on *lat.,* die: -, -en (Gruppe, Abteilung, Leichenöffnung); der **Sektionsbefund;** der **Sektionschef** (Abteilungsleiter); → sezieren

Sek·tor *lat.,* der: -s, Sektoren (Kreis- oder Kugelausschnitt, Arbeitsbereich)

se·kun·där *franz.:* (zweitrangig, untergeordnet); die **Sekunda** (sechste und siebte Klasse einer höheren Schule); der **Sekundaner;** die **Sekundanerin;** der **Sekundarlehrer;** die **Sekundarlehrerin;** die **Sekundarschule;** der **Sekundarschüler;** die **Sekundarschülerin;** die **Sekundarstufe** (ab dem 5. Schuljahr)

Se·kun·de (Sek.) *lat.,* die: -, -n; die Uhr geht auf die Sekunde genau – nur einige Sekunden bleiben; **sekundenlang; sekundenschnell;** der **Sekundenzeiger; sekundlich;** auch: **sekündlich**

selbst: ich komme heute selbst – ein selbst gebackener Kuchen – etwas selbst Gemachtes – ein selbst gestrickter Pullover – das selbst verdiente Geld – selbst Tränen konnten ihn nicht rühren – von selbst (ohne fremde Hilfe) – selbst ist der Mann; auch: **selber; selbig:** am selbigen (gleichen) Tag; das **Selbst:** das

eigene Selbst finden; die **Selbstachtung; selbständig:** er macht sich selbständig; auch: **selbstständig;** der/die **Selbständige;** auch: der/die **Selbstständige;** der/die **Selbständigerwerbende;** auch: der/die **Selbstständigerwerbende;** die **Selbständigkeit;** auch: die **Selbstständigkeit;** der **Selbstauslöser;** die **Selbstbedienung;** die **Selbstbefriedigung;** die **Selbstbeherrschung;** die **Selbstbestätigung; selbstbewusst;** das **Selbstbewusstsein;** das **Selbstbildnis;** die **Selbstdisziplin;** die **Selbsterhaltung;** die **Selbsterkenntnis; selbstgefällig** (eitel); **selbstgenügsam; selbstgerecht;** das **Selbstgespräch; selbstherrlich** (rücksichtslos); der **Selbstherrscher;** die **Selbsthilfe; selbstklebend;** die **Selbstkosten** *Mz.;* der **Selbstkostenpreis;** die **Selbstkritik; selbstkritisch;** der **Selbstlaut** (Vokal); **selbstlos** (uneigennützig); die **Selbstlosigkeit;** der **Selbstmord; selbstmörderisch; selbstredend** (selbstverständlich); der **Selbstschutz; selbstsicher;** die **Selbstsicherheit; selbstständig;** auch: **selbständig;** das **Selbststudium; selbstsüchtig; selbsttätig;** die **Selbsttäuschung; selbsttragend** (sich selbst finanzierend); die **Selbstüberschätzung;** die **Selbstüberwindung;** der **Selbstunfall; selbstverantwortlich; selbstverständlich;** die **Selbstverständlichkeit;** das **Selbstverständnis;** das **Selbstvertrauen;** die **Selbstzucht; selbstzufrieden;** der **Selbstzweck**

sel·chen: Fleisch selchen (räuchern); das **Selchfleisch**

se·lek·tie·ren *lat.:* (auswählen, aussondern); die **Selektion**

Self·made·man *engl. [selfmedmän],* der: -s, Selfmademen (jemand, der es aus eigener Kraft zu etwas gebracht hat)

se·lig ⟨sel.⟩: (völlig beglückt); selig machen, sein, werden – Gott hab ihn selig (gebe ihm die ewige Seligkeit) – jemanden selig preisen, sprechen – mein seliger (verstorbener) Mann – sich selig (glücklich) in den Armen liegen; der/die **Selige;** die **Seligkeit;** die **Seligpreisung;** die **Seligsprechung** # Seele

Sel·le·rie *griech.,* der: -s, -(s) (Gemüse); der **Selleriesalat**

sel·ten: das kommt selten (nicht häufig) vor – eine seltene Pflanze – ein selten (sehr) schönes Haus; die **Seltenheit;** der **Seltenheitswert**

N
O
P
Q
R
S

N
O
P
Q
R
S

S̲e̲l·ter(s)·was·ser, das: -s, … wässer (Mineralwasser)

s̲e̲lt·sam: ein seltsamer (merkwürdiger, ungewöhnlicher) Mensch; **seltsamerw̲e̲ise;** die **Seltsamkeit**

Se·m̲e̲s·ter *lat.,* das: -s, - (Studienhalbjahr); der **Semesteranfang;** das **Semesterende;** die **Semesterferien** *Mz.;* das **Semesterzeugnis**

Se·mi·fi·na·le *lat.,* das: -s, - (Vorschlussrunde bei sportlichen Wettkämpfen)

Se·mi·k̲o̲·lon *lat.,* das: -s, -s/Semikola (Strichpunkt)

Se·mi·nar *lat.,* das: -s, -e (Ausbildungsstätte, Übungskurs für Studierende); die **Seminararbeit;** der **Seminar̲i̲st** (Angehöriger eines Priesterseminars; Angehöriger eines Lehrer- und Lehrerinnenseminars); die **Seminar̲i̲stin**

S̲e̲m·mel, die: -, -n (Kleingebäck); *weggehen wie warme Semmeln* (sehr begehrt sein); **semmelblond** (hellblond); die **Semmelbrösel** *Mz.;* der **Semmelknödel**

sen. = senior

Se·n̲a̲t *lat.,* der: -(e)s, -e (Stadtverwaltung, Rat der Ältesten, Richtergremium); der **Senator** (Mitglied des Senats); die **Senat̲o̲rin;** der **Senatsbeschluss;** der **Senatspräsident;** die **Senatspräsidentin;** die **Senatssitzung**

s̲e̲n·den: du sendest, er sandte, sie hat gesandt, send(e)!; jemandem viele Grüsse senden – er sandte mir Glückwünsche; die **Sendeanlage;** das **Sendegebiet; senden:** du sendest, er sendete, sie hat gesendet, send(e)!; der Rundfunk sendete ein interessantes Hörspiel; der **Sendeleiter;** die **Sendeleiterin;** die **Sendepause;** der **Sender;** die **Sendestation;** der **Sendetermin;** das **Sendezeichen;** die **Sendezeit;** die **Sendung;** das **Sendungsbewusstsein**

S̲e̲nf *griech.,* der: -(e)s, -e (Gewürzpaste); **senffarben;** auch: **senffarbig;** die **Senfgurke;** das **Senfpflaster** (Hautreizmittel); die **Senfsosse**

s̲e̲n·gen: die Zigarette sengte (brannte) ein Loch in den Teppich – eine sengende (glühende) Hitze – sengen und brennen (plündern und durch Brand zerstören) # senken

se·n̲i̲l *lat.:* (altersschwach, greisenhaft); die **Senilit̲ä̲t**

Se·ni·or *lat.,* der: -s, Seni̲o̲ren (Ältester, älterer Mensch, Vorsitzender); **senior** ⟨sen.⟩: Müller senior (Müller, der Ältere) – Haslinger sen.; der **Seniorchef;** das **Seni̲o̲renheim;** die **Seni̲o̲renmannschaft;** der **Seni̲o̲renpass;** der **Seni̲o̲rentreff;** die **Seni̲o̲rin**

S̲e̲n·kel, der: -s, - (Schnürband)

s̲e̲n·ken: er senkte die Preise (machte sie niedriger) – den Blick senken (nach unten richten) – die Fahne zum Gruss senken – die Nacht senkt sich über das Land; das **Senkblei;** die **Senke** (Mulde, Vertiefung); **senkrecht;** die **Senkrechte;** der **Senkrechtstarter** (Flugzeug, das senkrecht starten und landen kann; jemand, der schnell Karriere macht); die **Senkung** # sengen

S̲e̲n·ne, der: -n, -n (Almhirt); auch: der **Senn;** die **Sennerin;** auch: die **Sennin;** die **Sennhütte;** die **Sennwirtschaft**

Sen·sa·ti·on *franz.,* die: -, -en (unerwartetes Ereignis, unerhörter Vorfall); **sensationell** (Aufsehen erregend); das **Sensationsbedürfnis;** die **Sensationslust; sensationslüstern;** die **Sensationsmeldung;** die **Sensationsnachricht;** die **Sensationspresse;** die **Sensationssucht**

S̲e̲n·se, die: -, -n (Mähwerkzeug); mit der Sense mähen – dann ist aber Sense (dann ist Schluss)!; der **Sensenmann** (der Tod)

sen·si·bel *franz.:* er ist sehr sensibel (empfindsam, zartfühlend); **sensibilis̲i̲eren** (empfindlich machen); die **Sensibilis̲i̲erung;** die **Sensibilit̲ä̲t** (Feinfühligkeit, Empfindlichkeit); der **S̲e̲nsor** (Messfühler, Berührungsschalter); die **S̲e̲nsortaste**

Sen·t̲e̲nz *lat.,* die: -, -en (Ausspruch, Sinnspruch)

sen·ti·men·tal *engl.:* (wehmütig, gefühlvoll, rührselig); die **Sentimentalit̲ä̲t**

se·pa·rat *lat.:* separat (einzeln, abgesondert) wohnen; der **Separateingang;** der **Separat̲i̲smus** (Streben nach Loslösung eines Gebietes aus einem Staat); der **Separat̲i̲st;** die **Separat̲i̲stin;** sich **separ̲i̲eren** (absondern)

Sep·t̲e̲m·ber ⟨Sept.⟩ *lat.,* der: -(s), - (Monatsname); das **September-Oktober-Heft**

Sep·t̲e̲tt *ital.,* das: -(e)s, -e (Musikstück für sieben Stimmen oder Instrumente)

Se·qu̲e̲nz *lat.,* die: -, -en (Folge, Reihe); eine Sequenz (Handlungseinheit) aus einem Film; **sequenzi̲e̲ll;** auch: **sequenti̲e̲ll**

ser·beln: ich serb(e)le (kränkle)

Se·re·na·de franz., die: -, -n (Abendmusik)

Se·rie lat. [serje], die: -, -n (Aufeinanderfolge, Reihe); eine Serie von Einbrüchen – in Serie herstellen; **seriell;** auch: **serienmässig; die Serienanfertigung;** die **Serienfabrikation;** die **Serienproduktion; serienreif;** der **Serientäter;** die **Serientäterin; serienweise**

se·ri·ös franz.: ein seriöser (zuverlässiger, vertrauenswürdiger) Geschäftsmann; die **Seriosität**

Ser·pen·ti·ne lat., die: -, -n (Windung, in Schlangenlinien ansteigende Strasse); die **Serpentinenstrasse**

Se·rum lat., das: -s, Seren / Sera (Impfstoff, Bestandteil des Blutes)

Ser·ve·lat·wurst ital., die: -, ...würste; → die Zervelatwurst; auch: der **Cervelat;** auch: der **Servela**

Ser·vice engl. [sörwis], der: -, -s (Kundendienst, Gästebetreuung); das **Servicenetz;** das **Serviceteam** [sörwistim]

Ser·vice franz. [serwis], das: -s, - (zusammengehöriges Tafelgeschirr); ein Service für 6 Personen; **servieren;** das Essen servieren (auftragen); die **Serviererin;** der **Serviertisch;** der **Servierwagen;** die **Serviette** (Mundtuch)

Ser·vo·brem·se [serwo...], die: -, -n (Bremse mit einer Vorrichtung, die die Bremswirkung verstärkt); die **Servolenkung**

Ser·vus! lat. [serwus]: (Gruss zum Abschied)

Ses·sel lat., der: -s, - (Stuhl mit Armlehnen); die **Sesselbahn;** die **Sessellehne;** der **Sessellift**

sess·haft: (einen festen Wohnsitz habend); die **Sesshaftigkeit**

Set engl., der/das: -(s), -s (Gedeckunterlage, Satz zusammengehöriger Gegenstände)

set·zen: sich auf den Stuhl setzen (niederlassen) – setz dich! – sich zur Ruhe setzen (für immer aufhören zu arbeiten) – sich etwas in den Kopf setzen (es hartnäckig wollen) – einen Strauch setzen (pflanzen) – sich zur Wehr setzen (verteidigen) – es setzt (gibt) Schläge – über einen Graben setzen (springen) – einen Text setzen (drucken) – Segel setzen – ein Haus in Brand setzen – er setzte ihn an die frische Luft (er warf ihn hinaus) – auf Pferde setzen (wetten) – jemanden auf freien Fuss setzen (ihn freilas-

sen) – sich zwischen zwei Stühle setzen (es sich mit jeder der beteiligten Parteien verscherzen) – jemanden matt setzen (ihn handlungsunfähig machen); der **Setzer** (Schriftsetzer); die **Setzerei;** die **Setzerin;** der **Setzkasten;** der **Setzling** (junge Pflanze); die **Setzmaschine;** die **Setzung**

Seu·che, die: -, -n (sich rasch ausbreitende Infektionskrankheit); die **Seuchenbekämpfung;** die **Seuchengefahr;** der **Seuchenherd**

seuf·zen: (stöhnen, tief aufatmen); du seufzt; der **Seufzer**

Sex engl., der: -(es) (Geschlechtlichkeit); der **Sexappeal** [seksäpil] (sexuelle Anziehungskraft); der **Sexfilm;** das **Sexmagazin;** der **Sexshop** [...schop]; das **Sexualdelikt;** die **Sexualerziehung;** die **Sexualität;** der **Sexualtrieb;** das **Sexualverbrechen; sexuell; sexy** (geschlechtlich reizvoll)

Sex·tett ital., das: -(e)s, -e (Musikstück für sechs Stimmen oder Instrumente)

se·zie·ren lat.: eine Leiche sezieren (öffnen, zergliedern); das **Seziermesser;** → Sektion

S-för·mig: (in der Form eines S); auch: **s-förmig**

sFr. / sfr = Schweizer Franken

SG = Kanton St. Gallen

SH = Kanton Schaffhausen

Sha·ker engl. [scheker], der: -s, - (Becher zum Mischen von Getränken); der **Shake** (Mischgetränk)

Sham·poo engl. [schampo, schampu], das: -s, -s (schäumendes Haarwaschmittel); auch: das **Schampon;** auch: das **Schampoo; shampoonieren;** auch: **schamponieren**

She·riff engl. [scherif], der: -s, -s (Polizeibeamter in den USA)

Shirt engl. [schört], das: -s, -s (Baumwollhemd); das **T-Shirt**

Shop engl. [schop], der: -s, -s (Geschäft, Laden); das **Shoppingcenter** [schopingsänter] (Einkaufszentrum); auch: das **Shopping-Center**

Shorts Mz. engl. [schorts], die: - (kurze Sommerhose)

Short·story engl. [schortstori], die: -, -s (besondere Form der Kurzgeschichte); auch: die **Short Story**

Show engl. [scho], die: -, -s (Unterhaltungssendung, Vorführung, Schau); das **Showgeschäft;** der **Showman** [...män] (ein im

N
O
P
Q
R
S

Showgeschäft Tätiger); der **Showmaster** (Unterhaltungskünstler); die **Showmasterin**

SIA = Schweizerischer Ingenieur- und Architekten-Verein

sich: er verrechnete sich – sich freuen – an und für sich (eigentlich) – von sich aus (freiwillig) – für sich allein

Si·chel, die: -, -n (Mähmesser); **sichelförmig; sicheln** (mit der Sichel abschneiden)

si·cher: ich bin sicher (überzeugt), dass er kommt – sicher gehen, sein, werden – er ist ein sicherer (geübter) Fahrer – hier ist er vor seinen Verfolgern sicher (geschützt) – er hat einen sicheren (festen) Verdienst – er wird sicher (sicherlich) bald gehen – eine sichere (ruhige) Hand haben – er tritt sicher (selbstbewusst) auf; aber: auf Nummer Sicher gehen (nichts wagen); auch: auf Nummer sicher gehen – es ist das Sicherste zu warten – im Sichern (geborgen) sein; **sichergehen** (Gewissheit haben); aber: über den Steig könnt ihr sicher (ohne Gefahr) gehen; die **Sicherheit;** der **Sicherheitsabstand;** die **Sicherheitsbehörde;** der **Sicherheitsgurt; sicherheitshalber;** die **Sicherheitsmassnahme;** die **Sicherheitsnadel;** die **Sicherheitsorgane** Mz.; das **Sicherheitsrisiko;** das **Sicherheitsschloss;** das **Sicherheitsventil; sicherlich:** sicherlich (gewiss) werden wir gewinnen; **sichern; sicherstellen:** die Polizei hat das Fahrrad sichergestellt; die **Sicherstellung;** die **Sicherung**

Sicht, die: -; in Sicht sein, kommen – oben auf dem Berg ist eine gute Sicht – auf lange Sicht (für längere Zeit) – aus meiner Sicht (von meinem Standpunkt aus) – er ist in Sicht (Sichtweite); **sichtbar;** die **Sichtbarkeit; sichten:** ich werde meine Unterlagen sichten (durchsehen) – ein Flugzeug sichten (erblicken); **sichtlich:** er war sichtlich (offenkundig, deutlich) verlegen; die **Sichtung;** die **Sichtverhältnisse** Mz.; der **Sichtvermerk;** die **Sichtweise;** die **Sichtweite;** → sehen

si·ckern: Wasser sickert (fliesst langsam) in den Boden – Blut sickert aus der Wunde; die **Sickergrube;** das **Sickerwasser**

Side·board engl. [*saidbord*], das: -s, -s (Anrichte, Geschirrschrank)

sie: sie ist heute krank – wir mögen sie alle; **Sie:** jemanden mit Sie anreden

Sieb, das: -(e)s, -e (Filter, Seiher); der **Siebdruck** (Druckverfahren); **sieben:** er siebt Sand – bei der Prüfung wurde stark gesiebt (eine strenge Auswahl getroffen)

sie·ben: wir sind zu sieben; auch: wir sind zu siebent/siebt – sieben auf einen Streich – die sieben Sakramente – die sieben Schwaben (Schwankfiguren) – die sieben Weltwunder – *im siebten Himmel* (überglücklich) *sein;* die **Sieben** (Zahl); **siebeneckig;** auch: **7-eckig; siebeneinhalb; siebenfach;** auch: **7fach;** das **Siebenfache;** auch: das **7fache; siebengescheit** (überklug); **siebenhundert; siebenjährig:** ein siebenjähriges Mädchen; aber: der Siebenjährige Krieg; auch: **7-jährig; siebenköpfig;** auch: **7-köpfig; siebenmal;** auch: **7-mal;** die **Siebenmeilenstiefel** Mz.; die **Siebensachen** Mz.: wo hast du deine Siebensachen (Habseligkeiten)? – *seine Siebensachen packen* (ausziehen, einen Ort verlassen); der **Siebenschläfer** (Nagetier, Kalendertag: 27. Juni); **siebenstellig;** auch: **7-stellig; siebentägig;** auch: **7-tägig; siebentausend;** das **Sieb(en)tel; sieb(en)tens;** der **Siebtklässler;** die **Siebtklässlerin; siebzehn; siebzig; siebzigjährig;** auch: **70-jährig**

sie·chen: sie siecht dahin (leidet lange); **siech:** alt und siech (gebrechlich, krank); das **Siechtum**

sie·deln (sich ansässig machen); der **Siedler;** die **Siedlerin;** die **Siedlung** (Ort, Niederlassung); die **Siedlungsdichte;** das **Siedlungsgebiet;** das **Siedlungsland**

sie·den: du siedest, er siedete/sott, er hat gesiedet/gesotten, sied(e)! (kochen, zum Kochen bringen); gesottene Eier – es ist siedend heiss; die **Siedehitze;** der **Siedepunkt;** das **Siedfleisch;** → Sud

Sie·gel lat., das: -s, -; ein Siegel (einen Stempel) auf etwas drücken – das Siegel (den Briefverschluss) aufbrechen – *jemandem Brief und Siegel* (jede Garantie) *geben* – *etwas unter dem Siegel der Verschwiegenheit* (bei strengster Geheimhaltung) *mitteilen;* der **Siegellack; siegeln:** einen Brief siegeln; der **Siegelring;** die **Sieg(e)lung**

sie·gen: unsere Mannschaft wird gewiss siegen (gewinnen); der **Sieg;** der **Sieger;** die **Siegerehrung;** die **Siegerin;** die **Siegermacht;** das **Siegerpodest; siegesbewusst;**

N
O
P
Q
R
S

die **Siegesfeier;** die **Siegesfreude; siegesge-
wiss; siegesgewohnt;** der **Siegespreis;** die
Siegessäule; siegessicher; das **Siegestor;**
der **Sieg(es)treffer; siegestrunken;** der **Sie-
geswille;** der **Siegeszug; sieggewohnt; sieg-
haft; sieglos;** die **Siegprämie; siegreich:**
eine siegreiche Mannschaft

sie·he!: siehe da! – siehe oben! ⟨s. o.⟩ – siehe
unten ⟨s. u.⟩; auch: **sieh!**

sie·zen: jemanden siezen (mit „Sie" anreden)

Si·gel *lat.,* das: -s, - (festgelegtes Abkürzungs-
zeichen, Kürzel); auch: die **Sigle**

Sig·nal (Si·gnal) *lat.,* das: -s, -e (Zeichen,
Hinweis, Alarm); das **Signalement** (Perso-
nenbeschreibung); die **Signalfarbe;** das **Sig-
nalfeuer; signalisieren:** eine Nachricht sig-
nalisieren; die **Signallampe;** der **Signalmast**

Sig·na·tur (Si·gna·tur) *lat.,* die: -, -en (Zei-
chen, abgekürzter Namenszug); das **Signet**
(Firmenzeichen); **signieren:** der Schriftstel-
ler signiert seinen Roman; **signifikant** (be-
zeichnend, charakteristisch, wesentlich); das
Signum (Zeichen, abgekürzte Unterschrift)

Sig·rist, der: -en, -en (Küster, Mesner)

Sil·be *griech.,* die: -, -n (kleinste Sprecheinheit
eines Wortes); jemandem keine Silbe (kein
Wort) glauben – *etwas mit keiner Silbe er-
wähnen* (etwas völlig verschweigen); das
Silbenrätsel; die **Silbentrennung; …silbig:**
einsilbig – dreisilbig

Sil·ber ⟨Ag⟩, das: -s (Edelmetall); ein Ring aus
Silber – *Reden ist Silber, Schweigen ist
Gold;* das **Silberbesteck;** das **Silbererz;** das
Silbergeschirr; der **Silberglanz; silbergrau;
silberhell;** die **Silberhochzeit** (25. Jahrestag
der Hochzeit); **silb(e)rig;** der **Silberling:** *je-
manden für dreissig Silberlinge (für wenig
Geld) verraten;* die **Silbermedaille** *[…me-
dalje];* die **Silbermünze; silbern** (aus Silber,
wie Silber): das silberne Licht des Mondes;
das **Silberpapier;** der **Silberschmied;** die
Silberschmiedin; der **Silberstreif(en):** ein
Silberstreif (Hoffnungsschimmer) am Hori-
zont; das **Silberzeug**

Sil·hou·et·te *franz. [siluäte],* die: -, -n (Schat-
tenbild, Profil)

Si·lo *span.,* das/der: -s, -s (grosser Speicher,
Behälter); **silieren** (im Silo einlagern); das
Silofutter

Sil·ves·ter *[silwester],* der/das: -s, - (letzter
Tag des Jahres: 31. Dezember); der **Silves-**
terabend; der **Silvesterball;** die **Silvester-
nacht**

sim·pel *franz.:* das ist eine simple (einfache,
leichte) Aufgabe – ein simples (einfältiges)
Gemüt; der **Simpel** (Dummkopf); **simplifi-
zieren** (vereinfachen); die **Simplifizierung**

Sims *lat.,* der/das: -es, -e (Gesims, Leiste)

si·mu·lie·ren *lat.:* (heucheln, vortäuschen,
sich verstellen); der **Simulant;** die **Simulan-
tin;** die **Simulation**

si·mul·tan *lat.:* (gleichzeitig, gemeinsam); der
Simultandolmetscher; das **Simultanspiel;**
die **Simultanübersetzung**

sind: → sein

Sin·fo·nie *griech.,* die: -, Sinfonien (Musik-
werk für Orchester); das **Sinfoniekonzert;**
das **Sinfonieorchester; sinfonisch;** → Sym-
phonie

sin·gen: du singst, er sang, sie hat gesungen,
sing(e)!; ein Lied singen – der Dieb hat bei
der Polizei gesungen (gestanden); der **Sing-
kreis** (kleiner Chor); der **Singsang** (einfa-
cher Gesang); das **Singspiel;** die **Sing-
stimme;** die **Singstunde;** der **Singvogel #**
singen

Sin·gle *engl. [singl],* die: -, -s (kleine Schall-
platte); der **Single** (allein stehender
Mensch)

Sin·gu·lar ⟨Sing.⟩ *lat.,* der: -s, -e (Sprachlehre:
Einzahl); **singulär** (selten, vereinzelt)

sin·ken: du sinkst, er sank, sie ist gesunken,
sink(e)!; müde in den Stuhl sinken (sich fal-
len lassen) – vor jemandem auf die Knie
sinken – vor Scham in die Erde sinken – die
Sonne sinkt – sie sinkt in Ohnmacht (wird
ohnmächtig) – in den Schlaf sinken (ein-
schlafen) – das Thermometer sinkt – den
Mut nicht sinken lassen – die Aktien sinken
(verlieren an Wert); die **Sinkstoffe** *Mz.* #
singen

Sinn, der: -(e)s, -e; der Sinn (die Aussage)
eines Gedichts – die fünf Sinne des
Menschen (Sehen, Hören, Riechen,
Schmecken, Fühlen) – ihm schwanden die
Sinne (er wurde ohnmächtig) – einen Sinn
(ein Gefühl, Verständnis) für Kunst haben –
etwas ohne Sinn und Verstand (ohne jede
Überlegung) machen – dem Sinn nach
(sinngemäss) – im Sinne des Gesetzes (wie
es das Gesetz vorschreibt) – einen aufrech-
ten Sinn (eine aufrechte Gesinnung) haben

N
O
P
Q
R
S

– es hat keinen Sinn (Zweck) länger zu warten – *nicht bei Sinnen* (nicht bei klarem Verstand) sein – *etwas im Sinn haben* (etwas beabsichtigen) – *seine fünf Sinne zusammennehmen* (sich konzentrieren, aufpassen) – *sich etwas aus dem Sinn schlagen* (etwas aufgeben) – *in den Sinn kommen* (einfallen) – *aus den Augen, aus dem Sinn*; das **Sinnbild** (Zeichen, bildhafter Ausdruck); **sinnbildlich** (bildlich, nicht wörtlich); **sinnen** (nachdenken, grübeln): auf Rache sinnen; **sinnenfroh; sinnentstellend;** die **Sinnesänderung;** die **Sinnesart** (Denkweise); der **Sinneseindruck;** das **Sinnesorgan;** die **Sinnestäuschung** (Einbildung); der **Sinneswandel; sinnfällig** (anschaulich); der **Sinngehalt** (Bedeutung); **sinngemäss** (dem Sinn entsprechend, nicht wörtlich); **sinnieren** (in Nachdenken versunken sein); **sinnig** (sinnvoll, überlegt); **sinnlich** (wahrnehmbar, triebhaft, genussfreudig); die **Sinnlichkeit; sinnlos:** ein sinnloses (unsinniges, nutzloses) Unternehmen – er war sinnlos (übermässig) betrunken; der **Sinnspruch; sinnverwandt; sinnvoll; sinnwidrig** (widersinnig); der **Sinnzusammenhang**

Sint·flut, die: - (biblische Flutkatastrophe zur Vernichtung allen Lebens auf Erden); **sintflutartig;** → Sündflut

Si·nus 〈sin〉 *lat.,* der: -, -/-se (Winkelfunktion im rechtwinkligen Dreieck); die **Sinuskurve**

Si·phon *franz. [sifõ],* der: -s, -s (Verschluss bei Wasserausgüssen)

Sip·pe, die: -, -n (Gruppe, Familie, die Blutsverwandten); die **Sippenhaftung;** die **Sippschaft** (Familie, Gruppe, Gesindel)

Si·re·ne *griech.,* die: -, -n (Alarmgerät, Warnanlage); das **Sirenengeheul;** der **Sirenengesang**

sir·ren: ein sirrendes (feines, hell klingendes) Geräusch

Sir·ta·ki *griech.,* der: -, -s (griechischer Volkstanz)

Si·rup *arab.,* der: -s, -e (eingedickter Saft); das **Sirupglas**

Si·sal, der: -s (Pflanzenfaser); die **Sisalmatte;** der **Sisalteppich**

Sit·in *engl.,* das: -(s), -s (Sitzstreik, Demonstration durch Sitzen)

Sit·te, die: -, -n; überall sind die Sitten (Bräuche) anders – er hat keine guten Sitten (kein

Benehmen); das **Sittengesetz;** die **Sittenlehre; sittenlos** (unanständig); die **Sittenlosigkeit;** die **Sittenpolizei; sittenstreng;** der **Sittenstrolch** (Sittlichkeitsverbrecher); **sittenwidrig; sittlich** (anständig, moralisch); die **Sittlichkeit;** das **Sittlichkeitsverbrechen; sittsam** (sehr bescheiden, tugendhaft); die **Sittsamkeit**

Sit·ten / Sion: (Hauptort des Kantons Wallis)

Sit·tich, der: -s, -e (kleiner Papageienvogel)

Si·tu·a·ti·on *lat.,* die: -, -en; er befindet sich in einer unangenehmen Situation (Lage); **situationsbedingt; situationsgerecht; situiert:** sie ist gut situiert (sie lebt in guten Verhältnissen)

sit·zen: du sitzt, er sass, sie hat gesessen, sitz(e)!; auf seinem Platz sitzen (hocken) – gerade sitzen – er sitzt lange an dieser Arbeit – über den Büchern sitzen (lesen, studieren) – der Anzug sitzt (passt) gut – er sitzt im Gefängnis (er ist eingesperrt) – in der Schule sitzen bleiben (nicht versetzt werden) – auf dem Stuhl sitzen bleiben (nicht aufstehen) – jemanden sitzen lassen (im Stich lassen) – er hat ihn nicht auf dem Stuhl sitzen lassen – *etwas nicht auf sich sitzen lassen* (es nicht unwidersprochen hinnehmen) – *einen sitzen haben* (betrunken sein); der **Sitz:** einen Sitz (Platz, Stuhl) reservieren – den Sitz (die Sitzfläche) hochklappen – der Sitz (Ort) der Regierung – der Sitz (die Passform) des Anzugs – auf einen Sitz (auf einmal); die **Sitzecke;** der **Sitzenbleiber;** die **Sitzenbleiberin;** die **Sitzfläche;** das **Sitzfleisch:** *kein Sitzfleisch haben* (nicht lange still sitzen können); die **Sitzgelegenheit;** das **Sitzmöbel;** die **Sitzordnung;** der **Sitzplatz;** der **Sitzstreik;** die **Sitzung** (Beratung, Tagung); der **Sitzungssaal;** das **Sitzungszimmer**

SJH = Schweizer Jugendherbergen

Ska·la *lat.,* die: -, Skalen/-s (Masseinteilung, Stufenfolge, Reihe); der **Skalenzeiger**

Skalp *engl.,* der: -s, -e (früher bei den Indianern abgezogene behaarte Kopfhaut des Gegners); das **Skalpell** (Messer des Chirurgen); **skalpieren**

Skan·dal *griech.,* der: -s, -e (ärgerliches Vorkommnis, Ärgernis, Schande); **skandalös** (unerhört, anstössig); die **Skandalpresse; skandalsüchtig**

Skan·di·na·vi·en [*...wien*]: -s (Teil Nordeuropas); der **Skandinavier;** die **Skandinavierin; skandinavisch**

Skat *lat.*, der: -(e)s (Kartenspiel); Skat spielen; der **Skatabend;** die **Skatrunde;** das **Skatspiel**

Skate·board *engl.* [*sketbord*], das: -s, -s (Rollbrett)

Ske·lett *griech.*, das: -(e)s, -e (Gerippe, Knochengerüst); der **Skelettbau**

Skep·sis *griech.*, die: -; etwas mit Skepsis (Zweifel, Misstrauen, Vorbehalt) betrachten; der **Skeptiker; skeptisch**

Sketsch *engl.* [*sketsch*], der: -(e)s, -e (kurze Bühnenszene mit Schlusspointe im Kabarett bzw. Varietee); auch: der **Sketch**

Ski [*schi*], der: -s, -/-er; Ski fahren, laufen; auch: der **Schi;** der **Skipass**

Skin·head *engl.* [*skinhed*], der: -s, -s (Jugendlicher mit kahl geschorenem Kopf)

Skiz·ze *ital.*, die: -, -n (flüchtiger Entwurf, stichpunktartige Aufzeichnung); der **Skizzenblock; skizzenhaft; skizzieren;** die **Skizzierung**

Skla·ve *slaw.* [*sklawe, sklafe*], der: -n, -n (unfreier Mensch, leibeigener Diener); die **Sklavenarbeit;** der **Sklavenhandel;** das **Sklaventum;** die **Sklaverei;** die **Sklavin; sklavisch:** ein sklavischer (blinder, unbedingter) Gehorsam – sich sklavisch (ohne eigene Ideen) an etwas halten

Skon·to *ital.*, das/der: -s, -s/Skonti (Preisnachlass)

Skoo·ter *engl.* [*skuter*], der: -s, - (Kleinauto auf Jahrmärkten)

Skor·pi·on *griech.*, der: -s, -e (krebsähnliches Spinnentier, Sternbild)

Skrip·tum *lat.*, das: -s, Skripten (Schriftstück, Manuskript); das **Skript** (Drehbuch)

Skru·pel *lat.*, der: -s, -; keine Skrupel (Bedenken, Gewissensbisse) kennen – ohne Skrupel (gewissenlos); **skrupellos;** die **Skrupellosigkeit**

Skulp·tur *lat.*, die: -, -en (Werk eines Bildhauers, Plastik)

skur·ril *lat.*: (komisch, verschroben, drollig); die **Skurrilität**

S-Kur·ve, die: -, -n (Doppelkurve); **S-Kurvenreich**

Sla·lom *norweg.*, der: -s, -s (Torlauf beim Skisport); der **Slalomkurs;** der **Slalomlauf**

Slang *engl.* [*släng*], der: -s, -s (lässige Alltagssprache, Umgangssprache)

s-Laut, der: -(e)s, -e

Slip *engl.*, der: -s, -s (kurze Unterhose, Schlüpfer); der **Slipper** (bequemer Schlupfschuh)

Slo·gan *engl.* [*slogen, slougen*], der: -s, -s (Schlagwort, Werbespruch, Motto)

Slo·wa·kei, die: - (Staat in Osteuropa); der **Slowake;** die **Slowakin; slowakisch**

Slo·we·ni·en: - (Staat in Osteuropa); der **Slowene;** die **Slowenin; slowenisch**

Slums *Mz. engl.* [*slams*], die: - (Elendsviertel)

Small·talk *engl.* [*smol tok*], der: -s, -s (leichtes Gespräch, Gerede); auch: der **Small Talk**

Sma·ragd *griech.*, der: -(e)s, -e (grüner Edelstein); **smaragdgrün**

smart *engl.*: (gewandt, durchtrieben)

Smog *engl.*, der: -(s), -s (dicker Dunst über Industriestädten, Dunstglocke); der **Smogalarm**

Smo·king *engl.*, der: -s, -s (Gesellschaftsanzug für Herren)

Snack·bar *engl.* [*snäkbar*], die: -, -s (Imbissstube, Schnellgaststätte)

Snob *engl.*, der: -s, -s (sich überlegen, vornehm gebender Mensch, der auf andere herabblickt); **snobistisch** (eingebildet)

SO = Kanton Solothurn

s. o. = siehe oben

so: so (auf diese Weise) geht es nicht – so sein, bleiben, werden – so genannt (allgemein so bezeichnet) – er wurde so genannt – bald so, bald so – so klein wie ein Zwerg – so (wirklich)? – so und nicht anders – *wie du mir, so ich dir* – so (falls) ich dann noch lebe – und so weiter ⟨usw.⟩ – so oder so (in jedem Fall) – ich habe mich so (sehr) darauf gefreut! – so (von dieser Art) ist er nun einmal – so (etwa, ungefähr) um 12 Uhr – so viel Arbeit – so viele – so ein Pech! – gut so! – so wahr mir Gott helfe! – es ist so weit; das kann ich so wenig die du; **sobald:** sobald (gleich wenn) du kannst, schreibe mir!; aber: sie wird so bald nicht kommen – so bald wie möglich; **sodann** (danach); **sodass;** auch: so dass; **soeben** (gerade jetzt); **sofern** (wenn, falls); aber: das liegt mir so fern, dass; **sofort:** sie kommt sofort; aber: sie lebt immer so fort (immer so weiter); **sogar** (auch, selbst); aber: er hat so gar kein Glück; **sogleich** (sofort); aber: sie sind

N
O
P
Q
R
S

sich so gleich, dass; **solang(e):** solange die Schule dauert; aber: ich bleibe nicht so lange; **somit** (also, folglich); **sooft:** sooft du kommst, freue ich mich; aber: ich komme nicht mehr so oft; **sosehr:** sosehr du auch bittest; aber: er bat mich so sehr; **soundso:** soundso lang; **soviel:** soviel ich weiss, ist er krank; aber: so viel wie (ebenso viel) – noch einmal so viel; **soweit:** soweit ich es beurteilen kann, stimmt alles; aber: ich springe nicht so weit wie du – so weit wie möglich; **sowie** (auch, sobald); aber: mach es so wie ich; **sowieso** (auf alle Fälle); **sowohl:** sowohl... als auch... – sowohl heute wie morgen; aber: er fühlt sich so wohl, dass; das **Sowohl-als-auch; sozusagen**

So·cke, die: -, -n (kurzer Strumpf); *sich auf die Socken machen* (aufbrechen) – *von den Socken* (überrascht) *sein;* auch: der **Socken;** das **Söckchen**

So·ckel, der: -s, - (Fundament, Unterbau)

So·da span., das/die: -s; auch: das **Sodawasser** (Mineralwasser)

Sod·bren·nen, das: -s (anhaltendes Brennen in der Speiseröhre)

So·fa arab., das: -s, -s (gepolstertes, breites Sitzmöbel); das **Sofakissen**

Soft·eis, das: -es (sahniges Speiseeis); der **Softdrink** (alkoholfreies Getränk); auch: der **Soft Drink;** der **Softrock;** auch: der **Soft Rock;** die **Software** *[softwär]* (Programme in der Datenverarbeitung)

Sog, der: -(e)s, -e (saugende Strömung); der Sog (starker Einflussbereich) einer Grossstadt – durch den Sog eines Strudels unter das Wasser gezogen werden

Soh·le lat., die: -, -n; sie hat Blasen an den Sohlen (Fusssohlen) – Sohlen aus Leder – auf leisen Sohlen (unbemerkt) – die Sohle des Tales; **sohlen:** die Schuhe sohlen (besohlen) # Sole

Sohn, der: -(e)s, Söhne; keine Söhne (männliche Nachkommen) haben; das **Söhnchen**

So·ja·boh·ne, die: -, -n (asiatische Bohnenart); das **Sojamehl;** die **Sojasosse**

so·lar lat.: (von der Sonne herrührend, mit Sonnenenergie betrieben); das **Solarauto;** die **Solarbatterie;** die **Solarenergie;** das **Solarium,** die Solarien (Anlage für künstliche Sonnenbäder); das **Solarkraftwerk;** die **Solartechnik;** die **Solarzelle**

solch: solch hilfsbereite Menschen – solch herrliche Häuser – solch ein Pech!; **solche; solcher; solcherart; solcherlei:** solcherlei (so ähnliche) Sachen; **solchermassen; solches:** ein solches ist mir geschehen

Sold lat., der: -(e)s, -e (Soldatenlohn, Löhnung); der **Soldat; soldatisch;** das **Soldbuch;** der **Söldner** (Soldat, der gegen Bezahlung Kriegsdienste ausübt)

So·le, die: -, -n (kochsalzhaltiges Wasser); das **Solbad;** das **Solei** (in Salzbrühe eingelegtes Ei) # Sohle

so·li·de lat.: ein solides (haltbares) Haus – das ist eine solide (gediegene) Arbeit – sie lebt sehr solide (rechtschaffen); auch: **solid;** die **Solidität**

so·li·da·risch lat.: (gemeinsam, eng verbunden); ich bin mit euch solidarisch (halte mit euch zusammen); der **Solidarbeitrag;** die **Solidargemeinschaft;** sich **solidarisieren** (sich zusammentun, gemeinsame Sache machen); die **Solidarisierung;** die **Solidarität**

sol·len: was soll ich tun? – was soll (bewirkt, nützt) das alles? – was soll's? (es ist gleichgültig) – soll er doch (meinetwegen)! – sollte es regnen (für den Fall, dass es regnet), fahren wir nicht – hoch soll er leben!; das **Soll** (Verpflichtung, Zwang): er hat sein Soll (seine Norm) erfüllt – Soll und Haben (die beiden Seiten eines Kontos)

So·lo ital., das: -s, -s/Soli (Einzelstimme, Einzelvortrag, Einzelspiel); der **Solist;** die **Solistin; solo** (allein, ohne Begleitung); der **Sologesang;** der **Solotanz**

So·lo·thurn: (Hauptort des gleichnamigen Kantons); der **Solothurner;** die **Solothurnerin; solothurnisch**

sol·vent lat. *[solwent]:* er ist nicht solvent (zahlungsfähig)

Som·mer, der: -s, - (die wärmste Jahreszeit); ein heisser Sommer – Sommer wie Winter (in jeder Jahreszeit); der **Sommerabend;** der **Sommerfahrplan;** die **Sommerferien** Mz.; die **Sommerfrische** (Urlaub im Sommer); das **Sommerkleid; sommerlich:** sommerliche Temperaturen; der **Sommermonat;** die **Sommernacht;** der **Sommerregen; sommers** (im Sommer): sommers wie winters; die **Sommersaat;** der **Sommerschlussverkauf;** die **Sommersprosse; sommersprossig;** die **Sommer(s)zeit; sommertags**

So·na·te *ital.*, die: -, -n (Musikstück); die **So-natine** (kleine Sonate)

Son·de *franz.*, die: -, -n (Instrument zum Einführen in den Körper); **sondieren** (auskundschaften, erforschen); die **Sondierung**; das **Sondierungsgespräch**

son·der…: das **Sonderangebot**; **sonderbar** (merkwürdig, seltsam); **sonderbarerweise**; der **Sonderdruck**; die **Sonderfahrt**; der **Sonderfall** (Ausnahme); **sondergleichen**: eine Frechheit sondergleichen (aussergewöhnliche Frechheit); die **Sonderheit**: in Sonderheit; das **Sonderkommando**; **sonderlich**: ein sonderlicher (seltsamer) Mensch – er zeigt keine sonderliche (keine besonders grosse) Freude; **Sonderling** (Einzelgänger, Aussenseiter); der **Sondermüll** (Müll mit gefährlichen Giftstoffen); **sondern**: nicht ich, sondern (vielmehr) du – nicht nur, sondern auch; **sondern**: Spreu vom Weizen sondern (trennen); die **Sondernummer**; der **Sonderrabatt**; die **Sonderration** (zusätzliche Ration); das **Sonderrecht**; die **Sonderregelung**; **sonders**: samt und sonders (vollständig, ohne Ausnahme); die **Sonderschule**; die **Sondersendung**; die **Sonderstellung**; der **Sonderurlaub**; der **Sonderverkauf**; der **Sonderwunsch**; der **Sonderzug**

So·nett *ital.*, das: -(e)s, -e (Gedichtform)

Song *engl.*, der: -s, -s (Schlagerlied, Sprechgesang)

Sonn·a·bend, der: -s, -e (Samstag); **sonnabends**

Son·ne, die: -, -n; in der Sonne sitzen – die Sonne geht auf – Sonne, Mond und Sterne – *Sonne im Herzen haben* (ein fröhlicher Mensch sein); sich **sonnen**: sie sonnt sich am Strand (liegt in der Sonne) – sich in seinem Ruhm sonnen (ihn auskosten); der **Sonnenaufgang**; das **Sonnenbad**; **sonnenbaden**; die **Sonnenblume**; der **Sonnenbrand**; die **Sonnenbräune**; die **Sonnenbrille**; die **Sonnencreme**; **sonnendurchflutet**; die **Sonnenenergie**; die **Sonnenfinsternis**; die **Sonnenflecken** *Mz.*; **sonnengebräunt**; **sonnenklar** (ganz, völlig klar); der **Sonnenkollektor** (Gerät zur Wärmegewinnung aus Sonnenenergie); das **Sonnenlicht**; der **Sonnenschein**; der **Sonnenschirm**; der **Sonnenstich**: *einen Sonnenstich haben* (nicht ganz bei Verstand sein); der **Son-**

nenstoren; auch: die/der **Sonnenstore**; der **Sonnenstrahl**; die **Sonnenuhr**; der **Sonnenuntergang**; **sonnenverbrannt**; die **Sonnenwärme**; **sonnig**: ein sonniger Tag – ein sonniges (heiteres) Gemüt haben; die **Sonnwendfeier**

Sonn·tag ⟨So.⟩, der: -(e)s, -e (Wochentag, Ruhetag); der **Sonntagabend**; **sonntagabends**; auch: sonntags abends; **sonntäglich**: sonntäglich (festlich) gekleidet sein – eine sonntägliche Stille; **sonntags** (an Sonntagen): sonntags sind die Geschäfte geschlossen – sonn- und feiertags; die **Sonntagsarbeit**; der **Sonntagsfahrer**; das **Sonntagskind** (Glückskind); die **Sonntagsruhe**

so·nor *lat.*: eine sonore (wohl klingende, tiefe) Stimme

sonst: sonst (ausserdem) niemand? – sonst ein – sonst etwas – sonst was – sonst wer – sonst wie – sonst wo – sonst woher – sonst wohin – er und sonst keiner – du bist doch sonst (für gewöhnlich) nicht so – was soll ich sonst (anderes) tun? – schreibe mir, sonst (andernfalls) bin ich dir böse – sonst (zu anderer Zeit) war er immer da; **sonstig**: alle sonstigen (anderen, übrigen) Ausgaben übernehme ich; aber: das Sonstige

So·pran (Sop·ran) *ital.*, der: -s, -e (hohe Frauen- oder Knabenstimme); der **Sopranist**; die **Sopranistin**; die **Sopranstimme**

Sor·bet, das/der: -s, -s (halbgefrorene Speise) auch: das/der **Sorbett**

sor·gen, sich: ich sorge (ängstige) mich um deine Gesundheit – sich um seine kranken Eltern sorgen (kümmern) – er sorgt für Ruhe; die **Sorge**: er macht sich um seine Zukunft Sorgen – Sorge tragen – die Sorge (Pflege) für die Kranken; **sorgenfrei**; das **Sorgenkind**; **sorgenlos**; **sorgenschwer**; **sorgenvoll**; das **Sorgerecht**; die **Sorgfalt**; **sorgfältig**; die **Sorgfältigkeit**; **sorglos**: ein sorgloses (unbekümmertes) Leben führen – er geht sorglos (unachtsam) mit seinen Büchern um; die **Sorglosigkeit**; **sorgsam** (schonend, gewissenhaft); die **Sorgsamkeit**

Sor·te *lat.*, die: -, -n (Art, Gattung, Güteklasse); eine milde Sorte – die billigste Sorte Wurst; **sortieren**: nach der Grösse sortieren (ordnen); der **Sortierer**; die **Sortiererin**; die **Sortierung**; das **Sortiment** (Warenangebot)

N O P Q R S

SOS: (internationales Seenotzeichen); der **SOS-Ruf**

Sos·se *franz.*, die: -, -n (Tunke); auch: die **Sauce**

Souff·leur (Souf·fleur) *franz. [suflör]*, der: -s, -e (Vorsager beim Theater); die **Souffleuse** *[suflöse]*; **soufflieren** (einsagen, vorsagen)

Soul *amerik. [sol]*, der: -s (seelenvoller Jazz)

Sound *engl. [saunt]*, der: -s, -s (Klangwirkung bei der Musik)

Sous·chef *franz. [suchef]*, der: -s, -s (stellvertretender Chef); die **Souschefin**

Sou·ta·ne *franz. [sutane]*, die: -, -n (Gewand der katholischen Geistlichen); → Sutane

Sou·ter·rain *franz. [suterä]*, das: -s, -s; im Souterrain (Keller-, Untergeschoss) wohnen

Sou·ve·nir *franz. [suwenir]*, das: -s, -s (Andenken, Erinnerungsstück); der **Souvenirladen**

sou·ve·rän *franz. [suwerän]:* (unabhängig, überlegen, unumschränkt); der **Souverän** (Herrscher); die **Souveränität:** die Souveränität (Unabhängigkeit) eines Staates

so·zi·al *lat.*: die sozialen (gesellschaftlichen) Verhältnisse – die sozial Schwachen – er ist sozial (uneigennützig, wohltätig) eingestellt; das **Sozialamt;** die **Sozialarbeit;** der **Sozialdemokrat;** die **Sozialdemokratie** (politische Parteirichtung); die **Sozialdemokratin; sozialdemokratisch;** die **Sozialfürsorge;** die **Sozialhilfe; sozialisieren** (verstaatlichen, in die Gesellschaft einordnen); die **Sozialisierung;** der **Sozialismus** (politische Bewegung, die eine klassenlose Gesellschaft anstrebt); der **Sozialist;** die **Sozialistin; sozialistisch;** die **Sozialkunde;** die **Soziallehre;** die **Sozialpädagogik;** der **Sozialstaat;** die **Sozialwohnung;** der **Soziologe;** die **Soziologie** (Lehre von den Zusammenhängen in der menschlichen Gesellschaft); die **Soziologin; soziologisch;** der **Sozius** (Geschäftsteilhaber, Beifahrer)

Space·shut·tle *[spesschatel]*, der: -s, -s (Raumfähre)

SP(S) = Sozialdemokratische Partei (der Schweiz)

Spach·tel, der/die: -, -n (Werkzeug zum Auftragen bzw. Abkratzen von Farbe, Gips, Mörtel o.Ä.); der **Spachtelkitt;** die **Spachtelmasse; spachteln**

Spa·gat *ital.*, der/das: -(e)s, -e (gymnastische Figur: völliges Spreizen der Beine)

Spa·ghet·ti *Mz. ital.*, die: - (lange Fadennudeln); auch: die **Spagetti**

spä·hen: (genau, vorsichtig, forschend blicken); um die Ecke spähen; der **Späher** (Kundschafter); die **Späherin;** der **Spähtrupp**

Spa·lier *ital.*, das: -s, -e; ein Spalier (Gitterwand zum Anbinden von Obstbaumzweigen) anbringen – er marschiert durch ein Spalier (eine Menschengasse) – *Spalier stehen* (sich in Form einer Gasse aufstellen); der **Spalierbaum;** das **Spalierobst**

spal·ten: du spaltest, er spaltete, sie hat gespalten, spalte!; Holz spalten (zerkleinern) – einen Atomkern spalten – das Land ist in zwei Lager gespalten (geteilt); der **Spalt** (schmale Öffnung, Schlitz): die Tür einen Spalt weit öffnen; **spaltbar; spaltbreit;** die **Spalte:** in der Mauer sind tiefe Spalten (Risse) zu sehen – der Bericht in der Zeitung nimmt zwei Spalten ein; die **Spaltung**

Span, der: -(e)s, Späne (Splitter, Abfall beim Bearbeiten eines Materials); das **Spänchen;** die **Spanplatte;** die **Spanschachtel**

Span·fer·kel, das: -s, - (junges Ferkel)

Span·ge, die: -, -n (Schliesse, Haarnadel, Brosche); eine Spange im Haar tragen

Spa·ni·en: -s (Staat in Europa); der **Spanier;** die **Spanierin; spanisch:** die spanische Sprache; aber: auf Spanisch

span·nen: ein Seil zwischen zwei Pfosten spannen (ziehen, straff befestigen) – die Brücke spannt (wölbt) sich über das Tal – er spannt Pferde vor den Wagen – die Bluse spannt (ist eng) – eine gespannte (unbehagliche, leicht feindselige) Atmosphäre – auf etwas gespannt (neugierig) sein – *jemanden auf die Folter spannen* (in Ungewissheit lassen); der **Spann** (Fussrücken, Rist); der **Spanndienst** (Frondienst); die **Spanne:** eine Spanne (ein Zeitraum) von zwei Jahren – eine Spanne (20 – 25 cm) breit – die Spanne (der Unterschied) zwischen Ein- und Verkaufspreis; **spannend:** eine spannende (fesselnde, mitreissende) Sendung; der **Spanner** (Voyeur); die **Spannkraft** (Energie); der **Spannteppich** (Teppichboden); die **Spannung;** das **Spannungsfeld; spannungsgeladen:** eine spannungsgeladene (gereizte, gespannte) Lage; das **Spannungsmoment;** der **Spannungszustand;** die **Spannweite**

Spạn·ten *Mz.,* die: - (Bauteile zum Verstärken eines Schiffs- oder Flugzeugrumpfes)

spa·ren: Geld sparen (zurücklegen) – auf/für ein Auto sparen – diese Arbeit hätte er sich sparen (schenken) können – spare dir (unterlasse) deine Bemerkungen – *spare in der Zeit, so hast du in der Not*; der **Sparbrief;** das **Sparbuch;** die **Sparbüchse;** die **Spareinlage;** der **Sparer;** die **Sparerin;** die **Sparflamme:** *auf Sparflamme schalten* (sparsamer wirtschaften); der **Spargroschen;** das **Sparguthaben;** das **Sparheft;** die **Sparkasse;** das **Sparkonto; spärlich** (kläglich, ärmlich); die **Sparmassnahme;** der **Sparpfennig;** die **Sparprämie; sparsam;** die **Sparsamkeit;** das **Sparschwein;** der **Sparstrumpf;** der **Sparzins**

Spạr·gel, der: -s, - (Gemüse); das **Spargelbeet;** die **Spargelsuppe**

Spạr·ren, der: -s, - (schräger Balken des Dachs); auch: die **Sparre**

Spạr·ring *engl.,* das: -s (Boxtraining); der **Sparringspartner**

spar·ta·nisch: er lebt sehr spartanisch (enthaltsam, anspruchslos)

Spạr·te, die: -, -n (Bereich, Abteilung, Fach)

spạs·sen: du spasst – mit ihm ist nicht zu spassen (er wird leicht böse); der **Spass:** die Spässe (Scherze) des Clowns – die Arbeit macht ihm viel Spass (viel Freude) – Spass beiseite! – *keinen Spass verstehen* (humorlos sein); das **Spässchen; spasseshalber** (rein aus Vergnügen); **spasshaft; spassig:** ein spassiger (komischer) Mensch; der **Spassmacher** (Witzbold, Narr); der **Spassverderber; Spassvogel** (jemand, der gern Spässe treibt)

spạs·tisch *griech.:* (verkrampft, krampfartig); der **Spastiker;** die **Spastikerin**

spạ̈t: es ist schon spät – zu später (vorgerückter) Stunde – du kommst spät (unpünktlich) – von früh bis spät – später (nachher, eines Tages) werde ich schon kommen – ein später (überfälliger) Sommer; **spätabends;** der **Spätaussiedler;** der **Spätentwickler; späterhin; spätestens;** der **Spätheimkehrer;** der **Spätherbst;** die **Spätlese** (Weinsorte); die **Spätnachrichten** *Mz.;* die **Spätschicht;** der **Spätsommer;** die **Spätvorstellung;** das **Spätwerk**

Spa·ten, der: -s, - (Gerät zum Umgraben der Erde); der **Spatenstich**

Spạtz, der: -en/-es, -en (Sperling); das **Spätzchen;** das **Spatzennest;** die **Spätzin**

spa·zie·ren *lat.:* gemächlich durch die Gassen der Stadt spazieren – spazieren fahren, gehen; die **Spazierfahrt;** der **Spaziergang;** der **Spaziergänger;** die **Spaziergängerin;** der **Spazierritt;** der **Spazierstock;** der **Spazierweg**

SPD = Sozialdemokratische Partei Deutschlands

Spẹcht, der: -(e)s, -e (Klettervogel)

Spẹck, der: -(e)s (Fett); Kartoffeln mit Speck – Speck ansetzen (dick werden) – *mit Speck fängt man Mäuse;* **speckig** (fettig, schmutzig, abgegriffen); die **Speckschwarte;** die **Speckseite**

Spe·di·teur *franz. [schpeditör],* der: -s, -e (Transportunternehmer); **spedieren;** die **Spedition;** die **Speditionsfirma; speditiv:** sie arbeitet speditiv (rasch, zügig)

Speer, der: -(e)s, -e (Wurf- bzw. Stosswaffe, Sportgerät); der **Speerschaft;** das **Speerwerfen;** der **Speerwurf**

Spei·che, die: -, -n (Teil des Rades, Unterarmknochen)

Spei·chel, der: -s (Spucke, Geifer); die **Speicheldrüse;** der **Speichellecker** (Schmeichler, Kriecher); die **Speichelleckerin**

spei·chern: (lagern, aufbewahren); Wasser im Becken speichern – Daten speichern; der **Speicher** (Lagerraum, Dachboden); die **Speicherkapazität;** der **Speicherofen;** die **Speicherung**

spei·en: du speist, er spie, sie hat gespien, spei(e)! (erbrechen, spucken); auf den Boden speien – *Gift und Galle speien* (seinen Ärger böse und heftig ausdrücken); **speiübel**

spei·sen: in einem Restaurant zu Abend speisen (vornehm essen) – die Armen speisen (ihnen zu essen geben) – der Fluss wird vom Gletscherwasser gespeist; die **Speise:** Speis und Trank; das **Speiseeis;** der **Speisefisch;** die **Speisekammer** (Vorratskammer); das **Speiselokal;** die **Speise(n)karte;** das **Speiseöl;** die **Speiseröhre;** der **Speisesaal;** der **Speisewagen;** das **Speisezimmer;** die **Speisung**

Spek·ta·kel *lat.,* der: -s, - (Unruhe, Lärm); das **Spektakel** (Schauspiel); **spektakulär:** eine spektakuläre (Aufsehen erregende) Tat

Spẹk·trum (Spẹkt·rum) *lat.,* das: -s, Spek-

N
O
P
Q
R

S

tren/Spektra (durch Lichtzerlegung entstandenes farbiges Band, Bandbreite); die **Spektralfarben** *Mz.*

spe·ku·lie·ren *lat.*: lange spekulieren (nachdenken, grübeln) – auf eine Beförderung spekulieren (hoffen) – an der Börse spekulieren (Geschäfte machen); der **Spekulant;** die **Spekulantin;** die **Spekulation** (Annahme, Einbildung, Geschäft); **spekulativ**

Spe·lun·ke *griech.*, die: -, -n (verrufenes Lokal, schlechte Kneipe)

spen·den: er spendet (gibt) Geld für die Armen – Lob spenden (loben) – Beifall spenden (klatschen) – er spendet Blut; **spendabel** (freigebig); die **Spende;** die **Spendenaktion;** das **Spendenkonto;** der **Spender;** die **Spenderin; spendieren** (freigebig für andere bezahlen); die **Spendierhosen:** *die Spendierhosen anhaben* (freigebig sein); die **Spendierlaune;** die **Spendung**

Speng·ler, der: -s, - (Klempner); die **Spenglerei;** die **Spenglerin**

Spen·zer der: -s, - (kurzes Jäckchen)

Sper·ber, der: -s, - (falkenartiger Greifvogel); **sper·bern** (scharf blicken)

Spe·renz·chen *Mz. lat.*, die: -; Sperenzchen (Umstände, Schwierigkeiten) machen

Sper·ling, der: -s, -e (Spatz)

Sper·ma *griech.*, das: -s, Spermen/Spermata (Samenflüssigkeit mit männlichen Keimzellen)

sper·ren: den Dieb ins Gefängnis sperren (einschliessen) – den Weg für den Verkehr sperren – er sperrte (sträubte) sich gegen den Plan – die Tür sperrt (klemmt) – gesperrt (mit Zwischenräumen zwischen den Buchstaben) gedruckte Wörter; **sperrangelweit** (ganz offen); der **Sperrbezirk;** die **Sperre** (Behinderung, Hindernis); das **Sperrfeuer;** das **Sperrgut;** das **Sperrholz; sperrig:** ein sperriger (viel Raum einnehmender, unhandlicher) Gegenstand; die **Sperrkette;** das **Sperrkonto;** der **Sperrmüll;** der **Sperrsitz** (Sitz, der normalerweise nicht benutzt wird); die **Sperrstunde** (Polizeistunde); die **Sperrung;** die **Sperrzone**

Spe·sen *Mz. ital.*, die: - (Unkosten, Auslagen); *ausser Spesen nichts gewesen;* die **Spesenrechnung**

spet·ten *ital.*: (im Haushalt, in einem Geschäft aushelfen); die **Spetterin**

Spe·ze·rei·en *Mz. ital.*, die: - (Gewürze); die **Spezereiwaren** *Mz.*

Spe·zi, das: -s, -(s) (Mischgetränk aus Limonade und Cola); der **Spezi** (Freund, Kumpan)

spe·zi·ell *lat.*: eine spezielle (eigene, besondere) Aufgabe – spezielle Wünsche haben; aber: im Speziellen (besonders); das **Spezialfahrzeug;** das **Spezialgebiet** (Fach); sich **spezialisieren;** die **Spezialisierung;** der **Spezialist** (Fachmann); die **Spezialistin;** die **Spezialität** (Eigenart, Fachgebiet); das **Spezialtraining;** die **Spezies** *[spezjes]* (Art, Gattung); **spezifisch** (eigentümlich, kennzeichnend)

Sphä·re *griech.*, die: -, -n (Himmelsgewölbe, Wirkungskreis, Reichweite); **sphärisch**

Sphinx, die: -, -e (ägyptisches Fabelwesen)

spi·cken: das Fleisch spicken (zum Braten mit Spreckstreifen durchziehen) – vom Nachbarn spicken (abschreiben) – ein mit Fehlern gespicktes (reichlich versehenes) Schreiben; der **Spicker;** der **Spickzettel**

Spie·gel *lat.*, der: -s, -; in den Spiegel schauen – der Spiegel (die glatte Oberfläche) des Sees – *jemandem den Spiegel vorhalten* (ihn auf seine Fehler hinweisen) – *sich etwas hinter den Spiegel stecken* (es sich gut einprägen); das **Spiegelbild** (Abbild, seitenverkehrtes Bild); **spiegelbildlich; spiegelblank** (glänzend); das **Spiegelei;** die **Spiegelfechterei** (Täuschung, Scheinkampf); das **Spiegelglas; spiegelglatt** (vollkommen glatt); **spiegeln:** sich spiegeln (widerscheinen) – der Mond spiegelt sich im See – in seinem Gesicht spiegelt sich Überraschung; die **Spiegelschrift;** der **Spiegelstrich;** die **Spieg(e)lung; spiegelverkehrt**

spie·len: Kinder spielen auf der Wiese – mit Puppen spielen – sie spielt Lotto – er spielt Tennis – auf der Geige spielen (musizieren) – das spielt keine Rolle – er spielt im Film die Hauptperson – falsch spielen (betrügen) – *jemanden an die Wand spielen* (ihn weit übertreffen) – *seine Beziehungen spielen lassen* (einsetzen); das **Spiel:** *etwas aufs Spiel setzen* (riskieren); der **Spielabbruch;** das **Spielalter;** die **Spielart** (Eigenart, Ausnahme); der **Spielautomat;** der **Spielball;** die **Spielbank** (Unternehmen für Glücksspiele); der **Spielbeginn;** die **Spieldose;**

spielend (leicht); das **Spielende;** der **Spieler;** die **Spielerei** (Kleinigkeit, Scherz); die **Spielerin; spielerisch;** das **Spielfeld;** die **Spielfigur;** der **Spielfilm;** die **Spielfläche; spielfrei;** der **Spielführer;** die **Spielführerin;** der **Spielgefährte;** die **Spielgefährtin;** das **Spielgeld;** der **Spielkamerad;** die **Spielkarte;** das **Spielkasino;** der **Spielleiter;** die **Spielleiterin;** der **Spielplatz;** der **Spielraum** (Bewegungsfreiheit); die **Spielregel;** die **Spielsachen** *Mz.*; der **Spielstand;** der **Spieltrieb;** die **Spieluhr;** der **Spielverderber;** die **Spielverderberin;** die **Spielvereinigung;** die **Spielwaren** *Mz.*; die **Spielweise;** das **Spielwerk;** die **Spielzeit;** das **Spielzeug**

Spiess, der: -es, -e (Lanze, Speer); einen Ochsen am Spiess braten – *den Spiess umdrehen* (mit einem Gegenangriff antworten) – *wie am Spiess* (heftig, sehr laut) *schreien;* der **Spiessbürger** (engstirniger Mensch); **spiessbürgerlich; spiessen;** der **Spiesser** (Spiessbürger); **spiesserhaft;** die **Spiesserin;** das **Spiessertum;** der **Spiessgeselle** (Komplize, Kamerad); **spiessig** (kleinlich); das **Spiessrutenlaufen**

Spikes *Mz. engl. [sp**ai**kss],* die: - (Spezialstifte für Autoreifen und Rennschuhe); der **Spike(s)reifen**

Spi·nat *arab.,* der: -(e)s (Blattgemüse)

Spind, das/der: -(e)s, -e (einfacher Schrank)

Spin·del, die: -, -n (Teil des Spinnrades, Achse, Stange); **spindeldürr** (dünn, sehr mager); die **Spindeltreppe**

Spi·nett *ital.,* das: -(e)s, -e (Tasteninstrument)

spin·nen: du spinnst, er spann, sie hat gesponnen, spinn(e)!; Wolle spinnen – er spinnt (ist verrückt); die **Spinne;** der **Spinnfaden;** das **Spinn(en)gewebe;** auch: die **Spinnwebe;** das **Spinnennetz;** der **Spinner** (Verrückter); die **Spinnerei;** die **Spinnerin;** die **Spinnmaschine;** das **Spinnrad;** die **Spinnstube**

spin·ti·sie·ren: (grübeln); die **Spintisiererei**

spi·o·nie·ren *franz.:* (als Spion(in) arbeiten, auskundschaften); der **Spion;** die **Spionage** *[schpion**a**sche];* die **Spionageabwehr;** der **Spionagefall;** der **Spionagering;** die **Spionin**

Spi·ra·le *griech.,* die: -, -n (Schraubenlinie, Windungen um eine Achse); die **Spiralfeder; spiralförmig; spiralig**

Spi·ri·tus *lat.,* der: - (Weingeist, Alkohol); die **Spirituosen** *Mz.* (alkoholische Getränke); der **Spirituskocher**

Spi·tal *lat.,* das: -s, Spitäler (Altersheim, Krankenhaus)

spitz: ein spitzer Bleistift – eine spitze (scharfe) Zunge haben – sie sieht spitz (mager) aus – eine spitze (bissige) Bemerkung – ein spitzer Winkel (Winkel unter 90°) – spitz machen (anspitzen); der **Spitzbart;** der **Spitzbauch; spitzbekommen** (merken, herausfinden); der **Spitzbogen;** der **Spitzbohrer;** der **Spitzbube** (Betrüger, Schelm); die **Spitzbübin; spitzbübisch; spitze:** er hat spitze (toll) gespielt; die **Spitze:** die Spitze der Nadel – er steht an der Spitze (ersten Stelle) der Partei – er ist für seine Spitzen (Anspielungen, bissigen Bemerkungen) schon bekannt – Spitzen (durchbrochenes Gewebe) weben – das ist Spitze! – *etwas auf die Spitze treiben* (etwas zum Äussersten treiben) – *auf Spitz und Knopf stehen* (noch nicht entschieden sein); der **Spitzel** (Spion); **spitzeln; spitzen:** einen Stock spitzen (spitz machen) – *die Ohren spitzen* (aufpassen, lauschen); die **Spitzenklasse;** die **Spitzenkraft;** die **Spitzenleistung;** die **Spitzenqualität;** der **Spitzenreiter** (Person in führender Stellung; besonders zugkräftige Sache, Ware); der **Spitzensportler;** die **Spitzensportlerin;** der **Spitzenwert;** der **Spitzer; spitzfindig** (kleinlich, übergenau); die **Spitzfindigkeit** (Haarspalterei); die **Spitzhacke** (Pickel); **spitzig;** die **Spitzkehre** (sehr enge Kurve); **spitzkriegen;** die **Spitzmaus;** der **Spitzname** (Scherz-, Spottname); **spitzwink(e)lig**

Spleen *engl. [schpl**i**n],* der: -s, -e/-s (sonderbarer Einfall, Marotte); **spleenig** (schrullig)

spleis·sen: du spleisst, er spliss/spleisste, sie hat gesplissen/gespleisst, spleiss(e)! (spalten, zerreissen, die Enden zweier Taue verbinden); → Spliss

Splint, der: -(e)s, -e (Stift zur Sicherung von Schrauben, Bolzen o. Ä.)

Spliss, der: -es, -e (Splitter, Abschnitt)

Split·ter, der: -s, - (abgesprungenes Stück von einem harten Material); der **Splitt** (Strassenbelag aus zerkleinerten Steinen); **splitten:** die Strasse splitten; **splittern** (zerbrechen); **splitternackt**

N
O
P
Q
R
S

Split·ting *engl.,* das: -s (Aufspaltung); **splitten**
Spoi·ler *engl.,* der: -s, - (Vorrichtung zum Ver-
mindern des Luftwiderstands bei Fahrzeu-
gen)
Spon·sor *engl.,* der: -s, Sponsoren (Förderer,
Geldgeber); **sponsern**
spon·tan *lat.*: er sagte spontan (ohne Überle-
gung) zu – eine spontane (unüberlegte,
unmittelbare) Antwort; die **Spontaneität;**
auch: die **Spontanität**
spo·ra·disch *griech.*: (vereinzelt, selten)
Spo·re *griech.,* die: -, -n (Fortpflanzungszelle
der Pflanze); die **Sporenpflanze;** das **Spo-
rentierchen; sporig** (schimmelig)
Sporn, der: -(e)s, Sporen (Rädchen am Absatz
eines Reitstiefels); dem Pferd die Sporen
geben – *sich die ersten Sporen verdienen*
(die ersten Erfolge verzeichnen können);
spornstreichs (sofort, geradewegs)
Sport *engl.,* der: -(e)s (Körper-, Leibeserzie-
hung); Sport treibend; die **Sportart;** der
Sportartikel; sportbegeistert; der **Sportbe-
richt;** der **Sportdress; sporteln** (nebenbei,
nicht ernsthaft Sport betreiben); das **Sport-
fest;** das **Sportgerät;** das **Sportgeschäft; spor-
tiv** (sportlich); der **Sportler;** die **Sportlerin;
sportlich:** sich sportlich betätigen – eine
sportliche Figur haben; der **Sportplatz;** der
Sport(s)freund; der **Sport(s)geist;** der **Sports-
mann;** das **Sportstadion;** die **Sportstätte;**
der **Sporttaucher;** die **Sporttaucherin;** der
Sportunfall; der **Sportverein;** der **Sportwa-
gen;** der **Sportwart;** die **Sportwartin**
Spot *engl.,* der: -s, -s (kurzer Werbefilm, Wer-
betext, Werbespruch) # Spott
spot·ten: über einen Mitschüler spotten (sich
über ihn lustig machen, ihn verhöhnen);
der Spott # Spot; das **Spottbild** (Karikatur);
spottbillig (äusserst billig); die **Spöttelei;
spötteln;** der **Spötter;** die **Spötterin; spöt-
tisch** (höhnisch, anzüglich, ironisch); der
Spottname (Spitzname); der **Spottpreis;** der
Spottvogel
Spra·che, die: -, -n; er beherrscht mehrere
Sprachen – hast du die Sprache verloren
(warum sagst du nichts)? – *etwas zur Sprache
bringen* (etwas ansprechen) – *nicht mit der
Sprache herausrücken wollen* (etwas nur zö-
gernd sagen); **sprachbehindert;** das **Sprach-
buch;** der **Sprachfehler;** der **Sprachge-
brauch; sprachgewaltig; sprachgewandt;**

die **Sprachgewandtheit;** die **Sprachkennt-
nisse** *Mz.*; **sprachkundig;** der **Sprachkurs;**
das **Sprachlabor;** die **Sprachlehre; sprach-
lich; sprachlos;** die **Sprachlosigkeit;** das
Sprachrohr; → sprechen
Spray *engl. [schpre],* das/der: -s, -s (Sprüh-
flüssigkeit); die **Spraydose; sprayen**
spre·chen: du sprichst, er sprach, sie hat ge-
sprochen, sprich!; mit seinem Nachbarn
sprechen (reden, sich unterhalten) – offen
sprechen (seine Meinung sagen) – über je-
manden schlecht sprechen (urteilen) – er
spricht heute im Rundfunk (er hält eine
Rede) – sprechen lernen; aber: das Spre-
chen lernen – *auf etwas zu sprechen kom-
men* (etwas im Gespräch erwähnen) – *auf
jemanden schlecht zu sprechen sein*
(über ihn verärgert sein); der **Sprechchor;**
der **Sprecher** (Ansager, Redner, Wort-
führer); die **Sprecherin;** der **Sprechfunk;**
die **Sprechpause;** die **Sprechstunde;** die
Sprechstundenhilfe; der **Sprechtag;** die
Sprechzeit; das **Sprechzimmer;** → Sprache
sprei·zen: die Finger spreizen (auseinander
strecken) – er spreizt (ziert) sich nicht
lange; der **Spreizfuss;** die **Spreizung**
spren·gen: die Brücke wurde gesprengt (zer-
stört) – er sprengt (öffnet gewaltsam) die
Fesseln – den Rasen sprengen (befeuchten,
bespritzen) – die Versammlung wurde ge-
sprengt (aufgelöst, auseinander gejagt); der
Sprengkopf; der **Sprengkörper;** die **Spreng-
ladung;** das **Sprengloch;** das **Sprengpulver;**
der **Sprengsatz;** der **Sprengstoff** (Zünd-
stoff); die **Sprengung**
Spren·kel, der: -s, - (Tupfen, Fleck, Punkt);
sprenkeln: ein gesprenkeltes (getupftes) Kleid
Spreu, die: - (Dreschabfall); *die Spreu vom
Weizen* (das Wertlose vom Brauchbaren)
trennen
Sprich·wort, das: -(e)s, ...wörter (Spruch, Le-
bensweisheit); **sprichwörtlich**
spries·sen: es spriesst, er spross/sprosste, sie
ist gesprossen/gespriesst, spriess(e)! (kei-
men, wachsen); die Blumen spriessen aus
dem Boden; → Spross
sprin·gen: du springst, er sprang, sie ist ge-
sprungen, spring(e)!; über den Bach sprin-
gen (hüpfen) – hin und her springen – der
Ball sprang von seinem Fuss – das ist der
springende Punkt (die Hauptsache) – *etwas*

springen lassen (etwas spendieren); der **Springbrunnen;** der **Springer;** die **Springerin;** die **Springflut;** der **Springinsfeld; springlebendig;** das **Springpferd;** der **Springreiter;** die **Springreiterin;** → Sprung

Sprint *engl.*, der: -s, -s (kurzer Wettlauf); **sprinten:** über die Strasse sprinten (schnell laufen); der **Sprinter;** die **Sprinterin;** die **Sprintstrecke**

Sprit, der: -(e)s (Treibstoff, Alkohol)

spritzen: die Blumen spritzen (giessen) – in den Arm spritzen (eine Spritze geben) – Wasser spritzt aus dem Schlauch – das heisse Öl spritzt ihm ins Gesicht – schnell zum Bäcker spritzen (laufen); die **Spritze;** der **Spritzer** (Fleck, Tropfen); die **Spritzerei;** die **Spritzfahrt;** das **Spritzgebäck; spritzig:** ein spritziges (sportliches, flottes) Mädchen – eine spritzige (geistreiche) Rede halten; die **Spritzigkeit;** die **Spritztour** [*. . . tur*] (kurzer Ausflug)

spröde: sprödes (brüchiges, splitteriges) Holz – sie benimmt sich sehr spröde (abweisend, verschlossen); auch: **spröd;** die **Sprödigkeit**

Spross, der: -es, -e (Nachkomme, Schössling, junger Trieb); **sprossen;** der **Sprössling** (Kind); → spriessen

Sprosse, die: -, -n (Querholz der Leiter); die **Sprossenleiter;** die **Sprossenwand**

Sprotte, die: -, -n (Fisch)

Spruch, der: -(e)s, Sprüche (Aussage, Lebensweisheit, Sprichwort); einen frommen Spruch aufsagen – der Spruch (das Urteil) des Richters – *Sprüche machen* (prahlen); das **Spruchband** (Transparent); **spruchreif**

sprudeln: die Quelle sprudelt (fliesst, strömt) aus dem Felsen; der **Sprudel** (Mineralwasser, Limonade); das **Sprudelwasser**

sprühen: Funken sprühen (stieben) nach allen Seiten – vor Freude sprühen (lebhaft, ausgelassen sein); die **Sprühdose; sprühend** (lebhaft und geistreich); der **Sprühregen**

Sprung, der: -(e)s, Sprünge; ihn rettete nur ein Sprung in den Graben – die Tasse hatte einen Sprung (Riss) – *auf einen Sprung* (kurz, in Eile) *vorbeikommen* – *jemandem auf/hinter die Sprünge kommen* (dessen List durchschauen) – *keine grossen Sprünge machen können* (keine grossen finanziellen Mittel haben) – *jemandem auf die Sprünge helfen* (ihn unterstützen); der

Sprungbalken; das **Sprungbecken; sprungbereit;** das **Sprungbrett;** die **Sprungfeder;** die **Sprunggrube; sprunghaft** (plötzlich, unbeständig); die **Sprungkraft;** die **Sprungschanze;** das **Sprungseil;** das **Sprungtuch;** der **Sprungturm;** die **Sprungweite;** → springen

spucken: jemandem ins Gesicht spucken (speien) – grosse Töne spucken (angeben); die **Spucke** (Speichel); der **Spucknapf**

spuken: im Schloss spukt es (treibt ein Gespenst sein Unwesen, geht es nicht mit rechten Dingen zu); der **Spuk** (Gespenst, Gespenstererscheinung); die **Spukgeschichte;** die **Spukgestalt;** das **Spukschloss**

Spule, die: -, -n; Wolle auf eine Spule (Rolle, Walze) wickeln – eine Spule Garn kaufen; **spulen**

spülen: Geschirr spülen (reinigen, säubern) – die Reste des Bootes wurden an Land gespült (angeschwemmt); das **Spülbecken;** auch: die **Spüle;** die **Spülmaschine;** das **Spülmittel;** die **Spülung;** das **Spülwasser**

Spund *ital.*, der: -(e)s, Spünde/-e; den Spund (Fassverschluss) öffnen – ein junger Spund (junger Bursche); das **Spundloch**

Spur, die: -, -en; Spuren (Abdrücke) im Sand – von ihm war keine Spur (nichts) zu sehen – er überholte auf der falschen Spur (Fahrspur) – eine heisse Spur (Fährte) verfolgen – in der Suppe fehlt noch eine Spur (ein wenig) Salz – keine Spur (ganz und gar nicht)! – *einer Sache auf die Spur kommen* (etwas aufdecken) – *auf einer falschen Spur sein* (etwas Falsches vermuten); **spürbar** (merklich); **spuren** (gehorchen); **spüren** (fühlen, bemerken); der **Spürhund; spurlos;** die **Spürnase;** der **Spürsinn** (Gespür, Gefühl); die **Spurweite**

Spurt *engl.*, der: -(e)s, -e/-s (Geschwindigkeitssteigerung beim Lauf, Sprint); **spurten** (schnell laufen); **spurtschnell**

sputen, sich: (sich beeilen)

SRG = Schweizerische Radio- und Fernsehgesellschaft

SRK = Schweizerisches Rotes Kreuz

St. = Sankt, Stück, Stunde

Staat *lat.*, der: -(e)s, -en; den Staat (das Land) regieren – *sich in Staat werfen* (sich fein kleiden) – *Staat machen* (Eindruck machen); **staatenlos** (ohne Staatsangehörigkeit); der/die **Staatenlose; staatlich;** die **Staatsangehörigkeit;** der **Staatsanwalt;** die **Staatsanwältin;** der **Staatsbesuch;** der **Staatsbürger;** die **Staatsbürgerin;** das **Staatsexamen; staatsfeindlich; staatsgefährdend;** das **Staatsgeheimnis;** der **Staatskalender** (amtliches Verzeichnis der Behörden); der **Staatsmann** (Politiker); die **Staatsrechnung** (Aufstellung über die Einnahmen und Ausgaben des Bundes oder der Kantone); der **Staatsschreiber** (Protokollführer der Kantonsregierung); die **Staatssteuer;** der **Staatsstreich** (Umsturz)

Stab, der: -(e)s, Stäbe; den Stab (Stock, Stecken) brechen – einen Stab (eine Arbeitsgruppe) bilden – *den Stab über jemanden brechen* (ihn verurteilen); das **Stäbchen;** der **Stabhochsprung;** der **Stabreim** (Reim beim Anfangsbuchstaben)

sta·bil *lat.:* (dauerhaft, beständig, fest); **stabilisieren** (festigen); die **Stabilisierung;** die **Stabilität** (Festigkeit, Standfestigkeit)

Sta·chel, der: -s, -n (Spitze, Dorn); die Stacheln des Igels – *wider den Stachel löcken* (aufbegehren, sich sträuben); die **Stachelbeere;** der **Stacheldraht; stach(e)lig;** das **Stachelschwein**

Sta·del, der: -s, - (Scheune, Schuppen)

Sta·di·on *griech.,* das: -s, Stadien (Kampfplatz, Spielfeld)

Sta·di·um *lat.,* das: -s, Stadien (Abschnitt, Entwicklungsstufe)

Stadt, die: -, Städte; er wohnt im Zentrum der Stadt – in Stadt und Land; der **Stadtammann** (Bürgermeister); **stadtbekannt;** der **Stadtbezirk;** das **Städtchen;** der **Städter** (Stadtmensch); die **Städterin;** das **Stadtgespräch** (etwas, wovon überall gesprochen wird); **städtisch;** die **Stadtmauer;** die **Stadtmitte;** der **Stadtplan;** der **Stadtpräsident;** die **Stadtpräsidentin;** der **Stadtrand;** der **Stadtrat;** der **Stadtstreicher** (Vagabund); die **Stadtstreicherin;** der **Stadtteil;** das **Stadttor;** die **Stadtväter** *Mz.* (Stadträte); die **Stadtverwaltung;** das **Stadtviertel**

Sta·fet·te *ital.* die: -, -n (Staffellauf, Kurier); der **Stafettenlauf**

Staf·fa·ge *[stafasche],* die: -, -n (Beiwerk, Nebensächliches)

Staf·fel, die: -, -n (Gruppe von Sportlern); es siegte die deutsche Staffel; die **Staffelei**

(Gestell zum Malen bzw. Zeichnen); der **Staffellauf; staffeln** (einstufen); die **Staff(e)lung;** der **Staffelwettbewerb**

Stage *franz. [stasch],* der: -s, -s, auch: die: -, -s (Praktikum, Aufenthalt bei einer Firma); der **Stagiaire**

stag·nie·ren (**sta·gnie·ren**) *lat.:* (stocken, stillstehen); die **Stagnation** (Stillstand); die **Stagnierung**

Stahl, der: -(e)s, Stähle (schmiedbares Eisen); Nerven wie Stahl haben; der **Stahlbeton; stählen** (abhärten, festigen); **stählern** (aus Stahl, wie Stahl); **stahlhart;** das **Stahlross** (Fahrrad)

stak·sen (mit steifen Schritten gehen); **staksig** (steif, hölzern)

Sta·lag·mit *griech.,* der: -s/-en, -e(n) (nach oben wachsender Tropfstein); der **Stalaktit** (nach unten wachsender Tropfstein)

Stall, der: -(e)s, Ställe; die Kühe werden in den Stall getrieben; der **Stallhase;** die **Stalllaterne;** die **Stallung**

Stamm, der: -es, Stämme; der Stamm der Eiche – er hat einen festen Stamm (Bestand) von Mitarbeitern – die deutschen Stämme (Volksstämme); der **Stammbaum** (Ahnentafel, Herkunft); das **Stammbuch;** die **Stammeltern; stammen:** er stammt von reichen Eltern ab; der **Stammgast;** der **Stammhalter** (männlicher Nachkomme); **stämmig:** ein stämmiger (kräftiger) Bursche; der **Stammkunde;** die **Stammkundin;** das **Stammlokal;** die **Stammmutter;** der **Stammsitz;** der **Stammtisch;** der **Stammvater; stammverwandt;** die **Stammwähler** *Mz.*

stam·meln: vor Schreck stammeln (stottern, abgehackt reden)

stamp·fen: mit den Füssen auf die Erde stampfen (heftig auftreten) – durch das Zimmer stampfen – Kartoffeln stampfen (zerkleinern); der **Stampfer**

Stand, der: -(e)s, Stände; der Stand (die Höhe) des Wassers – aus dem Stand (ohne Anlauf) springen – der Stand des Spiels ist unentschieden – der Stand (Klasse, Schicht) der Arbeiter und Bauern – an einem Stand (an einer Verkaufsbude) stehen – etwas in Stand setzen; auch: instand setzen – im Stande sein; auch: imstande sein – ausser Stande sein; auch: ausserstande sein – zu Stande bringen, kommen; auch: zustande bringen, kommen – *keinen leichten Stand haben* (sich behaupten müssen); das **Standbild** (Statue); das **Ständchen;** die **Stände** (Kantone); das **Ständemehr** (Stimmenmehrheit in der Mehrzahl der Kantone); der **Ständer** (Gestell); der **Ständerat** (kleine Kammer der Bundesversammlung, Kantonsvertretung); das **Standesamt; standesamtlich; standesgemäss; standfest; standhaft** (beharrlich, mutig); die **Standhaftigkeit; standhalten** (aushalten, festbleiben); **ständig** (dauernd); **ständisch;** das **Standlicht;** der **Standort** (Lage, Platz); die **Standpauke** (Strafpredigt); der **Standpunkt:** er hat einen festen Standpunkt (eine feste Meinung) – von seinem Standpunkt (Blickwinkel) aus hat er Recht; das **Standrecht;** die **Standuhr**

Stan·dard *engl.,* der: -s, -s (Norm, Richtmass); **standardisieren** (vereinheitlichen); die **Standardisierung;** das **Standardwerk**

Stan·dar·te *franz.,* die: -, -n (Flagge, Fahne)

Stan·ge, die: -, -n (Stock, Stecken); eine Stange Zigaretten – eine Stange (viel) Geld – *jemandem die Stange halten* (ihn unterstützen); die **Stangenbohne**

Stän·gel, der: -s, - (Stiel, Halm)

stän·kern: (nörgeln, für Ärger sorgen); die **Stänkerei;** der **Stänkerer**

Stan·ni·ol *lat.,* das: -s, -e (dünne Zinnfolie); das **Stanniolpapier**

Stans: (Hauptort des Halbkantons Nidwalden)

stan·zen: (in eine bestimmte Form pressen); die **Stanze;** die **Stanzmaschine**

sta·peln: (schichten, anhäufen); der **Stapel:** ein Stapel (Stoss) Bücher – das Schiff wird vom Stapel gelassen; der **Stapellauf;** der **Stapelplatz;** die **Stapelung; stapelweise;** der **Stapler;** der **Staplerfahrer;** die **Staplerfahrerin**

stap·fen: durch tiefen Schnee stapfen (gehen und dabei die Füsse hochheben); der **Stapfen** (Fussspur)

Star, der: -(e)s, -e (Augenkrankheit); der graue, grüne, schwarze Star

Star, der: -(e)s, -e (Singvogel); der **Starenkasten**

Star, *engl.,* der: -s, -s (gefeierte Grösse beim Film, Theater, Sport o. Ä.); das **Starlet(t)** (angehender Star); die **Staralüren** *Mz.* (launenhaftes Benehmen); die **Starbesetzung**

stark: stärker, am stärksten; stark sein, machen, werden – er ist ein starker (mächtiger) Herrscher – ein starker (kräftiger) Mann – das Seil ist sehr stark (stabil) – eine starke (grosse) Kälte – stark besiedelt – *sich für etwas stark machen* (sich für etwas einsetzen); das **Starkbier;** die **Stärke, stärken:** sich stärken (essen); der **Starkstrom;** die **Stärkung**

starr: vor Schreck starr (regungslos, fassungslos) dastehen – er hält starr (hartnäckig) an seinen Ansichten fest – sie hat einen starren Blick – die Finger sind vor Kälte starr (steif); die **Starre; starren;** aus dem Fenster starren (unentwegt blicken) – die Kleider starren vor Dreck; die **Starrheit;** der **Starrkopf** (Trotzkopf); **starrköpfig;** die **Starrköpfigkeit** (Trotz); der **Starrkrampf;** der **Starrsinn** (unnachgiebige Haltung); **starrsinnig**

star·ten: das Auto starten (anlassen) – bei einem Rennen starten (teilnehmen) – eine Aktion für die Umwelt starten (unternehmen); der **Start;** die **Startbahn; startbereit** (fertig); der **Starter;** das **Startloch;** der **Startplatz;** der **Startschuss;** das **Startverbot;** das **Startzeichen**

Sta·te·ment *engl.* [*stetment*]*,* das: -s, -s (öffentliche Erklärung, Bekanntmachung)

Sta·tik *griech.,* die: - (Gleichgewicht ruhender Körper); der **Statiker;** die **Statikerin; statisch** (still stehend, ruhig)

Sta·ti·on *lat.,* die: -, -en (Haltestelle, Abteilung in einem Krankenhaus); *Station machen* (sich aufhalten); **stationär:** eine stationäre Behandlung (Behandlung im Krankenhaus); **stationieren;** die **Stationierung;** der **Stationsarzt;** die **Stationsärztin;** der **Stationsvorsteher;** auch: der **Stationsvorstand;** die **Stationsvorsteherin**

Sta·tist *lat.,* der: -en, -en (Darsteller einer unbedeutenden, meist stummen Rolle); **statisch** (still stehend, ruhig, unbeweglich)

Sta·tis·tik *lat.,* die: -, -en (zahlenmässige Erfassung und Auswertung); der **Statistiker;** die **Statistikerin; statistisch:** etwas ist statistisch (durch Zahlen) belegt

Sta·tiv *lat.,* das: -s, -e (Ständer für Apparate)

statt: (an Stelle, in Vertretung); statt deiner – statt zu lachen solltest du die Sache ernst nehmen – an Eides statt – an Kindes statt; aber: anstatt; **stattdessen;** aber: statt dessen

Geld möchte ich lieber…; die **Stätte** (Ort, Stelle); **stattfinden** (geschehen); **stattgeben** (erlauben); **statthaft:** das Rauchen ist hier nicht statthaft (nicht zulässig, nicht erlaubt); der **Statthalter** (Vertreter der Obrigkeit); **stattlich:** eine stattliche (grosse, ansehnliche) Zahl – er ist ein stattlicher (grosser und kräftiger, beeindruckender) Mann; die **Stattlichkeit**

Sta·tue *lat.*, die: -, -n (Standbild, Plastik); **statuieren:** ein Exempel statuieren (ein abschreckendes Beispiel geben); die **Statur:** er ist von grosser Statur (grossem Wuchs)

Sta·tus *lat.*, der: -, - (Zustand, Lage); der **Status quo** (der jetzige Zustand); das **Statussymbol**

Sta·tut *lat.*, das: -(e)s, -en; gegen die Statuten (Vorschriften, Satzungen) verstossen; **statutengemäss**

stau·ben: die Strasse staubt; der **Staub:** *Staub aufwirbeln* (Aufregung verursachen) – *sich aus dem Staub machen* (fliehen, weggehen); **staubbedeckt;** der **Staubbeutel;** das **Staubblatt;** das **Stäubchen; stäuben;** der **Staubfänger; staubfrei;** das **Staubgefäss; staubig;** das **Staubkorn;** der **Staublappen; staubsaugen;** auch: Staub saugen; aber: das Staubsaugen; der **Staubsauger; staubtrocken;** das **Staubtuch;** die **Staubwolke**

stau·chen: (durch Druck, Stoss, Schlag etwas kürzer machen); die **Stauchung**

Stau·de, die: -, -n (Pflanze, Gesträuch)

stau·en: das Wasser stauen (absperren) – der Verkehr staut sich (gerät ins Stocken) in der engen Strasse; der **Stau;** das **Staubecken;** der **Staudamm** (Staumauer); der **Stausee;** die **Staustufe;** die **Stauung** (Ansammlung, Stockung); das **Stauwehr**

stau·nen: (überrascht, verwundert sein); das **Staunen:** eine Staunen erregende Vorstellung; **staunenswert** (erstaunlich)

Stau·pe, die: -, -n (ansteckende Tierkrankheit)

Std. = Stunde

Steak *engl.* *[stek]*, das: -s, -s (gebratene Fleischschnitte); das **Steakhaus**

Ste·a·rin *griech.*, das: -s, -e (Rohstoff für Kerzen)

ste·chen: du stichst, er stach, sie hat gestochen, stich!; mit dem Messer stechen – er wurde von einer Biene gestochen – einen stechenden Schmerz in der Brust verspüren – wie gestochen (sehr fein) schreiben – die Sonne sticht (brennt) vom Himmel – ein Schiff sticht in See – ihn sticht der Hafer (er ist übermütig) – *in die Augen stechen* (auffallen); aber: das Stechen; die **Stechfliege;** die **Stechmücke;** der **Stechschritt;** die **Stechuhr** (Stempeluhr)

ste·cken: du steckst, er steckte/stak, sie hat gesteckt, steck(e)!; Nadeln in den Stoff stecken – er steckt seine Hände in die Hosentaschen – wo steckst (bist) du denn? – im Schnee stecken bleiben – etwas stecken lassen – er steckt (befindet sich) in grossen Schwierigkeiten – tief in Schulden stecken – der Schlüssel steckt – ein Haus in Brand stecken (anzünden) – er steckt (investiert) all sein Geld in den Betrieb; der **Steckbrief;** die **Steckdose;** der **Stecken** (Stock); das **Steckenpferd:** *sein Steckenpferd reiten* (seinem Hobby, seiner Liebhaberei nachgehen); der **Stecker;** der **Steckling** (Schössling); die **Stecknadel**

Steg, der: -(e)s, -e; über den Steg (eine schmale Brücke) gehen – das Schiff legt am Steg (an der Landungsbrücke) an; **Stegreif:** *aus dem Stegreif* (unvorbereitet) sprechen

ste·hen: du stehst, er stand, sie hat gestanden, steh(e)!; auf dem Boden stehen – vor dem Schaufenster stehen bleiben – etwas stehen lassen – die Wohnung steht leer – wie steht's? – es steht nicht gut um ihn (es geht ihm nicht gut) – das neue Kleid steht ihr gut – er steht sich nicht schlecht (es geht ihm gut) – die Uhr steht (geht nicht mehr) – er steht unter Verdacht – in Blüte stehen – er steht zu seiner Meinung (tritt für sie ein) – *seinen Mann stehen* (sich bewähren); aber: zum Stehen bringen; das **Stehaufmännchen;** der **Stehimbiss;** der **Stehkragen;** die **Stehlampe;** die **Stehleiter;** der **Stehplatz;** das **Stehvermögen** (Beharrlichkeit)

steh·len: du stiehlst, er stahl, sie hat gestohlen, stiehl!; er hat mein Geld gestohlen (entwendet) – er stahl sich (entfernte sich heimlich) aus der Wohnung; die **Stehlerei**

steif: das behauptet er steif und fest (hartnäckig) – steife (starre) Finger haben – steif werden (erstarren) – er benimmt sich steif (gehemmt, ungeschickt) – bei der Feier geht es steif (unpersönlich, förmlich) zu – eine steife (starke) Brise – *die Ohren steif halten* (sich nicht entmutigen lassen); **steifbeinig;** die **Steife; steifen** (stärken, hart machen); die **Steifheit**

stei·gen: du steigst, er stieg, sie ist gestiegen, steig(e)!; auf einen Berg steigen (klettern) – das Wasser steigt (wird höher) stündlich – die Preise steigen schon wieder – die Spannung steigt (wird stärker); der **Steig** (Weg); der **Steigbügel;** die **Steigung**

stei·gern: die Geschwindigkeit steigern (verstärken) – der Sportler konnte sich nicht mehr steigern (verbessern); die **Steigerung; steigerungsfähig;** die **Steigerungsstufe**

steil: ein sehr steiler (fast senkrecht aufragender) Felsen – einen steilen Weg gehen; der **Steilhang;** die **Steilküste;** die **Steilwand**

Stein, der: -(e)s, -e; aus Steinen ein Haus bauen – einen kostbaren Stein (Edelstein) tragen – mit den schwarzen Steinen (Spielsteinen) spielen – *den Stein ins Rollen bringen* (eine Angelegenheit in Gang bringen) – *jemandem Steine in den Weg legen* (ihm Schwierigkeiten bereiten) – *Stein und Bein schwören* (fest behaupten) – *bei jemandem einen Stein im Brett haben* (von ihm sehr geschätzt werden); **steinalt** (sehr alt); der **Steinbock;** der **Steinbruch; steinern** (aus Stein, hart); das **Steinerweichen:** er weinte zum Steinerweichen (herzzerreissend); **steingrau; steinhart;** der **Steinhaufen; steinig** (felsig, voller Steine, schwierig); **steinigen** (durch Steinwürfe töten); die **Steinigung;** die **Steinkohle;** der **Steinmetz;** das **Steinobst;** der **Steinpilz; steinreich** (sehr reich); der **Steinschlag;** der **Steinwurf;** die **Steinzeit**

Steiss, der: -es, -e (Gesäss); das **Steissbein** (unterster Knochen der Wirbelsäule); die **Steisslage** (Lage eines Kindes bei der Geburt mit dem Steiss nach vorne)

Stel·la·ge franz. [schtelasche], die: -, -n (Regal, Gestell)

stel·len: das Essen auf den Tisch stellen – die Uhr stellen – sich der Polizei stellen – er stellt sich dumm – eine Frage stellen – sich schlafend stellen – etwas in Rechnung stellen (berechnen) – jemanden zur Rede stellen – *auf sich allein gestellt sein* (allein zurechtkommen müssen); das **Stelldichein** (Verabredung); die **Stelle:** an erster, zweiter, letzter Stelle – an Stelle meiner Frau

komme ich; auch: anstelle – sich nicht von der Stelle (von diesem Ort) rühren – auf der Stelle (sofort) kommen – *auf der Stelle treten* (nicht vorankommen) – *zur Stelle* (anwesend) sein; das **Stellenangebot;** das **Stellengesuch; stellenlos** (arbeitslos); **Stellenvermittlung;** der **Stellenwechsel; stellenweise** (an manchen Stellen); der **Stellenwert** (Bedeutung); der **Stellplatz;** die **Stellung:** sie nimmt eine falsche Stellung (Haltung) ein – er hat eine hohe Stellung (einen hohen Rang) – keine Stellung (Arbeit) haben – feindliche Stellungen (befestigte Anlagen) – *die Stellung halten* (dableiben) – *Stellung nehmen* (sich äussern); die **Stellungnahme** (Erklärung der eigenen Ansicht); der **Stellungsbefehl;** der **Stellungskrieg; stellungslos** (arbeitslos); die **Stellung(s)suche;** der **Stellungswechsel; stellvertretend;** die **Stellvertretung;** das **Stellwerk**

stel·zen: über den Hof stelzen (steif gehen); die **Stelze:** Stelzen laufen; der **Stelzvogel**

stem·men: ein grosses Gewicht stemmen (heben) – sich gegen ein Vorhaben stemmen (wehren) – ein Loch in den Balken stemmen; das **Stemmeisen**

Stem·pel, der: -s, - (Zeichen, Aufdruck); das **Stempelgeld;** das **Stempelkissen; stempeln:** einen Brief stempeln – jemanden zum Lügner stempeln (erklären) – stempeln gehen (Arbeitslosenunterstützung beziehen); die **Stemp(e)lung**

Ste·no·gra·fie griech., die: -, Stenografien (Kurz-, Eilschrift); auch: die **Stenographie;** die **Steno;** der **Stenoblock; stenografieren;** das **Stenogramm;** die **Stenotypistin** (Schreibkraft)

Stepp engl., der: -s, -s (Tanzart); **steppen** (Stepp tanzen); der **Stepptanz**

Step·pe russ., die: -, -n (baumlose, wasserarme Landschaft)

step·pen: eine Naht steppen (nähen); die **Steppdecke;** die **Steppjacke**

Ster griech., der: -s, -e/-s (altes Raummass für Holz); drei Ster Holz

ster·ben: du stirbst, er starb, sie ist gestorben, stirb!; einen qualvollen Tod sterben – meine Liebe ist gestorben (erloschen); aber: das Sterben: im Sterben liegen; das **Sterbebett;** der **Sterbefall;** die **Sterbeglocke;**

sterbenselend; sterbenskrank; sterbenslangweilig; Sterbensseele: keine Sterbensseele (niemand) war zu sehen; Sterbenswörtchen: er hat kein Sterbenswörtchen (nichts) verraten; die **Sterbesakramente** *Mz.*; die **Sterbestunde;** die **Sterbeurkunde;** sterblich: die sterblichen Überreste; der/die **Sterbliche;** die **Sterblichkeit**

Ste·reo *griech.*, das: -s (Übertragung von Schall mit räumlicher Wirkung, Raumton); die **Stereoanlage;** der **Stereolautsprecher;** stereophon; auch: **stereofon**

ste·re·o·typ *griech.*: (unveränderlich, feststehend)

ste·ril *lat.*: (unfruchtbar, keimfrei); die **Sterilisation;** sterilisieren; die **Sterilisierung;** die **Sterilität** (Unfruchtbarkeit, Keimfreiheit)

Stern, der: -(e)s, -e (Himmelskörper); die Sterne funkeln in der Nacht – *Sterne sehen* (vor Schmerz ein Flimmern vor Augen haben) – *nach den Sternen greifen* (etwas Unmögliches erreichen wollen); das **Sternbild;** der **Sterndeuter** (Astrologe); die **Sterndeuterin;** der **Stern(en)himmel;** stern(en)klar; das **Sternenzelt;** die **Sternfahrt;** sternförmig; sternhagelvoll (stark betrunken); sternkundig; der **Sternmarsch;** die **Sternschnuppe;** die **Sternsinger** *Mz.* (als Heilige Drei Könige verkleidete Kinder, die von Haus zu Haus ziehen und singen); die **Sternstunde** (Glücksstunde); die **Sternwarte;** das **Sternzeichen** (Tierkreiszeichen)

stets: ich habe stets (immer) nur an dich gedacht; stet (beharrlich, dauernd); stetig (ständig, gleichmässig); die **Stetigkeit**

Steu·er, die: -, -n; seine Steuern (Abgaben) zahlen; das **Steueramt;** die **Steuerbehörde;** der **Steuerberater;** die **Steuerberaterin;** der **Steuerbescheid;** die **Steuererklärung;** steuerfrei; der **Steuerfuss;** die **Steuerhinterziehung;** steuerlich; steuerpflichtig; der **Steuersatz;** die **Steuerschuld;** der **Steuerzahler;** die **Steuerzahlerin**

Steu·er, das: -s, - (Lenkvorrichtung); das Steuer (Lenkrad) festhalten – *das Steuer herumreissen* (den bisherigen Verlauf von etwas grundlegend ändern); steuerbar; das **Steuerbord** (in Fahrtrichtung gesehen die rechte Schiffsseite); der **Steuerknüppel;** steuerlos; der **Steuermann;** steuern: das Schiff

steuern (führen, lenken); das **Steuerrad;** die **Steuerung**

Ste·ward *engl. [stjuert]*, der: -s, -s (Kellner, Betreuer in Flugzeugen oder auf Schiffen); die **Stewardess**

sti·bit·zen: (entwenden, stehlen)

StGB = Strafgesetzbuch

Stich, der: -(e)s, -e; der Stich einer Biene – er verspürt einen Stich (einen plötzlichen Schmerz) in der Brust – das gab ihm einen Stich (kränkte ihn) – den Stoff mit grossen Stichen nähen – *jemanden im Stich lassen* (ihn allein lassen, ihm nicht helfen); der **Stichel** (spitzes Werkzeug); die **Stichelei** (Spott); sticheln (boshafte Bemerkungen machen); der **Stichentscheid** (Entscheidung durch den Präsidenten bei Stimmengleichheit); stichfest; die **Stichflamme;** stichhaltig: ein stichhaltiger (zwingender) Beweis; die **Stichhaltigkeit;** die **Stichprobe;** der **Stichtag** (Termin, festgesetzter Tag); die **Stichwahl;** das **Stichwort;** der **Stichwortzettel;** die **Stichwunde**

sti·cken: eine schöne Decke sticken; die **Stickarbeit;** die **Stickerei;** die **Stickerin**

sti·ckig: ein stickiger (ungelüfteter, dumpfer) Raum; der **Stickhusten; die Stickluft;** der **Stickstoff** (farb- und geruchloses Gas); stickstofffrei

stie·ben: du stiebst, er stob, sie ist gestoben; die Funken stieben (fliegen, sprühen)

Stief·bru·der, der: -s, ...brüder (Halbbruder); die **Stiefeltern** *Mz.*; das **Stiefkind;** die **Stiefmutter;** stiefmütterlich: *jemanden stiefmütterlich* (lieblos) *behandeln;* die **Stiefschwester** (Halbschwester); der **Stiefsohn;** der **Stiefvater**

Stie·fel, der: -s, - (langschäftiger Schuh); die Stiefel anziehen – *jemandem die Stiefel lecken* (sich ihm gegenüber kriecherisch verhalten) – *im alten Stiefel weitermachen* (in gewohnter Weise weiterarbeiten); die **Stiefelette** (Halbstiefel); der **Stiefelknecht;** stiefeln: nach Hause stiefeln (mit langen Schritten gehen) – gestiefelt und gespornt (fertig angezogen); die **Stiefelspitze**

Stie·ge, die: -, -n (schmale Holztreppe); das **Stiegengeländer**

Stieg·litz *slaw.*, der: -es, -e (Singvogel)

Stiel, der: -(e)s, -e; der Stiel (Griff) der Pfanne – Blumen mit langen Stielen (Stängeln) –

mit Stumpf und Stiel (ganz und gar); das **Stielauge:** *Stielaugen machen/bekommen* (neugierig, verwundert schauen) # Stil

Stier, der: -(e)s, -e (Bulle); *den Stier bei den Hörnern packen* (eine Arbeit mutig anpacken); **stier:** er ist stier (ohne Geld) – einen stieren (unbeweglichen, starren) Blick haben; **stieren** (starr blicken); der **Stierkampf;** der **Stiernacken** (starker Nacken); **stiernackig**

Stift, der: -(e)s, -e; einen Stift (Nagel) in die Wand schlagen – mit einem Stift schreiben – der Meister arbeitet mit einem Stift (Lehrling); der **Stiftzahn**

Stift, das: -(e)s, -e; in einem Stift (einer Anstalt, einem Altersheim) leben; **stiften:** für die Armen Geld stiften (spenden) – Frieden stiften (schaffen) – stiften gehen (fliehen, abhauen); der **Stifter;** die **Stifterin;** die **Stiftskirche;** die **Stiftung**

Stig·ma *griech.,* das: -s, -ta/Stigmen (Wund-, Brandmal; Merkmal, das einen Menschen zum Aussenseiter abstempelt); **stigmatisieren** (brandmarken); die **Stigmatisierung**

Stil *lat.;* der: -(e)s, -e; das ist nicht mein Stil (meine Art) – der Stil (die Ausdrucksweise) eines Künstlers – der gotische Stil (Baustil) – im grossen Stil (in grossem Umfang); die **Stilart;** die **Stilblüte** (ungewollt komischer sprachlicher Ausdruck); der **Stilbruch;** das **Stilgefühl; stilgerecht** (geschmackvoll); **stilisieren** (in den wichtigsten Grundstrukturen darstellen); die **Stilisierung; stilistisch; stillos** (geschmacklos); das **Stilmittel;** die **Stilmöbel** *Mz.;* **stilvoll; stilwidrig** # Stiel

Sti·lett *ital.,* das: -s, -e (kleiner Dolch)

still: still (ruhig) bleiben, halten, liegen, sein, sitzen, stehen, werden – in aller Stille – er ist heute sehr still (schweigsam) – eine stille (ruhige) Stunde – eine stille (heimliche) Liebe haben; aber: etwas im Stillen (unbemerkt) tun – die Stille Nacht – der Stille Ozean; die **Stille:** in aller Stille (ohne grosses Aufsehen); **stillen:** die Mutter stillt ihr Kind (gibt ihm die Brust) – seinen Durst stillen (befriedigen); **stillgestanden; stillhalten** (erdulden, geduldig ertragen); aber: still halten (ruhig bleiben); das **Stillleben** (Darstellung lebloser Gegenstände in der Malerei); **stilllegen:** eine Fabrik stilllegen (den Betrieb einstellen); die **Stilllegung; stillliegen**

(ausser Betrieb sein); das **Stillschweigen; stillschweigend;** der **Stillstand; stillstehen** (zum Stillstand kommen, ausser Betrieb sein); aber: er kann nicht still (ruhig) stehen

stim·men: die Lösung stimmt nicht (ist nicht richtig) – das Klavier stimmen (ihm die richtige Tonhöhe geben) – für einen Kandidaten stimmen (ihm seine Stimme geben) – das stimmt (macht) mich fröhlich; die **Stimmabgabe;** das **Stimmband; stimmberechtigt;** der/die **Stimmberechtigte;** die **Stimmbeteiligung;** der **Stimmbruch** (Stimmwechsel); der **Stimmbürger;** die **Stimmbürgerin;** die **Stimme;** das **Stimmenmehr;** die **Stimmgabel; stimmgewaltig; stimmhaft; stimmig** (passend); die **Stimmigkeit;** die **Stimmlage; stimmlich; stimmlos;** das **Stimmrecht** (Wahlrecht); die **Stimmung; stimmungsvoll;** der **Stimmungswandel;** der **Stimmzettel**

sti·mu·lie·ren *lat.:* (anregen); das **Stimulans** (Anregungsmittel); die **Stimulierung**

stin·ken: du stinkst, er stank, sie hat gestunken, stink(e)!; wie die Pest stinken (übel riechen); die **Stinkbombe; stinkfaul** (sehr faul); **stinkfein; stinkig; stinklangweilig; stinkreich;** das **Stinktier; stinkvornehm;** die **Stinkwut**

Sti·pen·di·um *lat.,* das: -s, Stipendien (finanzielle Unterstützung); der **Stipendiat** (jemand, der ein Stipendium erhält); die **Stipendiatin**

stip·pen: (tupfen, tunken); die **Stippvisite** (kurzer Besuch)

Stirn, die: -, -en; den Schweiss von der Stirn wischen – *jemandem die Stirn bieten* (ihm ohne Furcht entgegentreten); auch: die **Stirne;** das **Stirnband;** die **Stirnfalte; Stirnglatze;** die **Stirnhöhle; stirnrunzelnd;** aber: die Stirne runzeln; die **Stirnseite** (Vorderseite)

stö·bern: die Wohnung stöbern (sauber machen) – in alten Akten stöbern (suchen)

sto·chern: (bohren, hineinstechen); er stocherte in seinen Zähnen

Stock, der: -(e)s, Stöcke; mit dem Stock (Stecken) zuschlagen – über Stock und Stein (über alle Hindernisse, querfeldein); **stockbesoffen** (sehr betrunken); das **Stöckchen; stockdumm; stockdunkel;** der **Stöckel** (Absatz, Hacken); **stöckeln;** der **Stöckel-**

schuh; st**o**ckf**i**nster; st**o**ckh**ei**ser; der **Stock-hieb**; st**o**cks**au**er; der **Stockschirm**; st**o**ckst**ei**f; st**o**ckt**au**b; der **Stockzahn** (Backenzahn)

St**o**ck, der: -(e)s, -; das Bauwerk hat drei Stock (Stockwerke) – im ersten Stock wohnen; **...stöckig:** zweistöckig; das **Stockwerk** (Geschoss)

st**o**·cken: der Verkehr stockt (kommt nicht vorwärts) – das Blut stockte ihm in den Adern; aber: *ins Stocken kommen* (nicht mehr vorankommen); die **Stockung**

st**o**·ckig: ein stockiges (muffiges) Zimmer – die Milch ist stockig (dick, geronnen)

St**o**ff, der: -(e)s, -e; ein Stoff aus Baumwolle – pflanzliche Stoffe; der **Stoffballen**; die **Stofffarbe**; der **Stofffetzen**; das **Stoffgebiet**; die **Stoffhülle**; **stofflich**; der **Stoffrest**; das **Stofftier**; der **Stoffwechsel**

St**o**f·fel, der: -s, - (Flegel, ungehobelter Mensch)

st**ö**h·nen: der Verletzte stöhnt (ächzt, seufzt) laut; aber: ein leises Stöhnen ist hörbar

st**o**·isch *lat.*: (gelassen, unerschütterlich)

St**o**·la *griech.*, die: -, Stolen (breiter Schal)

St**o**l·len, der: -s, - (Weihnachtsgebäck); auch: die **Stolle**

St**o**l·len, der: -s, -; in einem Stollen (einem waagerechten Grubenbau) arbeiten – Stollen (Zapfen) an den Fussballschuhen

st**o**l·pern: über einen Stein stolpern (stürzen, straucheln); der **Stolperdraht**; der **Stolperstein**

st**o**lz: er ist auf seine guten Leistungen stolz – das ist eine stolze (ausgezeichnete) Leistung; der **Stolz**; **stolzieren:** über den Platz stolzieren (hochmütig einherschreiten)

st**o**p! *engl.*: (auf Verkehrsschildern: halt!): der **Stop-and-go-Verkehr**; aber: der **Stopp**; der **Stoppball**; **stoppen:** den Verkehr stoppen (anhalten) – die Geschwindigkeit des Läufers stoppen (mit der Stoppuhr messen) – stopp den Ball!; das **Stopplicht**; das **Stoppschild**; die **Stoppstrasse**; die **Stoppuhr**

st**o**p·fen: Strümpfe stopfen (ausbessern) – sie stopfte (packte, presste) die Wäsche in den Koffer – er stopfte sich die Pfeife – Schokolade stopft (hemmt die Verdauung); das **Stopfgarn**; die **Stopfnadel**

St**o**p·pel, die: -, -n (Halmrest); die **Stoppeln** *Mz.* (kurzer Bart); der **Stoppelbart**; **stoppel-**

bärtig; das **Stoppelfeld**; **stopp(e)lig:** ein stoppeliges (stacheliges, unrasiertes) Gesicht

St**ö**p·sel, der: -s, - (Pfropfen, Korken); **stöpseln**

St**ö**r, die: -, -en; sie geht auf die Stör (arbeitet als Schneiderin, Näherin etc. im Hause der Kunden)

St**o**rch; der: -(e)s, Störche (grosser Stelzvogel); das **Storch(en)nest**; die **Störchin**

St**o**re *franz.* *[schto̱r, schto̱re̱]*, der: -s, -s/die: -, -n (durchscheinender Vorhang); auch: der **Storen**

st**ö**·ren: den Unterricht stören (behindern, beeinträchtigen) – ich störe mich (nehme Anstoss) an dem Lärm; **störanfällig**; der **Störenfried** (Unruhestifter); der **Störfall**; das **Störmanöver**; die **Störung**; der **Störungsdienst**; **störungsfrei**; die **Störungsstelle**

st**o**r·nie·ren *ital.*: eine Zahlung stornieren (rückgängig machen); die **Stornierung**; das/der **Storno** (Rückbuchung, Berichtigung, Löschung)

st**ö**r·risch: ein störrischer (widerspenstiger) Mensch – störrisch sein (bocken)

St**o**·ry *engl.*, die: -, -s (Kurzgeschichte)

st**o**s·sen: du stösst, er stiess, sie hat gestossen, stoss(e)!; sich stossen (verletzen) – er wurde zu Boden gestossen (geschubst) – sie stiess sich (nahm Anstoss) an seinem Aussehen – das Grundstück stösst (grenzt) an die Strasse – auf Erdöl stossen (treffen) – *jemanden vor den Kopf stossen* (ihn kränken); der **Stoss**, die Stösse: einen Stoss (Schlag, Hieb) in die Rippen bekommen – ein Stoss (Stapel) Bücher; der **Stossdämpfer**; der **Stössel** (Werkzeug zum Stossen); **stossfest**; das **Stossgebet**; das **Stossgeschäft**; die **Stosskraft**; die **Stossrichtung**; der **Stossseufzer**; **stosssicher**; die **Stossstange**; der **Stosstrupp**; der **Stossverkehr**; **stossweise** (ruckweise); die **Stosszeit** (Hauptverkehrszeit)

st**o**t·tern: vor Aufregung stottern (stockend sprechen, stammeln) – sie kaufte die Möbel auf Stottern (auf Ratenzahlung) – der Motor stottert (läuft unregelmässig); die **Stotterei**; der **Stotterer**; die **Stotterin**

st**o**t·zig: ein stotziger (steiler) Weg

St**ö**v·chen, das: -s, - (Wärmevorrichtung für Kaffee oder Tee)

Str. = Strasse

str**a**cks: er lief stracks (geradewegs, direkt, sofort) nach Hause

stra·fen: jemanden schwer strafen; die **Strafaktion;** die **Strafanstalt;** die **Strafanzeige;** die **Strafarbeit;** die **Strafbank; strafbar:** sich strafbar machen; der **Strafbefehl;** der **Strafbescheid;** die **Strafe;** der/die **Strafentlassene;** der **Straferlass** (Begnadigung); **straffällig; straffrei;** die **Straffreiheit;** der/die **Strafgefangene** (Häftling); das **Strafgericht;** das **Strafgesetz;** das **Strafgesetzbuch** ⟨StGB⟩; das **Straflager; sträflich:** sträflich (unverzeihlich) nachlässig sein; der **Sträfling** (Häftling); das **Strafmandat** (Strafverfügung); das **Strafmass; strafmildernd; strafmündig;** das **Strafporto** (Nachgebühr bei der Post); die **Strafpredigt;** der **Strafprozess;** der **Strafraum; strafrechtlich;** das **Strafregister;** der **Strafstoss;** die **Straftat;** der **Straftäter;** die **Straftäterin;** die **Strafuntersuchung; strafversetzen;** der **Strafverteidiger;** die **Strafverteidigerin;** der **Strafvollzug;** der **Strafzettel**

straff: ein straffes (stramm, fest gespanntes) Seil – eine straffe (faltenlose) Haut haben – eine straffe Organisation; **straffen:** den Aufsatz straffen (auf das Wesentliche kürzen); die **Straffheit;** die **Straffung**

Strahl, der: -(e)s, -en; der Strahl des Wassers – die Strahlen der Sonne; **strahlen:** vor Freude strahlen (glücklich aussehen) – ein strahlender (sonniger) Tag; die **Strahlenbehandlung;** die **Strahlenbelastung; strahlenförmig;** die **Strahlenschädigung;** der **Strahlenschutz;** der **Strahler;** die **Strahlkraft;** die **Strahlung**

Sträh·ne, die: -, -n (Strang, Haarbüschel); **strähnig:** strähniges (fettiges) Haar

stramm: ein strammer (kräftiger) Junge – eine stramme (aufrechte) Haltung einnehmen – die Hose sitzt stramm (eng) – die Schnur stramm ziehen; **strammstehen**

stram·peln: das Kind strampelt (zappelt) mit den Beinen – mit dem Fahrrad zur Schule strampeln; das **Strampelhöschen**

Strand, der: -(e)s, Strände (Küste); am Strand liegen; das **Strandbad; stranden:** das Schiff strandete auf den Klippen (kam auf Grund) – sie strandete (scheiterte) in ihrem Beruf; das **Strandgut;** das **Strandhotel;** der **Strandkorb;** die **Strandung**

Strang, der: -(e)s, Stränge (dicker Strick); *über die Stränge schlagen* (übermütig werden) – *am gleichen/selben Strang ziehen* (das gleiche Ziel verfolgen); **strangulieren** (erdrosseln); die **Strangulierung**

Stra·pa·ze *ital.,* die: -, -n; grosse Strapazen (Anstrengungen) auf sich nehmen; **strapazierbar; strapazieren** (stark beanspruchen): sich strapazieren (sich anstrengen); **strapazierfähig:** ein strapazierfähiger (fester) Anzug; die **Strapazierfähigkeit; strapaziös** (anstrengend)

Straps *engl.* der: -es, -e (Strumpfhalter)

Strass, der: -/-es, -e (Edelsteinimitation aus Glas)

Stras·se ⟨Str.⟩, die: -, -n; *jemanden auf die Strasse setzen* (ihn entlassen); **strassauf, strassab;** das **Strässchen;** die **Strassenarbeiten** *Mz.;* die **Strassenbahn;** der **Strassenjunge;** die **Strassenkarte;** die **Strassenkreuzung;** der **Strassenlärm;** der **Strassenname;** das **Strassenpflaster;** der **Strassenraub;** das **Strassenschild;** die **Strassensperre;** der **Strassenverkehr;** das **Strassenverkehrsgesetz;** der **Strassenzustand**

Stra·te·gie *griech.,* die: -, Strategien (Art des Vorgehens); der **Stratege** (Feldherr); **strategisch**

sträu·ben, sich: ich sträube (wehre) mich gegen diesen Befehl – da hilft kein Sträuben – mir sträuben sich die Haare (stehen zu Berge)

Strauch, der: -(e)s, Sträucher (Staude, Busch); der **Strauchdieb** (Räuber); auch: **Strauchritter;** das **Strauchwerk** (Gesträuch)

strau·cheln: (taumeln, stolpern, scheitern)

Strauss *griech.,* der: -es, -e (grosser Laufvogel); das **Straussenei;** die **Straussenfeder;** die **Vogel-Strauss-Politik** (vor wichtigen Problemen wird der Kopf in den Sand gesteckt)

Strauss, der: -es, Sträusse; einen Strauss (Blumenstrauss) überreichen – *mit jemandem einen Strauss ausfechten* (mit ihm im Streit liegen); das **Sträusschen**

Stre·be, die: -, -n (schräge Stütze); der **Strebepfeiler**

stre·ben: er strebt (trachtet) nach Macht – nach Hause streben (ohne Umwege gehen); das **Streben** (Trachten, Ehrgeiz, Wille); der **Streber** (Ehrgeizling); die **Streberei; streberhaft;** die **Streberin;** das **Strebertum; strebsam** (fleissig, gewissenhaft); die **Strebsamkeit**

N
O
P
Q
R
S

Stre·cke, die: -, -n (Entfernung, Abstand); eine kurze Strecke – der Zug hält auf offener Strecke (ausserhalb des Bahnhofs) – *auf der Strecke bleiben* (stecken bleiben) – *jemanden zur Strecke bringen* (ihn überwältigen, töten, verhaften); **strecken:** sich strecken – seine Glieder strecken (dehnen) – die Sosse wird gestreckt (verdünnt); das **Streckennetz;** der **Streckenwärter; streckenweise** (stellenweise); der **Streckmuskel;** die **Streckung;** der **Streckverband**

strei·chen: du streichst, er strich, sie hat / ist gestrichen, streich(e)!; Butter auf das Brot streichen – den Gartenzaun streichen (anmalen) – sich über die Haare streichen – einen Satz im Text streichen – die Katze ist ums Haus gestrichen – *die Segel streichen* (aufgeben, nachgeben); der **Streich** (Schabernack, Scherz); **streicheln** (liebkosen); das **Streichholz** (Zündholz); das **Streichinstrument;** der **Streichkäse;** das **Streichkonzert;** die **Streichmusik;** das **Streichorchester;** das **Streichquartett;** die **Streichung** (Kürzung); die **Streichwurst**

strei·fen: der Schuss streifte (berührte) den Arm – ein Thema streifen (am Rande berühren) – durch die Felder streifen (wandern) – er streifte (zog) den Ring vom Finger; die **Streife** (polizeilicher Kontrollgang, kontrollierende Polizisten); der **Streifen:** das Kleid hat rote Streifen – ein Streifen (schmales, langes Stück) Wald; der **Streifenwagen;** die **Streifkollision;** das **Streiflicht;** der **Streifschuss;** der **Streifzug** (Wanderung, Gang)

strei·ken *engl.:* die Arbeiter streiken (legen die Arbeit nieder, sind im Ausstand); der **Streik;** die **Streikaktion;** der **Streikbrecher;** der/die **Streikende;** das **Streikrecht;** die **Streikwelle**

strei·ten: du streitest, er stritt, sie hat gestritten, streit(e)!; sich wegen jeder Kleinigkeit streiten; der **Streit;** die **Streitaxt; streitbar:** eine streitbare (kämpferische) Frau; die **Streiterei;** der **Streitfall;** die **Streitfrage;** das **Streitgespräch;** der **Streithammel** (streitsüchtiger Mensch); auch: der **Streithahn; streitig:** *jemandem etwas streitig machen* (etwas beanspruchen); die **Streitigkeiten** *Mz.* (Auseinandersetzungen); die **Streitkräfte** *Mz.* (Militär); die **Streitlust;**

streitlustig; die **Streitmacht** (Truppen und Waffen); das **Streitobjekt** (Zankapfel); die **Streitsache;** die **Streitsucht; streitsüchtig;** der **Streitwert; strittig** (ungeklärt, umstritten)

streng: eine strenge (auf Ordnung bedachte, unnachsichtige) Lehrerin – das ist strengstens verboten – ein strenger (harter) Winter – streng durchgreifen – die Kinder streng erziehen – streng genommen (eigentlich) – streng sein – auf das (aufs) Strengste; auch: auf das (aufs) strengste; die **Strenge; strenggläubig; strengstens**

Stress *engl.,* der: -es, -e (Überbeanspruchung); im Stress sein; **stressen** (anstrengen); **stressig;** die **Stresssituation**

streu·en: in den Strassen Salz streuen; die **Streu;** das **Streufahrzeug;** der **Streusand;** der **Streuselkuchen;** die **Streusiedlung;** die **Streuung;** der **Streuwagen;** der **Streuzucker**

streu·nen: durch die Gassen streunen (sich herumtreiben); der **Streuner;** die **Streunerin**

Strich, der: -(e)s, -e; einen Strich (eine Linie) ziehen – nach Strich und Faden (gehörig) – unter dem Strich (nach Abwägen aller Vor- und Nachteile) – *keinen Strich tun* (nicht arbeiten) – *jemandem einen dicken Strich durch die Rechnung machen* (seine Pläne durchkreuzen); **stricheln** (feine Striche machen); der **Strichpunkt** (Satzzeichen, Semikolon); **strichweise** (stellenweise); die **Strichzeichnung**

Strich, der: -(e)s, -e (Strassenprostitution); der **Stricher;** der **Strichjunge;** das **Strichmädchen**

stri·cken: einen Pullover stricken; der **Strick:** die Kuh an einem Strick (Seil) führen – ein fauler Strick (Faulenzer); die **Strickerei;** das **Strickgarn;** die **Strickjacke;** das **Strickkleid;** die **Strickleiter;** die **Strickmode;** das **Strickmuster;** die **Stricknadel;** die **Strickwaren** *Mz.;* die **Strickweste;** das **Strickzeug**

strie·geln *lat.:* das Pferd striegeln (mit einem Striegel die Haare bürsten); der **Striegel**

Strie·me, die: -, -n; er hat blutige Striemen (Streifen) auf dem Rücken; auch: der **Striemen; striemig**

strikt *lat.:* einen Befehl strikt (genau) befolgen – ein striktes (strenges) Verbot; auch: **strikte**

Strip *engl.*, der: -s, -s (Vorführung, bei der man sich entkleidet); **strippen**; der **Striptease** *[striptīs]*

Strip·pe, die: -, -n (Schnur, Band, Telefonleitung); *jemanden an der Strippe haben* (mit ihm telefonieren)

strip·pen *engl.*: (sich entkleiden, z. B. in einem Nachtlokal); der **Strip**; auch: der **Striptease** *[striptīs]*; der **Stripper**; die **Stripperin**; das **Stripplokal**

Stroh, das: -(e)s; *auf Stroh* (auf Halmen von gedroschenem Getreide) *schlafen* – *leeres Stroh dreschen* (unnötig viel reden, Unsinn reden); der **Strohballen**; **strohblond**; die **Strohblume**; das **Strohdach**; **strohdumm**; das **Strohfeuer** (kurz anhaltende Begeisterung); **strohgedeckt**; der **Strohhalm**: *sich an jeden Strohhalm klammern* (auf jede noch so geringe Chance hoffen); der **Strohhut**; **strohig** (spröde, trocken); der **Strohkopf** (Dummkopf); der **Strohmann** (heimlich Beauftragter, vorgeschobene Person); der **Strohsack**; der **Strohstern**; **strohtrocken**; der **Strohwisch** (Bündel aus Stroh); die **Strohwitwe** (Ehefrau, die vorübergehend ohne ihren Mann lebt); der **Strohwitwer**

strol·chen: durch die Strassen strolchen (sich herumtreiben); der **Strolch**

Strom, der: -(e)s, Ströme; *ein breiter Strom* (Fluss) – *ein Strom* (eine grosse Menge) *von Menschen* – *es regnet in Strömen* (sehr heftig) – *den Strom* (elektrischen Strom) *abschalten* – *mit dem Strom schwimmen* (sich der Meinung der Mehrheit anschliessen); **stromab**; **stromabwärts**; aber: *den Strom abwärts*; **stromauf**; **stromaufwärts**; das **Strombett**; **strömen**: *der Fluss strömt durch die Ebene* – *die Leute strömen in das Kaufhaus*; der **Stromkreis**; die **Stromleitung**; **stromlinienförmig**; das **Stromnetz**; die **Stromquelle**; der **Stromschlag**; die **Stromschnelle**; der **Stromspeicher**; die **Stromstärke**; der **Stromstoss**; die **Strömung**

Stro·mer, der, -s, - (Landstreicher, Herumtreiber); **stromern**

Stro·phe *griech.*, die: -, -n (Abschnitt eines Gedichtes oder Liedes)

strot·zen: (überlaufen, voll sein); *vor Gesundheit strotzen*

strub: *er erlebt eine strube* (schwierige) *Zeit*

strub·be·lig: strubbelige (verwirrte, struppige) Haare; auch: **strubblig**; der **Strubbelkopf**

Stru·del, der: -s, -; *einen Strudel* (eine Mehlspeise) *essen* – *in einen Strudel* (Wirbel, Sog) *geraten*; **strudeln**

Struk·tur *lat.*, die: -, -en (innerer Aufbau, Gliederung); **strukturell**; **strukturieren**; die **Strukturierung**; die **Strukturreform**; der **Strukturwandel**

Strumpf, der: -(e)s, Strümpfe; *wollene Strümpfe tragen*; das **Strumpfband**; die **Strumpfhose**

Strunk, der: -(e)s, Strünke (dürrer Stamm, Stumpf)

strup·pig: struppige (zerzauste, borstige, ungekämmte) Haare; die **Struppigkeit**

Struw·wel·pe·ter, der: -s, - (Gestalt aus einem Kinderbuch); *Kind mit langem, strubbeligem Haar*; der **Struwwelkopf**

Strych·nin *griech.*, das: -s (Gift, Arzneimittel)

Stu·be, die: -, -n (Raum, Zimmer); das **Stübchen**; der **Stubenarrest**; die **Stubenfliege**; der **Stubenhocker**; die **Stubenhockerin**; **stubenrein**: *der Hund ist stubenrein* (zur Sauberkeit erzogen)

Stuck *ital.*, der: -(e)s (Decken- bzw. Wandornamente aus einer Gipsmischung); die **Stuckarbeit**; der **Stuckateur** *[stukatör]*; die **Stuckatur** (Stuckarbeit); die **Stuckdecke**

Stück ⟨St.⟩, das: -(e)s, -(e) (einzelnes Stück); *ein Stück Schokolade* – *drei Stück Kuchen* – *Stück für Stück* (einzeln) – *aus freien Stücken* (freiwillig) – *an einem Stück* (ohne Unterbrechung) – *in Stücke gehen* (entzweigehen) – *grosse Stücke auf jemanden halten* (ihn sehr schätzen); das **Stückchen**; **stückeln** (aus kleinen Teilen zusammensetzen); die **Stück(e)lung**; das **Stückgut**; der **Stücklohn** (Akkordlohn); **stückweise**; das **Stückwerk** (Flickwerk, unvollkommene Arbeit); die **Stückzahl**

Stu·dent ⟨stud.⟩ *lat.*, der: -en, -en (Hochschüler); die **Studentin**; **studentisch**; die **Studie** (wissenschaftliche Arbeit, Untersuchung); **studieren**: *Medizin studieren* – *ein studierter* (gelehrter) *Mann*; der/die **Studierende**; das **Studium**

Stu·dio *ital.*, das: -s, -s (Aufnahmeraum beim Film und Rundfunk, Arbeitsraum)

Stu·fe, die: -, -n; *die Stufen der Treppe hinaufsteigen* – *beruflich eine höhere Stufe* (einen

N O P Q R S

höheren Rang) anstreben; der **Stufenbarren;** die **Stufenfolge; stufenförmig;** die **Stufenleiter; stufenlos; stufenweise; stufig;** die **Stufung**

Stuhl, der: -(e)s, Stühle; auf einem Stuhl sitzen – *fast vom Stuhl fallen* (sehr überrascht sein) – *zwischen zwei Stühlen sitzen* (es sich mit beiden Parteien verscherzt haben); das **Stuhlbein;** das **Stühlchen;** der **Stuhlgang;** die **Stuhllehne**

Stul·le, die: -, -n (belegte Brotschnitte)

stül·pen: sich den Hut auf den Kopf stülpen – die Taschen des Kleides nach aussen stülpen (kehren, wenden); die **Stulpe** (Aufschlag an Ärmeln, Hosen o. Ä.)

stumm: er ist stumm (er kann nicht sprechen) – stumm (wortlos) vorbeigehen – *stumm wie ein Grab* (äusserst verschwiegen) *sein;* der / die **Stumme;** der **Stummfilm;** die **Stummheit**

Stum·mel, der: -s, - (Reststück); der Stummel des Bleistifts

Stüm·per, der: -s, - (Nichtskönner); die **Stümperei** (Pfuscharbeit); **stümperhaft;** die **Stümperin; stümpern** (schlecht arbeiten)

stumpf: stumpfer, am stumpf(e)sten; ein stumpfes (unscharfes) Messer – stumpfe (matte, glanzlose) Farben – er hat einen stumpfen (ausdruckslosen) Blick – ein stumpfer Winkel (Winkel über 90°); der **Stumpf,** die Stümpfe: der Stumpf (das Reststück) einer Kerze – *mit Stumpf und Stiel* (völlig, ganz und gar); die **Stumpfheit;** der **Stumpfsinn; stumpfsinnig:** ein stumpfsinniger (beschränkter, einfältiger) Mensch – das ist eine stumpfsinnige (geistlose, langweilige) Arbeit; **stumpfwinklig**

Stun·de ⟨Std., h⟩, die: -, -n (Zeitraum von 60 Minuten); eine viertel Stunde; auch: eine Viertelstunde – von Stund an – zur Stunde (gerade jetzt) – zu später Stunde (spät am Abend) – die Stunde X (ein noch unbestimmter Zeitpunkt, an dem etwas passieren wird); **stunden** (Aufschub gewähren, verlängern); das **Stundenhotel;** der **Stundenkilometer** ⟨km/h⟩; **stundenlang** (sehr lang); aber: eine Stunde lang; der **Stundenlohn;** der **Stundenplan; stundenweise:** stundenweise (nach Stunden) bezahlt werden; der **Stundenzeiger; …stündig:** zweistündig (zwei Stunden lang); auch: **2-stündig;** das

Stündlein; stündlich (jede Stunde); die **Stundung**

Stunk, der: -s (Streit, Unfrieden, Auseinandersetzung)

Stunt·man *engl. [stǎntmän],* der: -s, Stuntmen (Ersatzspieler für gefährliche Szenen in einem Film); das **Stuntgirl** *[stǎntgörl]*

stu·pi·de *lat.:* eine stupide (stumpfsinnige) Arbeit – er ist ein stupider (dummer, einfältiger) Mensch; auch: **stupid;** die **Stupidität**

stup·sen: in die Seite stupsen (stossen); auch: **stupfen;** der **Stups** (Stoss, Puff); auch: der **Stupf;** die **Stupsnase**

stur: stur (nach Vorschriften) arbeiten – ein sturer (eigensinniger) Mensch – *auf stur schalten* (stur werden); die **Sturheit**

Sturm, der: -(e)s, Stürme; ein Sturm (heftiger Wind) hat den Baum entwurzelt – er gab den Befehl zum Sturm (Angriff) – *gegen etwas Sturm laufen* (heftig dagegen kämpfen) – *Sturm läuten* (heftig läuten); der **Sturmangriff;** die **Sturmbö(e); stürmen:** es hat gestern gestürmt und geschneit – die Stadt wurde gestürmt (erobert) – aus dem Haus stürmen (schnell, heftig laufen) – auf das Tor des Gegners stürmen; der **Stürmer** (Angriffsspieler); die **Sturmflut; stürmisch;** der **Sturmschritt;** die **Sturmwarnung;** der **Sturmwind**

stür·zen: sie ist auf der Strasse gestürzt (gefallen) – die Regierung wurde gestürzt (entmachtet) – sie stürzte weinend aus dem Zimmer – sich zu Tode stürzen – sie stürzte sich in Unkosten – er stürzte sich in die Arbeit; der **Sturz,** die Stürze; der **Sturzbach;** der **Sturzflug;** der **Sturzhelm;** der **Sturzregen** (Regenschauer)

Stuss *hebr.,* der: -es; Stuss (Unsinn) reden

Stu·te, die: -, -n (weibliches Pferd)

stut·zen: er liess seinen Bart stutzen (kürzen) – plötzlich stutzte er (wurde er nachdenklich, schöpfte er Verdacht); der **Stutzen** (kurzes Gewehr, Ansatzrohrstück, Wadenstrumpf); **stutzig:** stutzig (misstrauisch) werden

stüt·zen: sich auf den Stock stützen – die Kranke musste gestützt werden – das Urteil des Richters stützt sich auf klare Beweise (beruht darauf); die **Stütze** (Rückhalt, Pfosten, Hilfe); die **Stützmauer;** der **Stützpfei-**

N O P Q R S

ler; der **Stützpunkt** (Ausgangspunkt, Standort); die **Stützung**

StVO = Stassenverkehrsordnung

sty·len *engl. [stailen]:* (entwerfen, gestalten); der **Stylist;** die **Stylistin**

Sty·ro·por *lat.,* das: -s (fester Schaumstoff)

s. u. = siehe unten!

sub·jek·tiv *lat.:* das ist meine subjektive (persönliche) Ansicht – das sieht er völlig subjektiv (einseitig, voreingenommen); das **Subjekt** (Sprachlehre: Satzgegenstand); die **Subjektivität**

Sub·stan·tiv *lat.,* das: -s, -e (Sprachlehre: Hauptwort, Namenwort); **substantiviert:** ein substantiviertes (hauptwörtlich gebrauchtes) Zeitwort; **substantivisch**

Sub·stanz *lat.,* die: -, -en (Masse, Stoff, Bestandteil, das Wesentliche); **substanziell** (stofflich, wesentlich); auch: **substantiell; substanzlos** (gehaltlos); der **Substanzverlust**

sub·til *lat.:* (fein, zart, spitzfindig)

sub·tra·hie·ren *lat.:* eine Zahl von der anderen subtrahieren (abziehen); der **Subtrahend** (die von einer anderen abzuziehende Zahl); die **Subtraktion**

Sub·ven·ti·on *lat. [subwentsion]:* die: -, -en (Unterstützung aus öffentlichen Mitteln); **subventionieren**

sub·ver·siv *lat. [subwersif]:* subversive (zerstörende, umstürzlerische) Kräfte; die **Subversion**

su·chen: die verlorene Geldbörse suchen – was suchst du hier? – ich suche deinen Rat – eine Wohnung suchen – sie sucht ihren Kummer zu vergessen; die **Suchaktion;** der **Suchdienst;** die **Suche** (Fahndung, Ermittlung); die **Sucherei;** der **Suchhund;** der **Suchtrupp**

Sucht, die: -, Süchte/Suchten (Verlangen, krankhafte Gier); die **Suchtgefahr; süchtig;** die **Süchtigkeit;** der/die **Suchtkranke**

Sud, der: -(e)s, -e (Bratensaft, Brühe); das **Sudhaus;** → sieden

su·deln: (schmutzig machen, schlecht arbeiten); der **Sudel** (Entwurf); die **Sudelei** (Schmutz, Unsauberkeit)

Sü·den (S), der: -s (Himmelsrichtung); das Zimmer schaut nach Süden – wir fahren in den Süden (in ein südliches Land); **Süd:** aus Nord und Süd; die **Südfrucht;** der **Südlän-**

der; die **Südländerin; südländisch; südlich:** südlich von Berlin – die südliche Breite ⟨s. Br.⟩; der **Südosten** ⟨SO⟩; **südöstlich;** der **Südpol;** die **Südschweiz;** die **Südseite; südwärts;** der **Südwesten** ⟨SW⟩; **südwestlich;** der **Südwind**

Suff, der: -(e)s (Rausch, Trunksucht); **süffeln** (genüsslich Alkohol trinken); **süffig:** ein süffiges (wohl schmeckendes) Bier; der **Süffling**

süf·fi·sant *franz.;* er hat ein süffisantes (selbstgefälliges) Benehmen; die **Süffisanz**

Suf·fix *lat.,* das: -es, -e (Sprachlehre: Nachsilbe)

sug·ge·rie·ren *lat.:* (einreden); die **Suggestion** (Beeinflussung, Willensübertragung); **suggestiv:** eine suggestive Wirkung ausüben; die **Suggestivfrage** (Frage, auf die eine bestimmte Antwort erwartet wird)

suh·len, sich: (sich im Schlamm wälzen); die **Suhle**

Süh·ne, die: -, -n (Busse, Genugtuung, Wiedergutmachung); das **Sühnegericht; sühnen:** er sühnt (büsst) seine Untat; das **Sühneopfer;** der **Sühneversuch**

Suit·case *engl. [sjutkes],* das/der: -, -/-s (kleiner Handkoffer)

Sui·te *franz. [swit / swite],* die: -, -n (Instrumentalstück; Zimmerflucht)

Su·i·zid *lat.,* der/das: -(e)s, -e (Selbstmord); **suizidgefährdet**

Suk·kurs *lat.,* der: -es, -e (Hilfe, Unterstützung)

suk·zes·siv *lat.:* (allmählich, nach und nach); auch: **sukzessive**

Sul·fat *lat.,* das: -(e)s, -e (Salz der Schwefelsäure); das **Sulfid** (Salz der Schwefelwasserstoffsäure); das **Sulfit** (Salz der schwefligen Säure)

Sul·ky *engl. [salki],* das: -s, -s (leichter, zweirädriger Einspänner für Trabrennen)

Sul·tan *arab.,* der: -s, -e (Titel islamischer Herrscher)

Sul·ta·ni·ne *arab.,* die: -, -n (grosse kernlose Rosine)

Sül·ze, die: -, -n (Fleisch oder Fisch in Aspik); auch: die **Sulz(e)**

Sum·me *lat.,* die: -, -n (Ergebnis, Betrag); er spendet eine grosse Summe; der **Summand** (hinzuzuzählende Zahl); **summarisch** (zusammengefasst); das **Sümmchen; summie-**

ren: Beträge summieren (zusammenzählen) – seine Fehler haben sich summiert (sind angewachsen); die **Summierung**

sum·men: die Bienen summen im Garten – er summt leise eine Melodie vor sich hin; der **Summer** (elektrisches Signalgerät); der **Summton**

Sumpf, der: -(e)s, Sümpfe; im Sumpf (Moor, Schlamm) versinken; die **Sumpfdotterblume;** das **Sumpffieber;** das **Sumpfgebiet;** sumpfig; das **Sumpfland;** die **Sumpfpflanze**

Sund, der: -(e)s, -e (Meeresenge)

Sün·de, die: -, -n (Verstoss, Verbrechen); der **Sündenbock;** der **Sündenfall;** die **Sündenlast;** der **Sündenpfuhl** (Ort des Lasters); der **Sünder;** die **Sünderin;** die **Sündermiene;** sündhaft: ein sündhaftes (lasterhaftes) Leben führen – das ist sündhaft (sehr) teuer; die **Sündhaftigkeit;** die **Sündflut;** → Sintflut; **sündig; sündigen; sündteuer** (überaus teuer)

su·per lat.: (grossartig, ausgezeichnet, äusserst); das **Superbenzin; superfein;** der **Superlativ** (Sprachlehre: 2. Steigerungsstufe, Höchststufe); **superleicht;** die **Supermacht** (Grossmacht); der **Supermann;** der **Supermarkt** (grosses Selbstbedienungsgeschäft); **supermodern;** die **Superschau; superschlau; superschnell;** der **Superstar**

Sup·pe, die: -, -n; ein Teller heisser Suppe – jemandem eine schöne Suppe einbrocken (ihn in eine unangenehme Situation bringen) – jemandem die Suppe versalzen (seine Pläne durchkreuzen); das **Süppchen;** das **Suppenfleisch;** das **Suppengemüse;** das **Suppengrün;** der **Suppenkasper** (Kind, das wenig isst); der **Suppenlöffel;** die **Suppennudel;** die **Suppenschüssel;** der **Suppenteller; suppig**

sur·fen engl. [sörfen]: (auf einem Surfbrett über das Wasser fahren); das **Surfbrett;** der **Surfer;** die **Surferin;** das **Surfing**

sur·ren: die Räder surren (summen, schnurren)

sus·pekt (su·spekt) lat.: (verdächtig)

sus·pen·die·ren lat.: (beurlauben, entlassen); die **Suspendierung;** die **Suspension**

süss: die Trauben schmecken süss – sie ist ein süsses (reizendes) Mädchen – süsse (angenehme) Träume haben – das süsse Leben (ausschweifendes Leben); die **Süsse;** süs-

sen (zuckern); **Süssholz:** Süssholz raspeln (Schmeicheleien sagen); die **Süssigkeit; süsslich** (leicht süss); der **Süssmost; süsssauer;** die **Süssspeise;** der **Süssstoff;** das **Süsswasser**

Su·ta·ne franz., die: -, -n; → Soutane

SUVA = Schweizerische Unfallversicherungsanstalt

SV = Sportverein

SVP = Schweizerische Volkspartei

svw. = so viel wie

Swea·ter engl. [sweter], der: -s, - (Pullover); das **Sweatshirt** [swätschört] (weit geschnittener Pullover)

Swim·ming·pool engl. [swimingpul], der: -s, -s (Schwimmbecken)

Swiss·air engl. [swissär], die: - (schweizerische Luftfahrtgesellschaft)

Sym·bi·o·se griech., die: -, -n (dauerhaftes Zusammenleben mehrerer Lebewesen zum gegenseitigen Nutzen); **symbiotisch**

Sym·bol griech., das: -s, -e (Zeichen, Gleichnis, Sinnbild); die Taube ist ein Symbol des Friedens; **symbolhaft;** die **Symbolhaftigkeit;** die **Symbolik; symbolisch** (bildlich, gleichnishaft); **symbolisieren;** die **Symbolisierung; symbolträchtig**

sym·me·trisch (sym·met·risch) griech.: (spiegelbildlich, spiegelgleich); die **Symmetrie;** die **Symmetrieachse**

Sym·pa·thie griech., die: -, Sympathien; meine Sympathie (Zuneigung) gehört dir; der **Sympathisant** (Anhänger, Mitläufer); die **Sympathisantin; sympathisch:** sie hat ein sympathisches (einnehmendes, angenehmes, nettes) Wesen; **sympathisieren** (mögen, billigen): er sympathisiert mit meinem Plan

Sym·pho·nie griech., die: -, Symphonien; → Sinfonie

Sym·po·si·on griech., das: -s, Symposien (Tagung); auch: das **Symposium**

Symp·tom (Sym·ptom) griech., das: -s, -e; die Symptome (Zeichen, Anzeichen) einer Krankheit; **symptomatisch** (typisch, bezeichnend)

Sy·na·go·ge (Syn·a·go·ge) griech., die: -, -n (jüdischer Tempel)

syn·chron griech. [sünkron]: (gleichzeitig erfolgend); die **Synchronisation; synchronisieren;** die **Synchronisierung**

Syn·di·kat *griech.*, das: -(e)s, -e (Zweckverband, Organisation)

Syn·drom *griech.*, das: -s, -e (Krankheitsbild)

Sy·no·de (Syn·o·de) *griech.*, die: -, -n (Kirchentag, Treffen)

sy·no·nym (syn·o·nym) *griech.*: (sinngleich, sinnverwandt); das **Synonym** (sinnverwandtes Wort)

Syn·the·se *griech.*, die: -, -n (Verknüpfung von Einzelteilen zu einer Einheit); **synthetisch:** eine synthetische (künstliche) Faser; der **Synthesizer** *[süntesaiser]* (elektronisches Gerät zur Klangerzeugung)

Sy·phi·lis, die: - (Geschlechtskrankheit); **syphiliskrank**

Sys·tem *griech.*, das: -s, -e; das System (Gefüge) einer Sprache – ohne System (Ordnung, Plan) arbeiten – gegen das System (die herrschende Gesellschaftsordnung) kämpfen; die **Systematik; systematisch; systematisieren** (ordnen); die **Systematisierung; systemlos**

SZ = Kanton Schwyz

Sze·ne *franz.*, die: -, -n; eine Szene (ein Ausschnitt) aus einem Film – Beifall auf offener Szene (während des Spiels) – *die Szene beherrschen* (im Mittelpunkt stehen) – *jemandem eine Szene* (laut, heftig Vorwürfe) *machen – sich in Szene setzen* (sich zur Geltung bringen); der **Szenenwechsel;** die **Szenerie** (Bühnendekoration, Schauplatz einer Handlung); **szenisch**

T

t = Tonne

Ta·bak *span.*, der: -s, -e; Tabak rauchen; die **Tabakpflanze;** der **Tabakraucher;** die **Tabakraucherin;** der **Tabaksbeutel;** die **Tabakspfeife;** die **Tabaksplantage** *[...plantasche]*; die **Tabaksteuer;** die **Tabakwaren** *Mz.* (Rauchwaren)

Ta·bel·le *lat.*, die: -, -n; eine Tabelle (Aufstellung, Verzeichnis) ausfüllen – die Tabelle anführen (auf dem ersten Platz stehen); **tabellarisch** (in Form einer Übersicht); der/die **Tabellenerste;** der **Tabellenführer;** die **Tabellenführerin;** der/die **Tabellen-**

letzte; der **Tabellenplatz;** der **Tabellenstand**

Ta·ber·na·kel *lat.*, der/das: -s, - (Aufbewahrungsort für geweihte Hostien)

Ta·blar (Tab·lar) *franz.*, das: -s, -e (Gestellbrett)

Ta·blett (Tab·lett) *franz.*, das: -(e)s, -s/-e (Brett zum Auftragen von Speisen o. Ä.); *nicht aufs Tablett* (nicht in Frage) *kommen*

Ta·blet·te (Tab·let·te) *franz.*, die: -, -n (Arzneimittel, Pille); **tablettenabhängig;** der **Tablettenmissbrauch; tablettensüchtig**

ta·bu: das ist tabu (unangreifbar, verboten); das **Tabu** (etwas, das man nicht erwähnen bzw. berühren darf); gegen ein Tabu verstossen; **tabuisieren:** ein Thema tabuisieren (für tabu erklären); auch: **tabuieren;** die **Tabuisierung;** auch: die **Tabuierung**

Ta·bu·rett *arab./franz.*, das: -(e)s, -e (einfaches Sitzmöbel ohne Lehne)

Ta·cho·me·ter *griech.*, der/das: -s, - (Geschwindigkeitsmesser); auch: der **Tacho;** der **Tachostand**

Tack·ling *engl.* *[täkling]*, das: -s, -s (beim Sport: harter körperlicher Einsatz)

ta·deln: die Lehrerin tadelt (missbilligt) die Faulheit der Schüler; der **Tadel:** einen Tadel (eine Rüge, einen Verweis) erteilen; **tadellos** (ordentlich, fehlerlos); **tadelnswert**

Ta·fel ⟨Taf.⟩, die: -, -n; an die Tafel schreiben – eine Tafel Schokolade – das Buch enthält zahlreiche Tafeln (Abbildungen u. Ä.) – an der Tafel (an einem festlich gedeckten Tisch) sitzen – *die Tafel aufheben* (die Mahlzeit für beendet erklären); das **Tafelbesteck** (wertvolles Essbesteck); das **Täfelchen; tafelfertig;** die **Tafelfreuden** *Mz.;* das **Tafelgeschirr; tafeln** (festlich speisen); das **Tafelobst;** die **Tafelrunde;** das **Tafelwasser** (Mineralwasser in Flaschen); der **Tafelwein**

tä·feln: eine getäfelte (mit Holztafeln verkleidete) Wand; auch: **täfern;** die **Täf(e)lung;** auch: das **Täfer;** auch: die **Täferung**

Taft *pers.*, der: -(e)s, -e (Gewebe aus Seide); das **Taftkleid**

Tag, der: -(e)s, -e; der Tag hat 24 Stunden – alle acht Tage – am Tag – bei Tage – eines schönen Tages (irgendwann) – bei Tage besehen (genau betrachtet) – von Tag zu Tag (ständig) – seit Jahr und Tag (seit langem) – Tag für Tag (täglich) – dieser Tage (neulich) –

über Tage (an der Erdoberfläche) – unter Tage (im Bergbau) – etwas zu Tage fördern; auch: zutage – unter Tags (den Tag über) – Guten Tag sagen; auch: guten Tag sagen – Tag und Nacht (zu jeder Zeit) – von einem Tag auf den anderen (plötzlich) – vor Tag (vor Tagesanbruch) – Tag der offenen Tür – der Tag des Herrn (der Sonntag) – auf meine alten Tage (im hohen Alter) – der Jüngste Tag (der Tag des Jüngsten Gerichts) – *jemandem den Tag stehlen* (ihn von der Arbeit abhalten) – *einen schlechten Tag haben* (schlecht aufgelegt sein) – *etwas an den Tag bringen* (etwas aufdecken, enthüllen) – *an den Tag kommen* (bekannt werden) – *in den Tag hinein leben* (sorglos dahinleben) – zu Tage treten; auch: zutage – *schon bessere Tage gesehen haben* (es früher besser gehabt haben) – *man soll den Tag nicht vor dem Abend loben* – *es ist noch nicht aller Tage Abend* – *jeder Tag bringt neue Sorgen*; **tagaus, tagein** (jeden Tag); der **Tag(e)bau** (Abbau von Mineralien an der Erdoberfläche); das **Tagebuch;** der **Tag(e)dieb** (Faulenzer); das **Tag(e)geld** (Spesen); **tagelang;** aber: mehrere Tage lang; der **Tag(e)löhner** (Arbeiter, der täglich bezahlt wird); **tagen:** es fängt schon an zu tagen (der Tag bricht an) – die Vereinsmitglieder tagen (halten eine Sitzung ab); der **Tagesanbruch;** der **Tagesbefehl;** die **Tagesdecke;** das **Tagesgeschäft;** das **Tagesgeschehen;** das **Tagesgespräch;** die **Tageskarte;** die **Tageskasse;** der **Tageslauf;** das **Tageslicht:** *ans Tageslicht kommen* (bekannt werden); der **Tageslohn;** der **Tagesmarsch;** die **Tagesordnung:** dieser Punkt steht nicht auf der Tagesordnung (Geschäftsordnung) – *an der Tagesordnung sein* (ständig geschehen); die **Tagespresse;** der **Tagesraum** (Aufenthaltsraum); die **Tagesreise;** der **Tagessatz;** die **Tagesschau;** die **Tagesschicht;** die **Tagesschule;** der **Tagessieger;** die **Tagesstätte;** die **Tagessuppe;** die **Tageszeit;** die **Tageszeitung; tageweise;** das **Tag(e)werk** (tägliche Arbeit): sein Tagewerk verrichten; **...tägig:** zweitägig; auch: 2-tägig; **taghell; täglich** (jeden Tag); **tags:** tags darauf – tags zuvor; **tagsüber** (am Tage); **tagtäglich;** die **Tagundnachtgleiche;** die **Tagung** (Versammlung, Sitzung); der **Tagungsort;** die

Tagwache; auch: die **Tagwacht** (Weckruf der Soldaten)

Tai·fun *chin.,* der: -s, -e (asiatischer Wirbelsturm)

Tail·le *franz. [talje],* die: -, -n (Gürtellinie, schmalste Stelle des Rumpfes); die **Taillenweite; taillieren** *[tajiren]:* ein taillierter Mantel

Ta·ke·la·ge *franz. [takelasche],* die: -, -n (Segelausrüstung eines Schiffes)

Takt *lat.,* der: -(e)s, -e: im Takt (Zeiteinheit in der Musik) spielen – ein Walzer im Dreivierteltakt – im Takt rudern – keinen Takt (Anstand) haben – *den Takt angeben* (zu bestimmen haben) – *jemanden aus dem Takt bringen* (ihn verwirren); der **Taktfehler;** das **Taktgefühl** (Zartgefühl); **taktlos** (ohne Rücksicht); die **Taktlosigkeit;** der **Taktstock; taktvoll** (höflich, rücksichtsvoll)

Tak·tik *griech.,* die: -, -en (berechnendes Verhalten, geschicktes Ausnutzen einer Lage); **taktieren** (taktisch vorgehen); der **Taktierer;** der **Taktiker; taktisch** (klug, berechnend)

Tal, das: -(e)s, Täler (Vertiefung im Gelände, Bergeinschnitt); über Berg und Tal – zu Tal fahren; **talab; talabwärts;** die **Talfahrt;** die **Talmulde;** die **Talsenke;** die **Talsohle;** die **Talsperre** (Staudamm); die **Talstation; talwärts**

Ta·lar *ital.,* der: -s, -e (langes Amtsgewand von Geistlichen und Richtern)

Ta·lent *griech.,* das: -(e)s, -e; er hat für seinen Beruf kein Talent (kein Geschick) – junge Talente (junge, begabte Künstler u. Ä.); **talentiert** (begabt); die **Talentiertheit; talentlos;** die **Talentlosigkeit;** die **Talentsuche; talentvoll**

Ta·ler, der: -s, - (alte deutsche Münze); **talergross;** das **Talerstück**

Talg, der: -(e)s (starres Fett, Tierfett); die **Talgdrüse; talgig;** das **Talglicht**

Ta·lis·man *griech.,* der: -s, -e (Glücksbringer, Maskottchen)

Talk·show *engl. [tokscho],* die: -, -s (Unterhaltungssendung in Form von Gesprächen); der **Talkmaster** *[tokmaster]* (Moderator einer Talkshow); die **Talkmasterin**

Tal·kum *arab.,* das: -s (weisses Streupulver)

Tal·mud *hebr.,* der: -(e)s, -e (Sammlung der Überlieferungen und Gesetze des Judentums)

Tam·bour *arab. [ta̱mbur]*, der: -s, -e (Trommler); das **Tamburin** (kleine Handtrommel, Strickrahmen); der **Tambourmajor** (Leiter eines Spielmannszuges)

Tam·pon *franz. [ta̱mpon, tampo̱̲]*, der: -s, -s (Watte- oder Mullbausch)

Tam·tam, der: -s, -s; viel Tamtam (Lärm, Geschrei) machen

Ta̱nd *lat.*, der: -(e)s (wertlose Sachen, Ramsch); die **Tändele̱i** (Liebelei, Flirt); **tändeln** (etwas spielerisch tun, schäkern); der **Tändler** (Schäker, Trödler)

Ta̱n·dem *lat.*, das: -s, -s (Fahrrad für zwei hintereinander sitzende Personen)

Ta̱ng *skand.*, der: -(e)s, -e (Meeresalge) # Tank

Tan·ge̱n·te *lat.*, die: -, -n; er zeichnet eine Tangente (Gerade, die eine Kurve berührt) – eine Tangente (Autostrasse, die an einem Ort vorbeiführt) bauen; **tangie̱ren:** dieses Problem tangiert (berührt, betrifft) mich nicht

Ta̱n·go *span.*, der: -s, -s (Tanz)

Ta̱nk *engl.*, der: -s, -s/-e; den Tank (Flüssigkeitsbehälter) leeren – mit Tanks (Panzern) angreifen; **tanken** (Treibstoff aufnehmen); der **Tanker** (Tankschiff); die **Tankfüllung;** der **Tankinhalt;** das **Tanklager;** die **Tanksäule;** das **Tankschiff;** das **Tankschloss;** die **Tankstelle;** der **Tankverschluss;** der **Tankwart;** die **Tankwartin** # Tang

Ta̱n·ne, die: -, -n (Nadelbaum); schlank wie eine Tanne; der **Tann** (Wald); der **Tann(en)ast;** der **Tannenbaum;** das **Tannengrün;** die **Tannennadel;** der **Tannenwald;** der **Tann(en)zapfen;** der **Tannenzweig**

Ta̱n·se, die: -, -n (auf dem Rücken zu tragendes Gefäss für Milch, Trauben etc.)

Ta̱n·te, die: -, -n (Schwester der Mutter oder des Vaters); der **Tante-E̱mma-Laden** (kleiner Laden); **tantenhaft**

Tan·tie·me *franz. [tantje̱me]*, die: -, -n (Gewinnanteil)

ta̱n·zen: auf einer Hochzeit tanzen – das Boot tanzt auf den Wellen; der **Tanz:** ein langsamer Tanz – zum Tanz aufspielen – *einen Tanz aufführen* (sehr heftig reagieren); der **Tanzabend;** das **Tanzbein:** *das Tanzbein schwingen* (tanzen); der **Tanzboden;** das **Tänzchen;** die **Tanzdiele; tänzeln** (trippeln); der **Tänzer;** die **Tänzerin; tänzerisch;** die **Tanzkapelle;** das **Tanzlokal;** die

Tanzmusik; das **Tanzorchester;** der **Tanzsaal;** die **Tanzschule;** die **Tanzstunde;** die **Tanzveranstaltung;** das **Tanzvergnügen**

Ta·pe̱t *griech.*, das: *etwas aufs Tapet* (zur Sprache) *bringen*

Ta·pe̱·te *lat.*, die: -, -n (Wandbekleidung); *die Tapeten wechseln* (umziehen); der **Tapetenkleister;** das **Tapetenmuster;** die **Tapetenrolle;** der **Tapetentisch;** der **Tapetenwechsel; tapezie̱ren;** der **Tapezie̱rer;** die **Tapezie̱rerin**

Ta̱p·fen, der: -s, - (Abdruck, Fussspur); auch: die **Tapfe;** → tappen

ta̱p·fer: tapfer (mutig) kämpfen – sie ertrug tapfer (ohne zu klagen) ihre Schmerzen; die **Tapferkeit**

ta̱p·pen: (unsicher, schwerfällig gehen); in eine Pfütze tappen – *im Dunkeln tappen* (im Ungewissen sein); auch: **tapsen; täppisch** (unbeholfen); auch: **tapsig;** → Tapfen

Ta̱·ra ⟨T⟩ *ital.*, die: -, Taren (Verpackung, Verpackungsgewicht); **tarie̱ren** (das Gewicht ausgleichen)

Ta·ra̱n·tel *ital.*, die: -, -n (giftige Spinne); *wie von einer Tarantel gestochen* (plötzlich)

Ta·ri̱f *franz.*, der: -s, -e (festgelegter Preis, Gebühr, Lohnstufe); die Tarife der Post; der **Tarifabschluss;** die **Tariferhöhung;** die **Tarifgruppe;** der **Tarifkonflikt; tariflich;** der **Tariflohn;** die **Tarifrunde;** die **Tarifverhandlung;** der **Tarifvertrag; tarifvertraglich**

ta̱r·nen: (verbergen, der Umgebung anpassen); eine Sache tarnen (verschleiern) – sich tarnen; der **Tarnanzug;** die **Tarnfarbe;** die **Tarnkappe** (unsichtbar machende Kappe, auch Mantel mit Kapuze, in der Volkssage); der **Tarnname** (Deckname); die **Tarnung**

Ta·ro̱ck *ital.*, der: -s, -s (Kartenspiel)

Ta̱·sche, die: -, -n (Beutel, Mappe); Bücher in die Tasche stecken – er hat die Hände in den Taschen (Hosentaschen) – *tief in die Tasche greifen* (viel bezahlen) *müssen* – *jemanden in die Tasche stecken* (ihm überlegen sein) – *sich in die eigene Tasche lügen* (sich etwas vormachen) – *sich die Taschen füllen* (bereichern) – *jemandem auf der Tasche liegen* (von ihm unterhalten werden) – *etwas aus eigener Tasche (selbst) bezahlen;* das **Täschchen;** das **Taschenbuch;** der **Taschendieb;** das **Taschenformat;** das

Taschengeld; die **Taschenlampe**; das **Taschenmesser**; der **Taschenrechner**; der **Taschenspieler** (Zauberkünstler); das **Taschentuch**; die **Taschenuhr**

Tas·se, die: -, -n (Trinkgefäss); den Kaffee aus einer Tasse trinken – *eine trübe Tasse* (ein langweiliger Mensch) – *nicht alle Tassen im Schrank haben* (nicht bei klarem Verstand sein); das **Tässchen**

tas·ten: im Dunkeln nach etwas tasten (fühlend zu berühren suchen); die **Tastatur**: die Tastatur (die Tasten) einer Schreibmaschine; **tastbar**; die **Taste** (Hebel): *in die Tasten greifen* (mit Schwung Klavier spielen); die **Tastempfindung**; das **Tasteninstrument**; das **Tastentelefon**; der **Taster** (Abtastgerät); das **Tastorgan**; der **Tastsinn**

Tat, die: -, -en; eine grosse Tat (Leistung) vollbringen – in der Tat (tatsächlich) – *jemanden auf frischer Tat ertappen* (ihn bei etwas Verbotenem überraschen) – *etwas in die Tat umsetzen* (etwas verwirklichen); der **Tatbestand** (Sachlage); die **Tateinheit**; der **Tatendrang** (Energie, Fleiss); der **Tatendurst**; **tatendurstig**; **tatenlos** (ohne zu handeln); die **Tatenlosigkeit**; der **Täter** (Übeltäter, Verbrecher); die **Täterin**; die **Täterschaft**; die **Tatform** (Sprachlehre: Tätigkeitsform, Aktiv); der **Tathergang**; **tätig**: tätig sein (arbeiten); **tätigen**: einen Kauf tätigen (abschliessen); die **Tätigkeit**; der **Tätigkeitsbereich** (Arbeitsgebiet); das **Tätigkeitswort** (Sprachlehre: Zeitwort, Verb); die **Tatkraft** (Energie); **tatkräftig, tätlich**: tätlich (handgreiflich) werden; die **Tätlichkeiten** *Mz.* (Schlägerei); das **Tatmotiv**; der **Tatort**; die **Tatsache**; **tatsächlich**: kommt er tatsächlich (wirklich)? – ist das der tatsächliche (wirkliche) Grund?; der **Tatverdacht**; **tatverdächtig**; die **Tatwaffe**; der **Tatzeuge**; die **Tatzeugin**

Ta·tar, das: -s, -(s) (rohes, geschabtes Rindfleisch)

tä·to·wie·ren *tahit.*: (etwas in die Haut einritzen); die **Tätowierung**

tät·scheln: jemandem die Hand tätscheln (streicheln, liebkosen); **tatschen** (plump an eine Stelle fassen)

Tat·ter·greis, der: -es, -e (gebrechlicher alter Mann); der **Tatterich** (krankhaftes Zittern); **tatt(e)rig**

Tat·ter·sall, der: -s, -s (Reithalle)

Tat·ze, die: -, -n (Pranke, Pfote, Schlag auf die Hand)

Tau, das: -(e)s, -e (dickes Seil); das **Tauende**; das **Tauziehen**

Tau, der: -(e)s (Niederschlag); in der Nacht fiel Tau; **tauen**: das Eis ist getaut (geschmolzen); **taufrisch** (ganz frisch); **taunass**; der **Tautropfen**; das **Tauwetter**

taub: taub sein (nichts hören) – seine Finger sind vor Kälte taub (wie abgestorben) – eine taube Nuss (dummer Mensch); **taubblind**; der/die **Taube**; die **Taubheit**; die **Taubnessel** (Heilpflanze); **taubstumm** (unfähig zu hören und zu sprechen); der/die **Taubstumme**

Tau·be, die: -, -n (mittelgrosser Vogel); das **Täubchen**; das **Taubenei**; der **Taubenkobel**; der **Taubenschlag**; der **Tauberich**; auch: der **Täuberich**; die **Täubin**

tau·chen: bis auf den Grund des Sees tauchen – er taucht den Pinsel in die Farbe (er tunkt ein); die **Tauchente**; der **Taucher**; der **Taucheranzug**; die **Taucherbrille**; die **Taucherin**; der **Tauchsieder** (elektrisches Gerät zum Erhitzen von Flüssigkeiten); die **Tauchstation**: *auf Tauchstation gehen* (sich verstecken); die **Tauchtiefe**

tau·fen: ein Kind taufen lassen; das **Taufbecken**; die **Taufe** (Sakrament der Kirche): *etwas aus der Taufe heben* (etwas begründen); der **Täufer**; das **Taufgelübde**; die **Taufkerze**; das **Taufkleid**; der **Täufling** (jemand, der die Taufe empfangen soll); der **Taufname**; der **Taufpate**; die **Taufpatin**; der **Taufschein**; der **Taufstein**

tau·gen: das taugt nichts (ist wertlos) – er taugt zu keiner Arbeit (ist dafür nicht geeignet); der **Taugenichts** (Nichtsnutz); **tauglich** (nützlich, zweckmässig); die **Tauglichkeit**

tau·meln: er taumelt (schwankt) vor Müdigkeit; der **Taumel** (Schwindel, Betäubung); **taum(e)lig**

tau·schen: Briefmarken tauschen – ich möchte mit dir nicht tauschen (nicht dein Leben führen); der **Tausch**; das **Tauschgeschäft**; der **Tauschhandel**; der **Tauschwert**

täu·schen: jemanden täuschen (betrügen) – du täuschst (irrst) dich – sieht ihm täuschend (zum Verwechseln) ähnlich; die

Täuschung (Irrtum, Betrug); das **Täuschungsmanöver**

tau·send: viele tausend Menschen – tausend Gründe – an die tausend Autos – tausend und abertausend; aber: das Tausend – ein paar Tausend; auch: tausend – einige Tausend – ein halbes Tausend – viele Tausende von Zuschauern; auch: tausende – Tausende und Abertausende; → abertausend; die **Tausend** ⟨T⟩ (Zahl); der **Tausender; tausenderlei:** er hat tausenderlei Dinge im Kopf; die **Tausendernote; tausendfach;** auch: **1000fach;** das **Tausendfache; tausendfältig;** der **Tausendfüssler;** das **Tausendguldenkraut** (Heilpflanze); **tausendjährig; tausendmal:** das habe ich schon tausendmal gesagt; auch: **1000-mal;** aber: tausend mal tausend; der **Tausendmarkschein; tausendprozentig;** auch: **1000-prozentig;** der **Tausendsassa** (Alleskönner, Draufgänger); **tausendst . . . :** der tausendste Besucher; aber: vom Hundertsten ins Tausendste kommen; **tausendstel:** eine tausendstel Sekunde; auch: eine Tausendstelsekunde; oder: eine 1000stel Sekunde; das **Tausendstel; tausendundein:** ein Märchen aus Tausendundeiner Nacht

Ta·ver·ne ital. [tawẹrne], die: -, -n (Schenke); auch: die **Taberne**

Ta·xe lat., die: -, -n (festgesetzter Preis, Gebühr, Taxi); das **Taxi:** ein Taxi bestellen; der **Taxichauffeur** [. . . schofö̱r]; **taxieren:** den Wert des Hauses taxieren (schätzen); der **Taxifahrer;** die **Taxifahrerin;** der **Taxistand**

Tb (Tbc) = Tuberkulose; **Tb-krank;** auch: **Tbc-krank**

TCS = Touring-Club der Schweiz

Teach-in amerik. [tịtschịn], das: -(s), -s (Zusammenkunft als Protestveranstaltung)

Teak engl. [tịk], das: -s (Holz eines tropischen Baumes); auch: das **Teakholz**

Team engl. [tịm], das: -s, -s (Gruppe, Mannschaft); wir sind ein eingespieltes Team; die **Teamarbeit;** der **Teamchef;** der **Teamgeist;** das **Teamwork** [tịmwörk] (gemeinschaftliche Arbeit, Zusammenarbeit)

Tea·room engl. [tịrụm], der: -s, -s (Teestube, Café, in dem kein Alkohol ausgeschenkt wird)

Tech·nik griech., die: -, -en (Herstellungsverfahren, Arbeitsweise, Stil); das Zeitalter der Technik – die moderne Technik – ein Wunder der Technik – die Technik des Schwimmens beherrschen; der **Techniker;** die **Technikerin; technisch:** technisch begabt sein – eine technische Panne – der technische Zeichner; aber: der Technische Direktor – die Technische Universität ⟨TU⟩; aber: die technischen Universitäten; **technisieren** (technische Mittel einsetzen); die **Technisierung;** die **Technologie**

Tech·no engl. [tẹkno]: (elektronische, von besonders schnellem Rhythmus bestimmte Musik)

Tech·tel·mech·tel, das: -s, - (Liebelei, Affäre)

TED, der: -s (Computer für telefonische Stimmabgabe)

Ted·dy engl., der: -s, -s (Stoffbär für Kinder); auch: der **Teddybär;** der **Teddymantel**

Te·de·um lat., das: -s, -s (kirchlicher Lobgesang)

TEE = Trans-Europ-Express

Tee chines., der: -s, -s (Getränk); einen heissen Tee trinken – jemanden zum Tee (zur Teestunde) einladen; das **Teeei;** auch: das **Tee-Ei;** die **Teeernte;** auch: die **Tee-Ernte;** die **Teekanne;** der **Teekessel;** die **Teeküche;** der **Teelöffel;** die **Teerose;** die **Teetasse;** der **Teewagen**

Teen·a·ger engl. [tịnedscher], der: -s, - (Jugendliche(r) zwischen 13 und 19 Jahren)

Teer, der: -(e)s (aus Holz, Kohle o. Ä. hergestellte flüssige, schwarze Masse); die **Teerdecke; teeren:** die Strasse teeren; **teerhaltig; teerig;** die **Teerstrasse;** die **Teerung**

Teich, der: (e)s, -e (kleines, stehendes Gewässer); der Grosse Teich (der Atlantische Ozean); die **Teichrose;** die **Teichwirtschaft**

Teig, der: -(e)s, -e (Masse aus Mehl, Milch oder Wasser, Eiern, Zucker u. a. zum Backen von Brot, Kuchen o. Ä.); den Teig für das Brot kneten; **teigig;** die **Teigwaren** Mz.

tei·len: eine Torte teilen – der Gewinn wurde geteilt – mit jemandem die Wohnung teilen – sich die Kosten teilen (sie gemeinsam tragen) – der Weg teilt (gabelt) sich – eine Zahl durch eine andere teilen (dividieren) – geteilter Meinung sein – *geteilte Freude ist doppelte Freude;* der **Teil:** der dritte Teil – zum Teil – zu gleichen Teilen – ein gut Teil (ziemlich viel) – ich für meinen Teil; aber: grossteils – grösstenteils – *seinen Teil zu* *tragen haben* (es nicht leicht haben) – *sich seinen Teil denken* (sich seine eigenen Gedanken zu etwas machen); der **Teilaspekt;** **teilbar;** die **Teilbarkeit;** das **Teilchen;** der **Teiler:** grösster gemeinsamer Teiler ⟨g. g. T.⟩; der **Teilerfolg; teilerfremd:** eine teilerfremde Zahl; das **Teilgebiet;** die **Teilhabe; teilhaben** (Anteil haben, teilnehmen); der **Teilhaber;** die **Teilhaberin; teilhaftig:** einer Sache teilhaftig sein (Anteil daran haben); die **Teilkaskoversicherung;** die **Teilnahme** (Interesse, Mitleid, Beteiligung); **teilnahmeberechtigt;** der/die **Teilnahmeberechtigte; teilnahmslos** (gleichgültig, träge); die **Teilnahmslosigkeit; teilnahmsvoll; teilnehmen;** der **Teilnehmer;** die **Teilnehmerin;** der **Teilnehmerkreis;** die **Teilnehmerliste; teils:** teils gut, teils schlecht; die **Teilstrecke;** das **Teilstück** (Teil, Teilstrecke); die **Teilung; teilweise;** die **Teilzahlung;** die **Teilzeit:** (in) Teilzeit arbeiten

Teint *franz. [tẽ],* der: -s, -s (Gesichtsfarbe, Beschaffenheit der Gesichtshaut); ein reiner Teint

T-Ei·sen, das: -s, - (Eisen mit T-förmigem Querschnitt)

Te·le·fax *griech.,* das: -, -(e) (Fernkopierer, Fernkopie); auch: das **Fax; telefaxen;** das **Telefaxgerät;** die **Telefaxnummer**

Te·le·fon ⟨Tel.⟩ *griech.,* das: -s, -e (Fernsprecher); der **Telefonabonnent;** die **Telefonabonnentin;** der **Telefonanruf;** das **Telefonat** (Telefongespräch); das **Telefonbuch;** die **Telefonfürsorge;** die **Telefongebühr;** das **Telefongespräch;** der **Telefonhörer; telefonieren; telefonisch;** der **Telefonist;** die **Telefonistin;** die **Telefonkabine;** die **Telefonkarte;** die **Telefonnummer;** die **Telefonrechnung;** die **Telefonzelle**

te·le·gen *griech.:* eine telegene (für Fernsehaufnahmen gut geeignete) Nachrichtensprecherin

Te·le·graf *griech.,* der: -en, -en (Fernschreiber); auch: der **Telegraph;** die **Telegrafenstange;** die **Telegrafie; telegrafieren; telegrafisch;** das **Telegramm;** ein Telegramm (eine Funknachricht) aufgeben

Te·le·pa·thie *griech.,* die: - (Gedankenübertragung); **telepathisch**

Te·les·kop (Te·le·skop) *griech.,* das: -s, -e (Fernrohr)

Te·le·vi·si·on ⟨TV⟩ *engl. [telewisionn],* die: - (Fernsehen)

Te·lex *griech.,* das: -, -(e) (Fernschreiben); **telexen**

Tel·ler, der: -s, - (flaches Essgeschirr); ein Teller Suppe; **tellerfertig;** der **Tellerservice;** der **Tellerwäscher**

Tel·lur ⟨Te⟩ *lat.,* das: -s (Halbmetall, chemischer Grundstoff)

Tem·pel *lat.,* der: -s, - (Heiligtum); *jemanden zum Tempel hinausjagen* (ihn hinauswerfen)

Tem·pe·ra·far·be *ital.,* die: -, -n (wasserunlösliche Malfarbe, Deckfarbe)

Tem·pe·ra·ment *lat.,* das: -(e)s, -e (Gemütsart, Schwung, Lebhaftigkeit); **temperamentlos;** die **Temperamentsache; temperamentvoll:** eine temperamentvolle Rede halten

Tem·pe·ra·tur *lat.,* die: -, -en; die Temperatur (den Wärmegrad) des Wassers messen – der Kranke hat hohe Temperatur (Fieber); der **Temperaturanstieg;** der **Temperatursturz; temperieren** (Wärme regeln)

Tem·po *ital.,* das: -s, -s oder (in der Musik): Tempi (Geschwindigkeit, Eile); mit hohem Tempo fahren; das **Tempolimit** (Begrenzung der Geschwindigkeit); **temporal** (zeitlich); **temporär:** eine temporäre (vorübergehende, zeitlich begrenzte) Erscheinung; das **Tempus** (Sprachlehre: Zeitform des Verbs)

Ten·denz *lat.,* die: -, -en (Absicht, Neigung); **tendenziell; tendenziös** (parteilich, einseitig); **tendieren:** ich tendiere (neige) zu deinem Vorschlag

Ten·der *engl.,* der: -s, - (Kohlenwagen der Lokomotive)

Ten·ne, die: -, -n (Platz zum Getreidedreschen); auch: das **Tenn**

Ten·nis *engl.,* das: - (Ballspiel); Tennis spielen; der **Tennisball;** das **Tennismatch** *[...mätsch];* der **Tennispartner;** die **Tennispartnerin;** der **Tennisplatz;** der **Tennisschläger;** das **Tennisspiel;** das **Tennisturnier**

Te·nor *ital.,* der: -s, Tenöre (hohe Männersingstimme); die **Tenorstimme**

Te·nor *lat.,* der: -s; der Tenor (Sinn, Inhalt, Wortlaut) einer Rede

Te·nü / Te·nue *franz. [tenü],* das: -s, -s (vorgeschriebene Art, sich zu kleiden); die **Tenüvorschrift**

T
U
V
W
X
Y
Z

Tẹp·pich *griech.*, der: -s, -e (Fussbodenbelag, Wandbehang); Teppich klopfen – ein Teppich von Blumen – *auf dem Teppich bleiben* (vernünftig bleiben) – *etwas unter den Teppich kehren* (etwas vertuschen); der **Teppichboden;** der **Teppichhändler;** der **Teppichklopfer;** die **Teppichstange**

Ter·min *lat.*, der: -s, -e (Frist, festgelegter Zeitpunkt); einen Termin pünktlich einhalten – Termin ist der 1. Juni; **termingemäss; termingerecht;** das **Termingeschäft; terminieren** (zeitlich festlegen); die **Terminierung;** der **Terminkalender; terminlich**

Ter·mi·nal *engl. [tö̱rminal]*, der: -s, -s (Datenendstation bei der EDV, Abfertigungshalle für Fluggäste)

Tẹr·mi·nus *lat.*, der: -, Termini (Fachausdruck); die **Terminologie** (Wortschatz, Gesamtheit der Fachausdrücke auf einem Gebiet)

Ter·mi·te *lat.*, die: -, -n (tropische Ameisenart); der **Termitenstaat**

Ter·pen·tin *griech.*, das: -s (Harzöl, Lösungsmittel für Farben); das **Terpentinöl**

Ter·rain *franz. [terä̱]*, das: -s, -s; das Terrain (Gelände, Gebiet) abgehen – *das Terrain sondieren* (Nachforschungen anstellen)

Ter·ra·ri·um *lat.*, das: -s, Terrarien (Behälter zum Halten von kleinen Landtieren)

Ter·rạs·se *franz.*, die: -, -n (Erdstufe, Absatz, Veranda); **terrassenförmig**

ter·rẹs·trisch (ter·rẹst·risch) *lat.*: (die Erde betreffend); ein terrestrisches Beben (Erdbeben)

Tẹr·ri·er *engl.*, der: -s, - (Hunderasse)

Ter·ri·ne *franz.*, die: -, -n (Suppenschüssel)

Ter·ri·to·ri·um *lat.*, das: -s, Territorien (Gebiet, Land, staatliches Hoheitsgebiet); **territorial** (ein Gebiet betreffend)

Tẹr·ror *lat.*, der: -s (Schreckensherrschaft, Willkür); der **Terrorakt;** der **Terroranschlag;** die **Terrorherrschaft; terrorisieren** (in Schrecken versetzen, bedrohen); die **Terrorisierung;** der **Terrorismus** (Gewaltherrschaft, Untergrundkampf); der **Terrorist;** die **Terroristin; terroristisch;** die **Terrorwelle**

Ter·ti·är *lat.*, das: -s (der ältere Teil der Erdneuzeit)

Tẹrz *lat.*, die: -, -en (dritter Ton vom Grundton aus); das **Terzẹtt** (Musikstück für drei Stimmen oder drei gleiche Instrumente)

Tes·sin: (Kanton); der **Tessiner;** die **Tessinerin; tessinisch**

Tẹst *engl.*, der: -(e)s, -s/-e (Experiment, Untersuchung, Probe); das **Testbild; testen** (prüfen); der **Tester;** die **Testerin;** die **Testfahrt;** der **Testflug;** die **Testfrage;** das **Testgelände;** der **Testlauf;** die **Testperson;** der **Testpilot;** das **Testspiel;** die **Teststrecke;** die **Testung;** das **Testverfahren**

Tes·ta·mẹnt *lat.*, das: -(e)s, -e; er macht sein Testament (verfügt schriftlich seinen letzten Willen) – das Alte Testament ⟨AT⟩ – das Neue Testament ⟨NT⟩; **testamentarisch;** die **Testamentseröffnung;** das **Testat** (Bescheinigung); **testieren** (bescheinigen)

Te·ta·nus *griech.*, der: - (Wundstarrkrampf); die **Tetanusimpfung**

Te·te *franz.*, die: -, -n (Anfang, Spitze einer Kolonne)

Tete-a-tete *franz. [tätatä̱t]*, das: -, -s (zärtliches Beisammensein); auch: das **Tête-à-tête**

teu·er: teurer, am teuersten; teuer sein (viel kosten) – ein teures (nicht billiges) Geschenk – ein teures (kostspieliges) Vergnügen – ein teurer (geschätzter, verehrter) Freund – *teuer zu stehen kommen* (üble Folgen haben) – *da ist guter Rat teuer* (da bin ich ratlos); die **Teuerung;** der **Teuerungszuschlag**

Teu·fel, der: -s, - (Satan, Scheusal); wie der Teufel (sehr schnell) fahren – vom Teufel besessen (bösartig) sein – ein armer Teufel (armer Mensch) – das Geld ist beim Teufel (verloren) – geh zum Teufel (mach, dass du fortkommst)! – pfui Teufel! – *sich den Teufel um etwas scheren* (sich um etwas überhaupt nicht kümmern) – *den Teufel im Leib haben* (wild sein) – *den Teufel an die Wand malen* (Unheil heraufbeschwören) – *in Teufels Küche kommen* (grosse Schwierigkeiten bekommen) – *jemanden zum Teufel schicken* (ihn fortjagen); die **Teufelei** (Boshaftigkeit); die **Teufelin;** der **Teufelsbraten** (boshafter Mensch, tollkühner Bursche) der **Teufelskerl** (Draufgänger); der **Teufelskreis** (Sackgasse, Ausweglosigkeit); das **Teufelsweib;** das **Teufelswerk;** das **Teufelszeug; teuflisch** (böse, niederträchtig)

Te̱xt *lat.*, der: -(e)s, -e; der Text (Inhalt, Wortlaut) einer Rede – einen Text auswendig lernen; die **Textaufgabe;** das **Textbuch; texten** (Texte, z. B. Werbe- oder Schlagertexte, verfassen); der **Texter** (Verfasser, z. B. von Werbetexten); die **Textstelle;** der **Textteil;** die **Textverarbeitung**

Tex·ti·li·en *Mz.*, die: - (Sammelbezeichnung für Stoffe, Kleidung, Wäsche); die **Textilfabrik;** die **Textilindustrie;** die **Textilwaren** *Mz.*

T-förmig: (in der Form des Grossbuchstabens T)

TG = Kanton Thurgau

TH = technische Hochschule

The·a·ter *griech.*, das: -s, -; Theater spielen – ins Theater gehen – zum Theater gehen (Schauspieler(in) werden) – *Theater machen* (sich unmöglich aufführen); der **Theaterbesuch;** die **Theaterkarte;** der **Theaterraum;** der **Theatersaal;** das **Theaterstück** (Bühnenwerk); die **Theatervorstellung; theatralisch** (unnatürlich, gespreizt)

The·ke *griech.*, die: -, -n (Schank-, Ladentisch)

The·ma *griech.*, das: -s, Themen/Themata (Gegenstand; Stoff für ein Gespräch, eine Ausarbeitung); ein heikles Thema – zu einem Thema einen Aufsatz schreiben; die **Thematik** (Themenstellung); **thematisch** (das Thema betreffend); **thematisieren** (zum Thema machen); die **Thematisierung;** der **Themenkatalog;** die **Themenstellung**

The·o·lo·gie *griech.*, die: -, Theologien (Religionswissenschaft); der **Theologe** (Geistlicher); die **Theologin; theologisch**

the·o·re·tisch *griech.*: (gedanklich, vorgestellt, wissenschaftlich, nicht praktisch); der **Theoretiker** (jemand, der sich mit einer Sache nur gedanklich und nicht praktisch befasst); die **Theoretikerin; theoretisieren;** die **Theorie** (Lehrmeinung, Betrachtungsweise)

The·ra·pie *griech.*, die: -, Therapien (Heilbehandlung); der **Therapeut;** die **Therapeutin; therapeutisch; therapieren** (einer Heilbehandlung unterziehen)

Ther·me *griech.*, die: -, Thermen (warme Quelle); das **Thermalbad** (Warmwasserheilbad); die **Thermik** (aufsteigende Warmluft); **thermisch;** das **Thermometer** (Gerät zum Messen der Temperatur); die **Ther-**

mosflasche (Gefäss zum Warm- oder Kühlhalten von Speisen oder Getränken); der **Thermostat** (Wärmeregler)

The·se *griech.*, die: -, -n (Lehrsatz, Behauptung); **thesenhaft;** das **Thesenpapier**

Thon, der: -s, -s; → Thunfisch

Thril·ler *amerik.*, der: -s, - (reisserischer, grausiger Film oder Roman)

Throm·bo·se *griech.*, die: -, -n (Verschluss einer Vene durch Blutgerinnsel)

Thron *griech.*, der: -(e)s, -e (Herrschersessel); *von seinem Thron heruntersteigen* (seine Überheblichkeit aufgeben); **thronen:** hinter seinem Schreibtisch thronen (feierlich sitzen); der **Thronerbe;** die **Thronerbin;** der **Thronfolger;** die **Thronfolgerin;** der **Thronsaal;** der **Thronsessel**

Thun·fisch *griech.*, der: -(e)s, -e (Speisefisch); auch: der **Tunfisch;** auch: der **Thon**

Thur·gau: (Kanton); der **Thurgauer;** die **Thurgauerin; thurgauisch**

Thü·rin·gen: -s (Land der Bundesrepublik Deutschland); der **Thüringer;** die **Thüringerin; thüringisch**

Thy·mi·an *griech.*, der: -s, -e (Gewürz- und Heilpflanze)

TI = Kanton Tessin / Ticino

Ti·a·ra *pers.*, die: -, Tiaren (Krone des Papstes)

Ti·bet / Ti·bet: (Hochland in Zentralasien); der **Tibetaner;** die **Tibetanerin;** der **Tibeter;** die **Tibeterin; tibetisch**

Tick; der: -(e)s, -s; er hat einen Tick (wunderliche Eigenart) – einen Tick (eine Kleinigkeit) besser sein; **ticken** (leise klopfen): die Uhr tickt – *nicht richtig ticken* (nicht ganz normal sein); **ticktack:** die Uhr macht leise ticktack

Ti·cket *engl.*, das: -s, -s (Karte, Fahrkarte für Schiffs- oder Flugreise)

Ti·de, die: -, -n (Ebbe und Flut, Gezeiten); der **Tide(n)hub** (Unterschied des Wasserstandes bei den Gezeiten)

tief: ein tiefer Graben – tief (fest) schlafen – etwas tief (sehr) bereuen – tief empfunden – eine tief bewegte alte Frau – tief erschüttert sein – ein tief empfundener Schmerz – tief gehend – ein tief greifendes Ereignis – ein tief liegendes Dorf – ein tief schürfender Gedanke – ein tief verschneites Land – im tiefsten Urwald – eine tiefe Wunde – eine tiefe Stimme haben – bis tief (weit) in den

T
U
V
W
X
Y
Z

Winter – *tief blicken lassen* (mancherlei verraten) – aufs (auf das) tiefste gekränkt; auch: aufs (auf das) Tiefste gekränkt; das **Tief** (Tiefstand des Luftdrucks, Niedergeschlagenheit); der **Tiefausläufer;** der **Tiefbau; tiefblau;** das **Tiefdruckgebiet;** die **Tiefe:** die Tiefe des Meeres – die Tiefe (Stärke) eines Gefühls; die **Tiefebene; tiefernst;** der **Tiefflug;** der **Tiefgang;** die **Tiefgarage; tiefgefroren; tiefgekühlt:** tiefgekühltes Fleisch; **tiefgründig** (tiefsinnig); **tiefkühlen;** das **Tiefkühlfach;** die **Tiefkühlung;** der **Tieflader** (Wagen mit tief liegender Ladefläche); das **Tiefland** (Tiefebene); der **Tiefpunkt** (Tief, Krise); der **Tiefschlaf;** der **Tiefschlag** (Faustschlag, Boxhieb unterhalb der Gürtellinie); der **Tiefschnee; tiefschwarz;** die **Tiefsee; tiefsinnig** (gehaltvoll, durchdacht); der **Tiefstand** (Flaute); **tiefstapeln** (untertreiben); der **Tiefstapler;** die **Tiefstaplerin;** der **Tiefstart**

Tie·gel *griech.,* der: -s, - (Pfanne, flacher Topf)

Tier, das: -(e)s, -e; die Tiere füttern – ein hohes Tier (eine hoch gestellte Persönlichkeit) – er ist ein Tier (ein brutaler, roher Mensch); die **Tierart;** der **Tierarzt;** die **Tierärztin;** der **Tierbändiger;** das **Tierbuch;** der **Tierfreund;** der **Tiergarten** (Zoo); die **Tierhandlung;** das **Tierheim; tierisch:** tierische Nahrung – *etwas tierisch* (sehr) *ernst nehmen;* die **Tierkunde;** die **Tierleiche** (Kadaver); **tierlieb;** der **Tierpark** (Tiergarten); der **Tierpfleger;** die **Tierpflegerin;** die **Tierquälerei;** das **Tierreich** (Tierwelt); die **Tierschau;** der **Tierschutzverein;** der **Tierversuch;** die **Tierwelt;** der **Tierzucht**

Ti·ger *lat.,* der: -s, - (Raubkatze); das **Tigerfell;** die **Tigerin**

til·gen: seine Schulden tilgen (zurückzahlen, löschen) – etwas aus seinem Gedächtnis tilgen (auslöschen); die **Tilgung;** die **Tilgungsrate**

ti·men *engl. [taimen]:* (den richtigen Zeitpunkt wählen, zeitlich abstimmen); das **Timing**

tin·geln: (als Künstler von Ort zu Ort ziehen); der/das **Tingeltangel** (Tanzlokal)

Tink·tur *lat.,* die: -, -en (Auszug aus Pflanzenstoffen, Färbemittel)

Tin·te, die: -, -n (Flüssigkeit zum Schreiben); mit blauer Tinte schreiben – *in der Tinte sit-* zen (in einer unangenehmen Lage sein); das **Tintenfass;** der **Tintenfisch;** der **Tintenfleck;** der **Tintenklecks;** der **Tintenkuli;** der **Tintenstift**

Tipp *engl.,* der: -s, -s (Rat, Hinweis); **tippen:** im Lotto tippen (wetten); die **Tippgemeinschaft;** der **Tippschein;** der **Tippzettel**

tip·peln: (wandern, kleine Schritte machen); der **Tippelbruder** (Landstreicher); die **Tippelei**

tip·pen: jemandem/jemanden auf die Schulter tippen (ihn an der Schulter leicht berühren) – mit der Maschine ein paar Zeilen tippen (schreiben); das **Tipp-Ex;** der **Tippfehler**

tipp·topp *engl.:* die Arbeit ist tipptopp (sehr sauber, tadellos) gemacht

Ti·ra·de *franz.,* die: -, -n (Wortschwall)

ti·ri·lie·ren: eine Lerche tiriliert (singt, zwitschert) in der Luft

Tisch, der: -(e)s, -e; am Tisch sitzen – sie deckt den Tisch – zum Tisch des Herrn gehen (das Abendmahl nehmen) – zu Tisch – bei Tisch – *auf den Tisch hauen* (sich durchsetzen) – *jemanden über den Tisch ziehen* (ihn übervorteilen) – *reinen Tisch machen* (eine Angelegenheit in Ordnung bringen, klare Verhältnisse schaffen) – *etwas unter den Tisch wischen/kehren* (als unwichtig abtun); das **Tischbein;** die **Tischdecke; tischen** (den Tisch decken); **tischfertig** (zum Essen fertig); das **Tischgebet;** die **Tischkante;** der **Tischler** (Schreiner); die **Tischlerei;** die **Tischlerin;** die **Tischplatte;** das **Tischtennis;** das **Tischtuch**

Ti·tan ⟨Ti⟩ *griech.,* das: -s (Leichtmetall, chemischer Grundstoff)

Ti·tan, der: -nen, -nen (riesenhafter Mensch); **titanenhaft; titanisch** (übermenschlich, gewaltig)

Ti·tel ⟨Tit.⟩ *lat.,* der: -s, -; der Titel (Überschrift) des Buches – jemanden mit seinem Titel (Rang) anreden; der **Titelgewinn;** der **Titelheld;** die **Titelheldin;** der **Titelkampf;** die **Titelseite;** die **Titelverteidigung;** die **Titelzeile; titulieren** (benennen); die **Titulierung**

Toast *engl. [tost],* der: -(e)s, -e/-s; einen Toast (geröstete Weissbrotscheibe) essen – einen Toast (Trinkspruch) ausbringen; das **Toastbrot; toasten;** der **Toaster** (Gerät zum Rösten)

T
U
V
W
X
Y
Z

To·bel, das/der: -s, - (Bachgraben, Waldschlucht)

to·ben: er tobte (raste) vor Wut – die Schlacht tobte drei Tage – der Wind tobt (heult, braust wild) um das Haus – die Kinder toben (lärmen, tollen) durch das Klassenzimmer; die **Tobsucht; tobsüchtig;** der **Tobsuchtsanfall**

Toch·ter, die: -, Töchter (weiblicher Nachkomme); das **Töchterchen**

Tod, der: -(e)s, -e (Lebensende); sie hatte einen sanften Tod – treu bis in den Tod (bis ans Lebensende) – ein Tier zu Tode hetzen – jemanden zu Tode (sehr) erschrecken – auf Leben und Tod – der schwarze Tod (Pest) – der weisse Tod (das Erfrieren) – *zu Tode kommen* (verunglücken) – *mit dem Tode ringen* (im Sterben liegen) – *dem Tod ins Auge sehen* (in Todesgefahr schweben) – *den Tod finden* (umkommen) – *weder Tod noch Teufel* (niemanden) *fürchten* – *etwas zu Tode reiten* (bis zum Überdruss machen, wiederholen); **todblass; todbleich; todbringend; todelend; todernst;** die **Todesangst;** die **Todesanzeige;** der **Todesfall;** die **Todesgefahr;** der **Todeskampf; todesmutig;** die **Todesnachricht;** das **Todesopfer;** die **Todesqual;** der **Todesritt;** der **Todesschuss;** der **Todesschütze;** der **Todesstoss;** die **Todesstrafe;** die **Todesstunde;** der **Todestag;** die **Todesursache;** das **Todesurteil;** die **Todeszelle; todfeind;** der **Todfeind; todgeweiht; todkrank;** der/die **Todkranke; todlangweilig; tödlich:** sich in tödlicher Gefahr befinden – mit tödlicher (völliger) Sicherheit; **todmüde; todschick; todsicher;** die **Todsünde; todtraurig; todunglücklich; todwund** # tot

Töff, das/der: -s, - (Motorrad)

To·hu·wa·bo·hu hebr., das: -(s), -s (Wirrwarr, Durcheinander)

Toi·let·te franz. [toalẹte], die: -, -n; auf die Toilette (das Klosett) gehen – Toilette machen (sich sorgfältig zurechtmachen) – in grosser Toilette (Aufmachung) erscheinen; das **Toilettenpapier;** die **Toilettenseife;** der **Toilettentisch**

to·le·rant lat.: tolerant (nachgiebig, duldsam, grosszügig) sein; die **Toleranz;** die **Toleranzgrenze; tolerierbar; tolerieren** (ertragen, gewähren lassen); die **Tolerierung**

toll: ein tolles (aussergewöhnliches) Kleid – wie toll (verrückt) schreien – eine tolle (ausgelassene, wilde) Party; **tolldreist** (sehr kühn); **tollen:** die Jungen tollen (toben, lärmen) durch das Haus; das **Tollhaus** (Irrenanstalt); die **Tollheit;** die **Tollkirsche; tollkühn** (waghalsig); die **Tollkühnheit;** die **Tollwut** (auf Menschen übertragbare Tierkrankheit); **tollwütig**

Tol·le, die: -, -n (Schopf, Haarbüschel)

Toll·patsch ungar., der: -(e)s, -e (ungeschickter Mensch); **tollpatschig;** die **Tollpatschigkeit;** → toll

Töl·pel, der: -s, - (ungeschickter, einfältiger Mensch); die **Tölpelei; tölpelhaft**

To·ma·hawk indian. [tọmahak], der: -s, -s (Streitaxt der Indianer)

To·ma·te mexik., die: -, -n (Gemüsepflanze und deren Frucht); *eine treulose Tomate* (unzuverlässiger Mensch); das **Tomatenketschup;** das **Tomatenmark;** der **Tomatensaft;** der **Tomatensalat;** die **Tomatensosse;** die **Tomatensuppe**

Tom·bo·la ital., die: -, -s/Tombolen (Verlosung)

Ton, der: -(e)s (Erde, Bodenart); eine Blumenvase aus Ton – Ton kneten; **tönern** (aus Ton): tönernes Geschirr; das **Tongefäss;** das **Tongeschirr;** die **Tonwaren** Mz.

Ton griech., der: -(e)s, Töne (Laut, Klang); ein hoher Ton – keinen Ton von sich geben – etwas in einem feindlichen Ton sagen – die Farbe ist einen Ton (eine Spur) zu hell – *sich im Ton vergreifen* (sich unpassend ausdrücken) – *einen anderen Ton anschlagen* (strenger werden) – *den Ton angeben* (bestimmen) – *grosse Töne spucken* (angeberisch reden) – *der Ton macht die Musik;* **tonangebend** (bestimmend); die **Tonart;** das **Tonband; tönen:** Musik tönt (schallt) aus dem Zimmer – sie trägt getöntes (leicht gefärbtes) Haar – mit seinem Reichtum tönen (prahlen); der **Tonfall;** der **Tonfilm;** die **Tonhöhe;** die **Tonleiter; tonlos;** die **Tonstörung;** die **Tönung** (farbliche Abstimmung); die **Tonwiedergabe**

To·ni·kum griech., das: -s, Tonika (stärkendes Mittel)

Ton·ne ⟨t⟩ lat., die: -, -n; eine Tonne (ein grosses Fass) füllen – ein Gewicht von mehreren Tonnen (Masseinheit von tausend Kilo-

T U V W X Y Z

gramm) – dick wie eine Tonne sein; die **Tonnage** *[tonasche]* (Frachtraum von Schiffen); **tonnenweise**

Ton·sur *lat.*, die: -, -en (geschorene Stelle auf dem Kopf eines katholischen Geistlichen)

To·pas *griech.*, der: -es, -e (Schmuckstein)

Topf, der: -(e)s, Töpfe; ein Topf (Gefäss) für Blumen – *alles in einen Topf werfen* (alles gleich behandeln, keine Unterschiede machen); die **Topfblume;** das **Töpfchen;** der **Topfen** (Quark); der **Töpfer;** die **Topferde;** die **Töpferei;** das **Töpferhandwerk;** die **Töpferin; töpfern;** die **Töpferscheibe;** die **Töpferware;** der **Topflappen;** die **Topfpflanze**

top·fit *engl.*: topfit (in guter körperlicher Verfassung, in Höchstform) sein; die **Topform** (Bestform); die **Topleistung; topsecret** *[topsikrit]* (streng geheim); der **Topstar** (Spitzenstar)

To·po·gra·phie *griech.*, die: -, Topographien (Geländedarstellung, Lagebeschreibung); auch: die **Topografie**

Tor, das: -(e)s, -e (grosse Tür); die Tore (Eingänge, Pforten) schliessen – vor den Toren (ausserhalb) der Stadt – den Ball in das Tor schiessen; die **Toreinfahrt;** die **Torfrau;** der **Torhüter;** der **Torlauf;** die **Torlinie; torlos;** der **Tormann;** der **Torpfosten;** der **Torraum;** die **Torschlusspanik;** der **Torschuss;** die **Torwand;** der **Torwart**

Tor, der: -en, -en; er ist ein Tor (einfältiger, törichter Mensch); die **Torheit** (Unvernunft, Dummheit); **töricht; törichterweise;** die **Törin**

To·re·ro *span.*, der: -(s), -s (Stierkämpfer)

Torf, der: -(e)s (Brennstoff aus zersetzten Pflanzenresten); Torf stechen; der **Torfballen;** die **Torferde; torfig;** das **Torfmoor;** der **Torfmull;** das **Torfstechen;** der **Torfstich**

tor·keln: er torkelt (taumelt, schwankt) zur Tür herein; **tork(e)lig**

Tor·na·do *engl.*, der: -s, -s (Wirbelsturm in Nordamerika)

Tor·nis·ter *slaw.*, der: -s, - (Ranzen)

Tor·pe·do *lat.*, der: -s, -s (Unterwassergeschoss); das **Torpedoboot; torpedieren:** ein Schiff torpedieren (beschiessen, versenken) – er torpedierte (verhinderte) den Beschluss; die **Torpedierung**

Tor·so *ital.*, der: -s, -s/Torsi (unvollendete Figur, Bruchstück einer Statue)

Tor·te *ital.*, die: -, -n (kreisrunder Kuchen); das **Törtchen;** der **Tortenboden;** der **Tortenguss;** der **Tortenheber;** das **Tortenstück**

Tor·tur *lat.*, die: -, -en (Qual, Folter, Strapaze)

to·sen: ein tosender (brausender) Beifall – das Meer tost (rauscht, stürmt)

tot: ein toter (lebloser) Mensch – tot sein – ein tot geborenes Kind – tot umfallen – ein totes Telefon – ein toter Ast – eine tote (unbelebte) Stadt – totes Kapital (Kapital, das keinen Ertrag bringt); aber: etwas Totes – das Tote Meer; sich **totarbeiten;** sich **totärgern;** der/die **Tote:** der Toten gedenken – *die Toten ruhen lassen* (nichts Nachteiliges über sie reden); **töten;** der **Totenacker;** die **Totenbahre;** das **Totenbett; totenblass;** die **Totenfeier;** der **Totengräber;** der **Totenkopf;** die **Totenmesse;** das **Totenreich;** der **Totenschädel;** der **Totenschrein** (Sarg); der **Totensonntag; totenstill;** die **Totenstille;** der **Totentanz; totfahren;** die **Totgeburt;** der/die **Totgesagte; totkriegen;** sich **totlachen:** es ist zum Totlachen (sehr komisch); sich **totlaufen; totsagen; totschiessen;** der **Totschlag:** Mord- und Totschlag (Streit, Mord); **totschlagen:** *die Zeit totschlagen* (faulenzen); der **Totschläger; totschweigen;** sich **totstellen; tottreten;** die **Tötung** # Tod

to·tal *franz.*: total (völlig, ganz und gar) erschöpft sein; das **Total** (Summe); die **Totalansicht;** der **Totalausverkauf;** die **Totale; totalitär:** ein totalitärer (undemokratischer, diktatorischer) Staat; die **Totalität** (Gesamtheit, Ganzheit); die **Totalrevision** (Neufassung eines Gesetzes, einer Verordnung etc.); der **Totalschaden**

To·tem *indian.*, das: -s, -s (indianisches Stammeszeichen); der **Totempfahl**

To·to, der/das: -s, -s (Sportwette); das **Totoergebnis;** der **Totogewinn;** der **Totoschein**

Touch *engl.* *[tatsch]*, der: -s, -s (Hauch, Anstrich); **touchieren** *franz.* *[tuschiren]* (leicht berühren)

tou·pie·ren *franz.* *[tupiren]*: (Haare locker kämmen und aufbauschen); das **Toupet** *[tupe]* (künstliches Haarteil für Männer); die **Toupierung**

Tour *franz.* *[tur]*, die: -, -en; eine Tour (Wanderung, Fahrt) unternehmen – auf die gemütliche Tour (Art und Weise) – der Motor läuft auf vollen Touren (mit voller Leistung) – auf Tour gehen (eine Geschäftsreise machen, verreisen) – in einer Tour (ständig) – eine krumme Tour (Betrügerei) – *krumme Touren reiten* (betrügen) – *jemandem die Tour vermasseln* (sein Vorhaben unterbinden) – *jemanden auf Touren* (in Schwung) *bringen* – *auf vollen Touren laufen* (voll im Gang sein); der **Tourenzähler;** der **Tourismus** (Fremdenverkehr); der **Tourist** (Urlauber); die **Touristik;** die **Touristin; touristisch;** die **Tournee:** der Künstler geht auf Tournee (Gastspielreise)

To·wer *engl. [tauer],* der: -(s), - (Flughafenkontrollturm)

to·xisch: (giftig, durch Gift verursacht)

Tra·bant, der: -en, -en (künstlicher Erdmond, Begleiter); die **Trabantenstadt** (grosse Wohnsiedlung ausserhalb des Stadtzentrums)

tra·ben: er trabt (reitet) mit dem Pferd über die Wiese – von der Schule nach Hause traben (eilig gehen); der **Trab** (Pferdegangart): *jemanden auf Trab bringen* (ihn antreiben) – *sich in Trab setzen* (schneller gehen, arbeiten); der **Traber;** die **Trabrennbahn;** das **Trabrennen**

Tracht, die: -, -en; eine Tracht (Kleidung einer bestimmten Volksgruppe) anhaben – eine Tracht (Portion) Prügel bekommen; das **Trachtenfest;** der **Trachtenhut;** die **Trachtenjacke;** das **Trachtenkostüm;** der **Trachtenverein**

trach·ten: nach Ruhm trachten (streben) – jemandem nach dem Leben trachten (ihn töten wollen); das **Trachten** (Streben, Begehren)

träch·tig: eine trächtige (ein Junges tragende) Kuh

Tra·di·ti·on *lat.,* die: -, -en (Brauch, Überlieferung, Gewohnheit); eine alte Tradition; **tradieren** (überliefern); der **Traditionalismus; traditionell** (herkömmlich); **traditionsreich**

Tra·fo: der: -(s), -s; → Transformator

trä·ge: ein träger (fauler) Arbeiter – der Bach fliesst träge (langsam) dahin – geistig träge (schwerfällig) sein; auch: **träg;** die **Trägheit**

tra·gen: du trägst, er trug, sie hat getragen, trag(e)!; einen schweren Koffer tragen (schleppen) – sie trägt ein wertvolles Armband – sein Haar lang tragen – eine tragende (trächtige) Kuh – der Balken trägt ein Gewicht von 1 Tonne – sich mit einem Gedanken tragen – er trägt sein Leid mit Fassung – jemanden zu Grabe tragen (beerdigen) – der Baum trägt in diesem Jahr keine Früchte – *sich mit etwas tragen* (sich damit befassen, etwas planen); aber: *zum Tragen kommen* (wirksam werden); die **Tragbahre; tragbar:** ein tragbarer Fernseher – dieser Zustand ist nicht mehr tragbar (er kann nicht hingenommen werden); die **Trage** (Gestell zum Tragen von Lasten, Bahre); der **Tragekorb;** der **Träger** (Lastenträger, Stütze); die **Trägerin;** die **Tragetasche; tragfähig;** die **Tragfähigkeit;** die **Tragfläche;** die **Tragkraft;** die **Traglast;** der **Tragriemen;** das **Tragtier;** die **Tragweite:** die Tragweite (Bedeutung, Folgen) seines Tuns nicht erkennen

Tra·gik *griech.,* die: - (schweres, schicksalhaftes Leid); **tragisch:** ein tragischer (erschütternder) Unfall – etwas nicht tragisch (ernst) nehmen; die **Tragödie** (Trauerspiel, Unglück)

trai·nie·ren *engl. [träníren]:* eine Mannschaft trainieren (sportlich ausbilden) – er trainiert (übt) täglich zwei Stunden; der **Trainer** (jemand, der z. B. Sportler trainiert); die **Trainerin;** das **Training;** der **Trainingsanzug;** die **Trainingshose;** das **Trainingslager;** die **Trainingszeit**

Trai·teur *franz. [trätör],* der: -s, -e (Hersteller und Lieferant von Fertiggerichten)

Trakt *lat.,* der: -(e)s, -e (Gebäudeteil, Strang); die **Traktandenliste** (Tagesordnung); das **Traktandum;** das/der **Traktat** (Abhandlung, religiöse Schrift); **traktieren** (quälen, schlecht behandeln)

Trak·tor *lat.,* der: -s, Traktoren (Zugmaschine, Bulldog); der **Traktorist;** die **Traktoristin**

träl·lern: ein Lied trällern (fröhlich singen); **trallala**

Tram, das: -s, -s / die: -, -s (Strassenbahn); die **Trambahn;** das **Trambillett;** die **Tramhaltestelle**

Tramp *engl. [trämp],* der: -s, -s (Landstreicher); **trampen:** durch Deutschland trampen (per Anhalter fahren); der **Tramper;** die **Tramperin**

tram·peln: (heftig mit den Füssen stampfen); durch das Zimmer trampeln; der/das

T
U
V
W
X
Y
Z

Trampel (unbeholfener Mensch); der **Trampelpfad;** das **Trampeltier** (Kamel, plumper Mensch)

Tram·po·lin *ital.*, das: -s, -e (federndes Sprungtuch für sportliche Übungen)

Tran, der: -(e)s (Fett von Fischen, Robben und Walen); **tranig**

Tran·ce *franz. [trä̲se],* die: -, -n (schlafähnlicher Dämmerzustand); der **Trancezustand**

tran·chie·ren *franz. [träschi̲ren]:* → transchieren

Trä̲·ne, die: -, -n; Tränen der Freude vergiessen – in Tränen zerfliessen – *jemandem keine Träne nachweinen* (die Trennung von ihm nicht bedauern); **tränen:** ihre Augen tränen vom Qualm; die **Tränendrüse; tränenerstickt;** der **Tränenfluss;** das **Tränengas; tränenreich; tränenüberströmt**

Tra̲nk, der: -(e)s, Tränke (Getränk); die **Tränke** (Stelle, wo Tiere getränkt werden); **tränken:** einen Lappen in Öl tränken (eintunken) – die Kühe tränken (ihnen zu trinken geben); das **Trankopfer;** die **Tränkung;** → trinken

Trans·ak·ti·on *lat.*, die: -, -en (Geldgeschäft, Geschäftsabschluss)

tran·schie·ren *franz. [träschi̲ren]:* eine Gans transchieren (fachgerecht zerlegen); auch: **tranchieren;** das **Transchiermesser;** die **Transchierung**

Trans·fer *engl.*, der: -s, -s (Weitertransport, Zahlung, Austausch); **transferieren** (umwandeln, umgestalten); die **Transferierung**

Trans·for·ma·tor *lat.*, der: -s, Transformatoren (Umformer elektrischer Ströme); auch: der **Trafo;** die **Transformation** (Umwandlung, Umformung); **transformieren** (etwas ändern, umformen); die **Transformierung**

Trans·fu·si·on *lat.*, die: -, -en (Blutübertragung)

Tran·sis·tor *engl.*, der: -s, Transistoren (Verstärker); das **Transistorgerät;** das **Transistorradio**

Tran·sit *lat.*, der: -s, -e (Durchfuhr von Waren, Durchreise von Personen durch ein Drittland); das **Transitabkommen;** der **Transithandel;** der/die **Transitreisende;** der **Transitverkehr** (Verkehr durch ein Land); das **Transitvisum**

Trans·pa·rent *lat.*, das: -(e)s, -e (durchscheinendes Bild, grosses Plakat mit Aufschrift); **transparent** (durchscheinend, durchsichtig); das **Transparentpapier;** die **Transparenz** (Durchsichtigkeit, Durchschaubarkeit)

Trans·pi·ra·ti·on (Tran·spi·ra·ti·on) *lat.*, die: - (Schweissabsonderung); **transpirieren** (schwitzen)

Trans·plan·ta·ti·on *lat.*, die: -, -en (Verpflanzung von Organen oder Haut); das **Transplantat** (verpflanztes Gewebestück); **transplantieren**

Trans·port *lat.*, der: -(e)s, -e; die Waren wurden beim Transport (bei der Beförderung) beschädigt – ein Transport mit Lebensmitteln; **transportabel;** der **Transportarbeiter;** der **Transportbehälter;** der **Transporter;** das **Transportgut; transportieren;** die **Transportkosten** *Mz.;* das **Transportwesen**

Trans·ves·tit *lat.*, der: -en, -en (Mann, der sich wie das andere Geschlecht kleidet und benimmt)

trans·zen·dent (tran·szen·dent) *lat.:* (übernatürlich, übersinnlich); die **Transzendenz;** **transzendieren** (hinübergehen, übersteigen)

Tra·pez *griech.*, das: -es, -e; die Fläche eines Trapezes (einer geometrischen Figur) berechnen – auf dem Trapez (einer Artistenschaukel) arbeiten; **trapezförmig;** der **Trapezkünstler;** die **Trapezkünstlerin**

tra̲p·peln: (mit kleinen Schritten laufen)

Tra̲p·per *engl.*, der: -s, - (Fallensteller, Pelztierjäger in Nordamerika)

Tra·ra, das: -s (Hornsignal, Lärm, Aufsehen)

Tra̲s·se *franz.*, die: -, -n (abgesteckte Linie im Gelände für Strassen, Bahnen o. Ä.); auch: das **Tra̲ssee; trassieren:** eine Strasse trassieren (abstecken, festlegen); die **Trassierung**

tra̲t·schen: (klatschen, ausplaudern); der **Tratsch** (Klatsch, Gerede); die **Tratscherei**

Trau̲·be, die: -, -n; süsse Trauben (Weintrauben) essen – eine Traube (dichte Menge) von Menschen; **traubenförmig;** die **Traubenlese;** der **Traubensaft;** der **Traubenzucker**

trau̲·en: sich nichts trauen (nichts wagen) – seinen Freunden trauen (Vertrauen schenken) – sich in der Kirche trauen lassen (eine Ehe schliessen) – *trau, schau, wem!;* der **Traualtar; traulich** (vertraut, gemütlich); der **Trauring;** der **Trauschein;** die **Trauung** (Hochzeit); der **Trauzeuge;** die **Trauzeugin**

trau̲·ern: er trauert (empfindet seelischen Schmerz) um einen Verstorbenen – die trauernden Hinterbliebenen; die **Trauer:** Trauer (Trauerkleider) tragen; der **Trauerfall;** die **Trauerfamilie;** die **Trauerfeier;** der **Trauerflor;** das **Trauergeleit;** die **Trauergemeinde;** der **Trauerkloss** (langweiliger Mensch); das **Trauermahl;** der **Trauermarsch;** die **Trauermiene;** die **Trauerrede;** das **Trauerspiel** (Drama); die **Trauerweide;** das **Trauerzirkular;** der **Trauerzug; traurig;** die **Traurigkeit**

träu·feln: (tropfen lassen, tröpfeln); Medizin in ein Glas träufeln; die **Traufe** (Regenrinne, untere Kante des Daches)

Trau·ma *griech.,* das: -s, Traumen/Traumata (nachwirkendes bedrückendes Erlebnis, seelische Erschütterung); **traumatisch**

träu·men: schlecht geträumt haben – mit offenen Augen träumen (mit seinen Gedanken woanders sein) – *sich etwas nicht träumen lassen* (überhaupt nicht daran denken); der **Traum:** nicht im Traum (nicht im Entferntesten) daran denken – *Träume sind Schäume*; der **Traumberuf;** das **Traumbild;** der **Traumdeuter;** der **Träumer** (Schwärmer, Schlafmütze); die **Träumerei;** die **Träumerin; träumerisch;** die **Traumfabrik** (Welt des Films); das **Traumgebilde; traumhaft:** ein traumhaftes (grossartiges) Erlebnis; die **Traumnote;** der **Traumtänzer** (wirklichkeitsfremder Mensch); **traumverloren** (geistesabwesend); **traumversunken; traumwandeln;** der **Traumwandler** (Schlafwandler); die **Traumwandlerin; traumwandlerisch**

traut: ein trauter (lieber) Freund – ein trautes (gemütliches) Heim – *trautes Heim, Glück allein*

Trax *engl./amerik.,* der: -(es), -e (schwere Baumaschine, Bagger)

Treck, der: -s, -s (Zug von Flüchtlingen oder Siedlern zur Auswanderung); **trecken;** der **Trecker** (Zugmaschine, Traktor); das **Trecking;** → Trekking

tref·fen: du triffst, er traf, sie hat getroffen, triff!; das Ziel treffen – der Schuss traf ihn in die Brust – getroffen zu Boden sinken – sich mit seinen Freunden treffen (mit ihnen zusammenkommen) – er ist auf dem Foto gut getroffen – sie trifft (hat) keine Schuld – die Nachricht traf ihn hart (erschütterte ihn); der **Treff,** die Treffs (Zusammenkunft, Treff-

punkt); das **Treffen:** *etwas ins Treffen führen* (etwas als Argument anführen); **treffend:** eine treffende (genau richtige) Bemerkung machen; der **Treffer:** einen Treffer (Hauptgewinn) haben; **trefflich** (sehr gut, ausgezeichnet); der **Treffpunkt; treffsicher;** die **Treffsicherheit**

trei·ben: du treibst, er trieb, sie hat getrieben, treib(e)!; die Kühe auf die Weide treiben – der Wind treibt die Blätter – jemanden zur Eile treiben (drängen) – er treibt die Preise nach oben (bringt sie zum Steigen) – jemanden zur Verzweiflung treiben (bringen) – Handel treiben (mit etwas handeln) – Sport treiben (ausüben) – Unfug treiben (anstellen) – jemanden in den Tod treiben – das Schiff treibt auf dem Meer – die Pflanzen treiben (wachsen) schnell – was treibst (machst) du heute? – *es zu weit treiben* (zu weit gehen); das **Treibeis;** das **Treiben:** ein geschäftiges Treiben – das närrische Treiben (Faschingstrubel); der **Treiber;** die **Treiberei;** die **Treiberin;** das **Treibgas;** das **Treibgut;** das **Treibhaus** (Gewächshaus); der **Treibhauseffekt;** die **Treibjagd;** der **Treibriemen;** der **Treibsand;** der **Treibstoff** (Benzin); → Trieb

Trek·king *engl.,* das: -s, -s (mehrtägige schwierige Wanderung); auch: das **Trecking**

Trench·coat *engl. [trentschkot],* der: -(s), -s (Wettermantel)

Trend *engl.,* der: -s, -s (Richtung, Entwicklung, Tendenz); die **Trendmeldung;** die **Trendwende**

tren·nen: sie trennten sich (gingen auseinander) vor der Haustüre – ein Wort trennen (in Silben zerlegen) – sie trennte (löste) die Naht auf – die Ehe wurde getrennt (aufgelöst) – etwas getrennt (gesondert) berechnen; **trennbar;** die **Trennbarkeit;** die **Trennlinie; trennscharf;** die **Trennschärfe;** die **Trennscheibe;** die **Trennung;** die **Trennungsentschädigung;** das **Trennungsgeld;** die **Trennungslinie;** der **Trennungsschmerz;** der **Trennungsstrich;** die **Trennungswand;** die **Trennwand**

Tren·se *niederl.,* die: -, -n (Zaumzeug für Pferde)

Trep·pe, die: -, -n (Stiege); Treppen steigen – eine Treppe tiefer – *die Treppe hinauffallen* (ohne Anstrengung in eine höhere Position gelangen); **treppab; treppauf;** das **Treppengeländer;** das **Treppenhaus;** das **Treppensteigen;** die **Treppenstufe**

Tre·sen, der: -s, - (Laden-, Schanktisch, Theke)

Tre·sor *franz.,* der: -s, -e; der Tresor (Geldschrank) einer Bank; der **Tresorraum;** der **Tresorschlüssel**

Tres·se *franz.,* die: -, -n (Streifen an Kleidungsstücken und Uniformen, Borte)

Tres·ter, der: -s (Rückstände bei der Kelterung der Trauben); der **Tresterbranntwein;** der **Tresterschnaps**

tre·ten: du trittst, er trat, sie hat (ist) getreten, tritt!; jemanden mit Füssen treten – in die Pedale treten – tritt (komm) näher! – ihr treten Tränen in die Augen – auf die Bühne treten – er tritt in eine Pfütze – zur Seite treten (Platz machen) – in Aktion treten (tätig werden) – *auf der Stelle treten* (nicht vorwärts kommen) – *jemandem zu nahe treten* (ihn beleidigen, verletzen); das **Tretauto;** das **Tretboot;** die **Treter** *Mz.* (alte Schuhe); die **Tretmine;** die **Tretmühle** (gleichförmiger Alltag, Langeweile); das **Tretrad;** der **Tretroller;** das **Tretwerk;** → Tritt

treu: treuer, am treu(e)sten; treu (anhänglich) sein – eine treue (beständige) Freundin – sie ist eine treue Ehefrau – er wird für seine treuen (zuverlässigen) Dienste belohnt – treu dienen – ein treu ergebener Diener – er ist mir treu ergeben – ein treu sorgender Vater; die **Treue:** auf Treu und Glauben – meiner Treu!; der **Treueeid;** die **Treuepflicht;** die **Treueprämie;** der **Treueschwur;** der **Treuhänder** (jemand, der fremden Besitz verwaltet); **treuhänderisch; treuherzig;** die **Treuherzigkeit; treulich** (getreulich); **treulos;** die **Treulosigkeit**

Tre·vi·ra *[trewira],* das: -(s) (synthetisches Fasergewebe)

Tri·an·gel *lat.,* der: -s, -; den Triangel (Schlaginstrument aus Metallstäben) spielen – einen Triangel (einen dreieckigen Riss) in der Hose haben

Tri·ath·lon *griech.,* das: -s, -s (Mehrkampf)

Tri·bü·ne *franz.,* die: -, -n (Redner- bzw. Zuschauerbühne); das **Tribunal** (Gericht, Gerichtshof); der **Tribünenplatz**

Tri·but *lat.,* der: -(e)s, -e; Tribut (Abgaben, Steuern) zahlen – jemandem Tribut (Hochachtung) zollen; **tributpflichtig**

Tri·chi·ne *griech.,* die: -, -n (Schmarotzerwurm)

Trich·ter, der: -s (Gefäss zum Füllen von Flaschen o. Ä.); **trichterförmig;** die **Trichtermündung**

Trick *engl.,* der: -s, -s; auf einen Trick (Kunstgriff, Dreh) hereinfallen – Trick siebzehn (der richtige Dreh); die **Trickaufnahme;** der **Trickbetrüger;** die **Trickbetrügerin;** der **Trickdieb;** die **Trickdiebin;** der **Trickfilm;** die **Trickkiste; trickreich** (schlau); **tricksen** (den Gegner ausspielen, überlisten)

Trieb, der: -(e)s, -e; ein junger Trieb (Pflanzenspross, Schössling) – er hat einen Trieb (Hang, Drang) zum Stehlen; die **Triebbefriedigung;** die **Triebfeder** (Antrieb); **triebhaft** (tierisch, sinnlich); die **Triebhaftigkeit;** die **Triebhandlung;** die **Triebkraft;** das **Triebleben;** der **Triebmörder;** die **Triebmörderin;** der **Triebtäter;** die **Triebtäterin;** das **Triebverbrechen;** der **Triebwagen;** das **Triebwerk;** → treiben

trie·fen: du triefst, er triefte/troff, sie hat getrieft; ihm trieft (tropft, perlt) der Schweiss von der Stirn – vor Nässe triefen (durch und durch nass sein); das **Triefauge; triefäugig; triefnass**

Trift, die: -, -en; die Tiere sind auf der Trift (dem Weideweg) – die Trift (Holzflössung) auf der Isar; **triften** (Holz flössen); → Drift

trif·tig: ein triftiger (wichtiger, entscheidender) Grund; die **Triftigkeit**

Tri·go·no·me·trie (Tri·go·no·met·rie) *griech.,* die: - (Dreiecksberechnung); **trigonometrisch:** der trigonometrische Punkt ⟨TP⟩

Tri·ko·lo·re *franz.,* die: -, -n (dreifarbige Fahne)

Tri·kot *franz. [triko, triko],* der/das: -s, -s (dehnbarer Stoff); das **Trikot** (eng anliegendes Kleidungsstück, Sporthemd); die **Trikotage** *[trikotasche]* (Kleidung aus gewirktem Stoff); das **Trikothemd;** die **Trikotwerbung**

tril·lern: ein Lied trillern (singen, pfeifen); der **Triller;** die **Trillerpfeife**

Tril·li·ar·de *lat.,* die: -, -n (tausend Trillionen); die **Trillion** (eine Million Billionen)

Tri·lo·gie *griech.,* die: -, Trilogien (Folge von drei zusammenhängenden Werken)

trim·men: einen Hund trimmen (scheren) – sich für einen Wettkampf trimmen (körperlich fit machen) – die Ladung ist gut getrimmt (verstaut); die **Trimmaktion;** der **Trimm-dich-Pfad;** die **Trimmung;** die **Trimmungsvorrichtung**

trin·ken: du trinkst, er trank, sie hat getrunken, trink(e)!; Tee trinken – jemandem zu trinken geben – er trinkt (er ist Alkoholiker); **trinkbar;** der **Trinkbecher;** der **Trinker;** die **Trinkerei;** die **Trinkerin; trinkfest;** die **Trinkfestigkeit;** die **Trinkflasche; trinkfreudig;** das **Trinkgefäss;** das **Trinkgelage;** das **Trinkgeld;** das **Trinkglas;** der **Trinkhalm;** die **Trinkkur;** das **Trinklied;** die **Trinkmilch;** die **Trinkschale;** der **Trinkspruch;** das **Trinkwasser;** → Trank, Trunk

Trio ital., das: -s, -s (Musikstück für drei verschiedene Instrumente, Gruppe von drei Musikern bzw. drei Personen)

Trip engl., der: -s, -s; einen Trip (kurzen Ausflug) nach Italien planen – auf einem Trip (Rauschzustand nach der Einnahme von Drogen) sein

trip·peln: (mit kleinen Schritten schnell gehen, tänzeln) # dribbeln

Trip·per, der: -s, - (Geschlechtskrankheit); einen Tripper haben

trist franz.: eine triste (traurige) Geschichte – eine triste (trostlose, öde) Landschaft; die **Tristheit**

Tritt, der: -(e)s, -e; einen falschen Tritt (Schritt) machen – jemandem einen kräftigen Tritt (Stoss mit dem Fuss) geben – im gleichen Schritt und Tritt (im Gleichschritt) – Tritte (Abdrücke) im Sand – *Tritt fassen* (sich wieder zurechtfinden) – *einen Tritt bekommen* (fortgejagt, entlassen werden); die **Trittbremse;** das **Trittbrett; trittfest; trittsicher;** die **Trittsicherheit;** → treten

Tri·umph lat., der: -(e)s, -e; einen Triumph (Erfolg) erringen – Triumph (Siegesfreude) zeigte sich in seinem Gesicht; **triumphal:** ein triumphaler (grossartiger) Empfang; der **Triumphbogen; triumphieren** (jubeln, siegen); der **Triumphwagen;** der **Triumphzug**

tri·vi·al lat. [triwial]: eine triviale (abgedroschene, geistlose, gewöhnliche) Redensart; die **Trivialität;** die **Trivialliteratur;** der **Trivialroman**

tro·cken: trocken (frei von Nässe, Feuchtigkeit) sein, werden – trocken (an trockener Stelle) liegen – ein trockenes (dürres) Laub – ein trockener Sommer (ohne Niederschläge) – trockenes (altbackenes) Brot essen – Brot trocken (ohne Wurst, Käse o. Ä.) essen – sich trocken (ohne Seife) rasieren – eine trockene (nüchterne) Bemerkung machen – einen trockenen Humor haben – ein trockener (herber) Wein – er hielt eine trockene (langweilige) Rede – *trocken Brot macht Wangen rot*; aber: im Trock(e)nen (auf trockenem Boden) sitzen – *auf dem Trockenen sitzen* (ausgetrunken haben, nicht mehr weiterkommen); die **Trockenbatterie;** die **Trockenblume;** das **Trockendock;** das **Trockenfutter;** die **Trockenhaube;** die **Trockenheit; trockenlegen:** ein Kind trockenlegen (mit frischen Windeln versehen) – der Sumpf wurde trockengelegt (entwässert); die **Trockenmilch;** das **Trockenobst;** die **Trockenpresse;** die **Trockenrasur; trockenreiben** (durch Reiben trocknen); **trockenschleudern** (durch Schleudern trocknen); die **Trockenübung;** die **Trockenwäsche;** die **Trockenzeit; trocknen;** der **Trockner;** die **Trocknung**

Trod·del, die: -, -n (Quaste) # Trottel

Trö·del, der: -s (alter Kram, unbrauchbares Zeug); die **Trödelbude;** die **Trödelei** (Langsamkeit); der **Trödelkram;** der **Trödelladen;** der **Trödelmarkt; trödeln** (Zeit verschwenden, langsam sein); die **Trödelware;** der **Trödler** (Altwarenhändler, Bummler); die **Trödlerin**

Trog, der: -(e)s, Tröge (grosses, meist längliches Gefäss)

Troi·ka russ., die: -, -s (russisches Dreigespann)

trol·len, sich: (weggehen, sich davonmachen); troll dich!; der **Troll** (gespenstisches Wesen, Kobold)

Trol·ley·bus engl. [trolibus], der: -ses, -se (Oberleitungsbus)

trom·meln: mit der Faust gegen die Tür trommeln (rasch hintereinander schlagen) – Regen trommelt (klopft heftig) auf das Dach – *jemanden aus dem Schlaf trommeln* (ihn unsanft wecken); die **Trommel:** *die Trommel für etwas rühren* (Reklame machen); das **Trommelfell;** das **Trommelfeuer;** der **Trommler;** die **Trommlerin**

Trom·pe·te franz., die: -, -n (Blechblasinstrument); **trompeten;** der **Trompetenstoss;** der **Trompeter;** die **Trompeterin**

T
U
V
W
X
Y
Z

Tro·pen *Mz.*, die: - (heisse Zone zwischen den Wendekreisen); der **Tropenanzug;** das **Tropenfieber;** der **Tropenhelm;** das **Tropenklima;** die **Tropenkrankheit; tropisch**

Tropf, der: -(e)s, Tröpfe; er ist ein Tropf (bedauernswerter, einfältiger Mensch)

trop·fen: Wasser tropft (fällt in einzelnen Tropfen) auf den Boden – der Wasserhahn tropft – Blut tropft aus der Wunde; der **Tropf,** die Tropfe: der Kranke hängt am Tropf (Infusionsgerät); das **Tröpfchen; tröpfchenweise; tröpfeln:** es tröpfelt (regnet in kleinen Tropfen); der **Tropfen:** *ein Tropfen auf dem heissen Stein* (viel zu wenig) *sein – steter Tropfen höhlt den Stein*; **tropfenförmig; tropfenweise;** die **Tropfinfusion** (Zufuhr von Nährflüssigkeit); **tropfnass:** seine tropfnasse Hose ausziehen; die **Tropfsteinhöhle**

Tro·phäe *griech.*, die: -, -n (Siegeszeichen, Beute)

Tross *franz.*, der: -es, -e (Transportgruppe, Gefolge); der **Trossknecht**

Tros·se, die: -, -n (Drahtseil, starkes Tau)

trös·ten: deine Worte trösten mich (richten mich auf); der **Trost:** jemandem Trost zusprechen – *nicht recht bei Trost* (nicht recht bei Verstand) *sein;* **trostbedürftig;** der **Tröster;** die **Trösterin; tröstlich; trostlos:** eine trostlose (verzweifelte) Lage – das ist eine trostlose (öde, reizlose) Gegend; die **Trostlosigkeit;** das **Trostpflaster;** der **Trostpreis; trostreich;** die **Tröstung; trostvoll;** die **Trostworte** *Mz.:* Trostworte sprechen

Trott, der: -(e)s, -e (langsamer, schwerfälliger Gang); immer der gleiche Trott (immer der gleiche Ablauf)! – er verfällt wieder in den alten Trott (in die alten Gewohnheiten); der **Trottel** (Dummkopf, Narr) # Troddel; **trottelhaft;** die **Trottelhaftigkeit; trott(e)lig;** die **Trotteligkeit; trotteln:** er trottelt (geht langsam und unaufmerksam) hinter mir her; **trotten:** müde trottet (geht schwerfällig) er von der Arbeit heim

Trot·ti·nett *franz.*, das: -s, -e (Kinderroller)

Trot·toir *franz. [trotoar]*, das: -s, -e/-s (Bürgersteig, Gehweg)

trotz: trotz (ungeachtet) des schönen Wetters/dem schönen Wetter bleiben wir zu Hause – trotz Regen und Sturm – trotz allem – trotz all(e)dem; der **Trotz** (Eigensinn);

das **Trotzalter; trotzdem:** trotzdem (dennoch) kam sie nicht; **trotzen** (aufbegehren); **trotzig** (widerspenstig); der **Trotzkopf** (Dickkopf); **trotzköpfig;** die **Trotzphase;** die **Trotzreaktion**

trü·be: ein trüber (bedeckter) Himmel – das Glas ist trüb (nicht klar, schmutzig) – ein trüber (regnerischer) Abend – es herrscht eine trübe (gedrückte) Stimmung – trübes (unklares) Wasser – trübe (ungünstige) Zeiten – eine trübe Tasse (langweilige Person); aber: *im Trüben fischen* (unklare Verhältnisse zum eigenen Vorteil ausnutzen); auch: **trüb; trüben:** die schlimme Nachricht hat unsere Freude getrübt; die **Trübsal:** *Trübsal blasen* (lustlos, traurig sein); **trübselig:** eine trübselige (niederdrückende) Stimmung; die **Trübseligkeit;** der **Trübsinn; trübsinnig;** die **Trübsinnigkeit;** die **Trübung**

Tru·bel *franz.*, der: -s; im Kaufhaus herrscht ein grosser Trubel (ein Durcheinander, Betrieb)

Truch·sess, der: -es, -e (für Küche und Tafel zuständiger Beamter im Mittelalter)

tru·deln: das Flugzeug trudelt zu Boden (geht drehend nieder)

Trüf·fel *franz.*, die: -, -n (Pilzart); die **Trüffelpastete;** das **Trüffelschwein**

trü·gen: du trügst, er trog, sie hat getrogen, trüg(e)!; der Schein trügt (täuscht); der **Trug** (Täuschung): Lug und Trug; das **Trugbild** (Fantasiebild); **trügerisch:** ein trügerischer (unsicherer) Frieden; der **Trugschluss** (Irrtum)

Tru·he, die: -, -n (Kasten, Schrein); der **Truhendeckel**

Trumm, das: -(e)s, Trümmer; ein Trumm (grosses Stück) Holz; die **Trümmer** *Mz.:* die Trümmer (Überreste) eines eingestürzten Hauses – *in Trümmern liegen* (völlig zerstört sein) – *in Trümmer sinken* (zerstört werden); das **Trümmerfeld;** der **Trümmerhaufen;** die **Trümmerlandschaft;** die **Trümmerstätte**

Trumpf *lat.*, der: -(e)s, Trümpfe (gute Karte, Vorteil); *alle Trümpfe in der Hand haben* (die stärkere Stellung haben) – *einen Trumpf ausspielen* (einen Vorteil geltend machen); das **Trumpfass; trumpfen;** die **Trumpfkarte**

Trunk, der: -(e)s, Trünke (das Trinken, Getränk); **trunken:** trunken (betrunken, begeis-

T
U
V
W
X
Y
Z

tert) vor Glück; der **Trunkenbold** (Alkoholiker); die **Trunkenheit**; die **Trunksucht**; **trunksüchtig**; der/die **Trunksüchtige**; → trinken

Trupp *franz.* der: -s, -s; ein Trupp (eine Schar, kleine Gruppe); das **Trüppchen**; die **Truppe** (Mannschaft, militärischer Verband): *von der schnellen Truppe* (flink) *sein*; der **Truppenabbau**; der **Truppenführer**; die **Truppenparade**; die **Truppenschau**; die **Truppenstärke**; der **Truppentransport**; der **Truppenübungsplatz**; **truppweise**

Trust *engl.* [trạst], der: -(e)s, -e/-s (Konzern, Zusammenschluss mehrerer grösserer Unternehmen); die **Trustbildung**

Trut·hahn, der: -(e)s, ...hähne (grosser Hühnervogel); die **Truthenne**

Trutz, der: -es (Widerstand); Schutz und Trutz (gegenseitiger Schutz und gemeinsamer Widerstand); das **Schutz-und-Trutz-Bündnis**; die **Trutzburg**; **trutzig** (trotzig)

Tsa·zi·ki *griech.*, der/das: -s, -s; → Zaziki

Tschạ·ko *ungar.*, der: -s, -s (Polizeihelm, Kopfbedeckung)

tschau!: (Abschiedsgruss); auch: **ciao**

Tschẹ·chi·en: -s (Staat in Europa); der **Tscheche**; die **Tschechin**; **tschechisch**

tschil·pen: der Sperling tschilpt (gibt kurze, hohe Laute von sich); auch: **schilpen**

tschüs!: tschüs (auf Wiedersehen) sagen; auch: **tschüss!**

Tsd. = das Tausend

T-Shirt *engl.* [tischört], das: -s, -s (kragenloses Hemd mit kurzen Ärmeln)

T-Trä·ger, der: -s, - (T-förmiger Stahlträger)

TU = Technische Universität

Tu·ba *lat.*, die: -, Tuben (Blechblasinstrument)

Tu·be *lat.*, die: -, -n (röhrenförmiger Behälter); *auf die Tube drücken* (sich beeilen)

Tu·ber·kel *lat.*, der: -s, - (Geschwulst); der **Tuberkelbazillus**; **tuberkulös**; die **Tuberkulose** ⟨Tb, Tbc⟩ (Lungenkrankheit, Schwindsucht); **tuberkulosekrank**; der/die **Tuberkulosekranke**

Tuch, das: -(e)s, -e; ein Stück Tuch (Stoff); ein Anzug aus feinem Tuch (Stoff); die **Tuchfabrik**; die **Tuchfühlung**: *mit jemandem Tuchfühlung* (Verbindung) *aufnehmen*

Tuch, das: -(e)s, Tücher; ein Tuch zum Abwischen – sich ein Tuch um den Hals binden; das **Tüchlein**

tüch·tig: tüchtig (geschickt, fähig) sein – sich tüchtig (sehr) anstrengen – eine tüchtige (gehörige) Portion Mut; der/die **Tüchtige**; die **Tüchtigkeit**

Tü·cke, die: -, -n (Hinterlist, Verschlagenheit); *mit List und Tücke* (mit viel Geschick und Schläue) – *seine Tücken haben* (kompliziert sein); **tückisch**: eine tückische (heimtückische, gefährliche) Krankheit

tu·ckern: das Boot tuckert (rattert, knattert) in den Hafen

Tuff *ital.*, der: -s, -e (Vulkangestein); der **Tuffstein**; der **Tufffelsen**; auch: der **Tuff-Felsen**

tüf·teln: (sich ausdauernd mit etwas Schwierigem beschäftigen); die **Tüftelarbeit**; die **Tüftelei**; der **Tüft(e)ler**

Tu·gend, die: -, -en (Anstand, Sittenstrenge); der **Tugendbold** (jemand, der sich besonders tugendhaft gibt); **tugendhaft**; die **Tugendhaftigkeit**; der **Tugendheld**; **tugendsam**; der **Tugendwächter**

Tüll *franz.*, der: -s (gitterartiges Gewebe); die **Tüllgardine**; der **Tüllschleier**; der **Tüllvorhang**

Tul·pe *pers.*, die: -, -n (Blume); du bist vielleicht eine Tulpe (ein sonderbarer Mensch)!; das **Tulpenbeet**; die **Tulpenzwiebel**

tumb: (einfältig, naiv); die **Tumbheit**

Tum·ba *span.*, die: -, -s (grosse Trommel)

tum·meln: die Kinder tummeln sich (toben) im Wasser – sich tummeln (sich beeilen); der **Tummelplatz**

Tümm·ler, der: -s, - (Delphin)

Tu·mor *lat.*, der: -s, Tumoren (Geschwulst)

Tüm·pel, der: -s, - (kleiner, meist sumpfiger Teich)

Tu·mult *lat.*, der: -(e)s, -e (Unruhe, Aufruhr, Verwirrung)

tun: du tust, er tat, sie hat getan, tu(e)!; seine Arbeit tun (verrichten) – es muss etwas getan (es muss gehandelt) werden – was tun? – hier tut (ereignet) sich nichts – der Hund tut (macht) dir nichts – was tut's (was schadet es)? – so tun als ob (heucheln) – *mit jemandem nichts zu tun haben wollen* (ihn meiden) – *es mit jemandem zu tun bekommen* (von ihm zur Rechenschaft gezogen werden); das **Tun**: sein Tun und Treiben (seine Handlungsweise) ist mir verdächtig – das Tun und Lassen; der **Tunichtgut** (Taugenichts); **tunlich**: es ist nicht tunlich (ratsam, sinnvoll); **tunlichst:** das sollst du tunlichst (möglichst) vermeiden; das **Tu(n)wort** (Sprachlehre: Zeitwort, Verb)

tün·chen: die Wand tünchen (weissen, streichen); die **Tünche** (Kalkfarbe); der **Tüncher**

Tun·dra (Tund·ra) *russ.*, die: -, Tundren (baumlose Kältesteppe)

Tun·fisch *griech.*, der: -(e)s, -e; → Thunfisch

Tu·ning *engl.* *[tjuning]*, das: -s (nachträgliche Steigerung der Leistung eines Lastwagen-Motors); **tunen;** der **Tuner** (Empfangsgerät)

Tun·ke, die: -, -n (Sosse); **tunken:** Brot in die Sosse tunken (eintauchen)

Tun·nel *engl.*, der: -s, -/-s (unterirdischer Verkehrsweg, Unterführung)

tup·fen: den Schweiss von der Stirn tupfen (entfernen) – ein getupftes Kleid tragen – Puder auf die Wunde tupfen (vorsichtig geben); das **Tüpfelchen:** das Tüpfelchen auf dem i – das i-Tüpfelchen – bis aufs Tüpfelchen (genauestens); der **Tupfen** (rundlicher Fleck, Punkt); der **Tupfer:** ein Tupfer (Bausch) Watte

Tür, die: -, -en; auch: die **Türe;** die Tür schliessen – von Tür zu Tür gehen – er kommt zur Tür herein – hinter verschlossenen Türen (geheim) – zwischen Tür und Angel (in Eile, flüchtig zusammentreffend) – *jemandem die Tür einrennen* (ständig mit einem Wunsch zu ihm kommen) – *offene Türen finden* (gut aufgenommen werden) – *jemandem die Tür weisen* (ihn abweisen) – *jemanden zur Türe hinausbefördern* (ihn hinauswerfen) – *mit der Türe ins Haus fallen* (sein Anliegen ohne Umschweife vorbringen); die **Türangel;** der **Türdrücker;** die **Türfalle;** der **Türflügel;** der **Türgriff;** die **Türklinke;** der **Türöffner;** der **Türrahmen;** der **Türriegel;** das **Türschild;** das **Türschloss;** die **Türschwelle;** der **Türspalt;** der **Türvorleger** (Fussabstreifer)

Tur·ban *pers.*, der: -s, -e (orientalische Kopfbedeckung)

Tur·bi·ne *franz.*, die: -, -n (Maschine zum Erzeugen einer Drehbewegung); der **Turbinenantrieb;** der **Turbo** (Turbolader); der **Turbomotor**

tur·bu·lent *lat.*: heute geht es wieder turbulent (unruhig, wild, stürmisch) zu – ein turbulenter (aufregender) Tag; die **Turbulenz**

Tür·kei, die: - (Staat in Kleinasien und Südost-

europa); der **Türke;** die **Türkin;** **türkisch:** die türkische Sprache; aber: auf Türkisch

Tür·kis *franz.*, der: -es, -e (Edelstein); **türkis** (blaugrün); **türkisfarben;** auch: **türkisfarbig**

Turm, der: -(e)s, Türme (hoch aufragendes Bauwerk); auf einen Turm steigen – der Turm einer Burg; der **Turmbau;** das **Türmchen;** **türmen:** Bücher auf den Tisch türmen (stapeln) – der Müll türmt sich auf der Strasse – der Verbrecher türmte (floh) nach dem Überfall; der **Türmer** (Turmwächter); der **Turmfalke;** **turmhoch;** das **Turmspringen;** die **Turmuhr;** der **Turmwächter**

tur·nen: (sich sportlich betätigen); am Reck turnen; der **Turnanzug;** das **Turnen;** der **Turner;** die **Turnerin;** **turnerisch;** die **Turnerschaft;** das **Turnfest;** das **Turngerät;** die **Turnhalle;** das **Turnhemd;** die **Turnhose;** der **Turnlehrer;** die **Turnlehrerin;** der **Turnschuh;** die **Turnstunde;** die **Turnübung;** der **Turnunterricht;** der **Turnverein;** das **Turnzeug**

Tur·nier *franz.*, das: -s, -e (Wettkampf, früher: Ritterkampfspiel)

Tur·nus *griech.*, der: -, -se; im Turnus (in der festgelegten Reihenfolge, im regelmässigen Wechsel); **turnusgemäss; turnusmässig**

tur·teln: (Zärtlichkeiten austauschen, sich verliebt verhalten); die **Turteltaube** (Taubenart)

Tusch, der: -(e)s, -e (Musikbegleitung bei einem Hochruf); die Musikkapelle spielt einen Tusch

Tu·sche *franz.*, die: -, -n (Zeichentinte); **tuschen;** die **Tuschfarbe;** der **Tuschkasten;** die **Tuschzeichnung** # Dusche

tu·scheln: miteinander tuscheln (heimlich flüstern) – jemandem etwas ins Ohr tuscheln; die **Tuschelei**

Tü·te, die: -, -n (Papierbeutel); eine Tüte Bonbons – *Tüten kleben* (im Gefängnis sitzen) – *nicht in die Tüte* (nicht infrage) *kommen*

tu·ten: (hupen, trompeten); *von Tuten und Blasen keine Ahnung haben* (von einer Sache nichts verstehen); die **Tute**

TV = Television (Fernsehen); Turnverein

Tweed *engl.* *[twit]*, der: -s, -s/-e (Gewebeart, Wollstoff)

Twen *engl.*, der: -(s), -s (Jugendliche(r) Anfang zwanzig)

Twin·set *engl.*, das/der: -(s), -s (kragenloser Pullover mit dazugehöriger Jacke)

T
U
V
W
X
Y
Z

Twist *engl.*, der: -(e)s, -e (Garn)
Twist *amerik.*, der: -s, -s (Modetanz); **twisten**
Typ *griech.*, der: -s, -en (Modell, Muster, Bauart, Gattung); der **Typ:** einen Typen (Kerl, Mann) kennen lernen; die **Type:** die Typen (Druckbuchstaben, Lettern) reinigen – das ist vielleicht eine Type (ein eigenartiger Mensch)!; **typisch:** das ist typisch (bezeichnend, charakteristisch) für sie; **typisieren;** die **Typisierung;** der **Typus** (Typ)
Ty·phus *griech.*, der: - (Infektionskrankheit); die **Typhuserkrankung**
Ty·po·gra·fie *griech.*, die: -, Typografien (Buchdruckerkunst); auch: die **Typographie; typografisch;** auch: **typographisch**
Ty·rann *griech.*, der: -en, -en (Gewaltherrscher, selbstsüchtiger Mensch); die **Tyrannei** (Schreckensherrschaft); die **Tyrannenherrschaft;** das **Tyrannentum; tyrannisch; tyrannisieren** (quälen, knechten); die **Tyrannisierung**

U

u. = und
u. a. = und and(e)re, und and(e)res; unter anderem
u. Ä. = und Ähnliche(s)
U-Bahn, die: -, -en (Untergrundbahn); der **U-Bahnhof;** die **U-Bahn-Station;** der **U-Bahn-Tunnel**
ü·bel: übler, am übelsten; einen üblen (schlechten) Ruf haben – üble (böse) Verleumdungen – ein übler (unangenehmer, widerlicher) Geruch – nicht übel (nicht schlecht, eigentlich recht gut) – jemandem übel (arg) mitspielen – er hat ihn übel (schlimm) zugerichtet – er ist übel gelaunt – ein übel gelaunter Mensch – übel gesinnt sein – jemandem etwas übel nehmen (nachtragen, ankreiden) – übel riechen – übel wollen – etwas übel zurichten – ihm wird übel (er muss sich erbrechen) – *übel dran sein* (in einer schwierigen Lage sein) – *nicht übel Lust haben etwas zu tun* (nicht abgeneigt sein etwas zu tun); aber: nichts Übles getan haben; das **Übel:** ein Übel (einen Missstand) beseitigen – alles Übel (Böse) dieser Welt – zu allem Übel (noch obendrein) – *das Übel an der Wurzel fassen/packen* (etwas Böses von seiner Ursache her angehen) – *von Übel* (schlecht) *sein;* die **Übelkeit** (Unwohlsein, Schwindel); **übellaunig;** der **Übelstand** (Missstand); die **Übeltat** (Missetat, Verbrechen); der **Übeltäter;** die **Übeltäterin**
ü·ben: auf dem Klavier üben – Gerechtigkeit üben (gerecht sein) – sich in Geduld üben (geduldig sein) – Rache üben (sich rächen); die **Übung:** *Übung macht den Meister;* die **Übungsarbeit;** das **Übungsbuch; übungshalber;** der **Übungsplatz**
ü·ber: über die Stadt fliegen – über ein Jahr – sie ist schon über 16 Jahre – sie ist mir über (überlegen) – über dem Durchschnitt liegen – eine Rechnung über 100 Franken – über Weihnachten verreisen – eine Stadt mit über einer Million Einwohnern – den ganzen Tag über; aber: tagsüber – über kurz oder lang – über und über (sehr, völlig) – über allem – über Kreuz – über einen Witz lachen – *es über sich bringen* (sich dazu überwinden können)
ü·ber·all: überall (an allen Orten) kann ich nicht sein – überall und nirgends (an keinem bestimmten Ort); **überallher; überallhin;** aber: überall hingehen
ü·ber·an·stren·gen: er hat sich bei der Arbeit überanstrengt; die **Überanstrengung**
ü·ber·ant·wor·ten: jemandem eine schwierige Aufgabe überantworten (übertragen, anvertrauen) – er wurde dem Gericht überantwortet (übergeben); die **Überantwortung**
ü·ber·ar·bei·ten: einen Aufsatz überarbeiten (verbessern) – sich überarbeiten; die **Überarbeitung**
ü·ber·aus: überaus (sehr, übertrieben) freundlich sein
ü·ber·bau·en: ein Grundstück mit einem Haus versehen (überbauen); die **Überbauung**
ü·ber·be·an·spru·chen: er ist völlig überbeansprucht (überlastet); die **Überbeanspruchung**
ü·ber·be·las·ten: (zu stark belasten); die **Überbelastung**
ü·ber·be·le·gen: das Hotel war überbelegt; die **Überbelegung**
ü·ber·be·wer·ten: (zu hoch bewerten); die **Überbewertung**

ü·ber·be·zah·len: (zu hoch bezahlen); auch: **überzahlen:** das hast du überzahlt; die **Überbezahlung**

ü·ber·blei·ben: (übrig bleiben); es bleibt nicht viel über; das **Überbleibsel** (Rest)

ü·ber·bli·cken: von einem Hügel aus die Stadt überblicken (übersehen) – er kann die Lage nicht mehr überblicken (überschauen, kontrollieren); der **Überblick**

ü·ber·bor·den: (über die Ufer treten; über das Mass hinausgehen); die **Überbordung**

ü·ber·bra·ten: jemandem eins überbraten (ihm einen Schlag, Hieb versetzen)

ü·ber·brin·gen: eine gute Nachricht überbringen; der **Überbringer;** die **Überbringerin;** die **Überbringung**

ü·ber·brü·cken: der Fluss wurde überbrückt – nicht alle Gegensätze lassen sich überbrücken (ausgleichen); **überbrückbar;** die **Überbrückung;** der **Überbrückungskredit**

ü·ber·da·chen: ein überdachter Vorbau; das **Überdach;** die **Überdachung**

ü·ber·dau·ern: das Bauwerk hat viele Jahrhunderte überdauert (überstanden)

ü·ber·den·ken: (über etwas nachdenken)

ü·ber·deut·lich: (überaus, sehr deutlich)

ü·ber·dies (über·dies): überdies (ausserdem) habe ich keine Zeit

ü·ber·di·men·si·o·nal: (überaus gross); **überdimensioniert;** die **Überdimensionierung**

Ü·ber·druck, der: -(e)s, ...drücke (zu starker Druck); die **Überdruckkabine;** das **Überdruckventil**

Ü·ber·druss, der: -es (Abneigung, Widerwille, Übersättigung); **überdrüssig:** einer Sache überdrüssig sein (genug davon haben)

ü·ber·durch·schnitt·lich: er bringt überdurchschnittliche (ausgezeichnete) Leistungen

Ü·ber·ei·fer, der: -s (allzu grosser Eifer); **übereifrig**

ü·ber·eig·nen: das Grundstück wurde ihr übereignet (übergeben); die **Übereignung**

ü·ber·ei·len: eine Sache übereilen (überstürzen); **übereilig;** die **Übereilung**

ü·ber·ei·nan·der (ü·ber·ein·an·der) die Bücher liegen übereinander – übereinander (über andere und sich) reden, sprechen – etwas übereinander legen – die Beine übereinander schlagen – Wörter übereinander schreiben

Ü·ber·ein·kom·men, das: -s, - (Abmachung, Vertrag); ein Übereinkommen treffen; **übereinkommen** (sich einigen); die **Übereinkunft**

ü·ber·ein·stim·men: (einer Meinung sein); **übereinstimmend** (einhellig); die **Übereinstimmung**

ü·ber·fah·ren: er hat ein Halteschild überfahren – das Kind ist überfahren worden – er hat sich von einem Verkäufer überfahren (überrumpeln) lassen; die **Überfahrt;** die **Überfahrtszeit**

ü·ber·fal·len: er wurde auf der Strasse überfallen (plötzlich angegriffen) – ihn überfällt (überkommt) Müdigkeit; der **Überfall,** die **Überfälle; überfällig:** der Bus ist längst überfällig (er hat Verspätung); das **Überfallkommando**

ü·ber·flie·gen: die Berge überfliegen – er hat das Buch nur überflogen (flüchtig gelesen); der **Überflieger** (jemand, der besonders begabt oder tüchtig ist); der **Überflug**

ü·ber·flies·sen: die Milch ist übergeflossen (übergelaufen); der **Überfluss** (Reichtum, Überangebot): zu allem Überfluss (obendrein); die **Überflussgesellschaft; überflüssig:** ich komme mir völlig überflüssig (nutzlos, entbehrlich) vor – überflüssig wie ein Kropf (völlig überflüssig); **überflüssigerweise**

ü·ber·flü·geln: jemanden überflügeln (übertreffen) wollen; die **Überflüg(e)lung**

ü·ber·flu·ten: das Land wurde überflutet (überschwemmt); die **Überflutung**

ü·ber·for·dern: die Arbeit hat ihn völlig überfordert (überbeansprucht, strapaziert); die **Überforderung**

ü·ber·füh·ren: der Patient wird in die Klinik überführt (gebracht); aber: jemanden eines Verbrechens überführen (ihm ein Verbrechen nachweisen); die **Überführung** (Brücke, Transport)

ü·ber·fül·len: der Saal war überfüllt (zu voll); die **Überfülle** (allzu grosse Menge); die **Überfüllung**

Ü·ber·gang, der: -(e)s, Übergänge; ein Übergang über den Fluss – der Übergang des Tages in die Nacht – einen Übergang (eine Überleitung) von einem Thema zum anderen suchen – ein Übergang (gesicherter Weg) für Fussgänger; die **Übergangsbe-**

T
U
V
W
X
Y
Z

stimmung; die **Übergangslösung**; der **Übergangsmantel**; die **Übergangsregelung**; das **Übergangsstadium**; die **Übergangsstelle**; die **Übergangszeit**

ü·ber·ge·ben: er hat seinem Sohn die Leitung der Firma übergeben (übertragen) – ein Paket übergeben (aushändigen) – den Belagerern wurde die Stadt übergeben (ausgeliefert) – sie musste sich übergeben (sich erbrechen); die **Übergabe**: die Übergabe eines Amtes

ü·ber·ge·hen: zum Angriff übergehen (angreifen) – er ist zu einer anderen Partei übergegangen (übergewechselt) – das Haus ist in meinen Besitz übergegangen; aber: übergehen (nicht berücksichtigen): er wurde bei der Bewerbung übergangen – er hat ihn einfach übergangen (nicht beachtet); die **Übergehung**

ü·ber·ge·nau: (allzu genau)

Ü·ber·ge·päck, das: -(e)s (Gepäck mit Übergewicht)

Ü·ber·ge·wicht, das: -(e)s; Übergewicht (ein zu grosses Gewicht) haben – *Übergewicht bekommen* (das Gleichgewicht verlieren); **übergewichtig**

ü·ber·gies·sen: sich mit kaltem oder heissem Wasser übergiessen; der **Überguss**

ü·ber·glück·lich: überglücklich (überaus glücklich) sein

ü·ber·grei·fen: das Feuer griff auf andere Gebäude über; der **Übergriff** (unrechtmässiges Eingreifen)

ü·ber·gross: eine übergrosse (gewaltige) Last; die **Übergrösse**

ü·ber·ha·ben: etwas überhaben (mehr als genug davon haben, etwas übrig haben) – sie hat die Süssigkeiten über (sie hat sie satt)

ü·ber·hand: die Überfälle nehmen überhand (greifen um sich, breiten sich aus) – überhand nehmen; die **Überhandnahme**

ü·ber·hän·gen: sich die Jacke überhängen (über die Schultern hängen) – ein überhängendes (überstehendes) Dach; der **Überhang** (über das notwendige Mass hinausgehende Menge)

ü·ber·has·ten: überhastet (übereilt, überstürzt) handeln; die **Überhastung**

ü·ber·häu·fen: er überhäufte (überschüttete) sie mit Geschenken – jemanden mit Vorwürfen überhäufen; die **Überhäufung**

ü·ber·haupt: überhaupt (eigentlich) gehört sich das nicht! – arbeitet sie überhaupt etwas? – davon kann überhaupt nicht (ganz und gar nicht) die Rede sein – das ist überhaupt (gar) nicht wahr!

ü·ber·heb·lich: eine überhebliche (herablassende, hochmütige) Antwort geben; die **Überheblichkeit**

ü·ber·hei·zen: ein überheizter Raum; **überhitzen**; die **Überhitzung**

ü·ber·ho·len: andere Autos überholen – er hat in seinen Leistungen alle anderen überholt (übertroffen) – sein Auto überholen (überprüfen, erneuern) lassen – das ist längst überholt (unmodern, veraltet); das **Überholmanöver**; die **Überholspur**; die **Überholung** (Ausbesserung, Überprüfung); **überholungsbedürftig**; das **Überholverbot**; der **Überholvorgang**

ü·ber·hö·ren: eine Nachricht überhören (nicht mitbekommen)

ü·ber·ir·disch: sie hat überirdische (übernatürliche, übersinnliche) Kräfte – ein überirdisches (nicht zur Erde gehöriges, göttliches) Wesen

ü·ber·kom·men: überkommene (überlieferte) Bräuche – Mitleid überkam (ergriff) sie

ü·ber·las·sen: jemanden seinem Schicksal überlassen – ich möchte diese Entscheidung meinen Eltern überlassen – sich selbst überlassen (einsam, allein) sein

ü·ber·las·ten: ein total überlasteter (allzu sehr beanspruchter) Arzt; **überlastig** (zu sehr beladen); die **Überlastung**

ü·ber·lau·fen: die Milch im Topf ist übergelaufen (übergeflossen) – er ist zu den Feinden übergelaufen (er ist desertiert) – aber: es überläuft mich kalt (ich erschrecke sehr) – die Stadt ist von Fremden völlig überlaufen (es herrscht viel Betrieb); der **Überlauf**; der **Überläufer** (Verräter, Fahnenflüchtiger); die **Überläuferin**; das **Überlaufrohr**

ü·ber·le·ben: das Unglück haben nur wenige überlebt – das überlebe ich nicht (das kann ich nicht ertragen)! – seine Vorstellungen sind völlig überlebt (veraltet, altmodisch); der/die **Überlebende**; die **Überlebenschance**; **überlebensgross**; der **Überlebenskampf**; das **Überlebenstraining**

ü·ber·le·gen: ich muss nicht lange überlegen (nachdenken) – ohne zu überlegen – sie ist ihrer Schwester in Mathematik weit überlegen (besser als sie) – überlegen (herablassend) tun; aber: jemanden überlegen (übers Knie legen); **überlegt:** überlegt (besonnen, durchdacht) handeln; die **Überlegenheit;** die **Überlegung**

ü·ber·lie·fern: diese Sagen sind mündlich überliefert – überlieferte (herkömmliche, vererbte) Bräuche; die **Überlieferung** (Erbe, Weitergabe)

ü·ber·lis·ten: einen Gegner überlisten (durch List täuschen); die **Überlistung**

ü·berm: überm (über dem) Haus

Ü·ber·macht, die: - (Überlegenheit, Mehrheit); **übermächtig:** ein übermächtiges (allzu mächtiges) Verlangen haben

ü·ber·man·nen: er wurde vom Schlaf übermannt (überwältigt); **übermannshoch**

ü·ber·mäs·sig: ein übermässig (übertrieben) hoher Preis; das **Übermass** (ungewöhnlich grosse Menge): ein Übermass an Arbeit

ü·ber·mensch·lich: übermenschliche (ganz gewaltige) Anstrengungen unternehmen; der **Übermensch**

ü·ber·mit·teln: eine Nachricht übermitteln (überbringen); die **Übermitt(e)lung** (Meldung, Lieferung)

ü·ber·mor·gen: übermorgen kommt er bestimmt – übermorgen Abend

ü·ber·mü·det: übermüdet schlief er ein; die **Übermüdung**

ü·ber·mü·tig: übermütig (ausgelassen, fröhlich) sein – übermütige Kinder; der **Übermut:** etwas aus lauter Übermut tun – *Übermut tut selten gut*

ü·bern: übern (über den) Zaun springen

ü·ber·nächst . . . : im übernächsten Jahr; aber: ich bin der Übernächste

ü·ber·nach·ten: in einem Hotel übernachten; **übernächtig** (unausgeschlafen); auch: **übernächtigt;** die **Übernachtung**

Ü·ber·na·me, der: -ns, -n (Spitzname)

ü·ber·na·tür·lich: er hat übernatürliche (nicht mehr mit dem Verstand zu erklärende) Kräfte

ü·ber·neh·men: er übernimmt gerne zusätzliche Arbeiten – das Geschäft vom Vater übernehmen – Verantwortung übernehmen – sie hat sich völlig übernommen (sich zu viel zugemutet) – übernehmt euch nur nicht!; die **Übernahme**

ü·ber·prü·fen: eine Rechnung überprüfen; **überprüfbar;** die **Überprüfung**

ü·ber·quel·len: der Briefkasten quillt über (ist vollgestopft)

ü·ber·que·ren: die Strasse zu Fuss überqueren (passieren, überschreiten); die **Überquerung**

ü·ber·ra·gen: der Kran überragt die Häuser der Stadt – überragende (ausgezeichnete) Leistungen – von überragender Bedeutung

ü·ber·ra·schen: er wurde beim Diebstahl überrascht (unerwartet angetroffen) – das überrascht (verblüfft, erstaunt) mich sehr – ein überraschender (unerwarteter Besuch); **überraschenderweise;** die **Überraschung;** der **Überraschungseffekt;** das **Überraschungsmoment;** der **Überraschungssieg**

ü·ber·re·den: jemanden zum Mitmachen überreden; die **Überredung;** die **Überredungskunst**

ü·ber·rei·chen: er überreichte (gab) ihr ein Geschenk; die **Überreichung**

ü·ber·rei·zen: die Nerven überreizen (zu sehr belasten und übermässig erregen); die **Überreiztheit**

Ü·ber·rest, der: -(e)s, -e; die Überreste (letzten Reste) einer Burg – die sterblichen Überreste (der Leichnam)

ü·ber·rum·peln: er hat mich mit seiner Frage überrumpelt (überfallen, überrascht); die **Überrump(e)lung**

ü·ber·run·den: alle anderen Fahrer überrunden – er hat alle Mitbewerber überrundet (übertroffen); die **Überrundung**

ü·bers: übers (über das) Jahr (nach einem Jahr) – übers Wochenende (während des Wochenendes)

ü·ber·sät: sein Gesicht ist übersät von (voll von, dicht bedeckt mit) Narben – ein mit Sternen übersäter Himmel

ü·ber·sät·ti·gen: ein übersättigter Wohlstandsbürger; die **Übersättigung**

Ü·ber·schall·flug, der: -(e)s, . . .flüge (Flug mit Überschallgeschwindigkeit); das **Überschallflugzeug**

ü·ber·schat·ten: seine Freude wurde von einer traurigen Nachricht überschattet (getrübt, gedämpft); die **Überschattung**

ü·ber·schät·zen: seine Kräfte überschätzen (zu hoch einschätzen) – du überschätzt dich vollkommen; die **Überschätzung**

ü·ber·schau·en: die Stadt von einem Hügel aus überschauen (überblicken) – er kann seine Schulden nicht mehr überschauen (richtig einschätzen); die **Überschau** (Überblick, Übersicht); **überschaubar;** die **Überschaubarkeit**

ü·ber·schäu·men: der Sekt schäumt (fliesst) über – eine überschäumende (nicht zu zügelnde) Fröhlichkeit

ü·ber·schla·gen: er hat sich mit dem Auto überschlagen – seine Stimme überschlägt sich – sich vor lauter Höflichkeit fast überschlagen (äusserst höflich sein) – das Wasser ist überschlagen (lauwarm) – eine Seite im Buch überschlagen (auslassen) – den Preis überschlagen (ungefähr ausrechnen) – die Ereignisse überschlagen sich (folgen sehr dicht aufeinander); der **Überschlag** (schnelle, ungefähre Berechnung); **überschlägig** (ungefähr, annähernd); auch: **überschläglich;** die **Überschlagsrechnung**

ü·ber·schnap·pen: (durchdrehen, verrückt werden)

ü·ber·schnei·den: die Linien überschneiden (kreuzen) sich – zwei Sendungen überschneiden sich (treffen zeitlich zusammen); die **Überschneidung**

ü·ber·schrei·ben: ein Kapitel überschreiben (mit einer Überschrift versehen) – den Kindern seinen Besitz überschreiben (übergeben); die **Überschreibung;** die **Überschrift**

ü·ber·schrei·ten: den Fluss an der engsten Stelle überschreiten (überqueren) – Gesetze überschreiten (übertreten) – das überschreitet (übersteigt) meine Kräfte – die Geschwindigkeit überschreiten (schneller fahren, als es erlaubt ist); die **Überschreitung**

Ü·ber·schuss, der: -es, Überschüsse (Gewinn, Überfluss, Ertrag); **überschüssig:** überschüssige (überflüssige) Kräfte haben; die **Überschussproduktion**

ü·ber·schüt·ten: jemanden mit vielen Worten überschütten (überhäufen); aber: sie hat sich die Suppe übergeschüttet; die **Überschüttung**

Ü·ber·schwang, der: -(e)s (Ausgelassenheit, Begeisterung); im Überschwang der Gefühle; **überschwänglich:** jemanden überschwänglich (übertrieben) loben; die **Überschwänglichkeit**

ü·ber·schwap·pen: (überfliessen, überlaufen)

ü·ber·schwem·men: der Fluss hat Felder und Wiesen überschwemmt (überflutet) – ein Land mit Waren überschwemmen (reichlich versehen); die **Überschwemmung;** das **Überschwemmungsgebiet;** die **Überschwemmungskatastrophe**

Ü·ber·see: (Länder jenseits des Ozeans); Waren aus Übersee bekommen – von Übersee – nach Übersee (Amerika) auswandern; der **Überseedampfer;** der **Überseehafen;** der **Überseehandel; überseeisch:** überseeische Gebiete; der **Überseeverkehr**

ü·ber·se·hen: er übersieht keinen einzigen Fehler – die Lage lässt sich noch nicht übersehen (überblicken); **übersehbar;** → Übersicht

ü·ber·set·zen: einen Text aus dem Englischen übersetzen (übertragen); aber: mit dem Schiff zum Festland übersetzen (hinüberfahren); **übersetzbar;** die **Übersetzbarkeit;** der **Übersetzer;** die **Übersetzerin; übersetzt:** übersetzte (übertriebene, überhöhte) Preise; die **Übersetzung:** eine Übersetzung ins Französische – das Rad hat eine kleine Übersetzung (Bewegungsübertragung); der **Übersetzungsfehler**

Ü·ber·sicht, die: -, -en; die Übersicht (den Überblick) behalten; **übersichtlich:** eine übersichtliche Tafelanschrift – das Gelände ist übersichtlich; die **Übersichtlichkeit;** die **Übersichtskarte;** die **Übersichtstafel;** → übersehen

ü·ber·sie·deln: nach Berlin übersiedeln (ziehen); die **Übersied(e)lung;** der **Übersiedler;** die **Übersiedlerin**

ü·ber·sinn·lich: übersinnliche (übernatürliche) Kräfte haben; die **Übersinnlichkeit**

ü·ber·span·nen: eine Brücke überspannt das Tal – etwas mit Stoff überspannen – *den Bogen überspannen* (eine Sache zu weit treiben) – überspannte (ausgefallene, verrückte) Ansichten haben; die **Überspanntheit**

ü·ber·spitzt: überspitzt (übertrieben) formulieren; die **Überspitztheit;** die **Überspitzung**

ü·ber·sprin·gen: ein Hindernis überspringen – er übersprang (überblätterte) einige Seiten im Buch

T
U
V
W
X
Y
Z

ü·ber·ste·hen: er hat die Krankheit gut überstanden (überwunden, ausgehalten) aber: er lässt das Brett ein wenig überstehen; der **Überstand** (das Vorstehen); **überständig** (längst überholt, veraltet)

ü·ber·stei·gen: einen Zaun übersteigen (über ihn klettern) – das übersteigt (übertrifft) alle Erwartungen; **übersteigbar; übersteigern;** die **Übersteigerung;** die **Übersteigung; überstiegen:** überstiegene (überspannte) Forderungen stellen

ü·ber·stim·men: von der Mehrheit überstimmt werden; die **Überstimmung**

Ü·ber·stun·de, die: -, -n (eine über die regelmässige Arbeitszeit hinaus geleistete Arbeitsstunde); Überstunden machen; der **Überstundenzuschlag**

ü·ber·stür·zen: überstürze (übereile) nichts! – überstürzt handeln – die Nachrichten überstürzten (überschlugen) sich; die **Überstürzung**

ü·ber·teu·ern: eine überteuerte (übermässig teuer gemachte) Ware; die **Überteuerung**

ü·ber·töl·peln: jemanden übertölpeln (überlisten, betrügen); die **Übertölp(e)lung**

ü·ber·tra·gen: jemandem die Aufgabe übertragen – eine ansteckende Krankheit wurde übertragen – das Fussballspiel wurde nicht übertragen (gesendet) – die übertragene (bildliche) Bedeutung eines Wortes – einen Roman aus dem Englischen ins Deutsche übertragen (übersetzen); der **Übertrag,** die Überträge; **übertragbar:** eine übertragbare (ansteckende) Krankheit; die **Übertragbarkeit;** die **Übertragung**

ü·ber·tref·fen: sich selbst übertreffen (überbieten) – das übertrifft (übersteigt) alle Erwartungen

ü·ber·trei·ben: er hat masslos übertrieben (aufgebauscht, dick aufgetragen) – übertrieben (masslos) vorsichtig sein; die **Übertreibung**

ü·ber·tre·ten: ein Gesetz übertreten (nicht beachten); aber: zu einem anderen Glauben übertreten – er ist beim Weitsprung übergetreten; die **Übertretung;** der **Übertritt**

ü·ber·völ·kert: ein übervölkertes (zu dicht bewohntes) Land; auch: **überbevölkert;** die **Überbevölkerung;** die **Übervölkerung**

ü·ber·voll: ein übervolles (übermässig volles) Glas

ü·ber·wa·chen: die Gefangenen überwachen (beaufsichtigen); die **Überwachung;** der **Überwachungsdienst;** das **Überwachungssystem**

ü·ber·wäl·ti·gen: einen Dieb überwältigen (gefangen nehmen) – die Freude überwältigte ihn – ein überwältigender (unvergesslicher, aussergewöhnlicher) Anblick – die Künstlerin bekam einen überwältigenden Beifall; die **Überwältigung**

ü·ber·wei·sen: jemandem Geld überweisen (durch die Bank o. Ä. senden) – der Patient wurde ins Krankenhaus überwiesen (geschickt); die **Überweisung;** der **Überweisungsschein**

ü·ber·wie·gen: die Vorteile überwiegen (zählen mehr) – das Wetter war überwiegend (vorwiegend) trocken

ü·ber·win·den: er konnte sich nicht überwinden (sich aufraffen, entschliessen) aufzustehen – sich überwinden (etwas tun, obwohl es einem nicht leicht fällt); **überwindbar;** die **Überwindung**

ü·ber·win·tern: die Zugvögel überwintern nicht bei uns; die **Überwinterung**

Ü·ber·wurf, der: -(e)s, Überwürfe (Zierdecke)

Ü·ber·zahl, die: -; die Frauen waren in der Überzahl (in grösserer Zahl); **überzahlen** (zu hoch bezahlen); auch: **überbezahlen; überzählig** (zu viel, übrig)

ü·ber·zeu·gen: er konnte den Richter von seiner Unschuld überzeugen – er überzeugte (vergewisserte) sich – ein überzeugender (glaubhafter) Beweis; die **Überzeugung;** die **Überzeugungsarbeit;** der **Überzeugungstäter**

ü·ber·zie·hen: ein Kleidungsstück überziehen (anziehen) – *jemandem eins überziehen* (ihm einen Schlag, Hieb versetzen); aber: sein Konto überziehen (zu viel abheben) – die Betten frisch überziehen – die Zeit überziehen (überschreiten); der **Überzieher** (leichter Herrenmantel); die **Überziehungszinsen** *Mz.*; der **Überzug:** ein Überzug (Belag) aus Schokolade

üb·lich: das ist bei uns so üblich (gebräuchlich, normal) – sie kam wie üblich (wie gewohnt) mit ihrem Auto – die übliche Zeit; aber: das Übliche; **üblicherweise**

U-Boot, das: -(e)s, -e (Unterseeboot); der **U-Boot-Krieg**

T
U
V
W
X
Y
Z

üb·rig: etwas übrig behalten – dir wird nichts anderes übrig bleiben – etwas übrig lassen – von dem Kuchen ist nichts übrig – *für andere etwas übrig haben* (Sympathie für sie empfinden); aber: die Übrigen – das Übrige – alles Übrige – ein Übriges tun – im Übrigen; **übrigens:** übrigens (nebenbei bemerkt) wusste ich das längst

u. dgl. = und dergleichen

u. d. M. = unter dem Meeresspiegel; **ü. d. M.** = über dem Meeresspiegel

u. E. = unseres Erachtens

UEFA = Union Européenne de Football Association (Europäischer Fussballverband)

U·fer, das: -s, - (Rand eines Gewässers); das Ufer des Sees – ans andere Ufer fahren – *zu neuen Ufern aufbrechen* (sich neuen Zielen zuwenden); **uferlos** (endlos, unbeschränkt): *ins Uferlose gehen* (kein Ende haben); die **Uferpromenade;** die **Uferstrasse**

U·FO (U·fo), das: -(s), -s (unbekanntes Flugobjekt)

u-för·mig: (in der Form eines u); auch: **U-förmig**

U-Haft = Untersuchungshaft

Uhr, die: -, -en; auf die Uhr sehen – rund um die Uhr (Tag und Nacht) – wieviel Uhr ist es? – um 12 Uhr mittags # der Ur; das **Uhrband;** der **Uhrmacher;** die **Uhrmacherin;** das **Uhrwerk;** der **Uhrzeiger:** im Uhrzeigersinn (rechts herum); die **Uhrzeit** # Urzeit

U·hu, der: -s, -s (Nachtgreifvogel)

U·kra·i·ne, die: - (Staat in Osteuropa); der **Ukrainer;** die **Ukrainerin; ukrainisch**

UKW = Ultrakurzwelle(n); der **UKW-Sender**

Ulk, der: -(e)s, -e; etwas aus Ulk (Spass, Scherz) machen; **ulken; ulkig;** die **Ulknudel**

Ul·me *lat.,* die: -, -n (Laubbaum); das **Ulmenblatt**

Ul·ti·ma·tum *lat.,* das: -s, Ultimaten (letzte Aufforderung); **ultimativ; ultimo** (am letzten Tag des Monats)

ul·tra (ult·ra)... *lat.:* (jenseits, über das Normale hinaus); der **Ultra** (politischer Fanatiker); **ultrakurz; Ultrakurzwelle** ⟨UKW⟩; der **Ultraschall** (Schall, der mit dem menschlichen Gehör nicht mehr wahrnehmbar ist); **ultraviolett** ⟨UV⟩ (über dem violetten Licht)

um: sich um den Tisch setzen – um die Ecke laufen – sich um jemanden sorgen – um et-

was streiten – um Hilfe bitten – um Gottes willen! – um vieles, nichts – Schritt um Schritt – Jahr um Jahr – um deinetwillen – um sein – um 9 Uhr – um und um – um fünf Stunden weniger – um was geht es? – er kam um dich zu sehen

um·än·dern: sie lässt das neue Kleid umändern; die **Umänderung**

um·ar·men: sie umarmt ihre Freundin; die **Umarmung**

um·bau·en: das Haus umbauen (baulich verändern); aber: das freie Grundstück umbauen (durch Gebäude einschliessen); der **Umbau**

um·blät·tern: eine Seite im Buch umblättern (umschlagen)

um·brin·gen: jemanden umbringen (töten) – sich umbringen (das Leben nehmen)

Um·bruch, der: -(e)s, Umbrüche (Änderung, Umwandlung, Revolution)

um·dre·hen: den Schlüssel umdrehen – mit dem Auto umdrehen (umkehren) – er hat sich zum Abschied noch einmal umgedreht (umgesehen); die **Umdrehung** (Drehung um die eigene Achse); die **Umdrehungszahl**

Um·druck, der: -(e)s, -e (Vervielfältigungsverfahren); **umdrucken**

um·ei·nan·der (um·ein·an·der): sich umeinander (einer um den anderen) kümmern – umeinander laufen

um·fah·ren: ein Verkehrsschild umfahren (umstürzen); aber: ein Hindernis umfahren (ihm ausweichen); die **Umfahrt;** die **Umfahrung** (das Umfahren); die **Umfahrungsstrasse**

um·fal·len: vor Müdigkeit umfallen (umsinken) – er ist bei der Wahl umgefallen (er hat seine Meinung geändert) – plötzlich fiel sie um (wurde sie ohnmächtig) – *zum Umfallen (sehr) müde sein;* der **Umfaller**

um·fan·gen: seinen Freund herzlich umfangen halten (umarmen); der **Umfang:** der Umfang eines Kreises – das Buch hat einen Umfang von 500 Seiten; **umfänglich** (ausgedehnt, umfangreich); **umfangmässig; umfangreich;** die **Umfangsberechnung**

um·fas·sen: einen Baum umfassen (umschliessen) – sie hat ein umfassendes (umfangreiches) Geständnis abgelegt; die **Umfassung;** die **Umfassungsmauer**

Ụm·feld, das: -(e)s, -er (Umgebung, Umwelt)

ụm·for·men: (eine andere Form geben); **umformulieren;** die **Umformung**

Ụm·fra·ge, die: -, -n; vor der Wahl eine Umfrage (Befragung) durchführen; das **Umfrageergebnis; umfragen**

um·frie·den: sein Grundstück umfrieden (umzäunen); die **Umfriedung**

Ụm·gang, der: -(e)s; er hat keinen guten Umgang (gesellschaftlichen Verkehr); **umgänglich:** er ist ein umgänglicher (verträglicher, geselliger) Mensch; die **Umgänglichkeit;** die **Umgangsformen** *Mz.* (Benehmen); die **Umgangssprache** (Alltagssprache); **umgangssprachlich** ⟨ugs.⟩; der **Umgangston**

ụm·gar·nen: jemanden zu umgarnen (bezaubern) versuchen; die **Umgarnung**

Ụm·ge·bung, die: -, -en (Umland, Umkreis); die Umgebung einer Stadt – einen Ausflug in die Umgebung (umliegende Landschaft) machen; **umgeben:** von Zuschauern umgeben (umringt) sein – Stille umgibt mich – die Decke mit einem Saum umgeben (einfassen)

ụm·ge·hen: als Gespenst umgehen (erscheinen, spuken) – ein Gerücht geht um (ist im Umlauf) – mit jemandem freundlich umgehen; aber: er umgeht ein Gesetz (befolgt es nicht); **umgehend** (gleich, sofort); die **Umgehung;** die **Umgehungsstrasse**

ụm·gren·zen: (von allen Seiten begrenzen); die **Umgrenzung**

ụm·ha·ben: ein Tuch umhaben

ụm·hän·gen: Bilder umhängen (woanders aufhängen) – sich einen Mantel umhängen (überhängen); der **Umhang;** die **Umhängetasche**

um·her: (hierhin, dorthin; nach allen Seiten); **umherblicken; umherfahren; umhergehen; umhergeistern; umherirren; umherjagen; umherkriechen; umherlaufen; umherreisen; umherschauen; umherschleichen; umherstreunen; umherstrolchen; umhertragen; umherwandern; umherziehen**

um·hin·kom·men: er wird nicht umhinkommen (nicht anders können); auch: **umhinkönnen**

U/min: = Umdrehungen pro Minute

ụm·keh·ren: auf halbem Wege umkehren – mit dem Auto umkehren (umdrehen) – er

kehrt (wendet) die Taschen seiner Jacke um; **umgekehrt** (im Gegenteil); die **Umkehr; umkehrbar;** die **Umkehrung**

um·klam·mern: er umklammert (hält kräftig) meine Hände; die **Umklammerung**

ụm·klei·den: sich für den Abend umkleiden (umziehen); aber: ein Kästchen umkleiden (verkleiden, überziehen); der **Umkleideraum;** die **Umkleidung**

ụm·kom·men: in der Kälte umkommen (zu Tode kommen, sterben)

Ụm·kreis, der: -es, -e (Reichweite, Umgebung); im Umkreis der Stadt; **umkreisen;** die **Umkreisung**

Ụm·la·ge, die: -, -n (Beitrag, Steuer)

um·la·gern: der Schauspieler war von Reportern umlagert (umgeben, umringt); die **Umlagerung**

Ụm·land, das: -(e)s (Umgebung)

ụm·lau·fen: er hat den Korb umgelaufen (umgerannt); aber: sie hat den See umlaufen; der **Umlauf:** falsches Geld in Umlauf bringen (verbreiten) – *etwas in Umlauf bringen* (dafür sorgen, dass es bekannt wird) – *im Umlauf sein/in Umlauf kommen* (weitergesagt, weitergegeben werden); die **Umlaufbahn;** die **Umlauf(s)geschwindigkeit;** die **Umlauf(s)zeit**

Ụm·laut, der: -(e)s, -e (Sprachlehre: veränderter Selbstlaut: ä, ö, ü, äu)

ụm·le·gen: sich eine Kette umlegen (umhängen) – jemanden umlegen (erschiessen); die **Umlegung** (planmässige Verteilung auf mehrere Personen)

ụm·lei·ten: der Verkehr wird wegen Strassenarbeiten umgeleitet; die **Umleitung;** das **Umleitungsschild**

ụm·lie·gend: (nahe, in der näheren Umgebung); umliegende (benachbarte) Ortschaften

um·nach·tet: er ist geistig umnachtet (verwirrt, wahnsinnig); die **Umnachtung**

um·rah·men: die Feier wurde von Musik umrahmt; die **Umrahmung**

um·ran·den: (rundum mit einem Rand versehen); **umrändern;** die **Umränderung;** die **Umrandung**

um·reis·sen: er hat seinen Plan kurz umrissen (knapp beschrieben); aber: einen Zaun ụmreissen; der **Ụmriss:** der Umriss (die äusseren Linien) des Hauses; die **Umrisslinie;** die **Ụmrisszeichnung**

um·rin·gen: er wurde von Kindern umringt (bedrängt, belagert)

ums: ums (um das) Haus laufen – es geht ums Ganze – ein Jahr ums andere

um·sat·teln: sie sattelt um (ergreift einen anderen Beruf) – er hat das Pferd umgesattelt; die **Umsatt(e)lung**

Um·satz, der: -es, Umsätze (Verkauf, Absatz); sein Umsatz steigt von Jahr zu Jahr; der **Umsatzrückgang;** die **Umsatzsteigerung;** die **Umsatzsteuer;** → umsetzen

um·schal·ten: auf einen anderen Sender umschalten; der **Umschalter;** der **Umschalthebel;** die **Umschaltung**

um·schau·en, sich: sich nach einer neuen Wohnung umschauen (suchend umsehen); die **Umschau:** Umschau halten

Um·schlag, der: -(e)s, Umschläge; ein Umschlag (eine Schutzhülle) für Hefte – dem Kranken kalte Umschläge (Wickel) machen – der Umschlag (die Umladung) von Südfrüchten – der Umschlag (Umschwung) des Wetters – eine Hose mit Umschlag (mit umgeschlagenem Rand); **umschlagen:** Bäume umschlagen (fällen) – das Wetter schlägt um (ändert sich) – die Waren wurden umgeschlagen (umgeladen) – der Wind schlug um (er änderte plötzlich die Richtung); der **Umschlaghafen;** der **Umschlagplatz**

um·schrei·ben: einen Text umschreiben (neu schreiben); aber: er hat das Fremdwort umschrieben (mit anderen Worten ausgedrückt); die **Umschreibung;** die **Umschreibung**

um·schu·len: der Facharbeiter liess sich umschulen (in einem anderen Beruf ausbilden); der **Umschüler;** die **Umschülerin;** die **Umschulung**

um·schwär·men: jemanden umschwärmen (ihm den Hof machen, ihn umwerben) – er ist umschwärmt (ständig von vielen Bewunderern umgeben)

Um·schwei·fe Mz., die: -; ohne Umschweife (geradeheraus, direkt) seine Meinung sagen

Um·schwung, der: -(e)s, Umschwünge; der Umschwung (die Wende) in der öffentlichen Meinung – ein Haus mit Umschwung (zum Haus gehörendem Land)

um·se·hen: sich nach einem Fremden umsehen (umdrehen) – er hat sich nach einer Arbeit umgesehen (Arbeit gesucht) – sich in der Welt umsehen (sie kennen lernen); aber: das **Umsehen:** im Umsehen (im Nu)

um·sei·tig: (auf der Rückseite stehend)

um·set·zen: sich umsetzen (seinen Platz wechseln) – Pflanzen umsetzen (in ein anderes Erdreich pflanzen) – seinen Plan in die Tat umsetzen (verwirklichen) – alle Waren wurden umgesetzt (verkauft); die **Umsetzung;** → Umsatz

Um·sicht, die: -; mit viel Umsicht (sehr überlegt) handeln; **umsichtig** (besonnen, mit Weitblick); die **Umsichtigkeit**

um·sie·deln: in ein anderes Land umsiedeln; die **Umsied(e)lung;** der **Umsiedler;** die **Umsiedlerin**

um·so: umso mehr als – umso eher – umso weniger – umso besser

um·sonst: umsonst (ohne Bezahlung) arbeiten – sie ist nicht umsonst (nicht vergeblich) gekommen – nicht umsonst (aus gutem Grund) bin ich wütend

Um·stand, der: -(e)s, Umstände; unter diesen Umständen (bei diesen Verhältnissen) – unter Umständen ⟨u. U.⟩ (vielleicht) – unter keinen Umständen (keinesfalls) – unter allen Umständen (unbedingt) – mildernde Umstände bekommen – in anderen Umständen (schwanger) sein – keine Umstände machen (keinen grossen Aufwand treiben, keine Schwierigkeiten machen); **umständehalber;** aber: der Umstände halber; **umständlich** (ungeschickt, langsam); die **Umständlichkeit;** die **Umstandsangabe;** die **Umstandsbestimmung; umstandshalber;** das **Umstandskleid;** das **Umstandswort**

um·ste·hen: ihn umstehen viele Zuschauer; **umstehend:** umstehend weitere Angaben; aber: lies das Umstehende (das auf der anderen Seite Stehende)! – die Umstehenden – im Umstehenden – Umstehendes

um·stei·gen: vom Zug in den Bus umsteigen – er ist auf eine andere Automarke umgestiegen

um·stel·len: Möbel umstellen (verrücken) – sich nicht auf die neue Situation umstellen (sich ihr nicht anpassen) können; aber: die Polizei umstellt das Gebäude; die **Umstellung;** die **Umstellung**

um·stim·men: sie hat ihn umgestimmt (zu einer anderen Meinung bewogen); die **Umstimmung**

um·strit·ten: eine umstrittene (nicht allgemein anerkannte, zweifelhafte) Entscheidung

um·stür·zen: einen Tisch umstürzen (umwerfen) – er will alles umstürzen (grundlegend verändern); der **Umsturz,** die Umstürze: einen Umsturz (eine gewaltsame Veränderung der bisherigen politischen Ordnung) planen; die **Umsturzbewegung;** der **Umstürzler;** die **Umstürzlerin; umstürzlerisch:** umstürzlerische Pläne haben; die **Umstürzung;** der **Umsturzversuch**

um·tau·schen: Geld umtauschen; der **Umtausch** (Tausch); das **Umtauschrecht**

Um·trie·be *Mz.,* die: -; geheime Umtriebe (Machenschaften) – administrative Umtriebe (grosser Aufwand); **umtriebig** (betriebsam); die **Umtriebigkeit**

Um·trunk, der: -(e)s, Umtrünke; er lädt zu einem Umtrunk (einem gemeinsamen Trinken in einer Runde) ein

um·tun, sich: sie tat (legte) sich einen Mantel um – sich nach etwas umtun (etwas suchen, überall nachfragen)

U-Mu·sik, die: - (Unterhaltungsmusik)

um·wäl·zen: einen Stein umwälzen – eine umwälzende (bahnbrechende) Erfindung machen; die **Umwälzanlage;** die **Umwälzpumpe;** die **Umwälzung**

um·wan·deln: (ändern); die **Umwand(e)lung;** der **Umwandlungsprozess**

um·wech·seln: Geld umwechseln (tauschen); die **Umwechs(e)lung**

Um·weg, der: -(e)s, -e; auf Umwegen (nicht direkt) nach Hause gehen – einen Umweg machen

Um·welt, die: -; er passt sich seiner Umwelt (Umgebung, Mitwelt) an; die **Umweltbelastung; umweltbewusst;** der **Umwelteinfluss; umweltfreundlich;** die **Umweltschäden** *Mz.;* **umweltschädlich;** der **Umweltschutz;** der **Umweltschützer;** die **Umweltschützerin;** der **Umweltsünder;** die **Umweltsünderin;** die **Umweltverschmutzung; umweltverträglich**

um·wer·fen: einen Eimer umwerfen (umstossen) – das wirft mich nicht um (erschüttert mich nicht) – er wirft seinen Plan um (än-

dert ihn) – eine umwerfende (aussergewöhnliche, verblüffende) Erfindung

um·wit·tern: er ist von Geheimnissen umwittert (umgeben)

um·zäu·nen: ein Grundstück umzäunen (einzäunen); die **Umzäunung**

um·zie·hen: sich vor dem Essen umziehen (die Kleidung wechseln) – sie ist in die neue Wohnung umgezogen; der **Umzug,** die Umzüge (Wohnungswechsel, Demonstration); **umzugshalber;** die **Umzugskosten** *Mz.*

um·zin·geln: die Geiselnehmer sind umzingelt (umstellt); die **Umzing(e)lung**

um·zo·nen: das Gemeindegebiet umzonen (einer anderen Bebauungszone zuteilen)

UN = United Nations (Vereinte Nationen)

un·ab·än·der·lich: (endgültig, unwiderruflich); die **Unabänderlichkeit**

un·ab·ding·bar: (unbedingt notwendig, unumgänglich); die **Unabdingbarkeit**

un·ab·hän·gig: eine unabhängige Frau – unabhängig (abgesehen) von; die **Unabhängigkeit**

un·ab·kömm·lich: (unentbehrlich); die **Unabkömmlichkeit**

un·ab·läs·sig: unablässig (ständig) schwätzen

un·ab·seh·bar: dies hätte unabsehbare (nicht absehbare) Folgen; aber: sich ins Unabsehbare (Endlose) ausweiten

un·ab·sicht·lich: (ungewollt, ohne Absicht, aus Versehen)

un·ab·wend·bar: (schicksalshaft, verhängnisvoll); die **Unabwendbarkeit**

un·acht·sam: (gedankenlos, leichtfertig); die **Unachtsamkeit**

un·an·ge·bracht: eine unangebrachte (unpassende) Bemerkung machen

un·an·ge·foch·ten: (von niemandem behindert, bedrängt); er führt unangefochten das Rennen an

un·an·ge·mes·sen: (unangebracht); die **Unangemessenheit**

un·an·ge·nehm: (unerfreulich, ungemütlich, ekelhaft)

un·an·greif·bar: (gesichert, hieb- und stichfest); die **Unangreifbarkeit**

un·an·nehm·bar: (unvertretbar, unmöglich); die **Unannehmbarkeit**

Un·an·nehm·lich·kei·ten *Mz.,* die: - (unangenehme Sache, Ärger)

T
U
V
W
X
Y
Z

un·an·sehn·lich: (nicht gut aussehend); die **Unansehnlichkeit**

un·an·stän·dig: einen unanständigen (anstössigen) Witz erzählen – sich unanständig (ungehörig) benehmen; die **Unanständigkeit**

un·an·tast·bar: etwas ist unantastbar (darf nicht angetastet werden); die **Unantastbarkeit**

Un·art, die: -, -en (schlechte Angewohnheit); **unartig:** ein unartiges (ungezogenes, freches) Kind; die **Unartigkeit**

un·auf·fäl·lig; sie hat ein unauffälliges (unscheinbares) Kleid an; die **Unauffälligkeit**

un·auf·find·bar: das Buch war unauffindbar

un·auf·halt·sam: unaufhaltsam stieg das Hochwasser; **unaufhaltbar;** die **Unaufhaltsamkeit**

un·auf·hör·lich: es regnet seit gestern unaufhörlich (ohne Unterbrechung, dauernd)

un·auf·lös·bar: unauflösbar verbunden sein; die **Unauflösbarkeit**

un·auf·merk·sam: im Unterricht unaufmerksam (zerstreut, unkonzentriert) sein; die **Unaufmerksamkeit**

un·auf·rich·tig: er war unaufrichtig (nicht ehrlich); die **Unaufrichtigkeit**

un·auf·schieb·bar: die Operation war unaufschiebbar; die **Unaufschiebbarkeit**

un·aus·bleib·lich: eine unausbleibliche (mit Sicherheit eintretende) Folge

un·aus·führ·bar: ein unausführbarer (nicht durchführbarer) Befehl; die **Unausführbarkeit**

un·aus·ge·gli·chen: (sprunghaft im Wesen); die **Unausgeglichenheit**

un·aus·sprech·lich: die Freude war unaussprechlich (unbeschreiblich, unglaublich) gross; **unaussprechbar**

un·aus·steh·lich: ein unausstehliches (unerträgliches, sehr lästiges) Kind; die **Unausstehlichkeit**

un·aus·weich·lich: das Eingreifen ist unausweichlich (absolut notwendig)

un·bän·dig: einen unbändigen (sehr grossen) Hunger haben – ein unbändiger (wilder, ungebändigter) Junge

un·bar: (bargeldlos)

un·barm·her·zig: er beharrt unbarmherzig (hart, brutal) auf seinen Forderungen; die **Unbarmherzigkeit**

un·be·ant·wort·bar: die Frage ist unbeantwortbar (es gibt keine schlüssige Antwort); **unbeantwortet**

un·be·dacht: etwas unbedacht (ohne Überlegung) sagen; **unbedachterweise;** die **Unbedachtheit;** die **Unbedachtsamkeit**

un·be·darft: (unerfahren, unbedeutend); die **Unbedarftheit**

un·be·denk·lich: (ohne Bedenken); die **Unbedenklichkeit**

un·be·dingt: er will unbedingt (auf jeden Fall, um jeden Preis) gewinnen – unbedingt (ganz gewiss)!; die **Unbedingtheit**

un·be·ein·fluss·bar: ein unbeeinflussbarer (nicht zu verändernder) Wille; die **Unbeeinflussbarkeit**

un·be·fan·gen: unbefangen (ungezwungen, ohne Scheu) sein; die **Unbefangenheit**

un·be·fugt: unbefugt (eigenmächtig) handeln; der/die **Unbefugte:** kein Zutritt für Unbefugte!

un·be·greif·lich: (unerklärlich, unfassbar); **unbegreiflicherweise;** die **Unbegreiflichkeit**

un·be·grenzt: (ohne Einschränkung, unendlich); auf unbegrenzte Zeit; die **Unbegrenztheit**

un·be·grün·det: ein unbegründeter (grundloser, abwegiger) Verdacht

un·be·hag·lich: eine unbehagliche (ungemütliche, unfreundliche) Wohnung – mir ist unbehaglich (unwohl); das **Unbehagen;** die **Unbehaglichkeit**

un·be·hel·ligt: (unbelästigt, unbehindert)

un·be·herrscht: (aufbrausend, jähzornig); die **Unbeherrschtheit**

un·be·hol·fen: (ungeschickt, umständlich); die **Unbeholfenheit**

un·be·irrt (un·be·irrt): unbeirrt (beharrlich, zielstrebig) seinen Weg gehen; **unbeirrbar** (nicht zu beeinflussen); die **Unbeirrbarkeit;** die **Unbeirrtheit**

un·be·kannt: eine Anzeige gegen unbekannt – nach unbekannt verzogen sein – ein unbekannter (fremder) Mann; aber: der grosse Unbekannte – eine Gleichung mit mehreren Unbekannten; **unbekannterweise;** die **Unbekanntheit**

un·be·küm·mert: (ohne Sorgen, gleichgültig); die **Unbekümmertheit**

un·be·lehr·bar: ein unbelehrbarer (eigensinniger) Mensch; die **Unbelehrbarkeit**

T
U
V
W
X
Y
Z

ụn·be·liebt: unbeliebt (nicht gern gesehen) sein; die **Unbeliebtheit**

ụn·be·merkt: (heimlich, verstohlen)

ụn·be·nom·men: es bleibt dir unbenommen (freigestellt)

ụn·be·quem: ein unbequemer (ungemütlicher) Sessel – er ist ein unbequemer (lästiger) Gast – unbequeme (peinliche) Fragen stellen; die **Unbequemlichkeit**

ụn·be·re·chen·bar: er ist unberechenbar (wankelmütig, launenhaft); die **Unberechenbarkeit**

ụn·be·rech·tigt: (ohne Berechtigung, zu Unrecht); **ụnberechtigterweise**

ụn·be·rührt: das Essen unberührt lassen (stehen lassen) – eine unberührte Landschaft – die Nachricht liess sie unberührt (ergriff sie nicht); die **Unberührtheit**

ụn·be·scha·det: unbeschadet (trotz) seiner Verdienste; **unbeschädigt**

ụn·be·schol·ten: ein unbescholtener (rechtschaffener, ehrenhafter) Mensch; die **Unbescholtenheit**

ụn·be·schrankt: ein unbeschrankter (nicht durch Schranken geschützter) Bahnübergang

ụn·be·schränkt: (ohne jede Einschränkung, unbegrenzt); unbeschränkte Vollmachten haben; die **Unbeschränktheit**

ụn·be·schreib·lich: eine unbeschreiblich schöne Landschaft; **unbeschrieben:** *ein unbeschriebenes Blatt sein* (unbekannt, unerfahren sein)

ụn·be·schwert: eine unbeschwerte (sorglose, heitere) Kindheit; die **Unbeschwertheit**

un·be·se·hen: sie nimmt die Ware unbesehen (ohne Prüfung, ohne zu überlegen)

un·be·sieg·bar: die Sportlerin ist unbesiegbar (nicht zu schlagen)

ụn·be·son·nen: unbesonnen (ohne Überlegung) handeln; die **Unbesonnenheit**

ụn·be·sorgt: (guten Gewissens, beruhigt); sei unbesorgt!

ụn·be·stän·dig: (schwankend, wechselhaft, veränderlich); die **Unbeständigkeit**

ụn·be·stech·lich: (nicht zu bestechen); die **Unbestechlichkeit**

ụn·be·stimmt: sie verreist auf unbestimmte Zeit – es ist noch unbestimmt (unklar, zweifelhaft), ob ich komme – ein unbestimmtes Fürwort; **unbestimmbar; die Unbestimmbarkeit; die Unbestimmtheit**

un·be·streit·bar: ihre Verdienste sind unbestreitbar; **ụnbestritten** (allgemein anerkannt)

ụn·be·tei·ligt: unbeteiligt (nicht betroffen, nicht interessiert) sein; der/die **Unbeteiligte;** die **Unbeteiligtheit**

un·beug·sam: sie besitzt einen unbeugsamen (unbeeinflussbaren, unerbittlichen) Willen; die **Unbeugsamkeit**

ụn·be·wacht: ein unbewachter Bahnübergang

ụn·be·wäl·tigt: (innerlich nicht verarbeitet); die unbewältigte Vergangenheit

ụn·be·weg·lich: ein unbewegliches Gelenk – er machte ein unbewegliches Gesicht; die **Unbeweglichkeit; unbewegt**

ụn·be·wusst: ein unbewusstes (unabsichtliches) Handeln; das **Unbewusste;** die **Unbewusstheit**

un·be·zahl·bar: (viel zu teuer); sein Können ist unbezahlbar (grossartig); die **Unbezahlbarkeit**

un·be·zähm·bar: (nicht mehr zu zügeln); die **Unbezähmbarkeit**

un·be·zwing·bar: eine unbezwingbare Festung; **unbezwinglich**

Ụn·bil·den *Mz.,* die: -; die Unbilden (Unannehmlichkeiten) des Wetters; die **Unbill:** Unbill (Unrecht, üble Behandlung) ertragen müssen; **unbillig:** eine unbillige (ungerechte) Behandlung

ụn·bot·mäs·sig: (frech, aufrührerisch); die **Unbotmässigkeit**

ụn·brauch·bar: (nicht zu verwenden); die **Unbrauchbarkeit**

ụnd ⟨u.⟩: du und ich – und vieles andere auch – na und (was macht das schon)? – und so fort ⟨usf.⟩ – und so weiter ⟨usw.⟩ – und dergleichen ⟨u. dgl.⟩ – und Ähnliche(s) ⟨u. Ä.⟩ – und folgende Seiten – und zwar

ụn·dank·bar: ein undankbares Kind; der **Undank:** *Undank ist der Welt Lohn*; die **Undankbarkeit**

Un·der·ground *engl.* [ạndergraund], der: -s (Untergrund, künstlerische Protestbewegung)

Un·der·state·ment *engl.* [anderstẹtment], das: -s, -s (bescheidenes Untertreiben)

Ụn·ding, das: -(e)s, -e (etwas Widersinniges); *ein Unding (absolut unsinnig) sein*

un·duld·sam: ein unduldsamer Vorgesetzter; die **Unduldsamkeit**

un·durch·dring·lich: ein undurchdringlicher (unzugänglicher) Urwald – er machte eine undurchdringliche (verschlossene) Miene; **undurchdringbar**

un·e·ben: ein unebener (holpriger) Weg – ein unebenes (hügeliges) Gelände; die **Unebenheit**

un·echt: sie trägt einen unechten (künstlichen, nachgemachten) Schmuck; die **Unechtheit**

un·e·he·lich: ein uneheliches (nicht eheliches) Kind; die **Unehelichkeit**

un·ehr·er·bie·tig: (respektlos); die **Unehrerbietigkeit**

un·ehr·lich: (nicht aufrichtig); **unehrenhaft; die Unehrenhaftigkeit;** die **Unehrlichkeit**

un·ei·gen·nüt·zig: uneigennützig (selbstlos) handeln; die **Uneigennützigkeit**

un·ei·nig: sie sind uneinig (zerstritten, verschiedener Meinung); die **Uneinigkeit; uneins:** mit jemandem uneins (nicht einig) sein

un·emp·find·lich: (gefühllos, gleichgültig); die **Unempfindlichkeit**

un·end·lich: dein Besuch hat mich unendlich (sehr) gefreut – eine unendliche (grenzenlose) Geduld haben – unendliche Mal(e); aber: die Strasse scheint bis ins Unendliche zu führen; die **Unendlichkeit**

un·ent·behr·lich: (unbedingt notwendig); die **Unentbehrlichkeit**

un·ent·gelt·lich: unentgeltlich (ohne Bezahlung, gratis, kostenlos) Arbeiten verrichten; die **Unentgeltlichkeit**

un·ent·schie·den: der Wettkampf endete unentschieden (punktgleich) – er zeigt sich noch unentschieden (unentschlossen); das **Unentschieden;** die **Unentschiedenheit**

un·ent·wegt: sie weinte unentwegt (ohne Unterbrechung) – er arbeitet unentwegt (unermüdlich, unverdrossen); der/die **Unentwegte** (Unbeirrbare)

un·er·bitt·lich: sie blieb in dieser Sache unerbittlich (unnachgiebig, unbeugsam); die **Unerbittlichkeit**

un·er·fah·ren: er ist in seinem Beruf noch unerfahren (ohne Erfahrung); die **Unerfahrenheit**

un·er·find·lich: aus unerfindlichen (unerklärlichen) Gründen

un·er·forsch·lich: das Geheimnis ist unerforschlich (bleibt ungelüftet)

un·er·freu·lich: eine unerfreuliche (unangenehme) Nachricht

un·er·füll·bar: unerfüllbare Wünsche

un·er·gie·big: eine unergiebige (wenig fruchtbare) Arbeit; die **Unergiebigkeit**

un·er·gründ·lich: (unerforschlich); **unergründbar;** die **Unergründlichkeit**

un·er·heb·lich: ein unerheblicher (kleiner, unwichtiger) Schaden; die **Unerheblichkeit**

un·er·hört: das ist unerhört (unglaublich, empörend) – das ist unerhört (unglaublich) billig; aber: seine Bitte blieb unerhört (nicht erfüllt)

un·er·klär·lich: diese Entscheidung ist mir unerklärlich; **unerklärbar;** die **Unerklärbarkeit**

un·er·läss·lich: eine unerlässliche (unbedingt notwendige) Voraussetzung

un·er·mess·lich: (unendlich, riesengross); aber: das Unermessliche – ins Unermessliche steigen; die **Unermesslichkeit**

un·er·müd·lich: unermüdlich (beharrlich, fleissig) arbeiten; die **Unermüdlichkeit**

un·er·reich·bar: ein unerreichbares Können; die **Unerreichbarkeit; unerreicht**

un·er·sätt·lich: er hat ein unersättliches (unmässiges, massloses) Verlangen – er ist unersättlich (nicht zufrieden zu stellen); die **Unersättlichkeit**

un·er·schöpf·lich: (reichlich, unendlich); ein unerschöpfliches Thema; die **Unerschöpflichkeit**

un·er·schro·cken: (mutig, kühn); die **Unerschrockenheit**

un·er·schüt·ter·lich: eine unerschütterliche (durch nichts zu verändernde) Geduld; die **Unerschütterlichkeit**

un·er·schwing·lich: (zu teuer)

un·er·setz·bar: ein unersetzbarer Verlust; **unersetzlich;** die **Unersetzlichkeit**

un·er·spriess·lich: ein unerspriessliches (unfruchtbares, keinen Nutzen bringendes) Gespräch

un·er·träg·lich: (schrecklich, unausstehlich); die **Unerträglichkeit**

un·er·war·tet: ein unerwarteter (plötzlicher, unvorhergesehener) Entschluss; das **Unerwartete**

UNESCO = United Nations Educational,

Scientific and Cultural Organization (Organisation der Vereinten Nationen für Erziehung, Wissenschaft und Kultur)

un·fä·hig: er ist unfähig (ungeeignet, nicht imstande) diese Aufgabe zu lösen; die **Unfähigkeit**

un·fair *engl. [unfär]*: ein unfaires (gemeines, nicht anständiges) Verhalten, Handeln; die **Unfairness**

Un·fall, der: -(e)s, Unfälle (Zusammenstoss, Unglück); der **Unfallarzt;** die **Unfallärztin;** der/die **Unfallbeteiligte;** die **Unfallgefahr;** der **Unfallhergang;** die **Unfallhilfe;** die **Unfallflucht; unfallfrei; unfallgeschädigt;** das **Unfallopfer;** der **Unfallort;** der **Unfallschutz;** die **Unfallstation;** die **Unfallstelle;** die **Unfallursache;** der/die **Unfallverletzte;** der **Unfallwagen** (Rettungswagen)

un·fass·bar: auch: **unfasslich** (nicht zu begreifen, unglaublich)

un·fehl·bar: mit unfehlbarer Sicherheit – er wird unfehlbar (sicher, unweigerlich) in sein Unglück rennen; die **Unfehlbarkeit**

un·flä·tig: (anstössig, grob, unanständig); der **Unflat** (Schmutz, Dreck, Beschimpfungen); die **Unflätigkeit**

un·för·mig: (missgestaltet); ihr Arm war unförmig angeschwollen; die **Unförmigkeit; unförmlich** (unförmig, zwanglos)

un·frei: ein unfreies Leben führen; der/die **Unfreie;** die **Unfreiheit; unfreiwillig**

un·freund·lich: er ist ein unfreundlicher (unhöflicher) Mensch – ein unfreundliches (regnerisches, kaltes) Wetter; die **Unfreundlichkeit**

Un·frie·de, der: -ns; auch: der **Unfrieden:** mit jemandem in Unfrieden (Streit) leben

un·frucht·bar: ein unfruchtbarer Boden; die **Unfruchtbarkeit**

Un·fug, der: -(e)s; groben Unfug (Unsinn) treiben

Un·garn, -s (Staat in Europa); der **Ungar;** die **Ungarin; ungarisch:** die ungarische Sprache; aber: auf Ungarisch

un·ge·ach·tet: ungeachtet (trotz) seines Alters – ungeachtet dessen (ohne Rücksicht darauf)

un·ge·ahnt: ungeahnte (nicht vorauszusehende) Möglichkeiten

un·ge·bär·dig: ein ungebärdiges (wildes, ausgelassenes) Kind; die **Ungebärdigkeit**

un·ge·be·ten: ungebetene (nicht willkommene) Gäste

un·ge·bräuch·lich: (nicht üblich)

un·ge·bühr·lich: sich ungebührlich (ungezogen, ungehörig) benehmen; auch: **ungebührend;** die **Ungebührlichkeit**

un·ge·bun·den: völlig ungebunden leben; die **Ungebundenheit**

un·ge·deckt: der Spieler war ungedeckt – ein ungedeckter Scheck

un·ge·dul·dig: (erwartungsvoll, aufgeregt); die **Ungeduld**

un·ge·fähr: ungefähr (etwa) zehn Meter – ein ungefährer (nicht sehr genauer) Bericht – das passiert nicht von ungefähr (nicht zufällig) – wie von ungefähr (scheinbar zufällig)

un·ge·hal·ten: der Lehrer war sehr ungehalten (ärgerlich, aufgebracht); die **Ungehaltenheit**

un·ge·heu·er: er strengt sich ungeheuer (sehr, gewaltig) an – eine ungeheure (gewaltige) Leistung; aber: das Ungeheure – ins Ungeheure steigen; das **Ungeheuer** (grosses, Furcht erregendes Tier; Monster); **ungeheuerlich:** das ist ungeheuerlich (unerhört)!; die **Ungeheuerlichkeit**

un·ge·hö·rig: er gab eine ungehörige (freche, unhöfliche) Antwort; die **Ungehörigkeit**

un·ge·hor·sam: ein ungehorsames (ungezogenes) Kind; der **Ungehorsam**

Un·geist, der: -(e)s (schädliche Gesinnung)

un·ge·le·gen: zu ungelegener (unpassender) Zeit; die **Ungelegenheiten** *Mz.* (Verdruss)

un·ge·lenk: (ungeschickt, unbeholfen); **ungelenkig** (steif); die **Ungelenkigkeit**

un·ge·lernt: ein ungelernter Angestellter; der/die **Ungelernte**

Un·ge·mach, das: -(e)s (Unglück, Unannehmlichkeit); Ungemach auf sich nehmen

un·ge·mein: er ist ungemein (sehr) tüchtig

un·ge·nau: ungenau rechnen; die **Ungenauigkeit**

un·ge·niert *[unschenirt]*: sich ungeniert (zwanglos) am Gespräch beteiligen; die **Ungeniertheit**

un·ge·niess·bar: ein ungeniessbares (verdorbenes) Essen – er ist heute wieder ungeniessbar (unerträglich, schlecht gelaunt); die **Ungeniessbarkeit**

un·ge·nü·gend: ungenügende (mangelhafte) Leistungen – er hat sich ungenügend auf

T
U
V
W
X
Y
Z

die Prüfung vorbereitet – sie bekam die Note „ungenügend"; das **Ungenügen** (Unzulänglichkeit)

un·ge·ra·de: eine ungerade (nicht durch 2 teilbare) Zahl

un·ge·ra·ten: ein ungeratenes (missratenes) Kind

un·ge·recht: (gemein, einseitig); ein ungerechtes Urteil; **ungerechterweise; ungerechtfertigt;** die **Ungerechtigkeit**

un·ge·rührt: er hat die Nachricht völlig ungerührt (gleichgültig, unbeteiligt) aufgenommen; die **Ungerührtheit**

un·ge·schickt: sich ungeschickt (unbeholfen, hilflos) anstellen; das **Ungeschick; ungeschicklich;** die **Ungeschicklichkeit;** die **Ungeschicktheit**

un·ge·schlacht: ein ungeschlachter (plumper, grober) Kerl; die **Ungeschlachtheit**

un·ge·schminkt: ein ungeschminktes Gesicht – er sagt ungeschminkt (klar und deutlich, aufrichtig) seine Meinung

un·ge·scho·ren: *ungeschoren bleiben/davonkommen* (keinen Schaden haben) – *jemanden ungeschoren lassen* (ihn nicht behelligen)

un·ge·schrie·ben: ein ungeschriebenes Gesetz

un·ge·setz·lich: eine ungesetzliche (gesetzwidrige) Handlung; die **Ungesetzlichkeit**

un·ge·stalt: (von Natur aus missgestaltet); **ungestaltet** (noch nicht gestaltet)

un·ge·stört: ungestört (unbehindert, in Ruhe) arbeiten; die **Ungestörtheit**

un·ge·stüm: ungestüm (heftig, schnell) angreifen – eine ungestüme (temperamentvolle) Begrüssung; das **Ungestüm:** das kindliche Ungestüm – mit Ungestüm

un·ge·trübt: eine ungetrübte (unbeschwerte) Stimmung; die **Ungetrübtheit**

Un·ge·tüm, das: -(e)s, -e (Ungeheuer, Scheusal, Monstrum)

un·ge·wandt: (ungeschickt); die **Ungewandtheit**

un·ge·wiss: es ist noch ungewiss (zweifelhaft, offen, fraglich), ob wir verreisen; aber: im Ungewissen bleiben – eine Fahrt ins Ungewisse – jemanden im Ungewissen lassen; die **Ungewissheit**

Un·ge·wit·ter, das: -s, - (Unwetter)

un·ge·wöhn·lich: ein ungewöhnliches (ausgefallenes) Geschenk – ein ungewöhnlich

(erstaunlich) schönes Bild; die **Ungewöhnlichkeit; ungewohnt** (ungebräuchlich, nicht üblich)

un·ge·zählt: ungezählte Menschen; aber: Ungezählte kamen

Un·ge·zie·fer, das: -s (tierische Schädlinge, z. B. Läuse)

un·ge·zie·mend: sich ungeziemend (ungehörig) benehmen

un·ge·zo·gen: ein ungezogenes (freches, ungehorsames) Kind; die **Ungezogenheit**

un·ge·zü·gelt: ungezügelter (hemmungsloser, massloser) Freiheitsdrang

un·ge·zwun·gen: ein ungezwungenes (zwangloses, natürliches) Benehmen; die **Ungezwungenheit**

un·gläu·big: ungläubig sein (an allem zweifeln); **unglaubhaft** (unglaubwürdig); der/die **Ungläubige; unglaublich** (unbegreiflich, unerhört); **unglaubwürdig;** die **Unglaubwürdigkeit**

un·gleich: ungleiche (verschieden grosse) Füsse haben – ich arbeite ungleich (bei weitem) mehr als du; **ungleichartig; ungleichförmig;** das **Ungleichgewicht;** die **Ungleichheit; ungleichmässig** (unregelmässig, verschieden); die **Ungleichmässigkeit; ungleichnamig:** ungleichnamige Brüche

Un·glück, das: -(e)s, -e (Unfall, Missgeschick, Unheil); zu allem Unglück (obendrein) – *in sein Unglück rennen* (sich ohne sein Wissen in eine schlimme Lage bringen) – *ein Unglück kommt selten allein;* **unglücklich; unglücklicherweise** (leider); der **Unglücksbote; unglückselig; unglückseligerweise;** die **Unglückseligkeit;** der **Unglücksfall;** der **Unglücksmensch** (Pechvogel); der **Unglücksrabe** (Pechvogel); die **Unglücksstelle;** der **Unglückstag;** der **Unglücksvogel**

un·gnä·dig: (unfreundlich); die **Ungnade:** *in Ungnade sein* (die Gunst verloren haben)

un·gül·tig: eine ungültige Fahrkarte – ungültig werden (verfallen); die **Ungültigkeit;** die **Ungültigkeitserklärung**

un·güns·tig: (nachteilig, unangenehm); die **Ungunst:** das ist zu deinen Ungunsten (zu deinem Nachteil); auch: zuungunsten; die **Ungünstigkeit**

un·gut: eine ungute (unangenehme Situation) – ein unguter (böser) Mensch – nichts für ungut (es ist nicht so gemeint)!

T
U
V
W
X
Y
Z

un·halt·bar: unhaltbare (unerträgliche) Zustände – eine unhaltbare (ungerechtfertigte) Behauptung; die **Unhaltbarkeit**

Un·heil, das: -(e)s (Unglück, Übel); Unheil stiften, verkünden – Unheil bringend; **unheilbar:** unheilbar (unrettbar) krank sein; die **Unheilbarkeit; unheildrohend;** der **Unheilstifter; unheilvoll:** eine unheilvolle (bedrohliche, gefährliche) Lage

un·heim·lich: sich unheimlich (sehr) freuen – ein unheimlicher (schauerlicher) Anblick – er sah unheimlich (Furcht erregend) aus; die **Unheimlichkeit**

un·höf·lich: eine unhöfliche (unfreundliche, taktlose) Antwort; die **Unhöflichkeit**

Un·hold, der: -(e)s, -e (böser Geist, gefährlicher Mensch, Sittenstrolch)

u·ni franz. [*üni, ünj*]: uni (einfarbig, ungemustert) gefärbt; **unifarben**

UNICEF engl. [*unitsef*] = United Nations International Children's Emergency Fund; die: - (Kinderhilfswerk der UNO)

U·ni·form franz., die: -, -en (einheitliche Dienstkleidung); **uniform** (gleichförmig); das **Uniformhemd; uniformieren** (vereinheitlichen); der/die **Uniformierte;** die **Uniformierung**

U·ni·kum lat., das: -s, -s (Sonderling, seltsamer Mensch); das **Unikat** (einzige Ausfertigung)

U·ni·on lat., die: -, -en (Vereinigung, Bund)

U·ni·sex engl. (Verwischung der Unterschiede zwischen den Geschlechtern)

U·ni·ver·si·tät lat. [*uniwersität*], die: -, -en (Hochschule); das **Universitätsstudium**

U·ni·ver·sum lat. [*uniwersum*], das: -s, Universen (Weltall); **universal:** ein universales (umfassendes) Wissen haben; auch: **universell;** das **Universalgenie [...scheni]** (Alleskönner)

un·ken: (Böses prophezeien); die **Unke** (Krötenart); die **Unkenart;** der **Unkenruf** (ungünstige Voraussage)

un·kennt·lich: (nicht zu erkennen); die **Unkenntlichkeit;** die **Unkenntnis:** er hat aus Unkenntnis (aus Unwissenheit) gehandelt

un·klar: unklares (trübes) Wasser – er hat eine unklare (unbestimmte, verschwommene) Vorstellung – etwas nur unklar (undeutlich) erkennen; aber: jemanden im Unklaren (Ungewissen) lassen; die **Unklarheit**

Un·kos·ten Mz., die: -; viele Unkosten (Ausgaben, Auslagen) haben – *sich in Unkosten stürzen* (sehr viel Geld ausgeben); der **Unkostenbeitrag**

Un·kraut, das: -(e)s, Unkräuter (zwischen Nutzpflanzen wild wachsende Pflanzen); *Unkraut vergeht nicht;* die **Unkrautbekämpfung;** die **Unkrautvertilgung**

un·längst: unlängst (kürzlich, vor kurzem) habe ich sie gesehen

un·lau·ter: ein unlauterer (nicht ehrlicher) Wettkampf

un·leid·lich: unleidlich (schlecht gelaunt, unfreundlich) sein; die **Unleidlichkeit**

un·leug·bar: (sicher)

un·lieb·sam: ein unliebsames (unangenehmes) Ereignis; **unlieb; unliebenswürdig;** die **Unliebsamkeit**

Un·lust, die: - (Lustlosigkeit, Abneigung); das **Unlustgefühl; unlustig**

Un·mas·se, die: -, -n (sehr grosse Menge); Unmassen von Fussgängern

un·mäs·sig: (masslos, sehr); das **Unmass;** die **Unmässigkeit**

Un·men·ge, die: -, -n (sehr grosse Menge)

Un·mensch, der: -en, -en (Rohling, Scheusal); *kein Unmensch sein* (sich als nachgiebig erweisen); **unmenschlich:** eine unmenschliche (grausame) Härte – es herrscht eine unmenschliche (unerträgliche) Hitze; die **Unmenschlichkeit**

un·merk·lich: (nicht wahrnehmbar, allmählich)

un·miss·ver·ständ·lich: etwas unmissverständlich (klar, nachdrücklich) sagen

un·mit·tel·bar: (sofort, direkt, gleich); die **Unmittelbarkeit**

un·mög·lich: etwas unmöglich machen (verhindern) – ich kann unmöglich (auf keinen Fall) kommen; aber: er verlangt Unmögliches – das Unmögliche möglich machen; die **Unmöglichkeit**

un·mün·dig: unmündige (noch nicht mündige, minderjährige) Kinder; die **Unmündigkeit**

Un·mut, der: -(e)s (Ärger, Unzufriedenheit, Missstimmung); **unmutig** (ärgerlich, mürrisch)

un·nach·gie·big: (hart, eigensinnig); die **Unnachgiebigkeit**

un·nach·sich·tig: unnachsichtig (unerbittlich) sein; die **Unnachsichtigkeit**

T U V W X Y Z

un·nah·bar: sie wirkt unnahbar (abweisend, verschlossen); die **Unnahbarkeit**

un·na·tür·lich: (künstlich, geziert); die **Unnatürlichkeit**

un·nö·tig: (nicht erforderlich, nicht nötig); **unnötigerweise**

un·nütz: (nutzlos); **unnützerweise**

UNO (Uno) = United Nations Organization (Organisation der Vereinten Nationen)

un·or·dent·lich: (ungeordnet, schlampig); die **Unordentlichkeit; die Unordnung**

un·par·tei·isch: er verhielt sich in dem Streit unparteiisch (neutral); der **Unparteiische** (Schiedsrichter); **unparteilich; die Unparteilichkeit**

un·pas·send: (unangebracht, ungelegen)

un·päss·lich: er fühlt sich unpässlich (unwohl, krank); die **Unpässlichkeit**

un·prak·tisch: eine unpraktische Einrichtung

Un·rast, die: - (Ruhelosigkeit, innere Unruhe)

Un·rat, der: -(e)s; Unrat (Schmutz, Abfall) beseitigen – *Unrat wittern* (Schlimmes ahnen)

Un·recht, das: -(e)s (Vergehen, Schuld); im Unrecht sein – ihm geschieht Unrecht – Unrecht behalten – Unrecht bekommen – Unrecht haben – zu Unrecht (fälschlich) – *sich ins Unrecht setzen* (unrecht handeln); **unrecht:** sich unrecht aufführen – unrecht sein – jemandem unrecht tun – in unrechte Hände fallen – am unrechten Platz sein – *unrecht Gut gedeiht nicht*; aber: etwas Unrechtes tun – *an den Unrechten kommen* (sich bei jemandem nicht durchsetzen können); **unrechtmässig** (gesetzwidrig); **unrechtmässigerweise;** die **Unrechtmässigkeit;** das **Unrechtsbewusstsein;** der **Unrechtsstaat**

un·red·lich: ein unredlicher (betrügerischer) Geschäftsmann; die **Unredlichkeit**

un·re·gel·mäs·sig: ein unregelmässiger Pulsschlag; die **Unregelmässigkeit**

un·reif: unreifes Obst – ein unreifer (nicht erwachsener) Mann; die **Unreife**

un·rein: unrein (nicht sauber) sein; aber: *etwas ins Unreine schreiben* (in noch nicht ausgearbeiteter Form niederschreiben); die **Unreinheit; unreinlich;** die **Unreinlichkeit**

un·ru·hig: unruhig (ruhelos) umherlaufen – unruhig (nervös) sein – er wohnt in einer unruhigen (verkehrsreichen) Gegend; die **Unruh** (Teil der Uhr); die **Unruhe;** der **Un-**ruheherd (Krisenherd); die **Unruhen** *Mz.* (Ausschreitungen); der **Unruhestifter** (Störenfried); die **Unruhestifterin**

uns: wann kommst du zu uns?

un·sach·lich: ein unsachliches (die Tatsachen nicht beachtendes) Gespräch; **unsachgemäss;** die **Unsachlichkeit**

un·sag·bar: unsagbar (sehr, unglaublich) reich sein; **unsäglich:** unsägliches (unbeschreibliches) Leid erdulden

un·sau·ber: (schmutzig, unrein); die **Unsauberkeit**

un·schätz·bar: (kostbar, wertvoll); er hat sich unschätzbare (ausserordentliche) Verdienste erworben

un·schein·bar: (unauffällig, nichts sagend, einfach); die **Unscheinbarkeit**

un·schick·lich: (ungebührlich, anstössig); die **Unschicklichkeit**

un·schlüs·sig: (unentschlossen, unentschieden); die **Unschlüssigkeit**

Un·schuld, die: - (Schuldlosigkeit); er konnte seine Unschuld beweisen – *die (gekränkte) Unschuld spielen* (übertrieben beleidigt sein); **unschuldig:** er war an dem Unfall unschuldig – sie hatte einen unschuldigen (reinen) Ausdruck im Gesicht; der/die **Unschuldige; unschuldigerweise;** der **Unschuldsengel;** die **Unschuldsmiene; unschuldsvoll** (unschuldig)

un·schwer: das war unschwer (mühelos, leicht) zu erraten

un·selb·stän·dig: ein unselbständiger (auf andere angewiesener) Mensch; auch: **unselbstständig;** der/die **Unselbständigerwerbende;** auch: der/die **Unselbstständigerwerbende;** die **Unselbständigkeit;** auch: die **Unselbstständigkeit**

un·se·lig: eine unselige (folgenschwere) Tat

un·ser: unser Haus – erbarme dich unser – unseres Erachtens ⟨u. E.⟩ – unseres Wissens ⟨u. W.⟩; aber: das Unsere; auch: das unsere – das Unsrige; auch: das unsrige – die Unseren; auch: die unseren; **unsereiner; unsereins; unser(er)seits; unser(e)sgleichen; unser(e)thalben; unser(e)twegen; um unser(e)twillen**

un·si·cher: eine unsichere (gefährliche) Gegend – unsicher (schwankend) gehen – er hat eine unsichere Hand – der Ausgang ist noch unsicher (ungewiss); aber: im Unsi-

T U V W X Y Z

cheren sein (zweifeln); die **Unsicherheit;** der **Unsicherheitsfaktor**

Ụn·sinn, der: -(e)s (Unfug, Dummheiten); Unsinn reden; **unsinnig; ụnsinnigerwẹise;** die **Unsinnigkeit**

Ụn·sịt·te, die: -, -n (schlechte Angewohnheit); **unsittlich** (anstössig); die **Unsittlichkeit**

ụn·so·zi·al: ein unsoziales (rücksichtsloses, erbarmungsloses) Benehmen

ụn·statt·haft: (verboten, gesetzwidrig)

un·stẹrb·lich: eine unsterbliche Seele – sich unsterblich verlieben – ein unsterbliches (unvergängliches) Werk; die **Unsterblichkeit**

ụn·stet: ein unstetes (ruheloses, unbeständiges) Leben führen; auch: **unstetig;** die **Unstetheit;** die **Unstetigkeit**

ụn·stim·mig: ein unstimmiges (nicht richtiges) Ergebnis; die **Unstimmigkeit** (Fehler, Meinungsverschiedenheit)

ụn·strei·tig: (sicher, unbestreitbar); auch: **unstrittig**

Ụn·sum·me, die: -, -n (sehr grosse Summe)

ụn·ta·de·lig: er führt ein untadeliges (ordentliches) Leben; auch: **untadlig**

Ụn·tat, die: -, -en (böse Tat, Verbrechen)

ụn·tä·tig: (faul, müssig); die **Untätigkeit**

ụn·taug·lich: (unfähig, unbrauchbar); die **Untauglichkeit**

un·teil·bar: (nicht teilbar); die **Unteilbarkeit; unteilhaftig**

ụn·ten: tief unten – weiter unten – unten drunter – er ist bei mir unten durch – von unten hinauf – der unten erwähnte Titel – das unten Erwähnte; auch: das Untenerwähnte – nicht wissen, was unten und oben ist – unten links – siehe unten ⟨s. u.⟩ – unten liegen – der unten stehende Abschnitt; aber: das unten Stehende – unten Stehendes; auch: das Untenstehende – Untenstehendes

ụn·ter: unter der Decke liegen – unter das Bett schauen – unter Wasser – unter die Leute gehen – unter Tage (in einem Bergwerk) arbeiten – Kinder unter acht Jahren – unter der Voraussetzung, dass – unter ander(e)m ⟨u. a.⟩ – 10° unter null – unter Umständen ⟨u. U.⟩ – unter uns (im Vertrauen) – unter der Hand (heimlich, unbemerkt); **unterst:** im untersten Fach; aber: *das Unterste zuoberst kehren* (alles gründlich durchsuchen)

ụn·ter·be·wusst: (unbewusst); das **Unterbewusstsein**

un·ter·bie·ten: den Preis unterbieten (herunterdrücken); die **Unterbietung**

un·ter·bịn·den: einen Streit unterbinden (verhindern); die **Unterbindung**

un·ter·blei·ben: etwas unterbleibt (es geschieht nicht)

un·ter·brẹ·chen: den Unterricht unterbrechen – jemanden unterbrechen (ihn hindern weiterzusprechen); die **Unterbrechung** (Störung, Pause); der **Unterbruch**

un·ter·brei·ten: einen Vorschlag unterbreiten (darlegen, etwas vorschlagen); die **Unterbreitung**

ụn·ter·brịn·gen: die Koffer im Auto unterbringen (verstauen) – die Gäste sind in einem Hotel untergebracht; die **Unterbringung**

un·ter·dẹs·sen: (inzwischen); auch: **unterdẹs**

un·ter·drü·cken: seinen Hunger unterdrücken (dämpfen, nicht aufkommen lassen) – er unterdrückte (knechtete) seine Untertanen – unterdrückt (unfrei) sein; der **Ụnterdruck;** der **Unterdrücker;** die **Unterdrückerin;** die **Unterdrückung** (das Unterdrücken, das Unterdrücktsein, Knechtschaft)

un·ter·ei·nạn·der (un·ter·ein·ạn·der): sie kennen sich untereinander gut – etwas untereinander (miteinander) vereinbaren – untereinander tauschen – untereinander liegen, stehen, stellen – etwas untereinander schreiben

Ụn·ter·er·näh·rung, die: - (mangelhaftes Ernährtsein); **unterernährt**

un·ter·fạn·gen: sich unterfangen etwas zu tun (etwas riskieren); das **Unterfangen** (Vorhaben, Wagnis)

Ụn·ter·füh·rung, die: -, -en (unterirdischer Weg, Tunnel); **unterführen:** eine Strasse wird unterführt

un·ter·ge·ben: er ist ihr untergeben (unterstellt); der/die **Untergebene:** er ist einer meiner Untergebenen

ụn·ter·ge·hen: die Sonne geht unter (sinkt) – seine Ansprache geht im Geschrei unter (wird übertönt) – ein untergehendes (sterbendes) Volk; der **Untergang;** die **Untergangsstimmung**

Ụn·ter·ge·schoss, das: -es, -e (Kelleretage)

T U V W X Y Z

Un·ter·grund, der: -(e)s; der Untergrund (die unterste Schicht) eines Gemäldes – im Untergrund (in einer geheimen Widerstandsbewegung) kämpfen; die **Untergrundbahn** ⟨U-Bahn⟩; die **Untergrundbewegung** (eine verbotene politische Gruppe); **untergründig;** der **Untergrundkämpfer;** die **Untergrundkämpferin;** die **Untergrundorganisation**

un·ter·halb: (am Fusse, tiefer, weiter unten); unterhalb des Weges

Un·ter·halt, der: -(e)s; für den Unterhalt (die Lebenskosten) seiner Familie aufkommen – für jemanden Unterhalt zahlen; **unterhalten:** er wird vom Staat unterhalten – er unterhält (pflegt) viele Freundschaften; der **Unterhaltsbeitrag; unterhaltpflichtig;** die **Unterhaltszahlung;** die **Unterhaltung:** die Unterhaltung (Instandhaltung) der Gebäude

Un·ter·hal·tung, die: -, -en; die Unterhaltung (das Gespräch) beenden – für die Unterhaltung der Gäste sorgen; **unterhalten:** sich mit jemandem unterhalten (mit ihm ein Gespräch führen) – jemanden unterhalten (ihm die Zeit vertreiben); der **Unterhalter;** die **Unterhalterin; unterhaltsam:** unterhaltsam (kurzweilig, interessant) erzählen; die **Unterhaltungsmusik;** das **Unterhaltungsprogramm;** die **Unterhaltungssendung**

un·ter·han·deln: (sich besprechen); der **Unterhändler;** die **Unterhändlerin;** die **Unterhandlung**

Un·ter·holz, das: -es (niedriges Gehölz im Wald)

un·ter·ir·disch: ein unterirdischer (unter der Erde befindlicher) Gang

un·ter·jo·chen: (unterwerfen, knechten); die **Unterjochung**

Un·ter·kie·fer, der: -s, - (Teil des Kiefers)

un·ter·kom·men: sie sind in der Pension gut untergekommen (untergebracht) – so etwas ist mir noch nicht untergekommen (passiert) – in einem Betrieb unterkommen (Anstellung finden); das **Unterkommen;** die **Unterkunft** (Unterkommen, Wohnung, Herberge)

un·ter·kühlt: ein unterkühltes (frostiges) Klima; die **Unterkühlung**

Un·ter·la·ge, die: -, -n (Aufzeichnung, Dokument)

un·ter·las·sen: sie hatte es unterlassen (versäumt) Hilfe zu holen – unterlass (verzichte auf) deine Bemerkungen!; der **Unterlass:** es schneite ohne Unterlass (ohne Unterbrechung); die **Unterlassung;** das **Unterlassungsdelikt;** die **Unterlassungsklage;** die **Unterlassungssünde**

un·ter·le·gen: ein Kissen unterlegen; aber: er ist ihm unterlegen (schwächer als er); die **Unterlage:** eine Unterlage aus Plastik; der/die **Unterlegene;** die **Unterlegenheit;** die **Unterlegung; unterliegen:** im Wettkampf unterliegen (verlieren)

un·term: unterm (unter dem) Tisch liegen

un·ter·ma·len: (umrahmen, begleiten, abrunden); die **Untermalung**

un·ter·mau·ern: er untermauert (stützt, begründet) seine Ausführungen mit Beispielen; die **Untermauerung**

Un·ter·mie·te, die: -; zur Untermiete wohnen; der **Untermieter;** die **Untermieterin**

un·ter·neh·men: (veranstalten); das **Unternehmen** (Vorhaben, grösserer Betrieb); die **Unternehmensberatung;** der **Unternehmer;** die **Unternehmerin; unternehmerisch;** die **Unternehmerschaft;** das **Unternehmertum;** die **Unternehmung;** der **Unternehmungsgeist** (die Energie); die **Unternehmungslust; unternehmungslustig**

Un·ter·of·fi·zier, der: -s, -e (Sammelbegriff für verschiedene Dienstgrade); die **Unteroffiziersschule**

un·ter·ord·nen: sich unterordnen (sich fügen) – eine untergeordnete (geringere) Bedeutung haben; die **Unterordnung**

Un·ter·pfand, das: -(e)s, ...pfänder; ein Unterpfand (Zeichen, Beweis) der Treue

un·ter·pri·vi·le·giert: ein unterprivilegierter (benachteiligter, unterdrückter) Mensch; der/die **Unterprivilegierte**

Un·ter·re·dung, die: -, -en (Besprechung); sich **unterreden** (etwas besprechen)

Un·ter·richt, der: -(e)s (Schule, Unterweisung, Ausbildung); **unterrichten:** er unterrichtet an einer Hauptschule – ich wurde davon nicht unterrichtet (in Kenntnis gesetzt) – sich unterrichten (sich informieren); **unterrichtlich;** das **Unterrichtsfach; unterrichtsfrei;** die **Unterrichtsstunde;** die **Unterrichtung** (Information)

un·ters: unters (unter das) Bett sehen

un·ter·sa·gen: sie untersagt (verbietet) ihm zu rauchen; die **Untersagung**

Un·ter·satz, der: -es, Untersätze; einen Untersatz für einen heissen Topf suchen – ein fahrbarer Untersatz (Auto)

un·ter·schät·zen: (nicht ernst nehmen, unterbewerten)

un·ter·schei·den: er kann keine Farben unterscheiden (auseinander halten) – sich von etwas unterscheiden (abheben); **unterscheidbar;** die **Unterscheidung;** das **Unterscheidungsmerkmal;** der **Unterschied:** ein Unterschied wie Tag und Nacht (ein sehr grosser Unterschied); **unterschiedlich** (verschieden); die **Unterschiedlichkeit; unterschiedslos** (ohne Unterschied, gleich)

un·ter·schie·ben: ein Kissen unterschieben (unterlegen) – aber: jemandem Feigheit unterschieben (unterstellen); die **Unterschiebung**

un·ter·schla·gen: er hat Geld unterschlagen (veruntreut) – eine Nachricht unterschlagen (verschweigen, nicht erwähnen); die **Unterschlagung**

Un·ter·schleif, der: -(e)s, -e (Unterschlagung, Betrug)

Un·ter·schlupf, der: -(e)s, Unterschlüpfe; jemandem Unterschlupf (Zuflucht, Unterkunft) gewähren; **unterschlüpfen**

Un·ter·schrift, die: -, -en; seine Unterschrift geben (etwas bestätigen); **unterschreiben;** die **Unterschriftenaktion; unterschriftsberechtigt; unterschriftsreif**

un·ter·schwel·lig: (unbewusst)

un·ter·setzt: ein untersetzter (kleiner, aber kräftig gebauter) Mann; der **Untersetzer** (Schale für Blumentöpfe u. a.); die **Untersetztheit**

Un·ter·stand, der: -(e)s, ...stände (unterirdischer Schutzraum, Bunker)

un·ter·ste·hen: er untersteht mir (ist mir untergeordnet) – untersteh dich (wehe dir)! – sich unterstehen (sich anmassen); aber: bei Regen unterstehen (unter einem schützenden Dach stehen); der **Unterstand**

un·ter·stel·len: jemandem böse Absichten unterstellen (unberechtigt vorwerfen); aber: sein Fahrrad unterstellen; die **Unterstellung** (böswillige Behauptung)

un·ter·strei·chen: Wörter unterstreichen – eine Aussage unterstreichen (betonen); die **Unterstreichung**

un·ter·stüt·zen: (Hilfe, Beistand gewähren); er unterstützt arme Leute – ein Gesuch unterstützen (befürworten); die **Unterstützung; unterstützungsbedürftig**

un·ter·su·chen: der Arzt untersucht den Kranken – die Polizei untersucht einen Mordfall; die **Untersuchung;** auch: der **Untersuch;** der **Untersuchungsausschuss;** der/die **Untersuchungsgefangene;** die **Untersuchungshaft** 〈U-Haft〉; der **Untersuchungsrichter;** die **Untersuchungsrichterin**

Un·ter·ta·ge·ar·bei·ter, der: -s, - (Bergarbeiter, der unter Tage arbeitet); der **Untertagebau**

un·ter·tags: untertags (tagsüber) arbeiten

un·ter·tan: er ist ihm untertan (untergeben); der **Untertan; untertänig** (ergeben, unterwürfig): untertänigst um Verzeihung bitten; die **Untertänigkeit;** die **Untertanin**

Un·ter·tas·se, die: -, -n; die fliegende Untertasse (angeblich gesichtetes, rundes, flaches Raumschiff von einem anderen Planeten)

un·ter·tei·len: (einteilen, gliedern); das/der **Unterteil;** die **Unterteilung**

un·ter·trei·ben: (etwas als unbedeutender hinstellen, als es ist); die **Untertreibung**

un·ter·wan·dern: eine Armee unterwandern (heimlich in sie eindringen und sie zersetzen); die **Unterwanderung**

Un·ter·wä·sche, die: -; teure Unterwäsche tragen

un·ter·wegs: er ist schon Stunden unterwegs (auf dem Wege)

un·ter·wei·sen: jemanden unterweisen (anleiten, unterrichten); die **Unterweisung**

Un·ter·welt, die: -; in die Unterwelt (das Totenreich) kommen – der Unterwelt (Welt der Verbrecher) angehören

un·ter·wer·fen: ein Volk, Land unterwerfen (bezwingen, sich untertan machen) – sich jemandem unterwerfen (sich ergeben) – sich einem Richterspruch unterwerfen; die **Unterwerfung; unterwürfig** (ergeben); die **Unterwürfigkeit**

un·ter·zeich·nen: (unterschreiben); der/die **Unterzeichnete;** die **Unterzeichnung**

un·ter·zie·hen: sie unterzieht sich einer Prüfung (sie lässt sich prüfen)

Un·tie·fe, die: -, -n (seichte Stelle; auch: sehr grosse Tiefe); **untief** (flach, seicht)

Un·tier, das: -(e)s, -e (Ungeheuer, Scheusal)
un·trag·bar: untragbare (unhaltbare) Zustände; die **Untragbarkeit**
un·treu: (treulos, verräterisch); die **Untreue**
un·trüg·lich: er hat untrügliche (ganz sichere) Beweise
un·über·biet·bar: (unübertrefflich)
un·über·brück·bar: (unüberwindlich, unbezwinglich)
un·über·hör·bar: (laut, dominant)
un·über·legt: (unbedacht, kopflos, leichtfertig); die **Unüberlegtheit**
un·über·seh·bar: eine unübersehbare (unendliche) Menschenmenge – das ist unübersehbar (offensichtlich)
un·über·sicht·lich: eine unübersichtliche (schlecht überschaubare) Kurve – die Lage ist unübersichtlich (verworren); die **Unübersichtlichkeit**
un·über·treff·lich: (unschlagbar); **unübertroffen**
un·um·gäng·lich: (unabwendbar, nötig); die **Unumgänglichkeit**
un·um·schränkt: unumschränkt (ohne Einschränkung, absolut) herrschen
un·um·stöss·lich: mein Entschluss ist unumstösslich (endgültig); die **Unumstösslichkeit**
un·um·strit·ten: (eindeutig, einstimmig)
un·um·wun·den: etwas unumwunden (aufrichtig, offen) zugeben
un·un·ter·bro·chen: ununterbrochen (dauernd) schwätzen
un·ver·ant·wort·lich: (leichtsinnig); die **Unverantwortlichkeit**
un·ver·äus·ser·lich: unveräusserliche (unverzichtbare) Rechte – ein unveräusserlicher (unverkäuflicher) Besitz
un·ver·bes·ser·lich: (nicht zu ändern); die **Unverbesserlichkeit**
un·ver·bind·lich: eine unverbindliche (nicht bindende) Auskunft geben; die **Unverbindlichkeit**
un·ver·bleit: unverbleites (bleifreies) Benzin tanken
un·ver·blümt: unverblümt (freimütig, aufrichtig) seine Meinung sagen
un·ver·brüch·lich: jemandem unverbrüchlich (ganz fest) die Treue halten
un·ver·dient: (unberechtigt); **unverdientermassen; unverdienterweise**

un·ver·dros·sen: (beharrlich); die **Unverdrossenheit**
un·ver·ein·bar: das ist mit meinem Gewissen unvereinbar; die **Unvereinbarkeit**
un·ver·fäng·lich: (nicht bedenklich, harmlos); die **Unverfänglichkeit**
un·ver·fro·ren: (frech, ziemlich unverschämt); die **Unverfrorenheit**
un·ver·gäng·lich: (ewig dauernd); die **Unvergänglichkeit**
un·ver·gess·lich: eine unvergessliche Zeit
un·ver·gleich·lich: (nicht vergleichbar, aussergewöhnlich); **unvergleichbar**
un·ver·hält·nis·mäs·sig: (übermässig); die **Unverhältnismässigkeit**
un·ver·hofft: ein unverhofftes (nicht erwartetes) Wiedersehen – *unverhofft kommt oft*
un·ver·hoh·len: unverhohlen (offen, aufrichtig) seine Meinung sagen
un·ver·kenn·bar: sein Lachen ist unverkennbar (typisch, bezeichnend)
un·ver·letz·bar: (nicht zu verwunden); **unverletzlich;** die **Unverletzlichkeit**
un·ver·meid·bar: (unabwendbar, nötig); **unvermeidlich:** sich in das Unvermeidliche fügen
un·ver·min·dert: mit unverminderter (nicht geringer gewordener) Kraft
un·ver·mit·telt: unvermittelt (plötzlich, ohne Übergang) fragte er uns
Un·ver·mö·gen, das: -s (Unfähigkeit); **unvermögend** (ohne Vermögen, nicht imstande)
un·ver·mu·tet: (plötzlich)
Un·ver·nunft, die: - (Dummheit); **unvernünftig** (töricht, unüberlegt); die **Unvernünftigkeit**
un·ver·rich·tet: (nicht getan, nicht erledigt); **unverrichteterdinge:** unverrichteterdinge (erfolglos, ohne etwas erreicht zu haben) kam er zurück; auch: unverrichteter Dinge
un·ver·rück·bar: eine unverrückbare (unumstössliche) Tatsache
un·ver·schämt: (frech, schamlos); die **Unverschämtheit**
un·ver·se·hens: unversehens (unerwartet, plötzlich) stand sie vor mir
un·ver·sehrt: (heil, nicht beschädigt); die **Unversehrtheit**
un·ver·stän·dig: (unklug); **unverständlich** (unbegreiflich, unklar); die **Unverständlichkeit;** der **Unverstand** (Dummheit); das **Unverständnis** (Mangel an Verständnis)

un·ver·träg·lich: unverträgliche Speisen – er ist ein unverträglicher Mensch; die **Unverträglichkeit**

un·ver·wandt: jemanden unverwandt (unaufhörlich, ununterbrochen) anstarren

un·ver·wech·sel·bar: (aussergewöhnlich); die **Unverwechselbarkeit**

un·ver·wüst·lich: ein unverwüstliches (sehr haltbares) Leder; die **Unverwüstlichkeit**

un·ver·zagt: (mutig, beherzt); die **Unverzagtheit**

un·ver·züg·lich: (gleich, sofort)

un·voll·stän·dig: (unbeendet, nicht ganz fertig); **unvollkommen** (mit Fehlern behaftet); die **Unvollkommenheit;** die **Unvollständigkeit**

un·vor·ein·ge·nom·men: (ohne Vorurteil); die **Unvoreingenommenheit**

un·vor·her·ge·se·hen: (unerwartet, plötzlich)

un·vor·stell·bar: das Elend ist unvorstellbar schrecklich; die **Unvorstellbarkeit**

un·wahr: (falsch, gelogen); **unwahrhaftig** (nicht aufrichtig); die **Unwahrhaftigkeit;** die **Unwahrheit; unwahrscheinlich;** die **Unwahrscheinlichkeit**

un·wan·del·bar: (immer gleich bleibend); die **Unwandelbarkeit**

un·weg·sam: ein unwegsames (unzugängliches) Gelände

un·wei·ger·lich: (sicher, auf jeden Fall)

un·weit: unweit (nahe) des Dorfes

Un·we·sen, das: -s (übler Zustand, störendes Tun); sein Unwesen treiben

un·we·sent·lich: (unbedeutend, nicht wichtig)

Un·wet·ter, das: -s, - (Sturm, Gewitter)

un·wich·tig: eine unwichtige (nicht wichtige) Sache; die **Unwichtigkeit**

un·wi·der·leg·bar: (sicher, nicht zu widerlegen); **unwiderleglich**

un·wi·der·ruf·lich: ein unwiderruflicher (endgültiger) Beschluss

un·wi·der·spro·chen: (ohne Entgegnung); diese Behauptung kann nicht unwidersprochen bleiben

un·wi·der·steh·lich: er hatte einen unwiderstehlichen Drang; die **Unwiderstehlichkeit**

un·wie·der·bring·lich: (unersetzlich); die **Unwiederbringlichkeit**

Un·wil·le, der: -ns (Ärger, Missstimmung); auch: der **Unwillen; unwillig** (ärgerlich)

un·will·kür·lich: (unbewusst, unabsichtlich)

un·wirk·lich: (nicht der Wirklichkeit entsprechend); die **Unwirklichkeit**

un·wirk·sam: (nutzlos, ungültig); die **Unwirksamkeit**

un·wirsch: jemanden unwirsch (unfreundlich, kurz angebunden) behandeln

un·wirt·lich: eine unwirtliche (raue, einsame, unbewohnte) Gegend; die **Unwirtlichkeit**

un·wis·send: (unerfahren, nicht unterrichtet); die **Unwissenheit; unwissentlich** (versehentlich)

un·wohl: sie fühlt sich heute wieder unwohl (nicht gesund); das **Unwohlsein**

un·wohn·lich: (unbehaglich, ungemütlich)

Un·zahl, die: - (sehr grosse Zahl, Menge); **unzählbar; unzählig:** unzählige Sterne; aber: Unzählige kamen – unzählige Male

Un·ze lat., die: -, -n (altes Feingewicht); **unzenweise**

Un·zeit, die: –; zur Unzeit kommen (zu nicht passender Zeit); **unzeitgemäss** (altmodisch); **unzeitig** (unreif)

un·zie·mend: (ungehörig, ungebührlich); auch: **unziemlich;** die **Unziemlichkeit**

Un·zucht, die: - (unsittliche Handlung, sexuelles Vergehen); **unzüchtig** (anstössig); die **Unzüchtigkeit**

un·zu·frie·den: unzufrieden (unglücklich, enttäuscht) sein; die **Unzufriedenheit**

un·zu·gäng·lich: ein unzugängliches Gebiet; die **Unzugänglichkeit**

un·zu·läng·lich: eine unzulängliche (mangelhafte, nicht ausreichende) Ausbildung; die **Unzulänglichkeit**

un·zu·läs·sig: (nicht erlaubt, gesetzwidrig); die **Unzulässigkeit**

un·zu·rech·nungs·fä·hig: (geistesgestört); die **Unzurechnungsfähigkeit**

un·zu·rei·chend: er war unzureichend (nicht genügend, mangelhaft) unterrichtet

un·zu·träg·lich: einer Sache unzuträglich (nachteilig, schädlich) sein; die **Unzuträglichkeit**

un·zu·tref·fend: (falsch)

un·zu·ver·läs·sig: (pflichtvergessen, unsicher); die **Unzuverlässigkeit**

un·zwei·fel·haft: (zweifellos, sicher)

üp·pig: ein üppiges (reichliches) Mahl – sie hat eine üppige (blühende) Fantasie; die **Üppigkeit**

T
U
V
W
X
Y
Z

up to date *engl.* *[aptudet]*: (auf der Höhe der Zeit, zeitgemäss, modern)
Ur, der: -(e)s, -e (Auerochse) # Uhr
UR = Kanton Uri
Ur·ab·stim·mung, die: -, en (Abstimmung aller Mitglieder einer Gemeinschaft)
Ur·ahn, der: -(e)s, -en (Vorfahr, Urgrossvater); auch: der **Urahne;** die **Urahne** (Vorfahrin, Grossmutter) # Uran
ur·alt: ein uralter (sehr alter) Mann
U·ran ⟨U⟩, das: -s (radioaktives Schwermetall, chemischer Grundstoff); das **Uranerz** # Urahn
Ur·auf·füh·rung, die: -, -en (Erstaufführung); **uraufführen**
ur·ban *lat.:* urbane (städtische) Lebensweise
ur·bar: ein Land urbar (anbaufähig, fruchtbar) machen; die **Urbarmachung**
Ur·be·woh·ner, der: -s, - (erster Bewohner eines Gebietes); die **Urbewohnerin;** auch: der **Ureinwohner;** die **Ureinwohnerin**
Ur·bild, das: -es, -er (Vorbild, Inbegriff)
ur·chig: (urwüchsig)
Ur·en·kel, der: -s, - (Sohn des Enkels oder der Enkelin); die **Urenkelin;** die **Urgrosseltern** *Mz.;* die **Urgrossmutter;** der **Urgrossvater**
Ur·fas·sung, die: -, -en (ursprüngliche Fassung, Original)
ur·ge·müt·lich: (überaus gemütlich)
Ur·he·ber, der: -s, - (der für eine Tat Verantwortliche; Verfasser, Schöpfer eines Werkes); die **Urheberin;** das **Urheberrecht; urheberrechtlich;** die **Urheberschaft**
U·ri: (Kanton); der **Urner;** die **Urnerin; urnerisch**
u·rig: (urwüchsig, originell)
U·rin *lat.,* der -s, -e (Harn); **urinieren;** der **Urologe;** die **Urologie;** die **Urologin; urologisch**
Ur·kan·ton, der: -(e)s, -e (Kanton der Urschweiz: Uri, Schwyz, Unterwalden)
ur·ko·misch: (spassig, ulkig, possenhaft)
Ur·kun·de, die: -, -n (amtliches Schriftstück, Dokument); **urkundlich** (amtlich)
Ur·laub, der: -(e)s, -e (Ferien, Erholung); Urlaub machen – im Urlaub; der **Urlauber;** die **Urlauberin;** der **Urlaubsgast;** der **Urlaubsort; urlaubsreif;** die **Urlaubsreise;** die **Urlaubssperre;** die **Urlaubszeit**
Ur·ne *lat.,* die: -, -n (Aschengefäss, Behälter für Wahlzettel); *zur Urne gehen* (wählen); der **Urnengang** (Wahl); das **Urnengrab**

Ur·sa·che, die: -, -n (Grund für ein Geschehen, Veranlassung, Ursprung); keine Ursache (bitte)!; **ursächlich**
Ur·schrift, die: -, -en (Original, erste Niederschrift); **urschriftlich**
Ur·schweiz, die: - (historischer Kern der Schweiz: Uri, Schwyz, Unterwalden)
Ur·sprung, der: -s, Ursprünge (Beginn, Anfang); **ursprünglich** (anfangs); die **Ursprünglichkeit;** das **Ursprungsland**
ur·tei·len: (entscheiden, beurteilen); das **Urteil;** die **Urteilsbegründung; urteilsfähig;** die **Urteilsfähigkeit;** die **Urteilskraft;** der **Urteilsspruch;** die **Urteilsverkündung**
ur·tüm·lich: (unberührt, ursprünglich, natürlich); die **Urtümlichkeit**
Ur·wald, der: -(e)s, Urwälder (Dschungel, Wildnis); das **Urwaldgebiet**
ur·wüch·sig: (natürlich, robust, unverfälscht); die **Urwüchsigkeit**
Ur·zeit, die: -, -en; seit Urzeiten (seit unendlich langer Zeit); **urzeitlich** # Uhrzeit
USA = United States of America (Vereinigte Staaten von Amerika)
U·ser *engl.* *[juser],* der: -s, - (Benutzer, z. B. von Computern)
usf. = und so fort
usw. = und so weiter
U·ten·si·li·en *Mz. lat.,* die: - (Gebrauchsgegenstände, Geräte, Zubehör)
U·to·pie *griech.,* die: -, Utopien (Wunschvorstellung, Schwärmerei); **utopisch** (undurchführbar); der **Utopist;** die **Utopistin**
u. U. = unter Umständen
UV = ultraviolett; die **UV-Strahlung** (Höhenstrahlung): **UV-Strahlen-gefährdet;** aber: strahlengefährdet
u. v. a. = und viele(s) andere
u. W. = unseres Wissens
Ü-Wa·gen, der: -s, - (Übertragungswagen)
u·zen: jemanden mit etwas uzen (necken)

V

V = römisches Zeichen für die Zahl 5
V = Volt; Volumen (Rauminhalt)
Va·duz: (Hauptort des Fürstentums Liechtenstein)
Va·ga·bund *franz.* *[wagabunt],* der: -en, -en (Landstreicher); das **Vagabundenleben;** va-

gabundieren (ohne festen Wohnsitz herumziehen)

va·ge *franz. [wage]*: eine vage (unsichere, ungenaue) Auskunft – eine vage Hoffnung haben; auch: **vag;** die **Vagheit** (Ungewissheit)

Va·gi·na *lat. [wagina, wagina]*, die: -, Vaginen (weibliches Geschlechtsorgan, Scheide)

va·kant *lat. [wakant]*: eine vakante (freie, unbesetzte) Stelle; die **Vakanz**

Va·ku·um *lat. [wakuum]*, das: -s, Vakua/Vakuen (luftleerer Raum, Leere); die **Vakuumpumpe; vakuumverpackt**

Va·lu·ta *ital. [waluta]*, die: -, Valuten (ausländische Währung)

Vam·pir *engl. [wampir, wampir]*, der: -s, -e (Blut saugendes Wesen, Wucherer); der **Vamp** *[wämp]* (kalt berechnende, verführerische Frau)

Van·da·le, der: -n, -n; → Wandale

Va·nil·le *franz. [wanil(j)e]*, die: - (Gewürzpflanze, Gewürz); das **Vanilleeis;** der **Vanillegeschmack;** der **Vanillepudding;** der **Vanillezucker**

va·ri·a·bel *franz. [wariabel]*: (veränderlich, veränderbar); die **Variable** (veränderliche Grösse); die **Variante** (Abwandlung, veränderte Form); die **Variation** (Veränderung, Abweichung); das **Varietee;** auch: das **Varieté** *[wariete]* (Theater mit abwechslungsreichem, unterhaltendem Programm); **variieren** (verändern, abwandeln)

Va·sall, *franz. [wasal]*, der: -en, -en (Lehnsmann, Anhänger); das **Vasallentum**

Va·se *franz. [wase]*, die: -, -n (Gefäss für Blumen); **vasenförmig**

Va·se·li·ne *[waseline]*, die: - (Mittel, aus dem Salben hergestellt werden); auch: das **Vaselin**

Va·ter, der: -s, Väter; der Vater der Kinder – er ist der Vater (Schöpfer) dieser Idee – Vater Staat – Heiliger Vater (Anrede des Papstes); das **Väterchen;** das **Vaterhaus;** das **Vaterland; vaterländisch;** die **Vaterlandsliebe;** der **Vaterlandsverräter; väterlich; väterlicherseits; vaterlos;** die **Vaterschaft;** die **Vaterstadt;** der **Vatertag;** das **Vaterunser** (Gebet)

Va·ti·kan *lat. [watikan]*, der: -s (Palast des Papstes in Rom); **vatikanisch;** der **Vatikanstaat**

v. Chr. = vor Christus

VD = Kanton Waadt/Vaud

Ve·ge·ta·ti·on *lat. [wegetatsion]*, die: -, -en (Pflanzenwuchs, Pflanzenwelt); **vegetarisch:** sich vegetarisch (fleischlos, pflanzlich) ernähren; der **Vegetarier** (jemand, der nur Pflanzenkost isst); die **Vegetarierin; vegetativ:** die vegetative (ungeschlechtliche) Vermehrung – das vegetative (unbewusst ablaufende) Nervensystem; **vegetieren:** er vegetierte (lebte kümmerlich) in einem Lager

ve·he·ment *lat. [wehement]*: sich vehement (heftig, lebhaft) zur Wehr setzen; die **Vehemenz** (Wucht, Stärke)

Ve·hi·kel *lat. [wehikel]*, das: -s, - (altes, altmodisches Fahrzeug, Hilfsmittel)

Veil·chen *lat.* das: -s, - (Frühlingsblume); *blau wie ein Veilchen* (sehr betrunken); **veilchenblau;** der **Veilchenduft;** der **Veilchenstrauss**

Vek·tor *lat. [wektor]*, der: -s, Vektoren (mathematische oder physikalische Grösse); die **Vektorrechnung**

Ve·lo *[welo]*, das: -s, -s (Fahrrad); Velo fahren; der **Velofahrer;** die **Velofahrerin**

Ve·lours *franz. [welur]*, der: -, - (samtweiches Gewebe); das **Veloursleder**

Ve·ne *lat. [wene]*, die: -, -n (Blutader); die **Venenentzündung; venös** (die Venen betreffend): venöses (dunkles) Blut

Ven·til *lat. [wentil]*, das: -s, -e (Vorrichtung zum Absperren von Flüssigkeiten und Gasen); die **Ventilation** (Lüftungsanlage); der **Ventilator** (Lüfter); **ventilieren** (lüften, sorgfältig überlegen)

Ve·nus *lat. [wenus]*, die: - (Planet; römische Liebesgöttin)

ver·ab·re·den: ein Treffen verabreden (abmachen) – zur verabredeten Zeit nicht kommen; die **Verabredung** (Vereinbarung, Treffen)

ver·ab·scheu·en: etwas verabscheuen (unerträglich, widerwärtig finden) – er verabscheut jede Art von Gewalt; **verabscheuenswert;** die **Verabscheuung; verabscheuungswürdig**

ver·ab·schie·den: sie verabschiedete sich mit einem Gruss – ein Gesetz verabschieden (beschliessen); die **Verabschiedung**

ver·ach·ten: er verachtet (verabscheut) Feiglinge – den Tod verachten (für gering ansehen) – *nicht zu verachten* (erstrebenswert) *sein;* **verächtlich;** die **Verächtlichkeit;** die **Verächtlichmachung;** die **Verachtung:** *jemanden mit Verachtung strafen* (ihn nicht beachten); **verachtungsvoll; verachtungswürdig**

ver·all·ge·mei·nern: diese Erkenntnis kann man nicht verallgemeinern (nicht allgemein auf alle Fälle anwenden); die **Verallgemeinerung**

ver·al·ten: etwas ist veraltet (nicht mehr zeitgemäss, altmodisch)

Ve·ran·da *engl. [werạnda],* die: -, Veranden (Hausvorbau); auf der Veranda sitzen

ver·än·dern: du hast dich überhaupt nicht verändert – sich im Wesen verändern (sich wandeln) – er will sich verändern (seine berufliche Stellung wechseln); **veränderbar; veränderlich;** die **Veränderlichkeit;** die **Veränderung**

ver·ängs·ti·gen: verängstigt sein

ver·an·la·gen: ein musisch veranlagter (begabter) Mensch – ein Einkommen veranlagen (schätzen); die **Veranlagung** (Anlage, Begabung)

ver·an·las·sen: er veranlasste (bewirkte, ordnete an) eine Untersuchung des Vorfalls; die **Veranlassung:** zur Freude hast du keine Veranlassung (keinen Grund)

ver·an·schau·li·chen: etwas veranschaulichen (klar, deutlich machen); die **Veranschaulichung**

ver·an·schla·gen: die Kosten für etwas veranschlagen (schätzen); die **Veranschlagung**

ver·an·stal·ten: ein Fest veranstalten (abhalten, durchführen); der **Veranstalter;** die **Veranstalterin;** die **Veranstaltung** (Feier, Aufführung)

ver·ant·wor·ten: sich vor Gericht verantworten (sich rechtfertigen) müssen – ich kann das verantworten (vertreten, die Folgen dafür tragen); **verantwortlich;** die **Verantwortlichkeit;** die **Verantwortung:** die Verantwortung für etwas übernehmen – *jemanden für etwas zur Verantwortung ziehen* (ihn dafür verantwortlich machen); **verantwortungsbewusst;** das **Verantwortungsbewusstsein; verantwortungslos;** die **Verantwortungslosigkeit; verantwortungsvoll**

ver·äp·peln: (veralbern, verhöhnen)

ver·ar·bei·ten: Holz verarbeiten – die Erlebnisse meiner Reise muss ich erst verarbeiten (geistig bewältigen); die **Verarbeitung**

ver·ar·gen: jemandem etwas verargen (übel nehmen)

ver·är·gern: er verärgerte (verstimmte) alle Anwesenden; die **Verärgerung**

ver·aus·ga·ben: sich verausgaben (sich bis zur Erschöpfung anstrengen)

ver·äus·sern: Grundstücke veräussern (verkaufen); die **Veräusserung**

Verb *lat. [wẹrb],* das: -s, -en (Sprachlehre: Tätigkeitswort, Zeitwort); auch: das **Verbum; verbal** (mündlich); **verbalisieren** (mit Worten ausdrücken)

ver·ball·hor·nen: (entstellen); die **Verballhornung**

Ver·band, der: -es, Verbände; einen Verband (eine Binde, Bandage) anlegen – einen Verband (eine Vereinigung) gründen; der **Verband(s)kasten;** das **Verband(s)material;** der **Verband(s)stoff;** das **Verband(s)zeug;** → verbinden

ver·ban·nen: (des Landes verweisen); er wurde auf eine Insel verbannt; der/die **Verbannte;** die **Verbannung;** der **Verbannungsort**

ver·bar·ri·ka·die·ren: das Tor verbarrikadieren (unzugänglich machen) – sich verbarrikadieren (sich hinter schützenden Hindernissen verbergen)

ver·bau·en: ihm wurde die Aussicht auf den See verbaut – jemandem seine Aussichten verbauen (zunichte machen); die **Verbauung**

ver·ber·gen: er verbarg (versteckte) sich vor der Polizei – sie hat nichts zu verbergen (zu verheimlichen); aber: im Verborgenen (unbemerkt) bleiben

ver·bes·sern: seine Fehler im Diktat verbessern (berichtigen) – sie hat sich beruflich verbessert (eine bessere Stellung erreicht); die **Verbesserung;** der **Verbesserungsvorschlag**

ver·beu·gen, sich: sich vor dem Publikum verbeugen (sich verneigen); die **Verbeugung**

ver·bie·ten: du verbietest, er verbot, sie hat verboten, verbiete!; das Betreten des Gebäudes ist verboten (untersagt) – jemandem den Mund verbieten (das Wort entziehen); → Verbot

ver·bil·li·gen: verbilligte (billiger gemachte) Waren kaufen; die **Verbilligung**

ver·bin·den: sich seine Wunde verbinden lassen – beide verbindet (vereint) eine tiefe Freundschaft – sich telefonisch mit jemandem verbinden lassen – das Angenehme mit dem Nützlichen verbinden (verknüpfen) – damit verbinden mich angenehme Erinnerungen – *jemandem sehr verbunden* (dankbar) *sein;* **verbindlich** (freundlich, bindend); die **Verbindlichkeiten** *Mz.* (Schulden, Rückstände); die **Verbindung:** in Verbindung (zusammen) mit – *sich mit jemandem in Verbindung setzen* (mit ihm Kontakt aufnehmen); der **Verbindungsmann;** auch: der **V-Mann;** die **Verbindungsstrasse;** das **Verbindungsstück;** die **Verbindungstür;** → Verband

ver·bis·sen: verbissen (hartnäckig, beharrlich) um sein Recht kämpfen – verbissen (zornig, grimmig) dreinschauen; die **Verbissenheit**

ver·bit·ten: sich etwas verbitten (verlangen, dass es unterbleibt)

ver·bit·tern: (ärgern, kränken); jemandem das Leben verbittern (schwer machen) – verbittert (mürrisch, vergrämt) sein; die **Verbitterung**

ver·blas·sen: die Farbe war verblasst (blass geworden)

ver·bläu·en: jemanden verbläuen (kräftig verprügeln)

ver·blei·ben: (zurückbleiben, verharren, übrig bleiben); der **Verbleib** (Aufenthaltsort)

ver·blei·chen: es verbleicht, es verblich, es ist verblichen; verblichene (verblasste) Bilder; der/die **Verblichene** (Verstorbene)

ver·blüf·fen: er verblüffte (überraschte) alle – verblüffende (erstaunliche) Erfolge haben; die **Verblüffung**

ver·blü·hen: die Blumen sind schon verblüht (verwelkt)

ver·boh·ren, sich: sich in etwas verbohren (sich verbissen damit beschäftigen) – verbohrt (starrköpfig, eigensinnig) sein; die **Verbohrtheit**

ver·bor·gen: sich verborgen halten (sich verbergen); aber: im Verborgenen (unbemerkt, geheim); die **Verborgenheit**

Ver·bot, das: -(e)s, -e (Untersagung, Befehl etwas nicht zu tun); ein Verbot aussprechen; **verboten** (gesetzwidrig, tabu); das **Verbots-**schild; **verbotswidrig;** das **Verbotszeichen;** → verbieten

ver·brä·men: ein Kleid verbrämen (am Rand verzieren) – ein mit schönen Worten verbrämter (umschriebener, verschleierter) Tadel; die **Verbrämung**

ver·brau·chen: viel Wasser verbrauchen – er wirkt verbraucht (erschöpft, abgearbeitet) – das Auto verbraucht wenig Benzin – eine verbrauchte (schlechte) Luft; der **Verbrauch;** der **Verbraucher** (Abnehmer, Kunde, Käufer); die **Verbraucherin;** der **Verbrauchermarkt;** die **Verbraucherzentrale;** die **Verbrauchsgüter** *Mz.;* die **Verbrauch(s)steuer**

Ver·bre·chen, das: -s, - (schweres Vergehen, Straftat); für ein Verbrechen bestraft werden; **verbrechen:** etwas verbrechen (etwas Schlimmes anrichten); der **Verbrecher;** die **Verbrecherbande;** die **Verbrecherin;** **verbrecherisch;** die **Verbrecherjagd;** die **Verbrecherwelt**

ver·brei·ten: ein Gerücht verbreiten (in Umlauf setzen, ausstreuen) – Angst und Schrecken verbreiten (erregen) – sich verbreiten (sich ausbreiten, ausdehnen) – das ist eine weit verbreitete (gängige) Meinung; die **Verbreitung;** das **Verbreitungsgebiet**

ver·brei·tern: die Strasse wurde verbreitert (breiter gemacht); die **Verbreiterung**

ver·bren·nen: Holz verbrennen – sich die Hand verbrennen (durch Feuer verletzen) – das Land ist durch die Hitze verbrannt; die **Verbrennung;** der **Verbrennungsmotor**

ver·brin·gen: (zubringen, verleben); er verbringt (verlebt) seinen Urlaub zu Hause

ver·bün·den, sich: alle haben sich gegen mich verbündet (sich zusammengetan, vereinigt); der **Verbund;** die **Verbundenheit;** der/die **Verbündete;** das **Verbundnetz;** das **Verbundsystem**

ver·bür·gen: sich für jemanden verbürgen (für ihn Bürgschaft leisten) – eine verbürgte (glaubwürdige) Nachricht – verbürgte (zugesicherte) Rechte; die **Verbürgung**

ver·büs·sen: eine Strafe verbüssen (abbüssen); die **Verbüssung**

Ver·dacht, der: -(e)s, -e/Verdächte (Argwohn, Zweifel); der Verdacht hat sich nicht bestätigt – etwas auf Verdacht (ohne Genaueres zu wissen) tun – einen Verdacht hegen (etwas argwöhnen) – *Verdacht schöpfen* (misstrauisch werden) – *über jeden Verdacht erhaben sein* (absolut unverdächtig sein); **verdächtig;** der/die **Verdächtige; verdächtigen;** die **Verdächtigung;** der **Verdachtsgrund;** das **Verdachtsmoment**

ver·dam·men: jemanden verdammen (verurteilen, verfluchen) – sie ist zum Nichtstun verdammt (sie kann nichts tun); **verdammenswert;** die **Verdammnis,** die Verdammnisse: die ewige Verdammnis (Hölle); **verdammt!** (Fluch); der/die **Verdammte;** die **Verdammung; verdammungswürdig**

ver·dan·ken: er verdankt ihm seine Rettung – ein Geschenk verdanken; **verdankenswert;** die **Verdankung**

ver·dat·tert: verdattert (ganz verwirrt, durcheinander) dastehen

ver·dau·en: die Bohnen sind schwer zu verdauen – sie hat die schlechte Nachricht gut verdaut (geistig verarbeitet); **verdaulich:** ein gut verdauliches (bekömmliches) Essen; die **Verdauung;** die **Verdauungsbeschwerden** *Mz.;* das **Verdauungsorgan;** die **Verdauungsstörung**

ver·de·cken: die Sträucher verdecken die Aussicht – eine Sache verdecken (verbergen); das **Verdeck** (oberstes Schiffsdeck, Wagendecke)

ver·der·ben: du verdirbst, er verdarb, sie hat verdorben, verdirb!; er hat mir den ganzen Tag verdorben (verleidet) – verdorbenes (faules) Obst – seine Freunde haben ihn verdorben (einen schlechten Einfluss auf ihn ausgeübt) – *es sich mit jemandem verderben* (sich bei ihm unbeliebt machen); das **Verderben:** in sein Verderben (Unglück) rennen – der Alkohol war sein Verderben (Untergang) – auf Gedeih und Verderb; **verderblich:** leicht verderbliche (nur kurze Zeit haltbare) Waren; die **Verderblichkeit; verderbt** (lasterhaft); die **Verderbtheit; verdorben:** verdorbene (ranzige) Butter – verdorbenes (schimmeliges) Brot – er ist ein verdorbener (lasterhafter) Mensch; die **Verdorbenheit**

ver·die·nen: sie verdient viel Geld – seine Leistung verdient Anerkennung – *es nicht besser verdienen* (zu Recht ein Missgeschick erleiden) – *sich um etwas verdient machen* (sich erfolgreich für etwas einset-zen); der **Verdienst:** ein hoher Verdienst (hohes Einkommen); das **Verdienst:** das ist dein Verdienst (deine Leistung); der **Verdienstausfall;** die **Verdienstmöglichkeit;** der **Verdienstorden;** die **Verdienstspanne; verdienstvoll** (lobenswert); **verdient:** eine verdiente Frau; **verdientermassen; verdienterweise**

Ver·dikt *lat. [wärdikt],* das: -(e)s, -e (Verbot, Urteil)

ver·din·gen: sich verdingen (eine Arbeit annehmen); das **Verdingkind;** die **Verdingung**

ver·don·nern: jemanden zu einer hohen Geldstrafe verdonnern (verurteilen)

ver·dop·peln: er hat den Einsatz im Spiel verdoppelt (verzweifacht); die **Verdopp(e)lung**

ver·dor·ren: (dürr werden); infolge des heissen Sommers verdorrte das gesamte Getreide (es wurde dürr)

ver·drän·gen: sich nicht verdrängen (zur Seite schieben) lassen – sie verdrängte (unterdrückte) ihre schlimmen Erinnerungen; die **Verdrängung**

ver·dre·hen: sie verdrehte die Augen – die Wahrheit verdrehen (einen Vorgang unrichtig darstellen) – *jemandem den Kopf verdrehen* (ihn verliebt machen); **verdreht** (umgekehrt, überspannt, verrückt); die **Verdrehung**

ver·dries·sen: du verdriesst, er verdross, sie hat verdrossen, verdriess(e)!; es verdriesst (ärgert) ihn – *es sich nicht verdriessen lassen* (sich nicht entmutigen lassen); **verdriesslich** (mürrisch); die **Verdriesslichkeit;** die **Verdrossenheit** (Ärger); der **Verdruss:** Verdruss bereiten (ärgern)

ver·drü·cken: drei Stück Kuchen verdrücken (essen) – sich verdrücken (heimlich weggehen, sich wegschleichen) – ein verdrückter (zerknitterter) Anzug

ver·duf·ten: (unauffällig weggehen, fliehen)

ver·dum·men: jemanden verdummen (ihn geistig anspruchslos machen); die **Verdummung**

ver·dun·keln: das Zimmer verdunkeln (dunkel machen) – der Himmel verdunkelt sich (trübt sich ein); die **Verdunk(e)lung;** die **Verdunk(e)lungsgefahr**

ver·dün·nen: Wein mit Wasser verdünnen; sich **verdünnisieren** (weggehen, sich wegschleichen); die **Verdünnung**

T
U
V
W
X
Y
Z

ver·dụns·ten: das Wasser im Topf ist verdunstet (langsam verdampft); auch: **verdünsten;** die **Verdunstung;** auch: die **Verdünstung**

ver·dụtzt: verdutzt (verwirrt, sprachlos) sein; die **Verdutztheit**

ver·ẹb·ben: der Lärm verebbte (liess allmählich nach, flaute ab)

ver·eh·ren: er verehrte (schätzte sehr hoch) seinen Lehrer – Götter verehren – er verehrte (schenkte) ihm ein Buch; der **Verehrer;** die **Verehrerin;** die **Verehrung; verehrungswürdig**

ver·ei·di·gen: die Soldaten werden vereidigt (durch Eid auf etwas verpflichtet); die **Vereidigung**

Ver·ein, der: -(e)s, -e (Bund, Gruppe); einem Verein beitreten – im Verein mit (gemeinsam mit) uns; **vereinen:** mit vereinten Kräften; **vereinigen:** das **Vereinigte Königreich Grossbritannien und Nordirland** ⟨UK⟩ – die **Vereinigten Staaten von Amerika** ⟨USA⟩; die **Vereinigung;** die **Vereinsmannschaft;** die **Vereinsmeierei** (übertriebenes Wichtignehmen der eigenen Tätigkeit in einem Verein); das **Vereinsmitglied;** die **Vereinssatzung;** das **Vereinswesen;** die **Vereinten Nationen** ⟨UN⟩

ver·ein·ba·ren: einen Termin vereinbaren (ausmachen, festlegen); **vereinbar;** die **Vereinbarung; vereinbarungsgemäss**

ver·ein·fa·chen: etwas vereinfachen (einfacher machen); die **Vereinfachung**

ver·ein·nah·men: (einnehmen); die **Vereinnahmung**

ver·ein·sa·men: (einsam werden); die **Vereinsamung**

ver·ein·zelt: nur vereinzelt (gelegentlich) kamen Gäste; aber: Vereinzelte kamen – vereinzelte Niederschläge; die **Vereinzelung**

ver·ei·teln: einen Plan vereiteln (verhindern, zunichte machen); die **Vereit(e)lung**

ver·e·len·den: (verarmen); die **Verelendung**

ver·ẹn·den: (langsam und qualvoll sterben, eingehen); die **Verendung**

ver·ẹr·ben: seinen Söhnen das ganze Vermögen vererben (hinterlassen); **vererbbar; vererblich;** die **Vererbung**

ver·fah·ren: sich in einer Stadt verfahren (verirren) – gerecht verfahren (handeln) – der Richter ist milde mit ihm verfahren – eine verfahrene (ausweglose) Situation; das **Ver-**fahren; die **Verfahrensfrage;** die **Verfahrenstechnik;** die **Verfahrensweise**

ver·fal·len: ein verfallenes (baufälliges) Haus – dem Alkohol verfallen sein (ein Trinker sein) – der alte Mann verfiel immer mehr (er wurde schwächer) – die Eintrittskarte ist längst verfallen (ungültig) – sie ist wieder in ihren alten Fehler verfallen – er verfiel (kam) auf eine sonderbare Idee; der **Verfall;** das **Verfallsdatum;** der **Verfall(s)tag**

ver·fan·gen: er verfängt (verstrickt) sich in seinen eigenen Lügen – das verfängt (wirkt) bei mir nicht mehr; **verfänglich:** verfängliche (peinliche, heikle) Fragen stellen; die **Verfänglichkeit**

ver·fas·sen: einen Zeitungsartikel verfassen (schreiben); der **Verfasser** ⟨Verf.⟩ (Urheber, Autor); die **Verfasserin;** die **Verfassung:** in guter Verfassung (in einem guten Zustand) sein – die Verfassung (das Grundgesetz) der Bundesrepublik Deutschland; die **Verfassungsbeschwerde; verfassungsgemäss;** das **Verfassungsrecht;** der **Verfassungsschutz; verfassungstreu; verfassungswidrig** (gesetzwidrig)

ver·fech·ten: seinen Plan verfechten (dafür eintreten, kämpfen); der **Verfechter:** der Verfechter einer Sache (Kämpfer für eine Sache); die **Verfechterin;** die **Verfechtung**

ver·feh·len: sie hat das Ziel verfehlt (nicht getroffen, erreicht) – eine verfehlte (falsche, unangebrachte) Politik; die **Verfehlung** (Verstoss, Sünde)

ver·flie·gen: der Pilot hat sich im Nebel verflogen (verirrt) – sein Zorn war schnell verflogen (vorbei) – der Rauch verfliegt – die Zeit verfliegt (vergeht) schnell

ver·flixt: eine verflixte (verdammte, ärgerliche) Sache – das ist verflixt (sehr) schwer

ver·flu·chen: er hat seine Entscheidung schon oft verflucht (verwünscht, zum Teufel gewünscht) – ein verflucht (sehr) schwieriges Unternehmen – verflucht und zugenäht!; die **Verfluchung**

ver·flüch·ti·gen, sich: (in einen gasförmigen Zustand übergehen); *sich verflüchtigt haben* (unauffindbar sein); die **Verflüchtigung**

ver·fol·gen: einen Flüchtigen verfolgen (zu fangen suchen) – eine Spur verfolgen – er verfolgt sein Ziel mit grosser Ausdauer – er ist vom Unglück verfolgt (oft davon betrof-

T
U
V
W
X
Y
Z

fen) – Ereignisse verfolgen (genau beobachten); der **Verfolger**; die **Verfolgerin**; der/die **Verfolgte**; die **Verfolgung**; die **Verfolgungsjagd**; das **Verfolgungsrennen**; der **Verfolgungswahn**

ver·fres·sen: (gefrässig); die **Verfressenheit**

ver·fü·gen: über viel Geld verfügen (viel Geld besitzen) – er darf über sein Erbe nicht verfügen (keinen Gebrauch davon machen) – die Schliessung des Parks wurde verfügt (angeordnet); **verfügbar**: verfügbar sein (da sein); die **Verfügung**: eine Verfügung (Anordnung) erlassen – *etwas zur Verfügung haben* (etwas verwenden können) – *sich zur Verfügung halten* (bereit sein) – *jemandem zur Verfügung stehen* (von ihm eingesetzt werden können) – *etwas zur Verfügung stellen* (zum Gebrauch überlassen); die **Verfügungsgewalt**; das **Verfügungsrecht**

ver·füh·ren: er wurde zum Rauchen verführt (verleitet); der **Verführer**; die **Verführerin**; **verführerisch**; die **Verführung**; die **Verführungskunst**

ver·fuhr·wer·ken: eine Sache verfuhrwerken (verpfuschen, verderben)

Ver·ga·be, die: -, -n; die Vergabe von Arbeit; **vergaben** (schenken, vermachen); die **Vergabung**

ver·gaf·fen, sich: sich in jemanden vergaffen (sich verlieben)

ver·gäl·len: er vergällt (verdirbt) uns jede Freude; die **Vergällung**

Ver·gan·gen·heit, die: -; die jüngste Vergangenheit – ein Zeitwort in die Vergangenheit (in eine Vergangenheitsform) setzen – er hat eine dunkle Vergangenheit (ein nicht ganz einwandfreies Vorleben); **vergangen**: vergangene (frühere) Zeiten; die **Vergangenheitsbewältigung**; die **Vergangenheitsform**; **vergänglich**: alles ist vergänglich (sterblich, veränderlich, von kurzer Dauer); die **Vergänglichkeit**; → vergehen

Ver·ga·ser, der: -s, - (Teil des Verbrennungsmotors); **vergasen** (mit Gas töten); die **Vergasung**

ver·gat·tern: jemanden vergattern (ihn zu etwas verpflichten); die **Vergatterung**

ver·ge·ben: vergib (verzeih) mir meine Faulheit! – alle Plätze sind bereits vergeben (besetzt) – einen Auftrag vergeben – er vergab

seine Chance (er nutzte sie nicht aus) – sie ist heute schon vergeben (sie hat schon etwas vor); **vergebens** (ohne Erfolg, umsonst, nutzlos); auch: **vergeblich**: es war eine vergebliche Mühe; die **Vergeblichkeit**; die **Vergebung** (Verzeihung, Straferlass)

ver·ge·gen·wär·ti·gen, sich: sich seine Lage vergegenwärtigen (ins Bewusstsein rufen); die **Vergegenwärtigung**

ver·ge·hen: die Zeit vergeht (verstreicht) schnell – er hat sich gegen das Gesetz vergangen (dagegen verstossen) – die Schmerzen vergingen (hörten auf) – vor Sehnsucht vergehen (umkommen) – er hat sich an ihr vergangen (sie vergewaltigt); das **Vergehen** (Straftat, Unrecht, Verbrechen); → Vergangenheit

ver·gel·ten: (entlohnen, rächen); Gutes mit Gutem vergelten; die **Vergeltung**; die **Vergeltungsmassnahme**; der **Vergeltungsschlag**

ver·ges·sen: du vergisst, er vergass, sie hat vergessen, vergiss!; eine Verabredung vergessen (nicht mehr daran denken) – vergiss mich nicht! – sich vergessen (unüberlegt handeln); die **Vergessenheit**: *in Vergessenheit geraten* (vergessen werden); **vergesslich**; die **Vergesslichkeit**

ver·geu·den: sein Vermögen vergeuden (verschwenden, durchbringen) – Zeit vergeuden (vertun); die **Vergeudung**

ver·ge·wal·ti·gen: eine Frau vergewaltigen (mit Gewalt zum Geschlechtsverkehr zwingen) – ein vergewaltigtes (unterdrücktes) Volk; die **Vergewaltigung**

ver·ge·wis·sern, sich: er vergewisserte sich (verschaffte sich Gewissheit); die **Vergewisserung**

ver·gif·ten: er hat sich durch einen verdorbenen Fisch vergiftet – vergiftete Pilze essen – eine vergiftete (verschmutzte, verpestete) Luft; die **Vergiftung**; die **Vergiftungsgefahr**

ver·gil·ben: vergilbte (gelb gewordene) Blätter

Ver·giss·mein·nicht, das: -(e)s, -(e) (Wiesenblume)

ver·glei·chen: Preise vergleichen – sich mit jemandem vergleichen (messen, einen Vergleich mit ihm schliessen); der **Vergleich**; **vergleichbar**; die **Vergleichbarkeit**; der **Vergleichsmassstab**; **vergleichsweise** (im Vergleich zu anderem); die **Vergleichszahl**

T U V W X Y Z

Ver·gnü·gen, das: -s, -; es bereitet mir Vergnügen (Freude, Lust) – viel Vergnügen!; sich **vergnügen; vergnüglich; vergnügt** (lustig, zufrieden); die **Vergnügungsreise;** die **Vergnügungssteuer;** die **Vergnügungssucht;** das **Vergnügungsviertel**

ver·göt·tern: jemanden vergöttern (verherrlichen, anbeten); die **Vergötterung**

ver·grä·men: er wurde vergrämt (verstimmt, verärgert) – eine vergrämte (bedrückte, sorgenvolle) Miene machen

ver·grei·fen: er hat sich an ihr vergriffen (vergangen) – ein vergriffenes (nicht mehr lieferbares) Buch

ver·grös·sern: seinen Vorsprung vergrössern (ausbauen) – er vergrösserte (erweiterte) seinen Betrieb; die **Vergrösserung;** der **Vergrösserungsapparat;** das **Vergrösserungsglas** (Lupe)

Ver·güns·ti·gung, die: -, -en (Preisnachlass, Vorrecht); **vergünstigt** (ermässigt, günstiger)

ver·gü·ten: seine Auslagen wurden ihm vergütet (ersetzt, bezahlt); die **Vergütung**

ver·haf·ten: einen Dieb verhaften (festnehmen, abführen) – das ist fest in meinem Gedächtnis verhaftet (eingeprägt); der/die **Verhaftete;** die **Verhaftung;** die **Verhaftungswelle**

ver·hal·ten, sich: er verhielt (benahm) sich stets korrekt – die Sache verhält sich (ist) ganz anders; **verhalten:** eine verhaltene (unterdrückte) Wut; das **Verhalten; verhaltensauffällig;** die **Verhaltensforschung; verhaltensgestört;** die **Verhaltensregel;** die **Verhaltensstörung;** die **Verhaltensweise;** das **Verhältnis,** die Verhältnisse: er lebt in guten Verhältnissen (es geht ihm gut) – sie hat zu ihrer Schwester ein gutes Verhältnis (eine gute Beziehung); **verhältnismässig** (vergleichsweise, ziemlich); das **Verhältniswort** (Sprachlehre: Präposition)

ver·han·deln: über den Preis verhandeln (eingehend sprechen) – sie verhandelten (besprachen sich) lange – sein Fall wurde vor dem Gericht verhandelt; die **Verhandlung; verhandlungsbereit;** die **Verhandlungsbereitschaft; verhandlungsfähig;** der **Verhandlungspartner;** die **Verhandlungspartnerin;** die **Verhandlungssache**

ver·hän·gen: ein Fenster verhängen (zuhängen) – es wurde eine harte Strafe verhängt

(ausgesprochen, bestimmt); **verhangen:** ein verhangener (trüber) Himmel; das **Verhängnis,** die Verhängnisse (Unglück, schlimmes Schicksal); **verhängnisvoll;** die **Verhängung**

ver·harm·lo·sen: der Vorfall wurde in der Zeitung verharmlost (harmloser dargestellt als in Wirklichkeit); die **Verharmlosung**

ver·härmt: sie hatte ein verhärmtes (von Kummer gezeichnetes) Gesicht

ver·har·ren: er verharrte (blieb unbeirrt) bei seiner Meinung; die **Verharrung**

ver·här·ten: (hart werden); ein verhärtetes Herz haben; die **Verhärtung**

ver·has·peln, sich: er hat sich vor Aufregung verhaspelt (versprochen); die **Verhasp(e)lung**

ver·hasst: ein verhasster (unbeliebter, verabscheuter) Mensch

ver·hät·scheln: ein verhätscheltes (verwöhntes) Kind; die **Verhätsch(e)lung**

Ver·hau, der/das: -(e)s, -e (Unordnung, Durcheinander)

ver·hed·dern, sich: sie verhedderte (verwirrte, verfing) sich in den Schnüren

ver·hee·ren: ein Land verheeren (zerstören) – ein verheerendes (furchtbares, katastrophales) Unwetter – es ist verheerend (scheusslich, unerhört)!; die **Verheerung**

ver·heh·len: sie konnte ihre Sorgen nicht verhehlen (nicht verbergen, verschweigen)

ver·heim·li·chen: eine Sache verheimlichen (vertuschen, verbergen); die **Verheimlichung**

ver·hei·ra·ten, sich: sie verheiraten sich; **verheiratet;** der/die **Verheiratete;** die **Verheiratung**

ver·heis·sen: (versprechen, voraussagen); die **Verheissung; verheissungsvoll** (vielversprechend)

ver·herr·li·chen: (verklären, feiern, in den Himmel heben); die **Verherrlichung**

ver·hin·dern: etwas verhindern (aufhalten, zu Fall bringen); die **Verhinderung**

ver·hoh·len: er grinste verhohlen (heimlich)

ver·höh·nen: jemanden verhöhnen (verspotten); die **Verhöhnung**

ver·hö·kern: etwas verhökern (verkaufen, zu Geld machen)

ver·hö·ren: von der Polizei verhört (vernommen) werden – sich verhören (etwas falsch verstehen); das **Verhör:** jemanden ins Ver-

T
U
V
W
X
Y
Z

hör nehmen (ihn verhören); das **Verhöramt** (Untersuchungsrichteramt); der **Verhörrichter**

ver·hu·deln: (durch Hast, Nachlässigkeit verderben); **verhudelt:** eine verhudelte (zerlumpte) alte Frau

ver·hül·len: ein verhülltes Denkmal; die **Verhüllung**

ver·hü·ten: Schaden verhüten (verhindern, vermeiden) wollen; die **Verhütung;** das **Verhütungsmittel** (Mittel zur Verhinderung der Schwangerschaft)

ve·ri·fi·zie·ren lat. *[werifiziren]:* (durch Überprüfung die Richtigkeit bestätigen); **verifizierbar;** die **Verifizierbarkeit**

ver·ir·ren, sich: sich in eine abgelegene Gegend verirren (vom Weg abkommen); die **Verirrung**

ver·ja·gen: jemanden von Haus und Hof verjagen (gewaltsam vertreiben)

ver·jäh·ren: (verfallen, seine Gültigkeit verlieren); eine verjährte Schuld; die **Verjährung;** die **Verjährungsfrist**

ver·ju·beln: sein ganzes Geld verjubeln (verschwenden, für Vergnügungen ausgeben)

ver·jün·gen, sich: die neue Frisur hat ihn verjüngt (lässt ihn jünger erscheinen) – der Pfeiler verjüngt sich nach oben (er wird schmaler); die **Verjüngungskur**

ver·ju·xen: (vergeuden)

ver·ka·beln: eine verkabelte (mit Kabel angeschlossene) Leitung; die **Verkabelung**

ver·kalkt: das Rohr ist verkalkt (es hat Kalk angesetzt) – er ist schon völlig verkalkt (alt und geistig unbeweglich); die **Verkalkung**

ver·kal·ku·lie·ren, sich: (sich verrechnen, etwas falsch veranschlagen)

ver·kappt: (unkenntlich gemacht); ein verkappter Dieb

ver·kau·fen: er verkauft sein Haus – etwas mit Gewinn verkaufen; der **Verkauf,** die Verkäufe: zum Verkauf stehen (zu verkaufen sein); der **Verkäufer;** die **Verkäuferin; verkäuflich;** die **Verkäuflichkeit;** die **Verkaufsausstellung; verkaufsoffen:** ein verkaufsoffener Samstag; der **Verkaufsschlager;** der **Verkaufsstand**

ver·keh·ren: die Strassenbahn verkehrt (fährt regelmässig) alle 10 Minuten – mit jemandem verkehren (beisammen sein, Umgang haben) – etwas in das Gegenteil verkehren

(verwandeln); der **Verkehr:** *etwas aus dem Verkehr ziehen* (etwas nicht mehr zulassen); die **Verkehrsader** (Hauptverkehrsstrasse); die **Verkehrsampel;** das **Verkehrsamt; verkehrsberuhigt;** der **Verkehrsbetrieb;** das **Verkehrsbüro;** das **Verkehrschaos;** die **Verkehrsgefährdung;** das **Verkehrsgeschehen; verkehrsgünstig;** die **Verkehrsinsel;** der **Verkehrsknotenpunkt;** das **Verkehrsmittel;** der **Verkehrspolizist;** die **Verkehrsregel; verkehrsreich** (belebt); das **Verkehrsschild;** die **Verkehrssicherheit;** der **Verkehrsstau;** die **Verkehrsstörung;** der **Verkehrssünder;** der **Verkehrsteilnehmer;** der **Verkehrsunfall;** das **Verkehrswesen; verkehrswidrig;** das **Verkehrszeichen**

ver·kehrt: die Antwort war verkehrt (falsch) – *mit dem verkehrten Bein aufgestanden sein* (schlechte Laune haben); die **Verkehrtheit;** die **Verkehrung** (Umdrehung, Verdrehung)

ver·kei·len, sich: die Fahrräder verkeilten sich

ver·ken·nen: jemanden verkennen (falsch beurteilen) – ein verkanntes Genie; die **Verkennung**

ver·klap·pen: (Abfallstoffe im Meer versenken); die **Verklappung**

ver·klä·ren: ein verklärtes (strahlendes) Gesicht; die **Verklärung**

ver·klau·su·lie·ren: (durch Vorbehalte, Spitzfindigkeiten schwer verständlich machen); die **Verklausulierung**

ver·klei·den: sich als Clown verkleiden – er verkleidete die Wand mit Holz; die **Verkleidung**

ver·klei·nern: ein Bild verkleinern (kleiner machen) – das Zimmer wurde verkleinert – das verkleinert deine Schuld nicht (macht sie nicht geringer); die **Verkleinerung;** die **Verkleinerungsform**

ver·klemmt: verklemmt (gehemmt, unsicher) sein; die **Verklemmung**

ver·knap·pen: (knapp machen); die Lebensmittel verknappten sich (wurden knapp); die **Verknappung**

ver·knei·fen: sich eine Bemerkung verkneifen (darauf verzichten)

ver·knif·fen: ein verkniffenes (verbittertes) Gesicht; die **Verkniffenheit**

ver·knö·chert: ein verknöcherter (steif, unbeweglich gewordener) alter Mann; die **Verknöcherung**

T
U
V
W
X
Y
Z

ver·knüp·fen: Seile miteinander verknüpfen – er verknüpfte (verband) seine Reise mit einem Besuch bei den Verwandten; die **Verknüpfung**

ver·kom·men: ein verkommener (verwahrloster) Mensch – der Bauernhof ist völlig verkommen (verfallen); die **Verkommenheit**

ver·kork·sen: etwas verkorksen (verderben, verpfuschen)

ver·kör·pern: sie verkörperte (spielte) auf der Bühne eine alte Frau – er verkörpert (personifiziert) die Gerechtigkeit; die **Verkörperung**

ver·kos·ten: Speisen verkosten (kostend prüfen); **verköstigen** (Kost geben); die **Verköstigung;** die **Verkostung**

ver·kracht: eine verkrachte (gescheiterte) Existenz – sie haben sich, sind verkracht

ver·kraf·ten: er hat die Belastung gut verkraftet (bewältigt, ausgehalten)

ver·kramp·fen: die Muskeln verkrampften sich – verkrampft (gehemmt, angespannt) wirken – ein verkrampftes (gezwungenes) Lachen; die **Verkrampfung**

ver·küh·len, sich: (sich erkälten); die **Verkühlung**

ver·küm·mern: die Pflanze verkümmert langsam (geht ein) – ihr Talent verkümmerte (blieb ungenutzt); die **Verkümmerung**

ver·kün·den: der Richter verkündet das Urteil (er gibt es bekannt) – eine Botschaft verkünden (feierlich mitteilen); auch: **verkündigen;** der **Verkünder;** die **Verkünderin;** die **Verkündigung;** die **Verkündung**

ver·kup·peln: zwei miteinander verkuppeln (sie zur Ehe zusammenbringen); die **Verkupp(e)lung**

ver·la·den: Waren verladen (in ein Fahrzeug bringen) – jemanden verladen (verulken); der **Verladebahnhof;** der **Verladekran;** die **Verladerampe;** die **Verladung;** auch: der **Verlad**

Ver·lag, der: -(e)s, -e (Unternehmen, das Werke der Literatur, Kunst, Musik vertreibt); die **Verlagsanstalt;** der **Verlagskatalog;** → verlegen

ver·la·gern: er verlagerte (verlegte) seinen Betrieb ins Ausland; die **Verlagerung**

ver·lan·gen: diese Arbeit verlangt (erfordert) viel Kraft – er verlangt (wünscht) mich zu sprechen – sie wird am Telefon verlangt (gewünscht) – ihn verlangte (er sehnte sich danach) seine Eltern wiederzusehen; das **Verlangen** (Bedürfnis, Wunsch, Sehnsucht)

ver·län·gern: die Sperrstunde wurde verlängert (ausgedehnt) – einen Vertrag verlängern; die **Verlängerung;** die **Verlängerungsschnur**

ver·las·sen: die Heimat verlassen – sich auf seine Freunde verlassen (ihnen vertrauen) können – er ist völlig verlassen (allein); der **Verlass:** auf ihn ist Verlass; die **Verlassenheit; verlässlich** (zuverlässig); die **Verlässlichkeit**

Ver·laub, der: mit Verlaub (wenn es erlaubt ist)

ver·lau·fen: sich im Wald verlaufen (verirren) – die Menschenmenge verläuft sich (geht auseinander) – das Fest ist gut verlaufen (abgelaufen) – das Wasser verläuft sich (versickert) im Boden; der **Verlauf:** im Verlauf (während) des Abends – der Verlauf (Ablauf, Hergang) der Verhandlung – einen guten Verlauf nehmen (gut verlaufen)

ver·lau·ten: es verlautet (wird gesagt, bekannt) – nichts verlauten lassen (nichts verraten); **verlautbaren** (mitteilen); die **Verlautbarung**

ver·le·gen: seine Brille verlegen (an einen Platz legen, wo man sie nicht mehr findet) – Kabel verlegen – seinen Wohnsitz verlegen (verändern) – sich auf Bitten verlegen – ein Buch verlegen (veröffentlichen); der **Verleger** (Inhaber eines Buch- oder Zeitungsverlags); die **Verlegerin;** → Verlag

ver·le·gen: sehr verlegen (gehemmt, unsicher) sein – *um etwas verlegen sein* (etwas gerade Notwendiges nicht haben); die **Verlegenheit;** die **Verlegenheitslösung**

ver·lei·den: das schlechte Wetter hat uns den ganzen Urlaub verleidet (die Freude daran genommen); der **Verleider** (Überdruss): sie hat den Verleider

ver·lei·hen: Fahrräder verleihen (ausleihen, verborgen) – jemandem einen Preis verleihen (überreichen); der **Verleih;** der **Verleiher;** die **Verleiherin;** die **Verleihung**

ver·lei·ten: zum Stehlen verleiten (verführen); die **Verleitung**

ver·let·zen: er wurde bei dem Unfall verletzt – sich am Bein verletzen – das verletzte (kränkte) ihn sehr – ein Gesetz verletzen

T
U
V
W
X
Y
Z

(übertreten); **verletzbar;** die **Verletzbarkeit; verletzlich;** die **Verletzlichkeit;** der/die **Verletzte;** die **Verletzung;** die **Verletzungsgefahr**

ver·leug·nen: er verleugnete seinen Glauben (er bekannte sich nicht dazu) – sich verleugnen lassen (seine Anwesenheit verheimlichen); die **Verleugnung**

ver·leum·den: jemanden verleumden (in einen schlechten Ruf bringen); der **Verleumder;** die **Verleumderin; verleumderisch;** die **Verleumdung;** die **Verleumdungskampagne** [...kampanje]

ver·lie·ben, sich: sie haben sich ineinander verliebt – verliebt sein; der/die **Verliebte;** die **Verliebtheit**

ver·lie·ren: du verlierst, er verlor, sie hat verloren, verlier(e)!; er hat seine Geldbörse verloren – kein Wort über etwas verlieren – sie hat ihren Mann verloren – die Geduld verlieren – der Baum verliert seine Blätter – im Spiel viel Geld verlieren – sich in Kleinigkeiten verlieren (sie zu genau nehmen) – sie verloren sich aus den Augen – *nichts zu verlieren haben* (jedes Wagnis eingehen können); der **Verlierer;** die **Verliererin; verloren:** alles ist verloren (vertan, fort) – verloren gehen – sich verloren geben (sich aufgeben) – *auf verlorenem Posten kämpfen* (einen aussichtslosen Kampf führen); die **Verlorenheit;** der **Verlust;** die **Verlustanzeige;** das **Verlustgeschäft; verlustig:** *einer Sache verlustig gehen* (etwas verlieren); **verlustreich**

Ver·lies, das: -es, -e (Gefängnis, Kerker)

ver·lo·ben, sich: (einander die Ehe versprechen); das **Verlöbnis;** der/die **Verlobte;** die **Verlobung;** der **Verlobungsring**

ver·lo·cken: das schöne Wetter verlockt zum Baden – verlockend (appetitlich, einladend) sein – ein verlockendes Angebot; die **Verlockung**

ver·lo·gen: (unaufrichtig, unehrlich, unredlich); die **Verlogenheit**

ver·lot·tern: (verwahrlosen, verkommen)

ver·ma·chen: jemandem ein Haus vermachen (schenken, vererben); das **Vermächtnis,** die Vermächtnisse (Erbe, letzter Wille)

ver·mäh·len, sich: (heiraten); der/die **Vermählte;** die **Vermählung** (Hochzeit); die **Vermählungsanzeige**

ver·ma·le·deit *lat.*: (verflucht)

ver·mas·seln: er hat alles vermasselt (verdorben, zunichte gemacht)

ver·meh·ren: sich rasch vermehren (sich fortpflanzen) – das Ungeziefer hat sich stark vermehrt; die **Vermehrung**

ver·mei·den: vermeide (unterlasse) künftig diese Fehler!; **vermeidbar; vermeidlich;** die **Vermeidung**

ver·mei·nen: (fälschlich glauben); **vermeintlich** (irrtümlich vermutet)

ver·mer·ken: im Notizblock vermerken (notieren) – etwas übel vermerken (übel nehmen) – am Rande vermerken (anmerken); der **Vermerk**

ver·mes·sen: ein Grundstück vermessen – sich vermessen (erdreisten); **vermessen:** eine vermessene (kühne) Tat; die **Vermessenheit;** die **Vermessung**

ver·mie·sen: etwas vermiesen (verderben, die Freude daran nehmen)

ver·mie·ten: ein Zimmer vermieten; der **Vermieter;** die **Vermieterin;** die **Vermietung**

ver·min·dern: die Gefahr verminderte (verringerte) sich; die **Verminderung**

ver·mis·sen: ich vermisse dich sehr (du gehst mir ab) – Geld vermissen; der/die **Vermisste;** die **Vermisstenanzeige**

ver·mit·teln: zwischen streitenden Parteien vermitteln (schlichtend tätig sein) – er hat uns die Wohnung vermittelt (besorgt); der **Vermittler** (Mittelsmann, Makler); die **Vermittlerin;** die **Vermittlerrolle;** die **Vermittlung;** die **Vermittlungsgebühr;** der **Vermittlungsversuch**

ver·mö·beln: (verprügeln)

ver·mö·gen: ich vermag dir nicht zu folgen (kann dir nicht folgen); **vermöge:** vermöge (aufgrund) ihres Fleisses; das **Vermögen; vermögend:** eine vermögende (reiche, wohlhabende) Frau; die **Vermögensabgabe;** der **Vermögensberater;** die **Vermögensberaterin;** die **Vermögenslage;** die **Vermögen(s)steuer; vermögenswirksam:** vermögenswirksame Leistungen; **vermöglich**

ver·mu·ten: ich vermute (nehme an), dass . . .; **vermutlich;** die **Vermutung** (Annahme)

ver·nach·läs·si·gen: sie vernachlässigte ihre Kinder (kümmerte sich nicht um sie) – seine Pflichten vernachlässigen (versäumen); die **Vernachlässigung**

ver·narrt: sie ist ganz vernarrt (stark verliebt) in ihn; die **Vernarrtheit**

ver·neh·men: eine Stimme vernehmen (hören) – Zeugen vernehmen (befragen, verhören); **vernehmbar;** das **Vernehmen:** dem Vernehmen nach (wie allgemein bekannt ist); die **Vernehmlassung** (Stellungnahme, Verlautbarung); das **Vernehmlassungsverfahren** (Aufforderung zu einer Stellungnahme); **vernehmlich:** etwas vernehmlich (laut, deutlich) sagen; die **Vernehmung** (das Verhör); **vernehmungsfähig**

ver·nei·gen, sich: (sich verbeugen); die **Verneigung**

ver·nei·nen: eine Sache verneinen; die **Verneinung**

ver·nich·ten: Insekten vernichten (vertilgen) – der Hagel vernichtete die Ernte; der **Vernichter;** die **Vernichtung;** das **Vernichtungslager;** das **Vernichtungswerk**

ver·nied·li·chen: (verharmlosen, beschönigen); die **Verniedlichung**

Ver·nis·sa·ge franz. [wernissasch], die: -, -n (Eröffnung einer Ausstellung)

Ver·nunft, die: -; gegen alle Vernunft (Einsicht) – Vernunft annehmen (vernünftig werden); **vernunftbegabt;** die **Vernunftehe; vernunftgemäss; vernünftig** (klug, verständig); **vernünftigerweise;** die **Vernünftigkeit;** der **Vernunftmensch; vernunftsmässig; vernunftswidrig**

ver·ö·den: eine verödete (menschenleere) Ortschaft – verödetes (unfruchtbar gewordenes) Land – Krampfadern veröden (stilllegen); die **Verödung**

ver·öf·fent·li·chen: einen Roman veröffentlichen (drucken lassen); die **Veröffentlichung**

ver·ord·nen: etwas verordnen (bestimmen, verfügen) – eine Medizin verordnen (verschreiben); die **Verordnung**

ver·pach·ten: Grundstücke verpachten (zur Benutzung überlassen); der **Verpächter;** die **Verpächterin;** die **Verpachtung**

ver·pa·cken: (versandfertig machen); die **Verpackung;** das **Verpackungsmaterial**

ver·pas·sen: den Zug verpassen (nicht mehr erwischen) – jemandem eine Ohrfeige verpassen (geben)

ver·pen·nen: (verschlafen)

ver·pes·ten: die Luft verpesten (mit Gestank erfüllen); die **Verpestung**

ver·pet·zen: er verpetzte (verriet) seinen Bruder nicht

ver·pflan·zen: einen Baum verpflanzen – Organe verpflanzen; die **Verpflanzung**

ver·pfle·gen: (ernähren); die **Verpflegung;** das **Verpflegungsgeld**

ver·pflich·ten: sich verpflichten (fest versprechen, zusagen) – zu Dank verpflichtet sein – eine verpflichtende (verbindliche) Zusage; die **Verpflichtung**

ver·pfu·schen: eine verpfuschte (verdorbene) Arbeit

ver·pö·nen: das ist verpönt (nicht statthaft, verboten)

ver·pras·sen: Geld verprassen (verschwenden)

ver·puf·fen: (wirkungslos bleiben); die **Verpuffung;** die **Verpuffungsgefahr**

ver·pup·pen, sich: ein Insekt verpuppt sich (aus der Larve wird eine Puppe); die **Verpuppung**

ver·put·zen: die Wand neu verputzen – Brote verputzen (essen, verzehren) – das Geld verputzen (schnell und restlos ausgeben); der **Verputz**

ver·quer: ihm geht alles verquer (ihm misslingt alles)

ver·qui·cken: (verbinden, vereinigen); die **Verquickung**

ver·ra·ten: er verrät sein Geheimnis nicht – seinen Freund verraten (anzeigen, ausliefern) – ihr Blick verrät (sagt) viel – *verraten und verkauft* (im Stich gelassen) *sein;* der **Verrat;** der **Verräter;** die **Verräterin; verräterisch:** verräterische Spuren im Schnee

ver·rech·nen, sich: (falsch rechnen); in diesem Menschen habe ich mich verrechnet (geirrt); die **Verrechnung;** der **Verrechnungsscheck;** die **Verrechnungssteuer** (Steuer auf Bankzinsen, Lotteriegewinnen, Versicherungsleistungen)

ver·re·cken: (elend zugrunde gehen)

ver·rei·sen: beruflich verreisen

ver·ren·ken: sich den Arm verrenken (aus dem Gelenk drehen); die **Verrenkung**

ver·ren·nen, sich: er hat sich in diese Sache verrannt (er hält hartnäckig daran fest)

ver·rich·ten: er kann nur leichte Arbeiten verrichten (ausführen) – sein Gebet verrichten (beten); die **Verrichtung**

ver·rie·geln: das Tor verriegeln (mit einem Riegel zuschliessen); die **Verrieg(e)lung**

ver·rin·gern: die Preise verringern (herabsetzen) – sein Interesse verringerte sich täglich (es flaute ab); die **Verringerung**

ver·ros·ten: ein verrostetes Auto – eine verrostete (tiefe und heisere) Stimme haben

ver·rot·ten: (verfaulen, vermodern, verwahrlosen); die **Verrottung**

ver·rucht: er beging eine verruchte (gemeine, schändliche) Tat; die **Verruchtheit**

ver·rückt: verrückt (nicht normal) sein – verrückte (ausgefallene) Ideen haben – wie verrückt (sehr schnell) laufen – *nach etwas verrückt sein* (sehr begierig auf etwas sein) – *verrückt spielen* (sich unvernünftig aufführen); der/die **Verrückte;** die **Verrücktheit;** das **Verrücktwerden:** es ist zum Verrücktwerden

Ver·ruf, der: jemanden in Verruf (in schlechten Ruf) bringen; **verrufen:** verrufen (berüchtigt) sein – eine verrufene Gegend

Vers *lat.,* der: -es, -e (Zeile einer Strophe); die Verse eines Gedichts – *sich keinen Vers auf etwas machen können* (sich etwas nicht erklären können); das **Versmass**

ver·sa·gen: in seinem Beruf versagen (nichts leisten) – jemandem eine Bitte versagen (nicht erfüllen) – sie hat in der Prüfung versagt (das Erwartete nicht geleistet) – der Motor hat versagt (nicht mehr funktioniert); das **Versagen;** der **Versager;** die **Versagerin**

ver·sam·meln: seine Freunde um sich versammeln (vereinigen) – sie haben sich vor der Schule versammelt (getroffen); die **Versammlung;** das **Versammlungslokal**

Ver·sand, der: -(e)s (das Versenden, Lieferung); **versandbereit; versandfertig;** das **Versandgut;** der **Versandhandel;** das **Versandhaus;** die **Versandkosten** *Mz.;* → versenden

ver·san·den: das Becken ist versandet (hat sich mit Sand gefüllt) – sein Interesse versandet allmählich (lässt nach); die **Versandung**

ver·sau·ern: (eingehen, zugrunde gehen, ein dürftiges Leben führen)

ver·säu·men: die Abfahrt versäumen (zu spät kommen) – er versäumt (vernachlässigt) seine Pflichten – er hat es versäumt (verpasst), rechtzeitig zum Arzt zu gehen; das **Versäumnis,** die Versäumnisse (Unterlassung, versäumte Gelegenheit); die **Versäumung**

ver·scha·chern: (verkaufen)

ver·schaf·fen: sich Geld verschaffen (beschaffen, besorgen) – sich sein Recht verschaffen

ver·scha·len: eine Wand verschalen (mit Holz verkleiden); die **Verschalung**

ver·schämt: (verlegen, schamhaft, schüchtern); die **Verschämtheit;** das **Verschämttun**

ver·schan·deln: die Landschaft verschandeln (entstellen, verunstalten); die **Verschand(e)lung**

ver·schan·zen, sich: sich hinter der Mauer verschanzen (sich verstecken, in Stellung gehen) – er verschanzte sich hinter Ausreden (nahm sie zum Vorwand); die **Verschanzung**

ver·schär·fen: das Tempo verschärfen (steigern) – die Lage verschärft sich (spitzt sich zu); die **Verschärfung**

ver·schät·zen, sich: (falsch schätzen)

ver·schei·den: sie ist verschieden (gestorben); der/die **Verschiedene**

ver·schen·ken: er verschenkt sein ganzes Hab und Gut

ver·scher·zen, sich: sich etwas verscherzen (es durch Leichtsinn oder Gedankenlosigkeit verlieren)

ver·scheu·chen: die Fliegen verscheuchen (fortjagen, vertreiben)

ver·schie·ben: er verschiebt (verrückt) den Schrank – einen Termin verschieben (zeitlich verlegen) – Waren verschieben (auf unredliche Weise kaufen bzw. verkaufen); **verschiebbar;** der **Verschiebebahnhof;** die **Verschiebung**

ver·schie·den: die beiden Schwestern sind ganz verschieden (unterschiedlich) – verschieden lang – an verschiedenen Orten sein – er kaufte verschiedene (mehrere, einige) Sachen ein – verschiedene Mal(e); aber: Verschiedene (Unterschiedliche) kamen – Verschiedenes einkaufen – das Verschiedenste – Verschiedenstes; **verschiedenartig;** die **Verschiedenartigkeit; verschiedenerlei; verschiedenfarbig;** die **Verschiedenheit; verschiedentlich** (wiederholt, manchmal)

ver·schla·fen: sie verschlief (verbrachte schlafend) den ganzen Tag – er hat den Termin verschlafen (versäumt) – verschlafen (müde) sein

ver·schla·gen: Fenster mit Brettern verschlagen (zunageln) – in eine einsame Gegend verschlagen werden (geraten) – den Ball verschlagen (falsch ins Spiel bringen); der **Verschlag,** die Verschläge (Hütte, Schuppen)

ver·schla·gen: ein verschlagener (unaufrichtiger, hinterlistiger) Kerl; die **Verschlagenheit**

ver·schlech·tern: ihr Zustand hat sich verschlechtert (verschlimmert); die **Verschlechterung**

ver·schlei·ern: das Gesicht verschleiern (verhüllen) – die Wahrheit verschleiern (vertuschen); die **Verschleierung**

ver·schleis·sen: du verschleisst, er verschliss, sie hat verschlissen; er trägt ein verschlissenes (abgenütztes) Hemd; der **Verschleiss** (Abnutzung, Verbrauch); die **Verschleisserscheinung**

ver·schlep·pen: Geiseln verschleppen (mit Gewalt an einen anderen Ort bringen) – er verschleppt eine Sache (zögert sie hinaus) – eine verschleppte (nicht ausgeheilte) Grippe; die **Verschleppung;** die **Verschleppungstaktik**

ver·schleu·dern: (leichtsinnig ausgeben, verschwenden); die **Verschleuderung**

ver·schlies·sen: alle Türen des Hauses sind verschlossen – den Schmuck in einem Schrank verschliessen – sich verschliessen (abkapseln); **verschliessbar;** die **Verschliessung;** der **Verschluss,** die Verschlüsse: *unter Verschluss halten* (eingeschlossen aufbewahren); die **Verschlusssache**

ver·schlin·gen: jemanden mit den Augen verschlingen (anstarren) – das Essen verschlingen (gierig hinunterschlucken) – er verschlang das Buch (las es ohne Unterbrechung) – der Bau verschlingt (kostet) sehr viel; die **Verschlingung**

ver·schlüs·seln: eine verschlüsselte (nur für Eingeweihte verständliche) Nachricht; die **Verschlüsselung**

ver·schmach·ten: (vor Durst, Langeweile, Sehnsucht vergehen)

ver·schmä·hen: (ablehnen, abweisen); die **Verschmähung**

ver·schmer·zen: einen Verlust verschmerzen (verkraften)

ver·schmitzt: ein verschmitztes (schlaues, pfiffiges) Gesicht machen

ver·schmut·zen: er verschmutzte mit seinen dreckigen Schuhen die Wohnung – eine verschmutzte Strasse; die **Verschmutzung**

ver·schnau·fen: er musste beim Wandern immer wieder verschnaufen (sich ausruhen, Atem holen); die **Verschnaufpause**

ver·schnei·en: eine verschneite (mit Schnee bedeckte) Landschaft

Ver·schnitt, der: -(e)s, -e (Mischung alkoholischer Getränke)

ver·schnupft: verschnupft sein (einen Schnupfen haben, gekränkt sein); die **Verschnupftheit**

ver·schol·len: ein verschollenes (vermisstes) Kind; die **Verschollenheit**

ver·scho·nen: jemanden verschonen (jemandem nichts zuleide tun); die **Verschonung**

ver·schö·nen: (schmücken); **verschönern;** die **Verschönerung**

ver·schrän·ken: die Arme verschränken (kreuzweise legen); die **Verschränkung**

ver·schreckt: verschreckt (ängstlich) sein

ver·schrei·ben: der Arzt verschrieb (verordnete) ihr eine Medizin – sich verschreiben (einen Fehler beim Schreiben machen) – sie hat all ihren Besitz ihren Kindern verschrieben (hinterlassen); die **Verschreibung; verschreibungspflichtig;** der **Verschrieb** (Schreibfehler)

ver·schrien: eine verschriene (anrüchige) Gegend

ver·schro·ben: verschrobene (ausgefallene) Ansichten haben – ein verschrobener (wunderlicher) Mensch; die **Verschrobenheit**

ver·schrum·peln: ein verschrumpeltes (faltiges) Gesicht

ver·schul·den: etwas verschuldet (verursacht) haben – er ist hoch verschuldet (hat grosse Schulden gemacht); das **Verschulden;** die **Verschuldung**

ver·schup·fen: ein Kind verschupfen (verstossen, benachteiligen); **verschupft**

ver·schwei·gen: eine Nachricht verschweigen (verheimlichen); die **Verschweigung; verschwiegen:** sie ist sehr verschwiegen (nicht geschwätzig) – ein verschwiegenes (stilles, einsames) Plätzchen – *verschwiegen wie ein Grab* (völlig verschwiegen) *sein;* die **Verschwiegenheit**

ver·schwen·den: sein Geld verschwenden (leichtsinnig ausgeben, durchbringen); der

T
U
V
W
X
Y
Z

Verschwender; die **Verschwenderin;** verschwenderisch; die **Verschwendung;** die **Verschwendungssucht;** verschwendungssüchtig

ver·schwin·den: seine Geldbörse ist verschwunden (weggekommen) – er hat den Schmuck heimlich verschwinden lassen (gestohlen) – das Flugzeug ist in den Wolken verschwunden – verschwinde (mach, dass du wegkommst)!; das **Verschwinden**

ver·schwit·zen: seine Hausaufgaben verschwitzen (vergessen) – ein verschwitztes (schweissnasses) Hemd

ver·schwom·men: etwas verschwommen (unklar, undeutlich) sehen – sich verschwommen (nicht eindeutig) ausdrücken; die **Verschwommenheit**

ver·schwö·ren, sich: sich gegen jemanden verschwören (geheime Verabredungen gegen jemanden treffen); der **Verschwörer;** die **Verschwörerin;** verschwörerisch; die **Verschwörung**

ver·se·hen: seinen Dienst versehen (ausüben) – jemanden mit Nahrungsmitteln versehen (versorgen) – ich habe mich beim Rechnen versehen (geirrt); das **Versehen:** aus Versehen – ihr ist ein Versehen (ein Fehler) unterlaufen; versehentlich; versehentlich (irrtümlich)

ver·sehrt: versehrt (verletzt) sein; der/die **Versehrte** (Körperbehinderte); die **Versehrtheit**

ver·selb·stän·di·gen, sich: (sich selbständig machen); auch: sich **verselbstständigen;** die **Verselbständigung;** auch: die **Verselbstständigung**

ver·sen·den: ein Paket versenden (schicken); die **Versendung;** → Versand

ver·sen·gen: ein Kleid versengen (leicht anbrennen); die **Versengung**

ver·sen·ken: ein Schiff wurde versenkt – einen Öltank in die Erde versenken – sich in seine Bücher versenken (vertiefen); versenkbar; die **Versenkung:** *aus der Versenkung auftauchen* (plötzlich wieder in Erscheinung treten)

ver·ses·sen: auf etwas versessen (begierig) sein; die **Versessenheit**

ver·set·zen: sie wurde (beruflich) nach Genf versetzt – er ist nicht versetzt (nicht in die nächsthöhere Klasse versetzt) worden – Bäume versetzen (verpflanzen) – seine Uhr im Leihhaus versetzen (verpfänden) – je

manden versetzen (vergeblich warten lassen) – er versetzte (gab) ihm einen kräftigen Hieb – ich kann mich in deine Lage versetzen (hineindenken); die **Versetzung**

ver·si·chern: sich gegen Brand versichern (eine Versicherung abschliessen) – er versichert (beteuert, behauptet) unschuldig zu sein; der/die **Versicherte;** die **Versicherung;** der **Versicherungsbeitrag;** der **Versicherungsfall;** der **Versicherungsnehmer;** die **Versicherungsnehmerin;** versicherungspflichtig; die **Versicherungspolice;** die **Versicherungsprämie;** der **Versicherungsschutz;** die **Versicherungssumme;** die **Versicherungsurkunde**

ver·si·ckern: Wasser versickert (versiegt, verrinnt) im Boden; die **Versickerung**

ver·sie·geln: der Brief wurde versiegelt (mit einem Siegel versehen); die **Versieg(e)lung**

ver·sie·gen: die Quelle versiegt (hört auf zu fliessen); die **Versiegung**

ver·siert *lat. [wersirt]:* ein versierter (erfahrener, bewanderter) Geschäftsmann; die **Versiertheit**

ver·sin·ken: im Schnee versinken – er versinkt in Schlaf (er schläft ein)

ver·sinn·bild·li·chen: einen Sachverhalt versinnbildlichen (ihn durch Gleichnis, Bild ausdrücken); die **Versinnbildlichung**

Ver·si·on *lat. [wersion],* die: -, -en (Ausdrucksweise, Fassung, Ausführung); eine bessere Version – welche Version ist richtig?

ver·söh·nen: er hat sich mit seinen Eltern wieder versöhnt (er verträgt sich wieder mit ihnen); versöhnlich; die **Versöhnlichkeit;** die **Versöhnung**

ver·son·nen: (nachdenklich, träumerisch); die **Versonnenheit**

ver·sor·gen: die Soldaten versorgen (verpflegen) – sich mit etwas versorgen (eindecken) – sie versorgt (pflegt, kümmert sich um) ihre kranken Eltern; der **Versorger;** die **Versorgerin;** die **Versorgung;** versorgungsberechtigt; der **Versorgungsengpass;** die **Versorgungslage;** das **Versorgungsnetz;** die **Versorgungsschwierigkeiten** *Mz.*

ver·spä·ten, sich: (zu spät eintreffen, unpünktlich sein); die **Verspätung:** das Flugzeug landet mit Verspätung

ver·spei·sen: Brot verspeisen; die **Verspeisung**

ver·sper·ren: den Geldschrank versperren (verschliessen) – jemandem den Weg versperren; die **Versperrung**

ver·spie·len: das gesamte Geld verspielen (im Spiel verlieren) – er ist noch sehr verspielt (spielt noch gerne, ist unaufmerksam) – *bei jemandem verspielt haben* (sich dessen Wohlwollen verscherzt haben); die **Verspieltheit**

ver·spot·ten: jemanden wegen seiner Armut verspotten; die **Verspottung**

ver·spre·chen: er verspricht (sichert zu) fleissiger zu werden – jemandem Geld versprechen – sein Gesicht versprach nichts Gutes – er hat sich beim Lesen versprochen (ein Wort falsch gesprochen) – sie verspricht (erhofft) sich viel von ihrer Idee; das **Versprechen;** der **Versprecher;** die **Versprechung**

verst. = verstorben

ver·staat·li·chen: (in staatlichen Besitz überführen); die **Verstaatlichung**

ver·städ·tern: (städtisch werden); die **Verstädterung**

Ver·stand, der: -(e)s; seinen Verstand (Geist) gebrauchen – ohne Verstand (Überlegung, Vernunft) vorgehen – seinen Verstand zusammennehmen – das raubt mir den Verstand (das macht mich verrückt) – *den Verstand verlieren* (verrückt werden); **verstandesmässig; verständig** (klug, besonnen); **verständigen:** jemanden verständigen (informieren) – er verständigte sich mit seinem Nachbarn (er einigte sich mit ihm); die **Verständigkeit;** die **Verständigung;** die **Verständigungsschwierigkeiten** *Mz.;* **verständlich:** er kann verständlich (verstehbar, einleuchtend) erklären – sich verständlich machen können; **verständlicherweise;** die **Verständlichkeit;** das **Verständnis; verständnislos;** die **Verständnislosigkeit; verständnisvoll;** → verstehen

ver·stär·ken: eine Mauer verstärken – seine Zweifel haben sich verstärkt (haben zugenommen); der **Verstärker;** die **Verstärkung**

ver·staubt: der Schrank ist verstaubt (staubig) – er hat verstaubte (altmodische) Ansichten

ver·stau·chen: er hat sich den Fuss verstaucht (überdehnt, verzerrt); die **Verstauchung**

ver·stau·en: das Gepäck wurde im Kofferraum verstaut (untergebracht); die **Verstauung**

ver·ste·cken: er hat sich hinter dem Schrank versteckt (verborgen) – er versteckte das Geld im Schreibtisch – *sich vor jemandem nicht zu verstecken brauchen* (ihm ebenbürtig sein); das **Versteck:** ein sicheres Versteck suchen – *Versteck spielen* (seine wahren Absichten, Gedanken, Gefühle verbergen); das **Verstecken:** Verstecken spielen; das **Versteckspiel;** die **Verstecktheit**

ver·ste·hen: du verstehst, er verstand, sie hat verstanden, versteh(e)!; wegen des Lärms nichts verstehen (hören) können – er verstand (begriff) die Aufgaben nicht – *etwas zu verstehen geben* (nahe legen) – *sich auf etwas verstehen* (sich auskennen) – etwas falsch verstehen (missverstehen) – sie versteht sich mit ihr recht gut (kommt mit ihr gut aus); das **Verstehen;** → Verstand

ver·stei·fen: einen Pfeiler versteifen (stützen) – die Glieder haben sich versteift (sie sind steif geworden) – *sich auf etwas versteifen* (hartnäckig darauf bestehen); die **Versteifung**

ver·stei·gen: sich in den Bergen versteigen (verirren) – *sich zu etwas versteigen* (sich etwas anmassen);* → verstiegen

ver·stei·gern: die Bilder wurden versteigert (meistbietend verkauft); der **Versteigerer;** die **Versteigererin;** die **Versteigerung**

ver·stei·nern: er zeigte eine versteinerte (unbewegliche) Miene; die **Versteinerung** (Abdruck in einem Stein)

ver·stel·len: die Möbel verstellen (umstellen) – den Weg verstellen (versperren) – sie konnte sich nicht verstellen (heucheln) – er verstellte seine Stimme (er änderte sie um zu täuschen); **verstellbar;** die **Verstellbarkeit;** die **Verstellung;** die **Verstellungskunst**

ver·ster·ben: sie verstarb (starb) am frühen Morgen; → verstorben

ver·steu·ern: sein Einkommen versteuern (Steuern dafür bezahlen); die **Versteuerung**

ver·stie·gen: verstiegene (überspannte) Pläne haben; die **Verstiegenheit;** → versteigen

ver·stim·men: ein verstimmtes Klavier – verstimmt (ärgerlich, schlecht aufgelegt) sein; die **Verstimmung**

ver·stockt: ein verstockter (hartnäckiger, uneinsichtiger) Verbrecher; die **Verstocktheit**

ver·stoh·len: verstohlen (heimlich, unbemerkt) weggehen; **verstohlenerweise**

ver·stop·fen: der Abfluss ist verstopft – die Strassen sind von Autos verstopft; die **Verstopfung:** an Verstopfung leiden

ver·stor·ben: verstorben (gestorben) sein; der / die **Verstorbene;** → versterben

ver·stö·ren: verstört (erschüttert, betroffen) sein; die **Verstörtheit**

ver·stos·sen: jemanden verstossen (abweisen, fortjagen) – er hat gegen ein Gesetz verstossen (dagegen gehandelt); der **Verstoss,** die Verstösse; die **Verstossung**

ver·strei·chen: seither ist viel Zeit verstrichen (vergangen) – Farbe verstreichen (auftragen) – eine Gelegenheit verstreichen lassen (ungenutzt lassen)

ver·streu·en: das Spielzeug liegt verstreut am Boden

ver·stüm·meln: (schwer verletzen, entstellen); die **Verstümm(e)lung**

ver·stum·men: das Gelächter verstummte (hörte auf)

ver·su·chen: sie versuchten zu entkommen – Speisen versuchen (kosten) – er versuchte (bemühte sich) sauber zu arbeiten – jemanden versuchen (auf die Probe stellen) – es mit jemandem versuchen (ihm die Gelegenheit geben sich zu bewähren); der **Versuch;** der **Versucher;** die **Versucherin;** die **Versuchsanstalt;** das **Versuchsgelände;** die **Versuchsstation;** das **Versuchstier; versuchsweise;** die **Versuchung**

ver·sun·ken: eine versunkene (untergegangene) Stadt – versunken (andächtig) beten; die **Versunkenheit** (Nachdenklichkeit)

ver·tä·feln: die Wand mit Holz vertäfeln (täfeln); die **Vertäf(e)lung**

ver·ta·gen: die Versammlung wurde vertagt (verschoben); die **Vertagung**

ver·täu·en: ein Schiff vertäuen (mit Tauen festbinden); die **Vertäuung;** → Tau

ver·tau·schen: ihre Hüte wurden vertauscht (verwechselt); **vertauschbar;** die **Vertauschbarkeit;** die **Vertauschung**

ver·tei·di·gen: eine Stadt verteidigen (vor Angriffen schützen) – er verteidigte sich vor Gericht; der **Verteidiger** (Anwalt); die **Verteidigerin;** die **Verteidigung;** der **Verteidigungspakt;** der **Verteidigungszustand**

ver·tei·len: die Diktathefte verteilen – die Gäste verteilten sich im Garten; der **Verteiler;** die **Verteilung**

ver·teu·ern: (teuer machen); die **Verteuerung** (Preisanstieg)

ver·teu·feln: jemanden verteufeln (als böse, schlimm darstellen) – eine verteufelte (verzwickte) Situation – das ging verteufelt (sehr) schnell!; die **Verteuf(e)lung**

ver·tie·fen: einen Graben vertiefen (tiefer machen) – eine Freundschaft vertiefen (festigen) – er vertiefte (versenkte) sich in die Zeitung; die **Vertiefung**

ver·ti·kal lat. [wertikal]: eine vertikale (senkrechte) Linie; die **Vertikale**

ver·til·gen: Ungeziefer vertilgen (restlos vernichten, ausrotten); die **Vertilgung;** das **Vertilgungsmittel**

ver·to·nen: das Gedicht wurde vertont (es wurde eine Musik dazu geschrieben); die **Vertonung**

ver·trackt: eine vertrackte (schwierige, unangenehme) Situation; die **Vertracktheit**

Ver·trag, der: -(e)s, Verträge; einen Vertrag (eine Vereinbarung, Abmachung) schliessen; **vertraglich:** etwas vertraglich festlegen; der **Vertragsabschluss;** der **Vertragsbruch;** der/ die **Vertragsbrüchige; vertragsgemäss;** der **Vertragspartner;** die **Vertragspartnerin;** der **Vertragsschluss;** der **Vertragsspieler;** der **Vertragstext;** die **Vertragsunterzeichnung; vertragswidrig**

ver·tra·gen: du verträgst, er vertrug, sie hat vertragen, vertrag(e)!; sich gut mit jemandem vertragen (verstehen) – keinen Alkohol vertragen – beides verträgt sich nicht (ist unvereinbar); **verträglich:** ein gut verträgliches (bekömmliches) Essen – er ist ein verträglicher (umgänglicher, friedlicher) Mensch; die **Verträglichkeit**

ver·trau·en: jemandem vertrauen (sich auf ihn verlassen) – ich vertraue auf mein Glück; das **Vertrauen:** ein Vertrauen erweckender Mann – jemanden ins Vertrauen ziehen (ihm etwas anvertrauen) – *Vertrauen ist gut, Kontrolle ist besser;* der **Vertrauensbeweis; vertrauensbildend:** vertrauensbildende Massnahmen; der **Vertrauensbruch;** die **Vertrauensfrage;** der **Vertrauenslehrer;** die **Vertrauenslehrerin;** die **Vertrauenssache; vertrauensselig** (arglos); die **Vertrauensseligkeit; vertrauens-**

voll; **vertrauenswürdig** (aufrichtig); **vertraulich**: streng vertraulich (geheim) – mit jemandem vertraulich (freundschaftlich) verkehren; die **Vertraulichkeit**; **vertraut**: sich mit etwas vertraut machen (sich in etwas einarbeiten) – mit jemandem vertraut sein (ihn genau kennen) – ein vertrautes (bekanntes) Gesicht; der/die **Vertraute**; die **Vertrautheit**

ver·träumt: (geistesabwesend, schwärmerisch); die **Verträumtheit**

ver·trei·ben: sich die Zeit vertreiben – die Kinder vom Rasen vertreiben (verjagen) – er vertreibt (verkauft) Haushaltswaren; der **Vertreiber**; die **Vertreiberin**; die **Vertreibung**; der **Vertrieb** (Verkauf, Verkaufsorganisation); der/die **Vertriebene**

ver·tre·ten: seine Interessen vertreten (dafür eintreten) – Waren vertreten (im Auftrag einer Firma verkaufen) – einen Mitarbeiter vertreten (vorübergehend seine Stelle einnehmen) – er war vertreten (anwesend) – alle Volksgruppen waren vertreten – sich die Füsse vertreten; **vertretbar** (annehmbar); die **Vertretbarkeit**; der **Vertreter**; die **Vertreterin**; die **Vertretung**: in Vertretung ⟨i. V.⟩; **vertretungsweise**

ver·trö·deln: kostbare Zeit vertrödeln (vertun)

ver·trös·ten: jemanden auf etwas vertrösten (ihm Hoffnung geben) – er vertröstete ihn auf morgen; die **Vertröstung**

ver·trot·teln: er ist schon völlig vertrottelt (alt und vergesslich)

ver·tun: seine Zeit vertun (vergeuden, verschwenden) – sich vertun (irren)

ver·tu·schen: etwas vertuschen (verheimlichen, verschweigen); die **Vertuschung**

ver·ü·beln: ich verüble (verarge) ihm nichts

ver·ü·ben: ein Verbrechen verüben (begehen)

ver·un·fal·len: beim Skifahren verunfallen; → **verunglücken**; der/die **Verunfallte**

ver·un·glimp·fen: (beleidigen, schmähen); die **Verunglimpfung**

ver·un·glü·cken: er ist verunglückt (er hatte einen Unfall); der/die **Verunglückte**

ver·un·mög·li·chen: das schlechte Wetter verunmöglicht (verhindert) den Ausflug

ver·un·rei·ni·gen: den Boden verunreinigen (schmutzig machen); die **Verunreinigung**

ver·un·si·chern: er hat ihn sehr verunsichert (unsicher gemacht); die **Verunsicherung**

ver·un·stal·ten: die Landschaft verunstalten (hässlich machen); die **Verunstaltung**

ver·un·treu·en: er hat Gelder veruntreut (unterschlagen, in die eigene Tasche gesteckt); die **Veruntreuung**

ver·un·zie·ren: (verschandeln); die **Verunzierung**

ver·ur·sa·chen: Aufregung verursachen (auslösen, bewirken); der **Verursacher**; die **Verursacherin**; die **Verursachung**

ver·ur·tei·len: der Dieb wurde verurteilt (schuldig gesprochen) – der Plan ist zum Scheitern verurteilt (bestimmt) – das verurteile ich entschieden (lehne ich ab); der/die **Verurteilte**; die **Verurteilung**

Ver·ve franz. [wɛrf], die: - (Schwung, Begeisterung)

ver·viel·fa·chen: eine Zahl mit einer anderen vervielfachen (malnehmen) – die Zahl der Schüler hat sich vervielfacht (hat beträchtlich zugenommen); die **Vervielfachung**

ver·viel·fäl·ti·gen: ein Arbeitsblatt vervielfältigen (kopieren); die **Vervielfältigung**

ver·voll·komm·nen: er hat seine Methode vervollkommnet (verbessert) – mein Bild von dir vervollkommnet sich allmählich (es rundet sich ab); die **Vervollkommnung**

ver·voll·stän·di·gen: seine Sammlung vervollständigen (ergänzen); die **Vervollständigung**

verw. = verwitwet

ver·wach·sen: die Wunde ist gut verwachsen (zusammengewachsen, verheilt) – mit etwas verwachsen (eng verbunden) sein – ein verwachsener (missgebildeter) Mensch; die **Verwachsung**

ver·wah·ren: Wertsachen im Tresor verwahren (aufbewahren) – sich gegen Vorwürfe verwahren (wehren); der **Verwahrer**; die **Verwahrerin**; die **Verwahrung**

ver·wahr·lo·sen: völlig verwahrloste (ungepflegte) Kinder – das Haus befindet sich in einem verwahrlosten Zustand; die **Verwahrlosung**

ver·wai·sen: ein verwaister (menschenleerer, einsamer) Ort – ein früh verwaistes (elternloses) Kind # verweisen

ver·wal·ten: ein Vermögen verwalten (betreuen, in seiner Obhut haben) – er verwaltet (führt) ein Amt; der **Verwalter**; die **Verwalterin**; die **Verwaltung**; das **Verwaltungs-**

T
V
W
X
Y
Z

gebäude; das **Verwaltungsgericht;** der **Verwaltungsrat;** die **Verwaltungsräte;** die **Verwaltungsreform**

ver·wạn·deln: die Nachricht hat sie völlig verwandelt (verändert) – jemanden in etwas verwandeln; **verwandelbar;** die **Verwandlung;** der **Verwandlungskünstler;** die **Verwandlungskünstlerin**

ver·wạndt: sie sind miteinander verwandt (von gleicher Abstammung, Herkunft); der/die **Verwandte;** die **Verwandtschaft; verwandtschaftlich**

ver·wạr·nen: er wurde von der Polizei verwarnt (ermahnt); die **Verwarnung**

ver·wẹch·seln: ich habe euch verwechselt (irrtümlich einen für den anderen gehalten); **verwechselbar;** die **Verwechs(e)lung**

ver·wẹ·gen: ein verwegener (kühner, wagemutiger) Ritter; die **Verwegenheit**

ver·wẹ·hen: die Blätter sind vom Wind verweht – eine (vom Schnee) verwehte Strasse; die **Verwehung**

ver·wẹh·ren: jemandem etwas verwehren (verbieten, untersagen); die **Verwehrung**

ver·wei·gern: die Aussage vor Gericht verweigern (ablehnen); der **Verweigerer;** die **Verweigerung**

ver·wei·len: bei einer Sache verweilen (länger bleiben) – die Bank lädt zum Verweilen (zum Bleiben) ein; die **Verweildauer**

ver·wei·sen: auf etwas verweisen (hindeuten, hinweisen) – von der Schule verweisen (ausschliessen) – des Landes verweisen (ausweisen); der **Verweis** (Tadel, Hinweis) # verwaisen

ver·wẹn·den: sie wendet viel Fleiss auf diese Arbeit (sie wendet auf) – beim Kochen kein Salz verwenden (gebrauchen) – sich für jemanden verwenden (für ihn eintreten); **verwendbar;** die **Verwendbarkeit;** die **Verwendung; verwendungsfähig;** die **Verwendungsmöglichkeit;** der **Verwendungszweck**

ver·wẹr·fen: sein Vorschlag wurde verworfen (abgelehnt); **verwerflich:** eine verwerfliche (schlechte, schändliche) Tat; die **Verwerflichkeit;** die **Verwerfung** (auch: Faltung im Gestein)

ver·wẹr·ten: dieses alte Holz kann man nicht mehr verwerten (gebrauchen) – Altpapier verwerten (noch für etwas verwenden);

verwertbar; die **Verwertbarkeit;** die **Verwertung**

ver·wẹ·sen: (sich zersetzen, in Fäulnis übergehen); **verweslich;** die **Verweslichkeit;** die **Verwesung** (Fäulnis); der **Verwesungsgeruch**

ver·wị·ckeln: die Wolle hat sich verwickelt – er verwickelt (verfängt) sich in Widersprüche – eine verwickelte (schwierige) Situation; die **Verwick(e)lung**

ver·wịn·den: er kann den Verlust nicht verwinden (nicht darüber hinwegkommen); die **Verwindung**

ver·wịr·ken: sein Leben verwirkt (verloren, eingebüsst) haben; die **Verwirkung**

ver·wịrk·li·chen: er hat seine Pläne verwirklicht (in die Tat umgesetzt); die **Verwirklichung**

ver·wịr·ren: er lässt sich nicht so leicht verwirren (irremachen) – sein Geist ist schon ganz verwirrt (gestört); **verwirrend; verwirrlich;** das **Verwirrspiel;** die **Verwirrtheit;** die **Verwirrung**

ver·wịt·tern: ein verwittertes (durch Luft und Niederschläge bröckelig gewordenes) Gestein; die **Verwitterung**

ver·wịt·wet: eine verwitwete Frau; → Witwe

ver·wo·ben: (eng verknüpft); die **Verwobenheit**

ver·wöh·nen: ein verwöhntes (verhätscheltes, verzogenes) Kind; die **Verwöhntheit;** die **Verwöhnung**

ver·wọr·fen: ein verworfenes (lasterhaftes) Geschöpf; die **Verworfenheit**

ver·wọr·ren: eine verworrene (unklare) Lage – verworrene (wirre) Gedanken haben; die **Verworrenheit**

ver·wụn·den: er wurde im Krieg verwundet (verletzt); **verwundbar;** der/die **Verwundete;** die **Verwundung**

ver·wụn·dern: das verwundert (erstaunt) mich nicht – verwundert (überrascht) dreinschauen; **verwunderlich** (merkwürdig); die **Verwunderung**

ver·wün·schen: jemanden verwünschen (verfluchen); **verwunschen:** ein verwunschener (verzauberter) Prinz; die **Verwünschung**

ver·wüs·ten: das Erdbeben verwüstete (zerstörte) die Stadt; die **Verwüstung**

ver·za·gen: du darfst nicht verzagen (die

Hoffnung nicht aufgeben) – ein verzagtes (mutloses) Kind; die **Verzagtheit**

ver·zau·bern: (verhexen, auf wunderbare Weise verwandeln); ihre Schönheit hat ihn verzaubert (tief beeindruckt); die **Verzauberung**

ver·zeh·ren: das Essen verzehren – sich nach jemandem verzehren (sehr sehnen) – sich in Gram verzehren (fast vergehen vor Gram) – jemanden mit Blicken verzehren (ihn mit verlangenden Blicken ansehen) – *Friede ernährt, Unfriede verzehrt*; der **Verzehr** (Verbrauch von Essen und Getränken); die **Verzehrung**

Ver·zeich·nis ⟨Verz.⟩, das: -ses, -se (Liste, Aufstellung); **verzeichnen:** sie konnte ein gutes Ergebnis verzeichnen – etwas in einer Liste verzeichnen (festhalten)

ver·zei·gen: wer zu schnell fährt, wird verzeigt (angezeigt); die **Verzeigung**

ver·zei·hen: du verzeihst, er verzieh, sie hat verziehen, verzeih(e)!; etwas verzeihen (vergeben, nicht mehr böse sein) – verzeihen Sie!; **verzeihlich;** die **Verzeihung** (Entschuldigung, Vergebung)

ver·zer·ren: die Wahrheit verzerrt (verfälscht, entstellt) darstellen – ihr Gesicht verzerrte sich vor Wut – er hat die Tatsachen völlig verzerrt dargestellt; die **Verzerrung**

ver·zet·teln: er verzettelte sich (vergeudete seine Kraft an Kleinigkeiten); die **Verzett(e)lung**

ver·zich·ten: auf das Mittagessen verzichten (es nicht haben wollen); der **Verzicht;** die **Verzicht(s)erklärung**

ver·zie·hen: nach Zürich verziehen (umziehen) – das Gewitter hat sich verzogen (ist allmählich verschwunden) – sie verzog keine Miene – ein völlig verzogenes (verwöhntes) Kind; der **Verzug:** ohne Verzug (ohne Verzögerung, sofort)

ver·zie·ren: eine Heftseite verzieren (ausschmücken); die **Verzierung**

ver·zin·ken: Eisen verzinken

ver·zin·sen: sein Geld verzinst sich (es bringt Zinsen ein); **verzinsbar; verzinslich;** die **Verzinsung**

ver·zö·gern: die Abfahrt verzögerte sich (verschob sich) – eine Sache verzögern (verlangsamen); die **Verzögerung;** die **Verzögerungstaktik**

ver·zü·ck·en: jemanden verzücken (in helle Begeisterung versetzen); **verzückt:** ein verzücktes (begeistertes) Gesicht machen; die **Verzücktheit;** die **Verzückung:** in Verzückung geraten

Ver·zug, der: -(e)s; es ist Gefahr im Verzug (es droht unmittelbar Gefahr) – die Ware wird mit Verzug (mit Verzögerung) geliefert – *in Verzug geraten* (nicht rechtzeitig fertig werden); die **Verzugszinsen;** → verziehen

ver·zwei·feln: er ist verzweifelt (ohne Hoffnung) – eine verzweifelte (aussichtslose) Lage; aber: es ist zum Verzweifeln; die **Verzweiflung;** die **Verzweiflungstat**

ver·zwei·gen, sich: die Strasse verzweigt (gabelt) sich; die **Verzweigung**

ver·zwickt: eine verzwickte (schwierige) Angelegenheit; die **Verzwicktheit**

Ves·per *lat.*, die: -, -n (Abendgottesdienst, kleine Nachmittagsmahlzeit); das **Vesperbrot; vespern;** die **Vesperzeit**

Ves·ton *franz.* [*wẹstõ*], der/das: -s, -s (Herrenjackett)

Ve·te·ran *lat.* [*weterạn*], der: -en, -en (Soldat mit langer Dienstzeit)

Ve·te·ri·när *franz.* [*veterinär*], der: -s, -e (Tierarzt); die **Veterinärin;** die **Veterinärmedizin**

Ve·to *lat.* [*wẹto*], das: -s, -s; ein Veto (einen Einspruch) einlegen; das **Vetorecht**

Vet·tel *lat.*, die: -, -n (schlampige Frau)

Vet·ter, der: -s, -n (Cousin, Sohn eines Onkels oder einer Tante); die **Vetternwirtschaft** (Begünstigung von Verwandten und Freunden bei der Besetzung von Stellen)

V-för·mig: ein V-förmiger Ausschnitt; auch: **v-förmig**

vgl. = vergleich(e)!

v. H. = vom Hundert (%)

VHS = Volkshochschule

Vi·a·dukt *lat.* [*wiadụkt*], der/das: -(e)s, -e (Überführung, Talbrücke)

vi·brie·ren (**vib·rie·ren**) *lat.* [*wibrịren*]: (schwingen, beben, zittern); das **Vibraphon** (Musikinstrument); auch: das **Vibrafon;** die **Vibration**

Vi·deo *engl.* [*wịdeo*], das: -s, -s (Videoband); der **Videoclip** (kurzer Videofilm zu einem Popmusikstück); der **Videofilm;** die **Videokassette;** der **Videorekorder** (Gerät zur Aufzeichnung von Fernsehsendungen); die **Vi-**

T
U
V
W
X
Y
Z

deothek (Sammlung von Videofilmen oder Fernsehaufnahmen)

Vieh, das: -(e)s (Nutztiere); er trieb das Vieh auf die Weide; das **Viech,** die Viecher (abfällig für: Tier); die **Viecherei** (eine übermässige Anstrengung erfordernde Tätigkeit, Gemeinheit); der **Viehbestand;** das **Viehfutter;** der **Viehhändler;** die **Viehherde; viehisch** (roh, brutal); die **Viehweide;** die **Viehzucht**

viel: mehr, am meisten; das ist viel – das viele – vieles – viel zu gross – eine viel befahrene Strasse – ein viel diskutiertes Buch – er ist ein viel beschäftigter Mann – viel gebraucht – eine viel gekaufte Ware – eine viel gereiste Frau – ein viel sagender Blick – ein viel versprechendes Talent – recht viel – gleich viel – nicht viel – zu viel; aber: das Zuviel – zu viel Kraft haben – das ist ihm zu viel – zu viel des Guten – sie weiss zu viel – das sind zu viele Gegner – viel zu viel – viel zu wenig – viel(e) Leute – um vieles – er hat viel (vieles) erlebt – vielen Dank! – sie hat in vielem Recht – wie viel – wie viele – wie so viele – so viel Geld; aber: soviel ich weiss, kann er nicht kommen – viel Gutes; auch: vieles Gute – er hat viel Arbeit – viele Freunde haben; **vieldeutig;** die **Vieldeutigkeit; vielerlei:** vielerlei (unterschiedliche) Dinge; das **Vielerlei; vielerorts; vielfach** (oft, ziemlich häufig); das **Vielfache:** um ein Vielfaches – das kleinste gemeinsame Vielfache; die **Vielfalt** (Mannigfaltigkeit, Abwechslung); **vielfältig; vielfarbig; vielköpfig; vielmal;** aber: viele Male; **vielmals:** ich danke vielmals (sehr); **vielmehr** (eher, besser); aber: viel mehr kann ich nicht arbeiten; **vielschichtig;** die **Vielschichtigkeit; vielseitig;** die **Vielseitigkeit; vielstimmig; vieltausendmal;** aber: viele tausend Male; die **Vielzahl** (Menge)

viel·leicht: vielleicht (möglicherweise) kommt er doch

vier: die vier Himmelsrichtungen – alle viere von sich strecken – auf allen vieren laufen (auf vier Beinen) – zu vieren/viert sein – *jemanden unter vier Augen sprechen* (ihn ohne Zeugen sprechen) – *sich auf seine vier Buchstaben setzen* (sich hinsetzen) – *auf allen vieren* (auf Händen und Füssen) *laufen;* die **Vier:** eine Vier würfeln – in Ma-

thematik eine Vier schreiben; der **Vierbeiner; vierbeinig;** auch: **4-beinig; vierblätt(e)rig;** auch: **4-blätt(e)rig;** das **Viereck; viereckig;** auch: **4-eckig; viereinhalb;** der **Vierer; viererlei; vierfach;** auch: **4fach;** das **Vierfache;** auch: das **4fache;** das **Viergespann; vierhundert; vierjährig;** auch: **4-jährig; vierkant** (waagerecht); **vierkantig;** auch: **4-kantig; viermal;** auch: **4-mal; vierräd(e)rig;** auch: **4-räd(e)rig; vierschrötig** (stämmig); der **Viersitzer; vierstellig;** auch: **4-stellig; vierstimmig;** auch: **4-stimmig;** der **Viertaktmotor; viertausend; vierteilen; vierteilig;** auch: **4-teilig; viertel:** eine viertel Stunde; auch: eine Viertelstunde – um viertel acht; aber: um Viertel vor acht; das **Viertel:** ein Viertel vom Ganzen – das Viertel (Stadtviertel), in dem ich wohne; das **Viertelfinale;** das **Vierteljahr; vierteljährig** (ein Vierteljahr alt); **vierteljährlich** (alle Vierteljahre wiederkehrend); **vierteln** (in vier Teile zerlegen); das **Viertelpfund;** auch: das **viertel Pfund;** die **Viertelstunde; viertens;** der **Viertklässler;** die **Viertklässlerin; viertletzt; viertürig;** auch: **4-türig; vierzehn; vierzehntägig** (vierzehn Tage lang); auch: **14-tägig; vierzehntäglich** (alle vierzehn Tage wieder); auch: **14-täglich; vierzig;** die **Vierzigstundenwoche;** auch: die **40-Stunden-Woche;** der **Vierzylinder**

vif franz. *[wif]:* (lebhaft, lebendig)

Vig·net·te (Vi·gnet·te) franz. *[winjete],* die: -, -n (kleine Verzierung, Gebührenmarke für die Benutzung von Autobahnen)

Vi·kar lat. *[wikar],* der: -s, -e (Hilfsgeistlicher); die **Vikarin**

Vik·tu·a·li·en Mz. lat. *[wiktualien],* die: - (Lebensmittel); der **Viktualienmarkt**

Vil·la lat. *[wila],* die: -, Villen (Landhaus); die **Villengegend;** das **Villenviertel**

vi·o·lett franz. *[wiolet]:* eine violette (veilchenblaue) Farbe; das **Violett**

Vi·o·li·ne ital. *[wioline],* die: -, -n (Geige)

VIP = very important person (sehr wichtige Person)

Vi·per lat. *[wiper],* die: -, -n (Giftschlange)

vir·tu·os ital. *[wirtuos]:* virtuos (gekonnt, meisterhaft) spielen; der **Virtuose;** die **Virtuosin;** die **Virtuosität**

vi·ru·lent lat. *[wirulent]:* (krankheitserregend)

T
U
V
W
X
Y
Z

Virus *lat. [wiruss]*, der/das: -, Viren (Krankheits-erreger); **virulent** (krankheitserregend, giftig)

Vi·sa·ge *franz. [wisasche]*, die: -, -n (Fratze, Gesicht); das **Visavis** *[wisawi]* (Gegenüber); **vis-a-vis:** vis-a-vis (sich gegenüber) sitzen

Vi·sier *franz. [wisir]*, das -s, -e (Zielvorrich-tung, Gesichtsschutz); **visieren** (zielen, auf etwas blicken)

Vi·si·on *lat. [wision]*, die: -, -en (Erscheinung, Trugbild, Vorstellung); **visionär** (seherisch, traumhaft)

Vi·si·te *franz. [wisite]*, die: -, -n (Besuch, Arzt-besuch); die **Visitation;** die **Visitenkarte;** **visitieren** (durchsuchen, besichtigen)

vi·su·ell *franz. [wisuell]*: (das Sehen betref-fend); ein visueller Eindruck

Vi·sum *lat. [wisum]*: das: -s, Visa/Visen (Pass-vermerk, Einreiseerlaubnis in ein fremdes Land); der **Visumzwang**

vi·tal *lat. [wital]*: (temperamentvoll, lebendig, lebenskräftig); die **Vitalität**

Vi·ta·min (Vit·a·min) *lat. [witamin]*, das: -s, -e (lebenswichtiger Wirkstoff); Vitamin C; **vitaminarm:** eine vitaminarme Kost; **Vita-min-B-haltig;** der **Vitamin-C-Mangel;** der Vitaminmangel; **vitaminreich**

Vi·tri·ne (Vit·ri·ne) *franz. [witrine]*, die: -, -n (Glasschrank, Schaukasten)

Vi·ze... *lat.* (stellvertretend); der **Vizekanzler;** die **Vizemeisterschaft;** der **Vizepräsident**

Vlies *niederl.*, das: -es, -e (Fell, Schaffell)

Vo·gel, der: -s, Vögel; Vögel füttern – ein lusti-ger Vogel (Spassvogel) – ein sonderbarer Vogel (Sonderling) – *den Vogel abschiessen* (den grössten Erfolg haben) – *einen Vogel haben* (nicht recht bei Verstand sein); das/der **Vogelbauer** (Käfig); die **Vogelbeere;** das **Vög(e)lein;** der **Vogelflug; vogelfrei** (recht-los, geächtet); das **Vogelfutter;** das **Vogel-nest;** die **Vogelscheuche;** der **Vogelschutz;** das **Vogelschutzgebiet;** der **Vogelzug**

Vogt, der: -(e)s, Vögte (früher: Verwalter, Schirm-herr, Richter); die **Vogtei;** die **Vögtin**

Vo·ka·bel *lat. [wokabel]*, die: -, -n (einzelnes Wort einer Sprache); das **Vokabular** (Wort-schatz, Wörterverzeichnis)

Vo·kal *lat. [wokal]*, der: -s, -e (Selbstlaut)

Vo·lant *franz. [wolã]*, der: -s, -s (Lenkrad, Be-satz)

Volk, das: -(e)s, Völker (Nation, Bevölkerung); das gemeine Volk (Pöbel) – ein Mann aus dem Volk (aus der Masse) – *etwas unter das Volk bringen* (verbreiten, bekannt ma-chen); das **Völkchen;** der **Völkerball;** die **Völkerkunde; völkerrechtlich;** die **Völker-wanderung; völkisch;** die **Volksabstimmung;** die **Volksbefragung;** das **Volksbegehren;** der **Volksbrauch;** der **Volksentscheid;** das **Volksfest** (der Jahrmarkt, grosses Fest für alle); die **Volksherrschaft** (Demokratie); die **Volkshochschule;** die **Volksinitiative;** das **Volkslied;** das **Volksmehr;** der **Volksmund;** die **Volksschule;** der **Volksstamm;** der **Volkstanz;** das **Volkstum; volkstümlich;** die **Volksvertretung;** die **Volkswirtschaft**

voll: ein Eimer voll (bis oben angefüllt) – eine Hand voll – ein volles Glas – voll sein – der Topf ist voll Wasser – sich voll essen – den Eimer voll machen – sich voll saufen – die Nase voll haben – voll zufrieden sein – den Wagen voll laden – ein Blatt voll schreiben – das Auto wird voll getankt – etwas voll füllen, giessen, packen, pumpen, spritzen, stopfen – voll mit – voll von – ein volles (vollständiges) Jahr – voll(er) Menschen – voll Angst – voll des Lobes – den Kopf voll haben – in vollem Luxus leben – voll und ganz (uneingeschränkt) – brechend voll (überfüllt) – *jemanden nicht für voll* (ernst) *nehmen* – *voll* (betrunken) *sein; aber: aus dem Vollen schöpfen* (reichlich Mittel ha-ben) – *in die Vollen gehen* (sich mit aller Kraft einsetzen); **vollamtlich** (die volle Ar-beitszeit ausfüllend); **vollauf** (völlig); **voll-automatisch;** der **Vollbart; vollbeschäftigt;** die **Vollbeschäftigung; vollblütig; vollbrin-gen;** der **Volldampf:** mit Volldampf davon-fahren; das **Völlegefühl; vollenden; voll-ends** (völlig, gänzlich, ganz); die **Voll-endung;** die **Völlerei** (Gelage); **vollführen;** das **Vollgas;** das **Vollgefühl:** im Vollgefühl seiner Macht; **völlig** (ganz, vollständig); **volljährig** (mündig); die **Volljährigkeit;** die **Vollkaskoversicherung; vollklimatisiert; vollkommen** (einwandfrei, fehlerlos); die **Vollkommenheit;** das **Vollkornbrot; volllei-big;** die **Vollmacht;** die **Vollmilch;** das **Voll-mitglied;** der **Vollmond; vollmundig** (kräf-tig, voll im Geschmack); die **Vollpension; vollschlank** (nicht ganz schlank); **vollstän-dig:** die Liste ist vollständig (komplett); die **Vollständigkeit; vollstrecken** (ausführen);

die **Vollstreckung;** der **Volltreffer; volltrunken; vollumfänglich** (vollständig, in vollem Umfang); die **Vollversammlung;** die **Vollwaise; vollwertig;** die **Vollwertigkeit;** die **Vollwertkost; vollzählig;** die **Vollzähligkeit; vollziehen** (ausführen); die **Vollziehung;** der **Vollzug**

Vol·ley·ball *engl.* *[wolibal],* der: -(e)s (Ballspiel); **volley:** den Ball volley (aus der Luft) nehmen

Vo·lon·tär *franz.* *[wolontär],* der: -s, -e (jemand, der am Beginn seiner praktischen beruflichen Ausbildung steht); die **Volontärin; volontieren**

Volt ⟨V⟩ *[wolt],* das: -/-(e)s, - (Masseinheit der elektrischen Spannung); 220 Volt; das **Voltmeter**

Vo·lu·men ⟨V⟩ *lat.* *[wolumen],* das: -s, -/Volumina (Rauminhalt); **voluminös** (umfangreich)

vom ⟨v.⟩: vom (von dem) Baum springen – 20 vom Hundert (20 Prozent)

von ⟨v.⟩: von Chur aus – von hier – von vorn – von weit her – von nah und fern – von wegen! – von jeher (schon immer) – von mir aus (meinetwegen) – von vornherein (von Anfang an) – von Nutzen – eine Frau von Geschmack; **voneinander:** voneinander lernen – voneinander gehen (sich trennen); **vonnöten** (erforderlich, nötig); **vonseiten;** auch: von Seiten; **vonstatten:** vonstatten gehen (stattfinden)

vor: vor dem Fenster – vor die Bank treten – vor Freude weinen – sich vor jemandem fürchten – vor allem – vor langen Zeiten; aber: vorzeiten – vor Christi Geburt ⟨v. Chr.⟩ – nach wie vor – vor sich gehen – vor der Zeit (früher als vorgesehen)

vo·rab (vor·ab): vorab (zuerst, zunächst) schicke ich dir viele Grüsse

Vor·ab·klä·rung, die: -, -en (vorausgehende Erkundung, Ermittlung)

vo·ran (vor·an): (vorwärts); sie geht voran – immer langsam voran!; **vorangehen;** aber: das Vorangehende – Vorangehendes – im Vorangehenden; **vorankommen; voranstellen; vorantreiben**

Vor·an·schlag, der: -s, ...schläge (vorläufige Kostenberechnung)

Vor·ar·bei·ter, der: -s, - (Führer einer Arbeitsgruppe); **vorarbeiten;** die **Vorarbeiterin**

vo·raus (vor·aus): er war seiner Zeit voraus; aber: im Voraus (vorher) – zum Voraus; **vorausahnen; vorausbedenken; vorausberechnbar; vorausbestimmen; vorausbezahlen; vorauseilen; vorausfahren; vorausgehen;** aber: das Vorausgehende – Vorausgehendes – im Vorausgehenden; **vorauslaufen; voraussagbar;** die **Voraussage; voraussagen; vorausschauend; vorausssehen; voraussetzen;** die **Voraussetzung;** die **Voraussicht; voraussichtlich;** die **Vorauswahl;** die **Vorauszahlung; vorauszusehen:** es war vorauszusehen (absehbar)

vor·bau·en: wir müssen rechtzeitig vorbauen (vorsorgen) um dies zu verhindern; der **Vorbau** (vorspringender Gebäudeteil)

Vor·be·dacht, der: mit Vorbedacht (mit voller Absicht, Überlegung); **vorbedacht:** nach einem vorbedachten Plan handeln

Vor·be·din·gung, die: -, -en (Bedingung, Voraussetzung)

Vor·be·halt, der: -(e)s, -e; ohne Vorbehalt (Einschränkung) stimme ich zu – unter Vorbehalt; **vorbehalten; vorbehaltlich;** auch: **vorbehältlich; vorbehaltlos** (bedingungslos)

vor·bei: vorbei (vergangen) sein – an etwas vorbei müssen – nicht vorbei können – es ist schon 12 Uhr vorbei; sich **vorbeibenehmen; vorbeibringen; vorbeieilen; vorbeifahren; vorbeigehen; vorbeikommen; vorbeilassen; vorbeilaufen; vorbeimarschieren; vorbeireden:** am Thema vorbeireden; **vorbeischauen; vorbeischiessen; vorbeiziehen**

Vor·be·mer·kung, die: -, -en (Einleitung)

vor·be·rei·ten: ein Fest vorbereiten – sich auf den Unterricht vorbereiten; die **Vorbereitung**

vor·be·stimmt: das war vorbestimmt (vorherbestimmt)

vor·be·straft: der Angeklagte ist schon dreimal vorbestraft; der/die **Vorbestrafte**

vor·beu·gen: er beugte sich weit vor – einer Gefahr vorbeugen (sie verhindern); die **Vorbeugehaft;** die **Vorbeugung;** die **Vorbeugungsmassnahme**

Vor·bild, das: -(e)s, -er (Ideal, Muster); **vorbildlich:** ein vorbildliches (musterhaftes) Betragen

vor·der...: das vordere Auto; aber: der Vordere Orient – sie ist die Vorderste in der

Reihe; die **Vorderachse;** der **Vorderausgang;** die **Vorderfront;** der **Vordergrund:** *etwas in den Vordergrund stellen* (es besonders betonen, herausstellen); **vordergründig** (oberflächlich); **vorderhand** (einstweilen); der **Vordermann;** das **Vorderrad;** die **Vorderseite; vorderst:** der vorderste Mann; das/der **Vorderteil;** die **Vordertür**

vor·drin·gen: in ein unerforschtes Gebiet vordringen (vorstossen); **vordringlich** (dringend); die **Vordringlichkeit**

Vor·druck, der: -(e)s, -e (Formular, Formblatt)

vor·ei·lig: voreilig (überstürzt) handeln; die **Voreiligkeit**

vor·ei·nan·der (vor·ein·an·der): sie fürchten sich voreinander (einer vor dem anderen) – voreinander fliehen – sich voreinander hinstellen

vor·ein·ge·nom·men: voreingenommen sein (ein Vorurteil haben); die **Voreingenommenheit**

vor·ent·hal·ten: jemandem eine Nachricht vorenthalten (nicht geben); die **Vorenthaltung**

Vor·ent·schei·dung, die: -, -en (vorläufige Entscheidung); der **Vorentscheid;** der **Vorentscheidungskampf**

vor·erst: vorerst (vorläufig) möchte ich mich nicht äussern

Vor·fahr, der: -en, -en (Ahne); auch: der **Vorfahre;** die **Vorfahrin**

Vor·fahrt, die: -; er hat Vorfahrt an der Kreuzung; **vorfahren; vorfahrt(s)berechtigt;** das **Vorfahrt(s)recht;** die **Vorfahrt(s)regel;** das **Vorfahrt(s)schild;** das **Vorfahrt(s)zeichen**

Vor·fall, der: -s, Vorfälle (Ereignis, Angelegenheit); ein unangenehmer Vorfall; **vorfallen:** es ist nichts vorgefallen (geschehen, passiert)

vor·füh·ren: einen Film vorführen (zeigen) – er führte ein Kunststück vor; das **Vorführgerät;** der **Vorführraum;** die **Vorführung**

Vor·gang, der: -(e)s, Vorgänge (Geschehen, Ablauf); der **Vorgänger;** die **Vorgängerin; vorgängig** (vorausgehend, zuvor); → **vorgehen**

vor·gau·keln: jemandem etwas vorgaukeln (etwas vortäuschen)

vor·ge·ben: er gab vor (täuschte vor) reich zu sein

vor·ge·fasst: sie hat eine vorgefasste Meinung

vor·ge·hen: auf der Strasse vorgehen (vorausgehen) – die Uhr geht vor (voraus) – was geht hier vor (geschieht hier)? – diese Arbeit geht vor (hat Vorrang); das **Vorgehen;** die **Vorgehensweise;** → Vorgang

Vor·ge·schmack, der: -(e)s; ein Vorgeschmack auf das Weihnachtsfest

Vor·ge·setz·te, der/die: -n, -n (im Amt, im Dienst höher Gestellte(r))

vor·ges·tern: vorgestern Abend – vorgestern war ich im Kino; **vorgestrig**

vor·grei·fen: ich möchte dir nicht vorgreifen (etwas vorwegnehmen); der **Vorgriff**

vor·ha·ben: eine Sache vorhaben (beabsichtigen); das **Vorhaben** (Absicht, beabsichtigte Unternehmung)

vor·hal·ten: sich einen Spiegel vorhalten – er hielt (warf) ihm seine Faulheit vor; die **Vorhaltungen** *Mz.:* jemandem Vorhaltungen (Vorwürfe) machen

vor·han·den: vorhanden (verfügbar, vorrätig) sein; das **Vorhandensein**

Vor·hang, der: -(e)s, Vorhänge (Gardine); **vorhängen;** das **Vorhängeschloss**

vor·her: lange vorher (früher) – drei Tage vorher – vorher (früher) gehen – etwas vorher (früher) sagen; **vorherbestimmen;** die **Vorherbestimmung; vorhergehen:** am vorhergehenden Tag; aber: das Vorhergehende – im Vorhergehenden; **vorherig;** die **Vorhersage; vorhersagen** (voraussagen); aber: vorher sagen; **vorhersehbar; vorhersehen** (prophezeien, ahnen)

vor·herr·schen: in dieser Gegend herrscht Laubwald vor – die vorherrschende Meinung; die **Vorherrschaft**

vor·hin: vorhin (eben, kürzlich) war sie noch da; **vorhinein:** im Vorhinein (vorher)

Vor·hut, die: -, -en (vorausgeschickter Truppenteil)

vo·rig . . . : in der vorigen Woche – voriges Mal – im vorigen Jahr; aber: der, die, das Vorige – im Vorigen (weiter oben im Text)

vor·kau·en: (im Detail erklären)

Vor·keh·rung, die: -, -en; vor dem Hochwasser Vorkehrungen (sichernde Massnahmen) treffen; auch: die **Vorkehr**

Vor·kennt·nis, die: -, -se; für diesen Beruf brauchst du keine Vorkenntnisse

vor·knöp·fen, sich: *sich jemanden vorknöpfen* (ihn zurechtweisen)

T
U
V
W
X
Y
Z

vor·kom·men: an die Tafel vorkommen (vortreten) – das darf nicht wieder vorkommen (geschehen)!– das kommt mir komisch vor (erscheint mir) – wie kommst du mir vor (was fällt dir ein)?; das **Vorkommen;** das **Vorkommnis,** die Vorkommnisse (Ereignis)

vor·la·den: jemanden vorladen (zum Erscheinen vor Gericht auffordern); die **Vorladung**

Vor·la·ge, die: -, -n; nach einer Vorlage (einem Muster, einer Schablone) arbeiten – dem Stürmer eine steile Vorlage geben

vor·las·sen: jemanden vorlassen (vorangehen lassen) – ein Auto vorlassen (überholen lassen)

vor·läu·fig: vorläufig (einstweilen) bleibe ich hier; der **Vorlauf;** der **Vorläufer;** die **Vorläuferin;** die **Vorläufigkeit**

vor·laut: ein vorlauter (kecker) Schüler

vor·le·gen: einen Plan vorlegen (unterbreiten, zur Einsichtnahme hinlegen) – er legt ein scharfes Tempo vor; der **Vorleger** (Matte, kleiner Teppich)

vor·le·sen: eine Erzählung vorlesen; der **Vorleser;** die **Vorleserin;** die **Vorlesung**

vor·letzt . . . : die vorletzte Besucherin – am vorletzten Urlaubstag; aber: er ist der Vorletzte

Vor·lie·be, die: -, -n (Neigung, besonderes Interesse); **vorlieb:** vorlieb nehmen (sich begnügen)

vorm: die Katze liegt vorm (vor dem) Ofen

vor·ma·chen: er machte (zeigte) die Turnübung vor – du brauchst mir nichts vorzumachen (mich nicht täuschen) – *sich etwas vormachen* (sich etwas einbilden)

Vor·macht, die: - (Vorherrschaft); die **Vormachtstellung**

vor·mals ⟨vorm.⟩: (früher, ehemals); **vormalig**

Vor·mit·tag, der: -(e)s, -e (Zeit vom Morgen bis Mittag); heute, gestern, morgen Vormittag – Montag Vormittag; **vormittägig** (am Vormittag stattfindend); **vormittäglich** (jeden Vormittag stattfindend); **vormittags;** die **Vormittagsstunde**

Vor·mund, der: -(e)s, -e/Vormünder (Vertreter von Minderjährigen, Entmündigten); die **Vormundschaft;** das **Vormundschaftsgericht**

vorn: vorn an der Spitze – von vorn beginnen – weit vorn – nach vorn; auch: **vorne; vorn(e)herein:** er hat die Bitte von vornher-

ein (gleich, von Anfang an) abgelehnt; **vorn(e)über:** sich vornüber beugen – vornüber fallen – vornüber stürzen; **vorn(e)weg**

Vor·na·me, der: -ns, -n (persönlicher Name, Rufname)

vor·nehm: vornehm (fein) tun – eine vornehme (elegante) Gesellschaft; die **Vornehmheit; vornehmlich** (besonders, vor allem)

vor·neh·men, sich: sich etwas vornehmen (etwas beabsichtigen) – er nahm sich seinen Sohn gehörig vor (er wies ihn zurecht)

Vor·ort, der: -(e)s, -e (äusserer Stadtteil, Vorstadt)

Vor·rang, der: -(e)s (Vorrecht, bevorzugte Stellung); einer Sache den Vorrang geben; **vorrangig;** die **Vorrangigkeit;** die **Vorrangstellung**

Vor·rat, der: -(e)s, Vorräte; sie hat einen Vorrat an Lebensmitteln angelegt; **vorrätig** (vorhanden); die **Vorratskammer**

Vor·recht, das: -(e)s, -e (Vergünstigung, Vorrang)

Vor·red·ner, der: -s, -; der Vorredner hat gut gesprochen; die **Vorrednerin**

Vor·rich·tung, die: -, -en; eine Vorrichtung (Hilfsmittel, Apparat) zum Abladen

Vor·runde, die: -, -n (erste Ausscheidungskämpfe für Meisterschaften); das **Vorrundenspiel**

vors: vors (vor das) Gericht gehen

vor·sa·gen: seinem Nachbarn in der Prüfung vorsagen (einsagen) – sich die Wörter immer wieder vorsagen (um sie im Gedächtnis zu behalten)

Vor·satz, der: -es, Vorsätze (Absicht); einen Vorsatz fassen; **vorsätzlich** (bewusst und absichtlich)

Vor·schau, die: -, -en (Überblick über kommende Sendungen im Fernsehen, Film o. Ä.)

Vor·schein, der: *zum Vorschein kommen* (sichtbar, erkennbar werden)

vor·schie·ben: einen Spielstein vorschieben – er schob den Riegel vor – etwas vorschieben (vorschützen, als angeblichen Grund angeben); → Vorschub

vor·schla·gen: ich schlage vor nach Hause zu gehen – jemanden als Kandidaten für ein Amt vorschlagen; der **Vorschlag;** der **Vorschlaghammer** (schwerer Hammer); das **Vorschlagsrecht**

vor·schnell: vorschnell (voreilig) handeln

vor·schrei·ben: (fordern, verlangen, befehlen); die **Vorschrift** (Anweisung, Bestimmung); **vorschriftsmässig** (ordnungsgemäss)

Vor·schub, der: einer Sache Vorschub leisten (etwas fördern); → vorschieben

Vor·schu·le, die: -, -n (Unterricht für noch nicht schulpflichtige Kinder); das **Vorschulalter;** die **Vorschulerziehung; vorschulisch**

Vor·schuss, der: -es, Vorschüsse (Vorauszahlung); die **Vorschusslorbeeren** Mz. (verfrühtes Lob)

vor·schüt·zen: eine Krankheit vorschützen (zum Vorwand nehmen)

vor·se·hen: die vorgesehene (geplante) Reise entfiel – er hat mich für diesen Posten vorgesehen (ausersehen) – du musst dich vor ihm vorsehen (dich in Acht nehmen); die **Vorsehung:** die göttliche Vorsehung (Macht, Bestimmung)

Vor·sicht, die: - (Aufmerksamkeit, Besonnenheit); *mit Vorsicht zu geniessen sein* (nicht sehr umgänglich sein) – *Vorsicht ist besser als Nachsicht;* **vorsichtig;** die **Vorsichtigkeit; vorsichtshalber**

Vor·sil·be, die: -, -n (Sprachlehre: Präfix)

Vor·sitz, der: -es (Leitung eines Vereins, einer Sitzung o. Ä.); der/die **Vorsitzende** ⟨Vors.⟩

vor·sor·gen: für den Winter vorsorgen (vorbauen, vorher sorgen); die **Vorsorge:** Vorsorge treffen (für etwas sorgen); die **Vorsorgeuntersuchung; vorsorglich** (umsichtig, vorausschauend)

Vor·spann, der: -(e)s, -e (einem Film, einer Sendung vorangestellte Angaben über Darsteller, Titel u. Ä.)

vor·spie·geln: jemandem etwas vorspiegeln (jemanden etwas glauben machen); die **Vorspieg(e)lung** (Vortäuschung)

vor·spre·chen: einen Satz vorsprechen (vorsagen) – bei jemandem vorsprechen (eine Bitte vortragen); die **Vorsprache**

Vor·sprung, der: -(e)s, Vorsprünge; der Vorsprung (vorspringende Teil) eines Felsens – einen Vorsprung (eine Überlegenheit) auf technischem Gebiet haben

vor·ste·hen: das Brett steht vor (ragt hervor) – einem Verein vorstehen (ihn führen) – wie vorstehend (oben) erwähnt; aber: im Vorstehenden heisst es; der **Vorstand;** das **Vorstandsmitglied;** die **Vorstandssitzung;** der **Vorsteher;** die **Vorsteherin**

vor·stel·len: der neue Schüler wurde vorgestellt (den anderen bekannt gemacht) – sich etwas vorstellen (sich ausdenken, ausmalen); **vorstellbar** (möglich); **vorstellig:** vorstellig werden (sich an jemanden wenden); die **Vorstellung** (Ansicht, Gedanke); das **Vorstellungsgespräch;** die **Vorstellungskraft**

vor·stos·sen: (vordringen); der **Vorstoss** (Angriff)

Vor·stra·fe, die: -, -n; er hat schon viele Vorstrafen; das **Vorstrafenregister**

vor·stre·cken: Geld vorstrecken (borgen, auslegen)

Vor·stu·fe, die: -, -n; die Vorstufe zu einer Entwicklung, zu einer Krankheit

vor·täu·schen: eine Krankheit vortäuschen; die **Vortäuschung**

Vor·teil, der: -s, -e (Vorsprung, Überlegenheit, Nutzen); von Vorteil sein (vorteilhaft sein); **vorteilhaft** (günstig, einträglich)

Vor·trag, der: -(e)s, Vorträge; der Vortrag (die Rede) war sehr langweilig; **vortragen:** ein Gedicht vortragen – er trug ihm sein Anliegen vor (er teilte es mit)

vor·treff·lich: es schmeckt vortrefflich (ausgezeichnet, hervorragend); die **Vortrefflichkeit**

vor·tre·ten: an die Tafel vortreten; der **Vortritt:** jemandem den Vortritt lassen (ihn vorausgehen lassen)

vo·rü·ber (vor·ü·ber): es ist alles vorüber – vorüber sein; **vorübergehen; vorübergehend** (zeitweise); aber: etwas Vorübergehendes

Vor·ur·teil, das: -s, -e; ein Vorurteil (eine vorgefasste Meinung) gegen jemanden haben; **vorurteilsfrei; vorurteilslos** (sachlich)

Vor·ver·kauf, der: -(e)s; die **Vorverkaufsstelle**

Vor·wahl, die: -, -en (das Wählen der Ortskennzahl beim Telefonieren); **vorwählen;** die **Vorwahlnummer;** auch: die **Vorwählnummer**

Vor·wand, der: -(e)s, Vorwände (Ausrede, Ausflucht, vorgeschobener Grund)

vor·wärts: vor- und rückwärts – vorwärts (nach vorn) blicken – vorwärts blicken (vorausschauen, optimistisch sein) – vorwärts gehen (nach vorne gehen, besser werden) – vorwärts kommen (nach vorne kommen, Erfolg haben)

Vor·wä·sche, die: - (das Vorwaschen); **vorwaschen;** der **Vorwaschgang**

vor·weg: (vorher, im Voraus); vorweg sein; **vorwegnehmen** (vorgreifen, zuvorkommen); die **Vorwegnahme**

vor·wer·fen: Tieren das Fressen vorwerfen (hinwerfen) – sie hat ihm Faulheit vorgeworfen (vorgehalten); der **Vorwurf; vorwurfsvoll**

vor·wie·gend: wir hatten vorwiegend (meist, oft) schönes Wetter

vor·wit·zig: vorwitzig (vorlaut, frech) sein; der **Vorwitz**

Vor·wort, das: -(e)s, -e (Einleitung, Vorrede in einem Buch)

Vor·zei·chen, das: -s, -; die Vorzeichen (Anzeichen) eines Unwetters – die Vorzeichen + (plus) und – (minus)

vor·zei·gen: seinen Pass vorzeigen (zeigen); **vorzeigbar**

Vor·zeit, die: - (vorgeschichtliche Zeit); **vorzeiten** (vor langer Zeit); aber: vor langen Zeiten; **vorzeitig** (verfrüht, zu früh); **vorzeitlich** (aus der Vorzeit); der **Vorzeitmensch**

vor·zie·hen: die Gardinen vorziehen – einen Termin vorziehen (vorverlegen) – ich ziehe es vor zu schweigen (ich möchte lieber schweigen); der **Vorzug,** die Vorzüge: er hat viele Vorzüge (gute Eigenschaften) – einer Sache den Vorzug geben (den Vorrang einräumen); **vorzüglich** (ausgezeichnet); die **Vorzüglichkeit;** der **Vorzugspreis; vorzugsweise** (hauptsächlich, besonders)

vor·zu: sie lebt ihr Leben vorzu (jeweils, im Augenblick, von Fall zu Fall)

Vo·tant lat. [wotạnt], der: -en, -en (Diskussionsredner); die **Voten; votieren** (wählen, abstimmen); das **Votivbild** (einem oder einer Heiligen aufgrund eines Gelübdes geweihtes Bild); das **Votum** (Gelübde, Urteil, Meinungsäusserung)

VS = Kanton Wallis/Valais

vul·gär lat. [wulgär]: ein vulgärer (gewöhnlicher, derber) Ausdruck; **vulgarisieren;** die **Vulgarität**

Vul·kan lat. [wulkạn], der: -s, -e (Feuer speiender Berg); auf einem Vulkan tanzen (ein ge-

fährliches Spiel treiben); der **Vulkanausbruch; vulkanisch:** vulkanisches Gestein; **vulkanisieren**

W = West(en); Watt

Waadt / Vaud: (Kanton); der **Waadtländer;** die **Waadtländerin; waadtländisch**

Waa·ge, die: -, -n (Gerät zum Wiegen); etwas auf die Waage legen – einander die Waage halten (gleich sein); der **Waagebalken; waag(e)recht;** die **Waag(e)rechte;** die **Waagschale:** etwas in die Waagschale werfen (etwas geltend machen) – jedes Wort auf die Waagschale legen (alles wortwörtlich nehmen)

wab·be·lig: (schwabbelig, unangenehm weich); auch: **wabblig; wabbeln**

Wa·be, die: -, -n (Gebilde aus Wachs im Bienenstock); der **Wabenhonig**

wach: wach sein (wachen) – ein wacher (aufgeweckter) Junge – einen wachen (regen) Verstand haben – wach bleiben, werden – sich wach halten; der **Wachdienst;** die **Wache:** Wache halten – der Soldat steht Wache – Wache stehend – auf die Wache (Polizeiwache) müssen; **wachen;** das **Wachestehen; wachhabend:** der wachhabende Offizier; der **Wachhabende;** die **Wachheit;** der **Wachhund;** der **Wachmann; wachrufen; wachrütteln** (aufrütteln); **wachsam** (aufmerksam); die **Wachsamkeit;** die **Wacht;** der **Wächter;** der **Wachtmeister** (Polizist); die **Wachtparade** (Aufzug einer Wache mit Musik); der **Wach(t)posten;** der **Wach(t)turm**

Wa·chol·der, der: -s, - (Strauch, Branntwein); der **Wacholderbaum;** die **Wacholderbeere;** der **Wacholderschnaps**

Wachs, das: -es, -e; eine Kerze aus Wachs; **wachsbleich** (blass); **wachsen:** die Skier wachsen (mit Wachs bestreichen); **wächsern** (aus Wachs); die **Wachsfigur;** die **Wachskerze;** die **Wachsmalkreide;** der **Wachsstock;** das **Wachstuch; wachsweich**

wach·sen: du wächst, er wuchs, sie ist gewachsen, wachs(e)!; schnell wachsen (grösser werden) – die Schulden wachsen

T U V W X Y Z

(steigen) ins Unermessliche – mit wachsendem Interesse zuhören – *jemandem gewachsen* (ebenbürtig) *sein*; das **Wachstum;** der **Wuchs:** der Baum ist von hohem Wuchs (gross); → Wuchs

Wạch·tel, die: -, -n (Feldhuhn)

wạ·ckeln: der Tisch wackelt (er steht nicht fest) – mit den Ohren wackeln; die **Wackelẹi; wack(e)lig:** ein wackeliger (nicht fest stehender) Stuhl; der **Wackelkontakt** (schadhafter elektrischer Kontakt); der **Wackelpudding**

wạ·cker: sich wacker (tüchtig, tapfer) schlagen

Wạ·de, die: -, -n (Muskelbündel am hinteren Unterschenkel); das **Wadenbein;** der **Wadenkrampf**

Wạf·fe, die: -, -n (Kampfgerät); *die Waffen strecken* (sich ergeben) – *jemanden mit seinen eigenen Waffen schlagen* (ihn mit seinen eigenen Mitteln besiegen) – *unter Waffen stehen* (zur Kriegsführung bereit sein); der **Waffengang** (Kampf); die **Waffengattung;** der **Waffenhandel;** das **Waffenlager; waffenlos;** der **Waffenplatz;** der **Waffenrock;** die **Waffenruhe;** der **Waffenschein;** der **Waffenstillstand**

Wạf·fel *niederl.,* die: -, -n (süsses Gebäck); das **Waffeleisen**

wa·gen: keiner wagte (traute sich) aufzustehen – im Spiel viel wagen (riskieren) – *wer nicht wagt, der nicht gewinnt – frisch gewagt ist halb gewonnen*; **wag(e)halsig:** ein waghalsiges (gewagtes) Unternehmen; die **Wag(e)halsigkeit;** der **Wagemut** (Mut); **wagemutig;** das **Wagnis,** die Wagnisse (gewagtes Unternehmen, Abenteuer)

wä·gen: du wägst, er wog, sie hat gewogen, wäg(e)!; etwas wägen (abwiegen, einschätzen); die **Wägung**

Wa·gen, der: -s, -; Pferde an den Wagen spannen – sich einen neuen Wagen (ein neues Auto) kaufen – der Grosse Wagen (Sternbild); das **Wägelchen;** die **Wagenburg** (früher: ringförmig aufgestellte Wagen zur Verteidigung gegen Feinde); der **Wagenheber;** die **Wagenladung;** die **Wagenpapiere** *Mz.;* die **Wagenplane;** das **Wagenrad;** das **Wagenrennen;** der **Wagenschlag** (Wagentüre); der **Wagentyp;** die **Wagenwäsche;** der **Wagner** (Handwerker)

Wag·gon *engl. [wagõ, wagon],* der: -s, -s (Eisenbahnwagen); auch: der **Wagon; waggonweise**

Wä·he, die: -, -n (flacher Kuchen mit süssem oder salzigem Belag)

wäh·len: einen Klassensprecher wählen – einen Beruf wählen – er wählte die falsche Telefonnummer; die **Wahl:** zur Wahl (zur Abstimmung) gehen – erste Wahl (das Beste, die Besten) – *wer die Wahl hat, hat die Qual*; die **Wahlanzeige;** der **Wahlausgang;** der **Wahlausschuss; wählbar;** die **Wählbarkeit; wahlberechtigt;** der/die **Wahlberechtigte;** die **Wahlberechtigung;** die **Wahlbeteiligung;** der **Wähler;** der **Wahlerfolg;** das **Wahlergebnis;** die **Wählerin; wählerisch** (anspruchsvoll); die **Wählerliste;** die **Wählerschaft;** die **Wählerstimme;** das **Wahlfach; wahlfrei;** das **Wahlgeheimnis;** die **Wahlheimat;** das **Wahljahr;** die **Wahlkabine;** der **Wahlkampf;** das **Wahllokal; wahllos** (beliebig, willkürlich); das **Wahlprogramm;** das **Wahlrecht;** die **Wahlrede;** der **Wahlsieg;** der **Wahlspruch** (Losung, Leitspruch); die **Wahlurne** (Behälter für die Stimmzettel); die **Wahlverwandtschaft; wahlweise** (abwechselnd) # Wal

Wạhn, der: -(e)s (Einbildung, falsche Annahme, Selbsttäuschung); das **Wahnbild** (Wahnvorstellung); **wähnen:** (vermuten, fälschlich annehmen); der **Wahnsinn:** dem Wahnsinn verfallen (geistesgestört) sein – das ist doch ein Wahnsinn (sehr unvernünftig)!; **wahnsinnig;** der/die **Wahnsinnige;** die **Wahnsinnstat;** die **Wahnvorstellung;** der **Wahnwitz** (Wahnsinn); **wahnwitzig**

wahr: eine wahre (wirkliche) Begebenheit – das wird wahr werden (eintreten) – eine wahre (nicht erfundene) Geschichte – sein wahres (echtes) Gesicht zeigen – wahr sein – nicht wahr (so ist es doch)? – so wahr ich lebe! – im wahrsten Sinne des Wortes (wirklich) – wahr bleiben – etwas für wahr halten – *etwas wahr machen* (etwas verwirklichen); aber: das ist nicht das Wahre (es ist nicht gut) – das einzig Wahre – da ist nichts Wahres daran; **wahrhaben:** etwas nicht wahrhaben (zugestehen) wollen; **wahrhaft; wahrhạftig** (aufrichtig); die **Wahrhạftigkeit;** die **Wahrheit:** in Wahrheit (in Wirklichkeit); der **Wahrheitsgehalt;**

T
U
V
W
X
Y
Z

wahrheitsgemäss; wahrheitsgetreu; die **Wahrheitsliebe;** der **Wahrheitssinn; wahrheitswidrig; wahrlich** (wirklich); **wahrsagen** (hellsehen, weissagen); der **Wahrsager;** die **Wahrsagerin;** die **Wahrsagung; wahrscheinlich** (vermutlich); die **Wahrscheinlichkeit**

wah·ren: Stillschweigen wahren (bewahren) – seine Rechte wahren (erhalten, verteidigen) – er wahrt das Gesicht (er gibt sich keine Blösse, er beherrscht sich); die **Wahrung;** das **Wahrzeichen** (Erkennungszeichen, Kennzeichen)

wäh·ren: es währt (dauert) lange – *was lange währt, wird endlich gut – ehrlich währt am längsten;* **während:** während (im Verlaufe) des Urlaubs; **währenddem; währenddessen;** aber: während dessen Aufenthalt

wahr·neh·men: ein Licht in der Ferne wahrnehmen (bemerken); aber: etwas für wahr nehmen – er nimmt jede Gelegenheit wahr (er nutzt sie); **wahrnehmbar;** die **Wahrnehmbarkeit;** die **Wahrnehmung;** die **Wahrnehmungsfähigkeit**

währ·schaft: für diese Wanderung braucht es währschafte (dauerhafte, solide) Schuhe; er kocht eine währschafte Suppe

Wäh·rung, die: -, -en (gesetzliches Zahlungsmittel eines Staates); die **Währungseinheit;** die **Währungsreform**

Waid·werk, das: -(e)s (Jagd); **waidgerecht;** der **Waidmann;** → Weidwerk

Wai·se, die: -, -n (elternloses Kind); das **Waisenhaus;** das **Waisenkind;** der **Waisenknabe** # die Weise

Wal, der: -(e)s, -e (Meeressäugetier); der **Walfang;** der **Walfisch;** das **Walross** (grosse Robbenart) # Wahl

Wald, der: -(e)s, Wälder (Forst, Gehölz); durch Wald und Feld – tief im Wald – *den Wald vor lauter Bäumen nicht sehen* (das nahe Liegende nicht erkennen) – *wie man in den Wald ruft, so schallt es heraus;* **waldarm;** der **Waldbrand;** das **Wäldchen;** der **Wald(es)rand; waldig;** das **Waldinnere; waldreich;** der **Waldspaziergang;** das **Waldsterben;** die **Waldung** (Waldbesitz)

wal·ken: Felle walken (kneten) – er walkte (prügelte) ihn tüchtig durch

Walk·man engl. [*wokmän*], der: -s, Walkmen (kleiner Kassettenrekorder); das **Walkie-**

Talkie [*wokitoki*] (tragbares Fernsprechgerät)

Wall lat., der: -(e)s, Wälle (Erdaufschüttung, Mauer); der **Wallgraben**

Wal·lach, der: -(e)s, -e (kastriertes männliches Pferd)

wal·len: (sprudeln, brodeln, kochen); ein wallender (faltenreicher) Rock; die **Wallung:** in Wallung geraten (wütend werden)

Wall·fahrt, die: -, -en (Fahrt oder Wanderung zu einer religiös bedeutsamen Stätte); der **Wallfahrer** (Pilger); die **Wallfahrerin; wallfahr(t)en** (pilgern); **Wallfahrtskirche;** der **Wallfahrtsort**

Wall·holz, das: -es, Wallhölzer (Nudelholz)

Wal·lis / Valais: (Kanton); der **Walliser;** die **Walliserin; walliserisch**

Walm·dach, das: -(e)s, ...dächer (Dach mit dreieckigen Giebelflächen)

Wal·nuss, die: -, Walnüsse (Frucht des Walnussbaums); der **Walnussbaum**

Wal·ross, das: -es, -e (Robbe)

Wal·statt, die: -, Walstätten (Kampfplatz der Germanen, Schlachtfeld)

wal·ten: hier walten (herrschen) überirdische Kräfte – jemanden schalten und walten (gewähren) lassen – Gottes Gnade waltet (wirkt) überall – das waltet (lenkt) Gott; aber: das Walten Gottes

Wal·ze, die: -, -n (zylinderförmiger Körper, früher: Wanderschaft der Handwerksburschen); auf der Walze (unterwegs) sein – auf die Walze gehen (wandern); **walzen:** einen Fussballplatz walzen (ebnen); **wälzen:** einen Stein wälzen (rollen) – sich vor Schmerzen am Boden wälzen (sich herumwerfen) – ein Lexikon wälzen (darin nachschlagen); **walzenförmig;** der **Walzer** (Tanz im Dreivierteltakt): ein Wiener Walzer; der **Wälzer** (dickes, schweres Buch); der **Walzertakt;** der **Walzstahl;** die **Walzstrasse;** das **Walzwerk**

Wams, das: -es, Wämser (kurze Jacke)

Wand, die: -, Wände (seitliche Begrenzung eines Raumes); in seinen eigenen vier Wänden (in der eigenen Wohnung) – Wand an Wand wohnen – eine steile Wand in den Bergen – *jemanden an die Wand spielen* (dessen Einfluss ausschalten); das **Wandbrett;** das **Wandfach;** der **Wandkalender;** die **Wandkarte;** der **Wandschrank;** die **Wandtafel;** die **Wanduhr;** die **Wandzeitung**

Wan·da·le, der: -n, -n (Angehöriger eines ost-gotischen Volkes); *wie die Wandalen hausen* (alles zerstören); auch: der **Vandale;** der **Wandalismus;** auch: der **Vandalismus**

wan·deln: auf der Erde wandeln (gehen) – er wandelt (ändert) seine Gesinnung – sich wandeln (sich ändern); der **Wandel:** einen Wandel (Wechsel, eine Änderung) wollen – sein Wandel (Lebenswandel) ist einwandfrei; **wandelbar;** der **Wandelgang;** die **Wandelhalle;** die **Wandlung;** der **Wandlungsprozess**

wan·dern: viel wandern (zu Fuss gehen) – der Zettel wanderte in den Papierkorb (er landete im Papierkorb) – ins Gefängnis wandern; die **Wanderameise;** die **Wanderausstellung;** die **Wanderdüne;** der **Wand(e)-rer;** die **Wanderfahrt;** der **Wandergeselle;** die **Wanderjahre** *Mz.;* die **Wanderkarte;** das **Wanderlied; wanderlustig;** der **Wanderpokal;** der **Wanderpreis;** die **Wanderratte;** die **Wanderschaft;** der **Wandersmann;** der **Wanderstab;** der **Wandertag;** die **Wanderung;** der **Wandervogel;** der **Wanderweg;** die **Wand(r)erin**

Wan·ge, die: -, -n (Backe); das **Wangenrot**

wan·ken: durch die Türe wanken (unsicher gehen, schwanken) – in seinem Entschluss wankend (unsicher) werden; aber: ins Wanken geraten (erschüttert werden); der **Wank:** er tut keinen Wank (regt sich nicht mehr); der **Wankelmut** (Unentschlossenheit); **wankelmütig;** die **Wankelmütigkeit**

wann: wann (zu welcher Zeit) essen wir? – dann und wann (manchmal) – wann immer du willst

Wan·ne, die: -, -n (trogähnliches Gefäss); in einer Wanne baden; das **Wannenbad**

Wanst, der: -es, Wänste (dicker Bauch)

Wan·ze, die: -, -n; von Wanzen (Insekten) gebissen werden – eine Wanze (Abhörgerät) im Zimmer einbauen

Wap·pen, das: -s, -; das Wappen (Erkennungszeichen) einer Stadt; der/das **Wappenschild;** der **Wappenspruch;** das **Wappentier;** sich **wappnen:** sich für schlimme Zeiten wappnen (sich darauf einstellen) – sich mit Geduld wappnen (geduldig sein)

Wa·re, die: -, -n; Waren (Güter, Erzeugnisse) verkaufen – heisse Ware (Raub); das **Warenangebot;** der **Warenbestand;** der **Wa-** renexport; der **Warenhandel;** das **Warenhaus;** der **Warenimport;** das **Warenlager;** die **Warenprobe;** die **Warensendung;** das **Warensortiment;** der **Warentest;** das **Warenzeichen** ⟨Wz⟩ (rechtlich geschütztes Handelszeichen)

warm: wärmer, am wärmsten; es ist sehr warm – ein warmer Nachmittag – ein warmes Essen – das Essen warm halten, stellen – jemanden wärmstens (sehr) empfehlen – warm baden – sich warm laufen – sich warm waschen – sich warm anziehen – warme Farben (Farben, in denen Rot und Gelb vorherrschen); aber: sich etwas Warmes anziehen – im Warmen sitzen – *mit jemandem warm* (vertraut) *werden;* **warmblütig;** die **Wärme; wärmedämmend;** die **Wärmedehnung;** die **Wärmeenergie;** der **Wärmegrad;** die **Wärmeisolierung;** die **Wärmekapazität; wärmen;** die **Wärmflasche; warmherzig;** die **Warmherzigkeit;** die **Warmluft;** das **Warmwasser**

war·nen: vor einer Gefahr warnen (darauf aufmerksam machen); die **Warnanlage;** das **Warndreieck;** das **Warngerät;** die **Warnleuchte;** das **Warnlicht;** der **Warnruf;** der **Warnschuss;** das **Warnsignal;** der **Warnstreik;** die **Warnung;** das **Warnzeichen**

war·ten: auf einen Besuch warten – er wartet (pflegt, überprüft) den Motor – *warten können, bis man schwarz wird* (umsonst warten) – *auf sich warten lassen* (lange nicht kommen); die **Warte** (Beobachtungsplatz): von seiner Warte (seinem Standpunkt) aus etwas beurteilen; die **Wartefrau;** die **Wartehalle;** die **Warteliste;** der **Wärter** (Aufseher); der **Warteraum;** die **Warterei;** die **Wärterin;** der **Wart(e)saal;** die **Warteschleife;** die **Wartezeit;** das **Wart(e)zimmer;** der **Wartturm;** die **Wartung** (Pflege, Reparatur); **wartungsfrei; wartungsfreundlich**

wa·rum (war·um): warum (aus welchem Grund) bist du gekommen? – warum nicht? – warum denn?

War·ze, die: -, -n (kleine Wucherung der Haut); das **Warzenschwein**

was: was machst du? – was ist das? – was für ein Glück! – was (etwas) Neues – ich glaube nicht, was er sagt – (et)was anderes; auch: (et)was Anderes

T
U
W
X
Y
Z

wạ·schen: du wäschst, er wusch, sie hat gewaschen, wasch(e)!; sich morgens waschen (mit Wasser, Seife o. Ä.) – die Kleidung waschen (säubern) – *jemandem den Kopf waschen* (ihn zurechtweisen) – *sich gewaschen haben* (sehr unangenehm sein); die **Waschanlage;** der **Waschautomat; waschbar;** das **Waschbecken;** die **Wäsche; waschecht:** eine waschechte (kochfeste) Bluse – ein waschechter (geborener) Hamburger; die **Wäscheklammer;** die **Wäscherei;** der **Wäschetrockner;** die **Waschfrau;** der **Waschkessel;** der **Waschlappen** (Lappen zum Reinigen, Schwächling); die **Waschmaschine;** das **Waschmittel;** das **Waschpulver;** der **Waschsalon;** die **Waschschüssel;** die **Waschung;** das **Waschweib** (Schwätzerin); das **Waschzeug**

Wạs·ser, das: -s, -/Wässer (z. B. Abwässer, Mineralwässer); Wasser trinken – ins Wasser fallen – *von Wasser und Brot leben* – ein Wasser abweisender Stoff – *sich über Wasser halten* (seine Existenz erhalten können) – *jemandem nicht das Wasser reichen können* (an dessen Leistungen nicht heranreichen) – *nahe ans Wasser gebaut haben* (sehr leicht in Tränen ausbrechen) – *mit allen Wassern gewaschen* (sehr gerissen) *sein;* die **Wasserader; wasserarm;** das **Wasserbad;** der **Wasserball;** das **Wässerchen;** der **Wasserdampf; wasserdicht;** der **Wasserfall;** die **Wasserfarbe; wasserfest; wassergekühlt;** das **Wasserglas;** der **Wasserhahn;** der **Wasserhaushalt; wäss(e)rig;** die **Wäss(e)rigkeit;** das **Wasserklosett** ⟨WC⟩; die **Wasserkraft;** die **Wasserlache;** der **Wasserlauf;** die **Wasserleitung; wasserlöslich;** der **Wassermann** (Sternbild); **wassern** (auf dem Wasser niedergehen); **wässern:** die Pflanzen auf dem Feld wässern (bewässern); die **Wassernixe;** die **Wasserpumpe;** das **Wasserrad;** der **Wasserrohrbruch;** die **Wasserrose; wasserscheu;** das **Wasserschloss;** der **Wasserski;** auch: der **Wasserschi;** der **Wasserspiegel;** der **Wassersport;** die **Wasserspülung;** der **Wasserstand;** der **Wasserstoff** ⟨H⟩ (chemischer Grundstoff); die **Wasserstoffbombe;** die **Wasserstrasse;** die **Wassersucht;** das **Wassertreten;** der **Wassertropfen;** der **Wasserturm;** die **Wasseruhr;** die **Wasserverschmutzung;** die **Was-**serwaage;** die **Wasserwelle;** der **Wasserwerfer;** das **Wasserwerk;** der **Wasserzähler;** das **Wasserzeichen**

wa·ten: durch den Schlamm waten (einsinkend gehen)

Wạt·sche, die: -, -n (Ohrfeige); auch: die **Watschen; watschen**

wạt·scheln: wie eine Ente watscheln (wackelig, schwerfällig gehen)

Wạtt ⟨W⟩, das: -s, - (alte Masseinheit für die Stromleistung); 500 Watt

Wạtt, das: -(e)s, -en (bei Ebbe blossgelegter Küstenstreifen); das **Wattenmeer;** die **Wattwanderung**

Wạt·te *niederl.,* die: -, -n (lockere Faserschicht); Watte auf die Wunde geben – *Watte in den Ohren haben* (nicht hören wollen); der **Wattebausch; wattieren** (polstern); die **Wattierung**

WC *engl. [wetse],* das: -(s), -(s) (Toilette)

we·ben: du webst, er webte/wob, sie hat gewebt/gewoben, web(e)!; Teppiche weben; der **Weber;** die **Weberei;** die **Weberin;** der **Webfehler;** der **Webstuhl;** die **Webwaren** *Mz.*

wẹch·seln: Geld wechseln (umtauschen) – er wechselte das Hemd – ihre Stimmung wechselte (änderte sich) rasch – den Arbeitsplatz wechseln; der **Wechsel:** der Wechsel (regelmässige Ablauf) der Jahreszeiten – einen Wechsel (Geldscheck) ausstellen; das **Wechselbad;** die **Wechselbeziehung;** das **Wechselgeld; wechselhaft** (unbeständig); die **Wechseljahre;** der **Wechselkurs;** der **Wechselrahmen;** der **Wechselschritt; wechselseitig** (abwechselnd, gegenseitig); die **Wechselseitigkeit;** der **Wechselstrom;** die **Wechselstube;** die **Wechs(e)lung; wechselwarm; wechselweise;** die **Wechselwirkung**

Wẹch·te, die: -, -n (überhängende Schneemasse im Gebirge)

wẹ·cken: um sieben Uhr wecken (wach machen) – alte Erinnerungen werden geweckt (wachgerufen); der **Wecker:** *jemandem auf den Wecker fallen* (ihm lästig werden); der **Weckruf**

Wẹ·cken, der: -s, - (Brot in länglicher Form); auch: der **Weck;** die **Wecke;** das **Weckerl;** der **Weggen**

We·del, der: -s, - (Schwanz, Fächer); **wedeln:** der Hund wedelt mit dem Schwanz

we·der: weder der eine noch der andere – *weder ein noch aus wissen* (sich nicht zurechtfinden); aber: das Weder-noch

Week·end *engl.* *[wikend],* das: -(s), -s (Wochenende)

weg: sie ist schon lange weg (fort) – sie ist noch weit weg (entfernt) – weg da! – das ganze Geld ist weg – ganz weg (begeistert) sein – sie ist noch längst nicht über seinen Tod weg (hinweg, hat ihn noch nicht überwunden); **wegbleiben; wegblicken; wegbringen; wegfahren;** der **Wegfall; wegfallen;** der **Weggang; weggehen; wegkommen; weglassen; weglaufen; wegmachen; wegmüssen;** die **Wegnahme; wegnehmen; wegpacken; wegräumen; wegschaffen;** sich **wegscheren** (weggehen); **wegschieben;** sich **wegschleichen; wegschmeissen;** sich **wegstehlen; wegstellen; wegtun;** die **Wegwahl** (Abwahl, Nichtbestätigung eines Behördenmitglieds); **wegwählen; wegwerfen; wegwerfend** (verächtlich, abfällig); die **Wegwerfflasche;** die **Wegwerfgesellschaft; wegziehen;** der **Wegzug**

Weg, der: -(e)s, -e; den Weg nach Hause gehen – wohin des Wegs? – er steht mir im Wege (er stört mich) – etwas auf den Weg bringen – etwas zu Wege bringen; auch: zuwege bringen – *jemandem aus dem Weg gehen* (ihn meiden) – *eigene Wege gehen* (selbstständig handeln) – *jemanden aus dem Weg räumen* (ihn umbringen) – *sich auf den Weg machen* (aufbrechen) – *jemandem auf halbem Weg entgegenkommen* (ihm teilweise nachgeben) – *jemandem über den Weg laufen* (ihm zufällig begegnen) – *viele Wege führen nach Rom;* der **Wegbereiter;** die **Wegbereiterin;** der **Wegelagerer** (Strassenräuber); der **Wegesrand;** die **Wegabelung;** der **Weggefährte;** die **Wegkreuzung; wegkundig;** die **Wegleitung** (Anleitung); **weglos;** die **Wegmarke;** der **Wegrand;** auch: der **Wegrain;** ...wegs: gerade(n)wegs – halbwegs – keineswegs – unterwegs; die **Wegstrecke; wegweisend;** der **Wegweiser;** die **Wegzehrung** (Reisevorrat)

we·gen: wegen der Leute – meiner Familie wegen (um ihretwillen) – von Rechts wegen – wegen meiner (meinetwegen) – wegen etwas anderem – wegen Geschäften –

von Amts wegen – von wegen!; ...**wegen:** meinetwegen – deinetwegen – seinetwegen – ihretwegen – unsertwegen – euretwegen; auch: euertwegen – deswegen

We·ge·rich, der: -s, -e (Pflanze)

Weg·gen, der: -s, -; → Wecken; das **Weggli** (weisses Brötchen)

we·he: auch: weh; sie hat wehe (schmerzende) Füsse – mir ist weh ums Herz – es tut ihm weh – o weh! – weh dir!; das **Weh:** mit Ach und Weh – tiefes Weh (Leid) erfüllt mich; die **Wehe** (Pressschmerz bei der Geburt eines Kindes); das **Wehgeschrei; wehklagen; wehleidig;** die **Wehleidigkeit;** die **Wehmut** (stiller Schmerz); **wehmütig; wehmutsvoll; wehtun;** das **Wehwehchen**

we·hen: der Wind weht – die Fahne weht (flattert) im Wind – es weht (herrscht) ein neuer Geist; die **Wehe** (Sand- und Schneeverwehung)

Wehr, das: -(e)s, -e (Stauanlage, Stauwerk)

weh·ren: sich gegen ungerechte Vorwürfe wehren (zur Wehr setzen) – dem Kind etwas wehren (verbieten); die **Wehr,** die Wehren (Abwehr, Schutzvorrichtung): *sich zur Wehr setzen* (sich verteidigen); **wehrbar;** der/die **Wehrbeauftragte;** der **Wehrdienst;** der **Wehrdienstverweigerer; wehrfähig;** die **Wehrfähigkeit;** der **Wehrgang** (Gang mit Schiessscharten auf Burg- und Stadtmauern); das **Wehrgehänge** (Waffengurt); **wehrhaft** (tüchtig, erprobt); **wehrlos:** ein wehrloses Kind; die **Wehrlosigkeit;** die **Wehrmacht;** der **Wehrmann** (Soldat); der **Wehrpass;** die **Wehrpflicht:** die allgemeine Wehrpflicht; **wehrpflichtig;** der **Wehrpflichtige;** die **Wehrübung**

Weib, das: -(e)s, -er (früher: Frau, Ehefrau); das **Weibchen** (weibliches Tier); der **Weiberheld; weibisch** (verweichlicht, unmännlich); **weiblich** ‹w.› (frauenhaft); die **Weiblichkeit;** das **Weibsstück** (abwertend für: Frau)

wei·beln: sie weibelt (wirbt, macht Propaganda) für den Umweltschutz; der **Weibel** (Amts-, Gerichts-, Gemeindediener, Bote)

weich: weich (sanft) fallen – eine weiche (wollige) Decke – ein weiches (mitfühlendes) Herz haben – weich kochen – ein weich gekochtes Ei – jemanden weich machen (zermürben) – weich geklopft – weich

T
U
V
W
X
Y
Z

werden (aufweichen, nachgeben); **weichen** (weich machen); die **Weichheit; weichherzig** (gütig); die **Weichherzigkeit; weichlich** (verzärtelt, wehleidig); die **Weichlichkeit;** der **Weichling** (Schwächling); der **Weichmacher;** der **Weichspüler;** die **Weichteile** *Mz.* (knochenlose Körperteile); das **Weichtier**

wei·chen: du weichst, er wich, sie ist gewichen, weich(e)!; der Gewalt nicht weichen (nicht nachgeben) – jemandem nicht von der Seite weichen – weiche von mir!; die **Weiche** (verstellbarer Teil einer Gleisanlage); die **Weichenstellung**

Wei·de, die: -, -n (Baum, Strauch); die **Weidenkätzchen** *Mz.*; die **Weidenrute**

wei·den: sie weidet (hütet) das Vieh – die Kühe weiden (fressen) auf der Wiese – sich an etwas weiden (Spass daran haben); die **Weide** (Grasfläche); das **Weid(e)land;** der **Weideplatz;** die **Weidewirtschaft; weidgerecht** (jagdgerecht); auch: **waidgerecht; weidlich** (jagdgerecht, tüchtig, gehörig); der **Weidling** (Flusskahn, Fischerboot); der **Weidmann;** auch: der **Waidmann; Weidmannsdank!; Weidmannsheil!;** das **Weidwerk** (Jagd); auch: das **Waidwerk; weidwund** (verwundet); auch: **waidwund**

wei·gern, sich: er weigerte sich (er lehnte es ab) zu arbeiten; die **Weigerung**

wei·hen: Kerzen weihen (segnen) – er weiht (widmet) sein Leben den Armen – die Stadt war dem Untergang geweiht (preisgegeben); der **Weihbischof;** die **Weihe;** der **Weiheakt; weihevoll** (feierlich); der **Weihrauch** (Räuchermittel); die **Weihung;** das **Weihwasser**

Wei·her *lat.,* der: -s, - (kleiner Teich, Tümpel)

Weih·nacht, die: -; auch: das **Weihnachten** (Weihnachtsfest, Fest der Geburt Jesu): fröhliche Weihnachten! – an, zu Weihnachten; auch: die **Weihnachten** *Mz.*: nach den Weihnachten; **weihnachten:** es weihnachtet schon; **weihnachtlich;** auch: **weihnächtlich;** der **Weihnachtsabend;** der **Weihnachtsbaum;** die **Weihnachtsferien** *Mz.*; das **Weihnachtsfest;** das **Weihnachtsgeschenk;** die **Weihnachtskrippe;** der **Weihnachtsmann;** der **Weihnachtsstern;** der **Weihnachtstag;** die **Weihnachtszeit**

weil: er turnt nicht mit, weil (da) er krank ist

Wei·le, die: -; eine Weile (kurze Zeit) warten – es ist schon eine Weile her; ein **Weilchen; weilen:** auf dem Lande weilen (sich aufhalten); …**weilen:** bisweilen – einstweilen – zuweilen

Wei·ler *lat.,* der -s, - (Gehöft, kleines Dorf)

Wein *lat.,* der: -(e)s, -e (alkoholisches Getränk aus Weintrauben); Wein trinken – *jemandem reinen Wein einschenken* (die Wahrheit sagen) – *im Wein ist Wahrheit;* der **Weinbau;** die **Weinbeere;** der **Weinberg;** der **Weinbrand** (Branntwein); die **Weindegustation** (Weinprobe); der **Weinessig;** das **Weinfass;** das **Weinglas;** die **Weinkarte;** der **Weinkeller;** die **Weinlese** (Traubenernte); die **Weinprobe;** die **Weinranke;** die **Weinrebe; weinrot;** der **Weinstock;** die **Weintraube**

wei·nen: vor Freude weinen (Tränen vergiessen); **weinerlich:** eine weinerliche Miene machen; die **Weinerlichkeit;** der **Weinkrampf**

wei·se: weise (kluge, lebenserfahrene) Leute – ein weiser Rat; der/die **Weise;** die **Weisheit;** der **Weisheitszahn; weismachen:** jemandem etwas weismachen (vormachen, einreden); **weissagen** (vorhersagen); der **Weissager;** die **Weissagerin;** die **Weissagung** # Waise

Wei·se, die: -, -n; auf diese Weise (Art) – in gleicher Weise (ebenso) – die Art und Weise – auf keine Weise – eine traurige Weise (Melodie) spielen; …**weise:** ausnahmsweise – dummerweise – glücklicherweise – leihweise – probeweise – schrittweise # Waise

wei·sen: du weist, er wies, sie hat gewiesen, weis(e)!; auf ein Schild weisen (zeigen, deuten) – *es wird sich weisen* (es wird sich zeigen, erweisen) – alle Schuld von sich weisen (abstreiten) – jemanden von der Schule weisen (entlassen); die **Weisung** (Anordnung, Befehl); die **Weisungsbefugnis; weisungsgemäss;** das **Weisungsrecht**

weiss: weisser, am weissesten; weisse Wäsche – weiss werden – weiss gekleidet – etwas schwarz auf weiss (schriftlich) besitzen – weiss (blass) vor Schreck sein, werden – die weisse Kohle (Wasserkraft) – ein weiss glühendes Eisen – weiss blühen – der weisse Sport (Tennis) – der weisse Tod (La-

T
U
V
W
X
Y
Z

winentod) – ein weisser Fleck (auf der Landkarte) – *eine weisse (saubere) Weste haben* (keine Schuld haben); aber: die Farbe Weiss – das Weisse Haus (Amtssitz des amerikanischen Präsidenten) – der Weisse Sonntag (der Sonntag nach Ostern); das **Weiss** (die weisse Farbe): ganz in Weiss gekleidet sein – aus Schwarz Weiss machen; das **Weissbier; weissblond; weissbluten** (sich völlig verausgaben) das **Weissbrot;** der/die **Weisse** (Angehörige(r) der weissen Rasse); eine **Weisse** (Weissbier); **weissen:** die Wand weissen (tünchen); auch: **weisseln;** ein **Weisser;** der **Weissgerber** (Handwerker); die **Weissglut** (stärkste Glut); **weisshaarig;** der **Weisskohl;** das **Weisskraut; weisslich;** der **Weissling** (Schmetterling); sich **weisswaschen** (sich von einem Verdacht befreien); aber: die Wäsche weiss waschen; der **Weisswein;** die **Weisswurst**

weit: eine weite Ebene – bis zur Stadt ist es nicht weit – die Hose ist ihm zu weit – die weite Welt – weit fahren – weit gehen – weit herumkommen – es weit bringen – weit besser – weit und breit (überall) – bei weitem – von weitem – von weit her – so weit, so gut – weit voraus – weit weg – ein zu weit gehender Vorschlag – ein weit gereister Mann – er hat weit greifende Pläne – eine weit reichende Änderung – das ist eine weit verbreitete Ansicht – sie hat eine weit verzweigte Verwandtschaft – *zu weit gehen* (über das vertretbare Mass hinausgehen); **weitab:** weitab (weit entfernt) vom Dorf; **weitaus:** er ist weitaus (bei weitem, mit grossem Abstand) der Älteste; der **Weitblick;** das **Weite:** *das Weite suchen* (fliehen); die **Weite:** die Weite des Ozeans – in die Weite (Ferne) schweifen; **weiten:** den Stiefel weiten (ausdehnen); **weither:** von weither (aus weiter Ferne) kommen; aber: mit ihm ist es nicht weit her; **weitherzig** (freigebig); die **Weitherzigkeit; weithin; weitläufig** (ausführlich, grosszügig); die **Weitläufigkeit; weiträumig; weitschweifig** (umständlich); die **Weitschweifigkeit;** die **Weitsicht; weitsichtig** (vorausschauend); **weitspringen;** aber: er kann nicht weit springen; das **Weitspringen;** der **Weitsprung;** die **Weitung**

wei·ter: und so weiter ⟨usw.⟩ – immer weiter – weiter nichts – ohne weiteres – bis auf weiteres (vorläufig); aber: alles Weitere erfährst du morgen – Weiteres in Kürze – des Weiteren – im Weiteren; die **Weiterarbeit; weiterarbeiten;** sich **weiterbilden;** die **Weiterbildung; weiterentwickeln; die Weiterentwicklung; weitererzählen; weiterfahren;** aber: sie wird weiter fahren als; die **Weiterfahrt;** die **Weitergabe;** der **Weitergang; weitergeben; weitergehen;** aber: er kann weiter gehen als ich; **weiterhelfen;** aber: er wird auch weiter (weiterhin) helfen; **weiterhin** (wie bisher, künftig); **weiterkommen; weiterlaufen;** aber: sie wird weiter laufen als; **weiterleiten; weitermachen:** so kannst du nicht weitermachen; aber: das enge Kleid weiter machen; **weiterreichen; weitersagen; weitersprechen; weiterverbreiten;** die **Weiterverbreitung; weiterverwenden;** die **Weiterverwendung; weiterziehen:** einen Rechtsfall weiterziehen

Wei·zen, der: -s (Getreideart); das **Weizenbrot;** das **Weizenfeld;** der **Weizenkeim;** das **Weizenkorn;** das **Weizenmehl**

welch: welch schöner Tag! – welch ein Held!; **welche:** auf welche Weise – es sind schon welche (einige) anwesend – welche von euch melden sich freiwillig?; **welcher; welcherart;** aber: welcher Art; **welcherlei; welches:** welches von den Kindern ist deines?

welk: welke (nicht mehr frische) Blumen – eine welke (schlaff gewordene) Haut; **welken;** die **Welkheit**

Wel·le, die: -, -n; die Wellen (Wogen) des Meeres – Wellen (kleine Erhebungen) im Gelände – eine Welle (Flut) von Protesten – die grüne Welle – *hohe Wellen schlagen* (grosse Erregung verursachen); das **Wellblech;** sich **wellen:** der Teppich wellt (wölbt) sich; das **Wellenbad; wellenförmig;** der **Wellenkamm;** die **Wellenlänge;** die **Wellenlinie; wellig** (lockig, uneben); die **Wellpappe;** die **Wellung**

Wel·pe, der: -n, -n (Junges eines Hundes, Fuchses oder Wolfes)

Wels, der: -, -es, -e (Speisefisch)

welsch: (für: romanisch, französisch, italienisch); der/die **Welsche;** das **Welschland** (französische Schweiz); das **Welschlandjahr;** die **Welschschweiz**

T
U
W
X
Y
Z

Welt, die: -, -en; um die Welt (die Erde, den Erdball) reisen – die Welt (der Lebensbereich) des Kindes – alle Welt (jedermann) – von aller Welt vergessen sein – zur Welt kommen (geboren werden) – aus aller Welt (von überall her) – am Ende der Welt (sehr weit entfernt) – die grosse Welt (die vornehme Gesellschaft) – die Dritte Welt (Entwicklungsländer) – die Neue Welt (Amerika) – die Alte Welt (Europa) – *die Welt nicht mehr verstehen* (völlig fassungslos sein) – *nicht aus der Welt sein* (leicht erreichbar sein) – *etwas in die Welt setzen* (etwas in Umlauf bringen); das **Weltall; weltanschaulich;** die **Weltanschauung; weltbekannt; weltberühmt; weltbewegend;** das **Weltbild;** der **Weltbürger;** die **Weltbürgerin;** der **Welt(en)bummler; welterschütternd; weltfern;** die **Weltflucht; weltfremd;** das **Weltgericht** (das Jüngste Gericht); die **Weltgeschichte; weltgewandt;** der **Welthandel;** die **Weltherrschaft;** die **Weltkarte;** der **Weltkrieg:** der Erste, Zweite Weltkrieg; die **Weltkugel; weltlich** (irdisch); die **Weltlichkeit;** die **Weltmacht; weltmännisch** (gewandt); das **Weltmeer;** der **Weltmeister;** die **Weltmeisterin;** die **Weltmeisterschaft; weltoffen;** die **Weltoffenheit;** die **Weltordnung;** die **Weltpolitik;** der **Weltraum;** der **Weltraumfahrer;** die **Weltraumfahrerin;** das **Weltreich;** die **Weltreise;** der **Weltrekord;** der **Weltruf** (grosse Berühmtheit); der **Weltruhm;** der **Weltschmerz** (Schmerz über die Unvollkommenheit der Welt); die **Weltstadt;** der **Weltuntergang;** der **Weltverbesserer; weltweit;** die **Weltwirtschaft;** das **Weltwunder:** die sieben Weltwunder (im Altertum)

Wel·ter·ge·wicht, das: -(e)s (Gewichtsklasse beim Ringen und Boxen)

wem: wem gehört der Ball?; der **Wemfall** (Sprachlehre: 3. Fall, Dativ)

wen: wen siehst du?; der **Wenfall** (Sprachlehre: 4. Fall, Akkusativ)

wen·den: du wendest, er wandte/wendete, sie hat gewandt/gewendet, wende!; den Kopf wenden (umdrehen) – mit dem Auto auf der Strasse wenden – jemandem den Rücken wenden (sich abwenden) – sich an den Lehrer wenden – Heu wenden – sehr gewandt (geschickt) sein; die **Wende;** der **Wendekreis;** die **Wendeltreppe;** das **Wendemanöver;** die **Wendemarke;** der **Wendeplatz;** der **Wendepunkt; wendig:** ein wendiges (leicht lenkbares) Auto – ein wendiger (geschickter) Arbeiter; die **Wendung**

we·nig: ein wenig (etwas, ein bisschen) – ein wenig Angst haben – sich ein wenig fürchten – wenig (nicht viel) verdienen – zu wenig; aber: das Zuwenig – zu wenige – eine wenig befahrene Strecke – zu wenig Erfahrung haben – wenig Schönes – ein wenig schöner Anblick – einiges wenige – ein weniges – das wenige – mit wenigem auskommen – nicht mehr und nicht weniger – das wenigste – am wenigsten; die **Wenigkeit:** meine Wenigkeit (ich); **wenigstens** (mindestens, jedenfalls)

wenn: ich komme, wenn (falls) du es wünschst – wenn (sobald) du fertig bist, fahren wir – wenn sie nur da wäre! – wenn auch (obgleich); aber: das Wenn und das Aber; **wenngleich** (obgleich); **wennschon:** wennschon, dennschon

wer: wer kommt da? – wer alles – er ist wer (er wird geachtet); der **Werfall** (Sprachlehre: 1. Fall, Nominativ)

wer·ben: du wirbst, er warb, sie hat geworben, wirb!; einen neuen Kunden werben (gewinnen) – um die Liebe einer Frau werben (sie zu gewinnen suchen); die **Werbeagentur;** das **Werbebüro;** das **Werbefernsehen;** der **Werbefilm;** der **Werber;** die **Werberin;** der **Werbeslogan;** der **Werbespot** (Werbekurzfilm); der **Werbetext;** die **Werbetrommel:** *die Werbetrommel rühren* (kräftig werben, Reklame machen); **werbewirksam;** die **Werbung;** die **Werbungskosten** *Mz.*

wer·den: du wirst, er wurde, sie ist geworden, werd(e)!; er wird schon noch kommen – sie wird Verkäuferin – daraus wird nichts – es wird zwölf Uhr – eine werdende Mutter – es wird schon werden – er ist müde geworden; aber: es ist noch im Werden – das Werden und Vergehen; der **Werdegang:** ihr beruflicher Werdegang

wer·fen: du wirfst, er warf, sie hat geworfen, wirf!; Steine werfen (schleudern) – der Baum wirft Schatten – mit Geld um sich werfen – sich auf eine neue Arbeit werfen (stürzen) –

ein Tier wirft (kriegt Junge) – *die Flinte ins Korn werfen* (aufgeben); der **Werfer;** die **Werferin;** der **Wurf**

Werft *niederl.*, die: -, -en (Schiffsbauanlage); der **Werftarbeiter**

Werg, das: -(e)s (Flachs-, Hanfabfall) # Werk

Werk, das: -(e)s, -e; ein Werk (eine Arbeit) vollenden – ans Werk! – an einem neuen Werk (Buch, Bild o. Ä.) arbeiten – er tat ein gutes Werk (eine gute Tat) – ein grosses Werk (eine Fabrik) bauen – das Werk (Triebwerk) einer Uhr – *zu Werke gehen* (vorgehen, verfahren); der/die **Werkangehörige;** die **Werkbank; werkeigen; werken:** von früh bis spät werken (arbeiten); das **Werken** (Werkunterricht); **werkgerecht; werkgetreu;** die **Werkstatt;** auch: die **Werkstätte; werkstattgepflegt;** der **Werkstoff;** das **Werkstück;** die **Werk(s)wohnung;** der **Werktag; werktäglich; werktags** (wochentags); aber: eines Werktags; **werktätig;** der/die **Werktätige;** der **Werkunterricht;** das **Werkzeug** # Werg

Wer·mut, der: -(e)s, -s; einen guten Wermut (weinhaltiges, bittersüsses Getränk) trinken – ein Tropfen Wermut (etwas Bitteres, Bitterkeit) trübt meine Freude; der **Wermut(s)tropfen**

wert: das Auto ist nichts mehr wert – das ist nicht der Rede wert – nichts (für) wert halten, achten – *keinen Schuss Pulver wert sein* (nichts taugen); der **Wert:** der Wert des Hauses ist gering – im Wert steigen – grosse Werte besitzen – einen Wert von einem Messgerät ablesen – das hat für mich keinen Wert (keine Bedeutung) – *auf etwas Wert legen* (es wichtig nehmen); die **Wertarbeit; wertbeständig;** die **Wertbeständigkeit;** der **Wertbrief; werten** (beurteilen); **wertfrei;** der **Wertgegenstand;** die **Wertigkeit; wertlos;** die **Wertlosigkeit; wertmässig;** das **Wertpaket;** die **Wertpapiere** *Mz.* (Aktien, Pfandbriefe); die **Wertsache; wertschätzen** (achten); die **Wertschätzung;** die **Wertschrift;** der **Wertstoff;** das **Wertstück;** die **Wertung;** das **Werturteil; wertvoll;** die **Wertvorstellung;** das **Wertzeichen** (Briefmarke); der **Wertzuwachs**

wer·weis·sen: du werweisst, er werweisste, sie hat gewerweisst; ständig werweissen (hin und her raten, rätseln)

wes: (wessen); *wes Brot ich ess', des Lied ich sing;* der **Wesfall** (Sprachlehre: 2. Fall, Genitiv); **weshalb:** weshalb (warum) schreibst du nicht mehr?; **wessen:** wessen Haus ist das? **weswegen** (warum)

We·sen, das: -s, -; ein freundliches Wesen (eine freundliche Art) haben – das Wesen (die Merkmale) einer Sache – ein höheres Wesen (Fantasiewesen) – das kleine Wesen (Kind) muss man gern haben – *viel Wesen(s) von etwas machen* (einer Sache grosse Bedeutung beimessen) – *sein Wesen treiben* (Unfug machen) – *ein einnehmendes Wesen haben* (habgierig sein); **wesenlos;** die **Wesensart; wesensfremd; wesensverwandt;** der **Wesenszug** (Merkmal); **wesentlich:** keine wesentlichen Fehler machen; aber: im Wesentlichen (in der Hauptsache) – das Wesentliche

Wes·pe, die: -, -n (bienenähnliches Insekt); das **Wespennest;** der **Wespenstich**

Wes·te *franz.*, die: -, -n (Kleidungsstück ohne Ärmel); eine Weste über dem Hemd tragen; die **Westentasche**

Wes·ten ⟨W⟩, der: -s (Himmelsrichtung); nach Westen blicken – der Westen Deutschlands; auch: **West** ⟨W⟩: Ost und West – das Gewitter kommt von West; das **Westend** (Stadtteil); der **Western** (Wildwestfilm); **Westeuropa; westeuropäisch; westlich;** die **Westmächte** *Mz.;* **westschweizerisch; westwärts;** der **Westwind**

West·fa·len: -s (Teil des Bundeslandes Nordrhein-Westfalen); der **Westfale;** die **Westfälin; westfälisch**

wet·ten: um zehn Mark wetten; **wett:** jetzt sind wir wett (quitt); der **Wettbewerb; wettbewerbsfähig;** die **Wette:** um die Wette laufen – eine Wette eingehen; der **Wetteifer; wetteifern;** die **Wettfahrt;** der **Wettkampf;** der **Wettkämpfer;** die **Wettkämpferin;** der **Wettlauf; wettlaufen; wettmachen:** eine Niederlage wettmachen (ausgleichen); **wettrennen;** das **Wettrennen;** das **Wettspiel;** der **Wettstreit; wettstreiten** (konkurrieren); das **Wetttauchen;** das **Wettturnen**

Wet·ter, das: -s, -; schönes Wetter haben – *um gutes Wetter* (gute Stimmung) *bitten;* die **Wetteraussichten** *Mz.;* der **Wetterbericht; wetterbeständig;** der **Wetterdienst; wetterempfindlich;** die **Wetterfahne; wetterfest;**

wetterfühlig; die **Wetterfühligkeit**; der **Wetterhahn**; die **Wetterkarte**; **wetterleuchten**; das **Wetterleuchten** (das Aufleuchten entfernter Blitze, ohne dass man den Donner hört); **wettern** (stürmen, donnern und blitzen): es wettert den ganzen Tag – gegen die hohen Steuern wettern (schimpfen); der **Wettersatellit**; die **Wetterscheide**; die **Wetterstation**; der **Wettersturz**; der **Wetterumschlag**; die **Wettervorhersage**; die **Wetterwarte**; **wetterwendisch** (unbeständig, launisch)

wet·zen: du wetzt – er hat die Messer gewetzt (scharf gemacht) – den Schnabel am Ast wetzen – der Junge ist zur Schule gewetzt (gelaufen)

WG = Wohngemeinschaft

Whirl·pool engl. *[wörlpul]*, der: -s, -s (Wasserbecken mit sprudelndem Wasser)

Whis·ky engl. *[wiski]*, der: -s, -s (Branntwein); aber: der **Whiskey** (irischer Whisky)

WHO = World Health Organization (Weltgesundheitsorganisation)

Wich·se, die: -; Wichse (Prügel) bekommen – Wichse (Putzmittel für die Schuhe) kaufen; **wichsen**: die Schuhe wichsen (polieren)

Wicht, der: -(e)s, -e (Zwerg, kleiner Kerl); das **Wichtelmännchen** (Zwerg, Kobold)

wich·tig: eine wichtige (bedeutende) Aufgabe – wichtig sein (Bedeutung haben) – etwas wichtig nehmen – *sich wichtig machen* (sich aufspielen); aber: alles Wichtige – nichts, etwas Wichtiges; die **Wichtigkeit**; der **Wichtigtuer**; die **Wichtigtuerei**; die **Wichtigtuerin**; **wichtigtuerisch** (prahlerisch)

Wi·cke: die: -, -n (Pflanze)

wi·ckeln: ein Seil auf eine Rolle wickeln – ein Baby wickeln (in frische Windeln wickeln) – sich in eine Decke wickeln (einpacken); der **Wickel**: einen kalten Wickel (Umschlag) machen – *jemanden beim Wickel nehmen* (ihn festhalten); das **Wickelkind** (Säugling); das **Wickelkissen**; die **Wicklung**

Wid·der, der: -s, - (männliches Schaf, Sternbild)

wi·der: wider (gegen) meinen Willen – wider Erwarten – wider den Befehl (entgegen dem Befehl) handeln – für und wider; aber: das Für und Wider (das Dafür und das Dagegen); **widerborstig** (widerspenstig); **widereinander** (gegeneinander); **widerfahren**

(zustoßen, geschehen); der **Widerhaken**; der **Widerhall** (Echo); **widerhallen**; die **Widerhandlung** (Zuwiderhandlung); **widerlegen**; die **Widerlegung**; **widerlich**: ein widerlicher (abscheulicher) Kerl; die **Widerlichkeit**; **widernatürlich** (abartig); die **Widernatürlichkeit**; der **Widerpart** (Gegner); **widerrechtlich** (gesetzwidrig); die **Widerrede** (Widerspruch); der **Widerrist** (vorderster Rücken- und unterster Nackenteil bei Huf- und Horntieren); der **Widerruf** (Zurücknahme): bis auf Widerruf; **widerrufen**; die **Widerrufung**; der **Widersacher** (persönlicher Gegner); der **Widerschein** (Spiegelung); sich **widersetzen**; **widersetzlich**; **widersinnig** (unverständlich, abwegig); **widerspenstig** (störrisch); die **Widerspenstigkeit** (Trotz); **widerspiegeln**; **widersprechen**; der **Widerspruch** (Einspruch); **widersprüchlich** (gegensätzlich); die **Widersprüchlichkeit**; **widerspruchsfrei**; **widerspruchslos** (ohne Widerspruch); **widerspruchsvoll**; der **Widerstand**: *Widerstand leisten* (sich widersetzen); **widerstandsfähig**; der **Widerstandskämpfer**; die **Widerstandskämpferin**; die **Widerstandskraft**; **widerstandslos** (kampflos); **widerstehen**; **widerstreben** (zuwider sein); der **Widerstreit**; **widerwärtig** (ekelhaft); die **Widerwärtigkeit**; der **Widerwille** (Abscheu); **widerwillig** (ungern); die **Widerwilligkeit**; die **Widerworte** Mz. # wieder

wid·men: sich ganz seiner Arbeit widmen (zuwenden) – jemandem sein Buch widmen (aus Verehrung zueignen, schenken); die **Widmung**

wid·rig: widrige (unglückliche) Umstände – in widrigen (ungünstigen) Verhältnissen leben; **widrigenfalls**; die **Widrigkeit**: mit vielen Widrigkeiten (Problemen, Schwierigkeiten) im Leben zu kämpfen haben

wie: wie alt ist er? wie (auf welche Weise) machst du das? – wie herrlich! – wie lange bleibst du? – wie wenig – wie oft – er macht es so wie ich; aber: sowie (sobald) sie kommt – wie viel – wie sehr – wie auch immer – so lange wie – Knaben wie (ebenso wie) Mädchen – ich merkte nicht, wie er verschwand; aber: auf das Wie kommt es an – nicht das Was, sondern das Wie ist entscheidend; **wieso** (warum); **wievielmal**;

aber: wie viele Male; **wieweit** (inwieweit, in welchem Umfang); aber: wie weit ist es bis zum Bahnhof?; **wiewohl** (obgleich, obschon)

wie·der: wieder (noch einmal) kommen – hin und wieder (manchmal) – immer wieder – für nichts und wieder nichts – ich bin gleich wieder da – wieder aufbereiten – wieder beleben – wieder entdecken – wieder finden – wieder geboren – wieder gutmachen – wieder sehen – wieder verwenden; der **Wiederanpfiff;** der **Wiederaufbau;** die **Wiederaufführung;** die **Wiederaufnahme;** die **Wiederbegegnung;** der **Wiederbeginn; wiederbekommen** (zurückbekommen); aber: etwas wieder (erneut, nochmals) bekommen; die **Wiederbelebung;** der **Wiedereintritt;** die **Wiederentdeckung;** die **Wiedererlangung;** die **Wiedereröffnung; wiedererstatten** (zurückzahlen); die **Wiedererstattung;** die **Wiedererwägung;** die **Wiedergabe; wiedergeben;** die **Wiedergeburt; wiedergewinnen;** die **Wiedergutmachung; wiederherstellen;** die **Wiederherstellung; wiederholen** (erneut sagen); aber: etwas wiederholen; **wiederholt** (mehrfach); die **Wiederholung;** der **Wiederholungskurs** ⟨WK⟩; das **Wiederholungsspiel;** das **Wiederhören:** auf Wiederhören!; die **Wiederinstandsetzung; wiederkäuen;** der **Wiederkäuer;** die **Wiederkehr** (Rückkehr); **wiederkehren; wiederkommen;** das **Wiedersehen:** Auf Wiedersehen sagen; auch: auf Wiedersehen sagen; **wiederum;** die **Wiedervereinigung;** der **Wiederverkäufer;** die **Wiederverwendung;** die **Wiederverwertung;** die **Wiederwahl** # wider

wie·gen: du wiegst, er wiegte, sie hat gewiegt, wieg(e)! ein Kind in seinen Armen wiegen (schaukeln, hin- und herbewegen) – sich in den Hüften wiegen – den Kopf wiegen – er wiegt sich in der Hoffnung (er hofft es); die **Wiege:** von der Wiege bis zur Bahre (das ganze Leben hindurch); das **Wiegenfest** (Geburtstag); das **Wiegenlied**

wie·gen: du wiegst, er wog, sie hat gewogen, wieg(e)! (messen, feststellen); eine Tüte Obst wiegen – er wiegt 80 Kilogramm – seine Bedenken wiegen schwer (sind ernst zu nehmen)

wie·hern: das Pferd wieherte (gab laute, helle Töne von sich) – ein wieherndes Gelächter

Wie·se, die: -, -n (Grasfläche); die **Wiesenblume;** der **Wiesengrund;** das **Wiesland**

Wie·sel, das: -s, - (kleines Raubtier); flink wie ein Wiesel sein; **wieselflink; wieselschnell**

Wig·wam indian., der: -s, -s (Indianerzelt)

Wi·kin·ger, der: -s, - (Normanne); die **Wikingersage**

wild: wilder, am wildesten; wilde (in der freien Natur wachsende) Pflanzen – eine wilde (stürmische) Rauferei – sich wild (unbändig, flegelhaft) aufführen – ganz wild (versessen) sein auf etwas – ein wildes (primitives) Volk – ein wild lebendes Tier – halb so wild (nicht so schlimm) – ein wilder (nicht genehmigter) Streik – wild wachsender Wein – wilder Wein; aber: der Wilde Westen – sich wie ein Wilder aufführen; das **Wild;** der **Wildbach;** die **Wildbahn** (Jagdbereich); das **Wildbret** (Fleisch eines erlegten Wildes); der **Wilddieb;** die **Wildente;** die **Wilderei;** der **Wilderer; wildern** (ohne Berechtigung jagen); der **Wildfang** (sehr lebhaftes Kind); **wildfremd;** die **Wildgans;** das **Wildgatter** (Zaun in Wildgehegen); die **Wildheit;** der **Wildhüter;** das **Wildleder;** die **Wildnis,** die Wildnisse; **wildreich;** der **Wildschaden;** das **Wildschwein;** der **Wildwechsel;** der **Wildwestfilm;** der **Wildwuchs;** der **Wildzaun**

Wil·le, der: -ns, -n; seinen Willen (Vorsatz, festen Wunsch) durchsetzen – beim besten Willen – auf seinem Willen bestehen – guten Willens sein – einen eisernen Willen haben – wider Willen – der letzte Wille (Testament) – *jemandem zu Willen sein* (sich ihm hingeben) – *des Menschen Wille ist sein Himmelreich;* auch: der **Willen; willen:** um des lieben Friedens willen; ... **willen:** um meinetwillen – um seinetwillen – um euretwillen; **willenlos** (nachgiebig); die **Willenlosigkeit; willens: willens** sein (beabsichtigen, bereit sein) – sie ist nicht willens das zu dulden; die **Willensbildung;** die **Willenskraft; willensschwach** (nachgiebig); die **Willensschwäche; willensstark;** die **Willensstärke; willentlich** (absichtlich); **willfahren; willfährig** (gefügig); die **Willfährigkeit; willig** (folgsam); ... **willig:** arbeitswillig – böswillig – eigenwillig – mutwillig – unwillig – widerwillig

will·kom·men: herzlich willkommen! – eine willkommene (erwünschte) Abwechslung – willkommen heissen – dein Besuch ist mir willkommen (er passt mir); das/der **Willkommen** (freundliche Begrüssung); auch: der **Willkomm;** der **Willkommensgruss**

Will·kür, die: - (Selbstherrlichkeit); der **Willkürakt;** die **Willkürherrschaft; willkürlich;** die **Willkürmassnahmen** Mz.

wim·meln: es wimmelt (alles ist erfüllt) von Ameisen – auf dem Platz wimmelte es von Menschen

wim·men lat. (Trauben lesen); auch: **wümmen;** der **Wimmet** (Weinlese); auch: der **Wümmet**

wim·mern: man hört im Zimmer ein Baby wimmern (leise weinen, jammern); aber: ein leises Wimmern

Wim·pel, der: -s, - (kleine dreieckige Fahne)

Wim·per, die: -, -n (Haar am Rand des Augenlids); lange Wimpern haben – *ohne mit der Wimper zu zucken* (ohne Bedenken); die **Wimperntusche**

Wind, der: -(e)s, -e; der Wind weht von Ost – in alle Winde (Gegenden) zerstreut sein – frischer Wind (neuer Schwung) – wie der Wind (sehr schnell) – *Wind machen* (prahlen) – *von etwas Wind bekommen* (von etwas erfahren) – *den Mantel nach dem Winde hängen* (sich der jeweils herrschenden Meinung anpassen) – *etwas in den Wind schlagen* (etwas nicht beachten) – *etwas in den Wind schreiben* (etwas als verloren ansehen) – *wer Wind sät, wird Sturm ernten;* der **Windbeutel** (leichtsinniger Mensch, Gebäck); die **Windbö(e);** der **Windbruch; Windeseile:** in Windeseile; der **Windfang** (kleiner Vorraum mit Türe); **windgeschützt;** der **Windhauch;** die **Windhose** (Luftwirbel); der **Windhund; windig** (luftig, zweifelhaft); die **Windjacke; Windjammer** (Segelschiff); der **Windkanal;** der **Windmesser;** die **Windmühle;** die **Windpocken** Mz. (Kinderkrankheit); das **Windrad;** die **Windrichtung;** die **Windrose** (Kompassscheibe); der **Windsack** (Gerät zum Messen der Windrichtung und -stärke); die **Windsbraut** (früher: heftiger Wind); der **Windschatten; windschief;**

windschlüpfig; die **Windschutzscheibe;** die **Windstärke; windstill;** die **Windstille; windsurfen** *[windsörfen];* das **Windsurfing**

Win·del, die: -, -n (Wickeltuch für Kleinkinder); das Baby in Windeln wickeln; **windelweich:** jemanden windelweich schlagen (heftig verprügeln)

win·den: du windest, er wand, sie hat gewunden, wind(e)!; einen Draht um etwas winden (wickeln) – einen Kranz winden – sich vor Schmerzen winden (krümmen) – auf gewundenen (kurvenreichen) Wegen – *sich winden* (sich einer Lage entziehen wollen); die **Winde** (Hebe- und Senkvorrichtung, Kletterpflanze); die **Windung** (Biegung)

Win·kel, der: -s, -; ein Winkel von 60° – er steht im toten Winkel (im nicht einsehbaren Bereich) – im Winkel (in der Ecke) des Zimmers – sich in einen Winkel verkriechen; **wink(e)lig;** das **Winkelmass;** der **Winkelmesser;** die **Winkelzüge** Mz. (geschicktes Vorgehen)

win·ken: zum Abschied winken – dafür winkt eine Belohnung (ist eine Belohnung zu erwarten); der **Wink** (versteckter Rat, Hinweis): *der Wink mit dem Zaunpfahl* (eine deutliche Anspielung); der **Winker**

win·seln: wie ein Hund winseln (jammern) – um Gnade winseln; die **Winselei**

Win·ter, der: -s, - (die kalte Jahreszeit); der **Winterabend;** der **Winteranfang; winterfest;** der **Wintergarten;** das **Winterhalbjahr; winterlich;** der **Wintermonat; wintern:** es wintert (es wird Winter); das **Winterquartier;** der **Winterreifen; winters:** winters wie sommers geht er spazieren; die **Wintersaat;** der **Winterschlaf;** der **Winterschlussverkauf;** der **Wintersport; wintertauglich;** die **Wintertauglichkeit;** die **Winterzeit**

Win·zer, der: -s, - (Weinbergbesitzer); die **Winzerin**

win·zig: ein winziges (sehr kleines) Loch – ein winziges bisschen; die **Winzigkeit;** der **Winzling**

Wip·fel, der: -s, - (Baumkrone, Gipfel eines Baumes)

Wip·pe, die: -, -n (kippbarer Balken mit Sitzen als Schaukel); **wippen**

wir: wir alle – wir beide – wir armen Leute – wir Kinder – wir Deutsche(n)

T
U
V
W
X
Y
Z

Wir·bel, der: -s, -; sich einen Wirbel (Knochen der Wirbelsäule) brechen – die Wirbel (Strudel) eines Flusses – einen grossen Wirbel (grosses Aufsehen) machen; **wirb(e)lig; wirbeln:** Blätter wirbeln (fliegen) im Wind; die **Wirbelsäule** (Rückgrat); der **Wirbelsturm;** das **Wirbeltier;** der **Wirbelwind**

wir·ken: Wunder wirken (vollbringen) – die Medizin wirkt schnell – die Vorhänge wirken in diesem Raum nicht (kommen nicht zur Geltung) – als Priester wirken (tätig sein) – die Musik auf sich wirken lassen – Textilien wirken (durch Verschlingen der Fäden herstellen); die **Wirkkraft; wirksam;** die **Wirksamkeit;** der **Wirkstoff;** die **Wirkung;** der **Wirkungsbereich;** der **Wirkungskreis; wirkungslos;** die **Wirkungslosigkeit;** die **Wirkungsstätte; wirkungsvoll;** die **Wirkungsweise;** die **Wirkwaren** *Mz.* (gewirkte Waren)

wirk·lich: bist du wirklich (tatsächlich) krank? – da bin ich aber wirklich (sehr) gespannt – er ist ein wirklicher (echter) Freund – wirklich (ganz bestimmt)!; die **Wirklichkeit;** die **Wirklichkeitsform; wirklichkeitsfremd; wirklichkeitsgetreu; wirklichkeitsnah;** der **Wirklichkeitssinn**

wirr: wirrer, am wirrsten; wirres (unverständliches) Zeug reden – wirre (ungeordnete) Gedanken; die **Wirren** *Mz.* (Unruhen); die **Wirrheit;** der **Wirrkopf;** die **Wirrnis** (Unordnung); der **Wirrwarr** (grosses Durcheinander)

wirsch: wirsch (schroff, zornig) sein

Wir·sing *ital.,* der: -s (Kohlart); der **Wirsingkohl;** auch: der **Wirz**

Wirt, der: -(e)s, -e (Gastwirt); **wirten** (eine Gastwirtschaft führen); das **Wirtepatent;** der **Wirtesonntag;** die **Wirtin; wirtlich** (für Gäste angenehm); die **Wirtschaft:** in die Wirtschaft (das Gasthaus) gehen – jemandem die Wirtschaft (den Haushalt) führen – die Wirtschaft (Volkswirtschaft) eines Staates – das ist ja eine schöne Wirtschaft (Unordnung)!; **wirtschaften** (haushalten); die **Wirtschafterin; wirtschaftlich:** eine wirtschaftliche (sparsame) Hausfrau – er ist in wirtschaftlichen (finanziellen) Schwierigkeiten (finanziellen) Schwierigkeiten (finanziellen) Schwierigkeiten; die **Wirtschaftlichkeit;** das **Wirtschaftsabkommen;** das **Wirtschaftsgeld;** die **Wirtschaftsgemeinschaft;** die **Wirt-**

schaftskrise; die **Wirtschaftslage;** die **Wirtschaftsreform;** die **Wirtschaftswissenschaft;** das **Wirtschaftswunder;** der **Wirtschaftszweig;** das **Wirtshaus** (einfache Gaststätte); die **Wirtsleute** *Mz.*

wi·schen: den Staub vom Schrank wischen – sich den Mund wischen – *jemandem eine wischen* (ihn ohrfeigen); der **Wisch** (wertloses Schriftstück); der **Wischer; wischfest;** das **Wischiwaschi** (Geschwätz); der **Wischlappen;** das **Wischtuch**

Wi·sent, der: -s, -e (Wildrind)

wis·pern: (leise sprechen, flüstern)

wis·sen: du wusst, er wusste, sie hat gewusst, wisse!; sie weiss viel – er weiss nicht, was das zu bedeuten hat – er wüsste gern – Bescheid wissen – *jemandem etwas wissen lassen* (ihn informieren) – *von jemandem nichts mehr wissen wollen* (kein Interesse mehr an ihm haben) – *es wissen wollen* (seine Fähigkeiten beweisen wollen) – *was ich nicht weiss, macht mich nicht heiss*; die **Wissbegier;** auch: die **Wissbegierde** (Lerneifer); **wissbegierig;** das **Wissen:** meines Wissens (soweit ich informiert bin) – wider besseres Wissen – ohne mein Wissen – nach bestem Wissen und Gewissen; die **Wissenschaft;** der **Wissenschafter;** die **Wissenschafterin;** der **Wissenschaftler;** die **Wissenschaftlerin; wissenschaftlich;** der **Wissensdrang;** der **Wissensdurst; wissensdurstig;** das **Wissensgebiet;** die **Wissenslücke;** der **Wissensstand; wissenswert; wissentlich** (absichtlich)

wit·tern: (riechen, ahnen); die **Witterung:** der Hund nahm Witterung (den vom Wild wahrnehmbaren Geruch) auf – eine nasskalte Witterung (Wetter); **witterungsbedingt;** der **Witterungsumschlag;** die **Witterungsverhältnisse** *Mz.*

Wit·we, die: -, -n (Frau, deren Ehemann verstorben ist); die **Witwenrente;** das **Witwentum;** der **Witwer;** das **Witwertum**

Witz, der: -es, -e; Witze erzählen – Witze (Scherze) machen – er erzählt mit viel Witz (Geist); das **Witzblatt;** der **Witzbold** (Spassvogel); die **Witzelei; witzeln** (scherzen, spotten); die **Witzfigur; witzig** (lustig und einfallsreich); **witzlos**

WM = Weltmeisterschaft

wo: wo (an welchem Ort) ist er? – wo die

T
U
V
W
X
Y
Z

Sonne scheint – ach wo! – wo immer; das **Wo:** das Wo interessiert mich; **woanders** (an einem anderen Ort); aber: w̲o̲ anders (wo sonst) als hier könnte er sein; **woandershin; wobei; wodurch; wofern; wofür; wogegen; woher; woherum; wohin; wohinauf; wohinaus; wohinein; wohingegen; wohinter; wohinunter; womit** (wie); **womöglich:** womöglich (vielleicht) kommst du nicht; **wonach; woran; worauf; woraufhin; woraus; worin; worüber; worum; worunter; wovon; wovor; wozu**

Wo·che, die: -, -n (Zeitraum von sieben Tagen); Woche für Woche – im Laufe der Woche – in zwei Wochen – nächste Woche; aber: die Grüne Woche; das **Wochenbett** (Kindbett); das **Wochenblatt;** das **Wochenende;** das **Wochenendhaus; wochenlang;** aber: drei Wochen lang; der **Wochenlohn;** der **Wochenmarkt;** die **Wochenstunde;** der **Wochentag; wochentags; wöchentlich** (jede Woche); **wochenweise;** die **Wochenzeitung; …wöchig:** ein dreiwöchiger Lehrgang; die **Wöchnerin** (Frau im Kindbett)

Wod·ka russ., der: -s, -s (Kartoffelschnaps)

Wo·ge, die: -, -n; er versank in den Wogen (Wellen) des Meeres – die Wogen der Begeisterung; **wogen** (Wellen bilden): die wogende See – eine wogende Menge; der **Wogenschlag**

wohl: wohler, am wohlsten; auch: besser, am besten; mir ist wohl (behaglich, wohlig) – ich bin wohl – es tut ihm wohl (gut) – ist ihm nun wohler? – er ist wohl (vermutlich) nicht gut aufgelegt – es ist wohl (ungefähr) eine Woche her – wohl oder übel (ob man will oder nicht) – ich sehe dich sehr wohl (genau) – lebe wohl! – wohl bekomms! – sich wohl befinden – sich wohl fühlen – ein wohl durchdachter Plan – ein wohl gemeinter Rat – das ist wohl überlegt – er ist wohl unterrichtet – es wird ihm wohl ergehen – sie sollten sich das wohl überlegen – es wird ihm wohl tun (angenehm sein) – jemandem wohl wollen; das **Wohl:** sich um das Wohl (Wohlergehen) der Gäste sorgen – auf dein Wohl! – zum Wohl(e)! – das Wohl und Wehe (Schicksal) der Menschen; **wohlan** (nun denn)!; **wohlauf:** wohlauf (gesund) sein; **wohlanständig;** das **Wohlbefinden;** das **Wohlbe-**

hagen; wohlbehalten: kehre wohlbehalten wieder zurück!; das **Wohlergehen; wohlerzogen;** die **Wohlfahrt;** der **Wohlfahrtsstaat; wohlfeil:** eine wohlfeile (billige) Ware; das **Wohlgefallen:** sich in Wohlgefallen (in nichts) auflösen; **wohlgefällig;** w̲o̲hlgemerkt; **wohlgemut** (heiter, fröhlich); **wohlgenährt; wohlgeraten;** der **Wohlgeruch;** der **Wohlgeschmack; wohlgesinnt; wohlhabend;** die **Wohlhabenheit; wohlig** (behaglich); der **Wohlklang; wohlklingend;** der **Wohllaut;** das **Wohlleben; wohlriechend; wohlschmeckend;** das **Wohlsein:** zum Wohlsein!; der **Wohlstand;** die **Wohlstandsgesellschaft;** der **Wohlstandsmüll;** die **Wohltat;** der **Wohltäter;** die **Wohltäterin; wohltätig;** die **Wohltätigkeit; wohltuend; wohlverdient; wohlweislich** (klugerweise); das **Wohlwollen; wohlwollend**

woh·nen: er wohnt in der Stadt – zur Miete . wohnen; der **Wohnbau;** der **Wohnblock;** die **Wohndiele;** die **Wohnfläche;** das **Wohngebiet;** die **Wohngegend; wohnhaft** (ansässig); das **Wohnhaus;** das **Wohnheim; wohnlich** (behaglich); die **Wohnlichkeit;** der **Wohnort;** der **Wohnraum;** der **Wohnsitz;** die **Wohnung;** das **Wohnungsamt;** die **Wohnungseinrichtung; wohnungslos;** die **Wohnungsnot;** die **Wohnungssuche;** der/ die **Wohnungssuchende;** das **Wohnviertel;** der **Wohnwagen;** das **Wohnzimmer**

wöl·ben: eine Brücke wölbt sich über den Fluss; die **Wölbung** (Rundung, Bauch, Kuppel)

Wolf, der: -(e)s, Wölfe (in Rudeln lebendes Raubtier); heulende Wölfe – jemanden durch den Wolf drehen (ihm hart zusetzen) – mit den Wölfen heulen (sich der Mehrheit anschliessen) – unter die Wölfe geraten sein (rücksichtslos übervorteilt werden); die **Wölfin; wölfisch** (grausam); der **Wolfshund;** der **Wolfshunger** (starker Hunger); die **Wolfsmilch** (Pflanze); das **Wolfsrudel**

Wolf·ram ⟨W⟩, das: -s (Schwermetall, chemischer Grundstoff)

Wol·ke, die: -, -n; Wolken ziehen am Himmel – aus allen Wolken fallen (sehr überrascht sein) – in den Wolken schweben (ein Träumer sein); das **Wölkchen;** der **Wolkenbruch** (Regenschauer); die **Wolkendecke;**

T
U
W
X
Y
Z

der **Wolkenkratzer** (Hochhaus); das **Wolkenkuckucksheim** (Luftschloss, Traumreich); **wolkenlos;** die **Wolkenwand; wolkig** (bedeckt, bewölkt, verhangen)

Wọl·le, die: -; einen Pullover aus Wolle stricken – *sich in die Wolle geraten/kriegen* (miteinander Streit bekommen); die **Wolldecke; wollen** (aus Wolle): ein wollenes Kleid; **wollig;** das **Wollknäuel;** der **Wolllappen;** der **Wollstoff;** das **Wolltuch;** die **Wollwaren** *Mz.*

wọl·len: du willst, er wollte, sie hat gewollt, wolle!; willst (magst) du mitkommen? – *hier ist nichts zu wollen* (hier nützt alles nichts) – sein Recht wollen (fordern) – wohl wollen (gesinnt sein) – er will verreisen (er beabsichtigt es) – zu wem wollen Sie (wen möchten Sie sprechen)? – wir wollen sehen (warten wir ab) – sie ist gewollt (gezwungen) freundlich

Wọl·lust, die: -, Wollüste (sinnlicher Genuss, Entzücken); **wollüstig** (sinnlich, lüstern)

Wọn·ne, die: -, -n; (grosses Lustgefühl, Genuss); es ist eine wahre Wonne ihr zuzusehen; **wonnevoll** (von tiefer Freude erfüllt); **wonnig**

World·cup *engl. [wörldkap],* der: -s, -s (Weltmeisterschaft)

Wọrt, das: -(e)s, -e/Wörter; Wörter (einzelne Wörter) falsch schreiben – dies waren ihre letzten Worte (Äusserungen) – geflügelte (oft zitierte) Worte – mir fehlen die Worte – der Hund gehorcht aufs Wort – etwas Wort für Wort lesen – *Wort halten* (sein Versprechen halten) – *nicht viele Worte machen* (nicht viel reden) – *das grosse Wort führen* (prahlen) – *einer Sache das Wort reden* (sich für etwas einsetzen) – *jemandem ins Wort fallen* (ihn in seiner Rede unterbrechen); die **Wortart;** die **Wortbedeutung;** die **Wortbildung;** der **Wortbruch** (Bruch eines Versprechens); **wortbrüchig** (untreu); das **Wörtchen;** das **Wörterbuch;** die **Wortfamilie;** das **Wortfeld;** die **Wortfügung** (Redewendung); der **Wortführer** (Sprecher); das **Wortgefecht;** das **Wortgeklingel;** das **Wortgeplänkel; wortgetreu** (wörtlich); **wortgewaltig; wortgewandt; wortkarg** (schweigsam); die **Wortklauberei** (Haarspalterei); der **Wortlaut** (wortgetreuer Text); das **Wörtlein; wörtlich:** die wörtliche Rede; **wortlos;** die **Wortmeldung; wortreich;** der **Wortreichtum;** der **Wortschatz** (Gesamtheit der Wörter einer Sprache); der **Wortsinn;** das **Wortspiel;** der **Wortstamm;** die **Wortwahl;** der **Wortwechsel** (Streit mit Worten); **wortwörtlich** (Wort für Wort)

Wrạck, das: -(e)s, -s/-e (gestrandetes oder altes Schiff); er ist nur noch ein Wrack (ein körperlich verbrauchter Mensch)

wrịn·gen: du wringst, er wrang, sie hat gewrungen, wring(e)!; Wäsche wringen (auspressen)

Wu̱·cher, der: -s (zu hoher Preis, zu hohe Zinsen); Wucher treiben (zu hohen Gewinn erzielen); die **Wucherei;** der **Wucherer** (jemand, der zu hohe Zinsen bzw. zu viel Geld verlangt); **wuchern:** er wuchert (treibt Wucher) – wuchernde (üppig wachsende) Pflanzen – *mit seinem Pfunde wuchern* (seine Begabung voll einsetzen); der **Wucherpreis;** das **Wuchertum;** die **Wucherung** (Geschwulst); die **Wucherzinsen** *Mz.*

Wụchs, der: -es; der Wuchs (das Wachstum) der Pflanzen – er ist von hohem Wuchs (von hoher Gestalt); **...wüchsig:** halbwüchsig – kleinwüchsig

Wụcht, die: -; mit grosser Wucht (Kraft) zuschlagen – er fiel mit voller Wucht (mit seinem ganzen Gewicht) hin; **wuchten:** einen Sack auf den Wagen wuchten (mit Anstrengung heben); **wuchtig:** wuchtige (schwere) Möbel – ein wuchtiger (kraftvoller) Schlag; die **Wuchtigkeit**

wüh·len: er wühlt (gräbt) in der Erde – in seinen Papieren wühlen (stöbern, suchen) – der Hunger wühlt in mir; die **Wühlarbeit;** die **Wühlerei;** die **Wühlmaus**

Wụlst, der/die: -(e)s, Wülste (längliche Verdickung); **wulstig**

wüm·men: (Trauben lesen); auch: **wịmmen;** der **Wụmmet** (Weinlese); auch: der **Wịmmet**

wụm·mern: es wummert (dröhnt dumpf); **wumm!**

wụnd: wund (aufgescheuert, entzündet) sein – er läuft sich die Füsse wund – sich den Mund wund reden – sich wund liegen (im Krankenbett) – ein wunder Punkt (eine Sache, von der man nicht gerne spricht); die **Wundbehandlung;** der **Wundbrand** (Entzündung einer Wunde); die **Wunde** (Verlet

T
U
V
W
X
Y
Z

zung); das **Wundfieber;** das **Wundmal,** die Wundmale; das **Wundpflaster;** der **Wundstarrkrampf;** der **Wundverband**

Wun·der, das: -s, -; ein Wunder vollbringen – wie durch ein Wunder wurde er gerettet – ein Wunder der Technik – kein Wunder! – *sein blaues Wunder erleben* (eine grosse Überraschung erleben) – sich Wunder was (etwas Besonderes) einbilden – er glaubt, Wunder was er geleistet hat; **wunderbar;** aber: es grenzt ans Wunderbare; **wunderbarerweise;** der **Wunderheiler;** die **Wunderheilerin; wunderhübsch;** das **Wunderkind; wunderlich:** wunderlich (sonderbar, schrullig) werden; die **Wunderlichkeit;** das **Wundermittel; wundern:** sich über etwas wundern (staunen) – es wundert mich, dass du kommst; **wundernehmen:** es nimmt mich wunder (es erstaunt mich); **wundersam; wunderschön; wundervoll;** das **Wunderwerk**

wün·schen: jemandem Glück wünschen – sich zu Weihnachten etwas wünschen – ich wünsche nicht gestört zu werden; der **Wunsch,** die Wünsche; **wünschbar;** das **Wunschbild;** das **Wunschdenken;** die **Wünschelrute; wünschenswert; wunschgemäss;** das **Wunschkind** (ersehntes Kind); das **Wunschkonzert;** die **Wunschliste; wunschlos;** der **Wunschtraum;** der **Wunschzettel**

Wür·de, die: -, -n; die Würde (das Ansehen) eines Menschen verletzen – er erträgt die Schmerzen mit Würde (Haltung, Fassung) – höchste Würden (Ämter) erreichen – *Würde bringt Bürde;* **würdelos;** die **Würdelosigkeit;** der **Würdenträger; würdevoll** (feierlich); **würdig; würdigen** (anerkennen, schätzen, loben): jemanden keines Blickes würdigen; die **Würdigkeit;** die **Würdigung**

Wurf, der: -(e)s, Würfe; ein Wurf von 50 Metern – sein neuer Film ist ein grosser Wurf (Erfolg) – auf einen Wurf (auf einmal) – ein Wurf junger Katzen; die **Wurfbahn;** das **Wurfgeschoss;** die **Wurfsendung;** der **Wurfspeer;** der **Wurfspiess**

Wür·fel, der: -s, - (Körper mit sechs gleichen quadratischen Seiten, Spielstein zum Würfelspiel); der **Würfelbecher; würfelförmig; würf(e)lig; würfeln:** eine Fünf würfeln; das **Würfelspiel;** der **Würfelzucker**

wür·gen: jemanden am Hals würgen (ihm die Kehle zusammendrücken) – an einem Essen würgen (schwer schlucken); aber: mit Hängen und Würgen (mit knapper Not); der **Würgegriff;** die **Würgemale** *Mz.;* der **Würger**

Wurm, der: -(e)s, Würmer (Tier ohne Gliedmassen); Würmer haben (an einer Wurmkrankheit leiden) – *jemandem die Würmer aus der Nase ziehen* (ihm etwas durch Fragen entlocken); das **Wurm** (das arme Kind, das arme Geschöpf); das **Würmchen; wurmen:** das wurmt (ärgert) mich fürchterlich; der **Wurmfortsatz** (am Blinddarm); **wurmig;** die **Wurmkrankheit;** der **Wurmstich; wurmstichig**

Wurst, die: -, Würste; Wurst essen – das ist mir Wurst (Wurscht) (das ist mir gleichgültig) – *es geht um die Wurst* (um die Entscheidung); das **Wurstbrot;** die **Würstchenbude;** die **Wurstelei; wursteln** (langsam und unüberlegt arbeiten); **wursten** (Wurst machen); **wurstig** (gleichgültig); die **Wurstigkeit;** der **Wurstsalat;** die **Wurstwaren** *Mz.;* der **Wurstzipfel**

Würt·tem·berg: -s (Teil des Bundeslandes Baden-Württemberg); der **Württemberger;** die **Württembergerin; württembergisch**

Wur·zel, die: -, -n; die Wurzeln eines Baumes – das ist die Wurzel (der Ursprung) des Übels – *ein Übel an der Wurzel packen* (von Grund auf beseitigen wollen) – *Wurzeln schlagen* (sesshaft werden); die **Wurzelbürste;** das **Würzelchen,** die **Wurzelknolle; wurzellos; wurzeln:** in der Erde wurzeln; der **Wurzelstock;** das **Wurzelwerk;** das **Wurzelziehen**

wür·zen: die Speisen würzen (schmackhaft machen) – *eine Sache würzen* (sie interessant, witzig machen); die **Würze** (Geschmack, Geist); **würzig:** eine würzige (kräftige, anregende) Waldluft

wu·sche·lig: wuscheliges (lockiges) Haar; auch: **wuschlig;** das **Wuschelhaar;** der **Wuschelkopf**

Wust, der: -(e)s (wüstes Durcheinander, ungeordneter Haufen)

Wüs·te, die: -, -n (trockenes, mit Sand bedecktes Gebiet); *jemanden in die Wüste schicken* (ihn entlassen); **wüst:** eine wüste (trostlose) Gegend – eine wüste (sehr grosse) Unordnung – jemanden wüst (wild) beschimpfen; **wüsten** (verschwenderisch umgehen); die **Wüstenei** (öde Gegend); der **Wüstensand;** der **Wüstling** (ausschweifend lebender Mensch)

Wut, die: -; in Wut (masslosen Zorn) geraten – sie war rot vor Wut – vor Wut schäumen; der **Wutanfall;** der **Wutausbruch; wüten** (rasen, stürmen); **wütend:** wütend sein (sich ärgern); **wutentbrannt** (sehr wütend); der **Wüterich** (unbeherrschter, grausamer Mensch); das **Wutgeheul; wutschnaubend; wutverzerrt**

X

X = römisches Zeichen für die Zahl 10

X *[iks],* das: -, -; der Buchstabe X – ein X – ein Herr X (ein Herr mit unbekanntem Namen); aber: das x in Hexe – *jemandem ein X für ein U vormachen* (ihn täuschen)

x-Ach·se, die: -, -n (waagerechte Achse im Koordinatensystem, Abszissenachse)

Xan·thip·pe, die: -, -n (Frau des Philosophen Sokrates, streitsüchtige Frau)

X-Bei·ne *Mz.,* die: -; **X-beinig;** auch: **x-beinig**

x-be·lie·big: ein x-beliebiges Beispiel – jeder x-Beliebige (irgendeiner) – etwas x-Beliebiges

x-fach: das x-fache

X-förmig: X-förmige Beine haben; auch: **x-förmig**

x-mal: er hat schon x-mal gefehlt – x-mal anrufen – zum x-ten Mal(e)

X-Strah·len *Mz.,* die: - (Röntgenstrahlen)

Xy·lo·phon *griech.,* das: -s, -e (mit Hämmerchen geschlagenes Musikinstrument)

Y

Y *[üpsilon],* das: -, - (Buchstabe); der Buchstabe Y; aber: das y in Babylon

y-Ach·se, die: -, -n (senkrechte Achse im Koordinatensystem, Ordinatenachse)

Yacht, die: -, -en; → Jacht

Yan·kee *amerik. [jänki],* der: -s, -s (Spitzname für den Bürger in den USA); der **Yankee Doodle** *[jänkidudel]* (amerikanisches Nationallied)

Yard *engl. [jart],* das: -s, -s (englisches und amerikanisches Längenmass)

Yen: *jap. [jen],* der: -(s), -(s) (japanische Währungseinheit)

Yo·ga *[joga],* das/der: -(s); → Joga

Yp·si·lon ⟨Y⟩ *griech. [üpsilon],* das: -(s), -s (griechischer Buchstabe)

Z

Z. = Zahl; Zeile

Za·cke, die: -, -n; auch: der **Zacken:** die Zacken (Spitzen) einer Krone – *einen Zacken drauf haben* (sehr schnell fahren) – *ihm fällt kein Zacken aus der Krone* (er vergibt sich nichts); **Zack:** *auf Zack sein* (seine Sache gut machen); aber: *zack, zack!;* die **Zackenkrone; zackig:** ein zackiger Gruss

za·gen: zagt (zögert) nicht!; aber: *mit Zittern und Zagen* (voller Furcht); **zaghaft:** zaghaft (ängstlich, schüchtern) an die Tür klopfen; die **Zaghaftigkeit;** die **Zagheit**

zäh: zäher, am zäh(e)sten; auch: **zähe;** ein zähes (ledernes) Fleisch kauen – ein zäher (ausdauernder) Bursche – die Arbeit geht zäh (langsam) voran – mit zähem (beharrlichem) Fleiss; **zähflüssig;** die **Zähheit;** die **Zähigkeit; zählebig** (widerstandsfähig)

Zahl ⟨Z.⟩, die: -, -en (Angabe einer Menge, Grösse); Zahlen zusammenrechnen – die Zahl (Anzahl) der Schüler – ohne Zahl (unsagbar viel) – in grosser Zahl (viele) – 100 an der Zahl – *schwarze Zahlen schreiben* (Gewinne machen) – *in die roten Zahlen kommen* (Verluste machen); **zahlbar;** die **Zahlbarkeit; zahlen:** etwas in Raten zahlen – er zahlt viel Steuern – was habe ich zu zahlen? – *wer zahlt, schafft an;* **zählen:** bis zehn zählen – zu den vornehmen Leuten zählen (gerechnet werden) – die Stadt zählt eine Million Einwohner – du kannst auf mich zählen (dich auf mich verlassen); die **Zahlenangabe;** die **Zahlenfolge;** das **Zahlenlotto; zahlenmässig;** die **Zahlenreihe;** das **Zahlenschloss;** der **Zahler:** ein guter Zahler; der **Zähler;** die **Zahlkarte; zahllos:** zahllose Menschen; aber: gestern haben Zahllose zugeschaut; der **Zahlmeister; zahlreich:** sie kamen zahlreich; aber: Zahl-

T U V W X Y Z

reiche kamen; die **Zahlstelle;** der **Zahltag;** die **Zahlung;** die **Zählung;** der **Zahlungsbefehl; zahlungsfähig;** die **Zahlungsfähigkeit;** die **Zahlungsfrist; zahlungskräftig;** das **Zahlungsmittel** (Geld); **zahlungsunfähig;** die **Zahlungsunfähigkeit; zahlungsunwillig;** der **Zahlungsverkehr;** die **Zahlungsweise;** das **Zählwerk;** das **Zahlwort** (Sprachlehre: Numerale)

zäh·men: ein Raubtier zähmen (bändigen) – er zähmt (beherrscht) seine Neugier; **zahm; zähmbar;** die **Zähmbarkeit;** die **Zahmheit;** die **Zähmung**

Zahn, der: -(e)s, Zähne; sich die Zähne putzen – mit den Zähnen klappern – *die Zähne zusammenbeissen* (Unangenehmes tapfer ertragen) – *jemandem auf den Zahn fühlen* (ihn erproben, überprüfen) – *sich an etwas die Zähne ausbeissen* (mit etwas nicht fertig werden) – *jemandem die Zähne zeigen* (ihm unerschrocken Widerstand leisten) – *einen Zahn zulegen* (die Geschwindigkeit steigern); der **Zahnarzt;** die **Zahnärztin;** die **Zahnbürste;** das **Zähnchen;** die **Zahncreme; zähnefletschend;** das **Zähneklappern; zähneknirschend; zahnen** (die ersten Zähne bekommen); der **Zahnersatz;** die **Zahnfäule** (Karies); das **Zahnfleisch:** *auf dem Zahnfleisch gehen* (in einer schwierigen Lage sein); **zahnlos;** die **Zahnlücke;** die **Zahnpasta;** auch: die **Zahnpaste;** die **Zahnpflege;** das **Zahnrad;** der **Zahnschmelz;** die **Zahnschmerzen** *Mz.;* die **Zahnspange;** der **Zahnstein;** der **Zahnstocher;** das **Zahnweh;** die **Zahnwurzel**

Zan·der *slaw.,* der: -s, - (Speisefisch)

Zan·ge, die: -, -n (Werkzeug); *jemanden in die Zange nehmen* (ihn hart bedrängen); die **Zangenbewegung; zangenförmig;** die **Zangengeburt**

Zank, der: -(e)s (Streit, Zwist); der **Zankapfel** (Streitgegenstand); sich **zanken:** sich um das Erbe zanken (streiten); die **Zänkerei; zänkisch** (streitsüchtig); **zanksüchtig**

Zap·fen, der: -s, - (Stöpsel, Verschluss); auch: der **Zapf;** das **Zäpfchen;** das **Zäpfchen-R;** auch: das **Zäpfchen-r; zapfen:** Bier zapfen (vom Fass in ein Gefäss füllen); der **Zapfenstreich** (Signal zur Rückkehr der Soldaten in die Kaserne); der **Zapfenzieher** (Korkenzieher); die **Zapfsäule;** die **Zapfstelle**

zap·peln: er zappelt (sitzt nicht still) vor Ungeduld – ein Fisch zappelt an der Angel – *jemanden zappeln* (warten) *lassen;* **zapp(e)lig** (unruhig, lebhaft); der **Zappelphilipp** (unruhiges Kind)

zap·pen *engl.:* (mit der Fernbedienung ständig das Fernsehprogramm wechseln)

zap·pen·dus·ter: (ganz dunkel, aussichtslos)

Zar *lat.,* der: -en, -en (einstiger Herrschertitel in Russland); das **Zarentum;** die **Zarin;** der **Zarismus**

zart: ein zartes (weiches) Fleisch – sie hat eine zarte (schwächliche) Gesundheit – eine zarte (unaufdringliche) Farbe – zart besaitet (empfindsam) sein – *zarte Bande knüpfen* (ein Liebesverhältnis anbahnen); **zartbitter:** eine zartbittere Schokolade; das **Zartgefühl;** die **Zartheit; zärtlich;** die **Zärtlichkeit; zartrosa**

Zä·si·um ⟨Cs⟩ *lat.,* das: -s (chemisches Element, Metall); auch: das **Cäsium**

Zas·ter, der: -s (Geld)

Zä·sur *lat.,* die: -, -en (Einschnitt, Unterbrechung, Bruch)

zau·bern: (etwas Unmögliches tun); ein Kaninchen aus dem Hut zaubern – eine herrliche Landschaft auf die Leinwand zaubern; der **Zauber:** der Zauber (die Anmut) der Jugend – von der Sache geht ein grosser Zauber (Reiz) aus; die **Zauberei;** der **Zaub(e)rer; zauberhaft** (reizend); die **Zauberkraft;** das **Zauberkunststück;** der **Zauberlehrling;** der **Zauberspruch;** der **Zauberstab;** der **Zaubertrank;** das **Zauberwort;** die **Zaub(r)erin**

zau·dern: (zögern, sich nicht entscheiden können); der **Zaud(e)rer;** die **Zaud(r)erin**

Zaum, der: -(e)s, Zäume (Lenkgeschirr für Reit- und Zugtiere); *sich im Zaume halten* (sich zügeln, beherrschen); **zäumen:** ein Pferd zäumen (ihm das Zaumzeug anlegen); die **Zäumung;** das **Zaumzeug**

Zaun, der: -(e)s, Zäune (Gitter, Einzäunung); über den Zaun klettern; **zaundürr;** die **Zauneidechse;** der **Zaungast;** der **Zaunkönig** (kleiner Singvogel); der **Zaunpfahl:** *mit dem Zaunpfahl winken* (einen sehr deutlichen Hinweis geben)

zau·sen: jemandem die Haare zausen (zupfen, ziehen) – einen Knochen zausen (abknabbern)

T
U
V
W
X
Y
Z

Za·zi·ki *griech.,* der/das: -s, -s (Joghurt mit Knoblauch und Salatgurkenstückchen); auch: der/das **Tsatsiki**

z. B. = zum Beispiel

z. d. A. = zu den Akten

ZDF = Zweites Deutsches Fernsehen

Zeb·ra (Ze·bra) *afrik.,* das: -s, -s (afrikanisches Wildpferd); der **Zebrastreifen** (Kennzeichnung eines Fussgängerüberganges)

Ze·che, die: -, -n; in der Zeche (im Bergwerk) arbeiten – die Zeche (Rechnung in einem Gasthaus) bezahlen – *die Zeche prellen* (seine Rechnung für genossene Speisen und Getränke nicht bezahlen) – *die Zeche bezahlen müssen* (die Folgen zu tragen haben); **zechen:** die ganze Nacht zechen (trinken); die **Zechenstilllegung;** der **Zecher;** die **Zecherin;** das **Zechgelage;** der **Zechkumpan;** die **Zechkumpanin;** der **Zechpreller;** die **Zechprellerei;** die **Zechprellerin;** die **Zechtour**

Ze·cke, die: -, -n (schmarotzendes Insekt); auch: der **Zeck**

Ze·der *lat.,* die: -, -n (Nadelbaum des Mittelmeergebietes); das **Zedernholz**

Ze·he, die: -, -n (Glied am Fuss); sich die grosse Zehe verletzen – *jemandem auf die Zehen treten* (ihn ärgern); auch: der **Zeh;** die **Zehenspitze:** auf Zehenspitzen (ganz leise) gehen

zehn: zehn Stück – das zehnte Auto – es ist halb zehn; die **Zehn;** das **Zehneck; zehneckig;** auch: **10-eckig; zehneinhalb;** der **Zehner; zehnerlei;** die **Zehnernote;** die **Zehnerpackung; zehnfach;** auch: **10fach;** das **Zehnfache;** auch: das **10fache;** das **Zehnfingersystem** (beim Maschinenschreiben); der **Zehnkampf; zehnmal;** auch: **10-mal;** der **Zehnmarkschein;** das **Zehnmeterbrett;** das **Zehnpfennigstück;** der **Zehnt** (früher: Abgabe an den Grundherrn oder die Kirche); das **Zehntel; zehntens**

zeh·ren: von seinen Ersparnissen zehren (leben) – er zehrt von seinem Ruhme – das Leid hat an ihr gezehrt (hat ihr zugesetzt); die **Zehrung**

Zei·chen, das, -s, -; ein Zeichen (Signal) geben – zum Zeichen der Zustimmung nicken – ein Zeichen (Anzeichen) für Fieber – seines Zeichens (von Beruf) Arzt; der **Zeichenblock;** das **Zeichenbrett;** das **Zei-**chenpapier; der **Zeichensaal;** die **Zeichensetzung;** die **Zeichensprache;** der **Zeichenstift;** der **Zeichentrickfilm; zeichnen;** der **Zeichner;** die **Zeichnerin; zeichnerisch;** die **Zeichnung; zeichnungsberechtigt** (unterschriftsberechtigt); die **Zeichnungsberechtigung**

zei·gen: auf jemanden zeigen (deuten) – Interesse zeigen (erkennen lassen) – jemandem etwas zeigen (vorführen) – das wird sich zeigen (sich herausstellen) – sich erkenntlich zeigen (erweisen) – *es jemandem zeigen* (ihn massregeln, verprügeln); der **Zeig(e)finger;** der **Zeiger;** der **Zeigestock**

zei·hen: du zeist, er zieh, sie hat geziehen, zeih(e)!; jemanden eines Diebstahls zeihen (ihn des Diebstahls beschuldigen)

Zei·le ⟨Z.⟩, die: -, -n; einige Zeilen schreiben – eine Zeile (Reihe) Häuser – *zwischen den Zeilen lesen können* (auch das nicht ausdrücklich Gesagte verstehen); der **Zeilenabstand;** die **Zeilenlänge; zeilenweise;** ...**zeilig:** zweizeilig; auch: 2-zeilig

Zei·sig *tschech.,* der: -s, -e (Vogel)

Zeit, die; -, -en; im Laufe der Zeit – zu jeder Zeit (immer); aber: jederzeit – zu seiner Zeit; aber: seinerzeit (damals) – zu Zeiten Schillers; aber: zuzeiten (manchmal) – vor langer Zeit; aber: vorzeiten – zu keiner Zeit (niemals) – zu meiner Zeit – zur Zeit ⟨z. Zt.⟩; aber: zurzeit (jetzt) – zur rechten Zeit (rechtzeitig) – auf Zeit ⟨a. Z.⟩ (befristet) – mit der Zeit (allmählich) – für alle Zeit (für immer) – zu der Zeit, als; aber: ich bin zurzeit (derzeit) krank – eine Zeit lang – es ist an der Zeit – es ist allerhöchste Zeit – von Zeit zu Zeit (gelegentlich) – ach, du liebe Zeit! – sich Zeit lassen – sich die Zeit vertreiben – *mit der Zeit gehen* (fortschrittlich sein) – Zeit raubend – Zeit sparend – *auf Zeit spielen* (etwas absichtlich verzögern) – *jemandem seine Zeit stehlen* (ihn unnötig aufhalten) – *die Zeit totschlagen* (seine Zeit nutzlos verbringen) – andere Zeiten, andere Sitten – Zeit ist Geld – alles zu seiner Zeit – die Zeit heilt alle Wunden; **zeit:** zeit (während) seines Lebens; der **Zeitabschnitt;** das **Zeitalter;** die **Zeitansage; zeitaufwendig;** die **Zeitdauer;** die **Zeiterscheinung;** die **Zeitersparnis;** die **Zeitform;** die **Zeitfrage;** der **Zeitgeist; zeitgemäss** (modern, neuzeitlich); der **Zeitgenosse;** die **Zeitgenossin; zeitgenössisch; zeitgerecht;** das **Zeitgeschehen;** die **Zeitgeschichte; zeitgleich; zeitig** (früh, pünktlich); **zeitigen** (bewirken); die **Zeitläuf(t)e** Mz. (Ablauf der Zeit); **zeitlebens** (dauernd); aber: zeit meines Lebens; **zeitlich:** die zeitliche Reihenfolge; aber: *das Zeitliche segnen* (sterben); **zeitlos:** ein zeitloses (nicht der Mode unterworfenes) Kleid tragen; die **Zeitlosigkeit;** die **Zeitlupe;** das **Zeitmass; zeitnah;** die **Zeitnahme;** der **Zeitpunkt;** der **Zeitraffer;** der **Zeitraum;** die **Zeitrechnung;** die **Zeitschrift;** die **Zeitspanne;** die **Zeitung;** der **Zeitungsverträger;** die **Zeitungsverträgerin;** die **Zeitvergeudung; zeitversetzt:** eine zeitversetzte Sendung; der **Zeitvertreib; zeitweilig** (zeitweise, manchmal); **zeitweise** (vorübergehend); das **Zeitwort** (Sprachlehre: Verb); das **Zeitzeichen;** der **Zeitzeuge;** die **Zeitzeugin;** der **Zeitzünder**

ze·le·brie·ren (ze·leb·rie·ren) lat.: (feiern, feierlich begehen)

Zel·le lat., die: -, -n; in einer Zelle (einem Gefängnisraum) eingesperrt sein – die Zellen (kleinsten Bausteine) einer Pflanze; **zellenförmig;** das **Zellgewebe;** der **Zellkern;** das **Zellophan;** auch: das **Cellophan;** der **Zellstoff;** die **Zellteilung;** das **Zelluloid** (Kunststoff); auch: das **Celluloid;** die **Zellulose** (Bestandteil der pflanzlichen Zellwände); auch: die **Cellulose;** die **Zellwolle**

Zelt, das: -(e)s, -e: ein Zelt aufschlagen – *seine Zelte abbrechen* (wegziehen); die **Zeltbahn;** die **Zeltblache; zelten;** das **Zeltlager;** die **Zeltplane;** der **Zeltplatz**

Zelt·li, das: -s, - (Bonbon)

Ze·ment lat., der: -(e)s, -e (Baustoff); **zementieren** (festigen); die **Zementierung;** der **Zementsack**

Ze·nit arab. *[zenit, zenit]*, der: -(e)s; die Sonne steht im Zenit (Scheitelpunkt) – er steht im Zenit (auf dem Höhepunkt) seines Schaffens

zen·sie·ren lat.: (prüfen, beurteilen, überwachen); die **Zensierung;** der **Zensor;** die **Zensur:** gute Zensuren haben – der Film wurde von der Zensur verboten; **zensurieren** (prüfen, beurteilen)

Zen·ti·me·ter ⟨cm⟩ lat., der/das: -s, - (Längenmass: hundertster Teil eines Meters); das **Zentimetermass**

Zent·ner ⟨q⟩ lat., der: -s, - (Gewichtsmass: 100 Kilogramm); die **Zentnerlast; zentnerschwer; zentnerweise**

zen·tral (zent·ral) griech.: (im Mittelpunkt, in der Mitte, wichtig); zentral wohnen – das ist die zentrale Frage; die **Zentrale** (zentrale Stelle); die **Zentralfigur;** die **Zentralheizung; zentralisieren** (vereinigen, auf ein Zentrum hin organisieren); die **Zentralisierung;** der **Zentralismus** (Streben nach Zusammenziehung); **zentralistisch;** die **Zentralschweiz; zentrieren** (auf die Mitte einstellen); die **Zentrierung; zentrifugal** (vom Mittelpunkt weg); die **Zentrifuge** (Gerät zur Trennung von Stoffen); **zentrisch;** das **Zentrum,** die Zentren (Mitte, Mittelpunkt)

Zep·pe·lin, der: -s, -e (Luftschiff)

Zep·ter griech., das/der: -s, - (Herrscherstab); *das Zepter schwingen* (herrschen)

zer·bre·chen: einen Stock zerbrechen – er . zerbricht nicht an seinem Leid (geht nicht zugrunde) – *sich den Kopf zerbrechen* (angestrengt nachdenken); **zerbrechlich;** die **Zerbrechlichkeit**

ze·re·bral (ze·reb·ral) lat.: (das Gehirn betreffend)

Ze·re·mo·nie lat., die: -, Zeremonien (feierliche Handlung); **zeremoniell** (feierlich, förmlich); das **Zeremoniell**

zer·fah·ren: zerfahren (zerstreut, gedankenlos) wirken; die **Zerfahrenheit**

zer·fal·len: das Reich zerfällt (löst sich auf); der **Zerfall** (Zusammenbruch, Niedergang); die **Zerfallserscheinung;** das **Zerfallsprodukt;** der **Zerfallsstoff**

zer·fled·dern: ein zerfleddertes (abgenutztes, zerrissenes) Heft; auch: **zerfledern**

zer·fur·chen: ein zerfurchtes (runzliges) Gesicht

zer·klei·nern: Brennholz zerkleinern; die **Zerkleinerung**

zer·klüf·tet: ein zerklüfteter (vielmals gespaltener) Felsen; die **Zerklüftung;** → Kluft

zer·knirscht: eine zerknirschte (reumütige, schuldbewusste) Sünderin; die **Zerknirschtheit;** die **Zerknirschung**

zer·knit·tern: eine zerknitterte (zerknüllte) Zeitung

zer·las·sen: Butter in der Pfanne zerlassen (zergehen lassen)

zer·le·gen: eine Uhr (in ihre Bestandteile) zerlegen; **zerlegbar;** die **Zerlegung**

zer·lö·chert: ein zerlöchertes Hemd tragen

zer·lumpt: zerlumpte (abgerissene) Kleidung

zer·mal·men: (zerdrücken, zerstören); die **Zermalmung**

zer·mür·ben: das lange Warten ist zermürbend (aufreibend, ermüdend); die **Zermürbung**

zer·pflü·cken: seine Argumente wurden zerpflückt (widerlegt)

zer·quet·schen: (heftig zerdrücken); die **Zerquetschung**

zer·reis·sen: Papier zerreissen – das Seil zerreisst – ein Blitz zerriss die Dunkelheit – *sich für jemanden zerreissen* (fast Unmögliches für ihn tun); **zerreissfest;** die **Zerreissfestigkeit;** die **Zerreissprobe;** die **Zerrissenheit**

zer·ren: am Ärmel zerren (mit Gewalt ziehen) – jemanden aus dem Bett zerren – sich einen Muskel zerren (stark dehnen); das **Zerrbild** (Verzerrung); die **Zerrerei;** der **Zerrspiegel;** die **Zerrung**

zer·rin·nen: das Eis zerrinnt (schmilzt) in der Sonne – *wie gewonnen, so zerronnen*

zer·rüt·ten: eine zerrüttete (ruinierte) Ehe; die **Zerrüttung**

zer·schel·len: das Schiff zerschellt (zerbricht) an den Klippen

zer·schla·gen: eine Tasse zerschlagen – seine Pläne haben sich zerschlagen (sind gescheitert) – sich zerschlagen (erschöpft) fühlen; die **Zerschlagung**

zer·schmet·tern: (heftig zuschlagen, vernichten, zerstören); die **Zerschmetterung**

zer·schnei·den: (in Stücke schneiden); die **Zerschneidung**

zer·set·zen: (in seine Bestandteile auflösen); die Säure zersetzt das Metall – er hat die Ordnung im Staat zersetzt (untergraben); die **Zersetzung** (Auflösung, Zerstörung); der **Zersetzungsprozess**

zer·split·tern: eine zersplitterte Scheibe; die **Zersplitterung**

zer·stäu·ben: eine Flüssigkeit zerstäubt (löst sich in winzige Tröpfchen auf) – Parfüm zerstäuben; der **Zerstäuber;** die **Zerstäubung**

zer·stö·ren: bei dem Erdbeben wurde die Stadt zerstört – eine Ehe zerstören (zugrunde richten); der **Zerstörer** (Kriegsschiff); **zerstörerisch;** die **Zerstörung;** die **Zerstörungswut**

zer·streu·en: sie zerstreuten sich in alle Richtungen – sich am Abend zerstreuen (ablenken) – er zerstreut (beseitigt) alle Zweifel – zerstreut (unkonzentriert) sein; die **Zerstreutheit;** die **Zerstreuung:** keine Zerstreuung (keinen Zeitvertreib) haben

Zer·ti·fi·kat *lat.,* das: -(e)s, -e (Urkunde, amtliche Bescheinigung)

Zer·ve·lat·wurst *ital.,* die: -, …würste (Dauerwurst); auch: die **Servelatwurst;** auch: der **Cervelat;** auch: der **Servela**

Zer·würf·nis, das: -ses, -se (Streit, Verfeindung)

zer·zau·sen: zerzaustes (verwirrtes) Haar

ze·tern: laut zetern (laut jammern, wehklagen); das **Zetergeschrei**

Zet·tel *lat.,* der: -s, - (loses Stück Papier); sich etwas auf einem Zettel notieren; der **Zettelkasten;** die **Zettelwirtschaft** (ungeordnete Notizen)

Zeug, das: -(e)s, -e; nasses Zeug (nasse Kleidung) anhaben – er redete wirres Zeug (Unsinn) – eine Schürze aus dickem Zeug (Material) – sein Zeug (seine Sachen) in Ordnung halten – *dummes Zeug* (Unsinn) *reden – sich ins Zeug legen* (sich anstrengen) – *jemandem etwas am Zeug flicken* (etwas an ihm auszusetzen haben) – *das Zeug zu etwas haben* (dafür geeignet sein) – *mit jemandem scharf ins Zeug gehen* (ihn streng behandeln); das **Zeughaus** (früher: Rüstkammer, Vorratshaus); das **Zeugs** (Dinge, Kram): so ein Zeugs!

Zeu·ge, der: -n, -n; er war Zeuge des Unfalls – ein Zeuge der Vergangenheit (etwas, das aus der Vergangenheit stammt); **zeugen:** vor Gericht zeugen (aussagen) – ihr Aufsatz zeugt von (zeigt) Fleiss; die **Zeugenaussage;** die **Zeugenbank;** die **Zeugenbeeinflussung;** die **Zeugenschaft;** der **Zeugenstand:** in den Zeugenstand treten (als Zeuge aussagen); die **Zeugenvernehmung;** die **Zeugin;** das **Zeugnis,** die **Zeugnisse:** Zeugnis ablegen (bezeugen)

zeu·gen: (hervorbringen, erzeugen); ein Kind zeugen; die **Zeugung; zeugungsfähig;** die **Zeugungsfähigkeit; zeugungsunfähig;** die **Zeugungsunfähigkeit**

ZG = Kanton Zug
ZGB = Zivilgesetzbuch
ZH = Kanton Zürich
z. H. (z. Hd.) = zu Händen, zuhanden
Zi̱·cken *Mz.*, die: -; *Zicken machen* (Schwierigkeiten machen); die **Zicke** (weibliche Ziege); **zickig** (zimperlich, launisch, widerspenstig); das **Zicklein** (Junges der Ziege)
Zi̱ck·zack, der: -(e)s, -e (in Zacken verlaufende Linie); im Zickzack laufen; aber: zickzack laufen; **zickzackförmig;** der **Zickzackkurs;** die **Zickzacklinie**
Zie̱·ge, die: -, -n (Haustier); der **Ziegenbock;** der **Ziegenpeter** (Kinderkrankheit, Mumps)
Zie̱·gel, der: -s, - (Backstein, Baustein); das **Ziegeldach;** die **Ziegelei;** **ziegelrot;** der **Ziegelstein**
zie̱·hen: du ziehst, er zog, sie hat gezogen, zieh(e)!; die Pferde ziehen einen Wagen – jemanden aus dem Wasser ziehen – das Interesse auf sich ziehen – durch die Strassen ziehen – er zieht in eine andere Stadt – aus etwas einen Vorteil ziehen – er zieht an der Zigarette – jemanden zur Verantwortung ziehen – der Wind zieht (bläst) durch das Fenster – das wird Folgen nach sich ziehen (haben) – den Schluss ziehen (folgern) – in Erwägung ziehen (bedenken, berücksichtigen) – jemanden ins Vertrauen ziehen (ihn einweihen) – *gegen etwas zu Felde ziehen* (es bekämpfen) – *sich in die Länge ziehen* (lange dauern); der **Ziehbrunnen;** die **Zieheltern** *Mz.;* die **Ziehharmonika;** das **Ziehkind** (Pflegekind); die **Ziehmutter;** die **Ziehung;** der **Ziehvater**
Zie̱l, das: -(e)s, -e; an sein Ziel gelangen – das war sein Ziel (seine Absicht) – ohne Mass und Ziel – ein Ziel vor Augen haben – *über das Ziel hinausschiessen* (zu weit gehen); das **Zielband; zielbewusst** (entschlossen); **zielen;** das **Zielfernrohr;** die **Zielgerade** (letztes gerades Stück einer Bahn vor dem Ziel); **zielgerichtet;** die **Zielgruppe;** die **Zielkurve;** die **Ziellinie; ziellos;** die **Ziellosigkeit;** die **Zielscheibe; zielsicher;** die **Zielsicherheit; zielstrebig** (beharrlich); die **Zielstrebigkeit**
zie̱·men, sich: es ziemt (gehört, schickt) sich nicht alte Leute zu verspotten
zie̱m·lich: ein ziemliches (beträchtliches) Vermögen – ich bin ziemlich (recht) müde

– etwas ziemlich (fast) allein machen → ziemlich fertig sein
zie̱·ren: etwas zieren (schmücken, verschönern) – es ziert (ehrt) ihn – sich zieren (etwas ablehnen, sich zurückhalten, zimperlich sein); die **Zier;** die **Zierde;** die **Ziererei;** der **Ziergarten;** die **Zierleiste; zierlich:** eine zierliche (schlanke) Figur haben; die **Zierlichkeit;** die **Zierpflanze;** der **Zierrat,** die Zierrate (Verzierung, Schmuck); die **Zierschrift;** das **Zierstück**
Zi̱f·fer ⟨Ziff.⟩ *arab.*, die: -, -n (Zahlzeichen, Nummer); die Ziffer Null; das **Zifferblatt**
zi̱g: ich kenne zig (sehr viele) Beispiele; **zigfach; zigmal;** aber: das Zigfache; **zigtausend(e);** auch: Zigtausend(e)
Zi̱·ga·re̱t·te *franz.*, die: -, -n; eine Zigarette rauchen; der **Zigarettenautomat;** die **Zigarettenkippe;** die **Zigarettenpause,** der **Zigarettenrauch;** der **Zigarettenstummel;** das **Zigari̱llo** (kleine Zigarre); die **Zigarre:** *jemandem eine Zigarre verpassen* (ihn zurechtweisen)
Zi̱·geu·ner, der: -s, - (Angehöriger eines Wandervolkes: Sinti, Roma); **zigeunerhaft;** die **Zigeunerin;** das **Zigeunerleben; zigeunern** (umherstreichen, umherziehen)
Zi̱·ka·de *lat.*, die: -, -n (grillenähnliches Insekt)
Zi̱m·mer, das: -s, - (Raum, Stube); sein Zimmer aufräumen – *das Zimmer hüten müssen* (es wegen Krankheit nicht verlassen dürfen); der **Zimmerbrand;** die **Zimmerdecke;** die **Zimmerei;** der **Zimmerer;** die **Zimmerflucht** (Reihe nebeneinander liegender Zimmer); das **Zimmerhandwerk;** die **Zimmerleute** *Mz.;* das **Zimmermädchen;** der **Zimmermann; zimmern:** einen Schrank zimmern (zusammenbauen); die **Zimmerpflanze**
zi̱m·per·lich: sehr zimperlich (empfindlich, wehleidig) sein; die **Zimperlichkeit;** die **Zimperliese** (zimperliches Mädchen)
Zi̱mt, der: -(e)s (Gewürz); die **Zimtstange**
Zi̱nk ⟨Zn⟩, das: -(e)s (Metall, chemischer Grundstoff); das **Zinkblech**
Zi̱n·ke, die: -, -n (Zacke, Spitze, Haken); der **Zinken** (bildliches Zeichen)
Zi̱nn ⟨Sn⟩, das: -(e)s (Schwermetall, chemischer Grundstoff); der **Zinnbecher; zinnern;** der **Zinngiesser;** der **Zinnkrug;** der **Zinnsoldat;** der **Zinnteller**

Zin·ne, die: -, -n (zackenförmiger Mauerabschluss)

Zin·no·ber pers., der/das: -s (rotfarbenes Mineral, Unsinn); **zinnoberrot;** das **Zinnoberrot**

Zins lat., der: -es, -en (Abgabe, Kapitalertrag, Miete); Zinsen zahlen – von seinen Zinsen leben; die **Zinserhöhung;** der **Zinsertrag;** der **Zinseszins;** der **Zinsfuss; zinsgünstig; zinslos;** der **Zinssatz;** die **Zinssenkung;** die **Zinszahl**

Zi·o·nis·mus hebr., der: - (Bewegung zur Gründung und Aufrechterhaltung eines nationalen jüdischen Staates); **zionistisch**

Zip·fel, der: -s, -; der Zipfel (Ecke, Endstück) der Schürze; **zipf(e)lig;** die **Zipfelmütze**

Zip·per·lein, das: -s (Gicht)

zir·ka ⟨ca.⟩ lat.: zirka (etwa, ungefähr) hundert Meter; auch: **circa**

Zir·kel lat., der: -s, -; mit dem Zirkel (Zeichengerät) einen Kreis ziehen – in der Mitte der Turnhalle einen Zirkel (Kreis) bilden – ein Zirkel (eine Gruppe) von Künstlern; **zirkeln** (einen Kreis ziehen, genau einteilen); der **Zirkelschluss;** das **Zirkular** (Rundschreiben); die **Zirkulation** (Umlauf, Kreislauf); **zirkulieren** (im Umlauf sein)

Zir·kus lat., der: -, -se; ein Zirkus kommt in die Stadt – macht doch keinen Zirkus (Wirbel)!; auch: der **Circus;** die **Zirkusvorstellung;** das **Zirkuszelt**

zir·pen: Grillen zirpen (erzeugen hohe, schrille Laute)

zi·schen: du zischst – heisses Fett zischt in der Pfanne – die Schlange zischt – Zuschauer zischen im Theater; **zischeln** (tuscheln); der **Zischlaut**

zi·se·lie·ren franz.: (kunstvoll Ornamente in Metall einritzen); die **Ziselierung**

Zis·ter·ne griech.: die; -, -n (Gefäss für Regenwasser); das **Zisternenwasser**

Zi·ta·del·le franz., die: -, -n (befestigte Anlage innerhalb einer Stadt oder Festung)

Zi·tat lat., das: -(e)s, -e (Ausspruch, wörtlich angeführte Stelle eines Buches); **zitieren:** er zitiert aus der Bibel – zu seinem Vorgesetzten zitiert (befohlen) werden; die **Zitierung**

Zi·ther lat., die: -, -n (Saiteninstrument); das **Zitherspiel**

Zi·tro·ne (Zit·ro·ne) ital., die: -, -n (Südfrucht); das **Zitronat** (kandierte Zitronen-schale); **zitronenfarben;** auch: **zitronenfarbig; zitronengelb;** die **Zitronenlimonade;** der **Zitronensaft;** die **Zitrusfrucht** (z. B. Orange, Mandarine)

zit·tern: vor Angst zittern – ihr zittern die Hände; aber: *mit Zittern und Zagen* (angstvoll) – *zittern wie Espenlaub* (sehr zittern); **zitt(e)rig:** eine zittrige Stimme; die **Zitterpappel;** eine **Zitterpartie** (Spiel, bei dem man bis zum Schluss um den Sieg fürchten muss)

Zit·ze, die: -, -n (Saugwarze bei weiblichen Säugetieren)

zi·vil lat. [ziwil]: zivile (nicht militärische) Anlagen – im zivilen (bürgerlichen) Leben – zivile (nicht übertriebene, angemessene) Preise; der **Zivi** (Zivildienstleistender); das **Zivil:** er geht in Zivil (nicht in Uniform); der **Zivilberuf;** die **Zivilcourage** [...kurasche] (Mut seine eigene Meinung zu vertreten, Unerschrockenheit vor der Obrigkeit); der **Zivildienst** (im Gegensatz zum Militärdienst); der **Zivildienstleistende;** die **Zivilfahndung;** das **Zivilgesetzbuch** ⟨ZGB⟩; die **Zivilisation** (Verbesserung der menschlichen Lebensbedingungen durch Wissenschaft und Technik); **zivilisatorisch; zivilisieren;** die **Zivilisierung;** der **Zivilist** (Bürger; jemand, der nicht Soldat ist); das **Zivilleben;** der **Zivilprozess;** das **Zivilrecht** (bürgerliches Recht); der **Zivilschutz;** der **Zivilstand** (ledig, verheiratet, geschieden, verwitwet); das **Zivilstandsamt** (Standesamt); die **Ziviltrauung**

Znü·ni, der/das: -s, - (Zwischenmahlzeit am Vormittag)

Zo·bel slaw., der: -s, - (Edelmarder, Pelz des Marders); der **Zobelpelz**

zo·ckeln: (zuckeln)

zo·cken: (Glücksspiele machen); der **Zocker** (Glücksspieler)

Zo·fe, die: -, -n (Kammerfrau, Zimmermädchen)

zö·gern: sie zögerte (zauderte, schwankte) lange; **zögerlich** (zögernd)

Zög·ling, der: -s, -e (Kind, Schüler in einem Heim)

Zö·li·bat lat., das/der: -(e)s (kirchlich verfügte Ehelosigkeit für katholische Geistliche); **zölibatär;** der **Zölibatszwang**

Zoll, der: -(e)s, - (altes Längenmass); fünf Zoll

T
U
V
W
X
Y
Z

breit – sich keinen Zoll von der Stelle rühren – Zoll für Zoll (ganz und gar); **zollbreit;** aber: einen Zoll breit; **zollhoch;** aber: einen Zoll hoch; der **Zollstock**

Zoll *griech.,* der: -(e)s, Zölle (Abgaben, Steuer, Gebühren an der Grenze); das **Zollamt;** der **Zollbeamte; zollen:** jemandem Achtung zollen (entgegenbringen); **zollfrei;** das **Zollgebiet;** der **Zollgrenzbezirk;** die **Zollkontrolle;** die **Zolllinie;** der **Zöllner;** die **Zöllnerin; zollpflichtig** (abgabepflichtig); die **Zollschranke;** die **Zollstation;** die **Zollunion**

Zom·bie *afrik.* der: -(s), -s (durch Zauberei wieder zum Leben erweckter Toter)

Zo·ne *griech.,* die: -, -n (genau begrenztes Gebiet); die **Zonengrenze;** die **Zonenordnung;** der **Zonenplan**

Zoo *griech.,* der: -s, -s (zoologischer Garten, Tierpark); die **Zoohandlung;** der **Zoologe** (Tierwissenschaftler); die **Zoologie** (Tierkunde); die **Zoologin; zoologisch;** das **Zooorchester**

Zoom *engl. [zum],* das: -s, -s (Fotoobjektiv mit verstellbarer Brennweite)

Zopf, der: -(e)s, Zöpfe; das Mädchen hat lange Zöpfe – alte Zöpfe (veraltete Ansichten); das **Zöpfchen**

Zorn, der: -(e)s; sie gerät leicht in Zorn (Wut); die **Zornader; zornentbrannt;** der **Zorn(es)ausbruch;** die **Zorn(es)röte; zornig; zürnen**

Zo·te, die: -, -n (derber Witz, unanständiger Ausdruck); **zotig:** eine zotige (unanständige, anstössige) Bemerkung machen # zottig

zot·tig: ein zottiges (büscheliges, struppiges) Fell; der **Zottelbär; zott(e)lig:** zotteliges (ungepflegtes) Haar; **zotteln** (langsam und schwerfällig gehen) # zotig

z. T. = zum Teil

zu: zu Haus(e); aber: das Zuhause – zu Mittag – zu Bett gehen – das Stück zu fünf Franken – drei zu drei (3:3) – zu Brei verrühren – er hat zu lernen – es ist noch nicht zu spät – ab und zu (manchmal) – nur zu! – zu zweit; auch: zu zwei(e)n – zu sehr (viel zu viel) – zu viel des Guten; aber: ein Zuviel an Wohlwollen – zu wenig wissen – zu weit – zu meinen Zeiten; aber: zuzeiten (bisweilen) – zu Ende gehen – zu Rate ziehen – auch: zurate ziehen – die Haare stehen zu

Berge – zu Diensten stehen – sich zu Eigen machen – etwas zu Fall bringen – zu Grabe tragen – zu Hilfe eilen – zu Lasten des Klägers; auch: zulasten – zu mehreren – zu Ohren kommen – zu (geschlossen) sein – zu Tode erschrecken – zu Unrecht – zu Willen sein – zu Schaden kommen – zu Wasser und zu Lande – hier zu Lande; auch: hierzulande – bei uns zu Lande – wir gehen zu Fuss – zu guter Letzt; aber: zuletzt – zu mehreren – jemandem zu Leibe rücken – zu Recht bestehen – zu weit gehen – zu spät kommen; **zuallererst; zuallerletzt; zuallermeist; zualleroberst; zuäusserst; zuerst; zuhinterst; zuhöchst; zuletzt**

Zu·be·hör, das: -(e)s, -e (alles, was zu einer Sache gehört)

Zu·ber, der: -s, - (grosser Kübel, Eimer)

zu·be·rei·ten: ein Essen zubereiten (kochen, anrichten); die **Zubereitung**

zu·bil·li·gen: jemandem etwas zubilligen (gestatten, gewähren); die **Zubilligung**

zu·brin·gen: die Ferien im Ausland zubringen – er kann die Tür nicht zubringen; der **Zubringer:** der Zubringer (die Zubringerstrasse) zur Autobahn; der **Zubringerbus;** der **Zubringerdienst;** die **Zubringerstrasse**

Zucht, die: -; es herrscht strenge Zucht (Ordnung) – die Zucht (das Züchten) von Rosen; der **Zuchtbulle; züchten:** Pferde züchten; der **Züchter;** die **Züchterin;** das **Zuchthaus; züchtig** (anständig, keusch); **züchtigen** (hart bestrafen); die **Züchtigung; zuchtlos** (hemmungslos); die **Zuchtlosigkeit;** die **Züchtung;** das **Zuchtvieh**

zu·ckeln: von der Schule nach Hause zuckeln (langsam gehen bzw. fahren); auch: **zockeln;** das **Zuckeltempo**

zu·cken: sie zuckte mit der Hand (machte eine plötzliche, ruckartige Bewegung) – ein Blitz zuckt am Himmel; die **Zuckung**

zü·cken: das Notizbuch zücken (rasch herausziehen) – er zückt sein Messer

Zu·cker, der: -s; den Kaffee mit Zucker trinken – süss wie Zucker; das **Zuckerbrot;** der **Zuckerguss;** der **Zuckerhut; zuck(e)rig; zuckerkrank;** die **Zuckerkrankheit;** das **Zuckerlecken:** *kein Zuckerlecken sein* (unangenehm, anstrengend sein); **zuckern** (süssen); die **Zuckerraffinerie;** das **Zucker-**

rohr; die **Zuckerrübe; zuckersüss;** die **Zuckertüte;** das **Zuckerwasser**
zu·de·cken: sich warm zudecken – ein Loch zudecken; die **Zudecke**
zu·dem: (ausserdem, überdies)
zu·die·nen: (jemandem bei der Arbeit zur Hand gehen)
zu·dre·hen: den Wasserhahn zudrehen – sich jemandem zudrehen (sich ihm zuwenden)
zu·dring·lich: zudringlich (aufdringlich, lästig) werden; die **Zudringlichkeit**
zu·eig·nen: (widmen, weihen, schenken); die **Zueignung**
zu·ei·nạn·der (zu·ein·ạn·der): nett zueinander sein – zueinander finden – zueinander kommen – zueinander legen – zueinander passen
zu·er·ken·nen: man hat ihm den ersten Preis zuerkannt (zugesprochen); aber: sich zu erkennen geben; die **Zuerkennung**
Zu·fahrt, die: -, -en; die Zufahrt zum Haus; die **Zufahrtsstrasse;** der **Zufahrtsweg**
Zu·fall, der: -(e)s, Zufälle; es war ein Zufall, dass ich ihm begegnete – durch Zufall (zufällig); **zufallen:** die Tür fällt zu (fällt ins Schloss) – ihm fällt das ganze Erbe zu; **fällig:** wie zufällig (nebenbei); **zufälligerweise;** die **Zufälligkeit;** der **Zufallstreffer**
Zu·flucht, die: -, Zufluchten (Obdach, Schutz); die **Zufluchtnahme;** der **Zufluchtsort;** die **Zufluchtsstätte**
Zu·fluss, der: -es, Zuflüsse (Zustrom, Verstärkung, Anstieg)
zu·fol·ge: dem Gesetz zufolge (nach dem Gesetz) – der Anordnung zufolge (gemäss) – demzufolge
zu·frie·den: ein zufriedener (befriedigter, glücklicher) Mensch – er ist mit ihm zufrieden – sich zufrieden geben (sich begnügen) – jemanden zufrieden (in Ruhe) lassen – jemanden zufrieden stellen – zufrieden sein; die **Zufriedenheit;** die **Zufriedenstellung**
zu·fü·gen: jemandem einen Schaden zufügen (antun); die **Zufügung**
Zu·fuhr, die: -, -en; die Zufuhr (das Heranschaffen) von Nahrungsmitteln; **zuführen;** die **Zuführung**
Zug: (Hauptort des gleichnamigen Kantons); der **Zuger;** die **Zugerin; zugerisch**
Zug, der: -es, Züge; mit dem letzten Zug ankommen – der Zug der Vögel in den Süden

– einen tiefen Zug aus der Flasche nehmen
– ein Erlebnis in groben Zügen (Umrissen) erzählen – in dem Zimmer ist ein ständiger Zug (Luftzug) – in tiefen Zügen atmen – matt in drei Zügen (beim Schachspiel) – das ist ein sympathischer Zug (eine angenehme charakterliche Eigenart) an ihm – Zug um Zug (ohne Unterbrechung) – im Zuge (im Verlauf) – in einem Zuge (ohne Pause) durcharbeiten – *etwas in vollen Zügen* (ausgiebig) *geniessen – in den letzten Zügen liegen* (bald sterben müssen, am Ende sein) – *zum Zuge kommen* (tätig werden können); das **Zugabteil;** der **Zugbegleiter;** der **Zugführer; zugig:** eine zugige (der Zugluft ausgesetzte) Halle; **zügig:** zügig (schnell, ohne Stockung) arbeiten; die **Zügigkeit;** die **Zugkraft; zugkräftig;** die **Zuglast;** die **Zugluft** (Luftbewegung); die **Zugmaschine;** das **Zugtier;** das **Zugunglück;** die **Zugverbindung;** der **Zugverkehr;** der **Zugvogel;** der **Zugwind;** der **Zugzwang:** unter Zugzwang stehen (handeln müssen)
Zu·ga·be, die: -, -n (Beigabe, Draufgabe); **zugeben:** seine Schuld zugeben (eingestehen)
Zu·gang, der: -(e)s, Zugänge; der Zugang (Eingang) zum Park ist frei – er findet zur Musik keinen Zugang; **zugange:** zugange sein (sich befassen, beschäftigen); **zugänglich:** sie ist sehr zugänglich (offen, aufgeschlossen); die **Zugänglichkeit**
zu·ge·ben: er gibt seine Fehler zu – ich kann nicht zugeben (erlauben), dass du fehlst; **zugegebenermassen**
zu·ge·gen: zugegen (anwesend) sein
zu·ge·hen: die Türe geht nicht zu (lässt sich nicht schliessen) – das Paket geht dir morgen zu (es wird geschickt) – auf jemanden zugehen (an ihn herantreten) – bei euch geht es lustig zu; die **Zugeherin;** auch: die **Zugehfrau** (Putzfrau)
zu·ge·hö·rig: er ist keiner Partei zugehörig; die **Zugehörigkeit;** das **Zugehörigkeitsgefühl**
zu·ge·knöpft: sie war sehr zugeknöpft (verschlossen, wortkarg); die **Zugeknöpftheit**
Zü·gel, der: -s, - (Riemen zum Lenken von Zug- oder Reittieren); *die Zügel in der Hand haben* (die Führung innehaben) – *die Zügel straff halten* (streng sein) – *die Zügel*

T
U
V
W
X
Y
Z

schleifen lassen (nachlässig sein); **zügellos** (hemmungslos); die **Zügellosigkeit; zügeln:** ein Pferd zügeln – sich zügeln (beherrschen); die **Züg(e)lung**

zü·geln: ich züg(e)le (wechsle die Wohnung) – er zügelt den Schrank; der **Zügeltermin**

zu·ge·sel·len, sich: er gesellt sich zu uns (schliesst sich uns an)

zu·ge·ste·hen: jemandem ein Recht zugestehen (einräumen); z**ugestandenermassen;** das **Zugeständnis**

zu·ge·tan: sie ist ihm von Herzen zugetan – *einer Sache zugetan sein* (freundlich gesinnt sein)

zü·gig: (in einem Zuge, zugkräftig)

zu·gleich: zugleich (zur selben Zeit, gleichzeitig) ankommen

zu·grei·fen: (anpacken, Hand anlegen); bei Tisch zugreifen (nehmen und essen); der **Zugriff; zugriffig** (zugreifend, tatkräftig)

zu·grun·de: zugrunde gehen (sterben, vernichtet werden) – zugrunde legen, liegen – etwas zugrunde richten (verderben, vernichten) – zugrunde liegend; auch: zu Grunde; die **Zugrundelegung**

zu·guns·ten: (zum Vorteil von); zugunsten bedürftiger Menschen; auch: zu Gunsten: zu deinen Gunsten verzichte ich auf die Erbschaft

zu·gu·te: jemandem etwas zugute halten (anrechnen) – es kommt dir zugute (wirkt sich für dich günstig aus); aber: zu guter Letzt

zu·hal·ten: sich die Nase zuhalten – auf ein Ziel zuhalten (es ansteuern); der **Zuhälter**

zu·han·den, auch: **zu Händen** ⟨z. H., z. Hd.⟩: zuhanden der Chefin; auch: zu Händen der Chefin – zuhanden (von) Herrn ...; auch: zu Händen (von) Herrn ...

zu·hauf: sie kommen zuhauf (in Scharen)

Zu·hau·se, das: -; kein Zuhause (Heim) haben; aber: wir sind heute nicht zu Haus(e); der/die **Zuhausegebliebene**

zu·hin·terst: (ganz hinten)

zu·höchst: er sass zuhöchst auf dem Baum

zu·hö·ren: einem Redner zuhören – nicht zuhören (aufpassen) können; der **Zuhörer;** die **Zuhörerin;** die **Zuhörerschaft**

zu·in·nerst: (im tiefsten Innern)

zu·kom·men: er kam lachend auf mich zu – das Lob kommt (steht) mir nicht zu – jemandem etwas zukommen lassen (zuteil

werden lassen, gewähren) – etwas auf sich zukommen lassen (abwarten)

Zu·kunft, die: -; die Zukunft (die vor uns liegende Zeit) voraussehen – keine Zukunft (Aussichten, Möglichkeiten) haben – in Zukunft (künftig) – ein Zeitwort in die Zukunft setzen; **zukünftig;** der/die **Zukünftige; zukunftsgläubig;** die **Zukunftsmusik;** die **Zukunftspläne** Mz.; **zukunftsreich;** der **Zukunftsroman; zukunftsträchtig; zukunft(s)weisend**

Zu·la·ge, die: -, -n (zusätzliche Zahlung); eine Zulage von 100 Franken bekommen

zu·las·sen: das kann ich nicht zulassen (dulden, erlauben) – eine Tür zulassen (nicht öffnen) – ein Auto (zum Verkehr) zulassen; **zulässig** (erlaubt); die **Zulässigkeit;** die **Zulassung;** die **Zulassungsstelle**

zu·las·ten: zulasten von dir; auch: zu Lasten

Zu·lauf der: -(e)s; das neue Geschäft hat einen grossen Zulauf (Zustrom); **zulaufen:** ihr ist eine Katze zugelaufen – auf etwas zulaufen

zu·le·gen: auf der Autobahn zulegen (das Tempo steigern) – sich etwas zulegen (sich etwas anschaffen)

zu·lei·de: jemandem etwas zuleide tun (etwas antun, ihn kränken); auch: zu Leide

zu·letzt: zuletzt (am Schluss) kam er – nicht zuletzt (nicht im Geringsten); aber: zu guter Letzt – *wer zuletzt lacht, lacht am besten;* **zuallerletzt**

zu·lie·be: dir zuliebe (deinetwegen, dir zu Gefallen) bleibe ich zu Hause

zum: (zu dem); zum ersten, zweiten, dritten Mal(e) – zum letzten Mal(e) – zum Beispiel ⟨z. B.⟩ – zum Schluss – zum Glück – es ist zum Lachen – zum Teil ⟨z. T.⟩ – zum Spass – zum Vergnügen – zum Voraus – es ist zum Weinen – etwas zum Besten geben

zu·ma·chen: das Geschäft zumachen (schliessen); aber: es ist nicht zu machen

zu·mal: zumal (besonders) deine Schwester mag dies gerne – zumal (weil) ich schon hier bin

zu·meist: (meistens, meist)

zu·min·dest: zumindest (wenigstens) freundlich könntest du sein; aber: zum mindesten; auch: zum Mindesten

zu·mu·te: mir ist traurig zumute (ich fühle mich traurig); auch: zu Mute (sein)

zu·mu·ten: jemandem etwas nicht zumuten

(abverlangen, aufbürden) können; **zumutbar;** die **Zumutbarkeit;** die **Zumutung**

zu·nächst: zunächst (zuerst, als Erstes) möchte ich mich vorstellen – zunächst dem Ort (in der Nähe des Ortes) – das zunächst Liegende; auch: das **Zunächstliegende**

Zu·na·me, der: -ns, -n (Familienname, Nachname) # Zunahme

zün·den: eine Bombe zünden (zur Explosion bringen) – ein Triebwerk zünden – eine zündende (begeisternde) Rede halten; das **Zündblättchen;** auch: das **Zündplättchen;** der **Zunder** (leicht brennbarer, pflanzlicher Stoff): das Holz brennt wie Zunder (sehr leicht) – *jemandem Zunder geben* (ihn verprügeln); der **Zünder** (Vorrichtung zur Auslösung einer Explosion); das **Zündholz;** die **Zündkerze;** das **Zündschloss;** der **Zündschlüssel;** die **Zündschnur;** der **Zündstoff;** die **Zündung**

zu·neh·men: er hat wieder zugenommen (ist dicker geworden) – sein Einfluss hat zugenommen (ist stärker geworden); die **Zunahme** # Zuname; **zunehmend:** es gefällt mir hier zunehmend (immer besser)

Zu·nei·gung, die: -, -en (Liebe, Wohlwollen); **zuneigen:** die Sonne neigt sich dem Westen zu – er ist ihr zugeneigt (er hat sie gern)

Zunft, die: -, Zünfte (Innung, Handwerkervereinigung in den mittelalterlichen Städten); die Zunft der Schuster; **zünftig:** eine zünftige (heitere, ausgelassene) Stimmung; das **Zunftrecht;** das **Zunftwappen**

Zun·ge, die: -, -n; sich auf die Zunge beissen – eine belegte Zunge haben – Zunge vom Rind (Speise) – *eine lose Zunge haben* (freche Bemerkungen machen) – *seine Zunge im Zaum halten* (schweigen) – *seine Zunge hüten* (sich vor einer unüberlegten Äusserung hüten); **züngeln:** züngelndes (flackerndes, unruhig brennendes) Feuer – die Schlange züngelt; der **Zungenbrecher; zungenfertig** (wortgewandt); die **Zungenfertigkeit;** der **Zungenschlag** (bestimmte Ausdrucksweise); das **Zungen-R;** auch: das **Zungen-r;** das **Zünglein:** *das Zünglein an der Waage sein* (den Ausschlag bei einer Entscheidung geben)

zu·nich·te: etwas zunichte machen (etwas vereiteln, zerstören)

zu·nut·ze: sich etwas zunutze machen (etwas ausnutzen, verwerten); auch: zu Nutze

zu·o·berst: das Buch liegt zuoberst (ganz oben) im Schrank – *das Unterste zuoberst kehren* (eine grosse Unordnung anrichten)

zu·pass: zupass (gerade recht, gelegen) kommen; auch: **zupasse**

zup·fen: den Banknachbarn am Ärmel zupfen (kurz ziehen); das **Zupfinstrument** (Saiteninstrument)

zur: (zu der); zur Zeit 〈z. Z., z. Zt.〉 – zur Not – zur Folge haben – zur Ruhe kommen – zur besonderen Verwendung 〈z. b. V.〉 – jemandem zur Hand gehen (ihm helfen)

zu·ran·de: mit jemandem gut zurande kommen (auskommen); auch: zu Rande

zu·rate: jemanden zurate ziehen; auch: zu Rate

zu·rech·nungs·fä·hig: er ist noch voll zurechnungsfähig (bei klarem Verstand); die **Zurechnungsfähigkeit**

zu·recht: (richtig, in Ordnung); **zurechtbiegen; zurechtbringen** (in Ordnung bringen); sich **zurechtfinden; zurechtkommen; zurechtlegen; zurechtmachen; zurechtrücken; zurechtweisen;** die **Zurechtweisung** (Tadel, Verweis) # zu Recht

zu·re·den: (raten, überreden); jemandem gut zureden – aber: trotz allem Zureden – auf ihr Zureden hin

zu·rei·chend: alles ist zureichend (genügend, hinlänglich) bekannt

Zü·rich: (Hauptort des gleichnamigen Kantons); der **Zürcher;** die **Zürcherin; zürcherisch**

zu·rich·ten: die Schuhe sind schlimm zugerichtet (beschädigt) – er wurde bei der Rauferei fürchterlich zugerichtet (verletzt)

zür·nen: jemandem zürnen (böse, aufgebracht gegen ihn sein)

zu·rück: bald zurück sein – vor und zurück – mit der Arbeit noch sehr zurück (im Rückstand) sein; aber: es gibt jetzt kein Zurück mehr; sich **zurückbegeben; zurückbehalten;** sich **zurückbilden; zurückbleiben; zurückblicken; zurückdenken;** sich **zurückerinnern;** die **Zurückerstattung; zurückfahren; zurückfallen; zurückfinden; zurückführen; zurückgeben; zurückgehen; zurückgezogen** (einsam); die **Zurückgezogenheit; zurückgreifen;** die **Zurückhaltung; zurück-**

kehren; zurückkommen; zurücklassen; die **Zurücklassung; zurücklegen:** sich ein Kleidungsstück zurücklegen (reservieren) lassen; **zurückliegen; zurückmüssen:** sie hat zurückgemusst; **zurücknehmen;** die **Zurücknahme; zurückprallen; zurückrufen; zurückschauen; zurückschlagen** (abwehren); **zurückschrecken; zurücksetzen; zurückstecken** (nachgeben); **zurückstehen** (nachgeben); **zurückstellen;** die **Zurückstellung; zurücktreten;** sich **zurückversetzen** (erinnern); **zurückweichen; zurückweisen;** die **Zurückweisung; zurückwerfen; zurückzahlen; zurückziehen;** der **Zurückzieher;** auch: der **Rückzieher**

zu̱·ru·fen: er rief ihnen einen Gruss zu; der **Zuruf**

zur·ze̱it: zurzeit ist sie verreist; aber: zur Zeit Goethes

Zu̱·sa·ge, die: -, -n (Erlaubnis, Versprechen); **zusagen:** das kann ich noch nicht zusagen (versprechen) – die Wohnung sagt uns zu (gefällt uns) – *jemandem auf den Kopf zusagen* (jemandem offen sagen, was man von ihm weiss)

zu̱·sa̱m·men: zusammen (vereint, gemeinsam) sind wir stark – zusammen sein – zusammen (insgesamt) kostet alles 50 Franken – wir kommen zusammen (gemeinsam) an; die **Zusammenarbeit; zusammenarbeiten;** aber: wir werden bald zusammen (gemeinsam, aber jeder für sich) arbeiten; **zusammenballen;** die **Zusammenballung; zusammenbrauen; zusammenbinden:** die Blu- men zusammenbinden; aber: einen Kranz zusammen (miteinander) binden; **zusammenbrechen; zusammenbringen;** der **Zusammenbruch; zusammendrängen; zusammenfahren:** mit den Autos zusammenfahren (zusammenstossen) – vor Schreck zusammenfahren (erschrecken) – ein Hindernis zusammenfahren; aber: wir werden zusammen (miteinander) fahren; der **Zusammenfall; zusammenfallen; zusammenfassen;** die **Zusammenfassung; zusammenfügen;** die **Zusammenfügung; zusammenführen;** aber: ein Gespräch zusammen (miteinander) führen; **zusammengehören;** die **Zusammengehörigkeit;** das **Zusammengehörigkeitsgefühl;** der **Zusammenhalt; zusammenhalten;** der **Zusammen-**

hang; **zusammenhängen; zusammenhang(s)los; zusammenkommen;** die **Zusammenkunft; zusammenlaufen;** aber: zusammen (gemeinsam) laufen; das **Zusammenleben; zusammenlegen;** die **Zusammenlegung;** sich **zusammennehmen** (sich beherrschen, anstrengen); **zusammenpassen;** der **Zusammenprall; zusammenprallen; zusammenpressen; zusammenraffen; zusammenreissen:** sich zusammenreissen (sich anstrengen); **zusammenrotten:** sich auf der Strasse zusammenrotten; die **Zusammenrottung;** die **Zusammenschau** (Überblick); **zusammenschlagen; zusammenschliessen:** sich zu einem Verein zusammenschliessen; der **Zusammenschluss; zusammenschreiben;** die **Zusammenschreibung; zusammenschrumpfen; zusammenschweissen;** das **Zusammensein; zusammensetzen;** die **Zusammensetzung;** das **Zusammenspiel; zusammenstellen;** die **Zusammenstellung;** der **Zusammenstoss; zusammenstossen;** der **Zusammensturz; zusammenstürzen; zusammentreffen;** das **Zusammentreffen; zusammentragen;** aber: zusammen (gemeinsam) tragen; **zusammentreten;** sich **zusammentun; zusammenwirken;** das **Zusammenwirken; zusammenzählen; zusammenziehen;** aber: zusammen (gemeinsam) ziehen; die **Zusammenziehung; zusammenzucken** (erschrecken)

Zu̱·satz, der: -es, Zusätze; einen Zusatz (eine Anmerkung) zum Text schreiben; das **Zusatzabkommen;** die **Zusatzbestimmung; zusätzlich;** die **Zusatzsteuer;** die **Zusatzversicherung**

zu̱·scha̱n·den: ein Auto zuschanden (kaputt) fahren – *etwas zuschanden machen* (etwas verhindern); auch: zu Schanden

zu̱·schau·en: bei einem Fussballspiel zuschauen; der **Zuschauer;** die **Zuschauerin;** die **Zuschauerkulisse;** der **Zuschauerraum;** die **Zuschauertribüne**

zu̱·schies·sen: Geld zuschiessen (beisteuern)

Zu̱·schlag, der: -(e)s, Zuschläge; einen Zuschlag (eine Preiserhöhung) für die Ware zahlen müssen – für sein Angebot den Zuschlag (den Lieferauftrag) bekommen; **zuschlagen:** die Türe heftig zuschlagen – mit den Fäusten zuschlagen; **zuschlagpflichtig**

T U V W X Y Z

Zu·schnitt, der: -es, -e (Schnitt, Form, Stil); **zuschneiden**

zu·schul·den: sich etwas zuschulden kommen lassen (etwas Unrechtes tun); auch: zu Schulden

Zu·schuss, der: -es, Zuschüsse; einen Zuschuss (eine finanzielle Unterstützung) bekommen; der **Zuschussbetrieb;** die **Zuschusswirtschaft**

zu·se·hen: jemandem bei der Arbeit zusehen – sieh zu (achte darauf), dass du dich nicht verspätest; **zusehends:** sie erholt sich zusehends (rasch, merklich)

zu·sei·ten: zuseiten der Zuschauer; auch: zu Seiten

zu·set·zen: die Krankheit setzt ihr sehr zu (macht ihr zu schaffen) – der Läufer kann noch zusetzen (er hat Reserven) – sie setzte ihm so lange zu (bedrängte ihn), bis er nachgab

zu·si·chern: (fest versprechen); die **Zusicherung:** die Zusicherung für etwas geben

zu·spit·zen: die Situation spitzt sich zu (verschlimmert sich); die **Zuspitzung**

Zu·spruch, der: -(e)s; für seine Arbeit Zuspruch (Ermutigung, Anklang, Interesse) erfahren; **zusprechen:** jemandem Mut zusprechen (machen) – das Erbe wurde ihm zugesprochen (zuerkannt)

Zu·stand, der: -(e)s, Zustände; der Zustand (die Beschaffenheit) des Hauses ist gut – *Zustände kriegen* (sich sehr erregen); **zustande:** zustande kommen (gelingen); aber: das Zustandekommen – etwas zustande bringen (fertig bringen); auch: zu Stande; **zuständig:** für den Verkauf ist sie zuständig (verantwortlich); die **Zuständigkeit; zuständigkeitshalber**

zu·stat·ten: es kommt mir sehr zustatten (es passt mir) – zustatten kommen

zu·ste·hen: ihm steht ein höherer Lohn zu (er hat ein Recht darauf)

zu·stel·len: einen Brief zustellen (zugehen lassen, austragen), die **Zustellgebühr;** die **Zustellung**

zu·steu·ern: Geld zusteuern (beisteuern, dazugeben) – auf ein Ziel zusteuern (zugehen, zufahren)

zu·stim·men: einem Vorschlag zustimmen (ihn billigen); die **Zustimmung** (Lob, Einverständnis)

zu·stos·sen: die Tür zustossen – mit dem Messer zustossen – es wird ihnen doch nichts zugestossen (geschehen, passiert) sein!

Zu·strom, der: -(e)s; es herrschte ein reger Zustrom (Zulauf, Andrang) von Zuschauern; **zuströmen**

Zu·stupf, der: -(e)s, -e/Zustüpfe; einen Zustupf (Zuschuss) bekommen

zu·ta·ge: etwas zutage bringen (entdecken, zum Vorschein bringen) – das liegt offen zutage (ist deutlich erkennbar) – *zutage treten* (erscheinen, offenkundig werden); auch: zu Tage

Zu·tat, die: -, -en (Zugabe, Beiwerk)

zu·teil: zuteil werden – ihm ist eine hohe Ehre zuteil (gewährt) geworden; **zuteilen;** die **Zuteilung**

zu·tiefst: zutiefst (sehr, äusserst) enttäuscht sein – zutiefst im Boden (sehr tief im Boden)

zu·tra·gen: jemandem etwas heimlich zutragen (weitersagen) – es hat sich damals so zugetragen (es ist geschehen); der **Zuträger** (Spion, Verräter); die **Zuträgerin; zuträglich:** der viele Alkohol ist ihm nicht zuträglich (bekömmlich); die **Zuträglichkeit**

Zu·trau·en, das: -s; er geniesst mein Zutrauen (Vertrauen); **zutrauen; zutraulich** (zahm, vertrauensvoll, arglos); die **Zutraulichkeit**

zu·tref·fen: das trifft zu (es ist wahr, richtig; es passt) – eine zutreffende (richtige) Antwort geben

Zu·tritt: -(e)s; sich Zutritt (Einlass, Eintritt) verschaffen

zu·tun: Zucker zutun (hinzufügen) – er hat kein Auge zugetan (geschlossen, hat nicht schlafen können); das **Zutun:** ohne dein Zutun (ohne deine Mitwirkung, Hilfe) wäre ich noch nicht so weit

zu·un·guns·ten: (zum Nachteil); auch: zu Ungunsten

zu·un·terst: zuunterst (ganz unten) in der Truhe suchen

zu·ver·läs·sig: eine zuverlässige (glaubwürdige) Nachricht – zuverlässig (gewissenhaft) arbeiten; die **Zuverlässigkeit;** der **Zuverlässigkeitstest**

zu·ver·sicht·lich: zuversichtlich (hoffnungsfroh, guten Mutes) sein; die **Zuversicht;** die **Zuversichtlichkeit**

T
U
V
W
X
Y
Z

Zu·viel, das: -s (Übermass); ein Zuviel an Zucker

zu·vor: (vorher, zuerst); **zuvorderst** (ganz vorn); **zuvorkommen:** jemandem zuvorkommen (schneller sein als er, ihn übertreffen); aber: zuvor (vorher) kommen; **zuvorkommend:** ein zuvorkommender (höflicher) junger Mann; die **Zuvorkommenheit**

Zu·wachs, der: -es, Zuwächse (Zunahme, Zustrom); ein Zuwachs (eine Zunahme) an Einnahmen – *Zuwachs* (ein Kind) *bekommen*; **zuwachsen;** die **Zuwachsrate**

zu·wan·dern: (von auswärts an einen Ort kommen, um dort zu leben); der **Zuwand(e)rer;** die **Zuwand(r)erin;** die **Zuwand(e)rung**

zu·we·ge: etwas zuwege bringen (fertig bringen, zustande bringen, bewältigen); auch: zu Wege

zu·wei·len: zuweilen (manchmal, ab und zu) gehe ich auf Reisen

zu·wen·den: sich jemandem zuwenden (sich hindrehen) – sich einer Sache zuwenden (sich damit beschäftigen); die **Zuwendung**

zu·wi·der: das ist mir zuwider (ich verabscheue es, es stösst mich ab) – zuwider sein; **zuwiderhandeln** (Verbotenes machen): einem Befehl zuwiderhandeln; der/die **Zuwiderhandelnde;** die **Zuwiderhandlung; zuwiderlaufen**

zu·zei·ten: (manchmal, bisweilen); aber: zu Zeiten Goethes (als Goethe lebte) – zu unseren Zeiten

zu·zie·hen: die Vorhänge zuziehen – sich eine Erkältung zuziehen (holen) – die Familie ist neu zugezogen; der **Zuzug;** der **Zuzüg(l)er;** die **Zuzüg(l)erin; zuzüglich** (einschliesslich); die **Zuzugsgenehmigung**

Zvie·ri, der/das: -s, - (Nachmittagsimbiss)

zwa·cken: jemanden zwacken (kneifen)

Zwang, der: -(e)s, Zwänge; Zwang (Druck) ausüben – ohne Zwang arbeiten können – *sich keinen Zwang antun* (sich ungezwungen verhalten); **zwängen:** sich in eine Jacke zwängen (hineinpressen); **zwanghaft; zwanglos** (unbefangen, locker); die **Zwanglosigkeit;** die **Zwangsarbeit;** die **Zwangsherrschaft;** die **Zwangsjacke;** die **Zwangslage** (Notfall); **zwangsläufig** (unvermeidbar); die **Zwangsläufigkeit;** die **Zwangs-**

massnahme; zwangsräumen; die **Zwangsräumung;** das **Zwangsverfahren;** die **Zwangsversteigerung;** die **Zwangsvollstreckung; zwangsweise** (notgedrungen); → zwingen

zwan·zig: das kostet 20 Franken – wir sind zwanzig Personen; die **Zwanzigerjahre;** auch: die **zwanziger Jahre;** die **Zwanzigernote; zwanzigjährig;** auch: **20-jährig;** der **Zwanzigmarkschein; zwanzigstel;** das **Zwanzigstel**

zwar: das Auto ist zwar (freilich) nicht neu, aber noch gut erhalten – und zwar (nämlich)

Zweck, der: -(e)s, -e (Sinn, Bedeutung, Absicht); das hat alles keinen Zweck (es ist sinnlos) – *der Zweck heiligt die Mittel;* die **Zweckbestimmung; zweckdienlich** (zweckmässig); die **Zweckdienlichkeit; zweckentfremdet;** die **Zweckentfremdung; zwecksprechend; zweckgebunden; zwecklos;** die **Zwecklosigkeit; zweckmässig; zweckmässigerweise;** die **Zweckmässigkeit; zwecks** (zum Zwecke von, wegen); **zweckvoll; zweckwidrig**

Zwe·cke, die: -, -n (kurzer Nagel mit einem grossen, flachen Kopf; Heftnagel)

zwei: zwei Brüder – zu zweien (zu zweit) sein – *wenn sich zwei streiten, freut sich der Dritte;* die **Zwei:** eine Zwei würfeln; der **Zweiachser;** auch: der **2-Achser; zweiachsig;** auch: **2-achsig; zweiarmig;** auch: **2-armig; zweibeinig;** auch: **2-beinig;** der **Zweibeiner;** das **Zweibettzimmer;** auch: das **2-Bett-Zimmer; zweideutig:** zweideutige (doppelsinnige, anstössige) Bemerkungen machen; **zweidimensional;** die **Zweidrittelmehrheit;** auch: die **2/3-Mehrheit; zweieiig:** zweieiige Zwillinge; **zweieinhalb;** die **Zweierbeziehung;** der **Zweierbob;** die **Zweierbeziehung;** der **Zweierzimmer; zweifach** (doppelt); auch: **2fach;** das **Zweifache;** auch: das **2fache;** das **Zweifamilienhaus;** auch: das **2-Familien-Haus; zweifarbig;** auch: **2-farbig;** das **Zweifrankenstück;** auch: das **2-Franken-Stück;** der **Zweifränkler;** das **Zweigespann; zweigleisig;** auch: **2-gleisig; zweihäusig;** auch: **2-häusig; zweihundert; zweijährig;** auch: **2-jährig; zweimal;** auch: **2-mal;** der **Zweikampf** (Duell); das **Zwei-**

markstück; der **Zweimaster**; der **Zweipfünder**; auch: der **2-Pfünder**; das **Zweirad**; **zweireihig**; auch: **2-reihig**; **zweischneidig**: ein zweischneidiges Schwert (eine Sache, die Vor- und Nachteile hat); **zweiseitig** auch: **2-seitig**; der **Zweisitzer**; der **Zweispänner** (Wagen für zwei Pferde); **zweisprachig**; auch: **2-sprachig**; **zweispurig**; auch: **2-spurig**; **zweistellig**; auch: **2-stellig**; **zweistimmig**; auch: **2-stimmig**; **zweistöckig**; auch: **2-stöckig**; **zweistündig** (zwei Stunden dauernd); auch: **2-stündig**; **zweistündlich** (alle zwei Stunden); der **Zweitaktmotor**; auch: der **2-Takt-Motor**; **zweitausend**; **zweite**: etwas aus zweiter Hand (gebraucht) kaufen – das zweite Programm; das zweite Gesicht; aber: jeder Zweite – zum Zweiten – er lügt wie kein Zweiter – er wurde Zweiter – der Zweite Weltkrieg – das Zweite Deutsche Fernsehen ⟨ZDF⟩; **zweiteilig**; auch: **2-teilig**; die **Zweiteilung**; **zweitens**; das **Zweitklassabteil**; **zweitklassig**; der **Zweitklässler**; die **Zweitklässlerin**; der **Zweitklasswagen**; der/die **Zweitletzte**: als Zweitletzter an die Reihe kommen; **zweitrangig** (unbedeutend); die **Zweitschrift** (Abschrift); die **Zweitstimme**; der **Zweitwagen**; die **Zweizimmerwohnung**; auch: die **2-Zimmer-Wohnung**

Zwei·fel, der: -s, -; Zweifel (Bedenken, Vorbehalte) haben – im Zweifel sein – ohne Zweifel (gewiss) – es steht ausser Zweifel – *etwas in Zweifel ziehen* (etwas bezweifeln); **zweifelhaft**; **zweifellos**; **zweifeln**; der **Zweifelsfall**; **zweifelsfrei**; **zweifelsohne** (gewiss); der **Zweifler**; die **Zweiflerin**

Zweig, der: -(e)s, -e; einen Zweig (Ast) vom Baum reissen – *auf keinen grünen Zweig kommen* (keinen Erfolg haben); das **Zweiggeschäft**; die **Zweigniederlassung**; die **Zweigstelle** (Filiale)

Zwerch·fell, das: -(e)s, -e (Scheidewand zwischen Bauch- und Brusthöhle)

Zwerg, der: -(e)s, -e (Wicht, Kobold, kleiner Mensch); **zwergenhaft**; die **Zwergin**; der **Zwergpudel**; der **Zwergstaat**; **zwergwüchsig**

Zwetsch·ge, die: -, -n (Pflaume); auch: die **Zwetsche**, die **Zwetschke**; der **Zwetschgenbaum**; das **Zwetschgenmus**

zwi·cken: mich zwickt (kneift) die enge Hose; der **Zwickel** (keilförmiger Einsatz); der

Zwicker; die **Zwickmühle**: *in einer Zwickmühle* (einer ausweglosen Situation) *sein*

Zwie·back, der: -(e)s, -e/Zwiebäcke (beiderseitig gebackene, knusprige Dauerbackware)

Zwie·bel *lat.*, die: -, -n (Gewürz- und Gemüsepflanze); der **Zwiebelkuchen**; **zwiebeln**: jemanden zwiebeln (plagen, quälen); der **Zwiebelring**; die **Zwiebelsuppe**; der **Zwiebelturm**

zwie·fach: (zweifach); das **Zwiegespräch**; das **Zwielicht** (Dämmerung); **zwielichtig**: eine zwielichtige (nicht durchschaubare, anrüchige) Person; der **Zwiespalt**, die **Zwiespälte/Zwiespalte** (Zweifel, Konflikt); **zwiespältig** (unsicher, schwankend); die **Zwiespältigkeit**; die **Zwiesprache** (Zwiegespräch); die **Zwietracht**: Zwietracht (Uneinigkeit, Streit) säen

Zwil·ling, der: -s, -e (eins von kurz nacheinander geborenen Geschwistern); der **Zwillingsbruder**; die **Zwillingsschwester**; das **Zwillingspaar**

zwin·gen: du zwingst, er zwang, sie hat gezwungen; zwing(e)!; jemanden zum Arbeiten zwingen (nötigen) – sich zu etwas zwingen (überwinden) – ein zwingender (stichhaltiger) Grund – eine zwingende (unumgängliche) Notwendigkeit; die **Zwingburg** (früher: Burg, die einen bestimmten Landstrich beherrscht); die **Zwinge** (Werkzeug); der **Zwinger** (Käfig für Tiere); → Zwang

zwin·kern: mit den Augen zwinkern (blinzeln)

zwir·beln: den Bart zwirbeln (zusammendrehen)

Zwirn, der: -(e)s (reissfestes Garn); der **Zwirnsfaden**

zwi·schen: er setzte sich zwischen uns (in die Mitte von uns) – zwischen den Feiertagen – zwischen ihm und mir besteht Freundschaft; die **Zwischenbemerkung**; das **Zwischendeck** (bei Schiffen); das **Zwischending** (Mittelding); **zwischendrin** (mittendrin); **zwischendurch**; das **Zwischenergebnis**; der **Zwischenfall**; die **Zwischenfrage**; die **Zwischengrösse**; der **Zwischenhalt** (Zwischenstation); der **Zwischenhandel**; **zwischenhinein** (zwischendurch); **zwischenlanden**; die **Zwischenlandung**; der **Zwischenlauf**; die **Zwischenlösung**; **zwischenmenschlich**; die

Zwischenprüfung; der **Zwischenraum**; der **Zwischenruf**; die **Zwischenrunde**; das **Zwischenspiel**; zwischenstaatlich; die **Zwischenverpflegung**; die **Zwischenwand**; die **Zwischenzeit**; zwischenzeitlich

Zwist, der: -es, -e (Streit); die **Zwistigkeit**

zwit·schern: Vögel zwitschern (singen) in den Zweigen – *einen zwitschern* (Alkohol trinken)

Zwit·ter: -s, - (zweigeschlechtliches Wesen); zwitterhaft; zwitt(e)rig; die **Zwitterstellung**; das **Zwittertum**; das **Zwitterwesen**; die **Zwittrigkeit**

zwölf: zwölf Uhr nachts – es ist fünf vor zwölf (allerhöchste Zeit) – zwölf Uhr mittags – sie sind zu zwölfen (zu zwölft) – die zwölf Apostel; die **Zwölf**; zwölfeckig; auch: **12-eckig**; zwölffach; auch: **12fach**; das **Zwölffache**; auch: das **12fache**; der **Zwölffingerdarm**; zwölfjährig; auch: **12-jährig**; zwölfmal; auch: **12-mal**; zwölft...: der zwölfte Mann; **zwölftausend**; **zwölftel**; das **Zwölftel**; **zwölftens**

Zy·an·ka·li *griech.*, das: -s (starkes Gift)

Zyk·lon (Zy·klon) *engl.*, der: -s, -e (Wirbelsturm)

Zyk·lus (Zy·klus) *griech.*, der: -, Zyklen (Kreislauf, ein regelmässig wiederkehrender Ablauf); **zyklisch** (regelmässig wiederkehrend)

Zy·lin·der *griech.*, der: -s, -; einen Zylinder (steifen, röhrenförmigen Herrenhut) tragen – den Umfang eines Zylinders (eines walzenförmigen Hohlkörpers) berechnen; der **Zylinderhut**; zylindrisch (walzenförmig)

zy·nisch *griech.*: (beissend, spöttisch, bissig, gemein); der **Zyniker**; die **Zynikerin**; der **Zynismus**

Zy·pern: -s (Inselstaat im Mittelmeer); der **Zyprer**; auch: der **Zyprier**; der **Zypriot**; die **Zypriotin**; zypriotisch; auch: **zyprisch**

Zyp·res·se (Zy·pres·se) *griech.*, die: -, -n (Kiefernart in der Mittelmeergegend)

Zys·te *griech.*, die: -, -n (Geschwulst mit flüssigem Inhalt)

z. Z. (z. Zt.) = zur Zeit

Grammatik und Rechtschreibung

Grundwissen Grammatik

Die fünf Wortarten

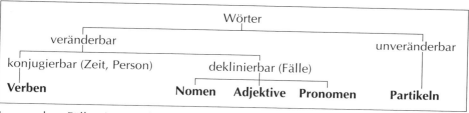

In manchen Fällen ist es jedoch schwierig, ein Wort eindeutig einer Gruppe zuzuordnen.

A1 Verb (Tätigkeitswort, Zeitwort)

Leistung

Mit Verben lassen sich Tätigkeiten, Vorgänge und Zustände bezeichnen. Sie können darstellen, was man <u>tut</u>, wie man <u>sich</u> verhält, was <u>vorgeht</u>.

Verben kann man so verändern:

Person	ich singe/du singst …
Zahl (Singular/ Plural)	ich singe/wir singen …
grammatische Zeit	ich singe/ich sang …
Indikativ, Konjunktiv	du singst/du singest (sängest) …
Imperativ	Sing! Singt!
Aktiv/Passiv	ich singe es/es wird gesungen …

Verben haben auch:

Infinitiv	singen, spielen
Partizip I	singend, spielend
Partizip II	gesungen, gespielt

Beispielwörter

häufige Verben sein, werden, haben, können, müssen, wollen, machen, sollen, lassen, kommen

abgeleitete Verben erziehen, weggehen, begreifen, missglücken, sich verlaufen, abschauen, verspielen, umfallen

Gebrauch

Tätigkeiten (Handlungen)
Der Bauer **pflügt** den Acker.
Sie **baut** sich ein Haus.
Anna **spielt** auf der Strasse.

Vorgänge
Das Gras **duftet.**
Heute **scheint** die Sonne.
Der Ball **rollt** auf die Strasse.

Zustände
Sie **liegt** krank im Bett.
Familie Bauer **wohnt** im ersten Stock.
Petra **bleibt** heute zu Hause.

A 2 Nomen (Substantiv, Hauptwort, Namenwort, Dingwort)

Leistung
Mit Nomen werden Gegenstände, Dinge, Sachverhalte bezeichnet.

Nominativ (1. Fall)
Genitiv (2. Fall)
Dativ (3. Fall)
Akkusativ (4. Fall)

Nomen lassen sich in verschiedene Fälle setzen:

Nominativ: Wer?	der Berg	die Wiese	das Tal
Genitiv: Wessen?	des Berges	der Wiese	des Tales
Dativ: Wem?	dem Berg	der Wiese	dem Tal
Akkusativ: Wen?	den Berg	die Wiese	das Tal

Singular (Einzahl)
Plural (Mehrzahl)

Nomen sind in der Zahl veränderbar; meistens haben sie einen Singular und einen Plural:

Singular:	der Berg	die Wiese	das Tal
Plural:	die Berge	die Wiesen	die Täler

Nomen haben ein grammatisches Geschlecht:

Maskulin	Feminin	Neutrum
der Mann	die Frau	das Kind
der Ball	die Strasse	das Haus

Beispielwörter

einfache Wörter	Stuhl, Tasche, Auto, Bagger, Himmel, Strasse, Kind, Leute, Bauer, Boden, Kamin, Dose
zusammengesetzte Wörter	Tischdecke, Hausdach, Autoantenne, Puppenhaus, Gartenzaun, Strassenbelag, Apfelbaum, Kirchturm
abgeleitete Wörter	Krankheit, Begabung, Gewitter, Austausch, Verstand, Aufstand, Ausgang, Zusammenspiel

Gebrauch

Bezeichnung von

– Lebewesen	Eva, Schwester, Lehrerin, Kind, Freundin, Nachbar, Schaffner, Wurm, Fisch, Elefant
– Pflanzen	Gras, Rose, Baum, Eiche, Haselstrauch, Blume, Mohrrübe
– Dingen	Ball, Schrank, Zeitung, Stadt, Park, Zelt, Buch, Leiter
– Gedachtem und Vorgestelltem	Tadel, Freundschaft, Angst, Wetter, Himmel, Liebe, Zeit, Faulheit, Traum, Reise, Fleiss, Mut

A 3   Adjektiv (Eigenschaftswort, Wiewort)

Leistung	Mit Adjektiven bezeichnen wir Eigenschaften von Personen, Dingen und anderen Wesen sowie von Tätigkeiten, Vorgängen und Zuständen. Beschrieben wird, <u>wie</u> etwas ist, <u>wie</u> jemand etwas macht, <u>wie</u> etwas geschieht. Adjektive passen sich dem Nomen an, zu dem sie gehören – im Fall, im Geschlecht, in der Zahl.
der / die / das + ...-e + Nomen	der kal<u>te</u> Winter die stei<u>le</u> Böschung das klei<u>ne</u> Kind
es heisst dann auch	ein kal<u>ter</u> Winter ein<u>e</u> stei<u>le</u> Böschung ein<u></u> klein<u>es</u> Kind
es heisst im Plural	die kal<u>ten</u> Winter die stei<u>len</u> Böschungen die klei<u>nen</u> Kinder

Adjektive haben meistens Vergleichsformen, d. h. sie können gesteigert werden:

Positiv
(Grundform)

klein, gross, gut

Komparativ
(Steigerungsform)

kleiner, grösser, besser

Superlativ
(Höchstform)

am kleinsten, am grössten, am besten

Beispielwörter

klug, langsam, dünn, schön, bissig, freundlich, erfreulich, riesig, weiss, grün, hölzern, schweizerisch, schwer, stark, mächtig

---

A 4   Pronomen (Fürwort, Geschlechtswort)

Leistung

Pronomen sind Wörter, die ein Nomen begleiten oder vertreten; sie können nicht als Nomen und nicht als Adjektiv eingeordnet werden.

Beispielwörter

Personalpronomen

> ich (mich, mir, meiner)
> du
> er, sie, es
> wir
> ihr
> sie

Reflexivpronomen

> mich, mir
> dich, dir
> sich
> uns
> euch
> sich

Possessivpronomen

> mein
> dein
> sein, ihr, sein
> unser
> euer
> ihr

Artikel

> der, die, das
> (bestimmter Artikel)
> ein, eine, ein
> (unbestimmter Artikel)

**Demonstrativ-
pronomen**

> der, die, das
> dieser, diese, dieses
> jener, jene, jenes
> derjenige
> derselbe
> solcher, solche

Relativpronomen

> der, die, das
> welcher, welche, welches
> wer, was

**Interrogativ-
pronomen**

> wer, was
> welcher, welche, welches
> was für ein
> was für welche

Zahlpronomen

> null
> eins/ein, eine, ein
> zwei, drei …
> zehn, elf, zwölf, dreizehn …
> zwanzig …
> hundert …
> tausend …
> 999 999

Indefinitpronomen

> jeder   genug
> jedermann   allerlei
> jeglicher   allerhand
> man   mancherlei
> alle   zweierlei
> sämtliche   solcherlei
> einige   vielerlei
> manche   einer, eine, eines
> ein paar   irgendein
> etliche   irgendwelche
> mehrere   kein

jemand	ein bisschen
niemand	meinesgleichen
etwas	dergleichen
nichts	unsereiner
ein wenig	u. a.

Bei einzelnen Wörtern wie z. B. <u>viele</u>, <u>wenige</u>, <u>beide</u> u. a. ist die Zuordnung zu den Pronomen umstritten. Sie werden auch als Adjektive bezeichnet.

A 5   Partikel

Leistung

Partikeln lassen sich auf keine Art verändern; weder Konjugation noch Deklination sind möglich.

Drei Gruppen von Partikeln können besonders hervorgehoben werden:

Präposition

Leistung

Präpositionen stehen vor einem Nomen, einem Pronomen oder einem Adjektiv. Mit einer Präposition geben wir an, in welchem Verhältnis Wörter zueinander stehen.

Beispielwörter

Präpositionen sind immer fest an ein Wort oder an eine Wortgruppe gebunden. Die Wörter, die ihnen folgen, stehen in verschiedenen Fällen:

Genitiv

angesichts, anlässlich, anstatt, bezüglich, diesseits, hinsichtlich, infolge, inmitten, innerhalb, jenseits, kraft, namens, ungeachtet, unterhalb, während, wegen, zwecks

Dativ

aus, ausser, bei, binnen, dank, entgegen, gegenüber, gemäss, mit, nach, nächst, nebst, samt, seit, von, zu, zuliebe, zuwider

Akkusativ

bis, durch, für, gegen, ohne, um, wider

mehrere Fälle

Beispiel:
Dativ (wo?):   Er sitzt auf **dem** Boden.
Akkusativ (wohin?): Er fällt auf **den** Boden.

Gebrauch

Verschiedene Beziehungen:

Ort
Zeit

Wir stiegen **auf einen Berg**.
Sie kam **auf eine Woche**.

Grund Art und Weise	Peter konzentrierte sich **auf seine Arbeit.** Er fiel **auf eine unangenehme Weise** auf.

Konjunktion

Leistung

Mit Konjunktionen können Wörter, Satzglieder oder ganze Sätze verbunden werden.

Beispielwörter

beiordnend

aber, auch, ausserdem, dagegen, daher, dann, darum, dazu, denn, dennoch, deshalb, doch, infolgedessen, jedoch, oder, sondern, trotzdem, und, wenn auch

unterordnend

als, bevor, bis, da, damit, dass, ehe, falls, indem, nachdem, ob, obwohl, ohne dass, seitdem, sobald, sodass (so dass), solange, sooft, während, weil, wenn, wie, wogegen

Adverb

Leistung

Adverbien sind Partikeln, die weder zur Gruppe der Präpositionen noch zur Gruppe der Konjunktionen gehören. Mit Adverbien beschreiben wir die genaueren Umstände eines Geschehens. Sie sagen uns, <u>wo</u>, <u>wann</u>, <u>auf welche Art und Weise</u> und <u>warum</u> etwas geschieht.

Beispielwörter

Aussage über den Ort

da, daher, dahin, dort, dorthin, draussen, drinnen, fort, heim, herein, herunter, hier, hierher, hierhin, hin, hinauf, hinaus, hinein, hinten, irgendwo, links, nirgends, oben, rechts, rückwärts, überall, unten

Aussage über die Zeit

allzeit, anfangs, bald, bisher, damals, dann, eben, endlich, früh, gestern, immer, inzwischen, jahrelang, jetzt, morgen, morgens, nachts, nie, nun, oft, stets, stundenlang, täglich, übermorgen, vorher, zuletzt

Aussage über die Art und Weise

anders, beinahe, besonders, dadurch, damit, ebenso, eher, eilends, einigermassen, fast, ganz, irgendwie, kaum, keineswegs, kopfüber, kurzerhand, noch, nur, sehr, so, teilweise, überaus, umsonst, vergebens, weiterhin

Aussage über den Grund und den Zweck

also, daher, darum, dennoch, deshalb, deswegen, hierfür, hierzu, nämlich, noch, nötigenfalls, somit, trotzdem, vorsichtshalber, warum, weshalb, wozu

Rechtschreibhilfen

B1	**Lang gesprochene Vokale (Selbstlaute) werden durch verschiedene Schreibweisen wiedergegeben.**

langes a (ä)

ohne Kennzeichnung
raten, Dame, Tal, Kran, zwar, klar, Träne, Qual, Märchen, Reklame, Span, schälen, Bar

In den Nachsilben -bar, -sam und -sal wird die Dehnung nicht gekennzeichnet:

essbar, furchtbar, kostbar, ehrsam, furchtsam, ratsam, Rinnsal, Schicksal, Trübsal

Buchstabenverdoppelung
Waage, ein Paar, ein paar, Aal, Saal, Saat, Staat, Kopfhaar, waagrecht, Aasfresser

Ein Doppel-ä wird nie geschrieben:

Haar – Härchen
Paar – Pärchen
Saat – säen

Dehnungs-h
Kahn, nähren, fahl, zahlen, prahlen, lahm, gefährlich, wahr, Zahn, Währung, ähnlich, Draht, zahm

Das Dehnungs-h steht häufig vor l, m, n und r!

Wichtige Unterscheidungen:

Wal (Tier)	– Wahl (wählen)
Mal (jedes Mal)	– das Mahl (Essen)
malen (mit Farben)	– mahlen (das Mehl)
die Wagen (Fahrzeuge)	– die Waagen (wiegen)
Name	– die Einnahme (nehmen)
sie war	– es ist wahr
es ist spät	– sie späht (blickt)
sie wären	– sie währen (dauern)

langes e

ohne Kennzeichnung geben, Schere, Leder, Gegner, Leben, Herd, Kamel, Hefe, Gebet, selig, beschweren, her

Buchstabenverdoppelung Seele, Schnee, Meer, Teetasse, Himbeere, See, Beet, ausleeren, Klee, Kaffee, Allee, Speer

Dehnungs-h Kehle, nehmen, Sehne, sehr, Entbehrung, dehnen, angenehm, ehren, mehrmals, belehren

> **Das Dehnungs-h steht häufig vor l, m, n und r!**

> **Wichtige Unterscheidungen:**

leeren	– lehren
Meer	– mehr
Reederei	– Rederei (Gerede)
seelisch (Seele)	– selig (glücklich)

langes i

ohne Kennzeichnung Kamin, Vitamin, Bibel, Apfelsine, Krise, Biber, Maschine, Kilogramm, Igel, dir, wir, Liter

Dehnungs-e Friede, lieb, Lied, neugierig, Chemie, Zwiebel, verlieren, Biene, zielen, Melodie, Siegel

> **Viele Verben werden im Infinitiv mit -ieren geschrieben:**

Infinitiv (Grundform) notieren, spazieren, reklamieren, gratulieren, diskutieren, probieren, rasieren, blamieren

> **Gewisse Zeitformen vieler Verben werden mit ie geschrieben:**

sie schlief, er rief, er hat geschrien

Dehnungs-h ihr, ihm, ihn, ihnen, ihren

> **Das Dehnungs-h steht häufig vor l, m, n und r!**

Längenzeichen -eh Vieh, geschieht, befiehlt, ziehen, wiehern, fliehen

Wichtige Unterscheidungen:

Lied (Gesang)	– Lid (Augenlid)
Miene (im Gesicht)	– Mine (im Bergwerk)
wieder (noch einmal)	– wider (gegen)
Fieber	– Fiber (Faser)

langes o (ö)

ohne Kennzeich-nung
Ton, krönen, Zone, Alkohol, Gebot, lösen, Person, Dombau, Lotse, Tor, Atom, holen, Öl

Dehnungs-h
hohl, Bohne, bohren, Gejohle, gewöhnlich, Sohle, Mohn, lohnen, Rohr, wohnen, wohl, ohne

Das Dehnungs-h steht häufig vor l, m, n und r!

Buchstabenverdop-pelung
Boot, Moor, Moos, Zoo

Wichtige Unterscheidungen:

| der Bote | – die Boote |
| die Sole (salzhaltiges Wasser) | – die Sohlen (Schuhsohlen) |

langes u (ü)

ohne Kennzeich-nung
Blut, Buche, Spule, jubeln, Frisur, spuren, Kür, Wut, Zensur, grübeln, suchen, Blut

In der Vorsilbe ur- und in der Nachsilbe -tum wird die Dehnung nicht bezeichnet:

Urlaub, uralt, Urahne, Urwald, Ursache, Urmensch
Brauchtum, Bürgertum, Menschentum, Heldentum, Reichtum, Irrtum

Dehnungs-h
Ruhm, Stuhl, Huhn, Uhr, Kuh, sie ruhte, Ruhe, rühren, Schuh, blühen, kühl, fühlen

Wichtige Unterscheidungen:

| Urzeit (Vorzeit) | – Uhrzeit |
| die Blüte | – blühen |

B 2 — Folgt auf einen betonten kurzen Vokal ein Konsonant, so wird er verdoppelt.

Vokal **(Selbstlaut)** **Konsonant** **(Mitlaut)**	Ebbe, krabbeln, kribbeln, Schrubber paddeln, Pudding, buddeln, Buddel Giraffe, Waffel, offen, treffen, gaffen Bagger, Roggen, Kogge bellen, Keller, Null, schnell, toll fromm, Himmel, kümmern, immer, schlimm beginnen, denn, Kanne, Pfennig, dünn, Galopp, kippen, Gruppe, Lappen, doppelt Herr, irren, dürr, sperren, Zigarre Biss, nass, Schloss, Nuss, hassen Kette, Zettel, bitten, matt, flott
Anstelle von kk **schreibt man ck!**	backen, Glück, flicken, Sack, Strecke, Gepäck, Mücke, bücken, packen, dick
	Ausnahmen: Akkord, Makkaroni, Marokko, Mokka, Sakko, Akkordeon, akkurat, Akkusativ
Anstelle von zz **schreibt man tz!**	Pfütze, trotz, blitzen, Netz, stützen, spitz, plötzlich, nützlich, jetzt, nutzen, putzen
	Ausnahmen: Pizza, Jazz, Skizze, Razzia, Intermezzo

In einigen Wörtern wird nach einem betonten kurzen Vokal nicht verdoppelt:

einige Kurzwörter	in, an, am, ab, bis, drin, man, des, was
bei den Verbfor- **men bin und hat**	ich bin, sie hat

Eine Verdoppelung unterbleibt, wenn auf einen betonten kurzen Vokal verschiedene Konsonanten folgen:

Gift, halten, Hemd, sinken, Herz, senden, werfen, Kante, gesund

Ausnahmen:

konjugierte Formen **und Ableitungen**	kennen:	kannte, gekannt, bekannt, die Bekannte, das Be- kenntnis, erkannt, die Erkenntnis, das Erkannte
	der Gewinn:	des Gewinns
	dumm:	am dümmsten
zusammengesetzte **Wörter**	Ballkleid, Falltreppe, Mullbinde, vollbringen, stattdessen, Schnittbrot, Mülltonne	

B 3 Schwierige Wörter: das – dass

das: Pronomen

Ersatz durch <u>wel-</u><u>ches</u> oder <u>dies</u> möglich

das Auto, **das** (welches) er fährt
das Buch, **das** (welches) er gerade liest

Er meint, **das** (dies) sei nicht möglich.
Das (dies) darfst du nicht machen!

dass: Partikel

Ersatz durch <u>wel-</u><u>ches</u> oder <u>dies</u> nicht möglich

Ich rechne damit, **dass** es morgen regnet.
Thomas sagte, **dass** er nicht länger bleiben könne.
Dass ihr ja ruhig seit!
Dass er wirklich kommt, damit hat keiner gerechnet.

Dass wir gewinnen könnten, **das** (dies) habe ich nie bezweifelt.
Dass er fleissig ist, **das** (dies) weiss jeder.

Ebenso:
sodass (auch: **so dass**)
der **Dass**satz (auch: der **dass**-Satz)

B 4 Schwierige Wörter: -in/-nis/-us

Wörter auf -<u>in</u> werden im Plural mit zwei n geschrieben.

Freund**in** – Freund**inn**en
Lehrer**in** – Lehrer**inn**en

Wörter auf -<u>nis</u> und -<u>us</u> verdoppeln im Plural das s, oft auch im Genitiv Singular.

Geheim**nis** – Geheim**niss**e, des Gheim**niss**es
Autobus – Autobusse, des Autobusses
aber: Kenntnis – Kenntnisse, der Kenntnis

B 5 — Wenn Wörter zusammengesetzt werden, lässt man keine Buchstaben wegfallen.

Ro**hh**eit	von: ro**h** + **h**eit
Zä**hh**eit	von: zä**h** + **h**eit
Zie**rr**at	von: zie**r**en + **r**at
selb**stst**ändig	von: selb**st** + **st**ändig
(auch: selbständig)	

Aber: Hoheit

Auch wenn drei gleiche Buchstaben zusammentreffen, werden alle geschrieben:

drei gleiche Konsonanten

Schi**fff**ahrt	von:	Schi**ff**	+ **F**ahrt
Be**ttt**uch	von:	Be**tt**	+ **T**uch
Flu**sss**and	von:	Flu**ss**	+ **S**and
fe**ttt**riefend	von:	Fe**tt**	+ **t**riefend
Beste**lll**iste	von:	beste**ll**en	+ **L**iste
we**ttt**urnen	von:	We**tt**e	+ **t**urnen

Aber: Mittag, dennoch, Drittel

drei gleiche Vokale

S**eee**lefant	von:	S**ee**	+ **E**lefant
T**eee**cke	von:	T**ee**	+ **E**cke
Z**ooo**rchester	von:	Z**oo**	+ **O**rchester

Schreibung mit Bindestrich zur Gliederung des Wortes möglich

Schiff-Fahrt
Bett-Tuch
See-Elefant
Zoo-Orchester

Getrennt- und Zusammenschreibung

C 1   **Wörter werden im Normalfall von anderen getrennt geschrieben. Zusammenschreibungen sind die Ausnahme.**

Wörter, die im Text benachbart und aufeinander bezogen sind, können unterschiedliche Verbindungen eingehen.

Wir unterscheiden:

Eine Wortgruppe besteht aus mehreren Wörtern.

Zusammengesetzte Wörter werden als <u>ein</u> Wort geschrieben.

Wortgruppe:	Zusammensetzung:
Rad fahren	fernsehen
liegen lassen	langweilen
allein stehend	bereithalten
vorwärts kommen	blossstellen
= Getrenntschreibung	= Zusammenschreibung

> **Nicht immer weiss man genau, ob nebeneinander stehende Wörter eine Wortgruppe bilden oder zusammengesetzt sind:**

Meist helfen Rechtschreibregeln weiter.

Im Zweifelsfalle im Wörterbuch nachschlagen!

nahe liegen	kurzarbeiten
bereit sein	nebenstehend
zum achten Mal	vieldeutig
liegen lassen	richtiggehend
bunt färben	sich krummlachen
blond gelockt	heissblütig
streng genommen	dienstagabends
schwer behindert	wundernehmen

C 2	**Bestimmte Verbindungen werden immer getrennt geschrieben.**

Verbindungen aus <u>Verb</u> und <u>Verb</u>	bestehen bleiben, sitzen bleiben, liegen lassen, spazieren gehen, kennen lernen, stecken bleiben, (sich) gehen lassen, fallen lassen, flöten gehen, bleiben lassen, hängen bleiben, stecken lassen, liegen bleiben, hängen lassen
alle Verbindungen mit <u>sein</u> (und <u>gewesen</u>)	beisammen sein, um sein, hinüber sein, fertig sein, pleite sein, zufrieden sein, zurück sein, vorbei sein, da sein, zusammen sein, inne sein, ausserstande sein (ausser Stande sein) da gewesen, beisammen gewesen, zurück gewesen, vorbei gewesen, fertig gewesen, traurig gewesen
Verbindungen aus Nomen und Verb **Der erste Bestandteil ist eindeutig ein Nomen.**	Rad fahren, Eis laufen, Pleite gehen, Halt machen, Schritt halten, Fuss fassen, Posten stehen, Schlange stehen, Maschine schreiben, Klavier spielen, Auto fahren, Gefahr laufen, Not tun, Mass halten, Kopf stehen, Leid tun, Wasser speien, Angst haben, Diät halten, Feuer fangen, Not leiden, Rat suchen, Schuld tragen, Ski laufen, Walzer tanzen

👉 Aber:

> **Zusammenschreibung, wenn das Nomen als solches kaum noch erkennbar ist:**

Zusammensetzung nur mit folgenden Bestandteilen: <u>heim</u>, <u>irre-</u>, <u>preis-</u>, <u>stand-</u>, <u>statt-</u>, <u>teil-</u>, <u>wett-</u>, <u>wunder-</u>	heimbringen, heimfahren, heimführen, heimgehen, heimkehren, heimleuchten, heimreisen, heimsuchen, heimzahlen irreführen, irregehen, irreleiten, irrewerden preisgeben standhalten stattfinden, stattgeben, statthaben teilhaben, teilnehmen wettmachen wundernehmen
Verbindungen, deren erster Bestandteil gesteigert werden kann	Beispiel: <u>fern</u> liegen (Steigerung: ferner liegen, sehr fern liegen, ganz fern liegen)
Adjektiv und Verb Steigerung möglich	bekannt machen, übel nehmen, fern liegen, genau nehmen, schwer nehmen, zufrieden stellen, still (ruhig) sitzen, leicht fallen, nahe bringen, schlecht gehen, sauber halten, nahe legen, gut gehen, nahe liegen, ernst nehmen, frei (ohne Manuskript) sprechen, gut (lesbar) schreiben, hell strahlen, langsam arbeiten, leise reden, locker sitzen, leicht machen, schnell fahren, sauber schreiben, kurz treten

Steigerung nicht möglich	**Aber:** totschlagen, festlegen, schwarzfahren, bereitstehen, hochrechnen, wahrsagen, blossstellen, fernsehen, klarlegen, schwarzarbeiten, bereitstellen, freisprechen (für nicht schuldig erklären), gutschreiben (anrechnen)

	Manchmal muss auf die Bedeutung der Wörter geachtet werden:

Hier helfen Proben: frei sprechen (Steigerung: sehr, ganz frei sprechen)	frei (ohne Manuskript) sprechen	den Angeklagten freisprechen (für nicht schuldig erklären)
	einen Aufsatz gut (ordentlich) schreiben	einen Betrag gutschreiben (anrechnen)
	= Steigerung der Adjektive möglich	**= Steigerung der Adjektive nicht möglich**
Adjektiv und Adjektiv	schwer verständlich, leicht verdaulich	
Steigerung nicht möglich	**Aber:** die neugriechische Sprache	
Adjektiv und Partizip	dicht bevölkert, dicht behaart, weit reichend, dünn bewachsen, klein geschrieben, ernst gemeint, heiss ersehnt, sauber gehalten, reich geschmückt	
Steigerung nicht möglich	**Aber:** der freigesprochene Angeklagte	
Verbindungen aus Partizip und Verb	gefangen nehmen, verloren gehen, getrennt schreiben, geschenkt bekommen, geliehen bekommen, gesagt bekommen	
Verbindungen aus Adverb (meist zusammengesetzt) und Verb	abhanden kommen, beiseite legen, anheim stellen, überhand nehmen, vorlieb nehmen, fürlieb nehmen, vonstatten gehen, zugute halten, zuteil werden, zunichte machen, zustatten kommen dahinter kommen, davor schieben, darauf legen, darüber fahren, darunter stellen, aneinander legen, aufeinander achten, auseinander laufen, beeinander stehen, durcheinander bringen, hintereinander schalten, nebeneinander stellen, überhand nehmen, zueinander finden	
	rückwärts gehen, seitwärts treten, vorwärts schauen, jenseits liegen, abseits stehen, abwärts laufen, aufwärts blicken, vorwärts fahren	
	barfuss gehen, allein stehen, auswendig vortragen, (sich) quer stellen, daheim bleiben, oben stehen	
	Aber: drauflegen, drüberfahren, drunterstellen	

Verbindungen mit Wörtern, die auf -ig, -isch oder -lich enden	
Adjektiv und Verb	müssig gehen, übrig lassen, übrig bleiben, lästig fallen, fertig stellen, ruhig stellen, ruhig bleiben
	freundlich grüssen, bitterlich weinen, heimlich tun, reinlich arbeiten, gründlich säubern
	spöttisch reden, praktisch denken, sich diebisch freuen, höhnisch lachen, kritisch denken
Adjektiv und Adjektiv	riesig gross, winzig klein, eisig kalt
	schrecklich nervös, bläulich rot, grünlich gelb, handlich rund
	mikroskopisch klein, himmlisch schön, seelisch krank

andere Verbindungen

– **aus Partizip und Adjektiv**	kochend heiss, leuchtend rot, strahlend hell, blendend weiss, abschreckend hässlich, gestochen scharf
– **mehrteilige Konjunktionen**	ohne dass, statt dass, ausser dass
	Aber: sodass (auch: so dass)
– **mit allzu, ebenso und genauso**	allzu oft, allzu sehr, allzu früh, allzu spät, allzu schwer
	ebenso gut, ebenso viel, ebenso lang, ebenso wenig, ebenso schön
	genauso viel, genauso wenig, genauso lang, genauso weit, genauso hoch
	Aber: allzumal
– **mit gar, so, wie und zu**	gar nicht, gar sehr, gar oft, gar kein, gar nichts
	so hoch, so oft, so weit, so viel, so viele, so lange, so fern, so sehr, so bald
	wie viel, wie oft, wie gern, wie lange, wie sehr, wie weit
	zu viel, zu sehr, zu gern, zu oft, zu lange, zu teuer

Aber:

Konjunktionen werden zusammengeschrieben:

Konjunktionen:
soviel, **soweit**, **so-**
fern, **sobald**, **so-**
lange, **sooft**, **sosehr**,
umso, **desto**, **wieso**,
sowie, **sowohl (als**
auch)

Er weiss in Geschichte
nicht **so viel** wie du.

So bald habe ich damit
nicht gerechnet.

Soviel ich weiss, ist er
nicht zu Hause.

Ich verständige dich,
sobald er kommt.

Aber:

Zusammengeschrieben werden die folgenden Adverbien:

sogleich, sofort, sogar
sowieso, ebenso, geradeso, genauso
immerzu, geradezu, hierzu, allzu
zuerst, zuletzt, zuallererst, zuallerletzt, zumindest, zuoberst, zuunterst, zuhöchst, zutiefst

Verbindungen
mit Mal

das erste Mal, zum ersten Mal, etliche Mal, Millionen Mal, dies
eine Mal, kein einziges Mal, so manches Mal, zum achten Mal,
das vierte Mal, viele Male, mehrere Male, ein paar Male, jedes
Mal

Adverbien mit -mal
werden zusammen-
geschrieben.

Aber: diesmal, einmal, zweimal, keinmal, manchmal, achtmal,
vielmal, vielmals, erstmals, mehrmals, ein paarmal

C 3	**Wörter können mit anderen Bestandteilen Verbindungen eingehen, die man zusammenschreibt.**

Verbindungen,
bei denen ein
Bestandteil
kein selbststän-
diges Wort ist

Beispiel:
wiss ist kein selbstständiges Wort

wissbegierig, ein**fach**, letzt**malig**, **red**selig, blau**äugig**, gross**spurig**,
klein**mütig**, **schwerst**behindert, **schwind**süchtig, mehr**deutig**,
drei**spurig**, **schreib**gewandt, viel**fach**, viel**deutig**, gross**mütig**, **fehl**-
schlagen, **fehl**gehen, **feil**bieten, **kund**geben, **kund**tun, **weis**machen

Verbindungen, bei denen der erste Teil für eine Wortgruppe steht	Beispiele:

butterweich (weich <u>wie die Butter</u>)
herzerquickend (<u>das Herz</u> erquickend)

angsterfüllt, fingerbreit, bahnbrechend, freudestrahlend, herzerquickend, hitzebeständig, jahrelang, kilometerweit, knielang, meterhoch, milieubedingt, altersschwach, anlehnungsbedürftig, butterweich, denkfaul, fehlerfrei, druckreif, fernsehmüde, lernbegierig, röstfrisch, sonnenarm, werbewirksam, weltbekannt, regennass, selbstsicher, lebensfremd, sonnenarm

mehrteilige Wörter, deren Bestandteile nicht mehr deutlich erkennbar sind

Adverbien

-dessen: indessen, infolgedessen, unterdessen
-wegs: geradewegs, keineswegs, unterwegs
irgend-: irgendeinmal, irgendwann, irgendwie, irgendwo, irgendwohin
Ebenso: -dings, -falls, -halber, -mal, -mals, -massen, -orten, -orts, -seits, -so, -teils, -wärts, -wegen, -weil, -weilen, -weise, -zeit, -zeiten, -zu, bei-, der-, nichts-, zu-

---

Zusammensetzungen von -einander mit Präpositionen:

---

aneinander, aufeinander, auseinander, beieinander, durcheinander, füreinander, ineinander, miteinander, untereinander, voneinander, zueinander

Konjunktionen

anstatt (dass, zu), indem, inwiefern, sobald, sofern, solange, sooft, soviel, soweit, sodass (auch: so dass), sowie, sowohl (als auch)

Präpositionen

anhand, anstatt (des/der), infolge, inmitten, zufolge, zuliebe

Pronomen

irgendein, irgendeine, irgendeiner, irgendetwas, irgendjemand, irgendwas, irgendwelcher, irgendwelche, irgendwer

 Aber:

Getrenntschreibung, wenn die einzelnen Bestandteile deutlich erkennbar und bestimmbar sind:

---

zu Ende gehen, zu Hause sein, zu Wasser und zu Lande, zu Schaden kommen

☞ **Aber:**

> **Getrenntschreibung, wenn ein Bestandteil erweitert ist:**

diesmal	–	dies eine Mal
erstmals	–	das erste Mal
stromaufwärts	–	den Strom aufwärts
ehrenhalber	–	der Ehre halber
irgendein	–	irgend so ein
kopfüber	–	den Kopf über
jederzeit	–	zu jeder Zeit
keinesfalls	–	in keinem Fall
bekannterweise	–	in bekannter Weise

gleichrangige Adjektive

Beispiel:
nasskalt (kalt und nass in gleichem Masse)

blaugrau, dummdreist, grünblau, nasskalt, taubstumm, feucht-warm, süsssauer, gelbgrün

zusammen-gesetzte Nomen

Zusammensetzungen aus Nomen und Nomen
Haustür, Gurkensalat, Zugverbindung, Gartenbeet, Strassen-beleuchtung, Fussboden, Autoreifen, Schulhof, Monatslohn, Apfelbaum, Montagnacht, Samstagabend

Zusammensetzung aus Nomen und einem Bestandteil, der von einer anderen Wortart stammt
Schwimmbad, Heizkessel, Schmelzpunkt, Säugetier, Dreikampf, Leerlauf, Faultier, Hartholz, Ichsucht, Innenpolitik, Nichtraucher, Dreivierteltakt

als Nomen gebrauchte Zusammensetzungen
das Autofahren, das Fensterputzen, das Unrechttun, das Sitzen-bleiben, das Traurigsein, das Schnelllaufen

Zusammensetzungen mit einem Eigennamen
Rheinufer, Europabrücke, Brennerpass, Heinegedicht, Nildelta, Schweizergarde

mehrteilige Zahlen

mehrteilige Grund-zahlen unter einer Million
vierzehn, hundertneunzig, siebenhundert, neunzehnhundertsie-benundneunzig, zehntausend, zweihunderttausend

mehrteilige Ord-nungszahlen
der vierzehnte Mann, der neunzehnte Dezember, der achtzigste Geburtstag, der hundertelfte Besucher, der dreimillionste Einwoh-ner

Verbindungen, bei denen der erste Bestandteil die Bedeutung des zweiten genauer angibt	Beispiel: todschick (sehr schick)
(bedeutungsverstärkend oder bedeutungsvermindernd)	todschick, bitterkalt, brandneu, dunkelblau, erzkonservativ, grundfalsch, lauwarm, stockdunkel, todernst, urgemütlich, uralt, vollschlank, kurzsichtig, hochgiftig, grundehrlich, superleicht, extrafein, haushoch, gemeingefährlich, hyperaktiv, minderschwer, ultraleicht, minderbegabt, stockdumm, vollwertig, stocktaub, bitterböse, bitterernst, brandaktuell, hypermodern, superschlau
Pronomen „selbst" in Verbindung mit Adjektiven	selbsttätig, selbstsicher, selbstbewusst, selbstständig (auch: selbständig), selbstgefällig, selbstgenügsam, selbstgerecht, selbstherrlich, selbstsüchtig

 Aber:

> ## Getrenntschreibung in Verbindung mit Partizipien:

Partizip	selbst gebacken, selbst gestrickt, selbst gefunden, selbst erbaut, selbst ernannt, selbst gemacht, selbst gedreht, selbst geschneidert
untrennbar zusammengesetzte Verben	brandmarken, handhaben, lobpreisen, massregeln, nachtwandeln, schlafwandeln, schlussfolgern, wehklagen, wetteifern
	frohlocken, langweilen, liebäugeln, vollbringen, vollenden, weissagen, liebkosen
	zwangsräumen, bauchreden, brustschwimmen, kopfrechnen, notlanden, seiltanzen, schutzimpfen, sonnenbaden, wettlaufen

> ## Untrennbare Zusammensetzungen erkennt man daran, dass die Reihenfolge der Bestandteile stets unverändert bleibt. Man merkt das beim Konjugieren:

frohlocken: ich frohlocke, du frohlockst, sie frohlockte, er hat
frohlockt, …
massregeln: ich massregle, er massregelt, sie massregelte,
er wurde gemassregelt, …

Verben mit bestimmten Partikeln

Zusammensetzungen:
abbeissen, fortgehen, hinüberschauen, hintanstellen, innehaben, umfahren, unterscheiden, ...

ab-, an-, auf-, aus-, bei-, beisammen-, da-, dabei-, dafür-, dagegen-, daher-, dahin-, daneben-, dar-, d(a)ran-, d(a)rein-, da(r)nieder-, darum-, davon-, dawider-, dazu-, dazwischen-, drauf-, drauflos-, drin-, durch-, ein-, einher-, empor-, entgegen-, entlang-, entzwei-, fort-, gegen-, gegenüber-, her-, herab-, heran-, herauf-, heraus-, herbei-, herein-, hernieder-, herüber-, herum-, herunter-, hervor-, herzu-, hin-, hinab-, hinan-, hinauf-, hinaus-, hindurch-, hinein-, hintan-, hintenüber-, hinterher-, hinüber-, hinunter-, hinweg-, hinzu-, inne-, los-, mit-, nach-, nieder-, über-, überein-, um-, umher-, umhin-, unter-, vor-, voran-, vorauf-, voraus-, vorbei-, vorher-, vorüber-, vorweg-, weg-, weiter-, wider-, wieder-, zu-, zurecht-, zurück-, zusammen-, zuvor-, zuwider-, zwischen-

> **Durch eine verschiedene Schreibung eines Wortes können verschiedene Bedeutungen ausgedrückt werden:**

Zusammensetzung:	Wortgruppe:
dabeisitzen (mit in der Runde sitzen)	**dabei** (während einer Tätigkeit) **sitzen**
daherkommen (herbeikommen)	**daher** (deshalb) **kommen**
darumkommen (nicht bekommen)	**darum** (deshalb) **kommen**
wiedergewinnen (zurückgewinnen)	**wieder** (noch einmal) **gewinnen**
zusammenspielen (zusammenwirken)	**zusammen** (gemeinsam) **spielen**

> **Da nur diese oben angegebenen 92 Bestandteile mit Verben zusammengeschrieben werden, gibt es so gegensätzliche Schreibungen wie**

vorwärts blicken   zurückstellen
darüber stehen   danebenstehen

Aber:

> **Getrenntschreibung am Satzanfang:**

Hinzu kommt, dass er auch noch arm ist.
Fort gehen möchte er nicht.
Zurück schauen werde ich nicht.

C 4 — Partizipien werden wie der ihnen zugrunde liegende Infinitiv geschrieben.

Getrenntschrei-bung		
allein stehen	–	allein stehend
still halten	–	still gehalten
auseinander laufen	–	auseinander laufend
Rat suchen	–	Rat suchend
ernst meinen	–	ernst gemeint
verloren gehen	–	verloren gegangen
wild leben	–	wild lebend
nicht leiten	–	nicht leitend
nicht rosten	–	nicht rostend
Pflanzen fressen	–	Pflanzen fressend
Furcht erregen	–	Furcht erregend
beisammen sein	–	beisammen gewesen
auswendig lernen	–	auswendig gelernt
hell strahlen	–	hell strahlend
kennen lernen	–	kennen gelernt
Gewinn bringen	–	Gewinn bringend

Aber: äusserst/sehr gewinnbringend

unten stehen	–	unten stehend
oben stehen	–	oben stehend

Zusammen-schreibung		
blossstellen	–	blossgestellt
teilnehmen	–	teilnehmend, teilgenommen
weissagen	–	geweissagt
notlanden	–	notgelandet
zwangsräumen	–	zwangsgeräumt
vollenden	–	vollendet
wehklagen	–	wehklagend
brachliegen	–	brachliegend
irreführen	–	irreführend

C 5 — Zusammensetzungen werden in bestimmten Fällen mit einem Bindestrich geschrieben.

Zusammensetzungen mit Einzelbuchstaben, Abkürzungen und Ziffern

Einzelbuchstaben
i-Punkt, i-Tüpfelchen, x-Achse, y-Achse, Fugen-s, x-beliebig, x-beinig, s-förmig, s-Laut, T-Shirt, S-Kurve, A-Dur, b-Moll, T-Träger

Abkürzungen
AHV-Bezügerin, D-Zug, UNO-Sicherheitsrat, UV-bestrahlt, Abt.-Leiter, Lungen-Tbc, Fussball-WM, Tgb.-Nr. (Tagebuchnummer), Dipl.-Ing. (Diplomingenieur), S-Bahn, U-Bahnhof, IC-Zuschlag

Ziffern
5-Tonner, 12-Zylinder, 6-mal, 4-malig, 3-zeilig, 20-jährig, die 50-Jährige, 10-prozentig, 3-Pfünder
5:3-Sieg, 1:4-Niederlage, 2/3-Mehrheit, 4/4-Takt

Verbindung von Nachsilben mit Einzelbuchstaben
der x-te, das x-te Mal, zum x-ten Mal, die n-te Potenz
Aber: 4fach, das 4fache, 20%ig, ein 24stel, der 50er

als Nomen gebrauchte Zusammensetzungen
das Make-up, das Walkie-Talkie, der Boogie-Woogie, das Entweder-oder, das Sowohl-als-auch, das Teils-teils
das In-den-Tag-Hineinträumen, das Auf-die-lange-Bank-Schieben, das Von-der-Hand-in-den-Mund-Leben, das An-den-Haaren-Herbeiziehen

Aber:
Nicht bei einfachen Verbindungen mit Infinitiv, z. B. **das Radfahren, beim Ballspielen**

☞ | Der Anfangsbuchstabe der gesamten Zusammensetzung und das letzte Verb im Infinitiv werden grossgeschrieben:

Das Sich-gehen-Lassen
das Sich-auf-die-Ferien-Freuen

Der Bindestrich steht zwischen allen Bestandteilen einer Zusammensetzung:

40-Stunden-Woche, 12-Zylinder-Motor, 100-m-Lauf, 2-Zimmer-Wohnung, 500-Jahr-Feier, 1/2-Liter-Flasche, K.-o.-Schlag, Kopf-an-Kopf-Rennen, Berg-und-Tal-Bahn

Gliederung in einzelne Bestandteile

Hervorhebung einfacher Bestandteile

Ich-Erzählung, das Be-Greifen, Soll-Stärke, Ist-Aufkommen, dass-Satz, Trimm-dich-Pfad, Muss-Bestimmung, Ur-Instinkt

Gliederung unübersichtlicher Zusammenhänge

Blumentopf-Erde, das Blutdruck-Messgerät, die Auto-Unfallversicherungsgesellschaft, die Toto-Annahmestelle

Kennzeichnung gleichrangiger Adjektive

die englisch-amerikanischen Fremdwörter, die deutsch-französische Freundschaft, die physikalisch-chemisch-biologischen Gesetze

Vermeidung von Missverständnissen

Drucker-Zeugnis – Druck-Erzeugnis
Musiker-Leben – Musik-Erleben

Zusammentreffen von drei gleichen Buchstaben

Zoo-Orchester, Sauerstoff-Flasche, Schiff-Fahrt, Kaffee-Ersatz, See-Elefant, Bett-Tuch, See-Enge, Genuss-Sucht, Geschirr-Reiniger, Haselnuss-Sträucher, Schwimm-Meisterschaften

Eigennamen

Foto-Baumann, Glacier-Express, Sachsen-Anhalt, Freud-Ausgabe, Bern-Ost, Furka-Oberalp-Bahn, Sophie-Scholl-Gymnasium, San-Bernardino-Pass, Conrad-Ferdinand-Meyer-Strasse

Ergänzungsbindestrich

Haus- und Schulhefte, vor- und rückwärts, Haupt- und Nebeneingang, ein- und ausgehen, bergauf und -ab, vor- und zurückfahren, saft- und kraftlos

C 6 In manchen Fällen gibt es zwei gleichberechtigte Schreibungen.

sodass	so dass
ausserstand setzen	ausser Stand setzen
ausserstande sein	ausser Stande sein
imstande sein	im Stande sein
infrage stellen	in Frage stellen
instand setzen	in Stand setzen
zugrunde gehen	zu Grunde gehen
zuleide tun	zu Leide tun
zumute sein	zu Mute sein
zunutze machen	zu Nutze machen
zurande kommen	zu Rande kommen
zurate ziehen	zu Rate ziehen
zuschanden machen	zu Schanden machen
zuschulden kommen lassen	zu Schulden kommen lassen
zustande kommen	zu Stande kommen
zutage fördern	zu Tage fördern
zuwege bringen	zu Wege bringen
anstelle	an Stelle
aufgrund	auf Grund
aufseiten	auf Seiten
dortzulande	dort zu Lande
hierzulande	hier zu Lande
mithilfe	mit Hilfe
vonseiten	von Seiten
zugunsten	zu Gunsten
zulasten	zu Lasten
zuseiten	zu Seiten
zuungunsten	zu Ungunsten

Aber:

anhand
stattdessen
zuliebe

Gross- und Kleinschreibung

D 1   Am Satzanfang schreibt man das erste Wort gross.

grosser Anfangs-
buchstabe

Morgen komme ich zurück.
Ist es hier immer so laut?
Sei doch endlich still!
Warum denn nicht?
Bleib!

> Das erste Wort der direkten (wörtlichen) Rede schreibt man gross:

Sie meinte: „Das ist mir viel zu teuer."
Eine Stimme ertönte: „Aus!"
Peter fragte. „Kann ich morgen wieder kommen?"

> Nach einem Doppelpunkt schreibt man das erste Wort gross, wenn ein ganzer Satz folgt:

Denke immer daran: Wer anderen eine Grube gräbt, fällt selbst hinein.
Das eine ist klar: Du hast dein Versprechen nicht gehalten.

D 2   Der Anfang bestimmter Texteinheiten wird durch Gross- schreibung gekennzeichnet bzw. hervorgehoben.

Überschriften,
Werktitel (Bü-
cher, Fernseh-
sendungen,
Theaterstücke,
…)

Die neue deutsche Rechtschreibung
Kleine Tipps für Urlaubsreisen
Viel Lärm um nichts
Ein Mann ohne Schatten
Der Zauberberg
Das grosse Dschungelbuch
Die Räuber

Gesetze, Verträge, Veranstaltungen	**S**chweizerische Eidgenossenschaft **S**chweizerische Bundeskanzlei **I**nternationaler Frauenkongress **E**idgenössisches Maturitäts-Anerkennungs-Reglement
Anschriften, Grussformeln, Anreden	**A**n die Stadtverwaltung **S**ehr geehrter Herr Glaser! **M**it freundlichen Grüssen Martin Bauer

> ### Die Grossschreibung bleibt an jeder Stelle eines Textes auch bei einer Veränderung der Texteinheit erhalten:

Bei verändertem Artikel wird das nächstfolgende Wort grossgeschrieben.	„**D**er kleine Häwelmann" ist ein beliebtes Kinderbuch. – Er hat sich das Buch „**D**er kleine Häwelmann" gekauft. – Sie bekam den „**K**leinen Häwelmann" von Theodor Storm geschenkt. – Storms „**K**leinen Häwelmann" können Kinder schon ab 6 Jahren lesen.

D 3   Alle Nomen schreibt man gross.

Namen für Menschen, Tiere, Pflanzen, Dinge, Begriffe	der **V**ater, das **W**asser, der **V**ogel, der **T**isch, die **K**iste, der **H**immel, der **B**aum, der **K**auf, das **L**ebewesen, das **U**nrecht, der **M**ut, das **G**lück, ihr **V**erdienst, die **B**eschuldigung, das **S**ein, seine **E**hre, **P**aris, **A**lpen, **W**alter, **K**arin
Als Nomen verwendete Zahlpronomen	das **P**aar, ein **D**utzend, das **H**undert, das **T**ausend, eine **M**illion, die **M**illiarde, eine **B**illion, ein **D**rittel, neun **F**ünftel, das **V**iertel, eine **Z**wei (in Deutsch), die **A**chtzig (notieren), die **D**rei (würfeln)
Paarformeln zur Bezeichnung von Personen	**J**ung und **A**lt, **A**rm und **R**eich, **G**leich und **G**leich, **G**ross und **K**lein, **H**och und **N**ieder
Zusammensetzungen mit Bindestrich	der **T**rimm-dich-Pfad, die **X**-Beine, die **S**-Kurve, der **E**rste-Hilfe-Lehrgang, das **M**ake-up, der **F**ull-Time-Job, das **K**now-how

	Nomen, die in festen Verbindungen vorkommen, schreibt man ebenfalls gross.
Wortgruppe: Nomen + Verb	…**R**echt haben/behalten/sprechen/geben, **A**ngst haben, **A**ngst (und **B**ange) machen, **K**egel schieben, **D**iät leben, **U**nrecht haben/behalten/bekommen, **H**of halten, **A**uto fahren, **R**ad fahren, **W**ert legen auf etwas, **S**chuld haben/tragen, **F**olge leisten, **E**rnst machen mit etwas, **M**aschine schreiben, **E**is laufen, **P**leite gehen, **N**ot tun/leiden, **L**eid tun, **M**ass halten, **K**opf stehen, **A**nteil nehmen, **S**ki laufen, **A**cht geben, **B**ankrott gehen/machen, **S**chlange stehen, **G**efahr laufen
Wortgruppe: Nomen + Präposition + Verb	ausser **A**cht lassen, sich in **A**cht nehmen, in **B**etracht kommen, in **K**auf nehmen, zu **H**ilfe eilen/kommen, zu **B**erge stehen, in **G**ang setzen, im **G**ange sein, zu **E**igen machen, zu **L**eide tun, in **F**rage (infrage) stellen, ausser **S**tande (ausserstande) sein, im **S**tande (imstande) sein, in **S**tand (instand) setzen, zu **S**tande (zustande) bringen/kommen, zu **T**age (zutage) treten/fördern, zu **G**runde (zugrunde) gehen, zu **S**chulden (zuschulden) kommen lassen, zu **W**ege (zuwege) bringen, zu **R**ate (zurate) ziehen, zu **R**ande (zurande) kommen, zu **M**ute (zumute) sein, zu **S**chanden (zuschanden) machen/werden, in **F**rage (infrage) stellen
	zum letzten **M**al, manches **M**al, ein paar **M**ale
	Aber: einmal, diesmal, manchmal, vielmal
Wortgruppe: Nomen + Präposition	in **B**älde, auf **A**bruf, in/mit **B**ezug auf, auf **G**rund (aufgrund), im **G**runde, zu **H**änden von, zu **L**asten (zulasten), auf **S**eiten (aufseiten), von **S**eiten (vonseiten), in **A**nbetracht, zur **S**eite, zur **N**ot, in **H**insicht auf, zu **G**unsten (zugunsten), zu **H**ause, in **B**etreff, mit **H**ilfe (mithilfe), zu **L**asten (zulasten), hier zu **L**ande (hierzulande), zu **U**ngunsten (zuungunsten), an **S**telle (anstelle)
Tagesangaben nach: **vorgestern, gestern, heute, morgen, übermorgen**	heute **M**ittag, gestern **A**bend, übermorgen **N**achmittag, morgen **M**itternacht, vorgestern **M**orgen
	Aber: mittags, abends, nachts, morgens, vormittags, freitags, montagabends

D 4 | Wörter anderer Wortarten, die als Nomen gebraucht werden, schreibt man gross.

nach einem vorausgehenden Pronomen

das Toben und Schreien, ein Kommen und Gehen, das Kommende, das Doppelte, der Letzte, der Lachende, das Blau, der Reiche, die Neue, die Kleine, das Deutsche, den Kürzeren ziehen, um ein Beträchtliches, sich eines Besseren besinnen, das Beste, das Folgende, der Mittlere, der Erste, des Näheren, des Langen und Breiten, der Achte, die Zweite, das Fünfte, ein Dreifaches, das Besondere, das Bisherige, das Deine, das Du, ein Er, ein Hin und Her, das Hier und Jetzt, ein Etwas, das Danach, ein Für und Wider, das Nichts, das Drum und Dran, das Vor und Zurück, das Dass und das Wie, das Aus, ein Nein oder Ja, das In-Kraft-Treten, das Hand-in-Hand-Arbeiten, das In-den-Tag-Leben, ein Entweder-oder, das Sowohl-als-auch

jeder Einzelne, sein Bestes geben, unser Singen, euer Streben, ihr Lachen, unsere Jüngste, dein Nächster, dieses Nein, mein Rufen, meine Kleinste, sein Kommen, ihr Englisch, jenes Stöhnen

Da hilft kein Zureden.
Etwas Besonderes gab es nicht zu sehen.
Wir erlebten nichts Aufregendes.
Dieser Künstler mag alles Moderne.
Es gab auch manches Neue zu entdecken.
Sie erlebte manch Unerfreuliches.
Es war mancherlei Unbrauchbares dabei.
In dem Bericht stand nicht viel Neues.
Sie hat wenig Angenehmes erlebt.
Jeder Einzelne muss sich anstrengen.

Ein Artikel kann mit einer Präposition verbunden sein:

versteckte Artikel:

im	=	in dem
am	=	an dem
ans	=	an das
ums	=	um das
beim	=	bei dem
ins	=	in das
vom	=	von dem
zum	=	zu dem
aufs	=	auf das
fürs	=	für das

sich im Werfen und Laufen üben
jemanden am Sprechen erkennen
nicht ans Arbeiten denken
sich ums Verdienen drehen
beim Lügen ertappt werden
ins Wanken geraten
vom Wandern müde sein
es ist zum Lachen
aufs Tanzen versessen sein
fürs Erste genug haben

häufig gebrauchte Ausdrücke

im Allgemeinen, im Besonderen, im Wesentlichen, im Ganzen, im Grossen und Ganzen, im Einzelnen, im Folgenden, im Voraus, im Nachhinein, nicht im Entferntesten, im Verborgenen

> **Der Artikel kann manchmal gedanklich ergänzt bzw. davor gesetzt werden:**

Maria lernt Schreiben.	(das Schreiben)
Probieren ist besser als Studieren	(das Probieren, das Studieren)
nach langem Hin und Her	(ein Hin, ein Her)
sich Für und Wider überlegen	(ein Für, ein Wider)
Jung und Alt	(die Jungen, die Alten)
als Letzte durchs Ziel kommen	(die Letzte)
Lustiges und Besinnliches	(das Lustige, das Besinnliche)
Folgendes beachten	(das Folgende)
Wichtiges und Unwichtiges	(das Wichtige, das Unwichtige)

D 5 — Manche Wörter haben die Bedeutung eines Nomens eingebüsst und die Aufgabe einer anderen Wortart übernommen.

Adjektive

Bestimmen der Wortart durch Abfragen:

Was machen mir Gewitter?
(Angst)

<u>Wie</u> ist mir?
(angst)

Gewitter machen mir **Angst**. – Mir ist **angst**.
Er hat **Pleite** gemacht. – Der Betrieb ist **pleite**.
Wer trägt daran die **Schuld?** – Sie ist **schuld** daran.
Sein Vater hat **Recht** behalten. – Ist dir das **recht?**
Sie erkennt den **Ernst** der Lage. – Es ist mir **ernst**.
Es tut ihm **Leid**. – Ich bin es **leid**.
Er macht mir **Bange**. – Mir ist überhaupt nicht **bange**.
Sie ist von **Gram** gebeugt. – Wir sind uns **gram**.

zusammenge- setzte Verben in getrennter Stellung	Er nahm an der Veranstaltung **teil.** Das führte uns **irre.** Das nimmt mich aber **wunder.** Er kehrt nicht mehr **heim.** Das Fest findet am Sonntag **statt.** Sie gab ihr Geheimnis nicht **preis.** Es tat ihm **weh.**	(teilnehmen) (irreführen) (wundernehmen) (heimkehren) (stattfinden) (preisgeben) (wehtun)

**Adverbien,
Präpositionen,
Konjunktionen**

**Kleinschreibung
durch das Anhän-
gen von -s und -ens**

der Morgen	–	morgen**s**
der Abend	–	abend**s**
der Freitag	–	freitag**s**
der Wille	–	will**ens**
das Recht	–	recht**ens**
der Hunger	–	hunger**s**
der Anfang	–	anfang**s**
das Ding	–	schlechterding**s**
das Angesicht	–	angesicht**s**
die Seite	–	seit**ens**
der Name	–	nam**ens**
das Mittel	–	mittel**s**
der Mangel	–	mangel**s**
der Mittag	–	mittag**s**
der Nachmittag	–	nachmittag**s**
der Teil	–	teil**s** … teil**s**
der Fall	–	fall**s**, widrigenfall**s**
die Nacht	–	nacht**s**

Präpositionen

der Dank	–	dank seines Fleisses
die Kraft	–	kraft seiner Stellung
die Zeit	–	zeit seines Lebens
die Stätte	–	an Kindes statt
der Trotz	–	trotz deines Reichtums
der Willen	–	der Kinder willen
der Laut	–	laut Gesetz

**Indefinitiv-
pronomen**

der Biss	–	ein bisschen (ein wenig) Salz
das Paar	–	ein paar (einige) Kinder

**Bruchzahlen
auf -tel und
-stel**

ein Viertel
das erste Viertel der Strecke
drei Viertel einer Ware
um ein Viertel grösser als
ein Viertel vor zwölf
das erste Viertel

Kleinschreibung vor Massangaben	ein vier**tel** Pfund – nach drei vier**tel** Stunden – in zehn hundert**stel** Sekunden – zwei zehn**tel** Millimeter

Auch: ein Viertelpfund, drei Viertelstunden, zehn Hundertstel-sekunden, zwei Zehntelmillimeter

Kleinschreibung in Uhrzeitangaben vor Zahlen

um vier**tel** acht – um drei vier**tel** zehn – vier**tel** vor drei

D 6 — In manchen Fällen schreibt man Wörter klein, obwohl sie Merkmale eines Nomens aufweisen.

Bezug auf ein vorausgegangenes oder nachfolgendes Nomen

Sammelt die alten **Schulbücher** jetzt ein. Die **neuen** werden morgen ausgeteilt.
Viele gute **Läuferinnen** waren am Start, die **schnellste** war Anja.
Sie ist die **fleissigste** aller **Schülerinnen**.
Sven ist der **jüngste** der drei **Brüder**.

Man kann sich das Nomen auch an der betreffenden Stelle hinzudenken:

die neuen **Schulbücher**
die schnellste **Läuferin**
die fleissigste **Schülerin**
der jüngste **Bruder**

vier Indefinit-pronomen <u>viel</u>, <u>wenig</u>, <u>ein</u>, <u>an-der</u> (mit allen Formen)

Das hätten **a**ndere nicht gekonnt.
Die **m**eisten blieben bei diesem Wetter lieber zu Hause.
Dies können sich nur **w**enige leisten.
Die **e**inen kamen, die **a**nderen gingen.
Am **m**eisten musste ich über dich lachen.
Unter **a**nderem habe ich auch meinen Onkel besucht.
Mir ist noch **v**ieles unklar.
Die **w**enigsten von euch kenne ich.

> **Werden diese Wörter nicht als Indefinitpronomen benutzt, schreibt man sie gross:**

Ich habe an etwas **A**nderes (ganz Andersartiges, etwas Neues) gedacht.

einige feste Verbindungen von Präpositionen und Adjektiven, denen kein Artikel vorausgeht

von fern(e), von nah und fern, durch dick und dünn, von klein auf, über kurz oder lang, gegen bar, vor kurzem, vor allem, von neuem, von weitem, bei weitem, bis auf weiteres, ohne weiteres, seit langem, von nahem, seit längerem, grau in grau, schwarz auf weiss, seit neuestem, auf ewig, jenseits von gut und böse, blau in blau, bis später, von früher her, von früh bis spät, gegen unbekannt, seit kurzem

Kleinschreibung auf die Frage wie

Frage:
Wie ist hier der Weg? (am steilsten)

Der Weg ist hier am steilsten.
Am lautesten brüllte der kleine Jürg.
Wer springt am höchsten?
Sie schreibt am schönsten.
Ursula braucht am längsten.

Doppelschreibung möglich

aufs herzlichste	–	aufs Herzlichste
aufs einfachste	–	aufs Einfachste
aufs äusserste	–	aufs Äusserste
aufs beste	–	aufs Beste
aufs genaueste	–	aufs Genaueste
aufs gröbste	–	aufs Gröbste
aufs schlimmste	–	aufs Schlimmste

Frage:
Worauf (auf was) machte sie sich gefasst?

Sie machte sich aufs Schlimmste gefasst.

Woran (an was) fehlte es?

Es fehlte uns sogar am Nötigsten.

> ## Bei Possessivpronomen sind auch Doppelschreibungen möglich:

das seine	–	das Seine
die deinen	–	die Deinen
die deinigen	–	die Deinigen
das ihre	–	das Ihre
das ihrige	–	das Ihrige
die meinen	–	die Meinen
die meinigen	–	die Meinigen

Zahlpronomen unter einer Million

Um sechs besuche ich euch.
Teile die Zahl durch acht.
Die drei sind in meiner Klasse.
Es kommen an die zehn.
Er ist bereits über sechzig.

Doppelschreibungen, wenn eine unbestimmte Menge angegeben ist	Es waren viele hunderte/Hunderte anwesend. Einige tausend/Tausend Zuschauer waren gekommen. Ich sehe mehrere dutzend/Dutzend.

D 7 — Zu Nomen gehören auch mehrteilige Eigennamen. Eigennamen schreibt man daher gross.

Personennamen	Karl der Grosse, August der Starke, Ludwig der Fromme, Elisabeth die Zweite, der Alte Fritz, Katharina die Grosse, Heinrich der Achte, Klein Erna, die Heiligen Drei Könige, der Heilige Geist

> **In Eigennamen schreibt man das erste Wort und alle weiteren Wörter ausser Artikel, Präpositionen und Konjunktionen gross.**

geographische Namen

Erdteile, Länder, Staaten, Gebiete	die Britischen Inseln, die Vereinigten Staaten von Amerika, die Neue Welt, die Slowakische Republik, die Freie Hansestadt Bremen, die Dritte Welt
Städte, Dörfer, Strassen, Plätze	Neue Murtenstrasse, Unter den Linden, Alter Markt, Am Alten Graben, Hohle Gasse, Neues Kreuzberger Zentrum
Landschaften, Gebirge, Wälder, Wüsten, Fluren	der Schweizer Jura, der Thüringer Wald, der Böhmische Wald, die Lybische Wüste, die Italienische Schweiz, das Berner Oberland, die Kanarischen Inseln
Meere, Flüsse, Inseln, Küsten	der Stille Ozean, der Indische Ozean, das Rote Meer, das Schwarze Meer, das Kap der Guten Hoffnung, der Grosse Belt, der Weisse Nil, der Gelbe Fluss, der Grosse Teich (Atlantik)
Ableitung von geographischen Namen auf -er	die Genfer Bevölkerung, die Berliner Theaterwelt, der Rotterdamer Hafen, die Basler Läckerli, der Schweizer Käse, die Leipziger Messe, das Meissner Porzellan, der Berliner Pfannkuchen, das Zürcher Geschnetzelte, das Berner Münster, die Schweizer Schokolade

> **Von Orts- und Ländernamen abgeleitete Adjektive auf -sch und -isch werden kleingeschrieben:**

die schweizerischen Eisenbahnen
die hamburgische Sprache
ein chinesisches Essen

Aber: die Schiller'schen Gedichte, das Ohm'sche Gesetz, die Meyer'sche Buchhandlung, die Grimm'schen Märchen

Namen von verschiedenen Objekten

Sterne, Sternbilder

der Grosse Bär, der Kleine Wagen, der Grosse Hund

Fahrzeuge, Bauwerke, Örtlichkeiten

der Blaue Enzian (Eisenbahnzug), die Blaue Donau (Schiff), die Blaue Moschee (in Istanbul), das Heilige Grab (in Jerusalem), das Heilige Land (Palästina), die Grosse Mauer (in China), das Weisse Haus (in Washington), der Schiefe Turm (in Pisa), der Eiserne Vorhang (die ehemalige Grenze nach Osten)

Bestimmte Einzelobjekte

der Schnelle Pfeil (ein bestimmtes Pferd), die Alte Buche (ein bestimmter Baum), das Hohe Lied (Buch des Alten Testamentes), der Hohe Priester (oberster Priester in Jerusalem), das Alte Testament, das Neue Testament, das Goldene Kalb

Orden, Auszeichnungen

das Eiserne Kreuz, das Blaue Band des Ozeans, der Grosse Verdienstorden, das Goldene Sportabzeichen

Namen von Institutionen, Organisationen, Einrichtungen

Dienststellen, Behörden, Bildungseinrichtungen

der Deutsche Bundestag, die Eidgenössische Technische Hochschule, das Schweizerische Landesmuseum (in Zürich), das Museum für Deutsche Geschichte (in Berlin), das Naturhistorische Museum (in Wien), der Oberste Gerichtshof

Organisationen, Verbände, Vereine, Parteien

die Vereinten Nationen, das Internationale Rote Kreuz, die Sozialdemokratische Partei der Schweiz, der Schweizerische Gewerkschaftsbund, der Deutsche Gewerkschaftsbund, die Schweizerische Gesellschaft für Psychoanalyse, die Rote Armee, die Grünen (Partei), Internationales Olympisches Komitee, das Schweizerische Arbeiterhilfswerk

Betriebe, Firmen, Gaststätten, Geschäfte

die Schweizerischen Bundesbahnen, die Deutsche Bahn, Gasthaus zur Alten Post, das Hotel Vier Jahreszeiten

Zeitungen, Zeit-schriften	die **B**erner Zeitung, die **B**asler Zeitung, die **N**eue **L**uzerner Zeitung, die **N**eue **Z**ürcher Zeitung, **D**ie **W**elt, die **S**üddeutsche Zeitung

nicht amtliche
Eigennamen

der **S**chwarze Kontinent, der **N**ahe Osten, die **V**ereinigten Staaten, die **G**oldene Stadt Prag, der **G**rosse Teich (Atlantik), die **G**rüne Insel (Irland), der **R**ote Planet (Mars), der **F**erne Osten, das **D**ritte Reich, der **W**ilde Westen

D 8   In festen Begriffen, die keine Eigennamen sind, werden die Adjektive kleingeschrieben.

feste Fügungen
aus Adjektiv und
Nomen

der blaue Brief, die katholische Kirche, die evangelische Kirche, das neue Jahr, der italienische Salat, das autogene Training, die gelbe Karte, die rote Karte, das olympische Feuer, das grosse Los, die grüne Lunge, die grüne Grenze, die innere Medizin, der goldene Schnitt, die schwedischen Gardinen, die goldene Hochzeit, die silberne Hochzeit, der schnelle Brüter, der weisse Tod (Lawinentod), der weisse Sport (Tennis), das schwarze Schaf, das schwarze Brett, die schwarze Liste, der schwarze Mann (Kaminfeger), der schwarze Peter, das schwarze Gold (Kohle), ein schwarzer Freitag, die schwarze Kunst, der schwarze Tee, die schwarze Magie (Zauberei), die schwarze Messe, der schwarze Tod (Pest), das zweite Gesicht, die graue Eminenz, die höhere Mathematik, das gelbe Trikot, das gelbe Fieber, das heilige Abendmahl, der heilige Krieg (des Islam), das hohe Haus (Parlament), die höhere Schule, der letzte Wille, die grossen Ferien, die neuen Bundesländer, der rote Hahn, die rote Liste, der erste Spatenstich, die erste Hilfe, die sieben Schwaben, die sieben Todsünden, die sieben Weltwunder, der dritte Stand, die eiserne Lunge, die eiserne Ration

> **In bestimmten Wortgruppen werden Adjektive gross-geschrieben, obwohl keine Eigennamen vorliegen:**

Titel, Ehrenbe-zeichnungen

der **R**egierende Bürgermeister, die **K**önigliche Hoheit, der **H**eilige Vater, der **E**rste Vorsitzende, der **T**echnische Direktor

Namen von Tieren, Pflanzen

die **G**emeine Stubenfliege, das **F**leissige Lieschen, der **R**ote Milan, der **S**chwarze Holunder, die **S**chwarze Johannisbeere, die **R**auhaarige Alpenrose, der **D**eutsche Schäferhund, die **R**ote Beete

Besondere Kalendertage	der Erste Mai, der Heilige Abend, die Heilige Nacht, der Weisse Sonntag, der Goldene Sonntag, das Jüngste Gericht, die Letzte Ölung
Geschichtliche Ereignisse	der Erste Weltkrieg, der Zweite Weltkrieg, die Ältere Steinzeit, der Sempacher Krieg, der Dreissigjährige Krieg, die Französische Revolution, die Napoleonischen Kriege, die Goldenen Zwanziger, der Deutsch-Französische Krieg, der Kalte Krieg (zwischen Ost und West nach dem Zweiten Weltkrieg)

D 9   In der schriftlichen Anrede schreibt man das Anredepronomen Sie und das zugehörige Ihr gross.

höfliche Anrede:
Sie, Ihr, Ihre, Ihnen, …

Werden **Sie** uns morgen besuchen, Frau Müller?
Ich möchte **Ihre** Bitte gern erfüllen.
Wie können wir **Ihnen** oder **Ihren** Angehörigen helfen?
Haben **Sie Ihrerseits** noch Fragen?

> ### Auch ältere Anredepronomen werden grossgeschrieben:

Ich begrüsse **Euch,** mein Fürst.
Johann, serviere **Er** die Speisen.
Wir erwarten **Seine** Majestät.
Ganz wie **Eure** Magnifizenz wünschen.

> ### Die vertraulichen Anredepronomen schreibt man stets klein:

normale Anrede:
du, dein, dich, dir, ihr, euer, euch, …

Kannst **du** nicht schon früher kommen?
Für **deinen** Brief möchte ich **dir** herzlich danken.
Ich kann **dich** leider nicht besuchen, liebe Tante.
Warum habt **ihr** so lange nichts mehr von **euch** hören lassen?

Aber: das **Du** – jemandem das **Du** anbieten – jemanden mit **Du** anreden – mit jemandem auf **Du** und **Du** stehen.

Zeichensetzung

E 1 **Satzzeichen helfen einen Text bzw. Satz übersichtlich zu gestalten und lesbarer zu machen.**

Setzung der Satzzeichen je nach Aussageabsicht des Schreibers, der Schreiberin

Ich war völlig überrascht. Es kam unerwarteter Besuch.
Ich war völlig überrascht; es kam unerwarteter Besuch.
Ich war völlig überrascht, es kam unerwarteter Besuch.
Ich war völlig überrascht: Es kam unerwarteter Besuch.
Ich war völlig überrascht – es kam unerwarteter Besuch.
Ich war völlig überrascht (es kam unerwarteter Besuch).

E 2 **Der Schluss eines Satzes wird durch einen Punkt, ein Fragezeichen oder ein Ausrufezeichen gekennzeichnet.**

Punkt

Kein Laut war zu hören.

Inge goss die Blumen, Tobias räumte das Geschirr ab.

Er merkte zu spät, dass ein Feuer ausgebrochen war.

| **Am Ende eines Satzes setzt man nur <u>einen</u> Punkt:** |

Herr Müller ist Polizist a.D.
Wir behandeln im Unterricht Ludwig XIV.
Ich lese gerne Erzählungen, Geschichten, Romane usw.

Aber: Wer war Ludwig XIV.?

Fragezeichen

Kommt dein Freund auch mit?
Was hat er dir alles erzählt?
Hat er auch gesagt, warum ich mich über ihn geärgert habe?
Ist er nicht freundlich, ist er nicht zuvorkommend?
Weshalb eigentlich?

Ausrufezeichen

Äusserungen mit besonderem Nachdruck: Ausrufe, Behauptungen, Aufforderungen, Wünsche, Grüsse

Schon wieder ein Treffer!
Gut gemacht!
Grossartig!
Ja, nur so weiter!
Bitte sofort die Türen schliessen!
Ich möchte, dass er ruhig ist!
Viel Glück!
Guten Tag!

> **Nach einer Anrede in Briefen kann man ein Ausrufe-zeichen oder ein Komma setzen, man kann aber auch ohne Setzung eines Satzzeichens (gross) weiterfahren.**

Lieber Heinz!
Zunächst recht herzlichen Dank für …

Lieber Heinz,
zunächst recht herzlichen Dank für …

Lieber Heinz
Zunächst recht herzlichen Dank für …

E 3   Das Komma trennt alle Teile ab, die den Fluss eines Satzes hemmen bzw. unterbrechen.

Anreden

Ich wünsche dir, lieber Klaus, einen erholsamen Urlaub.
Freunde, kommt mal alle her!
Kommst du auch mit, Petra?

Ausrufe

Kommasetzung nur bei Hervorhebung

Oh, darauf war ich nicht gefasst!
Ach ja, das muss ich ja auch noch erledigen!
Au, du stehst auf meinem Fuss!
Was, du verstehst das immer noch nicht?
He, was machst du da?

ohne Hervorhe-bung kein Komma

Ach so eilig ist das nicht.
Oh wenn es schon Abend wäre.

Einschübe

Doch dann, niemand hatte damit gerechnet, war er plötzlich da.
Dieses Buch, es ist weder spannend noch interessant, habe ich nicht zu Ende gelesen.
Mein Freund, ein begeisterter Wanderer, kommt morgen zu Be-such.
Peter Henlein, ein Nürnberger, erfand die Taschenuhr.
Ich kenne Herrn Banze, den Lehrer meines Sohnes, noch nicht.
Frau Müller, Bern, und Herr Meier, Zürich, waren ebenfalls an-wesend.
In der Nacht, das heisst um drei Uhr, muss ich bereits aufbre-chen.
Alle deine Freundinnen, insbesondere Ilona, kann ich gut leiden.
Er, ohne genau Bescheid zu wissen, stimmte sofort zu.

Bei mehrteiligen Wendungen kann das schliessende Komma weggelassen werden:

Herr Schmid, Dresden, Bürgergasse 12, 2. Stock (,) hat den Preis gewonnen.

Am Montag, 13. Juli, 9 Uhr (,) beginnt die Veranstaltung.
In der Zeitschrift Panorama, Jahrgang 24, Heft 4, Seite 19 (,) steht ein interessanter Artikel.

nachgestellte Teile

Die neue Schülerin interessiert sich für Sport, besonders für Fussball.
Sie wohnt nicht mehr in Luzern, das weiss ich genau.
Am späten Abend wollte er noch spazieren gehen, und das bei diesem Wetter.
Jetzt hör damit auf, und zwar sofort!

Verdoppelungen, Wiederholungen

Diesen Unfall, diesen schlimmen Unfall kann ich einfach nicht vergessen.
Noch einmal, dieses Mal noch bitte ich dich um deine Hilfe.

E 4 — Die Glieder einer Aufzählung werden voneinander durch das Komma abgegrenzt.

gleichrangige Teilsätze

Sie war in Berlin, er fuhr an die Nordsee.
Pack schlägt sich, Pack verträgt sich.
Gestern war er noch dagegen, heute ist er auf einmal dafür.
Er hatte schon wieder einen Unfall, ist das nicht ein grosses Pech?
Komm her, setz dich an den Tisch, iss mit uns!

gleichrangige Wortgruppen oder Wörter

Sie achtete nicht auf den Strassenlärm, nicht auf die lauten Nachbarn, nicht auf die lärmenden Kinder.
Sein Blick schweifte über das Land, die dunklen Berggipfeln, die sanften Hügel, die weite Ebene.
Er versprach die Hausaufgaben zu machen, ordentlich zu schreiben, fleissig zu lernen.
Er ist klug, gerecht, verständnisvoll.
Ich möchte Brot, Butter, Wurst, Käse.
Doch, doch, doch!
Warum, weswegen?

> **Man setzt auch ein Komma, wenn die Glieder einer Aufzählung durch Gegensatz-Konjunktionen verbunden werden:**

Gegensatz-Konjunktionen: aber, doch, jedoch, sondern, andererseits, ...

Die Schüler und Schülerinnen singen nicht schön, **aber** laut.
Er wollte nicht mich sprechen, **sondern** dich.
Es regnet ständig, **andererseits** könnte sich das Wetter rasch ändern.
Er versuchte es immer wieder, **jedoch** ohne Erfolg.

Kommasetzung auch bei <u>nicht</u> oder <u>kein</u>

Er wurde gerufen, **nicht** du.
Ich habe ihn mehrmals gefragt, **keine** Antwort!

> **Sind zwei Adjektive nicht gleichrangig, so setzt man kein Komma:**

gleichrangige Adjektive: Verbindung mit <u>und</u> möglich

eine schöne, erholsame Zeit
ein freundlicher, ordentlicher Junge
ein unfreundliches, frostiges Wetter

nicht gleichrangige Adjektive: Verbindung mit <u>und</u> nicht möglich

die letzten grossen Ferien
die allgemeine wirtschaftliche Lage
ein neues blaues Kleid

E 5   Das Komma trennt den Nebensatz vom Hauptsatz ab.

vorangestellter Nebensatz:

NS – HS

Weil er zu schnell fuhr, konnte er nicht mehr rechtzeitig bremsen.
Da er krank war, nahm er am Ausflug nicht teil.
Damit alles gut gelingt, brauchen wir ein bisschen Glück.
Nachdem er angekommen war, ruhte er sich zunächst einmal aus.

eingefügter Nebensatz:

H – NS – S

Mein Geschenk, das ich mitgebracht habe, bekommst du erst morgen.
Der Weg, den du gehen willst, ist sehr steil und steinig.
Sie kann, wenn sie will, bei uns bleiben.
Der Gast sagte, dass er wieder kommen wolle, und verabschiedete sich.

nachgestellter Nebensatz: HS – NS	Der Dieb wurde ertappt, als er in die Bank einbrechen wollte. Ich freue mich, dass es dir wieder besser geht. Der Verkehr staute sich, weil dichter Nebel die Sicht behinderte. Wir wissen nicht genau, wann die Veranstaltung beginnt.

> **Besteht der Anfang eines Nebensatzes aus mehr als einem Einleitewort, so setzt man das Komma vor die gesamte Wortgruppe:**

Wortgruppen: als dass, auch wenn, ausser wenn, ausser dass, anstatt dass, ohne dass, selbst wenn, besonders wenn, und weil, …	Wir wandern morgen, **auch wenn** das Wetter schlecht ist. Wir sehen uns heute Abend, **ausser wenn** du krank bist. Er wurde entdeckt, **gleich als** er sein Versteck verliess. Ich komme, **selbst wenn** es regnet.

> **Bei formelhaften Nebensätzen kann das Komma weggelassen werden:**

Wie bereits gesagt (,) ist das so und nicht anders.
Ich kann (,) wenn nötig (,) auch länger arbeiten.
Er kommt (,) wie üblich (,) wieder zu spät.

E 6

Bei gleichrangigen Teilsätzen, Wortgruppen oder Wörtern, die durch und und oder bzw. verwandte Konjunktionen verbunden sind, setzt man kein Komma.

Konjunktionen: und, oder, beziehungsweise, wie, entweder … oder, sowohl … als auch, sowohl … wie, weder … noch, …	Ich habe ihn oft besucht **und** wir beide haben uns immer gut verstanden. Doris geht einkaufen **und** Karl räumt inzwischen die Wohnung auf. Bist du damit einverstanden **oder** hast du einen anderen Vorschlag? Wir fahren **sowohl** bei gutem **als auch** bei schlechtem Wetter. Sie fährt **entweder** heute am Abend **oder** morgen am Vormittag.

Er versprach im Unterricht gut aufzupassen **und** nicht zu schwätzen **und** fleissig zu lernen.
Hungrig **und** vom langen Wandern müde kamen sie nach Hause.
Er ist **weder** faul **noch** dumm.
Nein **und** dreimal nein!
Wozu **und** warum **und** wieso?

> **Bei gleichrangigen Teilsätzen kann vor <u>und,</u> <u>oder</u> usw. ein Komma gesetzt werden, um die Gliederung des Ganzsatzes deutlich zu machen:**

Die Lehrerin ging voran (,) und die Schülerinnen marschierten zu zweien hinterher.
Man merkte kaum, dass die Sonne sich verfinsterte (,) und dass sich ein Gewitter zusammenzog.
Ich höre auf (,) oder ihr helft mir bei der Arbeit.

E 7 — Bei Infinitiv- und Partizipgruppen wird in der Regel kein Komma gesetzt.

Infinitivgruppe
Alle baten ihn **zu bleiben**.
Ich freue mich **wieder einmal ein gutes Buch zu lesen**.
Er hofft **bald wieder nach Hause zu kommen**.

Partizipgruppe
Laut lachend kam er mir entgegen.
Darauf aufmerksam gemacht suchte er sofort nach dem Fehler.
Er lief **vor Anstrengung keuchend** den Berg hinauf.

> **Ein Komma kann gesetzt werden um Missverständnisse zu vermeiden bzw. die Gliederung des Satzes deutlich zu machen:**

Vermeidung von Missverständnissen
Sie riet (,) ihm zu helfen.
Sie riet ihm (,) zu helfen.

Ich hoffe täglich (,) eine Arbeit zu finden.
Ich hoffe (,) täglich eine Arbeit zu finden.

Udo versprach dem Lehrer (,) zu folgen.
Udo versprach (,) dem Lehrer zu folgen.

Gliederung des Satzes
Ich freue mich (,) wieder einmal ein gutes Buch zu lesen.
Er lief (,) vor Anstrengung keuchend (,) den Berg hinauf.

> **Ein Komma muss gesetzt werden, wenn eine Aussage durch einen Hinweis angekündigt oder wieder aufgenommen wird:**

hinweisendes Wort
Er dachte nur <u>daran</u>, das Spiel zu gewinnen. – Sie freute sich <u>darauf</u>, endlich wieder ihre Eltern zu sehen. – Meine Mutter liebte <u>es</u>, lange Spaziergänge zu machen. – <u>Darüber</u>, möglichst viel Gewinn zu machen, dachte er lange nach.

nachträglicher Bezug
Eine grosse Reise zu machen, <u>das</u> war ihr sehnlichster Wunsch. – Von Angst getrieben, <u>so</u> eilte er nach Hause. – Schon einmal an diesem Ort gewesen zu sein, <u>daran</u> erinnerte sie sich nicht.

E 8 Mit dem Strichpunkt trennt man gleichrangige Teilsätze und Wortgruppen ab.

gleichrangige Teilsätze
Die Pause beginnt; die Schüler und Schülerinnen stürmen auf den Schulhof.
Er redete und redete; niemand hörte ihm zu.
Er quälte sich seit Tagen mit Zahnschmerzen herum; aber er hatte keinen Mut zum Zahnarzt zu gehen.

gleichrangige Wortgruppen
Vieles gab es auf der Ausstellung zu sehen: Möbel, Gardinen, Teppiche; Türen, Fenster, Fussböden; Gartenmöbel, Rasenmäher, Schwimmbecken.

E 9 Der Doppelpunkt zeigt an, dass etwas Weiterführendes folgt.

weiterführende Rede
Sie sagte: „Ich möchte mir morgen gerne die Sehenswürdigkeiten dieser Stadt ansehen."
Der Kellner fragte: „Darf ich Ihnen die Speisekarte bringen?"

Aufzählung
Ich habe schon einige Länder in Europa bereist: Frankreich, Ungarn, Polen, Schweiz, Österreich und Dänemark.
Wir suchen: Maurer, Kranführer, Eisenflechter, Lastwagenfahrer.
Die Wochentage heissen: Montag, Dienstag, Mittwoch, ...

Erklärung, Angabe	Familienstand: verheiratet Nächster Sitzungstermin: 24.10.1998 Deutsch: ausreichend Vorsicht: Vergewissern Sie sich vor dem Herausnehmen des Gerätes, dass Sie den Strom abgeschaltet haben! Hinweis: Am Montag ist unser Geschäft erst ab 17 Uhr geöffnet.
Zusammenfassung, Schlussfolgerung	Seine Eltern, seine Freunde, seine Bekannten: Alle waren gekommen. Also: nur Mut! Ich möchte mit dem Satz schliessen: Nur gemeinsam können wir das Problem lösen.

> ### Folgt nach dem Doppelpunkt ein ganzer Satz, schreibt man das erste Wort gross:

Denke stets daran: **Du** sollst deinen Nächsten lieben wie dich selbst.
Die Regel lautet: **Wer** die höchste Punktzahl würfelt, darf beginnen.

E 10 — Mit einem Gedankenstrich kann man etwas Nachfolgendes ankündigen, einen Wechsel deutlich machen und Zusätze oder Nachträge abgrenzen.

Ankündigung **möglich sind auch Doppelpunkt und Komma.**	Und nun tat er etwas, womit niemand gerechnet hatte – er verliess wortlos das Zimmer. Sie trat ein – alle Augen waren auf sie gerichtet. Plötzlich – ein lauter Schrei!
Wechsel des Themas oder des Gedankens **Gedankenstrich anstelle eines Absatzes**	Ich war vor allem von den Darbietungen der Artisten begeistert. – Am nächsten Tag besuchte ich das Museum der Stadt. Abschliessend wurde ein Lied gesungen. – Nun begann die nächste Unterrichtsstunde. So endete unser gemeinsamer Ausflug. – Wochen später besuchte mich mein Freund.
Abgrenzung von Zusätzen oder Nachträgen	Plötzlich – es war mitten in der Nacht – klingelte das Telefon. Sein letzter Roman – es war der bedeutendste des Schriftstellers – wurde ein grosser Erfolg. Nansen – ein berühmter Polarforscher – erhielt 1922 den Friedensnobelpreis.

| Ausrufe- oder Fragezeichen setzt man vor den Gedankenstrich. | Sie trug – ich weiss es noch genau! – ein blaues Kleid. Er behauptete – so eine Lüge! –, dass er zu Hause gewesen sei. Mein Onkel war – kannst du dich noch erinnern? – schon vor längerer Zeit krank. |

E 11 Nähere Erklärungen oder Zusätze kann man in Klammern setzen.

Einschübe

Ausrufe- oder Fragezeichen setzt man vor die Klammer. Der Schlusspunkt wird weggelassen.

Letzten Montag (es war während des Mittagessens!) brach im Nachbarort ein Brand aus.
Er hat uns doch (erinnerst du dich nicht mehr?) zu seinem Geburtstag eingeladen.
Über den Unfall (wir haben ihn selbst zufällig beobachtet) wurde ausführlich in der Zeitung berichtet.

nachgestellte Erläuterungen

In diesem Text kommen besonders viele Adjektive (Eigenschaftswörter) vor.
Die Messe findet in Basel (Schweiz) statt.
Meine Grossmutter (eine geborene Leitner) stammt aus Tirol.

> **Auch grössere Textteile kann man mit Klammern einschliessen und so als selbstständige Texteinheiten kennzeichnen:**

Bei selbstständigen Texteinheiten setzt man den Schlusspunkt.

Er selbst wohnte mit seiner Familie im ersten Stock. (Die Parterrewohnung hatte er an ein älteres Ehepaar vermieten können. Die Zimmer im zweiten Stock standen lange Zeit leer.) Als seine Eltern zu Besuch kamen …

E 12 Mit Anführungszeichen kann man Wörter und Textteile sowie direkte Reden hervorheben bzw. kennzeichnen.

Hervorhebung von Wörtern oder Textteilen

Sie trug die Ballade „Der Feuerreiter" vor.
Wir lesen im Unterricht „Aus dem Leben eines Taugenichts" von Eichendorff.
Seine ständige Bemerkung „Das habe ich mir schon gedacht" stört mich.
Dieter hat das Wort „nämlich" falsch geschrieben.
Kennst du das Sprichwort „Lügen haben kurze Beine"?

direkte Rede

die direkte Rede in Anführungszeichen	Berta erwiderte: „Ich fahre lieber mit dem Fahrrad." – „Ich fahre lieber mit dem Fahrrad", erwiderte Berta. – „Ich fahre lieber", erwiderte Berta, „mit dem Fahrrad."
Doppelpunkt nach dem anführenden Teil	Vater erwiderte: ... Evi meinte: ... Dieter fragte: ...
Grossschreibung des Anfangswortes der direkten Rede	Der Lehrer rief: „Alles aufstehen!" Sie fragte: „Ist das nicht schrecklich?" Der Kondukteur sagte: „Bitte weisen Sie Ihre Billette vor."
Komma zwischen anführendem Teil und direkter Rede	„Das Spiel war bis zur letzten Minute spannend", berichtete der Reporter. „Du kommst", meinte Vater, „ gerade noch rechtzeitig."
Ausrufe- und Fragezeichen werden immer beibehalten.	„Du kannst dir ruhig Zeit lassen", beruhigte mich die Lehrerin. Sag ihm endlich: „Ich spiele nicht mehr in der Mannschaft"! Hast du ihn schon darauf hingewiesen: „Ich bin wieder völlig gesund"? „Hast du deine Freundin eingeladen?", fragte Mutter. „Ich springe jetzt!", rief Inge. Antworte ihm doch: „Stör mich jetzt nicht!"!

Worttrennung am Zeilenende

F 1　　**Wörter trennt man am Zeilenende an einer Silbengrenze.**

Die Silben ergeben sich beim langsamen Sprechen oder Lesen (Sprechsilbe).

teu-er, Mu-se-um, na-iv, in-di-vi-du-ell, reu-ig, Mau-er, Ei-er, bau-en, wa-schen, kau-fen, Ei-mer, end-lich, Fuss-ball, mu-si-zie-ren, Fa-mi-lie, lei-der, steu-ern

Einsilbige Wörter werden nicht getrennt.

eng, ganz, Baum, heiss, Schluss, fern

Am Wortanfang und in der Wortmitte darf ein einzelner Vokal abgetrennt werden:

Vokal (Selbstlaut)

A-bend, I-gel, ü-ben, e-ben, a-ber, U-fer, A-horn, E-sel, A-larm, O-fen, I-dee, A-del, o-der, U-hu, Ru-i-ne, na-ti-o-nal, eu-ro-pä-i-sche, E-ri-ka, Hy-ä-ne, u-to-pisch, O-ri-ent, A-der, O-ma, E-re-mit

Am Wortende wird ein einzelner Vokal nicht abgetrennt:

Reue	nicht: Reu-e
Kleie	nicht: Klei-e
Laie	nicht: Lai-e
raue	nicht: rau-e
Trio	nicht: Tri-o
Adria	nicht: Adri-a

F 2 Steht in einem einfachen Wort nur ein Konsonant zwischen Vokalen, so kommt er bei der Trennung auf die nächste Zeile.

Konsonant (Mitlaut)

einfach (= nicht zusammengesetzt)

ru-fen, lei-se, schla-gen, Ta-fel, ba-den, rei-ten, la-chen, La-den, lau-fen, Rei-he, Lü-ge, Ho-tel, Nä-he, schleu-nigst, Ha-ken, Na-se, De-pot, Mo-ment, Ko-lo-nie, rei-zen, bo-xen, Glo-bus, hö-her, spie-len

F 3 Stehen in einem einfachen Wort mehrere Konsonanten zwischen Vokalen, so kommt nur der letzte auf die neue Zeile.

<u>st</u> wird auch getrennt!

Kan-te, kämp-fen, Far-be, schwit-zen, win-ken, leug-nen, kos-ten, stos-sen, Füch-se, schwän-zen, Eg-ge, Klap-pe, Was-ser, schnap-pen, rob-ben, fet-tig, nied-rig, Schach-tel, Ar-beit, Ach-sel, Fens-ter, lis-tig, prak-tisch, san-dig, Ig-lu, knur-ren, Kup-fer, Spit-ze, imp-fen, hur-tig, ros-ten, beis-sen

> **Zu den einfachen Wörtern zählen auch Wörter mit einer Nachsilbe:**

knusp-rig
lus-tig
furcht-sam
freund-lich

> **Auch in Fremdwörtern können Buchstabenverbindungen nach dieser Regel getrennt werden:**

Konsonantenverbindungen mit <u>l</u> und <u>r</u> sowie die Buchstabenverbindungen <u>gn</u> und <u>kn</u>

Beide Trennungen sind möglich.

Fe-bru-ar	auch: Feb-ru-ar
Hy-drant	Hyd-rant
Qua-drat	Quad-rat
Zy-klus	Zyk-lus
mö-bliert	möb-liert
Ma-gnet	Mag-net
py-knisch	pyk-nisch
Mi-kro-fon	Mik-ro-fon
Ko-li-bri	Ko-lib-ri

F 4 — Buchstabenverbindungen wie ch, ck, sch, ph, rh, sh oder th werden nicht getrennt, wenn sie für <u>einen</u> Laut stehen.

Das <u>ck</u> wird nicht in <u>k-k</u> aufgelöst.

ma-chen, Sa-chen, stri-cken, Sä-cke, wa-schen, rut-schig, Myr-rhe, Phos-phor, Zi-ther, Goe-the, Sa-phir, Ste-phan, Me-tho-de, Hy-po-thek, E-thik, Nym-phe, lä-cheln, du-schen

F 5 — Wörter mit Vorsilbe sowie Zusammensetzungen trennt man zwischen den Bestandteilen.

Vorsilben

An-kunft, be-ei-len, be-an-spru-chen, Ver-dienst, zer-ge-hen, Sym-bol, im-pro-vi-sie-ren, a-ty-pisch, ir-re-gu-lär, Pro-gramm, Er-folg, hin-fah-ren, Ver-ein, per-fekt, mit-neh-men

Zusammensetzungen

Haus-bau, Spiel-ball, Fahr-zeug, Spar-schwein, Hart-brot, Rot-wein, bild-hübsch, haus-hoch, Bau-werk, Holz-zaun, eis-kalt, Tisch-tuch

> ### Werden Zusammensetzungen als solche nicht mehr erkannt oder empfunden, können sie auch nach anderen Grundregeln getrennt werden:

Beide Trennungen sind möglich:

Trennung nach Wortbausteinen <u>und</u> Sprechsilben

dar-an	auch: da-ran
war-um	auch: wa-rum
hin-ab	auch: hi-nab
ein-an-der	auch: ei-nan-der
Hekt-ar	auch: Hek-tar
Chir-urg	auch: Chi-rurg
in-ter-es-sant	auch: in-te-res-sant
Lin-o-le-um	auch: Li-no-le-um
Klein-od	auch: Klei-nod
Mon-arch	auch: Mo-narch
her- an	auch: he-ran
dar-um	auch: da-rum
Päd-a-go-gik	auch: Pä-da-go-gik
He-li-ko-pter	auch: He-li-kop-ter

F 6 Doppellaute (ai, au, äu, eu, oi) dürfen nur zusammen getrennt werden.

Bau-er, kau-fen, Eu-le, keu-chen, nei-disch, Hei-mat, Wai-se, Kai-ser, Boi-ler, Toi-let-te